Topographie

des

Herzogthums Schleswig.

Von

Johannes von Schröder.

Zweite, neu bearbeitete Auflage.

Oldenburg (in Holstein).
Verlag von C. Fränckel.
(Leipzig, in Commission bei Gustav Braun.)
1854.

Geographisches Institut
der Universität Kiel

ISBN 3-921361-29-X
Neudruck 1984
Verlag Bernd Schramm, Kiel
Druck: Hain-Druck GmbH, Meisenheim/Glan

Ein Mensch, wenn er gleich sein Bestes gethan hat, so ist es kaum angefangen, und wenn er meinet, er habe es vollendet, so fehlet es noch weit.

Sirach 18, 6.

Vorwort zur zweiten Auflage.

Nachdem seit dem ersten Erscheinen meiner Topographie des Herzogthums Schleswig nunmehr 16 Jahre verflossen sind, habe ich mich entschlossen, jetzt eine neue Bearbeitung dieses Werkes herauszugeben, wozu ich von vielen Seiten um so mehr aufgefordert worden bin, als die erste Auflage desselben in den letzten Jahren gänzlich vergriffen ist. Wie sehr ich mich durch die geneigte und nachsichtsvolle Aufnahme, welche die erste Auflage gefunden hat, angetrieben fühlte, meiner Arbeit den möglichsten Fleiß zuzuwenden, wird diese zweite Auflage beweisen, welche ich den Vaterlandsfreunden mit dem Bewußtsein übergebe, daß es wenigstens meine ernstliche Absicht war, durch die darin vorgenommenen Vervollständigungen und Verbesserungen ein wirklich brauchbares Werk zu liefern. Ein Werk über Topographie veraltet freilich dem Bearbeiter desselben eigentlich schon unter den Händen und es kostet in der That einerseits eine nicht geringe Mühe, die sich fast täglich ereignenden Veränderungen überhaupt in Erfahrung zu bringen, andererseits aber auch eine große Ueberwindung, bei den fortlaufend bekannt werdenden neuen Nachrichten dem Verbessern und Zusetzen ein Ziel zu setzen; ich darf indessen gleichwohl behaupten, daß ich bis zum letzten Zeitpunkte Alles zu benutzen versucht habe, um jede bis dahin vorgefallene Veränderung einzutragen oder mangelhafte oder irrige Angaben nach den zu meiner Kunde gekommenen Nachrichten zu verbessern. Daß nichtsdestoweniger manche kleine Unrichtigkeiten und Irrthümer sich werden eingeschlichen haben, will ich nicht in Abrede stellen, und wird solches bei einem Werke der vorliegenden Art auch kaum zu vermeiden sein. —

Die schon in der ersten Auflage beobachtete alphabetische Form dieses Werkes ist als die zum Nachschlagen zweckmäßigste anerkannt und deshalb auch in der neuen Auflage im Allgemeinen beibehalten worden; doch sind in dieser neuen Auflage, um nicht die Bogenzahl des Buches zu vergrößern und dadurch den Preis desselben zu erhöhen, alle bloße Hinweisungen auf andere Artikel, die früher oft ganze Seiten des Textes einnahmen, in ein besonderes, dem Werke am Schlusse angehängtes Register aufgenommen worden. Wenn demnach einzelne Ortschaften oder Stellen nicht in dem nach alphabetischer Reihenfolge geordneten Repertorium des Buches gefunden werden, so werden selbige im Register nachzuschlagen und aufzufinden sein, und es wird sich zeigen, daß sie mit nicht minderer Ausführlichkeit in dem Werke unter einem andern Artikel beschrieben sind.

Die Entfernungen der einzelnen Ortschaften von einander sind in geraden Richtungen angegeben.

Die mit lateinischer Schrift gedruckten Ortsnamen bezeichnen die bereits vergangenen Ortschaften.

Bei der Angabe der Längengrade ist zu bemerken, daß der erste Meridian westlich vom Kopenhagener Observatorium angenommen ist.

Was die Orthographie betrifft, so habe ich mich im Allgemeinen der gangbaren Schreibweise bedient und dabei die Olsen'sche Karte und die Gliemann'schen Amtskarten des Herzogthums Schleswig benutzt. Von ganz besonderem Nutzen bei der Bearbeitung sind mir ferner die ausgezeichneten Specialkarten des Hauptmanns im Preußischen Generalstabe, Herrn F. Geerz, über den Kriegsschauplatz in Schleswig gewesen.

Die Zahl der Einwohner ist bei den Städten, Gütern und Kirchdörfern kirchspielsweise angegeben.

Von der Regierung werden die über die gezwungene Anleihe vom Jahre 1813 an die Communen ausgestellten Staatsobligationen nach und nach eingelöst, und die bei den Städten angeführten Activa fallen demnach größtentheils weg.

Gerne will ich es zugestehen, daß ich ohne fremde Hülfe nicht im Stande gewesen wäre, dieses Werk so erscheinen zu lassen, wie es jetzt vorliegt, und dankbar es anerkennen, wie zuvorkommend ich von mehreren Seiten bei dieser Arbeit unterstützt bin. Vor Allen fühle ich mich deshalb Herrn H. Biernatzki in Altona zum wärmsten Danke verpflichtet, welcher nicht nur vorzugsweise in der einleitenden topographisch-statistischen Uebersicht des Werkes, sondern auch in dem Repertorium selbst viele Angaben revidirt und verbessert hat. Aber auch alle Andern, welche sonst noch bereitwillig meinem Unternehmen ihre gütige Theilnahme schenkten, wozu ich den Herrn Kammerherrn und vormaligen Amtmann v. Krogh in Altona, den Hrn. v. Krogh, jetzt in Goslar, den Hrn. Dr. Schmidt in Sonderburg, den Hrn. Dr. Paulsen in Schleswig, den Hrn. Organisten Hansen in Keitum, und meinen Schwiegersohn, den Hrn. Apotheker Hasse in Tönning rechne, mögen meines aufrichtigsten Dankes überzeugt sein.

Schließlich darf ich um so zuversichtlicher meine Hoffnung auf eine schonende Beurtheilung dieser zweiten Auflage meines Werkes aussprechen, als ich in den letzten Jahren genöthigt war, außerhalb meines Vaterlandes zu leben und es mir dadurch bedeutend schwieriger geworden ist, Nachrichten über dasselbe so genau, wie ich es gewünscht hätte, einzuziehen. Es würde mir deshalb sehr erwünscht sein, wenn Sachkundige die Güte haben wollten, mir ihre Bemerkungen zu einer spätern Benutzung mitzutheilen.

Berichtigungen zu einigen in den ersten Bogen des Repertoriums in Betreff der Districtseintheilung und anderweitig stehen gebliebenen Fehlern werden am Schlusse des Werkes folgen.

Geschrieben zu Hamburg im Jahre 1853,
wo ich ein so freundliches Asyl gefunden habe.

Johannes v. Schröder.

(5)

Inhalts-Verzeichniß.

		Seite	
Allgemeine topographische Uebersicht			I.
A. Einleitende Bemerkungen		„	III.
1. Historische Topographie		„	III.
2. Geographische Lage und Ausdehnung		„	XIV.
3. Grenzen		„	XIV.
4. Enclaven		„	XV.
5. Klimatische Beschaffenheit		„	XV.
6. Bildungsgeschichte des Landes		„	XV.
7. Geognostische Uebersicht und Bodenbeschaffenheit		„	XVI.
8. Orographische Uebersicht		„	XVIII.
9. Gewässer		„	XIX.
10. Naturproducte		„	XXII.
11. Bevölkerung		„	XXV.
12. Landwirthschaft		„	XXIX.
13. Ländliche Besitz-Verhältnisse und Landmaaße		„	XXXIII.
14. Industrie, Handel und Verkehr		„	XXXVIII
15. Uebersicht der Verwaltungs- und Justiz-Verhältnisse		„	XXXIX.
16. Kirchen- und Schulwesen		„	XLII.
17. Forstwesen		„	XLVII.
18. Deichwesen		„	XLIX.
B. Uebersichtliche Districtsbeschreibung		„	L.
Einleitung		„	L.
I. Ländliche Districte.			
1. Amt Hadersleben		„	LII.
2. Amt Apenrad		„	LV.
3. Amt Sonderburg		„	LVIII.
4. Amt Norburg und Insel Aeröe		„	LXI.
5. Amt Lygumkloster		„	LXIII.
6. Amt Tondern		„	LXIV.
7. Amt Bredstedt		„	LXIX.
8. Amt Husum		„	LXX.
9. Landschaft Eiderstedt		„	LXXI.
10. Landschaft Pelworm		„	LXXIII.
11. Nordstranderharde		„	LXXIV.
12. Amt Flensburg		„	LXXVI.
13. Amt Gottorf		„	LXXIX.
14. Amt Hütten		„	LXXXI.
15. Landschaft Stapelholm		„	LXXXII.
16. Cappelerharde		„	LXXXIII.
17. Eckernförderharde		„	LXXXIV.
18. Landschaft Fehmern		„	LXXXVI.
II. Städtische Districte		„	LXXXVIII.
Specielles Repertorium		„	1.
Register über diejenigen Ortschaften, denen kein eigner Artikel gewidmet ist.			
Zusätze und Berichtigungen.			

Abkürzungen.

A.	Amt.
Achtelh.	Achtelhufe.
Bohlst.	Bohlstelle.
Dem.	Demat.
Doppelh.	Doppelhufe.
Dr.	Drömbtsaat.
E.	Einwohner.
H.	Häuser.
h.	harde.
Halbh.	Halbhufe.
Hausst.	Haussteuer.
Hdtsch.	Heidtscheffel.
Instenst.	Instenstelle.
K.	Kathe.
Ksp.	Kirchspiel.
Landst.	Landsteuer.
Pfl.	Pflüge.
Pr.	Probstei.
Q. R.	Quadratruthen.
R.	Ruthen.
S.	Saat.
Sch.	Scheffel, resp. Schipp.
Schbstr.	Schuldistrict.
St.	Stelle.
Steuert.	Steuertonnen.
Ton.	Tonnen.
Viertelh.	Viertelhufe.
Vollh.	Vollhufe.
Vz.	Volkszahl.
z. Thl.	zum Theil.

Allgemeine topographische Ueberficht.

A. Einleitende Bemerkungen.

1. Historische Topographie. Das Herzogthum Schleswig ist seit uralter Zeit in topographischer Beziehung in Harden eingetheilt gewesen; mehrere dieser Harden bildeten ein sogenanntes Syssel (Sysael). Das ausführlichste Bild dieser alten Districtseintheilung giebt uns das Erdbuch König Waldemar's des Siegers, welches im Jahre 1231 abgefaßt und unter seinen Nachfolgern bis zum Jahre 1259 hin fortgeführt ist. Dieses von Langebeck in dem VII. Bande seiner Scriptores rerum Danicarum mitgetheilte Document stellt uns die damalige Districtseintheilung des Herzogthums Schleswig folgendermaßen dar:

I. Barwirthsysael, der nördliche Theil des Landes; der Name ist noch in dem des Kirchdorfs Bjert enthalten. Dieses zerfiel in folgende 5 Harden:
1) Hathaeslefhaeret, die Haderslebenerharde.
2) Thyurstrophaeret, die Thyrstrupharde.
3) Fröshaeret, die Frösharde.
4) Gramaehaeret, die Gramharde.
5) Rafnsthorphaeret, die Rangstrupharde, welche schon damals aus 2 Theilen, der jetzigen Norder- und Süder-Rangstrupharde bestand.

II. Ellaemsysael, der mittlere Theil des Landes, nach dem Dorfe Ellum im Kirchspiel Lygumkloster benannt. Es zerfiel nach dem Erdbuch in 7 Theile:
1) Hwitynghaeret, die Hvidbingharde.
2) Löghaeret, die Loeharde des Amts Ripen und der davon sich allmählich absondernde Theil des Amts Lygumkloster.
3) Höthaershaeret, die Hoyerharde.
4) Risaehaeret, die Riesharde.
5) Loctorphaeret, die Schlurharde, vom Dorfe Loctorp, jetzt Lautrup im Kirchspiel Uck so genannt.
6) Clyppaelöfhaeret, die Lundtoftharde, vom Kirchdorfe Kliplev benannt.
7) Sundwith, Sundewitt, als eigne Abtheilung aufgeführt ohne Harde genannt zu sein. Es umfaßte übrigens mehr als das jetzige Sundewitt, nämlich alles Land östlich der Lundtoftharde bis an's Meer, da als Orte in demselben Warnæs (Warnitz) und Bagthorp (Baurup) aufgeführt werden.

III. Isthathesysael, von dem Dorfe Isbstedt bei Schleswig benannt, mit der Stadt Schleswig und Slaesmynnae (der Gegend von Schleimünde). Es schied sich in 12 Distrikte:

a*

1) **Wizhaeret**, die Wiesharde.
2) **Husbyhaeret**, die Husbyharde.
3) **Nyhaeret**, die Nieharde, aber damals, wie die meisten dieser Harden, von weit größerer Ausdehnung als jetzt; denn es werden darin angeführt Wyppethorp (Wippendorf im Gute Rundhof), Runaetoft (Rundhof selbst) und Gyaelting (Gelting); Gelting aber — heißt es im Erdbuch — umfasse außer Gelting selbst noch Roest, Grovaefornaes (Grimsnis), Mynnaesby (Schleimünde), Nackaethorp (unbekannt), Tolaegardh (Tollgaard bei Oestergaarde), Jughaelsnaes (Falshöved, 1543 Vogelshoye genannt) und Wakaerbol (Wackerballig).
4) **Slaeshaeret**, die Schliesharde mit der später entstandenen Füsingharde.
5) **Strukstorphaeret**, die Strurdorfharde.
6) **Ugglaehaeret**, die Uggelharde.
7) **Nörraegöshaeret**, das Amt Bredstedt.
8) **Syndraegöshaeret**, die spätere Südergoesharde oder das Amt Husum.
9) **Araeldshaeret**, die Arensharde, mit Danaewyrki (Dannewerk).
10) **Fraezlet mit Ykaerneburgh**, die Kropp- und Hüttenerharde mit Eckernförde.
11) **Swansö**, Schwansen.
12) **Kamp**, das ehemalige Kirchspiel Kampen oder die Hohnerharde.

IV. Utland oder die Außenlande, die friesischen Küstenlande auf der Westseite, aus 13 Distrikten bestehend:
1) **Horsaebyhaeret**, die Horsbüllharde, jetzt die Wiedingharde.
2) **Bokynghaeret**, jetzt die Bökingharde.
3) **Syld**, die Insel Sylt.
4) **Föör**, Föhr, und zwar in 2 Harden damals schon zerfallen, Oestaerhaeret oder jetzt Osterland und Westaerhaeret, jetzt Westerland.
5) **Byltrynghaeret**, die Beltringharde, eine gänzlich von den Fluthen verschlungene Harde, die den nördlichen Theil des alten Nordstrand ausmachte.
6) **Wyrikshaeret**, die Wiedrichsharde, ebenfalls von den Fluthen zerstört, in der Gegend der jetzigen Halligen.
7) **Pylwaermhaeret**, Pelworm.
8) **Edomshaeret**, das jetzige Nordstrand.
9) **Lundaebyarghaeret**, die gleichfalls von den Fluthen größtentheils zerstörte Lundenbergerharde in der Gegend des jetzigen Simonsberg.
10) **Thynninghaeret**, die Tönningerharde, das alte Eiderstedt im engern Sinne.
11) **Giaethninghaeret**, die Gardingerharde oder der mittlere Theil des jetzigen Eiderstedt, später Everschop.
12) **Holm** und 13) **Haefrae**, das ehemalige Utholm oder die äußere Spitze von Eiderstedt mit Westerhever und dem untergegangenen Süderhever.

V. Außerdem zählt das Erdbuch noch eine Anzahl Inseln getrennt von den Harden auf, nämlich: Alfae, Alsen, mit 2 Harden, Syndraehaeret, der Süderharde mit der jetzigen Augustenburgerharde, und Nörraehaeret, der Norderharde; ferner Aerrae, jetzt Aeröe; Gath, jetzt Oehe; Pyterö, jetzt Beveröe; Bars, Barsöe; Arö, Aaröe; Rymö, jetzt Römöe; Hiortsand, die Hallig Jordsand; Aland, die Hallig Oland; Gaestaenacka, untergegangen, wahrscheinlich in der Gegend der Halligen;

Untergegangener Landesadel.

Groß- und Klein-Hwaelae, noch in den Halligen Habel und Butwehl erkennbar. Als kleinere Inseln: Groß- und Klein-Oeksnoe, die Drenöen im Flensburger Meerbusen; Kalfö, Kalöe in der Gjennerbucht; Lyndholm, Lindholm in der Schlei; Litlaes, Lillöe bei Aeröe; Ekholm, Egholm bei Aeröe; Halmö, Halmoe bei Aeröe, und Lindholm, Lindrum bei Aaröe. VI. Besonders aufgeführt wird im Erdbuch neben jenen Districten noch das eigentliche Krongut, welches der jedesmalige König als solcher besaß, Konungslef genannt. Zu diesem rechnet es: Skyoldaenaes und Brunznaes auf Aeroe, ersteres die noch jetzt Skjolbnaes genannte nördlichste Spitze der Insel, letzteres unbekannt; ferner die ganze Insel Ymbre oder Fehmarn; Brytyenes, jetzt das Kirchdorf Bröns in der Hvidbingharde; Höthaer, Hoyer; Subthorp, Söderup bei Apenrade; Klyppaelef, Kliplev; Hanaewith, Handewith; Gyaelting, Gelting in seinem obenerwähnten Umfange; Järnwith, der dänische Wohld; Kamp, das obenerwähnte Kirchspiel Kampen oder die Hohnerharde und 3 Theile von Hethaby oder der Stadt Schleswig. Einige Zeit später in demselben Jahrhundert, nämlich im Jahre 1284, werden zu den Krongütern außer den genannten noch gezählt: Croop, jetzt Kropp; Habbebooth, Habdebye; Ulpaenaes, Olpeniz; Nonaes, Nonsfeld, Olpeniger Hoffoppeln an der Schlei; Clinttaebergh, Klingenberg, Hoffoppeln im Gute Ludwigsburg nach dem Strande hin; Bokaenaes, Bofnis; Ländereien in Thorp, wahrscheinlich Tarup bei Adelbye; in Biscoftoftae, Bistoft; in Baldeslööf, Vollerslev; in Huglaestath, einem ehemaligen Kirchort bei Sorgwohld; in Hattasaet, Hattstedt; in Hammathorp, Hamdorf; in Gambla Hatharslöf, Alt-Hadersleben; in Graam, jetzt Gram. —

Das Erdbuch Waldemar's hat die besondere Tendenz, eine Aufzählung der königlichen Einnahmen zu gewähren; es erwähnt daher jener Districte nicht, die in solcher Rücksicht keine Bedeutung hatten. Es waren aber in allen jenen Harden zerstreut von alter Zeit her noch andere Besitzungen, welche auf die topographische Entwickelungsgeschichte von großem Einfluß gewesen sind, und zwar zunächst die des Adels, welcher allmählich im Herzogthum Schleswig sich in den Besitz großer Districte gesetzt hat. Es leidet wohl keinen Zweifel, daß schon in ältester Zeit ein einheimischer Adel bedeutende Landstrecken inne hatte, da wir, seitdem wir im 13. und 14. Jahrhundert über derartige Verhältnisse eine genauere historische Kunde erhalten, überall im Lande jetzt freilich längst vergangene Edelsitze finden. Diese ablichen Besitzungen fanden sich nicht blos, wie jetzt fast allein, auf der Ostseite des Landes; vielmehr sind die hier noch vorhandenen ablichen Besitzungen größtentheils in späterer Zeit durch Niederlegung von Dörfern und Einziehung geistlicher Stiftungen entstanden: sondern sie fanden sich über das ganze Herzogthum, namentlich auch über den Norden, die Mitte und den Westen des Landes vertheilt. Aber nicht allein dieser alte Adelsbesitz hat im Herzogthum Schleswig völlig seinen Untergang gefunden, sondern auch der alte einheimische Adel des Landes selbst ist zu Grunde gegangen, und nicht eine einzige Familie ist von diesen alten nationalen Geschlechtern übrig geblieben. So waren im Amte Hadersleben auf zahlreichen Edelsitzen vor allen die weitverbreiteten und begüterten Geschlechter der Emiksen und der Litlä, ferner die Familien Paad, Gaas und Esbernsen angesessen; im Amte Apenrade die Urne, Uck und Ingertsen; im Amte Tondern die Blaa oder Eriksen, Jonessen, Görbtssen, Nolb oder Nylle; selbst ein altes wie es scheint friesisches Adelsgeschlecht, die Familie Lembeck, gelangte im Westen und nachher im Norden des Herzogthums zu großem Länderbesitz, vorzüglich indem es die Schlösser Seegaard und Törning und mit ersterem den größten Theil der Lundtoftharde, mit letzterem fast das ganze Westeramt Habersleben erwarb. In der Landschaft Bredstedt findet sich die abliche Familie Frese, ebenfalls reichbegütert im Amte Husum neben dem Geschlechte Lund; in Angeln die Familie Post, Apelgaard, Schramm und von Dibben; auf Alsen die Basse und Dene, in Sundewith die Blans u. A. Alle diese Geschlechter sind verschwunden und ihr Besitz schon früh hauptsächlich an die Geistlichkeit, dann auch an fremden Adel, der ins Land einwanderte, oder an die Krone übergegangen. Der fremde Adel kam vorzüglich durch die Verbindung der schleswigschen Herzöge aus Abels Stamm mit den Grafen von Holstein aus letzterem Lande in's Herzogthum; außerdem aber brachten auch die aus der Fremde stammenden Könige, wie Erich von Pommern, Christoph von Baiern, ihren einheimischen Adel mit in's Land. —

Um die Zeit der Abfassung des Erdbuchs treten ferner die Städte als besonders bevorrechtete Orte bereits hervor. Sie erhielten allmählich neben einem besonderen Stadtrecht zugleich ein gewisses Gebiet, das aus Dörfern in ihrer Umgegend bestand, die dann allmählich niedergelegt sind; außerdem wurde ihnen gewöhnlich noch die Weidegerechtigkeit über benachbarte Districte verliehen. Nur die Städte Husum, Tönning und Garding haben erst im 16. Jahrhundert ihre städtische Verfassung erhalten und die Entstehung der Stadt Aeroeskjöbing ist noch im Dunkel gehüllt; muthmaßlich ist sie die ehemalige Stadt Wisbye auf Aeröe, welche 1398 erwähnt wird, wenn letztere nicht vielleicht in der Gegend von Söby, in der Nähe des Vitsees, gelegen hat. Eine Stadtverfassung hatte aber auch im 15. Jahrhundert (1487) das jetzige Dorf Lemkenhafen auf Fehmarn; und wie es scheint war auch das Dorf Oldensworth eine Zeitlang mit städtischen Rechten begabt. —

Ein sehr bedeutender Theil des Landes aber kam ferner früh in den Besitz der Geistlichkeit und rief eine Reihe von Districten hervor, von denen sich ebenfalls nur noch schwache Reste erhalten haben. Zunächst gehören hieher die ehemals bedeutenden Besitzungen des Bischofs von Schleswig, nach dem Hauptschlosse Schwabstedt auch das Amt Schwabstedt genannt, ein sehr zerstreuter Besitz, der in folgende Abtheilungen zerfiel:

1) Die Vogtei Schwabstedt oder das Birkgericht Schwabstedt mit dem jetzt zerstörten Schlosse und dem ganzen Kirchspiel Schwabstedt, wozu noch Lansten zu Oldersbeck, zu Westerbünge und zu Hollingstedt gehörten.

2) das Birkgericht zu Rödemis mit einigen Besitzungen zu Rantrum und Rosenthal und Lansten in Osterohrstedt, Westerohrstedt und Schwesing.

3) Die Treyaharde mit einziger Ausnahme des Dorfes Holm und des Osterkrugs.

4) Das Birkgericht zu Füsing mit den Dörfern Füsing und Taarstedt und Lansten in Kiesbye, Kalltoft, Loit, Steenfeld, Geel, Vogelsang, Markerup, Seegaard am Winderatter See, sämmtlich in Angeln, dem Dorfe Hüllerup im Kirchspiel Handewith und Gütern in Wallsbüll und Meyn.

5) Das Birk in Schwansen mit dem Schlosse Stubbe und den Dörfern Stubbe, Büstorf, Guckelsbye, Windemark, Gerebye, Nübel, Brobersbye, Karbye, Hörmark und Lansten in Siesebye, Schubye und Kopperbye.

6) Die Stiftsvogtei Vordelum, Bohmstedt, Drelsdorf, Rollekenbek

Amt Schwabstedt. Domcapitelsamt.

Büttebüll, Langenhorn und in der Karrharde Karlsmark und Schmörholm nebst Lansten zu Leck.

7) Das Birk Alsen, welches die Dörfer Stavensbüll (jetzt Augustenburg) und Sebbloe nebst Lansten zu Düppel, Nübel, Stendrup und Blans in Sundewitt enthielt.

8) Zur Vogtei in Hadersleben die Insel Aaröe und Güter in Stevelt, Flauth, Haistrup, Fauervraae, Hjerndrup, Bjerndrup, Maugstrup, Djernis, Hoptrup, Veiböll, Vilstrup.

9) Zur Vogtei Apenrade Besitzungen zu Kolstrup, Soes, Aarsleu, Ries, Jordkjär, Gjenner, und zu Barsmark, Skovbye, Sillehol, Kirkebye, Aabeck und Bodum im Kirchspiel Loyt.

10) In S t a p e l h o l m Güter in Süderstapel, Norderstapel, Seeth, Wohlde, Bergenhusen und das untergegangene Kirchspiel St. Johannis an der Treene in der Gegend von Friedrichstadt. —

Ein nicht minder bedeutendes Areal erwarb sich das ehemalige D o m = c a p i t e l i n S c h l e s w i g. Die Besitzungen desselben, das sogenannte D o m c a p i t e l s a m t, zerfielen in folgende Districte:

I. E r s t e r D o m c a p i t e l s = D i s t r i c t. Dieser enthielt

1) Die Vogtei Ulsnis oder Hesel mit den Dörfern Ulsnis, Steinfeld, Ries und Hestoft und Gütern in Brodersbye, Taarstedt, Akebye, Loit, Brebel, Ekenis, Güderott, Norderbrarup und Scheggerott.

2) Die Vogtei Berend mit den Dörfern Ballig und Ekeberg und Besitzungen in Berend, Nübel, Breckling, Moldenit, Tolk, Grumbye, Twedt, Strurdorf, Ahrup, Snarup, Havetoftloit, Bundsbüll, Langstedt, Tornschau, Schmedebye, Ibstedt, Ahrenholt, Lürschau, Schubye, Husbye, Sorgwohld und Krummenort.

3) Die Vogtei Stedesand mit Gütern in Stedesand, Enge, Scharde-büll, Schnatebüll, Stadum, Oster-Bargum und Karlum.

II. Z w e i t e r D o m c a p i t e l s = D i s t r i c t:

1) Die Vogtei Gammelbyegaard im Kirchspiel Steerup mit dem Hofe Gammelbyegaard und Besitzungen zu Gammelbye, Flatzbye, Winderatt, Sörup, Wigholm, Sörup-Schaubye, Südensee, Brunsbüll, Grünholz, Esgrus-Schaubye, Schwonburg, Atzbüll, Steinberg, Dollerup, Bönstrup, Ausacker, Wesebye, Hürup, Kielsgaard, Groß- und Klein-Solt, Klein-Wolstrup und Over-Kjestrup.

2) Die Vogtei Lysabbel oder Alsen mit dem Dorfe Lysabbel auf Alsen und Gütern in Möllmark, Schnabeck, Baurup und Düppel auf Sundewitt.

3) Die Vogtei Hackstedt mit Gütern in Nordhackstedt, Schafflund, Wallsbüll, Meyn, Orlund, Sillerup, Wandrup, Harrisleu, Weybeck, Jardelund, Osterbye, Medelbye, Weesbye, Achtrup, Bullsbüll, Goldebeck und Goldelund.

4) Die Vogtei Korbüll mit dem Hofe Korbüll im Kirchspiel Jörl, dem Dorfe Hochviöl und Gütern zu Stiegelund, Sollerup, Esperstoft, Hünding, Eggebeck, Bondelum, Berendorf, Sollwith, Löwenstedt, Norstedt, Spinkebüll, Kragelund, Bohmstedt, Almendorf, Strukum, Riddorf, Ahrenviöl, Schwesing, Ostenfeld und Osterhusum.

5) Die Vogtei Langenhorn mit Besitzungen in Langenhörn, Oster- und Wester-Offtebüll, Osterbargum und Högel.

6) Die Vogtei Kosel mit den Dörfern Kosel und Wesebye und dem ehemaligen Dorfe Kiel.

III. Der Domkirchen-District, dessen Ertrag der Domkirche und dem Prediger zu Gute kam, und der außer Besitzungen in Schleswig folgende Districte umfaßte:
1) Die Insel Arnis.
2) Die Vogtei Grödersbye mit den Dörfern Groß- und Klein-Grödersbye, Faurlück, Pagerye, und Gütern zu Ekenis, Kiesbye und Goltoft.
3) Die 10¾ Ulsniffer Pflüge, Besitzungen in Nottfeld, Scheggerott, Akebye, Taarstedt, Süderbrarup, Goltoft, Brodersbye und Fockbeck.
4) Die 10 Tolker Pflüge, Güter in Grumbye, Twedt, Jübeck, Jbstedt, Husbye, Schubye, Quastrup, Stadum, Ahrup und Thumbye.
5) Verschiedene Pflüge in der Vogtei Gammelbyegaard, Korbüll und Langenhorn.
6) Das Dorf Sandbeck im Kirchspiel Cappeln, Lansten des Dompredigers und nachher mit adelichen Gerechtigkeiten versehen. —

Außer diesen beiden bedeutenden Districten des ehemaligen Bisthums Schleswig bildeten sich aber auch die großen geistlichen Districte, welche die Klöster des Landes sich allmählich erwarben und zwar:
1) Das Kloster Lygum, um 1193 von Seem nach Lygumkloster verlegt, dessen Besitzungen das jetzige Amt Lygumkloster umfaßten.
2) Das Rudekloster, jetzt Glücksburg, 1210 nach Rude(Rübe) von Guldholm am Langsee verlegt, besaß ungefähr das spätere Kirchspiel Munkbrarup, Klues, Mönkebüll, die Munkmühle, Munkwolstrup, Rehberg und Güter in Sundewith, Bredstedt, Großenwiehe und in den Kirchspielen Husby und Oeversee.
3) Das St. Johanniskloster bei Schleswig, welches noch gegenwärtig vorhanden ist (f. unten S. XIII.).
4) Das Antoniusstift zu Morkirchen in Angeln, 1391 von Tempsin in Mecklenburg aus gegründet und von einer Art geistlichen Ritterordens bewohnt, dessen Tendenzen mit denen der Maurerei in Verbindung standen. Aus den Besitzungen desselben ist zum Theil das Amt Morkirchen gebildet, dessen Rest noch die Morkirchharde ist. —

Eine bestimmtere und veränderte Gestalt erhielt seit dem Schluße des 15. Jahrhunderts die Districtseintheilung des Landes durch die erste Landestheilung zwischen den beiden Linien des Fürstenhauses. In dieser Theilung von 1490 werden folgende Districte aufgeführt:
1) Schloß und Stadt Flensburg mit Nordstrand (und der Nordergoesharde oder Landschaft Bredstedt);
2) Sonderburg mit dem Lande Aeröe;
3) Schloß und Stadt Apenrade;
4) Das Land Fehmern mit dem Schlosse Glambeck;
5) Das Schloß Norburg;
welche Districte zusammen den königlichen Antheil bildeten, und
6) Gottorf mit Eiderstedt (und der Südergoesharde oder dem Amte Husum);
7) Das Kirchspiel Kampen;
8) Eckernförde;
9) Rundhoff Lehn;
10) Schloß und Stadt Lütken-Tundern (Amt Tondern) mit Lundvitharde (Lundtoftharde);
11) Schloß und Stadt Hadersleben;

Säcularisation des Kirchenguts.

welche Districte zusammen den herzoglichen Antheil bildeten. Die geistlichen und adelichen Districte waren damals noch von der Theilung ausgeschlossen. Bekanntlich ging die Bedeutung dieser Theilnng bald dadurch verloren, daß der Herzog Friedrich I. die Königskrone annahm. —

Eine gänzliche Umgestaltung in der bisherigen politischen Eintheilung des Landes veranlaßte aber die durch die Reformation bewirkte Säcularisation der geistlichen Districte. Diese wurde zwar erst allmählich im Laufe des 16. Jahrhunderts durchgeführt, tritt aber schon bei der zweiten Landestheilung im Jahre 1544 stark hervor. Nach dieser Theilung bildeten den königlichen Antheil:

1) Sonderburg mit Alsen, Aeröe, Norburg und Sundewith;
2) Flensburg;
3) Rudekloster (später Glücksburg mit der Munkbrarupharde);

ferner den herzoglichen Antheil Johann's des Aeltern:

4) Stadt und Schloß Habersleben;
5) Törning;
6) Schloß, Stadt und Amt Lütkentundern;
7) Lygumkloster;
8) Fehmarn;
9) Die Dörfer Campen, Lembeck und Borgstedt;

endlich den herzoglich gottorfischen Antheil:

10) Schloß und Amt Gottorf;
11) Hütten mit Wittensee;
12) Morkirchen;
13) Stapelholm mit Husum und Eiderstedt;
14) Stadt und Amt Apenrade.

Im Jahre 1564 trat der König Friedrich II. wiederum seinem Bruder Johann dem Jüngeren Sonderburg und Norburg ab; dieses Fürstenhaus erhielt jedoch an der Landesregierung keinen Antheil. Endlich geschah die letzte Theilung im Jahre 1581, als Johann der Aeltere kinderlos starb und der König und der Herzog von Gottorf sich in seinen Antheil theilten, so daß der König Habersleben und Törning, der Herzog von Gottorf aber Tondern, Nordstrand, Fehmern und Lügumkloster erhielt. Da auch Herzog Johann der Jüngere Ansprüche auf Johann's des Aelteren Nachlaß machte, so überließ der König ihm 1582 Rudekloster, woraus das spätere Glücksburg entstand. Das Bisthum Schleswig bestand noch bis 1586, in welchem Jahre der König es mitsammt dem Domcapitel einzog; allein im Jahre 1668 mußte er dasselbe mit der Hälfte des Domcapitelsamts an das Gottorfer Haus herausgeben. Endlich zog im Jahre 1721 der König Friedrich IV. den ganzen gottorfischen Antheil des Herzogthums ein, wodurch den zum größten Nachtheile des Landes bestehenden Theilungen ein Ende gemacht wurde.

Die Besitzungen des abgetheilten Sonderburgischen Hauses sind ebenfalls allmählich im Laufe der Zeit an die Krone zurückgefallen. Sie hatten sich nach und nach über die Inseln Alsen und Aeröe, das Amt Sonderburg, die Munkbrarupharde und die sogenannten Gravenstein'schen Güter ausgedehnt. Aeröe fiel 1729 und 1749, das Amt Sonderburg und Glücksburg 1779, das Amt Norburg 1730, und der übrige sogenannte Augustenburgische Theil von Alsen nebst den Gravenstein'schen Gütern am 30. Decbr. 1852 an die Krone. Der Augustenburger Antheil an Alsen wurde als eine eigne Harde dem Amte Sonderburg, die Gravenstein'schen Güter dagegen größtentheils der Lundtoftharde im Amte Apenrade einverleibt. Die adelichen Districte und die von der Ritterschaft aufrecht erhaltene geistliche Stiftung des Johannisklosters bei Schleswig wurden in die Landestheilungen nicht miteinbegriffen. Sie bildeten vielmehr besondere Districte mit eigener Justiz- und Polizeiverwaltung, welcher letztere Zustand bis zum 3. Juni 1853 bestehen blieb. Außerdem hatten noch eine Reihe Kirchen und milder Stiftungen in den Städten zerstreute Besitzungen im Lande, über welche sie obrigkeitliche Rechte ausübten, die aber im Laufe der Zeit den nächstgelegenen Harden einverleibt worden sind; so namentlich der Goschenhof in Eckernförde, das graue Kloster in Schleswig, das Heiligen-Geist-Hospital, die St. Nicolaikirche und St. Marienkirche in Flensburg, die St. Marienkirche in Hadersleben und das Hospital in Sonderburg. Endlich waren nicht blos einer Reihe von Marschdistricten, um die Eindeichung derselben zu befördern, gewisse Privilegien rücksichtlich der Justiz und Administration durch eine besondere königliche Octroy ertheilt und so die octroyirten Köge entstanden; sondern ähnliche Privilegien waren auch einzelnen anderen Besitzungen verliehen und dieselben statt unter die Justizverwaltung der Aemter und Harden, unter die des ehemaligen Obergerichts in Schleswig gestellt; diese Besitzungen wurden Kanzleigüter genannt und lagen in den verschiedensten Gegenden des Landes zerstreut. —

Auf die so angedeutete Weise hatte sich die eine lange Zeit übliche Districtseintheilung des Landes herangebildet, welche jedoch in neuerer und neuester Zeit noch manche Veränderungen erlitten hat. Auf dem großen Concurs der v. Ahlefeldt auf Seegaard 1727 kaufte das Augustenburgische Haus eine Reihe von Seegaarder Meierhöfen, aus denen die Gravenstein'schen Güter gebildet wurden. Auch die Krone erwarb sich im Laufe des vorigen Jahrhunderts eine Reihe von großen Gütern, namentlich Satrupholm, Lindau und Lindewith, die sie mit ihren Zubehörungen den angrenzenden Harden einverleibte, und gleichzeitig parcelirte sie diese und andere Höfe, hauptsächlich in den Jahren 1764 bis 1780; ein Beispiel, das auf den großen Gütern Gelting, Rundhof, Düttebüll, Roest u. A. Nachahmung fand. Am 23. December 1806 hingegen wurden wieder 35 Meierhöfe zu neuen adelichen Gütern erhoben. 1837 wurde das Gut Seegaard auf Pelworm der Landschaft Pelworm untergelegt. Im Jahre 1850 wurde die Lundtoftharde mit dem Dorfe Lautrup vom Amte Tondern genommen und mit dem Amte Apenrade verbunden; dagegen wurde das Amt Lygumkloster dem Amtmann in Tondern und das Gut Stoltelund der Schlurharde untergelegt. Ferner wurde die zum Amte Hadersleben gehörige Vogtei Bollersleben aufgehoben und die zu derselben gehörigen Dörfer Bollersleben und Gjenner wurden unter das Amt Amt Apenrade, Strandelbjörn aber unter die Norberrangstrupharde im Amte Hadersleben gelegt. Gleichzeitig kamen die Dörfer Tobsböll, Gaaskjär, Smedager, Vellerup und Reppel von der Schlurharde im Amte Tondern an die Riesharde des Amts Apenrade. Am 3. März 1853 wurden die von der Krone erworbenen Augustenburgischen Güter auf Alsen unter dem Namen der Augustenburgerharde in das Amt Sonderburg einverleibt, von den gleichzeitig acquirirten Gravenstein'schen Gütern aber Auenbüllgaard mit Ausnahme der Stellen- in Baurup, sowie ferner die Augustenburgischen und Gravenstein'schen Untergehörigen der Kirchspiele Nübel, Düppel und Broacker in die Nübelharde des Amts Sonderburg, das Wirthshaus zu Gerrebeck der Schlurharde des Amts Tondern und die übri-

Neue Districtseintheilung im Jahr 1853.

gen Gravenstein'schen Besitzungen dem Amte Apenrade einverleibt, und zwar so, daß die Stellen im Baurup zum Birk Warnitz, die Krugstelle in Bollersleb und der Hof Dalholt zur Riesharde, der Hof Grönnebekgaard zur Süderrangstrupharde und die Höfe Gravenstein Aarup, Fischbek, Kjelstrup und Kjeding mit allen ihren übrigen Zubehörungen zur Lundtoftharde gelegt wurden. Am 16. März 1853 wurden die bisher zum holsteinischen Amt Rendsburg gehörigen Dörfer Nübbel, Fockbeck, Alt- und Neu-Büdelsdorf der Hohner Harde Amts Hütten, und Vorgstedt und Lehmbeck der Hüttenerharde einverleibt. Endlich hob das Patent vom 3. Juni 1853 die adelichen Güterdistricte auf. Es wurden dadurch das adeliche St. Johannisskloster, diejenigen adelichen Güter und diejenigen octroyirten Koege, welche keine geschlossenen Districte ausmachten, hinsichtlich der Gerichtsbarkeit den angränzenden Harden oder sonstigen ländlichen Jurisdictionen einverleibt; dagegen wurden aus den geschlossenen adelichen Güterdistricten und aus den 5 Nordstrandischen Koegen besondere Jurisdictionen gebildet, nämlich: aus den zu dem Dänischwohlder und Schwansener Güterdistrict gehörenden Gütern eine Harde unter dem Namen Eckernförder Harde; aus den zu dem ersten Angeler District gehörenden Gütern Brunsholm, Buckhagen, Dollrott, Düttebüll, Gelting, Nieswraagaard, Oehe mit Haffelberg, Oestergaard, Ohrfeld, Priesholt, Roest, Rundtoft, Sandbeck und Töstorff eine Harde unter dem Namen Cappeler Harde; und aus den fünf Nordstrandischen Koegen eine Harde unter dem Namen Nordstrander Harde. Demzufolge wurden 1) die Güter Boelschubye, Fahrenstedt, Flarupgaard, sowie der Kloster-Hof des adeligen St. Johannis-Klosters in der Stadt Schleswig und die Besitzungen desselben in Kahleby, Strurdorff, Tolk und Nübel der Strurdorff-Harde, 2) die Besitzungen des St. Johannis-Klosters in Brodersby, Boren und Rabenkirchen der Schlies- und Füsting-Harde, 3) die Besitzungen des genannten Klosters in Kropp und Habbeby, sowie der Börmer- und Meggerkoog der Kropp- und Meggerdorff-Harde, 4) die Güter Freienwillen, Lundsgaarde und Weseby der Husby-Harde, 5) die Güter Grünholz, Svensby und Südensee der Nieharde, 6) die Güter Unewad, Norgaard und Nübel der Munkbrarup-Harde, 7) der Kleinseer Koog der Landschaft Stapelholm, 8) das Gut Hoyersworth, der Wilhelminenkoog, der Grothusenkoog der Landschaft Eiderstedt, 9) das Gut Mirebüll, der Sophien-Magdalenen-Koog, der Desmercièreskoog, der Reußen-Koog, der Louise-Reußen-Koog und der neue Sterdebüller Koog mit den Außenländereien dem Amte Bredstedt, 10) die Grafschaft Reventlow-Sandberg und die Güter Ballegaard und Beuschau der Nübel-Harde, 11) die Güter Ahretoft, Gröngrift, Laygaard, Schobüllgaard und Seegaard der Lundtoft-Harde, 12) die Güter Boyerstedt, Bülsbüll, Fresenhagen, Gaarde, Hogelund, Karrharde, Klirbüll und Lützenhorn der Karrharde, 13) das Gut Toftum, der Wieding-Harde, 14) der Störtewerkfoog, der Juliane-Marien-Koog, der Kleiseer Koog, der Marien-Koog, der alte Christian-Albrecht-Koog der neue Christian-Albrecht-Koog und der Dagebüller Koog der Böcking-Harde, 15) der Friederichen- und Ruttebüller Koog der Hoyer-Harde, und 16) die Güter Gram und Nübel der Frös- und Kalslund-Harde zugelegt.—

Solchergestalt ist die gegenwärtig geltende Districtseintheilung des Herzogthums Schleswig entstanden. Zum besseren Verständniß des speciellen topographischen Repertoriums verdienen indeß von den ehemaligen Districten noch die folgenden einer kurzen topographischen Darstellung:

1) Der ehemalige Glücksburgische District. Dieser bestand aus der Nübelharde des Amts Sonderburg in Sundewitt, mit dem größten

Ehemalige adeliche Güterdistricte.

Theil der Kirchspiele Saatrup, Nübel, Ulderup und Broacker; ferner aus dem Amte Glücksburg oder der Munkbrarupharde des Amts Flensburg mit den Kirchspielen Munkbrarup und Neukirchen und dem Dorfe Rumark im Kirchspiel Rüllschau, endlich aus den abligen Gütern Dänisch-Lindau, Nübel, Norgaard und Uenewatt.

2) Der vormalige Augustenburgische Güterdistrict. Er wurde zufolge herzoglicher Cessionsacte vom 30. December 1852 vom Könige erworben und bestand aus 2 Theilen:

a. den Augustenburgischen Gütern auf der Insel Alsen, wie oben erwähnt jetzt der Augustenburgerharde. Es sind das Schloß Sonderburg und die Güter Augustenburg, Gammelgaard, Kekenisgaard, Langenvorwerk, Maybüllgaard, Rönhof und Rumohrsgaard mit 9278 Einwohnern.

b. den sogenannten Gravenstein'schen Gütern oder den Gütern Aarup, Auenbüllgaard, Fischbeck, Gravenstein, Kjeding und Kjelstrup, zusammen mit 4772 Einwohnern. Sie wurden in einiger Beziehung zum 2. Angler Güterdistrict gerechnet.

3) Die ehemaligen ablichen Güterdistricte. Diese waren 4, nämlich:

a) der Dänischenwohlder Güterdistrict mit den Gütern Altenhof, Aschau, Augustenhof, Behrensbrooek, Birkenmoor, Borghorst, Borghorsterhütten, Alt-Bülck, Neu-Bülck, Eckhof, Friedensthal, Grünewald, Grünhorst, Harzhof, Hoffnungsthal, Hohenhain, Hohenlieth, Kaltenhof, Knoop, Königsförde, Lindau, Marienthal, Dänisch-Nienhof, Noer, Rathmannsdorf, Rosenkranz, Schirnau, Seekamp, Sehestedt, Steinrade, Uhlenhorst, Warleberg, Windebye, Wulfshagen und Wulfshagenerhütten, zusammen 35 Güter von 328 Pflügen mit 45467 Steuertonnen und 12998 Einwohnern. Der District bildet jetzt einen Theil der Eckernförderharde.

b) der Schwansener Güterdistrict mit den Gütern Bienebeck, Büchenau, Büstorf, Carlsburg, Casmark, Damp, Dörp, Eschelsmark, Espenis, Grünholz, Hemmelmark, Hohenstein, Krisebye, Loitmark, Louisenlund, Ludwigsburg, Maasleben, Marienhof, Möhlhorst, Mohrberg, Olpenitz, Ornum, Rögen, Sardorf, Schönhagen, Staun und Stubbe, zusammen 27 Güter von 343 Pflügen mit 34,888 Steuertonnen und 10,234 Einwohnern. Dieselben sind ebenfalls zur Eckernförderharde gelegt.

c) der erste Angler Güterdistrict mit den Gütern Boelschubye, Brunsholm, Buckhagen, Dollrott, Düttebüll, Fahrenstedt, Flarup, Freienwillen, Gelting, Grünholz, Lundsgaard, Niesgraugaard, Norgaard, Nübel, Oehe, Oestergaarde, Ohrfeld, Priesholz, Roest, Rundhof, Sandbek, Schwensbye, Südensee, Toestorf, Uenewatt und Wesebye, zusammen 26 Güter von 293 Pflügen mit 28,823 Steuertonnen und 12,887 Einwohnern. Diese Güter sind theils den Aemtern Gottorf und Flensburg, theils der Cappeler Harde einverleibt.

d) der zweite Angler Güterdistrict mit den Gütern Ahretoft, Ballegaard, Beuschau, Boverstedt, Büllsbüll, Fresenhagen, Gaarde, Gram, Grüngrift, Hoyersworth, Hogelund, Karrharde, Klirbüll, Laygaard, Lütjenhorn, Mirebüll, Nübel, Schobüllgaard, Seegaard, Stoltelund, Toftum und der Graffschaft Reventlow-Sandberg, zusammen 22 Güter von $325\frac{1}{2}$ Pflügen mit 34,644 Steuertonnen und 11,006 Einwohnern. Zu diesem District wurden auch die Gravenstein'schen Güter gerechnet. Jetzt sind diese sämmtlichen ablichen Güter den Aemtern Apenrade, Sonderburg, Tondern, Bredstedt und Hadersleben einverleibt.

St. Johannisfloster. Kanzleigüter. Koege.　　XIII

4) Das adelige St. Johannisfloster auf dem Holm vor Schleswig. Es war dies ursprünglich ein Benedictiner=Nonnenkloster, über dessen Entstehung nichts Vollständiges mit Sicherheit vorliegt. Das Archiv des Klosters geht nur bis zum Jahre 1250 zurück. Nach der Reformation blieb das Kloster in den Händen der Ritterschaft und ist allmählich eine Versorgungsanstalt der Töchter des inländischen Adels geworden. Für die Einschreibung in das Kloster werden 125⅔ Rthlr. Crt. erlegt; adliche Geburt ist dazu nothwendig, doch brauchen die Conventualinnen nicht gerade ritterschaftlichen Familien anzugehören. Die Besitzungen des Klosters haben ein Areal von 4452 Steuertonnen. Die Einnahmen des Klosters werden auf ca. 9000 Rthlr. jährlich veranschlagt, von denen jede der 9 Conventualinnen 300 bis 400 Rthlr. jährlich erhält. Der Klosterprobst leitet mit der Priörin die Verwaltungsgeschäfte des Klosters, unter ihnen der Klosterverwalter. Das Kloster hat seine Untergehörigen in 11 Kirchspielen der Aemter Gottorf und Flensburg zerstreut, zusammen mit 2216 Einwohnern. Der Klosterhof und die Kirche auf dem Holm stehen unter Jurisdiction der Sturdorfharde, die übrigen Besitzungen nach dem oben S. XI. mitgetheilten Patent vom 3. Juli 1853 unter Jurisdiction der Harden in denen sie liegen. Die Besitzungen des Klosters bestehen außer den Klostergebäuden und der Kirche aus den Dörfern Altmühl, Borgwedel, Geltorf, Fahrdorf, Jagel, Loopstedt, Lottorf, Nieder=Selk, Steckswig, Wedelspang und dem Hofe Osterlieth im Kirchspiel Haddebye, dem Kirchorte Kahlebye mit den Ortschaften Schaalbye und Tolkwade, und Theilen von Dörfern in den Kirchspielen Haddebye, Kropp, Norderbrarup, Sturdorf, Tolk, Nübel, Boren, Brodersbye, Rabenkirchen und Husbye.

5) Die Kanzleigüter. Dieses waren Güter, welche nicht zu dem adlichen Districten gehörten, sondern statt unter dem ehemaligen Landgerichte unter der ehemaligen Regierungskanzlei oder dem nachherigen Obergericht auf Gottorf standen, die aber außerdem mit manchen Privilegien versehen waren. Gewöhnlich rechnete man zu ihnen Höfeberg im Kirchspiel Loit, Grumbye, und Tolkschubye im Kirchspiel Tolk, Winning im Kirchspiel Moldenit, Mildstedthof und Rödemishof im Amte Husum, Neuland in der Landschaft Stapelholm und Hayhstruphof, Hestholm und Meyerholm im Amte Tondern. Allein außer diesen waren noch eine Reihe von Höfen in gleichen Verhältnissen, wie Loithof im Amte Gottorf, bei Steinberg=Kirche im Amte Flensburg, Sterdebüllhof im Amte Bredstedt, Friesmark im Amte Tondern, Astrupgaard im Kirchspiel Bröns, Wischhof im Amte Husum u. A. Alle diese Höfe sind jetzt den Aemtern und Harden, in denen sie liegen, untergelegt.

6) Die octroyirten Koege. Dies sind neueingedeichte Marschländereien auf der Westseite, welche durch eine landesherrliche Octroy mit eigner Justiz= und Polizeigewalt versehen waren. Auch sie sind, wie oben S. XI. angegeben, durch das Patent vom 3. Juni 1853 unter die Aemter und Harden, in deren Bezirk sie sich befinden, gelegt. Es waren folgende: der alte und neue Christian=Albrechtskoog, der Dagebüllerkoog, der Friedrichenkoog, der Julianen=Marienkoog, der Kleiseerkoog, der Marienkoog und der Ruttebüllerkoog im Amte Tondern; der neue Sterdebüllerkoog, der Sophien=Magdalenenkoog, der Desmerciereskoog, der Reussenkoog und der Louise=Reussenkoog im Amte Bredstedt; der Elisabeth=Sophienkoog auf Nordstrand; der Grothusenkoog, der alte und neue Augustenkoog, der Süder= und Norder=Friedrichskoog in der Landschaft Eiderstedt; der Börmerkoog und der Meggerkoog im Amte Gottorf und der Kleinseer= oder Lütgenseerkoog im

Lage. Größe. Grenzen.

Amte Hütten, zusammen 22 Koege mit 2819 Einwohnern. Allein zu dieser Zahl wurden häufig auch noch der Störtewerkerkoog im Amte Tondern, der ebenfalls mit einem Privilegium versehen ist, der Interessenten-Gotteskoog ebendaselbst sowie der Wilhelminenkoog in Eiderstedt, zusammen 3 Koege mit 149 Einwohnern gerechnet, so daß die Gesammtzahl der octroyirten Koege eigentlich 25 mit 2968 Einwohnern betrng. Sie sind jetzt alle den Aemtern und Harden, in denen sie liegen, incorporirt, s. oben S. XIII.

2. Geographische Lage und Ausdehnung. Das Herzogthum Schleswig besteht theils aus einer Continentalmasse, welche den mittlern Theil einer zwischen die Ostsee und Nordsee sich gegen Norden erstreckenden Halbinsel ausmacht, theils aus einer Reihe von Inseln in jenen beiden Meeren, von denen 7 in der Ostsee und 12 in der Nordsee zu den bewohnten gehören. Die geographische Lage des Schleswigschen Festlandes ist zwischen dem 54° 12′ und dem 55° 30′ nördlicher Breite und zwischen dem 2° 22½′ und dem 3° 59′ westlicher Länge vom Kopenhagener Meridian. Der nördlichste bewohnte Ort des Festlandes ist die Holzvogtswohnung Löverobbe bei Stenderup am Koldinger Meerbusen und der südlichste die von Hamdorf ausgebaute Achtelhufe Wittenbergen an der Eider, der östlichste das Lootsenhaus zu Bülck und der westlichste das Kirchdorf Ording in Eiderstedt. Die größte Ausdehnung zwischen diesen äußersten Endpunkten beträgt von Norden nach Süden 19¼ Meilen, von Osten nach Westen 13¾ Meilen. Die geringste Ausdehnung von Norden nach Süden beträgt 15 Meilen, die geringste von Osten nach Westen zwischen Schleswig und Husum nur 4¼ Meilen. Der Flächeninhalt des Landes mit den Inseln wird zusammen auf $166\frac{7}{10}$ Quadratmeilen angenommen.

3. Grenzen. Die Ost- und Westgrenze des Landes sind durch das Meer gegeben; es bedürfen daher nur die Nord- und Südgrenze einer nähern Bestimmung.

Die Nordgrenze wird im Allgemeinen durch den Koldinger Meerbusen, das Stadtfeld der Stadt Kolding, eine durch den Koldinger Receß von 1576 und durch das Patent vom 29. October 1727 bezeichnete unregelmäßige Linie von Kolding bis zum jütschen Kirchdorfe Vambrup, und durch das Thal der Königsau bestimmt. Allein von dieser Grenzlinie finden manche Abweichungen statt. Es liegen nämlich nicht allein im Kirchspiele Seest nördlich jener Grenze 2 zum schleswigschen Amte Hadersleben gehörige Höfe, sondern es liegen auch südlich der Grenzlinie mehrere zu Jütland gehörige Ortschaften, namentlich der Hof Oesterbygaard und das Dorf Holte nebst einem Theile des Dorfes Skodborg. Außerdem aber liegen noch südlich der Grenzlinie eine Menge einzelner zum jütschen Amte Ripen gehörige Stellen im Herzogthum zerstreut.

Die Südgrenze von Schleswig bildet der Eidercanal von der Ostsee an bis zum Flemhudersee, von da an die Eider selbst, theils als Fortsetzung des Canals, theils als sogenannte alte Eider von demselben abweichend und zwar bis zu den Bübelsdorfer und Rendsburger Vorwerksländereien, welche nebst dem Rendsburger Stadtgebiet nördlich der Eider die fernere Grenze bilden, die dann westlich von Rendsburg bis in die Nordsee wieder durch das Thal der Eider bestimmt wird.

Auch von den zu Schleswig gehörigen Inseln sind 3 durch die Grenzen des Herzogthums durchschnitten, indem die südliche Hälfte der Insel Römöe,

Enclaven. Klima. Bildungsgeschichte. XV

die nördliche Spitze der Insel Sylt mit dem Dorfe List und die westliche Hälfte der Insel Föhr zu Jütland gehören.

4. Enclaven. Innerhalb jener Grenzen liegen noch eine Reihe von jütschen zum Stiftsamte Ripen gehörigen Enclaven, welche ganz vom schleswigschen Gebiete oder doch von diesem und dem Meere eingeschlossen und von Jütland getrennt sind. Diese sind 1) die Stadt Ripen mit ihrem Gebiet, 2) das Birk Ripen, 3) die Löeharde mit dem Gute Troiborg, 4) das Birk Mögeltondern und Ballum und verschiedene andere Theile der Grafschaft Schackenborg. Die erstern beiden und die letztern beiden Districte bilden theils ziemlich zusammenhängende größere Bezirke auf der Westseite des Landes, theils sind ihre Untergehörigen, namentlich die der Grafschaft Schackenborg über den ganzen Nordwesten des Herzogthums verstreut. Auch gehört ganz zu Jütland die zwischen den schleswigschen Nordseeinseln liegende Insel Amrom. Alle die genannten enclavirten Districte nebst den ganz oder theilweise zu Jütland gehörigen Inseln besitzen nach der Zählung von 1845 nicht weniger wie 17,026 Einwohner.

5. Klimatische Beschaffenheit. Die mittlere Temperatur des Landes ist bei der den Seestürmen ausgesetzten Lage nicht sehr hoch; die von Apenrade beträgt $6\frac{3}{10}$ Grad Wärme. Die mittlere Temperatur im Sommer beträgt in Apenrade $13\frac{76}{100}$ Grad Wärme, die mittlere im Winter $0\frac{7}{10}$ Grad Wärme. Die Witterung hat einen sehr unbeständigen Charakter und Stürme und Regen sind häufig, ohne daß jedoch das Klima ein ungesundes genannt werden kann. Nur in den Marschen herrscht das diesem Boden eigenthümliche Marsch= oder Stoppelfieber. Die vorherrschenden Winde im Lande sind die westlichen.

6. Bildungsgeschichte des Landes. Das Herzogthum Schleswig bildet einen Theil jener großen nordeuropäischen Ebne, welche sich zwischen dem Harz und den skandinavischen Gebirgen erstreckt und die ehemals ein Meer war, welches das nördliche Europa vom mittleren trennte. In diesem Meere hat sich der Boden durch Einwirkung unterirdischer vulkanischer Kräfte emporgehoben und darauf durch fernere Einwirkungen des Wassers seine gegenwärtige Gestalt und Beschaffenheit erhalten. Dieser Boden ruht allem Anscheine nach in seiner Tiefe auf einer festen Gebirgsbildung, die mit der skandinavischen eine und dieselbe ist, wie die zahlreichen sogenannten erratischen Granitblöcke beweisen, welche ohne Zweifel durch unterirdische Ausbrüche bis in die Thonlager des Landes hinaufgesprengt sind. Jünger als diese Gebirgsbildung ist eine Kreideschicht, welche sich auf derselben abgelagert hat und in der ganzen nordeuropäischen Ebene sehr verbreitet ist; im Herzogthum Schleswig kommt sie als anstehendes Gestein nicht vor, aber man findet ihre Versteinerungen an den Küsten des Landes und in den Mergellagern desselben zerstreut. Jünger als die Kreide ist die sogenannte Braunkohlenbildung, welche sich namentlich auf der Westseite des Landes findet und aus gelbem eisenhaltigen Sandstein, vermischt mit Glimmerblättchen und Braunkohlenschichten, besteht. Diese hat sich offenbar während einer sehr ruhigen Periode des Meeres abgelagert; ihre zahlreichen Versteinerungen sind von denen der Kreide völlig verschieden, und eine der bekanntesten derselben, der Bernstein, welcher das Harz eines Nadelholzes ist, zeigt, daß zur Zeit der Ablagerung der Braunkohlenbildung schon Land über dem Meere gehoben sein und eine Vegetation auf demselben stattgefunden haben muß. Durch unterirdische Hitze und dadurch bewirkte gewaltsame Erschütterungen haben sich durch diese beiden Bildungen hindurch und über dieselben mächtige Lager von Geschiebethon gehoben, welche daher nicht blos Reste und Versteinerungen der Kreide und der Braunkohlenformation, sondern auch losgebrochene Stücke der unterirdischen Granitmassen in unzähligen Blöcken mit sich in die Höhe gebracht haben. Das so gebildete Land ist aber darauf durch eine von Osten her kommende außerordentliche starke Meeresfluth verändert worden, welche auf der Ostseite die tiefen Häfen des Landes aufriß und gegen Westen über das Land wegschwemmte, wodurch sie auf der jetzigen Landesmitte den Geschiebesand, das gröbere Material des zerstörten Geschiebethons der Ostseite, ablagerte. Nach dieser großen baltischen Fluth hat darauf eine Senkung des Landes stattgefunden, welche zur Folge hatte, daß eine Masse von Waldungen sich in Torfmoore verwandelte. Da man in diesen Mooren bei Husum einen Grabhügel gefunden hat, so ist das Land vor dieser Senkung bereits bewohnt gewesen. Vielleicht in Folge dieser Senkung trat mehrere Jahrhunderte vor Christi Geburt eine Fluth von Westen her ein, welche den westlichen Theil des Landes verherrte und auf der dort verbreiteten Braunkohlenbildung eine fast überall erkennbare Steinschicht ablagerte. Jene Senkung und diese Fluth haben auch auf der Westseite des Landes die alte Dünenkette, das vormalige Meeresufer, zerstört und der Küste ihre insularische Gestalt gegeben. An dieser Küste setzte sich dann die jüngste Bildung des Landes, die Marsch ab, welche Bildung noch fortwährend thätig ist und zu der das vergangene Land den Thon lieferte. Spätere Fluthen haben noch bestimmend auf jene Seite des Landes eingewirkt, namentlich im Jahre 1300 und 1362, vorzüglich aber im Jahre 1634, wo eine Fluth die ehemalige Insel Nordstrand in das jetzige Nordstrand und Pelworm und die Halligen zertrümmerte.

7. Geognostische Uebersicht und Bodenbeschaffenheit. Die Folge der vorstehend gegebenen Entwickelungsgeschichte der Landesbildung ist die gegenwärtige geognostische Beschaffenheit Schleswigs. Das Land zerfällt darnach in 4 wesentlich verschiedene Theile, die sich in schmalen Streifen der Länge nach von Süden nach Norden erstrecken, nämlich in die Strecken des Geschiebethons, des Geschiebesandes, des Haidesandes und der Marsch.

Der Geschiebethon, der sich durch seinen kalkhaltigen Mergel auszeichnet und in den große Granitblöcke versprengt sind, nimmt die Ostseite des Landes ein. Die Meerbusen haben sich bis in seine innerste Grenze hart an den Geschiebesand eingerissen, weshalb die Städte, die meist im Winkel der Meerbusen erbaut sind, nahe jener Scheide des Thons und des Sandes zu lagern pflegen. Wo die Buchten aufhören, ist daher der Streifen des Thons nur schmal, wogegen er sich zwischen den parallel laufenden Meerbuchten in weiten Halbinseln nach Osten ausbreitet. Die Oberfläche der Thonstrecke ist wellenförmig und außerordentlich hügelig; zuweilen wird sie von bestimmt ausgeprägten Höhenstrecken durchzogen, welche im mittlern Angeln die Richtung von Osten nach Westen, im Norden des Landes die Richtung von Süden nach Norden annehmen. Schon die Gestalt der Oberfläche verleiht der Geschiebethonstrecke einen schönen und malerischen Charakter; ebenso sehr thut dieses die fruchtbare vorzüglich durch den bedeutenden Gehalt von kohlensauren Kalk bewirkte Beschaffenheit des Bodens, welche es zur Folge gehabt hat, daß diese Gegenden als die besten des Landes früh in den Besitz der einflußreichsten Bevölkerung, des Adels, gekommen und mit ablichen Gütern entweder noch bedeckt sind oder doch einst bedeckt waren. Der Geschiebethon macht auch den Boden der in der Ostsee befindlichen zu Schleswig gehörigen Inseln, wie namentlich den von Alsen, Aeröe und Fehmarn aus.

Der Geschiebesand schließt sich als ein Landstrich von verschiedener Breite westlich nach der Landesmitte zu an den Geschiebethon an; ein zweiter schmaler Streifen desselben liegt an der Westseite an der innern Grenze der Marsch und ist von dem ersteren durch den Haidesand getrennt; doch wird letzterer auch in der Landesmitte vielfach von Strecken des Geschiebesands durchschnitten. Er besteht aus gelblichem mit Thon in verschiedener Stärke, oft auch mit Korallsand vermischtem Sande, in welchem Geschiebe von der kleinsten bis zu bedeutender Größe gemengt sind. Dieser Boden tritt oft als ein breites Hochplateau auf, oft aber durchziehen ihn ungemein scharf ausgeprägte Höhenzüge, deren Richtung entweder von Süden nach Norden, wie bei den Hüttener Bergen, oder von Westen nach Osten, wie bei der Ostenfelder Höhenkette läuft. Wo die Höhenzüge auftreten, bietet der Geschiebesand ein malerisches, bewaldetes und zwar mit der Eiche als Charakterbaum geschmücktes Terrain dar; in den Flächen ist die Gegend öder. Im Allgemeinen enthält aber auch diese Strecke des Landes einen gesunden und kräftigen Boden.

Der Haidesand ist von dem Geschiebesand nur in seinen oberen Lagen verschieden und er gehört im Grunde derselben Bildung an; er ist wohl ohne Zweifel an den meisten Stellen nur ein **durch die übergroße Entwaldung der Landesmitte in seinen oberen Schichten verwilderter** Geschiebesand, dem die humosen Theile entzogen sind und den statt dessen ein brauner durch Eisenoxyd verbundener Sandstein (Ahlerde, Fuchserde), welcher alle Vegetation zerstört, durchzieht. Ueberall trifft man auf ihm in Flächen von sogenanntem Krattbusch die Reste alter Eichenwaldungen. Der Haidesand bedeckt weite kahle Ebenen, auf denen die Dörfer der Landesmitte, sporadisch von einzelnen Anbauerstellen umgeben, verstreut sind; der Vegetation ist er ungünstig, vielfach nur von einer dünnen schwarzgrauen Decke überzogen, auf der seine Charakterpflanze, das Haidekraut blüht. Mitunter heben sich aus der Ebene flugsandartige Anhäufungen, die bei Frösleb in der Nähe von Flensburg zu einer wunderbaren kreisförmigen Höhenkette ansteigen.

Die Marsch besteht aus einem fetten und glimmerreichen ziemlich sandfreien Thon, der vom Meere angeschwemmt ist und noch fortwährend angeschwemmt wird und entweder auf Sand oder auf einem moorigen Untergrund ruht. Sie zieht sich in einem bald breiteren bald schmaleren Streifen mit wenigen Unterbrechungen längs der ganzen Westküste des Landes und längs dem Ufer der in die Nordsee mündenden Ströme, und nimmt auch einen großen Theil des Bodens der an der Westseite Schleswigs liegenden Inseln ein. Auf dem von der Fluth abgesetzten Lande entwickelt sich allmählich die Vegetation, welche zur Befestigung des Bodens beiträgt, bis endlich durch Eindeichung der fruchtbare Boden der Gewalt der Fluthen völlig entzogen wird. Die Marsch bildet dieser ihrer Entstehung nach eine ebene Fläche ohne alle Hebungen, welche von breiten zur Entwässerung dienenden Gräben durchschnitten ist; nur um die Wohnungen gegen etwa eindringende Fluthen zu sichern, sind dieselben häufig auf von Menschenhänden aufgeworfenen Anhöhen erbaut. Eine Waldvegetation

b

kommt in der Marsch gar nicht vor; dagegen dient der Boden zur Gewinnung der schwersten Getreidearten oder als treffliches Grasland.

Den Strandwall, der an den Stellen der Küste, wo keine Marschbildung stattfindet, sich angehäuft hat, bilden die sogenannten Dünen, die aus Flugsand mit einer spärlichen Vegetation bestehen und an einzelnen Stellen der Insel Sylt bis gegen 100 Fuß hoch aufgethürmt sind. Dieser Strandwall ist ein doppelter schmaler Streifen, indem er theils an dem jetzigen Meeresufer, nämlich auf der Insel Sylt und am Rande Eiderstedts, theils innerhalb der Marsch an der alten Grenze des Meeres vorkommt. Hier ist er in der Regel angebaut und bildet dann kleine Geeststrecken inmitten der Marsch.

Ueberall verbreitet in den 4 verschiedenen Bildungen des Bodens, welche vorstehend skizzirt sind, sind die Torfmoore, welche sich während der Entstehung des Landes in dessen verschiedenen Bildungsperioden entwickelt haben. Sie finden sich namentlich in der Mitte des Landes in großer Ausdehnung und enthalten zahlreiche Reste einer vergangenen Vegetation.

8. Orographische Uebersicht. Die Hebungen des Landes sind nicht bedeutend und stehen denen in Jütland und im Herzogthum Holstein nach. Am eigenthümlichsten und ausgeprägtesten ist die Höhenkette zwischen der Schlei und der Eider, welche gewöhnlich mit dem Namen der Hüttener Berge bezeichnet wird und deren höchster Punkt, der Scheelsberg, auf 346 Fuß Höhe angegeben wird. Ein anderer Höhenzug streckt sich im Süden des Landes auf der Westseite gegen die Marschgrenze und trägt auf seiner Spitze die schöne weithin sichtbare Kirche des Dorfes Ostenfeld; als der höchste Punkt dieser Kette wird der Sundsberg bei Ostenfeld, 181 Fuß hoch, bezeichnet. Mitten durch Angeln zieht sich eine Höhenkette von Westen nach Osten, die ihren höchsten Punkt auf der nördlichen Hälfte der Halbinsel, in Schersberg, 233 Fuß hoch, hat. Von Apenrade durch Sundewith zieht sich ein Bergrücken, dessen äußerste Spitze der 239 Fuß hohe Düppelberg ist. Nördlich von Apenrade läuft durch die Halbinsel Loit einen Höhenstrich, als dessen höchster Punkt der Brunberg gilt, dessen Höhe auf 342 Fuß veranschlagt worden ist. Weiter nördlich hebt sich in der Nähe des Gjenner-Fjords der 307 Fuß hohe Knivsberg. Auf der Ostseite des Amts Hadersleben erreicht Pothöi bei Vitstedt die Höhe von 270 Fuß, Aastrupbanke bei Aastrup die Höhe von 234 Fuß; als einer der höchsten Punkte weiter der Landesmitte entgegen gilt die 242 Fuß hohe Anhöhe Fjellumhöi bei Nustrup. Nördlich von Hadersleben steigt auf der Ostseite das Niveau des Landes rasch und erheblich, erreicht im Höibjerg und Kobjerg bei Stepping eine Höhe von resp. 306 und 312 Fuß und bietet dann nahe der Ostsee die charakteristisch gezeichnete Höhenkette Skamlingsbanke bei Gröninghoved dar, deren höchster Punkt, Höiskamling, von 363 Fuß Höhe zugleich als die höchste Spitze des Herzogthums gilt. Die Mitte des Landes zeigt fast nur Hochflächen, deren Hebungen bedeutend niedriger sind, als die auf der Ostseite, und noch flacher wird das Land auf der Westseite der Nordseeküste zu. Hier erreicht die Anhöhe Gassehöi bei Skjärbek nur eine Höhe von 166 Fuß. Weiter südlich gegen die Marschen hin senkt sich das Geestland noch mehr und erreicht in seinen bedeutendsten Hebungen kaum eine Höhe von 100 Fuß. Auf dem Hügellande Alsen gilt als die größte Hebung der 256 Fuß hohe Hügelberg bei Adzerballig und auf der Insel Aeröe die 227 Fuß hohe Anhöhe Söndeshoi bei Bregninge.

Gewässer. Ostsee.

9. Gewässer. Das Herzogthum Schleswig als der mittlere Theil Theil einer Halbinsel, welche man die cimbrische zu nennen pflegt, wird auf seinen 2 Küstenstrecken von 2 verschiedenen Meeren, der Ostsee und der Nordsee, bespült.

Die Ostsee oder das baltische Meer ist von Schweden, Rußland, Preußen, Mecklenburg, dem Gebiet der Stadt und des Fürstenthums Lübeck, Holstein, Schleswig und den dänischen Inseln eingeschlossen und nimmt eine Fläche von etwa 9000 Quadratmeilen ein. Ihre Tiefe ist sehr verschieden, die größte 100 Faden; als mittlere Tiefe aber dürfen nur 20 Faden angenommen werden. Sie hat ihren Abfluß durch das Kattegat in die Nordsee, und steht mit dem Kattegat selbst nur durch 3 schmale Meerengen in Verbindung, nämlich durch die beiden Belte und den Sund. Deshalb, und weil eine große Zahl von Flüssen in sie ausmünden, hat sie die Natur eines Binnenwassers, kleinere Wellen, verhältnißmäßig wenig salzes Wasser und keine Ebbe und Fluth. Sie bespült die ganze Ostseite Schleswigs und außerdem eine Anzahl Inseln, die aber sämmtlich zu Schleswig gehören. Es sind, außer mehreren unbewohnten, 7 bewohnte, nämlich **Fehmern, Alsen, Barsöe, Kalöe, Aaröe,** und **Aeröe** mit **Halmöe**. — Die Meerengen oder **Sunde** durch welche die Ostsee das feste Land von den Inseln trennt, sind hauptsächlich folgende: 1) Der **kleine Belt**, zwischen dem nördlichen Schleswig und der dänischen Insel Fünen, im Ganzen mit seichtem und unbequemem Fahrwasser; 7 Meilen lang, im Süden 2, im Norden Schleswigs nur ¼ Meile breit. 2) Der **Aaröesund**, zwischen Schleswig und der Insel Aaröe, grade am südlichen Ende des kleinen Belts, nur sehr schmal. 3) Der **Alsener Sund**, ein sehr schmales aber sehr tiefes Fahrwasser, zwischen der Insel Alsen und dem Festlande. 4) Der **Fehmersund**, zwischen Holstein und Fehmern, mit seichtem Grunde, ¼ M. breit. — Die Ostsee tritt an vielen Stellen tief in's Land hinein und bildet so eine Reihe von Meerbusen oder **Föhrden**, die größtentheils vortreffliche Seehäfen abgeben; von ihnen gehen oft wieder kleinere Buchten landeinwärts, die **Noore** genannt werden. Die wichtigsten dieser Meerbusen sind folgende 10: 1) Die **Koldinger Föhrde**, von ungleicher Tiefe bis zu 10 Fuß, die das Land nur bei Stenderup an der Nordseite berührt. 2) Die **Hadersleber Föhrde**, 2 Meilen lang, aber sehr schmal und seicht, oft nur 8 bis 12 Fuß tief. An ihrem Ende liegt Hadersleben mit einem ziemlich guten Hafen. 3) Die **Gjenner Bucht**, 1 Meile nördlich von Apenrade, vor welcher die Insel Barsöe liegt. In dem Winkel der Bucht liegt die kleine Insel Kalöe. Am Ende ist ein nicht tiefer Hafen. 4) Der **Apenrader Meerbusen**, 1½ Meilen lang und fast ⅓ Meile breit und bis zu 24 Faden tief; an seinem westlichen Ende liegt Apenrade mit einem 11½ Fuß tiefen Hafen. 5) Der **Flensburger Hafen**, 3 M. lang, ½ Meile breit, mit ungleicher Tiefe von 12 bis 2½ Faden, bildet in der Mitte fast einen rechten Winkel, am Ende eine vortreffliche 16 Fuß tiefe Rhede bei Flensburg. Nach Norden tritt das Nübeler Noor in's Land, dessen Eingang die 5 Faden tiefe Meerenge Ekensund bildet. Vor dem Eingange des Flensburger Hafens liegt die breite Geltinger Bucht. 6) Die **Schlei**, ein merkwürdiger über 5 Meilen langer Meerbusen, mit einer Tiefe von 6 Fuß bis 16 Faden, nicht breiter als ein gewöhnlicher Fluß; an seinem westlichen Ende liegt die Stadt Schleswig. Die Schlei ist sehr fischreich. Ehemals war sie auch vollkommen schiffbar, jetzt aber ist ihr Ausgang in's Meer bei Schleimünde, wo noch die Trümmer einer

alten Burg sich finden, sehr versandet. Der westliche Theil der Schlei von
Schleswig bis Fahrdorf heißt die Oberschlei; die dann folgenden breiteren
Stellen heißen die kleine und große Breite; darauf verengt sich die Bucht
zu der sogen. Missunder Enge. Der breitere Theil vor der Mündung heißt
der Binnenhafen. Hier sind 2 Eingänge in's Meer, von denen der nördliche sehr seicht ist; deshalb grub man mehr südlich einen engen Canal, der
6—7 Fuß tief ist. Von der Schlei gehen eine Menge Noore in's Land;
auch trägt sie eine Anzahl Inseln, die aber unbewohnt sind. Die vielen für
die Fischerei, auf welche die Schleswiger Fischer ein ausschließliches Privilegium beanspruchen, in's Wasser gelegten Zäune verengen die Schlei übrigens noch mehr. 7) Der Eckernförder Hafen, 2 Meilen lang und
sehr breit, zugleich von großer Tiefe (6 bis 18 Faden); am westlichen Ende
liegt die Stadt Eckernförde; eigentlich setzt sich hier der Meerbusen noch
fort, wird innerhalb der Stadt sehr sehr schmal und bildet im Westen derselben noch das Windebyer Noor. 8) Der Kieler Hafen, vom Norden
her sich südlich in Holstein hineinziehend und, von Bülk an, die Ostküste der
Eckernförder Harde berührend; am südwestlichen Ende liegt Kiel mit einer
vortrefflichen Rhede. In ihn mündet der Eider-Kanal an der Südgrenze
das Herzogthums (f. Specieller Theil s. v. Kanal).

Die Nordsee, oder wie der Theil derselben an unfrer Küste genannt
wird, die Westsee begrenzt die ganze Westseite von Schleswig. Das Ufer
ist hier entweder durch Dünen oder durch Deiche geschützt, aber es leidet
außerordentlich von der Fluth; dasselbe ist das Schicksal der zahlreichen Inseln. Eine Art der letzteren sind die Halligen, die gar nicht eingedeicht
sind und daher immer von den Fluthen überschwemmt werden. Nur die
Häuser, die auf Anhöhen, Warfen oder Wurthen genannt, stehn, ragen
dann aus dem Wasser hervor. Diese Halligen werden nur zur Schaafweide
benutzt. Sie sind meist Reste des alten Nordstrand, und es sind noch 8
derselben bewohnt, von denen 5, nämlich Gröde, Hooge, Oland, Langeneß
und Nordmarsch Kirchen haben. Außer diesen Halligen liegen eine Reihe
Inseln in der Westsee, von denen die eingedeichten Marschinseln Nordstrand
und Pellworm ganz zu Schleswig gehören, die 3 übrigen, Sylt, Föhr und
Römöe gehören zwar ebenfalls zum großen oder größten Theil dazu, doch
steht von Föhr die westliche Hälfte, von Sylt die kleine nördliche Spitze
mit dem Dorfe List, von Römöe die südliche Hälfte oder Süderland-Röm unter
dem jütischen Amte Ripen. Zu letzterem gehört auch die südlich von Sylt belegene
Insel Amrom. — Eigentliche Meerbusen giebt es auf der Westseite nicht.
Große Strecken von der Fluth ganz überschwemmten Landes liegen an der
ganzen Küste. Dies sind die sogenannten Watten; zwischen ihnen sind
tiefere Wasserstrecken, die auch bei der Ebbe nicht trocken werden, sogenannte
Wattströme, Ströme oder Tiefen genannt. Als solche Wattströme
erscheinen sämmtliche Flüsse, sobald sie aus dem eingedeichten Lande hervor-
treten. Diese Flußmündungen bilden auch die meisten Häfen, deren Zahl
bedeutend ist; fast jeder Koog hat einen solchen, doch sind sie gewöhnlich
nur zur Fluthzeit zu erreichen. Der wichtigste Wattstrom ist die in der Regel
7 bis 8 Fuß tiefe Hever, die nahe bei Husum einen ziemlich guten Hafen
bildet. Dann folgt weiter südlich die breite Mündung der Eider. Nördlich
von der Hever verdient die Schmaltiefe zwischen Föhr und den Halligen,
die ein sehr ungleiches Fahrwasser hat, und die Listertiefe zwischen Sylt
und Römöe Erwähnung; letztere bildet bei List einen Hafen von 19 bis
24½ Fuß Tiefe. —

Landseen. Flüsse.

Die Landseen im Herzogthum Schleswig sind ziemlich zahlreich und manche unter ihnen von bedeutendem Umfange, so daß im Ganzen ein Areal von 2 bis 3 Quadratmeilen von Gewässern dieser Art bedeckt wird. Sie sind sämmtlich sehr fischreich. Vorzüglich liegen sie auf der Ostseite, die Mitte des Landes enthält deren weniger und auf der Westseite bestehen sie größtentheils aus Baffins, die durch das vermittelst der Eindeichungen zusammengedrängte Wasser entstanden sind. Der größte See ist hier der Gotteskoogsee im Amte Tondern, mit mehreren bewohnten Marschinseln, $\frac{5}{4}$ Meilen lang und $\frac{3}{4}$ Meilen breit; sein nördlicher Theil wird der Aventofter See genannt. Etwas weiter südlich liegt der $\frac{3}{4}$ Meilen lange Bottschlotter-See, ebenfalls mit mehreren Marschinseln. Auf der hügelichten Ostseite des Landes liegt westlich hart an Hadersleben der Hadersleben er Damm, $\frac{1}{2}$ Meile lang und schmal, der sich in der Stadt in den Haderslebener Meerbusen ergießt. Noch größer ist der 1 Meile von Christiansfeld gelegene See Heilsminde, der sich wie eine kleine malerische Ostseebucht unmittelbar mit dem Meere verbindet und beim Ausfluß einen kleinen Hafen bildet. Wenig Seen hat Angeln; der größte ist der $\frac{3}{4}$ Meilen lange aber schmale Langsee in einer einst waldreichen Gegend, wo ehemals das Kloster Guldholm lag. Der bedeutendste See Schleswigs aber ist der Wittensee, fast $\frac{1}{2}$ Quadratmeile groß, zwischen Eckernförde und Rendsburg, berühmt durch die darin gefangenen Barsche; in der Nähe liegt in höchst anmuthiger Umgebung der kleinere Bistensee. —

Flüsse. Fast alle bedeutenderen Flüsse des Landes entspringen auf der Ostseite und fließen westlich ins Meer oder südwestlich in die Eider hinab; die in die Ostsee mündenden Flüsse sind sehr unbedeutend. Die wichtigsten Ströme des Herzogthums sind 1) die Eider, welche in Holstein aus den Teichen beim Hofe Schönhagen im Gute Bothkamp entspringt und auf einem sehr geschlängelten Wege durch den Griebensee, Bothkampersee, Schulensee und Westensee in den Flemhudersee sich ergießt, aus dessen Nordende tretend sie die Grenze des Herzogthums Schleswig berührt und von da an einen entschieden westlich gegen die Nordsee gerichteten Lauf annimmt. Vom Flemhudersee an ist sie bis zum Schirnauersee zum Kanal erweitert, doch nicht überall; an einigen Stellen läuft sie in einiger Entfernung neben dem Kanal her und wird hier alte Eider genannt. Diese alte Eider macht zugleich bis zum Schirnauersee die Grenze zwischen Schleswig und Holstein. Der Fluß führt bis nach Rendsburg, wo er sich sehr erweitert, den Namen Ober-Eider, unterhalb Rendsburg den Namen Unter-Eider, wird bei Stapelholm schon 400, später 700 Fuß breit, und fällt mit einer über 1 Meile breiten Mündung zwischen Dithmarschen und Eiderstedt in die Nordsee. Die Eider ist bis zum Flemhudersee schiffbar und ihre Tiefe beträgt bis dahin $10\frac{1}{2}$ Fuß, unterhalb Rendsburg, wo man sie vertieft hat, 14—15 Fuß, später sogar 50 Fuß. Ehemals lief ein Arm mitten durch Eiderstedt, Nordbeier genannt. Die alte Eider ist übrigens nicht schiffbar. Der ganze Lauf der Eider beträgt etwa 20 Meilen; über die Untereider führen nur Fähren und keine Brücken und ihr Ufer ist größtentheils Marschland. Die Eider hat eine große Zahl von Nebenflüssen, die sich sowohl von Süden wie von Norden in sie ergießen, von denen aber die letzteren, die beiden schleswigschen Nebenflüsse die Sorge, nämlich die Sorge und die Treene die wichtigsten sind. 2) Die Sorge entsteht aus einem von Kropp kommenden Bach und einem Ausfluß des Bistensee's und fließt grade westlich bis zu der Colonie Königsberg. Von hier an hat sich ihr Lauf sehr verändert; früher floß sie durch den Meggersee, dann auf manchen Krümmungen durch den Norderstapeler See in die Eider. Diese Seen aber trocknete man aus und bahnte dem Wasser einen näheren Weg in die Eider; zugleich gab man der Sorge einen kürzeren Lauf, da sie durch ihr sich schlängelndes Bett viel Land unbrauchbar machte. Vorzüglich geschah dies im Jahre 1631. Man leitete nun den Meggersee und die Sorge in einen Kanal, der bei Königsberg beginnt und südlich läuft, jetzt die neue Sorge genannt; dieser trat bei der Sandschleuse wieder in das alte Bett der Sorge. Von hier aus verschaffte man dem Wasser einen südlichen Abfluß durch einen alten Arm der Sorge, der bei der Hohnerfähre in die Eider mündet, jetzt Unter=Sorge genannt. Dagegen fließt die sog. Alte Sorge von der Sandschleuse nordwestlich fort, nimmt den Abfluß des ausgetrockneten Börmersee's oder die Rehnschlote auf, und ergießt sich in 2 Armen, die große und die neue Schlote genannt, bei der Steinschleuse in die Eider. Diese Arme des Flusses eignen sich sämmtlich zur Schifffahrt. 3) Die Treene kommt aus dem Träsee bei Groß=Solt, 1½ Meilen von Flensburg, in dem sich die Kielstaue und Bondenaue vereinigen, durchströmt dann einen großen Theil Schleswigs von Norden nach Süden, erreicht beim Büngerkoog bereits eine Breite von 200 Fuß, wendet sich dann plötzlich westlich, fließt Schwabstedt vorbei und ergießt sich, nachdem sie 600 Fuß Breite gewonnen, bei Friedrichstadt, das sie in mehreren Armen durchströmt, in die Eider. Ihr Lauf beträgt 10 Meilen und sie ist mehrere Meilen weit schiffbar. 4) Die Soholmeraue entsteht aus den bei Großen=Wiehe entspringenden Flüssen Lindaue und Hackstedtaue, die sich mit einander und mit der Schaflundaue vereinigen, fließt dann westlich durch die friesischen Köge und darauf in den Bottschlotter See, aus diesem aber in 2 Kanälen in die Nordsee, wobei sie den Ockholmer Hafen bildet. 5) Die Widaue entsteht aus den in der Gegend von Apenrade entspringenden Flüssen Arnaue und Virlaue, fließt Tondern vorbei und mündet der Insel Sylt gegenüber in die Nordsee. Ehemals war sie schiffbar. 6) Die Bredaue bildet sich aus dem Riesbek und Fischbek und fließt durch Lügumkloster, wo sie auch Lohbek heißt, wendet sich dann ganz nordwestlich und mündet Römöe gegenüber in die Nordsee. Ehemals war sie schiffbar. 7) Die Nipsaue, auch Ripener Aue genannt, entsteht aus der Gjelsaue und Fladsaue, fließt Seem vorbei, wo sie ein breites Wasserbecken bildet, durchströmt die Stadt Ripen und ergießt sich eine Meile westlich derselben nach sehr starken Krümmungen in die Nordsee. 8) Die Königsaue, auch Schottburger Aue genannt, entspringt im Kirchspiele Oeddis im Amte Hadersleben, und ergießt sich nach einem langen ziemlich grade gegen Westen zeigenden Lauf 1½ Meilen nördlich von Ripen in die Nordsee. Sie ist nicht schiffbar und nur dadurch merkwürdig, daß sie Schleswig von Jütland trennt.

In die Ostsee ergießen sich in Schleswig nur einige sehr unbedeutende Bäche, weil die höchste Gegend des Landes, wo sie entspringen, nahe an der Ostseite hinstreift. Der beträchtlichste ist noch die Füsingaue, auch Loiteraue, in Angeln, die südlich fließt und bei Winning in die Schlei fällt. In den See Heilsmünde im Amte Hadersleben ergießt sich die Tapsau, in welcher Perlenmuscheln gefunden werden. Vgl. übrigens den speciellen Theil.

10. Naturproducte. Die Producte des Mineralreichs sind in einem Lande wie Schleswig, welches den Charakter einer großen Ebene

Mineralien. Pflanzenwelt.

hat und dem alles anstehende Gestein mangelt, natürlich nur untergeordneter Art. An Steinen mangelt es überhaupt, sporadisch ist das Land dagegen mit Trümmern von Granit und Porphyr bedeckt, die oft eine Größe bis gegen 20 Fuß erlangen. Namentlich finden sie sich auch, wenn gleich vielfach zersprengt, am Strande der Ostküste. Vom Dolomit oder kohlensaurem Magnesiakalk sind Spuren bei Schobüll gefunden worden. Braunkohle findet sich im Braunkohlenthon zwar zahlreich aber nur in unbedeutenden Blättchen, dagegen in stärkeren Schichten auf der Insel Sylt. Die Alaunerde, die diese Formation ebenfalls enthält, wird bis jetzt nicht benutzt. Bernstein wird an den Küsten beider Meere, an der Ostsee und Nordsee, ziemlich häufig gefunden. Der Cyprinenthon, ein eine Cyprina genannte Versteinerung reichlich enthaltender Thon, findet sich namentlich an den Ufern des Flensburger Meerbusens in dem Geschiebethon und giebt demselben die schönen Eigenschaften und die helle Farbe, welche den sogenannten Flensburger Steinen eigenthümlich sind. Vom Tuffstein kommen schwache Spuren, namentlich bei Stenderupgaard im Kirchspiel Toftlund vor, während früher wahrscheinlich bedeutendere Lager vorhanden gewesen sind, da manche Kirchen, wie die Hollingstedter, die Michaeliskirche und das Johanniskloster in Schleswig, die Kirchen zu Keitum, Bröns, Hoirup und Starup von demselben erbaut sind. Der Geschiebethon der Ostseite enthält oft eingesprengt kleine Lager der Kreideformation. Allgemein verbreitet und von der verschiedenartigsten Beschaffenheit ist der Torf, der an der Westküste selbst auf dem Meeresboden an der Stelle untergegangener Küstenstrecken sich gebildet hat. Auf den Mooren und Wiesen findet sich auch das einzige Metall des Landes, das Raseneisenerz, welches in frühern Zeiten zur Eisenfabrikation verwandt zu sein scheint.

Die Pflanzenwelt hat mit den Formationen des Bodens allmählig dieselbe Geschichte durchlebt, ehe sie ihren gegenwärtigen Charakter erlangt hat. Man nimmt an, daß in vorgeschichtlicher Zeit eine Waldvegetation von Nadelholz stattgefunden hat, der eine Eichenvegetation gefolgt ist; gegenwärtig ist der charakteristische Waldbaum des Landes die Buche und zwar auf dem Geschiebethon der Ostseite, da der Waldboden der Landesmitte großentheils durch übermäßige Entwaldung zerstört ist. Auf dem Geschiebesand dieser Landesmitte scheint ursprünglich die Eiche einheimisch, die in den dort noch vorhandenen Hölzungen auch noch immer überwiegend vertreten ist. Man schlägt im Ganzen den vorhandenen Waldboden des Landes mit Einschluß des zur Waldcultur bestimmten Areals auf 7 Quadratmeilen an. Weit hervortretender wie die Bewaldung des Landes ist die große Masse niederer Pflanzenarten, welche überall den Boden umgiebt und hauptsächlich der Natur jeder einzelnen Gegend ihren eigenthümlichen Ausdruck verleiht. Man zählt bis jetzt reichlich 1300 verschiedener Pflanzenarten mit sichtbarer Blüthe, unter denen die kriechenden Gewächse zu den baum- und strauchartigen sich wie reichlich 40 zu 1 verhalten. Der Charakter dieser Vegetation ist der des Uebergangs von der norddeutschen zur skandinavischen, was namentlich in den Charakterpflanzen der Haideflora auf der Landesmitte hervortritt; es finden sich auf der Mitte des Landes schon entschieden skandinavische Charakterpflanzen. Eine große Zahl von Kryptogamen und Algen steigert die Zahl der vorkommenden Pflanzenarten wohl über 2000.

Die Thierwelt. Zu der Classe der Schalthiere gehören die Muscheln und Austern, die am Strande des Meeres und auf den Sandbänken gefunden werden, und unter denen die letzteren besonders der schleswigschen Küste eigenthümlich sind. Die Austernbänke liegen in verschiedener Tiefe auf der Westseite des Landes in einer Strecke von der Nordspitze der Insel Röm an bis in die Hever; 50 derselben liegen zwischen den Inseln und dem Festlande; außerdem aber finden sie sich auch an den Sandbänken westwärts von den Inseln im offenen Meer. Die bedeutendste ist die Bank Huntje, der Ortschaft Kampen auf Sylt gegenüber zwischen Sylt und Jordsand. Die Austernbänke werden von der Regierung verpachtet. Eigenthümlich sind die in der Taysaue im Amte Habersleben gefundenen Perlmuscheln, die man bis jetzt jedoch nur von geringfügiger Größe gefunden hat. — Zur Klasse der Insecten zählt man 2000 Arten, unter denen die Käfer am zahlreichsten sind. Schmetterlinge giebt es etwa 400 Arten. Unter den ungeflügelten Insecten geben die Porren und Krabben den Anwohnern der Meeresküste einen guten Erwerb. — Sehr fischreich sind die Gewässer des Landes, sowohl die Binnengewässer wie die dasselbe umgebenden Meeresstrecken und Buchten. Die Fischerei ist vielfach Recht des Landesherrn, in den adelichen Districten des Gutsherrn. Die Seen enthalten die beliebtesten Arten von Fischen, Brassen, Barsche, Aal, Karpfen, Hechte und Sandarten. Die früher viel betriebene Teichwirthschaft hat übrigens in den letzten Jahrzehnten sehr abgenommen. Die Treene und Eider zeichnen sich durch ihren Lachsfang aus. In den Meerbusen werden hauptsächlich Dorsche, Makrelen, Breitlinge und Häringe gefangen, letztere besonders in der Schlei. Die Häringsräucherei bildet namentlich für Cappeln einen bekannten Erwerbszweig. — Das Reich der Reptilien ist dagegen nur schwach vertreten; es finden sich nur 3 Arten von Fröschen, 5 Arten von Kröten, 1 Art Eidechsen, 3 Arten von Molchen und 4 Arten von Schlangen, unter denen die Kreuzotter giftig ist. — Zahlreich ist das Geflügel; besonders ist die Mastung von Gänsen und Enten ein guter Erwerbszweig. Die Sumpfvögel, wie Störche, Reiher, viele Schnepfenarten sind häufig; sie sowie viele Seevögel wählen besonders die Inseln in der Westsee als Brüteplatz; auf den Inseln wird auch der Fang der Kriekenten, sowie der Brandenten und Eiderenten eifrig betrieben. Wilde Gänse, wilde Enten, Rebhühner geben eine einträgliche Jagd. Die kleineren Raubvögel sind häufig, noch zahlreicher aber die Singvögel, von denen die Nachtigall recht einheimisch ist. — Das Reich der Säugethiere ist grade nicht durch vielfache Arten vertreten, aber die Rindviehzucht und Schweinezucht macht den Wohlstand des Landes aus; auch die Schafzucht breitet sich mehr und mehr aus, und die friesische und eiberstedter Race sind wegen ihrer Wolle geschätzt. Auch hier hat man in neuerer Zeit eine Veredlung durch spanische Racen begonnen. Unter den Rindviehracen tritt namentlich die ergiebige Angler Milchviehrace durch manche Eigenthümlichkeit hervor. Die Pferdezucht wird ebenfalls häufig veredelt betrieben; die Pferde zeichnen sich im Allgemeinen durch Stärke, Ansehn und Dauerhaftigkeit aus. Die Ergiebigkeit der Jagd hat zwar abgenommen, ist jedoch noch immer nicht unbedeutend. An Wildpret ist im Jahre 1845, die Jagd des Geflügels miteingerechnet, in den landesherrlichen Forsten erlegt:

	Edelwild Stück	Rehwild St.	Hasen St.	Birkhühn. St.	Rebhühn. St.	Enten St.	Wald-Schnepfen St.	Beccasinen. St.
	9	59	856	2	946	70	91	13
	6	68	391	15	1036	87	118	916
Zuf.	15	127	1247	17	1982	157	209	929

Bevölkerung. XXV

Dachse, Füchse und Ottern finden sich in ziemlicher Zahl überall; Kaninchen vorzüglich auf den Inseln der Westsee. An der Küste der Ostsee und Nordsee zeigen sich Seehunde, wenn gleich nicht häufig; und einzeln treiben todte oder kranke Wallfische und Finnfische aus den nördlicheren Gewässern bis an die Küste hinan.

11. Bevölkerung.

Die letzte Volkszählung ist im Jahre 1845 vorgenommen und die folgenden Angaben sind dem darüber bekanntgemachten Tabellwerk entnommen. Theils aber sind die Angaben dieses Werkes an manchen Stellen unrichtig; theils ist es durch die veränderte Districtseintheilung unmöglich geworden, die Bevölkerung der einzelnen gegenwärtigen neuen Districte nach den Angaben jenes Werkes genau zu bestimmen, weshalb hier die Angaben noch nach der älteren Districtseintheilung theilweise haben beibehalten werden müssen.

Die gesammte Bevölkerung des Herzogthums Schleswig mit Einschluß der bisher zum Amte Rendsburg, jetzt aber zur Hüttener und Hohner Harde gehörigen Dörfer beträgt nach der Zählung von 1845:

74,756 Familien mit **365,417** Personen.

Nach dem Territorialbestande des Herzogthums aber, welcher der Zählung von 1845 zur Grundlage diente, ergab die Einwohnerzahl und der successive Zuwachs der verschiedenen Zählungen folgendes Resultat:

	1769	1803	Zunahme in pCt.	1835	Zunahme in pCt.	1840	Zunahme in pCt.	1845	Zunahme in pCt.
In den Städten mit Friedrichsort....		36075	46412	28,65	56196	21,08	57452	22,35	59350	3,30
In den Landbistrict.	213029	229927	7,56	281182	22,29	291074	3,52	303550	4,28
Im ganzen Herzgth.	249104	276339	10,93	337378	22,09	348526	3,03	362900	4,12

Diese Bevölkerung war über die städtischen und Landdistricte seit der Zählung im Jahre 1840 folgermaßen vertheilt:

	1840.	1845.	Zunahme in Procenten.
In den Städten mit Friedrichsort .	57,452	59,350	3,30
In den Landbistricten.......	291,074	303,550	4,28
Im ganzen Herzogthum.....	348,526	362,900	4,12

Die Bevölkerung der städtischen Districte oder der Städte und Flecken ergiebt folgendes Resultat:

Städte.	1803	1835.	1840.	1845.
Aeröeskjöbing........	1291	1439	1494	1552
Apenrade.........	2834	3788	4021	4086
Burg...........	1463	1673	1746	1811
Eckernförde........	2921	3908	4058	3817
Flensburg.........	13109	12438	15440	16537
Friedrichstadt........	2207	2238	2272	2467

Bevölkerung.

Städte.	1803.	1835.	1840.	1845.
Garding	985	1365	1424	1526
Habersleben	2685	5745	6156	6128
Husum	3658	3838	3851	3983
Schleswig	7823	11040	11298	11622
Sonderburg	2761	3250	3261	3327
Tönning	1923	2433	2412	2701
Tondern	2579	2789	2917	2962
Flecken.				
Arnis		703	786	809
Bredstedt		1743	1710	1769
Cappeln		1847	1967	2081
Christiansfeld		632	678	761
Glücksburg		661	736	751
Hoyer		804	828	1023
Lygumkloster		1133	1183	1209
Marstall		2107	2171	2284
Norburg		1055	1133	1219
Wyck		647	649	804

Die Bevölkerung der ländlichen Districte nach Abrechnung der Flecken dagegen ist folgendermaßen vertheilt:

	Volkszahl 1840.	Volkszahl 1845.	Zunahme in pCt.
Insel Aeröe	8112	8633	6,42
Amt Apenrade	9044	9568	5,78
— Bredstedt mit den Reuffen-Koegen	10,635	11,122	4,58
Landschaft Eiderstedt mit den anliegenden Koegen	13,084	13,964	6,73
Landschaft Fehmern	6280	6779	7,79
Amt Flensburg	25,481	26,513	4,05
— Gottorff mit dem Börmer- und Megger-Koog	26,460	27,630	4,42
Amt Habersleben	45,242	47,260	4,46
— Hütten	10,300	10,934	6,16
— Husum	9630	9990	3,74
— Lygumkloster	3241	3333	2,81
— Norburg	7723	7964	3,12
Landschaft Nordstrand mit dem Elisabeth-Sophien-Koog	2051	2122	3,46
Landschaft Pelworm	2601	2685	3,23
Amt Sonderburg	6230	6538	4,94
Landschaft Stapelholm	5456	5968	9,20
Amt Tondern mit b. anliegenden Koegen	35,701	37,075	3,85
Die adelichen und klösterlichen Districte	63,803	65,472	2,62
Die Städte	57,452	59,350	3,30
D. Herzogth. Schlesw. ohne b. Städte	291,074	303,550	4,28
D. Herzogth. Schlesw. mit b. Städten	348,526	362,900	4,12

Bevölkerung.

Das Verhältniß der Bevölkerung zum Areal stellte sich nach dem damaligen Umfang der Districte in den Jahren 1840 und 1845 folgendermaßen heraus:

	Areal. ☐ Meilen.	1840.	1845.
Insel Aerde	1,4978	5416	5764
Amt Apenrade	7,0799	1277	1351
— Bredstedt	6,8948	1545	1613
Landschaft Eiderstedt	6,0555	2166	2306
— Fehmern	2,9632	2119	2288
Amt Flensburg	15,2446	1671	1739
— Gottorff	14,2366	1859	1941
— Hadersleben	36,5359	1238	1293
— Hütten	6,4977	1585	1683
— Husum	5,9754	1612	1672
— Lygumkloster	2,8650	1131	1163
— Norburg	2,3081	3346	3450
Landschaften Nordstrand u. Pelworm	2,0534	2266	2341
Amt Sonderburg	2,0158	3091	3243
Landschaft Stapelholm	2,5267	2159	2361
Amt Tondern	21,6699	1648	1711
Adeliche und klösterliche Districte	29,0260	2198	2256
Schleswig, ohne die Städte	165,4472	1759	1835
— mit den Städten	165,4472	2107	2193

Zieht man das Lebensalter der gesammten Bevölkerung des Herzogthums in Betracht, so ergab sich in dieser Rücksicht nach der Zählung von 1845 folgendes Verhältniß:

Unter 1000 Gestorbenen waren:	In den Städten.			Auf dem Lande.		
	männl. Geschl.	weibl. Geschl.	v. beiden Geschl.	männl. Geschl.	weibl. Geschl.	v. beiden Geschl.
in dem Alter von 1 Jahr und darunter	93,96	76,55	170,51	90,94	65,60	156,54
zwischen 1 und 3 Jahr	36,70	34,82	71,52	36,23	33,40	69,63
— 3 — 5 —	10,91	16,15	27,06	14,44	13,35	27,79
— 5 — 10 —	17,20	22,44	39,64	21,88	20,83	42,71
— 10 — 15 —	10,70	12,58	23,28	11,90	13,70	25,60
— 15 — 20 —	14,47	14,26	28,73	14,14	16,94	31,08
— 20 — 25 —	21,81	12,16	33,97	16,19	17,72	33,91
— 25 — 30 —	15,31	18,25	33,56	13,87	17,72	31,59
— 30 — 35 —	13,42	22,65	36,07	14,00	20,96	34,96
— 35 — 40 —	20,76	19,09	39,85	16,32	23,11	39,43
— 40 — 45 —	24,96	21,81	46,77	18,60	19,26	37,86
— 45 — 50 —	25,38	22,23	47,61	22,58	19,69	42,27
— 50 — 55 —	26,43	24,12	50,55	22,97	24,07	47,04

Bevölkerung.

Unter 1000 Gestorbenen waren:	In den Städten.			Auf dem Lande.		
	männl. Geschl.	weibl. Geschl.	v. beiden Geschl.	männl. Geschl.	weibl. Geschl.	v. beiden Geschl.
zwischen 55 und 60 Jahr	27,06	24,75	51,81	26,43	22,84	49,27
— 60 — 65 —	30,62	29,36	59,98	32,65	30,85	63,50
— 65 — 70 —	31,46	31,46	62,92	31,81	36,45	68,26
— 70 — 75 —	30,41	37,75	68,16	33,74	39,04	72,78
— 75 — 80 —	18,25	32,09	50,34	29,76	31,51	61,27
— 80 — 85 —	14,47	19,09	33,56	18,34	21,14	39,48
— 85 — 90 —	4,19	12,16	10,35	8,05	10,11	18,16
— 90 — 95 —	1,89	5,03	6,92	2,63	3,33	5,96
— 95 — 100 —	0,21	0,42	0,63	0,22	0,57	0,79
— 100 — 105 —	0,21	″	0,21	0,04	0,04	0,88
— 105 — 110 —	″	″	″	″	0,04	0,04
Ueber 110 Jahr	″	″	″	″	″	″

Von je 1000 Menschen waren verheirathet:

	Vom männlichen Geschlecht.			Vom weiblichen Geschlecht.		
	verheirathet.	unverheirathet.	Wittwer.	verheirathet.	unverheirathet.	Wittwen.
1835...	331	630	39	321	582	97
1840...	329	631	40	320	585	95
1845...	328	632	40	319	590	91

Endlich betrug die Bevölkerung nach der Stellung im bürgerlichen Leben und nach den Nahrungszweigen der Einzelnen am 1. Febr. 1845:

	A. Hauptpersonen oder diejenigen, welche selbstständig das Geschäft oder den Nahrungszweig treiben.	B. Zahl der Gehülfen, Comtoirbedienten, Gesellen, Lehrlinge oder festen Arbeiter direct beschäftigt	C. Zahl der zu jeder Classe gehörenden Dienstboten, wozu auch landwirthschaftliche Arbeitsleute.	D. Frauen u. Kinder sowie Andere, wie Haushälter und Lehrerinnen, Verwandte ec. die v. jeder Classe versorgt werden.	Summe
1. Geistliche Beamte, Kirchenbeamte und der Lehrstand .	1211	219	1412	3750	6592
2. Civilbeamte und Bediente .	1020	574	1503	3813	6910
3. Privatisirende Gelehrte, Literaten, Künstler, Studirende	520	91	246	817	1674
4. Officiere und Beamte des Landmilitair-Etats. . . .	71	—	73	168	312
5. Officiere und Beamte des Seemilitair-Etats	3	—	5	7	15
Latus . .	2825	884	3239	8555	15503

Bevölkerung. Landwirthschaft. XXIX

	A. Hauptpersonen oder diejenigen, welche selbstständig das Geschäft oder den Nahrungszweig treiben.	B. Zahl der Gehülfen, Gesellen, Comtoirbedienten, Gesellen, Lehrlinge oder sonstigen Arbeiter direct beschäftigt	C. Zahl der zu jeder Classe gehörenden Dienstboten, wozu auch landwirthschaftliche Arbeitsleute.	D. Frauen u. Kinder, sowie Anverwandte, wie Hauslehrer und Lehrerinnen, Verwandte ıc. die v. jeder Classe versorgt werden.	Summe
Transp.	2825	884	3239	8555	15503
6. Unterofficiere und Soldaten	479	—	2	220	701
7. Matrosen, a. zur Handwerksclasse gehörig	6	—	—	3	9
b. welche sonstige Dienste thun	10	—	1	2	13
8. V. b. Landwirthschaft Lebende	19127	1718	32915	71607	125367
9. Von der Seefahrt Lebende	4658	481	655	8987	14781
10. Von der Veredelung und Bearbeitung der Producte Lebende oder die industrielle Classe	17962	8350	4452	45591	76355
11. Vom Handel und Waarenumsatz Lebende	3381	1032	3577	9545	17535
12. Pensionisten, Capitalisten u. Andere, die von ihrem Vermögen leben	7805	—	1271	6293	15369
13. Tagelöhner	20334	—	373	54911	75618
14. Vom Almosen Lebende	19172	—	—	—	19172
15. Arrestanten, die im Localgefängniß ihre Strafe abhalten	60	—	—	—	60
die in den Gefängnissen nur detinirt werden	86	—	—	—	86
16. Andere, die keine bestimmte Nahrung treiben	1306	—	34	976	2316
Summe	97221	12465	46519	206695	362900

12. Landwirthschaft. Der wichtigste und zugleich eigenthümlichste Erwerbszweig der Bewohner Schleswigs ist die Landwirthschaft. Vorzüglich wegen der ausgezeichneten Beschaffenheit des Bodens beruht seit langer Zeit die Landwirthschaft darauf, aus Ackerbau und Viehzucht zugleich den möglichst größten Ertrag zu ziehen. Man nennt die hierauf basirte Art von Bewirthschaftung die Koppelwirthschaft, die sich darin zeigt, daß das Land in Koppeln oder Schläge getheilt wird, die wechselsweise nach einer gewissen Ordnung und Zeit entweder mit Feldfrüchten angebaut werden oder als Weide liegen. Das zur Weide liegende Land wird durch eine einjährige Brache wieder zum Kornbau vorbereitet; für die in die Brache gelegte Koppel tritt wieder eine andere in die Weide. Die Koppeln sind von einander durch Wall und Graben getrennt; auf den Wällen steht eine Umzäunung von Laubholz, sogenannte Knicke, die dem Lande einen eigenthümlichen, malerischen Anblick geben. Sie dienen besonders zum Schutz des Viehs, werden in gewissen Jahren gehauen und geben einen guten Holzertrag. — Die Koppelwirthschaft ist ohne Zweifel schon sehr alt und durch die Verhältnisse des Landes selbst hervorgerufen; doch ist der Zustand des Laubbaues keineswegs immer derselbe gewesen. So waren die Waldungen ehemals sehr bedeutend und die Waldmast machte einen großen Theil des Landertrages aus. Daneben herrschte ursprünglich überall Feldgemeinschaft. Die Ländereien eines Dorfes waren noch nicht im vollen Eigenthume der einzelnen Hufen, sondern Jeder hatte bloß sein angewiesenes Land zur Bearbeitung und genoß dessen Ertrag. Als die urbar gemachten Landstrecken aber immer größer wurden, haben wahrscheinlich die großen Höfe ihr Land zuerst mit Gräben umzogen und eingekoppelt. Doch geschah es auch schon sehr früh auf den Dörfern, daß Jeder die seinem Hause zunächst gelegenen Strecken einkoppelte und für diese aus der Gemeinschaft heraustrat. Diese eingekoppelten Stücke benutzte man nun zum Ackerbau, die entfernter liegenden blieben gemeinsam und dienten als Weide. Allmählich wurde immer mehr und zuletzt durch Beförderung der Regierung, besonders in den letztverflossenem Jahrhundert, alles Land eingekoppelt, und die wechselsweise Benutzung der Schläge zur Saat und zur Weide wurde herrschend. Nur in wenigen Gegenden ist das Land noch nicht eingekoppelt.

Die regelmäßige Koppelwirthschaft ist hauptsächlich auf den größeren Höfen der Ostseite des Landes verbreitet. Die Schläge sind möglichst gleich, gewöhnlich 11 der Zahl nach; sie werden nach einer gewissen Ordnung abwechselnd bestellt. Fast die Hälfte liegt zur Weide; auf sie folgt Brache und dann zuerst dasjenige Korn, das vom Boden am meisten Säfte verlangt. Die Saatfolge ist gewöhnlich folgende: 1. Brache. 2. Rappsaat. 3. Weizen oder Roggen. 4. Gerste. 5. Hafer. 6. Hafer und Klee. 7. Mähklee. 8., 9., 10. und 11. Weide, wobei dann auch Mengfutter auf Nebenschlägen gezogen wird, wie Wicken, Erbsen u. dgl. Aus der Benutzung der Weide wird auch ungefähr die Hälfte des ganzen reinen Ertrags gewonnen. Wo Brennereien vorhanden sind, trägt oft auch ein kleiner Schlag Kartoffeln. Die Weide dient hauptsächlich für die Milchkühe auf den Meiereien, selten für anderes Rindvieh und Pferde; Schafzucht findet sich nur auf wenigen Gütern des Ostens, mehr auf der Haide nach der Mitte des Landes zu. Die Haltung des Viehs unterstützen sehr die zahlreichen Wiesen, auf denen Futter für den Winter gewonnen wird; sie finden sich aber in der Mitte des Landes nur an den Ufern der Flüsse. Wo das Vieh hinreichende Nahrung findet, bringt die Milchwirthschaft einen reichlichen Ertrag. Sie ist vor wohl reichlich 200 Jahren durch die Holländer eingeführt; bis dahin war die Ochsengrafung auf den Gütern gewöhnlich Hauptzweck der Weide. Die Holländer nahmen die Viehstapel zu dem Ende in Pacht, woher die Meiereien auch noch Holländereien heißen. Diese Verpachtung ist auch noch auf größeren Höfen Regel; doch fängt man vielfach an, die Vortheile des Betriebs für eigne Rechnung einzusehen. Eine Folge der Milchwirthschaft ist übrigens noch die Mastung von Schweinen von den Molken und sonstigen Abfällen. — Die Bauernwirthschaften auf der Ostseite sind in Allem denen der größern adelichen Güter nachgebildet. Die Milchwirthschaft aber kann natürlich nur auf größeren Höfen, wo größere Weideplätze und längere Weidezeit möglich ist, mit Erfolg betrieben werden und ist daher auf kleineren Besitzungen nicht so sehr von Bedeutung; hier muß mehr für die Bedürfnisse als für Geldgewinn, wie auf größeren Gütern, gesorgt werden. Statt einer Brache trifft man auf den kleineren Besitzungen häufig Buchweizen, der den Boden nicht sehr angreift; Rappsaat ist hier selten, statt dessen folgt Weizen; die Zahl der Schläge ist denn auch natürlich geringer. Am bedeutendsten ist auf den kleinen Besitzungen die Milchwirthschaft noch in Angeln, wo übrigens manche Bauerngrundstücke auch noch immer eine ziemliche Größe behalten haben. Sonst wird bei der Bauernwirthschaft die Weide zur Aufzucht von Rindvieh und Pferden benutzt und im Ganzen werden auf der Ostseite so viel Kühe und Pferde aufgezogen, als man bedarf. Auf den Bauerstellen überwiegt also im Allgemeinen mehr der Ackerbau wie auf größeren Gütern. Dies zeigt sich besonders auf Fehmern. — Noch wesentlich anders ist an mehreren Stellen die Wirthschaft im Osten Schleswigs nördlich von Apenrade bis zur jütischen Gränze. Hier steht die Viehzucht nicht nur dem Ackerbau gleich, sondern sie ist sogar das Überwiegende; die Saatfolge ist ziemlich unbestimmt und nach 5- oder mehrjähriger bis 10jähriger Bebauung liegen die Koppeln auf eine lange, ganz unbestimmte Zeit zur Weide, einzeln sogar 30 bis 40 Jahre hindurch. Zwar ist das Land eingekoppelt, liegt aber häufig zerstreut und entlegen, weshalb denn auch die Milchwirthschaft nur in ganz nothdürftigem Maaße vorkommt, vielmehr die Weide zur Grasung von Pferden und Ochsen benutzt wird. Diese letzteren namentlich werden in Jütland gekauft, dann hier geweidet, und darauf nach der Marsch zur Mastung gebracht. Doch hat in neuerer Zeit auch in diese Gegenden die Koppelwirthschaft Eingang gefunden, da sie ohne Zweifel höheren Ertrag gewährt.

Während sich nun die bisher geschilderten Zustände hauptsächlich auf die Ostseite des Landes bezogen, so macht der schlechtere Boden des mittleren Landstrichs ein anderes Verfahren nothwendig. Hier kann der Boden nicht so viele Saaten nach einander tragen; also ist die Zahl der Schläge auch geringer, gewöhnlich 6 oder 7. Die Saatfolge ist dann folgende: 1. Buchweizen, 2. Roggen, 3. Roggen, 4.—7. Weide; auf besser gedüngten Aeckern wachsen auch Gerste und Hafer. Lebendige Hecken sind zwar noch gewöhnlich, doch kommen sehr häufig bloße Wälle vor, besonders Steinwälle in der Nähe von Häusern. Der schlechte Boden darf nicht so lange zur Weide liegen, weil die Oberfläche sich leicht mit Moos überzieht; die Weide dient für Rindvieh und für Schafe. Wiesen sind nur an den nach Westen strömenden Flüssen; guten Nebenertrag aber geben die zahlreichen Torfmoore. — Auf der an die Marsch gränzenden Geest oder Vorgeest und denjenigen friesischen Inseln, die Geestboden enthalten, ist es seit langer Zeit Sitte, nur das den Wohnungen näher gelegene Land anzubauen, das entferntere zur Weide liegen zu lassen. Doch auch hier wird dieses System von der Koppelwirthschaft verdrängt. —

Außer den bisher erwähnten gewöhnlichen Getreidearten wird Flachs besonders von den Bauern der Ostseite zu ihrem Bedarf hinreichend gebaut, zur Ausfuhr nur hin und wieder, namentlich im nordöstlichen Schleswig. Hopfenbau kommt vorzugsweise in Angeln vor. Auf Föhr und im Risummoor ist der Kartoffelbau bedeutend. Runkelrüben finden jetzt vielfach auch auf den größeren Gütern Eingang. Gartenfrüchte werden im Allgemeinen betrachtet grade nicht in bedeutender Menge erzeugt. Eine vorzügliche Ausnahme macht die Insel Aeröe, wo auch Anis, Kümmel, Kanariensaat u. dergl. gebaut werden, ferner die Insel Alsen und die Halbinsel Sundewith, die sich, zumal das letztere Land, durch ihren reichen

Landwirthschaft. Ländlicher Besitz.

Obstbau auszeichnen. Berühmt sind dort besonders die Gravensteiner Aepfel geworden, die nach Hamburg, Schweden und Petersburg versandt werden. Die Zucht von Bäumen, besonders Obstbäumen, Gartenpflanzen und Blumen ist sonst nicht bedeutend, doch finden sich einzelne Pflanzschulen dieser Art. Ganz anders aber als auf der Geest ist nun die Landwirthschaft in den Marschen, wo man übrigens wieder nach sehr mannichfaltigen Grundsätzen verfährt. Regelmäßige Schläge gehören zu den Seltenheiten; die Felder sind von Gräben durchschnitten, die das überflüssige Wasser aufnehmen. Das Land liegt oft tiefer als die es umgebenden Fluthen, oder doch wenig höher; daher sind zu seinem Schutze Deiche nothwendig. Das überflüssige Wasser aus dem Lande, besonders auch aus den Gräben zwischen den Feldern, wird durch starke Schleusen in den Deichen, die man Siele nennt, ins Meer geleitet. Die zwischen jenen Gräben gelegenen Koppeln heißen gewöhnlich Fennen; die Gräben ziehn sich oft tief und breit auch rund um die Wohnungen des Landmannes selbst. Des außerordentlichen Graswuchses wegen überwiegt nun in der Marsch sehr die Viehzucht; doch kommt auch wiederum hie und da Land vor, das beständig bebaut wird, hingegen anderes das beständig zur Weide liegt. Schlimm ist es besonders, daß gar keine Quellen von Natur vorkommen, und das Wasser daher entweder salzig, oder trübe und moorig ist. Ja die Viehweidung wird oft unmöglich, weil ausreichendes Trinkwasser mangelt, oder das Vieh wird durch lange Wanderungen zur Tränkstelle entkräftet. Der Marschboden selbst ist in Hinsicht seiner Fruchtbarkeit sehr verschieden; manche Marschdistricte, wie z. B. die Wiedingharde, stehen der bessern Geest sehr nach. Auf dem besten Marschboden aber, wie z. B. in Eiderstedt, dem Christian-Albrechtskoog, ist der Ertrag des Landes freilich wohl 2 bis 2½ mal so hoch wie der des fruchtbarsten Geestbodens der Ostseite. Je besser der Boden ist, desto mehr wird er als Weide benutzt, weil das Weideland in der Marsch sich außerordentlich verbessert, je länger es in diesem Zustande liegt, und es giebt Strecken, die in 100 Jahren nicht aufgebrochen sind. Auf Nordstrand und in einigen Kögen ist der Kornbau durchaus vorherrschend, sonst überall die Weide. Die hauptsächlichsten Ackergewächse sind Weizen, Wintergerste, Rappsaat, Bohnen und Hafer. Die Weiden dienen zur Fettgrasung von Ochsen und für Pferde, die 3- und 4jährig dorthin kommen. Sehr bedeutend ist ferner in manchen Marschgegenden die Schafzucht, besonders auf den Außendeichen und Halligen. Die Milchwirthschaft ist im Ganzen nicht im Flor; doch ist besonders in Eiderstedt die Ausfuhr von Käse bedeutend. Nebengewächse werden nur einzeln gebaut, wie Flachs, ferner Senf bei Friedrichstadt, Kohl und Gemüseforten bei Schwabstedt.

13. Ländliche Besitzverhältnisse und Landmaaße.
Einen ausnehmenden Einfluß auf die Betreibung der Landwirthschaft, ja sogar auf den Zustand und die Bildung des Volkes überhaupt, übt die Größe der ländlichen Besitzungen selbst und das Recht ihrer Besitzer an ihnen. Beides ist sehr verschiedenartig und im Laufe der Zeit mancherlei Veränderungen unterworfen gewesen, deren wohlthätige Folge eine freiere Entwickelung des Bauernstandes wurde. — Die bedeutendsten Arten des ländlichen Grundbesitzes sind die adelichen Güter. Die Vorrechte derselben sind hauptsächlich dadurch entstanden, daß die Privilegien, die ihre Besitzer genossen, auch von diesen für ihre Besitzungen in Anspruch genommen wurden, und bald als Rechte dieser galten. Dies begünstigte der ehemalige Antheil der Ritterschaft an der Landesregierung. Von den Haupt-

Ländliche Besitzverhältnisse.

höfen der Güter wurden später auf entfernteren Ländereien derselben zum bessern Betriebe Meierhöfe abgelegt; diese wurden gewöhnlich auf längere Zeit verpachtet. Am Ende des vorigen und im Anfange des jetzigen Jahrhunderts sind viele dieser Meierhöfe verkauft und, von den Hauptgütern getrennt, zu selbstständigen adlichen Gütern erhoben. Auf diesen größern Besitzungen kann natürlich die Koppelwirthschaft in ihrem vollsten Umfange betrieben werden. — Außer diesen gab es noch früher große sogenannte **Domainen**, d. h. Besitzungen, an denen der Krone das Eigenthum zusteht. Diese waren nicht unbedeutend, bis man sie in kleinere Parcelen oder Stücke zerlegte, nur die Hölzungen einhegte und behielt, die Parcelen aber gegen eine jährlich zu zahlende Geldsumme verkaufte. Hierher gehören namentlich die sogenannten Hoffelder oder Vorwerke der ehemals landesherrlichen Burgen, die deshalb auch noch bei größeren Orten vorkommen, wie zu Glücksburg und Gottorf. Diese Parceliung geschah hauptsächlich in den Jahren 1765—1787. Gewöhnlich sind die Parcelen dieser niedergelegten Krongüter **Erbpachtsstellen**, bei denen nur das todte Eigenthumsrecht dem Verkäufer bleibt; der Erbpächter besitzt sie frei und erblich, kann sie verkaufen und übt alle Befugnisse des Eigenthümers vollständig aus; nur in gewissen Fällen großer erweislicher Verschlechterung des Grundstücks kann ihm sein Recht verloren gehn. Dagegen hat er eine jährliche Pachtsumme, Canon genannt, zu bezahlen und bei Verkäufen den Consens des Obereigenthümers einzuholen. Die kleineren Domainen, wie Wind- und Wassermühlen, die leicht zu verpachten sind, sind im Besitz des Staates geblieben. Ferner giebt es sogenannte **Festen**, Feststellen oder Erbfesten in den Aemtern, woran auch das Obereigenthum dem Staate zusteht, die aber im freien, erblichen Besitz ihrer Inhaber sind, welche nur im Antritte ihrer Stelle jedesmal eine Geldsumme, Festegeld, etlegen. — Neben diesen Arten ländlicher Besitzungen giebt es nun noch solche, die entweder ganz im freien, erblichen Besitz der Inhaber stehen, oder die von Privatpersonen abhängig sind. Auch Privatpersonen können nämlich wieder Grundstücke in **Erbpacht** oder in **Zeitpacht** gegeben haben: letztere sind dem Pächter nur gegen ein jährliches Pachtgeld zur Benutzung auf gewisse Zeit eingeräumt. Aehnlich sind diesem die sogenannten **Leibfesten**, wo die Festestelle nur auf Lebenszeit dem Fester übertragen ist.

Allein nicht blos das Eigenthum, auch die **persönliche Freiheit** der Bauern war ehemals beschränkt. Der Adel erwarb sich an ihnen allmählig auch persönliche Rechte und zuletzt wurden die Bauern förmlich als ein Zubehör ihres Grundstückes betrachtet. So bildete sich der unwürdige Zustand der **Leibeigenschaft** aus und bald besaßen nicht nur der Adel, sondern auch der Landesherr und der Staat, die Kirche, ja selbst einzelne Communen, wie die Städte, Leibeigene. Der Leibeigene wurde förmlich als Sache behandelt, durfte sein Gut nicht verlassen, sich nicht ohne Einwilligung des Herrn verpflichten, verheirathen und mußte überdies die drückendsten Frohndienste leisten. Man schritt sogar häufig zur Niederlegung der Bauerstellen, nahm ihnen das Land und vergrößerte damit die Hoffelder und verwandelte die Hufner in Tagelöhner, die jetzt ihr bisheriges Land zu Gunsten des Ritters auf dem Hofe bearbeiten mußten. Endlich geschahen, seit ungefähr 150 Jahren, von einigen Gutsbesitzern zuerst in diesem Zustande Veränderungen, namentlich hob man die Frohnden gegen eine Abhandlungssumme auf, bis sie und die ganze Leibeigenschaft durch eine Verordnung Friedrichs VI. vom 19. December 1804 überall aufgehoben wurden. Die

Hofdienste sind sehr verringert und vielfach treten Vergütungen dafür ein. Auf den Gütern sind die Bauernstellen in Erbpachtstellen verwandelt, oder in Zeitpacht, jedoch unter besseren Verhältnissen, wie früher geblieben. Die Erbpacht ist für den Bauernstand auf den Gütern ohne Zweifel das günstigste Verhältniß und giebt den Gütern, wo sie vorkommt, ein außerordentlich wohlhabendes Ansehen. Jetzt ist auf einigen adlichen Gütern sogar alles Hoffeld verparcelirt und verkauft, oft einzelne Dörfer oder Meierhöfe; die Polizei ist dann aber in der Regel noch bei dem Hauptgute geblieben.

Die allgemeine Benennung für den freien Grundbesitz des Bauern ist ist jetzt **Hufe** oder **Boel**. Dieses bezeichnet einen bestimmten, zu einem Bauernhof gehörigen ungetheilten Länderbezirk, dessen Größe aber sehr verschieden an den verschiedenen Orten ist und von 40—100 Tonnen und selbst weit darüber wechselt. Fehlt die Hofstelle, so heißen sie todte oder wüste Hufen. Im Südwesten Schleswigs heißen sie **Staven**, im Norden, auch schon in Angeln **Bohle** und weiter nördlich **Gaarde**. Nach der verschiedenen Größe ihrer Ländereien, insofern davon Steuern entrichtet werden, also nach der Größe ihres sogenannten Steuerareals und ihrer etwanigen geschehenen Zertheilung zerfallen sie in Halbhufen, Viertel-, Drittel-, Achtel- oder Sechszehntelhufen u. s. w. Auch giebt es darnach wiederum Doppelhufen. In Bezug auf die Rechte der Hufner an der Hufe sind sie entweder privilegirte, sogenannte Freihufen, oder freie Bauerhufen, oder Festehufen, oder endlich Erbpachtshufen. Die freien Bauernhufen heißen im nördlichen Schleswig Bondenhufen. Die Hufner müssen alle ordentlichen und außerordentlichen Lasten tragen, Land- und Spanndienste leisten, nehmen aber auch Antheil an der Communalverwaltung. Die nicht freien Bauernhufen, namentlich die Erbpachts- und Festehufen, kommen auch vielfach unter dem Namen Lansten vor. Den Hufnern gegenüber stehen die Käthner, in der Regel nur Inhaber kleiner Besitzungen, für die eine Abgabe gegeben wird; Spanndienste leisten sie nicht, haben aber auch an öffentlichen Angelegenheiten wenig Antheil. Ihnen gleich stehen im nördlichen Schleswig die Landbohlen oder Toftbohlen. Endlich giebt es noch die Insten, die nur einen Kohlgarten besitzen, ihr Haus gehört zur Hufe oder ist herrschaftlich, sie sind Tagelöhner oder Handwerker. Ein Dorf besteht der Regel nach aus Hufen, Kathen und Insten, doch giebt es auch bloße Kathendörfer oder Instendörfer. In den Marschen finden sich diese Benennungen wenig, das meiste Land ist hier ganz im freien Besitz der Inhaber, man unterscheidet nur sogenannte **Marschhöfe**, deren Größe aber sehr verschieden ist, und kleinere Landstellen.

Die Größe der ländlichen Grundstücke wird nach sehr verschiedenen **Maaßen** bestimmt. Oft nimmt man das Maaß an, was zum Behuf der Steuerzahlung gebraucht wird, indem zu diesem Ende die Grundstücke tarirt sind. Das hauptsächlichste dieser Steuermaaße ist der sogenannte **Pflug**, nach dem die ordinaire Landescontribution bestimmt ist; bei ihm ist aber nicht blos auf die Größe der Landesoberfläche oder auf das sogenannte Areal, sondern auch auf die Güte des Bodens Rücksicht genommen. In zweifelhaften Fällen werden etwa 100 Tonnen auf 1 Pflug gerechnet. Außerdem ist das Land im Einzelnen behufs der Landsteuer nach **Steuertonnen** abgeschätzt; 1 Steuertonne soll immer 260 Quadratruthen, die Quadratruthe zu 16 Hamburger Quadratfuß gerechnet, enthalten. Auch das Holzland wird nach Tonnen berechnet, hier aber enthält die Tonne immer 300 Quadratruthen. — Außerdem sind im Volke selbst noch eine

Landmaaße. Ländliches Areal.

Menge verschiedener Landmaaße gebräuchlich. Ein sehr altes Landmaaß ist die sogenannte **Mark Goldes**, die noch in Sundewith vorkommt, ungefähr so viel wie 11 Steuertonnen. In Angeln ist der **Heidscheffel** das gewöhnliche Maaß, der in 6 Schipp zerfällt, 1 Schipp zu 24 Quadratruthen. Ein sehr gewöhnliches Landmaaß auf der Westseite ist das **Demath**, das besonders in der Marsch vorkommt, aber auch von verschiedener Größe ist. In der Gegend von Tondern enthält es 10 Ammersaat oder 180 Onabraruthen, jede zu 18 Quadratfuß, in Eiderstedt 216 Quadratruthen, in Stapelholm und der Bredstedter Marsch 6 Scheffel, den Scheffel zu 36 Quadratruthen, in der Bredstedter Geest 10 Scheffel. Auf der Insel Fehmarn ist das Landmaaß das **Drömbtsaat**, das 12 Scheffel, jeden zu 36 Quadratruthen, enthält. Das verbreitetste Landmaaß aber, namentlich auf der Geest, ist die **Tonne Landes**, aber auch diese ist nicht überall gleich groß. Sie hat am allgemeinsten im Osten des Landes 240 Quadratruthen, im Süden und Westen vielfach 320, doch kommt sie auch zu 300 oder wie die Steuertonne zu 260 Quadratruthen vor. Immer aber ist bei ihr die Quadratruthe zu 16 Quadratfuß gerechnet.

Der Grundbesitz im ganzen Herzogthum wurde im Jahre 1802 angesetzt zu 858,674 Steuertonnen, es waren damals aber keineswegs überall Vermessungen vorgenommen. Nach einer im Jahre 1846 eingezogenen Nachricht über das Areal des Landes ergab sich folgendes Resultat:

	Areal.				
	Ackerland.	Wiesenu. Grasland.	Holzland.	Unbebautes Areal.	Summa
	Tonne.	Tonne.	Ton.	Tonne.	
1. Amt Hadersleben	152,930	30,040	13,900	50,920	247,790
2. „ Apenrade	29,060	5,170	1,530	8,700	44,460
3. „ Lygumkloster	11,240	5,360	10	9,590	26,200
4. „ Tondern	70,810	29,800	665	29,615	130,890
5. „ Bredstedt	23,330	3,370	60	25,240	52,400
6. „ Husum	28,010	11,370	2,970	17,150	59,500
7. Landschaft Eiderstedt	14,580	31,050			45,900
8. „ Nordstrand	2,950	1,427		319	4,696
9. Amt Flensburg	57,140	11,930	3,410	14,350	113,830
10. „ Gottorff	75,500	21,000	3,600	24,500	124,600
11. „ Hütten	27,500	9,200	1,030	11,100	48,830
12. Landschaft Stapelholm	7,053	8,164	390	1,043	16,650
13. Amt Sonderburg	15,530	1,025	710	580	17,845
14. „ Norburg	32,090	1,480	520	85	34,175
15. Landschaft Fehmarn	23,280	960	12	1,338	25,590
16. Octroyirte Koege	18,840 und Grasl.	2,000		1,500 (Rethwinbg.)	22,350
17. Das St. Johannis-Kloster	6,220	950	140	1,730	9,040
18. 1. Angler Güterdistrict	25,500	3,890	1,680	1,930	33,000
19. 2. Angler Güterdistrict	50,800	5,070	7,660	7,750	71,280
20. Schwansener Güterdistrict	35,900	4,150	2,430	1,320	43,800
21. Dänisch-Wohlder Güterdistrict	44,700	5,990	4,350	1,900	56,940
22. Vorm. Augustenburger District	22,780	1,140	2,200		26,120
23. Die Städte	10,010	1,050	340	1,140	12,540
Summa	786,040	195,995	47,605	238,800	1,268,440
Die Königl. Forstgründe betrugen			19,515		19,515
			67,120		1,287,955

Steuerareal. Viehbestand.

Dagegen ergiebt die Taration des Steuerwerths ein hiervon wesentlich abweichendes Resultat; darnach fallen nämlich:

1) auf die Aemter und Landschaften.... 665,135 Tonnen
2)   =   die Städte........... 9,856   =
3)   =   die ablichen Güter........ 145,830   =
4)   =   den vorm. Auguſtenburgiſchen Beſitz. 15,840   =
5)   =   das Kloſter St. Johannis..... 4,453   =
6)   =   die octroyirten Köge....... 17,560   =

zuſammen... 858,674 Tonnen.

Die Haupturſache dieſer Abweichungen iſt indeß neben ungenügender Abſchätzung der Umſtand, daß bei der Taration nur das urbare Land abgeſchätzt wurde.

Die landwirthſchaftliche Production iſt höchſt bedeutend. Eine 1845 eingezogene Nachricht über den Viehbeſtand hatte folgendes Ergebniß:

Viehbeſtand am 1. Mai 1845.

	Pferde.	Milchkühe.	Sonſt. Hornvieh.	Schweine.	Schaafe	Bienenſtöcke.
1. Amt Habersleben........	6,920	17,930	16,520	4,780	18,000	4,580
2. ″ Apenrade.........	1,672	4,250	4,508	1,110	5,450	1,920
3. ′ Lygumkloſter.......	1,111	2,450	3,935	392	2,980	796
4. ″ Tondern..........	5,775	12,218	21,981	3,150	38,600	2,714
5. ″ Bredſtedt..........	1,804	3,898	5,177	1,209	10,680	853
6. ″ Huſum..........	2,550	4,400	6,030	1,400	15,460	860
7. Landſchaft Eiderſtedt......	2,800	3,250	28,400	840	16,200	770
8. ″ Nordſtrand.....	550	328	1,200	197	2,790	203
9. Amt Flensburg.........	3,810	12,796	6,610	4,080	10,200	3,685
10. = Gottorff.........	5,230	18,670	7,780	5,400	11,000	4,300
11. ″ Hütten..........	2,320	5,860	3,210	1,200	4,250	1,200
12. Landſchaft Stapelholm.....	1,290	2,450	3,176	766	1.450	308
13. Amt Sonderburg........	893	3.032	849	1 208	3,106	242
14. ″ Norburg.........	2,286	8,146	2,054	3,636	8,004	378
15. Landſchaft Fehmarn.......	2,446	4,730	1,774	1,275	3,800	534
16. Octroyirte Köge........	980	950	3,350	500	9,350	200
17. Das St. Johannisklofter....	402	1,285	423	340	1,338	217
18. 1. Angler Güterdiſtrict......	1,400	6,600	1,700	2,000	2,500	1,200
19. 2. Angler Güterdiſtrict......	2,940	10,300	4,000	1,900	6.200	1,100
20. Schwanſener Güterdiſtrict....	1,700	9,230	1,250	2,500	3,200	820
21. Däniſch-Wohlder Güterdiſtrict...	2,570	11,130	1,360	3,100	3,400	1,550
22. Vorm Auguſtenburger Diſtrict...	1,454	4,489	1,609	496	4,360	523
23. Die Städte (13)........	1,879	4,052	879	2,338	1,509	191
Summa	54,781	152,494	127,775	43,817	183,827	29,145

Die nachfolgende Tabelle ſtellt, abgeſehen von den aus der vorſtehenden ſich rückſichtlich der Viehzucht ergebenden Reſultate, die Production an Getreide und Knochenſpeck nach einem 5jährigen Durchſchnittsertrage dar. Die Butterproduction, die in den einzelnen Diſtricten ſehr verſchieden iſt, iſt hier weggelaſſen.

Landwirthschaftliche Production.

Jährl. Production nach einem 5jähr. Durchschnitts-Ertrage.

	Raps-saat. Tonne.	Weizen. Tonne.	Roden. Tonne.	Gerste. Tonne.	Hafer. Tonne.	Erbsen und Bohnen. Tonne.	Buch-weizen. Tonne.	Klee-saat. Ton.	Knocken-spec. LU
1. Amt Hadersleben	5,100	7,300	50,000	59,000	80,000	1,600	26,350	100	68,000
2. " Apenrade	720	980	17,720	8,890	15,870	150	7,530		15,010
3. " Lygumkloster	30		10,400	3,500	9,100	20	6,200		6,250
4. " Londern	2,300	1,000	38,110	33,360	75,100	1,570	13,610	20	47,570
5. " Bredstedt	760	770	12,080	7,830	15,100	400	2,580		17,500
6. " Husum	2,500	2,260	13,860	5,750	21,800	2,000			17,170
7. Landschaft Eiderstedt	24,000	40,000	4,000	24,000	72,000	24,500			12,000
8. " Nordstrand	3,500	5,000	350	4,500	5,500	3,200			3,750
9. Amt Flensburg	500	3,100	41,100	30,520	67,700	1,010	21,700	100	61,280
10. " Gottorff	130	4,200	47,100	15,100	90,300	800	30,000	50	75,500
11. " Hütten		400	15,000	2,000	18,000	210	7,000	40	16,000
12. Landschaft Stapelholm	780	2,950	7,480	5,420	12,000	400	200		10,300
13. Amt Sonderburg	4,660	2,070	14,380	16,250	21,020	2,080	9,270	40	14,370
14. " Norburg	4,580	6,100	17,210	27,460	29,760	8,360	6,980	120	46,370
15. Landschaft Fehmarn	400	29,670	6,070	28,210	13,460	12,870		150	17,000
16. Oetropirte Köge	4,000	6,000	600	5,350	14,760	3,500		50	7,000
17. Das St. Johanniskloster	80	140	2,870	750	5,380	100	2,030		4,500
18. 1. Angler Güterdistrict	3,000	12,000	15,300	19,400	40,000	3,000	8,900	50	27,000
19. 2. Angler Güterdistrict	1,000	5,000	31,000	30,500	43,000	3,500	26,000	70	24,000
20. Schwansener Güterdistrict	2,500	11,500	20,600	30,700	65,900	1,100	5,600		26,200
21. Dänisch-Wohlder Güterdistrict	6,500	19,400	21,860	32,000	78,500	3,000	6,500	110	40,000
22. Vorm. Augustenburger Distrikt	4,060	8,460	11,870	22,200	29,040	6,070	4,580		7,820
23. Die Städte (13)	290	4,740	5,260	7,600	10,800	2,010	1,370	10	36,450
Summa	71,390	173,040	404,160	420,290	834,090	41,470 Erbsen 40,000 Bohnen.	186,400	1,000	605,030

14. Industrie, Handel und Verkehr. Die Industrie des Landes ist zwar noch sehr in der Kindheit begriffen, wenn man den Umfang der fabrikmäßigen Betriebe ins Auge faßt; dagegen ist der handwerksmäßige Betrieb sehr zahlreich. Am zahlreichsten ist das Schuhmachergewerbe vertreten, das 1845 von 2,470 Personen betrieben wurde. Orte die sich allein von industriellem Betriebe nähren sind nur Ekensund und Ihlers (s. das specielle Repertorium), wo nur die Ziegelbrennerei betrieben wird. Neben jenen beiden Orten umgeben aber noch eine große Menge von Ziegeleien, ca. 40, den Flensburger Meerbusen; zahlreich sind dieselbe ferner bei Apenrade; ebenfalls einige Ziegeleien in andern Gegenden des Landes haben bedeutenden Absatz. Die Production an Ziegelsteinen beträgt jährlich ungefähr 30 Mill. Steine. Glashütten sind 5 in der Hohnerharde, von denen die bedeutendste zu Frederiksfeld. Amidamfabriken sind 3 zu Flensburg, 3 zu Friedrichstadt und 2 in Christiansfeld. Borkmühlen sind 1 zu Tondern, zu Christiansdal, Lundsgaard bei Hadersleben, hinter Gottorf, vor Eckernförde und 2 zu Hadersleben. Chocoladefabriken sind 2 in Flensburg; Cichorienfabriken 2 in Husum; Eisengießereien 2 in Flensburg, von denen 1 mit ca. 80 Arbeitern, 2 in Hadersleben, jede mit ca. 40 Arbeitern, die jährlich ca. 4000 Centner verarbeiten; Filzwaarenfabriken 1 in Aeröeskjöbing; Haartuchfabriken 1 in Flensburg; Knochenmühlen 1 zu Lundsgaard im Amte Hadersleben, welche 1844 ca. 16,000 ℔ Knochen verarbeitet; Kupfermühlen 1 mit gegen 50 Arbeitern zu Krusau (s. u.); Leimfabriken 2 zu Apenrade, Flensburg und Husum, 1 zu Eckernförde, Friedrichstadt und Hadersleben; Gerbereien 96, von denen 1 in Schleswig 60—80,000 ℔ Häute jährlich verarbeitet; Tuchfabriken 2 in Eckernförde und 2 in Hadersleben; Wollenwaarenfabriken 5 in Flensburg, 1 in Apenrade, Eckernförde, Christiansfeld, Schleswig, Husum, Garding Tondern; Baumwollenwaarenfabriken 1 in Brede, Flensburg, Eckernförde, Tondern, Garding und 3 in Schleswig; Wollkratzereien 1 in Maugstrup, welche jährlich 60,000 ℔ verarbeitet, 1 in Flensburg; Leinenfabriken 10 in Hadersleben, 4 in Schleswig, 2 in Cappeln, 1 in Friedrichstadt und Garding; Wollengarn-Spinnereien 2 in Hadersleben, 1 in Apenrade, Christiansfeld, Eckernförde; Wattenfabriken 2 in Flensburg, 1 in Aeröeskjöbing, Friedrichstadt und Schleswig; Nadel- und Drathfabriken 1 in Sonderburg und in Hadersleben; Oelmühlen 11 in Flensburg, 1 in Eckeraförde, 2 in Dybvig, 1 in Kielseng, Grundtoft, Freienwillen, Westerholz, Christiansdal, Friedrichstadt, Sonderburg, Thumbye, Oldensworth und Garding; Orgelbauereien 1 in Apenrade; Papiermühlen 1 in Flensburg, 1 in Ascheffel; Reismühlen 1 in Flensburg, welche jährlich fast 1 Mill. ℔ verarbeitet; 8 Salzraffinerien, von denen 2 in Friedrichstadt; 1 Schoddyfabrik zu Skjelbeck; Seifensiedereien 3 in Flensburg, die gegen 2 Mill. ℔ jährlich fabriciren, 2 zu Christiansfeld, 1 zu Schleswig, Hadersleben und Schnaap; 1 Siebfabrik zu Osterholz, welche jährlich ca. 3000 Ellen Drathgewebe producirt; Tabacksfabriken im Jahre 1845: 44 mit 108 Gehülfen, unter denen die bedeutendsten in Tondern und Eckernförde; 1 Wachsbleiche zu Kielseng; 1 Wachstuchfabrik in Hadersleben, welche gegen 100 Stück jährlich fabricirt; 2 Wagenfabriken in Hadersleben; 11 Zuckerraffinaderien, von denen 7 in Flensburg mit einer jährlichen Production von 4—5 Mill. ℔, 1 in Schleswig, Sonderburg, Hadersleben und Hoyer.

Der Handel ist wegen der günstigen Lage des Landes zwischen 2 Meeren nicht unbedeutend, vorzüglich der Seehandel, den die Stadt Flens-

Handel. Verkehr. Eisenbahnen.

burg am bedeutendsten treibt, da sie ca. 150 Schiffe zu 6250 Commerzlast besitzt; nächst dem Apenrade mit 55 Schiffen zu fast 4000 Commerzlast. Die größte Zahl kleinerer Fahrzeuge besitzen Marstall, Cappeln, Arnis und Maasholm. Die Zahl der gelöschten Commerzlasten für den Handel innerhalb der Monarchie betrug im Jahr 1851: 53,260; der geladenen 57,773. Die jährl. Ausfuhr hat einen Werth von 8 Mill. Reichsbkthlr., die Einfuhr von ca. 7 Mill. Reichsbkthlr. Ausgeführt werden hauptsächlich die Producte der Landwirthschaft, namentlich Getraide, Butter, Speck und Vieh, von letzterem über Tönning allein direct auf England im Jahre 1852: 19,500 Stück Ochsen und 13,600 Stück Schafe. Die gesammte Handelsflotte des Herzogthums betrug im Jahre 1851: 1234 Schiffe von 23,394½ Commerzlast. Zur Sicherung der Schifffahrt sind an verschiedenen Stellen der Küsten Leuchtfeuer errichtet, an der Ostsee zu Marienleuchte auf Fehmern, zu Kekenis auf Alsen, Bülkhuck, Friedrichsort, Holtenau und Aaröesund; an der Nordsee auf Sylt, Amrum und auf dem Feuerschiff an der Eidermündung. Der Transitverkehr zu Wasser wird hauptsächlich durch den Eiderkanal vermittelt (s. unten im Repertorium: Kanal).

Zur Erleichterung des innern Verkehrs sind erst in neuester Zeit **Chausseen** entstanden. Nach Anleitung der Wegeordnung vom 1. März 1842 wird Schleswig 58¾ Meilen Chausseen erhalten, von denen die von Flensburg nach Apenrade (3¾ M.), nach Husum und Tönning (8½ M.), nach Schleswig, Eckernförde und Levensau (10 M.), von Schleswig nach Rendsburg (3¾ M.), von Husum nach Friedrichstadt und Tönning (2 M.), und von Tönning nach Garding (1½ M.) fertig sind. Erbaut werden noch von Flensburg über Sonderburg nach Fyenshav 7¾ M., von Apenrade über Hadersleben nach Kolding 7½ M. mit einem Seitenarm von 2 M. nach Aaröesund und von Husum über Tondern nach Grebstedbroe 15¼ Meilen.

Im Jahre 1852 ist auch der Bau einer Eisenbahn begonnen und zwar von Flensburg über Husum nach Tönning mit einem Seitenarm nach Rendsburg. Die Länge der Bahn wird von Flensburg nach Husum $6\frac{6}{10}$ M. und von Husum nach Tönning $2\frac{9}{10}$ M., im Ganzen also 9½ M. betragen. Die Bahn läuft vom Flensburger Hafen über die Papiermühle, den Holzkrug, Barderup, Torp, Eggebeck, Jerrisbek, über die Treene nach Sollerup und Geilwang bis Oster-Ohrstedt. Hier wird ¼ M. südlich von Oster-Ohrstedt die Zweigbahn nach Rendsburg abbiegen, welche in einer Curve über den Klosterkrug nach Rendsburg läuft. Die Bahn nach Husum geht von Oster-Ohrstedt über Hahneburg, Süderholz und Rosenthal nach Rödemis, wo der Husumer Bahnhof angelegt wird, und von dort über Platenhörn, Flöhdorf, Haarblek und Tofting bis an den Tönninger Torfhafen.

15 Uebersicht der Verwaltungs- und Justizeinrichtungen. Unter dem Ministerium für das Herzogthum Schleswig stehen folgende für das ganze Land fungirenden Behörden: Das Appellationsgericht in Flensburg, die Superintendenten, der Obersachwalter, der Forst- und Jägermeister, das Sanitätscollegium und der Medicinalinspector, der Ober-Landwegeinspector, der dirigirende Stabsofficier für das Chausseewesen, der Landcommissair, der Pauinspector, der Deichinspector, der General-Kriegscommissair und der Enrollirungschef. Zu dem Ressort des Ministeriums gehören nämlich nach der Bekanntmachung vom 28. Janr. 1852 das Justiz-, Polizei- und Medicinalwesen, die Militairaushebungssachen, das Communal-, Wege-, Armen-, Brandversicherungs- und Strandwesen, das directe Steuerwesen, Landwesen, Domaineangelegenheiten, Bauwesen,

Verwaltung und Justizwesen.

Industrie-, Fabrik-, Hafen- und Brückensachen, Deichwesen, Fuhrwesen und die Verwaltung des Eidercanals, Kirchen- und Schulwesen, und die Revision und Decision aller das directe Steuerwesen betreffenden Rechnungen, der Rechnungen der Amts- und Stadtcommünen, des Wegewesens, Hafenwesens, der Gensd'armerie, des Taubstummeninstituts, der Irrenanstalt, und der Rechnungen über den Eidercanal sowie die Decision der zum Brandwesen gehörigen Rechnungssachen. Die Universität zu Kiel, die ritterschaftlichen Angelegenheiten, der Eidercanal, das Taubstummeninstitut, die Irrenanstalt und die Strafanstalten werden als dem Herzogthum Schleswig mit dem Herzogthum Holstein gemeinschaftliche Angelegenheiten betrachtet und von dem Ministerium für Schleswig mit dem Ministerium für Holstein collegialisch erledigt.

Gemeinschaftlich mit den übrigen Theilen der dänischen Monarchie hat das Herzogthum Schleswig das Ministerium der auswärtigen Angelegenheiten, das Kriegsministerium, das Marineministerium und das Finanzministerium, unter welches letztere das Zollwesen und das Postwesen sortiren.

Das Herzogthum hat bis jetzt eine Verfassung mit berathenden Provinzialständen nach der Verordnung vom 15. Mai 1834; jedoch ist den Ständen eine neue ständische Verfassung zur Begutachtung vorgelegt und wird außerdem eine Gesammtstaatsverfassung für die ganze Monarchie erlassen werden.

In Betreff der administrativen und Justiz-Verhältnisse zerfällt das Land in verschiedene Districte, die in einem Communalverbande stehen und an deren Spitze gewisse Königliche Beamte gesetzt sind. Diese Districte sind theils ländliche, theils städtische. Die ländlichen Districte gliedern sich wiederum in kleinere Commünen von untergeordneter Bedeutung.

Die größeren ländlichen Districte sind entweder Aemter oder Landschaften oder Harden; letztere bildeten früher ausschließlich eine Unterabtheilung der Aemter; es sind indeß gegenwärtig auch Harden gebildet, welche Aemtern nicht untergeordnet sind. Für diese letztern Harden besorgt ein Königlicher Commissair die Geschäfte des Oberbeamten. Der Ausdruck Landschaft wird oft mit dem Ausdruck Amt gleichbedeutend gebraucht. An der Spitze der Aemter und Landschaften stehen die Amtmänner; der Justizbeamte der Landschaften heißt Landvogt; an der Spitze der Harden stehen die Hardesvögte. Auf der Insel Fehmern giebt es keine Harden sondern Kirchspiele.

Die Oberbeamten oder Amtmänner, in der Landschaft Eiderstedt Oberstaller genannt, haben die allgemeine Oberaufsicht über die Justizpflege und Verwaltung, sind Oberdeichgrafen und mit dem Probsten Kirchenvisitatoren, mit dem Generalkriegscommissair Sessionsdeputirte und halten jährlich die Untersuchung der Steuerrestanten ab. Außerdem haben sie die Abhaltung der Civil-Brüchsessionen und die sogenannte prima audientia, wonach keine Rechtssache vor das ordentliche Gericht gebracht werden darf, ohne daß das Amthaus einen Versuch zur gütlichen Erledigung derselben gemacht hat.

Unter den Oberbeamten stehen zunächst die Amtsverwalter oder Landschreiber, die eigentlichen Steuererhebungsbeamten, welche die Königl. Gefälle heben, auch wo keine Actuare sind das Actuariat verwalten und das Schuld- und Pfandprotokoll führen; ferner die Hausvögte, welche die Aufsicht über das Wegewesen haben, das Fuhrwesen besorgen, an den Landaufteilungen Theil nehmen, ebenso an der Forstaufsicht, auch die öffentlichen Gebäude inspiciren. Die Hardesvögte in den Aemtern sowie

Verwaltung und Justizwesen.

die Landvögte in den Landschaften und auf den Inseln sind die Polizeibeamten, alleinige Justizbeamte in allen vom ordentlichen Rechtsgang ausgenommenen Sachen und führen den Vorsitz in den ordentlichen Untergerichten. In einigen Harden besorgen die Lehnsvögte alle außergerichtlichen Angelegenheiten. Die Actuare oder Gerichtsschreiber, Dingschreiber, führen das Protokoll in den Criminal- und ordentlichen Civilgerichten, das Schuld- und Pfandprotokoll, bewahren die Depositen und halten die gerichtlichen Subhastationen. Der Brandbirector nimmt die Generalbrandbesichtigungen vor, hebt die Brandkassengelder und leitet das Löschwesen.

Außer den Aemtern, Landschaften und Harden giebt es in diesen Districten noch kleinere Communen verschiedener Art, namentlich die Flecken, Kirchspiele, Dörfer, adlichen Güter, Vogteien u. s. w., denen wieder Unterbeamte und Communalbeamte nebst Officialen verschiedener Art vorstehen. Die Flecken haben das Recht des bürgerlichen Nahrungsbetriebes und sind auch gewöhnlich zunftberechtigt, sie haben auch eine besondere Obrigkeit, sind aber gewöhnlich in judicieller Hinsicht den Gerichtsbeamten der Aemter und Landschaften unterworfen. Doch finden sich hier mancherlei Abweichungen im Einzelnen. Die Dörfer charakterisiren sich durch eine bestimmte und abgeschlossene Feldmark. In den adelichen Gütern vertritt der Gutsbesitzer die Commune.

Das höchste Gericht im Herzogthum ist das Appellationsgericht in Flensburg, das in höchster Instanz als erkennende Behörde fungirt, namentlich über die Criminaljustiz im ganzen Herzogthum. Unter demselben stehen, jedoch nur in einigen Districten, Mittelinstanzen, namentlich in Eiderstedt das sogenannte Vitibing, in den 4 Marschharden des Amts Tondern das Dreihardengericht, und das Landgericht auf Fehmarn. Die Untergerichte werden von dem Hardesvogt oder auf den Inseln von dem Landvogt geleitet, der auch allein erkennender Richter ist; zwar kommen aus den Landeigenthümern genommene Beisitzer der verschiedensten Art in diesen Gerichten vor, sie haben aber nicht immer eine Stimme. Sie führen verschiedene Namen, wie Sandmänner, Hardesmänner, Synsmänner, Näffninger, Bonden, Dingmänner, Richter, Rathmänner u.s.w.

Von den Aemtern und Landschaften sind gewöhnlich mehrere unter einem Oberbeamten combinirt und zwar in folgender Weise:

1. Das Amt Hadersleben mit dem Königl. Commissariat für die Güter Gram und Nübel.
2. Die Aemter Apenrade, Sonderburg und Norburg.
3. Die Aemter Tondern und Lygumkloster.
4. Das Amt Flensburg.
5. Die Aemter Husum und Bredstedt mit der Oberstallerschaft über die Landschaften Eiderstedt und Pelworm und dem Königl. Commissariat über die Nordstranderharde.
6. Die Aemter Gottorf und Hütten mit der Landschaft Stapelholm.
7. Das bisherige Königliche Commissariat über die Eckernförderharde bildenden Güter.
8. Das Amt oder die Landschaft Fehmarn.

Die städtischen Districte stehen den ländlichen gegenüber und sind gebildet aus mit Stadtprivilegien versehenen Ortschaften, denen eine Patrimonialgerichtsbarkeit zusteht. Die Behörde ist in ihnen der Magistrat, welcher aus einem Bürgermeister, mehreren Rathsverwandten und einem

Stadtsecretair besteht. Die Verwaltung der Polizei ist einem eignen Polizeimeister übertragen. Ein Stadtcassirer oder Stadtschreiber besorgt das Hebungswesen und führt die Rechnung. Durch das Circular vom 17. Septbr. 1850 und durch die Instruction vom 28. October desselben Jahrs sind die Verwaltung und die Polizei der Städte der Oberdirection der Oberbeamten, in deren District die Städte liegen, untergeordnet. Nur für die Stadt Flensburg ist für diese Functionen ein eigner Oberbeamter, der Oberpräsident, bestellt, der zugleich erster Bürgermeister und Oberpolizeimeister ist. Die Zahl der Städte im Herzogthum Schleswig beträgt 13.

Das Wappen des Herzogthums sind 2 blaue Löwen in goldenem Felde.

16. Kirchen- und Schulwesen. Als der dänische König Harald nach der in Ingelheim unweit Mainz erhaltenen Taufe in Begleitung des Anscharius und Autbert zurückkehrte, ward hier im Lande von den beiden letztgenannten das Christenthum gepredigt, gewann bald viele Anhänger und die erste der Jungfrau Maria geweihte Kirche wurde etwa um das J. 850 in Schleswig (Haddebye) gegründet; doch eine allgemeine Annahme der neuen Lehre fand erst lange nachher Statt. Kurz vor der Mitte des 10. Jahrhunderts wurde in Schleswig ein Bisthum gestiftet, und darauf entstanden nach und nach mehrere Kirchen und Capellen, besonders unter dem Könige Harald Blaatand, welcher 985 starb; allein das Christenthum hatte noch keine Stärke erreicht, und viele Gotteshäuser wurden nach dem Tode des Königs wieder zerstört. Erst nach der Regierungszeit Svend Tvestiegs (1014), unter Knud dem Großen (1016—1035) und Waldemar I. (1157—1181) befestigte sich das Christenthum; die Zahl der Kirchen ward ansehnlich, und die Anfangs von Holz erbauten wurden nach und nach von Stein aufgeführt. Die Anzahl der damals gegründeten Kirchen läßt sich nicht angeben, aber wahrscheinlich ist es, daß wenigstens in jeder Harde Eine war, und daß diese dann die Hauptkirche eines großen Districtes ward, bis die nach und nach erbauten Kirchen und Capellen von ihr getrennt wurden und eigene Parochialverfassungen erhielten.

Schon sehr frühe, und wahrscheinlich im Anfange des 11. Jahrhunderts, wird die Eintheilung in Diöcesen entstanden sein, und nach dieser ward zum Bisthume Schleswig gerechnet: die östliche Hälfte von Barwithsyssel, die südliche Hälfte von Ellämsyssel, ganz Istathesyssel, Nordfriesland und die Gegend zwischen der Schlei und Eider. Der nordwestliche Theil des jetzigen Herzogthums, nämlich ein Theil von Barwith- und Ellämsyssel gehörte dagegen zum Bisthume Ripen, und die Insel Alsen, Aeröe und Fehmern zum Bisthume Odense.

Die Schleswigsche Diöcese war in 7 Probsteien getheilt:

1) Die große Probstei (praepositura major), wozu der Landstrich zwischen der Schlei und Eider, ein Theil von Istathesyssel und die Lundenbergerharde (vormals zu Nordstrand gehörig) gerechnet ward. Diese Probstei hatte im Jahre 1523 nach dem Schwabstedter Buche 42 Kirchen: in dem Landstriche zwischen Schlei und Eider 20, in Südergoosharde 8, in Nordergoosharde 8, in Lundenbergharde 6, und außerdem mehrere Capellen.

2) Die Probstei Ellämsyssel enthielt den Theil des Ellämsyssel in der Schleswigschen Diöcese und hatte (1523) 39 Kirchen: in der Karrharde 11, Schlurharde 6, Riesharde 6, Lundtofharde 9 und auf Sundewith 7.

3) Das Archidiaconat (Archidiaconatus) enthielt Istathesyssel, mit Ausnahme der Theile, welche zur großen Probstei gehörten, und hatte

Kirchenwesen. Probsteien. XLIII

50 Kirchen nämlich: in der Wiesharde 6, Uggelharde 6, Husbyeharde 6, Nieharde 6, Sturdorfharde 12, Schliesharde 10 und in der Stadt Flensburg 4.

4) Die Probstei Strand (praepositura in Strand) enthielt Nordstrand und Föhr, und hatte nach der großen Ueberschwemmung im Jahre 1354 nur 24 Kirchen.

5) Die Probstei Eiderstedt mit 20 Kirchen: in Eiderstedt 9, Everschop 6 und Utholm 5.

6) Die Probstei Widau (praepositura in Witha), der nördliche Theil von Nordfriesland, hatte 18 Kirchen: in der Bökingharde 7, Horsbüllharde 7 und auf Sylt 4.

7) Die Probstei Barwithsyssel, der Theil des alten Barwithsyssel, welcher zur Schleswigschen Diöcese gehörte, enthielt 33 Kirchen: in der Hadersleberharde 10, Thyrstrupharde 15, der östlichen Hälfte der Gramharde 7 und in der Frösharde 1.

Außer diesen waren noch damals im Herzogthume: 7 Kirchen in der Stadt Schleswig, 1 Kirche in der Stadt Hadersleben, 1 Kirche auf Helgoland und mehrere Klosterkirchen.

Nach der Reformation, und besonders nach der darauf erfolgten Landestheilung, traten nach und nach große Veränderungen des Kirchenwesens ein, bis es im Laufe des 18. Jahrhunderts die jetzige Gestalt erhielt. In der ersten Zeit führten die herzoglichen Oberhofprediger, die damals Generalpröbste genannt wurden, die Aufsicht über das Kirchenwesen, aber schon seit 1636 wurden für den Königlichen Antheil eigne Generalsuperintendenten angestellt.

Gegenwärtig zerfällt der geistliche Staat des Herzogthums in 3 verschiedene Districte, welche 279 Kirchen mit 291 Predigern haben.

I. District der Superintendenturen, von denen eine für den Theil des Landes, in welchem die dänische Sprache Kirchen- und Schulsprache ist, und eine andere für den Theil, in welchem die deutsche Sprache Kirchen- und Schulsprache ist, errichtet ist. Dieser District zerfällt in folgende 10 Probsteien:

1. Die Probstei Hadersleben mit den Kirchen zu Hadersleben, Alt-Hadersleben, Aastrup, Fjelstrup, Halk, Hoptrup, Moltrup und Bjerning, Desby, Starup und Grarup, Bilstrup, Vonsbek, Hammelev, Jägerup, Orenwad und Jels, Sommersted, Vittsted, Skodborg, Aller und Taps, Bjert, Heils und Veistrup, Oeddis, Stenderup, Stepping und Frörup, Thyrstrup und Hjerndrup, Vonsyld und Dalby;- zusammen 34 Kirchen *) mit 27 Predigern.

2. Die Probstei Apenrade mit den Kirchen zu Apenrade, Bjolderup, Jordkjär, Loit, Ries, Bedstedt, Hellevad und Eckvad, Osterlygum, Warnitz, Enstedt, Feldstedt, Holebüll, Rinkenis, Uck, Kliplev und Quars; zusammen 17 Kirchen mit 18 Predigern.

3. Die Probstei Tondern mit den Kirchen zu Tondern, Braderup, Enge, Humtrup, Karlum, Klixbüll, Ladelund, Leck, Süderlygum, Medelby, Stedesand, Dagebüll, Deetzbüll, Fahretoft, Lindholm, Niebüll, Risum, Aventoft, Emmelsbüll, Horsbüll, Klanxbüll, Neukirchen, Rodenäs, Hoyer, Jerpstedt, Schads, Abild, Uberg, Burkall, Bylderup, Hoist, Hostrup, Rapstedt, Tinglef, Lygumkloster, Nordlygum, Brede, Keitum, Morsum, Westerland, St. Nicolai und St. Johannis auf Föhr; zusammen 42 Kirchen mit 47 Predigern.

---

*) Die Volkszahl der einzelnen Kirchspiele ist im speciellen Repertorium bei dem Artikel jedes Kirchdorfes angegeben.

Kirchenwesen. Probsteien.

4. Die Probstei Sonderburg mit den Kirchen zu Sonderburg, Kekenis, Nübel, Saatrup, Ulderup, Düppel, Broacker, Atzbüll und Gravenstein; zusammen 9 Kirchen mit 12 Predigern.

5. Die Probstei Flensburg mit den Kirchen zu Flensburg, Esgrus, Quern, Sörup, Steinberg, Sterup, Adelbye, Husbye, Grundtoft, Hyrup, Rüllschau, Jörl, Eggebek, Sieverstedt, Groß- und Klein-Solt, Oeversee, Bau, Großen-Wiehe, Handewith, Nordhackstedt, Wallsbüll, Wanderup, Glücksburg, Munkbrarup, Neukirchen und Gelting; zusammen 30 Kirchen mit 37 Predigern.

6. Die Probstei Husum und Bredstedt mit den Kirchen zu Husum, Hattstedt und Schobüll, Mildstedt, Ostenfeld, Schwesing, Olderup, Schwabstedt, Simonsberg, Gröde, Hooge, Langeneß, Oland, Pelwormer Altekirche, Pelwormer Neuekirche, Bredstedt, Bargum, Bordelum, Breklum, Drelsdorf, Joldelund, Langenhorn, Ockholm, Viöl, Odenbüll und Friedrichstadt; zusammen 28 Kirchen mit 33 Predigern.

7. Die Probstei Eiderstedt mit den Kirchen zu Garding, Tönning, Witzworth, Oldensworth, Tating, Cating, Catharinenheerd, Ording, Osterhever, St. Peter, Westerhever, Poppenbüll, Tetenbüll, Ulvesbüll, Kotzenbüll, Vollerwiek und Welt; zusammen 17 Kirchen mit 23 Predigern.

8. Die Probstei Gottorf mit den Kirchen zu Schleswig, dem St. Johanniskloster daselbst, Kropp, Habdebye, Hollingstedt, Treya, Boel, Norderbrarup, Süderbrarup und Loit, Havetoft, Moldenit und Kahlebye, Satrup, Thumbye und Strurdorf, Tolk und Nübel, Ulsbye und Fahrenstedt, Arnis, Boren, Brodersbye und Taarstedt, Rabenkirchen, Löftrup, Ulsnis und Cappeln; zusammen 29 Kirchen mit 24 Predigern.

9. Die Probstei Hütten mit den Kirchen zu Eckernförde, Friedrichsberg in Schleswig, Hütten, Vorbye, Bünstorf, Kosel, Hohn, Bergenhusen, Erfde, Süderstapel, Gettorf, Dänischenhagen, Krusendorf, Rieseby, Sieseby, Schwansen, Sehestedt, Waabs und Friedrichsort; zusammen 19 Kirchen mit 21 Predigern.

10. Die Probstei Fehmern mit den Kirchen zu Burg, Landkirchen, Petersdorf und Bannesdorf; zusammen 4 Kirchen mit 7 Predigern.

II. District des Bischofs von Ripen, oder die unter demselben stehende Probstei Törninglehn mit den Kirchen zu Hygum, Rödding und Skrave, Lintrup und Hjerting, Hjortlund und Kalslund, Fardrup, Fohl, Oesterlinnet, Agerskov, Beftoft und Tiislund, Branderup, Toftlund, Gram, Nustrup, Skrydstrup, Bröns, Arrild, Spandet, Westervedstedt, Hvidding, Vodder, Roager, Reisby, Skjärbek und Hörup; zusammen 28 Kirchen mit 24 Predigern.

III. District des Bisthums Alsen und Aeröe mit den Kirchen zu Norburg, Eken, Svenstrup, Hagenberg, Oerbüll, welche zu einer Probstei, der der Norderharde gehören; den Kirchen zu Ketting, Ulkebüll, Nottmark, Abzerballig, Tandslet, Lysabbel und Hörup, welche zur Süderhardesprobstei gehören; endlich den Kirchen auf Aeröe zu Aeröeskjöbing, Marstall, Breininge und Söby, Rise und Tranderup; zusammen 18 Kirchen mit 18 Predigern. —

Die vorerwähnten 3 Districte umfassen jedoch einerseits nicht allein die ganze Bevölkerung des Herzogthums Schleswig, andererseits gehen sie darüber hinaus. Es gehören nämlich noch eine Anzahl Einwohner zu jütischen und zu holsteinischen Kirchen, und außerdem leben im Herzogthum noch Angehörige fremder Confessionen. Es sind aber auch wiederum Einwohner

Kirchenwesen. Fremde Confessionen.

Jütlands und Holsteins zu den genannten schleswigschen Kirchen eingepfarrt. Eine Uebersicht über dieses Verhältniß ergiebt folgendes Resultat:

Die Bevölkerung des Herzogthums Schleswig beträgt mit Einschluß der bisher zum Amte Rendsburg gehörigen Dörfer 74,756 Fam. 365,417 Pers.

davon sind zu den dän. Kirchen 521 F. 2479 P.
und zu holst. Kirchen .... 473 „ 2212 „
eingepfarrt ———————— 994 „ 4691 „
Bleiben ... 73,762 Fam. 360,726 Pers.
Dazu kommen .... 949 „ 4550 „
die zum Amte Ripen gehören und zu schleswigschen Kirchen eingepfarrt sind.
Zusammen .. 74,711 Fam. 365,276 Pers.

Von dieser Totalsumme sind:

1) zu dänischen Kirchspielen eingepfarrt von Bewohnern des Herzogthums Schleswig:

	Familien		Personen	
zu Bilslev	30	Familien	159	Personen
„ Bambrup	68	„	369	„
„ Seem	7	„	46	„
„ St. Clemens auf Römöe ...	104	„	511	„
„ Randrup	2	„	13	„
„ Döstrup	22	„	114	„
„ Medolden	15	„	91	„
„ Emmerlev	220	„	938	„
„ Mögeltondern	26	„	117	„
„ Daler	22	„	107	„
„ Visby	5	„	16	„

Zusammen 521 Familien 2479 Personen.

2) zu holsteinischen Kirchen, nämlich zur Christkirche in Rendsburg sind eingepfarrt zusammen 473 Familien 2212 Personen.

3) Die fremden Religionsverwandten im Herzogthum sind nach der Zählung von 1845:

a. der Gemeindeort Christiansfeld mit 1 Kirche und 761 Einwohnern, die keiner Probstei, sondern der geistlichen Oberleitung der gesammten Brüdergemeinde unterworfen sind.

b. Die fremden nicht lutherischen Confessionen und zwar:

	1840.	1845.
1. Reformirte	151	180
2. Mennoniten.................	51	55
3. Remonstranten...............	1	2
4. Anglikaner	7	4
5. Katholiken..................	528	536
6. Griechen	1	1
7. Mosaische Glaubensgenossen.........	585	595
	1324	1373

4) Endlich sind zu schleswigschen Kirchen noch Einwohner des jütschen Amts Ripen und des Herzogthums Holstein eingepfarrt und zwar:

a. Vom Amte Ripen gehören zu Kirchspielen des Herzogthums Schleswig:

Kirchen- und Schulwesen.

	Familien.	Personen.	Familien.	Personen.
3. Lörning Lehn, Kirchsp. Skjärbek	31	139		
— Hvidding	9	58		
— Reisbye	18	91		
— Bröns	11	59		
— Bodder	4	28		
— Roager	12	79		
— Spandet	5	24		
— Hoirup	18	82		
— Arrild	1	5		
— Westervedstedt	78	356		
— Norder-Farbrup	105	511		
— Hjortlund	20	104		
— Kalslund	17	94		
— Lintrup	6	31		
— Osterhjerting	11	53		
— Hygum	5	34		
— Rödding	10	45		
— Fohl	11	97		
— Toftlund	6	20		
— Gram	9	51		
			387	1970
zur Probstei Habersleben, Kirchsp. Skodborg	59	329		
— Oeddis	9	55		
			68	384
zur Probstei Tondern, Kirchspiel St. Johannis (Westertheil Föhr)	197	848		
zur Probstei Tondern, Kirchs. Abild	15	90		
— Schads	26	123		
— Hoyer	23	128		
— Jerpstedt	1	5		
— Keitum	9	48		
			271	1242
— Brede			223	954
			949	4550

b. Von der Landschaft Norderbithmarschen im Herzogthum Holstein gehören zum Kirchspiel Erfde 3 Höfe im Tielenhemmer Koog. — Das Schulwesen betreffend, so ist ein Schullehrerseminar für das Herzogthum zu Tondern 1786 vom Probsten Petersen gestiftet. An demselben sind 1 Vorsteher und 5 Lehrer. — Gelehrtschulen sind im Herzogthum 3, die Domschule in Schleswig, die Gelehrten- und Realschule in Flensburg und die Gelehrtenschule in Habersleben. Höhere Bürgerschulen sind in Husum mit 3 Lehrern, in Schleswig, Eckernförde, Tönning, Garding, Tondern, Apenrade, Burg, Sonderburg und Bredstedt. — Eine höhere Bauernschule ist zu Rödding durch Privatbeiträge errichtet. Eine landwirthschaftliche Lehranstalt ist zu Oersberg und eine zu Mehlbye in Angeln. — An Stadt- und Landschulen sind im Herzogthum Schleswig 818, mit etwa 984 Lehrern, die von etwa 65000 Schülern besucht worden.

Forstwesen. XLVII

17. Forstwesen. Das Forstwesen wird von einem Forst- und Jägermeister geleitet, unter dem 3 Oberförster-Inspectionen stehen. Den Oberförstern sind wiederum die verschiedenen Hegereiterdistricte untergeordnet. Eine Uebersicht über die landesherrlichen Forsten und ihres Verwaltungspersonals ergiebt folgendes Resultat:

Oberförster.	Namen der Hegereiter-Beritte.	Hegreiter.	Holzvögte.	Forstläufer.	Holzwärter.	Größe der Gehege. Tonn. □R.		Größe der Möhre. Tonn. □R.		Belegen im Amte.	Bemerkungen.
1 in Habersleben	1. Habersleben	1	2b	1	2a	1657	20	61	197	Oberamt Habersleben	a) Außerdem ein Moor- aufseher.
	2. "	1	2b	—	—	1529	37	219	170		b) Außerdem ein Re- vierjäger.
	4. "	1	3	—	—	1641	231	—	176	Westeramt Habersleben	
	3. Dravitter Holzvogts-Revier	—	1	—	—	726	224	59	180	Lygumkloster	
	Londer Amtsjägerberitt	1 Amtsjäger	—	1	—	346	43	57	42	Londern	
								80	23		
		4 und 1 Amtsjäger	8	1	2	5901	35	441			
1 in Sonderburg	Apenrader	1	3	1	—	1681	63	—	—	Apenrade	
	Norburger	1	—	—	7	1263	39	—	—	Norburg	
	Sundewitter	1	1	—	—	326	131	—	—	Sonderburg	
	Glücksburger	1	4	1	—	1362	78	—	—	Flensburg	
	Flensburger	1	—	1	—	2099	157	—	—		
		5	8	3	7	6732	208	—	—		
1 in Brebel	Möhler	1	1	1	—	1016	118	539	138	Gottorf	c) Mit Einschluß sämmtlicher Dienst- ländereien.
	Satruper	1	2	1	—	1097	72	—	—		d) Die Tonne Landes ist zu 260 □R. Hamb. Maaß be- rechnet.
	Lindauer	1	2	—	3	249	147	—	200	Husum und Gottorf	
	Husumer	1	—	—	1	943	103	62	—		
	Hehner	1	3	1	1	941	163	404	247	Hütten	
	Hüttener	1	3	—	—	1133	5	290	65e		
		6	9	3	5	5381	88	1297			
		15 und 1 Amtsjäger	25	7	14	18015	71	d			

Forstwesen.

In diesen Forsten führten die Bestandes-Verhältnisse im Jahre 1845 zu nachstehendem Ergebniß:

Namen der Hegereier-Beritt.	Eichen.		Buchen.		Weichholz.		Nadelholz.		Eltern- u. Eichenbrücke, Blößen.		Forstmöre in den Forsten belegen.		Seen u. Leiche.		Wege und Einfriedigungen.		Dienstländereien.		Summa Areal.	
	T.	□R.	T.	□R.	T.	□R.	T.	□R.	T.	□R.	T.	□R.	T.	□R.	T.	□R.	T.	□R.	T.	□R.
1. Haberslebener Beritt	40	134	1,157	157	5	74	13	184	192	229	40	176	—	—	—	—	30	141	1,657	20
2. "	21	113	613	63	—	—	155	240	94	227	504	70	—	—	—	—	33	24	1,529	37
3. "	76	108	1,216	29	—	—	63	5	89	97	44	183	13	256	109	—	46	221	1,641	231
4. "	21	97	386	160	1	278	6	121	—	—	169	104	62	178	—	—	—	—	726	224
Drautlier Holzvogteirevier Beritt	5	206	—	—	—	—	—	—	—	—	22	99	4	185	—	—	—	—	346	43
Apenrader "	—	—	1,060	109	3	205	1	120	51	68	283	141	189	149	—	—	6	90	1,681	63
Norburger "	55	180	973	230	—	—	—	—	143	143	8	228	2	224	26	—	34	13	1,263	39
Sundewitter "	90	120	189	152	—	—	—	—	15	169	2	45	—	—	49	—	26	213	326	131
Glücksburger "	47	245	919	180	6	—	3	35	206	136	20	3	—	—	85	140	6	—	1,362	78
Flensburger "	38	123	1,421	181	19	258	16	65	54	175	391	148	28	—	2	76	33	197	2,099	157
Bösler "	249	37	552	158	18	26	18	199	39	30	39	168	7	44	140	—	36	44	1,016	118
Satruper "	53	189	800	21	—	—	6	—	—	—	28	107	1	—	—	—	18	151	1,097	72
Lindauer "	7	209	160	252	—	—	—	—	17	158	8	178	—	—	—	—	23	26	249	147
Husumer "	72	220	611	248	58	154	58	195	13	256	22	159	—	—	—	—	5	122	943	103
Hoyner "	447	2	690	49	4	240	73	228	79	190	4	167	—	—	228	—	22	249	941	163
Hüttener "	140	146	265	174	22	—	6	56	146	153	14	162	1	69	—	—	18	233	1,133	5
Summe	1,369	49	14,020	83	342	76	423	154	1,279	147	1,609	158	357	53	176	52	379	36	18,015	71

14,434 Tonnen, 249 □Ruthen

3,580 Tonnen, 82 □Ruthen

Forstwesen. Deichwesen.

Es kommen aber jetzt noch zu diesen landesherrlichen Forsten die der neuerworbenen, ehemaligen Augustenburgischen Güter hinzu, nämlich:

I. Der Augustenburgerharde mit den Gütern:
Augustenburg mit 72 Tonnen Holzland
Rumohrsgaard „ 170 „ „
Sammelgaard „ 377 „ „
Rönhof „ 200 „ „
Langenvorwerk „ 950 „ „
Maibüllgaard „ 6 „ „
Zusammen 1775 Tonnen Holzland.

II. Der ehemaligen Gravenstein'schen Güter in der Lundtoftharde:
Gravenstein mit 372 Tonnen Holzland
Fischbeck „ 240 „ „
Kjeding „ 20 „ „
Aarup „ 380 „ „
Kjelstrup „ 120 „ „
Auenbüllgaard „ 84 „ „
Zusammen 1216 Tonnen Holzland.

Es vermehren mithin diese von der Krone erworbenen Güter das landesherrliche Forstareal zusammen um 2991 Tonnen. Die Forsten der ehemaligen Gravenstein'schen Güter sind mit dem Sundewither Hegereiterdistrict verbunden, die der Augustenburgerharde zu einem eignen Hegereiterdistrict vereinigt.

Die größten Gehege sind im Osteramt Habersleben: die Stursbüller Plantage 688 Tn. 235 R., die Stenderuper Norderhölzung 739 Tn. 225 R., die Stenderuper Mittelhölzung 442 Tn. 44 R., die Stenderuper Süderhölzung 338 Tn. 154 R., Jobislet Gehege 474 Tn. 82 R. — Im Westeramt Habersleben: Linnettskov 726 Tn. 224 R. — Im Amte Lygumkloster: Dravit 346 Tn. 43 R. — Im Amte Apenrade die Leerskover Anlage 386 Tn. 91 R. — Im Amte Norburg: die Norderhölzung 1219 Tn. 69 R. — Im Amte Flensburg: Friedeholz 424 Tn. 27 R., Groß-Tremmerup 329 Tn. 165 R., Handewithholz 979 Tn. 27 R., Lindewith 421 Tn. 152 R., Riesholz 309 T. 239 R. — Im Amte Hütten: Osterhamm 762 Tn. 86 R.

18. Deichwesen. In Veranlassung des allgemeinen Deichreglements vom 6. April 1803 sind verschiedene Deichbände im Herzogthum Schleswig constituirt, nämlich:

I. Der erste schleswigsche Deichband, wozu die sämmtlichen Marschländereien des Amtes Tondern mit Inbegriff der octroyirten Kööge und der Schackenburgischen und Troiburgischen Marschländereien gehören, nämlich: 1) der Hoyerharderfoog, 2) die Schackenburgischen Marschländereien, 3) die Troiburgischen Ländereien, 4) der Schlurharderfoog, 5) das Gut Meierholm, 6) das Gut Hestholm, 7) der Tondernsche Stadtfoog, 8) der Tonderharder- und Übergerfoog, 9) der Karrharder alte Koog, 10) der Ruttebüllerfoog, 11) der Friedrichenfoog, 12) der Brunottenfoog, 13) der alte Wibingharderfoog, 14) der Gottesfoog, 15) der kleine Emmelsbüllerfoog, 16) der alte Christian=Albrechtskoog, 17) der neue Christian=Albrechtskoog, 18) der Marienkoog, 19) der Kleiseerkoog, 20 und 21) die beiden Kornkööge mit den Frau Metten=Ländereien, 22) der Klirbüllerkoog, 23) der große Kohldammerfoog, 24) der kleine Kohldammerfoog, 25) der Engsbüllerfoog, 26) der Dagebüllerfoog, 27) der Julianen=Marienkoog,

28) der Fahretofter Norder- und Süderkoog, 29) der Maasbüller Herrenkoog, der Bottschlotter- und Fahretoferkoog, 30) der Störtewerkerkoog, 31) der Wahgaarderkoog und 32) der Blumenkoog, (zusammen 64996 Dem. 120⅓ O.-R.).

II. Der zweite schleswigsche Deichband, wozu die gesammten Marschländereien im Amte Bredstedt nebst den daselbst belegenen octroyirten Koögen und die Hattstedter Marsch im Amte Husum gehören, nämlich: 1) der Ockholmerkoog, 2) der Langenhorner alte Koog, 3) der Langenhorner neue Koog, 4) der Bargumerkoog, 5) der Sterbebüller alte Koog, 6) der Sterbebüller neue Koog, 7) der Louisen-Reussenkoog, 8) der Reussenkoog, 9) der Bordelumer- und Frau Mettenkoog, 10) der Bredstedterkoog, 11) der Sophien-Magdalenenkoog, 12) der Breflumerkoog, 13) der Desmiereskoog und 14) die Hattstedter Marsch, (zus. 40,942 Dem. 108 O.-R.).

III. Der dritte schleswigsche Deichband, bestehend aus der im Amte Husum belegenen Südermarsch, der Landschaft Eiderstedt mit den darin belegenen octroyirten Koögen, dem Schwabstedter Oster- und Wester-Koog und den übrigen zur Vogtei Schwabstedt gehörigen Marschländereien, nämlich: 1) die Südermarsch, 2) bis 19) die Kirchspiele Kolbenbüttel, Witzworth, Oldensworth, Kotzenbüll, Tönning, Kating, Welt, Vollerwiek, Ulvesbüll, Cathrinenheerd, Garding, Poppenbüll, Osterhever, Westerhever, Tating, St. Peter, Ording und Tetenbüll, 20) das Gut Hoyersworth, 21) der alte Augustenkoog, 22) der neue Augustenkoog, 23) der Grothusenkoog, 24) der Norder Friedrichskoog, 25) der Adolphskoog, 26) die Obbens-Koogs-Ländereien, 27) die Kolbenbütteler Herrenhallig, 28) der Schwabstedter Osterkoog, 29) der Schwabstedter Westerkoog, 30) die Schwabstedter Herrenhallig, 31) der Hof Papenhörn, und 32) die übrigen zur Vogtei Schwabstedt gehörigen Marschländereien, (zusammen 63,649 Demat 4 S. 32 R. 4 F.).

Die Insel Pelworm bildet nur Einen Deichband und alle Koöge derselben zusammen machen nur eine einzige Deichcommüne aus (zusammen 5498 Dem. 5 S. 9 R. 192 F.

Zu keinem der Deichbände gehören die Deiche in der Landschaft Stapelholm.

Einen eignen Deichband bilden ferner die Marschen auf Föhr.

Jeder Deichband steht unter dem Oberbeamten des Districts als Oberdeichgrafen, verschiedenen Deichgrafen und Deichbands-Committirten; das Technische leiten 2 Deichbands-Inspectoren, einer für das Festland und einer für die Inseln und ein Deichconducteur.

B. Uebersichtliche Districtsbeschreibung.

Einleitung. Es giebt gewisse Bezeichnungen größerer Theile des Herzogthums, welche bei den gegenwärtigen staatlichen Einrichtungen kein abgeschlossenes Ganze mehr ausdrücken, welche aber dennoch einem entweder durch natürliche oder durch geschichtliche Verhältnisse zu einer Einheit verbundenen District bis auf den heutigen Tag seinen Namen geben. Da diesen Districten in der folgenden, auf der gegenwärtigen politischen Eintheilung

Districtsbeschreibung. Ehemalige Districte.

beruhenden Districtsbeschreibung kein Platz angewiesen werden kann, so müssen sie hier derselben vorangeschickt werden. Sie sind hauptsächlich folgende:

1) **Dänischenwohld**, silva Danica, nennt man den District zwischen der ehemaligen Levensau und Eider oder dem jetzigen Eidercanal und dem Eckernförder Meerbusen; gegen Westen begrenzt diesen ehemaligen besondern adlichen Güterdistrict (s. oben S. XII) die Scheide der Eckernförderharde, von welcher letzteren er jetzt die südliche Hälfte bildet. Gegen Osten begrenzt ihn die Ostsee. Er war ehemals ein Walddistrict unter dem Namen Jarnwith oder Eisenwald, welcher Wald sich durch Holstein gegen Südost fortsetzte.

2) **Schwansen**, Svansö, die Halbinsel zwischen dem Eckernförder Meerbusen und der Schlei, jetzt die nördliche Hälfte der Eckernförderharde, deren Grenze die Südostgrenze von Schwansen ausmacht; an allen übrigen Stellen umgiebt sie das Meer. An jener Grenze gegen das Land lief ehemals ein Wall, der Osterwall, bis zum Windebyer Noor; eine Befestigung, die der des Danewerk entsprach. Die nördlichste Kirche in Schwansen wird noch Schwansen genannt. Schwansen oder doch der größte Theil desselben kommt ehemals auch unter dem Namen Risebyhaeret, Risebyharde, Dingh Risebu vor.

3) **Angeln**, Anglia minor, Ongul, insula Oghul, das Land oder die Halbinsel zwischen der Schlei und dem Flensburger Meerbusen, ehemals von der Völkerschaft der Angeln bewohnt, die von hier erobernd auszog und England den Namen gab; die Bewohner dieses fruchtbaren Landdistricts haben sich noch manche Eigenthümlichkeiten bewahrt. Er ist reichlich 14 Quadratmeilen groß; als die Westgrenze steht man die Chaussee von Schleswig nach Flensburg an; ehemals aber dehnte sich Angeln wohl weiter gegen Westen, da an seinen alten Namen noch die Benennung der Uggelharde zu erinnern scheint.

4) **Sundewith**, Sundwith, die Halbinsel zwischen dem Flensburger Meerbusen, der Ostsee und dem Alsener Sund, ehemals auch ausgedehnter und wohl das ganze Land zwischen dem Flensburger und Apenrader Meerbusen umfassend, da Baurup und Warnitz dazu gerechnet wurden.

5) **Loit**, ehemals Luchte, Lychteneß, die Halbinsel zwischen der Apenrader und Gjennerbucht, ein Land voll Eigenthümlichkeiten der Natur, des Anbaus und seiner Bewohner. Die in demselben belegene Kirche führt noch den Namen Loit.

4) **Näß**, Haderslebenernäß, das Land zwischen dem Haderslebener Meerbusen und dem Meerbusen Sandwig, der südliche Theil der Haderslebenerharde, mit den Kirchspielen Strarup, Grarup, Oesby, Halk und Vilstrup.

7) **Skovland**, die östliche Halbinsel der Insel Aeröe, durch die Landzunge Dreiet mit der übrigen Insel verbunden, mit dem Flecken Marstall, ehemals ein Walddistrict und daher der Name, jetzt wie die ganze Insel ohne alle Bewaldung.

8) **Nordfriesland**, Frisia minor, Kleinfriesland, ehemals der größte Theil der Westseite des Herzogthums, der von Friesen bewohnt war, mit mehreren Harden, wie sie oben S. IV nach Waldemars Erdbuch als Theile desselben benannt sind; jetzt begreift man darunter noch etwa den Küstenstrich von Husum bis Hoyer mit den Inseln der Nordsee, hauptsächlich die Gegenden, wo noch die friesische Sprache vorkommt.

LII **Districtsbeschreibung. Amt Hadersleben.**

9) **Riefummoor**, ein District in der Bökingharde des Amts Tondern, ehemals ein großes Moor und von lauter angeschwemmtem Lande umgeben, mithin einst eine Insel. Es umfaßt dieser Name jetzt die Kirchspiele Riesum, Niebüll, Deetzbüll und Lindholm. Lindholm und Riesum werden das Ostermoor, Niebüll und Deetzbüll das Westermoor genannt. — Die gegenwärtigen Districte des Herzogthums Schleswig zerfallen in **ländliche** und **städtische**. Die ländlichen Districte oder:

I. Die Aemter, Landschaften und Harden

sind folgende:

1. Das Amt Hadersleben.

Dieser größte aller ländlichen Districte des Herzogthums nimmt den ganzen Norden des Landes ein und erstreckt sich somit über die volle Breite der Halbinsel. Der Boden desselben ist im Ganzen gut, nur auf einzelnen Stellen der Mitte, wo ehemals dichte Bewaldung stattfand, und im Westen sandig und mager, im Osten hügelig und holzreich und ungemein fruchtbar. Im Westen ist an der Küste bis jetzt noch uneingedeichtes Marschland angeschwemmt. Die Ostseite ist reich an Naturschönheiten, namentlich bei Törninggaard, Starup, Vonsbek, Halk, Taarning, Refföe und an dem waldreichen Stenderupstrand.

Die Größe des Amts beträgt 38 Quadratmeilen; die Bevölkerung nach der Zählung von 1845 mit der der incorporirten Güter Gram und Nübel: 48,616 Einw. Pflugzahl: 1100 Pflüge und bei der Fouragelieferung herabgesetzt auf 800 Pfl.; jedoch beides ohne Gram und Nübel, die zu 39 Pflügen angesetzt sind. Steuerareal mit den Gütern (6444 $\frac{1}{19}$ Steuertonnen) im Osteramt: 95,272 Ton., im Westeramt: 49,513 $\frac{1}{19}$ Ton., zusammen 144,785 $\frac{1}{19}$ Steuertonnen, tarirt zu 13,418,430 Rbthlr. 41 $\frac{3}{5}$ ßl. Von diesen sämmtlichen Beträgen mit Ausnahme der Einwohnerzahl ist indeß jetzt noch der Betrag abzurechnen, welcher auf die seit 1850 mit dem Amte Apenrade vereinigte ehemalige Vogtei Bollerslev kommt.

Das Amthaus liegt in Alt-Hadersleben.

Das Amt Hadersleben ist aus 2 Aemtern entstanden, dem eigentlichen Amte Hadersleben und dem Amte Törning. Letzteres war ein abliches Gut der Lembecks, das durch Heirath an die Ahlefelds kam; Hans v. Ahlefeld aber vertauschte Törning gegen Haseldorf im Jahre 1496 an König Johann. Nach Johanns des Aelteren Tode 1582 erhielt das Amt im Wesentlichen seinen jetzigen Umfang. 1658 überließ der König die innerhalb des Amtes gelegenen Güter Gram und Nübel an Hans Schack; 1796 wurden die Streugüter des Gutes Lindewitth dem Amte einverleibt; am 17. September 1850 wurde die zum Amte gehörige Vogtei Bollerslev mit Ausnahme des Districts Strandelhjörn, der mit der Norderrangstrupharde vereinigt wurde, zum Amte Apenrade gelegt und am 3. Juni 1853 wurden die Güter Gram und Nübel dem Amte wieder einverleibt.

Zum Amte gehören in der Ostsee die Insel Aaröe mit einigen daneben liegenden unbewohnten Inseln und in der Nordsee die zum Herzogthum gehörige nördliche Hälfte der Insel Römöe.

Die Beamten des Amtes sind: der Amtmann als Oberbeamter, die beiden Amtsverwalter für den Oster- und Westertheil, die beiden Hausvögte für den Oster- und Westertheil, die 5 Harbesvögte mit 5 Gerichtsschreibern, endlich der Landvogt auf Römöe. Die Harbesvögte sind die eigentlichen

Amt Hadersleben.

Gerichtsbeamten; das ordentliche Gericht besteht in jeder Harde aus ihnen und 8 Dinghörern nebst dem Gerichtsschreiber. Die Communeangelegenheiten der einzelnen Kirchspiele werden durch Kirchspielvögte besorgt, die auf Vorschlag des Hardesvogts der Amtmann ernennt. In Hardesangelegenheiten treten die sämmtlichen Kirchspielvögte der Harde zusammen.

In geistlicher Beziehung zerfällt das Amt theils in die Probstei Hadersleben, theils in die Probstei Törninglehn. In Kirchen- und Armensachen sind in der letzteren die Gemeinden durch sogenannte Heiligentagsvögte, in ersterer durch die Kirchspielsmänner vertreten.

Die verschiedenen Theile und Harden des Amtes sind folgende:

I. Im Ostertheil:

1) Die **Haderslebenerharde** mit 8835 Einwohnern, zu beiden Seiten des Haderslebener Meerbusens gelegen, ein ungemein fruchtbarer und reizender District, dessen südliche von der nördlichen durch den Meerbusen geschiedene Hälfte der Näß (Haderslevnaes) genannt wird. Der Hardesvogt wohnt zu **Hadersleben**, wo auch das Gericht gehalten wird. Ehemals waren hier manche ablige Güter besonders der Familien Baad, Schack und Litlä, namentlich zu Süder-Vilstrup, Vortskov, Wonsmoos, Wandlinggaard u. s. w. Die Kirchspiele der Harde sind: Alt-Hadersleben, Hoptrup, Vilstrup, Starup und Grarup, Half, Oesbye, Vonsbek, Aastrup, Moltrup und Bjerning.

2) Die **Thyrstrupharde** mit 12,113 Einw., die größte Harde des Amtes, zwischen der Haderslebenerharde und Jütland gelegen; im Osten bespült der Belt ihre Küste. Diese fruchtbare und überaus anmuthige Harde war in grauer Vorzeit reich an abligen Gütern, besonders der Familien Emmiksen, Galte, Lange, Kalf, Breide, Gaas u. s. w. Zu den ehemaligen Edelsitzen gehörten Thyrstrupgaard, Egelsbüll, Kehlet, Wargaard, Veistrup, Schinkelborg, Bengaard, Aitrupgaard, Oblinggaard, Fobislet, Starup, Brenduhr, Bjendrupgaard, Andrupgaard, Oeddis u. A. Alle diese Edelsitze sind aber nach und nach untergegangen. Die alte Dingstätte der Harde war auf der Thingskovheede bei Ostorp im Kirchspiele Taps; jetzt ist das Gerichtshaus der Harde zu Aller. Thyrstrup ist ohne Zweifel die alte Hauptkirche der Harde; jetzt sind hier außer Thyrstrup die Kirchspiele Hjerndrup, Fjelstrup, Aller und Taps, Heils und Veistrup, Stenderup, Bjert, Vonsyld und Dalbye, Oeddis, Stepping und Frörup.

3) Die **Gramharde** mit 9007 Einw., westlich an die vorigen sich anschließend, ehemals ein Theil des Amtes Törning. Auch hier waren auf abligen Höfen wie Touskov, Ressöe, Thorsholt, Thyresholm, Skeulinggaard ꝛc. die ausgestorbenen abligen Familien der Emiksen's, Litlä's u. A. angesessen, bis die Lembeck's das alte Gramgaard und später auch Törning erwarben. Ohne Zweifel ist Gram der alte Mittelpunkt der Harde gewesen, aber später mit dem Gute Gram von derselben abgekommen; jetzt ist das Dinghaus der Harde seit langer Zeit zu Törning in der Nähe der Ueberbleibsel des alten gleichnamigen Schlosses. Die Harde enthält die Kirchspiele Orenvad und Jels, Sommersted, Maugstrup und Jägerup, Hammelev, Vitsted, Nustrup und Skrydstrup.

II. Im Westertheil:

4) Die **Frösharde** und 5) die **Kalslundharde**, zusammen mit

9264 Einw., von denen 2948 auf die diesen Harden seit dem 3. Juni 1853 einverleibten Güter Gram und Nübel (mit einem Steuerwerth von 532,560 Rbthlr.) kommen. Beide Harden sind seit längerer Zeit unter einem gemeinsamen Hardesvogt vereinigt und ihre Pertinentien liegen zum Theil durcheinander; die Kalslundharde bildete ursprünglich nur einen besondern Theil der Frösharde. Die jetzige Frösharde ist der nördlichste Theil des mittleren Schleswig und liegt ihrem Haupttheile nach zwischen der Schottburger Aue und der Gramer Aue; sie hat auch ihren Namen von dem ehemaligen großen Farriswald, der sich quer über den ganzen Norden des Herzogthums erstreckte aber maßlos zerstört ist. Ehemals lagen hier auch manche adliche Höfe, wie Stobborghuus, Linnethovgaard, Röbbinggaard, Skrafvegaard, Holm u. s. w. Die alte Hardeskirche war wahrscheinlich Hygum. Zur Harde gehören jetzt die Kirchspiele Oster-Linnet, Stobborg, Skrave, Röbbing, Hygum, Gram und Fohl. Die Kalslundharde hat ihren Namen nach dem Kirchspiel Kalslund erhalten und liegt zwischen dem Farrisbeek und der Königsaue; zu ihr gehören die Kirchspiele Kalslund und Hjortlund, Fardrup, Lintrup und Hjerting. Der Gerichtsort der Harde ist Röbbing.

6) Die Hviddingharde mit 5664 Einwohnern, an der Westküste zwischen der Loeharde und der Stadt Ripen gelegen. Zu ihr gehört die nördliche Hälfte der Insel Römöe oder die Landschaft Norderland-Röm mit 511 Einwohnern, welche zum Kirchspiel St. Clemens in der zur Grafschaft Schackenborg im Amte Ripen gehörigen Südhälfte der Insel eingepfarrt sind. Die Landschaft Norderland-Römöe steht unter einem eignen Landvogt, der die Polizei und die freiwillige Jurisdiction ausübt und die Abgaben für die Hebungsstube des Westeramts erhebt. Auch die Hviddingharde enthielt längst verschwundene adliche Güter der Emiffen's, Rosenkranz, Winther's u. A., wie Holbek, Hörbro, Westerbeck, Astrup, Ulleruplund, Oernsholm, Gessinck, Kagbüll u. s. w. Die Harde hat mit der Norderrangstrupharde einen gemeinsamen Hardesvogt und Gerichtsschreiber. Die alte Hardeskirche war wohl Bröns, obgleich man dem Namen nach auf Hvidding schließen sollte; bei Bröns östlich auf den Dinghügeln war auch die alte Dingstätte der Harde, die aber in neuerer Zeit nach Roager-Kirkeby verlegt ist. Zur Harde gehören die Kirchspiele Seem, Vester-Vedsted, Bröns, Hvidding, Reisby, Skjärbäk, Vodder, Roager, Spandet, Höirup und Arrild.

7) Die Norderrangstrupharde mit 3965 Einwohnern, ganz in der Mitte der Halbinsel zwischen dem Amte Apenrade und der Jardeaue gelegen, mit mäßigem Boden und dünn bevölkert. Sie ist ein Theil der alten Rangstrupharde; der südlichere Theil, die Süderrangstrupharde, gehört jetzt zum Amte Apenrade. Den Namen hat sie vom Dorfe Rangstrup im Kirchspiel Agerskov empfangen; villeicht ist auch Agerskov die alte Hardeskirche, während andererseits der alte Name der Toftlunder Kirche, Herrestedskirche, für diese als Hardeskirche zu sprechen scheint. Seit 1850 ist zur Norderrangstrupharde noch der District Strandelhjörn, der früher zur aufgehobenen Vogtei Bollerslev gehörte, gelegt. Die Dingstätte der Harde war früher zu Geestrup, ist aber jetzt schon lange zu Agerskov; der Hardesvogt für diese und die Hviddingharde wohnt zu Toftlund. Auch in dieser Harde waren längst vergangene Edelsitze der Ebernsen, Tychsen u. A. Jetzt gehören zur Harde die Kirchspiele Branderup, Toftlund, Agerskov, Bestoft und Tiislund. Das Wappen der Harde sind zwei Raben.

2. Das Amt Apenrade.

Das Amt Apenrade in seiner gegenwärtigen Gestalt umfaßt einen der schönsten und fruchtbarsten Districte des Herzogthums im Halbkreise um den Apenrader Meerbusen, welcher District bis an den Flensburger Meerbusen hinabreicht, dagegen nur in geringerer Ausdehnung sich über die Mitte des Landes erstreckt. Der Boden ist mit Ausnahme dieses letzten Theiles ungemein fruchtbar und im Mittelpunkte des Amtes um Apenrade und im Süden um Gravenstein verschönern reiche Waldungen eine durch ihre malerische Anmuth berühmte Gegend. Die schönsten Punkte sind die Halbinsel Loit und die Runde-Mühle, die Umgebung Apenrade's selbst, Felsbek und die Kruusmühle, Rinkenis und Gravenstein. Die Dörfer auf der Ostseite zeichnen sich durch eine pittoreske ungemein zerstreute Lage aus und bedecken weite Landstriche mit zahllosen Massen von kleinen Häusergruppen, namentlich auf der Halbinsel Loit, in deren Mitte beinahe das größte Dorf des Landes, Loit-Kirkeby, mit 1462 Einwohnern liegt, und im Bezirk Warnitz (Varnis).

Die Größe des Amtes beträgt gegenwärtig etwa 14 Quadratmeilen mit 20,463 Einwohnern. Bisher war die Ausdehnung des Amtes nur halb so groß, reichlich 7 Quadratmeilen mit 9,568 Einwohnern. Allein seit dem 17. September 1850 wurden vom Amte Hadersleben die Vogtei Bollerslev mit Ausnahme des Districts Strandelhjörn sowie vom Amte Tondern die zum Kirchspiel Bjolderup gehörigen Dörfer und das zum Kirchspiel Uck gehörige Dorf Lautrup und die ganze Lundtoftharde dem Amte Apenrade einverleibt. Unterm 3. März 1853 aber kam auch der größte Theil der vormals Augustenburgischen sogenannten Gravenstein'schen Güter mit ca. 3073 Einwohnern an das Amt; ausgenommen waren nämlich nur Auenbüllgaard, jedoch ohne Baurup, das ebenfalls zu Apenrade kam, und die Gravenstein'schen Besitzungen auf Sundewith. Am 3. Juni 1853 wurde endlich noch der größte Theil der übrigen ablichen Güter des ehemaligen 2. Angler ablichen Güterdistricts, nämlich das große Gut Seegaard mit Ahretoft, Gröngrift, Laygaard und Schobüllgaard mit 3713 Einwohnern mit der Lundtoftharde des Amtes Apenrade vereinigt. So ist seit den letzten Jahren die Größe dieses kleinen Amtes verdoppelt und dasselbe durch die Orte, die es jetzt umfaßt, einer der interessantesten Districte des Herzogthums geworden. Die gegenwärtige Pflugzahl des Amtes kann so wenig wie das Steuerareal eben jener großen Veränderungen wegen hier genau angegeben werden; früher betrug die Pflugzahl 319¾ Pfl.; das Steuerareal war incl. der Stadt tarirt zu 280,405 Steuertonnen von 2,139,202 Reichsbankthaler 81½ bßl. Steuerwerth.

Das Amt Apenrade kommt bei der Landestheilung von 1544 vor und gehörte zum gottorfischen Antheil. Es ist vergrößert 1720 durch Vogteien des bischöflichen Amts Schwabstedt, 1777 durch Theile des Domcapitelsamts und des Amts Morkirchen, 1796 durch Zubehörungen des Guts Lindewith. Das Amt bestand bisher aus 2 Harden, der Süderrangstrupharde und Riesharde und dem Birk Warnitz; nunmehr ist eine dritte Harde, die Lundtoftharde hinzugefügt. Der Amtmann, der zugleich Oberbeamter der Aemter Sonderburg und Norburg ist, wohnt auf dem Schlosse **Brundlund** vor Apenrade. Unter ihm leiten die Justizwesen die Hardesvögte, und die Gerichtsschreiber fungiren als Actuare; im Birk Warnitz leitet die Justiz der Birkvogt. Zu Apenrade wohnt auch der Amtsverwalter des Amtes und der Hausvogt der Ries- und Süderrangstrupharde; der Hausvogt der Lundtoftharde wohnt zu Gravenstein. Die Communeangelegenheiten des Amtes sind bisher von 8 Amtsbevollmächtigten, und zwar aus jedem Kirchspiele mit Ausnahme der Apenrader Landgemeine von Einem, verwaltet.

Die Theile des Amtes sind folgende:

1) Die **Süderrangstrupharde** mit 4148 Einwohnern, der nördliche Theil des Amtes, der sich an das Amt Hadersleben schließt, ein 4 Meilen langer nicht breiter District, der sich von der Gjenner Bucht bis nahe westlich vor Lygumkloster erstreckt, die Südhälfte der alten Rafnstorphaeret im ehemaligen Barwithsyssel, von welcher die Nordhälfte, die Norderrangstrupharde, beim Amte Hadersleben geblieben ist. Der Hardesvogt ist dieser Harde und der Riesharde gemeinsam, ebenso der Gerichtsschreiber und beide wohnen in Apenrade, wo auch das Gericht gehalten wird. Der Boden ist nur an der östlichen Seite der Harde in geringem Umfange schwer, sonst sandig und öde. Die Harde, zu welcher 1850 auch der District Gjenner von der ehemaligen Hadersleber Vogtei Bollerslev und 1853 auch noch der sonst zum Gute Aarup gehörige Hof Grönnebekgaard kam, besteht aus den Kirchspielen Oster=Lygum, Hellevad und Ekvad und Bedstedt.

2) Die **Riesharde** mit 6024 Einwohnern. Diese liegt zwischen der Gjenner Bucht und dem Apenrader Meerbusen und um Apenrade, ist 3 Meilen lang und 1 Meile breit, auf der Ostseite waldreich, hügelig und fruchtbar, nach dem Innern des Landes hin sandig und kahl. Sie ist 1850 durch die zum Kirchspiel Bjolderup gehörigen Dörfer der Schlurharde und den um Bollerslev gelegenen Theil der gleichnamigen Hadersleber Vogtei Bollerslev, sowie 1853 durch den bisher zum Gute Aarup gehörigen Hof Dalholt auf der Halbinsel Loit und die zu demselben Gute gehörige Krugstelle zu Bollerslev vergrößert. Den östlichen Theil der Harde bildet die Halbinsel Loit mit den großen Dörfern Kirkeby und Barsmark, deren Bewohner manche Eigenthümlichkeit haben. Auch gehören zur Harde die Inseln Barsöe und Kalöe in der Ostsee. Ehemals lagen in der Harde abliche Güter wie Riesgaard, Bollerslev, Yggelsioholm u. A., die aber längst vergangen sind. Die alte Hardeskirche war wohl Ries. Der Hardesvogt ist der Riesharde mit der Süderrangstrupharde gemeinsam; er wohnt zu Apenrade, wo auch das Thing gehalten wird. Kirchspiele sind in der Harde außer dem Landkirchspiel Apenrade, Loit, Ries, Jordkjär und Bjolderup.

3) Die **Lundtoftharde** mit 8951 Einwohnern, ehemals eine Harde des Amts Tondern, seit 1850 zum Amte Apenrade gelegt und wie oben erwähnt durch den größten Theil der Gravenstein'schen Güter und des 2. Angler Güterdistricts zu einem bedeutenden Umfange angewachsen. Die Harde nimmt jetzt den herrlichen Landstrich zwischen dem Apenrader und Flensburger Meerbusen und Sundewith ein und ist einer der schönsten Districte Schleswigs; nur auf der westlichen Seite nach der Landesmitte hin ist der Boden sandig und mager. Sie führt den Namen nach dem alten Dorfe Lundtoft im Kirchspiel Kliplev, hieß aber im Erdbuch Waldemar's Kliplevharde, obwohl sie sich damals wohl nicht so weit gegen Osten erstreckte. Sie gehörte zum Theil zum Krongut (Konungslef); in ihr bildete sich aber früh der abliche Besitz **Seegaard**, welcher Eigenthum der Lembeck's wurde, die sich auch pfandweise bald den übrigen Theil der Lundtoftharde erwarben. Von den Lembeck's kam durch Heirath dieser Besitz an die Ahlefeldt's.

Lundtoftharde.

1498 erwarb durch Kauf der Herzog Friedrich einen Antheil an dem Pfandbesitz des verpfändeten Theils der Harde, woraus die bisherige Lundtoftharde des Amts Tondern entstanden ist. Seegaard mit den übrigen Theilen der Harde blieb bei den Ahlefeldt's bis 1725, wo der Concurs über diesen großartigen Güterbesitz ausbrach. Beim Verkauf des Hofes wurden Ahretoft, Aarup, Gravenstein, Gröngrift, Kjeding, Kjelstrup, Fischbeck, Laygaard und Stoltelund als eigne Güter abgelegt. Gravenstein, Aarup, Kjeding, Kjelstrup und Fischbeck kauften die Herzöge von Augustenburg und bildeten daraus mit Auenbüllgaard die sogenannten Graven stein'schen Güter; diese kamen 1853 wieder an die Harde. Die übrigen Güter, wie Seegaard, Gröngrift, Laygaard und Stoltelund bildeten mit mehreren andern nördlich und westlich im Herzogthum zerstreuten Gütern den 2. Angler Güterdistrict; dieser ward ebenfalls 1853 aufgelöst und die zu demselben gehörigen Güter wieder den Aemtern, in denen sie lagen, incorporirt. So kamen die obenerwähnten ehemaligen Pertinenzien des großen Gutes Seegaard mit diesem selbst wieder an die Lundtoftharde, mit Ausnahme jedoch von Stoltelund, welches der Schlurharde des Amtes Tondern einverleibt wurde, wogegen wieder das größtentheils bisher zum Amte Tondern gehörige Dorf Lautrup zur Lundtoftharde kam. Außer jenen von Seegaard stammenden Gütern ist nur noch das Gut Schobüllgaard aus dem 2. Angler Güterdistrict an die Lundtoftharde gekommen; es war ein alter adlicher Besitz, der der ausgestorbenen Adelsfamilie Uck gehörte. So ist also erst in unsern Tagen die Lundtoftharde wieder zu ihrem alten ansehnlichen Umfang gelangt und einer der interessantesten Districte des Herzogthums geworden; den Mittelpunkt derselben bildet in geographischer Beziehung wieder das Gut Seegaard. Sonst wohnen schon seit langer Zeit der Hardesvogt und die übrigen Beamten in Gravenstein, wo auch das Gericht gehalten wird; ehemals war die Thingstätte zu Törsbüll im Gute Seegaard. Die alte Hardeskirche ist wohl dem ehemaligen Namen der Harde nach zu urtheilen Kliplev. Die jetzigen Kirchen der Harde sind zu Enstedt, Feldstedt, Kliplev, Uck, Atzbüll und Gravenstein, Quars, Rinkenis und Holeböl. Die zur Harde gehörigen Güter sind folgende:

Aarup mit $21\frac{217}{480}$ Pflügen, 3348 Tonnen Land und 762 Einw.; Grönnebekgaard, Dalholt und Bollerslev sind übrigens vom Gute zu andern Harden gekommen, weshalb dieselben sowohl von dem Areal wie von der Einwohnerzahl 89 Einw. als zur Lundtoftharde nicht gehörig abzurechnen sind.

Gravenstein, mit Fischbeck und Kjeding zu $54\frac{4062}{5040}$ Pflügen gesetzt, für sich allein 4570 Tonnen 202 Quadr.-Ruthen groß, mit Fischbeck und Kjeding tarirt zu 8629 Steuertonnen und 903,500 Rbthlr. Steuerwerth; Einwohnerzahl des ganzen Gutes 2278, von denen aber an die Lundtoftharde nur 1577 Einwohner und an's Amt Sonderburg 701 Einwohner gekommen sind.

Fischbeck, 801 Tonnen 222 Quadr.-Ruthen groß, außerdem zusammen mit Kjeding 1797 Tonnen Land der Untergehörigen, mit 473 Einwohnern; Pflugzahl und Steuerwerth s. oben Gravenstein.

Kjeding, 839 Tonnen 23 Quadr.-Ruthen groß mit 523 Einwohnern; Land der Untergehörigen s. oben Fischbeck; Pflugzahl und Steuerwerth s. oben Gravenstein.

Kjelstrup, mit $6\frac{337}{672}$ Pflügen, 1586 Tonnen groß, mit 395 Einw.

Ahretoft, mit $13\frac{8}{100}$ Pflügen, 1178 Steuertonnen und mit 222 Einwohnern.

Seegaard, mit $87\frac{87}{100}$ Pflügen und 6046 Steuertonnen und mit 1730 Einwohnern.

Gröngrift, mit $15\frac{63}{100}$ Pflügen und 1230 Steuertonnen und mit 322 Einwohnern.

Laygaard, mit $17\frac{5}{100}$ Pflügen und 2782 Steuertonnen und mit 998 Einwohnern.

Schobüllgaard, mit 5 Pflügen und $1030\frac{1}{2}$ Steuertonnen und mit 341 Einwohnern.

4) Das Birk Warnitz oder Varnis mit 1340 Einw., auf dem Vorsprung zwischen dem Apenrader Meerbusen und dem Alsener Sund gelegen, in einer fruchtbaren hügeligten Gegend, nur aus 2 großen aber ganz zerstreut gelegenen Dörfern Warnitz und Bauruy bestehend. Es ist als altes Gut des Königs früh mit einem eignen Birkgericht von der Harde abgesondert, kommt aber schon 1411 in Verbindung mit Apenrade vor und hat jetzt zwar einen eignen Birkvogt, der aber gewöhnlich auch der Hardesvogt der Ries- und Süderrangstrupharden ist und zu Apenrade wohnt. Der sonst zu den Gravenstein'schen Gütern gehörige Theil von Bauruy wurde erst 1853 zum Birk gelegt. Das einzige Kirchspiel dieses malerischen und stark bevölkerten kleinen Ländchens ist das der Kirche zu Warnitz.

3. Das Amt Sonderburg.

Das Amt Sonderburg, das schon seit langer Zeit mit dem Amte Norburg verbunden ist, hat jetzt auch mit dem Amte Apenrade denselben Oberbeamten und schließt sich an das östliche Ende desselben an. Es umfaßt die schöne durch ihre hügelige Wellenform und zahlreichen Waldpartieen so reizende Halbinsel Sundewith und die südliche Hälfte der Insel Alsen. Auch dieses Amt ist einer der anmuthigsten Districte des Herzogthums und zeichnet sich durch starken Anbau und außerordentlich zahlreiche Bevölkerung aus.

Das Amt Sonderburg ist jetzt 5 Quadratmeilen groß und hat in diesem seinen jetzigen Umfange nach der Zählnng von 1845: 19,754 Einw.; es war vor Kurzem jedoch nur etwas über 2 Quadratmeilen groß und hatte damals nur 6538 Einwohner. Dieses Amt war nämlich früher im Besitz Johann's des Jüngern, unter dessen Enkel ein Theil von Sundewith durch den Concurs des Herzogs an die Krone zurückfiel, während ein Theil als Allodium ihm blieb, woraus später die Grafschaft Reventlov entstand. Der an die Krone gefallene Antheil bildete das Amt Sonderburg, zu welchem 1777 noch Besitzungen des ehemaligen Domcapitels und 1779 die Glücksburgischen Besitzungen in Sundewith kamen. 1804 wurde auch die ehemalige Vogtei Sundewith des bischöflichen Amtes Schwabstedt mit dem Amte verbunden und 1853 wurden sowohl die Augustenburger Güter als ein eigne Augustenburgerharde als auch mehrere Gravenstein'sche Stellen und das bisher Gravenstein'sche Gut Auenbüllgaard mit Ausnahme der Stellen desselben im Dorfe Bauruy zu dem Amte gelegt. Endlich wurden noch durch das Patent vom 3. Juni 1853 die Grafschaft Reventlov-Sandberg nebst Ballegaard und Beuschau, die bisher zum 2. Angler Güterdistrict gehört hatten, dem Amte Sonderburg einverleibt. Durch diese bedeutenden Veränderungen ist das Amt um mehr als das Doppelte seines bisherigen Bestandes vergrößert, weshalb auch die frühern Angaben der Pflugzahl und des Steuerareals nicht mehr zutreffend sind. Der frühere Steuerwerth betrug nur 518,500 Rbthlr.

Amt Sonderburg.

Der Amtmann, zugleich Amtmann des Amtes Apenrade, wohnt in Brundlund. Ein Amtsverwalter wohnt in Sonderburg und ist Hebungsbeamter für die auf Alsen gelegenen Theile des Amtes, ein anderer Hebungsbeamter für Sundewith ist zu Broacker. Der Hausvogt und zugleich Gerichtschreiber für die Süderharde, sowie der Hardesvogt wohnen in Sonderburg: der Haus- und Hardesvogt für die Nübelharde, zugleich Hebungsbeamter, wohnt in Broacker, der Gerichtschreiber in Rinkenis; für die Augustenburgerharde ist ein eigner Hardesvogt und Gerichtschreiber und ein eigner Hausvogt ernannt, die zu Augustenburg wohnen. Die Communalangelegenheiten der Dörfer werden durch Sandmänner vertreten.

Das Amt Sonderburg besteht nunmehr aus folgenden 3 Harden:

1) Die Nübelharde, auf Sundewith gelegen und jetzt diese ganze Halbinsel einnehmend, mit 8590 Einwohnern. Sie besteht aus der ehemaligen Nübelharde mit 4652 Einwohnern; aus dem ehemals zu den Gravenstein'schen Gütern gehörigen Gute Auenbüllgaard mit 314 Einwohnern, da nur ein kleiner Theil dieses Gutes mit 27 Einwohnern an das Birk Warnitz gekommen ist; aus den zu den Gravenstein'schen Gütern gehörenden Stellen in dem Kirchspielen Düppel, Nübel und Broacker mit 1385 Einwohnern, und endlich aus der Grafschaft Reventlov-Sandberg mit den mit ihr verbundenen Gütern Ballegaard und Beuschau (Bögskov), zusammen mit 2239 Einwohnern. Die Harde nimmt die ganze Halbinsel Sundewith ein, hat einen fruchtbaren Boden und ist stark bevölkert und mit zerstreuten Stellen bedeckt. Die allmählich Königlich gewordenen Höfe sowie die adlichen Güter sind fast alle parcelirt und in Erbpacht gegeben; viele dieser Parcelen liegen in einer außerordentlich anmuthigen Gegend. Der Hardesvogt wohnt in Broacker, welches der bedeutendste Ort der Harde, die übrigens durch den letzten Krieg in ihrem Wohlstande erheblich gelitten hat, ist. Die Kirchspiele der Harde sind jetzt Broacker, Nübel, Ulderup, Satrup und Düppel. Die parcelirten Höfe sind Blans, Philippsburg, Lundsgaard, Schotzbüllgaard, Krammark und Freileben. Außerdem sind hier jetzt folgende Güter: Auenbüllgaard, von 11 Pflügen mit 341 Einw., von denen aber 27 Einwohner unter das Birk Warnitz fallen, mit 1335 Tonnen Land; die Lehns-Grafschaft Reventlov-Sandberg oder das ehemalige Gut Sandberg von 30 Pflügen und 3505 Steuertonnen mit 1215 Einwohnern, und die dem Besitzer der Grafschaft gehörigen beiden Güter Ballegaard von $12\frac{27}{55}$ Pflügen oder 1078 Steuertonnen und Beuschau (Bögskov) von $21\frac{52}{55}$ Pflügen oder 1764 Steuertonnen; ersteres mit 484, letzteres mit 540 Einwohnern.

2) Die Süderharde, auf Alsen, mit 1886 Einwohnern, ein kleiner District an der Südspitze der Insel, der Rest von der ehemals größeren Süderharde, deren Haupttheil 1756 und 1764 an das Augustenburgische Haus übergegangen war. Diese Harde umfaßt die Halbinsel Kekenis, eine nicht unfruchtbare vom Südende Alsens gegen Norden sich erstreckende Landzunge, welche nur durch die schmale Landenge Drey mit der Insel zusammenhängt. Ehemals war dieses einen etwas sandigten aber doch kräftigen Boden enthaltende Ländchen dicht bewaldet, enthält aber jetzt nur schwache Waldreste und ist außer dem ganz zerstreuten Kirchdorfe Kekenis nur durch die parcelirten Vorwerke der einst fürstlichen Schlösser Hirschholm und Nygaard bebaut. Auf Alsen selbst gehört zur Harde noch am Südende der Insel die Bogtei Lysabbel, ein Theil des Kirchspiels gleiches Namens. Ferner

werden zur Harde die Untergehörigen des Sonderburger Hospitals, 2⅐ Pflüge mit 105 Einwohnern und die beiden Königlichen Mühlen vor Sonderburg gerechnet. Der Hardesvogt wohnt in Sonderburg. Zur Harde gehören das Kirchspiel Kekenis, ein Theil des Kirchspiels Lysabbel und einzelne Untergehörige aus 4 andern Kirchspielen.

3) Die Augustenburgerharde, zufolge des Patents vom 3. März 1853 aus den von der Krone erworbenen Gütern des Herzogs von Augustenburg gebildet, 2 Quadratmeilen groß mit 9278 Einwohnern.

Diese Harde nimmt den Haupttheil der Insel Alsen ein, einer 5 Quadratmeilen großen Insel mit der sehr starken Bevölkerung von 21,408 Einwohnern. Ein vortrefflicher Boden, viele Waldungen, ein hügeliges wellenförmiges Terrain, ein oft steiles buchtenreiches Meerufer, mehrere kleine Landseen, ein starker Anbau, in Folge dessen zahllos zerstreute Stellen, fast jede in der malerischsten Lage dem Auge begegnen, ein nicht unbedeutender Obstbau und die deutlichsten Merkmale verbreiteten Wohlstandes machen diese von der Natur gesegnete Insel zu einer der schönsten der Ostsee. Feldbau, Garten- und Obstbau, Fischfang und Seefahrt sind die Hauptgewerbe der Einwohner. Das Land hat 3 städtische Orte, die Stadt Sonderburg mit einem tiefen Hafen am Alsener Sund, und die Flecken Norburg und Augustenburg. In alter Zeit war ein bedeutender Theil der Insel Königliches Krongut; sie war aber im 14. Jahrhundert bereits an's Herzogthum gekommen. Schon früh erwarb der alte einheimische Landesadel hier Besitzungen und die Spuren seiner Schlösser sind noch vorhanden; unter den hier Angesessenen werden die Litlä, Basse, Dene, Fries, Linthe genannt, die gleich wie ihre Güter später gänzlich untergegangen sind. Dann drang auch hier der fremde Adel mit den Breide's, Sture's, Sehestedt's, Rumohr's und Blome's ein. Auch die Geistlichkeit, namentlich Bischof und Domcapitel von Schleswig, erwarb sich hier früh Besitzungen. Mit alleiniger Ausnahme dieser Güter der Geistlichkeit hatte der abgetheilte Herzog Johann der Jüngere 1584 die ganze Insel durch Abfindung, Tausch und Kauf in seinen Besitz gebracht. Unter seinen Söhnen wurde sie getheilt und der Herzog Alexander erhielt Sonderburg und die südliche Hälfte der Insel. Alexander's Sohn Ernst Günther kaufte darauf 1651 die Domcapitelsdörfer Stavensbüll und Sebbloe und erbaute an Stelle des ersteren das Schloß Augustenburg; außerdem kaufte Ernst Günther noch aus dem Concurs seines Vetters Rumohrsgaard zu seinem Besitze hinzu. 1756 erwarben seine Nachkommen vom Könige Friedrich V. Gammelgaard, Rönhof, Langenvorwerk, Maibüllgaard und Kekenisgaard. Aus dem nördlichen Theil der Insel ist das Amt Norburg, aus dem südlichen die Süderharde (s. oben S. LIX) entstanden. In geistlicher Beziehung ist die Insel Alsen mit Ausnahme der Stadt Sonderburg und der Kirche zu Kekenis niemals als zum Bisthum Schleswig gehörig betrachtet worden, sondern hat stets unter dem Bisthum Odense gestanden.

Die so entstandenen Augustenburgischen Güter wurden mit den Gravenstein'schen Gütern zufolge einer Allerhöchsten Acte vom 11. Juni 1852 und einer Herzoglichen Cessions- und Renunciationsacte vom 30. December 1852 für 3 Mill. Reichsbankthaler an den König und dessen Kronerben cedirt. In Folge dessen wurden durch das Patent vom 3. März 1853 sämmtliche ehemaligen Augustenburgischen Besitzungen auf Alsen als eine besondere Harde unter dem Namen der Augustenburgerharde in das Amt Sonderburg einverleibt, in der Art, daß die der Oberbehörde obliegenden Functionen dem Amtmann des Amts Sonderburg übertragen wurden, die Jurisdiction und

Amt Norburg.

Local=Polizei in ihrem bisherigen Umfange aber von dem neuen Hardesvogt wahrgenommen werden sollte. Hinsichtlich des Hebungswesens wurde die neue Harde der Amtstube in Sonderburg untergelegt, jedoch so, daß die Untergehörigen auch ferner ihre Steuern in Augustenburg zahlten. Zugleich bildet die Harde einen eignen Hausvogteidistrict. Rücksichtlich des Forst= und Jagdwesens wurde ein eigner Hegereiter=District gebildet, der der Flensburger Oberförster=Inspection untergelegt wurde.

Die Güter der Harde entrichteten die Contribution nach 273 Pflügen und concurrirten zu außerordentlichen Leistungen zu $129\frac{5}{8}$ Pfl. Das Steuerareal derselben beträgt 17,537 Tonnen, tarirt zu 2,805,920 Reichsbthlr. Die Güter, welche zusammen mit dem Bauernland 26,374 Tonnen Land enthalten, sind folgende: Augustenburg mit 1703 Tonnen Land, Rumohrsgaard nebst dem Hofe Evelgunde mit 3091 Tonnen, Gammelgaard nebst den Höfen Gundstrup und Werthemine mit 7343 Tonnen, Rönhof mit 3073 Tonnen, Langenvorwerk mit 6914 Tonnen, Maibüllgaard mit 1551 Tonnen, Kefenisgaard mit 2269 Tonnen, wozu außerdem noch 430 Tonnen anderweitiger zerstreuter Besitzungen kommen. Zur Harde gehört auch das Schloß in Sonderburg. Die Kirchen der Harde sind: Abzerballig, Hörup, Ketting, Lysabbel, Nottmark, Tandslet und Ulkeböl. Außerdem ist auch im Schlosse Augustenburg eine Capelle für den Flecken, und Untergehörige der Güter sind zu Sonderburg eingepfarrt. Jene 7 Kirchspiele bilden eine eigne Hardesprobstei unter dem Bisthum Alsen. Die alte Hardeskirche scheint Hörup gewesen zu sein.

4. Das Amt Norburg und die Insel Aeröe.

Das Amt Norburg, das seit langer Zeit mit dem Amte Sonderburg unter denselben Amtmann vereinigt gewesen ist, ist eigentlich nur der nördliche Theil der Insel Alsen, $2\frac{3}{10}$ Quadratmeilen groß mit 7964 Einwohnern; es ist aber von jeher die Insel Aeröe, $1\frac{1}{2}$ Quadratmeilen groß und ohne die Stadt Aeröeskjöbing mit 9633 Einw. zu demselben gerechnet worden, so daß mit dieser Insel das ganze Amt $3\frac{8}{10}$ Quadratm. mit 17,597 Einw. umfaßt.

A. Das eigentliche Amt Norburg bildete die alte Norderharde der Insel Alsen und fiel von den Nachkommen Johann des Jüngeren (s. oben S. IX) wieder 1730 an den König zurück. Es theilt mit den übrigen Theilen der Insel Alsen die oben S. LX geschilderte fruchtbare Beschaffenheit dieses Eilandes und ist namentlich an der Ostseite sehr waldreich. Das Amt besteht eigentlich aus 4 niedergelegten Lehnen aus der Herzoglichen Zeit, Norburg, Meelsgaard, Hartsprung und Osterholm sammt Friedrichshof, deren Höfe parcelirt sind. In kirchlicher Hinsicht bildet es eine eigne Hardesprobstei unter dem Bischof von Alsen. Im Norden des Amtes liegt der einzige einigermaßen städtische Ort, der Flecken Norburg. Der Amtmann wohnt zu Brundlund bei Apenrade; der Amtsverwalter in Norburg und der Hausvogt zu Sonderburg. Das Amt zerfällt eigentlich in 2 Harden, die Norderharde oder Norburgerharde und die Ekenharde; sie sind aber seit langer Zeit fast völlig verschmolzen und haben auch einen gemeinsamen Hardesvogt, der gleich dem Gerichtsschreiber zu Norburg wohnt. Das Gericht wird zu Norburg gehalten, ehemals nur das Gericht der Norderharde, das der Ekenharde zu Svenstrup. Die Communevertreter sind die Synsmänner, welche auch Gerichtsbeisitzer sind. Die Pflugzahl des Amtes ist auf 269 Pflüge reducirt; die eigentliche Pflugzahl beträgt $327\frac{7}{8}$ Pflüge.

Insel Aeröe.

Das Steuerareal beträgt 18,668 Tonnen, tarirt zu 2,476,859 Rbthlr. 65$\frac{1}{4}$ bßl. Zur Norder= und Ekenharde gehören die Kirchspiele Tundtoft oder Norburg, Hagenberg, Orbüll, Svenstrup, Eken und vom Kirchspiel Nottmark die Dörfer Kattry, Hellwith, das parcelirte Gut Friedrichshof und einige Parcelen von Osterholm.

B. Die Insel oder Landschaft Aeröe (Arröe, Aerröe) umfaßt die Insel Aeröe mit den dieselbe umgebenden kleineren Inseln, zusammen 1$\frac{1}{2}$ Quadratmeilen groß mit 9633 Einwohnern, wozu außerdem noch 1552 Einwohner der Stadt Aerôeskjöbing kommen, mithin im Ganzen 11,185 Einw. Diese Insel ist ein ziemlich hohes und hügeliges, ungemein fruchtbares Land von sehr unregelmäßiger Gestalt; der östliche Theil, das sogenannte Skovland (Waldland, ehemals stark bewaldet, jetzt gänzlich waldleer) hängt mit dem größeren westlichen nur durch die schmale Landzunge Drey zusammen; zwischen beiden Landestheilen ist die Bucht Gravensteener Noor. Frisches Wasser, sowie Wiesen und Moor fehlen auf der Insel sehr; nur ein einziger See, der Vitsee, ist im westlichen Theil vorhanden; ebenso fehlen alle Waldungen dieses einst durch seine Forsten und Jagden ausgezeichneten Eilandes gänzlich und das Feuerungsmaterial muß deshalb fast alles eingeführt werden. Die Insel ist außerordentlich stark bevölkert und fast jeder Fleck unter Cultur genommen. Die Bevölkerung zeichnet sich durch Körperschönheit aus und hat überhaupt manches Eigenthümliche. Bei Aerôeskjöbing und Marstall sind gute Häfen und die Bewohner hauptsächlich des letzteren Fleckens nähren sich stark von der Seefahrt. Die Pflugzahl der Insel beträgt 234, reducirt auf 218$\frac{3}{8}$ Pflüge; außerordentliche Pflugzahl 247$\frac{9}{20}$ Pfl. Das Steuerareal beträgt 11,555 Steuertonnen, tarirt zu 1,448,739 Rbt. 92$\frac{1}{4}$ bßl. Steuerwerth.

In ältester Zeit war ein Theil der Insel Krongut, doch kommen auch schon früh ablige Besitzungen vor und es finden sich noch manche Reste vergangener Burgen. Die Insel wurde lange Zeit hindurch Gegenstand lebhaften Streites zwischen den Königen und den Herzogen, bis sie seit 1439 beim Herzogthum blieb. 1571 kam sie an den abgetheilten Herzog Johann den Jüngeren, bei dessen Haus sie lange Zeit geblieben ist, bis 1729 der eine Theil und 1749 der andere wieder vom Könige erworben wurde. Die Herzöge hatten während jener Zeit eine Reihe von bedeutenden Höfen, namentlich Gravensteen, Buderup, Gudsgave und Söbygaard angelegt, die aber jetzt alle parcelirt wurden. Im Jahre 1773 wurde die Verfassung der Insel gänzlich neu gestaltet; der Magistrat der Stadt wurde aufgehoben und Stadt und Landschaft erhielt ein gemeinsames Gericht unter einem Landvogt, dem ein Assessor als Actuar beigeordnet ist. Oberbeamter ward der Amtmann von Norburg, jetzt zugleich Amtmann zu Apenrade. Außerdem hat die Insel einen eignen Amtsverwalter und Hausvogt. Sämmtliche Beamte der Insel wohnen in Aerôeskjöbing. An der Spitze der Dorfschaften stehen Sandmänner; die inneren Dorfsangelegenheiten besorgen in jedem Dorf 3 sog. Lehnsmänner. Die Insel hat 6 Kirchspiele: Aerôeskjöbing, Marstall, Rise, Tranderup, Bregninge und Söby. Die alte Hauptkirche scheint Riese gewesen zu sein.

Zu Aerôe gehören noch die kleinen dasselbe umgebenden Inseln: Halmöe, Groß= und Klein=Langholm, Langholmshoved, Groß= und Klein=Egholm, Deyröe, Lilleöe, die beiden Kragnäsholme und Benholm. Nur die erstere dieser Inseln ist bewohnt.

Amt Lygumkloster.

5. Das Amt Lygumkloster.

Das kleine Amt Lygumkloster, seit 1850 mit dem Amte Tondern unter einer Amtmannschaft vereinigt, umfaßt $2\frac{1}{5}$ Quadratmeilen mit 3333 Einw. Es ist derjenige Theil der alten Loe- oder Löghaeharde, welcher von dem Kloster zu Lygum erworben wurde und enthält einen flachen und ebenen Boden, der indeß nicht unfruchtbar, wenn gleich nicht zum Waizenbau geeignet ist; es finden sich noch erhebliche Moor- und Haidestrecken. Das Amt liegt zwischen der Hvidding- und Norderrangstrupharde und den Aemtern Apenrade und Tondern; es wird in der Mitte vom Lohbek durchströmt. Die Pflugzahl beträgt 165 Pflüge, die außerordentliche Pflugzahl $185\frac{9}{15}$ Pfl.; das Steuerareal 14,354 Tonnen, tarirt zu 861,423 Rbthlr. 32 ßßl. Steuerwerth.

Das Cisterciensermönchskloster Lygum wurde wahrscheinlich bald nach dem Jahre 1173 von dem Dorfe Seem bei Ripen hierher verlegt und erwarb sich bald bedeutende Reichthümer und Ländereien, theils in seiner unmittelbaren Umgebung, theils im Norden Schleswigs zerstreut. Um das Kloster baute sich allmählich der Flecken Lygumkloster an. 1544 in der Landestheilung fiel es mit seinen Besitzungen Johann dem Aelteren in Hadersleben zu; nach seinem Tode kam es 1581 an das Gottorfer Haus, und war zuerst mit dem Amte Tondern, nachher mit dem Amte Apenrade verbunden. 1702 wurde es durch die Vogtei Skjärbäk des ehemaligen Amtes Schwabstedt vergrößert, 1796 durch verschiedene Streugüter des Gutes Lindewith. Am 17. September 1850 wurde das Amt von der Verbindung mit dem Apenrader Amthause getrennt und mit der Amtmannschaft zu Tondern verbunden. Der Amtmann wohnt demgemäß zu Tondern, der Amtsverwalter jedoch zu Lygumkloster. Die Justiz übt ein Birkvogt aus, der zu Lygumkloster wohnt. Das Amt zerfällt nämlich nicht in Harden, sondern besteht nur aus einem Birk Lygumkloster, einem zusammenhängenden District um Lygumkloster selbst, und aus verschiedenen kleinen Vogteien, die ganz zerstreut in verschiedenen andern Aemtern des Herzogthums Schleswig und im Amte Ripen liegen. Der Amtsverwalter ist zugleich Actuar und Hausvogt.

Das Amt zerfällt demgemäß in folgende Theile:

1. Das **Birk Lygumkloster**, im Umkreise rund um den Flecken gelegen, mit den Kirchspielen Lygumkloster und Nord-Lygum; letzteres hat eine einsam liegende Kirche nördlich vom Flecken, die wohl die alte Kirche der Loeharde ist. Im Volke wird dieses Kirchspiel Sogn-Sogn genannt.

2. Die zerstreuten Vogteien des Amtes, in denen der Birkvogt zugleich Vogt ist und die Justiz ausübt und welche folgende 6 sind:

a. Die **Vogtei Svanstrup**, nach den Bauerhöfen Svanstrup am Lohbek westlich von Lygumkloster so benannt, mit der bei dem Dorfe Bredebroe am Lohbek gelegenen Kirche Brede. Außer einigen umliegenden Dörfern gehören zerstreute Stellen in der ganzen Umgegend zur Vogtei. Zu Bredebroe ist noch die Thingstätte der Loeharde des Amts Ripen.

b. Die **Vogtei Skjärbäk**, Streugüter in der Hviddingharde im Kirchspiel Skjärbäk und in der Loeharde in den Kirchspielen Döstrup und Medolden.

c. Die **Vogtei Frösharde**, zerstreute Besitzungen in der Frösharde des Amtes Hadersleben.

d. Die **Vogtei Abild**, verschiedene Güter im Kirchspiel Abild, Amts

Tondern und in der Tonder- und Hoyerharde nebst einigen wenigen Besitzungen in der Mögeltonderharde im Amte Ripen.

e. Die Vogtei Alslev mit Besitzungen im Amte Apenrade in den Kirchspielen Jordkjär, Bedsted und Bjolderup und in der Slurharde im Kirchspiel Hoist.

f. Die Vogtei Rapsted in der Slurharde mit Streugütern in den Kirchspielen Bylderup, Rapsted und Tingleb.

6. Das Amt Tondern.

Das große Amt Tondern, 21 Quadratmeilen groß mit 36,368 Einwohnern, umfaßt vorzüglich die auf der Westseite in der Mitte des Landes gelegenen Gegenden und ist in seinen verschiedenen Theilen von sehr verschiedener Beschaffenheit. Es grenzt im Norden an das Amt Lygumkloster, im Osten an die Aemter Flensburg und Apenrade, im Westen ans Meer; im Süden trennt die Soholmaue dasselbe vom Amte Bredstedt. Das Amt wird in der Mitte von der Widaue und ihren Nebenflüssen durchströmt. In der Nordsee gehören die beiden Inseln Sylt und Föhr zum Amte. Das Amt Tondern ist im höchsten Grade arm an Waldung, desto reicher an Mooren; der Boden ist auf der Geest im östlichen Theile des Amtes sandig, oft leicht und mager; im Westen aber liegt vortreffliche Marsch, die an einigen Stellen, wie in den Christians-Albrechtsköögen den höchsten Grad ihrer Fruchtbarkeit im ganzen Lande erreicht.

Das Amt Tondern hat sich früh aus einer Reihe zum Theil zu den friesischen Außenlanden gehörenden Harden gebildet, welche der Vogtei des Schlosses Tondern untergelegt wurden. 1702 wurde dieses zum gottorfischen Landestheile gehörende Amt durch 29 Pflüge des Amts Schwabstedt vergrößert. Seit 1722 wurden die eingekauften Güter Korbüll, Südergaard und Solwig mit demselben vereinigt, 1777 die Domcapitelsvogteien Stedesand und Hackstedt und die Morkirchner Vogtei Karlswraa. Am 17. Sept. 1850 wurden dagegen die Lundtoftharde mit 2265 Einwohnern, die Tondernschen Dörfer des Kirchspiels Bjolderup und der Tondernsche Antheil des Dorfes Lautrup vom Amte abgenommen und mit dem Amte Apenrade vereinigt, wogegen wieder das Gut Stoltelund mit 300 Einwohnern, das schon seit 1806 unter Jurisdiction der Lundtoftharde stand, unter das Amt gelegt ward, auch das Amt Lygumkloster mit der Tondernschen Amtmannschaft vereinigt wurde. Durch das Patent vom 3. Juni 1853 wurden ferner die bisher zum 2. Angler Güterdistrict gehörigen in der Karrharde gelegenen Güter, sowie das Gut Toftum in der Wiedingharde, zusammen mit 1698 Einwohnern, und die innerhalb der Bökingharde und Wiedingharde gelegenen octroyirten Kööge zusammen mit 1555 Einwohnern dem Amte untergelegt, wodurch der oben angegebene Umfang des Amtes und dessen Einwohnerzahl nach der Zählung von 1845, bei welcher indeß die Volkszahl des abgetretenen Dorfes Lautrup nicht hat in Abrechnung gebracht werden können, entstanden ist.

Die verschiedenen Theile des Amtes sind 4 Geestharden, 2 Marschharden und die beiden Inseln Föhr und Sylt. Die Contribution ward in den 4 Geestharden und der ehemaligen Lundtoftharde nach $537\frac{255}{1152}$ Pflügen und $22\frac{29}{240}$ Besoldungspflügen entrichtet, für die Bökingharde nach $179\frac{1}{4}$ Pflügen und für die Wiedingharde nach $146\frac{19}{24}$ Pflügen. Die außerordentliche Pflugzahl beträgt für die Geestharden $284\frac{318}{1350}$ Pflüge, und für die Marschharden $368\frac{17}{24}$ Pflüge. Das Steuerareal der Geestharden, jedoch

Amt Tondern.

einschließlich der ehemaligen Lundtoftharde, beträgt 74,849 Tonnen, tarirt zu 5,564,955 Rbthlr. und für die Marschharden 24,703 Tonnen, tarirt zu 2,264,539 Rbthlr. 50⅓ bßl. Steuerwerth. Allein diese Beträge haben sich jetzt sehr verändert, indem sie sich um den Steuerwerth der ehemaligen Lundtoftharde vermindert haben, wogegen die Beträge für die neu zum Amte gelegten Districte, namentlich die adlichen Güter und Kööge das Steuerareal wieder vermehrt haben.

Das Amt besteht jetzt aus 4 Geestharden, der Tonder-, Hoyer-, Slur- und Karrharde, aus 2 Marschharden, der Böking- und Wiedingharde, und aus den Landschaften Föhr und Sylt. Der Oberbeamte des Amtes, der Amtmann, wohnt zu Tondern, ebenso der Branddirector und der Amtsverwalter, welcher letzterer Hebungsbeamter in den Geestharden ist; ferner der Landschreiber, welcher Hebungsbeamter und Gerichtsactuar für die Marschharden ist. Auf der Insel Föhr ist ein eigner Hebungsbeamter; auf der Insel Sylt wird das Hebungswesen zugleich von dem Landvogt besorgt. Auch der Hausvogt des Amtes wohnt zu Tondern. Die freiwillige Gerichtsbarkeit und die Polizei nebst dem unteren Hebungswesen wird in den Marschharden durch die Lehnsvögte ausgeübt. Die Justiz üben in den 4 Geestharden die Hardesvögte nebst den Gerichtsschreibern und 2 Sandmännern, letztere 3 ohne Stimme aus. In den Marschharden und den Inseln Sylt und Föhr bildet der Rath das ordentliche Gericht, der aus 12 Rathmännern unter dem Vorsitz des Amtmannes besteht. Doch übt auf den beiden Inseln der Landvogt die Justiz in allen dem ordentlichen Rechtsgange entzogenen Sachen. Diese 4 Districte haben über sich noch eine Mittelinstanz, das Dreihardengericht, das aus 6 Rathmännern, nämlich 2 aus jeder Harde mit Ausschluß derjenigen Harde, von deren Gerichtsspruch appellirt wird, besteht. Die Communalvertretung findet durch Gevollmächtigte Statt, deren Zahl in den einzelnen Harden verschieden ist. In der Karrharde hat jedes Kirchspiel seinen Kirchspielsgevollmächtigten und einen vom Amthause ernannten Kirchspielsvogt, ebenso in der Wiedingharde, nur sind dort immer 2 Gevollmächtigte. Die Landschaft Föhr wird durch Repräsentanten vertreten. — In den verschiedenen Harden des Amtes Tondern zerstreut sind noch 2 sogenannte Communen, die in mancher Beziehung eine für sich bestehende Einheit bilden, nämlich die Commune Sollwig und die Commune Kurbüll- und Südergaard. Sie sind aus ehemaligen adlichen Gütern entstanden und werden durch eigne Gevollmächtigte vertreten.

Die einzelnen Theile des Amtes Tondern, von denen die beiden zuletzt genannten Districte der Justiz der Harden unterworfen sind, sind folgende:

A. Die 4 Geestharden, nämlich:

1) die Tonderharde, rund um die Stadt Tondern zwischen der Karrharde und dem Amt Lygumkloster gelegen, westlich vom Amte Ripen begrenzt, mit 2100 Einwohnern. Sie ist nur klein und zerfällt in die Nordtonderharde oder den nördlich der Stadt Tondern gelegenen Theil und die Südtonderharde oder den südlich und östlich der Stadt gelegenen Theil. Der Hardesvogt und der Dingschreiber dieser kleinen Harde sind seit längerer Zeit dieselben mit denen der Hoyerharde; beide wohnen in Tondern, wo auch das Gericht gehalten wird. Der Boden der Harde ist im Norden nur mager, im Süden besser.

Die Nordtonderharde besteht aus dem Kirchspiel Abild und einem Theile des Landkirchspiels Tondern; die Südtonderharde aus einem andern Theile des Tonderner Landkirchspiels und dem Kirchspiel Uberg.

Amt Tondern.

2) Die Hoyerharde, ebenfalls von geringer Ausdehnung, längs der Westküste gelegen, zwischen der Graffschaft Schackenborg und der Nordsee, mit 3251 Einwohnern, also stärker bevölkert wie die Tonderharde. Auch diese Harde wird in die Nord=Hoyerharde, nördlich von dem Kirchdorf Hoyer, und die Süd=Hoyerharde, südlich von Hoyer eingetheilt. Der Flecken Hoyer selbst hat ein eignes Birkgericht. Ehemals waren hier manche Besitzungen des Adels, namentlich der Niklaeffons, Steek's, Rosenkranz's, wie zu Gripsgaard, Tirkelsmark, Bobensmark, Skadsgaard. Im Jahre 1853 sind der Harde die beiden octroyirten Kööge, der Ruttebüllerkoog und Friedrichenkoog, zusammen mit 116 Einwohnern einverleibt. Hardesvogt und Dingschreiber wohnen zu Tondern; das Gericht wird zu Hoyer gehalten. Der Hardesvogt ist zugleich Birkvogt des Kirchdorfs Hoyer. Die Nordhoyerharde besteht aus den Kirchspielen Skads, Jerpstedt und Emmerley; die Südhoyerharde aus dem Kirchspiel Hoyer.

3) Der Slurharde, ein weitläuftiger District in der Mitte des Landes, zwischen dem Amte Apenrade, namentlich der Lundtoftharde, und der Stadt Tondern gelegen, mit 6135 Einwohnern. Der Boden ist nur mäßig und völlig waldarm, jedoch findet sich an der Menge der die Harde von Osten nach Westen durchströmenden Flüsse ein gutes Wiesenland. Die Harde heißt schon 1198 Slorhaeret, im Erbbuch Waldemars aber wird sie Loctorphaeret vom Dorfe Lautrup genannt; ihren Namen hat sie von der sie in der Mitte durchströmenden Sluraue. Ehemals waren hier die ablichen Familien der Blaa's, Emiffen's, Görbtsen's, Glennichsen's u. A. angesessen, namentlich zu Karlswraa, Tönde, Duburg, Wraagaard, Nolbe u. s. w., später finden sich die Sture's und Rantzau's u. A. Karlswraa kam schon vor 1523 an den Herzog, wurde später eine eigne Vogtei des Amts Morkirchen, aber 1777 der Harde incorporirt. 1850 wurde der Harde das Gut Stoltelund mit 300 Einwohnern, der Grundschen Stiftung für Predigerwittwen in Bredstedt gehörig, einverleibt; dagegen verlor die Harde die aus ihr zu Bjolderup im Amte Apenrade eingepfarrten Orte, namentlich Todsböll, Gaaskjär, Vollerup mit Neppel und Smedager mit 440 Einwohnern, außerdem auch noch den bisher zur Harde gehörigen Antheil des Dorfes Lautrup. Die Harde hat einen eigenen Hardesvogt und Gerichtsschreiber; die Dingstelle der Harde ist das Kirchdorf Bylderup, ohne Zweifel auch die alte Hardeskirche. Die Hardesvögte wohnten früher zu Haistruphof, später zu Rörkjär und Rapstedt. Zur Slurharde gehören jetzt die Kirchspiele: Hostrup, Hoist, Rapstedt, Burkarl, Tingley und Bylderup.

4) Die Karrharde, südlich von der vorigen, zwischen dieser und dem Amte Bredstedt, mit 9851 Einwohnern. Sie ist von ähnlicher Beschaffenheit wie die Slurharde und von noch größerer Ausdehnung; doch ist der Boden hier besser und im Westen schon ein Streifen Marsch. Die Harde hat ihren Namen von den ehemals hier vorhandenen Sümpfen (Karren). Sie scheint seit alter Zeit immer landesherrlich gewesen zu sein und erst in neuerer Zeit ist eine Reihe ablicher Güter entstanden, die von der Harde abkamen und zum 2. Angler ablichen Güterdistrict gelegt wurden. Erst durch das Patent vom 3. Juli 1853 sind sie wieder mit 1684 Einwohnern unter die Jurisdiction der Harde gelegt. Der Hauptort der Harde ist das große Kirchdorf Leck, wo auch der Hardesvogt und Dingschreiber wohnen und die Gerichtsstätte ist. Die Kirchen in der Harde sind: Leck, Karlum, Medelbye, Labelund, Süder=Lygum, Humtrup,

Amt Tondern.

Braderup, Klirbüll, Enge und Stebesand. Die in der Harde befindlichen adlichen Güter sind jetzt:

Fresenhagen mit 1564 Steuertonnen und 297 Einw.; Hogelund mit 262 Steuertonnen und 20 Einw.; Gaarde mit 994 Steuertonnen und 83 Einw.; Boverstedt mit 642 Steuertonnen und 140 Einw.; Büllsbüll mit 87 Steuertonnen und 12 Einw.; Lütjenhorn mit 2041 Steuertonnen und 464 Einw.; Klirbüllhof mit 689 Steuertonnen und 338 Einw.; Karrharde mit 817 Steuertonnen und 230 Einw.

Dingpflichtig unter der Jurisdiction der genannten 4 Marschharden, aber in communaler Beziehung vielfach von ihnen geschieden sind noch die beiden Commünen Solwig und Kurbüll-Sübergaard, deren Besitzungen in den 4 Harden sehr zerstreut liegen. Solwig war ein adliches Gut, dessen Hof noch im Kirchspiel Hostrup liegt, das ursprünglich den Blaa's, später den Görbtsen's, dann den Rantzau's gehörte, von denen es an das Gottorfer Haus kam, welches es wieder an die Ahlefeld's abtrat. Im J. 1693 verkaufte Friedrich von Ahlefeldt das Gut an seine eignen Gutsunterthanen, die in 9 Kirchspielen zerstreut wohnen und eigne Commünevertretung haben. Die Commüne contribuirt für 57½ Pflüge. Die vereinigte Commüne Kurbüll und Sübergaard hat ihre Benennung von 2 nahe bei einander gelegenen Höfen dieses Namens im Kirchspiel Emmerlev in der Nordhoyerharde, welche von der Familie Rantzau an das Gottorfische Haus kamen. Die Untergehörigen wohnen in der Slur-, Tonder-, Hoyer- und der Loeharde des Amts Ripen zerstreut und besitzen ihr Land in Erbpacht. Die Commüne steht zu 30½ Pflügen und wird durch einen Kirchspielvogt und 3 Gevollmächtigte vertreten.

B. Die 2 Marschharden, nämlich:

5) Die Wiedingharde, ehemals Horsbüllharde, jetzt nach der sie im Osten durchströmenden Widau so benannt, mit 3455 Einwohnern, aus eingedeichten Marschländereien bestehend, die aber im Osten sehr niedrig und zum Theil unter den Gewässern des sogenannten Gotteskoogsees liegen. Sie liegt südlich von der Hoyerharde zwischen der Karrharde und dem Meer. Die Harde enthält 13,126 Demath von sehr verschiedener Fruchtbarkeit. Das Gericht der Harde ward sonst zu Horsbüll, jetzt aber zu Fegetasch im Kirchspiel Neukirchen gehalten. Ehemals war die Harde größer; das Kirchspiel Richelsbüll ist 1615 gänzlich untergegangen. 1853 wurde das adliche Gut Toftum von 283 Steuert. mit 14 Einw. unter die Jurisdiction der Harde gelegt. Der Lehnsvogt nimmt jetzt die Gerichtsbarkeit in der Harde wahr. Die 6 Kirchspiele der Harde sind: Emmelsbüll, Horsbüll, Klanrbüll, Rodenäs, Neukirchen und Aventoft.

6) Die Bökingharde, südlich von der vorigen, ebenfalls zwischen der Karrharde und der Nordsee, mit 6341 Einw., ein eigenthümlicher und stark bevölkerter District. In der Mitte liegt auf einer Höhenfläche das dichtbebaute Riesummoor mit seinen großen Dörfern, rund um von Marsch umgeben und ehemals sicher eine Insel. Namentlich im Süden und Westen bildeten sich eine Reihe von Marschkoogen, die mit einer Octroy versehen größtentheils eigne Jurisdiction hatten. Nachdem jedoch zunächst der Marienkoog mit 156 Einw. der Harde unterlegt ward, sind durch das Patent vom 3. Juni 1853 auch der Störtewerkerkoog mit 41 Einw., der Juliane-Marien-Koog mit 39 Einw., der Kleiseer Koog mit 182 Einw., der alte und neue Christian-Albrechts-Koog mit 648 Einw. und der Dagebüllerkoog mit 373 Einw. der Harde

einverleibt, so daß sie jetzt einen aronbirten District bildet. Der Marschboden der Harde ist zwar sehr verschieden, aber im Ganzen von hohem Werth und in einigen Gegenden, vorzüglich in den Christians=Albrechts=Köögen, von der höchsten Bonität und fast der fruchtbarste in der ganzen Monarchie. Den Mittelpunct der Harde bildet das große Kirchdorf Niebüll, wo das Gericht gehalten wird. Der Lehnsvogt der Harde nimmt gegenwärtig die Jurisdiction der Harde wahr. Die Harde umfaßt die Kirchspiele Lindholm, Niebüll, Deetzbüll und Riesum, sämmtlch im Riesummoor; ferner Fahretoft und Dagebüll. Die Kirche zu Galmsbüll ward 1834 abgebrochen.

C. Die Inseln.

7) Die Landschaft oder Insel Sylt, ungefähr $1\frac{1}{4}$ Quadratmeilen groß mit 2587 Einwohnern, wozu indeß, wenn man die Insel als natürliche Einheit in's Auge faßt, noch das Dorf List mit 48 Einw. hinzukommt, welches Dorf zum Amte Ripen, nicht zum Herzogthum Schleswig gehört. Diese merkwürdige Insel liegt $1\frac{1}{2}$ Meilen von der westlichsten Ecke der Wiedingharde entfernt und hat eine Länge von Norden nach Süden von 5 Meilen; die Breite ist sehr verschieden, von $\frac{1}{4}$ bis $1\frac{1}{2}$ Meilen. Die regelmäßige Ueberfahrt zur Insel geschieht von Hoyer nach Keitum und beträgt 3 Mln. Das Steuerareal der Insel beträgt 5344 Steuertonnen zum Steuerwerth von 392,520 Rbthlr. Ehemals war die Insel bedeutend größer, aber die Meeresfluthen sowie der Flugsand der Dünen haben einen großen Theil derselben zerstört und zerstören sie noch fortwährend. Der Boden ist hügelig und sandig und besteht an einigen Stellen nur aus gedämpften Dünen, die zu Weideland benutzt werden; auf der Ostseite der Insel sind Marschstrecken von ziemlicher Bedeutung, die aber nicht eingedeicht sind. Die schmale, 3 Meilen lange Südspitze der Insel, Hörnum, besteht fast ganz aus unfruchtbaren Dünen, von denen die bedeutendste der Buder heißt. Waldung findet sich auf der Insel gar nicht. Die Gewässer sind nur unbedeutend; es finden sich einige kleinere Seen, von denen der ansehnlichste der Wenningstedter=Teich ist. Landungsplätze sind der Keitumer Hafen, die Rhede bei Munkmarsch, zu Morsumodde und bei List. Große Landbesitzer giebt es auf der Insel nicht; von Korn wird hauptsächlich nur Gerste, Roggen, Hafer und Buchweizen, weniger Weizen gebaut. Kartoffeln und Gerste werden ausgeführt, von den übrigen Feldfrüchten erndtet man kaum den Bedarf; Weizen muß sogar eingeführt werden. Hornvieh ist wenig auf der Insel; dagegen ist die Schaafzucht bedeutend und das Schaaf das vorzüglichste Hausthier. Die Einwohner ernähren sich vielfach durch Seefahrt und sind in der Regel des Sommers oder mehrere Jahre abwesend, weshalb viele Feldarbeiten den Weibern zufallen. Diese verarbeiten außerdem die Wolle zu Kleidungsstücken und Bettzeug und es wird jährlich eine ansehnliche Summe dieser Fabrikate ausgeführt. Uebrigens zeichnen die Sylter als Seefahrer sich aus; sie erwerben sich häufig in der Fremde durch Fahrten für fremde Rechnung bedeutendes Vermögen, weshalb es gewissen Klassen der Inselbewohner keineswegs an Wohlstand mangelt. Die Sylter sind friesischer Abkunft und haben in Sprache und Sitten daher noch manche Eigenthümlichkeiten.

An der Spitze der Landschaft steht der Landvogt, welcher auf der Landvogtei in unmittelbarer Nähe des Dorfes Tinnum wohnt; er hat die freiwillige Justiz, das Hebungswesen und ist Gerichtsschreiber im Rathsgericht, das Einmal im Jahr früher auf den Dinghöhen nördlich von Tinnum, jetzt aber

Insel Föhr. Amt Bredstedt.

zu Keitum gehalten wird. Das Landesgevollmächtigten=Collegium leitet die Communalverhältnisse der Landschaft und besteht aus 9 von den Bauerschaften gewählten Eingesessenen. Außerdem fungiren in den einzelnen Kirchspielen Aeltermänner, Vögte und sogenannte Sechsmänner als Vorsteher. Die 3 Kirchspiele der Insel sind Keitum, Morsum und Westerland.

8) Die Landschaft Osterland=Föhr, nicht völlig 1 Quadratmeile groß, mit 2638 Einw., also bevölkerter wie Sylt. Die Landschaft bildet die östliche Hälfte der zwischen der Südspitze von Sylt und der Bökingharde nicht völlig 1 Meile vom Festlande gelegenen Insel Föhr. Die Ueberfahrt von Dagebüll nach dem Flecken Wyk auf Föhr beträgt 1½ Meilen. Schon im Erdbuch bestand Föhr aus 2 Harden, der Oster= und Westerharde; die Westerharde erwarben die Lembecks, worauf die Königin Margaretha sie ihnen im Jahre 1400 mit Mögeltondern abhandelte, seit welcher Zeit dieselbe beim Amte Ripen geblieben ist. Die ganze Insel ist etwa 1½ Quadratmeilen groß; die südliche Hälfte derselben hat hohes Ufer und sandigen aber doch fruchtbaren Boden, die nördliche aber ist angeschwemmtes Marschland und mit einem hohen Deiche geschützt. Die Dörfer liegen fast alle auf den Grenzstrichen zwischen der Marsch und Geest. Waldung findet sich gar nicht. Die Bewohner haben manches Eigenthümliche, da sie friesischer Abkunft sind; ihr wichtigster Nahrungszweig ist die Seefahrt, der Feldbau wird auch hier vielfach in Abwesenheit der Männer von den Weibern besorgt. Ein wichtiger Erwerbszweig ist hier wie auf Sylt der Vogelfang, namentlich der der Kriefenten.

Das Steuerareal der Landschaft beträgt 6806 Tonnen. Der Flecken Wyk ist von der Landschaft getrennt mit einem Areal von 26 Steuertonnen und hat einen eignen Gerichtsvogt, der jetzt zugleich der Landvogt der Landschaft ist. Der Landvogt wohnt in Wyk, wo auch das Gericht gehalten wird. Die Rathleute der Insel sind die Gerichtsbeisitzer. Die Landschaft hat 2 Kirchen, St. Nicolai und St. Johannis.

7. Das Amt Bredstedt.

Das Amt oder die Landschaft Bredstedt, 7 Quadratmeilen groß, mit 11,928 Einw., ist die alte Norbergoesharde des Amtes Flensburg, die 1785 zu einem eignen Amte eingerichtet und vom Amte Flensburg getrennt wurde; seit 1799 wurde das Amt mit der Husum'schen Amtmannschaft verbunden und steht auch jetzt noch unter dem Oberbeamten des Amts Husum. Die Landschaft liegt an der Westküste zwischen der Soholmaue und Arlaue und enthält im Osten mageren, gegen Westen aber fruchtbaren Boden und längs der Küste vortreffliche Marsch. Waldung ist fast gar nicht vorhanden. Ehemals waren hier alte Adelsbesitzungen, wie zu Spinkebüll, Haselund, Kragelund, Steinholm, Lütjenholm, Uphusum, von denen aber nur das Gut Mirebüll, 981 Steuertonnen mit 299 Einw., sich erhalten hat. Dieses Gut ist aber zufolge des Patents vom 3. Juni 1853 der Jurisdiction der Landschaft untergeordnet. Im Jahre 1777 wurden von dem ehemaligen Domcapitelsamt die Vogtei Langenhorn und ein großer Theil der Vogtei Korbüll und 1785 vom Amte Schwabstedt die Stiftsvogtei Bordelum dem Amte incorporirt; 1796 dasselbe mit den Untergehörigen des Gutes Lindewith und 1831 mit denen des Gutes Arlewatt. Das Patent vom 3. Juni 1853 unterwarf endlich noch außer dem Gute Mirebüll die octrohirten Kööge innerhalb des Amtes, nämlich den Sophien=Magdale=

nen-Koog, den Desmercieres-Koog, den Reußen-Koog, den Louise-Reußen-Koog und den neuen Sterbebüller-Koog mit den Außendeichsländereien der Jurisdiction der Landschaft.

Die Contribution wird von der Landschaft nach 240 Pflügen, von den Domcapitelsdistricten nach $17\frac{2}{3}$ Pfl., von der Stiftsvogtei Bordelum nach $13\frac{2}{3}$ Pfl., von den ehemaligen Lindewither Untergehörigen nach $2\frac{17}{18}$ Pfl., von den ehemaligen Arlewatter Lansten nach $3\frac{2}{3}$ Pfl. und vom Gute Mirebüll nach 12 Pfl. entrichtet. Das Steuerareal der Landschaft vor der Vergrößerung durch das Patent vom 3. Juni 1853 betrug 24,782 Steuertonnen, tarirt zu 2,057,612 Reichsbthlr. Der Amtmann des Amtes wohnt auf dem Schlosse zu Husum; der Amtsverwalter, der zugleich Hausvogt und Actuar ist, in Bredstedt. Hier wohnt auch der Landvogt des Amtes, der die Gerichtsbarkeit ausübt, welche außerdem in einzelnen Sachen noch von dem Bondengericht, in dem der Amtmann präsidirt, exercirt wird. Das Gericht ward früher auf der Dingstätte bei Breklum, jetzt aber im Flecken Bredstedt gehalten. Breklum war auch die alte Hauptkirche der Harde. Der Landvogt ist zugleich Polizeibeamter und Deichgraf. In communaler Beziehung wird die Landschaft durch die 9 Kirchspielsgevollmächtigten vertreten; außerdem sind noch 3 Vögte für die ehemals geistlichen Vogteien. Der Bredstedter Kirchspielsgevollmächtigte ist zugleich Amtsgevollmächtigter für das ganze Amt und leitet die Geschäfte. Die Landschaft besteht aus den 9 Kirchspielen Bredstedt, Breklum, Bargum, Bordelum, Langenhorn, Ockholm, Drelsdorf, Viöl und Jolbelund.

8. Das Amt Husum.

Das Amt Husum, 6 Quadratmeilen groß mit 9990 Einwohnern, ist die alte Südergoesharde des Amtes Gottorf und fast ganz von 2 Flüssen, im Norden von der Arlaue und im Osten und Süden von der Treene, eingeschlossen; im Westen stößt es an die Nordsee. Der Boden ist sehr verschiedenartig, theils magere, theils fruchtbare, von ziemlichen Höhenketten durchzogene Geest, im Nordwest und Südwest sehr fruchtbare Marsch. Die ehemalige starke Bewaldung ist im Südwesten des Amtes noch ziemlich erhalten. Vormals waren auch hier abliche Besitzungen, unter denen das Gut Arlewatt die bedeutendste war, welches 1639 an das Gottorfische Haus kam. Um diese Zeit wurde auch das jetzige Amt errichtet, nämlich aus der alten Südergoesharde, dem Birk Hattstedt und dem Ueberrest der zum alten Nordstrand gehörigen Lunderbergharde. 1702 wurde es durch 2 Theile des Amtes Schwabstedt, nämlich die Vogteien Schwabstedt und Rödemis vergrößert, 1772 durch das Gut Arlewatt, 1796 durch die im Amte wohnenden Lindewitter Untergehörigen.

Das Amt steht zu $239\frac{899}{6912}$ Pflügen. Der Steuerwerth der Ländereien beträgt 3,610,154 Reichsbthlr. 32 bſl. Der Oberbeamte des Amtes ist der Amtmann in Husum, der auf dem Schlosse zu Husum wohnt. Unter ihm steht der Hausvogt; der Amtsverwalter ist Hebungsbeamter und zugleich Actuar im Gericht und führt das Schuld- und Pfandprotokoll. Der Landvogt übt die Gerichtsbarkeit über sämmtliche Harden und Vogteien des Amtes, deren jede ihr eignes aus 12 Gerichtsbonden bestehendes Gericht hat. Sämmtliche Beamten des Amtes wohnen in Husum. In Communalangelegenheiten wird das Amt durch einen Amtshöftmann vertreten; sonst stehen an der Spitze der Dörfer die Vögte, in den Vogteien Schwabstedt und Rödemis Höftmänner, im Kirchspiel Simonsberg ein Lehensmann.

Landschaft Eiderstedt. LXXI

Die verschiedenen Districte des Amtes sind:

1) Die **Süderharde** oder Mildstedter Harde, der größte Theil des Amtes, den Süden und Westen desselben umfassend, mit den 3 Kirchspielen **Mildstedt**, **Ostenfeld** und **Schwesing** und, jedoch einschließlich der Vogtei Rödemis, mit 5311 Einwohnern. Den Südwesten der Harde nimmt der große und fruchtbare Marschdistrict Südermarsch ein, die Gegend zwischen der Mildaue und Eiderstedt, der seine selbstständige Communalverfassung hat. Das Gericht der Harde wird in **Mildstedt** gehalten. In derselben liegt auch das Kanzleigut **Mildstedthof**.

2) Die **Norderharde** oder Hattstedter Harde, auch Hattstedter Birk, der kleinere nordwestliche Theil des Amtes mit den Kirchspielen **Hattstedt**, **Schobüll** und **Olderup** und 2289 Einw.; der nordwestliche Theil der Harde enthält die Hattstedter Marsch. Das Gericht der Harde wird in **Hattstedt** gehalten.

3) Die Vogtei **Schwabstedt**, der Rest des alten Amtes Schwabstedt (s. oben S. VI.), im Süden des Amtes an der Treene, mit dem fleckenartigen Kirchort **Schwabstedt** und dessen Kirchspiel mit 2024 Einw. In der Vogtei liegt auch das Gut **Wischhof**.

4) Die Vogtei **Rödemis** mit dem Kanzleigut **Rödemishof** unmittelbar vor der Stadt Husum gelegen, ein kleiner Ueberrest des alten bischöflichen Birks Rödemis (s. oben S. VI.).

5) Der District **Simonsberg**, sonst auch Lundenberg oder Padeleck genannt, ein Ueberrest des landfest gewordenen Theils der ehemaligen Lundenbergharde auf der alten Insel Nordstrand, zwischen der Südermarsch, Eiderstedt und der Hever. Er umfaßt nur das Kirchspiel der im Außendeich gelegenen Kirche **Simonsberg** mit 366 Einwohnern.

9. Die Landschaft Eiderstedt.

Die Landschaft Eiderstedt, die Halbinsel zwischen der Eider und Hever, 6 Quadratmeilen groß mit 13,883 Einwohnern, ist ein mit Ausnahme weniger Stellen ganz aus Marsch bestehendes Flachland, das von zahlreichen immer weiter in's Meer hinausgebauten Deichen durchschnitten ist. Gegen Westen grenzt sie an das Amt Husum und die Eider; gegen die Fluthen ist sie durch Deiche geschützt, nur an einer kurzen Stelle der Südwestküste vertritt die Stelle dieser Deiche eine Dünenwand, die Hitzbank, welche sich in bedeutender Ausdehnung von verschiedener Breite und Höhe, letztere bis zu 60 Fuß, an der Westküste der Halbinsel entlang zieht. In der Mitte des Landes, an der Stelle der Stadt Garding und der Kirchdörfer Tating und Catharinenheerd, liegt ebenfalls sandiger Boden, welcher aus den Resten vorzeitiger Dünen besteht. Der Marschboden ist sehr ungleich von Güte, im Allgemeinen aber von vortrefflicher Beschaffenheit, weshalb diese Landschaft wohl die fruchtbarste und wohlhabendste der Monarchie genannt werden kann; sie ist sehr bevölkert und enthält mit den beiden Städten Tönning nnd Garding 18,110 Einw. Die Ortschaften bestehen entweder aus fleckenartig zusammengebauten Häuserreihen oder ganz zerstreut liegenden Marschhöfen, **Hauberge** genannt, die von Gräben, Gärten und Baumreihen umgeben sind; sonst fehlt die Waldung gänzlich.

Das Areal welches Eiderstedt jetzt einnimmt, hat im Laufe der Zeit große Veränderungen erlitten. Zuerst werden hier 3 Harden erwähnt, Tuninghenhaeret, Gerthinghaeret, Holmbohaeret, nämlich im Jahre 1187. Das

Landschaft Eiderstedt.

Erbbuch Waldemars unterscheidet 4 Districte (s. oben S. IV), nämlich Thynninghaeret, Giaethninghaeret, Holm und Haefrae, welche letztere beiden Inseln genannt werden. Schon 1240 und von da an die folgenden Jahrhunderte hindurch werden aber 3 Inseln genannt, welche das jetzige Eiderstedt ausmachen, nämlich:

1. **Eiderstedt**, der früher allein so benannte Theil der Halbinsel längs der jetzigen Eider, aber durch die Nordereider vom Festland und von Everschop getrennt, mit den jetzigen Kirchspielen Witzworth, Kolbenbüttel, Oldesworth, Kotzenbüll, Tönning, Kating, Vollerwiek und Welt, also genau der jetzige Westertheil der Landschaft oder die alte Tönningerharbe mit dem Hauptorte Tönning. Das Siegel der Insel war ein Schiff mit einer Querstange am Mast.

2. **Everschop**, durch die Hever von Nordstrand, durch die Nord-Eider von Eiderstedt getrennt und durch die ehemalige Süd-Hever im Westen begrenzt, mit den jetzigen Kirchen Ulvesbüll, Osterhever, Poppenbüll, Garding, Kathrinenheerd und Tetenbüll, also der mittlere Theil der ganzen Halbinsel, die alte Gardinger Harbe mit der Hauptkirche Garding. Das Siegel war ein Schiff ohne Queerstange.

3. **Utholm**, die beiden westlichen Landspitzen der ganzen Halbinsel, durch die Süd-Hever von Everschop damals getrennt, mit den jetzigen Kirchspielen Westerhever, Ording, St. Peter und Tating. Tating ist die alte Hauptkirche; die Tatinger Kirche stand auch in dem Siegel von Utholm.

Diese alten friesischen **Dreilande** wurden nun theils durch Ueberschwemmungen, theils durch neue Eindeichungen immermehr verändert. Seit 1489 wurde nicht blos das eigentliche Eiderstedt an das Festland angedeicht, sondern auch Everschop an Utholm und Utholm an Everschop, und von Jahrhundert zu Jahrhundert schwanden die alten Trennungsströme immer mehr. 1567 hatte das Inselsystem schon aufgehört und die ganze Halbinsel hatte schon 45,600 Demat. Seit 1572 hörte auch in politischer Beziehung die alte Dreitheilung auf. Die ehemaligen Zwischenräume zwischen den 3 Landen schwanden zuletzt völlig und bis in die neueste Zeit wurden noch eine Reihe neuer Kööge eingedeicht. Durch das Patent vom 3. Juni 1853 wurden noch die octroyirten Kööge: der Wilhelminenkoog, Grothusen-Koog, Alt- und Neu-Augustenkoog, Norder-Friedrichskoog, und das adliche Gut Hoyersworth zusammen mit 322 Einwohnern der Landschaft einverleibt, wodurch dieselbe ihren jetzigen Bestand erhalten. Tönning und Garding sind dagegen nach dem Schluß des Mittelalters zu Städten erhoben worden.

In der Landesmatrikel steht die Landschaft zu 767 Pflügen. Die Contribution wird nach 792 Pflügen bezahlt. Das Steuerareal beträgt ohne die octroyirten Kööge und das Gut Hoyersworth 47,954 Tonnen 130 Quadratruthen, zusammen tarirt zu 6,722,660 Reichsbthlr. Die Verfassung der Landschaft, die auch ihr eignes Landrecht hat, ist sehr selbstständig und in derselben die Justiz von der Administration seit langer Zeit getrennt. Oberbeamter, der hier Oberstaller heißt, ist der Amtmann zu **Husum**, der die Oberaufsicht über die ganze Verwaltung führt und Präses der Criminal-, Consistorial- und Landgerichte ist. Der Director der Gerichte und Richter in allen den ordentlichen Gerichten entzogenen Sachen ist der Staller, der aus 6 von der Landschaft präsentirten Personen von der Regierung ernannt wird. Actuare bei den ordentlichen Gerichten sind die Landschreiber, die zugleich Hebungsbeamte des Landesherrn sind und Schuld- und Pfandprotocoll

Landschaft Pelworm.

führen; von ihnen so wie von den Landpfenningmeistern steht Einer je einem der beiden Theile der Landschaft vor. Die Landpfenningmeister sind die Hebungsbeamten der Landschaft selbst und zugleich Brandbirectoren. Der Landsecretair ist Protocollführer, Archivar und Syndicus der Landschaft. Die Rathmänner sind, aus jedem Theil 6, die Mitglieder des Gerichts unter Vorsitz des Stallers, wobei der Landschreiber das Protokoll führt. An der Spitze jedes Kirchspiels stehen die Lehnsmänner, welche die Communeangelegenheiten leiten; wo 2 von ihnen sind, hat Einer von ihnen jährlich abwechselnd die Hebung. Sämmtliche hebungsführende Lehensmänner, ein Mitglied des Tönninger Magistrats und der Bürgermeister von Garding bilden nebst den Pfenningmeistern das Landescollegium, welche in Angelegenheiten des ganzen Landes zu Tönning zusammenkommt. Der Landsecretair führt auf den Landesversammlungen das Protokoll, die Landpfenningmeister haben den Vortrag. Früher versammelte das Land sich zu Hemminghörn.

Die beiden Theile der Landschaft sind folgende:

1. Der Ostertheil, zwischen der Eider und dem Westertheil; das Landgericht wird in Tönning gehalten. Zu demselben gehören die 8 Kirchspiele Tönning, Kotzenbüll, Kating, Welt, Vollerwiek, Oldenswort, Witzwort und Koldenbüttel. Zu diesem Theil gehört auch jetzt das Gut Hoyersworth, ehemals Wohnsitz der Staller, mit 169 Steuertonnen zu 40,560 Reichsbthlr. Steuerwerth und mit 9 Einwohnern.

2. Der Westertheil, dessen Gericht auch das Everschop-Utholm'sche Gericht genannt wird. Er besteht ans den 10 Kirchspielen Garding, Tating, St. Peter, Ording, Poppenbüll, Ostheher, Westerheher, Tetenbüll, Ulvesbüll und Cathrinenheerd.

10. Die Landschaft Pelworm.

Die Landschaft Pelworm, 1½ Quadratmeilen groß mit 2685 Einwohnern, ist ein Ueberrest der alten Insel Nordstrand (s. S. LXXV) und zwar derjenige, welcher bei dem Untergange dieser Insel im Jahre 1634 bewohnt und eingedeicht blieb. Der westliche Theil dieser Insel bildete nämlich die Pelwormerharde, der nördliche die Beltringharde, und nördlich davon lagen die Reste der alten Wiedrichsharde, die damals schon aus nicht mehr eingedeichten Halligen bestand. Von der Pelwormerharde bildete die jetzige Insel Pelworm den Haupttheil und hing durch die Beltringharde mit der jetzigen Insel Nordstrand zusammen. In Folge der Fluth von 1634 wurde nun die Pelwormerharde durch den Untergang der Beltringharde vom jetzigen Nordstrand getrennt und eine Insel für sich; 191 Häuser wurden dabei in der Harde zerstört und 1100 Menschen kamen um's Leben. Während aber der übrige Theil des überschwemmten alten Nordstrands den Wellen vorläufig Preis gegeben blieb, hielt sich der Haupttheil der Pelwormerharde einigermaßen; man reparirte schon 1635 die Deiche und schloß sie 1637 völlig. So entstand die jetzige Insel Pelworm, während die Reste der Beltringharde und Wiedrichsharde Halligen blieben. Freilich gerieth die Insel noch mehrmals durch wiederholte Sturmfluthen in große Gefahr, besonders in den Jahren 1792, 1793 und 1795, wo ihr völliger Untergang drohte, so daß die Regierung hinzutrat und 1796 eine großartige Herstellung des Haffdeichs vorgenommen wurde, woburch derselbe den Fluthen zu trotzen im Stande ist. Auf der Insel bestand von älterer Zeit her das adliche Gut Seegaard, früher Sitz der Landvögte; dasselbe wurde 1828 von der

Landschaft angekauft und 1837 der Gerichtsbarkeit der Landschaft einverleibt. Der Stammhof ist jetzt im Privatbesitz.

Der Boden der Insel ist vortrefflicher Marschboden und vielleicht der schwerste des Landes, er steuert füt 5442½ Demat zur Contribution; indeß sind bis zum Jahre 1855 der Insel alle herrschaftlichen Abgaben erlassen und die Landschaft ist auch zu keiner Pflugzahl angesetzt. Das Steuerareal beträgt 10,233 Tonnen, tarirt zu 1,073,646 Rbthlr. 32 bßl. Steuerwerth. Die Schuld ist der Deichlast wegen sehr groß. Der Amtmann zu Husum ist Oberbeamter und leitet die ökonomischen und Cameral-Angelegenheiten der Landschaft, ernennt auch die Rathmänner, Communevorsteher und Deichbeamten. Die Leitung der Justizverwaltung hat der Landvogt, ebenso wie die Polizei, fungirt aber in den Gerichtssitzungen selbst als Actuar, da das Gericht außer ihm von 7 vom Amtmann ernannten Rathmännern gebildet wird, von denen 4 von der Insel und 3 aus den Halligen sind. Die Landvogtei liegt im Neuen-Kirchspiel. Der Landschreiber ist landesherrlicher Hebungsbeamter und Cassirer der Commune. In Communalangelegenheiten wird die Landschaft durch 4 Rathmänner und 8 Gevollmächtigte vertreten.

Die Landschaft besteht gegenwärtig aus folgenden Theilen:

1) Die Insel Pelworm, mit 2040 Einwohnern, aus 10 Köögen und dem Gute Seegaard bestehend, zusammen 6269 Demat groß. Dazu gehört noch außerdem einiges Außendeichsland und zwei mit demselben in Verbindung stehende Halligen Norderhallig und Langeland. Eigentliche Dörfer giebt es auf der Insel nicht, sondern die Häuser liegen in zerstreuten Gruppen an den Deichen und auf Warfen. Die Insel enthält 2 Kirchspiele, das der Alten-Kirche und der Neuen-Kirche.

2) Die Halligen mit 645 Einwohnern, an der Süd-, West- und Nordseite der Insel gelegen. Sie heißen Hooge, Nordmarsch, Langeneß, Butwehl, Oland, Gröde, Südfall, Norderoog und Süderoog. Sie werden von jeder gewöhnlichen Fluth überschwemmt, und nur die Wohnungen, die auf Warfen erbaut sind, ragen 4 bis 5 Fuß über dieselbe hervor. Ackerbau kann daher hier nicht getrieben werden, sondern nur Viehzucht, besonders Schafzucht; außerdem ernähren die Einwohner sich durch Seefahrt. Die Bevölkerung, die sich in Folge ihrer eigenthümlichen Lebensweise noch manche Originalität und alte Sitte bewahrt hat, nimmt sehr ab; ebenso das Areal. Am bevölkertsten sind jetzt noch die Halligen Hooge, Nordmarsch, Langeneß und Butwehl. Kirchspiele sind noch 4, nämlich: Hooge, Langeneß, Gröde und Oland.

11. Die Nordstranderharde.

Die Nordstranderharde, 1½ Quadratmeilen groß mit 2122 Einwohnern, ist gleich der Landschaft Pelworm ein Ueberrest der alten, weit größeren Insel Nordstrand.

Das alte Nordstrand oder Strand, ein Theil der ehemaligen friesischen Außenlande, war ein Complex von Marschländereien, welche zwischen Föhr und Eiderstedt lagen. Nach dem Erdbuch König Waldemars waren in dieser Gegend in der Mitte des 13. Jahrhunderts 5 Harden nämlich:

1) Die Lundenbergharde; diese umfaßte das östliche Ende des heutigen Nordstrand nebst der Hallig Pohnshallig, das heutige Kirchspiel Simonsberg und die zwischen diesen Districten und zwischen ihnen und dem Festland gelegenen Gegenden, die jetzt mit Wasser bedeckt sind, indem damals zwischen dem Hattstedter Ufer und dieser Harde nur ein schmaler

Altes Nordstrand. LXXV

Meeresarm floß, Eiderstedt aber von Simonsberg getrennt war. Die Harde enthielt damals 12 Kirchspiele. Durch die sogenannte Mannbrenke, die große Fluth vom Jahre 1362, wurde die Harde in 2 Theile zerschnitten; der südliche Theil, das jetzige Simonsberg, wurde allmählich landfest und bei Nordstrand blieb nur der nördliche Theil mit den Kirchspielen Lith, Hamm und Morsum. Nach der Hauptkirche Morsum wurde dieser Rest der Harde gewöhnlich als das Kirchspiel M o r s u m bezeichnet und es entstand hier sogar ein Gut Morsum. Die 3 Kirchspiele kamen nun, da die Lundenbergharde dem Festland anheimgefallen, mit der ihnen benachbarten Edomsharde auf Nordstrand in Verbindung und werden schon zur Zeit der Reformation als Theile der Edomsharde betrachtet.

2) Die E d o m s h a r d e enthielt im Wesentlichen das jetzige Nordstrand, namentlich die Westseite desselben sowie das jetzige Gewässer, das zwischen Nordstrand und Pelworm fließt, welches aber damals Land war. Die Harde enthielt 14 Kirchspiele. Nach der großen Fluth von 1362 brach die See in der Gegend zwischen den heutigen Inseln Nordstrand und Pelworm ein, und dieser Theil der Harde ging verloren; doch blieben noch immer 9 Kirchspiele. Durch im Jahre 1551 hauptsächlich vorgenommene Eindeichungen wurden die beiden nördlichsten dieser Kirchspiele, Jlgrof und Buphever, die das Wasser von dem übrigen, weiter südlich gelegenen Theil der Edomsharde durch eine tief nach Norden einschneidende Bucht abgetrennt hatte, mit der Pelwormerharde dergestalt verbunden, daß sie seit der Zeit als Kirchspiele derselben betrachtet wurden. Zu den übrigen 7 Kirchspielen kamen aber die 3 Kirchspiele, welche den Nordstrander Rest der aufgelösten Lundenbergerharde ausmachten, wieder hinzu, so daß bei der großen Fluth im Jahre 1634 die Edomsharde wieder aus 10 Kirchspielen bestand.

3) Die P e l w o r m e r h a r d e, westlich von der Edomsharde und die Halligen Hooge, Norderoog, Süderoog und Südfall mit umfassend, hatte ursprünglich nach Einer Angabe 16, nach Anderen 10 Kirchspiele. Durch die Mannbrenke 1362 wurde diese Harde im hohen Grade zerstört, und es blieb eigentlich nur das Kirchspiel Pelworm selbst nach. Ja im Jahre 1436 ward durch eine abermalige verheerende Fluth Pelworm vom übrigen Nordstrand ganz losgerissen. Allein 1511 deichte man den nördlichen Theil der alten Edomsharde wieder an die Insel Pelworm hinan, die so wieder mit Nordstrand durch denselben zusammenhing, weshalb nun die beiden sonst zur Edomsharde gehörigen Kirchspiele Buphever und Jlgrof mit Pelworm, das mittlerweile in der Neuen-Kirche eine zweite Kirche erhalten hatte, die Pelwormerharde bildeten, die so 1634 vor der Fluth 4 Kirchspiele enthielt.

4) Die B e l t r i n g h a r d e, nach dem untergegangenen Kirchspiel Beltum benannt, nördlich an die 3 vorgenannten Harden gelegen, und die Halligen Gröde, Habel und Appelland mit umfassend; ihr Mittelpunkt lag zwischen diesen und den beiden jetzigen Inseln Nordstrand und Pelworm. Hier lag auch, wo jetzt nur das Meer ist, ihre Hauptkirche Bupsee. Im Ganzen hatte die Harde 14 Kirchspiele. Durch die Ueberschwemmung von 1362 wurde der nördliche Theil der Harde zerstört und es blieben nur 10 Kirchspiele; man rechnete nun indeß auch die übriggebliebenen Kirchspiele der 1362 gänzlich zerrissenen Widrichsharde zur Beltringharde, wodurch die Zahl auf 12 stieg. 1634, vor der Fluth waren noch 11 Kirchspiele vorhanden, da mittlerweile auch Imminghusen vergangen war. Der Haupttheil dieser Harde, der damals noch zum festen Deichbande gehörige südliche, verband 1634 die

jetzigen Inseln Nordstrand und Pelworm zu einer großen Insel, dem damaligen Nordstrand.

5) Die **Widrichsharde**, nach dem Kirchspiele Wybrick benannt, lag zwischen der Beltringharde und der Insel Föhr und hatte 10 Kirchspiele. Sie ging schon in der Mannbrenke 1362 dermaßen zu Grunde, daß sie aufhörte ein zusammenhängendes Gebiet zu sein. Die jetzigen Halligen Nordmarsch, Butwehl, Oland und Langeneß sind Reste derselben.

Aus dem Vorstehenden ergiebt sich, daß Nordstrand noch im Jahre 1634 aus einer großen hufeisenförmigen Insel bestand, welche 3 Harden bildete, von denen die Edomsharde im Wesentlichen das jetzige Nordstrand, die Pelwormerharde im Wesentlichen das jetzige Pelworm umfaßte, während die Beltringharde diese beiden jetzigen Inseln im Norden in einem breiten Bogen verband. Durch die Fluth am 11. und 12. October 1634 wurde diese Verbindungskette, die Beltringharde, völlig von den Fluthen verschlungen, nur die Halligen Nordstrandischmoor, Hamburgerhallig und Beenshallig sind davon übrig geblieben; auch die andern beiden Harden wurden größtentheils zerstört; im Ganzen verloren auf Nordstrand 6408 Personen ihr Leben. Nur in der Pelwormerharde blieb der Haupttheil der jetzigen Insel Pelworm mit den beiden Kirchen, nachdem die Deiche hergestellt waren, mit großer Mühe erhalten; die übrigen, noch über die gewöhnliche Fluth erhabenen Reste von Nordstrand, unter ihnen namentlich auch das jetzige Nordstrand, blieben Halligen.

Auf den Resten der Edomsharde fingen jedoch im Jahre 1654 Holländer eine Eindeichung an und hatten wirklich bis 1691 wiederum 4 Kööge gewonnen. 1739 wurde noch ein fünfter Koog, der Elisabeth=Sophienkoog, an jene nordöstlich angedeicht. Diese Kööge bilden die jetzige **Nordstranderharde**; die 4 ersten bildeten bis jetzt die Landschaft Nordstrand und hatten als octroyirte Kööge sonst eigne Jurisdiction; der Elisabeth=Sophienkog war ein besonders octroyirter Koog für sich. Jetzt sind seit dem 3. Juni 1853 alle 5 Kööge, als Nordstranderharde, unter einen eigenen Hardesvogt gestellt. Das Areal beträgt 5482 Steuertonnen, tarirt zu 652,533 Rbthl. 32 bßl. Der Boden ist schwere Marsch, doch nicht so schwer wie der auf Pelworm. Der oberste Beamte ist der Amtmann zu Husum. Die Justiz übt der Hardesvogt, der auf Nordstrand wohnt, aus. Die Communalverwaltung ist in den Händen der Hauptparticipanten.

Die Nordstranderharde besteht aus dem Kirchspiel **Odenbüll**, der katholischen Gemeinde der **Theresienkirche** und der Jansenistischen Gemeinde der **Oratorienkirche**.

Zur Nordstranderharde gehören auch die Halligen **Pohnshallig**, **Nordstrandischmoor**, **Beenshallig**, **Buphever** bei Pelworm und **Hamburgerhallig**.

12. Das Amt Flensburg.

Das Amt Flensburg, 17 Quadratmeilen groß mit 26,596 Einwohnern, zieht sich in einem weiten Halbkreise um die Stadt Flensburg, und wird von den Aemtern Apenrade, Tondern, Bredstedt, Gottorf und der Cappelerharde eingeschlossen. Es ist ein fruchtbares und waldreiches Amt, welches im Osten, besonders in dem in Angeln belegenen Theile, vortrefflichen Boden hat; an der Westseite dagegen ist derselbe von magerer Beschaffenheit, wie in der Landesmitte überhaupt. Das Amt besteht aus den alten, die Stadt Flensburg umgebenden und im nördlichen Angeln gelegenen Harden,

Amt Flensburg.

die, als zu Duborg über Flensburg ein landesherrliches Schloß entstand, zur Vogtei desselben frühe gelegt worden sind. Von diesen Harden ist die Nordergoesharde oder das jetzige Amt Bredstedt jedoch vom Amte abgekommen. Dagegen wurde im Jahre 1779 der in Angeln gelegene Theil des Glücksburgischen Districts unter dem Namen der Munkbrarupharde zu demselben hinzugelegt, nachdem schon im Jahre 1777 die im Amte zerstreuten Theile des ehemaligen Domcapitelsamts und des Amts Morkirchen demselben einverleibt waren. Hiezu kamen später auch noch Untergehörige verschiedener Güter und durch das Patent vom 3. Juni 1853 wurden auch die bisher zum 1. Angeler Güterdistrict gehörigen Güter Freienwillen, Lundsgaard, Wesebye, Grünholz, Schwensbye, Südensee, Uenewatt, Nübel und Norgaard der Jurisdiction des Amtes unterworfen, wodurch der oben angegebene Bestand des Amtes entstanden ist. Rechnet man die freilich nicht ganz, aber doch zum größten Theil in diesem Amte zerstreuten Untergehörigen des Hospitals und der Kirchen in Flensburg zum Amte hinzu, so beträgt die Einwohnerzahl 29489 Seelen.

Das Amt stand sonst mit $412\frac{1}{2}$ Pflügen für die 4 alten Harden; jetzt wird die ordinaire Contribution von resp. $264\frac{507}{840}$, $55\frac{2}{3}$, $56\frac{17}{24}$, 9, und $15\frac{4}{7}$ Pflügen entrichtet; die außerordentliche Pflugzahl beträgt $404\frac{569}{840}$ und $63\frac{3}{8}$ Pflüge. Es kommen aber zu jenen Beträgen jetzt seit 1853 die hinzugelegten 9 ablichen Güter mit $57\frac{1}{4}$ Pflügen hinzu. Das Steuerareal beträgt mit den der Güter 65997 Steuert. 37 Quadr. Ruthen, tarirt zu 5,917,746 Rbth. $12\frac{4}{5}$ bßl. Steuerwerth. Oberbeamter ist der Amtmann, der auf dem Fischerhofe bei Flensburg wohnt. Der Hebungsbeamte ist der Amtsverwalter, der ebenfalls wie der Hausvogt zu Flensburg wohnt. Die Munkbrarupharde hat ihren eigenen Hebungsbeamten und Hausvogt, der zugleich Hardesvogt ist. Die Gerichtsbarkeit üben in den Harden die Hardesvögte aus, der Gerichtschreiber oder Actuar für das ganze Amt führt das Protokoll. Beisitzer in den Hardesgerichten sind aus den Eingesessenen auserlesene sog. Sandmänner. Die Communalverwaltung ist in den einzelnen Harden verschieden.

Das Amt Flensburg zerfällt in folgende 5 Theile:

1) Die **Wiesharde** mit 6719 Einwohnern, westlich von der Stadt Flensburg gelegen, mit im Westen nur leichtem Boden, im Osten aber theilweise hügelich und waldreich; der Westen der Harde bestand ehemals ebenfalls aus starken Waldungen, die aber gänzlich zerstört sind. Die Harde hat ihren Namen vom Kirchdorf Großen-Wiehe; sonst war Handewith, in dessen Nähe auch die alte Thingstätte war, die ursprüngliche Hardeskirche. Der Hardesvogt wohnt jetzt in Flensburg. Ehemals lag in dieser Harde das große abliche Gut Lindewith, dessen Untergehörige im ganzen Herzogthum verstreut waren; es ist von der Krone angekauft und die Theile desselben sind den Harden, in denen sie lagen, einverleibt; der Haupthof liegt noch im Kirchspiel Großen-Wiehe. Die Communen werden zusammen durch 4 Rechensmänner und 4 Sandmänner vertreten. Die Harde besteht aus den Kirchspielen Handewith, Wanderup, Großen-Wiehe, Nord-Hackstedt, Wallsbüll und Bau.

2) Die **Uggelharde** mit 4569 Einwohnern, im Süden von Flensburg und östlich schon in Angeln hineinragend, wo auch der Boden hügelig und fruchtbar ist. Ihr Name ist vielleicht aus dem des alten Angeln (Oghul) entstanden. Das Siegel der Harde ist eine Eule. Was die alte Hardeskirche war, ist zweifelhaft; das Gericht wurde sonst in Oeversee, wird jetzt aber im **Schmedebyer-Holzkrug** (Süderholzkrug) gehalten. Der Hardesvogt

wohnt in Flensburg. Die Harde zerfällt in 4 Trinte, das Solter, Sieverstedter, Jörler und Oeverseer; an die Spitze jedes Trints steht als Communevorsteher ein Rechensmann. Die Kirchspiele der Harde sind Groß- und Klein-Solt, Oeversee, Sieverstedt, Eggebeck und Jörl.

3) Die Husbyeharde, in Angeln unmittelbar östlich von Flensburg gelegen, mit 6123 Einwohnern, mit gutem Boden und namentlich in der Nähe des Flensburger Meerbusens mit den reizendsten Gegenden Angelns. In diesem Theile liegen auch die Dörfer sehr zerstreut und die sehr bevölkerte Gegend ist mit zahllosen kleinen Landstellen bedeckt. Der dieser und der Nieharde gemeinsame Hardesvogt wohnt in Flensburg; das Gericht wird im Husbyerkrug gehalten, sonst bei der Husbyer Kirche. Die Harde zerfällt in 4 Trinte, Adelbye-Trint, Dollerup- und Langballig-Trint, Hürup-Husbye-Trint und ein Trint für die Hohlwege und den Fischerhof bei Flensburg. An der Spitze der Trinte stehen 2 bis 4 Hardesgevollmächtigte und außerdem sind 3 Rechensleute Communevorsteher. Die Kirchen der Harde sind Adelbye, Husbye, Rüllschau, Hürup und Grundtoft. Seit 1853 sind die Güter Freienwillen von 3 Pflügen, 254 Steuertonnen mit 205 Einwohnern, Lundsgaarde von 13 Pflügen, 1411 Steuertonnen mit 430 Einwohnern, und Wesebyehof von 1 Pflug, 70 Steuertonnen und 10 Einwohnern zur Harde gekommen.

4) Die Nieharde im Osten der Husbyeharde zwischen dieser und der Cappelerharde, mit 4658 Einwohnern, ein wunderschöner und fruchtbarer Landstrich, in dem Thäler, Hügel, Wiesen, Wälder und Felder auf die anmuthigste Weise mit einander abwechseln. Die Harde zerfällt in das Gammelby-Trint, das die Kirchspiele Quern und Sörup umfaßt, und in das den Rest der Harde umfassende Grünholz-Trint. Die Harde hat denselben Hardesvogt mit der Husbyeharde; das Gericht ward früher im Dingholz zwischen Sörup und Quern gehalten, jetzt ist es im Kirchdorfe Quern. Die Kirchen der Harde sind Sörup, Quern, Sterup, Steinberg und Esgrus. Seit 1853 sind zur Harde die ehemals zum 1. Angler Güterdistrict gehörigen 3 adlichen Güter Grünholz von 1½ Pfl., 227 Steuertonnen mit 46 Einwohnern, Schwensbye von 9 Pflügen, 1100 Steuertonnen mit 490 Einwohnern und Sübensee von 6 Pflügen, 496 Steuertonnen mit 261 Einwohnern, gelegt.

5) Die Munkbrarupharde mit 4527 Einwohnern, zum großen Theil auf einer Landspitze in dem Flensburger Meerbusen rund um Glücksburg gelegen; ein kleinerer Theil liegt getrennt vom übrigen am Ausflusse des Meerbusens in die Ostsee und am Rande der Nieharde. Die Harde ist das Gebiet des alten Rudeklosters und das spätere Amt Glücksburg s. oben S. XII.; jetzt sind auch die 3 Glücksburgischen Allodialgüter Nübel, Rorgaard und Unewatt von 24 Pfl. und 3464 Steuertonnen mit 1564 Einwohnern wieder zur Harde gelegt, wodurch ihr Umfang fast verdoppelt ist. Die Munkbrarupharde ist ein anmuthiges, durch große Waldungen, Seen und reizende Strandpartieen ausgezeichnetes Ländchen, obwohl ihr Boden nicht grade zum besten Angelns gehört. Der Hardesvogt, zugleich Hausvogt und Hebungsbeamter, wohnt zu Glücksburg; das Gericht wird von je her zu Munkbrarup gehalten. Die Harde besteht aus dem Flecken Glücksburg, den Kirchspielen Munkbrarup und Neukirchen, dem Dorfe Ruenmark im Kirchspiel Rüllschau und den in ver-

Amt Gottorf.

schiedenen Kirchspielen sich ausbreitenden Gütern Norgaard, Nübel und Nenewatt.

13. Das Amt Gottorf.

Das Amt Gottorf, 16 Quadratmeilen groß mit 31,374 Einwohnern, liegt südlich vom Amte Flensburg und wird im Osten vom Amte Hütten und der Schlei, im Norden von der Cappeler Harde und dem Amte Flensburg, im Westen größtentheils von der Treene und der alten Sorge begrenzt. Der Boden ist sehr verschiedenartig; im südlichen Angeln auf der Ostseite des Amtes hügelig, holzreich und schwer, auch im Norden und in der Mitte fruchtbar; im Westen sind große wüste Haide- und Moorflächen. Das Amt entstand aus den um Schleswig herum gelegenen Harden, die unter die Vogtei des Schlosses Gottorf kamen, war aber früher größer und umfaßte auch die Hohner- und Hüttenerharde und die Südergoesharde oder das Amt Husum. Nachdem die beiden letzteren davon getrennt waren, dagegen 1702 die Vogtei Treya und Füsing vom Amte Schwabstedt (f. S. VI.), 1713 die Vogtei Bollingstedt und 1771 das große Gut Satrupholm zu demselben gelegt waren, hat es mit Ausnahme einer bedeutenden Vergrößerung im Jahre 1853 vorzüglich seine Gestalt im Jahre 1777 erhalten. Es wurde damals die Hohnerharde von demselben getrennt, dagegen wurden der Haupttheil des ehemaligen Amts Morkirchen sammt einer Anzahl Domcapitelsgüter mit dem Amte vereinigt. 1784 wurde auch das große ehemalige Glücksburgische Gut Dänisch-Lindau und in diesem Jahrhundert mehrere in dem Amte zerstreut belegene Untergehörige des Graukosters in Schleswig und der Güter Flarup und Töstorf demselben incorporirt. Durch das Patent vom 3. Juni 1853 sind endlich noch sämmtliche Besitzungen des St. Johannisklosters (f. oben S. XIII), der Börmer- und Meggerkoog, sowie die bisher zum 1. Angler ablichen Güterdistrict gehörigen ablichen Güter Böelschuhye, Flarupgaard und Fahrenstedt der Jurisdiction des Amtes einverleibt, wodurch der obenangegebene Bestand sich gebildet hat.

Das Amt, dessen Contributionspflugzahl sich nicht genau angeben läßt, enthält mit dem Börmerkoog jetzt 83,372 Steuert. 94 Quadrat-Ruthen, tarirt, ausschließlich des Börmerkoogs, auf 7,584,180 Rbthlr. 54⅔ bßl. Steuerwerth. Der Amtmann des Amtes wohnt auf dem Amthause zu Schleswig vor Gottorf; zu Schleswig wohnt auch der Amtsverwalter, welcher der Hebungsbeamte für dieses Amt und das Amt Hütten ist; ebenso wohnen daselbst sämmtliche 5 Hardesvögte, so wie der Actuar für die Gerichte und der Hausvogt des Amtes. Das Amt zerfällt in 8 Harden und 1 Vogtei, von denen aber mehrere einen gemeinsamen Hardesvogt haben. In den Gerichten sind sogenannte Bonden, deren Zahl in den verschiedenen Harden verschieden ist, Beisitzer. Eine Vertretung des ganzen Amts als Commüne findet nicht statt; Commünevorsteher sind in den östlichen Harden die Rechensmänner, in den westlichen die Bauernvögte; die auf den Haiden im vorigen Jahrhundert angelegten Colonien haben eigne sogenannte Ladevögte.

Die Theile des Amts sind ihrem gegenwärtigen Umfange nach folgende:

1) Die Schliesharde und 2) die Füsingharde mit 6766 Einwohnern, längs dem Nordufer der Schlei von Schleswig an bis nahe vor Cappeln sich entlang ziehend, ein fruchtbarer, holzreicher und bevölkerter District. Die Loiteraue oder Füsingeraue macht landeinwärts an den meisten

Stellen ihre Grenze. Beide Harden laufen so ineinander und sind seit alter Zeit so mit einander verbunden gewesen, daß die Grenzen derselben mit Genauigkeit nicht mehr nachgewiesen werden können. Die Schliesharde ist alt und hat ihren Namen von der Schlei; die Füsingharde hat sich aus dem ehemaligen bischöflichen Birkgerichte Füsing gebildet. Durch das Patent vom 3. Juni 1853 sind die St. Johannisklösterlichen Be= sitzungen in den Kirchspielen Brodersbye, Boren und Rabenkirchen zur Harde gelegt. Der beiden Harden gemeinsame Hardesvogt wohnt in Schleswig. Zur Harde gehören die Kirchen Brodersbye und Taar= stedt, Ulsnis, Süderbrarup und Loit, Boren, Arnis, Raben= kirchen und Töstrup.

3) Die **Sturdorfharde**, die volkreichste Harde des Amtes mit 8384 Einwohnern, liegt ebenfalls größtentheils in Angeln und zwar un= mittelbar nördlich von Schleswig; gegen Osten reicht sie mit einem schmalen Streifen bis an die Nieharde des Amts Flensburg hinan. Der Boden ist kräftig, doch etwas sandhaltig, und die Harde ist stark angebaut. Der Hardesvogt wohnt in Schleswig. Zur Harde sind seit 1853 noch die Untergehörigen des St. Johannisklosters in den Kirchspielen Kahlebye, Sturdorf, Tolk, Nübel und Norderbrarup, zusammen 662 Ein= wohner, gelegt. Außerdem wurden der Jurisdiction der Harde untergeben die ablichen Güter Böelschubye mit 95 Einw. und 1 Pfl. oder 292 Steuert., Flarupgaard mit 10 Einwohnern und 3 Pfl. oder 63 Steuert., und Fahrenstedt mit 423 Einw. und 4 Pfl. oder 660 Steuert. Die Kirch= spiele der Harde sind: das Kirchspiel des St. Johannisklosters auf dem Holm vor Schleswig, Moldenit und Kahlebye, Tolk und Nübel, Fahrenstedt, Havetoft, Thumbye und Sturdorf, Ulsbye, Boel und Norderbrarup.

4) Die **Satrupharde** ist aus dem von der Landesherrschaft erworbe= nen großen Gute Satrupholm entstanden, welches 1771 niedergelegt wurde; sie hat 2260 Einwohner und liegt nördlich von der Sturdorfharde zwischen dieser und dem Amte Flensburg. Sie hat von jeher denselben Hardesvogt mit der Morkirchharde gehabt, der zu Schleswig wohnt. Die Harde besteht nur aus dem Kirchspiel Satrup und einem Theile des Kirchspiels Havetoft.

5) Die **Morkirchharde**, eine kleine Harde mit 1727 Einwohnern in einer fruchtbaren Gegend mitten in Angeln, östlich von der Satrupharde gelegen, ist der Ueberrest der um Morkirchen selbst herum gelegenen Güter des ehemaligen Klosters Morkirchen. 1778 ist der Hof niedergelegt und jetzt eine Erbpachtstelle. Den Hardesvogt hat sie mit der Satrupharde gemeinsam. Die Untergehörigen wohnen in den Kirchspielen Thumbye, Böel und Norderbrarup und einigen anderen Kirchspielen zerstreut.

6) Die **Arensharde** mit 7) der **Treyaharde** und 8) der **Vogtei Bollingstedt** breitet sich unmittelbar westlich von der Stadt Schleswig über die Landesmitte aus; sämmtliche 3 Bezirke haben 5859 Einwohner. Im Süden machen der Kograben und die Ueberreste des Dannewerks so ziemlich ihre Grenze aus. Der Boden ist nur mager und der Anbau stellenweise schwach. Die Arensharde ist alt und kommt schon im Erdbuch Waldemars unter dem Namen Araeldshaeret vor; sie umfaßt einen großen Theil des Kirchspiels St. Michaelis in Schleswig, des Kirchspiels Habbebye und das Kirchspiel Hollingstedt; das Hardes=

Amt Hütten. LXXXI

thing wurde schon im Jahre 1416 im Dorfe Schubye gehalten. Die Treyaharde war eine Vogtei des bischöflichen Amtes Schwabstedt (s. oben S. VI.) und umfaßt den größten Theil des an der Treene gelegenen Kirchspiels Treya. Die Vogtei Bollingstedt war ein nördlich von der Arensharde belegenes abliches Gut, welches um 1630 in den Besitz der Herzöge von Gottorf kam. Der Hardesvogt ist allen 3 Districten längst gemeinsam und wohnt in Schleswig.

9) Die Kropp- und Meggerdorfharde mit 5301 Einwohnern ist die ausgedehnteste Harde des Amtes, aber nur dünn bevölkert und von sandiger Beschaffenheit, holzarm und mit großen Haide- und Moorflächen durchzogen; sie erstreckt sich südlich von der Arensharde, von der Schlei bis an die Treene und Sorge. Sie war früher zum großen Theil Krongut und kommt erst im 15. Jahrhundert als eigne Harde vor. Seit 1853 sind unter die Jurisdiction der Harde die Untergehörigen des St. Johannisklosters in den Kirchspielen Kropp und Haddebye mit 1313 Einwohnern, sowie der Börmerkoog mit 564 Einwohnern gelegt. Der Hardesvogt wohnt in Schleswig. Den Haupttheil der Harde macht das in der Mitte gelegene große Kirchspiel Kropp aus; außerdem sind die Untergehörigen zu den Kirchspielen Haddebye, Hollingstedt, Bergenhusen, Erfde und Hohn eingefarrt. Meggerdorf gilt als ein besonderer District der Harde, welcher sonst seinen eignen Gerichtsvogt hatte.

14. Das Amt Hütten.

Das Amt Hütten, $7\frac{1}{10}$ Quadratmeilen groß mit 13,451 Einwohnern, ist in seinem jetzigen Umfange erst im Jahre 1777 gebildet, indem aus der Hüttenerharde und der bisher zum Amte Gottorf gehörigen Hohnerharde ein Amt gebildet wurde, mit welchem auch die Landschaft Stapelholm unter einem und demselben Oberbeamten gestellt ward. Durch das Patent vom 3. Juni 1853 wurden noch die bisher zum holsteinischen Amt Rendsburg gehörigen 6 Dörfer Nübbel, Fockbeck, Alt- und Neu-Büdelsdorf, Borgstedt und Lehmbeck zum Amte gelegt; wogegen die nördlich der Eider gelegenen Rendsburger Vorwerksländereien beim Amte Rendsburg und die Rendsburger Stadtländereien daselbst bei der Stadt geblieben sind. Die Landschaft Stapelholm hat ihre eignen Beamten und wird deshalb gewöhnlich als besonderer District angesehen. Das Amt Hütten hat übrigens seit längerer Zeit stets denselben Oberbeamten mit dem Amte Gottorf gehabt. Der Boden des Amtes ist, mit Ausnahme einiger Strecken am westlichen Rande desselben, kräftig und fruchtbar. Begränzt wird das Amt im Süden von der Eider, im Norden von der Schlei, im Westen vom Amte Gottorf und im Osten von der Eckernförderharde.

Die Magazinkorn- und Fouragelieferung wird nach $253\frac{5}{48}$ Pflügen, die Contribution nur von der Hohnerharde nach $70\frac{9}{16}$ Pflügen entrichtet. Zur außerordentlichen Pflugzahl steht das Amt mit $317\frac{51}{192}$ Pflügen. Es ist tarirt zu 29,934 Tonnen $90\frac{1}{2}$ Quadratruthen mit einem Steuerwerth von 2,689,335 Rbthlr. 32 bßl., jedoch ohne die vom Amte Rendsburg hinzugekommenen Dörfer. Der Oberbeamte ist der Amtmann der Aemter Gottorf und Hütten, der auf dem Amthause vor Gottorf wohnt. In Schleswig wohnt auch der Hausvogt des Amtes, sowie der Amtsverwalter, der Hebungsbeamter ist und den das Amt mit dem Amte Gottorf gemeinsam hat, ebenso der den beiden Aemtern gemeinsame Actuar oder Gerichtsschreiber. Der Gerichtsbeamte ist der Hardesvogt, der in Fleckebye wohnt nnd beiden Harden gemeinsam ist. Die beiden Harden des Amtes sind folgende:

1) Die **Hüttenerharde**, mit 6723 Einwohnern, ist einer der schönsten Districte des Herzogthums; sie wird von einer waldigen scharfausgeprägten Höhenkette, den Hüttener Bergen, durchzogen, die im Norden an die Schlei stoßen; im Süden der Harde liegen an ihrem Fuße reizende Seen, unter denen der bedeutende Wittensee. Nur der Westen der Harde ist öde und sandig. Die Thäler zwischen den Höhenzügen sind von unvergleichlicher chönheit und großer Fruchtbarkeit; die Dörfer ansehnlich und die Bevölkerung bewahrt neben einen gewissen Wohlstand auch manche Eigenthümlichkeit. Zur Harde sind durch das Patent vom 16. März 1853 noch die Dörfer **Borgstedt** und **Lehmbek** an der Eider mit ea. 400 Einwohnern gelegt. Ehemals war Hütten, dessen älteste Geschichte dunkel ist, ein abliches Gut, das an das Gottorfer Haus kam und unter dem Namen **Hütten-Lehn** oder **Bergharde** auch als eignes Amt verwaltet wurde. Der Hof Hütten wurde 1783 parcelirt. Der Hardesvogt wohnt zu **Fleckebye**. Die Harde enthält die Kirchen Hütten, Borbye, Bünstorf und Kosel; auch gehört zur Harde ein Theil des Kirchspiels Kropp.

2) Die **Hohnerharde**, mit 6728 Einwohnern, ist der südlichste Theil des Herzogthums Schleswig und fast rundum von der Eider und Sorge umflossen. Sie ist ein größtentheils ebnes Land mit starken Haide- und Moorflächen, aber auch mit noch bedeutender Waldung, und von sehr ungleicher Beschaffenheit des Bodens. Ehemals hieß sie Kamp und bildete das große Kirchspiel Kampen, dessen dicht vor Rendsburg gelegene Harde 1691 nach Hohn verlegt ward; später kommt sie unter dem Namen **Westerkroch** vor, bildete übrigens früher einen Theil des Amtes Gottorf. Der Hardesvogt ist der Harde mit der Hüttenerharde gemeinsam; das Gericht wird in Hohn gehalten. 1853 sind die bisher zum Amte Rendsburg gehörigen Dörfer **Fockbeck** mit Dorbeck, Nübbel und Alt- und Neu-Büdelsdorf mit ca. 2117 Einwohnern zur Harde gelegt. Jetzt umfaßt die Harde das Kirchspiel Hohn und Theile der Kirchspiele Rendsburg und Bünstorf.

15. Die Landschaft Stapelholm.

Die Landschaft Stapelholm, $2\frac{1}{2}$ Quadratmeilen groß mit 5968 Einwohnern ist ein von der Eider, Treene, Sorge und dem Börmerkoog mit seinem Entwässerungscanälen eingeschlossener District, der aus 2 von entwässerten Flußmarschländereien umgebenen Höhenketten besteht. Der Boden ist daher sehr verschiedenartig, zum Theil auf der Geest sandig und kahl, zum Theil fruchtbar und nicht ohne Waldung; auch die Beschaffenheit der Marschen ist sehr verschieden. Nur wenige aber große Dörfer liegen, jedes einzelne eng zusammengebaut, in diesem Districte verbreitet und die Bevölkerung zeichnet sich durch manche Originalität aus. Die Landschaft stand früher lange Zeit unter dem Amte Gottorf, wurde aber 1711 von demselben getrennt und 1777 dem Oberbeamten des Amtes Hütten untergeben.

Durch das Patent vom 3. Juni 1853 wurde auch der Lütgenseer oder Kleinenseer-Koog, ein entwässerter Landsee, der Jurisdiction der Landschaft untergeben. Abliche Besitzungen in diesem Landstrich haben früh ihren Untergang gefunden; ein landesherrliches Vorwerk ist parcelirt. Noch liegt in der Landschaft das Kanzleigut **Neulandshof**.

Die Contribution wird entrichtet von $246\frac{125}{755}$ Pflügen. Die außerordentliche Pflugzahl beträgt $262\frac{7}{8}$ Pflügen. Das Steuerareal beträgt

Cappelerharde.

14,955 Steuertonnen, tarirt zu 2,411,348 Rbthlr. Sterwerth. Oberbeamter ist der Amtmann zu Hütten, zugleich Amtmann des Amtes Gottorf, der auf dem Amthause vor Gottorf wohnt. Derselbe besorgt die ökonomischen und Cameralangelegenheiten des Amtes, ist Oberdeichgraf und Kirchenvisitator und präsidirt dem Bondengericht. Sonst hat ein eigner Landvogt die Justizverwaltung, die Polizei und ist Deichgräfe. Das Gericht wird in Süderstapel gehalten. Dort wohnt auch der Landschreiber, welcher zugleich Actuar des Gerichts, Hebungsbeamter, Hausvogt und Schuld- und Pfandprotokollführer ist. In Communalsachen vertritt die Landschaft die Landschaftsversammlung, welche aus den Bauernvögten und 2 der größeren Interessenten in jedem Dorfe besteht. Der Bauervogt wird in jeder Dorfschaft durch die sogenannten Achtmänner controlirt. Die Landschaft besteht aus den Kirchspielen Süderstapel, Bergenhusen und Erfde und einem Theil der sogenannten Herrenhallig im Kirchspiel Koldenbüttel.

16. Die Cappelerharde.

Die Cappelerharde ist erst durch das Patent vom 3. Juni 1853 (s. oben S. XI.) gebildet worden. In Angeln hatte sich nämlich aus den dort liegenden adlichen Gütern der 1. Angler Güterdistrict (s. S. XII.) gebildet. Als das gedachte Patent die Patrimonialgerichtsbarkeit aufhob, wurden die im Norden und in der Mitte Angelns, sowie in den Aemtern Flensburg und Gottorf zerstreut liegenden adlichen Güter den sie umgebenden Harden einverleibt, dagegen aus den an der Spitze Angelns, zwischen der Schlei und der Geltinger Bucht in einem arondirten Bezirk gelegenen Gütern eine eigne Hardesvogtei gebildet, welche mit der Fleckensvogtei des vom Gute Roest angekauften bisher zu keiner Harde gehörigen Fleckens Cappeln verbunden und die Cappelerharde genannt wurde.

Die so gebildete Harde ist 4 Quadratmeilen groß und hat nach der Volkszählung von 1845: 11,633 Einwohner. Die Gegend, welche die Harde einnimmt, ist von außerordentlicher Fruchtbarkeit und besonders an der Schlei und im Nordwest voll von den anziehendsten Naturreizen. Ehemals wurde dieser ganze damals dicht bewaldete Landstrich zwischen der Schlei und der Geltingerbucht mit dem allgemeinen Namen Gelting (s. oben S. IV.) bezeichnet und war königliches Krongut. Nachdem die Herzöge dies erworben hatten, bildeten sich hier sehr schnell adliche Güter, unter denen Rundhof, Gelting und Düttebüll bald die bedeutendsten wurden. Als gegen das Ende des vorigen Jahrhunderts die Regierung die Krongüter zu parceliren anfing und Erbpachtstellen aus ihnen errichtete, schlug man auf der Mehrzahl der hier liegenden Güter dasselbe Verfahren ein, namentlich auf den 3 genannten, und es wurde nun der ganze District mit zahllosen Erbpachtparcelen so sehr bedeckt, daß man in der Folgezeit, weil die Verkleinerung des Besitzes mitunter zu stark erschien, wieder an vielen Stellen mehrere Parcelen vereinigt hat. Der zum Gute Roest gehörige Flecken Cappeln, der mittlerweile ein bedeutender städtischer Ort geworden war, ward 1807 von der Krone angekauft und erhielt ein eignes Gericht und 1846 eine Fleckensordnung.

Die Harde enthält jetzt außer dem Flecken Cappeln noch 14 adliche Güter. Die letzteren sind zu 220 Pflügen angesetzt und steuern für 20,902½ Steuertonnen nach einem Steuerwerth von 3,303,913 Rbthlr. Ohne den Flecken beträgt die Einwohnerzahl 9552 Einwohner. Der Hardesvogt ist zugleich Fleckensvogt in Cappeln; er hat die Justizverwaltung und wohnt in Cappeln, wo auch das Gericht gehalten wird. Ebendaselbst wohnt auch der Gerichtsschreiber, der zugleich das Schuld= und Pfandprotokoll führt. Das Hebungswesen sowie das Polizeiwesen ist noch in den Händen der Gutsbesitzer. Als Oberbeamter über die Güter hat bisher ein Königlicher Commissair fungirt, der seinen Wohnsitz in Eckernförde hat.

Die Güter der Harde umfassen die Kirchspiele Gelting und Cappeln und liegen in den anliegenden Kirchspielen des Amtes zerstreut. Außer dem Flecken Cappeln mit 2081 Einwohnern besteht die Harde aus folgenden Gütern:

	Pflugzahl.	Steuertonnen.	Steuerwerth.		Einwohnerzahl.
1. Brunsholm	4	428	71,160	Rbthlr.	386
2. Buckhagen	16	1,522	242,533	"	528
3. Dollrott	10	1,195	170,300	"	800
4. Düttebüll	23	2,272	363,200	"	805
5. Gelting	40	3,115	498,480	"	1371
6. Niesgraugaard..	1	131	20,960	"	17
7. Oehe.........	19	1,780	284,800	"	1,162
8. Oestergaard....	6	773	121,120	"	272
9. Ohrfeld	12	$1,218\frac{1}{2}$	184,900	"	582
10. Priesholz......	10	917	146,720	"	523
11. Röest	27	1,874	299,040	"	915
12. Rundhof......	41	4,671	747,360	"	1,740
13. Sandbeck......	6	264	42,240	"	62
14. Töstorf.......	5	742	110,200	"	389

Zusammen 14 Güter 220 Pfl. 20,902½ Stt. 3,303,913 Rbthlr. 9,552 Einw.

17. Die Eckernförderharde.

Die Eckernförderharde, 10 Quadratmeilen groß mit 23,370 Einwohnern, mithin die volkreichste Harde des Herzogthums, ist gleich der Cappelerharde erst durch das Patent vom 3. Juni 1853 geschaffen, jedoch bildeten die beiden Theile aus denen sie besteht, die ablichen Güterdistricte Schwansen und Dänischenwohld, schon seit längerer Zeit 2 selbstständige abliche Güterdistricte. Der Dänischewohld ist der fruchtbare Landstrich zwischen dem Eider=Kanal und dem Eckernförder Meerbusen, im Westen von der Hüttenerharde begrenzt; in alter Zeit ein zum Krongut gehöriges Waldland mit Namen Jarnwith, doch schon seit dem 13. Jahrhundert Dänischenwohld genannt. Hier erwarb sich nach und nach fast der ganze Adel des Landes, namentlich der eingewanderte, Besitzungen, wodurch denn der Wald ausgerodet und dies fruchtbare Land sehr angebaut wurde, so daß hier allmählig 35 abliche Güter entstanden. Dem Umfange nach gehören die einzelnen Güter grade nicht zu den größten, aber ihr Werth ist höchst bedeutend. Durch die Stadt Eckernförde und das Windebyer Noor wird dieser District gegen Norden geschlossen; dort berührt ihn aber der zweite gegen Norden sich erstreckende Theil der Harde, nämlich die Halbinsel Schwansen zwischen dem Eckernförder Meerbusen und der Schlei. Auch in dieser Halbinsel, die gegen das feste Land durch einen ehemaligen Wall zwischen den Windebyer Noor und der großen Breite, dem Osterwall, von dem noch Reste vorhanden sind, abgegrenzt wurde, lag ehemals ein bedeutendes Krongut und es findet sich hier auch früher eine Harde, die Riesebyharde. Doch bildeten sich auch hier allmählig lauter abliche Güter und der District behielt nach der so ziemlich in der Mitte gelegenen alten Kirche Schwansen den Namen Schwansen. Der Boden ist hier noch fruchtbarer wie im Dänischen=

Eckernförderharde.

wohld und noch mehr angebaut, so daß selbst die Waldung fast ganz verschwunden ist; es sind dort jetzt 27 adliche Güter, unter denen das freilich in sehr verschirdene Besitze jetzt getheilte Gut Ludwigsburg fast allein den fünften Theil der ganzen Halbinsel ausmacht. Auch die Güter Sarbdorf und Maasleben, letzteres freilich ganz parcelirt, zeichnen sich durch ihren Umfang aus.

Die Harde steuert für 671 Pflüge und 80,355 Steuertonnen; der Steuerwerth beträgt 10,685,363 Reichsbthlr. Der Oberbeamte war bisher ein Königlicher Commissair, der seinen Wohnsitz in Eckernförde hatte. Der Hardesvogt und der Gerichtsschreiber wohnen in Eckernförde; ersterer hat die Justizverwaltung, letzterer ist Actuar und führt das Schuld- und Pfandprotokoll. Die Polizei wird noch von den Gutsbesitzern ausgeübt, welche auch in ihren Gütern das Hebungswesen besorgen. Die Harde umfaßt die Kirchspiele Dänischenhagen, Krusendorf, Gettorf, Sehestedt, Riesebye, Siesebye, Schwansen und Waabs und Theile der Kirchspiele Eckernförde, Borbye, Bünstorf und Kosel.

Die einzelnen Güter der Eckernförderharde sind folgende 62:

1) Im Dänischenwohld:

Gut	Pflug-zahl.	Steuer-tonnen.	Steuerwerth.	Einwohner-zahl.
1. Seekamp	16	2,437	208,280 Rbthlr.	916
2. Knoop	13½	1,816	270,740 "	511
3. Uhlenhorst	3	521	81,960 "	111
4. Alt-Bülk	9½	1,067	170,720 "	164
5. Neu-Bülk	4	445	75,040 "	98
6. Eckhof	10	1,432	229,120 "	715
7. Dänisch-Nienhof	11½	1,409	211,320 "	522
8. Hohenhain	4	525	80,860 "	76
9. Birkenmoor	11½	1,536	235,320 "	351
10. Kaltenhof	21½	2,374	322,600 "	649
11 Rathmannsdorf	8½	1,423	169,200 "	396
12. Warleberg	14	2,457	273,860 "	759
13 Rosenkranz	4	1,384	204,340 "	596
14 Wulfshagen	7	894	133,600 "	275
15. Wulfshagener-Hütten	10	1,306	147,720 "	566
16. Lindau	15	2,313	289,000 "	600
17. Königsförde	17	2,075	276,580 "	689
18. Behrensbroock	11	1,668	266,880 "	430
19. Borghorst	13	1,862	265,340 "	636
20. Borghorster-Hütten	4	546	87,360 "	81
21. Augustenhof	3	412	64,540 "	72
22. Noer.	8	1,837	293,920 "	} 740
23. Grünewald	14	1,364	218,240 "	
24. Aschau	1	416	39,900 "	110
25. Altenhof	12	1,707	242,840 "	368
26. Windebye	10	1,773	208,840 "	400
27. Friedrichsthal	4	433	57,260 "	120
28. Marienthal	10	1,388	180,740 "	329
29. Hoffnungsthal	3	386	77,440 "	46
30. Hohenlieth	20	1,992	269,140 "	547
31. Harzhof	6	964	132,640 "	158
32. Grünhorst		450	59,040 "	91
33. Sehestedt	19½	1,941	270,100 "	526
34. Steinrade.	3½	278	44,480 "	70
35. Schirnau	6	590	84,440 "	131
Zusammen im Dänischenwohld.	328	45,467	6,242,640 Rbthlr.	13,136

Eckernförderharde. Fehmern.

2) In Schwansen:

Gut	Pflug=zahl.	Steuer=tonnen.	Steuerwerth.	Einwohner=zahl.
1. Hemmelmark	17	1,431	176,800 Rbt.	495
2. Hohenstein		489	78,240 "	101
3. Mohrberg	10	455	72,800 "	105
4. Möhlhorst		199	19,680 "	33
5. Louisenlund	4	477	72,343 "	193
6. Ornum	12	1,172	135,840 "	246
7. Eschelsmark	28	1,094	108,920 "	352
8. Büstorf	14	1,372	196,480 "	308
9. Rögen	10	1,450	155,540 "	295
10. Kasmark		447	72,000 "	47
11. Sardorf	40	3,977	559,540 "	1,257
12. Ludwigsburg	30	5,185	822,240 "	1,142
13. Damp	17	2,221	355,360 "	582
14. Maasleben	30	3,703	560,840 "	1,240
15. Krisebye	8	600	87,480 "	197
16. Büchenau	2	214	34,240 "	42
17. Stubbe	7	734	85,260 "	127
18. Bienebek	6	692	106,600 "	200
19. Marienhof	2	188	33,020 "	20
20. Staun	4	609	85,260 "	207
21. Grünholz	23	2,284	365,440 "	98
22. Dörpt	8	961	140,280 "	356
23. Carlsburg	26	2,018	317,400 "	929
24. Schönhagen	14	1,276	200,800 "	338
25. Olpenitz	25	1,649	243,480 "	501
26. Loitmark / 27. Espenis	5 / 1	991	1 56,640 "	308
Zusammen in Schwansen	343	34,888	4,442,723 Rbt.	10,234
Dazu im Dänischenwohld	328	45.467	6,242,640 "	13,136
Zusammen	671	80,355	10,685,363 Rbt.	23,370

18. Die Landschaft Fehmern.

Das Amt oder die Landschaft Fehmern begreift die 7 Meilen vom festen Lande des Herzogthums an der Nordspitze Wagriens zwischen diesem und der Insel Lolland gelegene Insel Fehmern, welche nur ein ¼ Meile breiter Sund, der Fehmersund, von der holsteinischen Küste trennt. Diese Insel, in der viel altes Königsgut lag, kam nach verschiedenen sehr wechselnden Schicksalen 1580 an das Gottorfische Herzogshaus, und ward 1713 wieder vom Könige in Besitz genommen. Sie ist nur 2 Quadratmeilen groß, aber sehr fruchtbar, weshalb sie auch stark angebaut und bevölkert ist; sie enthält mit der Stadt Burg 8590 Einwohner, die Landschaft ohne die Stadt 6779 Einw. Ihre Oberfläche ist zwar hügelig, aber nicht hoch und neigt sich ringsum sanft gegen das sie umgebende Meer; Bäche sowohl wie Waldung fehlen ihr fast gänzlich und die den Seewinden exponirte Lage wirkt merklich hindernd auf die Entwickelung des pflanzlichen Lebens ein. Dieser Mangel wird aber völlig durch die Ergiebigkeit des schweren, mit kalkhaltigem Mergel untermengten Thonbodens ausgeglichen, den eine im Ganzen wohlhabende und aufgeklärte Bevölkerung fast überall unter sorgfältige Cultur gebracht hat. Die Bewohner mögen theils slavischen (wendischen) Ursprungs, theils Nachkommen von Colonisten sein, welche der Sage nach aus Dithmarschen kamen; in den Volkssitten finden sich Anklänge an beide Nationalitäten. Eigenthümlich ist namentlich die in topographischer Beziehung

Landschaft Fehmern.

merkwürdige alte Anlage der Dörfer und selbst die Bauart der Wohnungen. Das Dorf bildet in der Regel ein längliches Viereck, welches rundum mit Steinwällen eingefaßt ist, und in der Regel nur zwei Ausgänge nach verschiedenen Himmelsgegenden hat; die Häuser liegen in ziemlich regelmäßiger Reihe an der von ihnen und durch den Steinwall begränzten Straße; in der Mitte des Dorfes befindet sich gewöhnlich auf freiem Platze die Viehtränke und der Dingstein, der alte Versammlungsort der Bauerschaft.

Auch die Gerichtsverfassung und die Communalverfassung der Landschaft sind durchaus eigenthümlich. Oberbeamter ist der Amtmann, der zu Burg wohnt; er entscheidet in den den ordentlichen Gerichten entzogenen Sachen; ist Präses des Criminalgerichts, der Macht der Geschworenen, im Concursgericht u. s. w. Unter ihm stehen 3 Kirchspielsgerichte, für das Wester-, Mittel- und das combinirte Oster- und Norderkirchspiel, welche auch Theilungs- und Obervormundschafts-Gerichte sind; sie bestehen aus dem sogen. Kämmerer jedes jener 3 Kirchspielsabtheilungen und aus 6 Richtern für jede derselben, die der Amtmann auf Lebenszeit ernennt. Die Macht der Geschworenen ist die höhere Instanz, die aus dem Gericht der Unterinstanz, das aber bei der Abstimmung abtritt, aus den beiden anderen Kämmerern und 2 Richtern aus jedem der beiden anderen Gerichte unter Vorsitz des Amtmannes besteht; ebenso ist das Criminalgericht zusammengesetzt. Der Landschreiber ist Actuar in allen diesen Gerichten und führt das Schuld- und Pfandprotokoll. Die Communalverfassung ist zuletzt durch die Verfügung vom 15. October 1853 regulirt. Danach sind Vorsteher jedes Kirchspiels die 7 Mitglieder des Kirchspielsgerichts, und die 21 Mitglieder der 3 Kirchspielsgerichte Vorsteher der Landschaft. Der älteste Richter ist Kirchspielseinnehmer und hat die Communalabgaben des Kirchspiels zu erheben; das Amt des landschaftlichen Einnehmers wird wechselsweise auf ein Jahr von den 3 Kirchspielseinnehmern geführt; derselbe hat die sämmtlichen Geldangelegenheiten der Landschaft zu verwalten. Die Kämmerer sind Vorsitzende in den Kirchspielsversammlungen. Mit den 7 Kirchspielsvorstehern bilden die Haupt- und Gemeinsleute die Repräsentation eines jeden Kirchspiels, und mit den 21 Vorstehern aller Kirchspiele die sämmtlichen gewählten 4 Haupt- und 12, resp. 16 Gemeinsleute jedes Kirchspiels die Vertreter der gesammten Landschaft, auf den landschaftlichen Versammlungen, welche zur Ordnung der ökonomischen Verhältnisse der Landschaft gehalten werden.

Die Contribution wird nach 225 Pflügen entrichtet; die außerordentliche Pflugzahl beträgt $231\frac{2}{3}$ Pfl. Das Steuerareal beträgt 22,335 Steuertonnen, tarirt zu 3,569,560 Rbthlrn. Steuerwerth. Die Landschaft besteht aus 4 Kirchspielen, von denen das Oster- und Norderkirchspiel in obenerwähnter Beziehung combinirt sind, nämlich aus: 1) dem Oster-Kirchspiel mit der Landgemeinde der Stadtkirche zu Burg; 2) dem Norderkirchspiel mit der Kirche zu Bannesdorf; 3) dem Mittelkirchspiel (Süderkirchspiel mit der Kirche zu Landkirchen und 4) dem Westerkirchspiel mit der Kirche zu Petersdorf.

Städtische Districte.

2. Die Städte.

Die Städte sind mit Stadtprivilegien begabte und mit eigner Verwaltung und einer Patrimonialgerichtsbarkeit über ihr Gebiet begabte Commünen, deren Zahl 13 beträgt. Sie sind folgende: Aerösksjöbing, Apenrade, Burg, Eckernförde, Flensburg, Friedrichstadt, Garding, Hadersleben, Husum, Schleswig, Sonderburg, Tönning und Tondern. Ihre Bevölkerung ist bereits oben S. XXV und XXVI zusammengestellt; die Beschreibung der einzelnen folgt im speciellen Repertorium. Ihr gesammtes Areal beträgt ungefähr $1\frac{3}{10}$ Quadratmeilen. Ihrer geschichtlichen Entstehung ist oben S. VI gedacht.

Die Stadtbehörde in diesen Communen ist zunächst der Magistrat, der aus einem oder 2 Bürgermeistern, verschiedenen Rathsverwandten und einem Stadtsecretair besteht. Der Magistrat hat die Justizverwaltung und in Verbindung mit einem Polizeimeister, der in der Regel auch Magistratsmitglied ist, die Polizei. Da in den Städten die Administration von der Justiz noch nicht getrennt ist, so übt der Magistrat auch in Verbindung mit einem Collegium deputirter Bürger die städtische Verwaltung aus. In der Stadt Aerösksjöbing auf Aerö wird indeß die Justiz auch für die Stadt von dem der Stadt und Landschaft gemeinsamen Gerichte verwaltet. Durch das Circular vom 17. September 1850 und die Instruction vom 28. Octbr. 1850 sind jetzt die Städte unter die Aufsicht von Oberbeamten gestellt, welches in der Regel die Amtmänner sind, in deren Bezirk die Städte liegen. Diese haben die Aufsicht über die ganze städtische Verwaltung und bilden zugleich die Oberpolizeibehörde; sie vermitteln auch den Geschäftsverkehr der höheren Behörden mit den städtischen. In der Stadt Flensburg ist diese Function dem ersten Bürgermeister unter dem Titel des Oberpräsidenten der Stadt übertragen.

Zwei kleinere Ortschaften müssen ihrer Beschaffenheit nach den städtischen Districten beigezählt werden, ohne eigentlich Städte zu sein, nämlich Christiansfeld und Friedrichsort. Friedrichsort ist eine Seebatterie, die auf dem Felde des ablichen Gutes Seekamp angelegt wurde; sie besteht eigentlich nur aus einer kleinen Garnison, bildet indeß ein eignes Kirchspiel und steht als solches unter dem Amte und der Probstei Hütten. Christiansfeld ist ein in der Tyrstrupharde des Amts Hadersleben erbauter Gemeindeort mährischer Brüder mit 761 Einwohnern; an der Spitze der Verwaltung steht ein eigner von der Regierung ernannter Official; eine gewisse Oberaufsicht führt das Oberworstehercollegium der Brüdergemeinde zu Herrenhut. Das Nähere über beide Orte s. im speciellen Repertorium.

Specielles Repertorium.

Wenn einer Ortschaft kein eigner Artikel gewidmet ist, so ist dieselbe im Register nachzuschlagen.

A.

Aabek (Aubek, vorm. Obek), 2 Hufen und 2 Bohlstellen am Apenrader Meerbusen, ¼ M. nordöstl. von Apenrade, A. Apenrade, Riksh. — Die Hufen sind von den Bohlstellen durch eine kleine Aue getrennt. Erstere gehören zum Ksp. Loit, letztere zum Ksp. Apenrade. — Der Boden ist hügeligt und mit Lehm vermischt.

Aabek, ein kleiner Bach, welcher südlich von Stollig im A. Apenrade entspringt und sich in den Apenrader Meerbusen ergießt.

Aaböl (Aabel), Dorf an einer Aue, 3 M. westl. von Hadersleben, A. Hadersleben, Westerth., Norderrangstruph., Ksp. Tiislund; 1 Dreivierteth., 1 Fünfachth., 3 Halbh., 1 Dreiachth., 2 Drittelh., 6 Viertelh., 8 Achtelh., 2 Verbittelstellen. Von diesen sind 2 Viertelh. und 7 Achtelh. ausgebauet, welche Klein-Aaböl genannt werden. 2 Hufen an der Aue heißen Aabölgaarde. — Districtssch. — Wirthshaus, Schmiede. Im J. 1831 brannte der größte Theil des Dorfes ab. Areal: 682 Steuert. — Der Boden ist sandigt und leichter Art; die Wiesen sind gut. Auf der Feldmark befinden sich 8 Grabhügel.

Aabroe, 1 Kathe und 2 Häuser, ¾ M. nördl. von Hadersleben an der Landstraße nach Kolding, A. Hadersleben, Osterth., Hadersleberh., Ksp. Bjerning, Schuldistr. Skovbölling. Diese Stellen sind auf der Nörkjärer Feldmark erbauet.

Aalkjär, Dorf 3¼ M. westlich von Hadersleben, im Gute Gram, A. Hadersleben, Frößh., Ksp. Nustrup; 4 Hufen und 2 Landbohlen. Schuldistr. Gaböl. — Areal: 121 Steuert.

Aandholm (Ahnholm), 2 Dreivierteth., 1 Kathe (1½ Pfl.), südl. von Oster-Lygum, A. Apenrade, Süderrangstruph., Ksp. und Schuldistr. Oster-Lygum. Aandholm war ehemals (1619) ein Fürstlicher Meierhof, ward späterhin getheilt und beide Hufen haben ein Areal von resp. 195 Ton. 4 Sch. und 162 Ton. 3 Sch. à 320 □. R. (110 Steuert.) — Der Boden ist ziemlich gut.

Aaröe, eine kleine Insel in der Ostsee, 2¼ M. östl. von Hadersleben, ¼ M. vom festen Lande entfernt; A. Hadersleben, Osterth., Hadersleberh., Ksp. Desbye. Diese Insel, welche im 15. Jahrh. zu den bischöflichen Besitzungen gehörte (noch 1581 zum Amte Schwabstedt), ist ½ M. lang und ¼ M. breit. Das Dorf auf der Insel enthält 1 Zweidrittelh., 3 Halbh., 4 Drittelh., 3 Sechstelh., 14 Landbohl., 2 Kathen und 14 Instenst. — Districtsschule, Schmiede. Mehrere Einwohner ernähren sich von der Seefahrt und von der Fischerei. An der Westseite der Insel ist ein guter Ankerplatz, welcher Aaröeviig genannt wird. — Der Boden ist eben und größtentheils fruchtbar; die Moore liefern einen reichlichen Ertrag. — Eine kleine unbewohnte Insel östlich von Aaröe heißt Aaröekalv, eine zweite Lindrum (s. Aaröesund).

Aaröesund, 1 Halbh. und Post- und Fährhaus am Kleinen Belt, 2 M. östl. von Hadersleben, A. Hadersleben, Osterth., Hadersleberh. Ksp. Desbye, Schuldistr. Haistrup. Hier ist die Ueberfahrt nach Assens auf Fühnen, welche 2 M. beträgt. Zum bequemen Ein- und Ausschiffen sind hier ein guter Hafen und eine Brücke angelegt. — Das Posthaus liegt sehr schön und die Aussicht aus demselben ist anmuthig. Zu Aaröesund gehört die kleine Insel Lindrum.

v. Schröder's Schlesw. Topogr.

Aarslev (Waldem. Erdb.: Arslef, Orsleyemark), Dorf ¾ M. südwestl. von Apenrade, an der Landstraße nach Tondern, A. Apenrade, Riesh., Ksp. Jordkjär; enthält 6 Dreiviertelh., 2 Halbh., 4 Drittelh., 1 Kathe und 6 Instenst. (7¼ Pfl.); 2 Hufen gehören als ehemalige Bischofslansten zur Vogtei Kolstrup. Eine ausgebauete Drittelh. und Wirthshaus an der Landstraße heißt Gallehuus und ward vormals von Holzvögten bewohnt. Eine ausgebauete Hufe mit ansehnlichen Gebäuden wird Christiansminde genannt; bei dieser Hufe ist eine Ziegelei. — Districtssch., Schmiede. — Areal: 573 Steuert. — Der Boden ist lehmigt und von ziemlicher Güte; alle Hufener besitzen Hölzungen. In der Nähe liegt der Bielsbjerg, welcher der höchste Punkt in dieser Gegend ist. Im J. 1196 hatte das Kloster Guldholm in Aarslev Besitzungen.

Aarup (vorm. Athorp), Königl. Gut im A. Apenrade, Lundtoftharde. Der Haupthof liegt ½ M. südl. von Apenrade, Ksp. Ensted. — Dieses Gut ist aus 6 niedergelegten, zum G. Seegaard gehörigen, Hufen entstanden, wurde 1608 zu einem Meierhofe eingerichtet, ward 1725 an den Herzog Christian August von Augustenburg verkauft und 1852 Königlich. Zum Gute gehören die Ortschaften: Aarupholz, Dalholt, Dybkjär, Felsbekmühle, Gerrebek, Hüffelberg, Lachsmölle, Neuwerk, Styttergaarden, wogegen die Ortschaften Benkemoos, Felsbekhof (Bjerregaard), Fuglsang, Grönnebekhof, Kruusmölle, Revkjär und Störtum davon verkauft sind; außerdem gehören zum Gute Theile der Ortschaften Bollerslev, Feldstedholz, Hostrup, Hostrupholz, Röllum, Stubbek, Stubbekholz, Tarup, Terkelsböl und Uck; im Ganzen 28 Hufen und mehrere Kathen und Instenstellen (21$\frac{217}{480}$ Pfl.). Zahl der Einw.: 800. Schon im J. 1807 kamen einige Hufen unter die Gerichtsbarkeit des A. Apenrade, 1853 mit Ausnahme von Gerrebek das ganze Gut. — Areal des Haupthofes: 740 Ton. 1 Sch. 19 R. à 320 □. R., darunter Acker und Wiesen: 411 Ton., Hölzung und Moor: 321 Ton. und zur Mitbenutzung der Hostruper=See. — Areal des ganzen Guts: 3348 Ton., worunter 680 Ton. Holz. — Der Boden ist theils schwer, theils leichter Art. — Im J. 1303 erhielten die Einwohner der Städt Apenrade auf der Athorper Feldmark die Weide=Gerechtigkeit. In der Nähe von Aarup hat vormals eine Capelle auf der s. g. Capellüfte beim Hilligbek gestanden, welche **Hellingstede** genannt ward. Ein Fußsteig, der über ein Moor zu ihr führte, heißt der **Pilgrimssteig**, wahrscheinlich nach den Wallfahrten dorthin.

Aarup (Aarupgaard), 3 Hufen (⅔ Pfl. 6 Otting) an der Gjelsaue, 1¼ M. östlich von Ripen, A. Hadersleben, Gramh., Ksp. Gram, Schuldistr. Endrupskov. — Der Boden ist sandigt, eignet sich aber sehr zum Rockenbau.

Aarupholz, 5 Kathen im G. Aarup, A. Apenrade, Lundtofth., Ksp. Ensted, Schuldistr. Stubbek.

Aaskov, 1 Hof (1 Otting) an der Geilsaue, 1 M. westlich vom Kirchdorfe Gram, im Gute Nyböl, A. Hadersleben, Frößh., Ksp. Gram.

Aaspe (vorm. Ospe), Dorf 1 M. westlich von Lygumkloster, Ksp. Brede. In diesem Dorfe, welches aus 6 Hufen und 8 Kathen besteht, die zum A. Ripen und zum Gute Troyborg gehören, befindet sich nur eine von Troyborg eingetauschte Hufe, die zum A. Lygumkloster, Vogtei Svanstrup gerechnet wird. Schuldistr. Bredebroe. — Ein Theil von Aaspe gehörte schon im J. 1490 zum Lygumer Kloster.

Aastrup (vorm. Astorp), Kirche ¾ M. östl. von Hadersleben, A. Hadersleben, Osterth., Hadersleberh., Pr. Hadersleben. — Diese alte, mit einem breiten Thurme versehene Kirche liegt zwischen den Dörfern Ober= und Nieder=Aastrup und soll älter als die Marienkirche in Hadersleben sein. Nach Einigen ist sie zur Ehre des heiligen Georg errichtet, nach Andern dem St. Petrus geweiht. Die Kirche ist ein starkes Gebäude, theilweise von Feldsteinen erbauet und mit Blei gedeckt. Der Prediger, welcher seine Wohnung unmittelbar an der Kirche hat, wird von dem Könige ernannt. **Eingepfarrt:** Ober= und Nieder=Aastrup, Aastrupgaard, Byggebjerg, Feldum (z. Thl.), Fjordholm, Gröftholt, Gymoes, Kridsled, Kridslund, Ladegaard, Ladegaarder Parcelenstellen (z. Thl.), Nyegaard, Nyehuus, Snevering, Stendetgaard, Vestergaard, Wildfang. — Vz. des Ksp.: 771.

Aastrup, Nieder=, Dorf ½ M. östl. von Hadersleben, A. Hadersleben, Osterth., Hadersleberh., Ksp. Aastrup; enthält mit der Predigerhufe 9 Hufen von verschiedener Größe, 7 Landbohlen und 11 Instenst. Eine Hufe gehört zum Haderslebener Hospitale; 2 Landbohlen am Haderslebener Meerbusen heißen Snevering. Eine ansehnliche ausgebauete Hufe (2 Vollh.) bei der Aastruper Kirche heißt Aastrupgaard (Aastruphof, 224 T. à 320 Q. R.). Schuldistr.: Ober=Aastrup. Schmiede. — Der Boden ist theilweise sehr fruchtbar. — Ein ehemaliger Grabhügel hieß Astehöi. — Südlich am Haderslebener Meerbusen liegt die Hölzung Vesterriis.

Aastrup, Ober=, Dorf in holzreicher Gegend, ¾ M. östl. von Hadersleben, A. Hadersleben, Osterth., Hadersleberh., Ksp. Aastrup; 14 Hufen von verschiedener Größe, 22 Landbohlen und 15 Instenst.; 2 Hufen sind Haderslebener Hospitalslansten. Ausgebauet sind Byggebjerg mit einer Ziegelei und Fjordholm, beide am Haderslebener Meerbusen, Kridsled mitten in der 331 Ton. großen Königl. Hölzung Ladegaard=Osterskov, und Vestergaard. — Districtssch. — Wirthshaus, Schmiede. — Der Boden ist gut und fruchtbar. — Bei Aastrup war ehemals, an der Stelle welche jetzt Helligmay genannt wird, ein sehr besuchter Gesundbrunnen. — Auf der Feldmark waren ehemals einige Grabhügel, die jetzt abgetragen sind. — Nördlich von Aastrup liegt Aastruphöi, 234 Fuß hoch.

Abel (Aaböl), 2 Bohlstellen (1¾ Pfl.) an der Altenau, 2 M. südöstl. von Tondern, A. Tondern, Slurh., Ksp. und Schuldistrict Burkarl.

Abildgaard (Abelgaard), ein an der Landstraße von Tondern nach Lygumkloster liegendes Wirthshaus, östl. vom Kirchdorfe Abild; A. Tondern, Tonderh., Ksp. und Schuldistrict Abild.

Abild (Abel, vorm. Abbyld), ein ansehnliches in zwei Reihen liegendes Kirchdorf an einer kleinen Aue, welche bei Tondern in die Vidaue fällt, ¾ M. nördlich von Tondern, Pr. Tondern. Zum Amte Tondern, Nordtonderh., gehören 11 Bohlst. und 27 kleine Landstellen (1¾ Pfl.); zum A. Lygumkloster, Vogtei Abild 2 Halbh. und 2 Viertelh. (3 Pfl. 288 Steuert.) und das übrige zum A. Ripen, Grafschaft Schackenborg. 1 Halbh. und 2 Viertelh. westl. vom Dorfe heißen Westergaard. Zum Dorfe gehört auch das Wirthshaus Abildgaard (s. Abildgaard). Districtssch. 2 Wirthsh. 2 Schmiede. Mehrere Frauenzimmer ernähren sich durch Spitzenklöppeln. — Nach einer starken Feuersbrunst im Jahre 1805 baueten sich mehrere Käthner aus und es entstand dadurch das Käthnerdorf Nord=Abild, welches außer einem Armenhause 11 Kathen enthält, von denen eine Abildkjär und eine andere Brändkjär genannt wird. — Die Kirche wird im Jahre 1318 erwähnt; sie hat einen nur kleinen Thurm, und der mittelste Theil derselben ward 1709 neu aufgeführt. Das Kirchenland hat, nach einer Dingswinde aus dem Jahre 1506, dem Lygumer Kloster gehört. — Der Prediger wird von dem Amtmanne und dem Probsten präsentirt, und von der Gemeinde gewählt. — Eingepfarrt: Abild, Nord=Abild, Abildgaard, Abildkjär, Brändkjär, Brodersgaard, Dornbusch, Friedrichs= gabe, Göhl, Hörlund, Hommelhof, Jesperlund, Julstedgaard, Kleinburg, Königsberg, Lütgaard, Nyehuus, Nordhuus, Potthatt, Söllstedt, Wester= Söllstedt, Sönderkjär, Tornborg, Trausted, Trilde, Tychskov, Wenne= moos, Süder=Wennemoos, Westergaard. — Der s. g. Abilder Damm an der Tonderschen Gränze war vormals in Erbfeste übertragen und es ward dafür eine jährliche Recognition von 96 ℳ entrichtet. — Der Boden ist flach und von ziemlicher Güte. — Auf der Haide Sönderskov, gegen Twedt, sind Reste einer ehemaligen Hölzung. Im Jahre 1400 und 1490 erwarb das Lygumer Kloster in Abild Besitzungen. Ueber die Scheide zwischen Abild und den Dörfern Wennemoos, Trausted und Hörlund ist eine Dings= winde aus dem Jahre 1482 vorhanden. — Vz. des Ksp.: 1072.

Abkjär, Dorf an einer kleinen Aue, 2 M. südwestlich von Hadersleben, A. Hadersleben, Osterth., Gramh., Ksp. Vitsted; enthält 1 Vollh., 1 Drei= viertelh., 1 Halbh., 1 Viertelh., 1 Landb., 2 Kathen, wovon die eine Femhöi, die andere Petersborg heißt. — Schule. — Der Boden ist moo= rigt und nur von mittelmäßiger Art.

Abroe, 2 Bohlstellen ($1\frac{5}{96}$ Pfl.) zwischen den Kirchdörfern Medelbye und Ladelund, A. Tondern, Karrh., Ksp. und Schuldistr. Medelbye. Auf der Feldmark ist 1 Colonistenstelle erbauet, welche zur Colonie Frie= drichshof gehört. — Areal: 150 Steuert. — In der Nähe von Abroe stand 1579 eine Fürstl. Windmühle.

Achterup (Autrup), großes Dorf $2\frac{1}{2}$ M. südöstl. von Tondern, A. Tondern, Karrh., Ksp. Leck. Von diesem ansehnlichen niedrig belegenen Dorfe gehören 14 Vollboh., 1 Halbh., 18 kleine Landst. und 10 Instenst. ($7\frac{3}{4}$ Pfl.) zum A. Tondern, Karrh.; 18 Landb. und 29 Kathen ($9\frac{51}{64}$ Pfl., 490 Steuert.) zum G. Lütgenhorn; 1 Vollb. (1 Pfl.) gehörte zum vorm. Domcapitel und 1 Drittelb. vormals (1451) zum heil. Geisthause in Flens= burg, späterhin zum Hospitale daselbst. 6 östlich vom Dorfe liegende Lütgen= horner Kathen heißen Kalleshave und 3 andere Möllvad; ferner sind noch 5 adeliche Bohlstellen ausgebauet, von denen 2 Tettwang, 1 Holbekvad, 1 Nordhof und 1 Brunbjerg genannt werden. — Districtsschule. — 3 Wirthshäuser, 2 Schmiede und viele Handwerker. — Windmühle zum Gute Lütgenhorn westlich vom Dorfe belegen. — Der Boden ist von ziemlicher Güte.

Achtkoppel, 2 kleine Pachtstellen nördlich von Rathmannsdorf an der Knooper Scheide im Gute Rathmannsdorf, Eckernförderh., Ksp. Däni= schenhagen.

Ackern, Dorf 3 M. südlich von Tondern, A. Tondern, Karrh., Ksp. Enge, enthält 5 Bohlstellen, von denen 2 zum ehemaligen Domcapitel gehörten. Schuldistrict Sande. — Der Boden ist nur von sehr mittel= mäßiger Art.

Addebüll, 8 kleine Landstellen nahe bei Langenhorn, $\frac{3}{4}$ M. nordwestlich von Bredstedt, A. Bredstedt, Ksp. Bordelum, Schuldistrict Büttebüll. — Areal: 43 Steuert. Vortrefflicher Boden.

Adelbye (Allbye), Kirche, Pastorat nebst Küster- und Schulhaus und 1 Kathe, ¼ M. östlich von Flensburg, an der Landstraße nach Cappeln; A. Flensburg, Husbyh., Pr. Flensburg. — Adelbye war ehemals ein Dorf, welches sehr ansehnlich gewesen sein soll; wann es einging ist unbekannt; die jetzt noch f. g. Adelbyer Feldmark ist unter Adelbyelund, Engelsbye, Fruerlund, Tarup und Twedt vertheilt. — Areal: 25 Steuert. — Die Kirche ist alt und erhielt im J. 1726 einen Thurm; über dem Altare ist eine Orgel. Vormals war hier eine Vicarie St. Anna. — Der König ernennt den Prediger. Eingepfarrt: Adelbye, Groß- und Klein-Adelbyelund, Ballastbrücke, Blasberg, Blocksberg, Bredeberg, Engelsbye, Fahrensodde, Fruerlundfeld, Fruerlundholz, Süder- und Norder-Hohlweg, St. Johannismühle, Jürgensbye (z. Thl., nämlich Norder-St. Jürgen), Jürgensgaard, St. Jürgensmühle, Kattloch, Kauslund, Kielseng, Kirchhof, Klosterholz, Kreuz, Krüppelkrug, Löwenberg, Meierwiek (z. Thl.), Mörrwiek, Ohsbek, Pilkentafel, Pülskrug, Sünderup, Sünderuphof, Groß- und Klein-Tarup, Tastrup, Klein-Tastrup, Trögelsbye, Klein-Trögelsbye, Twedt, Twedterfeld, Twedterholz, Vogelsang, Waterloos, Windloch. — Bz. des Ksp.: 3379.

Adelbyelund, Groß-, 1 Anderthalbh. und 1 Kathe (Wirthshaus) in der Nähe von Flensburg, A. Flensburg, Husbyh., Ksp. und Schuldistr. Adelbye. Diese Hufe (335 Hdsch. 3 Sch.) war ein Festegut, und ward 1666 in ein Bondengut verwandelt. Eine am Wege bei der Adelbyer Kirche gelegene Parcele dieser Hufe (2 Hdsch. 5 Sch.) heißt Löwenberg. Areal mit Klein-Adelbyelund: 282 Steuert. — Der Boden ist gut.

Adelbyelund, Klein-, 1 Halbh. (160 Hdtsch.) und 5 Kathen nahe südöstlich bei Flensburg, A. Flensburg, Husbyh., Ksp. und Schuldistr. Adelbye. Eine Kathe an der Landstraße, welche vormals ein Wirthshaus war, wird Anglersund oder Krüppelkrug genannt.

Adelvad, 1 Bohlstelle (Wirthshaus) an der Landstraße von Tondern nach Hadersleben, im A. Tondern, zur Commüne Sollwig gehörig, Ksp. Hoist.

Adenbüllerkoog (vorm. Neuerkoog), Koog im Westerth. der Landsch. Eiderstedt, 1 M. nordwestlich von Tönning, Ksple. Tetenbüll und Oldensworth. Dieser im J. 1475 eingedeichte Koog hat eine Länge von ½ M., verengt sich nach Nordwest fast zu einem spitzen Winkel und hat ein Areal von 832 Dem. 2 Sch. 10 R. In demselben befinden sich 5 Höfe und 26 Häuser, von welchen letztern einige Schramshörn genannt werden. — Schuldistr. Warmhörn. Schmiede. — Der Boden ist fette Marsch und trägt reichhaltige Früchte. Ein Theil der Ländereien gehört zum Ksp. Oldensworth.

Adolphskoog, ein Koog im Ostertheile der Landschaft Eiderstedt, 1¼ M. südwestl. von Husum an der West-See, der Insel Nordstand gegenüber; Ksple. Witzworth und Ulvesbüll. Dieser Koog ward 1576 eingedeicht. Ein Hof, Rothe-Heuberg genannt und eine Mühle gehören zum Kspl. Witzworth. Auf dem Mühlendeich, welcher diesen Koog vom Obbenskoog scheidet, liegt ein Haus. Ein Hof (140 Dem.), Lieutenantshof genannt, stand sonst unter dem Obergerichte und gehört zum Ksp. Ulvesbüll.

Adzerballig (Atzerballig), Kirchdorf auf der Insel Alsen, 1¾ M. nordöstlich von Sonderburg, im G. Gammelgaard, A. Sonderburg, Augustenburgerh., Bisthum Alsen und Aerö. Dieses hochliegende Dorf enthält außer der Prediger- und Küsterwohnung 13 Bohlstellen von denen 4 ausgebauet sind, 14 Kathen und 16 Insienstellen. — Eine westlich ausgebauete Bohle und zwei Instenst. heißen Snurrom. — Districtssch., Mühle, Wirthshaus, 2 Schmiede. — Die sehr alte Kirche, vormals eine Capelle, hat keinen Thurm und keine Orgel; an der Kirche steht ein Glockenhaus. Den Prediger ernennt der König. Eingepfarrt: Adzerballig, Norder= und Süder=Adzerballigskov, Carlshöi, Christianswerk, Harbaygaard, Hokenholt, Pogmoos, Snurrom. — Geburtsort des berühmten Arztes Johann Rhodius. — Der Boden ist ziemlich gut und die Moore sind ansehnlich. Oestlich vom Dorfe liegt der höchste Berg auf der Insel, der Hügelberg (Höibjerg), 256 Fuß hoch, mit einer herrlichen Aussicht. — Vz. des Ksp.: 787.

Adzerballigskov (Adzerballigholz), Dorf auf der Insel Alsen, 2 M. nordöstl. von Sonderburg, im G. Gammelgaard, A. Sonderb., Augustenburgerh., Ksp. Adzerballig. Dieses sehr zerstreut liegende, und in **Norder=** und **Süder=Adzerballigskov** eingetheilte Dorf, enthält 10 Bohlst., 21 Kathen und 36 Instenst. Drei Instenstellen heißen **Hokenholt**, eine **Pogmoos**, eine **Carlshöi**. Das Schulhaus heißt **Christianswerk**. Wirthshaus. — Der Boden ist von ziemlicher Güte. Auf der Feldmark sind mehrere Opfer= und Grabhügel, namentlich auf der Blommeskoppel und der Oleskoppel; ein Grabhügel heißt Steenhöi. — Am Strande sind Spuren einer Schanze.

Aeroeskjöbing (Arroeskjöping, vormals Köping, Nycopia), eine kleine Stadt auf der Insel Aeroe, hart an der Ostsee, auf der nördlichen Küste und ungefähr in der Mitte der Insel belegen; 310 Häuser, 1552 Einwohner. Die Insel Deyroe bildet hier eine gute Rhede. 54° 53′ 30″ N. B., 2° 9′ 30″ W. L. vom Kopenhagener Meridian. — Das Alter der Stadt ist völlig unbekannt. In einer Urkunde aus dem J. 1398 wird ein Ort **Wysbye** auf Erre und als Bürgermeister daselbst Claus Nycquardsen erwähnt, aber es ist zweifelhaft, ob das gegenwärtige Aeroeskjöbing dieses Wysbye ist, oder ob eine Stadt gleiches Namens anderswo auf Aeroe, vielleicht in der Nähe des Vitsee (Wittsee), am nordwestlichen Ende der Insel gelegen habe. Kjöbing bedeutet Kaufstadt, doch ist es möglich, daß ein älterer Name dieser allgemeinen Bezeichnung gewichen ist. — Vormals soll diese Stadt bedeutende Privilegien besessen haben, deren Orginal=Urkunden 1509 von den Lübeckern geraubt sein sollen. Vom Jahre 1522 ist eine Urkunde des Königs Christian II. vorhanden, worin der Stadt ausschließliche Rechte zum Handel auf Aeroe zugesichert werden; in den Jahren 1525 und 1542 wurden diese Privilegien bestätigt und 1565 bestätigte ebenfalls die Königin Dorothea, nachdem sie Aeroe zum Leibgedinge erhalten, die Privilegien und Gerechtsame, welche der König Hans der Stadt verliehen hatte. — Späterhin sind noch mehrere Bestätigungen dieser Privilegien erfolgt, aber die Freiheiten der Stadt geriethen immer mehr in Abnahme. — In der Theilung der Insel 1634 erhielt der Herzog Philipp Aeroeskjöbing, Oster=Bregning, Bindeballe, Tranderup und Stokkebye und im Jahre 1749 ward die Stadt nebst einem Theile der Insel von dem Herzoge Friedrich an den König Friedrich V. verkauft, doch sind weder von diesem noch von einem der spätern Könige die Privilegien der Stadt bestätigt worden. — Bis zum Jahre 1773 hatte die Stadt ihren eigenen Magistrat und ein Kämmereigericht; 1630 ward die Zahl der Rathsherren von 12 auf 4 herabgesetzt; 1755 wurden die Commüne=Angelegenheiten außer dem Magistrat 6 deputirten Bürgern anvertraut und diese Zahl ist unverändert geblieben. Die gegenwärtige Verfassung ward 1773 einge=

führt; das Magistratscollegium nebst dem Stadt- und Kämmereigericht in Aeroeskjöbing so wie die 3 Dinggerichte auf dem Lande wurden aufgehoben und statt deren ein Landvogt zur Handhabung der Justizgeschäfte in der Stadt und den Landdistricten nebst einem Actuar und einem Copiisten bestellt. Das Stadt- und Landgericht bildet ein combinirtes Gericht zur Entscheidung von Rechtssachen; Präses und Director ist der Landvogt, Assessoren sind der Amtsverwalter und der Actuar, letzterer führt auch das Schuld- und Pfandprotocoll. Die oekonomischen Angelegenheiten der Stadt besorgt der Landvogt und der Actuar nebst 6 deputirten Bürgern. — Das Wappen der Stadt ist ein grüner Baum in rothem Felde. — Die Stadt, welche für 5 Pfl. contribuirt, ist ziemlich regelmäßig gebauet und gewährt eine freundliche Ansicht; die Häuser sind nur klein und durchgängig niedrig, aber gut unterhalten. Zu den wenigen sich auszeichnenden Gebäuden gehört das am Markte belegene Rathhaus, wo vordem ein Fürstliches Kornhaus stand, welches der Herzog Philipp 1634 der Stadt zum Rathhause schenkte; dieses ward 1778 abgebrochen und das jetzige erbauet. Aeroeskjöbing hat 4 Haupt- und einige Nebenstraßen, die alle nach ihrer Lage genannt sind: Vestergade, Gyden, Sluttergyden, Söndergade, Broegade, Nörregade, Kirkegade, Oestergade oder Ramsharde. Der Rathhausmarkt ist in der Mitte der Stadt belegen, der Gänsemarkt ist von geringer Bedeutung. Die Straßen sind zuerst 1702 gepflastert worden; vor einzelnen Häusern, namentlich am Rathhausmarkte, sind Linden und Kastanienbäume gepflanzt. — Die Stadt wird in 2 Rotten (Quartiere) eingetheilt, die erste mit 162, die zweite mit 148 Häusern. — Die Hauptnahrungszweige sind Schifffahrt und Handel. — Daß der Handel in Aeroeskjöbing ehemals bedeutend gewesen, ersieht man daraus, daß die Krämer daselbst in vorigen Zeiten eine eigene Zunft gehabt haben, welche 1727 von dem Herzoge Friedrich bestätigt wurde. Der Getreidehandel ist von geringer Bedeutung, aber doch im Steigen, besonders ist der Handel nach Flensburg ziemlich lebhaft. Ein großer Theil der Schiffer treibt Kornhandel für eigne Rechnung nach Norwegen und vor dem letzten Kriege nach den Herzogthümern. — Der Aeroeskjöbinger Hafen, 10 Fuß tief, kann kleinere Kriegsschiffe und gewöhnliche Kauffahrteischiffe aufnehmen. Wann der erste Anfang mit Anlegung einer Schiffbrücke gemacht worden, ist nicht bekannt; 1767 wurden aber Verbesserungen vorgenommen und successive damit bis in den spätern Jahren fortgefahren. — Die Zahl der zum Aeroeskjöbinger Zolldistrict gehörigen Schiffe, wohin jedoch sämmtliche westlich vor der Stadt belegenen Dorfschaften gehören, beträgt im Durchschnitt 50—60 von 1 bis 40 Commerzlasten. Von dieser Zahl besitzen die Einwohner der Stadt 44 eigene Schiffe mit 450 C.=L. — Nur 5 Einwohner beschäftigten sich vorzugsweise mit der Landwirthschaft. — Die Stadt hat eine privilegirte Apotheke, 1 Tabaksfabrike, 1 Färberei, 4 Schiffsbauer und übrigens Handwerker aller Art. Königl. Beamte in Aeroeskjöbing sind: der Landvogt, der Amtsverwalter, der zugleich Hausvogt ist, der Actuar, der Copiist, der Branddirector für die Landdistricte, 1 Zollverwalter, 2 Controlleure, 1 Strandzollbedienter, ein Postmeister und 1 Physicus. — Südlich von der Stadt liegen 2 Windmühlen: eine Königl. Erbpachtsmühle und eine Graupenmühle. — Vormals war in Aeroeskjöbing größerer Wohlstand, welcher aber nach der Trennung Dänemarks von Norwegen abgenommen hat. — Die jetzige 1756 erbaute Kirche hat ein gefälliges Aeußere, ist mit einem Thurme versehen und hell und geräumig; sie hat eine gute Orgel. Der

Prediger wird von dem Könige ernnant; seit 1813 ist hier ein ordinirter Katechet, der zugleich erster Lehrer an der Bürgerschule ist. Seit dem J. 1631 war in Aeroeskjöbing ein Rector, aber 1744 hörte der gelehrte Unterricht auf; gegenwärtig sind bei der Bürgerschule 3 Lehrer. — Die Stadt hat ein Armen-, Arbeits- und Zwangshaus seit 1834. Zur Vorbeugung der Verarmung ist eine Wittwencasse für Seefahrer und eine Casse der Handwerker, woraus Wittwen und altersschwache Handwerker jährliche Unterstützungen genießen, errichtet; armen Leuten wird auch Land angewiesen. Eine Spar- und Leihcasse ist seit 1821 eingerichtet; aus dieser Casse ist die **Carolinenstiftung** hervorgegangen, da von den Ueberschüssen der Sparcasse einige arme Kinder erzogen werden. — Ein besonderes Stadtgefängniß giebt es nicht; in dem Gerichtshause für die ganze Insel befinden sich 4 Criminalgefängnisse. — Die Ländereien der Stadt bestehen in folgenden: das s. g. Herrenfeld (s. Kjöbingshof) 211 Ton. 7$\frac{11}{4}$ Sch. à 320 □. R., welches in 58 s. g. Herremarksparten getheilt ist; das alte Stadtfeld (Kjöbingsmark), welches in 56$\frac{2}{3}$ Byeschiften vertheilt ist und 157 T. 12$\frac{1}{4}$ □. R. enthält; die vor der Stadt belegene Insel Deyroe, 28 T., welche zur Weide für Kühe benutzt und wofür 120 ₰ Recognition entrichtet werden; ferner einige kleine Toften, die als Gartenland benutzt werden, und die Insel Lillöe, 8 T., welche zu den Bedienungen des Landvogts und Actuars gelegt ist, zus. 451 Steuert. Nördlich von der Stadt liegt die schmale Landspitze Ourehoved. Es werden in Aeroeskjöbing 2 unbedeutende Krammärkte gehalten, am Montage vor Johannis und am Gallustage. — Zwei Pferdemärkte, und ein Viehmarkt werden ein Jahr ums andere hier und in Marstall gehalten. — Von Aeroeskjöbing geht eine Fähre nach Svendborg, Thaasing, Rudkjöbing und Faaborg. — Betrag der landesherrlichen Abgaben 1838: 3892 Rbthlr. 63 rbßl. — Städtische Einnahmen 1834: 3012 Rbthlr. Ausgaben 1581 Rbthlr. — Stadtvermögen 1833: 8828 Rbthlr. Stadtschuld 7734 Rbthlr. Schuld der Hafencasse: 2442 Rbthlr.

Affegünt (Affergünt), 2 Kathen mit Land (8 Steuert.) und 3 Parcelenst. ($\frac{4}{8}$ Pfl.), 2$\frac{1}{4}$ M. nordöstlich von Schleswig, A. Gottorf, Schliesh., Ksp. Ulsnis, Schuldistricte: Steinfeld und Boren. Eine Kathe ist von der Steinfelder Feldmark abgelegt und gehört zu Kalfjärgaard, die anderen Stellen gehörten zum G. Lindau.

Agerskov, (Aggerschau, vorm. Auerskov), Kirchdorf an der Landstraße von Apenrade nach Ripen, 3$\frac{1}{4}$ M. südwestl. von Hadersleben, A. Hadersleben, Westerth., Norderrangstruph., Pr.Törninglehn. Es hat seinen Namen von vormaligen großen Waldungen, enthält außer der Wohnung des Predigers und des Küsters 1 Dreiviertelh., 7 Halbh., 9 Viertelh., 4 Verbittelsstellen und 4 Kathen (2$\frac{107}{144}$ Pfl.). Einige ausgebaute Stellen führen folgende Namen: Bispelgaard, Flenghuus, Gammelskovstub, Geilbjerg, Hodsbölhuus, Kjärgaard, Nevbjerghuus, Skibelundgaard (Skivlund), Bovumgaard. Dinghaus der Norderrangstrupharde, Districtssch., Wirthshaus, Schmiede und einige Handwerker. — Die östlich vom Dorfe belegene Kirche ist eine der schönsten in dieser Gegend und mit einem hohen Thurme versehen. Am Gewölbe befinden sich alte Fresco-Malereien. Sie steht unter dem Bischofe von Ripen; der König ernennt den Prediger. **Eingepfarrt:** Aabjerg, Agerskov, Andershoved, Ausgaard, Baalsted, Baulund, Björnholm, Björnskov, Klein-Björnskov, Bispelgaard, Faarhuus, Flenghuus, Galstedt Gammelskov, Gammelskovstub, Ober- und Nieder-Geestrup, Geestruplund, Geilbjerg, Hjortlund, Hoysethuus, Hodsbölhuus, Jägerborg, Jägerlundhuus, Kjärgaard, Kravlundgaard, Kronborg, Langelund, Matthiesbjerg, Mellerup, Möllbjerg, Nitriskjär, Nyemark, Rangstrup, Rangstrupgaard, Revbjerghuus Sindet, Sjellandshuus, Skibelundgaard, Skibelundhuus, Sophiendal, Susvind, Voyumgaard, Wellerup. — Vz. des Ksp.: 1326.

Agtoft, eine Ortschaft im Ksp. Sterup, welche auf der Grünholzer Feldmark lag und wahrscheinlich niedergelegt worden ist.

Ahlbek, eine kleine Landst. (Erbpachtswalkmühle) an einem Bache gleiches Namens, nahe an der Westsee, A. Tondern, Nordtonderh., Ksp. Jerpsted.

Ahlefeld, Dorf $1\frac{1}{4}$ M. südöstl. von Schleswig, unweit des Bisten-Sees, A. Hütten, Hüttenh., Ksp. Hütten, 1 Vollh., 2 Halbh., 9 Kathen mit 1 Kathe ohne Land. Schuldistr. Bistensee, Wirthshaus, 1 Drechsler, 2 Zimmerleute und einige Handwerker. Westlich vom Dorfe liegt die Wohnung eines Holzvogts. Nördlich vom Dorfe das Königl. Gehege Silberbergen (56 Ton.). Areal des Dorfsfeldes: 479 Ton. (416 Steuert.). — Der Boden ist sehr ergiebig.

Ahlefeld-Dehnsches Fideicommiß, im Gute Ludwigsburg, Eckernförderharde, Ksp. Waabs. — Als im J. 1823 Ludwigsburg mit den 6 Meierhöfen Carlsminde, Lehmberg, Sophienhof, Rothensande, Waabs und Hökholz aus der Concursmasse des Geh. Conferenzraths v. Ahlefeld, Baron v. Dehn, verkauft ward, wurde aus den Ländereien der Ortschaften Waabs, Langholz und Booknis mit Einschluß verschiedener Erbpachtsländereien das jetzige Freiherrlich Dehnsche Fideicommiß gebildet, welches ein Areal von 1812 Ton. $5\frac{3}{16}$ Sch. à 300 □. R. (zus. 11 Pfl. 1921 Steuert., worunter 176 Steuert. Erbpachtsländereien mitbegriffen sind, 300,000 Rbth. Steuerw.) enthält, und folgende Theile befaßt: das Dorf Klein-Waabs, das Dorf Groß-Waabs, das Dorf Langholz, Glasholz, den Meierhof Booknis, den Meierhof Hülsenhain und von dem Sardorfer Moore 10 Ton. $6\frac{13}{16}$ Sch. — Nutznießer: Fr. W. A. Baron v. Ahlefeld-Dehn. — Die beiden Meierhöfe und an die Eingesessenen der Dorfschaften ein Areal von 1656 Ton. $4\frac{1}{16}$ Sch. sind verpachtet; der Gutsherrschaft reservirt sind: an 7 geschlossenen Gehegen 109 Ton. $1\frac{6}{16}$ Sch., an Moorgrund 39 Ton. $1\frac{1}{16}$ Sch. und an Wasser und Strandland 7 Ton. $6\frac{11}{16}$ Sch. Hier ist eine zum Fideicommiß gehörige Windmühle. — Contrib. 492 Rbth. 76 bß, Landst. 625 Rbth., Haussst. 36 Rbth. 22 bß.

Ahndel, 1 Hof und 2 Landstellen im Westerth. der Landsch. Eiderstedt, Ksp. und Schuldistr. Westerhever. — Areal: 99 Demat.

Ahnebye (vorm. Anabu), Dorf 3 M. südöstl. von Flensburg, A. Flensburg, Nieh., Ksp. Sterup. Dieses Dorf gehörte, nach einer Urkunde des Königs Knud aus dem J. 1196, dem Michaeliskloster in Schleswig und ging späterhin an das Guldholmerkloster über; 1 Dreifünftelh., 8 Halbh., 9 Kathen ($4\frac{3}{5}$ Pfl.). Ein Wirthshaus heißt Ahnebyeeck. Schule, Schmiede. Areal: 467 Steuert.

Ahnebyegaard, 1 Halbh. ($\frac{1}{2}$ Pfl.) im A. Flensburg, Nieharde, Ksp. Sterup, Schuldistr. Ahnebye. — Areal: 75 Steuert.

Ahnebyelund, Dorf $1\frac{1}{2}$ M. westl. von Flensburg, an der Meynaue, worüber hier Brücken führen, A. Flensburg, Wiesh., Ksp. und Schuldistr. Handewith; 3 Halbh. ($\frac{2}{3}$ Pfl.) und 3 Kathen. Nördlich vom Dorfe ein Wirthsh. Osterlund. Areal: 179 Steuert. — Der Boden ist nur von mittelmäßiger Art. Der Sage nach sollen in diesem Dorfe vormals die Prediger von Handewith gewohnt haben, bis im J. 1565 das Pastorat abbrannte,

Ahrensberg, 15 Kathen im Gute Louisenlund, Ksp. Kosel. — Schule, Schmiede. — Der Boden ist bergigt und mehrentheils von mittelmäßiger Art.

Ahrenshövd, Groß= und **Klein**=, 2 nahe bei einander belegene Dörfer, 1½ M. südöstl. von Bredstedt, in der Landschaft Bredstedt, Ksp. Drelsdorf. Groß=Ahrenshövd enthält 15 Vollh. (hier Ellemeden oder Elmoden genannt), 2 Halbh. und 12 Kathen. 4 Stellen sind ausgebauet, wovon 1 Hufe ein Wirthhaus ist, Jägerkrug genannt wird und an der Landstraße von Husum nach Tondern liegt, 2 Stellen (zus. 1 Hufe) heißen Steinberg, 1 Kathe ist eine Schmiede. Klein=Ahrenshövd enthält 6 Vollh. und 2 Kathen. Districtssch., Schmiede. — Areal: 689 Ton. (563 Steuert.) Ehemals sollen diese beiden Dörfer ihre eigene Kirche gehabt haben, welche an der Arlaue lag; man findet hier noch Grundsteine. Beim Jägerkrug führt eine Brücke über die Arlaue und in der Gegend sind Spuren ehemaliger bedeutender Hölzungen. — Der Boden ist von ziemlicher Güte und die Moore sind bedeutend. Auf der Feldmark sind mehrere Grabhügel.

Ahrenstedt, 1 Viertelh. und Wirthshaus ($\frac{1}{4}$ Pfl.), und 1 Achtelh., ½ M. nördlich von Rendsburg an der Chaussee, A. Hütten, Hohnerh., Ksp. Hohn, Schuldistr. Rickert. — Areal: 44 Steuert. — Die Achtelhufe gehört zum Ksp. Christkirche in Rendsburg.

Ahrenviöl, Dorf auf einer Anhöhe 1½ M. nordöstlich von Husum, A. Husum, Süderh., Ksp. Schwesing. 8 Vollbohlen, 21 Halbb., 6 Viertelb., 7 Kathen ($8\frac{1}{3}$ Pfl.). 8 Stellen ($2\frac{1}{3}$ Pfl.), gehörten zum ehemal. G. Arlewatt; 1 Viertelh. liegt bei Geilwang, Amt Gottorf, und gehört zum Ksp. Treya; 1¼ Pfl. gehörten zum 2ten Domcapitelsdistrict, Vogtei Kurböl. — Schule. — Areal: 822 Steuert. — Der Boden ist sandigt.

Ahretoft (Aaretoft), adel. Gut im A. Apenrade, Lundtoftharde; der Stammhof liegt 1½ M. südlich von Apenrade, Ksp. Klipplev. — Ahretoft war ehemals ein Meierhof des Gutes Seegaard, ward 1725 von diesem als ein für sich bestehendes Gut getrennt und 1726 mit Seegaard an den Landrath Gosche v. Thienen für 7700 Rthlr. verkauft; es ist nach dieser Zeit immer mit Seegaard vereinigt geblieben und hat dieselben Besitzer gehabt. — Im J. 1791 ist dieses Gut mit Seegaard parcelirt und es entstanden 5 Parcelen. Jetzt sind außer dem Stammhofe 7 bebaute Parcelen, ($13\frac{8}{100}$ Pfl., 1332 Steuert., 46440 Rbth. Steuerw.) Der Stammhof hat ein Areal von 657 Ton. 230½ R. à 260 □. R. (221 Steuert.), darunter Acker 269 Ton. 21 R., Wiesen 22 Tonn. 1 R., Haide und Weide 339 Ton. 165 R., Moor 27 Tonn. 43 R. — Die Parcelenstellen von denen einige Juelsee, Pötterhuus, Klein=Ahretoft (Wirthshaus) und eine unbebaute Parcele Eskjär genannt werden, haben ein Areal von 230 Ton. 53½ R. — Zu den Festehufen und Kathen gehören: Almstrup (z. Thl.), Fausböl (eine Erbfestestelle), Lautrup (z. Thl.), Paulskroe (Wirthshaus), Terkelsböl (z. Thl.), Uck (z. Thl.), Wiesgaarde. Es gehören zum Gute außer dem Stammhofe im Ganzen 16 Hufen, 2 Kathen, 3 Instenstellen und 7 Parcelenstellen. Die Ahretofter Stammparcelisten gehören zum Klippleber Schuldistrict. — Der Boden ist sandigt, aber doch ziemlich fruchtbar. Dem Hofe Ahretoft gegenüber lag vormals an einer Aue der Hof Frauenmark, von dem noch Spuren entdeckt werden. Ueber die Steuern s. Seegaard. — Vz. 220.

Aitrup (vorm. Akthorp), Dorf 3¼ M. nördlich von Hadersleben, A. Hadersleben, Osterth., Tyrstruph., Ksp. Bjert. Dieses in einer anmuthigen Gegend an einer kleinen Aue liegende Dorf ist eines der größten und schönsten im Amte Hadersleben; es scheint in einer Hölzung zu liegen, da fast bei jedem Hofe eine Menge kräftiger Frucht= und anderer Bäume gepflanzt sind. Es enthält 17 größere und kleinere Hufen, 21 Landbohlen und 30 Instenst. Der südliche Theil des Dorfes heißt Sönderbye, der nördliche Nörrebye, einige kleine Stellen nordwestlich im Dorfe werden Herredet genannt. Einige der südwestlich belegenen Hufen heißen: Gammelgaarde, der nördlichste Hof Carlsgaard, ein westlich belegener Hof Bengaard, einzelne Hufen und Stellen an der Aue Bekland, und mehrere ausgebauete Hufen werden gewöhnlich Markgaarde, auch einzeln Frebsgaard, Olrye und Strömholt genannt. Einige kleine Landstellen heißen Aitrupstov (Aitrupstrand); Kathen auf dem Dorfsfelde heißen: Steenholt, Langrörup, Horland, Sandagerhuus und Kobelhuus. — Districtsschule, Wirthshaus, 2 Schmiede. — Der Boden ist im Allgemeinen sehr gut, besonders nahe am Dorfe. — Im J. 1350 verpfändete Johannes Kalf seinen Hof Aitrupgaard (Akhtorpgarth) an die Domherrn zu Ripen für Seelmessen. Beim Hofe Bengaard hat ehemals ein Edelhof **Bengaard** gestanden, von welchem man noch Spuren findet; 1460 und 1483 waren die Familie Smalstede, 1543 Jes Andersen Besitzer. Oestlich vom Dorfe hat ebenfalls ein Edelhof gestanden, Fromhave genannt, den der letzte Junker zur Sühne für einen begangenen Mord dem Pastorate vermachte. Hier befinden sich auch 2 Grabhügel. — Im Norden des Dorfes liegen Königl. Hölzungen an der Seebucht Aitrupvig, einer Bucht des Koldinger Meerbusens zwischen den Vorsprüngen Löverodde und Skarreodde.

Akebroe (vorm. Arlebroe), 2 Hufen und 1 Instenstelle, an der Arlaue, 2 M. südöstlich von Bredstedt an der Landstraße von Husum nach Flensburg, Landschaft Bredstedt, Ksp. und Schuldistrict Biöl. Die eine Hufe ist ein Wirthshaus; eine Graupenmühle liegt nördlich. Unter einem bedeutenden, mit Steinen umgebenen, Grabhügel fand man eine Menge Urnen und Geräthschaften aus der heidnischen Zeit.

Akebye (Boren=Akebye), Dorf 2¾ M. nordöstlich von Schleswig, Amt Gottorf, Schliesh., Ksp. und Schuldistrict Boren, 3 Vollhufen, (2¼ Pfl.), 1 Kathe mit, 2 Kathen ohne Land. Es gehörte vormals zum Gute Lindau. Areal: 158 Steuert.

Akebye (Wester=Akebye, vorm. Aggebye), Dorf an der Füsingeraue, 1½ M. nordöstlich von Schleswig, Amt Gottorf, Schliesh., Ksp. und Schuldistrict Taarstedt; 3 Vollh., 8 Halbh., 10 Kathen, 2 Instenstellen (7 Pfl.). Zum vormaligen ersten Domcapitelsdistrict, Vogtei Ulsnis, gehörten 3 Vollh., 4 Halbh., 6 Kathen, und 4 Halbh. und 4 Kathen zu den Ulsnisser Pflügen. Eine östlich ausgebauete Kathe heißt Pathland. — Wirthshaus, Schmiede. — Areal: 564 Steuert. — Der Boden ist sehr gut.

Akenbüll, ein ehemaliges Kirchspiel in der Edomsh. auf der Insel Nordstrand, etwa ¾ M. nordwestlich von Odenbüll. Es ist wahrscheinlich im Jahre 1362, in der großen Wasserfluth untergegangen.

Albertsdorf (Waldem. Erdb.: Elbaernesthorp), Dorf auf der Insel Fehmern, Mittelkirchspiel, K. Landkirchen. — Dieses hochliegende Dorf enthält 5 größere, 10 kleinere Landstellen und 9 Instenstellen. — Districtsschule, Schmiede. Mehrere Einwohner ernähren sich durch Fischerei. — In der Nähe des Dorfes an der Ostsee liegt der Ladeplatz Gold (Waldem. Erdb.: Gol), mit einem ansehnlichen Holzmagazin. — Areal: 216 Demat. 6 Sch. (376 Steuert.). — Der Boden ist von ziemlich guter Art, aber am

Strande etwas sandigt. — Vormals waren in der Umgegend des Dorfes mehrere ansehnliche mit Steinen umgebene Grabhügel.

Albroewatt, 2 Parcelenstellen in der Nähe der Schlei, die 5te Parcele des niedergelegten Gutes Lindau; A. Gottorff, Schliesh., Ksp. und Schuldistrict Boren. Areal: s. Lindau.

Albüll, ein ehemaliger Hof im Ksp. Sterup, A. Flensb., Nieharde. Die nähere Lage dieses Hofes ist nicht bekannt. Der Herzog Adolph übergab 1441 diesen Hof mit den Bondengütern Gotzik Laurenssen.

Alkendorf, ein niedergelegtes Gut und Dorf nördlich vom Dorfe Ascheffel im Ksp. Hütten. Die Ländereien sind zum Gut Hütten gelegt und die Bewohner sollen sich im Dorfe Ascheffel wieder angebauet haben. Das Dorf wird noch 1554 genannt, jedoch nur mit 2 kleinen Stellen.

Alkersum (Ackersum), Dorf auf der Insel Föhr, in der Landsch. Osterlandföhr, A. Tondern, Ksp. St. Johannis. — Dieses Dorf ist eines der ältesten auf der Insel und das erste Haus soll, der Sage nach, von einem Ricken Bohn im J. 999 erbauet sein. Es enthält mit der Wohnung des Predigers der St. Johanniskirche 93 Häuser. Districtsschule, Mühle, Wirthshaus. Einige nördlich gelegene Häuser heißen Klein-Alkersum. Einige Familien ernähren sich von der Seefahrt. Areal: 895 Ton. 45 R. — Der Boden ist theils Geest, theils Marsch, aber im Allgemeinen nur von mittelmäßiger Art.

Aller (vorm. Alver), Kirchdorf 1¾ M. nördl. von Hadersleben, an der Landstraße nach Kolding, A. Hadersleben, Osterth., Tyrstruph., Pr. Hadersleben; 4 Hufen von verschiedener Größe, 4 Landbohlstellen, 12 Kathen und Instenstellen. Prediger- und Küsterwohnung, Dinghaus für die Tyrstruph. — Districtssch., Schmiede, Wirthshaus, 2 Ziegeleien. — Südlich vom Dorfe liegt in einem romantischen Thale an der Tapsaue die Wassermühle Allermölle. — Die schon im Jahre 1273 erwähnte Kirche ist alt aber dauerhaft und ansehnlich; sie hat einen Thurm und eine Orgel. — Der König ernennt für diese und die Filialkirche Taps den Prediger. Eingepfarrt: Aller, Allermölle, Groß- und Klein-Anslet (z. Thl.), Beiderhand, Brabek, Fauerhavehuus, Kobbersted, Meng, Menggaard, Skovhuus, Skovroi, Stubbum, Stubbumgaard. — Der Boden ist etwas lehmigt und im Allgemeinen sehr gut. — Vz. des Ksp.: 847.

Allerup, Dorf 4 M. südwestlich von Hadersleben, A. Hadersleben, Westertheil, Norderrangstruph., Ksp. und Schuldistrict Toftlund; 7 Halbh., 2 Viertelh., 1 Verbittelsst., 1 Kathe, 3 Instenst. ($2\frac{2}{15}$ Pfl.). Eine ausgebauete Landstelle heißt Humlehauge. — Areal: 330 Steuert. — Der Boden ist nur von mittelmäßiger Beschaffenheit.

Almdorf (Almendorf), Dorf an der Arlaue, ¾ M. südöstlich von Bredstedt, Landschaft Bredstedt, Ksp. Breklum; enthält 55 Häuser, worunter 4 größere und 36 kleinere Landstellen. Ein volles Gut (1 Pfl.), gehörte zum vormal. Schlesw. Domcapitel. — Armenhaus, Wirthsh. Schuldistrict Struckum. — Areal: 329 Ton. — Zur Landschaft Bredstedt: 253 Steuert.; zum G. Mirebüll: 18 Steuert. — Der Boden ist von ziemlicher Güte und die südlich vom Dorfe liegenden Wiesen liefern in trockner Jahreszeit viel Heu. Der Almdorfer-See ist ein Königl. Pachtstück. Ehemals lag ein Edelhof an demselben. s. **Steinholm.**

Almosebye, ein ehemaliges Dorf im A. Tondern, Nordhoyerh., Ksp. Jerpsted, welches der Sage nach in einem Kriege zerstört sein soll.

Almsted (vorm. Halmstad), Dorf auf der Insel Alsen 1½ M. nordöstl. von Sonderburg an der Landstraße nach Fyenshav, im Gute Rumohrshof, A. Sonderburg, Sonderburgerh., Ksp. und Schuldist. Nottmark. 12 Bohlstellen, 10 Kathen, 19 Instenst.; 5 Bohlstellen sind ausgebauet. Zum Dorfe werden noch 3 Bohlstellen, Padholm, Nassersgaard und Smörholl, gerechnet. — Schmiede und mehrere Handwerker. — Der Boden ist sehr gut und die Moore sind ergiebig.

Almstrup, 3 Hufen und 1 Instenstelle an einer kleinen Aue, 1¾ M. südwestlich von Apenrade, A. Apenrade, Lundtofth. — Vormals soll Almstrup, welches zu Tingleb eingepfarrt war, jetzt aber zu Uk gehört, ein Edelhof gewesen sein. Von den Stellen gehörten 1 Hufe (1$\frac{2}{24}$ Pfl., 40 Steuert.) und die Instenst. von jeher zum A. Apenrade, 2 Hufen (2 Pfl.) gehören zum Gute Ahretoft., Schuldistr. Uk. — Areal zum Gute Ahretoft: 483 T. 176 R. à 260 □. R. (128 Steuert.); zum Amte Apenrade 40 Steuert. — Der Boden ist ziemlich gut. — Südlich vom Dorfe lag ehemals ein Dorf Svennebye, nach welchem noch eine Haidestrecke und ein Weg diesen Namen führt.

Alnoer (Alfsnoer), Kathendorf an einer Enge des Flensburger Meerbusens, 2¼ M. nordöstlich von Flensburg, im G. Gravenstein, A. Apenrade, Lundtofth., Ksp. Rinkenis und Gravenstein, Schuldistr. Rinkenis; 4 Kathen und 6 Instenstellen. — Das alte Alfsnoer war erbauet, wo jetzt Gravenstein liegt und wurde 1599 hierher versetzt. Der Ort soll seinen Namen von einem Seeräuber Alf haben, welcher etwa 1280 in den dichten Hölzung einen sichern Zufluchtsort fand, bis er, wie man glaubt 1298, gefangen und hingerichtet ward. Von Alnoer geht eine Fähre über den Ekensund nach Sundewith. Hier ward im letzten Kriege eine Batterie angelegt.

Alslev (Alsleben), Dorf 1¼ M. südwestlich von Apenrade, an der Landstraße nach Tondern und an der Söderupbäk, worüber hier eine steinerne Brücke führt; A. Apenrade, Riesh., Ksple. Bjolderup und Jordkjär; 2 Dreiviertelh., 4 Halbh., 1 Viertelh. (3$\frac{7}{8}$ Pfl.), von denen 3 Hufen und das Schulhaus zum Ksp. Bjolderup gehören. — Districtsschule. — Areal: 278 Steuert. — Der Boden ist eben und fruchtbar.

Alslev, Dorf an der Arnaue, 1 M. südöstl. von Lygumkloster, an der Landstraße nach Flensburg, A. Lygumkloster, Vogtei Alslev und Rapsted, Ksp. Hoist. Dieses ziemlich zerstreut liegende Dorf enthält 4 Vollh., 2 Siebenachtelh., 2 Dreiviertelh., 1 Halbh., 1 Drittelh., 5 Sechstelh., 4 Zwölftelh., 7 Kathen, 4 Instenst. (8¾ Pfl.), welche zur Vogtei Alslev und 2 Vollh. (12¾ Pfl.), welche zur Vogtei Rapsted gehören. Von den 2 Wirthshäusern nördlich und östlich vom Dorfe heißt letzteres Kreuzkrug. Die beiden östlich vom Dorfe belegenen Landstellen, 2 Vollh. (2$\frac{1}{24}$ Pfl.) und von denen Eine schon 1229 dem Kloster gehörte, werden auch zum Dorfe gerechnet und Budsholm (Butzholm, vorm. Budsäholm) genannt. Districtsschule, Armenhaus, Schmiede. Areal 666 Steuert. — Der Boden ist sandig, eignet sich aber vorzüglich zum Rockenbau; die Moore liefern einen reichlichen Ertrag. — Andreas Trugillus, Knappe, verkaufte 1412 dem Convente zu Lygum seine Güter auf der Alslever Feldmark und der König Friedrich I. überließ 1517 ein Gut in Alslev und ein Gut in Butzholm an dasselbe Kloster.

Altendeich (Bargumer-Altendeich), 5 Häuser nördlich von Bargum, Landsch. Bredstedt, Ksp. und Schuldistr. Bargum. — Fischerei.

Altenhof, adel. Gut in der Eckernförderharde; der Haupthof liegt ¾ M. südöstl. von Eckernförde und gehört nebst einigen Stellen zum Ksp. Eckernförde. — Dieses Gut, welches eine sehr schöne Lage hat und mit bedeutenden Hölzungen versehen ist, steht in der Landesmatrikel zu 12 Pfl. Zu demselben gehören das Dorf Bornstein (Ksp. Gettorf), welches nicht mit den Hoffeldern in Verbindung steht, Stockmoor einige Landstellen und Kathen, Jordan eine Fischerkathe am Eckernförder Meerbusen, Grünerjäger Wirthshaus am Schnellmarkerholze, Kiekut (1 Kathe), Hofholzkathen (2 K.), Voßkuhl (1 K.), Kronsstrang (1 K.), Schmedehörn (Schmeerhörn) 2 Kathen, Mevenberg (1 K.) und Brunnenbek (2 K.), beide an der Ostsee, Conditorei, Tischlerhaus, Inselkathe, Moschaushorst und Fuchskuhl südlich vom Haupthofe, und Ziegelei. — Das ganze Gut hat ein Areal von 2215 $\frac{18}{55}$ Tonnen à 260 □. R., (1707 Steuert., 242,840 Rbthlr. Steuerwerth.) Zum Haupthofe gehören: Acker 788 Ton. 2 Sch. à 240 □. R., Wiesen 192 Ton. 6 Sch., Hölzung etwa 250 Ton., Moor 50 Ton. — Der Boden ist ein guter Mittelboden. — Gefecht der Freischaaren am 21. April 1848. — Der Goos-See, 1600 Ellen lang und 800 Ellen breit, hat seinen Abfluß in den Eckernförder Meerbusen und gehört zum Theil zu Altenhof und zum Theil zu Marienthal. — Besitzer 1587—1692 v. Brockdorff; 1692—1853 v. Reventlow. — Altenhof war mit dem Gute Aschau ein Fideicommißgut der gräfl. Reventlowischen Familie; dieses Fideicommiß ist aber seit 1812 in ein Capital von 80,000 Species verwandelt. — Die Hölzungen heißen Schnellmark, Hofholz, Schlaatenholz, Schmeerhörn, Kronstrang und Mischholm; auf der Koppel Altenmühle in der Nähe des Meerbusens lag ehemals eine Wassermühle. — Einzelne Hoftoppeln heißen: Panswohld, Kronsberg, Altfeld, Schnellmarkerhöfe, Moschau, Papenkrug, Nönkenwiese, Osewoldsbrock, Selmsdorferhöfe. — Landesherrliche Steuern: Contribution 538 Rbth., Landsteuer 505 Rbth. 86 bß, Haussteuer 3 Rbth. 6 bß. — Vz.: 517.

Altenholz, einige Kathen und Instenstellen, ⅓ M. westlich von Friedrichsort, im Gute Knoop, Eckernförderh., Ksp. Dänischenhagen. Unweit Altenholz liegt das Knooper Schulhaus. Armenhaus. Eine Stelle heißt Schlagbaum. Areal: s. Clausdorf und Knoop. Eine Stelle südlich heißt Flur (52 Ton.), s. Knoop.

Alterkoog (Langenhorner-Alterkoog), ein Koog in der Landschaft Bredstedt, nördlich von Langenhorn, Ksp. Langenhorn. — Im Kooge selbst sind keine Häuser, sondern nur einige auf den Mitteldeichen. — (Oster-Altendeich und Wester-Altendeich). Areal: 4204 Demat. (3705 Steuert.) — Der Boden ist von verschiedener Art; der größte Theil dient nur zur Gräsung des Jungviehes und zur Heuwerbung.

Alterkoog (Tatinger-Alterkoog), ein kleiner unbewohnter Koog, fast ½ M. westl. von Garding, im Westerth. der Landsch. Eiderstedt, Ksp. Tating. Areal: 70 Demat. — Dieser Koog soll schon im J. 1185 eingedeicht sein.

Alterwall, Parcelen im A. Gottorf, Schliesh., Ksp. Boren; gehörte ehemals zum G. Lindau. Areal, s. Lindau. Der Name deutet auf eine alte Befestigung.

Altmühl (Oldmöhl), Dorf an einer kleinen Aue, ½ M. südöstl. von Schleswig, zum St. Johannisfloster gehörig, A. Gottorf, Kropph., Ksp. Haddebye; 2 Halbh., 2 Viertelh. und 3 Kathen. Schuldistr. Geltorf. — Das Dorf hat seinen Namen von einer Wassermühle, welche sich in früherer Zeit hier befand; an der Aue war damals auch eine Lachswehre. — Der Boden ist sandigt und moorigt; Moor ist mehr als zum Bedarf.

Altmühl, 1 Instenst. an der Waabseraue, im G. Damp, Eckernförderh., Ksp. Siesebye. Hier war ehemals eine Wassermühle, welche aber längst vergangen ist.

Altnenkoog, Koog im Westerth. der Landschaft Eiderstedt, 1¼ M. nördlich von Tönning, Ksple. Tetenbüll und Oldensworth, ward 1553 eingedeicht und in 7 Jahren vollendet. Areal: 713 Dem. 29 R. In demselben befinden sich 4 Höfe und 10 Häuser. Ein Gebiet dieses Kooges nördlich heißt Kaltenhörn, südlich Warmhörn. Einige Häuser an einem Mitteldeiche heißen Bösesieben, ein Wirthshaus wird Hörn genannt. Ein Haus führt den Namen Ziegelei, da hier ehedem eine solche war. - Districtsschule, Schmiede. — In diesem Kooge befindet sich ein kleines Gewässer Deep genannt, welches ziemlich fischreich ist und besonders Aale enthält. — Der Boden ist fette Marsch, gras- und getraidereich. Ein Theil der Ländereien gehört zum Ksp. Oldensworth.

Altona, ein Haus in Süder-Kotzenbüll, am Sielzuge, Ostertheil der Landschaft Eiderstedt, Ksp. und Schuldistr. Kotzenbüll.

Alversum (Olversum), **Groß-** und **Klein-,** 33 Häuser etwa ½ M. südwestl. von Tönning, im Osterth. der Landschaft Eiderstedt, Ksp. Tönning. — Districtsschule, Wirthshaus, 2 Armenhäuser. — Die Einwohner sind Tagelöhner und beschäftigen sich hauptsächlich mit dem Anbau von Küchengewächsen, womit sie zum Theil die Stadt Tönning versehen; Einige ernähren sich von dem Fischfange. — Alversum hatte vormals eine Kirche und kömmt noch 1547 unter den Kirchspielen vor, die den Legelichheitskoog bedeichten. Im J. 1609 gehörte der Kirchhof bei Groß-Alversum, welcher jährlich 12 ßl. einbrachte, zu den Tönninger Kirchenländereien.

Andershoved, 2 Stellen beim Dorfe Galsted, im A. Hadersleben, Norderrangstruph., Ksp. Agerskov.

Andrup, Dorf 1¾ M. nordwestl. von Hadersleben, A. Hadersleben, Osterth., Tyrstruph., Ksp. und Schuldistr. Stepping. — Dieses, fast ganz von Waldung umgebene, Dorf enthält 8 Hufen und 14 Landbohlen und Instenstellen. Ein vormals von dem Herzoge Hans mit Privilegien versehener Hof heißt Andrupgaard (1½ Pfl.). Ausgebaute Landbohlen heißen: Ravenbjerg und Skovballund. Schmiede. — Der Boden ist sandigt; die Hölzung ist größtentheils dem Hofe Andrupgaard beigelegt. — Südlich von Andrup liegen die Anhöhen Höibjerg 353' und Kobjerg 342'. In der Nähe des Dorfes liegt ein Hügel, unter dem ein gewisser Andreas, später angeblich canonisirt, begraben sein soll.

Anflod (Anfluy), eine ehemalige Kirche in der Horsbüllharde (Wiedingh.), etwa 1 M. südwestl. von Hoyer. Zu dieser Kirche, die sehr frühe durch eine Wassersluth untergegangen ist, war unter andern das jetzt im Ksp. Hoyer belegene Dorf Ruteböl und der Marschhof Poppenbüll eingepfarrt.

Annettenhöhe, ein in der Nähe der Stadt Schleswig im J. 1820 von dem Landrathe Baron v. Brockdorff auf den Ländereien der Pulvermühle erbauter Sommersitz, mit schönen Anlagen, A. Gottorf, Arensh., Ksp. St. Michaelis. — Gefecht am 23. April 1848.

Anslet, Groß-, Dorf 1¼ M. nordöstlich von Hadersleben, A. Hadersleben, Osterth., Tyrstuph., Ksple. Aller und Fjelstrup. 14 Hufen von verschiedener Größe, 18 Landbohlen und 9 Instenst., von denen 7 Hufen, worunter 1 Haderslebener Hospitalshufe, 13 Landb. und 1 Instenst. zum Ksple. Aller, die übrigen Stellen zum Kspl. Fjelstrup gehören. — Districtsschule, Schmiede, Fischerei. — Der Boden ist sehr gut; die Hölzung ist nicht ganz unbedeutend. Auf der Feldmark befinden sich mehrere Grabhügel und ansehnliche Riesenbetten.

Anslet, Klein-, Dorf 1½ M. nordöstl. von Hadersleben, Osterth., Tyrstruph., Ksple. Aller und Fjelstrup; 6 Hufen von verschiedener Größe, 3 Landb., 1 Instenst., von denen 3 Hufen und 2 Landb. zum Ksp. Aller, die übrigen Stellen, worunter 1 Haderslebener Hospitalshufe, zum Ksp. Fjelstrup gehören. Schuldistrict Groß-Anslet. — Der Boden ist niedrig und sumpfigt. Hölzung ist zum Bedarf.

Antrup, eine kleine Landstelle im Amte Tondern, Slurh., Ksp. Rapsted.

Apenrade (Aabenraa, vorm. Obenroe, Openra), Stadt an einem 1½ M. langen und ⅛ M. breiten Meerbusen der Ostsee, zwischen Flensburg und Hadersleben, 55° 2′ 43″ N. Br., 3° 9′ 32″ W. L. vom Kopenhag. Mer. Ihr Name hängt mit dem des in der Nähe gelegenen ehemaligen Dorfes Gammel-Oppener (Opnör s. Oppener) zusammen. Sie liegt auf einer mäßigen Anhöhe, umgeben von einer holzreichen und anmuthigen Gegend und von einer Hügelkette, von welcher sich die schönsten Ansichten auf die Stadt und den Hafen eröffnen, der, obwohl etwas frei und schutzlos, doch die größten Linien- und Handelsschiffe aufnehmen kann. Die höchsten Standpunkte der Umgegend sind: Königshöhe, Schedeberg, Diemenberg, Steinkiste, Soelberg und Müntraberg. — Den Anfang der Stadt, deren erster Erwerbszweig dem Wappen nach, welches aus drei Makrelen besteht, der Fischfang gewesen zu sein scheint, ist dunkel und der Ort kommt als Hafenplatz zuerst im Jahre 1257 vor, indem damals der König Christoph I. dem Kloster zu Lygum Zollfreiheit im Apenrader Hafen ertheilte. 1259 verpfändete der König den Ort, den er einen Marktflecken (villa forensis) nennt, an den Bischof zu Schleswig. Im Jahre 1335 wurde ein eignes Stadtrecht, die Apenrader Skraae, aufgezeichnet, nach welchem König Waldemar (II?) der Stadt das Weiderecht in den Dörfern Hostrup, Stubbeck, Arup, Hesel, Gammelopener, Loit und Brunsvelt verliehen hatte. Später erhielt die Stadt das Flensburger Stadtrecht. Sie muß im Anfange des 15. Jahrhunderts nicht bedeutend gewesen sein, da ihre Kirche damals im Cathedraticum nur zu 12 ßl. angesetzt, hingegen für andere nahe gelegene Kirchen das Doppelte bestimmt war. An der Stelle wo jetzt die Nordseite der Stadt erbaut ist, war ehemals ein Wall, welcher von dem westlich liegenden Mühlendamme nach der Südseite der jetzigen Kirche und von dieser nach dem Meerbusen ging; durch diesen Wall führte ein aufgemauertes Thor; an der Südseite war die Stadt durch einen ziemlich breiten Bach gegen Ueberfälle geschützt. Der Theil, welcher die Ramsharde heißt und vormals mit Busch bewachsen war, ward erst am Ende des 15. Jahrhunderts und im Laufe der Zeit mit der Stadt verbunden. — Die Stadt hat oftmals große Unglücksfälle erlitten und ist besonders häufig durch Feuersbrünste heimgesucht worden. 1429 ward sie mit dem Schlosse Brundlund von den Hansestädten und Holsteinern erobert; 1524 ward sie von Lübeckischen, dem Könige Friedrich II. zugesandten Hülfsvölkern bei einem nächtlichen Ueberfalle sehr hart behandelt; 1576 verzehrte ein durch Unvorsichtigkeit entstandener Brand über die Hälfte der Stadt; 1610 ging sie nebst der Kirche, der Schule und dem Rathhause bis auf einige Häuser in der Norderstraße in Flammen auf; 1611 brannten

Apenrade.

366 Häuser und die Knudskirche ab; 1629 raffte die Pest etwa hundert Einwohner hinweg und eine Feuersbrunst äscherte 25 Häuser ein; 1669 brannten die Schloßstraße, 1679 die Gildestraße, 1680 die Westerstraße, 1694 der Holm und die Schiffbrückstraße und 1707 38 Häuser in der Schloßstraße und der dritte Theil der Ramshar'e ab. Auch in den letzten Kriegsjahren ist Apenrade durch Einquartierung un' Kriegsleistungen bedeutend heimgesucht.

Die Stadt, welche nur aus engen Straßen, unansehnlichen und zum Theil mit vortretenden Ausbauungen versehenen Häusern besteht, unter denen sich nur das Rathhaus und einige Privatgebäude auszeichnen, ist im Anfange des 17. Jahrhunderts zu 106 Pfl. angesetzt, späterhin auf 75 und zuletzt auf 50 reducirt. Im Jahre 1711 wurde sie zu 118½ Staven gerechnet und bestand aus 162 Giebelhäusern und 57 einfachen Wohnungen. Jetzt ist die Stadt in 4 Quartiere getheilt und die Zahl der Häuser beträgt 360. Ferner machen 40 Häuser (18⅜ Pfl.) die Schloßstraße aus und stehen unter Amtsjurisdiction; einige Häuser daselbst heißen Neue=Brücke. Zahl der Einwohner incl. des Schloßgrundes: 4086. Die Einwohner nähren sich größtentheils von Schifffahrt und Handel. Der Schiffbau ist bedeutend und es sind hier seit 1833 zwei Schiffswerften. Im Jahre 1846 wurden 57 Schiffe zu 3756 Com.=Lasten erbaut. Mehrere Familien ernähren sich von der Fischerei, welche ziemlich ansehnlich ist, vorzüglich gute Dorsche, Plattfische, Pfahlmuscheln und Makrelen liefert. Die Zahl der eigenen Handelsschiffe betrug in den letzten Jahren durchschnittlich 55 mit 3727 C.=L.; es befanden sich darunter 13 Fregattschiffe und 5 Barkschiffe; der Werth der Handelsflotte ward auf 1,500,000 ℳ angeschlagen. — 1 Zuckersiederei, 2 Tabacksfabriken, 2 Lichtgießereien; Ziegelei und Kalkbrennerei seit 1817. — Der Magistrat besteht aus einem Bürgermeister, welcher zugleich Polizeimeister und Stadtvogt ist, und vier Rathsverwandten, von denen einer Stadtsecretair ist; der Amtmann des Amtes Apenrade ist Oberdirector der Stadt; Deputirte der Bürgerschaft giebt es 12. Der jüngste Rathsverwandte hat zugleich die Aufsicht über die Schiffbrücke; auch hat die Stadt einen Kämmerer, einen Rathsdiener, einen Polizeidiener, einen Stadtdiener und einen Nachtwächter. — Vormals lag eine Kirche, St. Jürgen genannt, außerhalb der Stadt; diese ward 1600 abgebrochen und nach ihr führt noch Jürgensgaard seinen Namen (s. d.). Südlich der Stadt stand eine St. Andreas-Capelle. Die Stadtkirche, dem St. Nicolaus geweiht, soll im 13. Jahrhundert auf einer Anhöhe erbaut sein, nachdem die bisherige an einem anderen Platze gelegene Stadtkirche eingegangen war. Sie ist in neuern Zeiten stark renovirt. An derselben standen vor der Reformation 7 Geistliche; diese erbauten ein Kalandshaus, welches bald nach der Reformation zum Rathhause eingerichtet ward. Die Kirche ist ziemlich groß, hell und freundlich und mit einem kleinen Thurme versehen. Sie hat 2 Prediger; der eine Compastor predigt deutsch und wird vom Könige ernannt; der zweite, welcher in dänischer Sprache predigt, wird von dem Amtmanne und dem Probsten präsentirt, von der Stadtgemeinde gewählt und vom Könige bestätigt. — Westlich von der Stadt liegt der Begräbnißplatz. — **Eingepfarrt:** Aabek (z. Thl.), Apenrade mit der Schloßgasse, Brundlund, Cäcilienlust, Carlsminde, Eichenthal, Enemark, Färbersmühle, Haferlük, Jürgensgaard, Kolstrup, Lensnack, Mollkjär, Neumühle, Norder=Ziegelei, Peterslund, Possekjär, Schelbek, Schelbekhuus, Stampfmühle, Steentoft (z. Thl.), Straagaard, Westerlund. — An öffentlichen Gebäuden gehören der Stadt: das Rathhaus, das Wächter=

haus, das Spritzenhaus und das Wachthaus am Strande. — Apenrade hat 5 Armenstiftungen, unter denen eine das Armenkloster genannt wird, das von Joachim Dankwerth gestiftet und für 12 Arme eingerichtet ist; im Jahre 1833 erhielt diese Stiftung von einem Kopenhagener Bürger, Namens Könnemann, dessen Geburtsstadt Apenrade ist, ein Legat von 2500 Rthlr. Eine andere von dem Bürgermeister Jens Hansen gegründete, die 8 Zimmer für 8 Arme enthält, erhielt gleichfalls ein Vermächtniß von 500 Rthlr., welches Legat von dem hiesigen Amtmanne, Kammerherrn v. Schmettau 1802 vermacht worden ist. Die Günterothische Stiftung aus dem Jahre 1741 enthält 8 Wohnungen nebst Gärten für 8 Arme, und die Leistmannische vom Jahre 1812 ist für 6 Arme eingerichtet. Eine Armenschule, welche der Fürstl. Stallmeister Ernst v. Güntherroth stiftete, begann im Jahre 1750; in dieser werden alle Armenkinder der Stadt, in einer damit verbundenen Industrieschule die Mädchen und in der Abendschule Handwerkslehrlinge unentgeldlich unterrichtet. — Die Bürgerschule, an welcher ein Rector und mehrere Lehrer angestellt sind, erhielt 1807 und 1811 große Verbesserungen. Bürger=Wittwencasse seit 1817. Spar= und Leihcasse seit 1818. — Die hier wohnenden Königl. Beamte sind folgende: Ein Amtmann, ein Actuar, ein Hardesvogt, ein Hausvogt, ein Physicus, ein Zollverwalter, ein Branddirector, zwei Controlleure und ein Postmeister. Es befindet sich hier eine Apotheke. Aus der hiesigen Buchdruckerei erscheint ein Wochenblatt. — Apenrade hält 5 Märkte: am ersten Mittewoch im Mai, Viehmarkt; am Montage vor Maria Magdalenentag Pferde= und Krammarkt, am Montage vor Severin Pferde=, Vieh= und Krammarkt; 14 Tage nach Severin Viehmarkt und am 16. und 17. December Pferdemarkt. — Im Jahre 1819 wurde hier ein Seebad angelegt. — An Ländereien besitzt die Stadt nur die Süder=made zur Gräsung von etwa 8, und die Nordermade zur Gräsung von 6 Kühen und die Bürgermeistermade (zus. 32 Steuert.); auch hat die Stadt seit uralten Zeiten die Weidegerechtigkeit in den nahe belegenen Süder= und Norderhölzung benannten herrschaftlichen Forsten. Ein Stück Landes Lensnack genannt, ward im Jahre 1832 für 9672 ℳ verkauft; 2 Stadtkoppeln sind seit 1831 und 1834 in Armen=Gemüsegärten, 79 an der Zahl, à 10 bis 24 Q. R. groß, vertheilt. Sehr viele Bürger haben Ländereien die unter Amtsjurisdiction belegen sind. — In der Stadt sind 3 Brücken, beim s. g. Norder= und Süderthor und die Vollbrücke; südlich von der Stadt liegt die Triegerbrücke. — Im Jahre 1642 hatte der König Christian IV. die Absicht, von hier nach Ballum einen Kanal anlegen zu lassen, um die Ost= und Westsee mit einander zu verbinden, aber der Tod des Königs verhinderte die Ausführung. Städtische Einnahmen 1834: 12,953 Rbthlr. Ausgaben 12,949 Rbthlr., Stadtschuld 112,461 Rbthlr., Activa 42,880 Rbthlr.

Das alte Schloß Aabenraahuus, welches ehemals stark befestigt war, und auf welchem im Jahre 1193 der Bischof Waldemar von dem Könige Knud in Ketten gefangen gehalten wurde, lag in der Westerstraße; es gehörte der Tochter des Grafen Claus von Holstein, kam darauf an die Königin Margaretha, welche dasselbe 1411 abbrechen ließ. Sie erbaute darauf das jetzige Schloß Brundlund, welches nahe südwestlich von der Stadt in einer Niederung angenehm liegt und mit der Stadt durch eine Baumreihe verbunden ist. Schon im 16. Jahrhundert ward es die Wohnung des Amtmanns. Es ist in gothischer Manier erbaut aber nicht groß; die Thürme sind größtentheils abgebrochen und das Ganze ist besonders im Jahre 1785 dem neueren Geschmacke gemäß verändert. Vor

dem Schlosse liegt eine Wassermühle, und nordwestlich von da die Neuen=
mühle, zwei landesherrliche Erbpachtstücke. Die Neuemühle lag vormals
bei Jürgensgaard; jetzt liegt sie ¼ Meile westlich von der Stadt entfernt
in malerischer Gegend in der Waldung Riesholz. Neben der Schloßwasser=
mühle liegen noch eine Reihe Häuser auf dem Schloßgrunde.

Apenstorf (Openstorf), ein ehemaliges an Werth 5 ℳ Goldes
geschätztes Landgut des Schlesw. Domcapitels, welches nahe an Schleswig
an der Nordseite lag. Es gehörte 1196 dem St. Michaeliskloster in
Schleswig und als es ein Eigenthum des Fürstl. Hauses geworden war,
schenkte der Herzog Friedrich I. es im Anfange des 16. Jahrhunderts
seinem Leibarzte M. v. Otten; nach ihm besaß es der Dr. Labien, und
nach dessen Tode 1542 suchte der Dr. Reventlow bei dem Könige Chri=
stian III. um die Belehnung mit diesem Gute von dem Domcapitel nach,
mit dem es wahrscheinlich noch in Verbindung geblieben war, erhielt aber
eine abschlägige Antwort. Darauf unter der Regierung des Herzogs Adolph
war der Fürstliche Secretair G. Körper Besitzer des Gutes, welches er mit
dessen drei Lansten, bedeutenden Hölzungen und Fischereien für 800 ℳ
verkaufte, worüber das Capitel große Beschwerde führte. Nach seinem
Absterben zog die Gottorfische Kammer das Gut ein und übernahm nur
eine jährliche Abgabe von 4 ℳ an die Domkirche. Im Jahre 1598 ward
der Hof abgebrochen und ein neuer erbaut; die Hölzung ward größten=
theils zum Bau der Domkirche verwandt. Dieser Hof verfiel nach etwa
100 Jahren gänzlich. Die dazu gehörige Feldmark führt noch jetzt den Namen
der Apenstorfer Koppeln. Die Stadt Schleswig hatte hier im Jahre 1413
ein Stück Landes, wofür der Rath jährlich 6 Schill. Sterling einnahm.

Appelberg, 3 Kathen im A. Gottorf, bei Morkirch=Westerholz,
Morkirchh., Ksp. Böel.

Appellum, eine ehemalige Kirche in der Wiederichsh. auf der
Insel Nordstrand, welche durch eine Wasserfluth wahrscheinlich 1300 oder
1362 untergegangen ist.

Apterp, Dorf 1½ M. westlich von Lygumkloster, Ksp. Brede. Von
diesem Dorfe, welches zum A. Ripen dingpflichtig ist, gehören 3 Halbh. und
1 Kathe (1½ Pfl.) in administrativer Hinsicht zum A. Lygumkloster,
der Rest zur Löe=Harde im A. Ripen, Vogtei Svanstrup. Das Kloster
erwarb diesen Theil im Jahre 1376 von der Wittwe des Nicolaus Brame=
thorp. — Nebenschule. Areal zum A. Lygumkloster: 178 Steuert. Der
Boden ist zum Theil niedrig, zum Theil sandigt; die Wiesen sind ziemlich
gut. — In der Sturmfluth im Jahre 1825 hat dieses Dorf sehr gelitten.

Archsum (Arxum), Dorf auf der Insel Silt, A. Tondern, Ksp.
Keitum, enthält 44 Häuser. (Pflz. 1168 nach $\frac{1}{192}$ Pflugth.). Schule. —
Die Haupterwerbzweige der Einwohner sind Ackerbau, Viehzucht und See=
fahrt und in neuerer Zeit haben sich viele Nord=Schleswiger als Land=
wirthe und Tagelöhner hier angesiedelt. Areal: 667 Steuert. Das Archsumer
Ackerland ist das beste auf der Insel, jedoch zum Theil gleich den dortigen
Wiesen und Weiden den Ueberschwemmungen sehr ausgesetzt. — Inner=
halb des Dorfes sind noch Ueberbleibsel einer alten Burg **Archsumburg**,
welche vormals sehr ansehnlich gewesen sein soll. Vielleicht hat Waldemar
Sappy (1360) hier gewohnt. In der Wasserfluth im Jahre 1825 blieben
nur 15 Häuser von dem Eindringen des Wassers befreit; 3 Wohnungen
wurden gänzlich zerstört.

Arenholz, Dorf am Arenholzer-See, ¾ M. nordwestlich von Schleswig A. Gottorf, Arensh., Ksp. St. Michaelis; 3 Halbh., 1 Dreiachtelh., 4 Viertelh., 1 Achtelh. und 3 Kathen, von denen 2 ausgebauet sind (3 Pfl.); 4 andere ausgebaute Kathen heißen Eigenwille. 2 Halbh. und 1 Kathe (1½ Pfl.) gehörten zum ersten Domcapitelsdistrict, Vogtei Berend. Nebenschule. — Areal: 411 Steuert. — Der Boden ist von mittelmäßiger Art; das Moor ist einträglich. Im Jahre 1268 vertauschte der Bischof von Schleswig seine Güter in diesem Dorfe zugleich mit Alt-Gottorf.

Arenholzer-See, (Lührschauer-See), ein See bei Arenholz, etwa ¼ M. lang und breit, ist sehr fischreich und wird von dem Amte verpachtet; die Eingesessenen von Arenholz und Lührschau haben denselben für 40 Rthlr. in Erbpacht. Ein Theil des Sees, der Gaar-See genannt, ist vor einigen Jahren abgedämmt, und vortreffliches Wiesenland geworden. Zwei kleine Seen nordöstlich von Arenholz in der Nähe der Chaussee, heißen Reth-See und Bock-See. Zwischen dem Arenholzer- und Reth-See wurden 1848 zwei Feldschanzen aufgeworfen.

Arensbek, eine aus dem Arenholzer See fließende Aue, welche die Feldmarken der Dorfschaften Schubye und Jübek scheidet, dann durch Silberstedt fließt und in südlicher Richtung durch Ländereien der Colonie Friedrichsfeld unterhalb Rühmland in die Treene fällt.

Arlewatt, ein im Jahre 1772 parcelirtes ehemaliges adel. Gut, welches dem A. Husum einverleibt ist; der Stammhof liegt 1¼ M. nördlich von Husum, Ksp. Olderup. — Zum G. gehörten: das Kirchdorf Olderup mit Arlewatterheide (11¼ Pfl.), Ahrenviöl (z. Thl., 2⅔ Pfl.), Bohmstedt (z. Thl., 1¾ Pfl.), Jperstedt (z. Thl., ⅓ Pfl.), Langenhorn (z. Thl., 3¼ Pfl.), Wittbek (z. Thl., 1 Pfl.), Ostenfeld (z. Thl., ¾ Pfl.), Osterhusum (z. Thl., ½ Pfl.), Oster- und Wester-Ohrstedt (z. Thl., 1 Pfl.), nebst 3 Kathen in Husum. — Arlewatt war in der Landesmatrikel zu 30 Pfl. angesetzt und hatte ein Areal von 811 Ton. à 320 Q. R., von denen 11 Ton. auf dem Husumer Stadtfelde belegen waren. Von diesem Areale wurden 1772 378 Ton. an Käthner der angränzenden Dörfer überlassen, 433 T. in 14 Parcelen getheilt und denselben noch 59 Ton. Moor zugelegt. Die Größe der Parcelen betrug 18 Ton., 6 Sch. bis 52 Ton. Jetzt sind hier 2 Dreiviertelbohlen, 1 Halbb., 2 Viertelb. und 4 Achtelb. (4⅝ Pfl.). Areal der Parcelen: 416 Steuert.; der Aussenlanften 108 Steuert. — Arlewatt steht unter dem Dinggerichte der Norderharde, die Aussenlanften aber unter der Süderharde. — Die ältesten bekannten Besitzer dieses Gutes waren 1543—1564 die Familie Ratlow, darauf Rantzow, 1608 v. Ahlefeld, der es an die Herzogin Auguste verkaufte, die es 1632 besaß; damals ward der Hof Rothehaus genannt; das Gut blieb Fürstlich und ist später an den König übergegangen.

Arlewatterheide, 3 Halbbohlen und 6 Viertelb. (1½ Pfl.), im ehemaligen jetzt parcelirten Gute Arlewatt, 1 M. nördlich von Husum, A. Husum, Norderh., Ksp. Olderup. Ein Wirthshaus an der Landstraße heißt Carlskrug. Nebenschule. Areal: 117 Steuert. — Im Jahre 1713 lagerte hier das Schwedische Heer unter Stenbock.

Armenhauskoppel, 2 Parcelenstellen im Amte Gottorf, Satruph., Ksp. und Schuldistrict Satrup. — Areal: 32 Steuert.

Arndrup (Ahrendorf), Dorf an der Arnaue, 1¼ M. östlich von Lygumkloster, A. Lygumkloster, Ksp. und Schuldistrict Bedsted. Dieses Dorf, welches vormals zum Ksp. Hoist gehörte, und noch dingpflichtig zum A. Tondern, Slurh., ist, enthält 1 Vollh., 6 Halbh., 5 Kathen und 1 Instenstelle (4 Pfl.). 1 Kathe und 1 Instenst. gehören zur Commüne Solwig. Oestlich vom Dorfe liegt die Königl. zum Amte Hadersleben dingpflichtige Erbpachts=Wassermühle (52 Steuert.), welche zugleich als Korn=, Stampf= und Schleifmühle dient. Areal der Dorfschaft: 305 Steuert. Der Boden ist sandigt und mager. — Nicolaus Ingressen verkaufte 1266 dem Kloster die Mühle zu Arndrup und Bundo Seyer schenkte 1302 dem Kloster einen Acker bei der Arndruper-Mühle; 1349 erwarb das Kloster hier pfandweise Eigenthum von Nicolaus Hynssen. Im Jahre 1269 besaß der Ritter Joh. Ascersen einen Hof zu Arndrup, der **Westergaard** hieß.

Arnis (vorm. Arnytz, Ernisse), Flecken an der Schlei auf der Insel Arnis, 3½ M. nordöstlich von Schleswig, Amt Gottorf, Schliesh., Pr. Gottorf. Diese Insel, die eine Länge von etwa 2000, und eine Breite von etwa 500 Ellen (6700 Q. R.) hat, war ehemals mit Angeln zusammenhängend, und noch 1625 an ihrer Ostseite mit einem starken Eichenwalde bewachsen; sie gehörte zu den Besitzungen des Schlesw. Domcapitels, Vogtei Gröderbye, und es lagen hier einige Wohnungen. Die Trennung derselben von dem Festlande entstand wohl nicht so sehr durch den Andrang der Schlei, als vielmehr durch eine Durchgrabung behufs einer Befestigung zur Zeit des Königs Erich von Pommern; die Anhöhe, auf welcher jetzt die Kirche steht, war besonders befestigt. Der Anbau des Fleckens ward 1666 angefangen; etwa 100 Familien, die damals den Entschluß faßten ihre Wohnsitze in Cappeln zu verlassen, wo der Besitzer dieses Ortes, Detlev Rumohr v. Roest sie mit ungerechten Forderungen und Frohndiensten belastete und überhaupt hart behandelte, erhielten von dem Herzoge Christian Albrecht die Erlaubniß, sich in Ellenberg auf Schwansen, in Pageröe oder auf dieser Insel niederzulassen. Sie wählten wegen der Vortheile, die ihnen die Schifffahrt, die Fischerei und die Waldung darboten, diese Insel, welche ihnen der Herzog nebst bedeutenden Privilegien, zum erblichen Eigenthume, und ohne Entgeld überließ; nur den Werth der Waldung mußten sie nach einer mäßigen Schätzung dem Domcapitel bezahlen. Am 11. Mai 1667 leisteten 64 Cappeler dem Herzoge den Homagialeid. — In den Streitigkeiten zwischen Dänemark und dem Gottorfischen Hause, von 1675 bis 1689, litt Arnis sehr und keine neuen Einwohner zogen dahin. — Dieser Flecken, welcher aus einer Haupt= und einer Nebenstraße (die s. g. Kälberstraße) mit wohlgebauten, größtentheils mit Pfannen gedeckten Häusern besteht, vor denen eine Linden=Allee gepflanzt ist, hat eine anmuthige Lage und zeichnet sich auch durch ein gefälliges Aeußere aus; er enthält jetzt, außer der Wohnung des Predigers und des Küsters, 106 Häuser (2 Pfl.) und 809 Einwohner. — Fast bei jedem Hause befindet sich ein Garten. — Die Einwohner sind fast alle Schiffer und Seefahrende; der Handel ist unbedeutend. Arnis gehört zu dem Cappeler Zolldistricte und hat einen Controleur; die Briefpost geht über Cappeln und wird durch Boten weiter befördert. Es sind hier 2 Brennereien, 2 Brauereien und 4 Mälzereien. Wirthshäuser giebt es hier mit dem Fährhause 5. — Der Flecken hat ein Gefangenhaus, welches mit dem Spritzenhause in Verbindung steht; seit 1808 ist ein Armenhaus für 3 Familien eingerichtet; die sonstigen Armen werden durch einen s. g. Wandeltisch unterhalten. Bei Arnis befindet sich eine Fähre über die Schlei für Wagen und Pferde, und eine über das Gröderbyer=Noor für Fußgänger.

Eine holländische Windmühle ist 1786 erbauet. — Seit dem Jahre 1796 ist die Insel mit dem Festlande wieder durch einen Erddamm verbunden; für die Passage wird für jedes Pferd 1 Schill. bezahlt, welche Einnahme mit dem Fährgelde in die Commünecasse fließt. — Ackerland besitzt die Insel nicht; das Wiesenland auf der Insel, welches aber zum Pastorate gehört, ist unbedeutend; die eine Wiesenkoppel heißt der große Kirchhof, die andere Aar; auf der ersten ist ein Schiffsbauplatz. Ein ehemaliger aber ausgefüllter Teich auf der Insel hieß Polierteich. — Alle Commüne=Angelegenheiten verwalten 4 Gerichtsbonden, welche mit dem Hardesvogt der Schliesharde auch das Gericht bilden. — In Arnis ist eine Schiffergesellschaft, gestiftet 1775, eine Matrosengesellschaft seit 1798, Schießgilde seit 1754 und Todtenbeliebung seit 1735. — Bald nach der Erbauung des Fleckens war die Schifffahrt für Arnis nicht ganz unbedeutend, aber am Ende des 17. und im Anfange des 18. Jahrhunderts nahm selbige sehr ab; 1733 hatte Arnis nur 6—7 kleine Schiffe, 1769: 18 Schiffe, 1786: 28 Schiffe, 1835: 49 Schiffe, jetzt 50 Schiffe (zus. 400 C.=L.). Vor Eintritt des Winters beschäftigen sich die Seeleute sehr viel mit der Fischerei, besonders dem Aalfang, im Frühlinge aber mit dem Heringsfange. Ein Erwerbszweig in Arnis ist noch die Verfertigung von Würsten, und es werden mehrere Tausend Pfunde derselben ausgeführt. — Jahrmärkte seit 1801: am Mittwochen und Donnerstage nach dem 1. Sonntage Trinitatis ein Krammarkt, am Dienstage vor dem Krammarkt ein Pferdemarkt. — Die Kirche ist 1673 größtentheils durch Collecten erbauet; sie hat einen 80 Fuß hohen Kirchthurm mit 2 Glocken; von dem Kirchhofe ist eine überaus schöne Aussicht auf die Umgegend. — Zur Wahl des Predigers präsentiren der Amtmann und der Probst, und die Gemeinde wählt. Der Flecken hat nur eine Schule in 2 Classen und mit 3 Lehrern. — Auf Arnis war der ehemalige Generalsuperintendent J. G. C. Adler 1756 geboren. — Oft hat die Insel Arnis durch Ueberschwemmungen der Ostsee gelitten, namentlich in den Jahren 1825, 1835 und besonders am Weihnachtstage 1836, da das Wasser eine solche Höhe erreichte, daß mehrere Einwohner ihre Häuser verlassen und flüchten mußten. — Betrag der herrschaftlichen Steuern: 3416 Rbthlr.

Arnitlund, Dorf 1½ M. südwestlich von Hadersleben an der Landstraße nach Tondern, Amt Hadersleben, Osterth., Gramharde, Ksp. Vitsted, 1 große und 6 kleinere Hufen, 14 Landbohlstellen, von denen 5 ausgebauet sind; eine Landbohle heißt Söelykke. Schule. Armenhaus. Der Boden ist sandigt. Auf der Feldmark sind mehrere Grabhügel.

Arnum, Dorf, welches in Oster= und Wester=Arnum eingetheilt wird, 4½ M. westlich von Hadersleben, Ksp. Höirup. Zum Amte Hadersleben, Westerth., Hviddingh., gehören 3 Halbh., 9 Drittelh., 9 Viertelh., 4 Sechstelh., 2 Achtelh., 9 Toftgüter, 8 Verbittelstellen, 9 Kathen und 6 Instenstellen, (5¾ Pflüge). Einige Landstellen gehören zur Grafschaft Schackenborg. — Districtsschule. Armenhaus, 2 Wirthshäuser, 1 Schmiede und mehrere Handwerker. — Areal: 554 Steuert. — Der Boden ist ziemlich gut. — Das Dorf ward 1204 dem Kloster in Lygum verpfändet. Oestlich von Arnum, an der Gjelsaue, hat vor Alters ein Edelhof Abildgaard (Arrildgaard) gestanden, von dem aber nur wenige Spuren mehr vorhanden sind. — Zwei große Grabhügel liegen nahe an einander auf der Feldmark dieses Dorfes, worin nach alten Sagen ein König mit seiner Gemahlin begraben sein sollen.

Arrild (Arild), Kirchdorf 1½ M. nördlich von Lygumkloster, an der Landstraße nach Ripen, Pr. Törninglehn. — Von diesem sehr alten Dorfe gehören zum Amte Hadersleben, Westerh., Hviddingh., mit Einschluß der Predigerhufe 11 Halbh., 8 Viertelh., 10 Achtelh., 3 Verbittelsstellen, 5 Kathen, und 8 Insteustellen (5 $\frac{4}{44}$ Pfl.); 2 Halbh. (1 Pfl.) gehören zum Amte Lygumkloster, Vogtei Skjärbäk. 4 Hufen sind ausgebauet und heißen Vestergaard, 1 Hufe Arrildgaard, 1 Hufe südlich Kokkenborg, 1 Hufe östlich Rugbjerg, 4 Kathen nördlich belegen **Höibjerg** und 1 Kathe mit einer kleinen Parcele gegen Süden **Höneborg**. An der Landstraße liegt ein Wirthshaus. Armenhaus. Schmiede. Districtsschule. Der Ort ist sehr alt, weshalb man mit dem Ausdruck „fra Arilds Tid", soviel wie „von uralter Zeit" bezeichnete. Die Kirche ist ein schönes Gebäude mit einem spitzen Thurme und einem geschnitzten Altare. — Der König ernennt den Prediger. **Eingepfarrt**: Arrild, Arrildgaard, Fiskholm, Graasteen, Höibjerg, Höneborg, Hönning, Kokkenborg, Lindetgaard, Lindetkroe, Oebjerg, Roost, Roostgaarde, Roostlund, Rosendal, Rugbjerg, Sandet, Skovland, Vestergaard. — Vormals lag eine bedeutende Schäferei zwischen Arrild und Hönning. — Areal: zum A. Hadersleben: 515 Steuert. — Der Boden ist ziemlich gut. — An der östlich vom Dorfe fließenden Aue, worüber hier eine Brücke führt, sind Spuren eines stark befestigt gewesenen Edelhofs sichtbar, welcher **Oernsholm** (Arnsholm) genannt ward. — Nach einem Hadersslebener Amtsregister aus dem Jahre 1580 entrichteten die Arrilder und Oebjerger Eingesessenen resp. 1½ ℔ vom Elmvelde, welches die Feldmark des vergangenen Dorfes **Elm** war. — Unter mehreren Grabhügeln zeichnet sich der Maihöi aus, von dem man bei hellem Wetter 30 Kirchen zählen kann. Vz. des Ksp. zum Amte Hadersleben: 667.

Arrild, Dorf 1 M. nordwestlich von Cappeln, an der Landstraße nach Flensburg, Ksple. Norder-Brarup und Töstrup (hierzu 2 Kirchenbohlen). Zum Amte Gottorf, Sturdorsh., gehören 1 Vollh., 3 Halbh., 2 Viertelh. und 3 Kathen (3¼ Pfl.); zur Cappelerh. gehören: 1 Kathe zum Gute Dollrott, und 2 kleinere Landstellen (12 Steuert.) zum Gute Töstorf. — Ziegelei, Wirthshaus. Schuldistr. Scheggerott und Oersberg. Areal: zum Amte Gottorf 335 Steuert. Der Boden ist vorzüglich und auch die Wiesen sind einträglich; die nicht unbedeutende Hölzung liegt auf dem Brarupholzer Gebiet.

Arrildholz, eine Holzvogtswohnung, Amt Gottorf, Sturdorfharde, Ksp. Töstrup.

Arup (Ahrup), Dorf 1¾ M. nordöstlich von Schleswig, A. Gottorf, Sturdorsh., Ksp. und Schuldistr. Sturdorf. Dieses Dorf, welches eine höchst romantische Lage in der Nähe einer kleinen fischreichen Aue hat, enthält 1 Siebenzwölftelh. (jetzt parcelirt) und 2 Halbh. (1½ Pfl., 74 Steuert.), welche zum A. Gottorf, Sturdorsh.; 1 Vollh., welche zum St. Johanniskloster u. 1 Halbh. (61 Steuert.) und 2 Kathen, welche zum grauen Kloster in Schleswig gehören. Die letztgenannten Kathen heißen Arupgaard. — Der Boden ist vorzüglich. — In der Nähe des Dorfes liegt ein ansehnlicher Hügel, der **Goldberg** genannt. Auf der Feldmark nordwestl. vom Dorfe sind einige Grabhügel.

Aschau (vorm. Askove), adel. Gut am Eckernförder Meerbusen, 1½ M. östlich von Eckernförde, in der Eckernförderharde, Ksp. Gettorf. Dieses Gut, welches in früherer Zeit ein Dorf und darauf von dem Gute Nöer als Hof abgelegt ward, war 1643 in keine Pflugzahl gesetzt; da aber der damaligen Steuer-Commission berichtet ward, daß das Gut für 27,000 ℔ verkauft worden wäre, so ward der Anschlag zu 3 Pfl. bestimmt; es contribuirt aber nur für 1 Pfl. — Aschau, welches eine schöne Lage hat, war vor dem Jahre 1812 ein Fideicommißgut der Reventlowschen Familie; dieses Fideicommiß ward aber mit dem Gute Altenhof in ein Capital von 80000 Species verwandelt. Besitzer: 1554 bis 1593 v. Ahlefeld, 1626 v. Blome, 1630 v. Schack, 1650 Wohnsfleth; 1662 v. Ahlefeld, 1674 Kruse, 1681 v. Pogwisch, darauf bis 1758 v. Ahlefeld, 1758 Gull, 1782 bis jetzt v. Reventlow zu Altenhof. — Das Areal beträgt, außer den Hölzungen, etwa 440 Tonn. à 240 Q. R.; darunter an Ackerland etwa 240 Tonn., an Wiesen 100 Tonn., an Strandweiden 60 Tonn. und an Moor etwa 70 Tonn. (zus. mit Schnellmark 416 Steuert., 39900 Rbthlr. Steuerw.) — Der Boden ist leichter Art, aber in den letzten Jahren sehr verbessert. Einzelne Koppeln heißen: Hoffoppel, Kreuzkoppel, Schepskoppel, Mollhörn, Dieckenkoppel und Holländerkoppel; ein Theil einer Koppel heißt Schwarzerdamm. Zum Gute gehören 1 Hufe und 1 Wirthshaus Schnellmark genannt, und 7 Kathen, von denen 3 Aschauermoor, Lütgen-Bargholt und Rolfshörn heißen. — Schuldistr. Altenhof. Zahl der Einw. 110. — Einige ehemalige Landstellen in der Nähe des Hofes am Eckernförder Meerbusen hießen Asrott. Um die Mitte des 17ten Jahrhunderts waren diese Stellen noch nicht niedergelegt und sind auf Meiers Karte vom dänischen Wohlde angeführt. Contrib. 44 Rbt. 76 b/β, Landst. 83 Rbt. 12 b/β.

Ascheffel, Dorf, 1½ M. südwestlich von Eckernförde, Amt Hütten, Hüttenh., Ksp. Hütten, 4 Vollh., 14 Halbh., 20 Kathen mit, 8 Kathen ohne Land. Unter den angeführten Stellen ist eine Halbh. nördlich ausgebauet und heißt Sönnrade; von den Kathen heißen 3 am Wege nach der Kirche belegene Kirchredder, 9 andere östlich vom Dorfe Vogelsang, 5 südlich belegene Schothorst und 1 Wilsterradeberg. Außer diesen befinden sich noch in und nahe beim Dorfe die Wohnungen des Predigers von Hütten, des Küsters mit dem Schulhause, die Hüttener Papiermühle und bei dem Königl. Gehege Krummland die Hegereuterwohnung. Districtssch. Wirthshaus. Schmiede. — Areal: 1458 Tonn., 6 Sch. (1310 Steuert.). — Der Boden ist ziemlich schwer und gut. — Neben dem Dorfe liegt der Aschberg, von welchem man bei hellem Wetter 16 Kirchen sehen kann. Das Dorf wird seiner reizenden Lage wegen von den benachbarten Städtern oft besucht. Ueber ein nördlich vom Dorfe belegenes ehemaliges Gut und Dorf, s. Alkendorf. — Gefecht am 18. April 1848.

Assith, 3 Bohlst. (2 Pfl.) ½ M. südöstlich von Lygumkloster, A., Birk und Ksp. Lygumkloster, Schuldistr. Alslev. Nach einer Dingswinde aus dem J. 1503 hatten die Eingesessenen von Alslev und Butzholm keine Gerechtigkeit an der Assither Mark und Kjär.

Astrup (vorm. Asdrup), Dorf 2¼ M. nordwestlich von Lygumkloster, Ksp. und Schuldistr. Bröns. Zum A. Hadersleben, Hviddingh. gehören 5 Vollh., 3 Viertelh. 2 Kathen (4 $\frac{23}{33}$ Pfl.); zum A. Lygumkloster, Vogtei Skjärebäck, 1 Halbh. (½ Pfl.). Einige Stellen gehören zum Stiftsamte Ripen. Ein Hof heißt Astrupgaard, welcher ein Theil des ehemaligen Edelhofes Astrupgaard ist, der erst im Besitz der Familie Juel, später der Familie Winther war, welche ihn gegen das Ende des 16. Jahrhunderts zertheilte. Astrupgaard, 1587 von König Friedrich II. seinem Leibarzte P. Sörensen geschenkt, steht noch als Kanzeleigut angeführt. Einige Stellen westlich heißen Vandbjerg. — Areal: zum A. Hadersleben 337 Steuert. — Der

Atzbüll.

Boden ist theils sandigt aber im Ganzen fruchtbar. — Eine ehemalige Hölzung Astruplund ist seit langer Zeit nicht mehr vorhanden.

Atzbüll (Adsböl, vorm. Attisboll), Kirchdorf im Lande Sundewith, im Gute Gravenstein, Lundtofth., 1½ M. westlich von Sonderburg am Nübel-Noor; enthält außer der Prediger- u. Küsterwohnung 22 Kathen u. 2 Wirthshäuser, von denen das eine am Strande nebst einigen Fischerhäusern Dynt genannt wird. Das Dorf wurde zum Theil erst 1637 von Gravenstein eingetauscht. — Districtsschule. Schmiede und einige Handwerker. — Die Kirche wurde 1768 von dem Herzoge Friedrich Christian neu aufgeführt; sie hat ein Glockenhaus mit 2 Glocken, sonst keinen Thurm und keine Orgel. Der König ernennt den Prediger. Dieser ist zugleich Prediger an der Schloßkirche in Gravenstein und hat in beiden Kirchen regelmäßig den Gottesdienst zu versehen; letztere wird vorzugsweise von den Bewohnern des Fleckens Gravenstein besucht; Atzbüll ist aber die eigentliche Kirchspielskirche und das Kirchspiel Atzbüll und Gravenstein daher nur als ein einziges anzusehen. Eingepfarrt: Alnoer (z.Thl.), Atzbüll, Auenbüllgaard (z.Thl.), Beuschauholz (z.Thl.), Dynth, Fischbek, Fischbekholz, Fisnis, Gravenstein, Holbek, Kopperholm, Marinkekoppel, Nalmaybrück, Stengerott, Toft. Gefecht am 3. April 1849. Bz. des Ksp.: 1413.

Atzbüll, zerstreut liegendes Dorf 1½ M. nordwestlich von Cappeln, A. Flensburg, Nieh., Ksp. Esgrus; 2 Vollh., 1 Dreiviertelh., 1 Achtundvierzigstelh., 7 Kathen (2$\frac{37}{44}$ Pfl.) 1 Vollh. gehörte 1482 zum vormaligen Schlesw. Domcapitel. 2 südlich belegene zum Dorf gehörende Halbh. heißen Ellgaard. — Schuldistr. Schaubye. Wirthshaus, Schmiede. — Areal: 375 Steuert. — Bis zum Jahre 1796 lag in Atzbüll das Esgrußer Pastorat.

Aubrücke, bei der, 2 kleine Parcelenstellen im Gute Norgaard, Munkbraruph., Ksp. Steinberg, von denen die eine zu Gintoft, die andere zu Norgaardholz gerechnet wird.

Auenbüll, (Auenböl), Dorf im Lande Sundewith, 1½ M. nordwestl. von Sonderburg, A. Sonderburg, Nübelh., Ksp. Ulderup. Von diesem ansehnlichen an einem kleinen See, doch ziemlich hoch belegenen Dorfe gehören 11 Vollh., 5 Halbh., 9 Kath. und 10 Instenst. (13½ Pfl.) zum A. Sonderburg; 1 Vollh., 3 Kathen und 2 Instenst. zum Gute Blansgaard; 1 Dreiviertelh., 1 Halbh., 1 Viertelh., 5 Kath. und 2 Instenst. zum Gute Beuschau und 3 Vollh., 2 Halbh., 11 K. u. 5 Instenst. zum Gute Auenbüllgaard. Auf dem Südermark genannten Felde liegen von den angeführten Stellen 3 Vollh. und 1 Instenst., von welchen 1 Vollh. und die Instenst. Grashöi und 1 Vollh. Laikjär heißen; auf dem Westerfelde sind ausgebauet 9 Hufen, 1 Kath., 1 Instenst., von denen 1 Vollh. Hoyrück, 2 Halbh. Skift und Ruhfast und 1 Kathe Schnei heißen; 1 Vollh. im Dorf und 1 ausgebauete werden Moos und 2 Instenst. Thumbroe genannt, wovon die eine ein Wirthshaus ist; 2 ausgebauete Kathen heißen Boyer und Püllgaard (Pielgaard). — Districtssch. Schmiede, und einige Handwerker. Areal: zum Amte Sonderburg 764 Steuert. — Der Boden ist ziemlich gut; eine herrschaftl. Hölzung heißt Schnei. Im Jahre 1506 wohnte zu Auenbüll M. v. Qualen. Auf einem in der Nähe belegenen Hofe Jgeskovgaard starb 1587 Margaretha v. Qualen; diese Besitzung ward 1590 von Sivert Sehested an den Herzog Hans dem Jüngeren verkauft, und der Herzog vertauschte sie sogleich gegen eine Bohle in Blans an Diedrich Hoeck zu Auenbüllgaard.

Auenbüllgaard, ehem. adel. Gut im Lande Sundewith, Amt Sonderburg, Nübelharde, Ksple. Ulderup und Atzbüll; der Haupthof liegt 1½ M.

nordwestlich von Sonderburg. — Schon in der frühesten Zeit und im 16. und 17. Jahrh. gehörte dieser Edelhof der Familie Hoeck, 1694 v. Ahlefeld, 1700 Graf v. Nassau-Saarbrück, 1705 v. Ahlefeld, darauf den Herzog Friedrich Wilhelm von Schleswig-Holstein, 1714 den Herzog Christian und dessen Nachkommen bis es 1853 an den König fiel. Zum Gute gehören Theile der Dörfer Auenbüll und Nübel. — Areal: Acker und Wiesenland 224 Ton. 4 Sch. 29 R., Hölzung und Moor 74 Ton. 24 R., Gärten 3 Ton. 4 Sch. 3 R. à 320 □. R. — Der Boden ist sehr ergiebig. — In alten Zeiten war der Hof befestigt.

Auenbüllund, ein ehemaliger kleiner Hof im Lande Sundewith, zwischen Lundsgaard und Auenbüll, Ksp. Satrup. — Dieser Hof besaß bis zum Jahre 1591 der Amtmann Paul Uck, welcher den Junker Hans Blome auf Brattburg erschießen ließ; er entfloh aus dem Lande und der Herzog Hans zog das Gut ein, ließ aber doch 1594 für selbiges einige andere Besitzungen und 22,500 ℳ vergüten. Der Herzog Hans ließ den Hof abbrechen und 1593 den Hof Lundsgaarde (Ksp. Ulderup) dafür erbauen.

Augaard, vormals eine Hufe (1 Pfl.), worauf der Hardesvogt der Uggelharde wohnte, in der Nähe des Trä-Sees, 1¼ M. südlich von Flensburg, Uggelharde, Ksp. und Schuldistr. Oeversee. Jetzt sind hier 2 Halbhufen und 1 Kathe. — Areal: 118 Steuert.

Augustenburg, Flecken, unmittelbar vor dem Schlosse Augustenburg, Augustenburgerh., Ksp. Augustenburg. Er entstand allmählich nach der Erbauung des Schlosses und ward größtentheils von Hofbedienten bewohnt; er besteht aus einer etwa 900 Ellen langen Straße und 70, größtentheils recht hübsch gebaueten, Häusern, und enthält mit dem Schlosse und dem Meierhofe 700 Einwohner. Eine mit der Straße parallel laufende 300 Ellen lange Allee führt zum Schlosse. — Bei dem Hafen ist eine Schiffbrücke, an welcher 6—8 Fuß tiefgehende Fahrzeuge anlegen können; übrigens kann die Augustenburger Föhrde Linienschiffe aufnehmen und gesichert überwintern. In der Nähe des Schlosses sind die Wohnungen des Oberinspectors und des Hardesvogts; im Flecken wohnen 2 Aerzte und Handwerker aller Art. Apotheke. Ein Bewohner des Fleckens treibt Rhederei und hat 3 Schiffe. Ein Wirthshaus, das erste des Fleckens, liegt vor dem Schlosse; ein zweites liegt am Ende des Fleckens, und wird Krummum genannt. Im Flecken ist ein Hospital für alte Bediente und deren Wittwen. Die Schule hat 2 Classen und zwei Lehrer.

Augustenburg, Schloß und Königl. Gut auf der Westseite der Insel Alsen, Amt Sonderburg, Augustenburgerh., an einem fast in die Mitte der Insel eingehenden, durch Dämme in drei Theile abgesonderten Meerbusen der Ostsee, in einer durch Natur und Kunst verschönerten Gegend gelegen, Ksp. Augustenburg. Das Gut mit dem beim Schlosse gelegenen Flecken ist erst in neuerer Zeit entstanden. Der Herzog Ernst Günther von der Sonderburgischen Linie kaufte 1651 vom Könige Friedrich III. die bis dahin zum Amte Schwabstedt gehörigen Dörfer Stavensböl und Sebloe (Sebbelov) und errichtete aus denselben das Gut, wobei er zugleich Stavensböl niederlegte und auf dessen Land ein Schloß erbauete, das er nach seiner Gemahlin Auguste, Augustenburg nannte. Auch vergrößerte er das Gut durch den Ankauf des Dorfes Broe von dem Gute Gammelgaard; später wurde noch Ketting zum Gute gelegt. Der Herzog Friedrich

Augustenhof.

Christian d. ä. ließ das Schloß abbrechen und in den Jahren 1770 bis 1776 das gegenwärtige erbauen. Es diente bisher als Residenz des Herzogs von Augustenburg und ist ein ansehnliches und im Innern schön eingerichtetes Gebäude; das Hauptgebäude hat 3, die beiden Flügel haben 2 Stockwerke, und der nördliche enthält die geräumige und sehr hübsche Schloßkirche. Vor dem Schlosse rechts liegt der Marstall, links die Bibliothek, gegenüber liegt das Thorhaus, weiter zurück liegen die ansehnlichen Gebäude des vormaligen Gestüts. An der Westseite gränzen an das Schloß die Gärten und der Park und an diese ein kleiner von 3 Alleen und mehreren Gängen durchschnittener Eichen= und Buchenwald, in welchem ein Palais mit schönen Gärten liegt, welches früher von der verwittweten Herzogin bewohnt ward. Auch war hier eine Fasanerie. Der Herzog Christian August hatte in Augustenburg vor dem letzten Kriege ein bedeutendes Gestüt mit schönen Gebäuden eingerichtet. Die Gebäude des Schlosses und das Palais wurden während des Krieges 1848 bis 1851 zu Lazarethen benutzt. — An der Schloßkirche steht ein eigner Prediger, welcher vom Könige ernannt wird. Zu dieser Kirche sind eingepfarrt: Schloß und Flecken Augustenburg, Meierhof Augustenburg, das Wirthshaus Krummum; früher gehörten sämmtliche Eingepfarrte zum Kirchspiel Ketting, auch sind ihre Grabstätten noch auf dem Kettinger Kirchhofe. Während der letzten Kriegsjahre ward ein eigner Militairkirchhof am Ende des Fleckens angelegt. — Zum Gute Augustenburg gehören der Flecken und das Vorwerk Augustenburg, die Dörfer Broe, Ketting und Sebbelov und die Ortschaften und einzelnen Stellen Bläsborg, Broemühle, Frisenlund, Kallehauge, Krummum, Osbek, Trollborg. Das Schloß und das Palais nebst Gärten und Hölzung enthalten ein Areal von 63 Ton. 7 Sch. 14 □. R. Areal des ganzen Gutes c. 1703 Ton., wovon reichlich 72 Ton. Holz und 460 Ton. Acker= und Wiesenland herrschaftlich sind; Areal der Untergehörigen circa 1131 Ton. Acker= und Wiesenland und 40 Ton. Holzland. — Das Vorwerk oder der Meierhof Augustenburg liegt unmittelbar am Flecken und umfaßt größtentheils die Ländereien des niedergelegten Dorfes Stavensböl; es enthält ein Areal von 460 Ton. 5 Sch. 22 R. (die Ton. à 320 □. R.), worunter Ackerland 383 Ton. 6 Sch. 27 R., Wiesen 64 Ton. 1 Sch. 9 R., Hölzung 10 Ton. 7 Sch. 39 R., Wohnplätze und Gärten 7 Ton. 5 Sch. 27 R.

Augustenhof, adel. Gut 1¾ M. südöstlich von Eckernförde, in der Eckernförder Harde, Ksp. Gettorf. — Dieses Gut war vormals ein Meierhof des Guts Borghorst, ward 1806 unter die adelichen Güter aufgenommen und contribuirt für 3 Pfl. — Der Flächeninhalt des Gutes beträgt 493 Ton. 1 Sch. 3 R. à 240 □. R.; hierunter befinden sich 391 Ton. 1 Sch. 5 R. Ackerland, 72 Ton. 2 Sch. 15 R. Wiesen= und Weideland, 16 Ton. 3 Sch. 4 R. Hölzung, 13 Ton. 2 Sch. 9 R. Moor und Wasser. — Steuert.: 412. Steuerwerth: 64,540 Rbth. — Der Boden ist durchgehends von vorzüglicher Güte. — Einzelne Hofkoppeln heißen: Ostorferkoppel, Mühlenkoppel, Oldfeld, Rabenhorst, Wischbrook, Stramrott. Zum Gute gehören, außer 1 Kathe und 1 Instenstelle, 2 Instenwohnungen in Ostorf. Schuldistr. Ostorf. Zahl der Einw.: 86. — Das ansehnliche Wohnhaus ist zweistöckig mit einem Frontispice. Besitzer: 1803 Winkelmann, 1809 Lassen, 1816 Senator Jenisch in Hamburg. — Contribution 134 Rbth. 38 bßl., Landsteuer 135 Rbth. 44 bßl. — Bz.: 72.

Augustenhof, mehrere kleine Parcelenstellen an der Ostsee, A. Norburg, Ekenh., Ksp. Norburg. Vormals war hier ein Fürstl. Lustschloß, bei dem sich ein großer Garten auszeichnete. — Der bei Augustenhof belegene Hop=See ist Königl. und in Zeitpacht gegeben. — Schuldistr. Norburg.

Augustenkoog, Alter=, octroyirter Koog im Westertheile der Landschaft Eiderstedt, zwischen den Kirchdörfern Oster= und Westerhever, Ksp. Osterhever. — Dieser Koog, welcher 610 Demat groß ist, ward 1611 eingedeicht und erhielt nach der Herzogin Auguste diesen Namen. In diesem Kooge befinden sich 6 Höfe nebst einer Windmühle. — Schuldistr. Osterhever. — Der Koog hat 6 Hauptparticipanten und einen Inspector.

Augustenkoog, Neuer=, octroyirter Koog nördlich von dem alten Augustenkooge, im Westertheile der Landschaft Eiderstedt, Ksp. Osterhever. — Dieser Koog ward 1698 eingedeicht und enthält 486 Demat; es sind darin 2 Höfe und 5 Häuser; ein Hof heißt Koogshörn. Schuldistr. Osterhever. — Der Koog hat 2 Hauptparticipanten und mit dem alten Augustenkooge zugleich einen Inspector. — Das Vorland nördl. von diesem Kooge heißt Siebertsanwachs.

Aukamp, ein in Erbpacht verkaufter ehemal. Meierhof des Guts Hemmelmark, Eckernförderh., Ksp. Borbye. — Dieser Hof, welcher für 1 Pfl. contribuirt, hat ein Areal von 197 Ton à 240 □. R. (175 Steuert.) Jährlicher Canon an Hemmelmark 2100 ℳ. Zum Hofe gehört 1 Kathe. — Einzelne Hofkoppeln heißen: Manhagen, Moorhagen, Kronsland, Gasthuck und Grootrehm. — Steuerwerth 24,608 Rbt. 73 bßl. — Dieser Hof ward 1852 für 76,500 ℳ Ct. verkauft.

Ausacker, Dorf an der Kielstaue, 1½ M. südöstlich von Flensburg, A. Flensburg, Ksp. Husbye. Die Feldmark dieses Dorfes soll mit der Feldmark von Ausackerholz zu einem Edelhofe gehört haben, welcher östlich von Ausackerholz lag und, wie noch zu sehen, mit Wasser umgeben war; die s. g. Lücke, worin der Hof lag, heißt Bög (Bygg), und das vergangene ansehnliche Wohngebäude ward von den Einwohnern **Bögeschloss** genannt. — Zum A. Flensburg, Husbyeh., gehören mit den südlich beim Dorfe zerstreut belegenen Stellen Ausackerholz und Ausacker=Westerholz, 3 Vollhufen, 6 Halbhufen, 1 Drittelh., 2 Viertelh., 1 Sechstelh. und 27 Kathen.; zum Gute Schwensbye, Nieh., 1 Vollh., 2 Viertelh., 2 Kathen und 2 Parcelenstellen; zur Nicolaikirche in Flensburg 1 Dreiviertelh. und 2 Kathen (⁴⁄₄ Pfl.). 3 Sechstelh. und 1 Kathe (⅓ Gut von 3 ℳ Goldes) gehörten zum vormaligen Schlesw. Domcapitel. Eine Hufe ist ein Wirthshaus und liegt an der Landstraße; an der östlichen Seite des Dorfes liegt eine Erbpachts=Wassermühle und westlich vom Dorfe eine Windmühle. In Ausackerholz hat beinahe jede Stelle ihren eigenen Namen; die ansehnlichsten heißen: Winderatterheck, Hüholz, Dammende, Hammestoft, Osterholz, Ausackerbrücke; 2 zu Ausackerbrücke gehörige Kathen heißen Ausackerfeld. Districtssch. Wirthshaus, Höckerei, Schmiede und eine große Anzahl Handwerker. — 2 Armenhäuser. In Ausackerholz werden allerlei hölzerne Feld=, Haus= und Gartengeräthschaften, auch Rademacherarbeiten verfertigt, welche größtentheils nach der Westküste und den Marschgegenden zum Verkaufe gebracht werden. Das Ackerland ist im Allgemeinen gut. Areal: zum Amt 801 Steuert; zum Gute Schwensbye 156 Steuert.; zur St. Nicolaikirche 51 Steuert. Zwischen Ausacker und dem Winderatter=See liegt ein tiefes, sumpfiges Moor von großem Umfange, worin man Wasserpflanzen seltener Art gefunden hat.

Ausackerbrücke, 4 Parcelenstellen und 3 Kathen im Amte Gottorf, Satrupharde, Ksp. Satrup. Areal: 29 Steuert.

Ausgaard (Orgaard, ehem. Owßgaarde), 1 Halbh. im A. Haders=
leben, Westerth., Norderrangstrupharde, Ksp. und Schuldistr. Agerskov. —
Areal: 44 Steuert.

Auvit (Awith, Duvith), 1 Hof (1 Pfl.) im Amte und Birk
Lygumkloster, Ksp. und Schuldistr. Lygumkloster. Areal: 51 Steuert.

Avendorf (Waldem. Erdb.: Quenthorp), Dorf auf der Insel Feh=
mern, Mittelkirchsp., K. Landkirchen, enthält 6 größere, 6 kleinere Landstellen
und 6 Instenstellen. — Districtsschule. Königl. Windmühle. — Das contri=
buable Ackerland hat ein Areal von 156 Drömt 13 Sch. 1 F. (313 Steuert.),
25 Drömt Weideland. Der Boden ist nur von mittelmäßiger Art.

Aventoft (vorm. Aghentoft), Kirchdorf ¾ M. südwestlich von Ton=
dern, am Aventofter See, Amt Tondern, Wiedingh., Pr. Tondern. — Dieses
auf der Geest liegende aber von Marschboden umringte Dorf hat eine ziemlich
hohe Lage und besteht mit den nordöstlich belegenen, Hungerburg genannten,
Stellen (9 H.) und außer der Prediger= und Küsterwohnung, aus 5 größeren
und kleineren Bohlstellen, 6 Kathen und 27 Instenst. (zus. 45 H.). — Districts=
schule. Wirthshaus. Schmiede und mehrere Handwerker. — Die älteste Kirche,
welche schon im 13. Jahrhundert bekannt war, soll sehr frühe in einer Wasser=
fluth vergangen sein; die jetzige hochliegende ist nur klein und hat keinen Thurm.
Der Prediger wird von dem Amtmanne und dem Probsten präsentirt und von
der Gemeinde gewählt. — Eingepfarrt: Aventoft, Broderskoog, Brunot=
terkoog (z. Thl.), Dötgebüll, Fischerhäuser, Friedrichenkoog (z. Thl.), Fries=
mark, Hungerburg, Merlingmark, Neumark, Oxholm, Ringswarf, Rosenkranz,
Ruttebüllerkoog (z. Thl.). — Ueber die Aue nördlich von Hungerburg, am
Uberger Mühlenhause, führt eine Brücke. — Der Boden ist im Ganzen
nicht sehr ergiebig. Ein Acker hieß im Jahre 1609 „Heilige Hamm". —
Vz. des Ksp.: 518.

Axendorf, 5 Häuser, worunter ein Wirthshaus, 1 Windmühle und
1 Armenhaus; im Ostertheil der Landsch. Eiderstedt, Ksp. und Schuldistrict
Kotzenbüll.

B.

Baasaa, eine Parcelenstelle in der Grafschaft Reventlov=Sandberg,
A. Sonderburg, Nübelh., Ksp. Satrup.

Baaslund, eine Parcelenstelle in der Grafschaft Reventlov=Sand=
berg, A. Sonderburg, Nübelh., Ksp. Satrup.

Badenkoog, ein unbewohnter Koog, nordwestlich von Friedrichstadt,
im Ostertheil der Landschaft Eiderstedt, Ksp. Koldenbüttel. Areal: 297
Demat 1 Sch. 9 R. Dieser Koog ist im Jahre 1252 eingedeicht.

Badstave (Badstube), eine kleine unbewohnte Insel nördlich von
Missunde in der Schlei.

Bäk (Bek), Dorf an einem kleinen Bache, 1¼ M. nordöstlich von
Hadersleben, Amt Hadersleben, Ostertheil, Haderslebenerh., Ksp. Vons=
bäk; enthält 5 Vollh., eine Zweidrittelh., 3 Halbh., 2 Drittelh., eine
Viertelh., 5 Landbohlen und 3 Instenstellen. 4 Landbohlen und eine
Instenstelle heißen Slottet (Schloß). Kirchspielssch., welche mit der Küster=
wohnung verbunden ist. Schmiede. — Der Boden ist ziemlich fruchtbar.

Bäk (Bek, Nustrup=Bäk), Dorf an einer kleinen Aue, 2½ M. nordwestlich von Hadersleben, Amt Hadersleben, Ostertheil, Gramh., Ksp. Nustrup. Dieses große Dorf hat eine niedrige Lage und besteht aus 1 Dreiviertelh., 3 Zweidrittelh., 9 Halbh., 5 Drittelh., 3 Viertelh., 16 Landbohlen und 17 Instenstellen; ausgebaut sind die Hufen und Stellen: Kjärgaard, Jellinghauge, Söndergaard, Oestergaard, Kleinbjergkrug (Wirthshaus), Damgaard, Skodsbjerg, Moosbäk, Norder- und Süder-Tingvad, welche letzte beiden bei Brücken liegen, und Lundsbäk, welches aus 4 Hufen besteht und östlich vom Dorfe liegt. Districtssch., Schmiede und einige Handwerker. — Der Boden ist theils lehmig, theils sandig, und östlich und nördlich am besten. Auf der Feldmark sind viele Grabhügel, von denen einige zum Theil abgetragen sind.

Baggelau, eine Parcelenstelle im Gute Oehe, Cappelerh., Ksp. Gelting, Schuldistr. Gundelsbye. Areal: 74 Ton. (72 Steuert.). Hier waren ehemals viele Grabhügel, die aber alle abgetragen sind.

Bagmose, 2 Bohlenstellen und 1 Instenstelle auf der Insel Alsen, etwa ¼ M. nördlich von Sonderburg, im Gute Langenvorwerk, A. Sonderburg, Augustenburgerh., Ksp. Ulkebüll, Schuldistr. Kjär.

Baistrup, Dorf an einer kleinen Aue, 2¼ M. nordwestlich von Flensburg, an der Landstraße nach Lygumkloster, Ksp. Tingley, 6 Halbh. und 2 kleine Landstellen, welche zum Gute Stoltelund (Amt Apenrade, Lundtofth.) gehören. Districtssch. — Areal: 726 Steuert.

Ballastbrücke, 20 bei der Stadt Flensburg unterhalb des ehemals bewaldeten Ballastberges, an der Ostseite des Flensburger Meerbusens belegene Häuser, die sich an Norder-St. Jürgen anschließen, größtentheils von Seefahrern bewohnt werden und zum Hospitale in Flensburg gehören; Ksp. und Schuldistr. Adelbye. — Zu Ballastbrücke gehört eine Wassermühle, die s. g. St. Jürgensmühle, eine Ziegelei und ein Wirthshaus mit der Brauerei-Gerechtigkeit, Pilkentafel genannt.

Ballegaard, adel. Gut im Lande Sundewith, Amt Sonderburg, Nübelharde. Der Stammhof liegt 2½ M. südöstlich von Apenrade, Ksp. Ulderup. — Ballegaard stand vormals mit Beuschau und Schobüllgaarde in Verbindung und enthält jetzt, nach der Trennung, 12$\frac{27}{52}$ Pfl. In der Nähe des Platzes, wo jetzt der Hof steht, heißen einige Koppeln Wolmarstoft, auf denen ehemals ein Hof stand, der 1486 von Wolmar von der Herberge bewohnt ward, und nach dem Verkaufe dieser Grundstücke ist vielleicht das Gut Ballegaard entstanden. Besitzer: am Ende des 15. Jahrhunderts bis 1590 v. Holk, 1590 Herzog Hans der Jüngere. In der Theilung unter dessen Söhne kam es 1622 an Norburg, 1690 an den Grafen v. Ahlefeld zu Seegaard, 1725 an Paulsen, darauf kam es an den Grafen v. Reventlov zu Sandberg, der 1784 das Gut parcelirte. Der jetzige Besitzer ist der Kammerherr Fr. Graf v. Reventlov=Sandberg. Durch die Dismembrirung entstanden folgende einzelne Grundstücke: die Stammparcele, groß 62 Ton. 7 Sch. 3 R. à 320 □. R., Schmiedekoppel, 4 Parc. von 1 Ton. bis 3 Ton., Toftkoppel, 5 Parc. von 3 Ton. bis 3 Ton. 5 Sch., Lehnsholt, 5 Parc. von 3 Ton. bis 5 Ton. 4 R., Knoll, 4 Parc. von 5 Ton. bis 6 Ton. 6 Sch. 20 R., Dunseskoppel, 3 Parc. von 2 Ton. 6 Sch. 30 R. bis 3 Ton., Mühlenkoppel, 2 Parc. von 4 Ton. 7 Sch. bis 5 Ton. 5 Sch., Breengkoppel, 5 Parc. von 3 Ton. bis 4 Ton. 3 Sch., Alt=Nödabbel, 4 Parc. von 4 Ton. 3 Sch.

Ballum. **31**

bis 7 Ton. 2 Sch. 37 R., Neu-Röbabbel, 4 Parc. von 3 Ton. 1 Sch. bis 4 Ton. 3 Sch., Ober-Wisch, 6 Parc. von 1 Ton. 10 R. bis 1 Ton. 5 Sch. 15 R., Nieder-Wisch, 7 Parc. von 1 Ton. bis 1 Ton. 4 Sch. 12 R. — Das Torfmoor ward in 9 Parcelen getheilt, von 2 Sch. 16 R. bis 4 Sch. 6 R. und die Friedehölzung in 5 Parcelen, von 4 Ton. 5 Sch. bis 6 Ton. 7 Sch. 20 R. Im Ganzen 49 Parcelen. Besitzer der Stammparcele: 1784 Braak, 1810 Lüders, 1811 v. Bruhn, 1819 Thomsen, und bald darauf wieder Lüders, 1820 Carstens, 1821 Fries. Zum Gute gehören: Blans (z. Thl.), von Brobüll 1 Kathe, von Blanskov 2 Kathen, von Satrup 1 Kathe, von Schnabek 2 Hufen und einige Stellen am Strande, genannt Ballegaardskoppel. Hier ist eine Wassermühle, die zu einer Stampf- und Walkmühle eingerichtet ist, und eine Windmühle. Areal des ganzen Guts: 1078 Steuert. 169,220 Rbthlr Steuerw. Am Strande bei Ballegaard geht von Snaghöi eine Fähre nach Hardeshöi auf Alsen. — Zahl der Einwohner 484. — Ueber die Königl. Steuern siehe Reventlov-Sandberg.

Ballum (Balum), ein vergangenes Kirchspiel in der Pelwormerharde auf der ehemaligen großen Insel Nordstrand, zwischen den jetzigen Inseln Pelworm und Hooge. Die Wasserfluth im Jahre 1362 zerstörte die Kirche und den größten Theil des Kirchspiels; die Reste desselben hielten sich zur Kirche in Westerwohld.

Bannesdorf (Waldem. Erdb. Bondemaerthorp), Kirchdorf auf der Insel Fehmern, Pr. Fehmern. Dieses Dorf, welches die Kirche des s. g. Norderkirchspiels der Landschaft enthält, besteht außer der Prediger- und Cantorwohnung aus 12 größeren, 19 kleineren Landstellen, 16 Instenstellen, 1 Prediger-Wittwenhaus, 2 Armenbuden und 1 Wägehaus. — Districtsschule. Wirthshaus, 1 Krämer und mehrere Handwerker. Zu der im Jahre 1829 erbaueten holländischen Windmühle war das Kirchspiel zwangspflichtig. Die westlich vom Dorfe liegende Kirche ist nur klein, von Feldsteinen erbauet und hat eine Orgel. Zur Wahl des Predigers präsentirt das Kirchencollegium, die Gemeinde wählt. Eingepfarrt: Bannesdorf, Clausdorf, Krummenstiek, Marienleuchte, Poggensiek, Presen, Puttgarden, Sorgenfrei, Todendorf, Voßberg, auf der Weide. — Areal der contribuirenden Ackerländereien außer den Gemeinweiden: 213 Demat 3 Sch. (573 Steuert.). Der Boden ist vorzüglicher Art. An der Clausdorfer Gränze liegt eine Wiese, welche vormals ein Hafen gewesen sein soll. — Vz. des Ksp.: 998.

Barderup, Dorf an einer kleinen Aue, die in die Treene fällt, 1 M. südlich von Flensburg, A. Flensburg, Uggelh., Ksp. Oeversee; 2 Halbh., 5 Drittelh., 1 Kathe ($2\frac{2}{3}$ Pfl.); zwei auf der Feldmark belegene Colonistenstellen gehören zur Colonie Friedrichsheide (Ksp. Wanderup). Schule. Areal: 409 Steuert. Der Boden ist ziemlich gut. — Der von hier nach Weding durch das Moor führende Weg heißt Margarethenbrücke, und soll der Sage nach von der Königin Margaretha angelegt sein. Die in Angriff genommene Eisenbahn von Flensburg nach Tönning wird östlich von diesem Dorfe vorbeigehen.

Barg, Dorf $2\frac{1}{4}$ M. südöstlich von Flensburg, A. Flensburg, Nieh., Ksp. und Schuldistr. Sörup; 2 Vollh., worunter ein Freipflug, 1 Dreiviertelh., 3 Halbh. und mit den ausgebaueten an der Landstraße belegenen 3 Kathen, welche Bargfeld heißen, 9 Kathen und 1 Instenstelle ($4\frac{1}{2}$ Pfl.). Ein Wirthshaus heißt Petersburg. Areal: 364 Steuert. Der Boden ist im Allgemeinen recht gut.

Bargen (Bergen), Dorf am hohen Ufer der Eider, 2 M. südöstlich von Friedrichstadt, Landsch. Stapelholm, Ksp. Erfde. Es hat seinen Namen von der ziemlich hohen Lage und enthält 9 Vollstaven, 1 Zweidrittelstave, 2 Halbstaven, 13 Vollkathen, 2 Halbkathen, und 7 Freistellen (5 Pfl.). Ein privil. Hof heißt Gifthof, eine Kathe ist zugleich ein Wirthshaus, mit welchem eine Königl. Fähre für Wagen und Fußgänger verbunden ist. Districtssch. Wirthshaus, Schmiede. Mehrere Einwohner ernähren sich durch Schifffahrt und das Dorf besitzt 10 Schiffe, die nach England, Holland, Hamburg und Bremen fahren. Areal: 478 Steuert. Der Boden ist theils sandigt, theils moorigt, theils lehmigt, an der Eider hin aber sehr guter Marschboden. — Nordwestlich von Bargen liegt an der Eider der Bargenerkoog und südlich der Kleinekoog, beide unbewohnt. Die dünenartigen Berge, an welchen das Dorf liegt, sollen früher höher gewesen sein; der häufige Flugsand, woraus sie zum Theil bestehen, droht mehrere Gärten zu bedecken. — Hinsichtlich der Communal-Angelegenheiten ist Bargen mit dem Dorfe Scheppern combinirt.

Bargum (vormals Bergem), Kirchdorf 1¼ M. nördlich von Bredstedt, Landsch. Bredstedt, Pr. Husum, von bedeutender Länge, wird in Oster- und Wester-Bargum eingetheilt. Ersteres hat 47 Feuerstellen und letzteres, außer der Prediger- und Küsterwohnung, 73. In Oster-Bargum gehörten 4 Stellen (2 Pfl.) zum vormal. zweiten Schleswigschen Domcapiteldistr; 4 Stellen ebendaselbst gehören noch zum Gute Mirebüll. In Oster-Bargum ist eine Königl. Erbpachts-Windmühle. 2 Districtssch., 2 Armenhäuser, 3 Wirthshäuser, 1 Schmiede und mehrere Handwerker. — Die Kirche, anfangs eine Capelle, liegt in Wester-Bargum, ist sehr alt, nur klein und hat keinen Thurm. Der Prediger wird von dem Amtmanne und dem Probsten präsentirt und von der Gemeinde gewählt. — Eingepfarrt: Bargum, Bargumer-Altendeich, Bargumer-Berg, Bargumer-Heide, Bargumer-Koog, Bohle, Schwienewatt, Soholmbrück. — Areal: zur Dorfschaft 458 Steuert., zum Gute Mirebüll 95 Steuert. — Der Boden besteht theils aus Marsch, theils aus Geest, welche letztere ziemlich gut ist. Die Mirebüll'schen Ländereien liegen an der Südseite des Dorfes Wester-Bargum. Hier stand vormals ein Haus auf einer Werfte, in welchem ein Verwalter wohnte; die Werfte heißt noch Verwalterswerfte. — Bz. des Ksp.: 630.

Bargumer-Koog liegt nördlich vom Dorfe Bargum an der Soholmeraue, hat ein Areal von 913 Demat (718 Steuert.) Marschland, welches aber sehr mittelmäßig ist und im Winter gewöhnlich unter Wasser steht. Dieser Koog hat mehrere Abtheilungen. Ein Theil des Kooges heißt Aderslebener Koog; nördlich heißt ein Theil Schaymark, der mittlere Theil Mittelkoog und der östliche Oster- oder Wasserkoog. Auf den Mitteldeichen sind einige Wohnungen.

Bargumer-Heide (Heide), 1 Haus mit zwei Wohnungen südwestlich von Soholmbrück, im A. Bredstedt, Ksp. Bargum. Es hieß früher Schapenburg. Schuldistr. Soholmbrück.

Barkelsbye, Dorf an der Koseleraue, ½ M. nördlich von Eckernförde, Eckernförderh., Ksp. Borbye, zum Gute Hemmelmark gehörig; 4 Vollh., 7 Halbh., 3 Kathen, 13 Instenstellen. Areal: 535 Ton. 180 R. à 240 □. R. (394 Steuert.). Die Ländereien sind sämmtlich den Gutsuntergehörigen eigenthümlich verkauft. Schule. — Im Jahre 1609 hatte das Gut Winbebye hier Lansten, die 7½ Mark an den Prediger zu Hütten entrichten mußten.

Barkelsbye, Neu-, Meierhof im Gute Hemmelmark, Eckernförderh., Ksp. Borbye, welcher im Jahre 1820 an Gute Wilkens für 42,000 ℔ verkauft ward. Der Hof contribuirt für 1 Pfl. Eine zum Hofe gehörige Kathe heißt Böhnrühe. Areal: 228 Ton. à 240 □. R. nebst einem Theile des Rosseer Moores 3 Ton. 2 Sch. 21 R. (105 Steuert.) 23,400 Rbthlr. Steuerw. — Ziegelei.

Barnekemoor (Moor), 1 Hof, 3 kleine Landstellen und 1 Instenstelle 1½ M. nördlich von Tönning im Westertheil der Landschaft Eiderstedt, Ksp. Ulvesbüll. Barnekemoor hatte ehemals eine Kirche, welche 1491 einging; die Eingesessenen wurden darauf nach Ulvesbüll eingepfarrt. — Der Barnekemoorer=Koog ward 1463 von den Ulvesbüllern eingedeicht und hatte ein Areal von 280 Demat; im Jahre 1476 brach die Fluth daselbst ein.

Barsbek, eine kleine Aue, welche bei Barsmark im A. Apenrade entspringt, die Dalholter Mühle treibt und sich in die Ostsee ergießt.

Barsböl, 5 Hufenstellen, 2 M. nordwestlich von Lygumkloster, Ksp. und Schuldist. Skjärbäk. Von diesen Hufen gehören 1 Vollh. und 2 Halbh. (1$\frac{33}{96}$ Pfl.) zum A. Hadersleben, Westerth., Hviddingh., und 2 Halbh. (1 Pfl.) zum A. Lygumkloster, Vogtei Skjärbäk, welche Niß Schram von Storgaard 1484 dem Kloster zu Lygum verschötete. Areal zum A. Hadersleben: 291 Steuert. — Der Boden ist sehr gut.

Barsmark, Dorf 1 M. nordöstlich von Apenrade, A. Apenrade, Riesh., Ksp. Loit. Dieses ansehnliche Dorf dehnt sich von Westen nach Osten in einer Länge von ⅜ M. aus, und gehört zu den schönsten Dörfern im Herzogthum; es grenzt westlich an das Kirchdorf Loit, von dem es durch einen kleinen Bach, Bolbroe genannt, getrennt wird. Die Namen dieses Dorfes als auch der Insel Barsöe werden, der Sage nach, von dem Namen eines Unterköniges Baars hergeleitet, welcher diese Gegend zuerst angebauet und in Elsholm residirt haben soll, an welcher Stelle noch jetzt auf einer aus der Mitte der Wiesen sich erhebenden Anhöhe 2 Hufen gleiches Namens wie auf einer Insel liegen. Barsmark enthält 6 Vollh., 9 Dreiviertelh., 17 Halbh., 1 Drittelh., 8 Viertelh., 18 Kathen und 15 Instenstellen. (23$\frac{1}{24}$ Pfl.) Die Höfe liegen theils einzeln, theils zwei und drei zusammen und haben gemeinschaftliche Namen. Elsholm (2 Höfe), Ottesgaard (2 H.), Oestergaard (2 H.), Höi (1 H.), Möllegaard (2 H.), Fogedgaard (1 H.), Paulsgaard (3 H.), Kopperholt (1 H.), Bossensgaard (1 H.), Jacobsgaard (2 H.), Drengesgaard (2 H.), Knudsgaard (1 H.), Overgaard (2 H.), Holm (2 H.), Elsesträer (2 H.), Tarsthöi (Thorshöi 1 H.), Bröde (1 H.), bei welchem die Ueberfahrt nach der Insel Barsöe ist. Ausgebaute Stellen sind: Störtum, Nyegaard, Spramshuse, Enemark. — Knudsgaard und Jacobsgaard gehörten vormals zum Schleswigschen Domcapitel und scheinen ihre Namen von der St. Knuds= und von der St. Jacobsgilde erhalten zu haben. Ein Hof Dalholt mit der Dalholter=Wassermühle gehört zum Gute Aarup (A. Apenrade, Riesh.) und besitzt einige Vorrechte. — Districtsschule. 2 Schmiede. — Areal: 1743 Steuert. — Der Boden ist fruchtbar. Zu Elsholm gehörte ein Fischteich, Eil=See, (Igle=Söe), in welchem die Fischerei dem jedesmaligen Amtmanne von Apenrade zusteht, die jedoch nicht mehr benutzt wird. Vormals gehörte die Schifffahrt zu den Haupterwerbszweigen der Einwohner, jetzt giebt es aber nur 4 Schiffer mehr im Dorfe; der Flachsbau wird stark betrieben und vorzüglich schön gearbeitetes und feines Leinen verfertigt; einige Familien ernähren sich auch von der Fischerei. In der Nähe von Barsmark sind viele Opfer= und Grabhügel; einzelne Hügel heißen Lie, Baarshöi, Birrethöi, Baarsbyekroghöi u. s. w. Südlich vom Dorfe liegt eine 276 F. hohe Anhöhe, Blaabjerg genannt; eine gleichfalls ansehnliche Anhöhe heißt Thorshöi. — Vz.: 520.

Barsöe, eine kleine Insel in der Ostsee, dem Gjennerhafen gerade gegenüber, A. Apenrade, Riesh., Ksp. Loit. Auf dieser Insel, welche etwa 4000 Ellen lang und 3000 Ellen breit ist, liegt ein Dorf, welches aus 4 Dreiviertelh., 1 Zweidrittelh., 6 Halbh., und einigen Instenstellen (9 Pfl.) besteht. — Schule. — Viele Frauen beschäftigen sich mit Verfertigung von Leinen und es werden über 2000 Ellen zum Verkaufe verfertigt. — Areal: 361 Steuert. — Der südwestliche Theil der Insel ist bergigt, sandigt und ziemlich steinigt; der südliche und südöstliche Theil ebener und besser. Ein großer Theil der östlichen Seite der Insel ist eine steile Lehmwand, deren unterer Theil von den Wellen weggespült wird, wodurch die Insel sich mehr und mehr verkleinert. — Die Ueberfahrt von hier nach Bröde, im Ksp. Loit, beträgt etwas über $\frac{1}{4}$ M.

Bartholomäus-Capelle-, St., eine vergangene Capelle in der ehemaligen Lundenbergerh. auf Nordstrand, etwa $\frac{1}{2}$ Meile nördlich von der Simonsberger Kirche; sie soll 1273 oder 1362 untergegangen sein.

Baslund (Barslund), 2 Halbh. und 2 Instenstellen an einer kleinen Aue, 1$\frac{1}{2}$ M. nordöstlich von Ripen; A. Hadersleben, Westerth., Frösh., Ksp. Hygum. Die westlich belegene Hufe wird Groß=Baslund, die östliche Klein=Baslund (Skrupborg) genannt. — Schuldistr. Kamptrup. — Areal: 115 Steuert. Der Boden ist sandigt und von mittelmäßiger Art. — In der Aue werden Neunaugen gefangen.

Basrott, eine Parcelenstelle ($\frac{1}{4}$ Pfl.) im Gute Gelting, Cappelerh., Ksp. Gelting. — Areal: 124$\frac{1}{2}$ Hbtsch. (s. Goldhöft). Auf dem hier belegenen Bekfelde sollen ehemals Zauberinnen verbrannt sein.

Bastlund, ein ehemaliges Dorf im A. Tondern, Slurh., zwischen Hoist und Alslev. Der Herzog Friedrich verschötete 1503 seine Güter in diesem Dorfe, welche jährlich 8 ℔ eintrugen und andere in **Tungensberg** in der Tonderh., welche jährlich $\frac{1}{2}$ Ton. Honig gaben, an das Kloster Lygum gegen drei andere in der Tonderh. belegene Güter, so daß die Einwohner in Bastlund ihre Häuser abbrechen und die Dorfschaft Alslev die Feldmark benutzen durften.

Bastorf, Dorf im Gute Sardorf, Eckernförderh., Ksp. Riesebye, 7 Hufen, 11 Kathen, 2 Instenstellen; einige südöstlich belegene Stellen heißen Moorholz. Westlich vom Dorfe liegt eine Erbpachts=Windmühle. — Schule. — Areal: 520 Ton. à 260 □. R. — Der Boden ist gut.

Bastrup, Dorf 3$\frac{1}{4}$ M. nordwestl. von Hadersleben, Ksp. und Schuldistr. Vamdrup (A. Ripen). Zum A. Hadersleben, Westerth., Frösh., gehören 1 Vollh., 2 Halbh., 7 Viertelh., 2 Landbohlen und 11 Kathen; zum A. Ripen 2 Hufen. — Armenhaus, Wirthshaus, Schmiede Färberei. — Areal zum A. Hadersleben: 497 Steuert. — Der Boden ist größtentheils sehr gut.

Bastrup, einige Parcelenstellen in der Graffsch. Reventlow=Sandberg, A. Sonderburg, Nübelh., Ksp. Düppel.

Bau (vorm. Beow), Kirchdorf 1 M. nordwestlich von Flensburg, an der alten Landstraße nach Apenrade, A. Flensburg, Wiesh., Pr. Flensburg.

Bau. 55

Dieses ansehnliche hochliegende Dorf, dessen ehemal. Namen die Sage mit dem des Beowulf in Verbindung gesetzt hat, enthält außer der Wohnung des Predigers und des Küsters, 2 Vollh., 9 Zweidrittelh., 2 Drittelh., 26 Kathen und 7 Instenstellen (6¼ Pfl.). Ausgebauet sind 3 Kathen, von denen eine südlich an der Landstraße liegt, ein Wirthshaus ist und Rönsdamm genannt wird; vormals stand dieses Wirthshaus unter dem Obergerichte, seit 1827 gehört es aber zum A. Flensburg. Außerdem ist im Dorfe noch ein Wirthshaus und eine Schmiede. — Districtssch. — Am Sonntage nach Oculi Pferdemarkt. — Die Kirche, welche der Sage nach erst bei Norder-Schmedebye hätte erbaut werden sollen, ist sehr alt und von Feldsteinen; sie hat keinen Thurm, aber eine Orgel. Der König ernennt den Prediger. Eingepfarrt: Aalkiste, Bau, Baufeld, Beilhuus, Bommerlund, Duberg, Egvad, Frydenburg, Frydendal, Harkjär, Hindholm, Hjortholm, Hoheluft, Kitschelund, Klues, Kluesriis, Kollund, Kollund-Osterholz, Krakelundhof, Wester- und Oster-Krakelundfeld, Kratthaus, Krusau, Krusauer-Kupfermühle, Leuchterkrug, Mulsmark, Niehuus, Neulegan, Osterbek, Padborg, Plantgaard, Pramhuus, Rönsdamm, Schafhaus, Schleifmühle, Norder-Schmedebye, Schütterhuus, Sönderhuus, Tegelhof, Vogelsang, Waldemarstoft, Wassersleben, Weibek, Westerbek, Westerholm. — Areal: 619 Steuert. — Der Boden ist verschieden; in der Nähe des Dorfes gut, an der Ost- und Westseite sandigt und leicht. Auf der Feldmark befinden sich mehrere Opfer- und Grabhügel; in dem großen Grabhügel Schraffelhöi fand man im Jahre 1827 fünf von Feldsteinen aufgeführte Kammern und in einer derselben ein metallenes Schwerdt. Zwei Anhöhen westlich heißen Dammhöi und Wittenberg. — Bau litt in den Kriegsjahren 1659, 1660 und 1848 sehr. Recognoscirungsgefecht am 8. April 1848 und erneuertes Gefecht am 9. April 1848. Es sind im letzten Kriege nördlich von Bau mehrere Verschanzungen aufgeworfen. Vz. des Ksp. 1705.

Bau, Wester-, (vorm. Bwä, Bughe), Dorf 1¼ M. östlich von Tondern, an der Landstraße nach Apenrade, Ksp. und Schuldistr. Burkarl. Zum A. Tondern, Slurharde, gehören 7 Bohlstellen, 8 kleine Landstellen, 7 Häuser ohne Land; zum vormal. Gute Lindewith gehörten 1 Bohlstelle, 2 kleine Landstellen und zur Commüne Sollwig 2 Bohlstellen. — Der Boden ist sandigt, aber ziemlich fruchtbar. — Vor dem J. 1365 tauschte Peter Ebbesen v. Nylle Besitzungen in Bwämark (Baufeld) von seinem Schwager dem Ritter Jannekinus Jonsen ein, und eine Frau Namens Margarethe Karoli schenkte dem Kloster Lygum 2 Otting Land, die 1365 wieder an den genannten Ritter Jannekinus Jonsen vertauscht wurden.

Bauernfeld, 5 Halbh. und 4 Instenst. im Gute Schirnau, Eckernförderh., Ksp. und Schuldistr. Bünstorf. — Der Boden ist ziemlich gut.

Baufeld, 2 Landstellen nördlich von Bau, A. Flensburg, Wiesharde, Ksp. und Schuldistr. Bau.

Baulund (Boulund), Dorf 4¼ M. südwestlich von Hadersleben, A. Hadersleben, Westerth., Norderrangstrupharde, Ksp. Agerskov; 4 Vollh., 3 Dreiviertelh., 8 Halbh., 10 Viertelh., 4 Verbittelsstellen, 4 Kathen, (7$\frac{22}{32}$ Pfl.). Ausgebauete Stellen heißen: Nyemark, Mölbjerg und Baalsted. — Schule. — Areal: 1829 Ton. à 320 □.R. (1442 Steuert.). — Der Boden ist ziemlich fruchtbar. Im J. 1773 brannte ein Theil des Dorfes ab, und mehrere Stellen wurden ausgebauet. Eine Anhöhe im Moor heißt Hoyholm.

Baungaard, eine in 4 Parcelen getheilte Halbhufe an der Landstraße von Ripen nach Kolding, A. Hadersleben, Westertheil, Kalslund-

3 *

harde, Ksp. Kalslund. Nebenschule. — Schmiede. — Areal: 43 Steuert. — Der Boden ist lehmigt und fruchtbar. — Baungaard war ehemals ein Edelhof.

Baurup (vorm. Bagthorp), Dorf 1¼ M. südöstlich von Apenrade an der Landstraße nach Sonderburg, A. Apenrade, Birk und Ksp. Warnitz. Von diesem bedeutenden, zerstreut liegenden Dorfe gehören zum A. Apenrade 1 Vollbohle, 2 Kathen, 12 Instenstell. (⅝ Pfl., die Vollbohle gehörte vormals zum Schleswigschen Domcapitel, Vogtei Lysabbel); zum Gute Kjeding 4 Vollbohlen, 25 Halbbohlen und 6 Kathen; zum Gute Auenbölgaard 2 Halbbohlen und 2 Kathen; zum Gute Beuschau, jetzt zur Grafschaft Reventlov-Sandberg, 19 Halbbohlen und 3 Kathen und zur St. Nicolai-Kirche in Flensburg 2 Bohlen (2 Pfl.), von denen die eine Hufe vormals der Knudsgilde zuständig war. Die 4 Beuschauer Parcelenstellen liegen auf einer südlich vom Dorfe belegenen Anhöhe Brookberg. Eine östlich belegene Stelle heißt Festi. Districtssch. — 3 Wirthshäuser, 3 Schmiede und viele Handwerker. Viele Frauen beschäftigen sich mit Weben und verfertigen Zeuge, welche dem Tuche nahe kommen.

Baustrup (vorm. Burstorp), eine aus den Morkirchener Hoffeldern 1778 gebildete Parcelenstelle, westlich vom Hofe Morkirchen, A. Gottorf, Morkirchharde, Ksp. Böel. An dieser Stelle lag ehemals ein Dorf Baustrup, welches aber schon im 14. Jahrhundert vergangen war. Westlich vom Hofe liegt das Königl. Gehege Baustrup, 39 Ton. 52 □. R. groß.

Becke, eine im Anfange des 15. Jahrhunderts untergegangene Kirche in der Bökingharde, etwa ¼ M. nördlich von Ockholm, im A. Tondern. Sie hat vielleicht der Bökingharde den Namen gegeben.

Bedsted (vorm. Bilstede), Kirchdorf 1¼ M. östlich von Lygumkloster, Pr. Apenrade. Von diesem Dorfe gehören zum A. Apenrade, Süderrangstrupharde, 1 Vollh., 5 Dreivierth., 3 Halbh., 2 Dritteh., 17 Kathen, (6²⁴⁄₂₄ Pfl.), und zum A. Lygumkloster, 1 Fünfvierth., 3 Kathen und 2 Instenstellen (1¼ Pfl.). — Districtsschule. — Armenhaus für 4 Familien eingerichtet. Schmiede. — Einige Frauen beschäftigen sich mit Spitzenklöppeln. Der Ritter Jacob Rostedt vermachte 1334 dem Lygumer Kloster unter andern gewisse Kornhebungen in Bilstede und Tuke Esbernsen 1345 seinen Antheil an der Bilsteder Feldmark. Im J. 1517 ließ der Herzog Friedrich ein Gut zu Bedsted an das Kloster verschöten. — Die südlich vom Dorfe liegende Kirche ist mit Blei gedeckt und hat einen stumpfen Thurm. — Der Prediger wird von dem Amtmann und dem Propsten präsentirt und von der Gemeinde gewählt. — Eingepfarrt: Arndrup, Arndruper-Wassermühle, Bedsted, Gravlund, Moorbek, Sieverkroe, Oster-Terp. — Areal: 974 Steuert. — Der Boden ist sandigt. — Vz. des Ksp.: 571.

Beenshallig, eine kleine unbewohnte und zur Landschaft Nordstrand gehörige Hallig in der Westsee, zwischen den Inseln Pelworm und Gröde. — Areal: 51 Steuert.

Bestoft (vorm. Bevetofft), Kirchdorf an der Süderaue, 2½ M. südwestlich von Hadersleben, A. Hadersleben, Westertheil, Norderrangstrupharde, Pr. Törninglehn. — Es enthält außer der Prediger- und Küsterwohnung 3 Vollh., 1 Dreivierth., 5 Halbh., 1 Viertelh., 4 Landbohlen, 1 Verbittelsstelle und 13 Instenstellen; 4 Festestellen sind auf dem Grunde des Predigerlandes erbaut. Eine südlich ausgebaute Stelle am Rande einer ehemals beholzten Höhenkette heißt Egeskovgaard, eine andere, am Wege nach Galsted Faaergaard, zwei desgleichen im Süden von der

Behrendorf.

Scheide zu beiden Seiten des Weges liegende Sophiendal und Sjellandshuus. Die hier belegene Bestofter Königliche Zeitpachts=Wassermühle gehört zur Gramharde. — Districtsschule. — Wirthshaus, 2 Schmiede, 1 Dampfbrennerei. — Die Kirche ist von behauenen Feldsteinen, sie hat einen hohen spitzen Thurm. Im J. 1628 ward die Kirche von den Kaiserlichen fast gänzlich verwüstet. Der König ernennt den Prediger, welcher zugleich Prediger in Tüslund ist. Eingepfarrt: Bestoft, Bestofter=Mühle, Blankenhof, Damgaard, Egestovgaard, Faargaard, Fruegaard, Frydenlund, Haunbjerggaard, Hjartbroe, Hjartbroelund, Hyrup, Rieder=Jersdal, Kirkelund, Kragaard, Lerdal, Lundsgaard, Oestergaard, Petersborg, Prästhöigaard, Sjellandshuus, Skovdal, Slävadgaard, Sophiendal, Strandelhjörn, Strandelhjörnskov, Vollenborg, Vraae. — Areal: 308 Steuert. — Der Boden ist zum Theil sandigt. Die Fischerei in der Aue wird von dem Königl. Amte verpachtet. Im J. 1736 brannte der größte Theil des Dorfes mit der Predigerwohnung ab. Im Süden auf der Haide liegen die Anhöhen Grönshöi und Loyenhöi. Auf der Feldmark sind einige Grabhügel. — Vz. des Ksp.: 886.

Behrendorf (vorm. Bjerrup), Dorf 2½ M. südöstlich von Bredstedt, Landschaft Bredstedt, Ksp. Viöl. Dieses große Dorf enthält 18 größere und 14 kleinere Hufen, worunter 2 Fünfviertelh. und 7 Vollh.; ferner 7 Kathen und 20 Instenstellen. Von den Hufen gehörten die Fünfviertelh. und 2 Vollh. (3 Pfl.) zum vormal. Schleswigschen Domcapitelsdistr., Vogtei Kurbüll. Ausgebauet sind eine kleine Hufe östlich, Schrödershof, und 2 Kathen Jenschenskathe und auf dem Kiel. — Districtssch., Wirthshaus, Schmiede und mehrere Handwerker. — Areal: 792 Ton. (621 Steuert.). — Der Boden ist feucht und kalt und im Ganzen nur von mittelmäßiger Art. Die Einwohner verdienen hier manches durch Korbflechten und Weben. Eine Dorfsbeliebung ward 1676 errichtet. Am östlichen Ende des Dorfes soll der Sage nach vormals eine Burg gestanden haben, wovon aber keine Spuren zu finden sind.

Behrensbrook, adel. Gut in der Eckernförderharde. Der Haupthof liegt 1¼ M. südöstlich von Eckernförde, Ksp. Gettorf. Dieses Gut war ehemals ein Meierhof des Gutes Lindau, ward schon im vorigen Jahrhundert (1705) von demselben getrennt, zu 11 Pfl. angesetzt und 1806 unter die Zahl der adel. Güter aufgenommen. Besitzer: 1705 v. Ahlefeld, 1737 v. Qualen, 1802 Steindorff, 1816 v. Rantzau, 1847 Prinz Friedrich von Augustenburg. Das Gut zerfällt in 3 Abtheilungen: dem Haupthofe, dem Meierhofe Rothenstein und dem Dorfe Neudorf, welche zusammen ein Areal von 1982 Ton. 1 R. à 240 Q.R. haben (1668 Steuert., 266,880 Rbth. Steuerw.). Der Haupthof enthielt 1802: 834 Ton. 4 Sch. 29 R., darunter an Acker 536 Ton. 6 Sch. 5 R., an Wiesen 159 Ton. 1 Sch. 1 R., an Hölzung 119 Ton. 6 Sch. 13 R., an Moor 10 Ton. 7 Sch. 19 R., an Wegen 7 Ton. 7 Sch. 21 R. Von dem Meierhofe sind späterhin dem Haupthofe beigelegt 62 Ton. 4 Sch. 6 R. und von Neudorf 1 Sch. 23 R., dahingegen sind dem Dorfe Neudorf wieder beigelegt 22 Ton. 2 Sch. 25 R., mithin hat der Haupthof jetzt ein Areal von 875 Ton. 3 R. (642 Steuert., 102,720 Rbth. Steuerw.). — Der Boden ist von besonderer Güte. — Folgende Holzkoppeln sind bemerkenswerth: Lammsrade, Eilsören, Behrensbrook, Groß=Höllen. — Das Wohnhaus ist von Brandmauer mit einem Rohrdache, einstöckigt und mit einem Erker versehen. — Zahl der Einw. 430. — Dieses Gut litt in den Jahren 1813 und 1814 sehr durch feindliche Truppen. — An der Aschauer

Scheide befindet sich ein bedeutender mit Steinen umgebener Opferhügel. — Contribution: 492 Rbthlr., Landsteuer: 556 Rbthlr., Haussteuer: 1 Rbthlr.

Beierholm, ein Freihof (Vollh.) im A. Hadersleben, Osterth., Haderslebenerh., Ksp. Halk. Dieser Hof hat nach Schötebriefen aus den Jahren 1392, 1453 und 1457 mehrere Privilegien erhalten, späterhin sind aber viele Vergünstigungen aufgehoben. Zum Hofe gehörten im Anfange des 18. Jahrhunderts 2 Vollh., 1 Halbh., 3 Viertelh., 1 Toftgut und 10 Landbohlen in den Dörfern Heissager, Haistrup, Raab, Stevelt und Bögestov, die aber späterhin davon verkauft sind. — Besitzer: 1403 Iversen, 1413 Tangebiert, 1457 Stangenberg, darauf Iver Matzen, 1543 Hans Voet, welcher von dem Könige Friedrich I. geadelt ward und darauf lange Zeit seine Nachkommen.

Beierholm, einige Kathen im A. Lygumkloster, Ksp. Hoist.

Beken (vorm. Beking), 13 zerstreut liegende Kathen und 5 Instenstellen, 1¼ M. nordöstlich von Flensburg, zwischen 2 kleinen Bächen, nach denen der Ort den Namen führt, Ksp. Rinkenis. 5 Kathen, von welchen eine südlich belegene Ballig heisst, und 5 Instenstellen gehören zum A. Apenrade, Lundtofth. (Pflz. f. Hockerup.) — 8 Kathen gehören zum Gute Gravenstein, eine Kathe heisst Knudsmay. — Distritssch. — Schmiede. — Der Boden ist ziemlich gut.

Bekhaus, 1 Kathe im A. Gottorf, Schliesh., Ksp. Boren; die Ländereien sind von der Feldmark Güderott abgelegt.

Bekhaus, eine kleine Landstelle im A. Tondern, Karrh., Ksp. Labelund.

Bekredder, 1 Kathe mit 2 Wohnungen im Gute Eckhof, Eckernförderh., Ksp. Dänischenhagen.

Bellig (Ballig, Belge), Dorf an einer kleinen Aue, 1½ M. nordöstlich von Schleswig, A. Gottorf, Strurdorfh., Ksp. und Schuldistr. Strurdorf. Dieses Dorf kam im Jahre 1483 an das Schlesw. Domcapitel und gehörte zum ersten District, Vogtei Berend; es enthält 5 Vollh. und 2 Kathen (5 Pfl.). — Areal: 290 Steuert. — Der Boden ist grösstentheils gut.

Beltum (Biltum, Bild), eine ehemal. Kirche auf der Insel Nordstrand in der Beltringharde, der sie ihren Namen gegeben hat. Sie lag etwa ¼ M. nordöstlich von der Hamburgerhallig und soll in der Wasserfluth 1362 untergegangen sein.

Bendal, eine vergangene Kirche in der Bökingh., etwa ½ M. östlich von Galmsbüll, im A. Tondern, welche im Jahre 1362 in einer Wasserfluth untergegangen ist.

Bennebek, Alt- (Gross-Bennebek), Dorf an einer kleinen Aue, 2¼ M. südwestlich von Schleswig, A. Gottorf, Kropph., Ksp. Kropp, enthält 10 Halbh., 2 Fünfsechszehntelh., 11 Viertelh., 2 Achtelh. und 15 Kathen, von denen 3 auf der s. g. Umleitung liegen. (8⅝ Pfl.) — Eine Halbh. ist ausgebaut und heisst Quekebrücke. — Wirthshaus, Schmiede. — Districtssch. — Areal: 1083 Steuert. — Der Boden ist von ziemlicher Güte; die Haidestrecken werden nach und nach urbar gemacht.

Bennebek, Klein-, Dorf an einer Aue, 1¾ M. südwestlich von Schleswig, A. Gottorf, Kropph., Ksp. Kropp. Zum A. Gottorf gehören 1 Vollh., 1 Dreiviertelh., 9 Halbh., 9 Viertelh., 4 Achtelh., 7 Kathen und 2 Instenstellen (9 Pfl.); zum St. Johanniskloster in Schleswig gehören 1 Halbh. und 1 Kathe. Eine ausgebaute Hufe heisst Wielsiek und eine beim

Benninghusum.

Dorfe Börm belegene Instenstelle Barkhorn. 2 Wirthshäuser, Schmiede. — Schule. — Areal: 1145 Steuert. — Der Boden ist nur von mittelmäßiger Art.

Benninghusum, 9 Häuser, 2½ M. südwestlich von Tondern, A. Tondern, Wiedingh., Ksp. und Schuldistr. Horsbüll.

Berend (vorm. Byernte), Dorf ½ M. nördlich von Schleswig, A. Gottorf, Struxdorfh., Ksp. Nübel. Dieses Dorf gehörte zum Theil zum 1. Domcapitelsdistrict und enthält jetzt 2 Fünfachtelh., 3 Halbh., 2 Dreiachtelh., 1 Achtelh., 8 Kathen, 3 Instenstellen und 6 Hufenparcelen, (6⅕ Pfl.). Von diesen sind ausgebaut: 2 Instenstellen mit einem Wirthshause Kattenhund (s. Kattenhund), 2 Parcelenstellen heißen bei Kattenhund, 3 Parcelenst. Haarholm, 1 Parcelenst. und Wirthshaus Osterkrug (Triangel), 1 Kathe Hinkelhöft. — Schuldistrict Nübel. — Kattenhund und bei Kattenhund gehören zum Neu=Berender Schuldistr. Schmiede. — Areal: 478 Steuert. — Der Boden ist ziemlich gut. — Bei Kattenhund liegen 3 Teiche, von denen einer Haferteich heißt; ein kleiner See, westlich von Berend, heißt Lüng=See. Beim Dorfe liegt ein Stück Ackerland, welches vormals dem Structuarius der Domkirche in Schleswig gehörte, welcher dafür Mayenbusch zum Pfingstfeste für die Domkirche liefern mußte. — Beim Osterkruge liegen viele Grabhügel; ein Hügel auf der Berender Feldmark heißt Barnehöi.

Berendfeld, 1 Kathe und 1 Instenstelle, im A. Gottorf, Struxdorfh., Ksp. und Schuldistr. Nübel; gehörte ehemals zum 1. Domcapiteldistr., Vogtei Berend.

Berendholz, 1 Kathe (13 Steuert.), im A. Gottorf, Struxdorfh. Ksp. und Schuldistr. Nübel.

Berend, Neu=, (Berenderheide), Colonistendorf ¾ M. nördlich von Schleswig, A. Gottorf, Struxdorfh., Ksp. Nübel, enthält 21 Colonistenplätze mit 18 Häusern, 2 Eigenthumsinstenstellen und 1 Parcelenstelle (1$\frac{5}{16}$ Pfl.). Districtssch. — Schmiede. — Im letzten Kriege brannten hier am 25. Juli 1850 3 Häuser ab. — Areal: 106 Steuert. — Der Boden ist theils sandigt und theils moorigt. Ein ansehnliches Stück Land südlich vom Dorfe heißt Hegeholzkoppel, welches die Einwohner in Erbpacht besitzen. Ein Fischteich Königsdamm genannt, gränzt nördlich an die Colonie und wird vom Amte verpachtet. Verschiedene Haidestrecken werden nach und nach beackert. Auf der Feldmark sind mehrere Grabhügel. Bz.: 338.

Berg, Meierhof im Gute Fresenhagen, A. Tondern, Karrh., Ksp. Leck, Schuldistrict Stadum. — Areal: 574 Dem. 41 □. R., worunter 403 Dem. 159 □. R. Moor und Haideland. Beim Hofe sind 2 Kathen.

Berg (Bargumer=Berg, auf dem Berge), 4 Häuser nordwestlich von Wester=Bargum in der Landschaft Bredstedt; Ksp. und Schuldistr. Bargum. Die eine Stelle ist vormals von Adeligen bewohnt gewesen und gehörte der Familie von Ahlefeld.

Bergenhusen (vorm. Beveringhusen), Kirchdorf 1½ M. östlich von Friedrichstadt, Landschaft Stapelholm, Pr. Hütten. Dieses große, anmuthig an einem Gehölz auf einer Hochebene belegene Dorf, welches, als die Sorge noch schiffbar war, von Fischern erbaut sein soll, enthält 48 Vollstaven, 4 Halbst., 10 Viertelst., 13 Kathen und 3 Freistellen (25 Pfl.). Ausgebaut sind: Brunsholm, ein ansehnlicher, schöngebauter Hof, malerisch mitten in der Hölzung gelegen, mit einer Ziegelei und

Branteweinbrennerei; nahe dabei im Holz eine Landstelle Grünenthal; Holzkathen, 3 Kathen an der Landstraße von Schleswig nach Friedrichstadt, von denen eine ein Wirthshaus ist und Holzkrug heißt; 1 Kathe an derselben Landstraße, Jägerkathe genannt. — Districtssch., Schmiede, Ziegelei westlich vom Dorfe, mehrere Handwerker. — Die Kirche ward, da die alte abgetragen werden mußte, im Jahre 1712 durch Hülfe einer von der Stadt Hamburg bewilligten Lotterie neu erbaut; sie ist ansehnlich, mit einem Kuppelthurm versehen und hat eine Orgel. Der König ernennt den Prediger. — Eingepfarrt: Aue, Bergenhusen, Börmerkoog (z. Thl.), Brunsholm, Frahmshof, Fünfmühlen, Grünenthal, Holzkathen, Holzkrug, Jägerkathe, Johannisberg, Kleinseer-Koog, Lohmannsbrücke, Meggerdorf, Meggerkoog (z. Thl.), Moorschlipp, Schirnis, Thiesburg, auf der Umleitung, Westerbünge, Winn, Wohlde. Die 3 genannten Kooge haben keine eigentliche Kirchengerechtigkeit, sondern halten sich freiwillig zu dieser Kirche; die Leichen der Sandschleuse (Ksp. Erfde) werden hier begraben. — Areal, mit Kleinensee: 1658 Steuert. — Die Feldmark besteht aus Geestland, ziemlicher Hölzung, Wiesenland an der Treene (s. Treenmarsch) und einem Antheile des Sorgkoogs. Nördlich und westlich vom Dorfe liegen zwei ansehnliche Hölzungen; in ersterer sollen vormals 2 Edelhöfe gestanden haben; der eine Hof hieß Blomendahl und war vermuthlich von einem v. Blome erbaut; der Platz, worauf der andere gestanden, wird Junkerhofstätte genannt. Ein Haupttheil des Holzes führt den Namen Siekte. Die Dörfer Bergenhusen und Wohlde sind im Besitz dieser Hölzungen. Eine Hölzung, Nordredder, wurde 1666 verkauft. Es befinden sich in der Hölzung 10 mit Gebüsch bewachsene, und zum Theil mit Steinen umgebene Opfer- und Grabhügel, welche Hülsberge heißen; ein anderer heißt Fahrenberg, einer bei den Holzkathen Butterlandsberg. — In dem Kriege 1658 wurde Bergenhusen von den Kaiserlichen und Brandenburgern fast gänzlich verwüstet. — Ehemals stand auf dem Mühlenberg, westlich vom Dorfe, eine Windmühle, die aber abgebrannt und nach Wohlde verlegt ist. — Bz. des Ksp.: 2024.; Bz. des Dorfs 619.

Bergholz, 6 zerstreut liegende Kathen und 4 Instenstellen ($\frac{17}{192}$ Pfl.), am Hostruper-See und an der Chaussee von Flensburg nach Apenrade, im Gute Seegaard, A. Apenrade, Lundtoft., Ksp. Klipplev. — Districtsschule. — Areal: 84 Ton. 248 R. à 260 □. R. (55 Steuert.). — Der Boden ist bergigt aber sehr gut; die hiesige vormals sehr bedeutende Hölzung, Bergholz genannt, ist gänzlich verhauen.

Berghuus (auf dem Berge), 1 Landstelle im Westertheile der Landschaft Eiderstedt, Ksp. und Schuldistr. Westerhever. — Areal: 16¼ Demat.

Berlin, ein nahe nördlich vor Schleswig belegenes und zur Jurisdiction dieser Stadt gehöriges Wirthshaus, Ksp. St. Michaelis. Das Wohnhaus ward 1840 neu erbaut.

Berlum, eine ehemalige, schon um das Jahr 1240 vorhandene aber durch eine Wasserfluth zerstörte Capelle in Nordfriesland, an der nordöstlichen Seite von Silt, deren Namen noch eine Sandbank, Berlumsand, führt.

Beuschau (Bögeskov), ein parcelirtes adel. Gut, 2 M. südöstlich von Apenrade, im Lande Sundewith, A. Sonderburg, Nübelharde, Ksp. Ulderup; einige Parcelenstellen gehören zum Ksp. Atzböl. Die beiden vormaligen Dörfer Bögeskov und Fischbek wurden von dem Herzoge Hans an den Grafen v. Ahlefeld vertauscht, welcher sie 1601 in Meierhöfe ver=

wandelte und zu Gravenstein legte. Als der Graf C. v. Ahlefeld starb, kaufte Paulsen zu Ballegaard 1725 diesen Hof; spätere Besitzer waren: 1748 Koch, 1776 Paulsen, darauf Graf Reventlov zu Sandberg. — Der Hof ward unter die Zahl der adeligen Güter aufgenommen und 1784 parcelirt. — Steuerw. 494,775 ₰ (21$\frac{25}{32}$ Pfl.) — Das Areal des ganzen Gutes beträgt 1764 Steuert. Die größte Parcele enthält 278 Ton., die nächstgrößte 81 Ton., 33 kleine Parcelen enthalten 28 bis 2 Ton., zusammen 270 Ton.; das Dorf Broböl 219 Ton.; Blans, 46 Ton.; Baurup, 641 Ton.; Auenböl, 30 Ton., Beuschauholz, 199 Ton. Die Ländereien wurden den Untergehörigen zum Eigenthum überlassen und an die Gutsherrschaft wird ein Canon entrichtet. — Das Gut liegt übrigens in einer anmuthigen, holzreichen Gegend; mehrere Parcelenstellen und Kathen liegen zerstreut in diesen Hölzungen und heißen Beuschauholz; von den Parcelen heißt eine Kopperholm, eine Landstelle südlich von Beuschau Schaugaard. — Windmühle. — Der Stammhof enthält 501 Ton. à 192 □. R., worunter an Hölzungen etwa 80 Ton. — Der Boden ist fruchtbar.

Bever, 1 Haus im A. Tondern, Wiedingh., Ksp. und Schuldistrict Neukirchen.

Beveröe (Waldem. Erdb. Pyterö), eine Halbinsel, vorm. eine Insel und eine Meierei des Hauptofs Gelting, im Gute Gelting, Cappelerh., Ksp. Gelting; zwischen der Geltinger Bucht und dem vormal. Geltinger Noor. — Schon in älteren Zeiten ward diese Insel durch einen späterhin vergangenen Damm mit der Birk verbunden, und hat seit 1821 wiederum eine Verbindung mit dem festen Lande erhalten, wodurch das Geltinger Noor eingedeicht ist. Die ganze Insel war mit dichter Waldung bewachsen, von der jetzt nur Spuren vorhanden sind. Auf Beveröe ist eine Meierei, zu der auch die Birk und das vormalige Geltinger Noor gehören, eine Fischerkathe und noch einige Kathen, von denen eine Alte-Meierei heißt. — Auf einer hier vormals gewesenen Ziegelei sollen die Steine zur Geltinger Kirche gebrannt sein. — Areal: 258 Hdsch. (48 Steuert.).

Bevertoft, 7 Häuser im A. Tondern, Wiedingh., Ksp. u. Schuldistr. Neukirchen; außerdem heißen 8 andere Häuser in der Nähe Süder-Bevertoft.

Bjendrup (Behrendorf, Berndrup), Dorf an einer Aue gleiches Namens, 1¾ M. südwestlich von Apenrade, im Gute Seegaard, A. Apenrade, Lundtoftharde, Ksp. Klipplev; enthält 1 Vollhufe, 1 Dreiviertelhufe, 17 Halbhufen, 1 Viertelhufe, 8 Kathen und 7 Instenstellen nebst einer Wasser- und Windmühle. (7$\frac{31}{32}$ Pfl.). Von den ausgebauten Halbhufen heißt eine Braae, eine andere Vestergaard (Westergaard); eine Instenstelle und Wirthshaus heißt, nach den dabei liegenden Grabhügeln, Jarnishöi (Jarnshö, s. Klipplev). — Districtssch. — 2 Wirthshäuser, 3 Schmiede und mehrere Handwerker. — Areal: 2595 Ton. 60 R., à 260 □. R. (1277 Steuert.). — Der Boden ist sandigt und leicht. — Das Dorf hatte vormals eine Kirche, die unter andern noch 1523 vorkömmt und nicht lange vor 1600 einging; seitdem ist es in Klipplev eingepfarrt. In dem Garten eines Hufners, wo der Kirchhof war, findet man noch oft Schädel und Gebeine von Menschen; eine kleine Wiese in der Nähe heißt Prästeeng (Predigerwiese.)

Bjendrup (Bjerndrup, Behrendorf), 2 Vollh. und 1 Halbh. (2½ Pfl.), ¾ M. nordöstlich von Lygumkloster, A. Lygumkloster, Ksp. Norder-Lygum. — Nebensch. mit Viesbjerg. — Areal: 216 Steuert. — Im Jahre 1344 wird einer Curia in Bjendrup erwähnt, die damals an das Kloster kam. 1348 verkaufte Esgerus Wind, 1379 Johann Limbek auf Troyburg seine Güter in Bjendrup an das Lygumer Kloster und 1512 überließ der König Hans demselben 8 Stück Erde auf der Bjendruper Feldmark m. m. gegen einen Hof in Enlev. Zufolge Dingswinden aus dem 16. Jahrhunderte scheint es, daß Bjendrup zur Löeharde gerechnet worden ist.

Bienebek, adel. Gut an der Bienebek, in der Eckernförderh.; Ksp. Siesebye; der Haupth. liegt 2 M. nordwestlich von Eckernförde. — Dieses Gut ist aus zwei Bienebek genannten Dörfern (1463 noch 6 Hufenstellen) entstanden, welche 1483 noch nicht niedergelegt waren. Besitzer: 1543—1598 v. d. Wisch, 1626 v. Pogwisch, 1634 v. Rantzau, 1670 v. Ahlefeld, 1673 v. Reventlov, 1708 v. Thienen, 1727 v. Qualen, welcher das Gut durch angekaufte Maaslebener Ländereien vergrößerte, 1730 Richter, 1754 Otto, 1780 Tramm, 1801 v. Wasmer, 1839 G. A. Schäfer. — Zu Bienebek gehört ein Theil des Kirchdorfes Siesebye (4 Halbh., 6 Kathen, 12 Instenstellen) nebst einer an der Schlei belegenen Graupenmühle. — Zahl der Einw.: 200. — Areal des Haupthofes: 484 Ton. 7 Sch. 5 R., à 270 □. R., worunter an Acker: 364 Ton. 1 Sch. 26 R., Wiesen: 45 Ton. 24 R., Hölzung: 65 Ton. 1 Sch. 26 R., Moor: 2 Ton. 2 Sch., Wege: 1 Ton. 4 Sch. 20 R., Wasser: 6 Ton. 4 Sch. 12 R.; an Ländereien einer Parcele, welche aus den Hofschlägen Voßberg und den Wiesen Krakmark besteht, 59 Ton., und an Ländereien, welche in Zeitpacht gegeben sind, 144 Ton. 5 Sch. 27 R., zus. 774 Ton. 5 Sch. 27 R., à 240 □. R. (692 Steuert.); 106,600 Rbth. Steuerw.) — Der Hof ist in neuer Zeit sehr verschönert. — Vormals stand das Gut mit Staun und Marienhof gemeinschaftlich zu 12 Pfl., als Staun davon getrennt ward zu 8 Pfl., und nachdem 1803 Marienhof verkauft ward zu 6 Pfl. An der Bienebek lag ehemals eine Wassermühle. — Contribut.: 268 Rbthlr. 48 bßl.; Landsteuer: 222 Rbthlr.; Haussteuer: 8 Rbthlr. 42 bßl.

Bjerndrup (Bjendrup), Dorf 1½ M. nordwestlich von Hadersleben, A. Hadersleben, Ostertheil Tyrstruph., Ksp. Stepping.; 3 Vollh., 4 Halbh., 4 Viertelh., 7 Landb., 3 Kathen. — 2 Viertelh. gehören zur Kirche; ausgebaut sind 1 Kathe Skovballund, 2 Landb. Holmshuse und Spang. — Districtsch. — Schmiede. — Der Boden ist nur von mittelmäßiger Art. — Westlich vom Dorfe liegt fast mitten in einer Wiese ein jetzt mit Busch bewachsener Hügel, Herreshöi genannt, auf welchem ein Edelhof gestanden haben soll; ein Vorwerk, **Bjerndrupgaard**, war noch 1699 vorhanden und mußte damals zu 10 Rthlr. jährlicher Contribution angesetzt werden.

Bjerning, Kirche 1 M. nördlich von Hadersleben, an der Landstraße nach Kolding, A. Hadersleben, Ostertheil, Tyrstruph., Pr. Hadersleben. Die Capelle St. Petri in Berningh ward 1406 von dem Bischof Johannes dem Capitel zu Hadersleben geschenkt. Die Kirche ist von alter Bauart, nicht groß, hat aber einen breiten Thurm mit stumpfer Spitze. Sie ist ein Annex der Kirche in Moltrup. — Nahe an der Südseite der Kirche liegt eine Landstelle Bjerninghuus. — Schuldistr. Skovbölling. — Eingepfarrt: Aabroe, Altona, Bjerning, Bjerninghuus, Bjerningroi, Blocksbjerg, Errigsted, Kabbrup, Rörkjär, Skovbölling, Tömmeshuus, Ulvshuus. — Bz. des Ksp.: 395.

Bierremark, 2 Bohlstellen (⅔ Pfl.), A. Tondern, Südtonderh., Ksp. und Schuldistr. Uberg. Diese beiden Stellen wurden im Jahre 1768 combinirt.

Bjert.

Bjert (vorm. Beringh, Berninghe), Kirchdorf 3 M. nördlich von Hadersleben, A. Hadersleben, Ostertheil, Tyrstruph., Pr. Hadersleben. — Dieses alte Dorf, nach welchem vermuthlich ein Theil des Herzogthums ehemals den Namen Barwithsyssel erhalten hat, liegt in einer anmuthigen Gegend und enthält außer der Predigerwohnung und dem Schulhause 15 größere und kleinere Hufen, 16 Landbohlen und 18 Instenstellen. Unter den Hufenbesitzern sind 2 Hadersleber Hospitalslansten. Ausgebaut sind: ein Hof Langholtgaard, und 2 kleinere Hufen; ein einzelnes Haus auf dem Dorffelde heißt Vanghaugehuus (Wanghaugehuus). — Districtssch. — Armenhaus, 2 Schmiede. — Die westlich vom Dorfe gelegene, mit einem Thurm verzierte Kirche ist eine der ältesten und schönsten in der ganzen Umgegend; sie ward besonders 1833 sehr verbessert; der König ernennt den Prediger. **Eingepfarrt:** Aitrup, Aitrupskov, Bekland, Bengaard, Binderup, Binderupmölle, Bjert, Carlsgaard, Fredsgaard, Herredet, Hestkoppel, Horland, Kobelhuus, Langholtgaard, Langrörup, Lönnegaard, Olrye, Overmarkgaard, Sandagerhuus, Skartved, Steenholt, Strömholt, Vanghaugehuus, Vedagerkroe. — Ein Theil der Wiesen liegt an der Binderuper Mühlenaue und wird Bjert-Maer genannt. — Der Boden ist gut. — Auf der Feldmark befindet sich ein Grabhügel. — Vz. des Dorfes: 391; des Ksp. 1502.

Billeslund, ein von dem Gute Gram abgelegter Meierhof, welcher in der Nähe der Landstraße von Hadersleben nach Ripen liegt, A. Hadersleben, Frösh., Ksp. Gram. — Areal: 429 Ton. à 240 □. R. (203 Steuert.)

Billund, Dorf 1¼ M. westlich von Hadersleben, Osterth., Gramh., Ksp. und Schuldistr. Jägerup; 3 Vollh., 4 Landbohlen. — Der Boden ist theils gut, theils sandigt und mit Heide bewachsen.

Billwatterbrücke (Billwatt), 1 Kathe an der Orbek, A. Gottorf, Schliesh., Ksp. Süder-Brarup. Hier wird Brückengeld erhoben.

Bilschau, 2 von Jarplund ausgebaute große Kathen, 1 M. südlich von Flensburg an der Chaussee nach Schleswig, A. Flensburg, Uggelh., Ksp. und Schuldistr. Oeversee. Die eine Kathe ist ein ansehnliches Wirthshaus. — Areal: 36 Steuert. — Gefecht bei Bilschau am 24. April 1848.

Binderup, ein schön belegenes Dorf 2¼ M. nordöstlich von Hadersleben, A. Hadersleben, Osterth., Tyrstruph., Ksp. und Schuldistr. Bjert; 9 Hufen, 20 Landbohlstellen und Kathen und 10 Instenstellen. Eine der Hufen heißt Overmarkgaard und liegt bei Binderup-Mölle, einer Königliche Wassermühle nördlich vom Dorfe. Von den 6 ausgebauten Kathen heißt eine Vedagerkroe (Vedagerkrug). — Schmiede. — Im Jahre 1499 wohnte hier ein Knappe N. Hartwigsen. — Der Boden ist größtentheils gut und fruchtbar. 3 Dorfshölzungen heißen Strandskov, Sönderskov und Westerskov. Nahe südlich vom Dorfe sind 3 an einander liegende Hügel, welche Thorshöi heißen; sie waren sonst mit Steinen umgeben.

Bjolderup (vorm. Byaeldrop, Bioltherup), Kirchdorf an einer kleinen Aue, 1¼ M. südwestlich von Apenrade, A. Apenrade, Lundtofth., Pr. Apenrade. Bei dieser Kirche liegt nur die Prediger- und die Küsterwohnung, mit welcher die Schule verbunden ist, ferner ein südwestlich belegenes Wirthshaus. Die erste Kirche ist wahrscheinlich im 12. Jahrhundert erbauet; im Jahre 1628 ward die Kirche von feindlichen Truppen abgebrannt und einige Jahre später wieder erbauet; sie hat einen ziemlich hohen Thurm. Ein Runenstein, der früher in der Kirchhofmauer stand, befindet sich jetzt im antiquarischen Museum zu Kiel. Der Prediger wird von dem Amtmanne und dem Probsten präsentirt und von der Gemeinde gewählt. **Eingepfarrt**: Aabohuus, Alslev (z. Thl.), Bollerslev, Bremerhuus, Gaastjär, Ingeböll, Jolderup, Klint, Maarholm, Mellerup, Mittelberg, Perböll, Ravit, Reppel, Smedager, Steenbjerg, Todsböl, Volderup. Vz. des Ksp. 1052.

Birk (vorm. Barköe), eine niedrig liegende Landstrecke, zwischen der Geltinger Bucht und der Ostsee, im Gut und Ksp. Gelting, Cappelerh., zu der Meierei des Haupthofes Gelting auf Beveroe gehörig. Sie wird in die Grasbirk und in die Mähebirk eingetheilt; erste wird größtentheils nur zur Gräsung benutzt, letze besteht aus Wiesenland, wovon ein Theil parcelirt ist. — Areal: 400 Hdtsch. — Hier liegt eine zum Gute Gelting gehörige Kathe; außerdem steht eine Kathe an der Ostsee, in der ein Strandvogt wohnt und die Ellbogen genannt wird, auf einer ehemaligen Landzunge, welche, als das Geltinger Noor noch nicht ausgedeicht war, die Birk allein mit dem Festlande verband. 1835 durchbrach die Ostsee diese Landzunge, welche aber wieder hergestellt ist. Die äußerste Spitze der Birk nach Norden wird Birknakke genannt. In der frühern Zeit war die Birk ganz mit Hölzung bewachsen, aus welcher der Sage nach die Balken zur Geltinger Kirche genommen sind.

Birkelev, Dorf 5¾ M. westlich von Hadersleben, Ksp. Vodder. Zum A. Hadersleben, Westerth., Hvidingh., gehören 1 Vollh., 3 Dreiviertelh., 6 Halbh., 2 Viertelh., 1 Verbittelsstelle und 8 Instenstellen (4 $\frac{83}{144}$ Pfl.). Eine nordwestlich belegene Halbh. (Freih.) heißt Braae (25 Steuert.) 1 Kathe Braaeskov und 1 Kathe Rosendal. Zur Grafsch. Schackenborg gehören 1 H. und 2 Kathen und zum A. Lygumkloster, Vogt. Skjärbäk, 1 Vollh. (1 Pfl.) — Ein Wirthshaus liegt im Dorfe und eines, welches Frifeld heißt, an der Landstraße. — Schule. — Schmiede. — Areal: zum A. Hadersleben: 618 Steuert. — Der Boden ist ziemlich gut. — Zu Braae gehört eine nicht unbedeutende Hölzung. — Südwestlich an der Gränze der Feldmark liegen 2 Hügel, Tinghöie genannt, auf denen Dinggerichte gehalten sein sollen.

Birkenmoor, adel. Gut in der Eckernförderh.; der Haupthof liegt 2½ M. südöstlich von Eckernförde, Ksp. Dänischenhagen. Besitzer: 1793 Martens (270,000 ℳ,) 1825 v. Cronstern (242,100 ℳ,) gegenwärtig Adami (540,000 ℳ). Dieses Gut, welches zu 11½ Pfl. angesetzt ist, wovon jedoch das Gut Kaltenhof 1 Pfl. übernommen hat, war vormals ein Meierhof von Dänisch-Nienhof, ward aber 1793 davon verkauft und 1806 unter die adel. Güter aufgenommen. Das Areal des ganzen Gutes beträgt 1857 Ton. 2 Sch. 21 R., à 240 □. R., wovon auf den Hof nebst der kleinen Erbpachtsstelle Papenholz und 6 Instenstellen, von denen einige Kuhholzberg genannt werden, 1191 Ton. 2 Sch. 21 R. kommen, worunter an Acker: 844 Ton. 5 Sch. 3 R.; Wiesen: 164 Ton. 6 Sch. 29 R.; Hölzung: 78 Ton. 5 Sch.; Wasser: 42 Ton. 26 R.; Wege: 18 Ton. 7 Sch. 18 R., Busch und Brook: 40 Ton. 1 Sch. 5 R.; Teiche: 42 Ton.; zusammen 967 Steuert. Hofland und 38 Steuert. Instenland; Steuerw. 160,000 Rbthlr. Die Häuerstelle Pilzkrug enthält 68 Ton. 4 Sch. 23 R. (53 Steuert.); das Dorf Sprenge 359 Ton. 7 Sch. (291 Steuert.); die Landstelle Sprengerhof 230 Ton. (s. d.), das beim Gute befindliche Moor 20 Ton. (zusammen 1534 Steuert., 235,320 Rbthlr. Steuerw.) — Der Boden ist von vorzüglicher Güte. — Folgende Hofkoppeln sind bemerkenswerth: Klein-Bokholz, Fresenhagenerkamp, Rugehorst, Rathjenwurth, Schüttenwurth, Wulfsrade. —

Birkensee. 45

Das Wohnhaus enthält 2 Etagen, ist von Brandmauern erbauet und mit Ziegeln gedeckt. — Zahl der Einwohner: 351. — Birkenmoor ist im Mitbesitze eines Drittheiles der Armenanstalt von Dänisch-Nienhof. — Contribution: 514 Rbth. 60 β.; Landsteuer: 499 Rbth. 87 β.; Haussteuer: 1 Rbth. 170 β.

Birkensee, Meierhof des Guts Rögen, ½ M. nordwestlich von Eckernförde, Eckernförderh., Ksp. Borbye. — Dieser Hof mit ansehnlichen Gebäuden hat ein Areal von 312 Ton. 211 R. à 240 □. R. und ist zu 1 Pfl. angesetzt.

Birristoft, 1 Vollh., 1 Halbh. und 2 Kathen, $2\frac{3}{4}$ M. südöstlich von Flensburg, A. Flensburg, Nieharde, Ksp. Sterup. — Areal: 106 Steuert.

Birth, auf der, einzelne Häuser im Westertheile der Landschaft Eiderstedt, Ksp. St. Peter.

Birzhaff, eine kleine Ortschaft im Gute Rundhof, Cappelerh., Ksp. Esgrus; enthält 3 Hufen, 2 Kathen und 1 Instenst. — Schuldistr. Bojum. — Areal: 132 Steuert.

Bisdorf (Waldem. Erdb. villa Episcopi; 1329: Biskopistorp), Dorf auf der Insel Fehmern, Mittelkirchsp., K. Landkirchen; enthält 5 größere Landstellen, 3 kleine Landstellen und 16 Instenst. — Windmühle. — Districtsschule. — Areal: 369 Dr. 3 Sch. (727 Steuert.), außerdem 90 Dr. Weide- und Wiesenländereien. — Der Boden ist sehr gut. — Südöstlich vom Dorfe liegt eine Anhöhe der Rugenberg genannt, der höchste Punkt auf der Insel.

Bistensee, Dorf in hübscher Lage am Fuß der Hüttener Berge und an einem See gleiches Namens, 2 M. südöstlich von Schleswig, A. Hütten, Hüttenh., Ksp. Bünstorf; 3 Vollh., 2 Halbh. und 4 Kathen. Einige nordöstlich ausgebauete Instenst. heißen Dieksrade. Nahe beim Dorfe liegt die Wohnung eines Holzvogts. — Armenhaus. — Districtsschule. — Areal: 517 Ton. $4\frac{1}{16}$ Sch. à 320 □. R. (474 Steuert.) — In den Kriegsjahren 1658—1660 litt dieses Dorf sehr.

Bisten-See, ein 4000 Ellen langer und etwa halb so breiter See, 2 M. südöstlich von Schleswig, im Bezirke des A. Hütten. — Areal: 233 Ton. 6 Sch. à 320 □. R. Er ist sehr fischreich und wird von dem Amte verpachtet. Das Wasser dieses Sees treibt die Stentener-Mühle.

Bistoft (Waldem. Erdb.: Byscoptoft), Dorf unweit der Bondenaue, 3 M. nördlich von Schleswig, A. Gottorf, Satruph., Ksp. und Schuldistr. Groß-Solt. Dieses Dorf gehörte schon 1231 zu den Königl. Gütern. Es enthält mit den südlich belegenen, Bistoftholz genannten, Kathen 7 Halbh., 14 Kathen, 1 Hufenparcele und 2 Instenstellen, ($3\frac{1}{2}$ Pfl.); zu Bistoftholz gehört eine Ziegelei. — Areal: 442 Steuert. — Der Boden ist ziemlich gut.

Bläsborg, 6 kleine Landstellen nebst einer Windmühle auf der Insel Alsen, an der Landstraße von Augustenburg nach Ketting, im Gute Augustenburg, A. Sonderburg, Augustenburgerh., Ksp. und Schuldistr. Ketting. — Der Boden ist von besonderer Fruchtbarkeit und Güte.

Blankenburg, 3 Kathen, ½ M. nordöstlich von Schleswig, von denen 2 Kathen zum G. Winning und 1 Kathe dem Grauen-Kloster in Schleswig zuständig sind, Ksp. Moldenit. — Eine dieser Kathen hatte vormals, und seit langer Zeit die Gerechtsame, ausser der Ehe geschwängerte Personen aufzunehmen, und während der Dauer des Wochenbettes zu beherbergen ohne daß sie verbunden waren, ihre Namen anzugeben; in dieser Kathe wohnte auch eine Hebamme.

Blans (vorm. Blaanäs), zerstreut liegendes Dorf im Lande Sundewith, 2½ M. südöstl.-von Apenrade, A. Sonderburg, Nübelh., Ksp. Ulderup; enthält 6 Vollh. 5 Halbh. und 10 Kathen zum Gute Ballegaard; 3 Hufen, 17 Kathen zum Gute Blansgaard; 4 Hufen und 1 Kathe, letztere zu Ballegaard gehörig, sind ausgebauet; einige ausgebauete Hufen heißen Ostermark und liegen nach Schnabek hin; die westlich liegenden Theile heißen Broböl und der nördliche Nordskov. — Eine zum Gute Blansgaard gehörige Töpferei ward von Stapel hierher verlegt. — Districtssch., zum Gute Ballegaard gehörig. — Wirthshaus, Schmiede und einige Handwerker. — Der Boden ist im Allgemeinen sehr gut. — Hier ist ein Grabhügel, welcher durch einen etwa 14 Fuß langen und 8 Fuß breiten aufgerichteten Stein merkwürdig ist; der Stein ruht auf 3 anderen Steinen und an der untern Seite soll eine Runenschrift sein, welche den Namen Blan ausdrückt. — Blans ist der Geburtsort des berühmten Malers Eckersberg. — Ueber die beiden hier vormals belegenen Höfe Prawestgaard und Waldemarstoft s. d. Artikel.

Blansgaard (vorm. Schönleben), ein im Jahre 1796 parcelirtes Königl. Allodialgut im Lande Sundewith, Ksp. Ulderup. Der Stammhof liegt 2½ M. südöstlich von Apenrade. — Seit dem Jahre 1811 ist dieses Gut, welches zu 11½ Pfl. angesetzt ist, dem A. Sonderburg, Nübelh., einverleibt. — Zu Blansgaard gehören einzelne Stellen in Blans (218 Ton.), Schnabek (156 Ton.), Auenböl (66 Ton.), die Erbpachtstelle Stapel (51 Ton.), in Satrup (1 Ton.), Nybel (39 Ton.), Mölmark (69 Ton.), Broacker (9 Ton.), Brunsnäs (6 Ton.), die Parcelen des Gutes (198 Ton.); zus. 813 Steuert.; 110,560 Rbth. Steuerw. Die Stammparcele hat ein Areal von 63 Ton. à 260 □. R. — Die Familie Magnussen soll dieses Gut gegründet haben, indem zu einer Hufe mehrere wüste Höfe des Dorfes Blans gelegt sind. — Besitzer: 1483 Magnus Jepsen, 1530 dessen Sohn Jeppe Magnussen, dessen Familie es bis um die Mitte des 17. Jahrhunderts besaßen; darauf bis 1667 Ferks, 1667 v. d. Wisch, 1717 der Herzog Philipp Ernst. — Im J. 1769 ward es Königl. und darauf in 37 Parcelen getheilt. — Landsteuer: 180 Rbth. 80 b/ß; Haussteuer: 3 Rbth. 38 b/ß.

Blasberg, 9 Kathen, von denen 4 zum Hospitale in Flensburg und 5 zum A. Flensburg, Husbyh., gehören; Ksp. und Schuldistr. Adelbye.

Blasberg, 1 Viertelhufe und 1 Kathe (¼ Pfl.), A. Gottorf, Struxdorfh., Ksp. und Schuldistr. Struxdorf. — Areal: 19 Steuert.

Blaureihe, 3 Häuser auf einem Mitteldeiche zwischen dem Möhmhusen- und Johanniskooge, Westertheil der Landschaft Eiderstedt, Ksp. und Schuldistrict Poppenbüll.

Blegebäk (Braae), 2 Kathen auf der Insel Alsen, zwischen Ketting und Adzerballig, im G. Rumohrshof, Augustenburgerh., Ksp. und Schuldistr. Ketting.

Blekerfeld (Bleicherfeld), 2 Landstellen (⅝ Pfl.) auf einer Parcele im G. Gelting, Cappelerh., Ksp. Gelting. — Areal: 154 Hdtsch.

Blesbjerg, eine ehemalige Landstelle im A. Hadersleben, Westerth. Kalslundh., Ksp. Fardrup, welche in einer der letzten Wasserfluthen zerstört ist. Die Ländereien gehörten zum vormaligen Gute Lindewith und der Besitzer entrichtet dafür jährlich 30 rb/ß Contribution.

Blick, 1 Kathe zum A. Gottorf, Morkirchh., 2 Kathen zur Struxdorfh., von denen die eine Fischersieg genannt wird, 3 Kathen zum

Gute Brunsholm, Cappelerh., Ksple. Esgrus und Norder-Brarup, Schuldistr. Rügge. — Der Boden ist moorigt.

Blickstedt (vorm. Blirstede), Dorf im Gute Wulfshagen, an der Chaussee von Eckernförde nach Kiel, Ksp. Gettorf; 2 Vollh., 3 Halbh., 2 Kathen, 22 Instenstellen. Einige ausgebaute Stellen heißen Langenkamp. Schule. — Wirthshaus, Schmiede. — Areal: 224 Ton. 73 R., à 280 □.R. (236 Steuert.). Im Jahre 1670 verheerte eine Feuersbrunst fast das ganze Dorf. Blickstedt ist vormals eine bedeutende Ortschaft gewesen, und man findet hier in einer Niederung noch Spuren einer befestigten Burg.

Blieschendorf (Waldem. Erdb. Blisaekaenthorp), Dorf auf der Insel Fehmern, Mittelkirchsp., Kirchsp. Landkirchen; 7 größere, 2 kleinere Landstellen und 3 Instenstellen. — Schuldistr. Avendorf. — Areal: 289 T. 8 Sch. (528 Steuert.). — Der Boden ist gut. — In der Nähe des Dorfes ist ein kleiner eingefriedigter Platz, welcher den Juden zum Kirchhofe angewiesen ist.

Blomenkoog (Blumenkoog), Koog an der Westsee, im Bezirke des A. Tondern, Bökingh. Derselbe erhielt 1643 einige Privilegien, ward aber erst 1648—1652 auf Betrieb des Amtmanns Blome eingedeicht, nach welchem der Koog auch benannt worden ist. Ein Theil des Kooges (216 Dem. Ksp. Fahretoft) gehört zum Hofe Bottschloth und stand unter dem Obergericht; das Uebrige gehört verschiedenen Interessenten und stand von jeher unter der Jurisdiction der Landschaft Bredstedt. Eine bedeutende Landstelle, zum Ksp. Risum gehörig, heißt Friedrichshof (s. Waygaard).

Blomsgaard (Blumesgaard), eine Landstelle zwischen Burkarl und Gröngaard, im A. Tondern, Slurh., Ksp. Burkarl.

Bobek, 10 kleine Parcelenstellen im Gute Oehe, Cappelerh., an der Geltinger und Düttebüller Gränze, Ksp. Gelting. — Schuldistr. Gundelsbye. — Wirthshaus.

Bobensmark, ein vormaliger, in der Skabser Feldmark belegener Edelhof, im A. Tondern. Auf einem Hügel, Borrevoldshöi genannt, der in einem Morast belegen, sind noch Spuren dieses Edelhofes vorhanden (s. Skabs).

Bodum, Dorf ½ M. nördlich von Apenrade, Riesh., Ksp. und Schuldistr. Loit; 2 Dreiviertelh., 6 Dritteln., 2 Kathen, 17 Instenstellen, ($3\frac{107}{120}$ Pfl.). 4 Hufen heißen Hahöi; eine ausgebaute Hufe liegt an der Landstraße, ist ein Wirthshaus und heißt Bodumkroe (Bodumkrug). Ziegelei, Schmiede. — Areal: 369 Steuert. — Der Boden ist nur sandig und mager.

Bögelhuus (Bögehuus), 2 Bohlstellen ($1\frac{1}{3}$ Pfl.) und 1 kleine Landstelle, nordwestlich von Medelbye, A. Tondern, Karrh., Ksp. und Schuldistr. Medelbye. — Areal: 175 Steuert. — Der Boden ist nur von mittelmäßiger Art.

Bögeskov (Boyskov), Dorf $1\frac{1}{4}$ M. nördlich von Hadersleben, an der Landstraße nach Kolding, A. Hadersleben, Ostertheil, Tyrstruph., Ksp. Tyrstrup; 8 Hufen, 22 Landbohlen, 14 Instenstellen. Der am südlichsten liegende Hof heißt Söndergaard (50 Ton.) und hat einige Freiheiten. Ein Hof nordöstlich heißt Kjeldergaard, 2 Landbohlen werden Hamhuus genannt und 1 Landb. an der Landstraße Stenevadhuus. Das Wirthshaus heißt Steenskroe (Steenskrug). — Districtssch. — 1 Rademacher und mehrere Handwerker. — Der Hof Beierholm hatte hier ehemals Lansten (1 Halbh., 1 Toftgut). — Der Boden ist von ziemlich guter Art.

Boghoved, 2 Ziegeleien, an der Landstraße von Hadersleben nach Ripen, ⅜ M. westlich von Hadersleben, A. Hadersleben, Osterth., Gramb., Ksp. Hammelev, s. Hadersleben.

Böglum (Bögelum), 3 Bohlstell. und 4 kleine Landstell. (1⅔ Pfl.), an der Süderaue im A. Tondern, Karrh., Ksp. Süder-Lygum, welche vor dem Jahre 1500 Eggerd Gjordsen auf Sollwig besaß. Oestlich von diesen Stellen liegen Wintwedt (Windewith), 1 Festebohlstelle und 10 kleine Landstellen (1¼ Pfl.); 1578, wo dieselben zur Tonderharde gerechnet wurden, 2 halbe Güter; 1696: 4 kleine Bohlstellen, die späterhin vereinigt sind) und Uhlensberg, 1 Festebohlstelle (½ Pfl.). — Schuldistr. Ellhövd. — Der Boden ist sehr niedrig und wird oft von Wasser, welches aus der Geest kommt, überschwemmt.

Bögwatt (vorm. Bocwat), Dorf 1¼ M. nordöstlich von Tondern, Ksp. und Schuldistr. Hoist. Zum A. Tondern, Slurh., gehören 3 Bohlenstellen und 2 kleine Landstellen (2 21/24 Pfl.); zur Commüne Sollwig 4 Bohlenstellen und 1 kleine Landstelle (3½ Pfl.). — Der Boden ist sandig.

Böklund, Dorf an einer kleinen Aue, welche in die Wedelbek fließt, 1½ M. nördlich von Schleswig, an der Landstraße von Eckernförde nach Flensburg, A. Gottorf, Strurdorfh., Ksp. Fahrenstedt; 2 Dreiviertelh., 2 Halbh., 2 Viertelh., 3 Kathen und 3 Instenstellen (3 Pfl., 404 Steuert.) gehören zum A. Gottorf; 14 Freiparcelenstell. und 4 Kathen (151 Steuert.) zum Gute Fahrenstedt. — Schuldistr. Norder-Fahrenstedt. — 2 Wirthshäuser, Schmiede. — Ein Erwerbszweig ist die Bienenzucht. — Der Boden ist von sehr guter Beschaffenheit. Kurzes Gefecht am 25. Juli 1850.

Böel (Waldem. Erdb. Bölä), Kirchdorf 2½ M. nordöstlich von Schleswig, Pr. Gottorff; zum A. Gottorf, Strurdorfh., gehören das Predigerhaus mit einer H. Landes, das Küsterhaus, 4 Halbh., 3 Kathen und 1 Instenstelle (mit Thiesholz, 2⅞ Pfl.); und zur Morkirchh.: 10 Halbh., 28 Kathen und 4 Instenstellen (7 Pfl.); eine Hufe stand sonst unter dem Obergerichte. Von den Morkirchener Kathen gehörten ehemals 21 zum Gute Flarup; 2 Kathen gehörten vormals zum Gute Töstorf und 1 Kathe zum Schleswigschen Domcapiteldistr. Der nördliche größtentheils zur Morkirchh. gehörige Theil des Kirchdorfes heißt Niebye. — Districtssch. — Armenhaus, Wirthshaus, Schmiede. — Die Kirche ist der St. Ursula und den 11,000 Jungfrauen geweiht; sie ist von Ziegelsteinen erbauet und hat einen ansehnlichen Thurm. Der König Christian I. schenkte diese Kirche dem Morkirchener Kloster. Der König ernennt den Prediger. Eingepfarrt: Appelberg, Baustrup, Böel, Böelschubye, Alt- und Neu-Böelschubye, Eslingholz, Hoskoppel, Kälberhagen, Krämersteen, Langdeel, Möllmark, Morkirchen, Morkirch-Osterholz, Morkirch-Westerholz, Morkirchener Mühle, Niebye, Niekoppel, Norderfeld, Norwegen, Pattburg, Rabenholzlück, Schmedelund, Schrirdorf, Schrirdorfstraße, Spenting, Thiesholz, Neu-Thiesholz, Ulegrav, Westerfeld. — Areal mit Thiesholz, Osterholz und Ulegraf zur Strurdorfh.: 307 Steuert.; zur Morkirchh.: 802 Steuert. — Der Boden ist sehr gut. Bz. des Ksp.: 1420; des Dorfes: 306.

Böel, 4 Hufen, 22 Landstellen und 12 Stellen ohne Land im Westerth., der Landsch. Eiderstedt, 1¼ M. südwestlich von Garding, Ksp. St. Peter. Einzelne Stellen führen die Namen Nordeck, Westereck und Süderhövd (Im Kranze). Der letzte war vormals weit ansehnlicher und hatte eine eigene Capelle, welche 1556 eingegangen ist. In Böel soll ebenfalls eine

Boel. 49

Capelle gewesen sein. Wahrscheinlich hat der Flugsand die Zerstörungen hier veranlaßt. — Districtssch. — Wirthshaus, Schmiede und einige Handwerker. Der Boden besteht theils aus Marsch, theils aus Geest; auch ist eine Strecke Haide vorhanden, woran die Dünen gränzen. Die Wasserfluth 1825 verringerte sehr die Fruchtbarkeit des Landes.

Boel, eine längst vergangene Capelle auf der Insel Utholm, zwischen Ording und St. Peter in der Landsch. Eiderstedt, wahrscheinlich durch Sanddünen verwüstet.

Böelschubye, Dorf $1\tfrac{3}{4}$ M. westlich von Cappeln, Ksp. Böel. Zum A. Gottorf, Morkirchh., gehören 1 Vollh., 3 Halbh. und 3 Kathen ($2\tfrac{1}{2}$ Pfl.); zum Gute Böelschubye 1 Eslingholz genannte Kathe, welche nordwestlich vom Dorfe bei dem Königl. Gehege Eslingholz (33 Ton. 157 □. R. groß) gelegen ist (vgl. Schrirdorfstraße); südlich von Eslingholz liegt eine Kathe Rabenholzlück. — Schuldistr. Böel. — Schmiede. — Areal zur Morkirchh.: 320 Steuert., zum Gute Böelschubye: 43 Steuert. — Eine Hufe in diesem Dorfe war 1589 Mette v. d. Wisch zuständig; wahrscheinlich war das Dorf ein Zubehör des ehemal. Gutes Böelschubyegaard (s. Böelschubye, adel. Gut).

Böelschubye (Alt=Böelschubye, vorm. Böelschubyegaard), adel. Gut im A. Gottorf, Strurdorfh., 2 M. westlich von Cappeln, Ksp. Böel. — Dieses adel. Gut besaß im Jahre 1589 Mette v. d. Wisch, 1621 Mette v. Ahlefeldt und es hatte 3 Pfl.; 1632 besaß es Herzog Friedrich und es ward zum A. Morkirchen gelegt. Später erwarb hier der Amtschreiber Bornholz 14 Mk. Goldes privilegirtes Bondenland und so entstand hier wieder ein Kanzleigut, zu dem 1651 Claus Hansen 1 Pfl. von Röest ankaufte, wodurch das Gut wieder in die ritterschaftliche Landesmatrikel kam. Hansens Nachkommen, 1698 unter dem Namen v. Ehrencron in den Adelstand erhoben, verkauften das Gut 1739 an Jacob Petersen, dessen Nachkommen es noch besitzen. Das Gut hatte keinen Gerichtshalter, und die Untergehörigen standen vormals unter dem Landgerichte. — Areal: 292 Steuert., (45,980 Rbth. Steuerw.). Landesmatr. 1 Pfl. — Schuldistr. Böel. — Der Stammhof heißt Alt=Böelschubye und liegt nicht weit westlich von Böel. Areal: 113 Hdsch. (57 Steuert.). Zum Gute gehören 1 Kathe in Eslingholz (3 Ton.), 1 Kathe in Fraulund (35 Ton.), 1 Kathe in Ulegraf, im Dorfe Böelschubye 40 Ton., in Schnarup 6 Ton., in Schrirdorfstraße 4 Ton.; ferner der abgelegte Hof Neu= Böelschubye (s. das.). Dieser ist 1851 vom Gute verkauft. — Das Ackerland ist gut und die Wiesen sind vorzüglich. Contribution: 44 Rbthlr. 77 bß, Landsteuer: 96 Rbthlr. 80 bß. — Vz. des Guts: 95.

Böelschubye, Neu=, ein vor einigen Jahren im Gute Böelschubye angelegter Hof, einen Theil des Guts umfassend und von demselben getrennt, A. Gottorf, Strurdorfh., Ksp. und Schuldistr. Böel. — Der Hof liegt nordöstlich vom Stammhofe Alt=Böelschubye und ward 1851 an Peter Petersen für 33,000 ₰, 1852 an Paysen für 42,000 ₰ und 1853 an Früchtenicht für 42,000 ₰ verkauft. — Areal: 132 Hdsch. (68 Steuert.), worunter 8 Hdsch. Hölzung und 8 Hdsch. Wiesenland. — Der Boden ist gut.

Böhnhallig, 1 Haus im A. Tondern, Wiedingh., Ksp. Neuenkirchen.

Bönderbye, Dorf ¾ M. nordwestlich von Tondern, Ksp. Mögeltondern im Amte Ripen. Der größte Theil dieses Dorfes gehört zur Grafschaft

Schackenborg; zum A. Tondern, Nordtonderh., 5 Bohlstellen (von denen vor dem Jahre 1835 4 Bohlstellen zum A. Hadersleben, Hviddingh., gehörten); zur Commüne Kurbüll und Südergaard 2 Bohlstellen und 2 kleine Landstellen, die unter der Hoyerh. dingpflichtig sind. — Vz. zum A. Tondern: 54.

Böndergaard, 1 Hufe im Gute Rundhof, Cappelerh., Ksp. Esgrus, Schuldistr. Bojum. — Areal: 47 Steuert.

Bönstrup, Dorf 1¼ M. östlich von Flensburg, A. Flensburg, Ksp. und Schuldistr. Grundtoft. Zum A. Flensburg, Husbyeh., gehören 3 Vollh., 1 Zweidrittelh., 3 Halbh., 1 Drittelh., 7 Kathen, 6 Instenstellen (394 Steuert.); zum Gute Lundsgaard, Husbyeh., 4 Hufen und 4 Kathen, von denen 2 ausgebauete Hufen Kattberg heißen (187 Steuert.); zum Gute Schwensbye, Nieh., 2 Hufen und 2, Bükberg genannte, Kathen (52 Steuert.); zum Gute Uenewatt, Munkbraruph., 1 Kathe (8 Steuert.); zum Hospitale in Flensburg 1 Kathe. Unter den zum A. gehörigen Stellen ist eine Esgruffer Pastoratlanste; 2 Halbh. und 2 Kathen (1 Pfl.) gehörten zum Schleswigschen Domcapitel und 3 Hufen und 4 Kathen, welche vorm. zu Südensee gehört hatten, kamen etwa 1670 an Lundsgaard. — Der Boden ist gut und fruchtbar.

Börentwedt, 2 Kathen und 6 Instenstellen im Gute Grünholz, Eckernförderh., Ksp. Siesebye. — Schule. — Hier waren ehemals einige Grabhügel, die aber alle zerstört sind.

Börm, Dorf an der Sorge, 2 M. südwestlich von Schleswig, A. Gottorf, Kropph., Ksp. Hollingstedt; 2 Dreiachtelh., 3 Viertelh., 4 Achtelh., 5 Instenstellen (2 Pfl.). — Winterschule. — Areal: 222 Steuert. — Der Boden ist gut. — Börm enthielt im Jahre 1698 7 Kathen und 7 Instenst. (2⅔ Pfl.) nebst einem Meierhofe (s. Friedrichsgabe), der späterhin niedergelegt ward. — Im Jahre 1658 ward Börm von den Polen geplündert und einige Häuser wurden eingeäschert.

Börm, Neu-, Colonistendorf 2 M. südwestlich von Schleswig, A. Gottorf, Kropph., Ksp. Hollingstedt, enthält 40 Colonistenstellen (mit Friedrichsgabe 51¾ Pfl.); 12 Colonistenst. heißen Dwasdamm und 18 Meierhof. — Schule. — Wirthshaus, 2 Schmiede und mehrere Handwerker.— Areal: 302 Steuert. — Der Boden ist von mittlerer Güte. — Vz.: 361.

Börmerkoog (vorm. Carl Friedrichskoog), ein octroyirter Koog im A. Gottorf, Kropph., zwischen Schleswig und Friedrichstadt, Ksple. Hollingstedt und Bergenhusen. Dieser Koog, der einen Flächeninhalt von 1072 Dem. (668 Steuert., 15 Pfl.) hat, ist durch Austrocknung des Börmer-Sees entstanden, die schon unter dem Herzoge Friedrich 1633 mit einzelnen Theilen dieses Sees anfing. Im Jahre 1660 durchstachen die Dänen den Damm und das gewonnene Land ward größtentheils verwüstet; die noch unzerstörten Theile verpachtete der Herzog Christian Albrecht 1666 und ließ darauf 4 Wohnungen erbauen. — Die zweite völlige Eindeichung geschah 1702, aber octroyirt ward der Koog erst 1762. — Im Kooge befinden sich 26 Wohnstellen, unter denen 17 Erbpachtstellen, von denen 24 zum Ksp. Hollingstedt und 2 zum Ksp. Bergenhusen gehören. — Winterschule gemeinschaftlich mit Börm. — Windmühle mit einigen auf dem Sande genannten Häusern, Schaufelmühle zur Abwässerung, Schmiede. — Der Koog hat seiner niedrigen Lage wegen kein Ackerland, welches vielmehr

Börsbye.

von der Dorfschaft Bennebek gehäuert wird; von der Colonie Neu-Börm ist außerdem vor vielen Jahren gegen 40 Dem. Marschlandes eine gleiche Quantität Haidelandes eingetauscht, welches als Pflugland benutzt wird. Der Hauptnutzen, den der Koog gewährt, ist die Gewinnung des Heues. Die Bewohner des Kooges häuern das Land von den Hauptinteressenten und verkaufen das gewonnene Heu. — Ein an der Südseite des Kooges befindlicher Platz heißt „Schanze", indem vormals eine solche hier gewesen ist. — Recognition 1333 Rbthlr. 64 bβ, Landsteuer 50 Rbthlr.

Börsbye, eine ansehnliche Landst. (1 Pfl.) an der Gränze der Güter Düttebüll, Gelting und Oehe, auf der Stelle des ehemal. Dorfes Börsbye (s. d. Artikel), im Gute Düttebüll, Cappelerh., Ksp. Gelting. — Schuldistr. Pommerbye. — Areal: 224 Hdtsch.

Börsbye, ein ehemaliges Dorf im Ksp. Gelting, welches zum Gute Buckhagen gehörte und 1535 aus 4 Hufen bestand; 1614 ward es mit Kronsgaard an Düttebüll verkauft und in der Folge niedergelegt. Noch im Jahre 1694 wohnten hier Wurthsitzer, darauf ward Börsbye aber im Anfange des 18. Jahrhunderts eine Meierei oder Holländerei, welche aber auch einging. Bei der Parcelirung des Guts Düttebüll 1783 waren hier nur 3 Kathen.

Boesbüll, Dorf 1$\frac{1}{4}$ M. südlich von Tondern, A. Tondern, Karrh., Ksp. Klirbüll; 12 Bohlst., 11 kleine Landst. und 1 Haus; zum Gute Klirbüll gehören 5 Steuert. — Boesbüll soll ehemals ein Edelhof gewesen sein, welcher von der Familie v. d. Burg bewohnt ward. Der Hof war sehr stark befestigt und mit einer Zugbrücke versehen. Der Platz, worauf er stand, sowie der ihn umgebende Graben ist noch zu erkennen; unter der Erde befinden sich große Gewölbe.

Boested, ein ehemaliges Dorf auf der Insel Alsen, östlich nahe dem Dorfe Elstrup, im Ksp. Eken. Es ist wahrscheinlich das Dorf Bonigsted, welches erwähnt wird, da der Herzog Waldemar 1357 dem Ritter Knud Frise das ganze Ksp. Icking mit Ausnahme von Elstrup und Bonigstedt verpfändete.

Börlund, Dorf 2$\frac{1}{4}$ M. nordwestlich von Flensburg, A. Flensburg, Wiesh., Ksp. Medelbye; 3 Halbh., 2 Viertelh., 6 Kathen (2 Pfl.). — Schuldistr. Jardelund. — Areal: 272 Steuert. — Die eine Kathe hat an Tondersche Ländereien 24 Tonnen. — Der Boden ist nur von mittelmäßiger Art. — Börlund soll ehemals ein Edelhof gewesen sein.

Bogebüll (Boybüll), ein ehemaliges Dorf, südwestlich von Schleswig, in der Arensh., dessen Feldmark vielleicht zum D. Schubye, Ksp. St. Michaelis gelegt ist. — Ein Hof daselbst gehörte zum ehemaligen Domcapitel.

Bohle (die Bohle), 2 Häuser, welche ehemals zur Stiftsvogtei Bordelum gehörten, 1 M. nordöstlich von Bredstedt, in der Landsch. Bredstedt, Ksp. Bargum. — Schuldistr. Soholmsbrück. — Areal: 73 Steuert.

Bohmlanderkoog, ein unbewohnter Koog in der Landschaft Stapelholm, südlich von Seeth, Ksp. Süderstapel, zwischen dem Süderfelder- und dem Westerkooge, an der Eider.

Bohmstedt, bedeutendes Dorf an der Bohmstedteraue, $\frac{3}{4}$ M. südöstlich von Bredstedt, in der Landschaft Bredstedt, Ksp. Drelsdorf; 23 größere und 48 kleinere Landstellen (11$\frac{1}{8}$ Pfl.); 4 Bohlst. (1$\frac{1}{3}$ Pfl.) gehören zum ehemal. Gute Artewatt; einzelne Stellen ($\frac{7}{12}$ Pfl.) gehörten zum Schlesw. Domcapitel und 2 Festebohlen (1$\frac{1}{2}$ Pfl.) zur Stiftsvogtei Bordelum. Vier Stellen sind ausgebauet: Hohenhörn, ein Wirthshaus, Fresenhof (19 Steuert.) und Drachheide (2 Stellen). — Districtsschule. — Vorzüglich eingerichtetes Armenhaus, worin 40 bis 50 Personen aufgenommen werden können. — 2 Schmiede und mehrere Handwerker. — Areal: 848 Steuert. — Die Marsch ist nur von mittelmäßiger Art, die Geest aber zum Theil gut. — Bei Bohmstedt war ehemals ein Edelhof, in einem jetzigen Moore, von dem man im vorigen Jahrhundert noch Spuren sah. — Oestlich vom Dorfe, an der Landstraße soll der Sage nach ein Gebäude gestanden haben, welches Donieshuus genannt ward, wahrscheinlich eine Antoniuscapelle, deren Verehrung man Heilkräfte zuschrieb. — Der Ueberrest einer einst größeren Hölzung nördlich vom Dorfe heißt Bohmstedter-Busch. — Vz. des Dorfes: 438.

Bohnert (vorm. Boner), Dorf $1\frac{1}{4}$ M. nordwestlich von Eckernförde, Eckernförderh., Ksp. Kosel. — Von diesem Dorfe gehören 8 Hufen, 16 Kathen, 8 Instenst. und 1 Parcelenst. zum Gute Eschelsmark und 4 Instenst. zum Gute Ornum. — Schule. — Schmiede. — Der Boden ist theils gut, theils etwas sandigt. — Vormals hatte der Altar St. Johannis im Schleswiger Dom hier einen Lansten. — In dieser Gegend an der Schlei unweit eines Hügels Buburghöi befand sich vormals eine Capelle zum finstern Stern, in deren Nähe auf der Schlei der König Erich Plogpenning ermordet sein soll; einen östlich vom Ornumer-Noor liegenden Theil der Schlei nennen die Schleswiger Fischer den Zug zum finstern Stern. Zu dieser Capelle geschahen Wallfahrten und von den Materialien derselben soll späterhin die Kirche zu Riesebye verbessert sein. — Nicht weit von dieser Capelle lag die Königsburg (s. Eschelsmark).

Boholz, 2 Vollh. und 1 Halbh., $1\frac{3}{4}$ M. nordöstlich von Schleswig, A. Gottorf, Struxdorfh., Ksp. und Schuldistr. Sturdorf, von denen die Vollh. (2 Pfl., 131 Steuert.) zum A. Gottorf und die Halbh. dem St. Johannis-kloster in Schleswig gehören. — Der Boden ist von vorzüglicher Güte.

Boholzaue, 3 Kathen an der Wedelbek, 2 M. nördlich von Schleswig, A. Gottorf, Struxdorfh., Ksp. Tolk. — Schuldistr. Twedt. — Eine Kathe gehörte ehemals zum Schlesw. Domcapitel. — Areal: 31 Steuert.

Bojendorf (Waldem. Erdb.: Boyaenthorp), Dorf an der West-seite der Insel Fehmern, Westerksp., K. Petersdorf. — Dieses niedrig belegene Dorf, welches bei hohem Wasserstande leicht überschwemmt wird, enthält 4 größere, 2 kleinere Landstellen und 5 Instenst. — Schule. — Areal des contrib. Ackerlandes: 99 D. 7 Sch. 1 F. (224 Steuert.) — Der Boden ist ziemlich gut.

Boikenwarf, ein Hof im Westerth. der Landschaft Eiderstedt, Ksp. und Schuldistr. Westerhever, unweit des Süderdeichs belegen. — Areal: 57 Dem. 1 Sch.

Boisensfeld, eine Parcelenst. ($\frac{4}{14}$ Pfl.) im G. Düttebüll, Cappelerh., Ksp. Gelting. — Schuldistr. Kronsgaard. — Areal: $119\frac{2}{3}$ Hdsch.

Bokenaue (Waabseraue). Zwei Bäche, welche in den Gütern Lud-wigsburg und Maasleben entspringen und sich südl. vor Pommerbye vereinigen; östl. Schwastrum vorbei fließend fällt die Aue durch eine Schleuse in die Ostsee.

Bokholm, zerstreut liegende Ortschaft am Flensburger Meerbusen, $1\frac{1}{2}$ M. nordöstlich von Flensburg, A. Flensburg, Munkbrarupb., Ksp. Munk-Brarup; 8 Großkathen, 2 Halbk. und 3 Parcelenst. Eine Großkathe südlich an der See auf einem Berge heißt Waarberg, 4 Großk. nördlich Kobbellück, die Parcelenst. heißen Toulisberg, Toulisfeld und Toulisdamm (Waterpött); letztere ist ein Wirthshaus. — Schule. — Schmiede, Ziegelei. — Areal: 422 Steuert. — Der Boden ist gut. — Auf einem Hügel am Wasser, wo noch Spuren alter Gebäude sind, hat vormals der Glücksburger Meierhof Namens Arnklau gelegen. Das hohe Ufer heißt hier Kluft. Kobbellück wurde in einer, Koböll genannten Gegend 1668 angelegt; ehemals stand hier am Strande eine Hufe, welche Wasserkobo hieß. Bei den vorzugsweise Bokholm genannten 6 Kathen lag ehemals der Fürstliche Oster-Ziegelhof, der 1654 abgebrochen ward und von dem Krammark erbauet ist.

Bokholmwiek, 2 Großkathen und eine Ziegelei, bei Glücksburg am Flensburger Meerbusen, A. Flensburg, Munkbraruph., Ksp. Munk-Brarup, Schuldistr. Bokholm.

Boklund, eine kleine Ortschaft, $1\frac{1}{4}$ M. südlich von Schleswig, A. Hütten, Hüttenh., Ksp. Kropp. Zum A. Hütten gehören 1 Vollh., 1 Instenst. (83 Steuert.), und 2 Halbh. sind Rendsburger Kirchenlanstem. — Nebenschule. Hier wird viel Torf zu Kohlen gebrannt. — In der Nähe dieser Stellen entspringt die Boklunderaue, fließt östlich nach Norbye, treibt bei dem Dorfe Owschlag eine Wassermühle und ergießt sich in die Sorge. — Ein Hauptschlag am Dorfe heißt „im Hof.".

Boknis, 1 Kathe an der Schlei, A. Gottorf, Schliesh., Ksp. Boren. Sie gehörte ehemals zum Schleswigschen Domcapitel. — Schuldistr. Ekenis. Areal: 1 Steuert.

Boknis, Neu-, 1 kleine Lindauer Parcele an der Schlei, im A. Gottorf, Schliesh., Ksp. Boren, Schuldistr. Ekenis. — Hier ist eine Fähre für Fußgänger über die Schlei nach Sieseby.

Boldixum, Dorf auf der Insel Föhr, in der Landsch. Osterlandföhr, A. Tondern, Ksp. St. Nicolai. — Dieses Dorf, welches nahe an dem Flecken Wyk liegt, hat eine ziemlich hohe Lage an der Gränze zwischen der Geest und Marsch. — Zahl der Häuser: 116. — Die Küsterwohnung ist mit der Schule verbunden. — Armenhaus für die ganze Gemeinde. — Die Einwohner ernährten sich vormals größtentheils durch Seefahrt, jetzt treiben sie aber fast alle Ackerbau und Viehzucht. — Areal: 391 Dem. 163 R. Geestland, 594 Dem. 11 R. Marschland. — Der Geestboden ist durchgehends sandigt, der Marschboden nur von mittelmäßiger Art und an vielen Stellen schlecht.

Bolingland (Bulgeland). Eine unbedeichte Landstrecke, auf der alten Insel Nordstrand, an das Ksp. Volligsbull in der Beltringharde gränzend, welche einige Jahre vor der Wasserfluth 1634 eingedeicht, Amsinger- oder Neuekoog genannt ward und in der benannten Fluth unterging. — Bei Bolingland war eine Fürstliche Fähre nach Ockholm. — Ein Hof hieß Hamburgerhof (Hamburgerhaus).

Bollerslev (Bollersleben, vorm. Baldeslööf), Dorf $1\frac{1}{2}$ M. südwestlich von Apenrade, Ksp. Bjolderup. — Von diesem ansehnlichen Dorfe, dessen Namen die Sage dem Baldur zuschreibt, gehören zum A. Hadersleben, Vogtei Bollerslev, 24 Huf. 6 Landb. und 5 Instenst; zum Gute Aarup gehört 1 Landb. (Wirthshaus, A. Apenrade, Riesh.). Oestlich an der Landstraße liegt das Wirthshaus Steenbjerg (A. Hadersleben, Vogtei Bollerslev.) — Eine Hufe, deren Besitzer vormals verpflichtet waren, den durchreisenden Fürstlichen Personen für ihre Pferde Stallraum und Futter zu geben, wurde 1530 vom Könige Christian III. mit einigen Privilegien bevorzugt, auch wurden ihr 2 Wiesen, Hafeng und Feurbye genannt, geschenkt; eine Landstelle Bundesbohl nebst 1 Otting Land in Navit, gehörte ebenfalls vormals zu der Freihufe. — Districtssch. — 2 Wirthshäuser, Schmiede, Ziegelei und mehrere Handwerker. — Nördlich vom Dorfe liegt eine Königl. Windmühle. — Im Dorfe werden jährlich 2 Viehmärkte gehalten, am 29. April und am Montage vor Martini. — Die Feldmark welche sich in einer langen schmalen Strecke von Osten nach Westen ausdehnt, ist westlich vom Dorfe sandig, östlich größtentheils lehmigt. — Auf der Feldmark befinden sich manche zum Theil ausgegrabene Grabhügel und Opferstellen, von denen die merkwürdigsten Toppehöi, Vreehöi und Lögpold heißen. — Auf einer Anhöhe sind Spuren eines Edelhofes. — Ein ehemaliger Freihof in Vollersley hieß Friplov.

Vollhuus, 18 auf Werften liegende Häuser im Waygaarderkooge, 1½ M. nordwestlich von Bredstedt, A. Tondern, Bökingh., Ksp. Langenhorn. — Nebenschule. — Der Boden welcher aus Marsch besteht ist größtentheils gut, wird aber durch den starken Zufluß des Wassers aus der Geest oft überschwemmt.

Bollingstedt, Dorf 1¾ M. nordwestlich von Schleswig, an der Helligbek, A. Gottorf, Arensh., Vogtei Bollingstedt, Ksp. Eggebek. — Dieses Dorf, welches der Vogtei Bollingstedt den Namen gegeben hat, enthält 13 Halbh., 3 Sechstelh., 8 Kathen und 1 Instenst. (7 Pfl.). Von diesen sind 2 Halbh. und 2 Kathen ausgebaut, von denen eine Halbh. Westerschau genannt wird. — Districtssch. — Erbpachtswassermühle, Wirthshaus, Schmiede und mehrere Handwerker. — Areal: 1008 Steuert. — Der Boden ist nur von mittelmäßiger Güte; eine Hölzung heißt Steinholz. — In Bollingstedt lag vorm. ein Edelhof gleiches Namens, welcher 1666 abgebrochen ward; der älteste bekannte Besitzer war v. Porsveld, darauf v. Ahlefeld, der es 1474 an den König Christian I. verkaufte. Im Jahre 1541 starb hier der Bischof Gottschalk v. Ahlefeld und 1562 Breide Rantzau. Um das Jahr 1570 war Ewald Heesten zu Rethwisch Besitzer. Im Jahre 1196 gehörten 10 Ottinge des Dorfes Bollingstedt dem St. Michaelskloster in Schleswig. 1628 ward das Dorf von Feinden geplündert und der Herzog Friedrich bewirkte beim General Tilly eine Entschädigung für die Einwohner. — Gefecht am 25. Juli 1850, wobei die Mühlen, einige Häuser und die Brücke abbrannten; südlich von Bollingstedt wurden damals Verschanzungen angelegt.

Bollingwarf, eine Landstelle im Johanniskooge, Westerh. der Landschaft Eiderstedt, Ksp. und Schuldistr. Poppenbüll.

Boltoft, Dorf 3 M. südöstlich von Flensburg, A. Flensburg, Nieh., Ksp. und Schuldistr. Sterup; 1 Siebenzehntelh., 3 Halbh., 1 Zwölftelh., 4 Kathen (2 7⁄12 Pfl.). — Eine Hufe und 1 Kathe heißen Dysberg (Dützberg) und 1 K. Boltoftheck. Vormals gehörte 1 H. zum A. Morkirchen.

Bolük, eine vergangene Ortschaft im Ksp. Fardrup, A. Hadersleben, Kalslundh. — Nach einem Haderslebener Amtsregister aus dem Jahre 1580 entrichteten die Einwohner von Tamdrup, Kirkebye und Kjärböl 3 ℔ vom Bolükfelde.

Bombüll, Dorf 2¼ M. südwestlich von Tondern, A. Tondern, Wiedingh., Ksp. und Schuldistr. Klanrbüll, enthält 6 auf Werften erbauete kleine Hufen 1 Kathe und 1 Instenst.; die größte Hufe wird Groß=Bombüll genannt. — Der Boden besteht aus Marschland, ist aber nur von mittel=

mäßiger Güte. — In diesem Dorfe war der berühmte Holländische Admiral Claus v. Bombell, welcher eigentlich Niß Ipsen hieß, geboren.

Bommerlund, 1 Dreiviertelh., 2 Halbh., 1 Viertelh. und 5 an der alten Landstraße von Apenrade nach Flensburg belegene Instenst., 1¾ M. nordwestlich von Flensburg im Gute Stoltelund, Ksp. Bau. — Die Geilaue trennt den Ort vom Dorfe Geilau. — Großes Wirthshaus, welches die Brau=, Brenn= und Hökerei=Gerechtigkeit hat. Der hier verfertigte Branntewein findet seines Wohlgeschmacks wegen starken Absatz. — Nebensch. — Schmiede. — Areal: 254 Steuert. — Der Boden ist leicht; es wird hier viel Haideland urbar gemacht.

Bondebrücke, 1 Kathe und 1 Parcelenst., von denen die erstere zum Gute Südensee, Nieh., Ksp. Sörup, und letztere (29 Steuert.) zum Amte Gottorf, Satruph., Ksp. Satrup, gehört.

Bondelum, Dorf an einer kleinen Aue, 2¾ M. südöstlich von Bredstedt, Landsch. Bredstedt, Ksp. Viöl; 6 Huf., 2 Kath. und 6 Instenst.; 2 Huf. gehörten zum ehemaligen Schleswiger Domcapitel. — Schule. — Areal: 175 Steuert. — Der Boden ist nur von mittelmäßiger Art.

Bondenaue, eine Aue, welche aus einem See in der Nähe des Dorfes Satrup entspringt, fließt darauf Mühlenholz, Kollerup, Groß=Soltbrück und Groß=Solt vorbei und vereinigt sich mit dem Trä=See.

Bonsberg, 1 Parcelenst. im Gute Ohrfeld, Cappelerh., Ksp. Esgrus. — Areal: 31 Steuert.

Booknis, Meierhof im Gute Ludwigsburg, Eckernförderh., 1¾ M. nordöstlich von Eckernförde, Ksp. Waabs. — Dieser Hof, welcher zum Freiherrlich Dehnschen Fideicommisse (s. Ahlefeldt=Dehnsches Fideicommiß) gehört, hat ein Areal von 290 Ton. $6\frac{1}{15}$ Sch. à 300 □. R., und darunter an Holzgrund 74 Ton. 5 Sch. — Eine Kathe heißt Tannenhörst. — Das Wohnhaus ist von Brandmauern. — Zwei Hofkoppeln heißen Dannhörst und Ultrawiese.

Borbye (vorm. Borgheby), Kirchdorf nahe nördlich von Eckernförde, Pr. Hütten. — Dieses Dorf, welches den Namen von einer vormals dort belegenen Burg erhalten hat, liegt in einem schönen Thale am Eckernförder Meerbusen. Zum A. Hütten, Hüttenh., gehören, außer der Prediger= und Küsterwohnung, 3 Vollh., 2 Halbh., 1 Viertelh. und 30 Instenst.; zum Gute Hemmelmark, Eckernförderh., 1 Halbh. und 4 Instenst. — Districtssch. — 3 Wirthshäuser, von denen eines zum Gute gehört, Schmiede und mehrere Handwerker. — Von den beiden Windmühlen gehört die eine, bei der auch eine Oelmühle ist, zum Amte; die andere zum Gute Hemmelmark (s. d.). — In Borbye liegt ein besuchtes Seebad, das Marien=Louisenbad genannt. — Die hochliegende Kirche ist sehr alt und ein dauerhaftes Gebäude; sie hatte vormals einen hohen Thurm, der 1650 erbauet ward, nachdem ein Blitzstrahl den vorigen 1595 angezündet und vernichtet hatte; dieser Thurm ward 1808 abgebrochen. Seit 1834 hat sie eine Orgel. — Der Prediger wird von dem Amtmanne und von dem Probsten präsentirt und von der Gemeinde gewählt. — **Eingepfarrt**: Aukamp, Barkelsbye, Neu=Barkelsbye, Birkensee Böhnrühe, Eckernförde (z. Thl., die Häuser vor dem Steindamme), Eichthal, Fischerkathe, Friedensthal, Frohsein, Gammelbye, Klein=Gammelbye, Goosschmiede, Gosefeld, Grasholz, Heidhof, Hemmelmark, Hoffnungsthal, Hohenhüg, Hohenstein, Hütte, Kloster, Kochendorf,

Louisenberg, Marienthal, Mohrberg, Moschau, Nienwohn, Pinkerühe, Pukholt, Rögen, Rohmühlen, Rossee, Sandkrug, Schloßkathe, Schnaap, Sophienruhe, Speckkathe, Vogelsang, Weldorf, Westerschau, Westerthal, Wilhelmsthal, Windebye, Ziegelkathe. — Areal: 350 Ton. 1$\frac{9}{16}$ Sch. (394 Steuert.). — Der Boden ist theils ziemlich gut, theils aber auch sandigt und leicht. — Im s. g. Schmalmoore werden nicht selten große Eichenstämme ausgegraben. — Vormals standen die Eckernförder mit dem Dorfe in Feldgemeinschaft und nach vielen Streitigkeiten wurden 1771 8 Hufen der Stadt, 8$\frac{1}{2}$ Hufen dem Dorfe und $\frac{1}{2}$ Hufe dem Gute Hemmelmark zuerkannt. — Seit 1452 besaß das Gasthaus zur heil. Dreifaltigkeit in Schleswig 3 Hufen und 3 Wurthen zu Borbye; diese 3 H. verkauften die Domherren 1518 an den Herzog Friedrich, der sie dem A. Hütten einverleibte. — Ein vormaliger Hof, welcher Borbyegaard hieß, gehörte, nach einer Dingswinde aus dem Jahre 1519 dem Domcapitel in Schleswig und daher stammen die Domherrenäcker auf der Eckernförder Feldmark. Südlich am Meerbusen, am sog. Ballastberg, lag ehemals die jetzt fast ganz vom Meere abgespülte Burg mit einem doppelten Ringwall (s. Eckernförde). — Vz. des Dorfs: 437; Ksp.: 2328.

Bordelum (Vorlum), Kirchdorf $\frac{1}{4}$ M. nordwestlich von Bredstedt in der Landsch. Bredstedt, Pr. Husum. — Dieser Ort, welcher an der Südseite Marsch- und an der Nordseite Geest-Land hat, zerfällt in die beiden Dörfer Oster- und Wester-Bordelum; im ersten sind 46 im letzten 43 Feuerstellen, worunter 1 große und 30 kleine Landstellen. — Districtssch. 3 Wirthshäuser, Schmiede und viele Handwerker. — Die Kirche liegt nordöstlich ziemlich weit, etwa 1500 Ellen, von Bordelum entfernt; sie brannte 1629 als der Küster Tauben schießen wollte und dabei ihr Strohdach entzündete ab, und zum Wiederaufbau wurden Materialien vom Fraumettenhofe verwandt. Der Altar hat vormals in der zerstörten Kirche Rorbecke gestanden. In katholischen Zeiten waren hier 2 Vicarien der heiligen Jungfrau und der St. Catharina. Ehemals soll Bordelum zu Breklum eingepfarrt gewesen sein. — Bis 1799 standen an der Kirche zwei Prediger, seitdem aber nur einer, der von dem Amtmanne und dem Probsten präsentirt und von der Gemeinde gewählt wird. — Das Predigerhaus liegt einsam südlich von Wester-Bordelum. — Eingepfarrt: Abbebüll, Bordelum, Büttebüll, Dorpum, Ebüll, Glücksberg, Gringenfeld, Lund, Nissenshörn, Sterdebüll, Sterdebüllhof, Stollberg, Uphusum. — Oster-Bordelum hat 327 Steuert. und Wester-Bordelum 211 Steuert. — Der Boden ist gut; die Geest ist sehr hügelig und in geognostischer Hinsicht von Interesse. Nördlich von Wester-Bordelum entspringen in einem Thale mehrere Quellen, von denen eine vor Zeiten als Gesundbrunnen berühmt war, zuletzt im Jahre 1808; sie soll Salztheile enthalten. — Bordelum wurde im Jahre 1739 durch die dort entstandene separatistische Secte bekannt. Vormals bildete die Stiftsvogtei Bordelum einen bedeutenden Bestandtheil der Besitzungen des Schleswiger Domcapitels; sie wurde 1785 der Landsch. Bredstedt incorporirt. — Vz. des Ksp.: 1275.

Bordelumerkoog, ein Koog in der Landschaft Bredstedt, $\frac{1}{4}$ M. nordwestlich von Bredstedt, Ksp. Bordelum. — Dieser, an der Westseite des Ksps. Bordelum gelegene Koog, welcher ein Areal von 620 Dem. (496 Steuert.) hat, ward wahrscheinlich schon im 16. Jahrhunderte eingedeicht. Ein kleiner Theil des Kooges wird als Ackerland benutzt, worin

Boren.

Sommerkorn recht gut geräth, der übrige zur Heuwindung. — Bevor das Land des Reussenkooges sich ansetzte, befand sich hier bei der Schleuse ein kleiner Hafen, den die Bredstedter erweitern wollten, was aber nicht zur Ausführung kam. — Neben dem Bordelumerkooge lagen einige Ländereien, welche zum ehemaligen Gute Uphusum gehörten; einiges Land wird auch Fraumettenland (f. Ebüll) genannt, nach der vormaligen Besitzerin Mette v. Ahlefeld; diese Ländereien sind 1697 und 1721 eingedeicht worden. Ehemals stand in demselben ein Hof, Fraumettenhof, dessen Steine zum Wiederaufbau der Bordelumer Kirche verwandt wurden. — Im Bordelumerkoog sind keine Wohnstellen.

Boren (Borne), Kirche, Prediger= und Küsterhaus mit welcher die Schule verbunden ist, 2½ M. nordöstlich von Schleswig, A. Gottorf, Schliesh., vormals zum Gute Lindau gehörig; Pr. Gottorf. — Ein zur Ortschaft Payenfeld gehöriges Wirthshaus, Twiestraße genannt, liegt unweit der Kirche. — Die Kirche liegt auf einer Anhöhe in einer schönen Gegend, ist nur klein und hat keinen Thurm. In einem an der Kirche angebauten Begräbniß waren 7 Särge der Ratlovschen Familie. Vor der Kirche ist ein Platz, der Dingplatz genannt, worauf vormals die Dinggerichte dieser Harde gehalten sind. — Der Prediger wird von dem Amtmann und dem Probsten präsentirt, die Gemeinde wählt. — Eingepfarrt: Affegünt (z. Thl.), Akebye, Albroewatt, Alterwall, Bekhaus, Bicken, Boknis, Neu=Boknis, Boren, Klein=Boren, Bornefeld, Bremswatt, Deckedammung, Düttnis, Ekenis, Ekenislund, Fahretoft, Gaardwang, Guderott, Guderottfeld, Grabbelwatt, Hegeholz, Holländerei, Hürye, Kamp, Kalltoft, Ketelsbye, Kiesbye, Kiesbyefeld, Knobberdamm, Lindau, Moor, Mühlenholz, Pageröe, Pageröefeld, Papenfeld, Petersfeld, Rehberg, Twiestraße, Ulekuhl, Wattlück, Wrium. — In der Nähe von Boren hat ein Dorf, Borne, von 7 Hufen, gelegen, welches 1652 niedergelegt ward. Auch wird eine ehemalige Burg, Borneburg genannt, welche vielleicht hier an der Schlei gelegen hat und von der gesagt wird, daß der König Waldemar 1357 mit seinen Kriegsvölkern dorthin gezogen sei und Geld, Proviant und Schiffe erpreßt habe. — Der Dom zu Schleswig hatte zu Boren eine Vicarie von 2 ₰ Goldes. — Vz. des Ksp.: 1421.

Boren=, Klein, (Klein=Borne), 4 Viertelh., (Kirchenkathen) und 1 Parcelenst., welche ehemals zum Gute Lindau gehörten, 2½ M. nordöstlich von Schleswig, A. Gottorf, Schliesh., Ksp. und Schuldistr. Boren. — Areal: 66 Steuert.

Borghorst, adel. Gut in der Eckernförderh.; der Hof liegt 1½ M. südöstlich von Eckernförde, Ksp. Gettorf. — Borghorst war ehemals ein Dorf und besteht jetzt, nachdem die Güter Augustenhof und Hütten davon getrennt sind, aus dem Haupthofe, den beiden Dörfern Ostorf und Stubbendorf und mehreren ausgebauten Hufen und Stellen. — Areal: 2304 Ton. 176 R. à 240 □. R., (1862 Steuert., 13 Pfl. Steuerw. 265,339 Rbthlr. 58 bßl.) — Besitzer: 1450 v. Rantzau, 1500 v. Ahlefeld, 1564 v. Rantzau, 1593 v. Rumohr, 1671 v. Thienen, 1723 v. Blome, 1742 v. Qualen, 1800 v. Ahlefeld, 1815 v. Qualen, 1823 Hamann. — Das Areal des Haupthofes beträgt 1110 Ton. 52 R. à 240 □. R., darunter an Ackerland: 855 Ton., Hofplatz, Gärten: 18 Ton. 32 R., Wiesen: 62 Ton. 120 R., Hölzung: 141 Ton. 60 R., Moor: 33 Ton. 80 R. — (797 Steuert. Steuerw. 127,520 Rbthlr.). — Zum Gute gehören eine Erbpachts=Wind=

mühle (27 Steuert.), 1 Erbpachtst. Goldberg, 3 kleine Stellen Ellerbrookskamp, und 4 Instenst., auf dem Heisch, genannt. — Einzelne Hofkoppeln heißen: Aukamp, Grellenkammer, Nögen, Timmrodt. — Das Wohnhaus, 1742 erbaut, ist von Brandmauern und hat 2 Etagen. — Zahl der Einwohner: 636. — Contribution: 581 Rbthlr. 32 bßl., Landsteuer: 52 Rbthlr. 78 bßl., Haussteuer: 17 Rbthlr. 5 bßl.

Borgstedt, Dorf ½ M. nordöstlich von Rendsburg, früher zum A. Rendsburg, laut Verfügung vom 16. März 1853 zum A. Hütten, Hüttenh., gehörig, Ksp. Bünstorf. Es enthält 3 Vollh., 5 Halbh., 4 Viertelh., und 14 Kathen (6½ Pfl.). An der Eider ist eine Kalkbrennerei und eine Fähre für Fußgänger. — Schule. — Wirthshaus. — Areal: 729 Steuert., worunter 80 Ton. Wiesen. — Der Boden ist nur von mittelmäßiger Art; Hölzung fehlt, aber Torfmoor ist zum eigenen Gebrauche hinlänglich. — Im Jahre 1375 verkaufte Eiler v. d. Wisch das Gut Borgstedt an den Grafen Heinrich.

Borgwedel, Dorf an der Schlei, 1 M. östlich von Schleswig, A. Gottorf, Kropph., zum St. Johanniskloster in Schleswig gehörig, Ksp. Haddebye; 1 Vollh., 1 Dreiviertelh., 5 Halbh. 2 Fünfzwölftelh., 1 Drittelh., 1 Viertelh., 4 Kathen, 4 Instenst. Außerdem gehört zum Dorfe der Hof Osterlieth an der alten Landstraße von Schleswig nach Eckernförde, welcher 1821 aus zweien combinirten Höfen entstand und späterhin durch eine Vollh. von Sterwig vergrößert ward. — Das Wirthshaus Borgwedelerkrug liegt an der alten Landstraße. Ziegelei. — Districtsschule. — Dieses Dorf hat wahrscheinlich seinen Namen von einer ehemal. Burg. — Der Boden ist schwer und fruchtbar.

Bornbek, eine Aue, die ihren Anfang aus einem kleinen See bei Söbye in Schwansen nimmt; sie fließt in mehreren Krümmungen westlich und den Dörfern Holstorf, Boholm und Zimmert vorbei, treibt die Krisebyer und Stubber Mühle und ergießt sich nördlich vom Hauptofe Stubbe in die Schlei.

Bornefeld (Borenerfeld), 1 Parcelenst. südwestlich von Boren im A. Gottorf, Schliesh., Ksp. und Schuldistrict Boren, gehörte ehem. zum Gute Lindau.

Bornstein, Dorf 1¼ M. südöstlich von Eckernförde, im Gute Altenhof, Eckernförderh., Ksp. Gettorf; 10 Vollh., 4 Halbh. u. 36 Kathen. — Windmühle. Schule. — Wirthshaus. — Einzelne ausgebaute Stellen heißen: Köhnholz (2 H.), Röhn (Rögen) (1 H.), Post (1 H.), Hölken (1 H.), Hempenrott (1 K.), Hempenwisch (1 K.), Kronsburg (1 K.), Steinberg (2 K.), Brook (1 K.), Maulwurfsberg (2 K.), Stockmoor (2 K.), Hoheluft (1 K.), Tecksrade (2 K.), Mühlenberg (2 K.), Langkoppel (1 K.), Opfebrunnen (2 K.), Wellborn (1 K.), Himbeerredder (2 K.), Krupunder (1 K.), Schrödersbek (1 Schmiedek.). — Areal: 744 Steuert. — Der Boden ist gut. — Wahrscheinlich ist Bornstein vorm. ein eigenes Gut gewesen; in Urkunden aus dem Jahre 1542 wird Heinrich v. d. Wisch zu Bornstein und 1626 Anna Pogwisch zu Bornstein genannt.

Borrig (Borg), Dorf 1¼ M. westlich von Lygumkloster, Ksp. Brede; zum A. Lygumkloster, Vogtei Svanstrup, gehören 1 Dreiviertelh., 5 Halbh., 3 Viertelh. und 2 K., die übrigen Stellen zum Gute Trøyborg. — Districtsschule. — Seit 1828 eine Arbeits- und Armenversorgungsanstalt. — Die Einwohner gehören zu den ärmsten der Gemeinde. — Areal zum A. Lygumkloster:

299 Steuert. — Der Boden ist nur von mittelmäßiger Art. — Die Lygumklosterschen Besitzungen (4 Pfl.) wurden nach und nach 1272, 1355, 1361 und 1501 theils durch Vermächtnisse, theils durch Tausch erworben.

Borsbüll, Dorf in der Landsch. Bredstedt, ¼ M. südöstlich von Bredstedt, Ksp. und Schuldistrict Breklum; enthält 4 größere und 16 kleinere Landst. — Ein Wirthshaus an der Landstraße bei Fesholm heißt Knasterholm und ein anderes unmittelbar bei Breklum Herrengabe. — 2 Windmühlen, wovon eine Königl. — Areal: 227 Steuert. — Der Boden ist gut. — Ein Theil des Dorfes gehörte, nach einer Urkunde des Königs Knud, im Jahre 1196 dem Michaeliskloster in Schleswig.

Boschau (Borskov), 1 Landst. bei Bau, im A. Tondern, Sluxh., Ksp. Burkarl.

Bosebu, ein ehem. im Jahr 1463 aus 6 Hufen bestehendes Dorf im Ksp. Siesebye. — Die Ländereien sind zum Gute Maasleben gelegt und eine Parcelenstelle daselbst heißt noch Bösbyefeld.

Bottschlotherkoog, ein Koog 3½ M. südlich von Tondern, im A. Tondern, Bökingh., Ksple. Fahretoft und Risum. — Der Herzog Friedrich III. erlaubte im Jahre 1631 einigen Niederländern, daß sie von Wayggaard bis Fahretoft, Dagebüll, Galmsbüll u. s. w. nach Emmelsbüll ein Stück Landes von 16,000 Dem. eindeichen durften, und ertheilte darauf eine Octroi. Nur der jetzige Bottschlotherkoog ward mit einem Deiche umgeben, da die Eindeichung der zwischen Dagebüll und Fahretoft befindlichen Kleiseer-Tiefe nicht ausgeführt werden konnte. Zu den beiden Höfen Groß-Bottschloth und Klein-Bottschloth, zusammen 290 Dem. (440 Steuert.), gehört der größere Theil dieses Kooges, zu denen auch noch 216 Dem. aus dem Blomenkooge angekauft sind. — Der kleinere Theil des Kooges heißt Fahretoft-Bottschlotherkoog (Lindholmerkoog). Ein Haus auf dem Harkesdeich gehört zu den Höfen Bottschloth. Einige Häuser am Bottschlotherdeich gehören zum Ksp. Risum. — In der Nähe von Groß-Bottschloth, auf dem s. g. Holländerdeich, ward 1634 eine katholische Kirche erbauet; nachdem der Baron v. Königstein diese Höfe im Jahre 1680 verkauft hatte, ließ der Käufer die Kirche abbrechen und der jetzige Hof ward an dieser Stelle erbauet.

Bottschlother-See, ein sehr fischreicher See am südwestlichen Ende des A. Tondern. Derselbe ist ¾ M. lang, aber nur schmal, 75 Ton. à 240 □. R. groß und hat an einigen Stellen eine Tiefe von 30 Fuß. Der See nimmt die Leckaue und Soholmaue auf und hat durch den im Jahre 1735 neu angelegten Kanal seinen Abfluß in die Westsee.

Boverstedt, adel. Gut im A. Tondern, Karrh.; der Stammhof liegt 2¼ M. südöstlich von Tondern, Ksp. Ladelund. Vormals gehörte Boverstedt zum Gute Klirbüll, ist aber schon seit vielen Jahren davon getrennt, der Haupthof heruntergebrochen und in mehrere Parcelen zerlegt. Im Jahre 1710 contribuirte dieses Gut für 10 Pfl., von denen 2½ Pfl. dem Besitzer von Maasleben, Landrath v. Thienen, gehörten, späterhin wurden $1\frac{20}{64}$ Pfl. an das Gut Lütgenhorn verkauft; es contribuirt jetzt für $6\frac{3}{64}$ Pfl. und hat ein Areal von 641 Ton. 224 R. à 260 □. R. (Steuerw.: 27,840 Rbt.). Steuert. 348, nämlich: der Stammhof 65, die 7 Parcelenst. 179, die Untergehörigen in Seewang 103, und die Dorfsch. 1. — Zum Gute gehört außerdem eine Windmühle in Leck. — Der Stammhof hat ein Areal von 185 Dem. 67 R., darunter an Acker: 50 Dem. 119 R., an Wiesen;

43 Dem. 150 R. und an Weide und Haide: 90 Dem. 178 R. (1 Pfl.), 2 Parcelenstellen führen den Namen Oldemoos. — Besitzer: G. W. Holst. — Zahl der Einwohner: 140. — Schule. — Boverstedt hatte sich vormals mit den Gütern Fresenhagen, Hogelund, Gaarde, Lützenhorn, Büllsbüll, Karrharde und Klixbüll zur Haltung eines gemeinschaftlichen Gerichts verbunden. — Contribution 268 Rbth. 76 b/ß., Landsteuer: 58 Rbthlr.

Boxlund, Dorf 1¼ M. südöstlich von Bredstedt, an der Arlaue, in der Landsch. Bredstedt, Ksp. und Schuldistrict Viöl; 4 größere und 3 kleinere Hufenst. (3 Bohl.), 2 Kathen und 4 Instenst. — Areal: 160 Steuert. Der Boden ist ziemlich gut.

Boyenbüll, eine ehemalige Capelle in der Lundenbergh. auf der alten Insel Nordstrand, westlich von Simonsberg, welche wahrscheinlich 1362 vergangen ist.

Brabäk, Dorf 1¾ M. nördlich von Hadersleben, an der Landstraße nach Kolding, A. Hadersleben, Osterth., Tyrstruph., Ksp. und Schuldistrict Aller; 3 Hufen, 5 Landb., 5 Instenst. 1 Hufe gehört zur Marienkirche in Hadersleben, 2 Hufenbesitzer sind Lansten des Goschenhofs in Eckernförde. 1 Landbohle an der Landstraße heißt Beiderhand, 1 Instenst. Fauer=habehuus. — Der Boden ist etwas lehmigt und gut. — Eine Anhöhe nördlich vom Dorfe heißt Fisberkjärhöi.

Braballig (Broeballe), Dorf auf der Insel Alsen, ¾ M. südlich von Norburg, an einem See, A. Norburg, Norderh., Ksp. Orböl; 15 Vollb., 9 Kathen, 5 Instenst. (14 Pfl.). — Eine südlich vom Dorfe ausgebaute Bohlst. heißt Lyshöigaard, 2 Bohlparcelen Espehöi; die südlichste Bohle im Dorfe, welche in früherer Zeit bedeutend größer war, wird Sarsgaard genannt. — Windmühle. Wirthshaus. Schmiede. — Schuldistricte Orbüll und Meels. — Areal: 929 Steuert. — Der Boden ist ziemlich gut. — Im Jahre 1515 verkaufte Christine Jensen hier einen Hof an den König Christian II. und 1517 kaufte der König hier wiederum 5 Höfe von dem Knappen Wulf Holk nebst 2 Hufen in Orböl. — Bz.: 314.

Braderup (vorm. auch Brarup), Kirchdorf 1½ M. südlich von Tondern, A. Tondern, Karrh., Pr. Tondern. Dieses Dorf enthält 27 Bohlst., 10 kleine Landst. und 26 Häuser ohne Land; an der Nordseite des Dorfes liegen 4 Stellen, welche den Namen Apenrade führen und 3 Colonistenstellen (Braderupfeld) auf der Feldmark gehören zur Colonie Louisenebene, 1 kleine Landst. (4 St.) zum Gute Klirbüll. — Erbpachts=Windmühle südwestlich vom Dorfe. 2 Wirthshäuser, Schmiede und mehrere Handwerker. — Hauptschule. — Die Kirche soll ehemals eine Capelle von Karlum gewesen sein; sie ist ansehnlich und hat einen ziemlich hohen und spitzen Thurm, worauf die Jahreszahl 1741. In der Kirche befindet sich ein Brustbild Luthers von Marmor. — Der Prediger wird von dem Amtmanne und dem Probsten präsentirt und von der Gemeinde gewählt. — Eingepfarrt: Apenrade, Braderup, Braderupfeld, Holm, Uphusum. — Das Areal ist ziemlich ansehnlich, der Boden ist theils lehmigt, theils sandigt; im Nordosten liegt die Braderuper Haide. — Bz. des Ksp.: 742.

Braderup, Dorf auf der Insel Silt, A. Tondern, Ksp. Keitum; enthält 22 Häuser; ein zweistöckiges städtisches Haus mit einem platten Dache für einen Schiffscapitain zeichnet sich aus. (258 Pfl. nach $\frac{1}{32}$ Pflugth.). In dem Dorfe ist eine Schule, in welcher der Lehrer der Nordbörfer Schule ein Jahr um das andere Schule halten muß; jedes andere Jahr aber in der

Brăraa. 61

Schule zu Kampen. — Der Haupterwerbzweig der Einwohner ist die Seefahrt; im Jahre 1850 waren hier 17 Seefahrer. — In Braderup entsteht oft Wassermangel. — Areal: 155 $\frac{9}{10}$ Steuert. — Der Boden ist steinigt, 80 bis 90 Fuß über der Meeresfläche, z. Thl. Haide und von mäßiger Art. — Auf der Feldmark sind viele Grabhügel.

Brăraa (Braaraa, Brederöd), 2 Halbh. östlich von Hoptrup unweit des Sliip=Sees, A. Hadersleben, Osterth., Haderslebenerh., Ksp. und Schuldistr. Hoptrup. — Der Boden ist fruchtbar.

Bramdrup (Haderslebener=Bramdrup, Waldem.Erdb.: Bramthorp), Dorf $\frac{3}{4}$ M. nordwestlich von Hadersleben, A. Hadersleben, Osterth., Haderslebenerh., Ksp. und Schuldistr. Moltrup; 4 Vollh., 1 Dreiviertelh., 15 Halbh., 1 Drittelh., 3 Viertelh., 9 Landb., 4 Instenst. — 4 ausgebaute Hufen heißen Bramhale, Paulsgaard, Skovlundgaard und Vestergaard, 2 ausgebaute Instenst. heißen Greisholthuus und Skjelhuus. — Der Boden ist lehmigt, an einigen Stellen aber auch sandigt.

Bramdrup (Oeddis=Bramdrup), Dorf $2\frac{1}{2}$ M. nordwestlich von Hadersleben, Ksp. Oeddis. Zum A. Hadersleben, Osterth., Gramh., gehören 13 Hufen, 24 Landb. und 22 Instenst.; zum Gute Oesterbyegaard (A. Ripen) gehören 4 Hufen und 3 Landb. Einzelne Hufen heißen Oestergaard, Rambögergaard, Riglandseeg, einzelne Landb. Anholt, Drenderupmölle, Herregaard, Holkjär und Torp. — Von den Landb. liegen 8 zerstreut in s. g. Farres, im vorm. großen Farreswalde, welcher sich von der Westsee bis hierher erstreckthaben soll. — Districtsschule. — Wirthshaus, Schmiede und mehrere Handwerker. — Der Boden ist theils schwer, theils hügelig und sandigt. — Auf der Feldmark befindet sich eine Quelle, welche vormals den Namen Helligkilde führte. — Vor der Reformation hatte dieses Dorf mit dem Dorfe Höirup eine eigene Capelle, welche in einer Hölzung lag und wovon im vorigen Jahrhundert noch Ueberbleibsel zu sehen waren.

Bramstedt, Dorf $2\frac{1}{4}$ M. südöstlich von Tondern, A. Tondern, Karrh., Ksp. Ladelund; 15 Bohlst. von verschiedener Größe und 1 kleine Landst. ($4\frac{3}{4}$ Pfl.); zum Gute Klirbüll gehören 5 Steuert. — Die nordwestlich vom Dorfe liegenden Bohlst. heißen Bramstedtlund. — Auf der Feldmark des Dorfes sind 2 Colonistenst. erbauet, welche zur Colonie Wilhelminenfeld gehören. — Nebenschule. — Das Ackerland, welches vormalige Haide war, ist im Laufe der Zeit größtentheils cultivirt und ziemlich gut; das Moor ist ansehnlich und es werden in Bramstedt viele Kohlen gebrannt.

Branderup (vorm. Bramtorp), Kirchdorf, an einer kleinen Aue, welche in die Smedebäk fällt, $1\frac{1}{2}$ M. nordöstlich von Lygumkloster, A. Hadersleben, Westerth., Norderrangstruph., Pr. Törninglehn; enthält außer der Prediger= und Küsterwohnung, 4 Dreiviertelh., 7 Halbh., 1 Dreiachtelh., 7 Viertelh., 3 Sechstelh., 1 Achtelh., 8 Kathen und 2 Instenst. (6 Pfl. 38 Ott.) — Südlich vom Dorfe, an der Smedebäk, liegt eine Königl. Erbpachts=Wassermühle, Branderup=Mölle (Branderuper=Mühle). Districtsschule. — Wirthshaus, Armenhaus, Schmiede und mehrere Handwerker. — Die auf einer Anhöhe etwas vom Dorfe entfernt liegende Kirche ist ein ansehnliches mit einem hohen Thurme versehenes Gebäude. — Der König ernennt den Prediger. — Eingepfarrt: Branderup, Branderup= Mölle, Kjärgaard, Mandbjerg, Refslund, Rurup. — Areal: 811 Steuert.

62 **Brandsböll.**

Der Boden ist nur von mittelmäßiger Beschaffenheit. Vormals war diese Gegend sehr holzreich. Der nördliche Theil des Dorfes brannte 1667 ab. Nach Branderup (Bramthorp) benannte sich eine adeliche Familie; Catharina, Wittwe von Nicolaus Bramthorp, erwarb Ländereien auf Branderup=Feld vom Kloster Lygum. — Vz. des Ksp.: 532.

Brandsböll, Dorf auf der Insel Alsen, ¼ M. südöstlich von Norburg, A. Norburg, Norderh., Ksp. und Schuldistr. Hagenberg; 14 Vollh., 9 Kathen, 13 Instenst. (14 Pfl.). — Königl. Windmühle. — Schmiede. — Areal: 843 Steuert. — Der Boden ist sehr gut; bei dem Dorfe liegt ein See, dessen Fischerei verpachtet wird. — Nach einer Urkunde des Königs Knud aus dem Jahre 1196 hatte das Michaeliskloster in Schleswig hier 2 Ott. Landes.

Brarup, Munk= (Munkbrarup, vorm. Holdenäs=Bradorp), Kirchdorf am Ruhnbek, 1¼ M. östlich von Flensburg, A. Flensburg, Munkbraruph., Pr. Flensburg, enthält außer der Predigerwohnung 10 Vollh., 3 Kathen und 12 Instenst. (12 Pfl.). Eine Hufe heißt Harksmoor. — Districtsschule. — Wirthshaus, Schmiede und einige Handwerker. — Die Kirche, welche früher bei Glücksburg, nahe am Wasser gestanden haben soll, kömmt schon 1209 vor. Sie brannte 1565 ab und eine neue ward von dem Herzoge Johann 1582 errichtet. Sie ist ein festes Gebäude, geräumig und hat einen Thurm und eine Orgel. Bemerkenswerth ist der alte Taufstein von Granit. — In katholischen Zeiten verrichteten die Mönche hier den Gottesdienst. — Der König ernennt den Prediger. — Eingepfarrt: Böllemose, Bokholm, Bokholmwiek, Drey (Holnis=Drey), Friedeholz, Geil, Geschlossenheck, Harksmoor, Hasenberg, Himmershöi, Holnis, Iskjär, Iskjärsand, Kobbellück, Kopperfeld, Kragholm, Kuhle, Alter=Meierhof, Neuer=Meierhof (Neufeld), Meierwiek, Moos, Munkbrarup, Orbüll, Pugen, Quellenthal, Ranmark, Ringsbjerg, Rosgaard, Rothenhaus, Rüde, Rüderbeck, Rubelei, Sandwig, Schauendal, Schausende, Schiedenhohlweg, Schwenau, Solitüde, Sönderskov, Sygum, Sygumdamm, Sygumlund, Toulisberg, Toulisdamm, Toulisfeld, Ulstrup, Ulstrupfeld, Waarberg, Wees, Weesriis, Weesriisfeld. — Areal: 646 Steuert. — Die Feldgemeinschaft ward 1785 aufgehoben. — Der Boden ist sehr gut. — Einige Koppeln heißen: Auberg, Kolk, Rimm, Lund (ehemals Wald), Kielstoft und Haal. — Vz. des Ksp.: 2036.

Brarup, Norder=, Kirchdorf in einer höchst anmuthigen Lage, 1½ M. westlich von Cappeln, nicht groß aber gut gebaut und von Pappelalleen durchschnitten, Pr. Gottorf. Zum A. Gottorf, Sturdorfh., gehören außer der Prediger= und Küsterwohnung 1 Vollh. (Freihufe), 3 Halbh., 1 Viertelh., 6 Kathen (3¼ Pfl., 280 Steuert.). Eine beim Dorfe belegene Viertelh. heißt Schwedtberg. 2 Kathen, von denen eine Fischerott genannt wird, gehörten vormals zum Gute Flarup, und 1 Halbh. zum Schleswigschen Domcapitel. Zum Gute Dollrott, Cappelerh., gehört 1 Halbh. (36 Steuert., 1494 und 1519 zu Gelting) und 1 Kathe (18 Steuert.) zur Morkirchh. — Districtsschule. — Armenhaus und 2 Wirthshäuser, Schmiede, Ziegelei südlich vom Dorfe. — Die Kirche liegt auf einer Anhöhe und ist ein ziemlich ansehnliches Gebäude mit einer schlanken Thurmspitze; sie besteht aus behauenen Feldsteinen und soll von dreien Jungfrauen erbaut sein, deren Bildnisse über der Kirchthüre in Stein gearbeitet sind, (s. Frauenhof). Das Patronat wurde schon von dem Herzoge Gerhard vor 1404 dem Kloster Morkirchen verliehen. — Der König ernennt den Prediger. — Eingepfarrt: Arrild (z. Thl.), Norder=Brarup, Brarup=

holz, Bünderies, Fischerott, Flarup, Alt=Flarup, Flarupfeld, Flarup=
holz, Fraulund, Gangerschild, Hell, Hüe, Huusberg, Justrup (z. Thl.),
Kleve, Kragelund, Lücke, Dänisch=Meierhof, bei Rabenkirchen, Rügge,
Rüggesgaarde, Rüggesmoor, Rüggesnorgaard, Rurup, Rurupfeld,
Ruruplund, Saustrup, Scheggerott, Scheggerottfeld, Schwonholm,
Schwedtberg, Spüstrup, Stennebek, Timmerholm, Wagersrott, Wagers=
rottstraße, Wüsten. — Der Boden ist theils gut, besteht aber auch theils
aus leichtem Sand; die Hufner besitzen kleine Hölzungen. — Vormals
sollen an der Oxbekerau, unweit der Brücke, eine Wasser= und eine
Windmühle gestanden haben, von der wahrscheinlich ein naher Sandberg
den Namen Südermühlenberg führt. — Vz. des Ksp.: 1533.

Brarup, Süder=, (Waldem. Erdb.: Syndräbrathorp), Kirchdorf
2½ M. nordöstlich von Schleswig, an der Landstraße nach Cappeln, Pr.
Gottorf. Zum A. Gottorf, Schliesh., gehören außer der Prediger= und
Küsterwohnung, 1 Dreiviertelh., 4 Halbh., 5 Viertelh., 9 Kathen, (4⅔ Pfl.);
ferner 2 Parcelenst. und 2 Töstorfer Halbhufen welche 1803 dem Amte ein=
verleibt wurden. Eine Hufe und 4 Kathen gehörten zum vormal. Schleswigschen
Domkirchendistrict, ursprünglich zum St. Michaelisaltar in der Domkirche.
Zum Gute Dollrott, Cappelerh., (vorm. 1494 und 1519 zum Gute Gelting)
gehören 6 Kathen. — Einige südlich an einer Hölzung ausgebaute Kathen
heißen Holm (s. Holm). — Districtssch. — Armenhaus, 2 Wirthshäuser, von
welchen eines zum G. Dollrott gehört. — Schmiede. — Schon in älteren
Zeiten ward hier ein Pferde= und Krammarkt gehalten, welcher gegenwärtig
aus den nächstliegenden Städten und aus ganz Angeln sehr besucht wird.
Dieser Markt, am Dienstag, Mittwoch und Donnerstag nach Jacobi, soll
seine Entstehung im 16. Jahrhundert dem häufigen Besuch einer Heilquelle
verdanken, welche sich noch auf einer hochliegenden Koppel befindet. — Vieh=
und Pferdemarkt am 14. October. — Die von Feldsteinen erbaute Kirche
ist alt, unansehnlich und ohne Thurm; daneben ein hölzernes Glockenhaus;
sie hat seit 1833 eine Orgel. Dieselbe genießt eine Einnahme von dem
oben beschriebenen Jahrmarkte. — Den Prediger, der vom Könige ernannt
wird, hat sie mit Loit gemeinschaftlich. — Eingepfarrt: Billwatterbrücke,
Blasberg, Süder=Brarup, Brarupfeld, Brarupholm, Groß=Brebel,
Klein=Brebel, Brebelhof, Brebelholz (z. Thl.), Brebelstraße, Brüau,
Christianslust, Dollrottfeld (z. Thl.), Dollrottholz, Holm (Brarupholm),
Justrup (z. Thl.), Küholz, Loitstraße, Mühlentwedt, Musse, Niefeld,
Niehof, Alt= und Neu=Nottfeld, Roy, Winkelholm. — Areal zum A.
mit Brarupholz: 933 Steuert.; zum G. Dollrott: 42 Steuert. — Der
Acker ist theils Sand=, theils guter Mittelboden. — Vz. des Dorfes:
564; des Ksp.: 1256.

Brarupfeld (Süderbrarupfeld), 5 Kathen und 6 Parcelenstellen,
welche bei Süderbrarup auf dem s. g. Westerfelde erbauet sind. Von diesen
gehören 4 Kathen und 5 Parcelenst. zum A. Gottorf, Schliesh., die übrigen
zum G. Dollrott, Cappelerh., Ksp. Süder=Brarup. — Drei Stellen werden
nach einem Volksscherze gewöhnlich Clausdorf genannt, weil die ersten
und gegenwärtigen Besitzer alle den Vornamen Claus führen. — Areal:
s. Süder=Brarup. — Auf dem Westerfelde sind einige Grabhügel, von
denen der Langberg der bedeutendste ist.

Brarupholz (vorm. Brarupschow), 40 unter zahlreichen Holz=
gruppen zerstreut liegende kleine Landstellen, welche größtentheils von den

umliegenden Dörfern herstammen, deren Hölzungen hier lagen, 1¼ M. nordwestlich von Cappeln, Ksp. Norder-Brarup. — Schuldistr. Scheggerott und Rügge. — Zum A. Gottorf, Strurdorfh., gehören 1 Viertelh., 1 Achtelh., 12 Kathen (1 4/24 Pfl., 39 Steuert.); zum G. Dollrott, Cappelerh., 3 Kathen und 1 Parcelenst. (5 Steuert.); zum G. Brunsholm, Cappelerh., 2 Kathen; zur Morkirchh. 2 Kathen (18 Steuert.) und zum G. Töstorf, Cappelerh., gehörten 5 Kathen (17 Ton.). Unter den Strurdorfh. Stellen führen einige den Namen Hüe, Dänisch-Meierhof und eine mit einer Rügger Halbhufe zusammen Stennebek; eine Dollrotter. Stelle heißt Kleve. — 2 Wirthshäuser, Schmiede. — Der Boden ist nur sehr mittelmäßig. — Wulf Hoek zu Brunsholm kaufte 1632 von dem Herzoge eine Bondenhufe von 2½ ℔ Goldes zu Brarupschow; diese Hufe ist niedergelegt. — Nördlich vom Orte, in der Gegend zwischen Brunsholm und Frauenhof, liegt der merkwürdige Platz der Burg Kappeshöi, deren ehemal. Besitzer der Sage nach die Braruper Kirche gegründet haben sollen.

Brattburg, ein vormaliger Edelhof im Sundewithschen, zwischen Ulderup und Baurup, im Birke Warnitz. — In der Gegend wo dieser Hof gestanden, ist jetzt eine kleine Hölzung; auf dem Platze ist ein tiefer Graben in Form eines Quadrats und innerhalb dessen eine große Vertiefung. — Auf Brattburg lebte Hans Blome zu Ornumgaard, welcher von Paul Uck, dem Amtmanne zu Sonderburg, gewaltsamer Weise um's Leben gebracht ward.

Brauderup (vorm. Broverdorp, Bowerdorp), Dorf an der Geilaue, 2¼ M. nordwestlich von Flensburg, A. Tondern, Slurh., Ksp. Tingleo; 9 Bohlst. und 1 kleine Landst. (4⅔ Pfl.) — Eine südlich belegene ausgebaute Bohlst. heißt Rödebek (Rothenbek). — Schule. — Auf der Feldmark der Dörfer Brauderup und Eggebek wurde 1764 die Colonie Sophiendal (s Sophiendal) angelegt.

Brebel, Groß- (Waldem. Erdb.: Brethäböl), Dorf 2¼ M. nordöstlich von Schleswig, an der Landstraße nach Cappeln, A. Gottorf, Schliesh., Ksp. Süder-Brarup; 1 Vollh., 1 Zweidrittelh., 4 Halbh., 1 Sechstelh. und 6 Kathen; südwestlich vom Dorfe 1 Anderthalbh. mit ansehnlichen Gebäuden Brebelhof genannt, welche ein Areal von 321 Hdtsch. hat, und aus 1½ Töstorfer Pflügen vor mehreren Jahren angelegt ist. Eine westlich an der Orbek ausgebaute Hufe heißt Winkelholm, eine Kathe Musse. Die Zweidrittelh. gehörte ehemals zum Schlesw. Domcapitel und 2 Halbh. und 3 Kathen zum Gute Töstorf. — In dem Dorfe ist die Wohnung eines Oberförsters (50 Hdtsch.) — Districtsschule bei Winkelholm. — 2 Wirthshäuser, Ziegelei, Schmiede. — Areal: 362 Steuert. (mit Klein-Brebel 4⅔ Pfl.) — Der Boden ist größtentheils von sehr guter Beschaffenheit. — Zwischen diesem Dorfe und Süder-Brarup liegen einige Grabhügel.

Brebel, Klein-, 13 Kathen, 2 M. nordöstlich von Schleswig, A. Gottorf, Schliesh., Ksp. Süder-Brarup. Von diesen Kathen gehörten 11 zum Gute Töstorf und 1 zum Schlesw. Domcapitel. — Ein Haus heißt Mühlentwedt. — Schuldistr. Groß-Brebel. — Areal: 105 Steuert. Der Boden ist zum Theil sehr gut.

Brebelholz, 7 Kathen und 1 Instenst., 2¼ M. nordöstlich von Schleswig, A. Gottorf, Schliesh., Kspl. Süder-Brarup und Ulsnis, Schuldistr. Brebel. — Diese Stellen sind größtentheils von Winkelholm abgelegt. Die Einwohner besitzen wenig Land und ernähren sich durch

Brebelholz.

Tagelöhnerarbeit. An der Schleswiger Landstraße 1 Wirthshaus. 4 Kathen gehören zum Ksp. Ulsnis, das Uebrige zum Ksp. Süder=Brarup.

Brebelholz (Steinfeld=Brebelholz), 6 Landstellen 2 M. nord= östlich von Schleswig, A. Gottorf, Schliesh., Ksp. Ulsnis. — Schuldistr. Steinfeld. — Unter diesen Stellen ist eine Kathe von Steinfeld, 4 Parcelenst. vom ehemaligen Gute Kalkjärgaard und eine Parcelenst. von einer Steinfelder Hufe. Sie gehörten sämmtlich zum Schleswigschen Domcapitelsdistrict. — Areal: 235 Steuert.

Brebelstraße, einige Häuser südlich von Klein=Brebel, A. Gottorf, Schliesh., Ksp. Süder=Brarup.

Bredeaue, eine Aue, welche im südlichen Theile des A. Hadersleben im Ksp. Agerskov entspringt und dort die Riisbäk genannt wird, dann sich mit der Smedebäk (Schmedebek) und der Fischbäk vereinigt und Lohbäk heißt, darauf den Lauf westlich fortsetzt, beim Dorfe Brede und Meolden vorbeifließt und sich unweit Misthusum, der Insel Röm gerade gegenüber, in die Westsee ergießt. — Die Lohbäk soll im 13. Jahrhunderte schiffbar gewesen sein, und die Mündung der Bredaue bildete noch im 17. Jahrhunderte einen guten Hafen.

Brede (vorm. Bredevad), Kirche an der Bredeaue, östlich vom Dorfe Bredebroe, 1 M. westlich von Lygumkloster, A. Lygumkloster, Vogtei Svanstrup, Pr. Tondern. — Diese Kirche kam mit dem ehemaligen Königsgute Svanstrup 1252 an das Lygumer Kloster; sie ist größtentheils von behauenen Feldsteinen erbaut, mit Blei gedeckt und hat einen ziemlich hohen Thurm. Im Jahre 1828 ward das Innere, da sie sehr verfallen war, bedeutend verschönert. — Das Pastorat liegt im Dorfe Brede. — Zur Wahl des Predigers präsentiren der Amtmann und der Probst und die Gemeinde wählt. — **Eingepfarrt:** Aaspe, Apterp, Brede, Bredebroe, Bredekjär, Borrig, Bosholm, Harris, Kummerlev, Svanstrup, Storde, Trellborg, Norder=Vollum, Süder=Vollum (A. Ripen). — Bei der Kirche ist die Dingstätte der Lö=Harde des A. Ripen. — Vz. des schleswigschen Theils des Ksp.: 287.

Brede, Dorf 1¼ M. westlich von Lygumkloster, A. Lygumkloster, Vogtei Svanstrup, Ksp. Brede. — Die dazu gehörige Kirche liegt ostwärts bei Bredebroe. — Es enthält außer der Predigerwohnung und einer westlich ausgebauten Vollh. welche Bosholm (vorm. Boddsholmä) heißt und 1229 von dem Ritter Mark Bondyssen dem Lygumer Kloster verschötet ward, 8 Halbh., 3 Viertelh., 2 Achtelh., 21 Kathen und 2 Instenst., welche sämmtlich, mit Ausnahme von Bosholm und des in diesem Dorfe liegenden Breder Pastorats, welche beide zum A. Lygumkloster gehören, und dreier Kathen (⅓ Pfl.), welche letztere zur Sollwigschen Commüne (A. Tondern) gehören, zum A. Ripen dingpflichtig sind; 2 Halbh., 1 Viertelh., und 17 Kathen gehören zum Gute Trøyborg. — Schuldistr. Bredebroe. — Windmühle, Wirthshaus, Armen= und Arbeitshaus, Schmiede und mehrere Handwerker; einige Frauenzimmer ernähren sich auch durch Spitzenklöppeln. — Der Boden ist ziemlich gut und die Wiesen sind ergiebig.

Brede (auf der Brede), eine Parcelenst. (³⁄₁₄ Pfl.) im Gute Düttebüll, Cappelerh., Ksp. Gelting, Schuldistr. Kronsgaard. — Areal: 86⅔ Hdtsch.

Bredebroe, Dorf 2 M. westlich von Lygumkloster an der Bredaue, und an der Landstraße von Tondern nach Ripen, A. Lygumkloster, Vogtei

Svanstrup, Ksp. Brede. — Dieses Dorf, welches in Form eines Kreuzes gebaut ist, enthält 1 Halbh., 2 Viertelh. und 28 Kathen, welche sämmtlich zur Löeharde im A. Ripen dingpflichtig sind; nur das Breder Küsterhaus, zugleich Districtsschulhaus, gehört zum A. Lygumkloster; die Halbh. und 25 Kathen gehören zum Gute Troyborg. — Die Breder Kirche liegt östlich von diesem Dorfe (s. Brede). — Districtsschule. — Wirthshaus, worin die Dingstube für die Behörde, Arresthaus, Schmiede und einige Handwerker; mehrere Frauen beschäftigen sich mit Spitzenklöppeln. — Ueber die Bredeaue führt hier eine 60 Fuß lange Brücke.

Bredegatt, der westliche Theil des Dorfes Steinberg (s. Steinberg), 3 M. östlich von Flensburg, Ksp. Steinberg. — Diese Dorfschaft, welche auch Bjerregatt (d. i. Bergstraße) genannt wird und zwischen der Steinberger Mühle und der Steinberger Kirche liegt, enthält 5 Hufen und 13 Kathen, von welchen 1 Hufe (24 Steuert.) und 6 Kathen zum A. Flensburg, Nieh., 1 Hufe und 2 Kathen zum Gute Oestergaard, Cappelerh., 2 Hufen zum Gute Ohrfeld, Cappelerh., 1 Hufe ($\frac{3}{4}$ Pfl., 52 Steuert.) dem Hospitale in Flensburg, Nieh., und 5 Kathen (7 Steuert.) zum Gute Norgaard, Munkbraruph., gehören. Eine Amtskathe ist ein Wirthshaus. — Districtsschule. — Schmiede. — Vormals wurde auch das Kanzleigut bei der Steinberger Kirche zu Bredegatt gerechnet (s. bei Steinberg-Kirche.)

Bredekjär, 2 Hufenstellen $1\frac{1}{4}$ M. westlich von Lygumkloster, A. Lygumkloster, Ksp. Brede, Schuldistr. Bredebroe.

Bredevad (vorm. Brävath, Bretwath), Dorf $2\frac{1}{4}$ M. nordöstlich von Tondern, an der Landstraße nach Apenrade, Ksp. Bülderup. Zum A. Tondern, Slurh., gehören 9 Bohlst., 2 kleine Landst. und 3 Häuser ($4\frac{1}{2}$ Pfl.); zum A. Lygumkloster, Vogtei Rapsted, 1 Dreiviertelh. und 1 Instenst. ($\frac{1}{24}$ Pfl.), welche Detlev v. d. Wisch 1496 dem Kloster verschötete. — Schule. — Wirthshaus, Schmiede. — Der Boden ist sandigt, aber größtentheils ergiebig.

Bredstedt (Waldem. Erdb.: Brethästath), Flecken an einer kleinen Aue in der Landschaft Bredstedt, zwischen den beiden Städten Husum und Tondern, $\frac{1}{2}$ M. von der Westsee, Pr. Husum. — Bredstedt hat ein sehr ansehnliches Alter, war im Jahre 1231 nach dem Erdbuche Waldemars s. g. Königsgut und hatte schon sehr früh eine Capelle, die aber wahrscheinlich eingegangen ist, weil Bredstedt zu Breklum eingepfarrt war und erst 1462 eine neue Capelle erbaut ward. — Die Ortschaft wird schon 1510 ein Flecken (Blecke) genannt und 1530 ertheilte der König Friedrich I. derselben die Gerechtigkeit jährlich 2 Märkte zu halten, welche sehr besucht gewesen sein sollen; erst in den Jahren 1632 und 1633 wurden derselben von dem Könige Christian IV. und 1654 von Friedrich III. die wichtigsten ihrer Privilegien ertheilt. — Bredstedt ist im Allgemeinen wohlgebauet und hat einzelne ansehnliche Häuser; es ist in 4 Quartiere getheilt und enthält mit den auf dem adel. Mirebüller Grund stehenden 332 Häuser (worunter zum A. Bredstedt 12 größere und 84 kleinere Landst., 22 Pfl.). — Ausgebaute Landst. heißen: Christiansburg (an der Straße nach Leck), Odinsburg (Odinsberg, gegen Nordost), Stampfmühle (am Wege nach Tondern, ehemals eine Stampfmühle), Wittacker, Freiheit, Ziegelei (2 H.). — Zahl der Einwohner: 1769, worunter etwa 50 in den zum Gute Mirebüll gehörigen Häusern. — Einzelne Theile des Fleckens heißen der Norderberg und der Westerberg; das Ostende hat vorhin Jüdebek geheißen. — Die

Einwohner ernähren sich größtentheils von Ackerbau und städtischen Gewerben; der Handel kann ehemals vor der Eindeichung des Vorlandes bedeutender gewesen sein, als kleine Fahrzeuge durch den s. g. Sielzug ziemlich nahe an den Flecken gelangen konnten, aber jetzt, da nur die Neuwerker Schleusen im Ockholmer-Kooge und das Bordelumer Siel einen entfernten Ladungsplatz gewähren, ist er von geringer Bedeutung. — Die Einwohner treiben Korn- und Viehhandel; ferner sind hier 2 Bierbrauereien, 1 Branntweinbrennerei, mehrere Wirthshäuser und Handwerker aller Art, besonders viele Schuster (gegen 50 Meister); auch hat der Ort 3 Mühlen, nämlich eine herrschaftliche Wassermühle und Windmühle und eine Eigenthumswindmühle, Lütjenshöft genannt, etwas außerhalb des Fleckens angenehm gelegen. Im Flecken ist eine Apotheke. — Areal zur Landschaft: 769 Steuert. — Der Bredstedter-Koog (ehem. auch Störtewerker-Koog), liegt südwestlich vom Flecken und enthält 314 Steuert. — Hölzungen sind jetzt nicht vorhanden, denn im Jahre 1614 verkaufte Junge Jens Hansen die Bredstedter Hölzung (Friesenholz) an die Herzogin Auguste. — Der Flecken steht unter der Gerichtsbarkeit der Königl. Landvogtei; die ökonomischen Angelegenheiten und einzelne Polizeisachen werden von Zwölfmännern verwaltet, von denen der Erste den Namen Zwölfoberst führt; die übrigen Polizeisachen, die Feueranstalten und die Beobachtung der Marktordnung sind den Achtmännern übertragen. Zu den Fleckensbeamten gehören außerdem der Gevollmächtigte, welcher die Angelegenheiten des Landwesens besorgt, ein Deichvogt und ein Armenvorsteher. — Die im Jahre 1510 erbaute Kirche ist nicht gewölbt, mit einem kleinen Thurme versehen und hat eine gute Orgel. — Vormals waren hier 2 Prediger, aber im Jahre 1807 ward die Stelle eines Diaconus aufgehoben; der Amtmann und der Probst haben die Präsentation und der Gemeinde steht das Wahlrecht zu. — Eingepfarrt: Christiansburg, Desmercireskoog, Freiheit, Lütjenshöft, Odinsburg, Neußenkoog, Sophien-Magdalenenkoog, Stampfmühle, Wittacker, Ziegelei. — Der Flecken hat mehrere Stiftungen, Armen- und Arbeitshäuser, unter denen die Grundsche Stiftung für Wittwen von Predigern und Königl. Beamten die ansehnlichste ist; sie ward von der Etatsräthin Grund 1743 gestiftet und mit dem von ihr nachgelassenen, am Markte belegenen Wohnhause und dem adel. Gute Stoltelund dotirt und 4 Wittwen genießen hier, außer freier Wohnung, jede jährlich 150 ℔. Eine andre Stiftung, die Clementinische genannt, nahm im Jahre 1711 ihren Anfang, und ist zu Wohnungen für 8 verarmte Wittwen eingerichtet, deren jede 60 ℔ jährlich erhält; das Sievertsche Legat (1500 ℔), gestiftet 1796, ist für 5 Wittwen bürgerlichen Standes bestimmt; das Clausensche Legat für Studirende (1555 ℔), und das Sattlersche zur Anschaffung von Bibeln. — Mehrere Armenhäuser sind von der Commüne angekauft und können jedes etwa 8—10 Personen aufnehmen, welche Unterstützungen an Geld, Brod und Feuerung erhalten. — An der Hauptschule steht ein Rector als erster Lehrer und ein Schreib- und Rechenmeister; an den beiden Elementarschulen sind 2 Lehrer angestellt. — Die Königl. Beamten sind: der Landvogt, der zugleich Deichgraf ist, ein Amtsverwalter, der auch Hausvogt und Actuarius ist, ein Zollverwalter, 2 Controleure, ein Physicus, ein Branddirector und ein Postmeister. — Jährlich werden 4 Märkte gehalten: ein Pferdemarkt am Fastnachtsmontage und 3 Krammärkte an den Donnerstagen nach Fastnacht, nach Pfingsten und am Donnerstage in der ersten Adventswoche. Außerdem sind von der Mitte des Octobers bis zur Mitte des Novembers an den Freitagen jeder

68 **Bregentwedt.**

Woche Märkte von Schlachtvieh. — Eine Fleckensbeliebung ward im Jahre 1685 errichtet und in den Jahren 1712 und 1738 erneuert. — Am 7. April 1699 brannten in Bredstedt 35 Wohnhäuser ab. — Bz. des Ksp.: 1976.

Bregentwedt, 1 Parcelenst. ($\frac{5\frac{1}{2}}{8}$ Pfl.) im A. Gottorf, Satruph., Ksp. Satrup. — Areal: 51 Steuert.

Bregninge (Breininge), Kirchdorf auf der Insel Aeröe, an der Landstraße von Söbye nach Aeröeskjöbing, Landsch. Aeröe, Bisthum Alsen und Aeröe. — Dieser Ort zerfällt in zwei Dörfer, Oster-Bregninge und Wester-Bregninge mit Tverbye, die beiden letzten haben zusammen ihre eigene Dorfsverfassung; er erstreckt sich an beiden Seiten der Landstraße, fast in der Länge einer Viertelmeile. — Oster-Bregninge enthält 10 Vollh., 4 Halbh., 6 Kathen, 25 Instenst., 2 Hufenparcelen, 6 Häuser ohne Land. Eine Viertelmeile nordöstlich am Meeresufer liegen die Bregninger Mühlen, nämlich 1 Wassermühle, 1 Windmühle und 1 Stampfmühle an der Skydsbäk (12 Pfl.). — Wester-Bregninge mit Tverbye 12 Vollh., 2 Halbh., 8 Kathen, 31 Instenst., 2 Hufenparcelen, 14 Häuser ohne Land und 1 Erbpachts-Windmühle (13 Pfl.). Der äußerste Hof in Tverbye heißt Tverbyegaard und hat zu den Freihöfen gehört, welche sich vormals auf Aeröe befanden. — Districtsschule. — Wirthshaus, Schmiede und mehrere Handwerker. — Die Kirche und der Pfarrhof liegen in Wester-Bregninge. — Die Kirche ist von Feldsteinen erbauet, hat einen Thurm und eine Spitze; sie hat mit Söbye einen gemeinschaftlichen Prediger, den der König ernennt. — Eingepfarrt: Askemose, Oster- und Wester-Bregninge, Lebye, Rönnemose, Skovbye, Tverbye, Tverbyegaard. — Areal: Oster-Bregninge 588 Steuert.; Wester-Bregninge 613 Steuert. — Der Boden ist im Allgemeinen gut und fruchtbar. — Einzelne Einwohner in Tverbye beschäftigen sich mit der Fischerei in der Ostsee. — Auf der Feldmark liegen 2 Grabhügel, Skremmestene und Synehöi genannt. Eine Anhöhe heißt Hulehöi. — Nordöstlich von Wester-Bregninge liegt der höchste Punkt auf Aeröe, Söndeshöi, 226 Fuß hoch. — Bz. von Oster-Bregninge: 342, von Wester-Bregninige: 319, zusammen: 661; des Ksp.: 1327.

Brekendorf (vorm. Brechentorp), Dorf 2 M. südwestlich von Eckernförde, A. Hütten, Hüttenh., Ksp. Hütten (früher wahrscheinlich Haddebye). Dieses ansehnliche Dorf, welches in Groß- und Klein-Brekendorf eingetheilt wird, enthält 2 Vollh., 21 Halbh., 4 Viertelh. und 31 Kathen; unter diesen sind 2 Halbh. und 9 Kathen ausgebauet, erstere heißen Grevensberg (mit einer Kathe) und Weljenstraße, letztere Saar, Lehmberg, Sultenberg, Niekoppel und Nethwisch. — Districtsschule. — Wirthshaus, 2 Ziegeleien, Schmiede und mehrere Handwerker. — Brekendorf soll vorm. ½ M. nordöstlicher gestanden haben, aber die damaligen Besitzer wollten ihren Wiesen näher wohnen, brachen die Wohngebäude ab und baueten sich hier an. — Nach einer Urkunde des Königs Knud aus dem Jahre 1196 gehörten Ländereien desselben zum St. Michaeliskloster in Schleswig. — Areal: 2764 Ton. 2 Sch. (1748 Steuert.) — Der Boden ist von ziemlicher Güte. — Am Fuße der Hüttener Berge gegen Osten des Dorfes liegt ein 880 Q. R. großer See von bedeutender Tiefe. Die höchste Spitze der hiesigen Bergkette heißt der Scheelsberg (346 Fuß hoch); auf ihm stand im Jahre 1809 ein Telegraph. — Auf der Feldmark befinden sich mehrere Grabhügel, von denen einige zerstört sind. — In den Kriegsjahren 1658 und 1813 litt dieses Dorf sehr. — Bz.: 556.

Brekenrüde, 2 Viertelh. an einer kleinen Aue und an der Landstraße zwischen Flensburg und Eckernförde, 1¼ M. nordöstlich von Schleswig; diese Hufen (¼ Pfl., 93 Steuert., vorm. bischöflich) gehören zum Amte Gottorf, Füsingh., Ksp. und Schuldist. Brodersbye. — Das Ackerland ist gut. — 2 kleine Hölzungen heißen Dammkahl und Altenholz.

Brekenrühe, 1 Hof mit schönen Gebäuden in der Nähe von Treya, A. Gottorf, Ahrens= und Treyah., Ksp. und Schuldistr. Treya, ursprünglich eine Ahrensharder Viertelhufe (9 Steuert.), welche durch Ankauf zweier Hufen (¼ und ⅛ Pfl.) der Treyaharde vergrößert ist. — Areal: 150 Ton. Der Boden ist gut.

Brekling, Dorf 1 M. nördlich von Schleswig, südlich am Lang=See belegen, Ksp. und Schuldistrict Nübel. Zum A. Gottorf, Strurdorfh., gehören 1 Vollh. (Freihufe), 5 Halbh., 1 Drittelh., 1 Sechstelh., 8 Kathen und 1 Instenst. (6 Pfl.); zum St. Johanniskloster in Schleswig 2 Halbh. und 2 Kathen. — Ein Theil des Dorfes (3½ Pfl.) gehörte zum vormal. Schleswigschen Domcapitel. — Eine zur Dorfschaft gehörige Kathe beim Lang=See, in deren Nähe das vergangene Kloster Güldenholm gelegen hat, heißt Güldenholm (Holzhaus, s. Güldenholm), gehört aber zur Füsingh. — Areal: zum A. Gottorf 525 Steuert. — Der Boden ist sehr gut. — Zwei kleine Hölzungen der Dorfschaft heißen Oster= und Westerholz. — Nach einer Urkunde des Königs Knud gehörten 1196, 2 Ottinge Land dem Michaeliskloster in Schleswig. — In den Kriegsjahren 1628 und 1658 litt dieses Dorf bedeutend.

Breklum (vorm. Brekeling), Kirchdorf ¼ M. südöstlich von Bredstedt, in der Landsch. Bredstedt, Pr. Husum. — Dieses ansehnliche Dorf, welches außer der Prediger= und Küsterwohnung aus 4 größeren und 28 kleineren Landstellen besteht, liegt ziemlich anmuthig an der Landstraße zwischen Bredstedt und Husum. — 2 volle Güter (2 Pfl.) gehörten zum ehemal. Schleswigschen Domcapitel. — Districtsschule. — 2 Wirthshäuser, 1 Schmiede und einige Handwerker. — Eine westlich am Wege nach Drelsdorf ausgebaute Windmühle heißt Petersburgermühle. — 3 Häuser im Dorfe gehören zum adel. Gute Mirebüll und heißen „auf dem Hof". Auf der Breklumer Haide liegt eine Ziegelei. — Die östlich vom Dorfe gelegene Kirche, die alte Hauptkirche der Nordergoesharde, von der Drelsdorf, Bordelum und Bredstedt abgelegt sind, ist der Jungfrau Maria geweiht; sie ist sehr alt und soll angeblich unter dem Könige Oluf Hunger (1087) erbauet sein; sie ward 1399 von den Dänen eingeäschert; der Thurm ward 1500 durch einen Blitzstrahl vernichtet, aber bald nachdem wieder erbauet. In ihr war außer mehreren Vicarien auch eine Vicarie St. Olaus; ein noch vorhandenes merkwürdiges altes Königsbild wird für das des Olav Hunger gehalten. — Die Gemeinde wählt die beiden Prediger, nachdem sie von dem Amtmann und von dem Probsten präsentirt sind. — Der bekannte Geschichtsschreiber Nikolaus Outzen, geboren 1752 zu Terkelsbüll, war hier von 1787 bis 1826 Prediger. — **Eingepfarrt:** Almdorf, Blumenhof, Borsbüll, Breklumerkoog, Drabendal, Groß= und Klein=Ellerbüll, Fesholm, Friedensburg, Glückshoch, Herrengabe, Högel, Knasterholm, Lütgenholm, Lurburg, Meklenberg, Mirebüll, Neuenholm, Norder= und Südervoogshaus, Ostermarsch, Riddorf, Sönnebüll, Struckum, Vollstedt, Süder=Wallsbüll, Windert. — Die in der Hattstedtermarsch belegenen Orte Groß= und Klein=Ellerbüll und Ostermarsch halten sich hier zur

Kirche, begraben aber ihre Todten zu Hattstedt. — Nordöstlich von Breklum, wo der Sage nach das Dorf unter dem Namen Höyeböl früher gestanden haben soll, liegt ein langer viereckigter Berg, Langenhoh genannt. — Nördlich vom Dorfe neben dem Wege, der nach Sönnebüll führt, sind 2 Stellen, Oster- und Wester-Dingstedt genannt, wo das ehemal. Dinggericht gehalten worden ist. — Vz. des Dorfes: 347; des Ksp.: 1865.

Breklumerkoog, ein Koog in der Landsch. Bredstedt, südwestlich von Breklum und an den Sophien-Magdalenenkoog und den Desmerciereskoog gränzend. — Dieser Koog wird speciell auch eingetheilt in den Breklumer-, Fesholmer- und Wallsbüllerkoog, deren Scheidungen aber nicht genau angegeben werden können, und hat ein Areal von 2704 Dcm. (2208 Steuert.). — Außer einer im Wallsbüller Koog liegenden Ziegelei und zweien kleinen Wirthshäusern, welche Süderkoogshaus (sonst Deichshörn oder Gregerstelt) und Norderkoogshaus (Ksp. Breklum) genannt werden, sind hier keine Wohnungen. — Die Ländereien des Kooges sind theils gut, theils mittelmäßig und theils auch schlecht, doch gedeihen hier, wenn der Boden gut gewählt wird, alle Kornarten. — Der Koog steht hinsichtlich der Wasserlösung mit der Hattstedtermarsch in Verbindung. — Unweit Breklum auf einer Anhöhe im Kooge soll vormals ein Edelhof, Namens **Bäcky**, gestanden haben.

Brem, Dorf 3¾ M. nordwestlich von Hadersleben, Westerth., Frösh., Ksp. Rödding; 4 Viertelh. und 2 Kathen. — An der Gränze der Feldmark liegt eine vormal. Königl. Holzvogtswohnung, welche Bremhuus heißt. — Schuldistr. Brendstrup. — Areal: 89 Steuert. — Der Boden ist moorigt und nur von mittelmäßiger Art.

Bremgaard, 1 Hufe im Gute Rundhof, Cappelerh., Ksp. Esgrus. — Schuldistr. Bojum. — Areal: 16 Steuert.

Bremholm, 1 Dreiviertelh., 1 Viertelh. und 1 Kathe, 2¼ M. südöstlich von Flensburg, A. Flensburg, Nieh., Ksp. und Schuldistr. Sterup. — Areal: 75 Steuert.

Bremsbüll, 5 kleine Bohlstellen (2½ Pfl.) ½ M. südlich von Tondern, A. Tondern, Südtonderh., Ksp. und Schuldistr. Uberg. — Eine Festebohlstelle gehört der Uberger Kirche.

Bremswatt, 1 Kathe und 2 Instenst. bei Kalltoft, 1 M. südwestlich von Cappeln, an der Landstraße nach Schleswig, von denen die Kathe zum A. Gottorf, Füsingh., die beiden Instenst. zur Schliesh. gehören, Ksp. Boren, Schuldistr. Ekenis. — Wirthshaus. — Areal: s. Ekenis.

Brendstrup, Dorf 3¾ M. nordwestlich von Hadersleben, im Gute Gram, A. Hadersleben, Frösh., Ksp. Rödding. — Dieses hochbelegene Dorf enthält 14 Hufen, 5 Hufenparcelenst., 7 Kathen und 4 Instenst. — Districtsschule. — Wirthshaus, Schmiede. — Areal: 308 Steuert. — Der Boden ist sandigt, aber in den letzten Jahren sehr verbessert.

Brenduhr, 4 Halbh. 2¼ M. nordwestlich von Hadersleben, A. Hadersleben, Osterth., Tyrstruph., Ksp. und Schuldistr. Frörup. — Oestlich von Brenduhr liegen 2 Landbohlstellen, Groß- und Klein-Geil, westlich eine Parcelenst. Dridevad und von zwei östlich und nördlich belegenen Landbohlenst. heißt eine Jjortvad. — Eine vormals hier gewesene Wassermühle brannte in kurzer Zeit zweimal ab, und da das Wasser abnahm, ward eine Windmühle erbauet. — In früherer Zeit war Brenduhr ein Edelhof, den vormals die Emmiksens besaßen, dann 1543 Erich Kaas;

darauf dessen Sohn Mogens Kaas; nach seinem Tode 1582 ward der Hof zertheilt. — Der Boden ist sehr fruchtbar.

Brennstoft, 2 Ziegeleien am Flensburger Meerbusen, westlich vom Dorfe Sandacker, A. Apenrade, Lundtofth., Ksp. und Schuldist. Rinkenis.

Brestrup, ein ehemaliges Dorf zwischen Kjöbenhoved und Skodborg im A. Hadersleben, Frösh., Ksp. Skrave. — Im Jahre 1580 entrichteten die von Kjöbenhoved 5 ℔ und die von Skodborg gleichfalls 5 ℔ vom Brestruper Felde.

Broacker (Broagger), Kirchdorf im Lande Sundewith, 1 M. süd-westlich von Sonderburg, A. Sonderburg, Nübelh., Pr. Sonderburg. — Dieses hochliegende Dorf, von fleckenähnlichem Ansehen, mit 876 Einw., welches schon im 12. Jahrhunderte erbauet war, enthält, außer den Wohnungen des Predigers, des Hardesvogts, des Gerichtsschreibers der Nübelharde, und der Schulbedienten, 5 Vollh., 3 Halbh., 11 Kathen und 63 Instenst., (6½ Pfl.), welche zum A. Sonderburg, Nübelh., gehören; zum Gute Gravenstein gehören 2 Vollh., 1 Halbh., 5 Kathen und 13 Instenst., und zum ehemaligen Gute Blansgaard 3 Instenst. — Drei östlich ausgebaute Stellen heißen Thunmoos, Smaatmoos und Eskfeld. — Districtssch. mit 2 Lehrern. — 2 Armenhäuser, 7 Wirths-häuser, Gefangenhaus', Branntweinbrennereien, 3 Schmiede und Hand-werker fast aller Art. — Oestlich vom Dorfe liegt eine Wind-mühle. — Die in edlem Styl erbaute Kreuzkirche, welche schon im Jahre 1209, da die Zehnten an das Rüdekloster kamen, genannt wird, liegt auf einer Anhöhe und hat 2 hohe spitze Thürme neben einander, welche im Meridian erbaut sind, so daß der Schatten des einen Thurms gerade um Mittag auf den andern fällt; die Thürme dienen den Schiffern als Signal in einer Entfernung von 10 Seemeilen. — Die Kirche hat eine Orgel. — Bemerkenswerth ist auch in derselben eine hölzerne Reiterstatue des St. Jürgen. — Sie hat 2 Prediger welche der König ernennt. — **Eingepfarrt:** Aerm, Altmühle, Blaasand, Bocsbek, Borre, Bredderskud, Brille, Broacker, Brunsnäs, Buunsholm, Dynth, Ekensund, Ellkjär, Eskfeld, Freileben, Frydendal, Frydenlund, Gaasbjerg, Gammeldynth, Gammel-mark, Grönland, Hermestved, Holm, Jean=Meyn, Igekov, Ihlers, Island, Katroy, Kraghul, Krammark, Langmai, Langkjär, Langroy, Maaling, Midskov, Mölmark, Mölschau, Nix, Nirmühle, Rennberg, Roy, Royhuus, Schelde, Scheldewiek, Schellgaard, Schmöel, Schmöelfeld, Schmöellehn, Schottsbüll, Schottsbüllgaard, Skovbjerg, Skräggehöi, Smaatmoos, Smalstreng, Sönderskov, Steenbek, Steensigmoos, Thunmoos, Wenning, Wenningtved, Willersholt, Alte=Ziegelei, Berg=Ziegelei. — An den beiden ersten Tagen nach Himmelfahrt und nach Allerheiligen werden hier Kram=, Pferde= und Viehmärkte gehalten, welche von dem Herzoge Hans 1625 bewilligt sind. — Areal mit Möllmark: 955 Steuert. — Der Boden ist verschieden; es giebt schweren und guten, aber auch hügelichten und sandigten Boden. — Nördlich vom Dorfe auf der ehemals bewaldeten s. g. Holzkoppel, ist ein mit einem Graben umgebener Platz, wo wahrscheinlich vormals ein Edelhof gestanden hat. — Auf der Feldmark sind mehrere Grabhügel, die meist abgepflügt sind. — In den Kriegsjahren 1658, 1659, 1848—1850 litt dieses Dorf sehr. — Vz. des Ksp.: 3490.

Brodersbye, Gross=, Dorf an der Schlei, 1¼ M. östlich von Schles-wig, A. Gottorf, Schliesh., Ksp. Brodersbye. Zum A. Gottorf gehören 2 Vollh., 1 Fünfneuntelh., 2 Zweidrittelh., 3 Viertelh. und 7 Kathen, von denen 2 Hufen und 3 Kathen zum ehemaligen Schlesw. Domcapitelsdistr. und 1 Hufe und 4 Kathen zu den Ulsnisser Pflügen, ursprünglich zum Altar St. Jacobi der Domkirche, gehörten; 1 Hufe und 2 Kathen gehören zum St. Johannis=kloster in Schleswig, und 1 Kathe zum Gute Uenewatt. — Schuldistr. Brodersbye. — Wirthshaus, Schmiede. — Areal mit Klein=Brodersbye: 387 Steuert. — Der Boden ist ziemlich gut. — Die Einwohner behaupten das Recht in der Schlei zu fischen, dem jedoch die Stadt Schleswig mit Grund widerspricht. — Westlich vom Dorfe an einem kleinen Bache hat vormals eine Mühle gestanden. — Auf der Feldmark befinden sich 2 Grab=hügel. — Zwischen Brodersbye und Geel liegt ein sehr niedriges Moor, Syllmaas oder Syllermoor genannt und zu Brodersbye gehörig; hier an den Strand soll der Körper des 1250 ermordeten Königs Erich angetrieben sein; der Ort wird auch Kreuzort genannt, weil hier vormals zum Andenken des Königs ein hölzernes Kreuz errichtet ward. — Das zwischen diesem Moor und Missunde liegende Feld wird die alte Burg genannt.

Brodersbye, Klein=, Kirche, Prediger= und Küsterwohnung und 2 Kathen, welche zum A. Gottorf, Schliesh., Pr. Gottorf, gehören; eine Vollh., 1 Parcelenst. Westerfeld und 3 Kathen, von denen eine bei der Missunder Fähre Burg genannt wird, gehören zum Gute Uenewatt. — Districtsschule. — Wirthshaus. — Armenhaus. — Nach dem Namen Brodersbye zu urtheilen gehörten wahrscheinlich das ganze Dorf und die Kirche, mit Sicherheit aber eine Freihufe, welche späterhin von dem Prediger bewohnt ward, den Brüdern (Mönchen) zu Güldenholm. — Die Kirche, anfangs nur eine Capelle, ist ein altes Gebäude von Feldsteinen; sie hat keinen Thurm, ist aber mit einer Orgel versehen. — Der Prediger wird von dem Könige ernannt. — Eingepfarrt: Brekenrüde, Groß= und Klein=Brodersbye, Burg, Geel, Geelbyeholz (z. Thl.), Goltoft, Her=mannslücke, Missunder=Fährhaus, Roxum, Süderholz, Westerfeld. — Areal zum Amte: s. Groß=Brodersbye, zum Gute: 40 Steuert. — Der Boden ist gut. — Ein ehemaliger Edelhof nahe an der Brodersbyer Kirche belegen, hieß Brodersbyegaard; alle Spuren dieses Hofes sind aber verschwunden. — Ein Grabhügel auf der Feldmark, der 1832 eröffnet wurde, heißt Sonnenschau. — Vz. des Ksp.: 665.

Brodersbye, Dorf $\frac{1}{2}$ M. südöstlich von Cappeln, Eckernförderh., Ksp. Schwansen. Von diesem Dorfe gehören zum Gute Olpenis 4 Hufen, 6 Kathen, 4 Instenst. und eine Windmühle; zum Gute Schönhagen 6 Hufen und 2 Kathen. — Zwei ausgebaute Hufen heißen Langacker und Westerfeld, und 2 Kathen Drasberg und Behrensburg (Wirths=haus). — Schule. — Armenhaus. — Der Boden dieses Dorfes ist schwer und sehr fruchtbar.

Brodersgaard, 2 Bohlst. und 1 Kathe ($\frac{7}{8}$ Pfl.), nördlich von Wennemoos, A. Tondern, Tonderh., Ksp. Abild. — Beide Stellen gehören zur Commüne Sollwig. — Nördlich von Brodersgaard liegt das Wirths=haus Klienburg ($\frac{1}{16}$ Pfl.) an der Landstraße nach Lygumkloster.

Broe, Dorf auf der Insel Alsen, $\frac{1}{8}$ M. östlich von Augustenburg, an der Landstraße von Sonderburg nach Norburg, im Gute Augustenburg, A. Sonderburg, Augustenburgerh., Ksp. und Schuldistr. Ketting. — Dieses niedrig belegene Dorf, welches der Herzog Ernst Günther 1674 von dem König Christian V. kaufte, enthält 7 Bohlst., 3 Kathen, 8 Instenst., und 1 Parcelenst., welche letztere Friesenlund heißt; von den Instenst. wird eine Grönhuus genannt. — Wirthshaus. — Der Boden ist gut und fruchtbar. — Der südlich vom Dorf belegene Miangdamm, ein See, und der Nyedamm, welcher vor mehreren Jahren von dem Augustenburger Hafen getrennt ward, sind sehr fischreich. — Ein südlich vom Dorfe liegendes und zu demselben gehörendes Wirthshaus, heißt Broemölle (Broemühle) und ist zum Ksp. Hörup eingepfarrt; hier werden 2 bedeutende Pferdemärkte, am Freitage nach Pfingsten und am 18. Sept., gehalten. — In der Nähe dieses Wirthshauses war ehemals eine Wassermühle; auch sind hier Spuren von Verschanzungen sichtbar, welche 1659 von den Schweden aufgeworfen sein sollen. — Die nordöstlich vom Dorfe liegende Feldmark heißt „Höiene" und führt diesen Namen der vielen Grabhügel wegen, von denen aber mehrere zerstört sind.

Bröns (Waldem. Erdb.: Brytynäs, Brödenäs), Kirchdorf an der Brönsaue (Uhlbek), 2¼ M. nordwestlich von Lygumkloster, an der westlichen Landstraße von Tondern nach Ripen, A. Hadersleben, Westerth., Hviddingh., Pr. Törninglehn. — Bröns ist ein alter Ort, niedrig belegen und gehörte 1231 zu den Königl. Tafelgütern. Es enthält 9 Vollh., 1 Siebenachtelh., 4 Dreiviertelh., 2 Halbh., 3 Viertelh., 1 Verbittelsst., 2 Kathen und 31 Insteststellen (7$\frac{35}{96}$ Pfl.); eine südlich von Bröns ausgebaute Hufe heißt Holmgaard; östlich vom Dorfe liegen die Erbpachtswasser- und eine Windmühle, Bröns-Mölle (Bröns-Mühle). — Districtsschule. — Wirthshaus, Schmiede und mehrere Handwerker. — Das Dinghaus der Harde, welches bisher östlich vom Dorfe nicht weit von der Mühle lag, ist abgebrochen und nach Roager-Kirkebye verlegt. — Die Kirche ist eine der schönsten des Landes, zum Theil von Cementsteinen erbauet; sie ist mit Blei gedeckt, hat einen hohen spitzen Thurm, eine Orgel und eine Stundenuhr. Das Holz des Thurmes, worauf die Jahreszahl 1681 steht, soll im Kirchspiele gewachsen sein. — Eingepfarrt: Astrup, Astrupgaard, Bröns, Havervad, Havervadgaard, Holmgaard, Normsted, Söndernäs, Vandbjerg, Wester-Oebeling. — Areal: 671 Steuert. — Der Boden ist leicht, jedoch ziemlich fruchtbar. — Längst der Westsee giebt es Marschwiesen, welche aber bei Sturmfluthen den Ueberschwemmungen sehr ausgesetzt sind. — Ehemals soll das Kirchspiel stark bewaldet gewesen sein, nordwestlich sind noch die Reste der Hölzung Brönskjär. — Eine verschwundene Hölzung, nordöstlich hieß Havedskov; ein Platz führt noch den Namen der Dingberge. — Vz. des Ksp.: 661.

Brönsaue (Uhlbäk), eine kleine Aue im A. Hadersleben; sie entspringt in den Kirchspielen Vodder und Arild; mehrere Arme der Aue vereinigen sich an der Gränze der Kirchspiele Vodder und Skjärbäk, und sie fließt darauf südlich an dem Kirchdorfe Bröns vorbei und ergießt sich nach mehreren Krümmungen in die Westsee. Diese Aue, worüber 3 Brücken führen, treibt eine Wassermühle.

Bröstrup, Dorf 4½ M. nordwestlich von Hadersleben, Ksp. Hygum. Zum A. Hadersleben, Westerth., Frößh., gehören 1 Dreiviertelh., 2 Halbh., 2 Dreiachtelh., 3 Viertelh., 3 Achtelh. und 7 Kathen; eine östlich ausgebaute Hufe heißt Bröstrupgaard; 2 Hufen und 1 Hufenparcelnst. gehören zum Gute Gram, Frößh., und 1 Instenst. zum A. Ripen. — Wirthshaus. — Schuldistr. Hygum. — Areal zum Amte: 425 Steuert.; zum Gute Gram: 70 Steuert. — Der Boden ist im Ganzen ziemlich gut.

Brösum (vorm. Brosem), 6 Höfe, 10 Stellen mit und 4 Stellen ohne Land, 1¼ M. westlich von Garding, Landsch., Eiderstedt, Westerth.,

Ksp. St. Peter. Ein Hof heißt Klei, und einige Stellen werden Ostereck genannt. — Schule. — Windmühle, Wirthshaus, Schmiede. — Bröſum liegt auf der hohen ſandigten Geeſt und iſt mit Marſchland umgeben. — In dem nahe gelegenen Seedeiche befindet ſich eine Waſſerlöſung. — Vormals ſoll in Bröſum eine Capelle geweſen ſein, von welcher nichts weiter bekannt iſt.

Brockjär, 1 Halbh. und 3 Hufenparcelenſt. an der Königsaue, 1 M. nördlich von Ripen unweit der Chauſſee nach Varde, A. Haderſleben, Weſterth., Kſp. und Schuldiſtr. Hjortlund. — Hier liegt auch eine Controlleurwohnung der Gredſtedbroer Zollſtätte. — Areal: 77 Steuert. — Der Boden iſt ſandigt.

Broholm, 3 Coloniſtenſt. (49 Steuert.), welche mit Neu-Duvenſtedt (Kſp. Bünſtorf) einen Ladevogt haben, Amt Hütten, Hohnerh., Kſp. Hohn, Schuldiſtr. Duvenſtedt.

Brook, Dorf 1¾ M. ſüdöſtlich von Bredſtedt, in der Landſch. Bredſtedt, Kſp. Biöl; 4 größere Landſt., 1 Kathe, 3 Inſtenſt.; eine kleine nordöſtlich belegene Landſt. heißt Neuhaus. — Schuldiſtr. Kollund. — Areal: 116 Steuert. — Der Boden iſt nur von mittelmäßiger Art.

Brookberg, 4 Parcelenſt. im Gute Beuſchau, A. Sonderburg, Nübelh., Kſp. Warnitz, Schuldiſtr. Baurup.

Brorsböl (vorm. Brodersböl), Dorf an einer kleinen Aue, ½ M. ſüdöſtlich von Haderſleben, A. Haderſleben, Oſterth., Haderſlebenerh., Kſp. und Schuldiſt. Starup. — Dieſes Dorf, welches ſchon im Jahre 1292 vorkömmt, enthält 5 Halbh., 6 Landb. und 1 Inſtenſt. — Der Boden iſt fruchtbar.

Broweg, 4 Hufenſtellen und 1 kleine Landſtelle an der Leckaue, 2¾ M. ſüdlich von Tondern, A. Tondern, Karrh., Kſp. Stedeſand, Schuldiſtr. Schnatebüll. — Bei Broweg geht eine Brücke über die Leckaue.

Brunde, Dorf ¾ M. nordweſtlich von Apenrade, an der Landſtraße nach Lygumkloſter, A. Apenrade, Rieſh., Kſp. Ries; 1 Vollh., 5 Dreiviertelh., 3 Halbh. und 2 Kathen (6 7⁄12 Pfl.); eine ausgebaute Kathe heißt Petersburg; eine Hufe Egelund, und eine ſehr ſchön belegene Hufe ſüdöſtlich Skovgaard; eine ebenfalls ſüdöſtlich von Brunde belegene ſehr alte Ziegelei (Kſp. Apenrade) wird Norder-Ziegelei genannt. — Diſtrictsſchule. — Schmiede. — Areal: 585 Steuert. — Der Boden iſt nur von mittelmäßiger Art. — Im Jahre 1690 war hier eine ſ. g. Winterfeldſche freie Dreiviertelh., deren Privilegien aber 1696 aufgehoben wurden. — Eine ehemals dem Predigerdienſt zu Ries beigelegte Wieſe hieß Tydemühle.

Brundelund, Dorf 3¼ M. weſtlich von Haderſleben, A. Haderſleben, Oſterth., Gramh., Kſp. Nuſtrup. — Es gehörte ehemals zum Kſp. Beſtoft und enthält 7 größere und kleinere Hufen und 2 Landbohlen. — Schule. — Der Boden iſt nur von mittelmäßiger Art. — In einem Grabhügel ſoll einer, Namens Ketel, begraben ſein.

Brunock, eine ehemalige Kirche in der Edomsharde, ſüdlich nahe an der Hallig Norſtrandiſch-Moor. Sie ſoll im Jahre 1362 untergegangen ſein; eine an ihrer Stelle wieder erbauete, wenigſtens 1463, 1523 und 1558 vorhandene, und im Jahre 1600 weiter landeinwärts verſetzte Kirche verging im Jahre 1615 durch eine Waſſerfluth, und die Einwohner wurden zu Stintebüll und Ilgruf eingepfarrt.

Brunotterkoog, ein Koog 1¼ M. südwestlich von Tondern, A. Tondern, Wiedingh., Kple. Neukirchen und Rodenäs (2 H.). Dieser Koog, worin jetzt nur 2 Haupthöfe liegen, erhielt im Jahre 1615 einige Privilegien und ward 1618 eingedeicht; im Jahre 1627 war er an 8 Interessenten vertheilt und damals hatte der Koog ein Areal von 673 Dem. 113 R.; jetzt 571 Dem. — 1 Hof heißt Nienhof, 4 Häuser heißen Dreisprung und 13 Häuser Norder-Osterdeich. — Schuldistr. Neukirchen.

Brunsbüll, Dorf 3 M. südöstlich von Flensburg, Ksp. Sterup. Zum A. Flensburg, Nieh., gehören 3 Halbh. und 2 Kathen (mit Brunsbüllund 1⅔⅔ Pfl.); zum Gute Rundhof, Cappelerh., eine Landstelle (8 Steuert.) und zum Gute Brunsholm, Cappelerh., 1 Kathe. — Schule. — Areal zum Amte: 236 Steuert. — Zum Schleswigschen Domcapiteldistr. gehörte ehemals eine Hufe, welche 1477 der Hardesvogt Petersen dem Schleswigschen Domcapitel verschötete.

Brunsbüllund, 3 Achtelh. und 8 Kathen (11 Hufenparcelen), welche mit Ausnahme einer Kathe (2 Steuert.), die zum Gute Freienwillen (Husbyeh.) gehört, alle zum A. Flensburg, Nieh., gerechnet werden; Ksp. und Schuldistr. Sterup. — Areal zum A. Flensburg: 72 Steuert.

Brunsgaard, ein zum Dorfe Langetved gehöriger Hof, welcher an 10 Eingesessenen vertheilt ist, A. Hadersleben, Westerth., Frösh., Ksp. Skrave, Schuldistr. Langetved.

Brunsholm, adel. Gut in der Cappelerh.; der Stammhof liegt 1¼ M. nordwestlich von Cappeln, Ksp. Esgrus. — Dieses Gut ist vormals größer gewesen und soll in der frühesten Zeit der Familie Hock gehört haben, 1292 Diedrich Hock; 1446 verpfändete L. Schinkel es an C. Porsveld, 1478 — 1598 v. d. Herberge, 1616 v. Rumohr, von dem es 1624 Wulf Hock für 48,600 ℳ kaufte, 1656 Wohnsfleth, 1662 v. Buchwald (39,000 ℳ), 1675 v. Ahlefeld, 1698 v. Reventlow, 1729 v. Lohenskjold (49,200 ℳ), 1739 Dröhse, 1782 v. Revenfeld, 1794 Mannhardt, nach dem es viele Besitzer gehabt hat, bis J. Brix es 1819 kaufte, dessen Familie es noch besitzt. — Zum Gute Brunsholm gehörte im Jahre 1816 ein Areal von 498 Ton. à 260 □. R., nämlich der Stammhof mit einigen Parcelenländereien von Pieselholz, Moosgaard, Helenenthal, Rügge und Haveholz (142 Ton.), Helenenthal mit Jürgensfeld 6 Parcelenstellen (83 Ton.), Haveholz 7 Kathen (46 Ton.), zu Rügge (Rüggekoppel) 2 Landstellen (33 Ton.), Ulegraf 4 Landst. (41 Ton.), in Grünholz 3 Hufen 1 Kathe (50 Ton.), in Esgrus-Schaubye 1 Kathe (3 Ton.), bei Esgrus-Kirche die Wassermühle und 2 Kathen (14 Ton.), Moosgaard 4 Kathen (20 Ton.), Sagerfeld 3 Landst. (11 Ton.), Tischlerholz 1 Kathe (6 Ton.), Schrepperie 2 Kathen (11 Ton.), Brarupholz und Fraulund (19 Ton.), Blick 3 Kathen (17 Ton.), Brunsbüll 1 Landst. (2 Ton.); einige Kathen heißen Uhlenstraße, eine andere Pieselholz. — Jetzt sind im Ganzen 3 Halbh., 20 Landst. und 12 Kathen. — 4 Pfl. (428 Steuert., 71,160 Rbthlr. Steuerw.) — Zahl der Einwohner: 386. — Der Stammhof hat jetzt ein Areal von 105 Ton. 48 □. R. à 240 □. R., worunter an Wiesen 11 Ton. 185 □. R., an Moor 2 Ton. 195 □. R. (88 Steuert., 13,680 Rbthlr. Steuerwerth). — Das ehemalige, mit einem jetzt fast ausgefüllten Burggraben umgebene, Wohnhaus ward 1768 abgebrochen. Das neue Wohnhaus ist von Brandmauer mit Ziegeln gedeckt. — Hier ist eine Ziegelei, eine Windmühle,

Schmiede und ein Armenhaus. — Contribution 179 Rbthlr. 18 b/ß, Land=
steuer 148 Rbthlr. 26 b/ß., Haussteuer 9 Rbthlr. 60 b/ß.

Brunsnäs, ein ehemaliges, nach dem Waldem. Erdb. 1231, auf
der Insel Aeröe belegenes Königl. Gut, dessen Lage aber mit Bestimmt=
heit nicht angegeben werden kann.

Bruttebeke (Brettebeke), ein ehemaliges im Gute Windebye
(Ksp. Borbye)' belegenes Dorf, welches aus 6 Hufen und 6 Wurthsitzer=
stellen bestand, aber im Anfange des 17. Jahrhunderts bis auf eine Wurth=
sitzerstelle niedergelegt und dem Haupthofe incorporirt ward.

Brystrup, eine ehemaliges Dorf nördlich von Heldevad, im A.
Apenrade, Ksp. Heldevad; wovon sich aber keine weiteren Nachrichten
finden. — Auf der Meierschen Karte im Danckwerth steht Brustrup=Heide
in der Gegend von Muuspött und Oebening, wo dieses Dorf wahrscheinlich
gelegen hat; 3 Hügel bei Heldevad heißen noch Brystruphöie.

Buchholz, ein seit einigen Jahren abgebrochene Instenstelle im
A. Gottorf, Vogtei Bollingstedt, Ksp. Eggebek.

Buchshörn, 1 Landstelle und 1 Windmühle im Westerth. der Landsch.
Eiderstedt, Ksp. und Schuldistr. Poppenbüll.

Buckhagen (vorm. Bukenhagen), adel. Gut in angenehmer
Gegend in der Cappelerh.; der Haupthof (Ksp. Cappeln) liegt ½ M. nord=
östlich von Cappeln. — Dieses Gut besteht aus dem Hofe Buckhagen,
dem Meierhofe Ruhkrug (Ruhekroog), den beiden Dörfern Schwacken=
dorf und Rabel und mehreren Parcelenstellen. — Es hat in den ältesten
Zeiten, und noch im 13. Jahrhundert, einen Theil des damals sehr aus=
gedehnten landesherrlichen Domainenguts Gelting ausgemacht. Im Jahre
1339 verpfändete der Herzog Waldemar V. nebst verschiedenen Besitzungen
in Schwansen auch 2 Pohlen in Gelting, Buckhagen mit der Mühle und
der Insel Gath (Oehe), das Dorf Lebek und einen Theil des Waldes
Gelting; wahrscheinlich wird das Pfand nicht eingelöst sein, denn noch 1493
war die Familie Sehestedt im Besitze des Gutes, 1498 Otto Stake, darauf
v. Ahlefeld, 1529 der König Friedrich I, 1535 Wulf Pogwisch. Damals
begriff das Gut die Dörfer Alt= und Neu=Rabel, Schwackendorf, Worms=
höved, Gundelsbye, Hasselberg, Börsbye, den Hof Cronsgaard und 2 Hufen
auf der Oehe; 1624 v. Rumohr, darauf v. Ahlefeldt, der es 1640 besaß;
1684 bis 1689 während des Sequesters, ward es von dem Könige Christian V.
eingezogen und v. Knud eingeräumt, 1689 v. Ahlefeld, 1736 v. Rumohr,
1798 v. Motz, 1812 der Landgraf Carl zu Hessen, 1836 der Herzog Carl
zu Glücksburg. — Das ganze Gut, zu dem jetzt der Meierhof Ruhkroog
und die Dörfer Schwackendorf und Rabel mit Rabelsund und der
Carlsmühle nebst mehreren Parcelen beim Haupthofe gehören, hat ein Areal
von 3352 Hdtsch. 1 Sch. 15 R. (2011 Ton. 73 R. à 240 □. R.), wovon
an das Dorf Schwackendorf 744 Hdtsch., an das Dorf Rabel 420 Hdtsch.
4 Sch. 15 R., an die Parcelen 303 Hdtsch., an das Gut Oehe 71 Hdtsch.
4 Sch. 18 R. veräußert, an Wegen 30 Hdtsch. 4 Sch. 17 R. ausgelegt
wurden, so daß 1781 Hdtsch. 5 Sch. 13 R. der Gutsherrschaft verblieben
(1522 Steuert., 16 Pfl., Steuerwerth des Stammhofes: 91,680 Rbthlr.
und des Meierhofes: 26,400 Rbthlr.). — Der Stammhof enthält jetzt
771 Ton. à 240 □. R., darunter an Acker 360 Ton., an Wiesen 262 Ton.
1 Sch. 18 R., an Hölzung 135 Ton. 4 Sch. 24 R. und an Moor

Büchenau.

13 Ton. 1 Sch. 18 R. — Zum Stammhofe gehören: 1 Kathe im Dorfe Rabel, 5 Kathen zu Rabelsund, 2 Kathen Schauheck, 1 Kathe Hauheck, wobei ein Armenhaus und das Haus der ehemaligen Wassermühle nahe beim Hofe; Parcelenstellen sind 15: zu Knorrlük (3 kleine Parc.) an der Geltinger=, zu Süderfeld (1 große Parc. und 4 kleine Parc.) an der Priesholzer= und zu Haarmark (Horremark) 2 Parcelen an der Röester Gränze belegen; 3 kleine Parcelenst. heißen Holm, 1 kleine Parcelenst. Lükkenholz, 1 Parcele Ochsenkoppel. — Schuldistr. Rabel. — Eine kleine zum Gute gehörige Insel in der Schlei heißt Flintholm. — Zahl der Einwohner: 528. — Der Boden ist schwerer kräftiger Lehm, theilweise hügeligt und von mehr grandigter Beschaffenheit und daher ein sehr sicherer Kornboden. — Zum Gute gehören 3 Heringszäune in der Schlei. — Das alte Wohnhaus ist zweistöckig und mit 2 Flügeln versehen. — Die Hofgebäude sind mit einem Burggraben umgeben, worüber vormals Zugbrücken führten. — Eines der Nebengebäude soll aus dem Holzwerke einer vergangenen Capelle errichtet sein, welche auf einer Koppel, Rabelfeld genannt, gestanden haben soll; auch soll auf dieser Koppel ein Dorf, Namens Alt=Rabel (s. Rabel), gelegen haben. — Eine schon längst mit Holz bewachsene Koppel der Hoffelder, südlich vom Hofe, heißt Byestedt, und der Name deutet an, daß hier ein Dorf gelegen hat, vielleicht das alte Dorf Buckhagen. — Einzelne Hofkoppeln heißen: Flintholm, Klangstein, Klobbe, Mühlenkoppel, Schliekoppel, Sundfeld, Tabackskoppel. — Auf einem, mit einem runden Graben umgebenen Platz, südlich von dem Hofe, hat wahrscheinlich früher ein Wachtthurm gestanden. — An der Schlei auf den Koppeln Klangstein, Flintholm und in der Hölzung Pferdekoppel sind Spuren von Grabhügeln. — Contribution 716 Rbthlr. 76 bß, Landsteuer 507 Rbthlr. 32 bß, Haussteuer 7 Rbthlr. 64 bß. — Wegen der Heringszäune in der Schlei wird von dem Gute eine jährliche Recognition an die Gottorfer Amtstube erlegt.

Büchenau, adel. Gut in der Eckernförderh.; der Haupthof liegt 1¼ M. nördlich von Eckernförde, Ksp. Siesebye. — Es ist im Jahre 1804 als Meierhof von Kriesebye verkauft und 1806 unter die Zahl der adel. Güter aufgenommen. — Areal: 275 Ton. à 240 □. R., worunter an Acker etwa 210 Ton., an Wiesen 22 Ton., an Hölzung 32 Ton., an Moor, Wasser und Wegen 11 Ton. — 3 Kathen zu Bockholz und einige Instenwohnungen in Zimmert gehören zum Gute. — 214 Steuert. 2 Pfl., 34,240 Rbthlr. Steuerwerth. — Zahl der Einwohner: 42. — Besitzer: 1804 Brandt, 1823 Spethmann, 1836 Adler, 1843 J. H. Höber. — Contrib. 89 Rbthlr. 48 bß, Landst. 71 Rbthlr. 32 bß.

Büdelsdorf=, Alt= und Neu=, 2 Dörfer an der Eider, unweit Rendsburg, früher zum A. Rendsburg, seit dem 16. März 1853 aber zum A. Hütten, Hohnerh., gehörig, Ksp. Christkirche in Rendsburg. — Diese beiden vereinten Dörfer enthalten 2 Halbh., 4 Viertelh., 4 Achtelh. und 36 Kathen und Instenst. — Eine zu Alt=Büdelsdorf gehörige Kathe heißt Kortenfohr und 2 ausgebaute, zu Neu=Büdelsdorf gehörige Kathen heißen Knakenburg und Drögenkamp. — Districtsschule. — Armenhaus. Wirthshaus und einige Handwerker. — Mehrere Einwohner arbeiten als Handwerker oder Tagelöhner auf der Carlshütte bei Rendsburg. — Büdelsdorf gehörte bis zum Jahre 1693 zum Ksp. Campen, stand unter der Jurisdiction des Schlosses in Rendsburg und die Einwohner mußten hier

Hand= und Spanndienste leisten. — Aus diesem Grunde sind sie auch nicht zur Pflugzahl angesetzt. — Areal: 268 Steuert., worunter 38 Ton. Wiesen. — Der Boden ist gut. — Die Gemeinheiten und die Haide wurden im Jahre 1805 vertheilt. Alt=Büdelsdorf erhielt 59 Ton., Neu=Büdels= 241 Ton. à 320 □. N. — Im Jahre 1779 sind die Gränzstreitigkeiten mit dem Dorfe Rickert regulirt. — Das Areal des niedergelegten Vorwerks Büdelsdorf, welches größtentheils auf der nördlichen Seite der Eider belegen ist und auf welchem das Büdelsdorfer Fährhaus (eine Pacht= stelle, die Vorwerk heißt und von Seiten des Canalwesens verpachtet wird), ferner ein Holzlager und eine Kalkbrennerei, sowie die Carlshütte und Margarethenhof liegen, gehören nach wie vor zum Herzogthume Holstein, A. Rendsburg.

Bülck=, Alt=, adel. Gut an der Ostsee, in der Eckernförderh.; der Haupthof liegt 1 M. nördlich von Friedrichsort, Ksp. Dänischhagen. — Dieses Gut war vormals bedeutend größer und zu 23½ Pfl. angesetzt, enthält aber jetzt, nachdem Eckhof und Neu=Bülck davon getrennt sind, nur 9¼ Pfl. — Besitzer: 1350 v. Reventlov, 1353 v. Pogwisch, 1414 v. Rantzau, 1598 Krummendiek, 1616 v. Buchwald, 1626 v. Ahlefeld; 1632 ward es bei der Anlegung der Festung Friedrichsort mit mehreren andern Gütern von dem Könige Christian IV. angekauft und als diese Festung 1648 wieder demolirt ward, kaufte Bülck Cl. v. Buchwald; darauf kam es an v. Thienen, der es 1712 und 1738 besaß, 1757 v. Liliencron 1795 v. Neergaard, 1829 Nobbe (252,600 ℳ). - Der Flächeninhalt des ganzen Guts beträgt 1295 Ton. 7$\frac{10}{16}$ Sch. à 240 □. N., darunter das ursprüngliche Alt=Bülcker Ackerland 757 Ton. 1½ Sch., Wiesen 106 Ton. 6$\frac{14}{16}$ Sch., Hölzungen und Weide 50 Ton. 2$\frac{14}{16}$ Sch., Bruch 14 Ton. 4½ Sch., Moor 2 Ton. 4 Sch., Gewässer 1 Ton 7$\frac{3}{16}$ Sch., das damit seit 1801 verbundene Dänisch=Nienhofer Land enthält 362 Ton. 4$\frac{3}{16}$ Sch., nämlich Ackerland 330 Ton. $\frac{12}{16}$ Sch., Wiesen 29 Ton. 1$\frac{12}{16}$ Sch., Hölzung 3 Ton. 1$\frac{8}{16}$ Sch. (1067 Steuert., 170,720 Rbt. Steuerwerth). — Zum Gute gehören einzelne Kathen und Stellen in den Dörfern Dänischhagen, Scharnhagen, Freidorf und 4 Kathen und 2 Instenstellen am Strande genannt; eine Reihe Instenwohnungen an der Nienhofer Scheide heißen Marienfeld. — Der Boden ist fast überall sehr gut. — Folgende Hof= koppeln sind bemerkenswerth: Brammerhall, Kaaksteeg, Langhorst, Lauck, Mühlenkoppel, Moorkoppel, Schwarzenland, Tornsbrook. — Schuldistrict Freidorf. — Zahl der Einwohner: 164. — Das Wohnhaus ist 1833 neu erbauet. — Südlich von Bülck, unweit des Strandes, lag vormals ein Schloß in einer Niederung; der breite Burggraben ist noch mit Wasser angefüllt und auf dem Schloßplatze liegen noch viele Fundament= und Mauersteine. Westlich von diesem Platze, in der Nähe des Gutes Eckhof, liegt ein, mit einem Wassergraben umgebener, hoher Berg, der den Namen Räuberinsel oder Störtebeker=Insel führt; hier soll der Volkssage nach ein Wartthurm des bekannten Seeräubers Störtebek gestanden haben. — Contrib. 473 Rbthlr. 22 b/ß, Contrib. für Neu=Bülck 179 Rbthlr., Landst. 355 Rbthlr. 64 b/ß.

Bülck, Neu=, (vorm. Ravensbek), adel. Gut in der Eckernförderh. Der Haupthof liegt 1 M. nördlich von Friedrichsort, Ksp. Dänischhagen. Es war ehemals ein Meierhof des Guts Alt=Bülck und ward von dem Kammerherrn von Thienen erbaut (4 Pfl.). — Besitzer: Leisching, Scheel, v. Rosenkranz, 1805 Wulf, 1807 v. Neergaard, 1829 H. F. Jansen (112,200 ℳ.)

Bülckhoved. 79

Areal: 555 Ton. $\frac{1}{6}$ Sch. à 240 □. R., darunter Ackerland 392 Ton. $2\frac{11}{16}$ Sch., Wiesen, welche aber größtentheils in Ackerland verwandelt sind, 98 Ton. $2\frac{13}{16}$ Sch., Bruch 8 Ton. $4\frac{13}{16}$ Sch., Holz und Busch 55 Ton. $2\frac{5}{16}$ Sch.; an Moor sind außerdem 2 Ton. $7\frac{7}{16}$ Sch. (455 Steuert., 75,040 Rbthlr. Steuerw.) — Eine Stelle heißt Scheideberg; 3 Hofkathen und 6 andere Kathen heißen Rabendorf. — Eine Parcele (15 Ton. 40 R., 14 Steuert.) ist aus dem zum Gute Eckhof gehörigen Dorfe Freidorf zugekauft, wofür eine Erbpacht von 78 ℳ jährlich entrichtet wird. — Der Boden ist überall gut. — Einzelne Hofkoppeln heißen: Bülkerwühren, Breitenstein, Krütz, Pankenrade, Rabendorferkoppel. — Zahl der Einwohner: 98. — Schuldistr. Freidorf. — Die ordinaire Contribution wird von Alt=Bülck entrichtet. — Landsteuer 151 Rbthlr. 64 b/ß.

Bülckhoved (Bülckhuk), Leuchtthurm und Lootsenwohnung an der äußersten Landspitze des Kieler Meerbusens, im Gute Alt=Bülck, 1 M. nördlich von Friedrichsort, Ksp. Dänischenhagen. — Von dem Gute Alt=Bülck sind dazu der Regierung im Jahre 1806 11 Ton. Landes pachtweise überlassen. — Am 6. Decbr. 1843 zerstörte der Blitz den Leuchtthurm und die Lootsenwohnung, welche aber beide neu aufgeführt sind.

Büllsbüll, adel. Gut im A. Tondern, Karrh., der Stammhof liegt $2\frac{1}{2}$ M. südöstlich von Tondern, Ksp. Leck. — Das ganze Gut contribuirt für 1 Pfl. und enthält 87 Ton. 136 R. à 260 □. R. (70 Steuert., 5600 Rbthlr. Steuerw.), wovon der Stammhof 34 Steuert. und 2 Untergehörige im Dorfe Büllsbüll 36 Steuert. haben. — Der Stammhof hat ein Areal von 50 Dem. $20\frac{1}{4}$ R. (41 Ton. $160\frac{1}{2}$ R. à 260 □. R.), worunter an Acker 23 Dem. $168\frac{1}{2}$ R., an Wiesen 19 Dem. 148 R. und an Haide 6 Dem. 64 R. (2720 Rbthlr. Steuerw.). — Das Land der Untergehörigen ist in Erbpacht gelegt. — Zahl der Einwohner: 12. — Contrib. 42 Rbthlr. 38 b/ß, Landst. 11 Rbthlr. 64 b/ß. — Der bis jetzt bekannt gewordene erste Besitzer dieses Gutes war A. Andersen, welcher wahrscheinlich aus der Familie der Andersen von Klirbüll stammte, und daher mag das Gut seinen Ursprung erhalten haben; er besaß es 1608. Bald nach dem Jahre 1630 verkauften seine Erben das Gut an den Herzog Friedrich; späterhin kam es in dem Besitz des Grafen v. Ahlefeld. Nach der Parcelirung 1761 ist der Stammhof immer im Besitze der Familie Nissen gewesen.

Büllsbüll, Dorf $2\frac{1}{2}$ M. südöstlich von Tondern, A. Tondern, Karrh., Ksp. und Schuldistr. Leck. — Zum A. Tondern gehören 3 Bohlst., 3 kleine Landst. und 1 Instenst.; zum Gute Büllsbüll 2 Landst. (1 Pfl., 36 Steuert.). — Ein Theil des Dorfes gehörte ehemals zum Schlesw. Domcapitelsdistrict. — Der Boden ist ziemlich gut.

Bünderies, 2 Hufen und 2 Kathen, $1\frac{1}{2}$ M. westlich von Cappeln, Ksp. und Schuldistr. Norder=Brarup. — Die privilegirte Halbhufe ($\frac{1}{2}$ Pfl. 40 Steuert.), welche ehemals dem Dienste des Hardesvogts beigelegt war und 1 Kathe (ehem. zum Gute Flarup), gehören zum A. Gottorf, Strurdorfh.; 1 Halbh. ($\frac{1}{2}$ Pfl., 70 Steuert.) zur Morkirchh. und 1 Kathe (3 Steuert.) zum Gute Töstorf, Cappelerh. — Die Ländereien sind von guter Beschaffenheit. — Nördlich von diesen Stellen soll ein bedeutender Edelhof gestanden haben, wovon noch Ueberbleibsel gefunden werden.

Bünge (Heidbünge), 3 Parcelenst. und Schäfereien, 2 M. südlich von Schleswig an der Chaussee nach Rendsburg, A. Gottorf, Kropph., Ksp.

Kropp. — Eine ausgebaute Kathe und Wirthshaus an der alten Landstraße heißt **Ochsenkrug**.

Bünge, Oster-, Dorf 2 M. südwestlich von Schleswig, an der Landstraße nach Friedrichstadt, A. Gottorf, Kropph., Ksp. Hollingstedt, Schuldistr. Wester-Bünge, enthält 7 Viertelh. und 1 Instenst. — Die Windmühle, Büngermühle, liegt östlich vom Dorfe. — Areal mit Wester-Bünge: 61 Steuert. (4 Pfl.) — Der Boden ist fast durchgängig gut. — Zum Dorfe gehörte vormals eine Fürstl. Schäferei, welche noch im Jahre 1639 eine jährliche Häuer von 800 ℳ einbrachte. — Dieses Dorf soll im 15. Jahrhundert durch Ueberschwemmungen der Treene zum Theil zerstört sein.

Bünge, Wester-, Dorf 2 M. südwestlich von Schleswig, an Oster-Bünge gränzend, A. Gottorf, Kropph., Ksp. Bergenhusen. — Die Lage dieses Dorfes ist niedrig, und es wird oft im Herbste und Winter, bei anhaltendem Nordwest-Winde, von der Treene überschwemmt. Es enthält 1 Vollh., 4 Halbh., 4 Viertelh. und 3 Kathen. — Eine ausgebaute Stelle liegt auf dem s. g. Harkenkiel. Pflz.: s. Oster-Bünge. — Districtsschule. — Wirthshaus, Schmiede. — Der Boden besteht theils aus Marsch-, theils aus Geestland; die Wiesen haben keinen großen Umfang, sind aber von besonderer Güte. — Vom Dörpstedter Moor sind den Einwohnern 7720 □. R. angewiesen, wofür jährlich nur 20 ℳ entrichtet wird. — Das Dorf hat durch viele Anpflanzungen ein sehr gefälliges Ansehen erhalten und ist im Jahre 1834 noch durch ein Geschenk von mehreren hundert Fruchtbäumen verschönert, welches der Professor Hensen in Schleswig demselben gemacht hat. — Areal: s. Oster-Bünge. — Der westlich liegende **Bünger-Koog** enthält keine Häuser und ist im Besitze von 80 Interessenten, welche dafür 100 Rthl. in Kronen entrichten.

Bünstorf (vorm. Bonstorf), Kirchdorf südlich am Wittensee, 2 M. südwestlich von Eckernförde; A. Hütten, Hüttenh., Pr. Hütten. — Dieses Dorf enthält, außer der Prediger und Küsterwohnung, 5 Vollh., 2 Dreiviertelh., 3 Halbh., 7 Viertelh. und 3 Kathen. — Districtsschule. — Armenhaus, Schmiede. — Die Kirche liegt auf einer kleinen Anhöhe in einer anmuthigen Gegend. Im Jahre 1660 brannte sie durch Unvorsichtigkeit des Organisten ab und nur die Mauern blieben stehen. Die Kanzel ist mit schönem Schnitzwerk verziert. — Der König ernennt den Prediger. — Eingepfarrt: Altdorf, Bauernfeld, Bistensee, Borgstedt, Brandenhorst, Bünstorf, Bunge, Dieksrade, Neu-Duvenstedt (z. Thl.), Felsenrade, Frennrade, Großkoppel, Jürgensrade, Kellerkuhl, Kirchhorst, Langhorst, Lehmbek, Mohr, Saltkuhl, Sande, Scheidekathe, Schirnau, Schlagbaum, Schulendamm, Steinrade, Steinwarf, Stenten (Stentener-Mühle), Wahrberg, Groß- und Klein-Wittensee, Groß-Wittenseerholz. — Areal: 726 Ton. 3 4/16 Sch. à 320 □. R. (770 Steuert.) — Wahrscheinlich gehörte dieses Dorf in früherer Zeit der Familie Bundestorpe; Nicolaus v. Bundestorp wird 1310 urkundlich erwähnt. — 1513 verkaufte Johann Alberts seine Höfe in Bünstorf an den König Friedrich II. — Es litt in den Kriegsjahren 1658—1660 bedeutend. — Auf dem Kirchhofe wurde 1822 ein Gefäß mit 400 Bracteaten und 14 ℔ eingeschmolzenes Silber gefunden. — Südlich vom Dorfe, an der Schirnau, die bei Bünstorf aus dem Wittensee kommt, liegt ein Schlag, Hofstedt genannt, welcher wahrscheinlich früher bebaut war. — Namen der Ländereien: am See, Wühren,

Buerkoog.

Meyenbeck, Krokowisch, Seeraad; am Dorf, Bekhoff, Wüsthoff; östlich Aukamp, Seeraad; südlich Dült, Gayenberg; westlich Wohld, Krüzbrook, Baalstedt, Schaarbleken; nordwestlich Schmädsraade. — Vz. des Ksp.: 1641.

Buerkoog, ein kleiner unbewohnter Koog im Westertheil der Landschaft Eiderstedt, Ksp. Tating. — Areal: 40 Dem. — Dieser Koog soll schon im Jahre 1212 eingedeicht sein.

Bueslund, ein ehemal. Hof im A. Tondern, Karrh., westlich von Leck an der Leckaue. — Derselbe war noch 1648 vorhanden; wann er aber abgebrochen, ist nicht bekannt.

Büstorf, adel. Gut an der Schlei, in der Eckernförderh.; der Haupth. liegt 1¼ M. nordwestlich von Eckernförde, Ksp. Riesebye. — In früherer Zeit, wie der Name auch andeutet, war Büstorf ein Dorf und gehörte namentlich 1463 mit Stubbe zu den Schleswigschen Bischofsgütern, welche der Bischof G. v., Ahlefeld 1539 verkaufte. — Im Jahre 1649 bestand das Dorf aus 10 Hufen und 7 Wurthsatenstellen, und der damalige Besitzer Bendix Pogwisch zu Stubbe verkaufte es an Hartwig Schack, welcher es niederlegte und einen Hof daraus bildete. Besitzer waren: 1671 v. Rumohr, 1693 v. Ahlefeld, darauf der Präsident v. Stemann, 1696—1791 v. Ahlefeld; seit 1791 C. F. L. Hederich. — Zum Gute gehört der Meierhof **Sönderbyehof** und das Dorf **Sönderbye**, welche beide aber nicht unmittelbar an die Hofländereien gränzen, sondern durch das zum Gute Sardorf gehörige Dorf getrennt sind; eine Ziegelei heißt **Hakenhöft**. — Schuldistr. Riesebye. — Areal des Haupthofes: 1027 Ton. 5 Sch. 19 R., à 240 Q. R., darunter an Acker 706 Ton. 7 Sch. 19 R., an Wiesen 96 Ton. 1 Sch. 25 R., an Hölzung 170 Ton. 7 Sch. 27 R., an Moor 40 Ton. 1 Sch. 12 R., an Wege und Wasser 13 Ton. 2 Sch. 26 R. — Das ganze Gut hat 1786 Ton. 6 Sch. 6 R. (1372 Steuert., 196,480 Rbthlr. Steuerw.) und contribuirt für 14 Pfl. — Der Boden ist ein guter Mittelboden. — Das Wohnhaus ist 1775 erbaut, von Brandmauern, mit Ziegeln gedeckt und zweistöckig. — Zahl der Einw.: 317. — In der zum Gute gehörigen Petriholz genannten Hölzung befinden sich einige Grabhügel. — Contrib. 627 Rbth. 18 b/3, Landst. 409 Rbth. 32 b/3.

Büttebüll (Bütkebüll), Dorf ¾ M. nordwestlich von Bredstedt, in der Landsch. Bredstedt, Ksp. Bordelum; enthält 7 größere und 18 kleinere Landst. (45 H.) — Einige gegen Norden ausgebaute Stellen heißen **Lund** (de Lundt); eine Landst. gehört zum Gute Karrharde. — Schule. — Ziegelei. — Areal: 248 Steuert.

Büttel, 4 Höfe nördlich vom Kirchorte Tating, im Westerth. der Landsch. Eiderstedt, Ksp. und Schuldistr. Tating.

Büttel, ein Hof ½ M. nordwestlich von Friedrichstadt, im Osterth. der Landschaft Eiderstedt, mit etwa 35 Dem. Landes, Ksp. Koldenbüttel.

Büttelkoog, ein Koog mit 3 Höfen und 6 Häusern im Ostertheile der Landsch. Eiderstedt, Ksple. Koldenbüttel und Witzworth. — Durch diesen Koog wird sich die in Angriff genommene Eisenbahn von Tönning nach Flensburg hinziehen.

Bulleheck (Bollelej, Boltoftbeck), eine Kathe nördlich von Boltoft, im Ksp. Sterup, A. Flensburg, Nieh.

Bullum (Bulum), eine ehemal. Kirche in der Horsbülth. (Wiedingh.) Diese Kirche wird in einem Verzeichnisse aus dem Jahre 1240 genannt und soll etwa ½ M. südwestlich von Horsbüll im A. Tondern gelegen haben.

v. Schröder's Schlesw. Topogr.

Bundesgaard (Bundisgaard), 3 Häuser im A. Tondern, Wiedingh., Ksp. und Schuldistr. Neukirchen. — In der Nähe von Bundesgaard liegt der ansehnliche Bundesgaarder-See, in dem sich eine Menge sehr gefährlicher Strömungen befinden.

Bund-See, ein herrschaftlicher Landsee auf der Insel Alsen, ¼ M. südlich von Norburg. — Derselbe, welcher in Zeitpacht gegeben, ist ½ M. lang, aber an einigen Stellen sehr schmal.

Bundum, eine vergangene Kirche in der Horsbüllh. (Wiedingh.), welche in einem Verzeichnisse aus dem Jahre 1240 angeführt wird und etwa ¼ M. nordwestlich von Klanxbüll im A. Tondern belegen gewesen sein soll. Wann sie vergangen, ist gänzlich unbekannt.

Bunge (Holzbunge), Dorf an der Landstraße von Eckernförde nach Rendsburg, zwischen dem Witten- und Bisten-See, 1¾ M. südwestlich von Eckernförde, A. Hütten, Hüttenh., Ksp. Bünstorf. — Dieses ziemlich hoch belegene Dorf enthält 6 Halbh., 4 Viertelh. und 16 Instenst.; 2 ausgebaute Instenst. bei einer Hölzung am Witten-See heißen Sande. — Schule. — Wirthshaus, Ziegelei. — Areal: 739 Ton. 6½ Sch. (542 Steuert.). — Der Boden ist von ziemlicher Güte, südlich aber bergigt und leicht. — Die in der Nähe liegenden Königl. Gehege heißen Bookholz (19 Ton. 235 R.), Fuchskuhlmaas (28 Ton. 70 R.) und Schierenskroog (eigentlich Schillingskrog,) (25 Ton. 50 R.); auch die Eingesessenen haben Hölzungen. — Ein im Dorfe befindlicher Berg heißt der Bornberg, auf welchem eine immer wasserreiche Quelle ist. — Während der Kriegsjahre 1658—1660 litt dieses Dorf sehr von den feindlichen Kriegsvölkern. — Nach der Schlacht bei Idstedt wurden hier auf beiden Seiten der Landstraße mehrere Schanzen aufgeworfen. — Das Dorf ist von den Hüttener Bergen umgeben und die höchst merkwürdigen Namen seiner Ländereien deuten auf uralten Anbau. Nördlich liegen neben der kleinen Hölzung Warder die Koppeln Kolstedt, Dansrott und Moshambrook; westlich heißen einige Ländereien Steinburg, Holmissen, Wortsethen, Imhagen, Langenheydebye, Hogenheydebye, Dörpstedtstücken, (großer Schlag an der Bergkette in Südwest); südlich Hoff, Karkstiek, Karkstiekenberg, Kührenstiek, Seerott und Kossenbrook.

Bunsbüll, ehem. ein Dorf von 2 Bondenhufen, und 1½ Domcapitelspfl. und 3 Kathen, darauf ein Meierhof des Gutes Satrupholm und 1770 parcelirt; A. Gottorf, Satruph., Ksp. Havetoft. — Außer der Stammparcele, welche Wester-Bunsbüll genannt wird und wobei eine Ziegelei, sind hier 15 Parcelenst. (4 $\tfrac{107}{384}$ Pfl.). — Eine östlich belegene ansehnliche Parcele mit einem Wohnhause und 3 Wirthschaftsgebäuden heißt Oster-Bunsbüll (186 Heidtsch. 5 Sch. 10 R.), 2 bei Dammholm heißen Hühholz, 1 westlich belegene Solbjergkjär (Bunsbüllstraße) und eine an der nordwestlichen Gränze Neubrück, wobei eine Predigerkathe liegt. — Schuldistr. Havetoftloit. — Das Schleswiger Domcapitel besaß in Bunsbüll vormals 2 Bondengüter mit 3 Kathen und die nahe gelegene Hölzung Thorsstiel. — Im Jahre 1554 gehörten 2 Hufen in Bunsbüll zum A. Gottorf, Struxdorfsh., die nachmals an Satrupholm kamen. — Areal: 482 Steuert. — Der Boden ist sehr verschieden, zum Theil aber fruchtbar und ergiebig.

Buphever, eine vergangene Kirchspielskirche in der Pelwormerh., nördlich nahe an der jetzigen Insel Pelworm. — Die im Jahre 1499 erbaute Kirche ward in der Fluth 1634 fast gänzlich zerstört, darauf bald wieder aufgebauet, aber nicht vollendet. Die Eingepfarrten entfernten sich nach

Bupsee.

und nach und diese Kirche ward 1640 niedergebrochen. Eine von Lorenz Peve der Kirche geschenkte Taufe kam in die Alte Kirche auf Pelworm, und die Glocke nach Osterhever. — Der Bupheveringerkoog ward 1445 eingedeicht und das Kirchspiel Buphever mit Pelworm landfest 1551. Der südöstliche Theil des Kirchspiels hieß Langeland. In der Fluth 1634, war das Kirchspiel 1937 Dem. 75 R. groß. Es ertranken damals 340 Personen; 90 Häuser und 2 Mühlen trieben weg und nur 30 Hauswirthe und 4 Käthner wurden erhalten, die nachher meistentheils nach Pelworm zogen.

Bupsee, eine ehemal. Hauptkirche der Beltringharde auf der alten Insel Nordstrand, etwa $\frac{1}{4}$ M. von der Hallig Nordmarsch. Im Jahre 1634 stand die Kirche 4 Fuß im Wasser und ward sehr beschädigt, weshalb sie 1637 abgebrochen ward. Der Altar und die Kanzel kamen nach der Trindermarsch; der Glockenthurm stand noch 1638. — Bupsee mit Bupslut hatten 1634 ein Areal von 2077 Dem. 78 R. — In der Fluth ertranken damals 490 Menschen; 85 Häuser und 2 Mühlen wurden zerstört; 24 Hauswirthe und 2 Käthner blieben übrig.

Bupte, eine vergangene Kirche in der Beltringharde auf der alten Insel Nordstrand, zwischen Gröde und Nordstrandischmoor. — Sie war 1609 sehr baufällig und ward, nachdem sie von der Wasserfluth 1634 bedeutend gelitten hatte, 1637 abgebrochen; die Glocke kam nach Gröde. — Mit dem Kirchspiele Buptee waren seit 1479 die Ueberreste des vergangenen Kirchspiels Amhusen oder Imhusen vereinigt. Im Jahre 1634 war Bupte 1025 Dem. 130 R. und Amhusen 1427 Dem. 159 R. groß. Es gehörten hierher auch die Halligen Habel, und Horst. — Einige am Siele belegene Häuser hießen Buptesiel. — In der Fluth 1634 trieben 52 Häuser und eine Mühle weg und 260 Personen ertranken; nur 6 Hauswirthe blieben übrig. — 2 Werften hießen Kösterswerf und Junge Feddersverf.

Burg (vorm. Burghäby), Stadt auf der südlichen Seite der Insel Fehmern, $\frac{3}{4}$ M. vom Fehmersund, in der Nähe des mit der Ostsee in Verbindung stehenden Burger=Sees, der vormals ein guter Hafen war, jetzt aber verschlammt ist. Sie liegt 54° 27′ N. B. und 1° 23′ W. L. vom Kopenh. Merid. — Die Stadt führt den Namen von einer an ihrer Westseite belegen gewesenen Burg, worauf auch das Stadtwappen (eine Mauer mit 2 Thürmen und dazwischen das holst. Nesselblatt), hinweist; der Burgwall war noch zu Danckwerths Zeit vorhanden. — Schon im Jahre 1252 wird der Ort erwähnt und in einem Vertrage zwischen dem Grafen Johann dem Milden von Wagrien und den Bewohnern der Insel Fehmern aus dem Jahre 1329 ist von Consulibus in Borch und von einem Sigillo oppidi in Borch die Rede. Für die schon alte Qualität einer Stadt spricht überdem die Berufung der Stadt zu Landtagen und ihre hohe Pflugzahl. In der alten Landesmatrikel waren die Stadt und die Landschaft gemeinschaftlich zu 300 Pfl. angesetzt, hiervon übernahm die Stadt 75 Pfl., von denen ihr späterhin 10 Pfl. erlassen wurden; im Jahre 1813 ward die Pflugzahl auf $32\frac{2}{3}$ Pfl. herabgesetzt. — In der Vorzeit ward die Stadt durch Schifffahrt, Handel und Gewerbe wohlhabend; die Stadt hatte einen guten Hafen am Burger=See, mit dem sie durch einen Canal, den Seegerraben, verbunden war; allein schon im Anfange des 15. Jahrhunderts scheint der Hafen versandet zu sein, weshalb eine neue Mündung (Nye Deep) gegraben und ins Meer hinein durch Steindämme geschützt wurde; die Spuren dieser merkwürdigen

Anlage sind noch zu sehen. Jetzt ist nur ein, für Böte brauchbarer kleiner Hafen in der Nähe der Stadt, beim s. g. Staaken, wo auch einige Häuser sind, der aber keinen großen Vortheil gewährt. Ein etwas entfernterer Ladeplatz ist an der Burger Tiefe (s. Sahrensdorf). — Der Verlust des ehemaligen Hafens war das härteste Unglück für die Stadt, denn die Schiffe nahmen ihre Ladungen nun an andern Stellen der Landschaft ein, und natürlich zogen sich auch Schifffahrt Handel und Gewerbe dahin. — Die Stadt besteht aus zwei Theilen: Süderende und Norderende und ist in 4 Quartiere getheilt; sie enthält 291 Häuser und 1980 Einw. — Die Haupterwerbzweige der Einwohner sind der Ackerbau und die bürgerlichen Gewerbe; von der Schifffahrt leben nur 27 Familien; der Getreidehandel war hier früher ansehnlicher, wird aber jetzt nur von 2 Kaufleuten betrieben; die Aemter der Schiffer und Fischer sind gänzlich eingegangen. — Von den bestehenden 6 Zünften ist die der Brauer und Brenner die älteste. Hier sind 2 Brennereien, 1 Gärberei, 1 Seifenfabrik und Handwerker aller Art. — Eine Apotheke ward 1696 eingerichtet; Spar= und Leihkasse seit 1835. Von den vormaligen Gilden, Brüderschaften und Compagnien der Stadt hat sich nur die Bürgercompagnie, welche ehemals die Brüderschaft St. Johannis des Täufers hieß und 1494 gestiftet ward, so wie die Hohenstuhls= Brüderschaft erhalten; die Segler=Compagnie, anfänglich die heilige Leich= nams=Brüderschaft, und die Marien=Magdalenen=Gilde sind eingegangen. — Von mehreren nach und nach eingegangenen Familien= und Geschlechts= verbindungen oder Vetterschaften existirt noch in Burg die Mackeprangsche, wozu auch alle die den Namen Witt führen, gehören. Die Nauertsche Vetterschaft, welche aus der Zeit des Königs Erich des Pommers herstammt und noch im Jahre 1822 aus 28 Mitgliedern bestand, ist vor einigen Jahren eingegangen. — Königl. Beamte, welche in der Stadt wohnen, sind der Amtmann und Landvogt, ein Amtsverwalter, ein Landschreiber ein Physicus für die Landschaft und die Stadt, ein Zollverwalter, 2 Controlleure und ein Postmeister. Außerdem wohnen hier 2 Aerzte und 1 Advocat. — Der Magistrat besteht aus einem Bürgermeister, welcher zugleich Stadtvogt und Stadtsecretair ist, und 2 Rathsverwandten, von denen der eine zugleich Stadtvogt ist; das Collegium der Stadtdeputirten enthält 8 Mitglieder; ein Stadtcassirer besorgt das Rechnungswesen der Stadt. — In der Stadt gilt das lübsche Recht, das sie wahrscheinlich schon im 13. Jahrhundert annahm; die Appellation ging bis 1558 an den Rath in Lübeck, dann an das Vierstädtegericht. Wegen der zwischen den 4 Städten entstandenen Uneinigkeit bildeten Kiel, Burg und Tondern 1648 ein eigenes Dreistädte= gericht für sich, das aber nicht lange bestand, worauf die Appellation an das Hofgericht auf Gottorf ging. — Die St. Nicolaikirche in Burg ist ein ziemlich altes und ansehnliches Gebäude; das Gewölbe wird von einer Doppelreihe von je fünf Säulen getragen; der ehemalige hohe Thurm stürzte 1760 nieder und der jetzige nur 60 Fuß hohe ward 1763 erbauet. Im Jahre 1846 ist die Kirche im Innern sehr verschönert. In der Kirche sind viele Epitaphien und einzelne gute Gemälde; bemer= kenswerth war die von Kupfer gegossene Taufe, welche der Bischof Benno Korp in Wester=Aas in Schweden im Jahre 1391 hatte anfertigen lassen, die aber leider im Jahre 1846 für 1500 ℳ verkauft ward. — An der Kirche stehen 2 Prediger, von denen der erste zugleich Probst ist und von dem Könige ernannt wird; der zweite wird vom Magistrate und 4 Mit= gliedern des Ostergerichts der Insel präsentirt und von der Gemeinde gewählt. — **Eingepfarrt** ist das Osterkirchspiel der Insel, wozu die Ortschaften: Gahlendorf mit Monplaisir, Glambeckermühle, Meeschendorf, Riendorf, Oster-Markelsdorf, Sahrensdorf, Staaken, Staberdorf, Tiefe und Vitzdorf und die Höfe Catharinenhof und Staberhof gehören. — An der Stadtschule steht ein Rector, ein Cantor und ein Schreibmeister; die Bürgerschule hat 2 Lehrer; außerdem sind hier einige Privatschulen. — Im Orte sind 2 Armenhäuser, das heilige Geist-Hospital, welches für 27—30 Hospitaliten eingerichtet ist; das St. Jürgens-Hospital außerhalb der Stadt, gehört der Stadt und der Landschaft gemeinschaftlich; bei diesem Hospitale ist eine Capelle, worin jährlich 4 Predigten gehalten werden; die Hospitaliten haben ihren eigenen Kirchhof. — Vor mehreren Jahren sind 16 Armengärten eingerichtet und an Bedürftige vertheilt. Die bei der Stadt belegenen beiden Königlichen Erbpachtsmühlen heißen **Westermühle** und **Ostermühle**. — Ein jährlicher Krammarkt wird auf Gallus gehalten; außerdem ist hier noch ein Pferdemarkt am Montage nach Johannis und den folgenden Tagen, und 2 Viehmärkte am Montage nach Lichtmeß und am Montage nach dem 1. November. — Das Stadtgebiet hat ein Areal von 1945 Ton. (1755 Steuert.) — Die Weide liegt am Binnen-See und hat ein Areal von etwa 50 Ton. — Das s. g. Meyerfeld, welches mit 30 Stücken Wiesenlandes im Jahre 1605 von dem Herzoge Johann Adolph an die Stadt verkauft ward, sind wahrscheinlich die Ländereien der ehemaligen Burg gewesen. — Im Burger Binnen-See liegen 2 kleine Inseln, **Schwonburg** und **Kohlhof** genannt. — Städtische Einnahmen 1834: 5687 Rbthlr. 86 b/ß, Ausgaben: 7009 Rbthlr. 51 b/ß, Stadtschuld: 59,984 Rbthlr. 27 b/ß, Activa: 2375 Rbthlr.

Burg, 3 Landstellen und 4 Instenstellen, 2 M. südwestlich von Tondern, A. Tondern, Wiedingh., Ksp. und Schuldistr. Klanrbüll. Die Häuser sind auf Werften erbauet. — Schmiede. — Der Boden welcher aus Marsch besteht, ist nur von mittelmäßiger Art.

Burgstall (Bargstall), Dorf an einer kleinen Aue, 2 M. südwestlich von Rendsburg, A. Hütten, Hohnerh., Ksp. Hohn. — Dieses Dorf liegt ziemlich zerstreut und enthält 2 Dreiviertelh., 7 Achtelh., 2 Instenst. und 3 Ausbauerst. welche **Depen-Rehm** genannt werden, (2¾ Pfl.) Einzelne Theile der Dorfschaft heißen: **Dreiangel, Straat, Heidloh, Blöckenort, Höst** und **Sagblock**. — Districtsschule. — Wirthshaus. — Areal: 363 Steuert. — Der Boden gehört zu dem Besten der Hohnerharde, obgleich ein Theil davon moorigt ist. — Nahe beim Dorfe liegen 2 Bondenhölzungen, welche aber größtentheils verhauen sind. Früher ist das Dorf ganz mit Holz umgeben gewesen, welches aber im Anfange dieses Jahrhunderts zu Pallisadenpfählen für die Festung Rendsburg benutzt worden ist. — Eine abgebrochene Landstelle mit einem Areal von 37 Demat hieß **Holstenkathe**.

Burkarl (Buhrkall, vorm. Burkal, Burkerl), Kirchdorf zwischen der Grönaue und Altenaue, 1¾ M. östlich von Tondern, A. Tondern, Slurh., Pr. Tondern. — Dieses Dorf enthält mit **Westergaard**, einem Festegute, 9 Bohlstellen, 9 kleine Landstellen und 5 Häuser (7¼ Pfl.). — Eine auf der Feldmark liegende Colonistenst. gehört zur Colonie **Christianshoffnung**. — Districtsschule — Wirthshaus, Schmiede. — Die Kirche, welche nördlich vom Dorfe liegt, ist ein recht gutes Gebäude von Ziegelsteinen mit Bleidach und mit einer Thurmspitze. — Der Prediger wird von dem Amtmanne und dem Probsten präsentirt und von der Gemeinde gewählt. —

Eingepfarrt: Abel, Bau, Baierskroe, Blomsgaard, Boschau, Burkarl, Christianshoffnung, Flützholm, Friesmark, Gröngaard, Klein=Gröngaard, Holmgaard, Groß= und Klein=Jyndevad, Jyndevadfeld, Lindkjärhuus, Lönholm, Lüdersholm, Lund, Nolde, Oestergaard, Pepersmark, Petersholm, Oster= und Wester=Quernholt, Reesholm, Renz, Sausborg, Schauhaus, Stade, Staderfeld, Stemmilt, Teptoft, Klein=Tönde, Vraagaard, Westergaard. — Im Jahre 1613 nannten sich 2 Festebohlbesitzer Bloomendiener, woraus zu schließen ist, daß hier früher adeliche Untergehörige gewesen sind, vielleicht Dienstleute der ehemals hier begüterten adelichen Familie Blaa. — Der Boden ist sandigt aber ziemlich fruchtbar. — Westergaard hatte 1613 noch bedeutende Hölzungen, Tudskov genannt, in denen Schweine gemästet werden konnten. — Bz. des Ksp.: 1646.

Busch, eine kleine Parcelenstelle im Gute Düttebüll, Cappelerh., Ksp. Gelting, Schuldistr. Kronsgaard.

Buschau, 2 Halbh. und 1 Kathe (1 Pfl.) auf der Twedter Feldmark, im A. Gottorf, Sturdorfh., Ksp. Tolk, Schuldistr. Twedt. — Areal: 38 Steuert. — 2 kleine Stellen östlich von Buschau heißen **Buschauholz**. — Nordöstlich von Buschau sind Spuren der Burg **Borriswohld** an der Kreuzaue.

Bustorf (vorm. Borstorf), Dorf nahe südlich an der Stadt Schleswig belegen, an der Chaussée nach Rendsburg, A. Gottorf, Arensh., Ksp. Haddebye. Es enthält außer den Wohnungen des Predigers und des Küsters zu Haddebye 12 Halbh., 4 Viertelh., 9 Kathen und 2 Instenstellen (3¼ Pfl.). — Eine ausgebauete Stelle, welche zugleich ein Wirthshaus mit einer Ziegelei ist, liegt östlich vom Dorfe bei der Haddebyer Kirche und heißt Haddebyer=Ziegelei. — Districtssch. — 2 Wirthshäuser, Schmiede und mehrere Handwerker. — Vormals waren hier 4 Hufen privilegirt, weil sie von Fürstlichen Hofbedienten bewohnt wurden; einige niedergelegte Hufen wurden zum Gottorfer Vorwerk gelegt. — Auf dem an die Dorfschaft vererbpachteten Freilande Riesberg sind 2 Ziegeleien erbauet; die eine liegt am Selker Noor. — Bustorf, in welchem einige ansehnliche Häuser mit schönen Gärten sich auszeichnen, liegt zum Theil auf einer Anhöhe. — Areal: 721 Steuert. — Der Boden ist nur von mittlerer Güte. — An der Schlei östlich vom Dorfe befindet sich eine kleine Eichenhölzung auf einer Anhöhe, Hoburg (die hohe Burg) genannt, auf welcher deutliche Ueberbleibsel von Wällen und Spuren von Gräben gefunden werden, die man für die ehemaligen Befestigungen der Markgrafenburg hält. Zwischen dieser Hölzung und der Kirche heißt ein Platz „hohe Krütz" und an der östlichen Seite der Hölzung wird ein Platz, „Breedsteen" und eine Feldmark „Krützstücken" genannt. — Ein bemerkenswerther Vorfall war es, daß in der Mitte des 17. Jahrhunderts ein in Bustorf Gebürtiger, Namens Jacob Thiesen nach Amsterdam ging und dort bei seinem Tode ein Vermögen von mehr als 5 Tonnen Goldes hinterließ, woran seine hiesigen Verwandten Ansprüche machten. Ein deshalb nach Amsterdam gesandter Advocat erhob das Geld, kam aber nicht zurück. — Im letzten Kriege, am 30. April 1848, wurden hier viele Häuser stark beschädigt. — Bz.: 352.

Bustorfer=See, ein nördlich von Bustorf belegener See, welcher von dem Königl. Amte verpachtet wird und sehr fischreich ist. — Vormals lag an diesem See die Gottorfer Wassermühle.

Buttersbüll, 4 Bohlstellen nahe nördlich von Klirbüll, 2 M. südlich von Tondern, A. Tondern, Karrh., Ksp. Klirbüll. In diesem Dorfe wohnt der Prediger, welcher ebenfalls eine Bohlstelle besitzt. — Schuldistr. Rückenstadt.

Bylderup (vorm. Builthorp, Bildorp), Kirchdorf 2 M. östlich von Tondern, an der Sluraue, Pr. Tondern. Zum A. Tondern, Slurh., gehören 14 Bohlst., 16 kleine Landstellen und 4 Instenst.; zum A. Lygumkloster, Vogtei Rapsted, 1 Siebenachtelbohlst. und 1 kleine Landstelle ($\frac{12}{24}$ Pfl.); 2 Bohlst. und 2 kleine Landstellen ($1\frac{3}{4}$ Pfl.) gehören zur Commüne Sollwig. Auf dem Felde ein Colonistenhaus. — Districtsschule. — 2 Wirthshäuser. — Dinghaus für die Slurharde. — Schmiede, und einige Handwerker. — Die Kirche soll die alte Hardeskirche der Slurharde gewesen sein; sie hatte vormals einen hohen Thurm, der im Jahre 1682 vom Blitze zerstört ward; derselbe ist jetzt viereckigt. In der Kirche hing bis zum Jahre 1784 ein Mantel, welcher noch die Pfeile an sich trug, mit denen der Hardesvogt Niß Hinrichsen verwundet ward, als er auf dem Urnehöveder Ting 1524 dazu rieth den Herzog Friedrich als König anzunehmen. Für seine Anhänglichkeit ward sein Gut Haystrupgaard privilegirt. — Der Prediger, welcher in Lendemark wohnt, wird von dem Amtmanne und dem Probsten präsentirt und von der Gemeinde gewählt. — Eingepfarrt: Bredebad, Bylderup, Duborg, Frestrup, Haistrup, Haistrupgaard, Heet, Julianenburg (z. Thl.), Karlsvraa, Lendemark, Nyemölle, Söllingvraa, Sotterup. — Bylderup und das Ksp. Burkarl hatten vormals eine Vicarie zu Unserer Lieben Frauen gestiftet, welche ziemlich reich dotirt war und von welcher der Vicarius unterhalten wurde, diese ging nach der Reformation ein und 1575 ward das Vermögen dazu angewandt eine Schule einzurichten, welcher ein Capellan vorstehen sollte; dieser Dienst ward 1709 aufgehoben. — Der Boden ist nur mager und sandigt. — Auf der Feldmark liegen 2 Grabhügel, von denen einer Zuderhügel heißt; ein anderer hat früher als Richtplatz gedient und heißt Galgenhügel. — Vz. des Ksp.: 825.

C. (s. auch K.)

Cäcilienlust, eine Landstelle bei Mollkjär, $\frac{1}{4}$ M. südwestlich von Apenrade, A. Apenrade, Niesh., Ksp. Apenrade.

Campen, ein ehemaliges großes Kirchspiel in der Nähe der Festung Rendsburg, zwischen der Eider und der Sorge und östlich an Bünstorf gränzend. — Campen ging völlig ein, als der König Christian V. die Festungswerke von Rendsburg erweitern ließ. — Die Herzöge Adolph und Gerhard verschrieben im Jahre 1428 Claus v. d. Wisch, falls ihm von den Feinden sein Gut Gelting genommen würde, das ganze Kirchspiel Unserer Lieben Frauen vor Rendsburg belegen, und noch 1484 hatte Claus v. d. Wisch dieses Kirchspiel zu Pfande. — Die alte, der Maria geweihte Campener Kirche lag dicht nördlich vor Rendsburg; sie ward 1593 neu erbaut, 1667 erhielt sie einen neuen Thurm, 1691 ward sie abgebrochen und die Gemeinde getheilt. Für die Fürstlichen Dörfer wurde eine Kirche zu Hohn erbaut, die Königlichen Unterthanen aber an die neu erbauete Garnisonskirche in Rendsburg verwiesen, nachdem sie eine Zeitlang ihren Gottesdienst in einem Hause zu Jockbek gehalten hatten. — Eingepfarrt waren,

Königliche Ortschaften: Büdelsdorf, Jockbek, Nübel, Krummenort und die Armenlansten zu Duvenstedt; Fürstliche Ortschaften: **Vindeszier**, Hamdorf, Elstorf, Westermühlen, Hohn, Bargstall, Lohe, Föhrden und Duvenstedt (z. Thl.). Im Jahre 1691: 519 Häuser.

Cappelholz, 9 Kathen und 2 Instenst. ($\frac{5}{12}$ Pfl.), $\frac{1}{4}$ M. südwestlich von Cappeln, im G. Röest, Cappelerh., Ksp. Cappeln, Schuldistr. Mehlbye. — Eine Kathe gehörte ehemals zum Schleswigschen Domcapitel. — Areal: 50 Hbsch. (42 Steuert.).

Cappeln (vorm. Cappel), Flecken in Angeln, an der Schlei, 4 M. nordöstlich von Schleswig. — Dieser, auf einem hohen Ufer und in einer überaus romantischen Gegend liegende, ursprünglich von Fischern bewohnte Ort hat seinen Namen von einer alten St. Nicolaus-Capelle. Die der Schifffahrt günstige Lage zog nach und nach Fremde dahin, denen verstattet ward, auf dem Domcapitelsgrunde Wohnungen zu erbauen, woraus der jetzige Flecken entstand. Diese Grundstücke, welche auch nach einer gerichtlichen Aussage des ersten Generalsuperintendenten P. v. Eitzen seit undenklichen Jahren zum Schleswigschen Capitel gehört hatten, kamen späterhin in manchen Beziehungen zu dem Gute Röest und es entstanden darüber zwischen dem Domcapitel und den Besitzern von Röest bis um's Jahr 1600 mehrere Processe, bis sie zuletzt völlig Pertinenz des Guts wurden. Der Ort blieb dies bis zum Jahre 1807, da der König den Flecken für 186,000 ℳ kaufte. — Cappeln wird in 4 Quartiere getheilt und enthält 230, sämmtlich mit Ziegeln gedeckte Häuser. — Zahl der Einw.: 2081. — Die Hauptstraßen sind die Mühlenstraße, Schmiedestraße und Dänthof (von Degntoft, Küsterwohnung). Der Hafen an der 600 bis 800 Ellen breiten Schlei ist 7 bis 8 Fuß tief. Unter den Einwohnern sind 152 Schiffer und Seefahrende, 5 Hauptfischer, welche Heringszäune von den in der Nähe belegenen Gütern gepachtet haben, mehrere Heringsräucherer, von denen einige 2 bis 6 Rauchhäuser besitzen und Handwerker fast aller Art. Auch sind hier: 1 Brau- und Brennerei, mehrere Grützmühlen, 2 Senfmühlen, 2 Lichtgießereien, 1 Tabacksfabrik, einige Methbrauereien, 3 Seilerbahnen und auch eine Schiffswerfte, auf der Schiffe von 6 bis 40 Commerzl. gebauet werden. — Im Flecken ist eine Apotheke. — Brief- und Frachtpost 4 mal wöchentlich, und seit 1853 eine Extrapost. — Die Haupterwerbzweige sind Schifffahrt und Fischerei; die erstere beschäftigt 40 bis 50 dem Flecken gehörige Fahrzeuge, von welchen mehrere Schiffe nach Kopenhagen, Norwegen, Hamburg, Lübek, Rostock und Stettin segeln. Ein im Jahre 1845 auf Actien angeschafftes Dampfschiff setzt den Flecken fast täglich in Verbindung mit Schleswig. — Die Fischerei liefert besonders Heringe, von denen im Durchschnitt jährlich zwischen 800 bis 900 Tonnen à 20 Wall geräuchert nach den dänischen Inseln und andern Ländern versandt, oder von sächsischen und thüringischen Kärrnern abgeholt werden. Auch das Räuchern und Einsalzen von Würsten ist nicht unbedeutend und beträgt im Durchschnitt 150,000 ℔. — Unterm 6. März 1846 erhielt Cappeln eine neue Fleckensordnung; zufolge dieses Privilegiums sind die Einwohner zur Betreibung des Handels und aller Art bürgerlicher Gewerbe und Nahrung befugt. Die Einwohner zerfallen in Bürger und Schutzverwandte. Die Verwaltung der Fleckensoeconomie liegt zunächst unter der Oberaufsicht des Amtmanns des Amtes Gottorf als Oberdirector einem Fleckenscollegium ob, welches außer dem Fleckensvogt,

Cappeln.

aus 2 Fleckensvorstehern und 8 Deputirten gebildet wird. Der eine der Fleckensvorsteher ist Cassirer, der andere bildet mit 2 Deputirten die Hafencommission. Die Brandcommission so wie die Einquartierungscommission haben einen der Fleckensvorsteher als Vormann und außer mehreren Deputirten 2 Bürger aus jedem Quartier als Mitglieder. Die Justizverwaltung ist in der Unterinstanz dem Fleckensvogt übertragen. Ein eigenes Schuld- und Pfandprotocoll wird von dem Fleckensvogt geführt. — Die Capelle St. Nicolai, aus welcher die Pfarrkirche entstand, war schon vor dem Jahre 1357 erbauet und es sollen Wallfahrten dahin geschehen sein. Das alte Kirchengebäude war gewölbt, ward aber, da es baufällig war, abgebrochen und der Gottesdienst in einer 1767 auf dem Begräbnißplatz erbaueten Capelle gehalten, bis die neue Kirche auf dem Platze der alten errichtet war. Diese unter der Probstei Gottorf stehende Kirche ward 1793 vollendet und kostete 120,000 ℳ; sie ist in einem modernen Styl erbaut, hat einen Thurm und eine sehr gute Orgel. In einem Grabgewölbe ist das Rumohrsche Begräbniß. Unter dem Thurme ist gleichfalls ein Grabgewölbe. — Der Prediger, dessen Wohnung in einiger Entfernung nördlich von Cappeln liegt und zum Polizeidistrict des Gutes Röest gehört, ward früher gewählt, jetzt aber vom Könige ernannt. — **Eingepfarrt:** Amalienfeld, Buckhagen (z. Thl.), bei Buhs, Cappeln, Cappelholz, Carlsmühle, Dothmark, Fegetasch, Freudenlund, Gammellük, Grauhövd, Grimsnis, Grimsnisserfeld, Grummark, Grummarkfeld, Haarmark, Hauheck (z. Thl.), Holm, Joachimsthal, Kleefeld, Knüppelberg, Knorrlück, Lachebye, Lückenholz, Lückloos, Lusthof, Maasholm, Mehlbye, Ochsenkoppel, Osterfeld, Prahlhoch, Rabel, Rabelsund, Röest, Röesterfeld, Ruhkroog, Sandbek, Klein-Sandbek, Schauheck, Schönfeld, Stutebüll, Süderfeld, Töstrupholz, Trotzmehlbye, Wassermühlenholz, Wiemoos, Wittkielberg. — Cappeln hat 3 Schulen, eine Knaben-, eine Mädchenschule und für beide eine Elementarschule; die Töchter der ärmern Einwohner werden unentgeldlich im Nähen und Stricken unterrichtet, wozu eine Lehrerin angestellt ist. — Das Armenhaus hat außer einem gemeinschaftlichen großen Zimmer 12 besondere Wohnungen. — Seit dem 1. October 1850 ist eine Arbeitsanstalt errichtet. — Spar- und Leihcasse seit 1819. — Hier ist schon aus früherer Zeit eine Schützengilde, die mit einer Todtengilde verbunden ist. Die ehemals mit der Arnisser verbundene Schiffergesellschaft hält jetzt in jedem zweiten Jahre ihre Zusammenkunft und hat, außer der Absicht sich zu vergnügen, auch die Versorgung und Unterstützung der Wittwen, deren Männer auf der See verunglückten zum Zwecke. — Bemerkenswerth ist die Gilde der jungen Leute (Jungkerlsgilde), mit der ein Türkenschießen und Mummerei und Tanz verbunden sind, welche fast eine ganze Woche dauern. — Die um den Flecken liegenden Gärten, deren jeder 1 bis 2 Schip enthält, haben die Einwohner in Zeit- oder Erbpacht. — Im Jahre 1846 wurde der Mühlenzwang für die Summe von 2800 Rthlr. Courant abgelöst. Die Mühle bezahlt einen jährlichen Canon von 1500 ℳ Courant. — Mit dem Verkaufe des Fleckens vom Gute Röest kam die Wasser- und Windmühle in den Besitz des Königs. — Eine Fähre geht von dem Dorfe Ellenberg im Gute Loitmark nach Cappeln und für Fußgänger eine von Cappeln dorthin. — Märkte werden gehalten, am Mittwoch und Donnerstage nach Philippi, Jacobi und an den nämlichen Tagen nach Gallas. Viehmärkte hat Cappeln an den 4 Freitagen nach Gallas und an jedem Mittwochen im Jahre;

Wochenmärkte sind an jedem Mittwoch. — Die Ländereien des Fleckens bestehen nur in 167 Schip, welche im Jahre 1806 vom Gute Röest zu Gärten überlassen sind. Auf 2 Seiten ist der Flecken von den Ländereien des Gutes Röest, und auf der dritten von den Pastoratländereien dicht umschlossen; der Prediger vermiethet dies Land zu Gartenland, woraus der Stelle eine nicht unerhebliche Einnahme erwächst. — Vz. des Ksp.: 3819.

Carlberg, Dorf $\frac{3}{4}$ M. südöstlich von Cappeln, im Gute Dörpt, Eckernförderh., Ksp. Schwansen, Schuldistr. Karbye. — Hier sind mehrere ausgebaute größere und kleinere Landstellen. — Einige Lansten dieses Dorfes gehörten im 15. Jahrhundert einer Vicarie der Schwansener Kirche.

Carlsburg (vorm. Gerebye), adel. Gut an der Schwonsbek, in der Eckernförderh. Der Haupthof liegt $\frac{3}{4}$ M. südlich von Cappeln, Ksp. Schwansen. — Dieses Gut war ehemals ein bischöfliches Dorf, welches der Bischof Gottschalk v. Ahlefeld 1559 wegen Stiftsschulden an C. v. Rantzau zugleich mit Kopperbye und Karbye für 7000 ℔ Lübisch verkaufte. 1565 besaß es D. v. Rantzau, 1569 ward das Gut von dem Könige Friedrich II. den Gebrüdern D. und M. v. Rantzau als männliches Lehn verliehen, darauf v. Ahlefeld, 1598 v. Ratlov, 1670 v. Brömbsen, 1720 v. Hedemann, 1727 v. Brömbsen, 1785 der Landgraf Carl zu Hessen, 1836 die Erben des Landgrafen Carl zu Hessen. — Zum Gute gehören, nachdem es unter dem Landgrafen Carl parcelirt ward: der Stammhof (1 Pfl.), die Dörfer Karbye ($2\frac{1}{2}$ Pfl.), Windemark (5 Pfl.), der größte Theil des Dorfes Kopperbye ($4\frac{1}{2}$ Pfl.) nebst ursprünglich 26 Parcelenstellen (13 Pfl.), wovon 15 im Besitze von Erbpächtern sind; zusammen 26 Pfl. — Einige Parcelenst. heißen Bockholz, ein ehemaliger Meierhof der 1790 parcelirt ward ($2\frac{3}{8}$ Pfl.), Staffelshoe ($1\frac{1}{4}$ Pfl.), Hestemaas ($\frac{3}{4}$ Pfl.), Haberkoppel ($\frac{3}{4}$ Pfl.), Emers ($\frac{6}{8}$ Pfl.), Langacker ($1\frac{3}{8}$ Pfl.), Amalienfeld, Charlottenhof, Marienthal, Sundsacker (zusammem 4 Parcelen, $1\frac{3}{8}$ Pfl.), Mittelfeld ($\frac{5}{8}$ Pfl.), Heide ($\frac{1}{2}$ Pfl.) und Köllnerfeld ($\frac{7}{8}$ Pfl.). — Ein Hof an der Schlei mit einer Schiffswerfte ward 1843 erbauet und heißt Amalienburg. — Die Windmühle zu Sundsacker an der Schlei, Arnis gegenüber, ist im Besitze eines Erbpächters. — Das ganze Gut hat ein Areal von 2276 Ton. 140 □. R. à 260 □. R., (2018 Steuert., 317,400 Rbthlr. Steuerwerth.) — Zum Stammhofe gehören 704 Ton. à 240 □. R. (303 Steuert.), worunter an Acker 450 Ton., an Wiesen 50 Ton., an Hölzungen 200 Ton. und an Moor 4 Ton. Außerdem gehören zum Hofe 8 Instenstellen, wovon 2 dicht beim Hofe, 2 im Mühlenholze, 1 in der Carlsburger Hölzung, 2 in Kopperbye und 1 in Karbye liegen. Eine Fischerwohnung liegt an der Schlei und heißt Schwonsburg. — Der Boden des Gutes ist mehrentheils gut, theilweise grandigter Lehm; ein kleiner Theil der Ackerländereien ist von leichter sandigter Beschaffenheit. — Einzelne Hofkoppeln heißen: Dörphoffeld, Cöllnerfeld, Moldöveel und Steinerwiese. — Das Wohnhaus von Brandmauern enthält 2 Stockwerke und ist mit einem Thurm versehen. — Zahl der Einwohner: 929. — Schuldistrict Karbye. — Im Jahre 1463 wird eines Dorfes **Gerebye** erwähnt, welches damals bischöflich war und 8 Hufen enthielt; dieses Dorf ist wahrscheinlich bald nach 1539, als der Hof erbaut ward, niedergelegt. Ueber ein anderes Dorf, welches v. Ratlov 1604 kaufte s. **Rinkenis**. — Nahe an dem zu Carlsburg gehörenden Noor in der Schlei liegen 2 ziemlich hohe Hügel, Schwonsburg genannt,

Carlshof.

welche zur Zeit des Königs Erich von Pommern befestigt waren. — Contrib. 1164 Rbthlr. 76 b/ß, Landst. 659 Rbthlr. 16 b/ß, Hausst. 36 Rbthlr. 76 b/ß.

Carlshof, Meierhof des Gutes Louisenlund, an der Schlei, $1\frac{1}{4}$ M. östlich von Schleswig, Eckernfördeh., Ksp. Kosel. — Dieser Hof, welcher von dem Landgrafen Carl zu Hessen erbauet ward, enthält einen Flächeninhalt von 152 Ton. à 240 □. R., darunter an Acker 134 Ton., Wiesen 8 Ton. und Moor 10 Ton. — Der Boden ist zunächst dem Hofe ziemlich gut, aber der größte Theil ist urbar gemachtes Moorland und nur von mittelmäßiger Art. — Einzelne Koppeln heißen Clasholm, Espreym und Selkenrade. — Zum Hofe gehört eine Kathe bei Esperehm. — Schuldistrict Ahrensberg. — Das Wohnhaus ist von Bindwerk und mit Stroh gedeckt.

Carlsminde, Hof 1 M. nordöstlich von Eckernförde, an der Ostsee, vormals Meierhof des Gutes Ludwigsburg, in der Eckernfördeh., Ksp. Waabs. — Dieser Hof, welcher für 3 Pfl. contribuirt, ward 1823 von dem Gute Ludwigsburg getrennt und an Bekmann für 85,500 ℳ verkauft. — Areal: 483 Ton. $6\frac{6}{16}$ Sch. à 300 □. R. (561 Steuert., 76,160 Rbthlr. Steuerw.), darunter an Acker 262 Ton. $2\frac{11}{16}$ Sch., Wiesen 146 Ton. $1\frac{6}{16}$ Sch., Hölzung 26 Ton. $2\frac{2}{16}$ Sch., Moor 5 Ton. $2\frac{1}{16}$ Sch. und an Holzgrund und Sandweide 43 Ton. $4\frac{3}{16}$ Sch. — Zum Hofe gehören 4 Kathen Eichholz (3 K.) und Bosoer (1 K.). — Drei vor einigen Jahren abgebrochene Kathen hießen Grootgaast (Gaast). — Der Boden ist ein guter Mittelboden und etwa 50 Tonnen salzige Wiesen. — Das Wohnhaus ist einstöckig mit einem Frontispice. — Schuldistrict Ludwigsburg. — Auf den nördlich vom Hofe belegenen Koppeln befinden sich einige Grabhügel.

Cassöe, Dorf $1\frac{1}{2}$ M. westlich von Apenrade, A. Apenrade, Niesh., Ksp. Jordkjär. — Dieses etwas zerstreut liegende Dorf enthält 10 Dreiviertelh., 1 Halbh., 4 Drittelh., 7 Kathen ($9\frac{1}{16}$ Pfl.). — Districtsschule. — Schmiede. — Im Jahre 1521 ward Cassöe von dem Ksp. Heldevad getrennt und zu der neuerbauten Kirche Jordkjär eingepfarrt. Da indessen nach Verzeichnissen aus dem Jahre 1463 der Bischof von Schleswig die Zehnten aus dem Dorfe Cassöe hatte, während doch Heldevad zur Ripener Diöcese gehörte, so ist anzunehmen, daß Cassöe vormals zu der 1411 zerstörten Kirche in Enlev eingepfarrt und erst von da an zum Heldevader Ksp. gelegt gewesen sei. — Areal: 1087 Steuert. — Der Boden ist trocken und sandigt.

Castelbye (Casselbye), ein ehemaliges Dorf an der Schlei, Ksp. Rabenkirchen. — Dieses Dorf wird in den Jahren 1498 und 1547 genannt, und der Name hat sich noch in einer Hölzung Casselbyeholz erhalten. — Die Ländereien sind an das Gut Röest gekommen.

Casute, ein ehemaliger Ort im Ksp. Haddebye, der 1295 der St. Trinitatiskirche in Schleswig gehörte.

Catharinenberg, eine kleine Erbpachtstelle und eine Kathe im Gute Eckhof, am Wege nach Dänischenhagen, Eckernfördeh., Ksp. Dänischenhagen.

Cathrinen-Capelle, eine vergangene Capelle in der Pelwormerh. auf der alten Insel Nordstrand, östlich nahe dem jetzigen Utermarker Koog auf Pelworm. — Sie soll in einer Wasserfluth im Jahre 1300 vergangen sein.

Cathrinenheerd, Kirchort 1 M. nordwestlich von Tönning, im Westerth. der Landsch. Eiderstedt, Pr. Eiderstedt. — Dieser auf einem Sandhügel, mitten in der Marsch, nahe an der Stadt Garding erbauete Ort, enthält außer der Predigerwohnung 10 größere Höfe, 4 kleinere Höfe, 14 Stellen mit und 20 Stellen ohne Land (25⅝ Pfl.). — Hier sind 3 Wirthshäuser; eines liegt östlich vom Dorfe und heißt Hemminghörn (Hamygenhörne); hier wurden in alten Zeiten bis 1625 die Landesversammlungen gehalten, bis sie nach Tönning verlegt wurden. — Einige Stellen heißen Allersdorf, einige nördlich Oluf. — Districtsschule. — Prediger-Wittwenhaus. — 3 Armenhäuser, 2 Schmiede und mehrere Handwerker. — Eine Capelle war hier schon um das Jahr 1113 erbauet. — Die Kirche ist ein alterthümliches Gebäude, nur klein, aber im Innern recht hübsch eingerichtet. — Im Jahre 1557 fiel das Patronat an den Herzog, weil die Einwohner einen Prediger ohne Consens des Probsten erwählt hatten; jetzt präsentiren die Kirchenvorsteher und die Gemeinde wählt. — Eingepfarrt: Allersdorf, Cathrinenheerd, Hemminghörn, Norder-Marsch, Süder-Marsch, Oluf. — Areal: 1695 Dem., (1516 Steuert.), worunter 557 Ton. Gras- und Weideländereien. — Nördlich von Hemminghörn liegt der unbewohnte Junkernkoog. — Von Cathrinenheerd ist im Jahre 1612 ein kleiner Canal nach Tönning gegraben, welcher Norder-Bootfahrt genannt wird. — Im Jahre 1415 wurde das Ksp. von den Dithmarschern hart mitgenommen und viele Höfe und Stellen abgebrannt. — Vz. des Ksp.: 365.

Cathrinenhof, Hof auf der Insel Fehmern, Osterksp., K. Burg. Dieser Hof mit einem Areale von 550 Ton. hat eine hohe Lage an der Ostsee, und zu demselben gehören 11 Kathen. — Schuldist. Vitzdorf. — Schmiede. — Das Wohnhaus ist 1819 geschmackvoll erbauet. — Der Boden ist von vorzüglicher Güte; Hölzungen fehlen, doch sind hier einige Anpflanzungen. — Auf dem Hoffelde befinden sich 4 Grabhügel und Riesenbetten, worunter eine, Vitsbye-Steenkist genannt, die merkwürdigste ist.

Celmerstorp (Seltendorf), ein ehemaliges Dorf im Ksp. Eckernförde auf der Koppel Selmsdorferhöfe östlich vom Hofe Altenhof.

Charlottenhof, Meierhof im Gute Saxdorf, 1 M. nördlich von Eckernförde, Eckernförderh., Ksp. Riesebye. — Areal: 329 Steuert. — Zu demselben gehören 4 Kathen.

Christian-Albrechtskoog, Alter-, ein octroyirter Koog im A. Tondern, Bökingh., 2½ M. südwestlich von Tondern, Ksple. Deezbüll, Emmelsbüll und Niebüll. — Dieser Koog, welcher seinen Namen von dem Herzoge Christian Albrecht erhalten hat, erhielt am 2. October 1681 die Octroy; die Eindeichung ward im folgenden Jahre begonnen, und im Jahre 1684 vollendet, wodurch die Wiedingharde mit der Bökingharde verbunden ward. — Der Koog hat ein Areal von 2735 Dem. 70¼ M. (57 Pfl., 2916¼ Steuert.). Etwa 25 Dem. sind für den Prediger ausgelegt, falls hier eine eigene Kirche erbauet werden sollte. — In dem Alten- und Neuen-Christian-Albrechtskooge sind 112 Staven (Wohnstellen) und unter diesen enthalten 20 über 70 Dem. Land. — Drei Hofstellen heißen Magnusworth, Marienhof und Neuwerk; eine kleine Landstelle Kiekindesee. — Schule. — Der Boden ist sehr fruchtbar. — Die beiden Kooge, welche alle Gerechtsame der Kooge auf Nordstrand haben, halten einen Inspector.

Christian-Albrechtskoog, Neuer-, ein octroyirter Koog im A. Tondern, Bökingh., gränzt südlich und westlich an den Alten-Christian-Albrechtskoog, Ksp. Deezbüll. — Dieser Koog erhielt im Jahre 1701 die erste Octroy, welche aber nicht in Ausführung kam, darauf am 5. Mai 1703 eine andere, mit der des älteren Kooges gleiches Namens übereinstimmende; die Eindeichung fing im Jahre 1705 an und ward 1706 vollendet. — Areal: 2078 Dem. 165¾ R. (44¼ Pfl., 1875¾ Steuert.). — Der Boden ist in günstigen Jahren sehr fruchtbar — Der Koog hat mit dem vorigen den nämlichen Inspector. — Anzahl der Staven: s. Alter-Christian-Albrechtskoog. — Eine Hofstelle heißt **Bahrenhof**. — 2 Windmühlen. — Schuldistr. Alter-Christian-Albrechtskoog.

Christiansdal, eine bei Törning im A. Hadersleben, Osterth., Gramh., Ksp. Hammeleb, von dem Major v. Blekenburg im Jahre 1772 angelegte Blechfabrike, die durch Wasser getrieben wurde und den Namen Godthaab erhielt, aber bald wieder einging. — Jetzt ist Christiansdal eine Oel-, Walk-, Bork- und Schleifmühle mit 20 Ton. Acker- und Wiesenland und gehört einer Interessentschaft, die alle Werke sehr verbessert hat.

Christiansdal, eine Hufe östlich von Vitsted, A. Hadersleben, Osterth., Gramh., Ksp. und Schuldistr. Vitsted.

Christiansfeld, Gemeindeort mährischer Brüder, 1¾ M. nördlich von Hadersleben, an der Landstraße nach Kolding; Amt Hadersleben, Ostertheil, Tyrstrupharde. — In dem Jahre 1771 erhielt eine Anzahl mährischer Brüder die Erlaubniß hier einen Ort zu erbauen; das Königliche Vorwerk Tyrstrupgaard ward dazu für 60,000 ℳ angekauft und im Jahre 1773 der Anfang mit der Erbauung von Christiansfeld gemacht; am 1sten April legte man den Grundstein zum ersten Hause. Der Ort erhielt mehrere Privilegien, zu denen auch die Befreiung von Einquartierung und vom Militairdienst und der freie Betrieb bürgerlicher Gewerbe gehörte. — Christiansfeld ist regelmäßig gebaut, besteht aus zwei von Osten nach Westen parallel laufenden Hauptstraßen und enthält 70 Häuser, von denen sich einige auszeichnen, wie z. B. das Brüder- und Schwesterhaus, worin unverheirathete Männer und Frauen wohnen, und die Gebäude der Schul- und Pensionsanstalten, in denen auch Knaben und Mädchen von 6—14 Jahren Unterricht erhalten. — Im Orte ist ein Wittwenhaus, eine Apotheke, Wirthshaus, Posthaus und Zollamt. — Die Kirche ist ein mit einer Kuppel versehenes sehr einfaches Gebäude; es wird in derselben, auch auffer an den Sonntagen, an jedem Abende der Woche Gottesdienst gehalten. Der schöne Kirchhof, zu dem eine Lindenallee führt, liegt am andern Ende des Ortes; jede Begräbnißstätte ist mit einem Leichensteine versehen, worauf nur der Name und der Geburts- und Sterbetag verzeichnet ist. — Die Verwaltung der Angelegenheiten der Gemeinde liegt erwählten Vorstehern ob, welche aber über Sachen von Wichtigkeit nicht entscheiden dürfen ohne zuvor die Erlaubniß von Herrnhut eingeholt zu haben, wo der Sitz eines Obervorsteher-Collegiums sämmtlicher Brüder-Etablissements ist. In Civilsachen steht Christiansfeld unter der Tyrstrupharde und in Kirchen- und Schulsachen unter der Aufsicht des eignen Bischofs. Es wird von der Gemeinde eine Person in Vorschlag gebracht, um die Königlichen Kammeralsachen wahrzunehmen, welcher dann als Official von der Regierung ernannt wird. — Die Brüdergemeinde zeichnet sich durch große Betriebsamkeit, Geschicklichkeit, Fleiß und Ordnung aus; es werden hier viele Fabrikwaaren verfertigt, welche selbst im Auslande abgesetzt werden; es giebt hier eine bedeutende Lederfabrik, Handschuh- und Lichtfabriken, eine Tabacksfabrik, Lackirfabrik, Seifensiedereien, Stärkefabrik, Essigbrauerei und auf Tyrstrupgaard eine vorzügliche Brennerei und Brauerei; auch werden hier gute Kachelöfen verfertigt; ferner findet man hier Wollen-

Eisen-, Material- und Galanteriewaaren-Handlungen. Handwerker sind hier aller Art deren Fabrikate sich auszeichnen. Da der Ort von fruchtbaren Aeckern umgeben ist, so treiben einige Einwohner neben ihren Gewerben die Landwirthschaft. — Die Zahl der Einwohner betrug 1777 gegen 200 Personen, jetzt 761. — Bei Christiansfeld liegt Sophienruhe, welches oft von Fremden besucht wird; hier sind vier Gartenhäuser und schöne Anlagen. Bemerkenswerth sind hier eine Capelle und das Grabmal der frühern Besitzerin, der Kammerherrin v. Holstein; in der Nähe liegt eine, von Gängen durchschnittene Hölzung, Schmiedeholm genannt.

Christiansgabe, Holzvogtswohnung bei Falkenberg in der Nähe der Stadt Schleswig, an der Flensburger Chaussee, A. Gottorf, Arensh., Ksp. St. Michaelis. Diese Stelle hat etwas Land von dem Dorfe Lührschau.

Christianshallig, ein unbewohntes nördlich von Dagebüll belegenes, von dem Vorlande des octroyirten Marienkoogs jetzt ganz eingeschlossenes landesherrliches Zeitpachtstück im A. Tondern.

Christianshoffnung, 11 zerstreut liegende Colonistenstellen $1\frac{1}{2}$ M. östlich von Tondern, welche auf den Feldmarken der Dörfer Lund, Stemmilt, Renz, Jyndevad, Stade und Burkarl erbaut sind; A. Tondern, Slurh., Ksp. Burkarl. — Schuldistr. Jyndevad und Lund.

Christiansholm (Meggerholm), Colonistendorf 3 M. südwestlich von Schleswig, unweit der neuen Sorge; A. Gottorf, Kropph., Ksp. Hohn. — Es ward 1762 auf einem Theile des Megger- und Süderholms angelegt, und enthält 39 Hausstellen ($3\frac{17}{24}$ Pfl.) — Einige südlich belegenen Stellen heißen Süderholm. Westlich von Christiansholm liegt eine Windmühle, welche zum Ksp. Erfde gehört. — Ziegelei, Wirthshaus, Glashütte, Schmiede. — Unter den Einwohnern sind 5 Schiffer. — Districtsschule. — Areal: 158 Steuert. — Christiansholm liegt auf einer Anhöhe und um dieselbe liegen die Ländereien, welche außer unbedeutendem Pfluglande größtentheils aus Moor und wenigen Wiesen bestehen. — Es sollte hier am Ende des vorigen Jahrhunderts eine Kirche erbaut werden, welches aber nicht in Ausführung gebracht wurde.

Christianslücke (Ziegelei), eine Kathe bei der Rundhofer Ziegelei im Gute Rundhof, Cappelerh., Ksp. Esgrus.

Clausdorf (Waldem. Erdb.: Nicolawsthorp), Dorf auf der Insel Fehmern, Norderkirchsp. Kirche Bannesdorf. — Dieses ziemlich hoch in der Nähe der Ostsee liegende Dorf, enthält 11 Hufen, 7 kleinere Landstellen und 5 Instenst. — Districtssch. — Areal: 294 Dr., 2 Sch. (719 Steuert.). — Der Boden ist zum Theil lehmigt und zum Theil steinigt, so wie auch von Niederungen durchschnitten.

Clausdorf, Dorf $\frac{1}{4}$ M. westlich von Friedrichsort, im Gute Knoop, Eckernförderh., Ksp. Dänischenhagen, enthält 12 Voll-, 1 Halbh. und mehrere Kathen und Instenstellen; 2 nördlich ausgebaute Hufen heißen Postkamp (154 Ton.); 1 Stelle westlich Rubitzberg (s. d.) — Eine Holzvogtswohnung nebst Wirthshaus an der gleichnamigen Hölzung bei der Kaltenhofer Scheide heißt Dänenhöft. — Districtssch. — Schmiede. — Areal mit Altenholz: 947 Ton. (859 Steuert.).

Claushof, eine Landstelle südlich von dem Dorfe Keelbek, Amt Flensburg, Uggelh., Ksp. Eggebek.

Clinttaebergh.

Clinttaebergh, ehemal. Krongut in Schwansen, im Ksp. Waabs, dessen Name noch in dem der Ludwigsburger Hofkoppel Klingenberg und der Lehmberger Hofkoppel Klinkenberg erkennbar ist.

Clove, Dorf an der Reideraue, 2 M. südwestlich von Schleswig, an der Landstraße nach Fridrichstadt, auf der Feldmark des Dorfes Dörpstedt erbaut, Amt Gottorf, Kropph., Ksp. Hollingstedt; 9 Dreisechszehnteth. und 6 Instenstellen (Pflz. s. Dörpstedt). — Einige östlich belegene Kathen heißen Büngerdamm, 2 Wirthshäuser werden Heidkrug und Bünger-Schlagbaum benannt. — Schuldistr. Dörpstedt. — Areal: s. Dörpstedt. — Der Boden ist sehr gut. — Die Passage über die Aue bei Clove wurde im Jahre 1850, nach der Schlacht bei Idstedt, verschanzt und durch die Stauung der Treene wurden die an der Reideraue belegenen Wiesen überschwemmt.

Custath, eine ehemalige Ortschaft in der alten Klipplevharde, die in Waldemar's Erdbuch erwähnt wird, deren Lage jedoch unbekannt ist.

D.

Dänischenhagen (vorm. Slabbenhagen, Königshagen, Christianshagen), Kirchdorf 2¼ M. südöstlich von Eckernförde an der Mühlenaue, im G. Eckhof, Eckernförderh., Pr. Hütten. Dieses Dorf hatte früher keine eigentlichen Landstellen, sondern fast ein jedes zu der dortigen Kirche eingepfarrte Gut besaß bei derselben ein oder mehrere Häuser, die an Insten vermiethet waren, wie denn die Güter Knoop, Seekamp, Nienhof u. s. w. auch jedes hier ein Wirthshaus hatten. Im Anfange des 19. Jahrhunderts kaufte der Besitzer von Eckhof alle diese Häuser nebst 129 Ton. Ländereien des Gutes Kaltenhof, und überließ solche erbpachtsweise, so daß sich jetzt 12 Erbpachtsstellen und außer denselben 11 Kathen und 9 Instenst. sich im Dorfe befinden, sämmtlich zum Gute Eckhof gehörig. — Districtsch. 3 Wirthshäuser, Schmiede und mehrere Handwerker. — Im Dorfe wohnen 2 Aerzte. — Spar- und Leihkasse. — Die Kirche ist alt, zum Theil von behauenen Feldsteinen und hatte vormals einen ansehnlichen spitzen Thurm. Die innere Einrichtung ist einfach; über dem Altare sind Kanzel und Orgel. Der Kirchhof ward 1831 sehr vergrößert. Bei der Wahl eines Predigers präsentiren die Besitzer von Bülck und Seekamp und die Gemeinde wählt. — Die bischöflichen Zehnten zu Slabbenhagen gehörten seit 1318 dem Schlesw. Domcapitel. — Eingepfarrt: Achtkoppel, Altenholz, Bekredder, Birkenmoor, Breitenstein, Alt- und Neu-Bülck, Bülckhoved, Catharinenberg, Clausdorf, Contrescarpe, Dänischenhagen, Dänenhövd, Diekmissen, Dreikronen, Eckhof, Fischerkathe, Flur, Freidorf, Fresenhagen, Friedrichshof, Fuchskuhle, Heisch, Hollien, Holtenau, Kahlenberg, Kalskamp, Kaltenhof (z. Thl.), Kiekut, Kubitzberg, Knoop, Knooperschleuse, Kuhlenthor, Kuhholzberg, Langenfelde, Lehmkathen, Marienfeld, Muschelkathe, Neuredder, Papenholz, Pilzkrug, Postkamp, Pries, Rabendorf, Rathmannsdorf, Rathmannsdorferschleuse, Scharnhagen, Scheideberg, Scheidekoppel, Schilfsee, Schlagbaum, Schönwinkel, Schusterkrug, Seekamp, Sprenge, Sprengerhof, Stift, Stohl, am Strande, Sturenhagen, Sören, Thornsbrook, Uhlenhorst, Voßbrook, Ziegelhof. — Areal: etwa 165 Ton. à 240 □. R. — Der Acker ist guter Mittelboden. — Von dem Gute

Kaltenhof ist ein ansehnliches Moor angekauft und an die Erbpächter vertheilt. — Die östlich vom Dorfe belegene Seekamper Wassermühle gehört zur Seekamper Parcele. — Bz. des Ksp.: 3824.

Dänschendorf (Waldem. Erdb.: Daenskaethorp), Dorf auf der Insel Fehmern, Westerkirchsp., Kirche Petersdorf. — Dieses große Dorf, welches eine niedrige Lage hat und in Groß- und Kleindorf eingetheilt wird, enthält 21 größere, 29 kleinere Landst. und 37 Instenstellen. Eine ausgebaute Landstelle heißt **Altentheilshof**. — Districtssch. — Schmiede. — Im Dorfe ist eine Todtengilde errichtet. — Areal: 722 Drömt Ackerland und 104 Drömt Weide (1594 Steuert.). — Der Boden ist von vorzüglicher Güte; die Teiche sind mit Karautschen besetzt. — Bz.: 540.

Dagebüll, ein octroyirter Koog, Dagebüllerkoog, mit einer Kirche, 3¼ M. südwestlich von Tondern, an der Westsee, im Amte Tondern, Bökingh., Pr. Tondern. — Das Dagebüller Land, welches vorm. eine Hallige war, enthielt im J. 1626, 895 Dem. 177 R. — Im J. 1700 am 20. Septbr. erhielten die Einwohner eine vortheilhafte Octroy; die Eindeichung geschah in den J. 1702 bis 1704, und durch den östlich belegenen, im J. 1727 eingedeichten Kleiseerkoog, ward dieser Koog landfest. — Er enthält 1005 Dem. (21 Pfl., 878 Steuert.) und in demselben liegen außer der Prediger- und der Küsterwohnung 92 Häuser, welche auf Werften erbaut sind; diese heißen: **Kirchwerf, Dyenswerf, Jensenswerf, Koogwerf, Neuwerf, Hofdeich, Nommenswerf, Peterswerf, Hinrichswerf, Tayenswerf, Söschenswerf und Norderdeich**; 2 bedeutende Höfe werden **Königsteinshof** (137 Steuert.) und **Hedewigenhof** genannt. — Korn-Windmühle. — Districtsschule. — Armen- und Arbeitshaus, 2 Wirthshäuser, Schmiede. — Von diesem Dorfe geht eine Königl. Fähre nach Wyk auf der Insel Föhr. — Der Koog hat einen Inspector. — Dagebüll hatte früher eine dem St. Dionysius geweihte Capelle; die jetzige Kirche ist 1731 erbauet, sie ist gut eingerichtet, hat aber keinen Thurm. — Im 15. Jahrh. kömmt sie unter dem Namen **Wisch** vor. — Der Prediger wird von den Hauptparticipanten gewählt. — Zu der Kirche halten sich freiwillig mehrere Einwohner aus dem angränzenden Kleiseer-, Alten Christian-Albrecht-, Neuen-Marien- und Juliane-Marienkoog. — Der Boden ist Marsch und von vorzüglicher Güte. Auf den Weiden des Kooges, wovon ein großer Theil Auswärtigen gehört, wird besonders viel Vieh fett gemacht. — Vormals war die Seefahrt und auch die Bereitung des Kochsalzes aus Moorerde ein Erwerbzweig der Einwohner, letzteres hörte aber wegen Mangel an Feurung auf. — Bz. des Ksp.: 525.

Dalbye, Kirchdorf 3¼ M. nördlich von Hadersleben, Osterth., Tyrstruph., Pr. Hadersleben. — Dieses niedrig belegene Dorf enthält außer der Küsterwohnung 10 Hufen von verschiedener Größe, 4 Landbohlen, 5 Kathen und 6 Instenstellen; 3 Hufen sind ausgebaut und heißen **Lindgaard**, **Amushauge** und **Högaard**, letztere mit 300 Ton. Land (à 320 Q. R.) und hofartigen Gebäuden. Im Dorfe liegt die sehr vergrößerte Hufe **Dalbyegaard** (600 Ton. à 320 Q. R.). — Der Prediger in Bonsild hat hier eine s. g. Annexhufe. — Nördlich vom Dorfe, in einem tiefen Thale liegt die Dalbyer-Wassermühle, in deren Nähe man auf mehreren Anhöhen eine reizende Aussicht hat; auf einer derselben liegt die dazu gehörige Windmühle. — Districtsschule. — Armenhaus, Wirthshaus.

Die hochliegende Kirche, welche ein Filial von der Kirche in Bonsild ist, hat einen Thurm und ist groß und ansehnlich. — Eingepfarrt: Amushauge, Bjerregaard, Dalbye, Dalbyegaard, Höigaard, Lindgaard, Rebek, Strarup, Tved. — Der Boden ist besonders fruchtbar. — Vz. des Ksp.: 470.

Daler (Dahler), Kirchdorf 1¼ M. nordwestlich von Tondern, im Stiftsamte Ripen, Mögeltonderh., Pr. Mögeltondern. — Von diesem Dorfe gehören zum Amte Tondern, Nordtonderh., 4 Bohlenst. und 4 Instenst. (1¼ Pfl.) und zum Amte Lygumkloster, Vogtei Abel, 2 Halbh. und 4 Kathen mit Land (44 Steuert., 1 Pfl.), das übrige mit der Kirche zur Grafsch. Schackenborg. — Districtssch. — Die Kirche ward von dem Bischofe Esger (1249—1273) dem Kloster zu Lygum geschenkt, so daß dasselbe hier einen beständigen Vicar halten mußte. — Der Boden ist lehmigt; die Wiesen werden oft von dem salzigen Wasser überschwemmt. — Vz. des Ksp. zum Herzogthume: 107.

Dallacker (Dallack), 1 Parcelenstelle an der Schlei, südlich vom Dorfe Gundebye, Amt Gottorf, Schliesh., Ksp. Ulsnis. — Schuldistr. Gundebye. — Sie gehörte ehemals zum Gute Lindau.

Dalsgaard, eine vormals zum Gute Gravenstein gehörige ansehnliche Bohlstelle, am Flensburger Meerbusen südlich von Gravenstein, welche späterhin parcelirt ward; Amt Apenrade, Lundtofth., Ksp. und Schuldistr. Rinkenis. — Dalsgaard besteht jetzt aus 9 Parcelen- und 7 Instenstellen. — Hier ist eine Windmühle.

Dambslei, eine ehemalige Bohlstelle und 1 Kathe im Ksp. Feldsted, Amt Apenrade, Lundtofth., welche letztere in einem Amtsregister 1666 angeführt ist, aber im J. 1696 nicht mehr vorhanden war. Die Ländereien kamen an Schobüllgaard.

Damendorf, Dorf 1¼ M. südwestlich von Eckernförde, Amt Hütten, Hüttenh., Ksp. Hütten; 8 Vollh., 3 Halbh., 2 Kathen, 7 Instenst., von denen 1 Kathe und 4 Instenstellen ausgebaut sind; die Kathe nördlich heißt Bökwedel; 1 Instenst. Spann, 2 nordöstlich belegene Damm (zum Damm) und Lehkrug. — Districtssch. — Areal: 992 Ton. 4 Sch. (826 Steuert.). — Der Boden ist von ziemlicher Güte. — An die Ländereien der Dorfschaft gränzen die Königl. Gehege Fresenboi, Gefahl, Seemoor, Altenteich und Viehwiese.

Damgaard, 1 Hufe an der Landstraße von Tondern nach Lygumkloster, ¾ M. südlich von Lygumkloster, Amt, Birk und Ksp. Lygumkloster.

Damm, 2 kleine Landstellen und 1 Instenstelle im Amte Tondern, Wiedingh., Ksp. und Schuldistr. Rodenäs.

Dammholm, 11 kleine Parcelenstellen und 7 Kathen ($\frac{137}{384}$ Pfl.), worunter eine ehemalige Domkapitelskathe, welche alle zum vormaligen Meierhofe des Gutes Satrupholm gehörten, 2¼ M. nördlich von Schleswig, Amt Gottorf, Satruph., Ksp. Havetoft, Schuldistr. Havetoftloit. — Areal: 82 Steuert. — Der Boden ist größtentheils lehmigt aber doch nur von mittelmäßiger Art.

Dammhusum, 1 Haus im A. Tondern, Wiedingh., Ksp. Neukirchen.

Dammkathe (Moorkathe), eine Freistelle (26 Steuert.) zwischen Oha und der Hohnerfähre, A. Hütten, Hohnerh., Ksp. Hohn. — Schuldistr. Friedrichsholm. — Diese Stelle stand sonst unter dem Obergerichte und contribuirt für ⅛ Pfl.

Dammkoog (vorm. Moorbergkoog), ein Koog in der Landsch. Eiderstedt zwischen Husum und Friedrichstadt; Ksple. Koldenbüttel, Witzworth und Mildstedt. — Dieser Koog ward 1489 eingedeicht; der erste Koog ward Paulsbohl genannt und enthielt nur 40 Demat Landes. Hier sind 11 Häuser (Ksp. Koldenbüttel), ein Theil derselben gehört zum Südermarschkooge. — Die Besitzer des s. g. Meierhofes (153 Dem.) und des Hakenhofes (106 Dem. 35 R.; 130 Steuert.) haben von der Landesherrschaft 309 Dem. im Südermarschkoog gegen einen jährlichen Canon von resp. 1650 ℳ und 1800 ℳ erhalten. Beide Höfe, welche zum Ksp. Mildstedt gehören, standen sonst unter dem Obergerichte. — Der Theil des Dammkooges (220 Dem.), welcher zum Ksp. Witzworth gehört, ist unbewohnt. — Dieser Koog wird durch die in der Nähe von Husum bei dem s. g. Halbmond belegene Schleuse entwässert.

Dammstelle, 1 Parcelenstelle im Gute Rundhof, Cappelerh., Ksp. Esgrus, Schuldistr. Bojum.

Damp, adel. Gut in der Eckernförderh. — Der Haupthof liegt 2 M. nordöstlich von Eckernförde, Ksp. Schwansen. — Dieses Gut ist nach und nach aus zusammengekauften Stellen entstanden, welche ehemals zum Domcapitel gehörten. — Der Hof Damp selbst war im 15. Jahrhundert nur ein Bauerhof, welcher von dem Schleswigschen Bisthume an v. Sehestedt verliehen ward. 1517 gehörte Damp zu Grünholz, kam darauf mit diesem Gute 1523 an die Familie v. d. Wisch; darauf an v. Pogwisch, 1626 v. Rantzau, nach ihm folgte v. d. Wisch, 1656 v. Ahlefeld. Seit 1794 Fideicommißgut der Familie v. Qualen. — Damp besteht aus dem Haupthofe, den Erbpachtstellen und den Dörfern Niebye, Schwastrum und Pommerbye und den eigenthümlich oder erbpachtlich veräußerten Grundstücken. Der Haupthof hat ein Areal von 1212 Ton. $1\frac{1}{16}$ Sch. à 260 □. R., darunter an Acker 805 Ton. $4\frac{10}{16}$ Sch., Wiesen 209 Ton. $5\frac{14}{16}$ Sch., Hölzung und Bruch 167 Ton. $7\frac{5}{16}$ Sch., an Wegen und Wasser 28 Ton. 7 Sch. Die Zeitpachtstellen enthalten 907 Ton. 201 □. R., darunter an Acker 767 Ton. 23 R., Wiesen und Wasser 127 Ton. 9 R., Hölzung und Busch 4 Ton. 258 R. und Wegen 8 Ton. 171 R., in welchem Areale das Schulland von 6 Ton. 161 R. und auch etwa 150 Ton. Hoffeld mitbegriffen sind. Die eigenthümlich oder verbpachtlich veräußerten Grundstücke enthalten 393 Ton. 50 R., davon haben die von dem Meierhofe Dorotheenthal abgelegten 4 Parcelenst. 344 Ton. 200 R., die Kathe Nobus 4 Ton., die Parcelenst. Schweinsweide 11 Ton. 110 R., die Parcelenst. Vogelsang 9 Ton., eine Kathe in Vogelsang 10 Ton. und die aus einer niedrig liegenden Hufe entstandene Parcele in Pommerbye 14 Ton. Das gesammte Gut besaßt 2388 Ton. à 260 □. R. (221 Steuert.). Davon enthalten die veräußerten Grundstücke 380 Ton. und von den übrigen 1841 Steuert.; die unveräußerten Hof- und andern Ländereien 1835 Steuert. und 6 Steuert. Schulland. Diese 9841 Steuert. sind zu einem Werthe von 294,560 Rbthlr. tarirt (17 Pfl.). Der Meierhof Dorotheenthal ward 1852 für 72,000 ℳ verkauft. — Zum Ksp. Schwansen gehören der Haupthof, die Armenstiftung mit einer Capelle, Duckenteich, Hegenholz, Nevkuhl, Nobus, Knipenberg, bei der Schau, Schweinsweide, Nybye, Rehmskoppel, Dorotheenthal, Mühlenteich, Fischläger; zum Ksp. Siesebye: die Ortschaften Pommerbye und Schwastrum, die Stellen Haberkamp Stemperühe, Bussenteich, Mühlenberg mit der Mühle, Altmühle

Neuschicht, Krusenteich, Kreuzkamp, Peetsrühe, Pommerühe, Pasop, Weidekathe, Ochsenhagen, Vogelsang und Holzschicht; zum Ksp. Waabs gehört Kuhberg. — An der Waabseraue (Bokenaue) liegt Altmühle, jetzt die Wohnung eines Insten; hier war vormals eine Wassermühle. — Der Boden ist gut, die Wiesen an der Waabseraue sind vorzüglich. — Zahl der Einwohner: 582. — Das Wohnhaus, welches etwa 4000 Schritte von der Ostsee liegt, ist mit einem Burggraben umgeben und 2 Brücken führen dahin. — Das Armenstift für 12 Personen ward 1706 fundirt, die Capelle 1742 erbauet; jeden andern Mittwoch wird darin gepredigt und zwar abwechselnd von den Predigern zu Schwansen, Siesebye und Waabs. — Contrib. 760 Rbthlr. 70 b/β, Landst. 740 Rbthlr. 32 b/β, Hausst. 2 Rbthlr. 80 b/β.

Danewerk, Groß- (Groß-Danewerk), Dorf ½ M. südwestlich von Schleswig, A. Gottorf, Arensh., Ksp. Haddebye, benannt von dem berühmten Gränzwalle Danewerk (s. Danewerk); enthält 10 Halbh., 4 Dreiviertelh., 1 Dreiachtelh., 2 Viertelh., 5 Kathen, 4 Instenst. und 1 Hirtenwohnung ($5\frac{1}{4}$ Pfl.). Außerdem gehört zum Dorfe Rothekrug (s. Rothekrug). — Districtsschule. — Areal: 998 Steuert. — Der Boden ist leicht. — Der Herzog Friedrich schenkte im Jahre 1633 dem Bauinspector Hecklauer 3 wüste Hufen, welche mit Privilegien begabt wurden. — In den Kriegsjahren 1644 und 1848 bis 1850 litt dieses Dorf sehr bedeutend. — Auf der Feldmark befinden sich viele Grabhügel.

Danewerk, Klein- (Klein-Danewerk), Dorf ½ M. südwestlich von Schleswig, am Danewerker Wall, A. Gottorf, Arensh., Ksp. Haddebye; enthält 1 Vollh., 1 Dreiviertelh., 1 Fünfachtelh., 6 Halbh., 1 Dreiachtelh., 1 Drittelh., 5 Viertelh., 1 Sechstelh., 2 Kathen und 1 Instenst. ($3\frac{3}{4}$ Pfl.). — Schuldistr. Danewerk. — Areal: 557 Steuert. — Der Boden ist wie bei Groß-Danewerk; eine kleine Hölzung, Jordten genannt, gehört zu einer Hufe. — Am Wege nach Hollingstedt liegen 3 große Grabhügel.

Danewerk (Dannewerk) und **Kograben**, zwei berühmte Befestigungswerke, welche vormals starke Schirme gegen Deutschland waren und auch noch jetzt mehrere militairisch vortheilhafte Stellungen darbieten, um einen Feind abzuhalten. Das Danewerk (Danwirki, Dinewerch, Vallum danorum) liegt südlich von Schleswig, gränzt an das Dorf Bustorf und erstreckt sich, im Ganzen etwas mehr als 2 M. lang, von dem Selker Noor ostwärts in fast gerader Linie bis an den vormaligen Danewerker-See, von diesem südwestlich Kurburg vorbei und als sogen. Krummwall durch die Wiesen nach Morgenstern, und jenseits dieses Hauses, wo der Boden fester wird, bis nach Hollingstedt, wo der Wall sich mit einer viereckigten Befestigung endigte. Nach den fränkischen Annalen hat der König Gottfried zu den Zeiten des Kaisers Karl im Anfange des 9. Jahrhunderts dieses Befestigungswerk angelegt; die damalige Größe und Beschaffenheit desselben lassen sich nicht mit Bestimmtheit angeben. Die Meinung scheint vieles für sich zu haben, daß unter diesem Könige nur der Theil des Danewerkes angelegt sei, der sich von der Höhe am Danewerker-See bis an den Krummwall bei Kurburg erstreckt, daß der übrige Theil aber nach Westen durch unzugängliche Wiesen, und ein dritter, von dem Danewerker-See bis nach der Veste Oldenburg, theils durch sumpfigen Boden und theils durch dichte Hölzungen, einen natürlichen Schutz gehabt haben. Diejenigen Befestigungswerke, welche vermuthlich nicht von dem Könige Gottfried herstammen, sind theils von der Königin Thyra Danebod und den Königen

Waldemar I. und Knud VI., theils von der Königin Margarethe angelegt oder verbessert; auch wird noch jetzt der östliche Theil dieses Werkes von den Anwohnenden der Margarethenwall genannt. — An dem südlich von Haddebye befindlichen Selker=Noore liegt in einem Halbkreise der Wall der Veste Oldenburg; sie ist wahrscheinlich älter als das Danewerk, welches mit ihr in Verbindung gebracht ist, und der Zweck ihrer Anlage war vielleicht, für die in dem damals schiffbaren Noor ankommenden Kriegs= und Handelsfahrzeuge einen sichern Hafen zu schaffen; aber daß, wie Einige für wahrscheinlich halten, hier eine Stadt gelegen haben sollte ist deshalb zu bezweifeln, weil theils der Raum zu beschränkt ist, theils auch nur sehr wenige Ueberbleibsel von Mauerwerken gefunden werden, die etwa von den Wacht= und Blockhäusern, oder von den späterhin unter dem Herzoge Christian August angelegten Fasaneriegebäuden herstammen. Der ganze Umfang dieses Walles der Veste Oldenburg beträgt 2200 Ellen und die Höhe desselben an einigen Stellen 48, an einigen 36 und an andern 20 Fuß; die Grundfläche im Durchschnitt 100 Fuß. Bei dieser Veste beginnt der eigentliche Danewerker Wall, und seine erste Abtheilung erstreckt sich bis an den nun fast gänzlich ausgetrockneten Theil des Bustorfer=Sees. Anfangs hat der Wall nur eine Höhe von 10 Fuß, und scheint, da er auf moorigtem Grunde steht, in einer Länge von etwa 250 Ellen gesunken zu sein; von dieser Stelle an erhebt er sich bedeutend zu einer Höhe von 36 Fuß, bis fast an die Rendsburger Chaussee, wo er wiederum nur eine Höhe von 16 Fuß hat. In der Krone des 36 Fuß hohen Walles ist ein Einschnitt in der Form einer Brustwehr bemerkenswerth, der gegen 200 Ellen lang und vermuthlich während der Anwesenheit der Kaiserlichen Kriegsvölker angelegt ist. In dem letzten Kriege wurde der Wall hier als ein bedeutender Paß verstärkt. — Von der Chaussee führt der Wall den Namen Riesendamm oder Resendamm, den er auch auf der andern Seite des Sees in einer Länge von 1200 Ellen beibehält. Ein 400 Ellen langer durch den ausgetrockneten Theil des Bustorfer=Sees gehender Damm, der Moordamm genannt, von welchem doch nur wenige Spuren mehr vorhanden sind, trennte die beiden Theile des Riesendammes. Er ist vermuthlich erst damals angelegt, als dieser See fast ausgetrocknet war und ein Theil desselben zu Wiesen benutzt ward. — Anfangs hatte der Riesendamm an der Südseite einen bedeutenden Graben, der aber nach und nach von den Landleuten ausgefüllt ist; auch der Wall ist jetzt mit hohen Zäunen eingefaßt und vielem Buschwerk bewachsen; der an der Westseite des Bustorfer=Sees befindliche Theil des Riesendammes ist über einen Berg geführt und hat dadurch eine ansehnliche Höhe und einen bedeutenden Graben erhalten. — Derjenige Theil des Walles, der in der Nähe des Dorfes Danewerk liegt, und eine Länge von 950 Ellen hat, wird der Doppelwall genannt, und ist an der Südseite zur Verstärkung mit einem kleinern Walle und einem Graben versehen. Die Königin Thyra Danebod soll ihn der Sage nach im Jahre 937 haben anlegen, durch Pallisaden befestigen und an der Westseite eine Burg oder Warte aufführen lassen, welche nach ihr die Thyraburg genannt wurde. Der Platz, den sie einnahm, war nur klein und an der Nordseite durch zwei in einen stumpfen Winkel zusammenlaufende Wälle geschlossen; Spuren von Mauerwerk findet man gar nicht und diese Burg ist wahrscheinlich nur von Holz gewesen. — Von diesem Doppelwalle an den nördlich belegenen Wall der Thyraburg stoßend, lief nach Nordosten ein mit einem ziemlich breiten Graben versehener anderer nicht hoher Wall, von dem jetzt nur noch unbedeutende Spuren vorhanden sind zwischen dem Danewerker=See und einem Teiche nach der Pulvermühle hin; vielleicht ist dieser Wall angelegt, um einen möglichen Rückzug zu decken, wenn die Thyraburg und ein Theil des Riesendammes vom Feinde eingenommen wäre. — Fast in gerader Linie mit dem Doppelwalle, an der entgegengesetzten Seite des Danewerker=Sees, liegt ein hoher, jetzt mit Bäumen bewachsener Hügel, von Wällen und Gräben umgeben, der von der Königin Thyra zur stärkern Vertheidigung, besonders des Sees, befestigt ist; der innere Raum dieser Befestigung beträgt fast 80 Ellen im Durchmesser und die eine Seite nach dem Danewerker=See hin, welche auf dem Ende des daran stoßenden Hauptwalles, der Burgwall genannt, steht, beträgt 74 Ellen. Der Burgwall, der wo er an diesen Hügel gränzt stark mit Busch bewachsen ist, zieht sich in zwei Biegungen unmittelbar um eine Bucht des Sees, und läuft dann gerade auf Rothenkrug zu, wo das Thor Oster=Kahlegatt gewesen sein soll und wo jetzt die Landstraße von Flensburg nach Rendsburg den Wall durchschneidet. — Hier befand sich vormals eine Befestigung, deren Spuren noch sichtbar sind, auf welcher nach alter Sage ein Thurm gestanden haben soll, dessen Grundlage aus über einander gelegten angebrannten Bohlen bestanden hat; diese Befestigung ist gewiß vormals ein sehr wichtiges Werk gewesen und soll auch im Jahre 1658 von Kaiserlichen Kriegsvölkern zu einer Sternschanze eingerichtet und mit Kanonen besetzt gewesen sein. — Der Burgwall, einer der Theile des Danewerks, die sich am besten erhalten haben, gewährt einen schönen Anblick; seine Höhe beträgt fast durchgängig 35 Fuß und an der südöstlichen Seite läuft ein Graben, vor dem wieder ein niedriger Wall aufgeworfen ist, um auf solche Weise einem andringenden Feinde eine doppelte Vertheidigungslinie entgegen zu stellen. — Beim Oster=Kahlegatt war der Anfang der Waldemarsmauer, eines Vertheidigungswerkes, zu welchem der König Waldemar I. eine darauf gewesene Mauer hinzugefügt haben soll, die er angeblich in der Zeit von 1170 bis 1180 auf Anrathen des Bischofs Absalon in einer Länge von 1146 Ruthen von gebrannten Steinen aufführen ließ. Diese Mauer, von welcher Saxo sagt, daß sie zur Verlängerung ihrer Dauer und zur stärkern Vertheidigung auf diese Weise erbauet sei, hatte eine Höhe von 20 Fuß und eine Breite von 7 Fuß, aber nun sind fast alle diese Steine von den anwohnenden Bauern verbraucht worden. Noch jetzt sind die Spuren dieses Walles bemerkenswerth; beim Anfange des Hauptwalles und seines Grabens befindet sich ein Vorwall, der an dieser Stelle keinen Graben hat, aber vor Kurburg mit einem solchen versehen ist; über diesen Vorwall führen neun, 10—12 Ellen breite Uebergänge, die im Anfange 1000 Ellen, weiterhin aber nur 150 Ellen aus einander liegen; man kann mit Sicherheit annehmen, daß hier vormals um die Vertheidigung zu vermehren, Thürme oder Castelle gestanden haben, und daher sind die diesen Wall betreffenden Isländischen Sagen nicht unbegründet, da der Wall in ihnen fast nach seiner jetzigen Beschaffenheit beschrieben ist und der Plan des Olaf Trygvason, den Wall zu verbrennen, konnte sehr wohl in Ausführung gebracht werden; auch findet man noch auf und in dem Walle viele verbrannte Kohlen, welche, da sie sich bekanntlich sehr lange erhalten, wohl aus jener Zeit herstammen könnten. — Da wo der Weg durch diesen Wall von Schleswig nach Hollingstedt führt, lag das Thor Wester=Kahlegatt und dieser Hauptdurchgang soll stark befestigt gewesen sein. Hinter Kurburg läuft ein Wall nach Westen, welcher der Krummwall genannt wird, der dem jetzigen Anscheine nach, bedeutend geringer war als die übrigen Werke und auch mit keinem Graben versehen ist; dieser zieht sich bis Hollingstedt, wo er höher war und mit einer geschlossenen Befestigung endigte. Die Reste desselben im Hollingstedter Felde heißen Slott, Werk, Lütjenburg, Borggaarden, Treeneburg und Schmalenburg. Die Anlegung dieses Walles muß viele Schwierigkeiten gehabt haben, da er einen Sumpf durchschneidet, in welchem man einige ganz versunkene Stellen sieht.

Der **Kograben** (Kowerki, Couwirchi), der in der Entfernung einer kleinen halben Meile südlich von Schleswig belegen ist, erstreckt sich südlich vom Danewerk vom Selker-Noor an in einer 1½ M. langen geraden Linie fast bis an's Danewerk nach der ehemaligen Schäferei Kurburg hin. Von da an westlich verliert man seine Spur und man sieht nur das Danewerk, bis er auf den Hollingstedter Ländereien Binnengrüft, ein Heßlo südlich vom Hauptwall des Danewerk unter dem Namen „Kograben" als ein 2 bis 3 Fuß hoher Doppelwall wieder erscheint. Einige Geschichtschreiber legen diesem Werke einen geringen Werth bei, aber sie irren darin, und obgleich dasselbe in dem Laufe der Zeit bedeutend verringert ist, so besteht doch jetzt noch ein 16 bis 20 Fuß hoher Wall von Kurburg bis fast an die Rendsburger Chaussee hin, und der Graben, welcher an der südlichen Seite hinläuft, ist noch jetzt, obgleich mit Haidekraut angefüllt, an einigen Stellen 10 bis 12 Fuß tief. Vor dem Graben befindet sich eine Erhöhung, wie eine Art Glacis, vielleicht um das Andringen der Feinde zu erschweren. An einzelnen Stellen sind schmale 4 bis 5 Fuß breite Uebergänge vermuthlich für die Reiterei angelegt, die durch eine Barricade von Rasen oder Flechtwerk leicht verschlossen werden konnten. — Die Zeit, in welcher diese Befestigung angelegt ist, wird wohl nicht auszumitteln sein, sie ist aber ohne allen Zweifel älter als das Danewerk, und es ist nach den Annalib. Esrom. bei Langebek I. p. 223 wahrscheinlich, daß sie schon in der Mitte des 8. Jahrhunderts vorhanden gewesen ist; vielleicht hat sie damals die Gränze zwischen Dänemark und Deutschland bezeichnet, wie sie jetzt die Kropp- und Arensharde von einander scheidet. — Nördlich von diesem Kograben, nach der Seite von Wedelspang und nicht weit von dem Selker-Noor, befindet sich ein ziemlich bedeutender Hügel, auf welchem in sehr frühen Zeiten ein Wachtthurm gestanden haben soll; in dem Umkreise desselben sind viele Grabhügel, deren einer, südlich belegener, sich durch seine Größe auszeichnet; der Hügel führt den Namen **Könn-Siehöe** (König Sigurds Hügel) und unter demselben soll der König Sigurd begraben sein, welcher hier im Anfange des 9. Jahrhunderts erschlagen ward. Nördlich von diesem Grabhügel liegen zwei kleinere und zwischen ihnen ward ein Runenstein gefunden, der in Louisenlund (s. Louisenlund) aufgestellt ist.

Dannenhörst, einige Kathen im Gute Ludwigsburg, Eckernförderh., Ksp. und Schuldistrict Waabs.

Darigbüll (Darrigbüll), ein im Jahre 1544 eingedeichter Koog, ½ M. südlich von Husum, im A. Husum, Süderh., Ksp. Mildstedt; südlich im Kooge liegt eine kleine Landstelle, Boßkuhle genannt. — Durch diesen Koog wird die in Angriff genommene Eisenbahn von Tönning nach Husum und Flensburg gehen.

Deckedämmung, 2 Lindauer Parcelen nördlich von Affegünt, A. Gottorf, Schlesh., Ksp. und Schuldistr. Boren.

Deetzbüll (vorm. Dedesbüll), Kirchdorf im s. g. Riesummoore, 2½ M. südlich von Tondern, A. Tondern, Bökingh., Pr. Tondern. Dieses Dorf, welches in einer niedrigen Ebene liegt und dessen Ländereien vormals von der Westsee bespült wurden, wird in Süder- und Norder-

Deljerkoog.

Deetzbüll eingetheilt, und enthält mit der Prediger= und Küsterwohnung 114 Häuser (8¼ Pfl.); 3 Häuser heißen: Legde, Moosingehörn und Burg; 2 Häuser Deetzbüllhörn; 7 Häuser Moorhäuser und einzelne südwestlich belegene Heidenschaft. — Districtsschule. — Wirthshaus, Armenhaus, 4 Schmiede und mehrere Handwerker. — Die Kirche ist mit Blei gedeckt und hat einen stumpfen Thurm. Im Jahre 1751 ward die Kirche erweitert. — Zur Wahl des Predigers präsentiren der Amtmann und der Probst und die Gemeinde wählt. — **Eingepfarrt:** Deetzbüll und die oben genannten Ortschaften und Häuser, Feddershafen, 3 Häuser im Böking= harder=Gotteskooge. Außerdem pflegt sich ein großer Theil der Eingesessenen der beiden Christian=Albrechts=Kooge, des Kleiseer=Koogs und des Marien=Koogs zur Kirche in Deetzbüll zu halten, ohne mit dem Kirchspiele in Verbindung zu stehen. — Vz. des Ksp.: 1138. — Im Jahre 1450 schenkte der Herzog Adolph an Ebbi Bonß die Hallig im Ksp. Deetzbüll. — 1629 ward bei Deetzbüll von den Kaiserlichen eine Schanze angelegt, die der General Morgan einnahm.

Deljerkoog (Drager=Deljerkoog). Dieser unbewohnte Koog, welcher im Jahre 1516 eingedeicht sein soll, liegt 1 Meile südöstlich von Friedrichstadt (Ksp. Süderstapel) an der Eider in der Landschaft Stapelholm und enthält ein Areal von 309 Dem. 3 Sch. — Der Koog hat seine eigene Koogsrechnung, welche von der Drager Bauervogtei geführt wird.

Desmercierskoog, ein octroyirter Koog, ½ M. südlich von Bredstedt, im A. Bredstedt, Ksp. Bredstedt. Im Jahre 1767 ward dieser Koog, der schon unterm 29. Oct. 1708 eine Octroy erhalten hatte und zum Desmercieres'schen Fideicommiß, dessen Inhaber der Fürst Heinrich LXIV. zu Reuß=Schleiz=Köstritz ist, eingedeicht und nach 2 Jahren vollendet; derselbe hat 5 Hauptparticipanten und in demselben sind 5 Hufen und einige kleine Stellen. — Areal: 645 Dem. 108 R. (539 Steuert., 129,360 Rbthlr. Steuerw.) Die Bewohner halten sich seit 1784 zur Kirche in Bredstedt. — Der Boden ist sehr gut. — In diesem Kooge gilt das Eiderstedtische Landrecht. — Der vor diesem Kooge belegene neue Reußenhafen ward im Jahre 1841 angelegt; der Canal welcher diesen Hafen bildet, vereinigt sich mit der Arlaue, hat eine Breite von etwa 50 Fuß und bei gewöhnlicher Fluth eine Tiefe von 9 bis 10 Fuß. Hier ist eine Lösch= und Ladestelle. — Vz.: s. Sophien=Magdalenenkoog.

Deyröe, eine kleine unbewohnte Insel nordöstlich von der Stadt Aeroeskjöbing (s. Aeroeskjöbing).

Diedersbüll, 8 Häuser 2¼ M. südwestlich von Tondern, A. Tondern, Wiedingh., Ksp. Horsbüll. — Schule. — Der Boden ist im Ganzen nur von mittelmäßiger Art.

Dickhusen, ein Hof nordöstlich von Tönning belegen, im Ostertheile der Landschaft Eiderstedt, Ksp. und Schuldistr. Tönning.

Dick=Poppenbüll, 1 Hof und 2 Landst. im Westertheile der Landschaft Eiderstedt, Ksp. und Schuldistr. Poppenbüll; zum Hof gehört eine im Iversbüller=Koog belegene Kalkbrennerei. — Windmühle, Diek=Poppenbüller=Mühle genannt.

Djernäs (Djernis), Dorf 1¼ M. südlich von Hadersleben, A. Hadersleben, Osterth., Gramh., Ksp. Hoptrup. Dieses Dorf, welches ursprünglich aus Djernäs=Sönderballe und Djernäs=Nörreballe besteht, enthält 12 Hufen von verschiedener Größe, 15 Landbohlen und 7 Instenst.

1 Halbh. heißt Overgaard, 1 Landbohle an der Landstraße nach Hadersleben Nyedam, 2 Instenst. Djernäs-Sluse, 1 Instenst. Dundelund. — Districtssch. — Schmiede und einige Handwerker. — Areal: 715 Ton. 1 Sch. à 320 □. R. — Der Boden ist hügeligt aber gut. — Ueber ein Schullegat, s. Kirkebye.

Dingholz, 13 zerstreut liegende Kathen, 2½ M. südöstlich von Flensburg, Ksple. Sörup, Sterup und Quern. — Von diesen Kathen gehören 10 (41 Steuert.) zum A. Flensburg, Nieharde, 2 (10 Steuert.) zum Gute Schwensbye, Nieh., und 1 (1 Steuert.) zum Gute Nübel, Munkbraruph. — Einzelne Kathen heißen Quegmai und Norschau. — Schuldistr. Sörup. — Der Boden ist von verschiedener Art, aber im ganzen fruchtbar.

Dingsbüllerkoog, ein im J. 1400 eingedeichter Koog ½ M. nördlich von Friedrichstadt, im Ostereth. der Landschaft Eiderstedt, Ksple. Koldenbüttel und Witzworth. — In demselben liegen einige Höfe und Häuser und eine Mühle. — Zum Ksp. Witzworth gehören 1 Hof und 1 Haus. Auf dem zwischen Dingsbüll und Niesbüll belegenen Deiche liegen 3 Häuser. — Areal: 323 Dem., (zum Ksp. Witzworth 299 Dem.).

Dingwatt, 2 Kathen im Amte Gottorf, Struxdorfh., Ksp. und Schuldistr. Thumbye. — Areal: 3 Steuert.

Dörpstedt, Dorf 2 M. südwestlich von Schleswig, Amt Gottorf, Kropph., Ksp. Hollingstedt; 2 Dreivierteh., 10 Dreiachtelh., 8 Dreisechszehntelh., 1 Kathe, 7 Instenst. (mit Clove 8 $\frac{7}{16}$ Pfl.) — Districtssch. — Schmiede. — Areal mit Clove: 673 Steuert. — Das Ackerland ist zum Theil gut, größtentheils aber auch moorigt. — Die Bienenzucht wird hier von mehreren Eingesessenen mit Erfolg betrieben. — Zwischen dem Westermoore und den Wiesen ist ein 24 Fuß breiter Graben vorhanden, welcher sich gegen Norden durch die Hollingstedter Feldmark bis nach Holm, und gegen Süden nach dem Börmerkooge hinzieht; dieser Graben soll das Wasser der Treene abgeleitet haben und vormals mit Böten befahren sein. — Auf dem Moore bei Dörpstedt wurden 1788 einige römische Silbermünzen gefunden. — Vz.: 369.

Dörpt, (Dörphof, vorm. Tyorp), adel. Gut in der Eckernförderh., 1 M. südöstlich von Cappeln, Ksp. Schwansen. Dieses ehemalige Dorf gehörte vormals zu den bischöflichen Gütern, und hatte im J. 1463 6 Hufen. Claus v. Ahlefeld zu Maasleben verkaufte 1470 dem Capitel 11 ℔ Einkünfte für 500 ℔ in seinen Gütern Maasleben und Dörpt, 3 Lansten in Schubye und 2 in Carlberg. — Besitzer: 1616 Menßten, 1620 Pogwisch, 1651 Wohnsfleth, 1657 v. d. Wisch, 1675 Schack, 1723 v. Reventlow, 1771 v. Ahlefeld, worauf es späterhin in den Besitz des adelichen Convents zu Preetz kam. — Dörpt, welches für 8 Pfl. contribuirt, hat keinen Haupthof, sondern statt dessen 5 große Parcelen Dörpthof genannt. Zum Gute gehören der ehemalige parcelirte Meierhof Schwonenthal, das Dorf Carlberg und einige Landstellen bei Dörptholz. — Zahl der Einwohner 356. — Areal: 1008 Ton. zu 260 □. R., worunter etwa 40 Ton. Hölzung. (140,280 Rbthlr. Steuerw.) — Contrib.: 358 Rbthlr. 38 bβ; Landst. 290 Rbthlr. 64 bβ.

Döstrup, Kirchdorf im Stiftsamte Ripen, Löeharde, 1½ M. nordwestlich von Lygumkloster, Löe-Hardesprobstei. 2 Halbh. (1 Pfl.) — dieses Dorfes gehören zum Amte Lygumkloster, Vogtei Skjärbäk. — Vz. des Kirchsp. zum Herzogth. Schleswig: 114.

Dollerup.

Dollerup (vorm. Doldorp), Dorf 2 M. östlich von Flensburg, an einer kleinen Aue, A. Flensburg, Ksp. Grundtoft. — Dieses große Dorf bestand mit Süderballig, Norderballig (s. Norderballig), Norderfeld und Dollerupholz, die davon herstammen und nicht genau abgegränzt sind, ursprünglich aus 24 Kirchenbohlen. Zur Husbyeharde gehören: 5 Vollh., 1 Fünfsechstelh., 7 Halbh., 1 Drittelh., 2 Viertelh., 3 Kathen nebst Rabenholz (1 Hufe) und Burott (1 Hufe). 17 Stellen gehören zum Gute Rübel, Munkbraruph., worunter 1 Kathe Geschlossenheck heißt; 3 zum Gute Schwensbye, Nieh., 3 zum Gute Uenewatt, Munkbraruph., 1 zum ehemal. Gute Lindewith, jetzt Husbyh., 1 zum Gute Freienwillen, Husbych., und 1 zum Gute Lundsgaard, Husbyh. — Districtssch. — Der südliche Theil des Dorfes Süderballig gehört zum Grundtofter Schuldistr. — Wirthshaus. Schmiede und einige Handwerker. — Das Schlesw. Domcapitel besaß hier schon sehr frühe 1 ₰ Goldes und 1 ₰ Silbers; die Königin Margaretha schenkte der Domkirche 1406 zwei Stellen in diesem Dorfe, daher die beiden hiesigen jetzt dem Amte Flensburg incorporirten Domkirchenlansten entstanden sind. — Areal: 1314 Steuert., worunter zum Amte Flensburg 750 Steuert., zum Gute Rübel 466 Steuert. — Der Boden ist von ziemlicher Güte. — Auf der Dolleruper Feldmark hat das Querner Pastorat von Alters her 2 ₰ Goldes besessen, die späterhin veräußert sind. — Nach alten Domcapitelsregistern wurden hier in den bedeutenden Hölzungen Wolfsjagden gehalten und die Einwohner waren verpflichtet die Jäger mit ihren Pferden zu unterhalten; seit diese Jagden aufhörten mußten sie an das Königl. Amt 2 Hbtsch. Hafer und 12 β Jägergeld entrichten.

Dollerupholz, eine Menge zerstreut liegende Stellen, ursprünglich Holzkathen von Dollerup, 2½ M. östlich von Flensburg am Flensburger Meerbusen, Ksp. Grundtoft. — Dollerupholz liegt mit Uenewattholz völlig vermischt, und von beiden Ortschaften gehören zum Amte Flensburg Husbyeh. 2 Sechstelh. und 29 Kathen; zum Gute Lundsgaard, Husbyeh., 1 Halbh. und 1 Kathe; zum Gute Uenewatt, Munkbraruph., 4 Kathen und 2 Parcelenst.; zum Gute Freienwillen, Husbych., 1 Kathe; zum Gute Schwensbye, Nieh., mehrere Stellen und zum Gute Rübel, Munkbraruph., einige Parcelenstellen und das Wirthshaus Kiekut. — Eine mit einer Ziegelei verbundene Kathe, zum Gute Uenewatt gehörig, heißt Seeklüft (50½ Hbtsch.); die zum Gute Freienwillen gehörige Kathe Hörreberg. — Districtssch. — Mehrere Einwohner beschäftigen sich mit der Fischerei. — Areal: 350 Steuert., worunter zum Amte Flensburg 155 Steuert. — Der Boden ist nur von mittelmäßiger Art.

Dollrott, (Wald. Erdb.: Dolruth), adel. Gut in der Cappelerh.; der Haupthof liegt 1 M. südwestlich von Cappeln, Ksp. Rabenkirchen. — Dollrott gehörte in der ältesten Zeit (1231) zu den Königl. Domainen, nachher zum Gute Gelting und war mit diesem Gute seit 1494 im Besitze der v. Ahlefeld; damals war Dollrott ein Dorf von nur 3 Bauernstellen; später kam es mit andern Geltinger Streugütern an Satrupholm, welches auch die Geltinger v. Ahlefelde besaßen und wurde als ein Meierhof von Satrupholm angesehen. 1629 kam das Gut an den Herzog Friedrich und blieb bis an das Ende des 17. Jahrh. Fürstlich. 1698 Baron v. Königstein, 1730 v. Viereck, 1758 v. Wedderkop, 1802 v. Rumohr, 1832 J. F. Hansen. — Das ganze Gut hat ein Areal von 1401 Hbtsch. 4 Sch. 15 R. à 144 ☐ R. Von diesen Ländereien wurden aber 1789, 40 Parcelen abgelegt, nämlich:

Gammelbyefeld 12 Parcelen, Schweinskoppel 3, Birrisfeld 1, Hügum 1, Süderfeld 3, Niefeld 1, Töften 10, Niekoppel 1, Großholz 3, Holländerkoppel 1, Krögum 2, Großfeld 1, Blackesdamm 1. Eine Stelle heißt Beetstedt, zus. 915 Hdtsch. 3 Sch. 4 R. Der Stammhof hat ein Areal von 486 Hdtsch. 1 Sch. 1 R., worunter an Wiesen 171 Hdtsch. 1 Sch. 5 R. und an Hölzung 69 Hdtsch. 8 R. — Zum Gute gehören außer einer Wasser= und einer Windmühle (bei Rabenkirchen), 9 Vollh., 2 Halbh., 29 Kathen und 14 Parcelenstellen in Dollrottfeld (s. Dollrottfeld), Rabenkirchen, Rabenkirchenholz, Blackersdiek, Boddelhoch (Wirthshaus), Roy, Süder= und Norder=Brarup, Guderott, Uhlekuhl, Ekenis, Scheggerott, Brarupholz, Gangerschild und Flarupholz. 18 Kathen heißen Dollrottholz (s. Dollrottholz); 5 Instenkathen nahe beim Hofe belegen heißen Dollrottwatt; zusammen 1195 Steuert., 170,300 Rbthlr. Steuerw. (10 Pfl.) — Zum Stammhofe gehören 234 Steuert., (37,440 Rbthlr. Steuerw.) — Der niedrig belegene Boden des Stammhofes ist ziemlich schwer und sehr fruchtbar. — Das ansehnliche Wohngebäude ist zweistöckig und hat gewölbte Keller. — Zahl der Einw.: 800. — Auf der Feldmark ist ein mit Steinen umsetzter Grabhügel. — Contribution 448 Rbthlr., Landst. 353 Rbthlr. 70 b/ß, Hausst. 32 Rbthlr. 54 b/ß.

Dollrottfeld, 14 Parcelenstellen östlich von Süder=Brarup, im adel. Gute Dollrott, Cappelerh., Ksp. Süder=Brarup; 5 liegen auf den Feldern des ehemaligen Dorfes Pleystrup (Plegestorp), von welchem 1196 6 Ottinge dem St. Michaeliskloster in Schleswig zuständig waren. Die 5 Hufen dieses Dorfes gehörten 1494 zum Gute Gelting und wurden darauf zu den Hoffeldern des Gutes Dollrott gelegt, aber 1789 davon verkauft. — Die Parcelisten contribuiren für 5 Kirchenpfl. nach Süder=Brarup. Eine Parcelenst. heißt Niehof. — Schuldistr. Süder=Brarup und Rabenkirchen. — Schmiede, Ziegelei. — Von einem Hügel, Hygum genannt, übersieht man eine große Strecke Angelns und zählt 8 Kirchen und 6 Windmühlen.

Dollrottholz, 18 Kathen 2½ M. nordöstlich von Schleswig, im Gute Dollrott, Cappelerh., Ksp. und Schuldistr. Süder=Brarup. 2 Kathen nördlich jenseits der Orbek heißen Justrup. — 2 Wirthshäuser. — Areal: 54 Steuert. — Der Boden ist sehr gut.

Domstag (Dohmstag), eine Parcelenstelle im Gute Düttebüll, südlich vom Hofe belegen, Cappelerh., Ksp. Gelting, Schuldistrict Kronsgaard. — Areal: 111⅔ Hdtsch. ($\frac{3}{14}$ Pfl.) — Zu dieser Parcele gehört etwas Hölzung an der Oeher Scheide.

Dornbusch, 2 kleine Kathenstellen zwischen Wennemoos und Nordhaus im Amte Tondern, Tonderh., Ksp. Abild.

Dornebüll, ein ehemaliges unbedeutendes Kirchspiel zwischen Bösbüttel (Norder=Dithmarschen) und Schwabstedt bis an Koldenbüttel reichend, welches wahrscheinlich durch eine Wasserfluth im Anfange des 15. Jahrh. vergangen ist. Die Bewohner zogen nach Seeth und Drage und wurden zur Süderstapeler Kirche eingepfarrt. — Dornebüll hatte salzreiche Aecker, die zum Theil zum Domcapitel in Schleswig gehörten.

Dorotheenthal, (Dortjenthal), Meierhof im Gute Damp, Eckernförderh., Ksp. Schwansen; hat ein Areal von 344 Ton. 200 R. à 260 □. R. — Der Hof ist 1852 für 72,000 ℳ vom Gute verkauft. — Einzelne Koppeln heißen: Höfberg, Mühlenholz und Swelt.

Dorpum (Dörpum), Dorf an einem kleinen Bache ⅛ M. nord= westlich von Bredstedt, an der Landstraße nach Tondern, A. Bredstedt, Ksp. Bordelum. Von diesem Dorfe gehören zur Landschaft Bredstedt 2 größere und 21 kleinere Landstellen (3¾ Pfl.), und zum Gute Mirebüll 11 Landstellen (1¼ Pfl.). Eine südlich ausgebaute Landstelle und Wirthshaus heißt Glücksberg; eine gegen Südost ausgebaute Gringenfeld (auch Telt oder Dorpumer Kark genannt). — Districtsschule. — 2 Wirthshäuser, 2 Armenhäuser, Schmiede und einige Handwerker. — Areal zur Land= schaft: 321 Ton. (296 Steuert.); zum Gute: 166 Steuert. — Der Boden ist sandigt aber auch an mehreren Stellen lehmigt und fruchtbar. — Viele Einwohner haben Land in den Bredstedter=, Bordelumer= und Lan= genhorner=Koogen.

Dothmark, Meierhof im G. Röest nahe südl. von Cappeln, Cappelerh., Ksp. Cappeln. Mit dem Gute Röest ward dieser Hof 1498 von S. Splyt an Schacke Rumohr verkauft und ist seitdem dabei geblieben; er hat ein Areal von 262 Ton. 6 Sch. 12 R. à 240 O. R., worunter an Acker 220 Ton. 6 Sch. 12 R. und an Wiesen 42 Ton. — Der größte Theil des Bodens ist sehr guter Lehm, ein kleinerer Theil moorigter Art. Zum Hofe gehört 1 Kathe. — Das Wohnhaus ist einstöckig und von Bind= werk. — Auf einer Koppel, Gammel=Dothmark genannt, soll in den ältesten Zeiten ein Dorf gleiches Namens (Gammel-Dothmark) gestanden haben.

Dover (Douer), Dorf 4¼ M. nordwestlich von Hadersleben, Ksp. Lintrup. Von diesem Dorfe gehören 5 Vollh., 6 Halbh., 4 Kathen und 3 Instenst. zum A. Hadersleben, Westerth., Kalslundh. und eine Vollh. zum A. Ripen. — Mehrere Stellen sind ausgebaut, worunter das bedeutende Wirthshaus Rissumgaard, mit Brau=, Brennerei= und Hökerei=Gerechtigkeit; ein Hof heißt Skovgaard. Außer diesen wird noch zum Dorfe Aarlund, welches westlich liegt und aus 1 Halbh., 1 Viertelh., 2 Achtelh., 1 Kathe und 1 Instenst. besteht, gerechnet. — Schule. — Schmiede. — Areal mit Aarlund: 575 Steuert. — Der Boden ist hügeligt, und von ziemlich guter Art. — In der Nähe des Dorfes ist eine Anhöhe, von der man eine sehr schöne Aussicht hat und 20 Kirchen zählen kann. — Dover soll der Sage nach vormals eine Kirche gehabt haben, welche von Feinden zerstört sein soll.

Drage, Dorf ¾ M. südöstlich von Friedrichstadt, an die Marsch gränzend, in der Landschaft Stapelholm, Ksp. Süderstapel. Dieses Dorf, welches erst als das Kirchspiel St. Johannis vergangen war, erbauet ist, enthält 89 Vollstaven, 10 Halbst., 16 Kathen, 5 Freistellen (zus. 48 Pfl.) und 3 in der Marsch nach Friedrichstadt hin belegene Marschhöfe. — Districtsschule — 2 Wirthshäuser, 2 Schmiede und Handwerker fast aller Art. — Es war vormals das wohlhabendste Dorf der Landschaft, aber viele starke Deichbrüche im vorigen Jahrhundert, besonders 1756, haben es in Dürftigkeit versetzt, so daß die besten Marschländereien in den Besitz Auswärtiger gelangt sind. — Areal: 1587 Steuert. — Die Feldmark besteht aus dem Geestlande und 5 Koogen: dem Süderfelder=, Deljer=, Oldenfelder= und Olden=Kooge an der Eider und dem Schlick= kooge. Der volle Staven hat an Stavenland in den Koogen 1 Dem. 4 Sch. Marschland, etwa 2 Dem. Wiesenland, 2 Sch. Marschland am Schlickdeich und an Außendeichsgrasung für 2 Pferde. — In Drage befin= den sich 2 Gilden: eine Mobilien=Brandgilde (Himmelfahrtsgilde), die im Jahre 1605, und eine Papagoien= oder Schützengilde, die 1655 gestiftet ist. Eine dritte später errichtete Scheibenschießengilde ist in eine Todten-gilde verändert. — In der Nähe des Dorfes befindet sich ein Grabhügel Braßberg genannt. — Im Jahre 1713 wurden in der Nähe dieses Dorfes einige Verschanzungen gegen die Schweden aufgeworfen. — Vz.: 609.

Drandersum, einzelne Höfe und Landstellen im Osterth. der Landsch. Eiderstedt, nordwestlich von Friedrichstadt, Ksp. und Schuldistr. Koldenbüttel. Areal: 292 Dem. — Drandersum soll schon im Jahre 1210 eingedeicht sein.

Dravendal, eine Landstelle, zugleich Wirthshaus, bei Breklum im A. Bredstedt, Ksp. und Schuldistr. Breklum.

Dravit, eine Holzvogtswohnung ¾ M. südlich von Lygumkloster, an der Draviter Hölzung, die schon 1263 erwähnt wird; A. und Ksp. Lygumkloster. Im Jahre 1280 schenkte Martha Litlä 1 Otting in Dravit an das Lygumer Kloster.

Drecht, einige Fischerhäuser, welche längs dem sandigten Vorufer des Guts Oehe an der Ostsee zum Theil bis nach Kronsgaard hin liegen, Cappelerh., Ksp. Gelting. Zwei Häuser gehören zum Gute Düttebüll.

Dreikronen, 3 kleine Parcelen im Gute Seekamp, zwischen Pries und Holtenau, Eckernförderh., Ksp. Dänischenhagen.

Dreilandenkoog, Koog im Westerth. der Landsch. Eiderstedt, ½ M. südwestlich von Garding, Ksple. Garding und Tating. — Dieser Koog, der seinen Namen von den Dreilanden Eiderstedt, Everschop und Uthholm erhalten hat, weil er ungefähr der Verbindungspunkt zwischen diesen vormaligen drei Inseln geworden ist, ward 1612 eingedeicht und hatte ursprünglich ein Areal von 878 Dem. 5 Sch. — Mehrere einander schnell folgende heftige Ueberschwemmungen zerstörten die Deiche gänzlich. Im Jahre 1627 wurden nur 317 Dem. 2 Sch. davon wieder eingedeicht, von welchen der Herzog 21 Dem. an H. Pincier verschenkte; die übrigen 561 Dem. 3 Sch. waren noch im Jahre 1631 von Wasser bedeckt, wurden den Interessenten in einer billigen Schätzung abgekauft und den Kirchspielen Welt und Vollerwiek als Außendeichsland verliehen. Jetzt berechnet man die Größe des Kooges, worin nur 2 Höfe und 1 Haus (Zelthaus, Schuldistr. Süderdeich) liegen, zu 330 Dem.; 50 Demat haben den Namen St. Michaelis Kirchenland und sind frei vom Landschatze. — Der Boden gehört zu der hohen Marsch; ist aber sandschichtig und zur immerwährenden Grasung nicht geeignet.

Drelsdorf (vorm. Trelstorp), ansehnliches Kirchdorf ¾ M. süd-östlich von Bredstedt, an der Landstraße von Husum nach Tondern, Landsch. Bredstedt, Pr. Husum. — Die Hufen dieses Dorfes sind nach und nach sehr zerstückelt und es enthält jetzt 26 größere und 52 kleinere Landstellen (90 H.), von denen 5 Landstellen (5 Halbbohlen) zum Gute Mirebüll gehören; 6 kleine Stellen sind ausgebauet und heißen Norderfeld, ein Wirthshaus, südwestlich an der Landstraße von Husum nach Bredstedt, heißt Morgenstern und eine westlich belegene Eigenthums-Windmühle Petersburg; außerdem ist im Dorfe selbst eine Erbpachts-Windmühle. — Districtssch. — 2 Wirthshäuser, Armen- und Arbeitshaus, 2 Schmiede, und mehrere Handwerker. — Die Kirche liegt neben dem Dorfe auf einer beträchtlichen Anhöhe; sie ist von Feldsteinen und soll von dem Schleswigschen Bischofe Helimbertus erbauet sein. Der 120 Fuß hohe Thurm ist sehr groß aber etwas baufällig. — Der Sage nach gehörte Drelsdorf in alten Zeiten nach Breklum zur Kirche. — Der Prediger wird von dem Amtmanne und dem Pröbsten präsentirt und von der Gemeinde gewählt. — Eingepfarrt:

Drenderup.

Groß- und Klein-Ahrenshövd, Bohmstedt, Drachheide, Drelsdorf, Fresenhof, Hohenhörn, Jägerkrug, Morgenstern, Norderfeld, Petersburg, Steinberg. — Areal: 822 Steuert., von welchen 740 Steuert. zur Landschaft gehören. — Der Boden ist von ziemlicher Güte. — Vz. des Dorfs: 468; des Ksp.: 1174.

Drenderup, ein im Jahre 1793 parcelirter Edelhof an einer kleinen Aue, 2½ M. nordwestlich von Hadersleben, A. Hadersleben, Osterth., Gramh., Ksp. Oeddis. — Vormals besaß dieses Gut die Familie Lindenov, welche zugleich Besitzer von Fobislet war (s. Fobislet), bis Hans Johannsen Lindenov dasselbe 1585 an den König Friedrich II. vertauschte. Die Ländereien wurden anfänglich in 17 Parcelen getheilt; jetzt sind hier 14 Parcelen- und Instenst. (1½ Pfl.), von welchen letzten eine Borgvad heißt. Der Stammhof enthält 277 Ton. 1½ Sch. à 320 ☐. R. — Schuldistr. Oeddis-Bramdrup. — Wirthshaus. — Der Boden ist im Allgemeinen gut. — In der Nähe von Drenderup hat vormals ein Hof gestanden, welcher Gammelhougaard hieß.

Drengsted, Dorf größtentheils zum Stiftsamte Ripen gehörig, 1¼ M. nordwestlich von Lygumkloster, Ksp. Döstrup; zum A. Lygumkloster, Vogtei Spanstrup, gehören 4 Halbh. und 2 Kathen (2 Pfl., 176 Steuert.); zur Commüne Kurbüll, A. Tondern, 2 kleine Landstellen.

Drey, (Holnis-Drey), 2 Großkathen bei Holnis im A. Flensburg, Munkbraruph., Ksp. Munk-Brarup, Schuldistr. Bokholm. — Ar.: 85 Steuert. Die Landenge Drey verbindet die Halbinsel Holnis mit dem Festlande.

Droitmaas, eine kleine Landstelle bei Tordschell, Amt Gottorf, Satruph., Ksp. Havetoft, Schuldistr. Havetoftloit.

Drüllt, Meierhof des Gutes Rundhof, Cappelerh., Ksp. Töstrup. Dieser Meierhof ist wahrscheinlich hauptsächlich aus den Ländereien eines niedergelegten Dorfes entstanden, der nördlich vom Hofe nach Schörderup hin auf der Koppel Gammelbye gelegen hat. Im Jahre 1724 wurden 4 Rundhofer Hufen niedergelegt und die Ländereien kamen zum Hofe Drüllt. Ein Theil der Hoffelder wurde 1800 als Parcelenland verkauft, und es blieben zum Hofe noch 1136 Hdtsch., $3\frac{3}{16}$ Sch. worunter sehr bedeutende Hölzungen (382 Hdtsch.), auch ein Antheil an der großen Wiese Graukarr. — Zum Hofe gehören einige Kathen und Eigenthumsstellen Klein-Drüllt genannt. Von den Eigenthumsstellen wurden bei der Separirung von Rundhof 3 ausgelegt, nämlich 2 zu 30 Hdtsch. (¼ Pfl.) und 1 zu 6 Hdtsch. ($\frac{2}{20}$ Pfl.) — Das Wohnhaus stand vorhin etwas südlicher und ist 1806 an der jetzigen Stelle in geschmackvollem Style erbaut. — Der Boden ist hügelig aber gut. — Besitzer v. Rumohr.

Duburg, Dorf 2¼ M. östlich von Tondern, Amt Tondern, Slurh., Ksp. und Schuldistr. Vylderup, enthält 4 Bohlstellen und 3 kleine Landstellen ($2\frac{1}{15}$ Pfl.) — Schmiede. — Der Boden ist feucht und kalt und nicht sehr ergiebig. — Wahrscheinlich ist hier eine Burg gewesen und Duburg kömmt im Anfange des 16. Jahrh. als zu Karlswraae gehörig vor.

Duburg, 3 Landstellen und 16 Stellen ohne Land nördlich an die Stadt Flensburg gränzend, A. Flensburg, Wiesh., Ksp. Handewith, doch in gewissen Fällen wegen der weiten Entfernung Ksp. St. Marien in Flensburg. Diese Ortschaft enthält außer 2 Mühlen, 19 Kathen und Instenstellen auf dem Schloßgrunde; eine Stelle heißt Catharinenlyst. — Schule. — 2 Wirthshäuser. — Unter den Einwohnern sind mehrere Schiffer und Seeleute. — Areal: 18 Steuert. — In der Nähe dieser Ortschaft liegen auf einer Anhöhe die Ruinen des alten Schlosses Duburg, wovon noch eine ziemlich hohe, 6 Fuß dicke, theils von Feld= theils von gebrannten Steinen aufgeführte Mauer sichtbar ist. Die Befestigungswerke, deren nördlicher Theil geebnet ist, sind in viereckiger Form und enthalten doppelte Wälle und Gräben. Dieses Schloß ist in mancher Rücksicht merkwürdig. Der Graf Nicolaus von Holstein erhielt es 1340 mit der Stadt Flensburg für 42,000 ℳ von dem Herzog Waldemar zu Pfand, und ließ es 1348 stark befestigen; es diente in der Folge öfter zum Aufenthalte Königl. und Fürstl. Personen und im Jahre 1526 ward hier der Herzog Adolph, der Stammvater der gottorfischen Linie und 1646 der König Christian V geboren; das Schloß blieb darauf bis 1703 der Sitz der Amtmänner, verfiel aber immer mehr und mehr, bis es 1719 abgebrochen ward. Von den Steinen wurde das Waisenhaus und das Pastorat der St. Johannisgemeinde erbaut.

Düppel (vorm. Düttebüll), Kirchdorf an der östlichen Seite von Sundewith, ½ M. westlich von Sonderburg, A. Sonderburg, Nübelh., Pr. Sonderburg. Dieses Dorf, welches das größte auf der Halbinsel ist, und in Wester= und Oster=Düppel (Düppeloften) eingetheilt wird, enthält 22 Hufen, 25 Kathen und 16 Freihäuser welche zur Grafschaft Reventlov-Sandberg gehören; 4 Hufen und 1 Freihaus gehören zum Gute Auenbüllgaard; 3 Hufen und 3 Instenstellen zum Hospitale in Sonderburg; 1 Hufe zum Amte Sonderburg, Nübelh., und 1 Hufe zum Amte Sonderburg, Vogtei Sundewith. Einzelne, zur Grafschaft Reventlov = Sandberg gehörige Stellen werden Düppelfeld (Düppelmark) genannt; ein Wirthshaus heißt Frydendal; einige Stellen südlich mit einer hochbelegenen im letzten Kriege abgebrannten Graupen=Windmühle heißen Düppelberg; 2 Kathen am Wege von Sonderburg nach Apenrade Pött; einige Häuser südlich Düppelschney; 1 Stelle westlich Langkjär; 1 östlich Hylskov; 1 nördlich Steenhof; 1 am Wege nach Sonderburg Langbroe; 1 der Stadt Sonderburg gegenüber am Alsensund Fährhaus. Letztere und mehrere der übrigen Stellen sind im letzten Kriege abgebrannt. Beim Fährhause ist die Ueberfahrt nach Sonderburg und dasselbe gehört mit einigen Häusern zu der Stadt Sonderburg; jetzt wird hier eine Brücke über den Alsensund erbaut. 2 Kathen hießen vormals Ossenis und Essenis. — Kirchspielschule. — Schmiede und mehrere Handwerker. — Die Kirche soll im Anfange des 15. Jahrh. erbaut sein; sie ist nur klein und hat keinen Thurm, aber eine Orgel. Ein an der Kirche im J. 1751 erbautes Begräbniß gehört der Reventlov=Sandbergschen Familie. — Der Prediger wird von dem Besitzer der Grafschaft präsentirt und von der Gemeinde erwählt. — Eingepfarrt: Battrup, Düppel, Düppelberg, Düppelfeld, Düppelschney, Fährhaus, Frydendal, Gaffel, Hvilhöi, Hylskov, Langbroe, Langkjär, Lye, Lillemölle, Lye, Pött, Rakebüll, Randersgaard, Ravenskoppel, Refhöi, Sandberg (z. Thl.), Sandberger-Wassermühle, Stabegaard, Steenhof, Surlükke, Tving. — Der Schleswigsche Bischof hatte 1581 zu Düttebüll 2 Güter und 3 Kathen, und das Schleswigsche Domcapitel hier Ländereien. Auf dem Düppelberge liegt ein sehr großer Stein, der Deggerstein, auch Barstein genannt, von dem aber schon mehrere Stücke abgesprengt sind. — Am Strande, dem Sonderburger Schlosse gegenüber, ließ im J. 1658 der Churfürst von Brandenburg Friedrich Wilhelm eine Schanze aufwerfen, und im J. 1848 wurden hier um den Uebergang zu vertheidigen von den Dänen ein starker Brückenkopf angelegt; der Düppelberg ward stark verschanzt und auch mehrere Schanzen

Dürwade.

zwischen Wenningbond bei Oster=Düppel bis zum Alsener Sunde erbauet. Diese Schanzen und Befestigungswerke sind jetzt abgetragen. Gefecht bei Düppel und Frydendal am 28. Mai 1848, am 5. Juni 1848 und am 13. April 1849. — Bz. des Ksp.: 861.

Dürwade, 1 Erbpachtstelle an der Osterbek, ¾ M. westlich von Eckernförde zum Gute Möhlhorst gehörig, Ksp. und Schuldistr. Kosel. — Wirthshaus, Schmiede. — Nördlich von Dürwade sieht man noch ein Stück des alten Walles, der Osterwall genannt, welcher vormals dem Lande Schwansen zum Schutze diente.

Düttebüll, adel. Gut an der Ostsee, 1¼ M. nördlich von Cappeln, in der Cappelerh., Ksp. Gelting. Der Landstrich längs der Ostsee, von welchem dieses Gut einen Theil enthält, gehörte in den ältesten Zeiten zu dem großen Geltinger Walde, der mit den darin belegenen Dörfern im J. 1231 Königl. Tafelgut war, und auch noch 1285 zu den Königl. Domainen gehörte. Im J. 1409 wurde das Dorf Düttebüll an das Domcapitel in Schleswig von Erik Krummendiek verpfändet, späterhin wieder eingelöst, und 1460 von Wulf v. d. Wisch verkauft; es enthielt 1470 8 Hufen mit einer Mühle. Im J. 1540 war Hennecke Rumohr Besitzer von Düttebüll; er legte zum Theil dieses Dorf nieder, errichtete den Hof gleiches Namens und das Gut blieb bis 1727 in dieser Familie, die es 1614 durch den Ankauf von Kronsgaard vergrößerte; 1727 kaufte es v. Rheden für 50,000 Rthlr. Spec.; 1757 Ahlmann, darauf Ericius, worauf es theils während dessen Lebenszeit 1783, theils gleich nach seinem Tode 1785 parcelirt ward. Den Stammhof kaufte zuerst Thomsen für 80,250 ₰, 1822 Stüve für 112,200 ₰, 1839 Gebrüder Banck für 154,800 ₰, 1844 v. Buchwald, 1847 C. Meyer. — Der Flächeninhalt des ganzen Gutes beträgt 4537 Hotsch. 2 Sch. (2272 Steuert.) Im J. 1783 wurden die Dörfer Niebye und Pommerbye, der Meierhof Pommerbye und einige Düttebüller Hofländereien veräußert; es wurden daraus 29 Parcelen gebildet, wozu noch eine Parcele Hüsfeld (36 Hotsch. 2 Sch. 4 R.) kam, so daß diese mit einbegriffen 2584 Hotsch. 2 Sch. 21 R. zerlegt wurden und 20 Pfl. enthalten. Aus den 10 Hufen des Dorfes Niebye wurden 10 Parcelen gebildet (à 95 Hotsch. oder ¾ Pfl.), aus den Stellen des Dorfes Pommerbye 11 (mit zuf. 2 Pfl.), aus den Ländereien des Pommerbyer Meierhofes und einigen Düttebüller und Kronsgaarder Hoffeldern 8 große Parcelen mit 10¼ Pfl. Darunter ist der Meierhof die größte mit 3 Pfl.; andere Landstellen heißen Langfeld, Gammeldamm, Niedamm, Wattsfeld, Falshöft, Golsmaas, Börsbye (s. d. Artikel). Diese Parcelen bilden den ersten Dismembrirungsplan. Ueberhaupt sind durch Subparcelirung jetzt 46 Landstellen in diesem District. Einige Häuser am Strande heißen Sibbeskjär. — Der sogenannte zweite Dismembrirungsplan von 1785 befaßt den übrigen Theil des Gutes mit 1952 Hotsch. 5 Sch. 3 R. Dahin gehört der Stammhof Düttebüll und die Erbpachtsmühle (Düttebüll=Mühle). Auf die übrigen 17 Parcelen wurden 3 Pfl. gelegt. Durch Zertheilungen beträgt die Zahl der größeren und kleineren Landstellen jetzt 36. Einzelne heißen: Mühlendamm, Mühlenbrück, Boisensfeld, Brede, Domstag, Kronsgaard, Klorr, Drecht, Regenholz, Puttloch, Busch und Haffskoppel (s. d. Artikel). Alle genannten Parcelen sind völliges Eigenthum der Besitzer. — Der Stammhof Düttebüll hat mit der

Düttebüller Mühle.

Parcele Westerfeld ein Areal von 453 Ton. 2 Sch. 1 R. à 240 □. R., darunter Acker 357 Ton. 5 Sch. 27 R., Wiesen 17 Ton. 6 Sch. 20 R., Hölzung 43 Ton. 4 Sch. 13 R., Wasser 3 Ton. 2 Sch. 8 R., Kathenländereien 30 Ton. 6 Sch. 23 R., (356 Steuert., 56,960 Rbth. Steuerw.). Die zum Hofe gehörigen 13 Kathen heißen: Puttloch, Trollberg, auf der Ziegelwiese und Soberg; 2 Häuser in Drecht gehören ebenfalls zum Gute; 1 Kathe ist die sog. alte Meierei; auch ist hier eine Holzvogtskathe bei der Hölzung Schwienkoppelholz. — Die Hofgebäude sind mit einem Graben umgeben, das Wohnhaus ist ansehnlich und mit 2 Flügeln versehen. — Zahl der Einwohner: 805. — Schuldistr. Pommerbye und Kronsgaard. — Der Boden ist größtentheils von vorzüglicher Güte. — Das niedergelegte Dorf Düttebüll hat etwas nordwestlich vom Hofe gelegen, wo noch Spuren von Viehtränken und Grundsteine von Gebäuden gefunden sind; auch ist die Mühlenstelle noch sichtbar (s. Mühlendamm). — Von den vielen ehemaligen zum Theil mit Steinen umgebenen Opfer- und Grabhügeln sind die meisten nach der Parcelirung geebnet. — Contrib. 1030 Rbth. 38 b/β., Landst. 757 Rbth. 32 b/β., Hausst. 5 Rbth. 12 b/β.

Düttebüller Mühle, eine Parcele mit einer Windmühle bei der Parcele Niedamm im Gute Düttebüll, Cappelerh., Ksp. Gelting, Schuldistrict Pommerbye. Sie bildet die 19. Parc. des zweiten Dismembrirungsplans. — Areal: 16 Htsch.

Düttnis, (Wald. Erdb.: Thyarsnaes, später Tyernes); eine Parcele nördlich von Lindau im ehemaligen Gute Lindau, A. Gottorf, Schliesh., Ksp. Boren.

Dunkjär, Dorf auf der Insel Aeröe, Ksp. Rise. Dieses Dorf, welches der Herzog Friedrich im Jahre 1634 in der Theilung erhielt, wird in Kongeballe, Overballe und Broe eingetheilt und enthält 10 Vollh., 8 Halbh., 3 Siebensechszehntel., 1 Achtelh., 20 Kathen, 20 Instenst. 3 Hufenparcelenst. und 11 Häuser ohne Land, nebst einer in Zeitpacht gegebenen Windmühle (15⅞ Pfl.). — Districtsschule. — Wirthshaus, Schmiede und einige Handwerker. — Areal: 781 Ton. — Ein Hügel westlich von der Mühle heißt Elleshöi.

Duvenstedt, Alt-, Dorf an der Duvenstedter Aue, 1 M. nördlich von Rendsburg. Zum A. Hütten, Hohnerh. und Ksp. Hohn, gehören 1 Halbh. (Predigerhufe), 12 Viertelh., 10 Achtelh., 2 Sechszehntelh. und 12 Kathen (4⅔ Pfl.), und zur Stadt Rendsburg 9 Viertelh. (Armenlansten) welche zur Christkirche in Rendsburg eingepfarrt sind. Diese Armenlansten haben ihren Ursprung daher, daß 1337 der Rendsburger Bürger Otto Ployse von Siegfried Sehestedt 5 Hufen kaufte, die später den Armen in Rendsburg geschenkt wurden. Eine wüste Hufe gehört dem Pastorate zu Hohn. 4 Hufen wurden 1328 von den Grafen Gerhard und Giselbert einer Vicarie der Rendsburger Kirche beigelegt. — Districtsschule. — Wirthshaus, Schmiede und mehrere Handwerker. — Ehemals war Duvenstedt zu Campen eingepfarrt. — Areal: 1553 Steuert. — Der Boden ist von mittlerer Güte. — Die Aue wird jährlich vom Amte verpachtet. — Vormals befanden sich auf der Feldmark mehrere Grabhügel, die nach und nach abgetragen sind.

Duvenstedt, Neu-, Colonistendorf (13 zerstreut liegende Stellen), 1¼ M. nördlich von Rendsburg, A. Hütten, Hohnerh., Ksp. Bünstorf, (s. Broholm), Schuldistricte Duvenstedt und Bünstorf. — Areal: 226 Steuert.

Dybvad, 2 Halbh. 1 M. nordwestlich von Apenrade, A. Apenrade, Süderrangstruph., Ksp. Ries, Schuldistr. Brunde; die Hufen haben ihren Namen von einem kleinen vormaligen See, Döbevad genannt, worin der Sage nach die ersten Christen dieser Gegend getauft sein sollen. — Areal: 94 Steuert. — Der Boden ist sandigt und von mäßiger Art.

Dynnevith (Dyndet), Dorf auf der Insel Alsen, 1½ M. südöstlich von Norburg, A. Norburg, Norderh., Ksp. Eken. Dieses Dorf welches seinen Namen von Dynd (Schlamm) und With (Holz) hat, enthält 13 Vollbohlen, 9 Kathen und 13 Instenst. (13 Pfl.) — Districtsschule. — Schmiede. — Ein Vieh= und Pferdemarkt wird hier jährlich am 14. Juli gehalten. — Areal: 669 Steuert. — Das Ackerland, von dem aber ein Theil sehr entfernt liegt, ist von besonderer Güte.

Dynth, Dorf am Krumbek im Lande Sundewith 1 M. südwestlich von Sonderburg, A. Sonderburg, Nübelh., Ksp. Broacker. Von diesem Dorfe, welches an dem Abhange eines Berges liegt, gehören 7 Vollb., 10 Kathen und 8 Instenst. (7 Pfl.) zum Amte Sonderburg; 2 Hufen zum Gute Gravenstein und 1 Halbh. zum Sonderburger Hospitale. Von diesen Hufen sind 4 ausgebauet, welche Gaasbjerg (gegen Osten), Gammeldynth, Willersholt (Willholt, gegen Nordost) und Gammelmark heißen. — Nördlich vom Dorfe liegt die Königl. Erbpachtswindmühle Dynthmühle; vormals war hier eine Wassermühle, welche näher nach Krammark am Krumbek lag. — Schuldistr. Broacker. — Hier ist eine Königl. Hegereiterwohnung mit 22 Ton. Land. — Schmiede. — Bei Willersholt ist eine Ziegelei am Strande. Eine ausgebaute Stelle östlich von Gaasbjerg am Strande heißt Steensigmoos; eine andere östlich vom Dorfe, am Wege nach Schelde heißt Holm; eine östlich von Willersholt Langroy. — Areal zum A. Sonderburg: 418 Steuert. — Der Boden ist meistens hügelig, zum Theil sandigt, zum Theil auch gut und fruchtbar. — Der Statthalter Geert Rantzau verkaufte 1601 2 Bohlst. und 2 Kathen in diesem Dorfe an den Herzog Hans d. J. — Auf der Feldmark ist ein Grabhügel und zwischen diesem Dorfe und Schelde waren 2 Grabhügel, die aber zerstört sind. — Nordöstlich an der See ist die beholzte Landspitze Sallingshoved oder Dynthhoved.

Dyrhuus, 1 Bohlst. (1¼ Pfl.) südwestlich von Tondern, A. Tondern, Südtonderh., Ksp. und Schuldistr. Tondern. — Bei dieser Stelle sind 30 Dem. Aventofter Kirchenländereien in Feste, wofür eine jährliche Recognition bezahlt wird. — Der Boden ist gut.

Dysinishye (Dyssenshye), mehrere kleine Stellen im Gute und Ksp. Gelting, Cappelerh., die auf der 16. Geltinger Parcele mit einem Areal von 130 Hdtsch. 5¼ Sch. (1 7/12 Pfl.) erbaut sind. — Ziegelei. — Von den hier belegenen Stellen werden einige auch bei Nordskov genannt.

E.

Eblikrog, ein im Jahre 1352 erwähnter Ort bei Almdorf im A. Bredstedt, Ksp. Breklum.

Ebüll, Dorf ½ M. nordwestlich von Bredstedt, Ksp. Bordelum; zur Landschaft Bredstedt gehören 8 kleinere Landstellen und zum Gute Karrharde 1 Landstelle. — Schuldistr. Sterdebüll. — Wirthshaus. —

Areal: 236 Ton. — Die Lage des Dorfes ist niedrig. Der Boden besteht theils aus Marsch, theils aus Geest und letztere ist nur von mittelmäßiger Art. — Der südlich von Ebüll liegende Fraumettenkoog (Ebüllerkoog, s. Bordelumerkoog) hat ein Areal von 83 Demat.

Ebüll (Eböl, Ebbüll), 5 kleine Landstellen, 2½ M. südwestlich von Tondern, A. Tondern, Wiedingh., Ksp. und Schuldistr. Emmelsbüll.

Eckernburg (Waldem. Erdb.: Ykaernburgh), eine ehemalige Burg bei Eckernförde unter deren Schutze die Stadt entstand, bei dem jetzigen Burgwall im Nordwesten der Stadt gelegen, wo noch Spuren derselben vorhanden sind. Eine zweite Burg, wahrscheinlich jünger als diese, lag in der Gegend des sogenannten Ballastberges nordöstlich der Stadt im Dorfe Borbye, welches von diesen Burgen seinen Namen erhalten hat. Sie hatte einen doppelten Ringwall, ist aber jetzt fast gänzlich verschwunden; (s. Borbye). — Im Jahre 1319 war Hennekinus Moltike Lehnsmann auf der Eckernburg.

Eckernförde, Stadt an einem Meerbusen der Ostsee, welcher hier einen so bedeutenden Hafen bildet, daß selbst Linienschiffe in geringer Entfernung von der Stadt vor Anker liegen können. Der größte Theil der Stadt ist auf einer Landzunge erbauet; der kleinere Theil liegt an der anderen Seite des Wassers, und ist da, wo dieses am schmalsten wird, durch eine lange hölzerne Brücke mit dem ersten verbunden; 54° 28′ 22″ N. Br.; 2° 44′ 30″ W. L. vom Kopenh. Merid. — Den ersten Grund zu der Stadt sollen Fischer gelegt haben, welche sich auf dem hohen Sandriff, wo jetzt die Frau Clarenstraße befindlich ist, unter dem Schutze der damaligen nahe liegenden Eckernburg (s. Eckernburg) angebauet haben. Das älteste Stadtsiegel, eine Burg auf deren Zinnen ein Eichhörnchen läuft, hat die Umschrift: si (sigillum) sivi (civium) vor de Ekerne Borgh, woher es scheint, als wenn der Ort anfangs noch keinen bestimmten Namen gehabt hat. Wahrscheinlich ist die Stadt als solche 1260 noch nicht vorhanden gewesen, da die Königin Mechtildis in diesem Jahre die ganze Umgegend mit Svansöe, Frethslet, Stapelholm, Jarnewith und Reinoldesburg den Grafen von Holstein verpfändete, ohne daß der Name dieses Ortes vorkömmt; hingegen im Jahre 1261 wird Nycolaus de Ekerenvorde in Urkunden erwähnt und 1288 werden die Bewohner dieser Stadt oppidani (Städter) genannt. Befestigt scheint die Stadt niemals gewesen zu sein, obgleich sich Spuren von Schanzen finden, die vielleicht das Einlaufen feindlicher Schiffe haben abwehren sollen. An der Stelle, wo mit der Erbauung der Stadt der Anfang gemacht sein soll, hat man in der Tiefe Steinpflaster und selbst einen Feuerheerd gefunden. Die Thore sind nach und nach verschwunden, am längsten hat sich das Kieler Thor dem Namen nach bis auf unsere Tage erhalten. An der westlichen Seite wird die Stadt von einem Arme des Meerbusens, das Noor (Windebyer-Noor) genannt, begränzt. — In der Geschichte derselben ist folgendes merkwürdig: 1325 ward sie von dem Herzoge Waldemar an den Grafen Johann v. Holstein und 1340 abermals an die Grafen Claus und Heinrich verpfändet; 1415 besetzte der König Erich die Stadt; 1417 entstand durch die Kriegsvölker eine starke Feuersbrunst, bei welcher alle die Stadt und ihre Privilegien betreffende Urkunden vernichtet wurden; 1418 ward von dem Könige Erich abermals eine neue Befestigung angelegt, wahrscheinlich beim Dorfe

Eckernförde.

Borbye; 1431 ward die Stadt von den Herzögen Adolph und Gerhard an Otto Pogwisch verpfändet; 1465 ward sie vom Könige Christian I. an Sievert Brockdorff für 1300 ℳ verpfändet; 1490 erhielt der Herzog Friedrich sie zu seinem Antheile, jedoch hatten v. Brockdorff und das Domcapitel zu Schleswig noch Pfandrechte. Der Herzog verpfändete die Stadt nun zum letztenmale an das Schleswigsche Domcapitel. Im Jahre 1544 fiel sie bei der Theilung der Herzogthümer dem Herzoge Adolph von Gottorf zu. — Die Ostsee überschwemmte die Stadt in den Jahren 1625 und 1694; die Pest war hier 1629, wo nur 39 Bürger nachblieben; in den Jahren 1627, 1628 und 1659 litt die Stadt sehr in den damaligen Kriegen. Im Jahre 1721 endigte die Gottorfische Oberherrschaft über dieselbe. Im Jahre 1813 und in dem letzten Kriege 1848—1851 ward sie durch Contributionen und Einquartierungen sehr belastet und in den Gefechten am 5. April 1849 und 12. Sept. 1850 wurden viele Häuser beschädigt; am letzten Tage ging ein Haus und ein beträchtliches Holzlager im Feuer auf. — Die Stadt (vormals 70, jetzt 40 Pfl.) ist in 4 Quartiere eingetheilt, sie hat 476 Häuser. Zahl der Einwohner: 3930, von denen etwa 425 Personen sich 1845 im Christians=Pflegehause befanden; das Christians=Pflegehaus zählt aber gegenwärtig mit Einschluß der Beamten und deren Familien nur 212 Personen, von denen 163 Alumnen sind. — Die Einwohner ernähren sich größtentheils durch Handel, Schifffahrt, städtische Gewerbe und Fischerei. — Vormals stand die Stadt in Feldgemeinschaft mit dem Dorfe Borbye; jetzt sind ihre Ländereien separirt und haben ein Areal von 631 Steuert. à 260 □. R., welche zum Theil den Häusern als untrennbare Pertinenzien in 52 Hauskoppeln zugetheilt sind, an denen jedes Haus einen verhältnißmäßigen Antheil hat; außerdem sind 85 Koppeln vorhanden, die der freien Disposition der Eigenthümer überlassen sind; der Ertrag derselben ist für die Stadt nicht unwichtig. Die Seefischerei ernährt zwischen 60 und 70 Familien; sie liefert besonders Dorsche, Makrelen, Heringe, Bütten, Breitlinge (geräuchert unter dem Namen Sprotten bekannt), Muscheln und Krabben, von denen ein großer Theil an die nahe gelegenen Städte verkauft wird. — Eckernförde hat 1 Stoutsweberei durch Dampf betrieben, 1 Tuchfabrik, ebenfalls durch Dampf betrieben, 1 Spritzenfabrik, 1 Salzsiederei, 2 Tabacksfabriken, 2 Leimkochereien, 2 Lohgärbereien, 5 Reifschlägereien, 4 Bierbrauereien, 5 Branntweinbrennereien, 4 Töpfereien, 2 Schiffsbauer und Handwerker aller Art. — Die Schifffahrt und der Handel waren vormals und besonders vor Anlegung des Canals bedeutend; im Jahre 1777 zählte man gegen 40 der Stadt gehörige Schiffe; jetzt sind beide sehr gesunken, die Stadt hat jetzt 11 größere und kleinere Schiffe, zusammen von 215 C.=L.; nur der Handel mit Korn= und Bauholz ist noch von einiger Bedeutung. — Der Magistrat besteht aus einem Bürgermeister und 3 Rathsherren. Die Polizeiverwaltung ist dem Bürgermeister übertragen. Das Collegium der Deputirten besteht aus 8 Mitgliedern. Schon seit dem Anfange des 14. Jahrh. gilt hier das Schleswigsche Stadtrecht und das im Jahre 1635 publicirte Eckernförder Stadtrecht hat nur in einzelnen Fällen gesetzliche Kraft gehabt. Das Rathhaus liegt am Marktplatze. — Die Stadt gehörte vormals zur Borbyer Kirche; doch war schon früh in der Stadt selbst eine Capelle, welche vielleicht das noch vorhandene Chor der Kirche ist und späterhin zur Kirche ausgebauet ward. Die erste bestimmte Erwähnung der Kirche geschieht im Jahre 1359 in dem Testamente des Kieler Bürgers Joh. Pardole. Das Hauptgebäude außer dem Chor ist von gothischer Bauart; einen Thurm hat die Kirche nicht seitdem 1612 der Blitz den damals vorhandenen zerstörte, aber eine Spitze. Der mit künstlichem Schnitzwerk verzierte Altar zeichnet sich aus; auch befinden sich hier viele Epitaphien, besonders Adlicher, die hier ihre Begräbnisse hatten. An der Kirche, die zur Probstei Hütten gehört, stehen 2 Prediger; das Diaconat ist seit 1841 wieder besetzt. Der Pastor wird unmittelbar ernannt, der Diaconus von der Gemeinde gewählt. — Eingepfarrt: der Hof Altenhof nebst mehreren zum Gute gehörige Stellen im Schnellmarkerholze und am Eckernförder Meerbusen, Friedenshorst, Ravenshorst, Pletterberg. — Vz. des Ksp.: 3985. — Vormals bestand hier eine Kalandsbrüderschaft, deren Stiftungsjahr nicht angegeben werden kann; ihre Bestätigung erhielt sie 1509, und damals ward eine Vicarie zum Altar Unserer lieben Frauen gestiftet. — Unter den milden Stiftungen ist die vorzüglichste das Ahlefeldsche Hospital oder der Goschenhof mit einer Capelle, die von Gottschalk v. Ahlefeld 1526 gestiftet ward. Dieses Hospital, welches zu 12 Präbendisten eingerichtet ist, steht aber mit der Stadt nur in polizeilicher Hinsicht in Verbindung; Stadtarme werden daselbst nicht aufgenommen. Das Stadt-Armenhaus ist eine Stiftung des Bischofs Nicolaus Wulf aus dem Jahre 1431 und ist für 12 Arme eingerichtet. Das Ottesche Armenhaus gestiftet 1739 stand vormals unter dem Obergerichte und darin werden 9 Arme unterhalten. — Das neue Armenhaus ist 1824 erbaut und zunächst zur Unterbringung obdachloser Armen bestimmt. — Die Stadtschule nahm schon in der Mitte des 16. Jahrh. ihren Anfang, aber mit ihrer Einrichtung sind nach und nach viele Veränderungen vorgenommen. Ein neues Schulhaus ward 1829 erbauet; das Lehrerpersonal der Stadtschule besteht gegenwärtig aus dem Rector, dem Schreibmeister und 3 Lehrern, deren einer zugleich Küster, ein anderer Organist ist. Für die Elementarklasse wird außerdem ein Unterlehrer gehalten, welcher also der sechste Mitarbeiter ist. — Königl. Beamte sind: ein Hardesvogt, ein Zollverwalter, zwei Controleure, ein Postmeister und ein Physicus, jetzt 4 resp. Controleure und Zollassistenten, welcher Zahl aber bei definitiver Regulirung der Zollverhältnisse wohl eine Aenderung bevorstehen dürfte. Es befindet sich hier eine Apotheke; ein Lombard seit 1768. Seit Neujahr 1852 erscheint zweimal wöchentlich die „Eckernförder Zeitung, ein privilegirtes politisches und Avertissements-Blatt", welches in der im Jahre 1852 eingerichteten Buchdruckerei gedruckt wird. Mühlen hat die Stadt nicht, und die Einwohner halten sich zu den nahe belegenen Borbyer Windmühlen und der Schnaper Wassermühle. — Bei der s. g. Langenbrücke wird Brückengeld erlegt. — Hier sind 3 Pferde-, Vieh- und Krammärkte, davon werden der Fastnachtsmarkt seit 1611 am Fastnachtsmontage und die beiden andern am Montage nach dem 15. Juni (Vitustag) und am 30. Septbr. gehalten, welcher letztere der besuchteste ist. — Am Ende des 17. Jahrh. wohnte in der Stadt der bekannte Bildhauer Gudewirth. — Unter allen Gebäuden der Stadt zeichnete sich vormals die **Blomenburg** aus, welche im Jahre 1554 dem Junker Otto Seestede zu Kohövede gehörte, und wahrscheinlich den Namen von einem aus dem Geschlechte der v. Blome erhalten hat. In späterer Zeit ward dieses Gebäude ein Eigenthum der Herzoglichen Kammer, darauf abgebrochen und auf dem Platze wurden andere Häuser erbauet, für welche noch jetzt eine Abgabe unter dem Namen

Eckhof.

Blomenburger-Erbhäuer entrichtet wird. — Am südlichen Eingange der Stadt befindet sich ein in aller Rücksicht ausgezeichnetes und auch der Stadt zur Erwerbsquelle dienendes Institut, das **Christians-Pflegehaus**, eine militairische Verpflegungs- und Erziehungsanstalt, in welcher alte wohlgediente Unterofficiere, Gemeine und deren Wittwen, auch elternlose und arme Kinder aufgenommen werden. Es ward von dem Könige Friedrich V. 1765 gestiftet, lag anfänglich in der Königstraße, ward darauf 1775 nach der Caserne verlegt und 1785 schenkte der Landgraf Carl der Stiftung die von ihm angekauften Fabrikgebäude des Kanzleiraths Otte und im Septbr. d. J. wurden die nothwendig gewordenen Veränderungen und Einrichtungen vollendet. Nach dieser bedeutenden Erweiterung ward auch das in Kopenhagen befindliche Verpflegungsinstitut nach Eckernförde verlegt. In späterer Zeit sind mehrere zweckmäßige Vergrößerungen mit der Stiftung vorgenommen und in den Jahren 1831 und 1832 noch ein bedeutendes Gebäude aufgeführt. Dieser Stiftung ist eine jährliche Einnahme von 45,000 ℳ beigelegt; die Oberdirection führt das Königl. Kriegsministerium; die Direction, welche aus einem Vorsteher, einem zweiten Officier, dem Hauptprediger der Stadt und dem Oberarzte des Instituts besteht, führt die Oberaufsicht und Leitung. Die Aufnahme der Pfleg- und Zöglinge wird von dem genannten Ministerium verfügt und die Zahl derselben darf 105 Männer, 60 Frauen, 120 Knaben und 50 Mädchen betragen. Da indeß vermöge der jetzigen Organisation der Armee die Anzahl der Individuen, welche auf Pflege und Versorgung im Alter Anspruch machen dürften, mit der Zeit nach und nach abnehmen wird, so ist gegenwärtig die Aufhebung dieser Stiftung in Anrege gekommen. — Städtische Einnahmen 1834: 6228 Rbth., Ausgaben: 6122 Rbth. 16 β, Stadtschuld: 51,547 Rbth. 18 β, Activa: 8110 Rbth.

Eckhof, adel. Gut in der Eckernförderharde; der Haupthof liegt ¾ M. nördl. von Friedrichsort, Ksp. Dänischenhagen. — Die Ländereien dieses Guts gehörten ehemals zum Gute Alt-Bülk und um die Mitte des 18. Jahrh. war J. Kranz Besitzer desselben, welcher es 1753 an Hilmers verkaufte; darauf gehörte es zu den Hessensteinschen Gütern, kam 1774 an den Grafen Holck, der ein neues Wohnhaus erbauete; 1790 an J. P. v. Neergaard; 1828 kaufte es die Kammerherrin v. Neergaard für 210,500 ℳ. — Areal: 650 Ton. 4 Sch. 15 R. à 240 ☐ R.; dazu aber noch 4 Parcelen im Scharnhagener Moor (2 Ton. 9 R.), 3 Parcelen im Kaltenhofener Moor (9 Ton. 2 Sch. 18 R.), 4 Koppeln auf dem Scharnhagenerfelde (12 Ton. 3 Sch. 25 R.), 6 Häuser und Gärten nebst Dorfplatz daselbst (4 Ton. 4 Sch. 25 R.), 7 Wohnungen nebst Gärten in Dänischenhagen (1 Ton. 2 Sch. 29 R.), zusammen 681 Ton. 1 Sch. 27 R. Zum Gute gehört das Kirchdorf Dänischenhagen, das Dorf Scharnhagen und die Ortschaften Freidorf, Strande, Catharinenberg, Bekredder und Neuredder. — Die Ländereien der Untergehörigen betragen 753 Ton. 5 Sch. 23 R. — Für 4 in Dänischenhagen und an dem Bülcker Strande belegenen Seekamper Kathen, welche 1826 an Eckhof gekommen sind, werden jährlich 178 ℳ 12 β an Seekamp entrichtet. Das Gut steht zu 10 Pfl. Nach dem zwischen Eckhof und Kaltenhof errichteten Vergleiche über 128 Ton. 7 Sch. 35 R. Kaltenhofener Ländereien, welche in der angeführten Tonnenzahl enthalten sind und 1803 gekauft wurden, muß Eckhof jährlich an Kaltenhof die ordinaire Contribution für ⅔ Pfl. vergüten. — Das Gut hat 1432 Steuert. (229,120 Rbthlr. Steuerw.);

davon der Haupthof 480 Steuert. (76,800 Rbthlr. Steuerwerth.). — Der Boden ist überall von guter Art. — Das Wohnhaus ist von Brandmauern, hat ein Stockwerk und Frontispice. — Zahl der Einwohner: 715. — Contrib. 448 Rbthlr., Landsteuer 471 Rbthlr. 60 β; Haussteuer 2 Rbthlr. 78 β. — Ein Gartenhaus in den ehemals berühmten Parkanlagen hieß Julianenruh.

Eckstock, 1 Zweidrittelh. und 2 Sechstelh. (vorm. 1 Bohlstelle) an einer kleinen Aue 1¾ M. südöstlich von Bredstedt, in der Landschaft Bredstedt, Ksp. und Schuldistr. Biöl. — Wirthshaus. — Areal: 13 Steuert. — Der Boden ist sandigt und mager.

Edamshar (Adamshafen), 1 Landstelle und ein kleiner Hafen an einer Schleuse am Süderdeiche, im Westertheil der Landschaft Eiderstedt, Ksp. Westerhever. — Areal: 3 Dem. 3 S.

Effkebüll (Offkebüll), Dorf 1½ M. nordwestlich von Bredstedt, Landsch. Bredstedt, Ksp. Langenhorn, vormals zur Domcapitelsvogtei Stedesand gehörig. — Dieses Dorf, welches in Oster- und Wester-Effkebüll eingetheilt wird, liegt sehr zerstreut auf einem alten Mitteldeiche zwischen dem Langenhörner Neuen-Kooge und dem Störtewerker Neuen-Kooge und ward hierher verlegt, nachdem das vormalige Kirchdorf Offkebüll in der ersten Hälfte das 15. Jahrh. durch eine Wasserfluth zerstört war. Die Lage ist im Winter sehr unangenehm da es dann von allen Seiten mit Wasser umgeben wird und die Einwohner, als auf einer Insel wohnend, nur den Deich mit Böten verlassen können. — Effkebüll enthält 2 größere und 16 kleinere Landstellen (48 Häuser); der westliche Theil von Oster-Effkebüll heißt Nannenswarf (2 H.); nordöstlich davon liegt auf dem alten Osterdeiche Seienswarf (2 H.); dann Martinswarf (2 H.); darauf folgt Bahnenswarf, welches aber seit 1634 unbewohnt geblieben ist. — Der östliche Theil von Wester-Effkebüll heißt Burg, westlich liegt der Danklefswarf (2 H.). Eine Stelle gehörte zum ehemal. Gute Arlewatt. Die Districtsschule liegt auf Honnenswarf. — Schmiede und einige Handwerker. — Der Boden ist sehr gut; nur einige Einwohner treiben die Landwirthschaft, die meisten sind Arbeitsleute; einige ernähren sich von der Fischerei und es werden eine große Menge Aale und andere Fische gefangen. — Nördlich vom Dorfe ist ein erhabener Platz, welcher Ulthorp (das alte Dorf) genannt wird; hier hat das Dorf Offkebul mit einer Kirche (noch 1407) gelegen, und vor einigen Jahren fand man hier noch Todtengebeine und Schädel. — Der Sage nach sollen die Langenhörner hier zur Kirche gegangen sein.

Egelsböl, ein ehemaliger bedeutender Edelhof im A. Hadersleben, welcher im 15. und 16. Jahrh. im Besitze der Familie von der Wisch war. Henning von der Wisch zu Egelsböl verkaufte diesen Hof, welcher unweit Hadersleben lag an die Landesherrschaft (s. Eisböl). Die Lansten des Hofes sind nach einem Amtsregister aus dem Jahre 1580 folgende gewesen: Im Ksp. Agerskov: zu Bellerup 1 Hof, zu Ginstrup 1 H., zu Gammelskov 2 H., zu Agerskov 2 H.; im Ksp. Brandrup: Neslund 1 H.; Ksp. Bestoft: zu Bestoft 1 H., zu Hürup 1 H.; Ksp. Tiislund: zu Göttrup 7 H., zu Aaböl 14 Halbh. und 1 Stelle, zu Aaböllücke 1 H., zu Tiislund 8 Halbh.; Ksp. Moltrup: Moltrup 4 Halbh., Brandrup 2 H., Rougstrup 5 H.; Ksp. Bjerning: zu Errigsted 2 H.; Ksp. Vonsbäk: zu Vonsbäk 8 H., zu Feldum 2 H.; Ksp. Fjelstrup: zu

Sjellerup 7 H.; Ksp. Aastrup: zu Stendewith 11 H., woraus nachmals Ladegaard entstand; Ksp. Tyrstrup: zu Kokjär 1 H.; Ksp. Fjelstrup: zu Knud 2 H.

Eggebek, Kirchdorf an einem kleinen Bache, 2½ M. südlich von Flensburg, A. Flensburg, Uggelh., Pr. Flensburg. Die Häuser des Dorfes sind in 2 Reihen gebauet, welche die östliche und westliche Reihe genannt werden; es enthält außer der Prediger= und der Küster=wohnung 1 Vollh., 2 Halbh., 5 Dreiachtelh., 7 Viertelh. und 7 Kathen; eine nördlich ausgebaute Hufe und Wirthshaus heißt Quellenthal, eine andere Stelle Grabenstein; 2 Hufen gehörten zum Schlesw. Domcapitel, 1 Hufe zur Domkirche (zusam. 1½ Pfl.) und die übrigen zum A. Morkirchen. — Districtsschule. — Armen= und Arbeitshaus. Schmiede und einige Hand=werker. — Die Kirche, vormals eine Capelle, liegt etwa 900 Schritte östlich vom Dorfe an der Treene; sie hat keinen Thurm ist aber mit Blei gedeckt. — Der König ernennt den Prediger. — **Eingepfarrt:** Bollingstedt, Buschau, Claushof, Eggebek, Engbrück, Esperstoft, Friedrichsau (z. Thl.), Görrisau, Grabenstein, Hünding, Jerishoe, Jübek (z. Thl.), Keelbek, Lang=stedt, Quellenthal, Uhlenberg, Tornschau, Tüdal, Westerschau. — Areal: 724 Steuert. — Der Acker ist von ziemlicher Güte und die von der Treene bewässerten Wiesen sind einträglich. Im Jahre 1410 ward südlich vom Dorfe eine Schlacht zwischen den Dänen und Holsteinern geliefert, in welcher die letzteren siegten. In der Umgegend des Dorfes liegen mehrere Grab=hügel. Durch Eggebek wird die in Angriff genommene Flensburg=Husum=Tönninger Eisenbahn erbaut werden. — Vz. des Ksp.: 1422.

Eggebek, Dorf an der Geilaue, 2¼ M. östlich von Tondern, Amt Ton=dern, Slurh., Ksp. Tinglev; enthält 17 Bohlstellen und 2 Häuser (8⅓ Pfl.); 2 ausgebaute Bohlstellen heißen Lundbek, 2 Bohlst. Skjelbek und 3 Bohlstellen Dyppelgaarde, 2 Stellen westlich von Lundbek heißen **Damhuus** und **Sandbjerg.** Eine Bohlstelle gehörte ehemals zum Amte Morkirchen. — Districtsschule. — Der Boden ist sandigt.

Egholm, 2 kleine Inseln, 1 M. nordwestlich von Marstall, zur Insel Aerö gehörig. Diese niedrig liegenden Inseln, welche schon im Waldem. Erdb. 1231 vorkommen, haben ein Areal von 13 Ton.; die größte ist in 35 Theile getheilt, von denen 1 Theil zum Amtsverwalter=dienste und der Rest den Einwohnern des Kirchspiels Marstall gehört.

Egvad, 2 Halbhufen an der Geilaue im adlichen Gute Stoltelund, A. Apenrade, Lundtofth., Kirchspiel Bau.

Ehsing, 2 Höfe im Westerth. der Landsch. Eiderstedt, 2½ M. west=lich von Tönning, Ksp. und Schuldistr. Tating.

Ehst, 5 Landstellen im Westerth. der Landsch. Eiderstedt, Ksp. Tating. Die Districtsschule liegt auf dem Süderdeich, welcher größtentheils zu Ehst, aber auch zum Theil zu Osterende gehört.

Ehsterkoog, ein kleiner Koog, an der südwestlichen Seite der Landsch. Eiderstedt, Ksple. St. Peter und Tating. Der Koog ward 1552 durch eine Wasserfluth zerstört, im Jahre 1614 wieder eingedeicht, und enthielt da=mals ein Areal von 141 Dem. 4 S. Der Koog ist unbewohnt.

Eichenthal, ein westlich nahe von Apenrade belegenes Haus mit einem Garten, A. Apenrade, Riesh., Ksp. Apenrade.

Eichthal, Meierhof im Gute Rögen, ¾ M. nordwestlich von Eckern=
förde, Eckernförderh., Ksp. Borbye. — Areal: 249 T. 162 R. (s. Rögen).
2 nördlich belegene Kathen heißen Putholt.

Eider, ein Fluß, welcher zum Theil die südliche Gränze zwischen
den Herzogthümern Schleswig und Holstein bildet. Er entspringt in Hol=
stein bei Schönhagen im Ksp. Brügge, fließt in den Bothkamper=See,
schlängelt sich darauf anfangs südlich, dann nördlich nach dem Schulen=
See und heißt hier die Schulen=Eider, wendet sich dann westlich, durch=
strömt den Westen= und den Flemhuder=See, und bildet dann, einige Ab=
weichungen, welche alte Eider genannt werden, ausgenommen, den in den
Jahren 1777 bis 1784 gegrabenen Eider=Kanal (s. Kanal), durch den
die Westsee mit der Ostsee vereinigt ward. Von dem Gute Steinrade an,
bis wohin der Kanal gegraben ward, wird er die Obereider genannt,
fließt von hier nach Rendsburg, wo er in die s. g. Untereider fällt, welche
von da in verschiedenen Krümmungen nach Friedrichstadt fließt, wo sie die
Treene aufnimmt und Tönning vorbei sich in die Westsee ergießt. — In
der ältesten Zeit floß der westliche Theil der Eider, sich nördlich wendend,
durch Eiderstedt, und in der Nähe von Friedrichstadt wandte er sich nach
dem Peterskooge, floß durch den Badenkoog nach Riesbüll, ward hier ab=
gedämmt, nach der Gegend des Dingsbüllerkooges geleitet und hier eben=
falls abgedämmt, ging über den Dammkoog nach Legelicheit, wo die Milde
sich mit ihm vereinigte, durch den Obbenskoog, den Adolphskoog und er=
goß sich in die Hever. Ein anderer Arm dieser Nordeider ging durch
Barnemoor, Offenbüll, Hochbrückfiel, Hemminghörn nach Vollerwiek und
ergoß sich in die Westsee.

Eiderhof, ein mit schönen Gebäuden versehener Hof an der Eider,
im Gute Hohenlieth, Eckernförderh., Ksp. Sehestedt, Schuldistr. Holtsee.

Eisböl, 3 Vollh., 1 Landbohlst. und 1 Instenst., ⅛ M. nordwestlich
von Hadersleben, A. Hadersleben, Osterth., Hadersleberh., Ksp. und
Schuldistr. Alt=Hadersleben. Die Landbohlstelle heißt Bjerghuus.
Eisböl war ehemals ein Edelhof (s. Egelsböl); die Wälle, in deren
Bezirk der Hof gestanden hat, sind noch sichtbar. — Der Boden ist gut
und der vormalige 14$\frac{11}{16}$ Ton. enthaltende Eisböler=See ist in sehr
gutes Wiesenland verwandelt.

Ekeberg, Dorf 2 M. nordöstlich von Schleswig, A. Gottorf, Strur=
dorfh., Ksp. Strurdorf; enthält 2 Vollh., 7 Halbh. und 3 Kathen, welche
insgesammt zum vorm. Schlesw. Domcapitel gehörten; eine Stelle heißt
Scharrerie. Ekeberg contribuirt für 5½ Pfl., wovon 4½ Archidiaconat=
lansten waren und außer der Feldmark noch eine Feldmark, die s. g. Stoll=
tofter, inne hatten, die zu dem Dorfe Stolige gehört haben wird; ein Hof
von 6 ℳ Goldes hieß Ekeberghof, den das Capitel 1455 von dem
Herzoge gegen Klappholz eingetauscht hatte. — Ziegelei, Schmiede. —
Schuldistr. Strurdorf. — Areal: 472 Steuert. — Der Boden ist von
ziemlicher Güte. Nördlich vom Dorfe liegt der kleine Ekeberger=See,
welcher vom Amte verpachtet wird.

Ekeberg, Groß=, 2 Parcelenstellen im Gute Oehe, Cappelerh.,
Ksp. Gelting, Schuldistr. Gundelsbye.

Eken (Igen, vorm. Icking), Kirchdorf auf der Insel Alsen,
1½ M. südöstlich von Norburg, A. Norburg, Ekenh., Bisth. Alsen und

Aeroe. — Dieses Dorf, welches den Namen von einer vormals hier befindlich gewesenen bedeutenden Eichenhölzung erhalten hat, von welcher man in den Torfmooren noch oft Spuren findet, enthält 9 Vollbohlen, 6 Kathen und 11 Instenstellen, (9 Pfl.). Oestlich vom Dorfe liegt eine Königliche Wassermühle mit einer Windmühle, Eken-Mölbye genannt. — Schuldistr. Dynnevith. — Wirthshaus, Schmiede und einige Handwerker. — Die Kirche liegt ziemlich hoch und ist ansehnlich; statt des Thurms steht auf dem Kirchhofe ein Glockenhaus. Im Chor ist ein Sterngewölbe. In der Kirche sind mehrere Fürstliche Personen begraben: Herzog Friedrich († 1658), dessen Gemahlin Herzogin Eleonore († 1681), Herzog Christian von Aeroe († 1633) und Herzog Johann Bogislaus († 1679). Der Kirchhof ward 1810 planirt und mit Anlagen versehen. Vom Kirchhofe genießt man eine schöne Aussicht. An der Kirche standen vormals 2 Prediger; der jetzige wird von dem Könige ernannt und wohnt im Dorfe Guderup. — Eingepfarrt: Ausager, Bommelund, Dynnevith, Eken, Eken-Mölbye, Elstrup, Guderup, Helvith, Igebjergmölle, Karholm, Lambjerg, Lysholm, Nyegaard, Nyeled, Osterholm (z. Thl.), Sillerup, Sillerupskov, Stollbroe. — Areal: 481 Steuert. — Der Boden ist in der Nähe der Kettinger-Bucht theils sandigt, theils steinigt, theils ziemlich gut, an der östlichen Seite aber von besonderer Güte. — Vz. des Ksp.: 1719.

Ekenis (vorm. Eghenäs), Dorf ¾ M. südwestlich von Cappeln, Ksp. Boren; zum A. Gottorf, Schliesharde, gehören 2 Vollh., 2 Zweidrittelh., 2 Fünfneuntelh., 4 Drittelh. und 13 Kathen (5⅞ Pfl.), von denen eine Ekenislund heißt; zum St. Johanniskloster in Schleswig, Schliesh., 3 Hufen, 3 Kathen und 1 Parcelenst.; eine Kathe heißt Bicken, die Parcelenstelle Wattlück; zum Gute Dollrott, Cappelrh., 1 Freikathe. Von den Amtshufen gehörten die beiden Vollh. zur Domkirchenvogtei Grödersbye, alle übrigen zur Vogtei Ulsnis, 2 Kathen gehörten zum ehemaligen Gute Lindau. — Districtsschule. — 2 Wirthshäuser, 2 Schmiede und mehrere Handwerker. — Areal mit Bremswatt und Bekhaus 568 Steuert. — Der Boden ist gut, eine Hölzung heißt Lunderholz. — In den Jahren 1644 und 1645 litt das Dorf sehr bedeutend durch die schwedische Invasion.

Ekensund, (Egensund, Ekernsund), Fabrikort im Lande Sundewith, in ausgezeichnet schöner Lage, 1¾ M. westlich von Sonderburg am Ekensund, einer Meerenge zwischen dem Flensburger Meerbusen und dem Nübelnoor belegen, zum A. Sonderburg, Nübelh., gehörig, Ksp. Broacker. — Diese Ortschaft entstand im Anfange des 18. Jahrhunderts und enthält 64 meistentheils auf Schottsbüller Grunde liegende Instenstellen, von welchen einige durch Parcelen des Hofes Schottsbüllgaard vergrößert sind. Von diesen gehören 14 zum Gute Gravenstein und 3 zur Marienkirche in Flensburg. Unter diesen Stellen sind eine Menge Ziegeleien, von denen 11, nämlich Alte Ziegelei, Berg-Ziegelei (2 Ziegel.), Brille (5 Ziegel.), Jean-Meyn, Island und Grönland am Sunde liegen. Südöstlich davon am Flensburger Meerbusen liegen andere Laagmai genannt und noch weiter südöstlich am Strande die größte der Ziegeleien, Rennberg genannt, auf welcher jährlich circa 2 Millionen Steine gebrannt werden; die Gebäude derselben sind durch Schienenbahnen verbunden. — Districtssch. — 3 Wirthshäuser, 2 Schmiede und einige Handwerker. — Am Sund liegt das Fährhaus (Wirthshaus) nach Gravenstein; die von hier nach dem gegenüberliegenden Wirthshause bei Alnoer führende Fähre gehört zum Gute Gravenstein und ist eine Erbpachtstelle. — Es werden hier jährlich etwa 8 Millionen Mauersteine und über 1 Million Dachziegel verfertigt; die Ziegelarbeiten in der Ortschaft beschäftigen im Sommer täglich über 300 Arbeiter. — Für die Schifffahrt hat Ekensund eine sehr günstige Lage, der Sund bildet einen tiefen und sichern Hafen, an welchem bei der Fährstelle und bei jeder Ziegelei eine Brücke ist, an der die Schiffe anlegen und bequem laden und löschen können. Außer den Torfjachten, deren meistens jede Ziegelei eine besitzt, sind hier noch mehrere Schiffe, welche nach Kopenhagen und andern in- und ausländischen Häfen fahren. — Die Fischerei liefert viele Heringe, Dorsche, Aale, Butten und auch Lachse; die Herings-Räuchereien sind nicht unbedeutend und machen jährlich Versendungen nach Kopenhagen. Auch wird hier einiger Schiffsbau getrieben. — Die Windmühle ward 1833 erbauet. — Areal: s. Schottsbüll. — Der Boden enthält längs der Küste unter einer dünnen Erdschichte erst eine 3—4 Fuß starke Lage Pfannenlehm und dann eine Lage Steinlehm, die eine Stärke von über 26 Fuß erreicht. An Pfannenlehm gebrach es schon einigen Ziegeleien, die denselben von andern Grundbesitzern kaufen müssen. — Die Gegend, wo Ekensund liegt, ist vormals ganz mit Waldung bedeckt gewesen und von den Eichen soll der Ort seinen Namen führen. — Bz. mit Schottsbüll: 759.

Ekvad (Egwad, Igwai), Kirche 1½ M. westlich von Apenrade, an der Landstraße nach Lygumkloster, A. Apenrade, Süderrangstruph., Pr. Apenrade. Diese Kirche, ein Filial von Heldevad, ist eine der ältesten im Herzogthume und gehörte vormals zur Ripenschen Diöcese. Sie ist von behauenen Feldsteinen aufgeführt, hat einen stumpfen Thurm und ist an der Südseite mit Blei gedeckt. — Das Dorf Hönkys hat ehemals bei der Kirche gelegen, brannte aber zu Königs Erich des Pommers Zeit ab und wurde weiter südlich erbauet. — Der Prediger wohnt jetzt in Heldevad; die ehemal. Ekvader Predigerhufe liegt jetzt in Hönkys. — Es wird berichtet, daß im 13. Jahrhundert der hiesige Prediger am 4. October hat Gottesdienst halten müssen, des Morgens in Heldevad, des Mittags in Bedsted, des Abends in Rapsted und um Mitternacht hier. — Eingepfarrt: Fjerholm, Fredenslund, Hönkys, Horslyk, Hostrup, Hostruper Kathen, Lönholm, Nykroe, Oebening, Stovhuse. — Bz. des Ksp.: 875.

Elerholzmoor, einige Häuser am Helligbek, nordwestlich von Ober-Stolk, im A. Gottorf, Sturdorfh., Ksp. Fahrenstedt.

Elisabeth-Sophienkoog, ein octroyirter Koog auf der Insel Nordstrand, in der Nordstranderh., Ksp. Odenbüll. Dieser Koog ward 1739 eingedeicht, gehörte damals zur Landschaft Nordstrand und hieß Christianskoog; derselbe wurde in den Jahren 1755 und 1756 größtentheils durch Wasserfluthen zerstört, darauf 1771 wiederum eingedeicht und 1786 von den Hauptparticipanten an den Geheimen Conferenzrath Desmercieres verkauft und bildet jetzt einen Theil des s. g. Fürstl. Neußischen Fideicommisses. — In dem Kooge sind 9 Hofstellen und mehrere Wohnungen für Handwerker und Tagelöhner u. s. w. Nebenschule. — Wirthshaus. — Zahl der Einwohner: 106. — Areal: 903 Dem. 2 R. à 216 Q. R.

Ellehuus, eine zur Commüne Sollwig gehörige Bohlstelle (⅓ Pfl.), A. Tondern, Tonderh., Ksp. und Schuldistr. Hoist. — Ueber die Mark- und Feldscheidung ist eine Dingswinde aus dem Jahre 1542 vorhanden.

Ellenberg.

Ellenberg, Dorf dem Flecken Cappeln gerade gegenüber, im Gute Loitmark, Eckernförderh., Ksp. Schwansen. — Ellenberg war vormals ein Dorf von 12 Hufen und ward 1450 von W. Pogwisch an W. v. d. Wisch verkauft; späterhin verschötete der Knappe Lüder Rumohr dieses Dorf dem Herzoge Adolph; seitdem war es immer landesherrlich und stand unter der Schliesharde, bis 1689 der Herzog Christian Albrecht es v. Ahlefeld zu Buckhagen schenkte. Es enthält außer der Wohnung eines Holzvogts, 2 Erbpachtst., 12 Kathen, 13 Instenst. und 2 Freihäuser. Beim Dorfe liegt eine Fähre und eine Mühle (s. Loitmark). — Schuldistr. Loitmark. — Wirthshaus, Brauerei und Brennerei, Schmiede und einige Handwerker. — Unter den Einwohnern sind 2 Schiffer. — Der Boden gehört größtentheils zu der schwereren Art. — Im Jahre 1628 ward das Dorf von den Kaiserlichen geplündert.

Ellgaard, ein ehemal. Meierhof des Gutes Uenewatt, 2½ M. östlich von Flensburg, A. Flensburg, Munkbraruph., Ksp. Grundtoft; jetzt ist hier eine zu Nordballig und zum Gute Uenewatt gehörige, mit Freiheiten versehene Hufe nebst 3 Kathen. — Areal: 50 Steuert. — Diesen Hof besaß Henneke von Hagen zu Rübel der 1597 starb; 1598 war derselbe an Wulf v. Damme verpfändet. In den Jahren 1619 und 1625 hatte die Frau Anna Rantzau diesen Hof pfandweise; 1632 war der Herzog Philipp Besitzer.

Ellhövd, Dorf 1 M. südöstlich von Tondern, A. Tondern, Karrh., Ksp. Süder-Lygum; 9 Halbbohlen, und 14 kleine Landst. (5⅓ Pfl.). — Eine kleine ausgebaute Landstelle heißt Gulum. — Schule. — Der Boden ist größtentheils sandigt und nicht von besonderer Güte.

Ellingstedt, Dorf 1¼ M. südwestlich von Schleswig, A. Gottorf, Arensh., Ksp. Hollingstedt; 1 Vollh., 11 Halbh., 6 Viertelh., 4 Achtelh., 9 Kathen, 3 ausgebaute Parcelenst., von denen 2 Bookhöft heißen, 6 Instenst. (mit Morgenstern 8¾ Pfl.). — Von der Vollh., welche ehemals von dem Hardesvogte bewohnt ward, werden noch jetzt gewisse Abgaben an denselben entrichtet. — Districtsschule. — Schmiede und einige Handwerker. — Der Name dieses Dorfes wird von einem vormaligen Edelhofe, welcher Edelstedt geheißen haben soll, hergeleitet; in dem Jahre 1648 war hier noch ein Fürstl. Meierhof, welcher ebenfalls, bis auf ein langes Stallgebäude, das zum Wohnhause eingerichtet ist, abgebrochen ward. — Areal mit Morgenstern: 1547 Ton. — Die Ländereien bestehen größtentheils aus urbar gemachtem Haideboden. — In den Jahren 1644 und 1645 litt die Dorfschaft sehr durch die schwedischen Kriegsvölker. — Oestlich vom Dorfe liegen 4 große Grabhügel. — Vz.: 398.

Ellkjär, 2 Kathen mit Land im A. Gottorf, Strurdorfh., Ksp. Tolk, Schuldistr. Twedt. — Diese Kathen gehörten ehemals zum Schlesw. Domcapitel. — Areal: 9 Steuert.

Ellum (Waldem. Erdb.: Ellaem), Dorf ½ M. südwestlich von Lygumkloster, A., Birk und Ksp. Lygumkloster. Von diesem Dorfe hatte das alte Ellum-Syssel seinen Namen; es enthält 1 Vollh., 4 Dreiviertelh., 9 Halbh., 4 Viertelh., 3 Kathen und 15 Instenst. (9¼ Pfl.) — Districtssch. — Areal: 767 Steuert. — Der Boden ist größtentheils sandigt und nur ein geringer Theil lehmigt. — Auf der Feldmark befinden sich 3 Grabhügel.

Ellund, Dorf 1¼ M. westlich von Flensburg, Ksp. Handewith. Von diesem Dorfe, welches seinen Namen von einer hier vormals befindlichen Hölzung erhalten haben soll, gehören 4 Dreiviertelh., 8 Halbh.,

8 Viertelh., 10 Kathen und 2 Colonistenstellen auf dem Westerfelde, zu Julianenau gehörig (3 Pfl.), zum A. Flensburg, Wiesh.; ausgebaut sind 2 Halbh., Simondys, an der Meynaue, 1 Viertelh. Hof; 2 Hufen heißen Ellundhof, vormals ein Hof, den im 16. Jahrh. Wulf v. d. Wisch auf Fresenhagen, späterhin der Graf v. Castell-Remlingen besaß, worauf er parcelirt ward; 4 Hufen gehörten zum ehemal. Gute Lindewith; 2 Hufen zum Freigute Kollund und 4 Halbh. (2 Pfl.) zur Marienkirche in Flensburg. — Districtssch. — Armenhaus. — Wirthshaus, Schmiede und einige Handwerker. — Areal: 529 Ton. — Der Boden ist nur von mittelmäßiger Art, größtentheils sandigt.

Ellworth, ein Hof nordöstlich von Tönning, im Ostertheil der Landsch. Eiderstedt, Ksp. und Schuldistr. Tönning. Dieser Hof ist dadurch merkwürdig geworden, weil von hieraus die Festung Tönning 1713 am stärksten beschossen und der schwedische General Steenbock zur Uebergabe der Stadt gezwungen ward.

Elsdorf, Dorf 1¼ M. südwestlich von Rendsburg, A. Hütten, Hohnerh., Ksp. Hohn; 13 Vollh., 6 Halbh., 8 Viertelh., 9 Achtelh., 12 Kathen und 6 Anbauerst. (19½ Pfl.). Eine Viertelh. an der Eider heißt Ahlsbek; 4 Anbauerstellen heißen Hohenheide. — Districtssch. — Wirthsh., Schmiede und mehrere Handwerker. — Areal: 1128 Steuert. — Das Dorf liegt an einer Anhöhe in der Niederung; durch dasselbe fließt ein Bach, der sich westlich, Westermühlen vorbei, in die Eider ergießt und im Winter die Wiesen überschwemmt. Das Ackerland ist von verschiedener Art, gehört aber zu dem guten, da vieles davon lehmigt ist. — Nordöstlich von Elsdorf liegt das Königl. Gehege Osterhamm (650 Ton.), mit der Wohnung eines Hegereuters; hier ist eine Baumschule. — Vz.: 530.

Elsmark, Dorf auf der Insel Alsen, ⅜ M. südöstlich von Norburg, A. Norburg, Norderh., Ksp. und Schuldistr. Hagenberg; 6 Vollh. und 1 Kathe (6 Pfl.). — Areal: 260 Steuert. — Der Boden ist größtentheils sehr gut.

Elstrup (vorm. Elefstorp), Dorf auf der Insel Alsen, 1¼ M. südöstlich von Norburg, A. Norburg, Ekenh., Ksp. Eken; 17 Vollbohlen, 13 Kathen und 19 Instenst. (17 Pfl.). — Districtssch. — Wirthsh., Schmiede; fast in jedem Hause ist ein Webestuhl vorhanden. — Areal: 711 Steuert. — Der Boden ist hügeligt und von besonderer Güte. — Der Herzog Abel verzichtete 1245 auf alle Gerechtsame an Elefstorp (9 ₰ Goldes), die seinem Bruder Erich in einer Theilung zugefallen waren. — Der König Waldemar verpfändete 1344 Elsdorf an Marquard Schwanow auf Wieberlöse. — Oestlich von Elstrup lag ein Dorf Boested (s. Boested). — Vz. des Dorfs: 372.

Emesbull (Emtsbull, Evensbüll), eine vergangene Kirche in der Edomsharde auf der Insel Nordstrand, ¾ M. südlich von Odenbüll. Die Wasserfluth im Jahre 1634 beschädigte sie zwar sehr, aber es ward doch der Beschluß gefaßt, sie durch die Materialien einzelner Gebäude auszubessern; bald nachher 1638 wurden indeß die Einwohner nach Odenbüll eingepfarrt. Das Kirchspiel hatte vor der bedeutenden Fluth ein Areal von 2316 Dem. 142 R. und 86 Häuser nebst 2 Mühlen; — 37 Häuser und die beiden Mühlen trieben 1634 weg, 240 Menschen ertranken und es blieben nur 33 Hauswirthe und 16 Käthner am Leben. Im Jahre 1636 waren hier nur 13 Hauswirthe und Käthner, welche zur Unterhaltung ihres Predigers eine 180 ℔ schwere Kirchenglocke verkaufen mußten. Der größte

Emmelsbüll.

Theil des Kirchspiels ist durch Eindeichung des Marschkooges 1663 und des Neuenkooges 1692 wieder gewonnen.

Emmelsbüll (Emensbüll, vorm. Emptesbul), Kirchdorf 2½ M. südwestlich von Tondern, A. Tondern, Wiedingh., Pr. Tondern; enthält außer der Prediger- und Küsterwohnung 24 Häuser, die auf Werften erbauet sind. — Districtssch. — Wirthsh., Schmiede. — Westlich von Emmelsbüll liegt eine Windmühle. — Die alte Kirche, welche westlich von der jetzigen lag, ward 1768 abgebrochen; sie hat 2 kleine Thürme, ist gewölbt und regelmäßig gebaut. — Der Prediger wird von dem Amtmanne und von dem Probsten präsentirt und von der Gemeinde gewählt; das Diaconat ging 1638 ein. — Eingepfarrt: Ebüll, Emmelsbüll, Gotteskoog, Gotteskoogdeich, Hemmersweif, Hoddebülldeich, Süd-Hoddebüll, Katzhörn, Kleinkoogsdeich, Lehnshallig, Mitteldeich, Mittel-Kleinkoogsdeich, Mühlendeich, Osterdeich, Rotzbüll, Rundwerf, Saidt, Süderdeich, Süder-Gotteskoogsdeich, Südwesthörn, Toftum, Wrevelsbüll. Aus dem Alt- und Neu-Christian-Albrechtskoog und Marienkoog halten sich 19 Häuser hieher zur Kirche ohne eigentlich zum Kirchspiel zu gehören. — Der Boden ist nur von sehr mittelmäßiger Art und muß, obgleich er Marschboden ist, sehr stark bedüngt werden. — Vz. des Ksp.: 956.

Emmelsbüller-Koog, Klein-, ein Koog südwestlich vom Gotteskoog-See, im A. Tondern, Wiedingh., Ksp. Emmelsbüll. — Areal: 488 Dem.

Emmerlev, Kirchdorf 1¾ M. nordwestlich von Tondern; die Kirche gehört zur Grafschaft Schackenborg. Von diesem Dorfe gehören zum A. Tondern, Nordhoyerh., 8 Bohlstellen, 23 Kathen und eine Erbpachts-Windmühle, (1⅓ Pfl.), zur Commüne Kurbüll und Südergaard 2 Bohlst., 5 Kathen und 1 Instenst. und das Uebrige zur Grafschaft Schackenborg und zum Gute Troyborg. — Districtsschule. — Arbeitshaus, Wirthshaus, Schmiede und mehrere Handwerker. In diesem Dorfe werden die feinsten Spitzen verfertigt. — Die Kirche steht unter dem Bischofe von Ripen und war vor der Reformation und noch bis 1652 dem Archidiaconus in Ripen beigelegt; sie ist von behauenen Feldsteinen aufgeführt, hat einen hohen Thurm und ist mit Blei gedeckt. — Der Besitzer der Grafschaft Schackenborg ernennt den Prediger, welcher in Süder-Seiersles wohnt. — Eingepfarrt: Emmerlev, Gammelbye, Hem, Hou, Kjärgaard, Kurbüll, Nyeland, Südergaard, Norder- und Süder-Seiersles. — Der hochliegende Boden ist steinigt und sandigt, aber in den letzten Jahren sehr verbessert. Auf der Feldmark sind viele Grabhügel. — Vz. des Ksp. zum A. Tondern: 938.

Emmerschede, Groß- (vorm. Imberschäth), Dorf ½ M. nordöstlich von Tondern, an der Landstraße nach Hadersleben, A. Tondern, Nordtonderh., Ksp. Tondern; 13 Bohlstellen, 22 kleine Landstellen und 9 Instenst. Eine ausgebaute Bohlstelle heißt Steinberg, eine Instenstelle Nordburg, eine kleine Landstelle und 2 Colonistenstellen, letztere beiden zur Colonie Friedrichsgabe gehörend, heißen Emmerschedebjerg; zur Dorfschaft gehört auch Toft (s. Toft); 5 Bohlst. und einige kleine Stellen (2¼ Pfl.), gehören zur Commüne Sollwig. Mit der Districtsschule ist ein Bethaus verbunden, worin sonntäglich der dänische Prediger aus Tondern predigt und zweimal jährlich das Abendmahl austheilt. — Armenhaus. — Wirthshaus, 2 Ziegeleien, Schmiede und mehrere Handwerker. Einige ernähren sich durch Spitzenklöppeln. — Das Ackerland nördlich und östlich vom Dorfe ist theils lehmigt, theils von wiesenartigem Boden und ziemlich gut; südlich ist der Boden ganz sandigt.

Emmerschede.

Emmerschede, Klein-, Dorf westlich von Groß-Emmerschede, A. Tondern, Nordtonderh., Ksp. Tondern; 9 Bohlstellen, 1 kleine Landstelle, 5 Instenstellen. Ein von der Landstraße nach Lygumkloster ausgebautes Wirthshaus heißt Nyburg, 1 Kathe und 3 Instenstellen werden Heidehäuser genannt. — Schuldistr. Groß-Emmerschede.

Endrup, 2 Vollh. und 1 Viertelh. (17⅞ Pfl.), 1 M. südwestlich von Ripen, A. Hadersleben, Westerh., Hviddingh., Ksp. und Schuldistr. Hvidding. — Areal: 135 Steuert. — Der Boden ist theils Marsch theils Geest, östlich sandigt aber größtentheils gut, westlich besser.

Endrupskov, Dorf an der Gjelsaue, 1¾ M. südöstlich von Ripen, im Gute Nübel, A. Hadersleben, Frösh., Ksp. Gram. Dieses Dorf enthält einige Landstellen (11 Otting); 1 Hof (2 Otting) gehört zur Grafsch. Schackenborg. — Schule. — Areal: 362 Steuert. — Der Boden ist von schlechter Art. — Oestlich von diesem Dorfe hat noch im Anfange des 16. Jahrhunderts eine Kirche, die St. Theocarikirche gestanden, deren Stelle noch gezeigt wird. Nach der Aufhebung des Kirchspiels kam die Gemeinde zur Gramer Kirche.

Enemark, 2 Halbh. (1 13/15 Pfl.) im A. Hadersleben, Westerh., Norder-Rangstrupph., Ksp. Hörup, Schuldistr. Arnum. — Areal: 110 Steuert.

Enemark, eine kleine Landstelle an der gleichnamigen Hölzung (13 Ton. 116 □. R.) bei Apenrade, ¼ M. westlich von Apenrade, A. Apenrade, Riesh., Ksp. und Schuldistr. Apenrade.

Engbrück, 3 Sechstelh. und 2 Kathen an der Hilligbek, 1½ M. nordwestlich von Schleswig, A. Gottorf, Vogtei Bollingstedt, Ksp. Eggebek, Schuldistr. Bollingstedt. — Wirthshaus. — Oestlich liegt eine Ziegelei. — Areal: 81 Steuert. — Der Boden ist von ziemlicher Güte.

Enge (die Enge), Kirchdorf 3¼ M. südöstlich von Tondern, Pr. Tondern. Dieses alte Dorf hat seinen Namen von dem Worte Eng (Wiese) und wird in 3 s. g. Rotts eingetheilt: 1) Oster-Enge; 2) bei der Kirche, von denen einige Häuser die Blinge und 2 Wirthshäuser, Steinberg und Petersburg genannt werden; 3) Wester-Enge, wozu die Mühlen auf Langberg. Es enthält zum A. Tondern, Karrh., 37 Bohlst., 11 kleine Landst. und 17 Häuser ohne Land; 8 Bohlst., 9 kleine Landst. und 2 Häuser ohne Land (2½ Pfl.) gehören zu den Gütern Fresenhagen, Klirbüll und Wragaard, Karrh.; 1 Bohlst. zur Landschaft Bredstedt; einige Bohlstellen (8 Pfl.) gehörten ehemals zum Schlesw. Domcapitel. — Districtsschule. — 2 Wirthshäuser, 1 Krämer, 2 Tischler, 2 Schmiede und mehrere Handwerker. Es wird hier viel halbwollenes Zeug zum Verkauf verfertigt. — Die Kirche ist ein einfaches Gebäude ohne abgesondertes Chor und 1758 reparirt, sie hat keinen Thurm; auf dem Kirchhofe ist ein Glockenhaus. Der Prediger wird von dem Amtmanne und von dem Probsten präsentirt und von der Gemeinde gewählt. — Das ganze Kirchspiel wird in 9 Rotts eingetheilt. — Eingepfarrt: Ackern, Blinge, Oster- und Wester-Enge, Engerheide, Hörn, Holzacker, bei der Kirche, Klingenberg, Knorburg, Langberg, Linnerthof, Lund, Maade, Mommenberg, Perebüll, Petersburg, Sande, Schapenborg, Schardebüll, Soholm, Steinberg, Stegelberg. — Heinrich von Ahlefeld zu Satrupholm hatte in Enge 1613 2 Lansten, diese sind späterhin dem A. Morkirchen und darauf dem A. Tondern einverleibt; die v. Rumohr auf Rundhof hatten 1593 bei Enge Marschländereien. — Das Ackerland hat eine hohe Lage und ist sandigt. —

Nördlich vom Dorfe befinden sich mehrere Grabhügel, worunter einer, Warkushöi genannt, sich durch seine Höhe besonders auszeichnet. Vz. des Ksp.: 1002.

Engelsbye, Dorf ½ M. östlich von Flensburg, Ksp. und Schuldistr. Adelbye. Zum A. Flensburg, Husbyeh., gehören 1 Dreiviertelh., 1 Viertelh. und 3 Kathen; dem Hospitale in Flensburg, 2 Viertelh. und 4 Kathen (½ Pfl.); der St. Marienkirche 1 Halbh. und 5 Kathen (½ Pfl.). Hier ist eine zum Hospitale gehörende Oelmühle. Die beiden zum Hospitale gehörenden Viertelh. haben ehemals ein Bauerngut ausgemacht, welches der Stadt gehörte, 1445 dem Heil. Geisthospital daselbst verpfändet ward und 1551 dem Armenkloster anheimfiel. — Areal: 176 Steuert., von denen zum Amte 65 Steuert. gehören.

Engelsburg, ein Wirthshaus an der Chaussee von Husum nach Flensburg, zwischen Viöl und Husum, A. Husum, Süderh., Ksp. Viöl.

Engerheide (Heide), Dorf östlich von Enge, 3¼ M. südöstlich von Tondern, Ksp. Enge. Dieses Dorf, welches ziemlich hoch liegt, wird in Ober- und Unter-Heide eingetheilt und zum A. Tondern, Karrh., gehören 6 Bohlst., 14 kleine Landst. und 5 Instenst. (1¼ Pfl.); zum Gute Fresenhagen 1 Bohlenst. (½ Pfl., 30 Steuert.) und zum Gute Klixbüll 1 Bohlst.; 3 kleine Landstellen in Unter-Heide heißen Maade (vorm. Madenburg), welcher Ort ein Edelsitz gewesen sein soll und der Familie auf der Heide gehörte. Im Jahre 1696 waren hier 14 kleine Bohlparcelen; 2 kleine Landstellen heißen Lund und Wommenberg. — Nebenschule. — Der Boden ist nur von mittelmäßiger Art.

Engerkoog (Engelsbüllerkoog), Koog im A. Tondern, Karrh., Ksp. Enge. — Areal: 771 Dem.

Enlev, Norder- (Norder-Enleben, vorm. Oenlöv), Dorf 1¼ M. westlich von Apenrade, A. Apenrade, Riesh., Ksple. Ries und Jordkjär (zu letzterem 1 Hufe, 2 Kathen); enthält 1 Vollh., 3 Dreiviertelh., 4 Halbh., 1 Drittelh., 1 Sechstelh., 9 Kathen (5$\frac{29}{48}$ Pfl.); 1 Kathe gehörte sonst zum A. Hadersleben, Vogtei Bollerslev. — Schuldistr. Jordkjär. — 2 Schmiede. — Areal: 637 Steuert. Der Boden ist westlich vom Dorfe von ziemlicher Güte, östlich aber nur sehr mittelmäßig.

Enlev, Süder- (Süder-Enteben), Dorf, 1¼ M. westlich von Apenrade, Riesh., Ksp. und Schuldistr. Jordkjär; 2 Vollh., 4 Dreiviertelh., 2 Halbh. und 6 Kathen (6$\frac{1}{16}$ Pfl.). Ein ausgebauter Hof Keelbäk gehörte sonst zum A. Hadersleben, Vogtei Bollerslev. — Hier hat früher eine Kirchspielskirche Gule (Guldlef) gestanden, welche zur Zeit des Königs Erich des Pommers 1411 von den Dänen abgebrannt und im Anfange des 16. Jahrhunderts bei Jordkjär wieder aufgebauet ist. — Areal: 493 Steuert. — Der Boden ist sehr verschieden, theils fruchtbar, theils aber auch sandigt und mager. Auf der Feldmark befinden sich einige Grabhügel.

Ensted (vorm. Aensteth), Kirche ¾ M. südlich von Apenrade, an der Landstraße nach Flensburg, A. Apenrade, Lundtoftrh., Pr. Apenrade. Diese Kirche, die schon 1270 erwähnt wird, ist von behauenen Quadersteinen aufgeführt und der Sage nach soll die Königin Margaretha diese Steine geschenkt haben. Die Kirche ist ohne Thurm, mit Blei gedeckt. Auf dem

Kirchhofe steht ein Glockenhaus. Das Patronatsrecht der Kirche hatten im 16. Jahrhundert die Besitzer von Seegaard; jetzt wird der Prediger, der in Stubbek wohnt, von dem Amtmanne und dem Probsten präsentirt und von der Gemeinde gewählt. — Im Jahre 1806 ward in der Nähe der Kirche an der Landstraße ein Wirthshaus erbauet, welches Enstedkroe heißt. Eingepfarrt: Aarup, Aarupholz, Benkemoos, Dybkjär, Enstedkroe, Felsbekhof, Höffelberg, Hostrup, Hostrupholz, Lachsmölle, Neuwerk, Röllum, Störtum, Stubbek, Stubbekholz, Stubbekkroe, Tarup, Wingelhöi. — Vz. des Ksp.: 1154.

Erdbjerg (Ertebjerg), Dorf auf der Insel Alsen, unweit der Ostsee, 2 M. östlich von Sonderburg im Gute Gammelgaard, A. Sonderburg, Augustenburgerh., Ksp. Tandslet. Dieses Dorf, welches sehr zerstreut liegt und fast ½ M. lang ist, enthält 10 Bohlst., 25 Kathen und 3 Instenst., von denen 1 Bohlst. Jestrupgaard, 1 Bohlst. und 2 Kathen Faurholm und 2 Kathen am Strande Thorhavn genannt werden. — Schuldistr. Tandselle. — Wirthshaus, Schmiede; einige Einwohner ernähren sich von der Fischerei. — Der Boden ist sehr gut. — Nördlich von Thorhavn liegt eine Hölzung Blomskoppel, wo sich in einem Grabhügel eine steinerne Grabkammer mit einem sehr großen Steine bedeckt befindet.

Erfde (vorm. Arvede), Kirchdorf 2¼ M. südöstlich von Friedrichstadt, in der Landschaft Stapelholm, Pr. Hütten. Es ist das größte Dorf dieser Landschaft, gut gebaut und mit gepflasterten Straßen durchzogen, und enthält mit dem Vollstaven des Predigers 33 Vollstaven, 23 Halbst., 6 Viertelst., 60 Kathen und 18 Freistellen mit kleinen Gärten (26 Pfl.); 2 privilegirte Stellen heißen Kleineckel (¼ Pfl.) und Bucht (¼ Pfl.); 3 nordöstlich, bei einer ehemaligen Hölzung belegene Stellen heißen Grevenhorst. — Districtsschule. — 3 Wirthshäuser, 3 Schmiede und mehrere Handwerker, 1 Königl. Kornmühle und eine Eigenthums-Graupenmühle. — Die älteste Kirche wurde 1402 von den Dithmarschern abgebrannt, die darauf erbauete soll ebenfalls 1473 während des Krieges zerstört sein; die jetzige Kirche ist zum Theil von Feldsteinen erbauet, nicht gewölbt und hat keinen Thurm; 1682 wurde sie bedeutend erweitert und 1790 ward eine Hauptreparatur vorgenommen. — Der Prediger wird aus 3 vom Visitatorio Präsentirten gewählt. — Eingepfarrt: Bargen, Bucht, Erfde, Gifthof, Grevenhorst, Kleineckel, Pahlhorn, Sandschleuse, Scheppern, auf dem Sorge, Tielen, Tielenhemme (z. Thl.). — Im Jahre 1698 brannten in Erfde mit dem Pastoratgebäude 42 Häuser ab und 1768 entstand im Dorfe eine so große Feuersbrunst, daß außer der Kirche nur wenige Häuser unversehrt blieben. Im Jahre 1588 ward eine Schützengesellschaft gestiftet; die Todtengilde, welche 1500 errichtet ward, ging in der Mitte des 18. Jahrhunderts wieder ein. — Vormals lag nordwestlich vom Dorfe auf der Feldmark Frenkelohe eine Wassermühle, welche, als die Aue ausgetrocknet war, 1672 sammt dem Mühlenhause abgebrochen ward. — Areal: 2250 Steuert. — Die Feldmark besteht aus dem Geestlande und der Erfder-Marsch, letztere größtentheils Wiesenland, ferner aus einem Antheile am Sorgerkoog. — Eine Wiese bei Erfde hieß 1587 Unser lieben Frouvenkamp, und gehörte der Kirche. — Der in der Erfder Feldmark belegene Meien-See (Mayen-See), 22 Dem. groß, welcher seinen Abfluß durch eine Schleuse in die Eider hat, ist jetzt ganz mit Rohr bewachsen und der Dorfschaft für einen jährlichen Canon in Erbpacht überlassen. — Bei der Koppel Hanrahden

Erlev.

war ehemals ein Grabhügel. — Das Erfder Holz ist gänzlich entwaldet. — Oestlich von Erfde, auf dem Wege nach Hohn an der alten Sorge lag die ehemalige Sorger Schanze; sie soll zuerst von den Stapelholmern aufgeführt sein, ward aufs Neue von dem Herzoge Friedrich IV. 1696 angelegt, aber schon im folgenden Jahre von den Dänen eingenommen und geschleift; im Jahre 1699 ward sie von dem Herzoge wieder in Stand gesetzt und 1700 von den Dänen abermals erobert und zerstört. — Vz. des Dorfes: 1088; des Ksp.: 2024.

Erlev, Dorf ⅛ M. südwestlich von Hadersleben, am Ufer des Haderslebener Dammes, A. Hadersleben, Osterth., Haderslebenerh., Ksp. und Schuldistr. Alt=Hadersleben; 4 Hufen, 9 Landbohlst. und 9 Instenst.; 4 Landbohlst. sind ausgebaut, eine heißt Kjär, eine Karlsbjerg, eine Freistelle Stytteshauge. Zu Erlev werden außerdem noch gerechnet 2 ausgebauete Höfe Hörregaard (Hospitalshof) und Söndergaard.— Der Boden ist zum Theil trocken und sandigt, aber nicht unfruchtbar.

Errigsted, Dorf ¾ M. nördlich von Hadersleben, A. Hadersleben, Osterth., Haderslebenerh., Ksp. Bjerning; 1 Anderthalbh., 4 Vollh., 10 Halbh., 4 Landbohlen und 3 Instenst. Ein nordwestlich vom Dorfe bei der Kirche Bjerning belegener Freihof heißt Bjerningroi, eine Stelle Blocksbjerg, und eine Instenst. Altona. — Schuldistr. Skovbölling. — Schmiede. — Der Boden ist nur von mittelmäßiger Art.

Eschelsmark, adel. Gut an der Schlei in der Eckernförderharde. Der Haupthof liegt 1 M. nordwestlich von Eckernförde, Ksp. Kosel. Dieses Gut contribuirte mit dem Gute Ornum, welches in einer langen Reihe von Jahren die Besitzer von Eschelsmark zugleich besaßen, für 40 Pfl. und nachdem es davon getrennt ward, für 28 Pfl., wovon aber 8 Pfl., von dem niedergelegten Gute Norbye herrührend, die außerordentlichen Lasten nicht tragen. Das Gut ist parcelirt und der Stammhof contribuirt für 9½ Pfl. — Im Jahre 1463 war Eschelsmark ein Dorf, worin die von Wohnsfleth 3 Hufen besaßen, bald nachdem wird dasselbe niedergelegt und das Gut entstanden sein. — Besitzer: 1512 v. Wohnsfleth, 1540 v. Rantzau, 1618 v. Ahlefeld, 1635 v. Rantzau, 1650 v. Ahlefeld, 1786 v. Qualen, 1794 v. Münster=Meinhöfel, darauf Bruyn, 1798 v. Klöcker; der jetzige Besitzer ist F. C. G. v. Ahlefeld. — Das ganze Areal des Gutes beträgt mit dem Meierhofe Lundshof und den Bauerländereien 1130 Ton. 80 R. à 240 □. R., (1094 Steuert., 108,920 Rbthlr. Steuerw.), wovon 325 Ton. (290 Steuert.) zum Haupthofe gehören; von diesen ist an Ackerland 238 Ton. 80 R., Wiesen 32 Ton. 120 R., Hölzung 32 Ton. 120 R., Moor 21 Ton. 160 R. — Der größte Theil des Bodens ist ein guter Mittelboden, ein kleiner Theil ist sandigt. — 3 Koppeln heißen: Groß= und Klein Hoberg und Horatt. — Zum Gute gehört außer dem Meierhofe Lundshof mit einer Kathe, das Dorf Bohnert (z. Thl.), 2 Hufen und 2 Landst. Buburg, 2 Kathen auf dem Eschelsmarker Moor, ein Ladeplatz an der Schlei Hakenhöft. — Wirthshaus, Ziegelei, Schmiede. — Zahl der Einwohner: 352. — Das alte Wohngebäude ward 1790 abgebrochen und ein neues am Garten wieder aufgebauet. — Contrib. 1254 Rbthlr. 12 b/ß., Landst. 340 Rbthlr. 34 b/ß, Hausst. 19 b/ß. — Auf der Feldmark dieses Gutes, unweit Bohnert, lag an der Schlei die vormalige Veste **Königsburg**, welche der König Erich von Pommern während des Krieges 1415 erbauen ließ. Sie ward bald nach der Erbauung 1417 von den Fürstlichen Kriegsvölkern belagert, aber nicht genommen, da sie nach damaliger Art sehr stark war. Die alten Befestigungen sind noch erhalten, gegen Süden und Norden sind drei doppelte Wälle mit Gräben in paralleler Linie, die sich gegenseitig dominiren, gegen Osten und Westen sind zwei ziemlich hohe, mit tiefen Gräben versehene Wälle. Das Ganze ist im Quadrate angelegt und hat einen Umkreis von 1030 Ellen.

Esgrus (vorm. Eschriis, d. i. Eschenanwuchs), Kirche 3 M. südöstlich von Flensburg, A. Flensburg, Nieh., Pr. Flensburg. Bei derselben liegen auf Amtsgrunde das seit 1796 von Atzbüll hierher verlegte Pastorat; auf dem Brunsholmer Grunde ein Wirthshaus bei der Kirche mit der Brennerei- und Brauereigerechtigkeit, eine Wassermühle und ein Armenhaus. Eine Kathe gehört zum Gute Grünholz. — Schuldistr. Schaubye. — Die Kirche ist ein sehr ansehnliches Gebäude mit einem nicht unbedeutenden Thurm; im Jahre 1824 wurde die Kirche im Innern verschönert. Unter dem Thurm ist 1797 das Rundhofer Begräbniß der v. Rumohrschen Familie erbauet. — Der König ernennt den Prediger. — Die Gemeinde befaßt 52 Kirchenbohlen, nachdem schon in alten Zeiten für mehrere niedergelegte Dörfer, unter andern Tranbüll und Lüchtoft, abgehandelt worden. — **Eingepfarrt:** Altona, Atzbüll, Beckerhaus, Birzhaff, Blick (z. Thl.), Böndergaard, Bojum, Bonsberg, Bremgaard, Brening, Brunsholm, Christianslücke, Dammstelle, Ellgaard, Esgrus, Esgrus-Schaubye, Fischersieg, Frauenhof, Griesgaard, Großkoppel, Grünholz (z. Thl.), Hamholz, Helenenthal, Holt, Holzkoppel, Hunhoi, Jürgensfeld, Kaltenkirchen, Kirchspielsbeck, Koppelheck, Lipping, Lüchtoft, Moosgaard, Mühlenkoppel, Mörderkoppel, Mürkmoos, Niekoppel, Niesgrau, Niesgrauhof, Ochsenkoppel, Ohrfeld (Hof), Ohrfeldhaff, Pattburg, Pattburgredder, Pieselholz, Quiekoppel, Regelsrott, Rörmoos, Rottberg, Rundhof (Hof), Sagerfeld, Schadelund, Schaubye, Scherrebye, Schnoogholm, Schrepperie, Schwonburg, im Sick, Sieverland, Stangbeck (z. Thl.), Stausmark, Steinacker, Strandkoppel, Stubdrup, Südensee, Tollgaard, Tollschlag, Tranbüll, Tischlerholz, Ulegrav, Vaßkos, Winnerye, Wippendorf. — Unweit der Kirche lagen 2 Grabhügel, die abgetragen sind; in der nahe liegenden Hölzung ist noch einer vorhanden. — Bz. des Ksp.: 2120.

Eskjär, eine Landstelle nordöstlich von Osterlygum, A. Hadersleben, Vogtei Bollersleben, Ksp. und Schuldistr. Oster-Lygum.

Esmark, Dorf 2½ M. nördlich von Schleswig, Amt Gottorf, Satruph., Ksp. und Schuldistr. Satrup; 8 Halbh., 1 Achtelh., 6 Kathen, (4⅓ Pfl.). Eine Hufe gehörte zu einer Vicarie der Domkirche in Schleswig. — Wirthshaus. — Areal: 562 Steuert. — Der Boden dieses niedrig belegenen Dorfes ist gut. — Bz.: 493.

Esmarkholm, 2 Halbh. und 3 Kathen zwischen Satrup und Ulsbye, A. Gottorf, Satruph., Ksp. und Schuldistr. Satrup. — Das Ackerland ist ein guter Mittelboden.

Espenis, adel. Gut in der Eckernförderharde, unmittelbar an der Schlei dem Flecken Cappeln gegenüber, Ksp. Schwansen. — Dieses Gut ist seit dem Jahre 1720 gänzlich mit dem Gute Loitmark vereinigt, und steht in der Landesmatrikel mit ¼ Pfl. Im Jahre 1352 gehörte Espenis zum Schleswigschen Domcapitel; 1566 verkaufte das Domcapitel dieses Gut an H. v. Rantzau; im Anfange des 17. Jahrhunderts war von Ahlefeld Besitzer, 1641 Pogwisch, 1652 v. Ahlefeld, 1656 v. Schack, darauf v. Buchwald, 1662 Wohnsfleth, 1672 Kruse, 1675 v. Buchwald, 1677 Wolgast, 1720 v. Dewitz, darauf die Besitzer von Loitmark, (s. Loitmarkt). — Das Wohnhaus ist vor einigen Jahren abgebrochen. — Bei Espenis ist eine Fähre über die Schlei.

Esperehm, Dorf 1 M. südöstlich von Schleswig, Ksp. Haddebye. Zum A. Hütten, Hüttenh., gehören 1 Siebenachtelh., 1 Halbh., 1 Achtelh. und 6 Kathen; zum St. Johanniskloster, A. Gottorf, Kropph., 6 Viertelh. und 3 Kathen. — Eine zum A. Hütten gehörige Kathe ist ausgebaut und heißt Plähnort. — Schuldistr. Geltorf. — Wirthshaus, Wachslichtgießerei. Areal: 341 Ton. à 320 □. R. (173 Steuert.) — Der Boden ist an der Westseite sandigt, östlich aber von guter Art.

Esperstoft, Dorf an der Treene, 2 M. nordwestlich von Schleswig, Ksp. Eggebek. Zum A. Gottorf, Treyah., gehören 2 Halbh. (1 Pfl.); zur Vogtei Bollingstedt 2 Vollh., 2 Halbh., 2 Achtelh., 1 Zwölftelh. und 2 Instenst. (3⅓ Pfl.); zum A. Flensburg, Uggelh., 2 Halbh., 1 Dreiviertelh., 7 Kathen, von denen 1 Vollh. Görrisau heißt und 1 Halbh. vormals zum Domcapitel gehörte. — Schule. — Ziegelei, Wirthshaus, Schmiede. — Areal: 539 Steuert. — Der Boden ist nur von mittelmäßiger Art, aber im Laufe der Zeit sehr verbessert.

Estrup, Dorf 1¼ M. südöstlich von Flensburg, A. Flensburg, Uggelh., Ksp. Groß-Solt; 2 Dreiviertelh., 4 Dreiachtelh., 2 Viertelh., 5 Kathen und 3 Instenst. — Einige Häuser östlich vom Dorfe heißen Kloster. — Nebenschule. — Areal: 349 Steuert. — Der Boden ist sehr gut.

Evesbüll (Eesbüll), ein vormal. Kirchspiel in der Beltringharde auf Nordstrand, etwa 1¼ M. südwestlich von Bredstedt. Die Kirche, welche schon früh angeführt wird, ward durch die Wasserfluth 1634 fast gänzlich zerstört und 1638 abgebrochen. Von den 52 Häusern des Kirchspiels trieben 39 in der Fluth weg und 170 Personen ertranken, nur 13 Hauswirthe wurden erhalten. — In diesem Dorfe ward der bekannte Geschichtsschreiber Peter Sax 1597 geboren. — Das Kirchspiel hatte ein Areal von 1394 Dem. 13 R.

Eydum, ein vergangenes Kirchspiel in der Wiedrichsharde auf der Insel Nordstrand, südlich von der Hallige Nordmarsch. Es soll nach den Verzeichnissen schon sehr frühe vergangen sein.

Eytum, ein vergangenes Kirchspiel auf der Insel Silt, südwestlich vom jetzigen Dorfe Wenningstedt. Es ist vielleicht zum Theil im Jahre 1300 mit Wendingstedt untergegangen. — Von den Materialien der Kirche ist die Kirche zu Westerland auf Silt, die 1634 abgebrochen ward, erbauet. — Ein Theil des im Jahre 1634 durchgebrochenen Deiches wird noch Eidemdeich genannt.

Faargaard, Hof (1 Pfl.) fast ½ M. nordwestlich von Lygumkloster, A. und Birk Lygumkloster, Ksp. Norder-Lygum, Schuldistr. Lygumgaard. — Areal: 186 Steuert. — Der Haideboden ist jetzt in fruchtbares Ackerland verwandelt.

Faarhuus, eine ehemalige Schäferei bei Mellerup, jetzt 1 Viertelh., an der Landstraße von Apenrade nach Ripen, A. Hadersleben, Westerh., Norderrangstrupp; Ksp. und Schuldistr. Agerskov. — Areal: 239 Ton., worunter 1814: 141 Ton. Haideland (41 Steuert.).

Faarkrog, 2 Halbh. und 5 Instenstellen, 3½ M. nordwestlich von Hadersleben, A. Hadersleben, Westerth., Frößh., Ksp. Skodborg, Schuldistr. Skudstrup. — Areal: 121 Steuert. — Der Boden ist sandigt und mager.

Färbersmühle (Süderholzmühle), eine südwestlich von Apenrade belegene Mühle, A. Apenrade, Riesh., Ksp. Apenrade.

Fahrdorf (vorm. Wagerdorf), Dorf an der Schlei der Stadt Schleswig gegenüber, dem St. Johanniskloster in Schleswig gehörig, A. Gottorf, Kropph., Ksp. Haddebye. Es enthält 2 Anderthalbh., 1 Fünfviertelh., 4 Vollh., 4 Dreiviertelh., 2 Dreiachtelh., 8 Kathen, 6 Instenst.; 5 Kathen und 2 Instenst. sind westlich ausgebauet und heißen Schlott; wahrscheinlich hat auf diesem erhöhten Platze ein Schloß gestanden. — Districtssch. — Wirthshaus, Schmiede; Fähre für Fußgänger über die Schlei. Einige Einwohner besitzen Böte und Kähne zum Gebrauche auf der Schlei, mit Ausschluß des Fischfanges. Das Ackerland ist von ziemlicher Güte. Vormals befanden sich auf der Feldmark einige Grabhügel, welche aber zerstört sind. — Im Jahre 1645 litt das Dorf sehr durch den Einfall der Schweden und noch im Jahre 1646 hatte die ganze Dorfschaft nur 2 Pferde.

Fahrdrup, Süder=, Dorf ¾ M. südwestlich von Ripen, Ksp. und Schuldistr. Wester=Vedsted. Zum A. Hadersleben, Westerth., Hviddingh., gehören 1 Dreiviertelh., 2 Fünfachtelh., 2 Halbh., 3 Drittelh., 5 Verbittelsst. und 4 Instenstellen; das Uebrige zum A. Ripen. — Areal: 310 Steuert. — Der Boden besteht aus Marsch und Geestländereien. Beide sind von guter Art. Bei hohen Fluthen ist dieses Dorf den Ueberschwemmungen ausgesetzt.

Fahrenstedt, adel. Gut im A. Gottorf, Strurdorfharde. Der Hof liegt 1½ M. nördlich von Schleswig, Ksp. Fahrenstedt. — Es war vormals ein freies Bondengut von 3 Pfl. nebst 2 s. g. Ornumer Feldmarken. Clement Erichsen, welcher 65 Jahre in der Strurdorfharde Hardesvogt gewesen ist, besaß diesen Hof 1507 und ihm ward für 2 Pfl. und die beiden Ornumer Koppeln die Steuerfreiheit verliehen; der eine getheilte Hof blieb in der Familie bis zum Anfange des 17. Jahrhunderts, der andere Hof war in den Jahren 1577 im Besitze von Breide v. Ahlefeld. Im Jahre 1696 wurde dem Hofe 1 Pfl. Landes in Böklund beigelegt und seitdem hat es in der Landesmatrikel zu 4 Pfl. gestanden. Besitzer: 1736 v. Rumohr, 1754 v. Reventlow, 1763 Klippe, 1766 v. Gersdorf, in dessen Familie es als Fideicommißgut geblieben ist. Im Jahre 1780 wurden davon 15 Parcelen abgelegt. — Das ganze Gut hat einen Flächeninhalt von 724 Ton. 74 R. à 260 □. R., davon besitzen als Eigenthum die Hufenbesitzer 236 Ton., die Parcelisten 179 Ton., 4 Freikäthner 59 Ton. und 7 Käthner 42 Ton. Für den Stammhof blieben demnach 208 Ton. 74 R. nach, worunter an Acker 97 T. 155 R., Wiesen 57 Ton. 43 R., Hölzung 47 Ton. 205 R., Hofplatz und Garten 4 Ton. 54 R., Wasser 1 Ton. 137 R. (660 Steuert., 92,160 Rbth. Steuerw., wovon zum Stammhofe gehören 146 Steuert. 23,360 Rbth. Steuerw.) — Die Untergehörigen des Gutes wohnen zerstreut in Böklund, Lindberg, Lindbergholz, Kattbek, Süder= und Norder=Fahrenstedt. — Das einstöckigte, im Jahre 1705 erbauete, Wohnhaus, vor welchem ein Thorhaus ist, liegt an einem kleinen Bache. — Zahl der Einw.: 430. — Zum Gute gehört eine wüste Pfarrhufe, und der Sage nach soll in der Nähe eine Capelle gestanden haben, bis die Kirche in Ulsbye erbauet ward. —

Fahrenstedt.

Bemerkenswerth ist eine Buche in der Hölzung, die etwa 30 Faden Holz enthalten soll. Einzelne Koppeln heißen: Norderteich, Karbyetoft, Lagerhorst und Krokirschlicht. — Contrib. 179 Rbth. 19 b/ß, Landst. 190 Rbth. 19 b/ß, Hausst. 5 Rbth. 32 b/ß.

Fahrenstedt, Norder-, Kirchdorf $1\frac{1}{4}$ M. nördlich von Schleswig, A. Gottorf, Strurdorfh., Pr. Gottorf; enthält außer der Küsterwohnung 2 Halbh. und 3 Parcelenst. (mit Süder-Fahrenstedt $5\frac{1}{2}$ Pfl.) — Districtsschule. — Die Kirche ist ein Anner der Ulsbyer, bei letzterer wohnt der Prediger. Sie ist geräumig und hell, aber ohne Thurm und ward besonders 1787 verbessert und mit einer Orgel versehen. Vor dem Jahre 1609 stand noch eine Kirche bei dem Dorfe Unter-Stolk, durch deren Abbrechung die Fahrenstedter Kirche vergrößert ward. Der König ernennt den Prediger. — Eingepfarrt: Böklund, Dänholm, Fahrenstedt, Norder- und Süder-Fahrenstedt, Elmholzmoor, Güldenholm, Helligbek, Kallebyehuus, Kattbek, Kellerbude, Lindeberg, Lindebergholz, Magerberg, Reesbrücke, Röhmke, Stolk, Welspang-Mühle. — Areal mit Süder-Fahrenstedt: 726 Steuert. — Das Ackerland ist gut; die Bienenzucht wird hier durch die in der Nähe befindlichen großen Haidestrecken besonders begünstigt. — Gefecht am 25. Juli 1850 am Schlachttage von Idstedt. — Vz. des Ksp.: 1222.

Fahrenstedt, Süder-, Dorf am Lang-See, 1 M. nördl. von Schleswig, A. Gottorf, Strurdorfh., Ksp. Fahrenstedt. Zum A. Gottorf gehören 9 Halbh., 15 Kathen und 4 Instenst; 3 Kathen gehören zum Gute Fahrenstedt. Eine westlich ausgebauete, aber zur Füsingharde gehörende Instenstelle am See heißt Güldenholm oder Seehaus. — Districtsschule. — Wirthshaus, Schmiede. — Vormals war hier eine Ziegelei. — Zwei ehemalige zu Satrupholm gehörige Lanstenstellen wurden von H. v. Ahlefeld an den Herzog Johann Adolph veräußert. — Areal: s. Norder-Fahrenstedt; der Boden ist gut. Auf der Feldmark befinden sich 2 Grabhügel. Gefecht am Schlachttage von Idstedt 1850, wobei 2 Häuser abbrannten.

Fahresholz, 5 kleine Parcelenstellen im Gute Oehe, Cappelerh., Ksp. Gelting, Schuldistr. Gundelsbye. — Bei denselben liegt die zum Gute gehörige Hölzung Fahresholz.

Fahretoft, Koog mit einer Kirche, 2 M. nordwestlich von Bredstedt, an der Westsee, A. Tondern, Bökingh., Pr. Tondern. — Dieser Koog, welcher vormals eine Insel war, die Oswalda genannt ward, enthielt 1626 ein Areal von 1586 Dem. 166 R. uneingedeichtes Land. Im Jahre 1634 wurde dieses Halligland mit einem Sommerdeiche, in den Jahren 1586 und 1688 aber mit einem starken Seedeiche umgeben, und der Herzog Christian Albrecht ertheilte darüber 1689 eine obwohl sehr eingeschränkte Octroy. — Der Koog ist 1142 Dem. groß, wird in den Süder- und Norderkoog eingetheilt und enthält 127 Häuser, welche zum Theil auf Werften, zum Theil an den Deichen erbauet sind, und folgende Namen führen: Tolzwerf (11 H.), Bohnenwerf (6 H.), Maienswerf (8 H.), Gabrielswerf (12 H.), Groß- und Klein-Bottschloth im Bottschlotherkoog (9 H.), Blomendeich im Blomenkooge (3 H.), Tydenswerf (9 H.), Richardswerf (5 H.), Jansenswerf und Lütjenswerf (4 H.), Ost- und West-Jacobswerf (5 H.), Broderswerf (8 H.); ferner Schinkeldeich, Holländerdeich, Ohrt und Norddeich. — Die Districtssch. liegt auf Gabrielswerf. — Hier ist eine Erbpachts-

Windmühle und eine Graupenmühle. — Die alte Kirche brannte 1668 ab, ward bald darauf wieder erbauet und 1703 abermals neu aufgeführt; sie hat keinen Thurm und wurde 1837 und 1838, da sie ganz baufällig war, etwas reparirt. — Zur Wahl des Predigers präsentiren der Amtmann und der Probst und die Gemeinde wählt. — Der Boden besteht aus fetter Marsch, aber über die Hälfte der Ländereien sind im Besitze von Auswärtigen; weshalb der größte Theil der Einwohner der arbeitenden Classe angehört und sich nothdürftig nährt, hauptsächlich durch die Arbeiten am Seedeiche. In diesem Kooge ist der bekannte Mathematiker Hans Momsen geboren. — Bz. des Ksp.: 620.

Fahrtoft, 1 Vollh. und 3 Halbh. 2½ M. nordöstlich von Schleswig, A. Gottorf, Schliesh., Ksp. und Schuldistr. Boren. — Eine Halbh. gehörte zum ehemaligen Gute Lindau. — Areal: 245 Steuert.

Falkenberg, Hof ½ M. nördlich von Schleswig, A. Gottorf, Arensh., Ksp. St. Michaelis in Schleswig. Die in einer schönen Gegend belegenen Grundstücke, worauf dieser sonst unter dem Obergerichte sortirende Hof erbauet ist, waren um die Mitte des vorigen Jahrh. mit großen Hölzungen bewachsen und gehörten 1776 Hestorf; dieser cultivirte nach und nach das Land, fällete viel Holz und verkaufte die Besitzung an den Grafen v. Reventlow, der mehrere Ländereien ankaufte, im Jahre 1803 das schöne Wohnhaus erbauete und es mit Anpflanzungen und Gartenanlagen umgab; darauf kaufte es der Baron v. Blome, 1851 Jepsen von Tolkschubye (66,000 ℳ); 1852 ward der Hof wiederum für 90,000 ℳ verkauft. — Zum Hofe gehören das Wirthshaus Ruhkrug (s. Ruhkrug) und 4 Kathen. — Areal: 159 Steuert.

Falshöft, 5 Häuser auf dem Niebyer Felde im Gute Düttebüll, Cappelerh., Ksp. Gelting. — Hier und in dem nahe daran belegenen Sibbeskjär wohnen 3 Königl. Lootsen, welche die Schiffe besonders bei dem nordwärts von dem Birke belegenen gefährlichen Kalkgrunde vorüberführen. — Schuldistr. Pommerbye. — Das Dampfschiff Christian VIII. legt auf den Fahrten zwischen Kiel, Apenrade und Flensburg hier an.

Falum (Fullum), eine ehemalige Kirche in der Pelwormerh. auf der Insel Nordstrand, etwa ¼ M. südwestlich von der Insel Südfall; sie soll im Jahre 1300 in der verderblichen Wasserfluth untergegangen sein.

Fardrup=Kirkebye (Fahrdrup), Kirchdorf des Kirchspiels Fardrup, ¾ M. nordwestlich von Ripen, Pr. Törninglehn. Von diesem Dorfe gehören nur 7 kleine Stellen (5 Steuert.) zum A. Hadersleben, Westerth., Kalslundh.; das Uebrige zum A. Ripen. — Schuldistr. Kjärböl. — Die Kirche ist alt und mit einem 60 Fuß hohen Thurm versehen. Im Jahre 1274 war Jacobus v. Fartorp Prediger an dieser Kirche. Der König ernennt den Prediger, der in Kjärböl wohnt. — Eingepfarrt: Norder=Fardrup, Fuglsang, Gersdorfsgave, Hedegaardslei, Hillerup (z. Thl.), Hillerupholm, Jedsted, Kjärböl, Kirkebye, Lundegaard, Groß= und Klein=Nyegaard, Oester=Nyegaard, Nyegaardstoft, Oernslei, Skadebjerg und die zum A. Ripen gehörenden Dörfer Meilbye und Tanderup. — Bz. des Ksp. zum A. Hadersleben: 236.

Fardrup, Norder= (Fahrdrup), Dorf ½ M. nordwestlich von Ripen, Ksp. Fardrup. — Von diesem Dorfe gehören zum A. Hadersleben, Westerth., Kalslundh., 5 Landbohlen; das Uebrige zum A. Ripen. — Schuldistr. Kjär=

böl. — Der Boden ist ziemlich gut. — Bei hohem Wasser leidet sowohl das Dorf als die Feldmark bedeutend, und im Jahre 1825 stand das Wasser einige Fuß hoch in den Häusern.

Fauderup (vorm. Fowerdrup), Dorf 3 M. nordöstlich von Tondern, Ksp. Rapstedt. Zum A. Tondern, Slurh., gehören 12 Bohlst. und 14 kleine Land- und Instenstellen (7 Pfl.); zum Gute Seegaard, A. Apenrade, Lundtofth., 3 Bohlst. (95 Steuert.); zum ehemaligen Gute Lindewith gehörten 1 Bohlst., 1 Kathe und 2 Instenst. — Districtsschule. — Der Boden ist sandigt, aber fruchtbar. — Im Jahre 1488 verkaufte Otto Emmiksen von Refshöi dem Lygumer Kloster 1 Gut, und 1496 Tiello v. d. Wisch demselben Kloster 4 Güter in diesem Dorfe; diese Güter sind späterhin aber wieder veräußert. — Im Jahre 1584 verkaufte Hans Blome zu Seegaard an den Herzog Adolph 7 volle Güter, 1 halbes Gut und 1 Kathe in Fauderup.

Faulük.(Waldem. Erdb.: Fughaelwich), Dorf ½ M. südwestlich von Cappeln, A. Gottorf, Schliesh., Ksp. Rabenkirchen. Zum A. Gottorf gehören: 11 Vollh., 2 Halbh., 1 Viertelh., 5 Kathen, 1 Instenst. und 4 Parcelenst., von denen 9 Vollh., 3 Kathen und 1 Parcelenst. zum vormaligen Schleswigschen Domcapitel gehörten. 1 Vollh., 2 Kathen und 2 Parcelenst. heißen Faulükfeld und 3 Kathen und 6 Parcelenst. Kiekinsdorf; ferner gehören zu Faulük: Faulüklund (2 K.), Spinkerye (2 K., 1 Instenst.), Faulükholz (3 Instenst.), Neuwerk (1 Freihufe), Prahlhoch (1 Parcelenst.), Brodlos (1 K.), Lachebye (1 Achtelh.), Karschau (3 K., 6 Instenstellen und 4 Parcelenst.), Ahlburg (Alburg, 1 K.). Zum St. Johanniskloster in Schleswig gehört 1 Kathe, welche mit einer ehemaligen Domcapitels-Instenstelle Bicken genannt wird. — Auf einer Parcelenstelle ist eine Ziegelei und eine Kalkbrennerei. — Districtsschule. — Wirthshaus, Schmiede und mehrere Handwerker. — Areal: 769 Steuert. — Der Boden ist von ziemlicher Güte.

Faurbye, 2 Halbh. ½ M. südöstlich von Lygumkloster, A., Birk und Ksp. Lygumkloster, Schuldistr. Lygumkloster. — Der Boden ist leichter Art.

Fausböl (Fagsbüll), 1 Erbfestestelle, 1¾ M. südwestlich von Apenrade, im Gute Ahretoft, A. Apenrade, Lundtofth., Ksp. und Schuldistr. Uk. — Areal: 58 Steuert. Das Ackerland ist ergiebig; in einem in der Nähe liegenden Teiche werden Blutigel gefunden. — Auf der Feldmark sind mehrere Grabhügel.

Faustrup, Dorf 1½ M. nördlich von Hadersleben, A. Hadersleben, Osterth., Tyrstruph., Ksp. Tyrstrup; 7 Hufen, 6 Landbohlen, 4 Instenst.; einige Landbohlen heißen Kroager, 1 Landbohle Korsbjerg, und eine nordwestlich belegene Hufe Hvinderuplyk. — Schuldistr. Vögeskov. — Schmiede. — Der Boden ist größtentheils von sehr guter Art.

Favervraae (Faurwraa), Dorf zwischen 2 Auen, 1½ M. nördlich von Hadersleben, A. Hadersleben, Osterth., Tyrstruph, Ksp. und Schuldistr. Tyrstrup; 9 Hufen und 7 Landbohlen. Eine Hufe heißt Favervraaegaard und gehört zu Christiansfeld. Zu Favervraae ist die **Christine-Friederiken-Stiftung** gegründet von der im Jahre 1812 verstorbenen Kammerherrin v. Holstein; hier erhalten 12 Arme freie Wohnung, Feurung und Licht und jede Person 1 ℳ wöchentlich. Das Vermögen der Stiftung beträgt 33,060 ℳ. — Im Dorfe ist ein Wirthshaus. — Der Boden ist fruchtbar. — Im 15. Jahrhundert hatte der Bischof hier ½ Otting auf Faurvraaefeld.

Fechtenburg, eine Parcelenstelle mit einem hübschen Wohnhause nahe südlich von Norburg auf der Insel Alsen, A. Norburg, Norderharde, Ksp. Hagenberg. — Hier ist die Wohnung des Königl. Hausvogts.

Feddersbüll, Norder=, 2 Häuser im A. Tondern, Wiedingh., Ksp. und Schuldistr. Neuenkirchen. — In der Nähe von Feddersbüll hat vormals eine Kirche gestanden, welche im 16. Jahrh. vergangen ist.

Feddrings-Capelle, eine in einer Wasserfluth längst vergangene Capelle in der Edomsharde auf der alten Insel Nordstrand, etwa ½ M. nördlich von der jetzigen Hallig Südfall.

Feddershafen, einige Häuser und die s. g. Deichgrafen=Mühle zwischen dem Neuen Christians=Albrechtskoog und dem Marienkoog laufenden Mitteldeich, zum Neuen Christian=Albrechtskoog gehörig, A. Tondern, Bökingh., Ksp. Deetzbüll.

Fedsted (Fädsted, vorm. Fästi), Dorf 1½ M. nordöstlich von Ripen, Ksp. Hygum. Zum A. Hadersleben, Westerth., Frösh., gehören 1 Dreiviertel., 2 Halbh., 3 Dreiachtel., 3 Viertelh., 9 Landbohlen, 10 Instenst.; zum A. Lygumkloster, Vogtei Frösharde, gehören 1 Vollh. und 4 Halbh. (3 Pfl.); zum Gute Gram, Frösh., 3 Landbohlen, worunter ein Wirthshaus; 3 Landbohlen sind südwestlich ausgebauet und werden Sönderholm und 3 Instenstellen Fedstedhuse genannt; eine Landbohle im Dorf heißt Frösig; 2 Hufen westlich vom Dorf Fedstedtoft genannt gehören zum Amte Ripen. — Schuldistr. Kamptrup. — Schmiede. — Mehrere Frauen beschäftigen sich mit Spitzenklöppeln. — Areal: zum Amte Hadersleben und Lygumkloster 519 Steuertonnen, zum Gute Gram 4 Steuert. — Der Boden ist nur von mittelmäßiger Art. Auf der Feldmark befinden sich viele Grabhügel, wovon ein vormals mit großen Steinen umgebener den Namen Dyshöi führt.

Fegetasch, 7 Häuser im A. Tondern, Wiedingh., Ksp. Neukirchen. Im Wirthshause zu Fegetasch wird zweimal im Jahre das Ding der Wiedingharde gehalten. Korn=Windmühle.

Fegetasch, 1 von Klein=Grödersbye ausgebauete Kathe im Amte Gottorf, Schliesh., Ksp. und Schuldistrict. Rabenkirchen. — Sie gehörte zum Schlesw. Domcapitelsdistrict. — Areal: 5 Steuert.

Feldlust, eine kleine Landstelle westlich von Friedrichstadt, Osterth. der Landschaft Eiderstedt, Ksp. Koldenbüttel. — Areal: 5½ Dem. Landes.

Feldscheide, 1 Achtelh., (Wirthshaus) und 1 Kathe, welche aus dem Dorfe Tetenhusen ausgebauet sind, 2 M. südlich von Schleswig, A. Gottorf, Kropph., Ksp. Kropp. — Areal: 80 Ton. à 320 □. R., worunter 43 Ton. Ackerland. — Steuert.: s. Tetenhusen.

Feldstedt (vorm. Veelstede), Kirchdorf 1¼ M. südöstlich von Apenrade, an der Landstraße nach Sonderburg und Gravenstein, A. Apenrade, Lundtofth., Pr. Apenrade. Dieses zerstreut liegende Dorf, zu welchem die nördlich belegenen Stellen Nordballig gerechnet werden, enthält außer der Wohnung des Predigers und des Küsters, 1 Vollh., 3 Zweidrittelh., 22 Halbh., 6 Viertelh. und mehrere Kathen, Instenstellen und Bohlparcelen, im Ganzen 17 Vollbohlen, wovon 5 zum Amte Apenrade, 3 zum Gute Kjeding und 9 zum Gute Laygaard gehören; 2 zum Gute Seegaard gehörige, westlich an der Gränze des Kirchspiels Kliplev belegene Kathen heißen Assenholm ($\frac{13}{96}$ Pfl.). — Districtsschule. — 2 Wirthsh., Armenhaus,

Feldstedtholz.

3 Schmiede und mehrere Handwerker. — Die Kirche ist sehr alt und ihre Einkünfte wurden von dem Bischofe Berthold (1258—1309) dem Probsten zu Ellumsyssel zum Unterhalte überlassen. Sie ist von gebrannten Steinen, mit gewölbtem Chore und hat seit 1830 ein Aeolodicon erhalten. Mitten auf der Kirche ist vormals ein ziemlich hoher Thurm gewesen, der aber schon längst abgebrochen und durch ein Glockenhaus ersetzt ist. — Der Prediger wird von dem Amtmanne und von dem Probsten präsentirt, und von der Gemeinde erwählt. — Eingepfarrt: Assenholm, Bögholm, Brenholm, Brunhye, Feldstedt, Feldstedtholz, Felsbekmühle, Grönbek, Gröngrift, Gröngriftmoor, Hochberg, Hyesteen, Kallkjär, Kjeding, Kirchberg, Kruusmühle, Ludwigsruh, Nordballig, Slyngsteen, Alt-, und Neu-Schobüll, Schobüllgaard, Schweirup, Steenswang, Stenneskjär, Täbekhöi, Tombüll, Trasbüll, Wällkjär, Wunskjär. — Areal: zum Amte Tondern mit Nordballig 405 Steuert. Der Boden ist sehr verschiedener Art, lehmigt, moorigt, sandigt und steinigt, im Ganzen aber ziemlich fruchtbar. Die durch die Feldmark fließenden Bäche, welche sich in den Seegaarder See ergießen, heißen hier Biesselbach und Moogbad, sind aber noch zu unbedeutend um zum Fischfange benutzt werden zu können. — Nördlich vom Dorf liegen einige ansehnliche Hügel, unter welchen der Bygbjerg, Höiholz und Grävlingehöi die höchsten sind. Es verdienen noch die bei dem Hause des Vollhufners stehenden beiden Bäume, eine Eiche und eine Linde bemerkt zu werden, von denen schon in Documenten aus dem 16. Jahrh. die Rede ist. — Vz. des Ksp.: 1939.

Feldstedtholz, zerstreut liegende Stellen am Apenrader Meerbusen, 1 M. südlich von Apenrade, A. Apenrade, Lundtofth., Ksp. Feldstedt. Diese Ortschaft enthält außer den beiden Wassermühlen Kruusmühle und Felsbekmühle 12 Kathen und 8 Instenst., von welchen 8 Kathen, 6 Instenst. und die letztgenannte Mühle zum Gute Aarup gehörten. Am Strande liegt eine 1834 angelegte Ziegelei; auch befindet sich hier eine Kalkbrennerei. — Schule. — Mehrere Handwerker. — Der Boden ist hügeligt, nur von mittelmäßiger Beschaffenheit, aber ziemlich fruchtbar. — Die Felsbekmühle liegt am Meerbusen; die Kruusmühle (mit 60 Ton. Land), in einer schönen Gegend belegen, ward 1712 von dem Herzoge Christian August verkauft, vor einigen Jahren wieder neu erbauet und sehr verbessert.

Feldum, Dorf, 1 M. nordöstlich von Hadersleben, A. Hadersleben, Osterth., Hadersleberh. Zum Kirchspiele Bonsbäk gehören 2 Vollh., 2 Halbh., 1 Landbohle und 2 Instenst.; zum Ksp. Aastrup 1 Hufe und zum Ksp. Fjelstrup 1 Hufe; 1 Hufe gehört zur Marienkirche in Hadersleben; die fast $\frac{1}{2}$ M. entfernt liegenden Instenstellen werden Vesterkjär genannt. — Schuldistr. Bäk. — Der Boden ist fruchtbar.

Felm (vorm. Velme), Dorf an der Landstraße von Friedrichsort nach Gettorf, $1\frac{1}{4}$ M. westlich von Friedrichsort, im Gute Kaltenhof, Eckernförderh., Ksp. Gettorf, enthält mit der Verwalterstelle Voßberg 6 Hufen, 4 Erbpachtst., 3 Häuserst. und 10 Kathen. Eine Erbpachtstelle (63 Ton. à 240 □. R.) heißt Felmerholz, und 2 Stellen Felmersören. — Schule. — Areal: 877 Steuert.

Felmerholz, mehrere Kathen im Ksp. Gettorf, welche theils zum Gute Kaltenhof, theils zum Gute Rathmannsdorf, Eckernförderh., gehören;

3 ausgebauete Rathmannsdorfer Kathen heißen Kalskamp, Achtkoppel und Hollin. Einzelne Stellen heißen Klein=Felmerholz. Districtsschule.

Felsbekhof (Felsbek, Bjerregaard), Hof im A. Apenrade, Lundtofth., in der Nähe des Apenrader Meerbusens, nördlich vom Dorfe Hostrup, sonst zum Gute Aarup gehörig, Ksp. Ensted. Dieser Hof ward 1758 erblich und für einen jährlichen Canon von 150 ₰ verkauft. Auf der Feldmark dieses Hofes liegen 1 Achtelh. und 7 Parcelenst., von welchen eine Benkemoos heißt; Ziegelei und Kalkbrennerei am Strande Felsbek=Ziegelei genannt. — Schuldistr. Hostrup. — Westlich von Felsbekhof liegt in einer Hölzung ein kleiner See, Aag=See genannt, welcher seinen Abfluß in den Apenrader Meerbusen hat.

Fesholm (Fehsholm), Dorf $\frac{1}{2}$ M. südöstlich von Bredstedt, Landsch. Bredstedt, Ksp. Breklum; enthält 3 größere, 4 kleinere Landstellen und 4 Kathen, welche letztere ausgebauet sind. Schuldistr. Struckum. Armenhaus. — Areal: 36 Steuert. — Der Boden ist sehr fruchtbar.

Fjelbye (vorm. Fialbothe), Dorf auf der Insel Alsen, $1\frac{3}{4}$ M. östlich von Sonderburg, A. Sonderburg, Süderh., Ksp. und Schuldistr. Lysabbel. Dieses Dorf, welches zum ehemaligen Kammergute Nyegaard gehörte, enthält 4 Vollbohlen, 2 Halbbohlen, 2 Kathen und 4 Instenst. ($5\frac{3}{64}$ Pfl.). Eine Bohlstelle heißt Fjelbyegaard. — Areal: 319 Steuert. Der Boden ist sehr gut. — Der Herzog Abel von Schleswig verzichtete 1245 auf alle Gerechtsame von Fialbothe (8 ₰ Gold und 2 ₰ Silber), die seinem Bruder dem König Erich in einer Theilung zugefallen waren.

Fjelstrup (vorm. Velstorpe), Kirchdorf $1\frac{1}{4}$ M. nordöstlich von Hadersleben, A. Hadersleben, Osterth., Tyrstruph., Pr. Hadersleben; 14 Hufen, 4 Landbohlen, 23 Kathen und 11 Instenst.; 3 westlich belegene Hufen heißen Gammelbye, 3 Landbohlen Roi (Fjelstruproi), 1 Hufe östlich Bygebraa, 1 Hufe und 1 Kathe östlich Refshauge, 4 Kathen Bielidt, Nordskov, Frydendal und Hauge, 2 Instenstelle nordöstlich Hauge, 3 Instenstellen Enghauge, Sandholt und Kronborg. — Districtsschule. — Schmiede und mehrere Handwerker. — Die Kirche ist groß, hat einen spitzen Thurm, ist mit Blei gedeckt und über dem Altare gewölbt; hier war eine Marien=Vicarie Unserer lieben Frauen Lehn genannt, wozu einige Lansten gehörten, die 1569 von dem Herzoge Johann d. Ä. dem Hospitale in Hadersleben beigelegt wurden. — Die Fjelstruper Kirche wurde vormals von dem Bischofe von Schleswig verlehnt, jetzt ernennt der König den Prediger. — Eingepfarrt: Groß= und Klein=Anslet (z. Thl.), Bielidt, Vorhauge, Bygbraa, Enghauge, Feldum (z. Thl.), Fjelstrup, Fjelstruproi, Frydendal, Groß= und Klein=Fuglsang, Gammelbye, Gjäsholm, Hauge, Keblet, Kiil, Knud, Kobbelhuus, Kronborg, Norgaard, Nordskov, Refshauge, Sandholt, Sillerup, Sillerupgaard, Vadhuus. — Der Boden ist von vorzüglicher Güte. — Vormals waren hier viele Opfer= und Grabhügel. — Vz. des Dorfes: 429; des Ksp.: 1059.

Fjerholm, eine Landstelle westlich von Raubjerg, A. Apenrade, Süderrangstruph., Ksp. Oester=Lygum.

Fjersted, Dorf $\frac{1}{4}$ M. westlich von Hadersleben, Ksp. Spandeth. Zum A. Hadersleben, Westerth., Hviddingh., gehören: 1 Halbh, 5 Viertelh. und 1 Verbittelsstelle ($\frac{5}{8}$ Pfl.); zur Grafschaft Schackenborg 1 Vollh. — Schule. — Areal zum Amte: 215 Steuert. — Der Boden ist ziemlich gut. — Auf der Feldmark befinden sich einige Grabhügel.

Fingaard, eine Landstelle auf der Halbinsel Kekenis, A. Sonderburg, Süderh., Ksp. Kekenis, Schuldistrict Oesterbye.

Finkenhaus, eine Landstelle nahe bei Husum, am Seedeiche, der Commüne Südermarsch zuständig, Ksp. Mildstedt.

Fischbek, Königl. Gut in der Nähe des Nübeler-Noores, A. Apenrade, Lundtofth., Ksp. Atzbüll; der Hof liegt 1¾ M. westlich von Sonderburg. — Dieses Gut, welches im Jahre 1601 aus einem niedergelegten Dorfe entstanden ist, gehörte bis 1725 zu Seegaard, ward im Concurse des Grafen v. Ahlefeld von dem Herzoge Christian August angekauft und ward damals ein Theil der s. g. Gravensteinschen Besitzungen. Seit 1852 Eigenthum der Krone. — Areal des ganzen Gutes: 801 Ton. 222 □. R., worunter 240 Ton. reservirtes herrschaftliches Holzland; Areal des Hofes Fischbek: 517 Ton. 1 Sch. 37 R. à 320 □. R., darunter an Acker und Wiesen 448 Ton. 4 Sch., an Hölzung und Moor 66 Ton. 7 Sch., an Wohnplatz und Garten 1 Ton. 6 Sch. 37 R. — Zum Gute gehören nur einige zerstreute Parcelenstellen und Kathen zu Fischbekholz. — Der Boden ist fruchtbar. — Gefecht am 3. April 1849.

Fischbekholz (Fischbekschau), ehemals ein Dorf Schaubye, jetzt eine Reihe zerstreuter Parcelenstellen und Kathen, Gut Fischbek, A. Apenrade, Lundtofth., Ksp. Atzbüll. — Schuldistr. Atzbüll und Laygaardholz.

Fischerhäuser, 12 Häuser im A. Tondern, Wiedingh., Ksp. Aventoft. — Hier ist eine Erbpachts-Windmühle. — Schuldistrict Rosenkranz.

Fischerhof, 57 Häuser ohne Land an die Stadt Flensburg gränzend, A. Flensburg, Husbyeh., Ksp. St. Johannis in Flensburg. — Einige dieser Häuser heißen hinter der Wassermühle. — Auf dem Fischerhof sind die Wohnungen des Amtmannes, des Amtsverwalters, des Hausvogts und Branddirectors des A. Flensburg. — Das Amthaus ward 1803 erbaut.

Fischläger, 3 Instenstellen im Gute Damp, Eckernförderh., Ksp. Schwansen. — Eine dieser Stellen war ehemals die Wohnung eines Fischers.

Fisnis, herrschaftliche Ziegelei auf einer Landspitze im Nübel-Noor im Gute Gravenstein, A. Apenrade, Lundtofth., nahe südöstlich von Gravenstein, Ksp. Atzbüll und Gravenstein, Schuldistr. Gravenstein.

Flarup (Flarupgaard, ehemals Fladorpgaard), ein im Jahre 1778 gänzlich parcelirtes adel. Gut, A. Gottorf, Strurdorfh., 1¼ M. westlich von Cappeln, Ksp. Norder-Brarup. — Dieses Gut ist aus dem alten Hofe Fladorpgaard entstanden, welcher zu Rundhof gehörte, dessen Land aber 1593 bei der Theilung unter Asmus Rumohrs Söhnen an Nöest gekommen sein wird, von dem der Hof wieder 1694 und 1695 mit 5 Pfl. abgelegt ist. — Besitzer: 1694 der Landinspector Clausen, 1699 v. Roepstorf, 1703 v. Rantzau, 1769 v. Wedderkop, darauf v. Ahlefeld, 1838 v. Qualen. — Der Stammhof dieses niedergelegten Gutes besteht jetzt nur aus 73 Ton. Landes à 260 □. R. (63 Steuert., 10,580 Rbthlr. Steuerw.), nebst 2 Kathen. Zum Hofe gehört 1 Kathe in Nuruplund. — Außer dem Wohnhause ist noch eine Pächterwohnung vorhanden. — Zahl der Einwohner: 10. — Die Ländereien sind von guter Beschaffenheit. Die sämmtlichen Untergehörigen sind seit 1814 sämmtlich dem A. Gottorf einverleibt, nämlich der Strurdorfh., Ksp. Norder-Brarup, Flaruper Hoffeld 1½ Pfl., noch daselbst 1½ Pfl. und 2 Parcelen, zu Flarup 1 Parcele und 2 Kathen, zu Nurupfeld 1 Kathe, zu Nuruplund

3 Kathen und 1 Freikathe, zu Flarupholz 1, zu Bünderies 1, zu Norder=Brarup 1, zu Saustrup 1, zu Fischerott 1, zu Brarup=holz 1 Freikathe und etwa 65 Htdsch. Parcelen= und Freiländereien; der Morkirchh., Ksp. Böel, zu Böel ein Wirthshaus und 20 Freikathen, zu Ulegraf 1 Freikathe, zu Böel=Westerfeld 1, zu Schrirdorfstraße 1 Freikathe, zu Thiesholz 1 Pfl., zu Morkirch=Osterholz 1 Parcele und noch etwa 120 Hdtsch. Parcelen= und Freiland. — Areal zur Strux=dorfh.: 352 Steuert., zur Morkirchh.: 278 Steuert.

Flarup, Alt=, 1 Halbh., 2 größere Parcelenstellen, 3 kleinere Parcelenstellen und 3 Kathen, an der Stelle des ehemaligen Dorfes Fladorp, welche zum A. Gottorf, Struxdorfh., und 3 Kathen, welche zum Gute Flarup, Struxdorfh., gehören, 1½ M. westlich von Cappeln, Ksp. und Schuldistr. Norder=Brarup. Die meisten dieser Stellen sind aus der im Jahre 1778 mit dem adgl. Gute Flarup vorgenommenen Niederlegung entstanden. — Areal zum A. Gottorf: 76 Steuert. — Der Boden ist größtentheils gut.

Flarupholz, 2 Kathen im Ksp. und Schuldistr. Norder=Brarup. Die eine Kathe (2 Steuert.) gehört jetzt zum A. Gottorf, Struxdorfh., die andere (2 Steuert.) zum Gute Dollrott, Cappelerh.

Flatzbye, Dorf 2 M. südöstlich von Flensburg, A. Flensburg, Nieh., Ksp. Sörup. Dieses ziemlich zerstreut liegende Dorf enthält 5 Vollh., 1 Halbh. und 4 Kathen; 2 Vollh. und 1 Kathe gehörten zum Schlesw. Domcapitel, und 1 Kathe gehört dem Hauptpastorate in Sörup. — Districtsschule. — Wirthshaus. — Areal mit Flatzbyeholz: 512 Steuert. Der Boden ist von guter Art. — Ueber eine Verpfändung des Dorfes im Jahre 1438, s. Winderatt.

Flatzbyeholz, 5 zerstreut liegende Kathen bei der Flatzbyer=Hölzung, A. Flensburg, Nieharde, Ksp. Sörup. Eine Kathe heißt Vogelsang. — Schuldistr. Flatzbye.

Flauth, (vorm. Flocht, Fluchte), Dorf 1½ M. östlich von Haders=leben, an einem kleinen Bache, A. Hadersleben, Osterth. Hadersleberh., Ksp. und Schuldistr. Oesbye; 3 Vollh., 1 Dreiviertelh., 1 Zweidrittelh., 8 Halbh., 2 Viertelh., 13 Landbohlen, 14 Instenstellen. Zwei Landbohlen heißen Ravnsbjerg. — Schmiede und einige Handwerker. — Die Feld=mark gränzt östlich an den kleinen Belt, an welchem eine Strecke sandigten Landes dem Könige gehört, die so wie die Fischerei im Bankeldamm vom Amte verpachtet wird. — Der Boden ist größtentheils fruchtbar.

Fleckebye, Dorf an der Noelsbek, 1½ M. östlich von Schleswig an der Chaussee nach Eckernförde, A. Hütten, Hüftenh., Ksp. Kosel. — Nach einer Urkunde des Königs Knud 1196, gehörte der dritte Theil dieses Dorfes dem Michaeliskloster in Schleswig. Im Jahre 1327 verkaufte der Herzog Gerhard dieses Dorf nebst einigen andern Ortschaften an H. Krummendiek für 700 ℳ; dessen Familie verkaufte 1354 dasselbe nebst Göthebye und den Gütern in Holmslehn für 350 ℳ, und 1381 verkaufte Anna Stamp ihre Güter in Fleckebye u. s. w. an den Grafen Heinrich von Holstein für 350 ℳ. — Fleckebye enthält außer der Königl. Hardes=vogtswohnung 1 Vollh., 3 Halbh., 1 Achtelh. und 20 Kathen; eine Kathe heißt Kronsrott. — Districtsschule. — Wirthshaus mit Brau= und Brennerei=Gerechtigkeit. 1 Steinhauer, 1 Tischler, 1 Rademacher und mehrere Handwerker. Im Jahre 1853 ward hier ein Briefversendungs=

Fleischholmerteich.

Bureau eingerichtet. — Areal: 564 Ton. 4 Sch. à 320 □. R. (652 Steuert.) — Der Boden ist hügelig, aber von ziemlicher Güte. Ein Königl. Gehege heißt Appeljord, etwa 12 Tonnen groß. — Dieses Dorf litt in den Kriegsjahren 1658—1660 bedeutend. — Vz.: 326.

Fleischholmerteich, eine Parcelenstelle und ein ehemaliges Königl. Erbpachtsstück auf Alsen bei Fyenshav, A. Norburg, Ksp. Nottmark. — Areal: 6 Ton. $3\frac{1}{2}$ R.

Flensburg (vorm. Blenzeburg), die volkreichste Stadt im Herzogthume, an einem 4 M. langen Meerbusen der Ostsee, 54° 47' 3" N. B., 3° 8' 31" W. L. vom Kopenh. Mer., in einem sehr anmuthigen, von Hügeln umgebenen Thal, hufeisenförmig um den innersten Winkel des Flensburger Meerbusens gelegen. Wahrscheinlich entstand sie in der ersten Hälfte des 12. Jahrhunderts und von einer Burg (Flens=Burg), wie es heißt in der Nähe der St. Johanniskirche. Anfangs soll der Sage nach der zuerst entstandene Theil derselben, welcher an der Seite nach Angeln in dem St. Johannis=Kirchspiele lag, nur aus Fischerhütten bestanden haben, aber schon in der letzten Hälfte des 12. Jahrhunderts ward dieser Theil sehr erweitert und scheint in der Mitte des 13. Jahrhunderts schon eine ansehnliche Handelsstadt gewesen zu sein. Im Jahre 1248 im Kriege zwischen den beiden Brüdern Erich und Abel ward die Stadt erobert und größtentheils niedergebrannt; später soll auch der Bezirk, der jetzt das Marienkirchspiel heißt, bebauet sein und zwar ohne Zweifel in der Gegend der Duburg, einem festen Schlosse, über dessen Ursprung sich keine Nachrichten finden; die Einwohner dieses Theils werden damals zur jetzigen Handewither Kirche, der ältesten in der Wiesharde eingepfarrt gewesen sein, denn noch jetzt gehören die auf dem Schloßgrunde liegenden Häuser, Duburg genannt, zu dieser Kirche. Der Ramsharde genannter Stadttheil, welcher vermuthlich eine zum Burgrechte von Duburg gehörige Ansiedlung war und zum Schloßgrunde gehörte, ward im Jahre 1285 der Stadt einverleibt. Von der Mitte des 13. Jahrhunderts an hatte die Stadt sich so sehr vergrößert, daß schon im Jahre 1284 das Recht, welches sich nach und nach gebildet hatte, von dem Herzoge Waldemar als Stadtrecht bestätigt ward. — Außer jener vergangenen Burg, deren Dasein aber mehr vermuthet wie erwiesen ist, von welcher die Stadt den Namen erhalten haben soll, zeichnete sich die erwähnte **Duburg** (Dueburg) an der nordwestlichen Seite der Stadt aus, welche am Ende des 14. Jahrhunderts von den Grafen Nicolaus neu erbauet ward; sie war stark befestigt, hatte dicke und feste Mauern und war mit Rondelen und hohen Thürmen versehen; diese Burg ist in den Jahren 1340, 1409 und 1470 verpfändet gewesen und in den Jahren 1411 und 1431 bedeutend verstärkt und auch belagert worden. Von Zeit zu Zeit war sie das Residenzschloß des Landesherrn (s. Duburg), und wird als solches Flensburg genannt. — Im Jahre 1263 war ein, jetzt vergangenes, Minoritenkloster von Johann Hvitting erbauet, welches der König Friedrich I. 1530 dem Magnus Giöe schenkte, der es noch in dem nämlichen Jahre an die Stadt abtrat. Dieses Kloster sollte nun zur Aufnahme der Armen dienen, aber es blieben noch bis 1536 Mönche darin. Einige Jahre darauf ward ein Theil des Klosters abgebrochen und 1566 auf dem Kirchhofe das nachmalige Naamannische Schulgebäude errichtet. — Von den ehemaligen alten hiesigen Gilden sind vorzüglich zu bemerken: die Knudsgilde, die wahrscheinlich bald nach dem Jahre 1130 gestiftet ward; ihr Versammlungs= oder Gildehaus lag auf dem Holm;

die Kalandsgilde, gestiftet 1362, bestand aus weltlichen und geistlichen Mitgliedern, ward zur Zeit der Reformation aufgehoben und ihre Besitzungen dem Hospitale beigelegt, und die St. Laurentiusgilde, eine Kaufmannsgilde, in welcher sogar der Herzog Adolph 1439 sich einzeichnen ließ. — Zur Zeit des Grafen Nicolaus, der in einen Krieg mit dem Herzoge Waldemar verwickelt war und die Stadt im Besitz hatte, ward es etwa 1358 den Bürgern erlaubt sie mit einer Mauer zu umgeben, und unter dem Könige Erich von Pommern wurden diese Befestigungswerke erweitert und durch Pallisaden und einen tiefen Graben verstärkt; noch im Jahre 1560 waren diese Werke ansehnlich und sind noch kenntlich. — Die Stadt hat oft das Schicksal gehabt von Feinden eingenommen zu werden und durch Pest und Feuersbrünste zu leiden. Im Jahre 1451 ward sie von den Holsteinern erobert; 1485 brannte ein großer Theil derselben ab, 1565 starben 1800 Einwohner an der Pest, 1627 und 1628 litt sie sehr durch die Kaiserl. Kriegsvölker und viele Einwohner flüchteten; auch die Kriegsjahre 1643 bis 1645 und 1657 bis 1660 wurden für sie sehr unglückbringend, und 1713 mußte sie dem schwedischen General Steenbock eine Brandschatzung von 192,000 ℳ entrichten; auch in dem letzten Kriege 1848 bis 1850 hat Flensburg durch starke Einquartierungen, Requisitionen und Stockung des Handels sehr gelitten. — Schon in der ältesten Zeit war der Seehandel nicht unbeträchtlich, und im 14. und 15. und im Anfange des 16. Jahrhunderts blühte der Handel mit einigen Unterbrechungen, welche die Kriege veranlaßten, ganz vorzüglich auf; am Ende des 16. Jahrhunderts fing er an abzunehmen als der Handel der umliegenden Städte sich hob, welche ihre Waaren nicht mehr so häufig aus Flensburg holten; er vergrößerte sich aber wieder in dem folgenden Jahrhunderte sehr bedeutend. In den Jahren 1740 bis 1777 wurden die ehemaligen Handelsfreiheiten der Stadt fast gänzlich vernichtet durch die Königlichen Handelsverordnungen, welche das Einbringen mehrerer Waaren gänzlich verboten, und die Ausfuhr derselben nach Dänemark und Norwegen auf diejenigen beschränkten, die eigentliche Natur= und Kunstproducte der Herzogthümer waren; durch diese Einrichtung ward der Handel von Lübeck und Hamburg, wie man behauptete, auf Kosten Flensburgs gehoben. — Nach dem Jahre 1778 hoben sich der Handel und die Schifffahrt durch den amerikanischen Krieg und die dadurch sehr beförderte Frachtfahrt, wie auch durch den immer mehr aufblühenden Norwegischen Handel wiederum sehr und die Vergrößerung und Verschönerung der Stadt war von dieser Zeit an auffallend; dieser glückliche Zeitraum dauerte fast ununterbrochen bis 1807 als der Krieg mit England ausbrach, und als einige Jahre später Norwegen von Dänemark getrennt war, und die Handelsgeschäfte sehr beschränkt wurden, gerieth die Stadt in eine sehr mißliche Lage; doch nahm diese Stockung des Handels bald wieder ab. — Es verdient angeführt zu werden, daß schon im Jahre 1483 und späterhin im 16. und 17. Jahrhunderte bis 1616 hier Landtage gehalten wurden, und daß auf denselben diese Stadt zuerst nach Schleswig aufgerufen ward. — Die Stadt mit ihrem Gebiet stand 1627 in der Landesmatrikel zu 400 Pfl., sie ward darauf 1665 zu 306 und dann zu 200 Pfl. heruntergesetzt; die Kirchen= und Hospitalanstalten stehen zu 35 Pfl., (Marienkirche 6, Nicolaikirche $7\frac{2}{3}$ und das Hospital $21\frac{1}{3}$ Pfl.). — Zur Uebersicht der Verhältnisse ihres Seehandels in späterer Zeit dient folgendes: Im Jahre 1785 wurden 1000 Schiffe ausclarirt; 1797: 1556; 1806: 1503; 1807: 1173; 1821: 1188; 1833: 1091; 1841: 1213; 1844: 1357; 1847: 1493 zus. 23,334 C.=L.

Flensburg. 143

Im Jahre 1806 besaß die Stadt 270 Schiffe; 1821: 163; 1835: 128; 1841: 127; 1844: 124; 1851: 130 Schiffe von 5955 C.=L. Im Jahre 1851 sind 1919 Schiffe von 30,520 C.=L. angekommen, darunter aus Dänemark und den Herzogthümern 1541 von 14,881 C.=L. Außerdem haben 134 Dampfschiffe einclarirt. Auf den Robbenfang sind 1851 9 Schiffe von 950 C.=L. und 450 Mann Besatzung abgegangen. — Die Stadt hat einen vortrefflichen und sichern Hafen, den besten in den Herzogthümern; es können selbst Linienschiffe in vollkommener Sicherheit in demselben überwintern; bei der Brücke können 16 Fuß tief stechende Schiffe anlegen. In alten Zeiten erstreckte sich dieser Hafen bis an die Johanniskirche an der Ostseite der Angelboerstraße, wo man mehrere Spuren eines Landungs= platzes gefunden hat.—Flensburg, welches vom Norderthore bis zum Johannis= thore $\frac{1}{4}$ M. und wenn man die Hauptstraße in der St. Johannis-Gemeinde und die auf Amtsgrund befindliche Jürgensbye oder St. Jürgen mitrechnet, über $\frac{1}{2}$ M. lang ist, wird in 3 Kirchspiele eingetheilt: St. Marien, St. Nicolai und St. Johannis; die ehemalige St. Gertrudencapelle in der Ramsharde, soll um das Jahr 1404 zum Theil zerstört worden sein. Die Stadt zerfällt in 2 Haupttheile, den Norden (St. Marien Ksp.) und den Süden (St. Johannis und St. Nicolai Ksp.); an ersteren stößt die Ramsharde (die ehemalige St. Gertruden-Gemeinde) und die Neu= stadt außerhalb des Norderthores, sowie die zum Amte gehörigen Duborg genannten Häuser; an den Süden schließen sich auf Amtsgrund der Fischer= hof, Norder= und Süder=Hohlweg und Ballastbrücke, zusammen mit über 16,000 Einwohnern. Die eigentliche Stadt enthält 1 Hauptstraße und 17 kleinere Straßen, 3 Marktplätze, den Nordermarkt, Südermarkt und Hafermarkt, und 2 Thore, das Norder= und Rothethor (richtiger Rüdethor); 5 andere Thore, worunter das Friesische= und das Johannisthor, sind in den letzten Jahren weggebrochen. Die Hauptstraße hat verschiedene Namen: vom Norderthor bis zur Neuenstraße heißt sie Norderstraße (Rams= harde), vom Rathhause bis zur Nicolaikirche Holm, die kleine Straße nach dem Südermarkt Kattsund, und vom Südermarkt nach der Mühlenbrücke die Angelburger oder Angelboerstraße, von der Mühlenbrücke bis an den Hafermarkt heißt sie die große Johannisstraße. Die kleineren Straßen heißen: Norder=Fischerstraße, Herrnstall, Olufs=Samsonsgang, Neuestraße, Compagniestraße, Rothestraße, Töpferstraße, Schifferstraße, Schiffbrücke, Süder=Fischerstraße, Plankemai, der Süder=Kuhgang, hinter der Mühle oder Fischerhof (vorderste und hinterste Reihe), Faulestraße oder St. Johannis= straße, der Norder= oder Wasser=Hohlweg, der Süder=Hohlweg, Mühlengang, Klostergang, Heilige=Geistgang, Marienstraße (Norder=Kuhgang) und Schloß= gang. Die Hohlwege namentlich der Wasser=Hohlweg und der Fischerhof sind aber größtentheils Amtsgrund; Plankemai und die kleine Johannisstraße zum Theil Klostergrund. — Das Wappen der Stadt ist ein rother mit einer Mauer umgebener Thurm im goldenen Felde, aus welchem zwei blaue Löwen springen, mit dem holsteinischen Nesselblatt. — Die Häuser sind größten= theils groß, von Brandmauern, und viele zeichnen sich durch schöne neue Façaden aus. Das Rathhaus, von alterthümlicher Bauart und ziemlich verfallen, liegt in der Mitte der Stadt, und hinter demselben die vormalige Dingstätte (Dingplatz), wo in alten Zeiten unter freiem Himmel die Ding= gerichte gehalten wurden, und auf welcher 1796 das jetzige Schauspielhaus erbauet ist; hier befindet sich gleichfalls das geräumige Stadtgefängniß, der s. g. Thurm. — Das Compagniehaus an der Schiffbrücke ist 1583 erbauet und 1602 erweitert. — Vormals gehörte ein Haus in Flensburg dem Nutzekloster, welches den Namen **Peperborgh** führte; es war schon vor dem Jahre 1436 abgebrochen. — Im Jahre 1508 waren in den genannten dreien Kirchspielen 422 Häuser, 1797: 850 Häuser, jetzt hat die Stadt 948 Häuser, worunter 40 öffentliche Gebäude, nämlich im Marienkirchspiele 499, im Nicolaikirchspiele 248 und im Johanniskirchspiele 201 Häuser; außerdem enthalten die Vorstädte etwa 320 Häuser. — Die Volkszahl betrug 1769: 6842, 1803: 10,666, 1835: 12,438, 1845: 13,443 Einwohner ohne die auf Amtsgrund befindlichen Vorstädte und die Pertinentien der Kirchen und des Hospitals. Unter den Einwohnern befinden sich mehrere Künstler und Handwerker, unter denen Manche sich auszeichnen. In der Stadt befinden sich ferner: 2 Apotheken, 3 Buchhandlungen, 1 Buchdruckerei, 3 Steindruckereien, 6 Zuckersiedereien, 1 Reisschälerei, 4 Kratzenfabrik, 16 Tabaksfabriken, 4 Seifensiedereien, 3 Amidamfabriken, 2 Spiegelfabriken, 5 Tuchfabriken, 4 Wattenfabriken, 2 Haartuchfabriken, 8 Lichtgießereien, 2 Salzsiedereien, 2 Reibhölzerfabriken, 2 Senffabriken, 6 Lohgerbereien, 1 Tapetenfabrik, 1 Papierfärberei, 9 Essigbrauereien, 21 Branntweinbrennereien, 18 Bierbrauereien, 1 Papierfabrik (südlich von der Stadt belegen), 19 Oelmühen, nämlich 2 Wasser-, 6 Dampf- und 11 Wind-Oelmühlen, 1 Walkmühle, 1 Lohmühle, 2 Eisengießereien, 1 Kalkbrennerei, 1 Ziegelei vor dem Norderthore, 1 Thranbrennerei. Flensburg hat 4 Schiffswerften an der Brücke, welche aber von 5 Schiffsbaumeistern benutzt werden. — Am Fischerhof liegt eine Königliche Erbpachts-Wassermühle mit 4 dazu gehörigen Windmühlen; außer diesen sind hier noch unter Klösterlicher Jurisdiction eine Korn-Wassermühle, sowie auf dem Stadtgrund eine Korn-Windmühle und eine Graupen-Windmühle. Vormals befanden sich auf dem Ramsharderfelde eine Hammermühle, eine Sägemühle und zwei Pulvermühlen, welche letztere in den Jahren 1628 und 1643 von feindlichen Truppen zerstört wurden. — Hinsichtlich der Verfassung und der Polizei ist Flensburg in die zwei oben benannten Haupttheile, in St. Marien oder in Norden und St. Nicolai und St. Johannis oder in Süden eingetheilt. Nach dem Regulative vom 26. Mai 1832 besteht der Magistrat aus 2 Bürgermeistern, 6 Rathsverwandten und dem Stadtsecretair; der erste Bürgermeister wird von dem Könige ernannt und ist jetzt zugleich Oberpräsident der Stadt; von den Rathsverwandten sind 3 aus dem Kirchspiele St. Marien und 3 aus den Kirchspielen St. Nicolai und St. Johannis. Der Polizeimeister ist zugleich Rathsverwandter und wird nebst dem Stadtsecretair von dem Könige ernannt, auch ist hier ein Stadtcassirer. Das Collegium der Deputirten besteht aus 24 Mitgliedern, deren 12 aus dem nördlichen und 12 aus dem südlichen Theile gewählt werden; die Wortführer, einer aus dem Norden und einer aus dem Süden, werden Deputirten-Aeltermänner genannt. Das Polizeigericht besteht aus dem Polizeimeister 2 Rathsverwandten und Stadtsecretair; das Kämmerei- oder Theilungsgericht aus dem Stadtsecretair und 2 Rathsherren. Das im Jahre 1284 vom Herzog Waldemar bestätigte Flensburger Stadtrecht erhielt späterhin mehrere bedeutende Verbesserungen. Eine aus 30 Artikeln bestehende Polizeiordnung wurde der Stadt 1558 von dem Könige Christian III. verliehen, welche im Jahre 1600 revidirt ward. — In Rücksicht auf die Kirchenverfassung wird die Stadt in 3 Theile getheilt, deren jeder eine eigene Kirche hat; außer diesen befindet sich hier noch die Dänische, oder Heil. Geistkirche, welche jetzt eine eigne Parochialkirche für diejenigen Einwohner,

Flensburg.

welche aus den andern Gemeinden in diese Gemeinde eingetreten sind, bildet; das Kirchenvisitatorium der Stadt bilden der Oberpräsident und der Kirchenprobst. — Die Johanniskirche ist die älteste in der Stadt, aber es läßt sich nicht genau bestimmen, wann sie zum ersten Male erbaut worden; wahrscheinlich brannte sie 1248 zugleich mit der Stadt ab, doch das Jahr ihrer Wiedererbauung ist ebenfalls unbekannt; sie erhielt nach und nach ansehnliche Dotationen, und hat früher fast in allen Kirchspielen der Stadt Häuser und andere Grundstücke besessen; sie ist gewölbt und erhielt 1741 einen Thurm. Im Jahre 1843 ward das Innere derselben vollständig erneuert. Im Jahre 1524 befanden sich in der Kirche 2 alte Altäre. Die Kirche hat 2 Prediger, welche von dem Bürgermeister des Südertheils der Stadt und dem Probsten präsentirt und von der Gemeinde gewählt werden. **Eingepfarrt:** der Fischerhof (Hinter der Mühle), Norder-Hohlweg, Süder-St. Jürgen, Martinsstift. — Die Nicolaikirche soll im Jahre 1390 erbaut sein, sie ist gewölbt und hat einen Thurm, welcher 1516 errichtet ward; die Taufe ist aus dem Jahre 1497, die sehr schöne Kanzel ist von dem bekannten Blasius Eckenberger und der Altar im Jahre 1749 von Margaretha Valentiner geschenkt. Die Kirche ist im Inneren ein schönes großartiges, von 12 Säulen getragenes Bauwerk, das seit der Renovation im Jahre 1847 ungemein gewonnen hat; in derselben befinden sich einzelne schöne Epitaphien und ein Gemälde, welches die Kreuzigung oder auch die Auferstehung Christi darstellt, je nachdem es von der einen oder der andern Seite betrachtet wird. Vormalige Altäre waren: St. Martin, St. Trinitatis, St. Jürgen, St. Petri und Pauli, St. Annen, St. Marien-Magdalenen, Unserer lieben Frauen, St. Barbara, St. Johannis und St. Knud's. Die Kirche hat 2 Prediger; die Präsentation haben der im Südertheile wohnende Bürgermeister und 3 Rathsherren und die Gemeinde wählt. **Eingepfarrt:** Papiermühle, Rothenmühle, Sophienhof (Schäferei). — Die Marienkirche war anfänglich von Holz erbaut und nachdem diese abgebrochen, ward sie im Jahre 1284 von Steinen wieder aufgeführt, und zu den erforderlichen Kosten wurden zufolge eines Ablaßbriefes des Bischofs Tukko Beiträge gesammelt; sie besitzt mehrere Länsten, Häuser, Capitalien, und besonders besaß sie früher bedeutende Hölzungen, die jetzt noch aus den Marien-, Gertruden- und Fedder-Bruhns Hölzungen (360 Ton.) bestehen. Die Kirche hat eine ansehnliche Größe und ist im Innern und Aeußern ein stolzes Bauwerk, gewölbt und mit einem nicht gerade sehr ansehnlichen Thurme versehen, welcher 1731 erbaut ward. Die Kirche wurde 1830 sehr verbessert, die Kanzel und der schöne Altar wurden 1579 und 1598 von dem Bürgermeister Nack der Kirche geschenkt. Folgende Altäre sind eingegangen: Marien-Rosenkranz, Marien, St. Gertrud, St. Annen, St. Nicolai, St. Catharinen, Heil. Leichnam, St. Enwaldus, St. Erasmus, St. Lucas, St. Jacobus, St. Jürgen, und der Altar der Marianer. In einer Seitencapelle befindet sich noch ein altes Oelgemälde von der Stadt mit dem ehemaligen Schlosse. Die Kirche hat 2 Prediger; die Präsentation derselben haben der im Nordertheil wohnende Bürgermeister und 4 Rathsherren, und die Gemeinde wählt. **Eingepfarrt:** Marienholz, Marienhof, Schäferhaus; die Bewohner von Duburg können sich mit Taufe, Confirmation und Abendmahl an die Prediger der Marienkirche wenden, sonst gehören sie zur Kirche in Handewith. — Die Heiligen-Geistkirche oder dänische Kirche ist im Jahre 1386 von Sunke Kulle, einem reichen Knuds Gildebruder, erbaut; sie ist mit einem kleinen Thurme versehen, und steht

v. Schröder's Schlesw. Topogr.

in Verbindung mit dem reich dotirten Hospitale zum Heil. Geist, dem die Unterhaltung der Kirche und der Predigerwohnung obliegt, und welches im Jahre 1325 von dem Herzoge Waldemar große Privilegien erhielt; sie ward erst in spätern Zeiten eine lutherisch dänische Kirche und ist jetzt eine Parochialkirche für alle in der Stadt wohnende Dänen gemeinschaftlich. Zu derselben halten sich ungefähr 100 Familien, für deren geistliche Bedürfnisse ein Prediger und ein Katechet als Hülfslehrer sorgen. — Die Präsentation des Predigers steht dem Magistrate zu, die Wahl geschieht von diesem und den 24 Deputirten. — Die Gertrudencapelle, welche, wie bemerkt, seit 1404 eingegangen ist, ward wahrscheinlich in dem Jahre 1290 oder 1300 erbaut, im Jahre 1566 gänzlich abgebrochen und die Materialien derselben wurden nebst dem Kirchhofe der Marienkirche geschenkt. — Das heilige Geist= oder Kloster=Hospital, wozu das vormalige Minoritenkloster angewandt ward, gewährt etwa 40 bis 50 Wittwern oder Wittwen oder unverheiratheten Bürgerstöchtern, die das 60. Lebensjahr erreicht haben, freie Wohnung, Kost und einen Handschilling; der Diaconus zu St. Nicolai ist Prediger an der Capelle desselben. In den letzten Jahren sind 2 Reihen Zimmer in einem Flügel eingerichtet, die theils unentgeldlich, theils gegen ein Einkaufsgeld von 500 ℳ, an Bürger die Wittwer sind oder an Bürgerswittwen überlassen werden. Das Kloster besitzt viele Lansten rings umher, auch außerhalb der Probstei Flensburg, und hat seine eigne Juris= diction und Verwaltung unter einer besonderen Behörde, die aus 6 Vor= stehern und einem studirten Secretair besteht. — Das Gotthard= und Anna Hansensche Kranken= und Pflegehaus ist aus einem Vermächtnisse entstanden und befindet sich in dem vormaligen Amthause auf Duborg; es werden im Durchschnitt etwa 30 Kranke und 50 Pfleglinge unterhalten; die Kosten desselben betragen ungefähr 10,000 ℳ jährlich, wovon die Armencasse etwa die Hälfte zuschießt. — Das Waisenhaus ward 1724 erbaut; nachdem über die Versorgung der Waisen eine andere Verfügung getroffen ist, werden seit 1813 die Zinsen seiner Capitalien und die sonstigen Einnahmen für die beiden Armenschulen, mit welcher Arbeitsschulen verbunden sind und worin etwa 600 Kinder unterrichtet werden, verwandt. Das Gebäude ist an die Stadt verkauft, und wird als Zuchthaus, Zwangs= arbeitshaus und Local für Koch= und Spinnanstalt benutzt. Im Zuchthause werden durchschnittlich 30 Individuen detinirt; die Arbeitsanstalt ist für 150 Personen bestimmt. Armen= und Wittwenhäuser sind 11 vorhanden. — Es giebt hier bedeutende Legate für Studirende, besonders Theologen, ferner zur Unterhaltung der Kranken, der Armen, der Schulen und Schullehrer und für Dienstboten. — Spar= und Leihcasse seit 1819, Lombard seit 1814. — Die Stadt hatte schon in sehr früher Zeit 2 Schulen, deren Gebäude in der Nähe der Marien= und Nicolaikirche standen. Eine lateinische Schule ward 1560 von dem ehemaligen Franziscanermönch Lütke Naamann gestiftet und 1566 auf dem Kirchhofe des Klosters erbaut; das Gebäude derselben ward 1799 verändert und das neu eingerichtete 1800 eingeweiht. Bei dem Abbrechen dieses Gebäudes fand man mehrere verschüttete unterirdische Gänge, die, so weit beurtheilt werden kann, nach dem Kloster, dem Kloster= gange und dem Mühlenteiche führten. Diese Schule ist jetzt zu einer Real= und Gelehrtenschule mit 11 Lehrern eingerichtet. Außer dieser Schule sind hier noch in der Mariengemeinde 1 Hauptknaben=, 1 Hauptmädchen= und 2 Elementarschulen, in jedem der beiden andern Kirchspiele 1 Haupt= und 1 Elementarschule, und für die dänische Gemeinde eine aus Knaben=, Mädchen=

und Elementarklasse bestehende Schule, ferner 2 mit Industrieschulen für Mädchen und Knaben verbundene Freischulen, die Marienfreischule für den Norder=, die Wilhelminenfreischule für den Südertheil der Stadt, jede für 300 Kinder eingerichtet. Außer mehreren zum Theil bedeutenden Privat=schulen befinden sich hier auch noch 1 Sonntagsschule, welche seit 1819 besteht, und 2 Warteschulen, die in den letzten Jahren errichtet sind. — Die von dem Vereine am 18. Februar 1846, dem Erinnerungsfeste an den vor 300 Jahren erfolgten Tod Luthers, begründete und am 8. Juli 1847 eröffnete Rettungsanstalt für sittlich verwahrloste Kinder, Martinsstift genannt, liegt $\frac{1}{4}$ M. südlich von der Stadt an der Eckernförder Landstraße und es sind in derselben in den letzten Jahren immer circa 20 Kinder verpflegt und erzogen. — Die Stadt ist nach dem Kriege Sitz des Ministers und der ganzen Regierung für das Herzogthum Schleswig gewesen; der Minister für Schleswig wohnt aber jetzt in Kopenhagen und die Regierung ist auch dahin verlegt. Doch befindet sich hier noch das Appellationsgericht des Herzogthums und vorläufig bis jetzt die Centralcasse; hier wohnen ferner an Königlichen Beamten: der Seeenrollirungschef, der zugleich Oberlootse ist, 2 Hardesvögte, der Physicus des Amts und der Stadt, der Oberzoll=inspector des Herzogthums, ein Zollverwalter und Zollcassirer, 5 Zollcon=trolleure nebst 8 Zollassistenten, der Postmeister, zugleich Postinspector für das Herzogthum Schleswig; dann sind in Flensburg 11 practisirende Aerzte, worunter 8 promovirte Doctoren und 8 Advokaten. — Ein neues Ständehaus für die Schleswigsche Stände=Versammlung ward im Jahre 1852 erbaut. — In der Stadt werden 2 Krammärkte um Lätare und Dionysius und 2 Pferde= und Viehmärkte am Montag, Dienstag und Mittwoch nach Oculi und um Simon Judä gehalten. Außerdem werden noch 4 Viehmärkte im Frühling, Sommer und Herbst in der Vorstadt vor dem Norderthore gehalten. Wochen=märkte täglich. — Das Stadtfeld, das einen nicht unbedeutenden Flächeninhalt hat, soll in den ältesten Zeiten das Eigenthum von 5 Adelichen, welche angeblich auf Kobberberg, Hoenberg, Blackmühle, Eddeboe (Edtboe) und Flensbeke wohnten, gewesen sein, und ist ihnen der Sage nach von der Bürgerschaft für 24,000 ℳ abgekauft. Auch im Jahre 1398 verkaufte der Herzog Gerhard die Hölzung, Rüde genannt, der Stadt, wodurch die Feldmark bedeutend erweitert ward. Der ganze Flächeninhalt beträgt auf Marienfeld, Ramsharder=feld, Nicolaifeld und Johannisfeld 3973$\frac{2}{3}$ Ton. à 260 □.R. (2636 Steuert.). Die Marienkirche besitzt davon 270 Ton. an Holzgrund, Marienhölzung genannt, worüber ein Förster die Aufsicht führt (s. Marienholz.) In den Jahren 1770 und 1772 ward das Stadtfeld an die einzelnen Bürger vertheilt; jedes Haus bekam 2 unzertrennlich damit verbundene Koppeln. — Eine Landstelle, $\frac{1}{4}$ M. südlich von der Stadt, heißt Sophienhof (Schäferei) und hat ein Areal von 60 Ton.; sie gehört zum Ksp. St. Nicolai; ebenso Rothenmühle, 2 Oelmühlen auf dem Rothenberg (eigentlich Rüdeberg, von der ehemaligen Hölzung Rüde) vor dem Rothenthor; endlich die Papiermühle, in der Nähe der Chaussee nach Husum, in einem Thal in malerischer Lage, 1697 erbaut, die theils durch Dampf=, theils durch Wasserkraft in Bewegung gesetzt wird und jährlich aus 1 Million ℔ Lumpen ca. 50,000 ℔ Papier verarbeitet. — Der St. Marienkirche gehören noch auf dem Stadtfelde Marienhof, Marienholz und Schäferhaus (s. das.).— Die Concession zur Erbauung einer Flensburg=Husum=Tönninger Eisenbahn ward im Jahre 1852 ertheilt und die zu erbauende Bahn wird bei Flensburg über den Mühlenteich durch die Angelboerstraße nach Plankemai hinführen, wo der Bahnhof angelegt werden wird. — Städtische Einnahmen 1834: 54,539 Rbthlr. 9 β, Ausgaben: 57,439 Rbthlr. 51 β, Stadtschuld: 419,654 Rbthlr. 80 β, Activa: 212,483 Rbthlr. 3 β.

Flerdebüll (Flordesbüll), eine ehemalige Kirche in der Pelwormerharde auf der alten Insel Nordstrand, zwischen den jetzigen Inseln Nordstrand und Süderoog. Sie ist schon vor der großen Fluth im Jahre 1362 untergegangen.

Flesborg, 1 Halbh. (½ Pfl.) im Amte, Birk und Ksp. Lygumkloster. Schuldistr. Nyboer Nebenschule. — Areal: 32 Steuert.

Fleutenberg, ein einzelnes ziemlich hoch belegenes Haus in der Landschaft Eiderstedt, Ksp. und Schuldistr. Kating.

Flügge (vorm. Flikkö), ein auf einer schmalen denselben Namen führenden Halbinsel belegener Hof auf der Insel Fehmern, Westerkirchspiel, Kirche Petersdorf. — Areal: 51 Drömt. — Der Boden ist von ziemlicher Güte; eine kleine Hölzung heißt Flüggerhagedorn. — Zwischen dieser Hölzung und Depenhusen überwintern öfters Schiffe. — Auf dieser Halbinsel, welche nur durch einen schmalen Damm mit Fehmern verbunden ist, lag vormals ein Edelhof gleiches Namens, der von der Familie Daldorf bewohnt gewesen ist und darauf an die Familie v. Gössel kam. — Wann dieser Hof niedergelegt ward ist nicht bekannt.

Fobislet (Fobeschlet), ein parcelirter Königl. Domanialhof, 2¾ M. nordwestlich von Hadersleben, A. Hadersleben, Osterth., Tyrstruph., Ksp. Oeddis. — Dieser Edelhof ist lange Zeit in dem Besitze der Familie Lindenov (Johannsen) gewesen, deren Stammvater 1439 mit Christoph von Baiern ins Land gekommen war, 1533 Hans Johannsen, dessen Sohn Hans Lindenov mit Brigitta Rosenkranz verheirathet war; 1592 gehörte der Hof dem Könige Christian IV., kam aber wahrscheinlich wieder an die Familie Lindenov und darauf an Stangenberg; 1648 war Fobislet Königlich, ward damals ein Meierhof genannt und enthielt 1699 3 große und 2 kleine Toftgüter. — Im 18. Jahrh. waren diese Höfe verpachtet, bis sie im Jahre 1797 in 4 große und 4 kleine Parcelen getheilt wurden. — Im Jahre 1840 waren 37 größere und kleinere Parcelenstellen, von welchen mehrere vereinigt sind. — Die Stammparcele Fobisletgaard enthält 347 Ton.; von den übrigen größeren Parcelenstellen heißen einige Kransbjerg, Christiansholm, Langbjerggaard, Svansmarkgaard und Lerkenborg; einzelne kleinere, welche an der Gränze der Feldmark liegen, und bei der Parcelirung einige Tonnen Land von Fobislet erhielten, heißen: Hoppes, Godrum, Trodsborg, Trolholm, Badhuus und Rademacherkathe; die Königl. Holzvogtswohnung heißt Fobisletlund. — Districtssch. — Der Boden ist lehmigt und fruchtbar. — Die reservirte Königl. Hölzung hat ein Areal von 400 Ton. und wird in Nörreskov, Vesterskov und Sönderlund eingetheilt; ein großes Königl. Torfmoor heißt Svansmose. — Der Sage nach soll östlich von Fobislet ein Dorf gestanden haben; man findet hier auch noch mit Gräben umgebene alte Tofte und einen Steindamm, welcher durch das Dorf führte.

Fockbek, Dorf ¾ M. westlich von Rendsburg, früher zum A. Rendsburg, seit dem 16. März 1853 aber zum A. Hütten, Hohnerh., gehörig, Ksp. Christkirche in Rendsburg. — Dieses ansehnliche Dorf, welches in einem Halbkreise um den Armen-See liegt, enthält 7 Vollh., 16 Halbh.,

Fockebüll.

5 Fünftelh., 6 Sechstelh., 1 Achtelh., 9 Elftelh. und 50 Kathen. Von diesen sind ausgebaut östlich 1 privilegirte Sechstelh. und 3 Kathen Klint, wobei ein Landungsplatz und Schiffsbau; südlich 3 Kathen, von denen 2 Posthof genannt werden; nördlich 1 Achtelhufe Ahrenstedt. Auch werden 2 Sechszehntelh. und 2 Kathen an der Friedrichstädter Landstraße Dorbek genannt. — Von diesen Stellen gehört der Stadt Rendsburg 1 Halbh. und ward als Armenlanstenstelle im Jahre 1484 dazu geschenkt. 1 Halbh. (33 Steuert.) gehörte zu den s. g. Ulsnisser Pflügen des Schlesw. Domcapitels und ward schon 1777 der Hohnerharde einverleibt. — Districtsschule, mit welcher eine Privat=Arbeitsanstalt verbunden ist. — 2 Wirthshäuser, 2 Schmiede, 1 Uhrmacher, 1 Tischler, 1 Maler und mehrere Handwerker. — Der 70 Ton. große Armen=See gehört dem Armenhause in Rendsburg. — Areal: 3632 Ton. 3 Sch. à 320 □. R., worunter 1606 Ton. Wiesen (1727 Steuert.). — Der Boden ist theils fruchtbar, besonders in der Nähe der Hölzung, theils aber auch sandigt und moorigt. — Die meisten Hufenbesitzer haben kleine Hölzungen. — Die Fischerei in dem See steht jedem Einwohner in dem größten Theile desselben frei. — Im Jahre 1828 ist für die Landgemeinde der Neuwerker Kirche in Rendsburg ein neuer Begräbnißplatz hier angelegt, wozu die Dörfer Fockbek, Nübbel, Alt= und Neu=Büdelsdorf und einige Eingepfarrte von Duvenstedt und Krummenort gehören. — Ein alter Exercierplatz (40 Ton. 3 Sch.) für die Rendsburger Garnison, liegt auf der Fockbeker Feldmark. — Der Sage nach soll bei Dorbek beim sogenannten Klüserheck, eine Capelle gestanden haben. — Eine halbe Meile südöstlich von Fockbek sind Spuren vormaliger Befestigungswerke, die zur Zeit des Königs Erich von Pommern angelegt sein sollen. — Im Jahre 1808 ward hier von französischen Truppen ein Lustlager aufgeschlagen.

Fockebüll (Fuggebüll), ein ehemaliger Fürstl. Meierhof im A. Tondern, Wiedingh., Ksp. Aventoft. — Derselbe ward 1592 für Fürstl. Rechnung betrieben, war 1696 im Besitze des Amtmanns v. Güntheroth und ist bald darauf niedergelegt. — Noch jetzt heißen 171½ Dem. herrschaftlicher Ländereien hier, welche in Zeitpacht gegeben sind, die Fockebüller=Ländereien (s. Rosenkranz).

Föhrden, Dorf 1¼ M. nordwestlich von Rendsburg, an der Sorge, A. Hütten, Hohnerh., Ksp. Hohn; 1 Fünfachtelh., 2 Halbh., 1 Viertelh., 1 Achtelh., 3 Kathen und 1 Instenstelle Fingsthoop (1 7/12 Pfl.). — Schule. — Armenhaus gemeinschaftlich mit Lohe. — Unter den Einwohnern sind 2 Schiffer. — Der südliche Theil dieser Ortschaft wird Kasknap genannt. — Areal: 243 Steuert. — Die Feldmark ist nur von mittelmäßiger Güte; eine kleine Hölzung heißt Eichberg.

Fohl (vorm. Förle), Kirchdorf 2 M. östlich von Ripen, im Gute Gram, A. Hadersleben, Frösh., Pr. Törninglehn; enthält 16 Hufen, 3 Hufenparcelenst., 20 Kathen und 5 Instenst. — Von diesen gehören 9 Hufen und die Parcelenst. zu Alt=Gram und 7 Hufen zu Neu=Gram. — Hauptschule. — Wirthshaus, Schmiede und einige Handwerker. — Die Kirche hat einen Thurm und kam im Jahre 1673 zum Gute Gram. — Der Gutsbesitzer ernennt den Prediger. — Eingepfarrt: Agerskovhuus, Ballegaard, Dysselgaard, Fohl, Ganderup, Hornsgaard, Mellerup, Mögelballe, ferner die Stampfmühle zu Wester=Nübel (Nyböl) und das zum A. Ripen gehörige Dorf Obbetjär. — Areal: 633 Steuert. — Vz. des Ksp. zum Herz. Schleswig: 432.

Foldewraae (Voldewraae, vorm. Folbrade, Fulbro), Dorf 1½ M. östlich von Flensburg, A. Flensburg, Husbyh., Ksp. und Schuldistr. Husbye. Zum A. Flensburg gehören 1 Vollh. und 1 Kathe, welche im Jahre 1588 Thomas Fink zu Flensburg an den König Friedrich verkaufte; 6 Parcelenstellen gehören zum Gute Lundsgaarde und sind aus einem niedergelegten Meierhofe dieses Gute entstanden (s. Spang); 1 Vollh. und 1 Kathe gehören zum Gute Freienwillen. — Areal: zum A. Flensburg 62 Steuert.; zum Gute Lundsgaard 150 Steuert.; zum Gute Freienwillen 50 Steuert. — Der Boden ist sehr gut.

Foldingbroe, 2 Halbh., 1 Viertelh., 2 Landbohlen und 2 Insten= stellen an der Königsaue, 2¾ M. nordöstlich von Ripen, A. Hadersleben, Westerth., Kalslundh., Ksp. Lintrup, Schuldistr. Dover. — Hier ist eine bedeutende Brücke über die Königsaue. — Areal: 110 Steuert.

Forballum, Dorf im A. Ripen, Ballum Birk, Ksp. Medolden. — In diesem Dorfe ist 1 Halbh. (½ Pfl.), welche zum A. Lygumkloster, Vogtei Skjärbäk, gehört.

Frahmshof (Frahmenhof), ein in zwei Theile zerlegter Freihof unmittelbar am Dorfe Bergenhusen, in der Landschaft Stapelholm, Ksp. Bergenhusen. — Areal: 132 Dem. 4 Sch. (1¼ Pfl.). — Der Besitzer entrichtet jährlich an fester Recognition 57 Rbthlr. 70 b/ß.

Frauenhof (ehemals Nygaard), ein Meierhof des Gutes Bruns= holm, Cappelerh., Ksp. Esgrus. Dieser Hof ward nach der Mitte des 18. Jahrhunderts von dem Gute Brunsholm verkauft. Der erste bekannte Besitzer war Dröhse, darauf v. Stange, 1773 v. Bothmer, 1676 Lorenzen, 1793 v. Levetzau, 1800 Joost, 1805 Dreyer. — Der Hof contribuirt für $\frac{13}{16}$ Pfl. — Areal: 359 Hdtsch., 4 Sch., 13 R.; darunter Acker 258 Hdtsch., 1 R., Wiesen 75 Hdtsch., 5 Sch. 19 R., Hölzung 24 Hdtsch., 5 Sch. 3 R., Moor 5 Sch. 13 R., (174 Steuert., 27,840 Rbthlr. Steuerw.). — Das Wohnhaus ist einstöckig und mit einem gewölbten Souterain ver= sehen. — Auf der Feldmark ist ein mit doppelten Gräben umgebener Platz, worauf ehemals ein Schloß gestanden haben soll. Der Platz wird Kappeshöi genannt, und der Sage nach sollen hier 3 adeliche Frauenzimmer gewohnt haben, welche weil ihnen der Kirchweg nach Struxdorf zu weit gewesen die Kirche zu Norder=Brarup erbaut hätten.

Fraulund, ein, in einer schönen Gegend zerstreut liegendes Dorf, 1½ M. westlich von Cappeln, Ksp. Norder=Brarup. In diesem Dorfe sind 2 verschiedene Jurisdictionen; 1 Halbh. und 2 Kathen (½ Pfl., 66 Steuert.) gehören zum A. Gottorf, Morkirchh.; 2 Kathen (6 Steuert.) zum A. Gottorf, Struxdorfh.; 1 Kathe zum St. Johanniskloster in Schleswig, A. Gottorf, Struxdorfh.; 3 Kathen zum Gute Brunsholm, Cappelerh.; 2 Kathen zum Gute Töstorf und 1 Kathe zum Gute Böelschubye, A. Gottorf, Struxdorfh., da der Eigenthümer des letzteren Guts die nördlich vom Dorfe belegenen Frei= ländereien von Lingerholz besitzt. Eine Morkirchener Kathenstelle gehörte zum Schleswigschen Domcapitel. — Schuldistr. Rügge. — Schmiede. — Das unbedeutende Areal des Ackerlandes ist sehr gut. — Hier sind 2 Grabhügel.

Fraumettenland, Ländereien, welche im A. Tondern, in der Bökingh. und Wiedingh. belegen sind, ein Areal von 108 Dem. 54½ R. haben, zu den herrschaftlichen Pachtstücken gehören und stückweise verhäuert werden.

Fredeholz.

Fredeholz (Friedeholz), 1 Holzvogtsstelle und 6 Parcelenstellen am Wege von Glücksburg nach Holnis, im A. Flensburg, Munkbraruph., Ksp. Munk=Brarup. Zwei Parcelenstellen heißen Schauendal. — Schuldistrict Bokholm. — Areal: 84 Steuert.. — Hier liegt die große Königl. Hölzung Fredeholz, 417 Ton. 87 □. R. groß.

Fredenslund, eine Landstelle westlich von Raubjerg, A. Apenrade, Süderrangstruph., Ksp. Oster=Lygum.

Frederiksfeld, eine in den Jahren 1810 und 1811 angelegte Glasfabrik in der Colonie Prinzenmoor an der Eider, A. Hütten, Hohnerh., Ksp. Hohn, Schuldistrict Prinzenmoor. Diese Fabrik ist die älteste der gegenwärtig in den Herzogthümern angelegten, und den Grund derselben legte der Actuar Pederstamme=Petersen. Es werden hier hauptsächlich nur Bouteillen und Trink= und Medicingläser verfertigt. Zur Sommerzeit finden hier 40 Fabrikarbeiter und gegen 100 Torfarbeiter Beschäftigung. Die Fabrikate finden überall sehr guten Absatz.

Freidorf, 6 Erbpachtstellen und 1 Instenstelle im Gute Eckhof und einige zum Gute Alt=Bülk gehörige Stellen nebst einer zum Gute Neu=Bülk gehörigen Parcele, Eckernförderh., Ksp. Dänischenhagen. — Schule. — Areal: 102 Steuert.

Freienberg, Hof $\frac{1}{2}$ M. südlich von Eckernförde, unweit des Witten=Sees, im Gute Sehestedt, Eckernförderh., Ksp. und Schuldistrict Sehestedt. — Die Ländereien dieses Hofes wurden 1800 ohne Pflugzahl gegen einen jährlichen Canon von 1500 ₰ von dem Gute Sehestedt verkauft. — Besitzer: Martens, darauf Paap. — Areal: $312\frac{1}{2}$ Ton. à 240 □. R. (264 Steuert.); davon beträgt das Ackerland $263\frac{1}{2}$ Ton., die Wiesen 37 Ton. und die Moore 12 Ton. — Der Boden ist besonders gut. — Zwei Koppeln heißen: Schlachtskoppel und Seekoppel. — Das Wohnhaus, worin auch die Meierei befindlich ist, besteht aus Brandmauern und hat ein Rohrdach.

Freienwillen, adel. Gut in der Husbyh., A. Flensburg. Der Haupthof liegt $1\frac{1}{4}$ M. nordöstlich von Flensburg, Ksp. Grundtoft. Dieses Gut ist aus dem ehemaligen Hofe Langballiggaard entstanden, welchen der Herzog Adolph im Jahre 1433 seinem Diener Lauge Nissen schenkte. — Spätere Besitzer waren: 1540 v. Ahlefeld, 1594 v. Rantzau, 1646 der Herzog Philipp zu Glücksburg, 1647 dessen Tochter Hedewig, die 1671 starb, darauf der Herzog Christian, 1676 Lüders, seit 1808 Vollertson. — Freienwillen war ehemals zu 5 Pfl. angesetzt, nämlich 1 Pfl. in Sterup, 1 Pfl. in Dollerup, 1 Pfl. in Sörup=Schaubye, 1 Pfl. in Foldewraae und 1 Pfl. machte die im Jahre 1654 verkaufte Uenewattskoppel aus. Die 4 ersten Pflüge wurden von den frühern Besitzern des Gutes mit der Bedingung verkauft, daß alle Abgaben an das Gut entrichtet werden sollten. Die beiden erstgenannten Pflüge gehörten vorher zur Gerichtsbarkeit des Gutes Lindewith und wurden in späterer Zeit auf Verlangen des Besitzers wieder zu derselben gezogen. Jetzt contribuirt Freienwillen für 3 Pfl.; der Haupthof mit $\frac{9}{10}$ und die Untergehörigen mit $2\frac{1}{10}$ Pfl. — Areal: 554 Hdtsch. 5 Sch. 1 R. (254 Steuert., 32,560 Rbthlr. Steuerw.), davon gehören im Ksp. Gruntoft: zum Haupthofe 241 Hdtsch. 5 Sch. 23 R., bei Freienwillen 3 Hdtsch. 2 Sch. 1 R., Langballigau 5 Sch. 16 R., Uenewattholz 14 Hdtsch. 3 Sch. 9 R., Hörreberg 8 Hdtsch.; im Ksp. Sterup: Brunsbüllund 4 Hdtsch. 1 Sch. 3 R.;

im Ksp. Sörup, Südensee (die Hölzung) 9 Hbtsch. 3 Sch. 14 R., Möllmark 42 Hbtsch. 10 R., Sörupholz 24 Hbtsch. 1 Sch. 10 R., Löstrup 18 Hbtsch. 4 Sch. 7 R., Sörup-Schaubye 46 Hbtsch. 1 Sch. 20 R., Wippholm 3 Hbtsch. 1 Sch., Sörupfeld 8 Hbtsch. 2 Sch. 15 R., Stabbel 31 Hbtsch. 1 Sch. 16 R.; im Ksp. Husbye: Foldewraae 98 Hbtsch. 4 Sch. 20 R. (s. die einzelnen Artikel); zusammen 1 Vollh., 3 Viertelh., 2 Achtelh., 2 Sechszehntelh., 9 Kathen mit und 16 Kathen ohne Land. — Die Untergehörigen waren schon früher zur Husbyeh. im A. Flensburg dingpflichtig. — Der Haupthof hat, wie oben angeführt, ein Areal von 241 Hbtsch. 5 Sch. 23 R., worunter an Acker 131 Hbtsch. 5 Sch., 5 R., Wiesen 51 Hbtsch. 5 R., Hölzung 53 Hbtsch. 3 Sch. 23 R., Bruch und Moor 4 Hbtsch. 3 Sch. 19 R. (102 Steuert., 16,320 Rbthlr. Steuerw.). — Der Boden ist mehr granditg als lehmigt und ein sehr guter Mittelboden. Auf dem Haupthofe ist eine Wind-Oelmühle; 7 Kathen (2 Steuert.) liegen nahe beim Hofe und heißen bei Freienwillen, Schuldistr. Langballig. — Das Wohnhaus ist einstöckig, von Brandmauern und mit einem Graben umgeben, worüber eine Zugbrücke führt. — Zahl der Einwohner: 205. — Der verdienstvolle Probst Philipp Ernst Lüders ward im Jahre 1702 auf Freienwillen geboren. — Contrib. 134 Rbthl. 38 b/ß, Landst. 67 Rbthl. 80 b/ß, Hausssteuer 2 Rbthlr. 60 b/ß.

Freikoppel, eine Parcelenstelle ($\frac{21}{128}$ Pfl.) im A. Gottorf, Satruph., Ksp. Satrup. — Areal: 20 Steuert.

Freileben (Schellgaard), ein niedergelegtes Königl. Vorwerk im Lande Sundewith, 1 M. südwestlich von Sonderburg, A. Sonderburg, Nübelh., Ksp. Broacker, Schuldistrict Schelde. — Das Hoffeld bestand aus 383 Ton. Landes und ward mit Ausschluß des davon abgelegten geschlossenen Geheges von 142 Ton. im Jahre 1783 in 11 Parcelen getheilt, von welchen die größte 33 und die kleinste 5 Ton. enthielt; jetzt besteht es aus der Stammparcele und 7 anderen Parcelenstellen (247 Steuert.) — Der Hof ward von dem Herzoge Hans d. J. 1601 angelegt und war rings von Wasser umgeben; das von dem Herzoge Philipp Ernst erbaute Herrenhaus wurde besonders zum Jagdhause bestimmt und 1773 wurden die Nebengebäude neu aufgeführt. Nach der Parcelirung sind diese Gebäude theilweise abgebrochen. Der Stammhof Freileben liegt östlich vom Dorfe Schelde, zu beiden Seiten westlich und östlich die kleineren Parcelen, gemeinsam Schellgaard genannt. — Die Königl. Scheldegaarder Hölzungen sind 133 Ton. 119 □. R. groß. In denselben liegt ein theilweise zerstörtes Riesenbett von bedeutendem Umfange. Auf dem Felde sind manche Grabhügel.

Fresenburg, 6 Kathen ($\frac{1}{4}$ Pfl.) 2 M. nördlich von Schleswig, A. Gottorf, Struxdorfh., Ksp. und Schuldistrict Thumbye. Eine Kathe gehörte zum Schleswigschen Domcapitel. — Areal: 7 Steuert.

Fresendelf, Dorf 1½ M. nordöstlich von Friedrichstadt, A. Husum, Vogtei und Ksp. Schwabstedt; 2 Vollh., 2 Dreiviertelh., 4 Halbh., 12 Kathen ($1\frac{10}{11}$ Pfl.). — Districtsschule. — Areal: 162 Steuert., worunter 123 Ton. Gras- und Weideländereien. — Oestlich vom Dorfe befindet sich an der Treene die Königl. Erbpachtsfähre Fresendelf-Fähre (2 Instenst.) mit einem Areale von 10 Ton. Landes.

Fresenhagen, adel. Gut an einer kleinen Aue, die in die Leckaue fließt, A. Tondern, Karrh. Der Haupthof liegt 3 M. südöstlich von

Fresenhagen.

Tondern, Ksp. Leck. — Fresenhagen contribuirte ehemals für 20 Pfl., nachdem aber die Güter Gaarde (3½ Pfl.) und Hogelund (½ Pfl.) davon getrennt sind, für 16 Pfl. — Der Haupthof enthält 485 Dem. 174 R. 11 F. (279 Steuert.), 1 Parcelenst. 85 Steuert., 2 Parcelenst. 48 Steuert., der Hof Berg (Meierhof-Berg) 463 Dem. 20 R. (149 Steuert.), in Klintum ½ Pfl. (21 Steuert.), Stadum 8 Pfl. (534 Steuert.), Enge 2½ Pfl. (147 Steuert.), Scharbebüll ½ Pfl. (32 Steuert.), auf der Heide (Engerheide) ½ Pfl. (30 Steuert.), Holzacker 4 Pfl. (239 Steuert.), im Ganzen 1564 Steuert., 110,640 Rbthlr. Steuerwerth. — Besitzer: R. Petersen. — Zahl der Einwohner: 297. — Contrib. 716 Rbthlr. 76 b/β, Landst. 230 Rbthlr. 48 b/β, Hausst. 7 Rbthlr. 90 b/β.

Fresenhagen, mehrere zerstreut liegende Landstellen, 1 M. nordwestlich von Friedrichsort im Gute Kaltenhof, Eckernförderh., Ksp. Dänischenhagen, Schuldistr. Felm.

Fresenkoog (Friesenkoog), Koog an der Eider, westlich von Friedrichstadt, in der Landschaft Eiderstedt, Ksp. Koldenbüttel. Derselbe ward 1611 von Niederländern eingedeicht und enthält 635 Dem. 5 S. In demselben liegen 5 Höfe. Im Jahre 1512 besaß ein Theil der Ländereien des späterhin eingedeichten Kooges der bekannte Johannes v. Wowern. Vom Fresenkoog führt für Fußgänger eine Fähre, die Sax-fähre genannt, über die Eider nach Dammdeich in Dithmarschen.

Frestrup (vorm. Fresdorp), Dorf 2¼ M. östlich von Tondern, A. Tondern, Slurh., Ksp. und Schuldistr. Bylderup, enthält 5 Bohlstellen und 2 kleine Landstellen (2½ Pfl.). 2 südlich auf der Feldmark erbaute Colonistenstellen gehören zur Colonie Julianenburg. — Der Boden ist nur von mittelmäßiger Art.

Freudenlund, 3 Kathen im Gute Röest, Cappelerh., Ksp. Cappeln, Schuldistrict Mehlbye.

Fridsted (Fredsted, Waldem. Erdb.: Fristadh), Dorf ½ M. süd-westlich von Hadersleben, am Hadersleben Damm, A. Hadersleben, Osterth., Gramh., Ksp. und Schuldistr. Alt-Hadersleben; 6 Hufen und 1 Instenstelle; eine Landstelle südlich von Fridsted heißt Papiermölle. — Ziegelei. — Der Boden ist gut.

Friedebüll (Fröddenbüll), 2 Höfe und einige kleinere Landstellen im Westertheile der Landschaft Eiderstedt, an der Gränze von Poppenbüll und Osterhever, Ksp. und Schuldistr. Tetenbüll (bei der Straße).

Friedensthal, adel. Gut in der Eckernförderharde. Der Haupthof liegt 1¼ M. südwestlich von Eckernförde, Ksp. Borbye. Dieses Gut war ehemals ein Meierhof des Gutes Windebye und steht in der Landesmatrikel zu 4 Pfl. — Areal: 503 Ton. 72 R. à 240 □.R., darunter Acker 340 Ton. 225 R., Wiesen 62 Ton. 225 R., Moor 24 Ton. 71 R., Hölzung 9 Ton. 103 R. (377 Steuert.). — Es gehören zum Gute das Käthnerdorf Moschau 41 Ton. 66 R. (34 Steuert.) und eine Schmiede Goosschmiede mit 24 Ton. 102 R. (22 Steuert.); eine Insten-wohnung heißt Ziegelkathe; zusammen 433 Steuert., 57,260 Rbthlr. Steuerw. — Schuldistrict Gosefeld. — Der Boden ist gut und ergiebig; eine Wiese Grotendiek ist vom Gebiete des Gutes Marienthal völlig umschlossen. — Das Wohnhaus ist einstöckig, von Bindwerk und mit Ziegeln gedeckt. — Zahl der Einwohner des Gutes: 120. — Besitzer:

v. Stolberg, 1823 Mylord (52,500 ₰), 1828 Pupke (108,000 ₰), 1838 Schmidt. Contrib. 179 Rbthlr., Landst. 119 Rbthlr. 28 b/β, Hausst. 2 Rbthlr.

Friedrichsanbau, Colonistendorf, 1½ M. südwestlich von Schleswig, A. Gottorf, Kropph., Ksp. Kropp; 15 Colonistenstellen (1⅞ Pfl.), wovon eine jede 8 — 9 Ton. Landes à 260 Q. R. enthält. — Das Dorf ward im Jahre 1761 angelegt und erhielt Ländereien von den Dorfschaften Groß- und Klein-Reide und Klein-Bennebek. — Schule. — Schmiede. — Areal: 104 Steuert. — Das Ackerland ist ziemlich gut.

Friedrichsau, Colonistendorf, 1¼ M. nordwestlich von Schleswig, A. Gottorf, Arensh., Ksple. St. Michaelis und Eggebek; 24 Colonistenstellen, von denen 22 bewohnt sind (2¼ Pfl.). — Nebenschule. — Areal: 136 Steuert. Diese Stellen wurden in den Jahren 1760 und 1761 auf den Feldmarken der Dörfer Bollingstedt, Gammellund, Jübek und Arenholz erbaut (s. d. Artikel).

Friedrichsberg, eine im Jahre 1824 von Joh. Plön angelegte Glasfabrik in der Colonie Prinzenmoor, A. Hütten, Hohnerh., Ksp. Hohn, Schuldistrict Prinzenmoor. In dieser Fabrik, welche 10 Arbeiter beschäftigt, werden nur grüne Glaswaaren verfertigt.

Friedrichsfeld, Colonistendorf, 1½ M. westlich von Schleswig, A. Gottorf, Arensh., Ksple. St. Michaelis, Treya und Hollingstedt; 28 Colonistenstellen und 1 Parcelenstelle (3¹⁹⁄₄₈ Pfl.), welche im Jahre 1760 von Einwanderern aus der Pfalz bezogen wurden, denen Ländereien von den Dörfern Silberstedt, Holm, Schubye, Husbye, Ellingstedt und Hollingstedt zugetheilt wurden. — Von diesen Stellen sind nur 24 bewohnt; 5 Colonistenstellen heißen Rühmland, ein an der Landstraße belegenes Wirthshaus Jägerkrug (Lustiger Jäger). — 2 Nebenschulen. — Schmiede, Roßmühle und einige Handwerker. — Areal: 197 Steuert. — Der Vorschlag des Generalsuperintendenten Struensee für diese Colonie eine eigene Kirche zu erbauen ist nicht ausgeführt.

Friedrichsgaard, Hof nördlich von der Draviter-Hölzung, ¾ M. südlich von Lygumkloster, Amt, Birk und Ksp. Lygumkloster. — Dieser Hof (1½ Pfl.) ist von dem Birkvogte Paulsen in Lygumkloster erbaut und die Ländereien sind im Jahre 1782 von ehemaligen Königl. Domaine-ländereien abgelegt. Von diesem Hofe sind wieder 3 Stellen abgelegt, welche Elltoft, Tinggaard und Lydichsgaard genannt werden. — Der Hof ist vom Schulzwange befreit. — Areal: 60 Ton. à 260 Q. R. — Der Boden ist ziemlich fruchtbar. — Jährlicher Canon 306 ₰ 7 β.

Friedrichsgabe (vorm. Meierhof). Dieser Fürstl. Meierhof, welcher im 18. Jahrhundert niedergelegt ward und zu Börm gehörte, ist jetzt ein Freihof zwischen Börm und Neu-Börm, A. Gottorf, Kropph., Ksp. Hollingstedt, Schuldistrict Börm. — Areal: 21 Steuert.

Friedrichsgabe, 10 Colonistenstellen, welche auf den Feldmarken der Dörfer Söllstedt, Wennemoos, Traustedt und Groß-Emmerschede (s. d. Artikel) im Jahre 1764 erbaut sind, A. Tondern, Tonderh., Ksp. Abild, Schuldistricte Abild, Wennemoos und Söllstedt; 4 Stellen heißen Wester-Söllstedt.

Friedrichsgraben (Voßberg), 4 Colonistenstellen und 1 Anbauerstelle, 2 M. westlich von Rendsburg, A. Hütten, Hohnerh., Ksp. Hohn, Schuldistr. Sophienhamm. — Diese Colonie ward 1762 auf dem Hartshooper

Friedrichsheide (Britje), 3 Colonistenstellen (1 Pfl.) an der Reideraue, ¾ M. südwestlich von Schleswig, A. Gottorf, Kropph., Ksp. Kropp, Schuldistrict Klein-Reide. Diese Stellen wurden 1760 auf der Feldmark des Dorfes Klein-Reide erbaut. — Areal: 24 Steuert.

Friedrichsheide, 12 Colonistenstellen, welche auf der Tarper-, Barderuper-, Fröruper- und Jerrishöier-Feldmark erbaut sind (s. d. Artikel), A. Flensburg, Uggelh., Ksp. und Schuldistrict Wanderup und Oeversee.

Friedrichshof (vorm. Ahlefeldshof, Stilleben, Carlshof), ein Hof am Bisten-See, 2 M. südwestlich von Eckernförde, im A. Hütten, Hüttenh., Ksp. Hütten. — Gegen das Ende des vorigen Jahrhunderts ward dieser Hof von Ländereien des Dorfes Ahlefeld gegründet und hatte damals ein Areal von 50 Ton. Es sind im Laufe der Zeit mehrere Ländereien zugekauft und der Hof ansehnlich vergrößert worden. — Er enthält jetzt etwa 350 Ton. à 140 Q. R. und darunter an Hölzung etwa 50 Ton. — Der Boden ist ein guter Mittelboden, mehr sandigt als thonhaltig. — Zwei Hofkoppeln heißen: Groß-Köhlern und Markenrade. — Im Jahre 1835 ist hier ein neues Wohnhaus erbauet. — Besitzer: v. Bruhn, Graf v. Bernstorff, Carstens, Baronesse v. Liliencron, 1836 v. Wasmer, 1852 Weinhöft (150,000 ℳ).

Friedrichshof, ein im Jahre 1767 parcelirtes Königl. Kammergut, 2 M. nordöstlich von Sonderburg, A. Norburg, Norderh., Ksp. Nottmark. Dieses vormalige Gut enthält nur 90 Ton. 5 Sch. Landes, welche mit Ausschluß einer ansehnlichen Holzkoppel ursprünglich in 7 größere und 3 kleinere Parcelen getheilt wurden; jetzt sind hier 4 Parcelenstellen mit resp. 17¼, 13¼, 10 und 4½ Tonnen Landes, à 320 Q. R. (68 Steuert.) — Schuldistr. Hellwith. — Branteweinbrennerei. — Das Land ist nur von mittelmäßiger Art.

Friedrichshof, anmuthig gelegener Meierhof im Gute Knoop, Eckernförderh., Ksp. Dänischenhagen. — Areal: 894 Ton., 150 R. (446 Steuert.). Der Boden ist sehr fruchtbar.

Friedrichshof, 17 in dem Jahre 1764 erbaute Colonistenstellen auf den Feldmarken der Dörfer Abroe, Holt, Jardelund, Medelbye, Schaflund und Weesbye, (s. d. Artikel); A. Tondern, Karrh., Ksp. Medelbye.

Friedrichsholm (Hohnerholm), Colonistendorf 2 M. westlich von Rendsburg, unweit des Hohner-Sees, A. Hütten, Hohnerh., Ksp. Hohn, wurde im Jahre 1762 angelegt und enthielt damals 38 Colonistenstellen; jetzt sind hier 33 bewohnte Stellen. Seit dem Jahre 1843 ist hier eine Glasfabrik angelegt, welche Sieversberg genannt wird. — Districtsschule. — Unter den Einwohnern sind mehrere Seefahrende. — Areal: 140 Steuert. — Das Ackerland ist recht gut. Die Dorfschaft ist von dreien Seiten mit Moor umgeben.

Friedrichskoog, ein octroyirter Koog 1½ M. westlich von Tondern, im A. Tondern, Hoyerharde; Ksple. Rodenäs und Aventoft. Dieser Koog erhielt im Jahre 1690 eine Octroy von dem Herzoge Christian Albrecht und ward 1692 eingedeicht. — Areal: 1200 Demat. — Im Kooge sind 4 Höfe; der Koog hat 5 Hauptparticipanten und einen eigenen Inspector.

Die Wasserlösung geht durch den neuen Rutebüllerkoog. — Zahl der Einwohner: 39.

Friedrichskoog, Norder-, ein octroyirter Koog im Westertheil der Landschaft Eiderstedt, 1¼ M. nördlich von Tönning; Ksp. Ulvesbüll. Dieser Koog, welcher 14 Hauptparticipanten hat, ward im Jahre 1696 eingedeicht und enthält ein Areal von 534 Demat. Er hat einen eigenen Inspector der im Kooge wohnt. — Windmühle. — Der Koog hält sich zur Ulvesbüller Schule.

Friedrichskoog, Süder-, ein octroyirter Koog, nordöstlich an Tönning gränzend, im Osterth. der Landschaft Eiderstedt; Ksple. Oldensworth und Tönning. Dieser Koog ward im Jahre 1613 eingedeicht, erhielt 1690 eine Octroy und hat ein Areal von 561 Demat. Es sind hier 6 Höfe und 14 Häuser; zwei zum Ksp. Tönning gehörige Höfe heißen Freudenholm (78½ Dem.) und Löwenhof (50 Dem.); letzterer Hof ward 1847 von der englischen Dampfschifffahrts-Compagnie angekauft.

Friedrichsneuland, 6 Colonistenstellen (¾ Pfl.), 1¼ M. südlich von Schleswig, A. Gottorf, Kropph.; Ksp. und Schuldistr. Kropp. Diese Stellen wurden im Jahre 1760 auf den Feldmarken der Dörfer Alt- und Neu-Bennebek erbaut. — Areal: 94 Steuert.

Friedrichsort, vormals eine kleine Festung, seit 1843 aber, nachdem sie desarmirt wurde, erhielt sie den Namen Seebatterie Friedrichsort. Sie liegt 1¼ M. nordöstlich von Kiel, an der Mündung des Kieler Meerbusens. — Der König Christian IV. ließ in dem Jahre 1632 ungeachtet des Widerspruches des Gottorfischen Hauses eine mit 4 Bollwerken versehene und damals Christianspries benannte Festung auf dieser, Priesort genannten Landstrecke, etwa 400 Ellen von der jetzigen Batterie, wo gegenwärtig der Kirchhof liegt, anlegen. Der König mußte um diesen Platz zu erlangen die Güter Knoop, Seekamp, Bülck und Holtenau ankaufen, wodurch die Kosten sich auf eine hohe Summe beliefen. Im Jahre 1634 belagerte der schwedische Feldherr Torstenson diese Festung, und ließ sie nach einer tapfern Gegenwehr der schwachen Besatzung mit Sturm einnehmen. Der König Christian IV. hielt sich hier während des Winters 1637 bis 1638 auf. Der König Friedrich III. ließ die Festung 1648 schleifen, aber späterhin 1663 auf dem jetzigen Platze neu anlegen. Sie wechselte ihren Namen von da an nach den Namen der regierenden Könige und ward abwechselnd Friedrichsort und Christianspries genannt, bis zu Friedrich V., von dessen Zeit an sie den jetzigen Namen beibehalten hat. Sie hat 5 Bastionen mit doppelten Gräben und ist an der Seeseite stärker als an der Landseite befestigt. In militairischer Rücksicht hatte sie keinen großen Werth und diente nur zur Niederlage von Kriegsmaterialien und zur Aufbewahrung von zur Festungsstrafe Verurtheilten. Am 17. Decbr. 1813 ward die Festung, welche nur mit 250 Mann besetzt war, von schwedischen Truppen eingeschlossen, ging aber gleich darauf durch Capitulation über, und ward am 19. Decbr. den Schweden überliefert. — In der Festung befinden sich das ehemalige Commandantenhaus, in dessen einem Flügel im obern Stockwerke die Kirche ist; ferner ein Zeughaus, ein Proviantshaus, ein Pulverthurm, 4 Baracken für Gefangene, ein Wachthaus und 10 andere Wohngebäude. Vormals und bis zum Jahre 1825 war hier eine Garnisons-Compagnie von Invaliden, späterhin eine Garnison von etwa 70 Mann und darauf nur 25 Mann Infanterie und 5 Mann

Friedrichstadt.

Artillerie. — Zahl der Einwohner: 138. — An der Kirche, die zur Probstei Hütten gehört, ist ein Prediger angestellt, der vom Könige ernannt wird. Die Organisten=, Cantor= und Schullehrerbedienung sind in einer Person vereinigt. Seit dem Jahre 1815 wird an der Seeseite wegen des sich tief in das Meer erstreckenden Riffs ein Leuchtfeuer unterhalten. — Im letzten Kriege 1848 bis 1850 wurde Friedrichsort wieder in Vertheidigungszustand gesetzt, und hatte fast immer ein Bataillon und eine Festungs=Batterie als Besatzung. Im Jahre 1850 war selbige nach der Seeseite mit 31 Stück schweren Geschützen armirt, außer 4 Geschützen 3Pfdiger Kanonen und 2 Haubitzen, die als Flankengeschütze dienen sollten.

Friedrichstadt, Stadt an der südwestlichen Seite des Herzogthums an der Eider und der Treene, 54° 22′ 43″ N. B., 3° 29′ W. L. vom Kopenh. Mer., Probstei Eiderstedt. — Diese Stadt wurde im Jahre 1621 mit Erlaubniß des Herzogs Friedrich III. in einer Marschgegend S e e b ü l l (Sebul) von niederländischen Arminianern (Remonstranten) erbaut und alle Einwohner erhielten sogleich völlige Religionsfreiheit. Der Herzog Friedrich III. gab den Arminianern schon im Jahre 1619 eine Octroy und nach ihm als ihren Beschützer nannten diese die Stadt Friedrichstadt. Die Stadt wird durch s. g. Sielzüge eingeschlossen, ist zu 25 Pfl. angesetzt und in einem Vierect, nach holländischer Art, regelmäßig mit geraden von Kanälen durchschnittenen Straßen erbauet. Der Marktplatz, welcher in der Mitte der Stadt liegt und von einer Allee umgeben ist, so wie einige Hauptstraßen, welche mit Alleen besetzt sind, zeichnen sich aus. Es giebt hier 2 Hauptthore: das goldne Thor und das Holmerthor und ein Nebenthor, welche nach 7 Uhr Abends gesperrt werden. Die Anzahl der Häuser betrug im Jahre 1848: 538, und die Anzahl der Einwohner 1845: 2467, worunter 83 Katholiken, 114 Remonstranten, 44 Mennoniten und 422 Juden. Das Wappen der Stadt sind 2 blaue Flüsse im rothen Feld. Der Magistrat besteht aus einem Stadtpräsidenten, einem Bürgermeister und 6 Raths=verwandten; das Collegium der Stadtdeputirten aus 8 Mitgliedern. Der Stadtsecretair ist zugleich Actuar. Das Stadtrecht ist aus dem Jahre 1633. Hier ist ein Stadtpfenningmeister, ein Schleusen= und Deichaufseher und ein s. g. Gerichtsschout, welcher zugleich Marktvogt ist. Nach dem ursprünglichen Plane der ersten Erbauer sollte die Stadt eine große Ausdehnung erhalten, und nach den Hoffnungen, welche diese sich machten, wäre Friedrichstadt mit der Zeit eine der ersten Handelsstädte in dem Herzogthume geworden, aber dieselben sind nicht in Erfüllung gegangen. Viele reiche Remonstranten kehrten in ihre Heimath zurück, und wenn auch die Stadt vormals lebhafteren Handel und Schifffahrt hatte, da der Hafen geräumig und bequem ist und mehrere Manufacturen, Fabriken und Webereien viele Arbeiter in Thätigkeit setzten, so fehlte es doch fortwährend an Verkehr und die Stadt versank in Nahrungslosigkeit. Noch im Jahre 1800 hatte Friedrichstadt 19 Schiffe von 712 C.=L., 1847 nur 8 Schiffe von 97¼ C.=L. Durch die Betriebsamkeit der Einwohner erhielten sich noch bis zum Jahre 1848, 2 Salzsiedereien, 1 Oelschlägerei, 6 Lohgärbereien, 5 Amidamfabriken, 1 Essigbrauerei, 3 Lichtziehereien, 1 Muschel= und Steinkalkbrennerei und einige Brau= und Brennereien. Bei der Stadt sind 4 Mühlen; zwei derselben gehören der Landesherrschaft und der Stadt gemeinschaftlich, die beiden andern, eine Graupenmühle und eine, die Vorkmühle genannt, sind Privateigenthum. — Friedrichstadt hat eine Schützengilde und

2 Todtengilden, eine Spar- und Leihcasse seit 1826 und einen Lombard. Eine Buchdruckerei wurde 1802 angelegt und in derselben erschien bisher das Wochenblatt: der Dithmarscher und Eiderstedter Bote. Die Concession ist aber im Jahre 1853 dem bisherigen Besitzer entzogen worden. Königl. Beamte wohnen hier folgende: ein Zollverwalter, ein Controlleur, ein Postmeister ein Deich- und Schleusenaufseher und ein Hafenmeister. Auch sind hier zur Zeit 3 Doctoren der Medicin und Chirurgie und 1 Apotheker. In der Stadt sind eine lutherische, eine remonstrantisch-reformirte, eine römisch-katholische und eine Mennoniten-Kirche, sowie eine Synagoge. Die lutherische Kirche wurde 1644 erbauet. Sie gehört zur Probstei Husum, hat einen Thurm und in derselben befinden sich einige in Holz geschnitzte Apostel des berühmten Brüggemann und ein Altargemälde des ausgezeichneten Malers Jurian Ovens. — Der König ernennt den Prediger. — **Eingepfarrt**: Borkmühle, Eiland, Feldlust, Großer Garten, Königsteinshof, Spätgenshof, Ziegelhof. — Die remonstrantisch-reformirte Kirche wurde 1625 erbaut, sie brannte 1850 ab und ist 1852 neu erbaut. — Den Prediger ernennt die Societät der Remonstranten in Holland. — Die Mennoniten-Kirche steht mit einem andern Gebäude in Verbindung. Der Prediger wird von dem Kirchenrathe und mit Zustimmung der Gemeinde berufen und bestellt. — Die im Jahre 1846 neu erbaute katholische Kirche liegt am Fürstenburgwall und hat ein hübsches Ansehen. Der Prediger wird von den Conservatoren der nordischen Mission zu Münster in Vorschlag gebracht und von dem Bischofe zu Paderborn angesetzt. — Die im Jahre 1648 erbaute Synagoge ist abgebrochen und eine neue im Jahre 1847 erbauet. — Der Stadtschule steht ein Rector vor; ausserdem ist hier eine lutherische Bürgerschule, wobei ein Cantor und ein anderer Lehrer angestellt sind; jede Religionsparthei, mit Ausnahme der Mennoniten, hat ihre eigene Schule. — Eine Sonntagsschule für Handwerkslehrlinge wurde 1842 gegründet. Jede Religionsparthei unterhält die ihr angehörenden Armen. Für die 3 protestantischen Gemeinden giebt es aber eine gemeinschaftliche Stadtarmenkasse, die von einem Armencollegio verwaltet wird; dieser gehört der vor der Stadt belegene Große Garten (ein Wirthshaus), welcher mittelst Schenkungsacte aus dem Jahre 1778 der allgemeinen Stadtarmenkasse von der Frau Margaretha v. Rantzau geschenkt ward; dieser Hof hat einige Privilegien. — Jahrmärkte hält die Stadt am Freitage vor Himmelfahrt, am Freitage vor Maria Geburt und am 22. und 23. Juli. Wochenmärkte sind hier jeden Freitag. — Die Fischerei in der Eider und der Treene ist so weit die Jurisdiction der Stadt reicht frei. Der Störfang in der Eider und der Lachsfang in der Treene ist nicht unbedeutend. — Nach Rendsburg und Tönning fährt das Eiderdampfschiff „Rendsburg", welches bei Friedrichstadt anlegt. Eine Fähre führt von dem Fährhause bei der Stadt über die Eider nach Dithmarschen. — In Friedrichstadt ist der berühmte Gilbert von Ruytenbek Bürgermeister gewesen und der ausgezeichnete Maler Jurian Ovens gestorben. Im Jahre 1796 hielt der nachmalige König der Franzosen Louis Philipp sich hier einige Monate unter dem angenommenen Namen L. P. von Fries auf. — Am 4. Decbr. eines jeden Jahres wird in Friedrichstadt das s. g. St. Nicolausfest gefeiert, wie solches noch in Holland und am Rhein vorkömmt; in der Volkssprache heißt dieses Fest Sünner-Klas. — Das Jahr 1850 ist für Friedrichstadt durch die damaligen Kriegsvorgänge ein sehr unglückliches gewesen. Die Stadt wurde seit der am 7. August 1850 geschehenen Besetzung derselben

Friedrichsthal.

stark befestigt, wovon noch Spuren sichtbar sind. Die Hauptschanzen lagen im Osten auf dem gänzlich abgebrochenen Grevesbof und an der Stelle, wo ehemals die s. g. Vorkmühle stand, und westlich wo der Koldenbütteler Deich die Husum = Tönninger Chaussee durchschneidet. Als darauf am 29. Octbr. und an den folgenden Tagen f. J. das Bombardement und der Sturm erfolgte, wurde der größte Theil der Stadt eingeäschert. Es brannten ab: die beiden Hauptstraßen (die Prinzen und Prinzessinstraße) und mehrere diese durchschneidende Querstraßen, der größte Theil der Häuser an den Zelten und die ganze Südseite des Marktplatzes. Auch das Rathhaus und die Kirche der remonstrantisch Reformirten brannten mit ab. Die lutherische Kirche und die Mennonitenkirche wurden beschädigt. Im Ganzen sind 137 Gebäude durch das Bombardement zerstört und 285 Gebäude beschädigt worden; der Schaden wird auf 450,000 ℳ geschätzt. Von den Einwohnern der Stadt wurden 31 Personen getödtet oder verwundet. Die abgebrannten Stadttheile sind gegenwärtig wieder aufgebaut, doch hat der Wohlstand der Stadt namentlich auch durch das Wegziehen mancher Familien stark gelitten. — Areal: 56 Ton. à 220 □. R. und 4 Fennen Grasländereien (19 Dem. 2 S.). Auf dem Stadtgebiet liegt ein Haus Eiland (Wirthshaus), ein andres Feldlust. — Städtische Einnahmen 1834: 7151 Rbthlr. 32 b/β. Ausgaben 6681 Rbthlr. 10 b/β. — Stadtschuld 32,903 Rbthlr. 42 b/β. — Activa 32,910 Rbthlr. 76 b/β.

Friederichsthal, ein ehemaliger Meierhof des Gutes Rübel und Jagdschloß der Herzöge von Glücksburg, 1½ M. östlich von Flensburg, im A. Flensburg, Munkbraruph., Ksp. Quern. Dieser Hof ward 1789 in 10 Parcelen getheilt von denen 5 bebaut werden mußten. — Areal: 322 Ton. 5 Sch. (195 Steuert.), worunter 137 Ton. Ackerland, 50 Ton. Wiesen und 135 Ton. 5 Sch. Hölzung; von diesen wurden aber zum Königl. Gehege und zu den Wegen 98 Ton. 6 Sch. ausgelegt. — Der Herzog Philipp von Glücksburg erbaute hier, an dem Orte der Kastrup hieß, im Jahre 1628 ein Herrenhaus, und nannte es seiner Gemahlin zu Ehren Sophienhof; der Herzog Friedrich ließ 1750 das Haus neu aufführen, und gab demselben den Namen Friedrichsthal. Die Feldmark dieses Hofes enthält jetzt den Stammhof Kastrup, 3 Parcelenstellen, von denen eine Meierlück heißt, 1 Viertelh. (Holzvogtswohnung) Weigab, 6 Kathen von denen 2 Westerholz und eine am Strande liegende Mühlendamm genannt werden und 1 Instenstelle. — Hier ist eine Wasser= und eine Windmühle. — Schuldistr. Kallebye. — Schmiede. — Das Ackerland ist von ziemlicher Güte; der Friedrichsthaler Mühlenteich hat ein Areal von 3 Ton. 7½ Sch. à 320 □. R. Die Königliche Hölzung heißt Horstkoppel. Bei einer Parcelenstelle liegt ein Grabhügel, welcher aber zum Theil zerstört ist.

Friedrichswiese, 12 Colonistenstellen 2 M. südlich von Schleswig, A. Gottorf, Kropph., von denen 8 auf der Tetenhusener= und 4 auf der Kropper=Feldmark belegen sind. Diese Colonie ward im Jahre 1760 angelegt. — Schuldistr. Tetenhusen. — Areal: 203 Steuert.

Friesenburg, (Fresenburg, Steenburg), eine ehemalige, von dem Könige Erich von Pommern an der Treene wo jetzt Harenburg (Ksp. Treya) liegt angelegte, stark befestigte Burg, welche diesen Namen nach ihrer Bestimmung zum Schutze gegen die Friesen zu dienen erhielt.

Bald nach der Erbauung 1415 ward sie am 13 Juli 1416 von den Friesen erstürmt, eingenommen und der Erde gleich gemacht. Der damalige Burghauptmann v. Sehestedt und ein großer Theil der Besatzung wurden erschlagen.

Friesmark (Freesmark), vormals ein Fürstl. Meierhof, später ein s. g. Kanzleigut 1 M. südwestlich von Tondern, A. Tondern, Wiedingh., Ksp. und Schuldistr. Aventoft. Das Gut liegt auf einer Insel im Aventofter-See, welche durch einen Damm mit dem festen Lande verbunden ist. — Areal: 172 Steuert. Besitzer: Detleffen. — In der Nähe liegen die unbewohnten Inseln Fredsodde und Fuglhallig.

Frörup (vorm. Frodorp), Kirchdorf 2 M. nordwestlich von Hadersleben, A. Hadersleben, Osterth., Tyrstrupharde, Pr. Hadersleben. Dieses ansehnliche Dorf enthält außer der Küsterwohnung 15 Hufen von verschiedener Größe, 9 Parcelenst., 3 Landbohl., 18 Kathen und Instenst. Von diesen sind 5 Hufen und 9 Parcelenstellen ausgebaut; die Hufen haben folgende Namen: Sönderskovgaard, in deren Nähe ein Kirchhof gelegen haben soll, Frörup-Nyegaard, Mölskovgaard, wo auf einer Anhöhe eine reizende Aussicht ist, Ravnbjerggaard und Oestergaard. Einzelne Stellen heißen: Hedehuus, Klingborg, Svendborg, Hjortbjerg, Mölbroekrog, Faarhuus und 2 Kathen Fyenboehuse. — Districtsch., Prediger-Wittwenhaus, Armenhaus, Wirthshaus, Schmiede und mehrere Handwerker. — Die Kirche, ein Filial der Kirche in Stepping (vormals wahrscheinlich nur eine Capelle), ist mit einer Thurmspitze versehen und zum Theil gewölbt. In derselben ist das Begräbniß des Mogens Kaas, der 1582 starb, und seiner beiden Frauen Dorothea Sehestedt und Anna Rantzau. — Eingepfarrt: Brenduhr, Dridevad, Frörup mit den obengenannten ausgebauten Stellen, Frörup-Röi, Groß- und Klein-Geil, Grillegaard, Hjortvad, Jörgensholt, Mörkholt. — Der Boden ist theils hügelig, theils eben, im Ganzen fruchtbar und in den letzten Jahren sehr verbessert. An der Ostseite einer Hölzung, das Westerholz genannt, findet man eine runde Erhöhung welche mit einem Graben umgeben ist; diese Stelle wird Lausvold, auch Herregaardsvold genannt, und es soll der Sage nach hier ein Schloß gestanden haben. Eine Niederung in der Nähe heißt Ebbesholm, worin auch in der ältesten Zeit ein adelicher Hof gestanden haben soll. — Vz. des Ksp.: 612.

Frörup, Dorf an der Treene, worüber hier eine Brücke führt, $1\frac{1}{2}$ M. südlich von Flensburg, A. Flensburg, Uggelh., Ksp. und Schuldistrict Oeversee; 2 Dreivierteh., 4 Halbh., 2 Dreiachteh., 3 Vierteh., 9 Kathen und 8 Instenstellen (4 Pfl.). — Nordöstlich vom Dorfe liegt eine Erbpachts-Wassermühle; 2 Colonistenstellen (Ksp. Wanderup) auf der Feldmark gehören zur Colonie Friedrichsheide. — Wirthshaus, 2 Schmiede und einige Handwerker. — Areal: 522 Steuert. — Der Boden ist sandigt, aber durch die gute Cultur fruchtbar. — Bei Frörup liegen 3 Seen, Schneeboe, Schneeboedamm (zusammen 21 Ton. $3\frac{1}{2}$ Sch.) und Wollersdamm (3 Ton. $2\frac{1}{2}$ Sch.).

Fröslev, (Fröslee), Dorf 1 M. nordwestlich von Flensburg, A. Flensburg, Wiesh., Ksp. Handewith. — Es ist das größte Dorf dieser Harde und enthält 1 Anderthalbh., 1 Vollh., 5 Dreivierteh., 22 Halbh., 1 Vierteh., 10 Kathen, 2 Instenstellen und 1 Hirtenwohnung (12 Pfl.). Auf dem Westerfelde liegen 3 Colonistenstellen zu Julianenau gehörig. —

Fruerlund.

Eine Menge Torfscheunen auf der Feldmark gleichen in der Ferne einem Dorfe. — Districtsschule. — Wirthshaus, Schmiede. — Areal: 1270 Steuert. Der Boden ist sandigt, aber mehrere Haidestrecken sind urbar gemacht. — Nordwestlich vom Dorfe liegt eine Hügelkette, welche von Osten nach Westen fast 1 M. lang ist.

Fruerlund, 2 Halbh. und eine Korn- und Borkmühle, $\frac{1}{4}$ M. östlich von Flensburg, A. Flensburg, Husbyh., Ksp. und Schuldist. Adelbye. — Eine in der Nähe belegene Kathe heißt Fruerlundfeld. — Eine Parcele von Fruerlund ist zu einem Armen- und Arbeitshause eingerichtet. — Areal mit Fruerlundholz: 195 Steuert.

Fruerlundholz, 14 Kathen östlich von Flensburg, A. Flensburg, Husbyh., Ksp. und Schuldistr. Adelbye. — Ziegelei. — Areal: s. Fruerlund. — Hier lag ehemals ein klösterliches Holz.

Fürberg, eine Kathe und Schmiede, westlich von Twedt, A. Gottorf, Struxdorfh., Ksp. Tolk, Schuldistr. Twedt. — Sie gehörte ehemals zum Domcapitel, darauf zum Gute Grumbye. — Areal: s. Grumbye.

Füsing, Dorf $\frac{3}{4}$ M. nordöstlich von Schleswig an der Füsingeraue, A. Gottorf, Füsingh., Ksp. und Schuldistr. Kahlebye. Dieses Dorf war vormals bischöflich und eine Vogtei des Amtes Schwabstedt darnach benannt, die nachmals unter dem Namen Füsingharde dem Amte Gottorf incorporirt wurde. Es enthält 1 Vollh., 13 Halbh., 2 Viertelh. und 11 Kathen (8 Pfl.) — Wirthshaus, Schmiede und mehrere Handwerker. Ziegelei an der Schlei belegen. Eine ausgebaute Hufe hieß vormals Ruhethal. — Areal: 982 Steuert. — Der Boden ist sehr gut; die östlich vom Dorfe belegene Hölzung heißt Broholm. — Ein Hufenbesitzer behauptet die Gerechtigkeit in der Schlei fischen zu dürfen.

Fuglsang, 1 Halbh. unweit des Sliip-Sees, A. Hadersleben, Ostertheil, Haderslebenerh., Ksp. und Schuldistr. Hoptrup. Eine in der Nähe belegene Kathe heißt Steinholt.

Fuglsang, 1 Instenstelle in der Nähe von Aabek, A. Apenrade, Riesh., Ksp. Loit, Schuldistr. Skovbye.

Fuglsang, einige Parcelenstellen in der Grafschaft Reventlov-Sandberg, A. Sonderburg, Nübelh., Ksp. Satrup.

G.

Gaansager (Gonsacker), Dorf an einer kleinen Aue, welche in die Uhlbek fließt, 2 M. südöstlich von Ripen; Ksp. Vodder. Zum Amte Hadersleben, Westerth., Hviddingh., gehören 1 Vollh., 2 Dreiviertelh., 3 Halbh., 2 Viertelh., 1 Verbittelsst., 1 Kathe und 2 Instenst. ($3\frac{79}{144}$ Pfl.); 2 Halbh. (1 Pfl.) gehören zum A. Lygumkloster, Vogtei Skjärbäk. 2 ausgebaute Kathen heißen Holbäk (Holbäkhuus) und Kjelstoft. — Schule. — Schmiede. — Mehrere Frauen beschäftigen sich mit Spitzenklöppeln. — Areal: 490 Steuert. — Das hochliegende Ackerland besteht aus einer Schichte gutartigen Sandbodens unter welcher sich aber eine steinigte Schichte befindet; die zum Dorfe gehörende große Haidestrecke enthält viel Moor. Ein ehemaliger Teich südöstlich von Gaansoger ist ein herrschaftliches Grundstück und heißt Zappesdamm. Bei diesem Dorfe

v. Schröder's Schlesw. Topogr.

lag ein längst vergangener Edelhof, welcher Hallebäk geheißen haben soll. Nahe am Dorfe gegen Norden liegen 2 Grabhügel.

Gaarde, adel. Gut im A. Tondern, Karrharde. Der Haupthof liegt an der Leckaue, 3 M. südöstlich von Tondern, Ksp. Leck. Dieses Gut, welches im Jahre 1604 ein zu Fresenhagen gehöriges Dorf und späterhin ein Meierhof des Guts Fresenhagen war, ist aus 11 niedergelegten Stellen eines Dorfes Namens Garten entstanden und der ehemalige Hof Svinebek (Schwienbek) ebenfalls mit diesem Gute vereinigt. Es contribuirt für 3½ Pfl. — Areal: 669 Dem. 170 R., worunter an Acker 284 Dem. 170 R., an Wiesen 103 Dem. 134 R. 3 F., an Hölzung und Busch 49 Dem. 150 R. 8 F. und an Haide und Moor 231 Dem. 74 R. 9 F. (535 Steuert., 54,539 Rbthlr. 19 b/ß Steuerw.). — Diese Ländereien sind 1798 vertheilt, und es enthält der Stammhof 150 Dem. 17 R. (132 Steuert.), 6 Parcelen, welche Gaardefeld genannt werden, 199 Steuert. und die Stellen der Untergehörigen in Sandacker und der ausgebauten Stellen Freienwillen, Brüll und Schottenborg 241 Steuert. — Zahl der Einwohner: 83. — Nebenschule. — Vormals war hier eine Wassermühle, welche aber längst abgebrochen ist. — Contrib. 156 Rbthlr. 58 b/ß, Landst. 105 Rbthlr. 54 b/ß. — Besitzer: 1706 Elbrecht, darauf Kettenburg, 1711 Brodersen, 1727 Coldorf, 1766 Herr, 1780 Lorenzen, seit 1791 Levsen.

Gaarde, 3 Häuser 2¼ M. südwestlich von Tondern, A. Tondern, Wiedingh., Ksp. Horsbüll, Schuldistr., Nebensch. zu Diedersbüll. — Der Boden ist im Ganzen nur von mittelmäßiger Art.

Gaardebye, Dorf an der Geilaue im Gute Stoltelund, 2¼ M. nordwestlich von Flensburg, A. Apenrade, Lundtofth., Ksp. Tinglev; enthält 6 Halbh. und 2 Kathen; eine ausgebaute Halbh. heißt Klingbjerg; Schuldistr. Brauderup. — Dieses Dorf soll ursprünglich ein Hof gewesen sein (s. Brauderup). — Areal: 527 Steuert. — Auf der Feldmark sind noch Spuren eines alten Walles sichtbar, welcher sich nach dem Tingleverr-See erstreckt hat und jetzt noch den Namen Holger-Danskesdieg oder auch Olgersdieg führt.

Gaardkrog, 2 Verbittelsst. und 5 Instenst. (½ Pfl.) 1¾ M. nordwestlich von Lygumkloster, A. Hadersleben, Westerth., Hviddingh., Ksp. Skjärbäk, Schuldistr. Oester-Gasse. — Der Boden ist sandigt.

Gaardwang, 2 Parcelenst. und 3 Kathen im A. Gottorf, Schliesh., Ksp. und Schuldistr. Boren; sie gehörten ehemals zum Gute Lindau.

Gaardwang, 1 Parcelen- und 1 Instenstelle (¼ Pfl.) bei Lebek, im Gute Gelting, Cappelerh., Ksp. Gelting. — Areal: 62 Hotsch.

Gaardwang, eine vom Hoffelde des Meierhofes Drültt im Gute Rundhof abgelegte Parcelenst., Cappelerh., Ksp. Töstrup, Schuldistr. Rabenkirchen. — Areal: 89 Hotsch.

Gaaskjär (Gooskjär, Goeskarr), Dorf 2 M. südwestlich von Apenrade, Ksp. Bjolderup; enthält 6 Bohlst., 8 kleine Landstellen und 1 Instenst. (4 Pfl.), welche zum Amte Apenrade, Riesh., und 1 Halbh. (⅝ Pfl., 70 Steuert.), welche zum Gute Seegaard, A. Apenrade, Lundtofth., gehören. — Schule. — Der Boden ist sehr gut (s. Todsbüll). — Im Jahre 1488 verkaufte Otto Emmiksen zu Refshöi dem Lygumer Kloster 2 Güter in diesem Dorfe.

Gaaskjär.

Gaaskjär, ein ehemaliges Schloß südwestlich vom Dorfe Groß-Nustrup, im Ksp. Nustrup, A. Hadersleben, welches nach der Zeit des Herzogs Hans in der zweiten Hälfte des 16. Jahrhunderts gestanden haben soll (s. Nustrup).

Gaböl (Gabel), Dorf 3 M. westlich von Hadersleben, an der Landstraße nach Ripen, A. Hadersleben, Ksp. Nustrup. Zum A. Hadersleben, Osterth., Gramh., gehören 22 größere und kleinere Hufen, 13 Landbohlen und 12 Instenst.; eine östlich belegene Hufe (Wirthshaus) heißt Haugaard; zum Gute Gram, Frösh., gehören 5 Hufen, 2 Hufenparcelenst., 2 Kathen und 1 Instenstelle (122 Steuert.). Eine Hufenstelle ist ein Wirthshaus. — Districtsschule. — Schmiede. — Der Boden ist ziemlich gut. — Auf der Südseite der Feldmark befinden sich 4 Grabhügel.

Gänsehörn, 2 Häuser an einem Mitteldeiche in der Nähe der Tetenbüller Kirche im Westerth. der Landsch. Eiderstedt, Ksp. und Schuldistr. Tetenbüll.

Gaffel, einige Parcelen des Hofes Sandberg, in der Grafschaft Reventlow-Sandberg, A. Sonderburg, Nübelh., Ksp. Düppel.

Gahlendorf (Waldem. Erdb.: Galaenthorp), Dorf auf der Insel Fehmern nahe an der Ostsee, Osterkirchsp., Kirche Burg; 5 größere und 9 kleinere Landstellen und 8 Instenst; eine Landstelle ist ausgebaut und heißt Monplaisir. In der Mitte des Dorfes ist der s. g. Dingstein, ein Versammlungsplatz der Dorfsbewohner. — Schuldistr. Bißdorf. — Areal: 178 Dromt 1 F. (424 Steuert.) — Der Boden ist sehr ergiebig. — An der Ostseite des Dorfes liegt ein ansehnlicher Grabhügel; auf demselben befindet sich eine große Steinplatte von etwa 130 □. Fuß, welche auf 7 andern Steinen ruht; der Raum unter derselben ist so geräumig, daß er früher von einer armen Familie als Wohnung benutzt wurde.

Gaikebüll, eine vergangene Kirchspielskirche in der Edomsharde auf der alten Insel Nordstrand, etwa ¼ M. nordwestlich von Odenbüll. Sie ward durch die Sturmfluth von 1634 nur wenig beschädigt und noch im Jahre 1640 von den Einkünften der auf der Insel vergangenen andern Kirchen im baulichen Stande erhalten. Bald darauf findet sich keine weitere Nachricht von ihr und die übrig gebliebenen Bewohner wurden zu Odenbüll eingepfarrt. — Das Kirchspiel war kurz vor der Fluth 1634 2106 Dem. groß, hatte 104 Häuser und gegen 500 Einwohner, wovon 232 ertranken und 73 Häuser und 2 Mühlen wegtrieben. — Ein ansehnlicher Theil des Kirchspiels ist nachher durch Bedeichung des Friedrichskoogs 1654 und des Marien-Elisabeths- oder Osterkoogs 1657 wieder gewonnen worden.

Galmsbüll, ein von den Fluthen nach und nach ganz zerstörtes Kirchspiel auf einer vormaligen zum Amte Tondern gehörenden Insel, in der Bökingharde. Fast durch jede Fluth ist die Zerstörung dieses Landes vergrößert, dessen Areal im Jahre 1625, 283 Dem. 133 R. betrug. In den Jahren 1700 und 1701 ward diese Insel mittelst eines Dammes landfest gemacht, und sie war damals ziemlich stark bewohnt; 1788 waren hier noch 43 Häuser und 54 Familien, aber nach der letzten Fluth 1825 sind die Einwohner nach dem Marienkooge gezogen. Eine kleine nachgebliebene Erhöhung von Galmsbüll heißt Galmsbüllknopp. — Die erste hiesige Kirche kömmt schon früh vor, aber ohne Zweifel sind bis zum Jahre 1749, als statt der hölzernen eine von Stein aufgebaut ward, mehrere Kirchen hier zerstört. Diese letzte drohte schon 1788 einzustürzen, und ward späterhin auch abgebrochen. — In der ältesten Zeit, und besonders im 18. Jahrhundert ward hier eine große Quantität Salz aus Moorerde bereitet, und es waren hier 16 kleine Salzschiffe, welche es wegführten; 1768 waren hier nur 6 solcher Schiffe und 1782 hörte dieser Erwerb auf.

Galsted, Dorf 2¼ M. südwestlich von Hadersleben, an der Landstraße nach Lygumkloster, A. Hadersleben, Westerh., Norderrangstruph., Ksp. Agerskov; 1 Vollh., 3 Halbh., 4 Viertelh., 2 Achtelh., 1 Verbittelst. und 2 Kathen; einzelne Stellen nördlich vom Dorfe heißen Jägerlundhuus, Jägerborg, Kronborg, Sophiendal, Sjellandshuus. — Schuldistr. Rangstrup. — Wirthshaus, Schmiede. — Areal: 1320 Ton. (484 Steuert.) — Der Boden ist sandigt aber ziemlich fruchtbar.

Gammelbye, Dorf 2 M. südöstlich von Flensburg, A. Flensburg, Nieh., Ksp. Sörup; 3 Vollh., 1 Dreiviertelh., 1 Viertelh., 5 Kathen und 1 Instenst. (4 Pfl.), von denen 4 Kathen und die Instenstelle westlich vom Dorfe Gammelbyeholz genannt werden. 2 Hufen gehörten ehemals zum Schleswigschen Domcapitel. — Schuldistr. Flatzbye. — Areal mit Seeende: 393 Steuert. — Der Boden ist von guter Art und sehr ergiebig.

Gammelbye (Wester=Gammelbye), Dorf 2 M. nordwestlich von Tondern, an der Landstraße von Hoyer nach Ripen, Ksp. Emmerlev. Zum A. Tondern, Nordhoyerh., gehören 7 Bohlstellen und 5 kleine Landstellen (1⅔ Pfl.); zum Gute Südergaard 1 Pfl., und zum Gute Kurbüll 2¼ Pfl. Der Haideboden ist im Laufe der Zeit cultivirt und ziemlich fruchtbar.

Gammelbye, Dorf an der Koseleraue ½ M. nordwestlich von Eckernförde, im Gute Rögen, Eckernförderh., Ksp. Borbye. Dieses Dorf bestand ursprünglich aus 12 Hufen, von denen aber 5 um die Mitte des 18. Jahrh. niedergelegt wurden. Jetzt enthält es 7 Hufen und 8 Kathen, welche letztere Klein=Gammelbye genannt werden. — Schule. — Areal: 509 Ton. — Der Boden ist sehr gut. — Vormals hatten hier die Vicarien St. Antonius und St. Gertrud 3 Hufen und der Altar der 10,000 Ritter Ländereien in diesem Dorfe. — Der Herzog Waldemar verpfändete im Jahre 1339 seine Besitzungen in diesem Dorfe an Siegfr. v. Sehestedt und 1470 verpfändete der König Christian 1. hier 5 Lanstenstellen an Claus v. Ahlefeld.

Gammelbyegaard, eine ehemalige Schleswigsche Domcapitels=Vollhufe (1 Pfl.), am Süder=See, 2¼ M. südöstlich von Flensburg, A. Flensburg, Nieh., Ksp. Sörup. Dieser Hof war der Vogtspflug und die Vogtei Gammelbyegaard hat von ihm den Namen. — Areal: 127 Steuert. — Der Boden ist sehr gut, und zu der Hufe gehört eine bedeutende Hölzung, worin sich ein Grabhügel befindet.

Gammelbyemoor, 1 Dreiachtelh., 2 Kathen und 1 Parcelenst. im A. Flensburg, Ksp. Sörup, von denen die Hufe zur Nieh., die Parcelenstelle zum Gute Südensee, Nieh., und die Kathen zum Gute Freienwillen, Husbyeh., gehören. — Schuldistr. Sörup.

Gammeldamm, eine Parcelenstelle (1½ Pfl.) im Gute Düttebüll, Cappelerh., Ksp. Gelting, Schuldistr. Pommerbye. — Areal: 192 Hbtsch.

Gammelgaard, Königl. Gut auf der Insel Alsen, im Amte Sonderburg, Augustenburgerharde, Ksp. Ketting. Der Haupthof liegt 1¼ M.

Gammelgab.

nordöstlich von Sonderburg. Gammelgaard war schon im 14. Jahrhundert im Besitze der Familie Sture; Bendix Sture lebte 1480, Asmus Sture 1553, Thomas Sture starb 1563 und dessen Schwiegersohn Hans Blome verkaufte es an den Herzog Johann von Sonderburg und es ward der Wittwensitz der Herzoginnen. Die Herzogin Anna starb hier 1639 und die Herzogin Anna, Gemahlin des Herzogs Johann Christian, wohnte hier viele Jahre. Darauf ward dieses Gut Königlich, 1764 aber dem Herzoge Friedrich Christian übertragen, bei dessen Nachkommen es bis zum Jahre 1852 blieb. Dieses Gut, welches im Jahre 1730 aus 84 Bohlstellen, 112 Kathenstellen, 2 Wasser= und 2 Windmühlen bestand, contribuirt mit den andern Gütern der Augustenburgerharde für 273 Pfl. (reducirte Pflz. $192\frac{2}{5}$). Das alte Wohnhaus ward um die Mitte des 18. Jahrhunderts abgebrochen. — Das Areal der herrschaftl. Ländereien beträgt mit den Meier=höfen Werthemine und Gundstrup 1215 Ton. 2 Sch. 29 R. à 320 □. R., darunter an Ackerland 754 Ton. 6 Sch. 26 R., an Wiesen 193 Ton. 7 Sch. 37 R., an Hölzung 259 Ton. 6 Sch. 39 R. und an Wohnplätze und Gärten 6 Ton. 5 Sch. 7 R. Ein Bach in der Nähe des Hofes heißt Pulverbek. Zum Gute gehören die Dörfer und Stellen Adzer=ballig, Adzerballigskov, Erdbjerg, Erdbjergskov, Jestrup, Kettingskov, Mummark, Tandslet, Tandselle; einige Kathen genannt Pahlwerk, Svensmölle (Schwensmühle, eine Wasser=mühle), und eine Windmühle (Hedemölle). Ein unweit Gammelgaard belegenes Haus heißt Alexander Posenshuus, gehört aber zur Süder=harde des Amtes Sonderburg.

Gammelgab, Dorf im Lande Sundewith $1\frac{1}{4}$ M. südwestlich von Sonderburg, Nübelh., Ksp. Broaker. Dieses Dorf, welches vormals Herzoglich war, enthält 8 Vollh., 4 Bohlenparcelen, 5 Kathen und 4 Instenst. ($9\frac{1}{2}$ Pfl.). Ein Haus liegt bei der kleinen Hölzung Roi. — Schuldistr. Schelde. — Schmiede. Einige Einwohner beschäftigen sich mit der Fischerei. — Der Herzog Philipp erhielt 1637 eine hiesige Bohle für 7 ℔ Goldes von Hans v. Ahlefeld zu Gravenstein durch einen Tausch. — Areal: 462 Steuert. — Der Boden ist von ziemlicher Güte. — Am Strande südlich ist auf einer kleinen Halbinsel ein Burgplatz, welcher mit einem Graben umgeben ist; nach der Sage soll hier ein Seeräuber gewohnt haben. — Auf dem Felde sind größtentheils abgepflügte Grabhügel.

Gammellück, ein Ladeplatz mit mehreren kleinen Parcelen= und Land=stellen an der Geltinger Bucht, im Gute Gelting, Cappelerh., Ksp. und Schuldistrict Gelting. — Eine kleine Landstelle heißt Kabbernack.

Gammellund, Dorf $1\frac{1}{4}$ M. nordwestlich von Schleswig, A. Gottorf, Vogtei Bollingstedt, Ksp. St. Michaelis in Schleswig; 4 Vollh., 8 Halbh., 1 Sechstelh., 2 Kathen und 8 Parcelenst. ($8\frac{1}{6}$ Pfl.) — Districtsschule. — Schmiede. — Areal: 593 Steuert. — Mehrstündiges Gefecht am 25. Juli 1850 auf dem Idstedter Schlachtfelde. — Der Gammellunder=See, etwa 1200 Ellen lang und breit, welcher mit der kleinen Rubek in Verbindung steht und seinen Abfluß in die Jübek hat, ist 50 Ton. à 260 □. R. groß.

Gammeloppener, ein ehemal. Dorf unweit der Stadt Apenrade, welches in den Apenrader Statuten bei der Stadt von dem Herzoge Waldemar V. im Jahre 1335 ertheilten Weide=Gerechtigkeit erwähnt wird. Die Lage des Dorfes wird südöstlich von Loit gewesen sein.

Gammelskov, 2 Halbh. ($\frac{7}{18}$ Pfl.), nördlich von Agerskov, A. Hadersleben, Westerth., Norderrangstrupb., Ksp. und Schuldistr. Agerskov. — Areal: 133 Steuert.

Gammendorf (Waldem. Erdb.: Gamenthorp), Dorf auf der Insel Fehmern, Mittelkirchsp., Kirche Landkirchen. Dieses große Dorf, welches in Hoch- und Niedrig-Dorf eingetheilt wird, enthält 12 größere, 10 kleinere Landstellen und 21 Instenst. — Districtsschule. — Schmiede. — Areal: 434 Dr. 9 Sch. (926 Steuert.) — Der Boden ist gut. — In dem Dorfe sind mehrere Teiche welche Karautschen und Baarsche enthalten und von der Commüne verhäuert werden.

Ganderup, Dorf 1¼ M. östlich von Ripen, im Gute Gram, A. Hadersleben, Frösh., Ksp. Fohl. Hier sind 10 s. g. Neu-Gramerhufen, welche 1663 vom Amte Hadersleben zum Gute kamen, 3 Alt-Gramerhufen und 2 Parcelenst. Eine Hufe, vormals zum A. Ripen, gehört zur Grafschaft Schackenborg. Einzelne, an einer Hölzung östlich ausgebauete Neu-Gramerhufen heißen Dysselgaard, Ballegaard, Agerskovhuus, Mögelballe, Hornsgaard. — Areal: 625 Steuert. — Südlich von Ganderup liegt eine Stampfmühle bei Wester-Nübel, im Gut Nübel, welche aber zu Fohl eingepfarrt ist.

Gangerschild, Dorf 1¾ M. westlich von Cappeln, Ksp. und Schuldistr. Norder-Brarup. Zum A. Gottorf, Sturdorfh., gehören 2 Vollh., 1 Dreiviertelh., 1 Halbh., 2 Viertelh., und 2 Kathen (3¾ Pfl.); zum Gute Töstorf, Cappelerh., 1 Vollh., und zum Gute Dollrott, Cappelerh., 1 Kathe. — Armenhaus. — Areal: 439 Steuert., von welchen 51 Steuert. zum Gute Töstorf. — Der Boden ist von mittlerer Güte; die Wiesen sind gut und die Hölzungen ansehnlich.

Garding, Stadt 1½ M. nordwestlich von Tönning, an einem kleinen, 1612 gegrabenen Kanal, die Süderbootfahrt genannt, 54° 19′ 50″ N.B. 3° 47′ 30″ W. L. vom Kopenh. Mer., Pr. Eiderstedt. Diese Stadt ist aus einem Dorfe entstanden, das in sehr früher Zeit auf einem in der Marsch liegenden höhern Platze stand, welcher tiefen Sand enthielt, an dem sich nach und nach eine bessere Erdschichte ansetzte. Auf diesem hohen Gaardesand genannten Landstrich befand sich ein ansehnlicher Opferhügel, der noch an der westlichen Seite der Stadt sichtbar ist und 1648 Freiberg genannt ward. Im Anfange des 12. Jahrhunderts ward westlich von Gaardesand, eine Capelle erbauet, welche aber nach wenigen Jahren in einer Wasserfluth unterging, worauf bald nachher eine andere Capelle östlicher und wo jetzt die Stadt steht, von Holz errichtet ward, die noch in dem Jahre 1186 zu den Hauptcapellen in den s. g. Dreilanden Eiderstedt, Everschop und Uthholm gerechnet wurde. Ein Theil des Ortes muß darauf an den Herzog Otto von Braunschweig gekommen sein, denn dieser verkaufte 1297 seine Güter daselbst, vermuthlich ein Erbgut der Helene, Waldemar I. Tochter, welche mit dem Herzoge Wilhelm vermählt war, an den Grafen Gerhard von Holstein, welchen Kauf der Herzog Erich 1300 bestätigte. Ueber die successive Zunahme des Ortes sind keine Nachrichten bekannt; 1415 litt er sehr in der Fehde zwischen den Dithmarschern und Eiderstedtern; 1572 hatte der Ort schon einen Bürgermeister und es ward eine Beliebung errichtet; 1575 erhielt er von dem Herzoge Adolph besondere Vorrechte und Freiheiten, worunter die Verleihung des noch jetzt bestehenden Dienstags Wochenmarktes; 1590 ward er von dem Herzoge Johann Adolph zu einer Stadt erhoben,

Garding.

ihm die Civilgerichtsbarkeit beigelegt und eine Polizeiordnung gegeben. — Im Wappen führt die Stadt ein Lamm mit einer Fahne und einem Kelche. — Die nunmehrige Stadt, welche für 13 Pfl. contribuirt, ward 1637 in 4 Quartiere getheilt, und enthält jetzt 212 Häuser und 1526 Einwohner. Sie hatte vormals 2 Bürgermeister; jetzt besteht der Magistrat aus einem Bürgermeister, welcher zugleich Stadtsecretair und Polizeimeister ist, und aus 4 Rathsherren; das Collegium der Stadtdeputirten besteht aus 4 Mitgliedern. In Criminalsachen hat die Stadt mit dem Westertheile der Landschaft Eiderstedt ein combinirtes Criminalgericht und zwar in der Person des Bürgermeisters und des ältesten Senators; der Magistrat übt nur die bürgerliche so wie das Polizeiamt und das Polizeigericht die Polizei=Gerichtsbarkeit aus. — Der Haupterwerbzweig der Stadt ist der Verkehr mit der Umgegend, welche von da ihre Bedürfnisse bezieht; Korn= und Wollhandel sind nicht unbedeutend und werden theils für eigne Rechnung, theils als Commissionsgeschäft betrieben; auch der Viehhandel ist sehr bedeutend. Zur Erleichterung des Handelsverkehrs dient sehr der obenerwähnte Kanal (1393 R. lang) der von hier nach Katingsiel geht, und dort durch eine Schleuse in die Eider fällt. Fabriken und Manufacturen giebt es hier nicht außer 3 Tabaksfabriken, 2 Färbereien und Druckereien, 1 Brauerei und Brennerei und Handwerker fast aller Art ohne Zunftgerechtigkeit. — Garding gehört zum Tönninger Zolldistricte, indeß werden Zollclarirungen hier abgemacht. — Eine Spar= und Leihkasse ist im Jahre 1822 und eine Todtengilde 1825 errichtet. — Aus der Capelle (1109 erbauet) entstand im 14. Jahrhundert eine Kirche; sie erhielt am Ende des 15. Jahrhunderts eine Hauptreparation und einen hohen Thurm, der den Schiffern als Merkzeichen diente; dieser stürzte in einem Sturme 1509 nieder, ward 1527 wieder hergestellt, 1637 vom Blitze angezündet und 1660 abermals durch einen Sturm vernichtet. Im Jahre 1752 ist der jetzige aufgeführt. Die Kirche ist in Form eines Kreuzes erbaut und hat ein geräumiges Chor; die außen angebrachten Pfeiler haben die Jahreszahl 1585. — Bei dieser Kirche ward 1466 ein ausführliches Landrecht abgefaßt, und die erste lutherische Predigt in derselben wurde von Hermann Tast hier gehalten. — Der neue zu Norden der Stadt belegene Kirchhof ward 1842 angelegt. — An der Kirche stehen 2 Prediger; den Hauptprediger ernennt der König; zur Wahl des Diaconus präsentirt das Kirchencollegium und die Gemeinde wählt. — In der Wohnung des Hauptpredigers befindet sich die gemeinschaftliche Bibliothek der Prediger der Landschaft Eiderstedt. — Eingepfarrt: Dreilandenkoog (z. Thl.), Marnerkoog (z. Thl.), Wattkoog (z. Thl.), ferner Garding Kirchspiel. — Die zur Probstei Eiderstedt gehörige Kirche und die Schulen haben die Stadt und das Kirchspiel Garding gemeinschaftlich. Zu den Kirchenanlagen entrichtet die Stadt $\frac{3}{8}$ und die Landgemeinde $\frac{5}{8}$. — Die Bürgerschule besteht aus 5 Classen: der Rector= und Cantorclasse als Hauptknabenschule, der Mädchenschule und 2 Elementarschulen, einer Ober= und einer Unterelementarclasse. Jede dieser Classen hat ihren besondern Lehrer. Es giebt hier zwei Nebenschulen als Privatanstalten. — Garding hat für die Stadt und das Kirchspiel eine milde Stiftung, das Gasthaus', auch St. Jürgens Hospital genannt, worin 13 Präbendisten unterhalten werden; die Vorsteher desselben sind der Hauptprediger, der Bürgermeister, ein Rathsherr und die beiden Lehnsmänner des Kirchspiels. Außerdem ist hier ein großes, vor einigen Jahren neu erbautes Armenhaus, so wie ein kleines städtisches Armenhaus und ein

Bürgergehorsam. — In der Stadt wohnen: der Staller der Landschaft Eiderstedt, der Landschreiber für den Westertheil, der Physicus der Landschaft, 1 Zollcontrolleur, 2 Zollassistenten, 1 Posterpediteur, 4 Aerzte, 2 Advocaten, 1 Apotheke und 2 Thierärzte. — Im Jahre 1619 ward ein Jahrmarkt angeordnet; die jetzigen Märkte sind an den 3 letzten Tagen der Wochen vor Johannis und vor Sexagesimä; Viehmärkte an den 4 nächsten Dienstagen nach Gallus, und Wochenmärkte jeden Dienstag, welche letzte besonders wegen des Getreidehandels wichtig sind. — Areal der Stadtländereien mit Inbegriff der Hausstätten, Gärten u. s. w.: 845 Dem. 3 S. 16 R. 1⅜ F. (755 Steuert.). Oestlich und westlich ist Sandland, die s. g. Gardinger=Geest, nördlich und südlich aber sehr gutes Marschland. — Die Jurisdictions= verhältnisse dieses Landes sind noch nicht bestimmt geschieden. Die Acte über die Scheidung der Stadt von den Bauerlagen ist aus dem Jahre 1591, sie enthält aber nichts weiter als daß einige rings um die Stadt belegene Häuser, weil sie von Alters her zu dem vormaligen Flecken gehört haben, auch ferner dazu gehören sollen. — Eine Chaussee von Garding nach Tönning ward 1847 vollendet. — Königl. Steuern und Gefälle: Landgelder 371 Rbt. 16 b/ß, Landst. 167 Rbt. 64 b/ß, Hausst. 757 Rbt. 74 b/ß, Verbittelsgelder 20 Rbt. 48 b/ß.

Garding (Kirchspiel oder Landgemeinde Garding), gehört zum Westertheile der Landschaft Eiderstedt und liegt rings um die Stadt Garding. Es gehören dazu 28 Höfe, worunter 12 von 60 bis 120 Dem. Landes, und 86 andere Wohnstellen (38⅔ Pfl.); ferner 5 Windmühlen, 3 auf der Gardinger=Geest, 1 in Hülkenbüll und eine Oel=Windmühle dicht an der Stadt, an der Süderbootfahrt, welche im Jahre 1848 erbauet ist. — Die Benennungen der 4 s. g. Bührschaften des Kirchspiels sind Siekbüll (Gardinger Geest), die größte zu Osten und Südwesten der Stadt, Landgarding zu Nordwesten von der Stadt, Vorsthusen im Südwesten mit einer Districtsschule und Hülkenbüll im Süden von der Stadt. Einzelne Höfe und Häuser heißen: Marne (3 Höfe) in der Bührschaft Landgarding, hier wohnte die Sievertsche Familie, von denen Harmen Sievers, Ove Harmens und Sievert Sievers im 16. Jahrhundert Staller der Landschaft waren; Westerdeich, einige Häuser in Vorsthusen; Hohndorf (1 H.) auf der Gränze zwischen Garding und Poppenbüll, und Rungholt, einige Häuser in der Bührschaft Hülkenbüll. — 2 Wirths= häuser, 1 Schmiede und mehrere Handwerker. — Bis auf die Bührschaft Vorsthusen macht das Kirchspiel mit der Stadt einen Schuldistrict aus und contribuirt die Stadt zu dem Schulgelde ⅔ und das Kirchspiel ⅓. — Contribuables Areal: 2178 Ton., nicht ganz freies Land: 26 Ton., Kirchen= land: 159 Ton. und Mitteldeichland: 43 Ton. Ein großer Theil der Stadtländereien liegt im Bezirke des Kirchspiels und zu Kirchen= und Schulausgaben contribuiren auch etwa 278 Dem., die zum Ksp. Welt gehören. Eigentliche Kooge gehören nicht zum Kirchspiele, wenn auch von früherer Zeit die Namen Kornkoog, Marnekoog, Dreilanderkoog, Wattkoog, Sandkoog, Nordermarsch und Südermarsch, Neuer= koog (Gardinger Neuerkoog) noch üblich sind. — Der Boden ist zum Theil starker und zum Theil milder Marschboden. — Westlich von Garding lag ein Hügel, der Freiberg genannt, welcher vor einigen Jahren abgetragen ist. — Bz. des Ksp. (Landgemeinde): 757.

Garmsbüll (Gormesbüll), eine ehemalige Kirche in der Pel= wormerharde auf der alten Insel Nordstrand, südöstlich nahe an der Hallig

Gasse. 169

Norderoog; ihrer wird früh erwähnt und sie soll 1362 durch eine Sturmfluth untergegangen sein.

Gasse-, Oester-, Dorf 1¾ M. nordwestlich von Lygumkloster, Ksp. Skjärbäk. Zum A. Hadersleben, Westerth., Hviddingh., gehören 2 Vollh., 4 Dreivierteh., 6 Halbh., 7 Vierteh., 1 Landbohle und 9 Insteustellen (5$\frac{121}{288}$ Pfl.), 4 Stellen sind ausgebaut, von denen 1 Hufe Kjepslund und 1 Hufe Blanker heißen. Eine Hufe (4 Ott., Wirthshaus) gehört zum Pastorat in Skjärbäk und einige Stellen zur Grafschaft Schackenborg. — Districtsschule. — 2 Wirthshäuser, Schmiede. — Die Spitzenfabrikation wird hier betrieben. — Areal: 778 Steuert. — Das Ackerland ist sandig. Eine große Haide- und Moorstrecke liegt östlich und man findet hier oft Baumstämme. Auf einer Anhöhe Gassehöi befinden sich 34 Grabhügel, wovon aber mehrere zum Theil abgetragen sind; 2 dieser Hügel heißen Kirkehöi, auf deren einem der Sage nach eine Capelle gestanden haben soll.

Gasse-, Wester-, Dorf 1¾ M. nordwestlich von Lygumkloster, A. Hadersleben, Westerth., Hviddingh., Ksp. Skjärbäk; 1 Dreivierteh., 1 Halbh., 4 Vierteh., 3 Verbittelsstellen und 7 Insteustellen (1$\frac{13}{18}$ Pfl.). — Schuldistrict Oester-Gasse. — Hier wird die Spitzenfabrikation betrieben. — Areal: 279 Steuert. — Der Boden ist sandig, aber zum Rockenbau sehr geeignet. Das Moor ist einträglich.

Gath, Dorf 2¼ M. südlich von Tondern, A. Tondern, Bökingh., Ksp. Niebüll, enthält 25 Häuser (4⅔ Pfl.). — Schuldistr. Uhlebüll. — 3 Ziegeleien. — Areal: 284 Steuert. — Der Boden ist nur von mittelmäßiger Art und das Marschland ziemlich sandig.

Gathe (Gade, Gadegaarde), 4 Bohlstellen, welche auf Werften erbauet sind, und 4 Kathen (4$\frac{1}{15}$ Pfl.), 1¼ M. westlich von Tondern, A. Tondern, Hoyerh., Ksp. Hoyer. — Gade (Straße) hat seinen Namen daher, daß der Weg auf dem Seedeiche hier nahe vorbei führt. Die Ortschaft kömmt im Jahre 1613 noch nicht vor, sondern es lag an dieser Stelle Husumtoftmark (380 Dem. Land, unter 7 Interessenten vertheilt), welches späterhin verging.

Geel, Dorf an der Schlei, 1 M. östlich von Schleswig, A. Gottorf, Schlies- und Füsingh., Ksp. und Schuldistr. Brodersbye, enthält 3 Vollh., 1 Halbh., 1 Drittelh. und 1 Kathe, von denen schon im Jahre 1383 3 Vollh. und 1 Kathe zum St. Johanniskloster in Schleswig kamen, als Johann Wulfesbrook demselben 4½ ℔ Goldes an Ländereien in diesem Dorfe für 12 ℔ Pf. verkaufte. Die Halbh. gehört zur Füsing- und die Drittelh. zur Schliesh. — Im Jahre 1465 verkaufte Hartwig Pogwisch sein in diesem Dorfe belegenes Gut von 6 Mk. Goldes an den Bischof Nicolaus von Schleswig für 125 ℔ Lüb. — Areal zum A. Gottorf: 81 Steuert. — Der Boden ist zum Theil sehr gut. In dem Kriegsjahre 1645 litt dieses Dorf sehr bedeutend, kam aber bald wieder in Wohlstand.

Geelbycholz, Dorf an der Landstraße von Flensburg nach Eckernförde, 1¼ M. nordöstlich von Schleswig, A. Gottorf, Schlies- und Füsingh., Ksp. und Schuldistrict Brodersbye. Zur Füsingh. gehören 2 Kathen, von denen die Eine nach Taarstedt eingepfarrt ist; zur Schliesh. 1 Doppelkathe (¼ Pfl.); zu den s. g. Ulsnisser Pfl. 1 Kathe; zum St. Johannis-Kloster in Schleswig 8 Kathen und zum Gute Uenewatt 1 Kathe. Drei Stellen nördlich heißen Hermannslücke und 2 westlich Süderholz. — Wirthshaus. — Areal zum A.

Gottorf: 28 Steuert. — Der Boden ist gut. — Ehemals waren hier auch Besitzungen des Bisthums Schleswig, namentlich hatte dasselbe einen Antheil an der Gerebyer Mark bei Goltoft, woraus sich das Vorhandensein eines ehemaligen Dorfs Gherebye ergiebt, welches in der Gegend von Geelbyeholz gelegen zu haben scheint.

Geestrup (vorm. Gelstrup), Dorf $3\frac{3}{4}$ M. südöstlich von Hadersleben an der Landstraße von Apenrade nach Ripen, A. Hadersleben, Westerh., Norderrangstruph., Ksp. Agerskov. Dieses Dorf wird in Ober- und Nieder-Geestrup eingetheilt, und enthält 7 Halbh., 9 Viertelh., 3 Verbittelsst. und 3 Kathen ($2\frac{11}{16}$ Pfl.). Ausgebaute Stellen heißen: Aabjerg, Geestruplund, Hjortlund und Susvind. — Schule, Wirthshaus, Schmiede. — Vormals ward hier das Dinggericht der Harde gehalten, ist aber vor mehreren Jahren nach Agerskov verlegt. — Areal: 1445 Ton. à 320 □. R. (564 Steuert.) — Der Boden ist sandigter Art.

Geil, 8 Kathen und 1 Instenstelle $1\frac{3}{4}$ M. nordöstlich von Flensburg, A. Flensburg, Munkbraruph., Ksp. Munk-Brarup, Schuldistr. Bokholm. Die westlich belegenen Kathen heißen Iskjär; östlich davon ein ehemaliger See Iskjärdamm. — Hier sind 2 Ziegeleien. — Areal: 97 Steuert.

Geil-, Oster- (vorm. Oster-Geldow), 1 Vollh., 2 Halbh. und 1 Kathe an der Geilaue, $1\frac{1}{2}$ M. nördlich von Flensburg im Gute Kjelstrup, A. Apenrade, Lundtofth., Ksp. und Schuldistrict Holeböl. — Schmiede. — Der Boden ist leichter Art

Geil-, Wester- (Geilau, vorm. Wester-Geldow), Dorf an der Geilaue, $1\frac{1}{2}$ M. nordwestlich von Flensburg, an der Landstraße nach Apenrade, im Gute Seegaard, A. Apenrade, Lundtofth., Ksp. Holeböl. Dieses hochliegende Dorf enthält 1 Dreiviertelh., 2 Neunsechzehntelh., 1 Dreiachtelh., 1 Kathe und 5 Instenstellen. — Schuldistr., s. Bommerlund. Wirthshaus mit Brau- und Brennerei-Gerechtigkeit, Schmiede. — Areal: 619 Ton. 117 R. à 260 □. R. (241 Steuert.) — Der Boden ist nur von mittelmäßiger Art. — Ueber die Aue führt hier eine steinerne, 1818 erbaute, Brücke.

Geilberg, 2 kleine Parcelenstellen im Gute Oehe bei Wormshöft, Cappelerh., Ksp. Gelting, Schuldistr. Gundelsbye.

Geilwang, 1 Viertelh. und ein Achtelh. ($\frac{3}{8}$ Pfl.) im A. Gottorf, Treyah., Ksp. und Schuldistr. Treya. — Areal: 9 Steuert. — Gewöhnlich wird 1 Viertelh. von Ahrenviöl im A. Husum auch hieher gerechnet. Bei diesen Stellen wird die Eisenbahn von Tönning nach Flensburg vorbei führen.

Gelting, Kirchort im Gute Gelting, Cappelerh., $1\frac{1}{4}$ M. nördlich von Cappeln, Pr. Flensburg. Gelting besteht aus der Kirche so wie aus den Wohnungen des Compastors, des Organisten, des Inspectors, einer großen Parcelenstelle mit einem dazu gehörigen Wirthshause und einer Kaufmannswohnung, 4 Kathen nebst einer Schmiede (zus. 13 Häuser). — Districtsschule. — Armenhaus, welches aber auf Suterballiger Grunde liegt. Bei der großen Parcelenstelle ist die ausschließliche Brauerei-, Brennerei- und Bäckerei-Gerechtsame für das ganze Gut. Es scheint, daß hier vormals Hufen gewesen sind, denn im Jahre 1339 wurden 2 Bohlstellen in Gelting an Siegfried Sehestedt verpfändet, wenn nicht vielleicht das nahe daran liegende Suterballig gemeint ist. — Die Kirche ist eine der

Gelting.

schönsten Landkirchen in der Umgegend, sie hat keinen Thurm, ist aber inwendig sehr hübsch eingerichtet; die größere westliche Hälfte des Gebäudes ist alt, der östliche Theil im Jahre 1793 neu aufgeführt. Die Kirche hat eine Orgel. Angebauet ist ein v. Ahlefeld'sches und ein v. Bülow'sches (ursprünglich Rumohr'sches) Begräbniß. — Zur Wahl beider Prediger, von denen der Hauptpastor in Suterballig wohnt, präsentirt der Gutsherr und die Gemeinde wählt. — **Eingepfarrt:** Baggelan, Basrott, Bethuus, Beveröe, Birk, Blekerfeld, Bobek, Börsbye, Boisensfeld, Bosiek, Brede, Brennstuf, Buckhagen (z. Thl.), Bügerott, Buhskoppel, Busch, Christiansfeld, Dänischestraße, Domstag, Drecht, Düstholz, Dystnishye, Düttebüll, Düttebüller=Mühle, Ekeberg, Klein=Ekeberg, Ellstohl, Engberg, Ewersholz, Fahresholz, Falshöft, Felleskov, Freienwillen, Gaardwang, Gammeldamm, Gammellück, Geilberg, Gelting, Goldhöft, Golsmaas, Grahlenstein, Grosberg, Grünkoppel, Gruftbeck, Güholz, Gundelsbye, Haberholz, Haffskoppel, Hasselberg, Hasselbergkrug, Hasselbergstraße, Haubeck (z. Thl.), Hellertbusch, Hellertfeld, Hermannshöhe, Hibbrohye, Holm, Holmkjär, Holmslade, Hüholz, Hüsfeld, Kabbernack, Karstensrott, Kattrott, Kemphye, Kieholm, Kisberhye, Knorr, Knefferbek, Knorrlück, Kopperholm, Kronsgaard, Langfeld, Lebek, Lebekwisch, Lück, Marschall, Alte=Meierei, Mühlenbrücke, Mühlendamm, Mühlenfeld, Mühlenkoppel, Nadelhöft, Niebye, Niebyemaas, Niedamm, Nordburg, Norderfeld, Nordschau, Oberkoppel, Oehe (z. Thl.), Osterfeld, Ostermoorstraße, Pattburg, Pommerbye, Pommerbyheck, Priesholz, Pugholz, Püttloch, Naukrug, Rabenholz, Radeland, Groß= und Klein=Regenholz, Rittenburg, Saland, Schedebeck, Schellrott, Schmidtsberg, Schwackendorf, Schwensholz, Sibbeskjär, Sillekjär, Soberg, Steenland, Stenderup, Strengtoft, Suterballig, Trollberg, Tükjärdamm, Voßberg, Wackerballig, Wattsfeld, Wattsfelderstraße, Waye, Westerfeld, Wolfsholz, Wormshöft. — Bz. des Ksp.; 3409. — In Gelting ward vormals, dicht nordwärts an der Kirche, ein Jahrmarkt gehalten, der aber im Jahre 1730 einging. Zwischen Gelting und Grahlenstein an einem ehemaligen Meeresarm liegt ein Hügel Basborrehöi genannt, wo der Sage nach eine Burg gestanden haben soll; es sind hier viele alte Steinwerkzeuge gefunden. Diesem Hügel gegenüber auf der Westseite war ein anderer Hügel Fiishöi.

Gelting, adel. Gut in der Cappelerharde, Ksp. Gelting, der Haupthof liegt 1¼ M. nördlich von Cappeln. In der ältesten Zeit war Gelting (Waldem. Erdb. Gyälthing) eine große Waldstrecke und gehörte zu den Krondomainen (Konungslef). Diese Domaine muß nach den vielen dort genannten Ortschaften einen beträchtlichen Umfang gehabt und etwa die beiden Kirchspiele Gelting und Cappeln befaßt haben, da namentlich auch Röest als eine Pertinenz von Gelting genannt wird. Als im 14. Jahrhundert diese Königl. Domainen, die noch 1285 der Krone zugesprochen waren, an das Herzogthum kamen, wurden einzelne Theile dieser Gegend an Edelleute verpfändet, und so erwarb der Ritter Siegfried Sehestedt 1339 den sechsten Theil des Geltinger Wohldes, 2 Bohlen in Gelting und das Dorf Lebek. Wann aber das Gut Gelting gebildet worden ist, darüber fehlen bestimmte Nachrichten. In der ersten Hälfte des 15. Jahrhunderts befand sich Gelting im Besitze der Familie v. d. Wisch, 1428 des Claus v. d. Wisch; wie darauf Gelting wieder Königlich geworden, ist unbekannt; der König Johann gab es gegen Törning 1494 an Hans v. Ahlefeld mit in den Tausch. Damals gehörten zu Gelting die Dörfer Nadelhövd, Stendrup, Schwackendorf, Priesholt, Ravenholt, Süderballig und Wackerballig, so wie außerhalb des Kirchspiels Gelting folgende Hufen: zu Rabenkirchen 2, Dollrott 3, Plegestorp (s. Pleystrup) 5, Güderott 1, Golltoft 3, Süder=Brarup 1, Norder=Brarup 1, Habetoft 2, Jalm 1, Quern 1, Steinberg 1, nebst den Inseln Beveröe (Peröe) und Barköe (Birk). Im Jahre 1500 ward Benedict v. Ahlefeld Besitzer, 1519 Claus v. Ahlefeld von Borghorst, welcher der Stifter der Geltinger Linie dieses Geschlechts ward. Der letzte aus dieser Linie, der Gelting besaß, war Joachim v. Ahlefeld, welcher 1711 den Meierhof Priesholz davon veräußerte. 1717 kaufte Hans Adolph v. Ahlefeld zu Buckhagen das Gut für 80,000 Rthlr. Kronen, 1724 v. Wedderkop für dieselbe Summe; 1736 ward das Gut Königlich; 1757 erwarb es Seneca Inggersen aus Langenhorn für 255,000 ℳ und erhielt 1759 den Titel Baron v. Geltingen. Dieser ließ den Hof neu aufbauen und starb 1786, nachdem er das Gut zu einem Familien=Fideicommiß gemacht hatte. Unter seinem Sohne Christian Friedrich ward 1789 das Gut parcelirt; 1820 kam Gelting an seinen Schwestersohn den Rittmeister v. Hobe; 1842 an dessen Sohn Siegfried v. Hobe, Baron v. Geltingen. — Der Flächeninhalt des ganzen Gutes beträgt 7735 Hbtsch. 3 R. (3115 Steuert., 498,480 Rbthl. Steuerw.). Seit 1789 besteht das Gut theils aus Hoffeldern, theils aus Bauerfeldern und theils aus Parcelenländereien, wozu noch die Kirchen= und Predigerländereien (107 Hbtsch. 21 R.), etwas zu Priesholz gehöriges Wiesenland (1 Hbtsch. 1 Sch.) und etwa 89 Hbtsch., die für Wege ausgelegt wurden, hinzukommen. Beim Hofe Gelting sind verblieben 2556 Hbtsch. 12 R. (446 Steuert.), worunter außer den Ländereien des Hauptfhofes die Meiereien Beveröe mit der Halbinsel Birk und dem Geltinger=Noor (s. Geltinger=Noor) und Nordskov mit der Halbinsel Quisnis, der Ladeplatz Gammellück, 4 Kathen in Gelting, 1 Kathe in Lebek, 1 Kathe auf Gammellük, endlich die Hölzungen Nordskov und Holmkjär mit den gleichnamigen Holzwärterwohnungen begriffen sind. Für die alten Untergehörigen wurden 2522 Hbtsch. 3 Sch. 4 R. ausgelegt, und unter 50 pflugzählige Stellen vertheilt, die zusammen 30 Pfl. übernahmen, namentlich die Dorfschaft Suterballig 9, Stendrup $9\frac{7}{8}$ und Lebek $11\frac{1}{8}$. An Parcelenländereien wurden 2548 Hbtsch. 1 Sch. 14 R. (10 Pfl.) ausgelegt. Es wurden anfänglich 40 Parcelen gebildet durch Sub=Parcelirung aber in mehrere Theile getrennt, so daß jetzt 52 Wohnstellen erbauet sind. Ueber die einzelnen Parcelen s. Basrott, Blekerfeld, Dystnishye, Gaardwang, Gammellück, Gelting (Dorf), Goldhöft, Grahlenstein, Grünkoppel, Hibbrohye, Kattrott, Lebekwisch, Nadelhöft, Klein=Nadelhöft, Niebyemaas, Nordburg, Oberkoppel, Voßberg, Wackerballig, Waye, Westerfeld. Zu den Parcelen gehört auch die Geltinger=Mühle. — Zahl der Einwohner 1371. — Der Stammhof liegt etwas westlich vom Kirchort, und ist mit einem ansehnlichen Burggraben, einem Walle und mit Bastionen umgeben; ein Graben trennt gleichfalls die Hauptgebäude von den Wirthschaftsgebäuden. Das Hauptgebäude ist ansehnlich, nach holländischer Bauart von dem Baron v. Geltingen 1770 aufgeführt worden; die beiden Flügel sind älter, besonders der rechte, an welchem sich auch noch ein Theil eines runden Thurmes befindet. Unter dem ersten Baron v. Geltingen war hier ein eignes Schauspielhaus. Vor dem Hofe liegen eine kleine Wassermühle, die Oelmühle genannt, die Pächterwohnung und Meierei und die obenerwähnten 4 Kathen. — Contrib. 1792 Rbth., Landst. 1038 Rbth. 48 b/ß, Hausst. 44 Rbth. 54 b/ß.

Geltinger-Noor, ein Meerbusen welcher sich von der Geltinger Bucht ab nördlich von dem Hofe Gelting zwischen der Landspitze Quisnis und der Halbinsel Beveröe in's Land hinein erstreckt. Dieses Noor hatte ehemals eine bedeutende Ausdehnung und trennte die Halbinseln Beveröe und Birk vom Festlande; gegen Süden erstreckte es sich bis nahe an die Geltinger Kirche. Der größte Theil desselben ist nunmehr durch einen von Gelting nach Beveröe 1821 geschlagenen Damm ausgedeicht, und mit der Meierei des Hauptofs auf Beveröe verbunden, aber noch nicht ganz entwässert. — Areal des eingedeichten Noors: 788 Hdtsch. 2 Sch. 4 R. — Auf dem Damme stehen 2 Entwässerungsmühlen. — Aus einem Vertrage zwischen den Besitzern von Gelting und Düttebüll aus dem Jahre 1581 ist ersichtlich, daß Claus v. Ahlefeld angefangen hatte dieses Noor einzudeichen, und in einem andern Vertrage von 1588 wird eines eingedeichten Noores erwähnt.

Geltorf, Dorf ¾ M. südöstlich von Schleswig, zum St. Johannis-kloster in Schleswig gehörig, A. Gottorf, Kropph., Ksp. Haddebye. — Dieses Dorf liegt an einer kleinen Aue und enthält 2 Vollh., 9 Halbh., 2 Dreiachtelh., 1 Viertelh. und 5 Kathen. Eine Viertelh. mit einer Kathe sind ausgebauet und heißen Neukoppel. — Districtsschule. — Schmiede. Der Boden ist von verschiedener Art, nördlich vom Dorfe sandigt, südlich aber lehmigt und sehr gut. — Auf der Feldmark befanden sich ehemals viele Grabhügel worin mehrere alterthümliche Schmucksachen gefunden sind; ein Hügel heißt der Riesenberg.

Gerebye, ein vormaliges Dorf im Kspl. Schwansen, aus welchem der Hof gleiches Namens (jetzt Carlsburg) entstanden ist. — Das Dorf gehörte zu den Schleswigschen Bischofsgütern; die Mühle war vormals dem Domcapitel zuständig, befand sich aber 1463 auch im Besitze des Bischofs. — Gerebye bestand damals aus 8 Hufen. — Im Jahre 1539 ward es von dem Bischofe Gottschalk v. Ahlefeld nebst den bischöflichen Besitzungen zu Windemark, Kerkebye (Karbye) und Kopperbye für 7000 ℳ an Cai Rantzau verkauft, der den Edelhof errichtete.

Gersdorfsgave (vormals Nyegaardsholm), ein zum ehemaligen Gute Lindewith gehöriger Hof, ½ M. nördlich von Ripen, A. Hadersleben, Kalslundh., Ksp. Fardrup, Schuldistr. Kjärböl. — Dieser Hof ward vor mehreren Jahren durch ein Testament des Fräuleins Anna v. Gersdorf an zwei ihrer Dienstboten geschenkt, und erhielt seinen Namen nach der Schenkerin. — Der Boden ist fruchtbar und nur an einigen Stellen sandigt.

Gettorf, Kirchdorf 1¼ M. südöstlich von Eckernförde an der Chaussée nach Kiel, Eckernförderh., Pr. Hütten. Dieses alte ansehnliche Dorf gehört theils zum Gute Wulfshagener-Hütten und theils zum Gute Groß-Königsförde. Zum ersten Gute gehören 9 Vollh., 8 Halbh., 40 Kathen und 18 Instenst., und zum letzten 8 Hufen, 9 Instenstellen und 7 Häuser ohne Land. — Das Wirthshaus mit der Brauerei und Brennerei-Gerechtigkeit heißt Landkrug. Der Meierhof Gettorf zum Gute Königsförde gehörend, hat ein Areal von 161 Tonnen, und ist in Erbpacht gegeben. Eine ausgebauete Hufe und 2 Instenst. heißen Hasselrott und 1 Hufe Neuendamm. — Districtsschule. — Apotheke, 4 Wirthshäuser, 2 Schmiede und viele Handwerker. Im Dorfe wohnen 2 Aerzte. — Areal: 1335 Steuert. Der Boden ist gut. — Gettorf war vormals ein sehr besuchter Wallfahrtsort und eine dem St. Jürgen geweihete Capelle, die sich bis 1620 erhielt, lag nahe am Kirchhofe. Der Kirche geschieht schon 1318 Erwähnung. Sie hat einen weithin sichtbaren 220 Fuß hohen Thurm und ist im Innern freundlich und hell; die Taufe und der Altar zeichnen sich aus. Es sind hier Begräbnisse der Familien Ahlefeld, Liliencron und Lynar. — An der Kirche sind 2 Prediger angestellt, die von den Besitzern der Güter Lindau und Königsförde präsentirt werden; die Gemeinde wählt. — Nach dem Erlöschen der Nachkommenschaft von Gosche v. Ahlefeld (1460) fiel das Patronat an den König. — Zum Kirchspiele Gettorf gehören 16 verschiedene Jurisdictionen. — Eingepfarrt: Achtkoppel, Altenhof (z. Thl.), Aschau, Aschauermoor, Augustenhof, Behrensbrook, Blickstedt, Bokholz, Borghorst, Borghorster-Hütten, Bornstein, Brook, Clement, Ekholz, Ellerbrookskamp, Fahrenhorst, Felm, Felmerholz, Felmersören, Friedrichsfeld, Fuhlenrühe, Gettorf, Goldberg, Heidholm, auf dem Heisch, Hempenrott, Hempenwisch, Hennerode, Himbeerredder, Hölken, Hoffeld, Hoheluft, Hohenkamp, Holand, Hollin, Holzkathen, Hüttenwohld, Kalskamp, Kaltenhof (z. Thl.), Katzenteich, Köhnholz, Groß-Königsförde, Königsförde (Dorf), Kronsburg, Kronshörn, Landwehr, Langenhorst, Langenkamp, Langkoppel, Levensau, Lindau, Lindhöft, Lütgen-Bargholt, Maulwurfsberg, Meierhof, Mühlenberg, Niendorf, Opsebrunnen, Ostorf, Plossenbrook, Post, Königsförder-Rade, Rathmannsdorf (z. Thl.), Revensdorf, Röhn, Rokkenrade, Rolfshörn, Rosenkranz, Rothenstein, Rückföhr, Scharfenholz, Schinkel, Schinkeler-Hütten, Schnellmark, Schrödersbek, Speckenkathe, Steenertsmoor, Steinberg, Stockmoor, Stubbendorf (z. Thl.), Techelsberg, Tecksrade, Tremmelshörn, Tüttendorf, Vosberg, Warleberg, Neu-Warleberg, Warleberger-Moor, Wellborn, Alt- und Neu-Wittenbek, Wulfshagen, Wulfshagener-Hütten. — In Gettorf werden jährlich 4 Viehmärkte gehalten. — Im Jahre 1853 ward hier ein Büreau zur Briefbeförderung eingerichtet. — Vz. des Ksp.: 5402.

Gjelsaue, eine Aue im Amte Hadersleben, welche aus 2 kleinen in den Ksplen. Oster-Lygum und Ekvad (A. Apenrade) entspringenden Bächen entsteht und zum Theil die Gränze der Süderrangstrupharde und der Gram- und Norderrangstruph. ausmacht, wo sich zwischen diesen dreien Harden die Bäche vereinigen; sie fließt dann dem Kirchdorfe Bestoft vorbei, heißt hier die Sönderaue (Süderaue), vereinigt sich darauf mit mehreren kleinen Bächen, wird dann die Jardeaue genannt und bildet östlich vom Kirchdorfe Höirup einen rechten Winkel, wo sie sich nordwestlich wendend unter dem Namen Gjelsaue in die Nipsaut ergießt. Die Länge dieser Aue beträgt wegen der Krümmungen fast 5 Meilen.

Gjelsbroe, 2 Hufen nebst einer Erbpächts-Wassermühle an der Gjelsaue, $1\frac{1}{2}$ M. südöstlich von Ripen, A. Hadersleben, Frösh., Ksp. Gram. Erstere gehören zum Gute Gram und letztere gehört zum Gute Nübel.

Gjelstoft, ein ehemaliges Königl. Vorwerk an der Gjelsaue, $2\frac{1}{4}$ M. südöstlich von Ripen, A. Hadersleben, Osterth., Gramh., Ksp. und Schuldistr. Gram. — Dieser Hof gehörte im 17. Jahrh. der v. Buchwaldschen Familie, ward darauf Königl. und gegen einen jährl. Canon verkauft. Nachdem etwa 60,000 ℳ darauf verloren waren, ward er wiederum 1814 für eine geringe Summe veräußert. — Der Hof steht zu $1\frac{1}{2}$ Pfl., $\frac{4}{5}$ Pfl. sind davon veräußert und zu Arnum gekommen. — Der jährliche Canon beträgt 1149 ℳ 6 β. Landsteuer: 38 Rbthlr. 80 b/β. — Die jährl. Aussaat betrug 1842, 50 Ton. Rocken, 20 Ton. Gerste, 35 Ton. Hafer und 14 Ton.

Gjenner. 175

Buchweizen. Die Wiesen liefern 260 Fuder Heu. Es können 60 Milchkühe und 12 Pferde auf dem Hofe gehalten werden. — Die Gebäude sind von Brandmauern, und der Hof hat die Brennerei-Gerechtigkeit.

Gjenner, Dorf 1¼ M. nördlich von Apenrade an einer Bucht (Gjennerfjord) der Ostsee; A. Apenrade, Süderrangstruph., Ksp. Oster-Lygum. — Dieses ansehnliche Dorf, welches vormals Fleckensgerechtigkeit und eine eigene, dem St. Jacob geweihete Capelle hatte, enthält 1 Doppelth., 13 Hufen, 1 Dreivierteh., 3 Fünfachtelh., 8 Halbh., 6 Dreiachtelh., 2 Drittelh., 1 Achtelh., 18 Kathen und 20 Instenst.; von diesen Landstellen gehörten ehemals 13 Hufen, 8 Kathen und 6 Instenst. zum A. Hadersleben, Osterth., Vogtei Bollerslev; 4 Hufen sind ausgebaut und heißen: Schellkjär (Kjärsgaard), Möllegaard, Oestergaard (Skov) und Smede-gaard. Einige Stellen beim Gjennerfjord heißen: Brambek, (Wrambek); wobei eine Korn- und Schleifmühle, Haugaard und Sorgenfrei, ein Wirthshaus an der Landstraße Lyngtoft, eine kleinere Landstelle Gundersgaard. — Districtsschule. — 2 Schmiede und mehrere Seefahrer und Handwerker. — In Gjenner wohnen ein Königl. Reitvogt und 2 Kirchspielsvögte. — Gjenner ist von Anhöhen umgeben, unter welchen der nördlich belegene 308 hohe Knivsbjerg, von dem man eine schöne Aussicht hat, der ansehnlichste in der Gegend ist. Hier entspringt eine reichhaltige Quelle. Im Dorfe selbst liegt ein hoher Berg der Korsbjerg genannt, worauf 2 Hufenstellen erbauet sind, die Korsbjerggaarde heißen. Oestlich vom Dorfe befindet sich der fischreiche Gjennerhafen, der nicht besonders tief ist, aber doch für kleine Schiffe einen guten Ankerplatz gewährt; an der steinernen Hafenbrücke liegen die kleinen Jachten, welche den Käthnern und Insten von Gjenner gehören, die den ganzen Sommer hindurch Torf nach Alsen und Aeröe bringen. Der Gjennerfjord selbst kann Linienschiffe aufnehmen, die dort auch ziemlich sicher überwintern können. — Ein durch eine tiefe Schlucht fließender Bach, Gjennerhole genannt, ergießt sich in den Hafen und bildet hier die kleine vom festen Lande abgespülte Insel Kalöe, auf welcher jetzt eine Schiffswerfte ist. — Areal: 1913 Ton. 6 Sch. à 320 ☐. R. — Der Boden ist im Allgemeinen gut. — In Gjenner ist der gelehrte Theolog Petrus Generanus 1548 geboren. — Eine Merkwürdigkeit aus der Vorzeit waren die s. g. Danebrogsschiffe, Steindenkmale in der Nähe des Gjennerfjords in der Koppel Maschau und auf einem Platze Schottklöv, die die Sage Waldemar dem Sieger zuschrieb; sie bestanden aus 20 größeren und kleineren wie Schiffe geformten Steinen, welche in einem länglichten Kreise so aufgestellt waren, daß das Ende eines Schiffes dem des andern so nahe war, daß sie nur durch einen höhern und größern dazwischen stehenden Stein von einander getrennt waren. Im Jahre 1800 wurde der Ueberrest dieser Steine nach einem Königl. Gehege gebracht, wo sie sich noch jetzt befinden. — Von den früher hier gewesenen Grabhügeln sind mehrere zerstört; einige heißen: Blakkesbjerg, Böksbjerg, Troldbjerg, Borgbjerg, Agballe, Stenhöi und Kathöi. In einem Grabhügel fand man 1852 eine große Grabkammer von 3 Ellen Höhe, worin aber nur Knochen und Flintsteine befindlich waren. — Bz.: 329.

Gjerup, Dorf 1¼ M. nordwestlich von Tondern, Ksple. Daler und Viisbye (A. Ripen). Zum A. Tondern, Nordtonderh., gehören 1 Bohlst. und 5 Häuser ohne Land (⅝ Pfl.) und zur Commune Kurbüll und Südergaard 1 Bohlstelle und 5 Häuser ohne Land, welche unter der Hoyerharde dingpflichtig sind, das Uebrige des Dorfes gehört zum Gute Trøyborg. — Schule. — Der Boden ist ziemlich gut.

Gjesing, Dorf 1¾ M. südlich von Ripen, Ksp. Skjärbeck. Dieses Dorf wird in Oester- und Wester-Gjesing eingetheilt. Zum Amte Hadersleben, Westerth., Hviddingh., gehören 2 Vollh., 1 Dreiviertelh., 5 Halbh., 5 Viertelh., 2 Toftgüter, 2 Verbittelsst. und 3 Instenst. (6 $\tfrac{4}{48}$ Pfl.); zum A. Lygumkloster, Vogtei Skjärbäk, 1 Viertelh. ($\tfrac{1}{4}$ Pfl.); zur Grafschaft Schackenborg 8 Hufen, 1 Landbohle und 1 Instenstelle; zum vormaligen Gute Lindewith gehörte 1 Hufe; zum Pastorate in Skjärbäk 1 Halbh. (2 Otting). — Schuldistr. Skjärbäk und Hjemstedt. — Wirthshaus. Schmiede und einige Handwerker. Mehrere Frauenzimmer beschäftigen sich mit Spitzenklöppeln. — Areal: 517 Steuert. — Der Boden ist größtentheils sehr gut. — Im Jahre 1484 verschötete Niß Schram dem Lygumer Kloster 1 Gut (die oben genannte Landbohle) in diesem Dorfe.

Gintoft (Gingtoft), Dorf 2¼ M. östlich von Flensburg, A. Flensburg, Ksp. Steinberg. Zur Nieh. gehören 1 Vollh., 1 Fünfsechstelh., 3 Halbh. und 7 Kathen (3 $\tfrac{17}{48}$ Pfl.). Die Vollh. gehört zur Steinberger Kirche und 2 Kathen gehören zum Pastorate. Zum Gute Norgaard, Munkbraruph., gehören 3 Hufen und 15 größere und kleinere Parcelenstellen; auch der Norgaarder Stammhof liegt im Dorfe. 2 Königl. Halbh., 1 Kathe und 1 Norgaarder Parcelenstelle heißen Wolsroi, eine Königl. Kathe Gintoftholm, 1 Norgaarder Hufe ist nach Noikjär ausgebaut, 1 Parcelenst. heißt Ulsdamm und 1 kleine Parcelenstelle liegt bei der Aubrücke. — Schuldistr. Bredegab. — Wirthshaus, Schmiede und einige Handwerker. — Vormals wohnten die Steinberger Prediger in Gintoft, und nahe bei Norgaard ist noch der Brunnen des Pastorathofes zu sehen. — Areal: 705 Steuert., von welchem 360 zum A. Flensburg. — Der Boden ist sehr gut. — Oestlich von Wolsroi ist eine Quelle bemerkenswerth, welche Möllroi genannt wird, und deren Wasser mineralisch sein soll.

Glambekermühle, eine Erbpachtsgraupenmühle auf der Südküste der Insel Fehmern, auf einer Landspitze am Burger Tief. — Jährlicher Canon 159 ℳ 6 β. — Hier lag ehemals das berühmte Schloß Glambek; dasselbe ward im Jahre 1318 von dem Könige Erich Menved dem Truchseß Nicolaus Olavi (Olavsen) verpfändet; 1358 ward es von dem Könige Waldemar III. eingenommen und stärker befestigt; 1416 ward das Schloß, nachdem es 8 Wochen von den Holsteinern belagert worden, eingenommen; 1420 wurde es an den König Erich von Pommern nach der ersten Aufforderung wieder übergeben und mit einer starken Besatzung versehen, und erst im Jahre 1427 ward es wieder von den Holsteinern erobert. Im Jahre 1493 wird Marquard v. Ahlefeld als Hauptmann zu Glambek genannt und späterhin, bis zum Jahre 1632, war das Schloß der Wohnsitz der Fehmarnschen Amtmänner, aber es verfiel nach und nach. Im Jahre 1728 waren nur noch die alten Wälle und ein ziemliches Stück Mauerwerk übrig; jetzt sind nur einige wenige Mauerreste und sonstige Spuren desselben mehr vorhanden.

Glasholz, 3 Kathen, 1 Instenstelle nebst einer Ziegelei im Gute Ludwigsburg, Eckernförderh., Ksp. Waabs. Eine dieser Kathen gehört zum Meierhofe Rothensande, das Uebrige zum Ahlefeld-Dehnschen Fideicommisse (s. Ahlefeld-Dehnsches Fideicommiß). — Schuldistrict Klein-Waabs.

Glücksburg.

Glücksburg (Lyksborg), Schloß und Flecken, 1¼ M. nordöstlich von Flensburg, unweit des Flensburger Meerbusens, A. Flensburg, Munkbraruph. — Als im Jahre 1582 der Herzog Hans d. J. zu dem Besitze der Güter des Rüdeklosters gelangte, ließ er die alten Klostergebäude abbrechen und in demselben Jahre den Grund des Schlosses legen. Es liegt in einer romantischen Gegend, von Hölzung und Wasser umgeben und ist ein starkes Gebäude, welches innerhalb der Mauern 100 Fuß lang und breit, an den 4 Ecken mit achteckigten Thürmen und in der Mitte des Daches mit einem spitzen Thurm verziert ist. Die Zimmer des Schlosses sind, mit Ausnahme der obersten Etage, gewölbt und in dem untersten Stockwerke ist die Schloßcapelle und das Herzogliche Begräbniß. Das Schloß liegt an dem Ende eines kleinen Sees, der durch Aufdämmung eines Mühlenstromes gebildet worden und worin der ehemalige Klosterkirchhof belegen ist. Zum Schlosse führte früher eine gemauerte Brücke, jetzt ein Erddamm. Der Schloßgarten, wo früher Ladegaard (das Vorwerk) stand, ist von dem Herzoge Friedrich im Jahre 1733 angelegt. — Von dem Jahre 1622 bis 1778 war Glücksburg die Residenz der Herzöge von Holstein-Glücksburg, und ward darauf nach dem Tode des letzten Herzogs von dem Herzoge von Bevern und seiner Gemahlin, der Wittwe des Herzogs von Glücksburg, bis 1824 bewohnt. Am 6. Juli 1825 schenkte der König es dem Herzoge Friedrich Wilhelm von Holstein-Beck und ertheilte demselben den Titel: Herzog von Glücksburg; es ward nach seinem Tode von dessen Gemahlin, der Herzogin Louise Caroline, gebornen Prinzessin von Hessen-Cassel, bewohnt. Vor dem Schlosse auf einer Anhöhe liegt der Flecken Glücksburg, welcher sich nach und nach vergrößert hat; er enthält 108 Häuser, worunter 80 Häuser mit Land, 2 Wassermühlen und 1 Windmühle. — Zahl der Einwohner: 751, worunter der Hardesvogt der Munkbrarupharde, 1 Arzt, 5 Kaufleute und mehrere Handwerker. — 1 Wirthshaus, 1 Brauerei und Brennerei (s. Ruhethal). — Die Einwohner halten sich zur Schloßcapelle, obgleich sie eigentlich nach Munk-Brarup gehören, wohin auch noch bis zum Jahre 1712 die Todten begraben wurden. Der König ernennt den Prediger und es verdient Erwähnung, daß der verdienstvolle Probst Philipp Ernst Lüders hier 56 Jahre Schloßprediger war. — Im Jahre 1712 ward der Dammberg hinter dem Schloßgarten zu einem Kirchhofe eingerichtet, welcher den Namen zum Heil. Kreuze erhielt; vormals war an diesem Platze eine Gerichtsstätte, wo unter freiem Himmel das Munkbraruper Ding gehalten ward. — Glücksburg hat ein von der Herzogin von Bevern gestiftetes und für 4 Familien eingerichtetes Armenhaus, welches das Carolinenstift genannt wird; das Armenhaus des Fleckens enthält 4 Wohnungen. — Hier ist eine Haupt-, eine Elementar-, eine von der Herzogin von Bevern gestiftete Industrieschule und seit 1818 eine Spar- und Leihcasse. — Der Ort hat nur wenige Nahrungsquellen. Im Jahre 1783, als das Vorwerk Glücksburg und der Meierhof Neufeld niedergelegt wurden, welche 1169 Ton. 3 Sch. an Areal hatten, erhielten 91 Fleckensbewohner jeder 2 Ton. 6 Sch. Landes, wofür ein jährlicher Canon von 5 Rbthlr. 32 b/ß à Tonne entrichtet wird. — 2 Landstellen heißen noch Meierhof und eine am Schloßteiche belegene Mühle wird Pulvermühle genannt. — Der Flecken bildet einen eigenen District und hat eine eigene gerichtliche Behörde, das Fleckensgericht. — Jahrmärkte am Dienstage und Mittwoch nach dem 2. Trinitatis-Sonntage und am 25. und 26. Septbr. — In dem letzten Kriege haben das Schloß und der Flecken sehr gelitten;

aus der Capelle und dem Grabgewölbe wurden werthvolle Gegenstände geraubt. — Die in der Nähe liegende Glücksburgische Hölzung, wovon ein Theil Sigumlund heißt, ist Königlich geblieben. Ein See bei Glücksburg, mit welchem der Schloß=See in Verbindung steht, heißt Rüder=See (Mühlenteich); andere kleine Seen bei Glücksburg heißen Schinderdamm, Groß= und Klein=Vogelsee und Neu= und Alt=Pugum, welche fischreich sind und theilweise als Karpfenteiche benutzt werden. — Auf einer dicht vor dem Flecken befindlichen Anhöhe, der Kegelberg genannt, hat man eine schöne Aussicht. — Als im Jahre 1763 der Schloßgraben abgelassen ward fand man hier ausgemauerte Gräber und darin Leichname von Mönchen in ihrer Ordenstracht.

Görrismark (Gorritzmark, vorm. Gorgesmarke), 2 Bohlstellen, $\frac{1}{4}$ M. westlich von Tondern, A. Tondern, Nordtonderh., Ksp. Tondern. Diese beiden Bohlstellen (1½ Pfl.), zu denen nur mäßiges Ackerland, aber ziemlich gute Wiesen gehören, wurden nebst 4 Fennen auf der Korntweedter Feldmark von dem Probsten Balthasar Petersen dem Tondernschen Seminar zur Unterstützung von 12 Seminaristen geschenkt. — Im Jahre 1578 war Hans Nielsen Besitzer dieses Hofes, 1685 der Harbesvogt Lund. Der Hof brannte im Jahre 1847 ab.

Göthebye, Dorf an der Noelsbek, unweit der Schlei, 1 M. westlich von Eckernförde, A. Hütten, Hüttenh., Ksp. Kosel. Dieses Dorf ward im 14. Jahrhundert mit Fleckebye an verschiedene Besitzer verkauft (s. Fleckebye) und enthält 1 Anderthalbh., 2 Vollh., 2 Dreivierteth., 4 Halbh. und 5 Kathen, davon sind ausgebauet: 1 Halbh. Lehmsiekhof, und 1 Kathe Diekkamp. — Schuldistrict Fleckebye. — Armenhaus; ein im Jahre 1835 erbautes Gefangenhaus. — Areal: 488 Ton. 2 Sch. à 320 □. R. (743 Steuert.). — Das Ackerland ist theils von ziemlicher Güte, theils aber auch leicht und sandigt. Ein in der Nähe belegenes Königl. Gehege heißt Hyberg. — Vormals befanden sich auf der Feldmark viele Grabhügel. Vz.: 330.

Götterup, Dorf 3 M südwestlich von Hadersleben, A. Hadersleben, Westerth., Norderrangstruph., Ksp. und Schuldistr. Tiislund. Dieses in einer vormals großen Waldung erbaute Dorf enthält 1 Anderthalbh., 4 Halbh., 1 Dreiachtelh., 4 Viertelh., 1 Achtelh., 2 Verbittelsstellen und 3 Instenst. ($1\frac{41}{96}$ Pfl.). Von den ausgebauten Hufen heißen einzelne Langstedgaard, Höllekov, Toldstedgaard, Frydendal und Kirkebjerg und die kleineren Stellen Tinglevhöi, Skovhuus, Krösendal und Höllekovhuus. — Areal: 322 Steuert. — Der Boden ist nur von mittelmäßiger Art.

Goldbäk, 1 Halbh. und 1 Verbittelsstelle nördlich vom Kirchdorfe Heldevad, A. Hadersleben, Westerth., Norderrangstruph., Ksp. und Schuldistrict Heldevad.

Goldbek (Goldebek), Dorf 1¼ M. nordöstlich von Bredstedt, an einem kleinen Bache und an der Landstraße von Bredstedt nach Flensburg, A. Bredstedt, Ksp. Joldelund. 2 Hufen (1 Pfl.) gehörten zum vormaligen Domcapitel, und 7 Viertelh. und 3 Kathen zum vormaligen Gute Uphusum (jetzt A. Bredstedt), außerdem zum Amte 3 Viertelh. und 2 Achtelh.; 2 Viertelh. südöstlich vom Dorfe heißen Heinsbek, wo eine kleine Wassermühle ist. — Schule. — Wirthshaus, Armenhaus, Schmiede. — Eine Dorfbeliebung ward 1750 eingerichtet. — Areal: 272 Steuert. — Der Boden ist nur von mittelmäßiger Art und an einigen Stellen sandigt.

Goldberg, 1 Erbpachtstelle (21 Steuert.) im Gute Vorghorst, Eckernförderh., Ksp. und Schuldistr. Gettorf.

Goldelund, Dorf 1½ M. nordöstlich von Bredstedt an der Landstraße nach Flensburg, in der Landschaft Bredstedt, Ksp. Joldelund; 1 Halbh., 3 Drittelh., 8 Viertelh., 2 Sechstelh., 1 Achtelh. und 10 Kathen (ehemals größtentheils zum Gute Lindewith gehörig); nur 1 Halbh. und 2 Viertelh. (1 Pfl.) gehörten zum vormaligen Schlesw. Domcapitel; 3 Kathen worunter 1 Wirthshaus, sind vom Dorfe ausgebauet und heißen **Hogelund**. — Im Dorfe ist auch ein Wirthshaus, Schule, Armenhaus, Schmiede. — Areal: 470 Steuert. — Der Boden ist ziemlich gut.

Goldhöft, 3 Parcelenstellen im Gute Gelting, Cappelerh., Ksp. und Schuldistr. Gelting. Bei der Parcelirung des Gutes Gelting entstanden hier 3 Stellen mit einem Areal von resp. 69 Hvtsch. 2½ Sch. (9$\frac{2}{32}$ Pfl.), 93 Hvtsch. 2½ Sch. ($\frac{3}{32}$ Pfl.) und 39 Hvtsch. ($\frac{5}{32}$ Pfl.). Gegenwärtig ist hier eine größere Landstelle (vormals eine Meierei, 99 Steuert.) und eine kleinere Landstelle; ferner eine kleine Landstelle mit einer Schmiede, zur 22sten Geltinger Parcele (s. Grahlenstein) gehörig; eine Parcele gehört jetzt zu Basrott (s. das.). Von der Landspitze nördlich von Goldhöft ist ein Damm nach der Halbinsel Beverøe aufgeführt, wodurch das Geltinger Noor abgedeicht worden ist.

Goliathshof, 1 Hof im Osterth. der Landschaft Eiderstedt, Ksp. und Schuldistr. Kating.

Gollendorf (Waldem. Erdb: **Godescalsthorp**), Dorf auf der Insel Fehmern, Westerkirchsp., Kirche Petersdorf, enthält 7 größere Landstellen, 2 kleinere Landstellen und 8 Instenstellen. Ein ausgebauter Hof heißt **Bellevue**, wobei eine Graupenmühle. — Schuldistrict Sulsdorf. — Areal: 211 Drömt 8 Sch. (421 Steuert.). — Der Boden ist ziemlich gut; die südlich an der Ostsee belegenen Weideländereien „Osterwiek" sind Ueberschwemmungen ausgesetzt.

Golsmaas, 1 Parcelenstelle (1 Pfl.) im Gute Düttebüll, Cappelerh., Ksp. Gelting, am Strande der Ostsee östlich vom Hofe gelegen, zu welcher späterhin Ländereien einer andern Parcele zugekauft sind. Eine Kathe wird **Mühlendamm** genannt. — Schuldistr. Pommerbye.

Goltoft, Dorf 1½ M. nordöstlich von Schleswig, unweit der Schlei, A. Gottorf, Schlies- und Füssingh., Ksp. und Schuldistr. Brodersbye. Zur Schliesh. gehören 1 Vollh., 1 Viertelh., 2 Kathen und 1 Predigerlanstenkathe; zu den Ulsnisser-Pflügen 2 Vollh., 2 Halbh. und 8 Kathen; zum Domkirchendistrict 2 Vollh., die wahrscheinlich vom Gute Dollrott eingetauscht sind und in ältern Zeiten zum Gute Gelting gehörten; zum St. Johanniskloster in Schleswig gehören 1 Vollh., 2 Halbh. und 1 Kathe. Eine Klösterliche Halbh. ist ein Wirthshaus. — Schmiede, Roßmühle. — Areal zum A. Gottorf: 287 Steuert. — Der Boden ist von ziemlicher Güte. — Oestlich vom Dorfe stand vormals eine Capelle, die aber bald nach dem Jahre 1523 abgebrochen sein soll; der Berg worauf sie lag, heißt noch der Capellenberg. Sie war Annex von Brodersbye und der Prediger beider Kirchen wohnte bis zum Jahre 1766 in Goltoft; im Jahre 1807 ward auch die Küsterwohnung und die Schule nach Brodersbye verlegt. — Beim Mergelgraben wurden vor einigen Jahren viele menschliche Gebeine und Schädel gefunden. Südlich vom Dorfe befindet sich ein Grabhügel.

Gonsbüttel, 7 Höfe und 7 Häuser ¾ M. nordwestlich von Tönning, im Ostertheile der Landschaft Eiderstedt, Ksp. Oldensworth, Schuldistrict Hochbrückstel.

Gooshof, 1 Hof östlich von Friedrichstadt in der Landschaft Stapelholm, Ksp. Süderstapel.

Goosholz, 3 Halbh., 1 Viertelh., 1 Kathe und 3 Parcelenstellen ($2\frac{5}{32}$ Pfl.) 2 M. westlich von Schleswig, A. Gottorf, Treyah., Ksp. und Schuldistr. Treya. — Areal: 68 Steuert. — Der Boden ist gut.

Gosefeld, Dorf ¾ M. südlich von Eckernförde, im Gute Marienthal, Eckernförderh., Ksp. Borbye; 7 Vollh., 1 Halbh., 2 Viertelh. (vererbpachtet) und 27 Instenstellen. — Schule, Schmiede, Wirthshaus. — Areal: 559 Steuert. — Der Boden ist durchgängig grandigt. — Dieses Dorf, vormals in Alt= und Neu=Gosefeld eingetheilt, bestand 1554 aus 8 Hufen und 2 Wurthsitzerstellen (9 Pfl.) welche zum Hüttener=Lehn gehörten. Im Jahre 1632 verkaufte der Herzog Friedrich dieses Dorf an das Gut Windebye.

Gotteskoog. Dieser im A. Tondern belegene Koog ward ehemals in den Alten= und Neuen=Gotteskoog eingetheilt. Der Alte=Gotteskoog ward 1553 und 1555 eingedeicht und erstreckt sich zwischen den Kirchspielen Uberg und Humtrup; der Neue=Gotteskoog ward 1562 bis 1566 eingedeicht und lag westlich von dem Alten=Kooge. Ein Theil des Gotteskooges von 3322 Demat gehört zur Wiedingh., ein Theil von $3593\frac{1}{2}$ Demat zur Karrh. und $2964\frac{1}{2}$ Demat zur Bökingharde. Eine Interessentschaft hat außerdem 2250 Dem. 16 R. den Interessentenkoog benannt, welcher 1709 eine Octroy erhielt, die aber 1723 erlosch, seit 1758 seine eigene Gerichtsbarkeit erhielt, bis der Koog im Jahre 1853 zum A. Tondern gelegt ward. — Im Interessentenkoog ist ein Wirthshaus und 1 Schmiede. — Die s. g. Danklefs=Koogsländereien liegen in dem Interessentenkoog zerstreut. Auch sind im Kooge herrschaftliche Ländereien, welche in Zeitpacht ausgethan sind, im Jahre 1626 in Fennen abgegraben worden und 1689 der Fürstl. Rentekammer 5336 ℳ 4 β einbrachten. Zu diesen gehört der Herrschaftliche Hof Altenhof (Oldehof), mit einem Areale von 68 Demat. Im Kooge sind mehrere Höfe und Häuser, welche zu Deetzbüll (3 H.), Niebüll (4 H.), Emmelsbüll und Neukirchen eingepfarrt sind. Ein Hof im Gotteskoog heißt Nordmark.

Gotteskoogdeich, Süder=, 5 Häuser im A. Tondern, Wiedingh., Ksp. Emmelsbüll, Schuldistr. Katzhörn.

Gotteskoog=See, ein sehr fischreicher See im A. Tondern, Wiedingharde. Dieser See, welcher über eine Meile lang und ¾ M. breit ist und worin mehrere Inseln und Halligen liegen, wird in 2 Haupttheile getheilt; der nördliche heißt der Aventofter=See, und der südliche der Bundesgaarder=See. Bei anhaltendem Regen und im Winter ist der Gotteskoog=See sehr angeschwollen und da in demselben auch mehrere Strömungen sind, so kann er zu solcher Zeit nicht ohne Vorsicht mit Böten befahren werden. Der Gotteskoog=See steht übrigens durch s. g. Verlaten (besonders construirte Schleusen) mit dem von Tondern nach Hoyer führenden Hauptstrome in Verbindung. Nordwestlich am Aventofter=See, in der Nähe von Ruttebüll, hatte der König Christian IV. die Absicht eine Festung anzulegen, welches aber nicht in Ausführung kam. —

Gottorf.

Im Jahre 1626 ward zur Beförderung der Schiff- und Bootfahrt ein breiter Graben durch den Abentofter-See, welcher wegen der Untiefen nicht befahren werden konnte, gezogen.

Gottorf, Alt-, ein vormaliges Schloß, das Erste der Bischöfe von Schleswig, $\frac{1}{2}$ M nördlich von Schleswig, zwischen dem Ahrenholzer- und dem Lang-See. Dieses auf einer Anhöhe liegende, vormals von Wasser umgebene stark befestigte Schloß ward während der Streitigkeiten zwischen dem Könige Waldemar I. und der dänischen Geistlichkeit, bald nach der ersten Hälfte des 12. Jahrhunderts von dem Königl. Statthalter Nicolaus Razi erobert und zerstört, und der damalige Bischof erbauete einen neuen bischöflichen Sitz in dem Dorfe Klein-Gottorf, welcher späterhin die Residenz der Schleswigschen Fürsten ward. Zur Zeit des Cypräus sah man von dem zerstörten Schlosse Alt-Gottorf noch viele Ueberbleibsel. Ulrich Petersen bemerkt (etwa 1735) „An der Ostseite ist „nur ein Zugang, so mehrentheils wenn der Teich gestauet, mit etlichen „Fuß Wassers überschwemmt ist, dadurch in alten Zeiten der Ort am mei„sten befestiget, und mit einer Brücke versehen gewesen ist, von welcher vor „kurzen Jahren die Bauern die alten Pfähle ausgegraben und etliche Fuder „Holz davon gesammelt haben. Diese Insel an sich selbst stellt uns einen „runden Hügel vor, seinem Umkreise nach ungefähr 400 Schritte; im „Eingange dieses Hügels nach der Nordseite sieht man noch ein altes „Retranchement, als einen Vorwall und Außenwerk in Form eines halben „Mondes." — Es sind noch deutliche Spuren der Wälle, der doppelten Gräben und des Weges welcher zu dem Schlosse führte sichtbar, auch werden noch einige große keilförmig gehauene Steine gefunden, die ohne Zweifel Theile der Thürme und Rundtheile waren. — Von einer Kirche zu Alt-Gottorf findet sich folgende Erwähnung: Ungefähr 1630 hat der Herzog Friedrich der Domkirche und der Capelle (St. Michaelis) wieder entzogen und bei der Eingehung der sehr alten Kirche zu Alt-Gottorf die Landgemeinde sowohl als die damals anwachsende Lollfußer-Gemeinde angewiesen, darinnen den Gottesdienst zu verrichten und sie 1643 nach Süden und Westen erweitern und mit einem Thurme versehen lassen.

Gottorfer-Vorwerk, ein ehemal. Fürstl. Meierhof bei Schleswig, nahe bei den s. g. Hühnerhäusern, im Ksp. St. Michaelis. Nach alten Urkunden sind die Ländereien dieses Hofes nach und nach von der Gottorfischen Kammer angekauft. Mehrere Wurthen und Koppeln wurden zur Zeit des Herzogs Adolph von Bürgern gekauft und diesem Landbesitze zugelegt; auch gehörte ehemals ein Stück Landes, das Mönchenland genannt, hiezu, welches von den Domcapitularen veräußert war. Der Hof gerieth 1662 durch eine Rakete in Brand und ward eingeäschert, aber bald darauf von dem Herzoge Christian Albrecht auf einer andern Stelle wieder erbaut. Nach einem Inventarium aus dem Jahre 1705 war hier ein ansehnliches Wohnhaus. Es gehörten folgende Ländereien zu diesem Vorwerke: die Große und Kleine Hesterbergerkoppel, Büzowenwurth, eine Wurth zwischen der Pulvermühle und dem Jägerhofe, die Ochsenkoppel bei der Pulvermühle, die Große- und die Kleine-Apenstorfer (Langhuusstedter-) Koppel bei Ruhekrug, die Schliesharder- Bremer- und Lattenkoppel bei Ruhekrug, Wittenkamp, Hegeholz, Riesberg bei Bustorf, Byestedt oder das Land von der Schlei bis Haddebye, und die Kirchkoppel hinter dem Lollfuße in Schleswig. — Es scheint daß die Gebäude dieses

Vorwerks um die Mitte des 18. Jahrhunderts abgebrochen sind. — Da das Land zwischen Busdorf und der Haddebyer Kirche, Byestedt genannt wird, und dieser Name auf vormalige Wohnsitze deutet, so sollte man fast glauben, daß das alte Schleswig (Häthebye) zwischen dem jetzigen Friedrichsberge und dem Haddebyer Noore gelegen habe. — Die Schlei war in älterer Zeit auch bis dahin schiffbar und die Lage in vieler Rücksicht sehr gut.

Gottorfer-Wassermühle. Diese vor dem Schlosse Gottorf (Stadt Schleswig) belegene Erbpachts-Wassermühle gehört zum A. Gottorf, Arensh., Ksp. St. Michaelis.

Gottrupel, Dorf an der Meinaue, 1 M. westlich von Flensburg, A. Flensburg, Wiesh., Ksp. Handewith. Im Jahre 1496 wird Gottrupel ein Gut genannt, welches aus 2 Stellen bestand. Es enthält jetzt 6 Halbh., 1 Parcelenst. und ein der Dorfschaft gehörendes Haus (vorm. eine Hirtenwohnung). — Schuldistr. Handewith. — Areal: 281 Steuert. — Das Ackerland ist größtentheils sandigt.

Grabbelwatt, 2 Kathen im A. Gottorf, Schliesh., Ksp. und Schuldistr. Boren. Vormals stand eine dieser Kathen unter dem Obergerichte.

Gräfsholz, 3 Parcelenst. 2½ M. östlich von Flensburg, im Gute Nübel, Munkbrauph., Ksp. und Schuldistr. Quern.

Grahlenstein (ehem. Nordskov, Nordschau), eine an der Geltinger Hofhölzung gleiches Namens in anmuthiger Gegend gelegene Parcelenstelle im Gute Gelting, Cappelrh., Ksp. Gelting. Diese Stelle wurde von dem verstorbenen Justitiarius Jaspersen aus dem größten Theil der Ländereien der 124 Hdtsch. 5 Sch. 10 R. (⅓ Pfl.) großen 22sten Geltinger Parcele gegründet, und erhielt im Jahre 1852 ihren gegenwärtigen Namen. — Die Gebäude sind ansehnlich und von schönen Gartenanlagen umgeben

Gram und **Nübel** (Nyböl), 2 adel. Güter im A. Habersleben, Frös- und Kalslundh., Ksp. Gram und Fohl. Die Haupthöfe liegen resp. 2½ und 2 M. östlich von Ripen. — Diese beiden Güter sind in der letzten Zeit so mit einander verbunden, daß die Gränzen zwischen ihnen nicht genau angegeben werden können, weshalb sie hier zusammen angeführt werden. — Von der ältesten Geschichte des Gutes Gram ist nichts bekannt; das vormalige alte Schloß soll im Jahre 1314 in einem dichten Holze erbaut und so stark befestigt gewesen sein, daß es selbst Angriffen der Stadt Ripen widerstehen konnte. Im Jahre 1358 ward der Ritter Erland Kalv mit diesem Gute belehnt. Spätere Besitzer waren: 1399 Lembek, darauf die Familie v. Reventlow, 1551 v. Buchwald, 1638 der König Christian IV., welcher es an v. Podewils überließ, 1658 kam Gram in den Besitz der gräfl. Schackschen Familie, jetzt Graf H. A. v. Brockenhuus-Schack. — Das Gut Nübel, ursprünglich aus 4 niedergelegten Höfen entstanden, hat ehemals dieselben Besitzer mit Gram gehabt, späterhin ward es getrennt und kam in den Besitz der Familie v. Blome, 1712 v. Wohnssleth, 1720 v. Höcken, 1724 Dr. Koch, 1754 ward es an die Gräfin Anna v. Schack verkauft und wieder mit Gram vereinigt. — Zu diesen Gütern gehören: der Haupthof Gram, der Haupthof Nübel, der Meierhof Billeslund, der Meierhof Skovgaard, die Wassermühlen zu Gram und Gjelsbroe, die Stampfmühle bei Wester-Nübel, die Dörfer und Stellen Gram, Skjoldager, Kastrup Aalkjär, Wester-Linnet, Brendstrup mit Laasled, Hundeböl, Fohl, Mellerup und Theile der Dörfer Thiset, Ganderup und Endrupskov, ferner die Parcelenstellen Gram, Gramlund, Hindballe, Mögelballe, Kjemsgaard, Gjelsbroe, Aaskov, Wester-Nübel, Skovgaard und Jenning; außerdem sind noch einige Untergehörige in den Königl. Dörfern Gabel, Oester-Linnet, Hygum und Fedsted. — Zahl der Einwohner im Gute Gram: 2591, im Gute Nübel: 357. Das Gesammtareal der Güter beträgt 20,636 Ton. 1 Sch. 10½ R. à 240 □. R., davon gehören zu den Haupt- und Nebenhöfen 3177 Ton. 4 Sch. 7½ R. den s. g. alten Eigenthümern 1771 Ton. 5 Sch. 2¼ R., den allerhöchst approbirten Eigenthümern 3901 Ton. 6 Sch. 2½ R., den nicht approbirten Eigenthümern 445 Ton. 6 Sch. 10¾ R., der Kirche und Schule 422 Ton. 4 Sch. 8¾ R. und den Festeuntergehörigen 10,916 Ton. 6 Sch. 10½ R. — Der Gutsherrschaft gehört der Haupthof Gram mit Inbegriff der dazu gehörigen Ländereien Hestehave, Lundkoppel und Kirkemay (426 Steuert.), der Haupthof Nübel (128 Steuert.), der Meierhof Billeslund (203 Steuert.), der Meierhof Skovgaard (203 Steuert.), die beiden Wassermühlen bei Gram (4 Steuert.) und Gjelsbroe (20 Steuert.) und die Holzvogtswohnung zu Laasled (5 Steuert.) — Die Untergehörigen sind zu keiner speciellen Pflugzahl angesetzt und bezahlen daher keine Contribution, sondern außer der Landsteuer eine bestimmte jährliche Abgabe an die Gutsherrschaft. — Ein Theil des Gutes Gram heißt Neu-Gram; dazu gehört kein adelicher Hof, sondern es besteht aus vormals zum A. Hadersleben gehörigen, und im Jahre 1663 von dem Könige Friedrich III. an den Feldmarschall Hans Schack verkauften und dem Gute incorporirten Untergehörigen, nämlich in Kastrup, Thiset, Skjoldager, Wester-Linnet, Fohl, Ganderup, Aalkjär, Brendstrup, Oester-Linnet und Arnum. — Die Pflugzahl dieser Güter beträgt 55, davon Alt-Gram 30, Neugram 16 und Nübel 9. — Von den Neugramer Pflügen sind 4 s. g. todte Pflüge, für welche die Gutsherrschaft contribuirt. — Das ehemalige alte Schloß ließ der Feldmarschall Hans Schack abbrechen und etwa ⅓ M. südlicher an der Gramaue ein neues erbauen. — Die Hölzung ist fast 1 M. lang und ½ M. breit und hat eine bedeutende Jagd. — Die Gräfin v. Schack ließ bald nach der Mitte des 18. Jahrhunderts den Hof Nübel erbauen, welcher aber schon im Jahre 1815 verfallen war. — Contrib.: 2666 Rbthlr. 80 b/ß, Landst.: 1109 Rbthlr. 48 b/ß, Hausst.: 22 Rbthlr. 67 b/ß.

Gram (Grambye), Kirchdorf 2½ M. östlich von Ripen im Gute Gram, Frös- und Kalslundh., Pr. Törninglehn; enthält außer der Predigerund Küsterwohnung 6 Hufen, 20 Kathen und 1 Instenst. — Wirthshaus, Schmiede und mehrere Handwerker. — Die Kirche ist mit Blei gedeckt, ansehnlich, hat eine Orgel und wird gut unterhalten. Das Patronatrecht über dieselbe ward dem Feldmarschall Hans Schack 1673 von dem Könige Christian V. geschenkt. — Eingepfarrt: Aarup, Aaskov, Asdal, Billeslund, Endrupskov, Feldten, Frischmark, Gjelsbroe, Gjelstoft, Gram (Gut, Dorf und Parcelenstellen), Gramlund, Gröndallund, Hindballe, Kastrup, Wester-Linnet, Wester-Linnetbirk, Loientat, Mögelballe, Nübel, Wester-Nübel (z. Thl.), Schmidfeld, Skjoldager, Skovgaard, Thiset. — Areal: 175 Steuert. — Der Boden ist lehmigt und gut. — Auf der Feldmark ist eine Quelle, Helligkilde genannt, welche vormals wegen vermeintlicher Heilkräfte in großem Ansehen stand. — Vz. des Ksp.: 1988.

Gramgaard, ein ehemal. Edelhof im A. Hadersleben, Frösh., Ksp. Skrave, zwischen Skodborg, Kjöbenhoved und Langetved. — Wann dieser Hof niedergelegt ist nicht bekannt; auf Meiers Karte im Danckwerth ist er nicht bezeichnet und wahrscheinlich vor der Mitte des 17. Jahrhunderts schon vergangen.

Grarup (vorm. Gratorp), Kirchdorf an einer kleinen Aue, 1 M. östlich von Hadersleben, A. Hadersleben, Ostertheil, Hadersleberh., Pr. Hadersleben; es enthält, außer der Küsterwohnung, 1 Fünfviertelh., 1 Vollh., 4 Halbh., 8 Landbohlen und 5 Instenst. Eine Landbohlstelle (vorm. 4 Ottinge Land) heißt Söegaard. Die Fünfviertelh. (1 Pfl.) besitzt einige Freiheiten, welche 1493 ertheilt wurden und heißt Grarupgaard. Eine Viertelh. gehört dem Hospital in Hadersleben; 1 Halbh. zum Pastoratdienste. — Districtsschule. — Schmiede. — Die hochliegende Kirche ist ein Filial der Kirche in Starup; sie war ehemals nur eine Capelle, ist größtentheils von behauenen Feldsteinen, hat einen Thurm, der aber am östlichen Ende der Kirche steht und ist zur Hälfte gewölbt. — Eingepfarrt: Juglsang, Grarup, Grarupgaard, Heissager (z. Thl.), Hellehöi, Slukefter, Söegaard, Solfjär, Skovbye, Skovbyegaard, Stenderup (z. Thl.), Veikjärhuus. — Südlich von Grarup liegt ein kleiner fischreicher See. — Der Boden ist gut. — Vz. des Ksp.: 444.

Grasholz, eine Erbpachtstelle und Wirthshaus im Gute Rögen, ¼ M. westlich von Eckernförde, an der Chaussee nach Schleswig, Eckernförderh., Ksp. und Schuldistr. Borbye.

Gravendal, Hof (ehemal. Meierhof des Gutes Gravensteen) auf der Insel Aeroe, Ksp. Rise. — Areal: 100 Ton. à 260 □. R. — Das Wohnhaus ward 1767 von dem damaligen Besitzer, Moritzen, erbauet. — Der Boden ist ziemlich gut. — Eine ehemalige Schanze bei Gravendal heißt jetzt Volden (der Wall).

Gravensteen (Graasteen), ein vormals Fürstliches, darauf Königliches, jetzt parcelirtes Gut auf der Insel Aeröe, Ksp. Rise. — Dieses Gut gehörte am Ende des 16. Jahrhunderts zu den Besitzungen des Herzogs Hans d. J.; nach seinem Tode (1622) erbte es dessen Sohn der Herzog Christian, welcher hier residirte. 1634 erhielt es der Herzog Friedrich und dieser verkaufte es ein Jahr darauf an den Herzog Philipp von Glücksburg und es blieb in dem Besitze dieser Familie bis 1749, da der Herzog Friedrich es an dem König Friedrich V. verkaufte. Im Jahre 1767 ward Gravensteen, welches ein Areal von 483 Ton. à 320 □. R. hatte, in mehrere Parcelen getheilt, wovon die größte ursprünglich 25 Ton. und die kleinste 13 Ton. enthielt. Jetzt sind hier 14 größere und 12 kleinere Parcelenstellen (5¼ Pfl.). Von diesen führen außer der Hauptparcele Gravensteen (93 Ton. à 240 □. R.) einige folgende Namen: Gravendal (s. Gravendal), Helle, Eske, Veisnis (Weisnis), Skovbrynke, Kallehauge, Lingsbjerg, und Möllesöe. Ein Theil der Parcelenländereien ist im Besitz der in der Nähe belegenen Dorfsbewohner. — Schuldistr. Dunkjär. — Areal: 294 Steuert. — Der Boden ist ziemlich gut. — Zwischen Gravendal und der südlichen Spitze der Insel, welche Veisnisnakke heißt, befindet sich ein mit einem kleinen Walle umgebener viereckigter Platz, welcher von den Einwohnern St. Albani Kirchhof genannt wird; ohne Zweifel hat hier ehedem eine Capelle gestanden. — Bei Helle liegt ein Grabhügel.

Gravenstein, Flecken an der Gravensteiner Bucht, einem Zweigmeerbusen des Nübel Noors, südlich vom Schlosse Gravenstein belegen, im Gute Gravenstein, A. Apenrade, Lundtofth., Ksple. Atzbüll und Gravenstein. —

Gravenstein.

Bz.: 450 Einwohner. — Diese gut gebaute aus ca. 60 Häusern bestehende Ortschaft ist gegen Ende des 17. Jahrhunderts in einer Trollslücke genannten Gegend durch Anbau von Handwerkerwohnungen entstanden und hat das Recht bürgerliche Nahrung zu treiben. Vermittelst des Hafenplatzes an der Bucht wird hier einiger Handel betrieben; einer der Einwohner hat ein höchst bedeutendes Holzhandlungsgeschäft und besitzt mehrere Schiffe. Außerdem wohnen hier verschiedene Beamte. Apotheke. — Fleckensschule. — Es wird hier einiger Obstbau getrieben; besonders die Gravensteiner Aepfel haben sich seit langer Zeit großen Ruf erworben. — Gefecht am 4. April 1849. — Ein kleiner Löschplatz und Landungsort mit einigen Häusern an der Bucht heißt Stengerott und ist im Jahre 1740 erbaut.

Gravenstein (Gravensteen, Graasteen), Königliches Gut in reizender Gegend am Flensburger Meerbusen, A. Apenrade, Lundtoft., Ksple. Atzbüll und Gravenstein. Der Sage nach soll hier ein Raubritter Namens Alf gewohnt haben, nach dem der nahe Ort Alnoer (Alfs= noor) genannt und aus den Trümmern von dessen Burg das Graven= steiner Schloß erbaut sein soll; in der Hölzung wird noch eine Stelle gezeigt, an der eine Befestigung dieses Alf gewesen sein soll. Gewisser als diese Sagen, denen ähnliche Thatsachen zum Grunde liegen mögen, ist es, daß hier von Gregorius von Ahlefeldt auf Seegaard, zu welchem Gute diese Gegend gehörte, in der Mitte des 16. Jahrhunderts ein Meierhof erbaut ward, welcher, nachdem er abgebrannt, im Jahre 1603 an einer etwas andern Stelle wieder erbaut wurde. Gregorius v. Ahlefeldt der Jüngere erbaute hier 1616 zwischen Teichen ein Schloß. Gravenstein kommt sodann als eignes Gut vor und wurde von Hans v. Ahlefeldt für 90,000 Rthlr. Spec. an Herzog Philipp von Glücksburg verkauft, der es aber schon 1662 an Friedrich v. Ahlefeldt auf Seegaard wieder überließ. 1725 erwarb der Herzog Christian August von Augustenburg dieses Gut, das seit 1852 ein Eigenthum der Krone ward. Zum Gute, das einen bedeutenden Umfang, aber ein sehr zerstreutes Gebiet hat, gehören: das Vorwerk und der Flecken Gravenstein, die Ortschaften und einzelnen Stellen Alnoer, Atzbüll, Dalsgaard, Dynt, Fisnis, Holbek, Munkmühle, Nalmaybrück, Nixmühle, Stengerott und Toft, sowie einzelne Theile der Dörfer und Ortschaften: Beken, Bro= acker, Dynth, Ekensund, Haugaard, Ilers, Laygaardholz, Möllmark, Rübel, Rübelmark, Randeshöft, Rinkenis, Sand= acker, Schmoel, Schottsbüll, Stabegaarde, Stenderup, Suur= lükke, Treppe und Wolfsballig. — Areal des ganzen Gutes: 4570 Ton. 202 □. R. Das Areal der herrschaftlichen Ländereien beträgt: 1358 Ton. 6 Sch. 23 □. R. (à 240 □. R.), worunter Acker und Wiesen 787 Ton. 3 Sch. 9 R., an Hölzung und Moor 563 Ton. 7 Sch. 17 R. und an Wohnplätzen und Gärten 7 Ton. 4 Sch. 7 R. Die herrschaftlichen Hölzungen allein betragen: 372 Ton. Außerdem haben die Gravensteinischen Seen und Fischteiche einen Flächeninhalt von 66 Ton. 1 Sch. 13 R. Das Vorwerk Gravenstein hat ein Areal von 615 Ton. 202 □. R. Acker= und Wiesenland. — Der Boden ist schwerer Art und giebt in günstigen Jahren einen großen Ertrag.

Das Schloß liegt in einer Niederung zwischen Seen von bewaldeten Hügeln umgeben; es ward 1709 vom Grafen Carl v. Ahlefeldt mit großen Kosten erbaut; 1757 brannte der mittlere Haupttheil ab und die sehr beschädigten Flügel wurden im folgenden Jahre vom Herzoge Friedrich Christian wieder hergestellt. Sie sind in einem edlen Styl erbaut und von bedeutendem Umfange. 1842 wurde ein Neubau des Mittelgebäudes vorgenommen, welcher nicht ganz vollendet ist. Das Modell der Einrichtung der Schloßcapelle in einem der Flügel soll von der Jesuitenkirche in Antwerpen genommen sein; in derselben wird von dem Prediger in Atzbüll ein regelmäßiger Gottesdienst gehalten. Vgl. Atzbüll. Nördlich vom Schloß etwas entfernt liegt das Vorwerk. Umringt ist das Schloß von den schönen Laubhölzungen Thiergarten, Roy, oberer und unterer Stern, die sämmtlich von Anlagen durchschnitten sind.

Gravlund, 1 Vollh., 2 Halbh. und 1 Kathe (2 Pfl.), $\frac{3}{4}$ M. östlich von Lygumkloster, A. Lygumkloster, Vogtei Alsleb, Ksp. Bedsted, Schuldistr. Oster=Terp. Das Kloster Lygum erwarb den Ort 1477 vom Hardesvogt Peder Swelund. — Areal: 240 Steuert. — Der Boden ist sandigt und nur von mittelmäßiger Art.

Grelsbüll, Dorf 1 M. südlich von Tondern, A. Tondern, Karrh., Ksp. Humtrup. Zum Amte gehören 11 Bohlstellen, 5 kleine Landstellen und 12 Instenstellen ($5\frac{1}{3}$ Pfl.); zum Hospitale in Tondern 1 Bohlstelle; zum Amte Morkirchen gehörte ehemals 1 Bohlstelle. Außerdem liegen nördlich vom Dorfe die einzelnen Stellen Mettenwang, Flützholm ($\frac{7}{8}$ Pfl.) und Haasberg (Harzberg, $\frac{3}{4}$ Pfl.), welche letztere aus 2 Bohlstellen besteht, von denen $\frac{1}{2}$ Bohlstelle zum Amte Morkirchen gehörte. — Schuldistr. Humtrup. — Schmiede. — Der theils aus Marsch theils aus Geest bestehende Boden ist gut.

Gremmerup, Dorf $1\frac{1}{4}$ M. östlich von Flensburg, A. Flensburg, Husbyh., Ksp. Husbye. Zum Amte Flensburg gehören 14 Halbh. und 6 Kathen; 1 südlich vom Dorfe belegene Vollhufe ($1\frac{1}{2}$ Pfl.) und 2 Kathen Nedderbye (Nährbye) gehören zur St. Nicolaikirche in Flensburg, 3 Kathen gehören zum Gute Lundsgaard. — Schuldistr. Husbye. — Wirthshaus, Ziegelei, Schmiede. — Areal: 650 Steuert., von welchen 546 Steuert. zum Amte Flensburg gehören. — Der Boden ist sehr gut.

Griesgaard (vorm. Grysegbard), 2 Hufen und 1 Kathe im Gute Rundhof, Cappelerh., Ksp. Esgrus. Ein Wirthshaus an der Landstraße von Flensburg nach Cappeln heißt Scherrebye. — Schuldistr. Bojum. — Areal: 68 Steuert. — Ehemals lag hier ein Hof. — Bei Scherrebye liegt der gleichnamige Grabhügel von außerordentlicher Größe.

Grillegaard, eine Landstelle an einer Hölzung östlich von Brenduhr, A. Hadersleben, Osterth., Tyrstruph., Ksp. Frörup.

Grimsnis, Dorf $\frac{1}{4}$ M. nördlich von Cappeln, im Gute Röest, Cappelerh., Ksp. Cappeln; enthält 4 Halbh., 3 Viertelh., 3 Zwölftelh. und 3 ausgebaute Stellen Grimsnisfeld ($3\frac{1}{4}$ Pfl.). — Schuldistr. Schönfeld (s. Stutebüll.) — Areal: 390 Hdtsch. (201 Steuert.). — Der Boden besteht aus gutem Lehm und ist sehr fruchtbar.

Gripsgaard, ein ehemaliger Edelhof bei dem Dorfe Gammelbye, im Amte Tondern, Hoyerh., Ksp. Emmerleb. Noch jetzt führt eine hiesige Toft den Namen Gripstoft.

Gröde (vorm. Gruben), eine Pelwormer Hallig mit einer Kirche, in der Westsee, $\frac{3}{4}$ M. vom festen Lande, zwischen den Inseln Föhr und

Grödeböl.

Nordstrand, östlich von der Hallig Nordmarsch, Landschaft Pelworm, Pr. Husum. Diese ½ M. lange und sehr schmale Insel gehörte, mit den nahe daran liegenden beiden kleinen Halligen Appelland (3 Häuser, 128 Steuert.) und Habel (2 Häuser auf Süderwerf, 125 Steuert.) in der frühesten Zeit zum alten Nordfrieslande, wurde aber durch Wasserfluthen davon getrennt und nach und nach verkleinert. In der Fluth 1634 ertrank hier nur eine Person. Vor der Sturmfluth im Jahre 1825 waren auf den genannten 3 Halligen 23 auf Werften gebaute Wohnungen; damals wurden aber 8 zerstört. Einzelne Werften auf Gröde heißen: Kirchwerf, Neu=Peterswerf (4 H.), Knuthswerf (4 H.) und Altenhirst (2 H.); vormalige hießen: Bothflioth und Paulswerf. — Die älteste, der heil. Margaretha geweihete Kirche, zerstörte ein Fluth 1362; die nach der Fluth 1615 erbauete ging 1634 mit der Predigerwohnung zu Grunde, und die jetzige ist im Jahre 1779 auf einer andern Stelle erbaut und mit ihr die Predigerwohnung und die Schule verbunden. Sie hat keinen Thurm, aber eine innere gute Einrichtung. Der König ernennt den Prediger. — Schule. — Areal der Hallig Gröde: 326 Steuert. — Die Ländereien bestehen nur allein aus Viehweiden und der Ertrag des Viehstandes ist der einzige Erwerbzweig der Einwohner. Zur Feurung dient gedörrter Dünger, welcher dann Ditten genannt wird. Einige graben zur Ebbezeit, unter dem Seeschlicke eine Art Torferde, Salzfeurung genannt. Im Jahre 1713 hatten Gröde, Appelland und Habel einen Flächeninhalt von 376 Dem. 3 S., verloren aber in 65 Jahren 162 Dem. 3 S.

Grödeböl, 1 Vollh., 1 Dreivierteh., 1 Halbh. und 1 Landb. ¾ M. südlich von Hadersleben, A. Hadersleben, Osterth., Ksp. und Schuldistr. Vilstrup. Zwei westlich an der Landstraße belegene Landstellen heißen Ravnskjär und Steenbjerg. — Der Boden ist fruchtbar.

Grödersbye, Groß= (vorm. Grothäböl), Dorf ½ M. südlich von Cappeln, an der Schlei, A. Gottorf, Schliesh., Ksp. Rabenkirchen; 11 Halbh., 1 Sechstelh., 1 Zwölftelh., 4 Kathen und 3 Instenst. (mit Klein=Grödersbye 13½ Pfl.). Eine Kathe und eine Parcelenstelle heißen Königstein (Kongsteen). — Districtssch. — Schmiede und einige Handwerker. — Das Dorf gehörte zu den s. g. Königsgütern, kam aber im Anfange des 15. Jahrh. in Besitz der Domkirche. — Areal mit Klein=Grödersbye: 566 Steuert. — Der Boden ist schwer und sehr fruchtbar; eine Hölzung heißt Raurühe. — Bemerkenswerth war hier eine Eiche, die Hartwigseiche genannt, welche 46 Fuß im Umkreise hatte und in deren noch 1709 dastehenden Stamme, als er hohl geworden war, 10 Personen Platz hatten. — Auf einer mit Gebüsch bewachsenen Anhöhe, der Schloßberg genannt, an dem Garten der Parcele Gammelgaard (s. Klein=Grödersbye) westlich von dem Grödersbyer Noore lag das Schloß Grodersbye, welches die Königin Margaretha hatte erbauen und stark befestigen lassen, nachdem sie von den Familien Spliet, Pogwisch und Sehestedt die dort belegenen Höfe angekauft hatte. Dieses Schloß, den Hof Grödersbye und den Hof zu Pageröe schenkte die Königin 1406 zum Bau der Domkirche in Schleswig, wogegen das Capitel in einer eigends dazu bestimmten Capelle jährlich Seelenmessen sollte lesen lassen, welche noch bis zur Reformation die Messen der Königin genannt wurden. An der Stelle, wo das Schloß gestanden hat, welche die Einwohner jetzt Grodebu nennen, findet man noch Ueberreste von Gräben, von Fundament=, Mauer= und Dachsteinen.

Grödersbye, Klein=, Dorf an einer kleinen Aue, $\frac{1}{2}$ M. südlich von Cappeln, A. Gottorf, Schliesh., Ksp. und Schuldistr. Rabenkirchen; 2 Vollh., 1 Viertelh., 3 Kathen, nebst einer vererbpachteten Wasser= und Windmühle. Eine Hufe heißt Gammelgaard (2 Pfl., s. Groß=Gröders=bye), von denen 1 Pflug ein s. g. Freipflug ist. — Areal: s. Groß=Grödersbye.

Gröngaard (Grünhof, vorm. Gronenhagen), ein niederge=legtes Königl. Kammergut, jetzt ein Erbpachtshof, im Amte Tondern, Slurh., Ksp. Burkarl. Der Stammhof liegt $1\frac{1}{4}$ M. südöstlich von Tondern.— Die Gegend, in der dieses vormalige Gut (7 Pfl.) lag, bestand in früherer Zeit aus einer großen mit Moorgründen abwechselnden Hölzung, in der 2 Stellen lagen, Tudmoes westlich von Gröngaard, und Hoelklamp auf einem Hügel neben demselben, welche Herzog Friedrich I. 1503 vom Kloster Lygum eintauschte. Der Herzog Hans erlaubte den Einwohnern der Slurharde, welche in den Jahren 1562 und 1566 im Gotteskooge Deich=arbeiten verrichteten, das Gebüsch zu hauen, wodurch in dieser Wildniß gegen 18,000 Fuder geschlagen wurden und die Gegend gänzlich entwaldet ward. 1569 mußten die sehr in Verruf gekommenen Besitzer der beiden Stellen ihr Land räumen. 1574 ließ Herzog Johann der Aeltere, der hier einen Hirsch erschoß, den Hof Gröngaard erbauen, welcher 1775 niedergelegt ward. Er hatte keine Untergehörige und damals ein Areal von 999 Ton. 6 Sch. à 320 □. R., worunter an Ackerland 256 Ton., an Wiesen 743 Ton. 6 Sch. waren. Von den 5 Parcelen wurden der einen 122 Ton. Acker und 334 Ton. Wiesen und der andern 130 Ton. Acker und 401 Ton. Wiesen zugetheilt, mit der Verpflichtung für die Käufer auf selbigen neue Gebäude zu errichten, da die alten abgebrochen werden sollten. Jetzt ist das Land in 9 größere und 98 kleinere Besitzungen getheilt, wovon die meisten verschiedenen Dorfschaften des Amtes gehören. — Der Stammhof mit neuen guten Gebäuden liegt in einer flachen Gegend. Besitzer: Burchardi. — Nahe südlich davon Klein=Gröngaard, eine kleinere Erbpachtstelle; südlich von dieser eine dritte Reesholm (Reis=holm). — Der Canon von sämmtlichen Stellen beträgt: 2108 ℳ.

Grönhörn, eine Landstelle im Westerth. der Landschaft Eiderstedt, Ksp. und Schuldistr. Poppenbüll.

Grönmark, einige Parcelenstellen im Amte Sonderburg, Süderharde, Ksp. Kekenis.

Grönnebäk, Dorf $3\frac{1}{4}$ M. nordwestlich von Hadersleben, A. Haders=leben, Osterth., Gramh., Ksp. Jels. Dieses ziemlich hoch belegene Dorf enthält 20 Hufen von verschiedener Größe, 25 Landbohlen, 3 Instenst. und mehrere kleine Wohnungen; 4 Hufen liegen südlich und heißen **Dam=gaarde**, bei denen vormals eine Wassermühle gelegen hat, welche **Taptrum** hieß. — Districtsschule. — Schmiede, und einige Handwerker. — Der Boden ist theils lehmigt, theils sandigt, und auch ist hier noch uncultivirtes Haideland. Vormals waren auf der Feldmark einige Grabhügel.

Grönnebäkgaard (Grönnebekhof), ein mit adelichen Freiheiten versehener Hof, $1\frac{1}{4}$ M. nordwestlich von Apenrade, im Gute Aarup, A. Apen=rade, Süderrangstruph., Ksp. Oster=Lygum. Im Dorfe Haberslund gehör=ten vormals 3 Bohlstellen, 1 Wirthshaus und 1 Kathe ($1\frac{1}{4}$ Pfl.) zu dem Gute Arup, aber wegen der Entfernung verkaufte der Herzog Christian August 1727 diese Stellen an den Amtschreiber Ries in Apenrade. Im Jahre 1799 kaufte Hans Asmussen, Pächter von Seegaard, 2 dieser Bohlstellen ($4\frac{1}{16}$ Otting) und das Wirthshaus, und aus diesen beiden Bohlen bildete derselbe den jetzigen Stammhof Grönnebäkgaard, erbaute auch die Parcelenst. Nevkjär (69 Ton. 3 Sch.), Störtum (18 Ton. 5 Sch.) und Juglsang (12 Ton. 4 Sch.). Im Jahre 1810 kam der Hof an Hans Thomsen; dieser verkaufte nach und nach die Parcelenstellen Störtum und Juglsang und einen Theil von Nevkjär nebst dem Wirthshause, welche seitdem zum A. Apenrade, Süderrangstruph., gehörten. Im Jahre 1826 überließ er den Hof an Hans Asmussen, welcher ihn 1828 an Detlev Petersen von Hogelund verkaufte, allein einen Theil der Parcele Nevkjär (41 Ton. 5 Sch.) mit der Koppel Sköllergaardertoft (4 Ton. 1 Sch.) als Eigenthum zurückbehielt. — Der Schuldistrict für die Parcelenstellen ist Haberslund. — Das Areal des Hofes betrug 1781: 208 Ton. 6 Sch. 15 R. à 320 □. R., worunter an Acker und Wiesen 104 Ton. 3 Sch. 2 R., an Holzgrund und Busch 3 Ton. 20 R. an Moor 14 Ton. 3 Sch. 31 R. und an Haide 86 Ton. 6 Sch. 32 R. waren; nachdem aber die Parcelen davon veräußert worden, gehören dazu 164 Ton. 1 Sch. (1$\frac{1}{6}$ Pfl., 128 Steuert.). — Der Boden ist von ziemlicher Güte.

Grönninghoved (vorm. Grundinghähövede), Dorf 2$\frac{1}{2}$ M. nordöstlich von Hadersleben, A. Hadersleben, Ostertheil, Tyrstruph., Ksp. und Schuldistrict Veistrup. Dieses Dorf liegt am Fuße einer Anhöhe, Skamlingsbanke genannt, welche die höchste im Herzogthum ist; die Spitze (Höiskamling) ist 363' über der Meeresfläche und auf derselben kann man 38 Kirchen zählen. Das Dorf enthält 1 Fünfviertelh., 2 Vollh., 4 Zweidrittelh., 1 Halbh., 1 Drittelh., 2 Viertelh., 15 Kathen und 16 Instenst. Hier sind 2 Hadersleber Kirchenlansten, die daher stammen, daß Henneke Lembek 1440 dem dortigen Capitel einen Hof hieselbst übertrug. — Wirthshaus, Schmiede und einige Handwerker. — Der Boden ist im Allgemeinen sehr gut, jedoch der nördliche Theil hügelig und nicht so fruchtbar. — An der Ostseite des Dorfes liegt eine bedeutende Königl. Hölzung, welche Strandstov heißt. — Ueber ein vergangenes Dorf s. Kurup.

Gröntoft, eine Landstelle auf der Halbinsel Kekenis, A. Sonderburg, Süderh., Ksp. Kekenis, Schuldistrict Oesterbye.

Großhallig, 1 Haus im A. Tondern, Wiedingh., Ksp. und Schuldistrict Neukirchen.

Großkoppel, 7 Kathen in der Eckernförderh., von denen 5 zum Gute Schiernau und 2 zum Gute Steinrade gehören, Ksp. und Schuldistrict Bünstorf.

Großkoppel, 1 Parcelenstelle, welche von dem Hoffelde des Gutes Rundhof abgelegt ist, Cappelerh., Ksp. Esgrus. — Areal: 59 Htdsch.

Grothusenkoog, ein octroyirter Koog, $\frac{1}{2}$ M. südlich von Garding, in der Landschaft Eiderstedt, Ksp. Welt. Dieser Koog, welcher vormals der Groderkoog (Grödenkoog) hieß und 1281 eingedeicht ward, wurde von dem Herzoge Christian Albrecht dem General Grothusen verliehen und 1693 aufs Neue eingedeicht. — Das Areal dieses Kooges beträgt 567 Dem. und in demselben sind 4 Höfe und ein an der Nordwestseite auf dem Mitteldeiche belegenes s. g. Zelthaus mit einer Schmiede; Schuldistr. Vorsthusen. — Der Boden ist nicht von der schwersten Art, aber im Allgemeinen sehr fruchtbar. — Zahl der Einwohner: 33.

Grudenkoog, ein kleiner Koog im Westerh. der Landschaft Eiderstedt, Ksp. Poppenbüll.

Grüft, 4 Halbh. (2 Pfl.) an der Treene, 2 M. westlich von Schleswig, A. Gottorf, Treyah., Ksp. und Schuldistr. Treya. — Areal: 101 Steuert. — Diese Hufen haben eine hohe Lage. — Der Boden ist gut.

Grönaue (Grünaue). Diese Aue entsteht durch die Vereinigung zweier Bäche, von denen der Eine, Ukebek, bei Enstedt im A. Tondern, und der Andere, die Söderupbek, bei Nübel im A. Apenrade entspringt. Nach ihrer Vereinigung bei der Burkarler Kirche heißen sie die Grönaue, und diese fließt das Dorf Rolde vorbei und ergießt sich südlich von Tondern in die Vidaue.

Grünberg, ein vormaliger Meierhof des Gutes Lundsgaarde, A. Flensburg, Husbyeh., Ksp. Grundtoft. Dieser in Dollerupholz belegene Hof ward im Anfange des 18. Jahrhunderts errichtet und bei der Parcelirung als eine Parcele von $339\frac{1}{2}$ Hbtsch. ausgelegt und damals von 2 Interessenten gekauft. Jetzt sind hier 5 Parcelenstellen. — Schuldistr. Osterholz.

Grünehaus, 1 Landstelle nördlich von Tönning, im Ostertheil der Landschaft Eiderstedt, Ksp. und Schuldistr. Tönning. Ein Theil der Ländereien gehört zur Tönninger Jurisdiction.

Grünewald (Grönwohld), adel. Gut in der Eckernförderh., Ksp. Krusendorf. Der Haupthof liegt 2 M. östlich von Eckernförde. Dieses Gut gehörte im 16. Jahrhundert der Familie v. Ahlefeld, 1639 gehörte es Breide Rantzau zu Röer und seitdem hat es mit diesem Gute denselben Besitzer gehabt. Zum Gute gehören das Dorf Krusendorf und 4 ausgebaute Halbhufen, die Elisendorf heißen. — Zahl der Einwohner: s. Röer. — Das Areal des ganzen Gutes beträgt 1631 Ton. 9 R. à 240 □. R. (14 Pfl.), 1364 Steuert., 218,240 Rbthlr. Steuerw. — Die Ländereien des Haupt= hofes enthalten zusammen 717 Ton. 46 R., worunter 103 Ton. 77 R., welche von dem Dorfe Krusendorf hinzugekommen sind. Der Hof hat an Acker 443 Ton. 177 R., an Wiesen 147 Ton. 175 R., Wasser 1 Ton. 182 R., Holz und Steingründen 33 Ton. 210 R., an geschlossenen Hölzungen 55 Ton. 21 R., an Baustätten 3 Ton. 184 R. und an Wegen und Gräben 31 Ton. 57 R. Mehrere Wiesengründe sind aber im Laufe der Zeit in Ackerland verwandelt. — Der Boden des Gutes ist sehr gut, und eignet sich zum Bau aller Früchte. — Sämmtliche Ländereien sind Eigenthum der Gutsherrschaft und in Zeitpacht gegeben. — Contrib. 627 Rbth. 6 bß, Landsteuer 454 Rbthlr. 64 bß.

Grüngrist (Gröngröft), adel. Gut im A. Apenrade, Lundtofth. Der Stammhof liegt $1\frac{3}{4}$ M. südöstlich von Apenrade, Ksp. Feldsted. Dieses Gut gehörte ehemals als Meierhof zum Gute Seegaard und ward 1725 davon getrennt. Besitzer: 1728 A. Paulsen, darauf Seidelin, 1756 D. Petersen, 1758 H. Petersen zu Laygaard, 1759 A. Boysen, 1809 L. Boysen, 1815 Boysen=Bachmann, jetzt Bachmann. Es enthält mit den ursprünglich davon abgelegten 10 Parcelenstellen und den Ländereien in den Dörfern Quars und Tombüll ein Areal von 1214 Steuert. (141,800 Rbthlr. Steuerw.). — Der Stammhof enthält ein Areal von 567 Ton. 256 R. 79 F. à 260 □. R., darunter Acker 377 Ton. 242 R. 29 F., Wiesen 79 Ton. 42 R. 70 F., Hölzung 34 Ton. 185 R. 59 F. Moor 16 Ton. 158 R. 67 F., Hofplatz und Garten 5 Ton. 185 R. 54 F., die Koppel Julsdamm 53 Ton. 222 R., Wasser 10 Ton. 77 R. 79 F., welche in dem obenangeführten Areale nicht mit begriffen sind. Es steht in der Landesmatrikel zu $15\frac{63}{100}$ Pfl., hiervon sind $4\frac{54}{112}$ in Quars belegene

Pflüge an das Gut Laygaard und 1$\frac{35}{68}$ in Tombüll belegene Pflüge an Schobüllgaard übergegangen; für die übrigen Pfl. werden die Abgaben von den vormals Dienstpflichtigen entrichtet und der Stammhof (498$\frac{1}{4}$ Steuert.) ist bis auf $\frac{5}{96}$ Pfl. gänzlich davon befreit. 1 Parcelenstelle, womit ein Wirthshaus verbunden ist, heißt Ludwigsruh, 1 Parcelenstelle Grönbek, 1 Erbpachtstelle Gröngriftmoor, 1 Kathe Köhling, 1 kleine Landstelle Brenholm, 3 ehemalige Kathen hießen Julsdamm. Südwestlich vom Stammhofe liegt eine Ziegelei. — Das Wohnhaus ist mit einem breiten Graben umgeben. — Zahl der Einwohner: 322. — Contrib. 700 Rbthlr., Landst. 395 Rbthlr. 38 b/ß, Haust. 2 Rbthlr. 26 b/ß.

Grünholz (Grönholt), adel. Gut in der Eckernförderh., Ksp. Schwansen. Der Haupthof liegt 1$\frac{1}{4}$ M. nordöstlich von Eckernförde. Die ältesten bekannten Besitzer waren aus der Familie Pogwisch, 1470 Bendix Pogwisch; Wulf Pogwisch verkaufte 1517 das Gut an den Herzog Friedrich; 1523 besaß es v. d. Wisch, 1627 v. Pogwisch, 1723 v. Thienen, 1789 v. Plessen, darauf v. Buchwald, 1817 Graf v. Scheel=Plessen, 1834 Graf M. v. Moltke. — Das ganze Gut (23 Pfl.) hat ein Areal von 2497 Ton. 19 R. à 260 ☐. R. (2284 Steuert.), 365,440 Rbthlr. Steuerw. — Grünholz hat außer dem Meierhofe Grünthal und dem Dorfe Schubye ein Areal von 1290 Ton. à 240 ☐. R.; hierin sind jedoch die Ländereien zu 6 Kathen in Vogelsang und 2 Kathen und 6 Instenstellen in Börentwedt, so wie eine Halbhufe Prosteich (Prosrottsteich) von 35 Ton., welche außerhalb der Gutsgränze liegt, eingeschlossen. Das zum Haupthofe gehörige Ackerland enthält 876 Ton. 4 Sch. 5 R., Wiesen 87 Ton. 7 Sch. 16 R., Hölzung 230 Ton. und Moor 40 Ton. — Der Boden ist von schwerer Art und gewährt im Allgemeinen einen vorzüglichen Ertrag. — Die Hölzungen heißen Boreshorn, Jägersmaas und Vogelsang; hier ist die Holzvogts= wohnung; auch ist hier eine Kalkbrennerei angelegt. — Das im Jahre 1749 erbaute Wohnhaus hat außer einem schön gewölbten Keller 2 Stock= werke. — Zahl der Einwohner: 604. — Schule in der Nähe des Hofes für Börentwedt und Vogelsang. — 2 Armenhäuser. — Im Gute Grünholz ist ein Moor dadurch merkwürdig, daß hier eine Menge umgestürzter Kieferstämme etwa 6 Fuß unter der Oberfläche liegen. — Der Platz, wo vor Jahrhunderten der alte Hof gestanden hat, liegt mitten im Holze und ist noch durch einen jetzt fast zugeschlammten Burggraben kenntlich. — Contrib. 1029 Rbthlr. 26 b/ß, Landst. 761 Rbthlr. 32 b/ß, Haust. 7 Rbthlr. 54 b/ß.

Grünholz (Klein=Grünholz), adeliches Gut in Angeln, A. Flens= burg, Nieh., 1$\frac{1}{2}$ M. nordwestlich von Cappeln, Ksp. Sterup. — Die Folge der Besitzer dieses Guts in alten Zeiten ist nicht genau anzugeben, weil oft eine Verwechselung mit Grünholz in Schwansen Statt fand und die alten Urkunden durch eine Feuersbrunst 1747 zerstört sind. Grünholz scheint erst im Besitze der Familie von Didden (Petersen) gewesen zu sein; im 17. Jahrhundert besaßen es v. Thienen und Böhmer, 1699 v. Reventlov; 1738 ward das Gut unter 4 Interessenten mit gleichen Rechten und Freiheiten getheilt und 1800 die Gutsgerechtigkeiten auf den Stammhof allein übertragen. — Der jetzige Besitzer ist H. P. Clausen. — Das ganze Gut contribuirt für 1$\frac{1}{2}$ Pfl., wozu jeder der 4 Höfe für $\frac{1}{4}$ Pfl. und die Untergehörigen in Boltoft und bei der Esgrufer Kirche (zusammen 60 Steuert.) für $\frac{1}{2}$ Pfl. concurriren. — Steuert. sind im Ganzen 227,

192 Grünholz.

welche zu 31,880 Rbthlr. taxirt sind. — Der Stammhof hat ein Areal von 85 Hotsch. 5 Sch. 8 R., worunter Acker und Wiesen 77 Hotsch. 1 Sch. 15 R., Hölzung 8 Hotsch. 2 Sch. 15 R., Wasser 1 Sch. 2 R., außerdem sind noch 8 Hotsch. 3 Sch 3 R. Landes zugekauft (48 Steuert., 7680 Rbthlr. Steuerw.) — Die erste Landstelle hat ein Areal von 91 Hotsch. 11 R. (47 Steuert., 5640 Rbthlr. Steuerw.). Die zweite Landstelle 80 Hotsch. 4 Sch. 13 R. (40 Steuert., 6400 Rbthlr. Steuerwerth). Die dritte Landstelle 94 Hotsch. 83 R. (42 Steuert., 5120 Rbthlr. Steuerw. Im Dorfe Grünholz liegen 4 Kathen welche zum Gute gehören; eine dieser Kathen ist ein Wirthshaus und heißt Jordam. — Zahl der Einwohner: 46. Contrib. 67 Rbth. 19 bß, Landst. 66 Rbth. 38 bß, Hausst. 1 Rbth. 32 bß.

Grünholz, Dorf $1\frac{1}{2}$ M. nordwestlich von Cappeln, an der Landstraße nach Flensburg, Ksple. Sterup und Esgrus. Zum A. Flensburg, Nieh., gehören 2 Vollh., 1 Dreiviertelh., 1 Zweidrittelh., 1 Halbh., 1 Drittelh. und 6 Kathen ($4\frac{1}{4}$ Pfl.), von denen 1 Vollh. und 1 Halbh. ($1\frac{1}{2}$ Pfl.) zum vormaligen Domcapiteldistrict gehörten. Zum Gute Südensee, Nieh., gehören 1 Vollh. und 1 Kathe; zum Gute Brunsholm, Cappelerh., 1 Dreiviertelh. (vormals Hofholz genannt) und 3 Kathen; zum Gute Grünholz, Nieh., 4 Kathen, worunter das Wirthshaus Jordam; zum Gute Rundhof, Cappelerh., 1 Kathe. 2 Kathen heißen Husum, 1 Kathe Barredamm und 1 Kathe Jordamsstraße. Die Brunsholmer und Südenseer Stellen und 1 zur Nieh. gehörige Halbhufe sind zu Esgrus, der übrige größere Theil des Dorfes zu Sterup eingepfarrt. — Schuldistr. Esgrus-Schaubye. — Armenhaus, 2 Wirthshäuser. — Areal zum A. Flensburg: 311 Steuert. — Der Boden ist sehr gut und trägt alle Kornarten. — Die zu Sterup eingepfarrte Domcapitelstelle erwarb das Capital 1477, die andere zu Esgrus eingepfarrte von Waldemar v. d. Herberge 1478. — Der König Friedrich II. kaufte von Johann Alberts in Grünholt ein Gut (wahrscheinlich die Süderseer Vollhufe). — Grünholz und das Dorf Brunsbüll standen vormals in Feldgemeinschaft und auf dieser Feldmark lag die Ortschaft Aketoft (s. Rundhof), welche nicht mehr vorhanden ist.

Grünhorst, adel. Gut in der Eckernförderh.; der Haupthof liegt $1\frac{1}{2}$ M. südlich von Eckernförde, Ksp. Sehestedt. Es ward im Jahre 1765 als Meierhof von dem Gute Sehestedt getrennt, von der damaligen Besitzerin der Gräfin zu Isenburg-Büdingen verkauft und unter die adelichen Güter aufgenommen. Besitzer: v. Brömbsen, 1768 Hansen, darauf v. Liliencron, 1788 Dresler, 1799 v. Bernstorff, 1823 Agent Paap. — Das Gut ist bei der Trennung von Sehestedt nicht zu Pflügen angesetzt. — Areal im Jahre 1791: 521 Ton. à 240 □. R. — In späterer Zeit sind aber die Parcelen Lagenburg (70 Ton.) und Lehmkuhl (30 Ton.) davon veräußert. Jetzt hat es mit der etwa 20 Ton. enthaltenden Parcele Krummlinde und einigen dazu angekauften Ländereien einen Flächeninhalt von 493 Ton. 1 Sch. 1 R. 96 F.; davon enthalten die Gärten, 1 Kathe Holzkathe, 1 Kathe Triangel und die vormalige Ziegelei zusammen etwa 12 Ton. Landes. Das Ackerland des Gutes beträgt 349 Ton., Wiesen 68 Ton., Hölzungen 56 Ton. und Befriedigungen etwa 8 Ton. (450 Steuert., 59,040 Rbthlr. Steuerw.). — Der Boden ist sehr gut. — Die Fischerei in der alten Eider ist nicht bedeutend. — Das Wohnhaus ist von Brandmauern mit Ziegeln gedeckt und hat ein gewölbtes Souterrain. — Zahl der Einwohner: 91. — Schuldistr. der Untergehörigen s. Holtsee. — Armenhaus. — Landst. 150 Rbt.

Grünthal.

Grünthal, Meierhof im Gute Grünholz, Eckernförderh., Ksp. Schwansen; enthält ein Areal von 636 Ton. à 240 □. R. mit einem Antheile des Schwansener=Sees (29 Ton.), worin der Haupthof Grünholz die Fischerei=Gerechtigkeit hat. — Ackerland 510 Ton., Wiesen 97 Ton. — Der Boden ist von vorzüglicher Güte und schwerer als der des Haupthofes. — Die bei dem Schwansener=See liegende Fischerwohnung heißt Osterschau (Fischerhaus).

Grumbye, Kanzleigut im A. Gottorf, Strurdorfh., Ksp. Tolk. Der Hof liegt 1¼ M. nordöstlich von Schleswig. Nach einer Dingswinde aus dem Jahre 1651 kaufte Claus Hansen 3 freie Bondengüter in Grumbye, 2 Kathen von Fahrenstedt und einige Ländereien bei Tolk, woraus das Gut Grumbye entstanden ist; dessen Sohn der Hardesvogt Claus Hansen erhielt 1682 die Privilegien dieses Gutes von dem Herzoge Christian Albrecht. Nach und nach sind einige Grundstücke dazu angekauft; die zum Gute gehörende Hufe Lück (s. Lück) aber 1782 vom Gute verkauft. — Areal: 480 Hotsch. 4 Sch. 2 R., ferner eine in Tolk belegene Hufe 102 Hotsch. 4 Sch. 11 R., Ländereien auf dem Twedter und Grumbyerfelde 59 Hotsch. 5 Sch. 4 R., auf dem Tolkerfelde 65 Hotsch. 9 R., ein aufgetheiltes Landstück 19 Hotsch. 5 R., Hölzung 16 Hotsch. 2 Sch. 16 R., Moor 14 Hotsch. 2 Sch. 23 R., Weideland 1 Hotsch. 2 Sch. 6 R., zusammen 759 Hotsch. 4 Sch. (392 Steuert., 2 Pfl.). Jetzt enthält der Hof, mit Ausnahme der in Tolk belegenen Hufe und mehreren sonstigen auf dem Tolker, Twedter und Grumbyer Felde belegenen Ländereien, ein Areal von 532 Hotsch. 7 R. — Grumbye ist, mit Ausnahme der zugekauften Amts Gottorfischen Ländereien, von aller Contribution frei. — An Grundhäuer erhebt das Gut von einer Schmiede=kathe, einer Kathe in Grumbye, von der Grumbyer Krugkathe und der Kathe zu Lammershagen (Lammershuus) bei Twedt 44 ℳ 8 ß. — Der Boden ist schwerer Art und liefert einen guten Ertrag. — Landsteuer des Guts: 111 Rbthlr. 45 bß. — Besitzer: 1651 C. Hansen, 1679 dessen Sohn C. Hansen, 1693 dessen Sohn F. A. Hansen, der nobilitirt ward und den Namen v. Ehrencron erhielt, darauf dessen Familie, 1801 Petri, 1805 v. Bernstorf, 1822 Petri, 1835 L. Steindorff.

Grumbye, Dorf 1½ M. nordöstlich von Schleswig, A. Gottorf, Strurdorfh., Ksp. Tolk. Zum A. Gottorf gehören 1 Dreiviertelh., 1 Fünfneuntelh., 2 Halbh. und 1 Kathe (3⅔ Pfl.); zum Gute Grumbye 3 Kathen. 1 Hufe (1 Pfl.) und 1 Kathe gehörten ehemals zum Domcapitel und 2 Vicarienlansten zu den s. g. Tolker Pflügen. — Schuldistr. Twedt. — Areal zum A. Gottorf mit Elkjär und Fürberg: 412 Steuert.

Grummark, Dorf ¼ M. nördlich von Cappeln im Gute Röest, Cappelerh., Ksp. Cappeln; 3 Halbh., 1 Zwölftelh. und 2 ausgebaute Landstellen Grummarkfeld (1¾ Pfl.) — Schuldistr. Schönfeld. — Areal: 210 Hotsch. (114 Steuert.). — Der aus Lehm bestehende Boden ist sehr gut. — In der Nähe dieses Dorfes an der Aue ist eine Lachswehr, welche zum Haupthofe Röest gehört. — In einer nördlich belegenen Koppel fand man vor einigen Jahren in einem abgegrabenen Thalgrunde mehrere steinerne Keile und ein mit Kohlen gefülltes Gefäß, welches in Gestalt einer Tonne von behauenem Eichenholze zusammengesetzt war.

Grundtoft (Grundhof), Kirchdorf 2 M. östlich von Flensburg, an einer kleinen Aue, A. Flensburg, Husbyh., Pr. Flensburg. Dieses romantisch belegene Dorf enthält, außer den Wohnungen der beiden Prediger und des

Organisten, 1 Dreiviertelh., 1 Fünfzwölftelh., 2 Dreiachtelh., 3 Drittelh., 13 Kathen und 5 Instenst., welche zum A. Flensburg gehören; 2 Hufen heißen Bundeslund und Neumoos; 2 Kathen gehören zum Gute Lundsgaard, und 1 Oelwindmühle und Wirthshaus zur St. Marienkirche in Flensburg. — Districtsschule, Schmiede und einige Handwerker. — Die Kirche hat der Sage nach bei Tollkjär erbaut werden sollen, sie ist sehr alt, von Feldsteinen und wird schon im Jahre 1209 erwähnt, als das Rüdekloster hier die Zehnten erhielt. Im Jahre 1614 brannte ein Theil des Thurmes, der im 14. Jahrhundert von einem Edelmanne auf Lundsgaard zur Sühne eines begangenen Mordes erbaut sein soll, vom Blitze angezündet, ab; 1756 zerstörte ein Blitzstrahl die Kirche bis auf die Mauer, und die Wiedererbauung kostete 18,573 ℳ. — An der Kirche stehen 2 Prediger die der König ernennt. — **Eingepfarrt:** beim Bek, Bönstrup, Bükberg, Bundeslund, Burott, Dollerup, Dollerupholz, Ellgaard, Freienwillen, Geschlossenheck, Grünberg, bei Grünberg, Grundtoft, Hökeberg, Hörreberg, Kattberg, Kiekut, Kollenburg, Kroyberg, Langballig, Langballigau, Langballigholz, Lutzhöft (z. Thl.), Lundsgaard, Lundsgaarder-Osterholz, Lundsgaarder-Westerholz, Mariengaard, Ostenberg, Rabenholz, Neumoos, Seekluft, Streichmühle, Terkelstoft, Trollkjär, Uenewatt, Uenewattfeld, Uenewatthof, Uenewattholz. — Areal zum A. Flensburg: 384 Steuert. — Der Boden ist sehr gut. — Vz. des Ksp.: 2331.

Guderott (Guderott), Dorf 1½ M. nordöstlich von Schleswig, Ksp. und Schuldistr. Boren. Zum A. Gottorf, Schliesh., gehören 1 Vollh., 1 Zweidrittelh., 1 Halbh., 1 Drittelh. und 2 Kathen, von welchen 2 Hufen (2 Pfl.) zum vormaligen Schlesw. Domcapitel und 1 Hufe zum ehemaligen Gute Lindau gehörten. Zum Gute Dollrott, Cappelerh., gehören 2 Hufen. Ein Wirthshaus in Guderott hieß früher Halbenott. — Areal zum Amte: 244 Steuert., zum Gute Dollrott: 84 Steuert.

Guderottfeld, 1 Hufe und 1 Kathe im A. Gottorf, Schliesh., Ksp. und Schuldistr. Boren.

Gübye (Gubye), Dorf 1 M. östlich von Schleswig, an der Chaussee nach Eckernförde, A. Hütten, Hüttenh., Ksp. Haddebye; 3 Vollh., 5 Halbh. und 3 Kathen. Eine ausgebaute Kathe liegt zu Kronsrott, einzelne Kathen heißen Wolfskrug (s. Wolfskrug). — Schuldistr. Borgwedel. — Areal: 501 Ton. 2 Sch. à 320 □.R. (607 Steuert.). — Das hochliegende Feld ist von sehr guter Beschaffenheit. — Dieses Dorf litt in dem Kriegsjahre 1658 bedeutend.

Güldenholm, 1 Kathe (Holzhaus) an der Südseite des Lang-Sees, ¾ M. nördlich von Schleswig, welche zum Dorfe Brekling gehört, A. Gottorf, Sturdorfh., Ksp. Nübel, und 1 Instenst. (Seehaus) an der Nordseite des Sees, welche zu Süder-Fahrenstedt, A. Gottorf, Füsingh., Ksp. Norder-Fahrenstedt gehört. — Die Breklinger Kathe ward auf den Ländereien einer vormals wüsten Hufe des Dorfes erbaut, welche Hufe im Jahre 1665 von dem Könige Friedrich IV. an Geert v. d. Lieth geschenkt und während dessen Lebenszeit mit Privilegien begabt ward. — Ueber das vormalige Kloster daselbst s. Guldholm.

Guderup (vorm. Gudthorp), Dorf auf der Insel Alsen, 1½ M. südöstlich von Norburg an der Straße nach Sonderburg, A. Norburg, Ekenh., Ksp. Eken; 9 Vollbohlen und 13 Kathen (9 Pfl.). — Hier ist die Wohnung des Predigers zu Eken. — Districtsschule, Wirthshaus

Gudsgave.

Schmiede. — Areal: 521 Steuert. — Nach einer Urkunde des Königs Knud 1196 hatte das Michaeliskloster bei Schleswig in Gudthorp 9 Ottinge Landes.

Gudsgave (Gottesgabe), ein vormals Fürstl., späterhin Königl. und jetzt parcelirtes Gut auf der Insel Aeröe, Ksp. Marstall. Die Halbinsel, worauf dieses ehemalige Gut lag, war vormals mit einer dichten Hölzung bewachsen, die wahrscheinlich 1509 von den Lübeckern zerstört ward; vermuthlich ist bald nach dieser Zeit das Gut entstanden. Der Herzog Hans d. J. besaß es am Ende des 16. Jahrhunderts, 1667 kam der König Friedrich III. in Besitz des Guts, einige Jahre später der Herzog August von Plön; 1684 ließ es der König Christian V. sequestriren, es blieb aber Fürstl., bis der Herzog Friedrich Carl es dem Könige Christian VI., 1731 abtrat. Im Jahre 1768 ward es parcelirt und ursprünglich in 17 Parcelen getheilt, deren kleinste 1 Ton. 2 Sch. und deren größte 35 Ton. enthielt. Jetzt sind hier 9 größere und 9 kleinere Parcelenst. ($4\frac{1}{4}$ Pfl.) und 2 Häuser ohne Land. — Einige Parcelenstellen heißen Knasterbjerg, Trauslykke und Trappendal. — Der Haupthof brannte im Jahre 1766 ab. — Areal: 325 Steuert. — Der Boden ist gut. — Westlich von Gottesgabe liegt ein schmaler, Dreiet genannter Damm, welcher das Kirchspiel Marstall mit dem westlichen Theile der Insel Aeroe verbindet. Hier an der Ostseite liegt auf einer etwas erhöheten Stelle ein der Sage nach von dem Bischofe Absalon aufgeführtes Befestigungswerk, in Form eines Vierecks, mit doppelten Gräben, worauf vormals ein Wachtthurm gestanden haben soll. — Westlich von Dreiet findet man mehrere Grabhügel.

Gukelsbye, ein zum Gute Stubbe gehörender Meierhof an der Schlei, Eckernfördeh., Ksp. Siesebye. Im Jahre 1798 entstand aus dem Dorfe gleiches Namens, welches 5 Hufen, 2 Wurthsitzerst. und 11 Instenst. enthielt, dieser Meierhof. — Areal: 276 Ton. $1\frac{3}{4}$ Sch. à 260 □. R., worunter an Acker 216 Ton., an Wiesen 46 Ton. $4\frac{1}{2}$ Sch., an Hölzung 13 Ton. $1\frac{3}{4}$ Sch. und an Wasser $3\frac{1}{2}$ Sch. (282 Steuert.). — Zum Hofe gehören 4 Kathen, welche Gukelsbyedorf und 1 Kathe welche Steinburg genannt werden. — Der Boden ist ein besonders guter Mittelboden.

Gulde, Dorf im Gute Rundhof, 1 M. nordwestlich von Cappeln, Cappelerh., Ksp. Töstrup. Dieses Dorf, welches schon im Anfange des 15. Jahrhunderts durch Erich Krummendiek an Rundhof kam, enthält 5 Hufen und 11 Kathen; von den letzten liegen 2 bei Kragelund, 1 heißt Spannbrück, 1 Guldebolz, 1 Belgrad und 1 bei Schörderup. — Districtsschule mit einer Arbeitsschule. — Ein Wirthshaus liegt im Dorfe, ein anderes bei Kragelund. — Areal: 734 Hotsch. (392 Steuert.). — Der Boden ist hügeligt aber sehr gut. — Ein Bauerngut in Gulde ward 1497 mit dem Dorfe Sandbek von Otto Rantzau gegen das Dorf **Kalendorp**, im Ksp. Slabbenhagen den Schleswiger Domvicarien der Altäre St. Paul, St. Bartholomäus und St. Catharina mit allen Einkünften cedirt, und kam nach der Reformation an die Stadt Schleswig zur Unterhaltung eines Predigers, wurde aber 1613 von den Capitularen an Hans Rumohr zu Rundhof gegen eine Hufe in Groß-Solt vertauscht. — Im Jahre 1602 kaufte Henneke Rumohr von Eggerd v. d. Herberge zu Brunsholm die Acker und Wiesen, welche außerhalb des Zaunes auf der Gulder Feldmark belegen waren; Christoph v. d. Herberge verkaufte 3 Acker auf dem Gulder Felde an die Kirche zu Töstrup.

Guldholm.

Guldholm, ein vormaliges Mönchskloster des Cistercienserordens welches auf einer jetzt fast gänzlich unter Wasser liegenden Halbinsel im Lang=See ¾ M. nördlich von Schleswig lag. Es ward im Jahre 1192 von dem Schleswigschen Bischofe Waldemar gestiftet und Cistercienser= mönchen eingeräumt, welche der Bischof aus dem Kloster zu Esrom dahin kommen ließ. Der Bischof verlieh dem Kloster außer einigen Grundstücken bei Guldholm auch die Zehnten, welche den 4 Kirchen St. Michaelis vor Schleswig und zu Kahlebye, Nübel und Tolk gehörten. Vermuthlich hatte der Bischof bei der Stiftung dieses Klosters die Nebenabsicht, die Bene= dictiner des Michaelisklosters dahin zu versetzen, welche durch ihr unregel= mäßiges Betragen in Schleswig dazu Veranlassung gegeben hatten. Die Güter des Michaelisklosters wurden gleichfalls größtentheils dem neuge= stifteten Kloster überwiesen und mehrere der Mönche desselben bezogen es wirklich, indessen war ihr Aufenthalt nicht von langer Dauer und sie kehrten bald nach dem Michaeliskloster zurück, wo sie mehrere Freiheit fan= den. Da das Kloster zu Guldholm sehr begünstigt ward, entstanden zwi= schen den Mönchen beider Klöster Streitigkeiten, die in einen förmlichen Kampf ausarteten; die Benedictiner griffen die Guldholmer an, beraubten das Kloster und mißhandelten die Mönche, und dieses war der aus der Geschichte bekannte Mönchenkrieg im Jahre 1194. --- Dieses Guldholmer Kloster bestand nur 16 bis 17 Jahre; da dessen feuchte Lage im Lang=See die Gebäude wahrscheinlich sehr angriff, und da die ehemaligen Streitigkeiten, welche leicht wieder entstehen konnten, bei der Nähe von Schleswig eine Entfer= nung des Klosters wünschenswerth machte, so befahl der König Waldemar die Verlegung desselben nach Rude (s. Rudekloster), und schenkte zur Erbauung des Klosters die Grundstücke. --- Die Besitzungen, welche von dem Michaeliskloster an das Guldholmerkloster übergingen, bestanden aus: der Michaeliskirche mit dem Berge und den anliegenden Mühlen, 1 Hufe Landes Stubbe (Mönchenland) genannt, mehreren Wurthen bei Schleswig, einem Theil von Stocbu, dem ganzen Clensbu (Klens= bye), Hoscobu (Husbye), Rostekar (Roßacker), 6 Ottingen in Stagbu, einem Theil von Boreböle, 10 Ottingen in Balingstad (Bollingstedt), Waterborg (auf der Schleswiger Feldmark), Open= storp (Apenstorf), einem Theile von Fokabikre (Fockbeck), den Grund= stücken in Brechentorp (Brekendorf), 6½ Ottingen in Pistad, 7 Ottingen in Eryohög, dem ganzen Anebu, 10 Ottingen in Noböle (Nübel), 2 Ottingen in Breethnunge, den Grundstücken in Hiort= teker (Jordkjär), Arsleve, 9 Ottingen in Gudthorp (Guderup) auf Alsen, 2 Ottingen in Bransböle, 4 Ottingen in Holm und Grund= stücken in Stenthorp, dem Territorium von Heuere; ferner den Bischofszehnten in den Kirchspielen St. Michaelis, Callebu (Kahlebye), Nuböle (Nübel), Thologe (Tolk) und einem Theil der Zehnten in Tun= ningehereth (Tönningharde).

Gundebye (Gunnebye), Dorf an der Schlei am Gundebyer= Noore, 2¼ M. nordöstlich von Schleswig, A. Gottorf, Schlesh., Ksp. Ulsnis. Dieses Dorf gehörte ehemals zum Gute Lindau und Otto Rat= lov vertauschte 1527 2 Güter in Wiesbüll und 2 in Hostrup an das Schleswigsche Domcapitel gegen 3 Capitelsgüter in diesem Dorfe. Es enthält 5 Vollh. und 13 Kathen (6½ Pfl.). --- Districtsschule, Schmiede und einige Handwerker. Hier ist ein Armenhaus. --- Areal: 345 Steuer= tonnen. --- Der Boden ist größtentheils gut. --- Das bei Gundebye belegene

Gundelsbye. 197

Gundebyer-Noor welches mit der Schlei in Verbindung steht, erstreckt sich gegen 2000 Ellen zwischen hohen Ufern in das Land hinein und hat eine Breite von 400 Ellen. Die Gundebyer Eingesessenen sollen die Fischerei-Gerechtigkeit in diesem Noore haben, sie wird aber sehr wenig benutzt.

Gundelsbye, Dorf im Gute Oehe, 1 M. nördlich von Cappeln, Cappelerh., Ksp. Gelting. Dieses Dorf ist nach und nach niedergelegt und nach der Parcelirung 1790, sind hier jetzt 1 große Parcelenstelle, 2 mittlere und 10 kleinere Parcelenstellen, zusammen 281 Steuert. — Districtssch. — Armenhaus.

Gundstrup, Meierhof im Königl. Gute Gammelgaard auf der Insel Alsen. Der Hof, errichtet aus 4 wüsten Bohlen von dem Herzoge Ernst Günther, welcher 1689 starb, liegt 1¼ M. nordöstlich von Sonderburg, A. Sonderburg, Augustenburgerh., Ksp. Ketting. — Nahe beim Hofe liegen 1 Kathe und 2 Instenstellen, und auf dem Norderfelde 2 Kathen und 1 Instenstelle, von denen die beiden Kathen gemeinschaftlich S ch ack e n= borg, die eine besonders Frydenholm (Freudenholm) genannt werden. — Areal: s. Gammelgaard.

Gymoes (Gymose), 1 Vollh. (Freihufe) und 2 Landbohlen, 1 M. nordöstlich von Hadersleben, A. Hadersleben, Haderslebenerh., Ksp. und Schuldistr. Aastrup. — Der König Friedrich I. schenkte 1507 diesem Hofe, welcher aus 2 Ottingen bestand, einige Privilegien. Zu dem Hofe gehörte ein Theil der Feldumer Feldmark und derselbe hatte die Gerechtigkeit des Heringsfanges in der Ostsee. Vormals war der Hof mit Hundevad und Kragelund combinirt.

Habelde, eine ehemalige Kirchspielskirche in der Beltringharde auf der alten Insel Nordstrand, südwestlich von der Hallig Habel. Sie soll schon im Jahre 1362 in der großen Wasserfluth (s. g. Mandrenkelse) untergegangen sein.

Haberholz (Hafferholz), 3 Parcelenstellen im Gute Oehe, Cappelerh., Ksp. Gelting, Schuldistr. Gundelsbye.

Haberkamp, 1 Instenstelle im Gute Damp, Eckernförderh., westlich vom Dorfe Schwastrum, Ksp. Siesebye.

Haberkobbel, eine Holzvogtswohnung auf der Insel Alsen, in der Nähe von Osterholm, A. Norburg, Norderh., Ksp. Eken.—Dienstland: 3 Ton.

Habernis (vorm. Habermesse), Ortschaft 3 M. östlich von Flensburg, auf einer hervorragenden Landspitze an der Ostsee, Ksp. Quern, enthält 13 Parcelenstellen, die zum Gute Norgaard, Munkbraruph., und 1 Kathe, die zum Gute Ohrfeld, Cappelerh., gehören. — Schuldistr. Steinbergholz. — Im Jahre 1490 erwarb das Kloster Morkirchen Ländereien und Hölzungen auf Habernesse; 1511 hat Johann Otzen auf Norgaard den Bonden und Lansten in Gintoft, denen von Quern und Hattlund ihre Gerechtsame, die sie an der Hölzung und Wiese Habernis zu haben vermeinten, abgetreten. Anfangs waren hier 13, späterhin 20 Kathen, die mit Nübel 1618 an den Herzog Hans d. J. kamen, dessen Sohn, der

Herzog Philipp zu Glücksburg, diese Kathen 1636 den Bewohnern eigenthümlich überließ. — Areal zum Gute Norgaard: 140 Steuert. — Der Boden ist nur von mittelmäßiger Art. — Einige Einwohner ernähren sich von der Fischerei.

Habye, Dorf 1¼ M. südlich von Eckernförde, A. Hütten, Hüttenh., Ksp. Sehestedt; 3 Vollh., 1 Dreiviertelh., 5 Halbh., 2 Drittelh., 1 Viertelh., 2 Sechstelh., 1 Kathe und 11 Instenstellen. Die ausgebaute Dreiviertelh. heißt Stillenbek und von den 5 Instenstellen heißt eine Höllengruft und eine Moorsiek, doch werden sie alle nebst einigen zum Gute Harzhof gehörenden Stellen unter dem Namen Lehmsiek begriffen. Die südwestlich von Lehmsiek belegene Kathe heißt Profit. — Districtsschule. — Eine Hufe und Moorsiek sind Wirthshäuser. Schmiede. In Lehmsiek ist eine bedeutende Methbrauerei und Wachsbleiche. — Areal: 775 Ton. 6 Sch. à 320 □. R. (820 Steuert.). — Der Boden ist von ziemlicher Güte. — In der Nähe des Dorfes und zwischen demselben und Groß-Wittensee liegen die Königl. Gehege Großgehege und Dornbrook. Oestlich von Habye der Schilk-See, welcher durch einen Graben seinen Abzug in den Witten-See hat. Der Tammeradeberg bei Stillenbek hat eine Höhe von 329'. Auf der Feldmark befanden sich mehrere, jetzt aber abgetragene, Grabhügel.

Hackstedt, Norder-, Kirchdorf an der Hackstedteraue, 2½ M. südwestlich von Flensburg, A. Flensburg, Wiesh., Pr. Flensburg, enthält außer der Prediger- und Küsterwohnung 1 Vollh., 7 Halbh., 3 Drittelh., 6 Viertelh., 7 Kathen und 1 Instenstelle ($6\frac{7}{12}$ Pfl.). Die Vollh. heißt Hackstedthof (ein ehemaliger Edelhof), besitzt mehrere Privilegien, war früher im Besitze von Emeke Wohnsfleth, von welchem der König Christian I. sie kaufte, ward darauf 1462 an den Hardesvogt Lasse Jensen veräußert und 1476 von Mette v. Sehestedt zu Buckhagen an das Domcapitel zu Schleswig verkauft. Außerdem gehörten noch zum Schleswigschen Domcapitel 4 Hufen und 2 Kathen, welche ebenfalls von derselben Besitzerin damals verkauft wurden. Auch das Heil. Geisthaus in Flensburg hat hier ehemals (1451) einen Lansten gehabt. 2 Colonistenstellen sind auf der Feldmark erbaut. — Districtsschule. — Wirthshaus, Schmiede und mehrere Handwerker. — Die Kirche ist sehr alt, von Feldsteinen erbaut und hat keinen Thurm. In einer Nische der Wand ist St. Jürgen zu Pferde, vor dem eine betende Nonne kniet, außerdem mehrere Gemälde und in Bildhauerarbeit verschiedene Heiligenbilder. Vor der Reformation war hier eine Vicarie. Der König ernennt den Prediger. — Eingepfarrt: Björnshöyd, Friedrichshof (z Thl.), Nord-Hackstedt, Hackstedthof, Hörup, Norder-Lindau, Oster-Lindau, Rüsbriek, Riesbriekfeld, Schaflund, Spölbek, Wanrad. — Areal: 853 Steuert. — Der Boden ist nur von mittelmäßiger Art. — Bz. des Ksp.: 635.

Hackstedt, Süder-, Dorf 2¾ M. südwestlich von Flensburg, Ksp. Jörl. Zum A. Flensburg, Uggelh., gehören 1 Groß-Korbüll genannte Vollh., 12 Halbh., 2 Viertelh. und 8 Kathen. Eine Kathe heißt Klein-Korbüll. Eine östlich belegene Vollh. (1¼ Pfl., 90 Steuert.) Mühlenberg genannt und 2 Kathen gehören zum A. Gottorf, Treyah. Eine Hufe war ehemals eine Hardesvogtslanstenstelle, Schuldistr. Klein-Jörl. — Schmiede. — Areal zum A. Flensburg: 536 Steuert., zum A. Gottorf: 90 Steuert. — Der Boden ist ziemlich gut.

Haddebye.

Haddebye (vorm. Haithabu, Heidebo, Hethäbye), die älteste Kirche des Herzogthums, an der Schlei, der Stadt Schleswig gegenüber, A. Gottorf, Arensh., Pr. Gottorf. Der Hamburgische Erzbischof Anscharius, welcher im Anfange des 9. Jahrhunderts hierher kam, die christliche Lehre verbreitete und viele bisherige Anhänger des Heidenthums hier auf einem Platze an der Schlei, welcher noch jetzt den Namen „Hillige Oehr" führt, getauft haben soll, hat wahrscheinlich schon damals hier eine Capelle gegründet. Eine Kirche soll erst 851 unter dem König Erich aufgeführt, der Jungfrau Maria geweiht und an derselben ein Priester angestellt gewesen sein. Im Jahre 873 ward die Kirche gänzlich zerstört, darauf von dem Könige Frode wieder aufgebaut, wiederum auf Befehl des Königs Gorm niedergerissen und dann von Harald Blaatand nochmals errichtet; diese Kirche soll der Sage nach auf dem Kirchberg, östlich vom Damm, der über das Selker Noor führt, bei Loopstedt gelegen haben. Die jetzt stehende Kirche, mit der im Laufe der Zeit viele Veränderungen vorgenommen sind ist der Bauart nach zu urtheilen aus dem 13. Jahrhundert, sie ist von unbehauenen Feldsteinen aufgeführt. Das Schiff der Kirche ist nicht gewölbt und nur das Chor mit einem Gewölbe versehen. Bemerkenswerth ist ein Crucifix in dieser Kirche, welches nach dem Urtheile Kunstverständiger etwa 800 Jahre alt sein kann. Der König Christian I. ertheilte 1461 dem Schleswigschen Domcapitel das Patronat über diese Kirche, welches demselben bis 1661 verblieb, da die Kirche zum A. Gottorf gelegt ward. Jetzt steht der Gemeinde die Wahl des Predigers zu, bei welcher das St. Johanniskloster 13 Stimmen hat. — Eingepfarrt: Altmühl, Borgwedel, Borgwedelerkrug, Bustorf, Groß-Danewerk, Klein-Danewerk, Esperehm, Fahrdorf, Geltorf, Gübye, Hahnenkrug, Jagel, Kirchberg, Klosterkrug, Kronsrott, Kurburg, Loopstedt, Lottorf, Lund, Neukoppel, Osterlieth, Plähnort, Riesberg, Rothekrug, Schlott, Ober-Selk, Nieder-Selk, Sterwig, Wedelsprang, Wolfskrug (z. Thl.). — Ueber die bei Haddebye belegene ansehnliche Ziegelei und Wirthshaus s. Bustorf. Oestlich von Haddebye ist das Haddebyer-Noor, welches von der Schlei durch einen Erddamm getrennt ist. Dieses Noor ist $\frac{1}{4}$ M. lang und etwa 1500 Ellen breit und steht mit dem südlich belegenen Selker-Noor in Verbindung. Das Haddebyer Noor hieß früher der Süder- oder Sievershafen, auch Sieverssund und konnte in alten Zeiten Schiffe von beträchtlicher Größe aufnehmen, ist aber jetzt gänzlich versandet. — In der Nähe der Kirche hat ohne Zweifel eine Ortschaft, vielleicht das alte Haithabu, gelegen, da die zwischen der Kirche und der Schlei belegenen Ländereien noch den Namen Byestedt führen. — Vz. des Ksp.: 2386.

Hadersleben (Hadersleb, vorm. Hathärslöf), die nördlichste Stadt im Herzogthum Schleswig, an einem $1\frac{3}{4}$ M. langen und sehr schmalen Meerbusen der Ostsee, Pr. Hadersleben, 55° 15' 2" N. B., 3° 5' 20" W. L. vom Kopenh. Meridian. Diese Stadt liegt in einem anmuthigen von Anhöhen rings umgebenen Thale und die Schönheit ihrer Lage wird durch die Nähe des an der westlichen Seite befindlichen $\frac{3}{4}$ M. langen Sees erhöht, welcher durch ein schmales Wasser mit dem Meerbusen in Verbindung ist und der Hadersleber Damm genannt wird; der nordwestliche Theil der Stadt, den vormals ein mit kleinen Böten befahrbares Wasser, jetzt nur ein Graben, von dem andern Theile trennt, wird Alt-Hadersleben (s. Alt-Hadersleben) genannt, und einige Bezirke desselben, so wie auch von Neu-Hadersleben, gehören in mehreren

Hadersleben,

Beziehungen zum Amte. Der s. g. Schloßgrund (5 Häuser und 10 Häuser in der Schlachterstraße) hatte vormals nicht gleiche Rechte und Lasten mit der Stadt, ist aber seit dem 1. Januar 1834 völlig mit derselben vereinigt. Die Stadt, vormals von mehreren Kanälen durchschnitten, hat ein ansehnliches Alter, und das Dorf Hadersleben ist wie der Name ergiebt ohne Zweifel noch älter als die Stadt. Sie soll von dem Könige Hother erbauet sein; doch ist diese Angabe sehr ungewiß, da man nicht einmal mit Sicherheit bestimmen kann, ob überall ein König dieses Namens hier regiert hat. Die erste zuverlässige Nachricht von diesem damals nur unbedeutenden Orte ist aus dem Jahre 1228, in welchem Dominicanermönche daselbst ein Kloster erbauten, worauf bald nachher (1232) auch Franziscanermönche sich ansiedelten. Nicht lange nach dieser Zeit muß der Ort ansehnlich vergrößert sein, da die Schifffahrt nicht unbedeutend gewesen sein soll. In einem der innern Kriege zwischen dem Könige Erich und dem Herzoge Abel ward dieser damalige Marktflecken, etwa 1247, von den Königlichen Kriegsvölkern größtentheils abgebrannt, und 1271 während der Streitigkeiten zwischen dem Könige Erich Glipping und den vereinigten Schleswigschen und Holsteinischen Fürsten eingenommen. Im Jahre 1292 erhielt Hadersleben von dem Herzoge Waldemar IV. sein Stadtrecht, aus welchem erhellt, daß es damals eine nicht ganz unansehnliche Stadt war, daß der Handel und die Schifffahrt schon Fortschritte gemacht hatten und daß hier eine Knudsgilde war, welche ein eigenes Gildehaus hatte. Von dem Schicksale der Stadt und dem Wechsel ihres Zustandes in früherer Zeit ist wenig bekannt; im Jahre 1351 ward sie von dem Grafen von Holstein, Nicolaus, eingenommen, als er das Schloß Törning belagerte, welches Henneke Limbek, der von der Wittwe des Herzogs Heinrich von Schleswig unterstützt ward, besetzt hielt. Im Jahre 1422 ward Hadersleben während einer Belagerung jenes Schlosses von den Dänen gebrandschatzt. Daß sich die Stadt in diesem und dem folgenden Jahrhunderte vergrößerte und eine der bedeutendsten Städte des Herzogthums ward, beweiset der hohe Ansatz in der alten Landesmatrikel (1543) zu 200 Pfl. als Schleswig nur für 120 Pfl. contribuirte, und mehrere Schriftsteller aus dem 16. Jahrhundert rühmen auch den sichern und zur Aufnahme vieler Schiffe bequemen Hafen; die Stadt hob sich auch besonders während der Regierungszeit des Herzogs Hans von 1544 bis 1580, aber im 17. Jahrhundert und besonders nach einer Feuersbrunst im Jahre 1627, wobei auch die schöne Marienkirche sehr beschädigt wurde, nahm der Wohlstand fortwährend ab, der Hafen verschlammte und konnte nur kleine Schiffe mehr aufnehmen, die entfernt von der Stadt landen mußten. Obgleich im Jahre 1643 die Stadt, welche seit 1629 in der Matrikel bald zu 25, bald zu 50 Pfl. herabgesetzt war, zu 100 Pfl. angesetzt ist, so trat doch dieser letzte Ansatz niemals in Wirksamkeit und es ist bis jetzt bei dem zu 50 Pfl. geblieben. Im Jahre 1644 ward die Stadt von den Schweden hart behandelt und viele Häuser abgebrannt; ebenfalls brannte 1759 ein großer Theil der Stadt ab; zwar wurden die Häuser schnell wieder errichtet, aber die Nahrung der Stadt und der Handel kehrten nicht zurück, die Armuth ward sichtlich größer und am Ende des 18. Jahrhunderts nahm die Erwerblosigkeit durch den im Jahre 1773 erbauten und wenig entfernten Ort Christiansfeld, wo manche Industrie herrscht, noch zu. Erst in den letzten Jahren hat sich der Wohlstand der Stadt, obgleich derselbe auch durch die starken Durchmärsche und Einquartierungen in den Kriegs=

Hadersleben.

jahren 1848 bis 1851 sehr gelitten hat, wieder gehoben. Im Jahre 1830 ward der Hafen bedeutend verbessert, durch die Reinigung desselben auch ziemlich ansehnlichen Schiffen die Annäherung an die Stadt möglich gemacht und eine neue Schiffbrücke angelegt. Die Zahl der in dem Hadersleben Zolldistricte gehörenden Schiffe betrug 1851: 60 von unter 10 bis 100 C.=L. An Schiffen wurden einclarirt vom Inlande: 502 von 3660 C.=L., vom Auslande: 83 von 3109 C.=L. Die Zahl der eigenen Schiffe betrug 14, welche größtentheils ihre Fahrt nach inländischen Handlungsplätzen haben; gebauet wurde 1 Brigg und angefangen der Bau von 3 kleineren Schiffen. Zur Verbesserung des Hafens hat der Reitvogt Rübener im Jahre 1839 ein Vermächtniß von 6000 ₰ ausgesetzt. — Die Stadt ist in 8 Quartiere eingetheilt und hat 640 Häuser. Außer einem schönen Marktplatze hat die Stadt folgende Straßen: Store= und Lille=Papagoi, Slagtergaden, (Schlachterstraße), Nenden, Store= und Lille=Gaaskjärgaden, Storegaden, Graben, Gamle=Dinggaden, Bispegaden, Jomfruegangen, Mariegaden, Prästegaden, Klosteret, Lavgaden, Höjgaden, Badstuegaden, Klingbjerggaden, Kattsund, Naffet, Slotsgaden, Smedegaden, Nörregaden und Apothekergaden. — Zahl der Einwohner: 6128. — Außer mehreren ziemlich wohlhabenden Kaufleuten sind hier Handwerker aller Art, worunter einige Goldschmiede, Tischler, Sattler, Klempner und Handschuhmacher sich auszeichnen. Auch befinden sich hier 2 Apotheken, 1 Buchdruckerei, 1 Zuckersiederei, 12 Tabacksfabriken, 11 Gärbereien, 3 Eisengießereien, 1 Wagenfabrike, 2 Tuchfabriken und eine große Anzahl Gastwirthschaften und Krügereien. Die Haupterwerbzweige der Einwohner sind die städtischen Gewerbe, der Verkehr mit den angränzenden Landbezirken, die Schifffahrt, der Handel und die Landwirthschaft. Auch ist die Anwesenheit der Königl. Beamten für die Stadt nicht unwichtig. Eine Spar= und Leihcasse ward schon seit mehreren Jahren eingerichtet. — Der Magistrat besteht aus einem Bürgermeister, welcher zugleich Polizeimeister und Stadtvogt ist und 4 Rathsverwandten, wovon einer zugleich Stadtsecretair ist; im Collegium der Stadtdeputirten sind 16 Bürger; ein Stadtcassirer führt das Rechnungswesen. In Civilsachen gelten das hiesige Stadtrecht, welches jedoch wenig anwendbar ist, und die landesherrlichen Verordnungen; in Criminalsachen die allgemeinen Landesgesetze. Das Rathhaus ist ein altes Gebäude, es sind darin 4 Criminalgefängnisse. — Das Wappen der Stadt ist eine hohe Brücke, die auf 3 gewölbten Bogen ruht. — Vormals war in Hadersleben ein Collegiatstift, welches dem Schleswigschen Domcapitel untergeordnet war; es bestand aus 8 Domherren, die besondere Höfe, Ländereien und sonstiges Einkommen besaßen, außer welchen der Bischof Nicolaus Wulf 1456 noch 4 Canonicate mit geringeren Präbenden errichtete. Dieses Stift ward nicht lange nach der Reformation aufgehoben, die Besitzthümer desselben wurden zur Stiftung einer Schule verwandt und der Bischofshof mit den dazu gehörigen Lansten blieben beim Stift zu Schleswig. Die in Hadersleben belegene Marienkirche war ein s. g. Halbdom und ein Filial des Domstiftes in Schleswig. Sie ist ein starkes, im Innern schönes altgothisches Gebäude mit einem kleinen Thurme; der ehemalige ansehnliche Thurm ward 1604 erbaut und brannte 1627 ab. Das von 14 Pfeilern getragene Gewölbe hat eine Höhe von 77 Fuß. Hier waren vormals viele Capellen und Altäre: eine Capelle des Heil. Geistes und St. Bartholomäi, eine St. Annen Capelle, ein Altar St. Laurentius, Elisabeth, Brigitte u. s. w.

Durch ein ansehnliches Legat der Madame Iversen von 15,000 ℳ ward die Kirche im Jahre 1844 sehr verschönert. Der Begräbnißplatz ist in der Nähe des Hadersleber Dammes verlegt und zeichnet sich durch seine schöne Lage aus. Vormals waren hier 3 Prediger; jetzt sind deren nur 2, von denen der Hauptprediger vom Könige ernannt wird. Zur Wahl des Diaconus präsentirt der Magistrat und die Gemeinde wählt. — **Eingepfarrt:** außer der Stadt die vor der Stadt belegenen Höfe Langkjärgaarde und 1 Haus Langkjärled, Marienlust. Ein nicht unbedeutender Theil der Stadt (etwa ¼) ist in der St. Severin-Gemeinde eingepfarrt (s. Alt-Hadersleben). — Die lateinische Schule oder das Johanneum ward im Jahre 1567 von dem Herzoge Johann dem Aelteren gestiftet und von dem Könige Friedrich II. sehr verbessert; sie ist in 6 Classen getheilt und hat einen Rector, einen Conrector, einen Subrector, einen Collaborator und 5 Lehrer; auch ist sie mit einer Schulbibliothek versehen, welche 2600 Bände enthält. In der St. Marien Gemeinde sind ferner 3 Hauptschulen, eine Knaben- und Mädchenschule, letztere Wilhelminenschule genannt, und 2 Districtsschulen, in welchen die Knaben und Mädchen getrennt sind. Ein Asyl (Warteschule) ward 1810 gegründet. Unter den milden Stiftungen zeichnen sich das von dem Herzoge Johann d. A. im Jahre 1569 gestiftete Hospital aus, wozu die Einkünfte des St. Gertrud Hospitals (1430 gestiftet) gelegt wurden. Das Hospital ist für bejahrte Personen beiderlei Geschlechter bestimmt, liegt vor dem Süderthore und hat eine eigene kleine Capelle, an welcher der Diaconus Prediger ist. Es ist für 48 Präbendisten eingerichtet und besitzt ein Vermögen von 60,000 ℳ. Seit 1802 ist hier eine zweckmäßig eingerichtete Armenanstalt. Die Stadt ist sehr reich an Legaten für studirende Kinder der Einwohner, für Wittwen und dürftige Mädchen, für Arme, Kranke, sonstige Hülfsbedürftige und für den Schulunterricht armer Kinder. Im Jahre 1834 ward der Stadt ein Capital zu einer Straßenerleuchtung geschenkt, welche 1835 eingerichtet ist. In Hadersleben wohnen der Amtmann des Amts Hadersleben, der Amtsverwalter des Ostertheiles des Amtes, mehrere Hardesvögte und andere Beamte, der Physicus, der Zollverwalter, 2 Controlleure, der Postmeister, 4 Aerzte und 5 Advocaten. In der Stadt ist ein freiwilliges Bürgercorps errichtet, welches aus 150 Mann besteht. — Die 3 großen Jahrmärkte am Montage nach Ostern, Jacobi und am Tage Matthäi des Evangelisten werden von vielen Handelsleuten besucht; die Vieh- und Pferdemärkte sind ebenfalls sehr bedeutend und eine große Erwerbsquelle für die Stadt. Die Schloß-Wassermühle liegt auf dem Schloßgrunde. Bei der Stadt liegt außerdem eine Windmühle auf dem Naff. — Die Stadtländereien bestehen aus dem Süder- und Norderfelde, enthalten 201 Ton. 4 Sch. à 320 □. R. Eine Landstelle östlich von der Stadt heißt **Marienlust.** — Hadersleben hatte in verschiedenen Zeiten 2 Schlösser; das älteste stand auf einem vor der Stadt belegenen Böghoved genannten Hügel und hieß **Haderslevhuus** (s. Haderslevhuus); das in späterer Zeit erbaute hieß die Hansburg (s. Hansburg). — Von dem vormaligen Dominicanerkloster, welches 1227 hier gestiftet ward, ist nur bekannt, daß ein Mönch desselben im Jahre 1529 erster lutherischer Prediger in Kolding gewesen ist. Die Kirche stand noch 1625 auf dem Platze, der das Kloster heißt. Die Existenz eines Franciscanerklosters ist zu bezweifeln. — Städtische Einnahmen 1834: 13,689 Rbthlr. 3 b/ß, Ausgaben: 14,349 Rbthlr. 52 b/ß. Stadtschuld: 47,477 Rbthlr. 51 b/ß, Activa: 5547 Rbthlr.

Hadersleben.

Hadersleben, Alt=, Kirchdorf welches mit der Stadt Hadersleben in Verbindung steht, aber zum A. Hadersleben, Osterth., Hadersleben=harde, gehört. Dieses Dorf besteht außer der Prediger= und Küsterwohnung aus 3 Vollh., 11 Halbh., 4 Viertelh., 5 Landbohlen und 40 Instenstellen. Von 7 Hufen sind die Ländereien zerstückelt und zum Theil von Einwohnern der Stadt gekauft; die Scheunen und Ställe sind abgebrochen und die Wohnhäuser zu Instenwohnungen eingerichtet. Eine Ziegelei heißt Rudvad, eine ausgebaute Hufe und Wirthshaus Skallebäk (s. Skallebäk), eine Hufe Nörgaard. Zu Alt=Hadersleben werden noch folgende Stellen gerechnet: das Amthaus, vormals ein Bauerhof, das Amts=Arresthaus, neben welchem ein Amts=Krankenhaus. — Die dem St. Severinus geweihte Kirche liegt am Haderslebener Damm, ist von behauenen Feldsteinen auf=geführt, hat einen niedrigen Thurm und ein Theil derselben ist gewölbt. Im Jahre 1838 ward der Kirche eine sehr gute Orgel geschenkt. Diese Kirche ist vormals nur eine Capelle gewesen. Ein schöner mit Bäumen bepflanzter Kirchhof umgiebt die Kirche. — Der König ernennt den Pre=diger. — **Eingepfarrt:** Ein Theil der Stadt Hadersleben vom Kirchhofe an bis an einen Wasserlauf der die Gränze gegen die Marien=Gemeinde bildet, ferner Alt=Hadersleben, Aastrupbroe, Agerled, Bjerghuus, Eisböl, Erlev, Fridsted, Frydendal, Havremark, Harkjärgaard, Hermannskobbel, Hörregaard, Karlsbjerg, Kjär, Knorborg, Kridsled, Orböl, Papiermölle, Rudvad, Skallebäk, Skytteshauge, Slethuus, Söndergaard, Sorteled, Stendethuus, Stichelsbjerghauge, Stockerhoved, Traasbäk, Trodsborg, Teglgaard (Ziegelhof). — In Alt=Hadersleben ist die Schule für die ganze Gemeinde, zugleich auch Elementarschule für die Kinder aus der Land=gemeinde, und daher mit 2 Klassen. Außerdem ist auf dem Stadtgrunde noch eine Elementarschule für die kleineren Kinder aus dem hierher eingepfarrten Antheil der Stadt. — Unter den Einwohnern sind die Hufner ziemlich wohlhabend, die übrigen Bewohner sind fast alle Tagelöhner. — Der Boden ist fruchtbar und wird sehr gut cultivirt. — Mitten im Dorfe ist eine starke Quelle, Finkeskilde genannt, welche zu allen Jahreszeiten reichliches Wasser giebt. — Vz. des Ksp.: 2322.

Haderslevhuus, ein vormaliges Schloß, nahe bei Alt=Haders=leben, auf einer Anhöhe „Böghoved" genannt. Die Zeit der Erbauung dieses Schlosses ist unbekannt, aber das hohe Alter desselben kann nicht bezweifelt werden. Im Jahre 1326 ward das Schloß von dem Herzoge Waldemar dem Laurenz Jonessen und Ludwig Albretsön überwiesen. 1377 ward es von der Herzogin Kunigunde von Schleswig an Johann Wittekop für 400 ℳ verpfändet. Auf diesem Schlosse wurde der Graf Christian von Oldenburg am 1. Septbr. 1448 zum Könige von Dänemark erwählt und im Jahre 1534 der König Friedrich II. hier geboren. Bei der Erbtheilung im Jahre 1544 fielen die Stadt und das Amt Haders=leben dem Herzoge Johann d. Ä. zu, der auf diesem Schlosse einige Jahre residirte; als es aber zu verfallen anfing, ließ er es im Jahre 1557 abbrechen und östlich von Neu=Hadersleben die Hansburg (s. Hansburg) aufführen. — Bei Haderslevhuus lag ehemals eine Wassermühle; die Stelle wo sie gelegen heißt noch Mölkjär.

Haferkamp, ein vormaliges Dorf in der Nähe der Schlei, in dem ehemaligen Holmslehn genannten Districte belegen. Wahrscheinlich ward dieses Dorf mit Fleckebye und andern Dörfern 1327 von dem Herzoge

Geert an Hans Krummendiek für 700 ℳ verkauft. Es ward 1351 an Eler Stampe veräußert, und dessen Wittwe Anna überließ dieses Dorf dem Grafen Heinrich von Holstein. — Es kann vielleicht Haselkamp sein, welches nach einem Landregister aus dem Jahre 1543 Henneke Wohnsfleth besaß.

Haffskoppel, eine Parcele im Gute Düttebüll, am Ufer der Ostsee, östlich vom Hofe gelegen, Cappelerh., Ksp. Gelting; Schuldistr. Kronsgaard.

Hagelsbek, eine kleine Aue im Amte Apenrade, entspringt bei Ries, nimmt nach mehreren Krümmungen die Holbek und Skjälbek auf und ergießt sich südlich von Apenrade in den Apenrader Meerbusen.

Hagenberg, Kirchdorf auf der Insel Alsen, ¼ M. südöstlich von Norburg, A. Norburg, Norderh., Bisthum Alsen und Aeröe; enthält außer der Prediger= und der Küsterwohnung 13 Vollbohlen, 7 Kathen und 18 Instenst. (13 Pfl.) — Districtsschule. — Wirthshaus, Schmiede, und mehrere Handwerker. — Hier ist eine Königl. Windmühle. — Die sehr alte Kirche liegt südwestlich vom Dorfe auf einer Anhöhe und ist von Feldsteinen erbaut; sie ist geräumig und hell, ohne Thurm aber mit einer Orgel versehen. In der Kirche zeichnet sich das schöne Altarblatt aus, welches Christus betend auf Gethsemane darstellt und von dem Professor Eckersberg in Kopenhagen gemalt ist. In der Kirche soll Johann Timmesen, ein Edelmann und Besitzer eines vormals hier belegenen Gutes begraben sein. — Der Prediger wird vom Könige ernannt. Bis ins vorige Jahrhundert war hier ein Diaconat. — **Eingepfarrt:** Brandsböl, Elsmark, Fechtenburg, Hagenberg, Lauensbye, Lunden. — Areal: 796 Steuert. — Der Boden ist im Allgemeinen von besonderer Güte. — Vz. des Ksp.: 1049; des Dorfes: 308.

Haymoorkoog, ein Koog im Ostertheile der Landschaft Eiderstedt, 1 M. nordwestlich von Friedrichstadt; Ksple. Witzworth und Ulvesbüll. — Dieser Koog ward im Jahre 1393 eingedeicht. Auf dem zwischen Haymoor und den Obbenskoog belegenen Haymoordeich stehen 1 Hof und 5 Häuser.

Hainshallig, eine kleine unbewohnte, zur Landschaft Pelworm gehörige Hallig in der Westsee, zwischen den Inseln Pelworm und Hooge. Diese Hallig ist einem Hooger Einwohner in Erbpacht gegeben.

Haistrup, Dorf 1¼ M. östlich von Hadersleben, an der Landstraße nach Aaroesund, A. Hadersleben, Osterth., Haderslebenerh., Ksp. Oesbye; enthält 2 Vollb., 11 Halbb., 4 Viertelh., 3 Achtelh., 19 Landbohlen und 18 Instenst. Hier sind 3 Haderslebener Kirchenlansten, welche von Claus Limbek zu Törning 1417 an das Capitel zu Hadersleben verkauft wurden. Vormals hatte der Hof Beierholm hier Besitzungen. — Districtssch. — Wirthshaus, Schmiede und einige Handwerker. — Der Boden ist zum Theil sandig, aber der größere Theil desselben gut und fruchtbar. Auf der Feldmark sind einige Grabhügel.

Haistrup (vorm. Hasdorp), Dorf an der Grönaue, 2 M. östlich von Tondern, an der Landstraße nach Flensburg, A. Tondern, Slurh., Ksp. und Schuldistr. Bylderup; 5 Bohlstellen und 4 Häuser (2⅖ Pfl.); 1 Bohlst. gehörte zum vormaligen Gute Lindewith. — Der Boden hat eine niedrige Lage, ist aber nicht sehr fruchtbar.

Haistruphof (Haistrupgaard), Kanzleigut an der Grönaue, unmittelbar am Dorfe Haistrup belegen; A. Tondern, Slurharde, Ksp. Bylderup. Dieses Gut (2½ Bohlen, 1½ Pfl.) ist vormals von Hardes= vögten bewohnt gewesen und erhielt im Anfange des 16. Jahrhunderts Privilegien. — Areal: 179 Steuert. — Besitzer: Hinrichsen; Fabricius;

Hakemark.

1754 Sönnichsen (18,735 ℳ); jetzt Th. Sönnichsen. Zum Gute gehört Schauhaus. Auf Haistrupgaard wohnte der Hardesvogt Nis Hinrichsen, welcher 1524 den Landständen auf Urnehöved die Annahme Herzog Friedrichs I. zum Könige anrieth, aber nur mit Lebensgefahr aus dem Thing entkam; zur Belohnung wurde der Hof privilegirt.

Hakemark, ein ehemaliges Dorf im Ksp. Siesebye, welches 1463 von 6 Eingesessenen bewohnt ward. Eine Stelle war früher ein Hof gewesen und im Jahre 1374 war Lüder Rutze Besitzer desselben. Von diesem Dorfe führt eine Parcelenstelle im Gute Maasleben noch den Namen Hakelmark.

Halbmond, ein Haus westlich von Husum, A. Husum, Vogtei Nödemis, Ksp. Mildstedt. Hier sind 2 Schleusen der Wasserlösung der Südermarsch.

Halebüll (vorm. Holebüll), Dorf an dee Westsee, ¼ M. nördlich von Husum, A. Husum, Norderh., Ksp. Schobüll; enthält 7 Vollstaven, 1 Dreiviertelst., 8 Halbst., 3 Drittelst., 5 Viertelst., 2 Kathen (zuf. 14 Vollst.) 2 Pfl.; 4 nördlich vom Dorfe belegene Häuser heißen Olendorf (das alte Dorf). — Areal: 114 Steuert., worunter 50 Ton. Gras= und Weideländereien. — Hier soll der erste Purrenfang gewesen sein, so wie hier überhaupt der Fischfang noch ein Haupterwerbzweig ist.

Halgenes (Helgnes, Niendamm), eine vergangene Kirche in der Edomsharde der alten Insel Nordstrand, nördlich nahe der Hallig Südfall. Sie wird wahrscheinlich 1300 oder 1362 in einer Wasserfluth untergegangen sein.

Halk, Kirchdorf 1½ M. südwestlich von Hadersleben, A. Hadersleben, Osterth., Haderslebener., Pr. Hadersleben. Dieses hoch liegende bedeutende Dorf, welches fast ½ M. lang ist, enthält außer der Prediger= und der Küsterwohnung nebst einem Prediger=Wittwenhause, 3 Vollh., 2 Zweidrittelh., 17 Halbh., 3 Drittelh., 2 Viertelh., 2 Sechstelh., 1 Achtelh., 36 Landbohlen und 36 Instenstellen. Zum Dorfe gehören 3 Freihöfe, welche Langmoos (s. Langmoos), Beierholm (s. Beierholm) und Medsted (s. Medsted) heißen. Ausgebaute Hufen sind: Lilholt (2 H.), und Ultang (1 Vollh. und 3 Landb., vormals zu Törning gehörig). Einzelne Hufen im Dorfe haben folgende Namen: Nörgaard, Nörreballe, Tang, Gammelgaarde (2 Halbh. welche zur Marienkirche in Hadersleben gehören), Bodum und Sophiendal. Dem Besitzer in Ultang gehören eine Erbpachts=Wasser= und eine Windmühle. Landbohlstellen heißen: Beirmüllehuus, Kalhavehuus, Kirsebärhuus und Lilholthuus. — Districtsschule. — Wirthshaus, 2 Schmiede und Handwerker fast aller Art. — Die Kirche ist alt, gewölbt, mit einem breiten Thurme versehen und geräumig freundlich und hell. Ein von Bildhauerarbeit künstlich geschnitzter Altar enthält die Leidensgeschichte Jesus; ein kleinerer und älterer Altar wird noch in der Kirche aufbewahrt; die metallene Taufe ist aus dem Jahre 1411. Der Kirchhof zeichnet sich durch einige sehr alte außerordentlich große Eichen aus, deren Stämme 20 Fuß im Umkreise halten. — Vormals hatte der Bischof von Schleswig das Patronatrecht; jetzt ernennt der König den Prediger. — Eingepfarrt: Beierholm, Bodum, Fuglsang, Halk, Heißager (z. Thl.), Kalhavehuus, Kirsebärhuus, Langmoos, Lilholt, Lilholthuus, Medsted, Nörballe, Nörregaard, Soed, Soedhede, Sophiendal, Tang, Utang, Vang, Beirmöllehuus. —

Der Boden ist sehr gut und fruchtbar und die Obstbaumzucht wird hier sehr cultivirt. — In dem nördlich belegenen Königl. Pacht=See **Bankel= damm** werden viele Fische, besonders Aale gefangen. — Auf der Feldmark sind sehr viele noch sehr gut erhaltene Grabhügel. — Vz. des Ksp.: 986.

Hamm, ein ehemaliges Kirchdorf in der Lundenbergharde auf der alten Insel Nordstrand, etwa ¾ M. nördlich von der Kirche Simonsberg. Im Jahre 1593 ward das Kirchspiel Hamm mit der Edomsharde verei= nigt und durch die große Wasserfluth 1634 gänzlich zerstört. — Die Kirche war dem St. Jacob geweiht und scheint während des Pabstthumes in Ansehen gewesen zu sein, da hier mehrere Altäre und Vicarien waren. An der Kirche standen 2 Prediger und im Jahre 1522 hatte die Familie Hansen hieselbst das Patronatsrecht der Capellanei dieser Kirche. — Kurz vor der Fluth war das Kirchspiel Hamm 2541 Dem. groß. Es ertranken 365 Personen; 72 Häuser und 2 Mühlen wurden zerstört; 21 Hauswirthe und 1 Käthner blieben am Leben. — Der Name Hamm hat sich noch erhalten in Ausserdeichsländereien vor dem jetzigen Nordstrand; auch Pohnshallig scheint ein Ueberrest von Hamm zu sein.

Hamburgerhallig, eine kleine zur Landschaft Pelworm gehörige Hallig in der Westsee, 1 M. nordöstlich von Pelworm. Diese Hallig war vordem mit der alten Insel Nordstrand landfest und ward durch die Fluth im Jahre 1634 von ihr getrennt. Das Land wovon diese Hallig ein Theil ist, hieß der Amsingerkoog, und hatte ein Areal von 227 Dem. 24 R. Ein Hof lag südlich im Koog und hieß Hamburgerhof. Nach der Fluth wurde die Eindeichung wieder begonnen, blieb aber, nach= dem die Interessenten dabei 600,000 ℳ eingebüßt hatten, unvollendet. Der im Jahre 1661 baufällig gewordene Hof ward abgebrochen und ein kleinerer erbaut, welcher auch späterhin vergangen ist. Das einzige Haus auf der Hallig, Hamburgerhaus, ward in der Fluth 1825 zerstört. — Areal: 184 Steuert.

Hamdorf (Hahmendorf, vorm. Hammathorp), Dorf 1¾ M. südwestlich von Rendsburg unweit der Eider, A. Hütten, Hohnerh., Ksp. Hohn; 13 Vollh., 6 Halbh., 12 Viertelh., 13 Achtelh., 8 Kathen und 10 Anbauerstellen (20⅔ Pfl.). Von diesen Stellen heißen 3 Viertelh., 2 Achtelh. und 1 Kathe südlich Huy, und 2 Achtelh. an der Eider Wit= tenbergen, auch heißen einige im Jahre 1802 und 1803 ausgebaute Stellen Hamdorferhaide. — Bei Hamdorf liegen die Hölzungen Oster= und Westerhamm. — Alle Hufner sind verpflichtet an das Pastorat zu Bün= storf 18 Ton. Rocken zu liefern; auch entrichtet der Besitzer einer Voll= hufe 2 Ton. Rocken an das Hospital in Rendsburg. — Districtsschule, Wirthshaus, 3 Schmiede und mehrere Handwerker. — Areal: 4000 Ton. (2052 Steuert.). — Der Boden ist größtentheils nur von mittelmäßiger Art. Vz. des Dorfs: 784.

Hammelev, Kirchdorf ¾ M. westlich von Hadersleben, an der Land= straße nach Ripen, A. Hadersleben, Osterth., Gramh., Pr. Hadersleben; enthält außer der Predigerwohnung 14 Vollh., 1 Halbh., 18 Landbohlen und 2 Instenstellen. Ausgebaute Hufen heißen: Hammelevgaard, Jacobsgaard, Damgaard, Söndergaard und Harkjär. Süd= östlich von Hammelev liegen 2 Ziegeleien. — Districtssch., Wirthshaus, Schmiede und mehrere Handwerker. — Die Kirche war vormals nur eine Capelle (wahrscheinlich schon im 11. Jahrhundert erbaut), die später durch

Anbau vergrößert ward. Das Chor ist gewölbt, die Kirche mit Blei gedeckt und mit einer Thurmspitze versehen. Bemerkenswerth ist ein alter Taufstein von Granit und die Altartafel. — Der König ernennt den Prediger. — **Eingepfarrt**: Böghoved, Christiansdal, Damgaard, Hammeleb, Hammelebgaard, Harkjär, Jacobsgaard, Jernhytte, Gammel=Ladegaard, Ladegaardlund, Skovgaard, Söndergaard, Styding, Stydingdamm, Törning, Törningmölle, Törningfeld, Törninglund, Bismerlund, Voyensled. Im Jahre 1751 ward der nördliche Theil des Dorfes durch eine Feuersbrunst eingeäschert. — Der Boden ist zum Theil sandigt. — Vz. des Ksp.: 1099.

Handewith (Waldem. Erdb.: Hanäwith), Kirchdorf 1¼ M. südwestl. von Flensburg, A. Flensburg, Wiesh., Pr. Flensburg. Dieses Dorf gehörte 1231 zu den Königl. Domainen (Konungslef), und enthält außer der Prediger= und Küsterwohnung 3 Vollh., 2 Dreivierteh., 6 Halbh., 2 Vierteh., 7 Kathen, 11 Instenstellen. (5½ Pfl.). Auf der Feldmark sind 5 Colonistenstellen erbaut. Ausgebaut sind: 1 Vollh., 1 Dreivierteh., 1 Halbh. (Westerlund), 2 Kathen und einige Instenstellen, welche letztere Langbergbuse genannt werden und dicht an der Gränze des Flensburger Stadtfeldes liegen. Eine Kathe heißt Altona. — Districtssch. — Wirthshaus, Schmiede und mehrere Handwerker. — Die hochliegende Kirche mit ihrem 150 Fuß hohen Thurme den man selbst auf der Westsee soll erblicken können, ist sehr alt. Vormals waren hier 2 Vicarien. — Der König ernennt den Prediger. — **Eingepfarrt**: Ahnebyelund, Altona, Berghof, Cathrinenhof, Christiansheide, Duborg nebst dem Flensburger Schloßgrunde und 2 Windmühlen in Flensburg, Ellund, Ellundhof, Fröslev, Godmorgen, Gottrupel, Handewith, Handewitherholz, Harrislev, Harrislevfeld, Haurup, Hof, Hoffnung, Holzkrug (Handewitherkroe), Hyllerup, Julianenau, Julianenhöhe (z. Thl.), Marienthal, Malschbek, Meierhof, Ondasten, Osterlund, Simondys, Timmersiek, Weding. — Schon seit früher Zeit ist in diesem Dorfe eine Art Messe gehalten; die jetzigen bedeutenden Pferde= und Viehmärkte finden am 1sten Mai und am Michaelistage Statt. — Areal: 982 Steuert. — Der Boden ist leichter Art. — Die südöstlich belegene Königl. Handewither=Hölzung hat ein Areal von 999 Tonnen. Diese Hölzung hatte vormals einen starken Wildstand und es wurden hier etwa für 3000 ℳ Heidelbeeren von den Armen gepflückt und in Flensburg und Umgegend verkauft. Hier ist eine Königl. Hegereiterwohnung; die Holzvogtswohnung heißt Handewitherholz (Handewitherbusch). — Vz. des Ksp.: 2730.

Hansburg, ein vormaliges Schloß östlich nahe vor der Stadt Hadersleben und im J. 1557 auf einer Insel erbaut welche „Raff" genannt ward. Es war ein schönes Gebäude mit einer Capelle, an der ein Schloßprediger angesetzt war und blieb die Residenz des Herzogs Hans bis an seinen Tod im Jahre 1580. Der König Friedrich II. setzte das Schloß und besonders die Capelle, welche mit Marmor und reicher Vergoldung verziert ward, in sehr guten Stand und residirte hier auch eine kurze Zeit. Im Jahre 1583 wurde hier der Herzog Hans, der Sohn des Königs Friedrich II., geboren. 1588 ward hier die Vermählung des Herzogs Hans Georg von Anhalt=Dessau, und 1597 die des Königs Christian IV. mit der Prinzessin Anna von Brandenburg gefeiert; 1609 wurde hier der König Friedrich III. geboren. Späterhin wohnte auf diesem Schlosse der Statthalter Geert Rantzau. Im Jahre 1644, als die Schweden Hadersleben besetzt hielten und das Hauptquartier dahin verlegt ward, wurde das Schloß stark befestigt, dabei aber durch die Unvorsichtigkeit eines schwedischen Hauptmannes größtentheils in die Luft gesprengt, so daß nur die Grundmauern stehen blieben; auch diese wurden darauf niedergebrochen und der Schloßplatz (Schloßgrund) in einzelnen Abtheilungen nach und nach an Einwohner der Stadt verkauft.

Hanum, eine eingegangene Kirche auf der Insel Föhr, unweit Midlum. Sie ist vor dem Jahre 1436 in einer Wasserfluth untergegangen. In dem Dorfe Midlum sind noch in einem Hause aus dieser alten Kirche Balken befindlich.

Harblekerkoog, Koog welcher durch den Eiderdeich und der Tönning-Husumer Chaussee begränzt wird, ¾′ M. nordöstlich von Tönning im Osterth. der Landschaft Eiderstedt, Ksp. Oldensworth, Schuldistr. Hemme. Die Ländereien dieses Kooges wurden von dem Herzoge Johann Adolph an den Rath Hieronymus Müller, den Staller H. Hoyer und den Landschreiber A. Moldenit geschenkt und 1612 eingedeicht. Der Koog enthielt 1632 ein Areal von 146 Dem. 4 Sch. — Im Kooge sind 2 Höfe und 6 Häuser, von denen 4 (Harblek) an der Chaussee liegen. Die in Angriff genommene Flensburg-Husum-Tönninger Eisenbahn wird westlich von Harblek angelegt.

Hardesbye (Herredsbye), Dorf 2 M. südöstlich von Flensburg, A. Flensburg, Nieh., Ksp. Sörup; enthält 4 Vollh., 1 Zweidrittelh., 1 Halbh. (Kirchenfestebohle), 1 Drittelh. und 6 Kathen (5½ Pfl.). Eine dieser Vollhufen heißt Hardesbyehof (Herredsbyegaard), ein s. g. Freihof, der aber seine früheren Freiheiten und Gerechtigkeiten zum Theil verloren hat. — Schuldistrict Schwensbye. Schmiede. — Areal: 422 Steuert. — Das Ackerland ist gut. — Ein beträchtlicher Flächeninhalt des Dorflandes heißt Kjär und wenn dieser entwässert werden könnte, so würde er ein reichhaltiges Moor werden.

Hardesbyefeld, 2 Kathen und 1 Parcelenstelle (zus. 17 Steuert.) im A. Flensburg, Nieh., Ksp. Sörup. Die beiden Kathen gehören zum A. Flensburg und die Parcelenstelle zum Gute Schwensbye. — Schuldistr. Schwensbye.

Hardeshöi, Fährhaus auf der Insel Alsen, 1 M. südwestlich von Norburg, A. Norburg, Norderh., Ksp. Orböl, Schuldistr. Meels. Von hier geschieht die Ueberfahrt auch für Wagen und Pferde nach Ballegaard in der Landschaft Sundewith.

Harenburg, 1 Vollh. (1 Pfl.) an der Treene, 2 M. westlich von Schleswig, A. Gottorf, Treyah., Ksp. und Schuldistr. Treya. — Areal: 39 Steuert. — Ueber die hier belegene Friesenburg s. Friesenburg.

Harse, Dorf im Gute Hohenlieth, 1 M. südöstlich von Eckernförde, Eckernförderh., Ksp. Sehestedt; 1 Halbh., 6 Viertelh., 7 Kathen. Südlich vom Dorfe liegt eine Halbhufe, welche Ekberg genannt wird, die ebenfalls zum Gute gehört. — Schuldistr. Holtsee. — Nahe beim Dorfe befinden sich 3 Grabhügel.

Harm, 3 Kathen an der Gränzscheide des Dorfes Satrup, A. Gottorf, Satruph., Ksp. und Schuldistr. Satrup.

Harmelfshallig, eine vormalige bewohnte Hallig in der Westsee, zwischen dem Hattstedterkooge und Nordstrandisch-Moor. Sie soll im Anfange des 18. Jahrhunderts in einer Wasserfluth vergangen sein.

Harrebye.

Harrebye (vorm. Harebui), Dorf 4¾ M. nordwestlich von Habersleben, Ksp. Hygum. Von diesem Dorfe gehören 7 Dreiviertelh., 4 Halbh., 1 Viertelh., 4 Kathen und 4 Instenst. zum A. Hadersleben, Westerth., Frösh. Von den ausgebauten Hufen heißt eine Juglkjärgaard (Moselbäk), eine andere in der Nähe der Fladsaue Harrebyegaard; 2 Hufen und 3 Kathen (1 Pfl.) westlich vom Dorfe heißen Abitzkjär (Abelskjär) und gehören nebst 1 Vollh. und 2 Viertelh. (1½ Pfl.), zum A. Lygumkloster, Vogtei Frösharde; sie sind schon um das Jahr 1202 von dem Könige Waldemar II. dem Kloster geschenkt. — Schuldistr. Kamptrup. — 2 Wirthshäuser, Schmiede. — Areal zum A. Hadersleben: 655 Steuert., zum A. Lygumkloster: 144 Steuert. — Der Boden ist größtentheils sandigt aber fruchtbar. — Auf der Feldmark befinden sich einige Grabhügel, von denen ein mit großen Steinen umgebener den Namen Waldemarshöi führt.

Harris (vorm. Harir), Dorf 1½ M. westlich von Lygumkloster, Ksp. Brede. Der größte Theil dieses Dorfes gehört zum A. Ripen; 1 Halbh. und 6 Achtelh. (1¼ Pfl.), welche das Kloster Lygum zum Theil im Jahre 1365 durch Tausch von dem Ritter Jannekinus Jonsen erwarb, gehören zum A. Lygumkloster, Vogtei Svanstrup. — Nebenschule. — Schmiede. — Areal zum A. Lygumkloster: 191 Steuert. — Der Boden ist gut. — Auf der Feldmark sind 3 Grabhügel.

Harrislev (vorm. Hargesleve), Dorf ½ M. nordwestlich von Flensburg, Ksp. Handewith. Zum A. Flensburg, Wiesh., gehören 3 Vollh., 12 Halbh., 1 Viertelh., 17 Kathen und 2 Colonistenst. auf dem s. g. Osterfelde (8⅛ Pfl.). Eine ausgebaute Berghof genannte Hufe nebst 4 andern Hufen gehörten zum vormaligen Schlesw. Domcapitel; 3 Halbh., 2 Viertelh. und 2 Kathen, wovon die eine Hufe der Knudsgilde in Flensburg gehörte und auch an die Nicolaikirche contribuirt, gehören zur St. Marienkirche daselbst. Eine ausgebaute Kathe an der Chaussee nach Apenrade ist zugleich ein Wirthshaus mit schönen Gartenanlagen, wird Marienthal genannt und von den Flensburgern im Sommer oft besucht. Einige nördlich belegene Stellen heißen Harrislevfeld, einige östlich belegene Malschbek. Von den beiden hier befindlichen Ziegeleien heißt eine Catharinenhof. — Districtsschule. — Schmiede und mehrere Handwerker. — Areal zum A. Flensburg: 907 Steuert., zur Marienkirche: 171 Steuert. — Der größte Theil des Bodens ist sandigt und mager aber in den letzten Jahren sehr verbessert. — Auf der Feldmark befinden sich mehrere Grabhügel. Im Jahre 1770 wurden in einem Hügel 12 Münzen aufgegraben, von welchen 8 runische Buchstaben enthielten. — Bei Marienthal fand man 1833 ein steinernes Bild, welches einen Menschenkopf darstellt.

Harzhof, adel. Gut in der Eckernförderharde. Der Haupthof liegt 1 M. südlich von Eckernförde, Ksp. Sehestedt. Dieses Gut, welches für 6 Pfl. contribuirt, scheint aus der Niederlegung eines auf der Hofkoppel „Dörpstedt" gelegenen Dorfes entstanden zu sein, war vormals ein Meierhof des Gutes Hohenlieth, ward 1768 davon getrennt und 1806 unter die adelichen Güter aufgenommen. — Besitzer: 1768 v. Gusmann, 1774 Roloff, 1787 v. Thienen, 1795 Butenschön, 1796 Lange, 1808 Bentzen, seit 1817 Schleth (210,000 ℳ). — Der Flächeninhalt des ganzen Gutes beträgt 1078 Ton. 5 Sch. 4 R. à 260 □. R. (964 Steuert.), davon sind jedoch 1803 an die Parcelenstelle Lagenburg veräußert 21 Ton. 26 R. und der Holtseer Schule 3 Ton. 3 Sch. 11 R. beigelegt. — Zum Haupthofe gehören demnach 740 Ton. 4 Sch. 4½ R., zu Lehmsiek (3 Kathen) 17 Ton. 4 Sch. 6 R., zu den in Holtsee belegenen 3 Kathen (mit Einschluß der Sandkathe) 23 Ton. 27½ R. und an 4 beim Dorfe Holtsee ansässige Hufner sind in Zeitpacht gegeben 272 Ton. 7 Sch 26½ R. — Steuerw. des ganzen Gutes: 132,640 Rbthlr. — Der Boden ist von schwerer Art und besonders fruchtbar, die Wiesen (120 Ton.) sind sehr gut, die Hölzungen (36 Ton.) heißen Rehholz und Sählen; das Moor enthält 16 Ton. — Zahl der Einwohner: 158. — Schuldistr. der Untergehörigen: Holtsee. — Das Wohnhaus ist von Bindwerk, einstöckig, hat einen Erker und ist mit Pfannen gedeckt — Contrib. 268 Rbthlr. 76 b𝛽, Landst. 276 Rbthlr. 32 b𝛽.

Haschendorf, 3 von Surendorf ausgebaute, zerstreut liegende Hufen und 3 Kathen, 2 M. östlich von Eckernförde, im Gute Hohenhain, Eckernförderh., Ksp. Krusendorf; 2 der Kathen liegen zusammen und heißen Kuhkoppel, eine derselben lag ehemals nördlicher und hieß damals Goldkuhle. — Schuldistr. Dänisch-Nienhof. — Die Ortschaft hat ihren Namen von dem Besitzer des Gutes Hohenhain erhalten, welcher Hasche hieß. — Areal: 150 Ton. à 260 Q. R. — Das Ackerland ist sehr gut; die Wiesen liegen an der Laßbek.

Haselund, Dorf 2 M. südöstlich von Bredstedt, an der Landstraße von Husum nach Flensburg, in der Landschaft Bredstedt, Ksp. Biöl. — Dieses Dorf wird in Oster- und Wester-Haselund eingetheilt und enthält 3 Halbh., 3 Viertelh., 5 Achtelh., 1 Sechszehntelh. und 5 Kathen; 3 Hufen (1 Vollbohle) werden Predigerbohlen genannt, da die catholischen Priester der Gemeinde vor 1460 hier gewohnt haben sollen. — Schuldistr. Kollund. — Areal: 122 Steuert. — Der Boden ist nur von mittelmäßiger Art. — Oestlich vom Dorfe liegen 2 Grabhügel.

Hasselberg, vormals ein Dorf am Oeher-Noor, späterhin ein Meierhof im Gute Oehe, Ksp. Gelting. Im Jahre 1593 war Hasselberg ein Dorf von 4 Hufen und 6 Wurthsitzerstellen, 1609 wurden 1 Hufe und alle Wurthsitzerstellen und späterhin auch die übrigen Hufen niedergelegt und ein Meierhof errichtet, welcher noch durch niedergelegte Hufen in den benachbarten Dörfern Gundelsbye und Wormshöft vergrößert ward. Im Jahre 1790 wurde dieser Meierhof parcelirt (s. Hasselberg). Die Gräben des Hofes sind noch zu sehen.

Hasselberg, der obenerwähnte, im Jahre 1790 parcelirte Meierhof im Gute Oehe, Cappelerh., Ksp. Gelting. Es wurde damals eine große Stammparcele von 579 Hdtsch. 1 Sch. (346 Steuert.) ausgelegt und zu 4⅞ Pfl. angesetzt. Diese Parcele ward aber in der Folge wieder zerstückelt und ist jetzt unter 16 Besitzer vertheilt. Zu Hasselberg selbst gehören jetzt 2 größere und 1 kleinere Parcele; andere einzelnen Parcelenstellen heißen: Engberg (2 Parc.), Kisberhye (1 Parc., 66 Ton.), Großberg (3 kleine Parc.), Kopperholm (2 Parc.), Hasselbergstraße (1 kleine Parc.). — Das hier belegene Wirthshaus heißt Hasselbergkrug. — Aus den Hasselberger Hofländereien sind folgende Parcelenstellen entstanden: Klein-Ekeberg (1 Parc.), Strengtoft (1 Parc.), Ewersholz (1 Parc.), Pugholz (4 kleine Parc.) und Marschall (1 Parc.).

Hattersbüll, 4 Häuser im A. Tondern, Wiedingh., Ksp. Neukirchen.

Hatteshuus (Hartwigshuus), 1 Parcelenst. nördlich von Satrup, A. Gottorf, Satruph., Ksp. und Schuldistr. Satrup.

Hattlund.

Hattlund, Dorf 2¾ M. östlich von Flensburg, Ksp. Quern. Von diesem Dorfe gehören zum A. Flensburg, Nieh., 2 Vollh., 1 Dreiviertelh., 1 Halbh., 1 Viertelh. und 1 Kathe (4½ Pfl., 315 Steuert.), zum Gute Norgaard, Nieh., 4 Kathen (7 Steuert.), zum Gute Ohrfeld, Cappelerh., 1 Fünfviertelh. (1 Pfl.), zum Gute Nübel, Munkbaruph., 2 Kathen und 1 Parcelenst. (18 Steuert.). Eine Halbh. ist eine Kirchenlanste und 1 Kathe (vormals Geltinger) gehört zum A. Gottorf, Satruph. — Schuldistr. Quern. — Schmiede. — Auf der Hattlunder Feldmark lag vormals auf einem Grabhügel ein 35 Ellen im Umkreise großer Stein.

Hattlundmoor, 1 Zwölftelh., 3 Kathen (23 Steuert.) und 1 Parcelenstelle (53 Steuert.) im Ksp. und Schuldistr. Quern, welche zum A. Flensburg, Nieh., und 3 Kathen (36 Steuert.) welche zum Gute Nübel, Munkbraruph., gehören. Eine Kathe heißt Munkeskors (zum A. Flensburg), eine Kathe Quernholz (zum Gute Nübel).

Hattstedt (vorm. Hastede, Waldem. Erdb.: Hattastath), Kirchdorf ¾ M. nördlich von Husum, Norderh., Pr. Husum. Dieses ansehnliche Dorf, welches der Sage nach seinen Namen von einem Friesen Namens Hatte erhalten haben soll, wird in Hoch= und Siedhattstedt (Hoch= und Nieder=Hattstedt) eingetheilt und enthält 50 Vollstaven, 4 Dreiviertelst., 8 Zweidrittelst., 33 Halbst., 9 Drittelst., 6 Viertelst., 21 Sechstelst. und 28 Kathen, zus. 82⅖ Vollst. (17½ Pfl.). — Hoch=Hattstedt, der südliche Theil, liegt auf einem Hügel. — 3 Armenhäuser; 2 Wirthshäuser; in einem derselben wird 3 Mal jährlich das Bonden= und Sandgericht gehalten, Schmiede, Bäckerei und mehrere Handwerker. — Districtsschule mit 2 Classen. — Die Kirche liegt in Hoch=Hattstedt und soll im 14. Jahrhundert erbaut sein; sie hat einen 130 Fuß hohen Thurm. Mehrere Altäre, von denen die Kirche ansehnliche Einnahmen hatte, sind nach der Reformation eingegangen; so der Altar St. Nicolaus, gestiftet 1464, zum Heiligen Kreuze, St. Anna und Unserer Lieben Frauen. Die Orgel soll nach Breklum gekommen sein. — Hattstedt und Schobüll sind seit 1807 mit einander verbunden und beide haben 2 Prediger; zu beiden Predigerstellen präsentiren die Kirchenvisitatoren; den Pastor wählt die Hattstedter Gemeinde und den Compastor wählen Hattstedt und Schobüll. — Sied=Hattstedt liegt etwa 40 Fuß niedriger und wird in Wiede, Altendrittentheil und Lehmkuhl (vorm. Lemkolk) eingetheilt; auch werden die östlich belegenen Häuser Drift, Kornmaas und Hilligenbohl mit zum Dorfe gerechnet. — Die in Zeitpacht gegebene Graupenmühle liegt östlich auf dem höchsten Punkte dieser Gegend, der Mekelberg genannt. — Areal: 672 Steuert., worunter 406 Ton. Gras= und Weideländereien. Das Geestland ist von großer Fruchtbarkeit. — Die Gegend um Hattstedt muß vormals sehr holzreich gewesen sein, denn man findet in der Erde viele Eichen= und Buchenstämme, welche alle in der Richtung von Nordwest nach Südost liegen und durch eine Erdrevolution niedergestürzt sind. — Wegen der großen Deichslasten können die Einwohner nicht zum Wohlstande kommen, und das alte dortige Sprüchwort: „Hadden de Hattstedter nich de böse Diek, se kemen nümmer in't Himmelriek" ist noch jetzt bei ihnen anwendbar; die sonst üblichen Volksfeste, das Scheibenschießen und Ringreiten haben deshalb seit vielen Jahren eingestellt werden müssen. — Im Jahre 1713 litt das Dorf sehr von den Russen, auch starben damals Viele an der Pest. — **Eingepfarrt:** Altendeich, bei der Aue, Drift, Feddersburg, Hoch= und Sied=Hattstedt, Hattstedtermarsch, Herstum,

Hilligenbohl, Horrstedt, Ibenshof, Kornmaas, Kronenburg, Lindenberg, Nordkoog, Groß- und Klein-Ellerbüll, Ostermarsch, Peterswarf, Sterdebüll, Tetebüll, Westermarsch, Groß- und Klein-Wobbenbüll. — Die in der Hattstedtermarsch belegenen, zum Ksp. Breklum gehörigen Stellen Groß- und Klein-Ellerbüll und Ostermarsch begraben ihre Todten hier, halten sich aber nach Breklum zur Kirche. — Vz. des Ksp.: 1391.

Hattstedtermarsch, Koog im A. Husum, Norderh., 1 M. nördlich von Husum, Ksple. Hattstedt und Breklum. Dieser Koog enthält im Ganzen 43 Vollstaven und 4 Halbstaven (14$\frac{1}{2}$ Pfl.), welche in mehreren einzelnen Abtheilungen neben einander liegen und eine Dorfschaft ausmachen: Lundenberg (4 Stellen) auf 2 Werften erbaut, Herstum (2 Stellen), Groß-Ellerbüll (4 Stell.), Klein-Ellerbüll (2 Stell.), bei der Aue (2 Stell.), an der Arlaue über welche hier eine Brücke führt, Ostermarsch (5 Stell.) auf Werften erbaut, (Westermarsch ist unbebauet), Sterdebüll (6 Stell.), Altendeich (2 Stell.), Nordkoog (1 Stelle), Tetebüll (1 Stelle), Peterswerf (1 Stelle), Feddersburg (1 Stelle). 4 Stellen gehörten zum ehemaligen Gute Lindewith. Ellerbüll und Ostermarsch gehören zum Kirchspiele Breklum, doch werden die Todten auf dem Hattstedter Kirchhofe begraben. Schulen sind zu Lundenberg, Sterdebüll und Altendeich. — Wirthshaus an der Landstraße. — Das ganze Areal dieses Districts besteht aus beinahe 4000 Demat (3617 Steuert.), welche zur Hälfte den Ortsbewohnern, zur Hälfte aber Eigenthümern gehören, die zerstreut im A. Bredstedt wohnen. — Die ehemals Gräfl. Castell'schen, Ahlefeld'schen und s. g. Specky Ländereien in dieser Marsch contribuiren für 4$\frac{43}{48}$ Pfl. — Der Boden ist flach und besteht theils aus sandigter und mittelmäßiger theils aus fetter Marsch, besonders an der Westsee. — Bei Lundenberg ward 1628 eine starke Schanze angelegt. — Westlich von Ellerbüll hat die ehemalige Kirche **Wartinghusen** gestanden (s. Wartinghusen).

Hauerslund (Haberslund), Dorf 1$\frac{1}{2}$ M. nordwestlich von Apenrade, A. Apenrade, Süderrangstruph., Ksp. Oster-Lygum. Zum A. Apenrade gehören 4 Siebenachtelh., 1 Zweidrittelh., 2 Fünfachtelh., 9 Halbh., 2 Drittelh., 3 Viertelh., 10 Kathen (8$\frac{43}{48}$ Pfl.); 3 ausgebaute Hufen heißen Jaruplund, Lundsgaard und Nyegaard; ausgebaute Kathen Barlund, Kaavager, Tavlsbjerg, Nyedamm. Außerdem wird zum Dorfe eine sonst zum Gute Aarup gehörige Stammparcele, Grönnebekgaard (s. Grönnebekgaard) mit der Hufe Skyttergaard und 3 Parcelen gerechnet. Eine Kathe heißt Spaderes. — Districtsschule. — Schmiede. — Areal: 2120 Ton., 2 Sch. à 320 ☐. R. — Der Boden ist hügeligt und von verschiedener Art, theils lehmigt, theils sandigt. Eine ehemalige Kathe hieß Hanebjerghuus, ist aber vor mehreren Jahren abgebrochen. — Auf der Feldmark sind mehrere Grabhügel: Karlesjölashöi, Hanebjerg, Tavesbjerg, Brausbjerg, Vanrai, Brunbjerg, Strengelshöi, Grovhöi, Stjernehöi, Pillerhöi u. s. w. — Bei Tavlsbjerg sind Spuren eines ehemaligen Dorfes. — Westlich von Hauerslund an der Landstraße steht ein 4 Fuß hoher Stein mit der Runenschrift heirulfr. Es ist nicht unwahrscheinlich, daß das Dorf Hauerslund vormals Heirulfslund geheißen und ein Mann dieses Namens hier seinen ersten Wohnsitz genommen hat.

Haugaard, Ortschaft nördlich vom Kirchdorf Rinkenis, A. Apenrade, Lundtofth., Ksp. und Schuldistrict Rinkenis. Zum A. Apenrade gehören, außer der hier erbauten Predigerwohnung und einer Hufe, welche Hundsberg heißt, 1 Kathe und 5 Instenstellen ($\frac{1}{32}$ Pfl.). Eine Instenstelle gehört zum Gute Gravenstein. — Vormals war Haugaard ein Edelhof, welcher im Jahre 1559 von Dorothea Munk bewohnt ward.

Hauheck, 1 Kathe und ein Armenhaus im Gute Buckhagen, Cappelerh.; erstere zum Ksp. Gelting, letzteres zum Ksp. Cappeln gehörig.

Haurup, Dorf 1¼ M. südwestlich von Flensburg, A. Flensburg, Wiesh., Ksp. Handewitt, 10 Halbh., 2 Viertelh. und 3 Colonistenstellen zur Colonie Julianenhöi gehörig ($5\frac{5}{12}$ Pfl.); 2 südlich an der Chaussee belegene Stellen heißen Hoffnung. Eine dieser Colonistenstellen gehört zum Ksp. Großen-Wiehe. — Districtsschule. — Wirthshaus. — Areal: 495 Steuert. — Der Boden ist sandigt und mager.

Haustedt (vorm. Haffstede, Havestede), Dorf an der Lundbek, 2¾ M. nordöstlich von Tondern, A. Tondern, Slurh., Ksp. Rapsted; 13 Bohlstellen und 11 kleine Instenstellen (8 Pfl.). — Districtsschule. — Der Boden ist gut. — Im Jahre 1584 verkaufte Hans Blome zu Seedorf 10 Güter in Haustedt an den Herzog Adolph.

Haved (Hauved, Haffet), Dorf 1½ M. südlich von Ripen, Ksp. Reisbye. Es enthält 4 Hufen, von welchen 1 Halbhufe ($\frac{53}{144}$ Pfl., 30 Steuert.) zum A. Hadersleben, Westertheil, Hviddingh., und die übrigen Hufen zum A. Ripen gehören. — Nebenschule. — Der Boden ist gut.

Haveholz (Hochholz), 8 Kathen im Gute Brunsholm, vormals zum Gute Grünholz gehörig, Cappelerh., Ksp. Esgrus, Schuldistrict Schaubye. — Areal: 46 Steuert.

Haven (Nyehave), Dorf auf der nordwestlichen Spitze der Insel Aeroe, Ksp. und Schuldistr. Söebye. Es ward bei der Landvertheilung von Söebye ausgebaut, erhielt seinen Namen von der Feldmark und enthält 2 Vollh., 8 Halbh., 3 Instenstellen und 3 Bohlparcelenstellen. — Schmiede. — Pflugzahl und Areal s. Söebye. — Die nordwestlichste Spitze der Insel Aeroe heißt Skjoldnäs, wo nach dem Erdbuche des Königs Waldemar (1231) ein Gut gleiches Namens (Skjoldnäs) gelegen hat. — Oestlich vom Dorfe heißt eine Stelle Borrestedgrav, aber Spuren einer Burg sind hier nicht zu finden. Bei Skjoldnäs ward 1812 eine Schanze angelegt.

Havervad (vorm. Häfferwadt), Dorf unweit der Westsee, 3 M. nordwestlich von Lygumkloster, Ksp. Bröns. Zum A. Hadersleben, Westertheil, Hviddingh., gehören 10 Vollh., 3 Dreiviertelh., 2 Halbh., 2 Viertelh. und 5 Verbittelsstellen ($7\frac{12}{48}$ Pfl.); einige Stellen gehören zum A. Ripen und zur Grafschaft Schackenborg. Eine ansehnliche Landstelle südlich vom Dorfe heißt Havervadgaard und ist vormals der Wohnsitz mehrerer Königl. Beamten gewesen. — Districtssch. — Wirthsh., Schmiede. — Areal mit Wester-Oebeling 622 Steuert. — Der Boden ist im Ganzen fruchtbar. — Havervadgaard lag ehemals südlich von Havervad, wurde aber dort von einer Ueberschwemmung zerstört.

Havetoft, Kirchdorf 2 M. nördlich von Schleswig, an der Landstraße von Flensburg nach Eckernförde, A. Gottorf, Strurdorfh., Pr. Gottorf; enthält außer der Prediger- und der Küsterwohnung 1 Vollh., 4 Halbh., 2 Dreiachtelh., 1 Viertelh., 1 Sechstelh., 8 Achtelh., 5 Kathen und 4 Parcelenstellen. Von diesen sind 3 Kathen, wovon eine bei Neubrück und 3 Parcelenstellen, wovon eine Colk heißt, ausgebaut. Zum

Dorfe gehören eine Wassermühle und eine Windmühle. — Districtssch. — Armen= und Arbeitshaus, Ziegelei, Wirthshaus, Schmiede und mehrere Handwerker. — Die Kirche liegt nördlich vom Dorfe auf einer Anhöhe; sie hat keinen Thurm, ist aber gewölbt und im Innern sehr schön verziert. Den Prediger ernennt der König. Vormals war über das Patronat= recht Streit, allein es ward 1302 dem Domcapitel zuerkannt. Im Jahre 1463 hatte Havetoft mit Sieverstedt einen gemeinschaftlichen Prediger. — Eingepfarrt: Baustedt, Bunsbüll, Colk, Dammholm, Droitmaas, Haf= sel, Havetoft, Havetoftloit, Hellenstern, Helleskjär, Hüholz, Hostrup, Hostrup= holz, Holming, Klappholz, Klappholzheide, Knabberholz, Kragel, Loitholm, Loit=Osterfeld, Mühlenkoppel, Neubrück, bei Neubrück, Norderholz, Nord= scheide (z. Thl.), Schwennholz, Solbjergkjär, Süderfeld, Taarsballig, Taarsballig=Norderholz, Taarsballig=Osterholz, Tortschell, beim Watt, Westscheide. — Areal: 555 Steuert. — Der Boden ist größtentheils ziemlich gut, doch an verschiedenen Stellen steinigt. — Beim Dorfe liegt ein kleiner fischreicher See, der Havetofter=See, welcher seinen Abfluß in die Stenderuper=Aue hat und vom Königl. Amte verpachtet wird. — Viele Grabhügel in der Nähe des Dorfes sind schon seit langer Zeit zerstört; im Jahre 1685 wurden zwei gemauerte Gräber untersucht, welche im Innern an allen Seiten mit Quadersteinen eingefaßt und mit großen Steinen bedeckt waren. In den Grabkammern lagen menschliche Gebeine. — Vz. des Ksp.: 1627; des Dorfs: 446.

Havetoftloit, Dorf 2¼ M. nördlich von Schleswig, A. Gottorf, Satruph., Ksp. Havetoft. Dieses Dorf wurde um die Mitte des 17. Jahrhunderts dem Regierungs=Präsidenten v. Kielmann zu Satrupholm geschenkt, und enthält jetzt 8 Halbh. und 27 Kathen (3 Pfl.), von wel= chen 2 Halbh. und 4 Kathen (1 Pfl.) schon 1407 zum Domcapitel gehör= ten. Eine ausgebaute Hufe heißt Loitholm, einige Kathen Loit= Osterfeld und 1 Kathe Baustedt. In den Jahren 1494 und 1519 gehörten hier 2 Bauerstellen zum Gute Gelting, die später an Satrupholm kamen. — Districtsschule. — Wirthshaus, Schmiede und mehrere Hand= werker. — Areal: 627 Steuert. — Die Lage des Dorfes ist niedrig; der Boden fruchtbar und ergiebig. — Nördlich vom Dorfe befinden sich 8 Grabhügel, von denen einige zerstört sind; mehrere dieser Hügel sind mit großen aufgerichteten Steinen umgeben. — Vz.: 553.

Havetwedt (Habertwedt), 3 Kathen im A. Gottorf, Schliesh., Ksp. und Schuldistr. Rabenkirchen; 2 dieser Kathen sind von der Grö= dersbyer und 1 von der Faulücker Feldmark abgelegt; sie gehörten sämmtlich zum Schlesw. Domkirchendistrict. — Areal: 6 Steuert.

Havigsgaard, eine Hufe auf der Halbinsel Kekenis, A. Sonder= burg, Süderh., Ksp. Kekenis, Schuldistr. Oesterbye.

Havhuse (Strandhäuser), 3 Fischerhäuser am Gjennerhafen, A. Hadersleben, Osterth., Gramh., Ksp. Hoptrup, Schuldistr. Djernäs.

Hayenbüll, 1 Hufe im Westerth. der Landschaft Eiderstedt, Ksp. und Schuldistr. Westerhever. — Areal: 115 Dem.

Haysens-Capelle (Fedder-Haysens-Capelle), eine ver= gangene Capelle in der Beltringh. auf der alten Insel Nordstrand, süd= östlich von der Hamburger=Hallig, welche wahrscheinlich im Jahre 1362 untergegangen ist.

Hedegaarde.

Hedegaarde, 2 Bohlstellen (1613 2 halbe Festegüter) im A. Tondern, Slurh., Ksp. Tinglev, Schuldistr. Eggebek. — Das zu diesen Bohlstellen (1 Pfl.) gehörige Ackerland ist sandigt und nicht sehr ergiebig.

Heerweg, einige Häuser südwestlich von Fleckebye, A. Hütten, Hüttenh., Ksp. Kosel.

Heetz, Hof 2¼ M. östlich von Tondern, A. Tondern, Slurh., Ksp. Bylderup; enthielt früher 4 Bohlstellen, welche jetzt zusammen gekauft und zu einem Hofe vereinigt sind. Zur Commüne Sollwig gehört ⅛ Pfl. — Schuldistr. Bredevad. — Der Boden ist sandigt und mager. — Auf der Feldmark sind 2 Grabhügel, von denen einer zerstört, der andere mit Bäumen umpflanzt ist.

Hegeholz, 3 Parcelenstellen und 4 Kathen in der Nähe der Königl. Hölzung gl. Namens, A. Gottorf, Schliesh., Ksp. und Schuldistr. Boren, gehörte ehemals zum Gute Lindau. — Areal s. Lindau. — Holzwärterstelle und Königl. Gehege Hegeholz, letzteres 23 Ton. 152 □. R. groß.

Hegeholz, 5 Kathen im Gute Hohenlieth, Eckernförderh., Ksp. Sehestedt, Schuldistr. Holtsee.

Heide, 9 kleine Stellen mit Land und 7 Stellen ohne Land im Westertheile der Landschaft Eiderstedt, Ksp. St. Peter, Schuldistr. Olsdorf und Böel.

Heidehäuser, einige zerstreut liegende Häuser ¾ M. nördlich von Bredstedt in der Landschaft Bredstedt, Ksp. Langenhorn.

Heidhof, ein neuangelegter Meierhof im G. Windebye, auf der Kochendorfer Haide, Eckernförderh., Ksp. Borbye. — Areal s. Kochendorf. — Nördlich und südlich vom Hofe sind die Ueberreste einer großen Befestigung, Osterwall genannt, welche als eine Fortsetzung des Danewerks gedient zu haben scheint.

Heidholm, 5 Landstellen im Gute Warleberg, Eckernförderh., Ksp. Gettorf, Schuldistr. Tüttendorf. — Areal: 104 Ton. à 260 □. R.

Heils (Waldem. Erdb.: Hägghärls, später Hegeltzsee), Kirchdorf 2¼ M. nordöstlich von Hadersleben, A. Hadersleben, Osterth., Tyrstruph., Pr. Hadersleben; enthält außer der Predigerwohnung 6 größere, 11 mittlere und 4 kleine Hufen, 6 Kathen und 22 Instenstellen, von denen 4 ausgebaute Kathen Skovhuse und 1 Kathe Huusbäk heißen; 2 Hufen und 1 Instenstelle südlich werden Stavnsbjerg, und 4 Hufen 1 Kathe und 1 Instenstelle Bygebjerg genannt; 2 Hufen gehören zum Hospitale in Hadersleben. Südwestlich von Heils liegt die Bargaard- oder Kjär-Mühle (Bargaardmölle) an einer kleinen Aue. — Gewöhnlich wird das ganze Dorf in 3 Theile getheilt, welche Bekling, Midtbye und Overbye heißen. — Districtsschule. — Armenhaus, Wirthshaus, Schmiede und mehrere Handwerker. — Der Handel mit Leinen und wollenem Zeuge, welches größtentheils nach Jütland versandt wird, ist nicht unbedeutend. — Die nur kleine aber mit einem Thurme versehene Kirche liegt südlich vom Dorfe, sie hat eine Orgel und enthält das Begräbniß des Joachim Breide zu Bargaard, welcher 1574 starb. Heils hat mit Beistrup den nämlichen Prediger, den der König ernennt. — Eingepfarrt: Bygebjerg, Heils, Huusbäk, Kallehöi, Skovhuse, Stavnsbjerg, Trappendal, Bargaard, Bargaardlund, Bargaardmühle. — Der Boden ist größtentheils sehr gut. — Bz. des Ksp.: 657.

Heilsminde (Heils=See), ein mit der Ostsee in Verbindung stehender See, zwischen Hadersleben und Kolding. Dieser See soll den Namen des heiligen erhalten haben, weil hier in den ersten Zeiten der Einführung des Christenthums Heiden getauft sein sollen. Er enthält ein Areal von etwa 400 Tonnen. Die Tiefe des Sees beträgt 5 bis 9 Fuß aber der Grund ist sumpfigt; er ist sehr fischreich und die Fischerei wird von dem Königl. Amte verpachtet. — Zu Danckwerths Zeit führte ein Damm über die Mündung; jetzt ist diese offen, aber sehr schmal und wird die Schleuse genannt, obgleich keine da ist. An dieser Mündung ist ein sehr guter Ladeplatz für kleine Fahrzeuge mit 6 Fuß Tiefe und es werden hier mehrere Tausend Tonnen Korn eingeschifft. — In diesen See ergießt sich die Tapsaue, welche bei der Taps=Kirche entspringt, Christiansfeld vorbei fließt, und Taarning= und Aller=Mühle treibt und in welcher Perlmuscheln gefunden werden; ferner eine kleinere bei Hökelbjerg entspringende Aue, welche die Bargaard= oder Kjär=Mühle treibt. — Im Jahre 1658 zog die schwedische Kavallerie von Heilsminde über das Eis nach Fühnen.

Heineberg, 3 Parcelenstellen zwischen Satrup und Ulsbye im A. Gottorf, Satruph., Ksp. und Schuldistr. Satrup.

Heisel (vorm. Hessel), Dorf $1\frac{1}{2}$ M. südöstlich von Lygumkloster, A. Lygumkloster, Ksp. Rapsted; 1 Halbh., 13 Achtelh., 2 Kathen ($2\frac{1}{8}$ Pfl.). 3 Hufen gehören zur Commüne Sollwig. — Schuldistr. Quorup.

Heissager (vorm. Hesagger), Dorf $1\frac{1}{4}$ M. südöstlich von Hadersleben, A. Hadersleben, Osterth., Haderslebenerh., Ksple. Halk und Grarup. Dieses große Dorf, von welchem etwa die Hälfte zum Ksp. Grarup gehört, enthält 2 Vollh., 2 Dreiviertelh., 12 Halbh., 7 Viertelh., 14 Landbohlen und 16 Instenst. — Eine Landbohle (Ksp. Grarup) heißt Fuglsang, eine Landbohle Vang (Ksp. Halk). — Vormals hatte der Hof Beierholm hier Besitzungen. — Districtsschule. — Wirthshaus, 2 Schmiede und einige Handwerker. Viele Frauen beschäftigen sich mit Weben, und es werden jährlich aus diesem Dorfe mehrere Tausend Ellen Leinen und eigen gemachte Zeuge verkauft. — Im Jahre 1441 verschötete das Haderslebener Capitel dem Bischofe Nicolaus in Schleswig eine Rente von 8 ℳ in curiis Odensmose und in curia Hesagger. — Der Boden ist gut und fruchtbar; südlich vom Dorfe liegt eine ansehnliche Hölzung, welche ziemlich einträglich ist. — Vormals waren hier mehrere Grabhügel.

Heisselbjerg (Hesselbjerg), 1 Hof ($\frac{4}{7}$ Pfl.) nordöstlich vom Kirchdorf Oster=Lygum, A. Apenrade, Süderrangstruph., Ksp. und Schuldistr. Oster=Lygum. Dieser schön belegene Hof ward vormals ein Meierhof genannt und hat ein Areal von 211 Ton. à 260 ☐. R. — Der Boden ist nur von mittelmäßiger Art.

Heldevad (Hellevad), Kirchdorf an der Saurbek, worüber hier eine Brücke führt, 2 M. westlich von Apenrade an der Landstraße nach Lygumkloster, A. Apenrade, Süderrangstruph., Pr. Apenrade. — Dieses Dorf hat vielleicht seinen Namen von einer hier befindlichen Quelle, Namens Helligvandskilde (heilige Quelle) erhalten, der man Heilkräfte zuschrieb; sie ward vormals besonders am Tage vor St. Johannis stark besucht, und wird es auch jetzt noch von Einzelnen. Dieses Dorf enthält, außer der Prediger= und der Küsterwohnung, 1 Dreiviertelh., 3 Halbh., 3 Drittelh., 3 Viertelh., 6 Kathen und 3 Instenst. ($5\frac{1}{12}$ Pfl.). — Westlich von Heldevad liegt eine Königl. Erbpachts=Wassermühle; eine Windmühle ward 1848

Helenenthal.

erbaut. Eine kleine Stelle, welche zugleich ein Wirthshaus ist, heißt **Kleveres**. — Districtsschule. — 2 Wirthshäuser, Schmiede. Viele Frauen beschäftigen sich mit Verfertigung von wollenen Zeugen. — Die Kirche soll 1118 erbaut sein und ward 1186 vom Bischofe Homerus den Canonicis zu Ripen geschenkt. Sie hat einen flachen Thurm, ist gewölbt und hell. Der Taufstein ist künstlich aus Stein gehauen. — Die Kirche hat mit Ekvad einen gemeinschaftlichen Prediger, welcher von dem Amtmanne und dem Probsten präsentirt und von der Gemeinde gewählt wird. — In Heldebad ist der bekannte Nicolaus Helduaber (1590) Prediger gewesen. — **Eingepfarrt**: Fredemark, Goldbäk, Greengaard, Heldebad, Heslegaard, Hinderup, Hydebad, Klovtoft, Kleveres, Lönholm, Muuspött, Oerslev, Stockholm, Sveilund. — Der Boden ist sandigt und mager; auf der Feldmark findet man viele Grabhügel, wovon einzelne aber abgegraben sind. — Nördlich von Heldebad lag ein Dorf Brystrup (s. Brystrup). — Vz. des Ksp.: 741.

Helenenthal, ehemals ein Meierhof, jetzt eine Parcelenstelle im Gute Brunsholm, Cappelerh., Ksp. Esgrus; enthält mit den dazu gehörigen Jürgensfelder Ländereien ein Areal von 83 Steuert.

Hell, eine zwischen den Dörfern Grünholz und Rügge belegene Hufe, A. Flensburg, Nieh., Ksp. Norder-Brarup.

Helwith (Hellov), Dorf auf der Insel Alsen unweit der Ostsee, 2 M. nordöstlich von Sonderburg, A. Norburg, Norderh., Ksp. Nottmark; 8 Vollbohlen, 17 Kathen und 22 Instenst. (8 Pfl.). Zum Dorfe gehört ein am Holze sehr schön und anmuthig belegenes Wirthshaus, **Frydendal** genannt. — Districtsschule. — Schmiede. — Areal: 499 Steuert. — Der Boden ist eben und größtentheils lehmigt. — Auf dem ehemaligen Hofe Helwithgaard wohnte die Familie Sture (s. Osterholm). — Die vormals auf der Feldmark befindlichen Grabhügel sind im Laufe der Zeit abgetragen.

Helmfleth, 1 Hof im Johanniskooge, Westerth. der Landschaft Eiderstedt, Ksp. und Schuldistr. Poppenbüll.

Hem (Hemgaardhuse), einige Landstellen 1½ M. nordwestlich von Tondern in der Nähe des Dorfes Seiersleb, A. Tondern, Hoyerh., Ksp. Emmerleb, Schuldistr. Seiersleb.

Hemme (Hemmerdeich), 1 Hof und 14 Häuser unmittelbar am Eiderdeiche, im Ostertheil der Landschaft Eiderstedt, Ksp. Oldensworth. Districtsschule. — Armenhaus und einige Handwerker. Einige Einwohner ernähren sich von der Fischerei. — Hemme war in der ältesten Zeit eine bedeutende Ortschaft und im Jahre 1340 wohnten hier gegen 100 wohlhabende Hausleute.

Hemme, ein ehemaliger Fürstlicher Erbpachtshof, östlich nahe an Schwabstedt, A. Husum, Vogtei und Ksp. Schwabstedt. — Areal: 21 Demat.

Hemmelmark, adel. Gut in der Eckernförderh., am Hemmelmarker Binnensee belegen. Der Haupthof liegt ½ M. nordöstlich von Eckernförde, Ksp. Borbye. Vormals war dieses Gut bedeutend größer und stand in der Landesmatrikel zu 27 Pfl.; nachdem aber die Meierhöfe Aukamp, Möhlhorst, Mohrberg mit Sophienruhe und Hohenstein davon getrennt sind, hat es nur 17 Pfl. behalten. Das Gut Casmark hat seit 1803 die Verpflichtung, alle Lasten, Abgaben und Contributionen nach dem Maaßstabe von 6 Pfl. an das Gut Hemmelmark zu entrichten; auch haben die vom Gute getrennten Meierhöfe Louisenberg und Aukamp eine gleiche Verpflichtung, ersterer für 2 Pfl., letzterer für 1 Pfl. — Die ältesten bekannten Besitzer des Guts waren aus der Familie Sehestedt zu Kohövede; Schack Sehestedt überließ 1527 das Gut dem Könige Friedrich I., darauf kam Otto v. Sehestedt wieder im Besitz, 1540 v. Rantzau, 1590 v. Brockdorf, 1675 bis 1705 v. Reventlow, darauf Oberst v. Leuenburg, 1734 v. Hespen, 1750 v. Hedemann, 1796 v. Hahn, 1798 Schalburg, 1817 Breuls. — Das Gut hat eine sehr vortheilhafte Lage unweit des Eckernförder Meerbusens und der Flächeninhalt des ganzen Guts beträgt mit Inbegriff des Hemmelmarker=Sees 1710 Ton. à 260 □. R. (1431 Steuert., 176,800 Rbthlr. Steuerw.). Zum Haupt= hofe gehören 901 Ton. à 240 □. R. (553 Steuert., 88,530 Rbthlr. Steuerw.), darunter an Acker 574 Ton., Wiesen 60 Ton., Hölzung 87 Ton., der See und der Mühlenteich 166 Ton. und der Hofplatz mit den Gärten etwa 14 Ton. Außer diesen Ländereien gehört zum Gute noch das Rosseer Moor von etwa 26 Ton. à 300 □. R. — Das Wohnhaus ist von Brand= mauern, 2 Stockwerke hoch und hat ein Frontispice. — Zahl der Einwohner mit Louisenberg, Neu=Barkelsbye und Aukamp: 495. — Zum Gute gehören 6 Kathen beim Hofe, die Hemmelmarker Schmiede westlich vom Hofe, die Hemmelmarker Mühle, das Dorf Barkelsbye, Wester= schau, Rossee (z. Thl.), 1 Hufe und 4 Instenst. in Borbye. Die Guts= untergehörigen sind größtentheils Eigenthümer. — Der zum Gute gehörige Hemmelmarker Binnensee ist 165 Ton. groß und steht mit der Ostsee in Verbindung. — Die Hemmelmarker Mühle liegt am Eckernförder Hafen und zu derselben war das ganze Gut in seinem alten Umfange zwangs= pflichtig. — Auf der Koppel Puksee ist ein bedeutender mit Steinen umgebener Grabhügel. — Die Meierhöfe Louisenberg und Aukamp sind 1817 und Neu=Barkelsbye ist 1820 vom Gute verkauft. — Contrib. 762 Rbthlr. 64 b/ß, Landst. 368 Rbthlr. 32 b/ß, Hausst. 67 b/ß.

Hensebekenkoog, ein ehemaliger 1624 eingedeichter Koog auf der Insel Pelworm, welcher in der Fluth 1634 vergangen ist. — Ar.: 331 Dem.

Herrenhallig, Koog an der Treene, nördlich von Friedrichstadt, im Osterth. der Landsch. Eiderstedt, Ksp. Koldenbüttel.- Dieser Koog, welcher sehr häufig den Ueberschwemmungen der Treene ausgesetzt ist, ward 1570 eingedeicht. Derselbe hat ein Areal von 809 Dem. 2 Sch. 26 R. und ward 1643 an 13 Interessenten verpachtet. In demselben liegen 2 Höfe, welche jetzt parcelirt sind. — Schule. — Südöstlich von diesem Kooge liegt ein Hof hart an der Treene Groß=Mittelburg (60 Dem.); 2 kleinere Stellen und 1 Kathe ebenfalls an der Treene heißen Klein= Mittelburg und gehören zum Ksp. Schwabstedt. Drei Häuser auf dem Deiche gehören zum A. Husum, Ksp. Mildstedt.

Herrenkoog (vorm. Amtmannskoog, Maasbüllerkoog), ein Koog im A. Tondern, Bökingh., etwa 3 M. südlich von Tondern, Ksp. Riesum. Der Herrenkoog ward 1640 eingedeicht und enthielt damals 4000 Dem.; einzelne Theile sind im Laufe der Zeit verkauft und der jetzt 1635 Dem. enthaltende Koog, welcher der Landesherrschaft gehört, wird für Königl. Rechnung verpachtet. In demselben ist nur eine Landstelle.

Hersbüll, eine vergangene Kirche in der Edomsharde auf der alten Insel Nordstrand. Sie wurde durch die Wasserfluth 1634 so sehr beschädigt, daß sie abgebrochen werden mußte. Das Kirchspiel hatte damals ein Areal von 681 Dem. 100 R., nur 21 Häuser und 150 Einwohner. Es ertranken 49 Personen und 11 Häuser nebst der Mühle trieben weg;

6 Hauswirthe und 4 Käthner blieben am Leben und wurden nach Odenbüll eingepfarrt. Später namentlich 1692 sind beträchtliche Theile dieses Kirchspiels durch Bedeichung des Neuenkooges wieder gewonnen.

Hesbüll, 30 Häuser im A. Tondern, Wiedingh., Ksp. Neukirchen, von denen 13 Häuser zu Norder=Hesbüll und 17 Häuser zu Süder=Hesbüll gehören. — Nebenschule. — Wirthshaus in Süder=Hesbüll.

Hesel (Hessel, Waldem. Erdb.: Häslä), ein ehemaliges Dorf, etwa $\frac{1}{2}$ M. westlich von Apenrade. Es wird in dem Apenrader Skraae von 1335 genannt und seine Lage südwestlich von der Stadt bezeichnen noch die landesherrlichen Hölzungen Norder Heisselfeld (35 Ton. 186 ☐. R.) und Süder Heisselfeld (128 Ton. 94 ☐. R.). Der Schleswigsche Bischof hatte hier um das Jahr 1463 zwei Güter und früher einen Hof gehabt. Ein Theil der Ländereien war späterhin an Einwohner in Apenrade verhäuert.

Heselgaard (Hesel), ein ehemaliger Edelhof im A. Gottorf, Schliesh., Ksp. Ulsnis, östlich vom Dorfe Kius, an einer kleinen Mühlenaue. Im Jahre 1360 wird Hartwig Schinkel von Hesel genannt. Später besaß dieses Gut die Familie Breide und v. d. Wisch. Sievert v. d. Wisch verkaufte 1504 dem Schleswigschen Domcapitel diesen Hof, und aus dessen Pertinenzien ist zum Theil die Vogtei Hesel (Ulsnis) entstanden. Noch im vorigen Jahrhundert waren einige Spuren des Wohngebäudes zu sehen, jetzt ist aber alles gänzlich verschwunden und nur ein kleiner Hügel bezeichnet den Platz wo dieser Hof gestanden hat. Der Sage nach sollen im Jahre 1644 die Schweden die letzte Besitzerin in ihrer Hausthüre erschossen haben.

Heselmühle, eine mit Privilegien versehene Wasser= und eine Windmühle an der Schlei, im A. Gottorf, Schliesh., Ksp. und Schuldistr. Ulsnis. — Areal: 15 Steuert. — Die Wassermühle gehörte ehemals zum Hofe Hesel (s. Heselgaard).

Heslegaard, 1 Bohlstelle zwischen den Dörfern Heldebad und Hinderup, im A. Apenrade, Süderrangstruph., Ksp. und Schuldistr. Heldebad.

Hestholm, Kanzleigut südöstlich von der Stadt Tondern, im A. Tondern, Karrh., Ksp. Tondern. Dieses Gut war ehemals ein Fürstl. Vorwerk und im Jahre 1578 hatte ein Fürstl. Vogt die Aufsicht darüber. Im 17. Jahrhundert ward es verpachtet und brachte 1678 der Gottorfischen Rentekammer 1089 ℳ ein; späterhin ist das Gut in Privatbesitz gekommen und ward 1751 von Dorothea Holstein an Carstensen für 33,000 ℳ verkauft; Besitzer seit 1793 Sönnichsen. Das Wohnhaus ist im Jahre 1848 neu erbaut. Areal: 204 Dem. 144 R. (179 Steuert., $1\frac{4}{5}$ Pfl.) — Vormals gehörte zum Gute der nahe belegene Hof **Meierholm**. — Landst. 44 Rbthlr. 76 b/β.

Hestholm, eine kleine unbewohnte Insel in der Schlei, südlich von Füsing, A. Gottorf, Füsingh.

Hestoft, Dorf unweit der Schlei, $1\frac{1}{2}$ M. nordöstlich von Schleswig, A. Gottorf, Schliesh., Ksp. Ulsnis. Das ehemalige Gut Hestoft mit dem Dorfe gehörte vormals der Familie Breide, kam aber im 15. Jahrhundert (1486) an das Schleswigsche Domcapitel. Es enthält 8 Vierneuntelh., 3 Kathen und 1 Instenstelle ($3\frac{2}{5}$ Pfl.). Eine Kathe und Schmiede heißt Büche. — Schule. — Areal: 396 Steuert. — Der Boden ist sehr gut. — Nach einem Erdbuche aus dem Jahre 1661 haben die Einwohner die Gerechtigkeit Fischkörbe in die Schlei zu setzen. — Auf einer Koppel Bredsand findet man Spuren alter Befestigungswerke, welche zur Zeit des Königs Erich von Pommern aufgeworfen sein sollen. Auf der Feldmark sind mehrere Grabhügel.

Heverkoog, ein Koog ¾ M. nordwestlich von Garding, im Westerth. der Landschaft Eiderstedt. 1 Hof, die Districtsschule, 3 Häuser, welche Neukrug heißen und 9 Häuser, welche Nickelswerf genannt werden, gehören zum Ksp. Poppenbüll; 2 Höfe und die Windmühle zum Ksp. Osterhever. — Dieser Koog soll schon im Jahre 1280 eingedeicht sein.

Heverstrom, ein Wasserlauf der Westsee, welcher längs der Küste der Landschaft Eiderstedt bis nach Husum und ferner nach Nordstrand und Pelworm führt. Der Lauf ist mit Tonnen belegt und hat eine Tiefe von 11 bis 20 Fuß. Die seichteste Stelle, etwa ¼ M. breit, heißt Rockensteert.

Heverum (Heverdamm), eine ehemalige Kirche in der Pelwormerharde der alten Insel Nordstrand, zwischen Pelworm und Süderoog. Sie ist in einer Wasserfluth vor dem Jahre 1362 untergegangen.

Hjartbroe, Dorf an einem Arme der Gjelsaue, 2¾ M. südwestlich von Hadersleben, A. Hadersleben, Osterth., Gramh., Ksp. und Schuldistr. Bestoft; 4 Vollh., 1 Dreiviertelh., 5 Halbh., 6 Kathen und 4 Instenstellen. 2 Hufen östlich vom Dorfe heißen Frydenlund und Prästhöigaard. An der im Norden des Dorfs gelegenen den Eingesessenen gehörigen aber sehr verhauenen Hölzung Hjartbroeskov liegen 2 Stellen Hjartbroelund, südöstlich davon eine ausgebaute Stelle Lerdal. Zum Dorfe wird auch die Bestofter Mühle gerechnet; s. Bestoft. — Der Boden ist zum Theil sandigt. — In der Nähe des Dorfes soll ein Edelhof gestanden haben.

Hibbrohye, 8 Landstellen im Gute Gelting, Cappelerh., Ksp. Gelting, welche auf 3 Parcelen erbaut sind. Die eine Parcele wird Voßberg genannt und ist 116 Hdtsch. 1 Sch. ($\frac{15}{32}$ Pfl.) groß, eine andere heißt Grünkoppel 69 Hdtsch. 4½ Sch. ($\frac{9}{32}$ Pfl.), die dritte 70 Hdtsch. ($\frac{9}{32}$ Pfl.). — Schuldistr. Gelting.

Hjemsted, Dorf 2¾ M. südlich von Ripen, an das Kirchdorf Skjärbäk gränzend, Ksp. Skjärbäk; enthält mit dem nahe dabei belegenen Kagböl (1 Viertelh. und 1 Instenst.) 5 Halbh., 4 Viertelh. und 4 Instenstellen ($2\frac{83}{288}$ Pfl.), welche zum A. Hadersleben, Westerth., Hviddingh., und 2 Hufen, welche zur Grafschaft Schackenborg gehören. — Nebenschule. — Areal: 140 Steuert. — Der Boden ist im Allgemeinen gut und fruchtbar. — Etwa ½ M. südwestlich von Hjemsted liegen 330 Dem. Grasland, wo vormals das Dorf Misthusum war, welches aus 11 Halbh. bestand, aber 1634 durch Fluthen verging; späterhin bauten sich hier wiederum Einige an, aber die Ueberschwemmungen zerstörten nach und nach die Wohnungen und die Einwohner verließen die Stellen. Auf Misthusum sind gegenwärtig noch 2 Häuser, die von Hirten bewohnt werden. Die Ländereien gehören jetzt theils (7 Halbh.) zu Hjemsted, theils (4 Halbh.) zu Meolden. — Bei Misthusum war ein guter Hafen, den der König Christian IV. die Absicht hatte zu befestigen, welches aber nicht ausgeführt ward.

Hjerndrup (vorm. Herrendorp), Kirchdorf 1¼ M. nordwestlich von Hadersleben, A. Hadersleben, Osterth.. Tyrstruph., Pr. Hadersleben. Dieses Dorf wird in Oster= und Wester=Hjerndrup eingetheilt und zwischen beiden liegt die Kirche. Zu Oster=Hjerndrup gehören der ansehnliche privilegirte Hof Hjerndrupgaard, dessen Pertinenzien fast den 4. Theil des ganzen Kirchspiels ausmachen, und 4 Hufen, 2 Landbohlst. und 5 Instenst.;

Hjerting.

zu Wester-Hjerndrup gehören 12 Hufen, 13 Landbohlst., 17 Instenst. und 2 Parcelenst. Außerdem werden die entfernt liegenden Landstellen Egebjerg (1 Landbohle und 1 Parcelenst,) Skodborglykke (2 Landbohlen und 1 Instenst.) und Holmshuse (2 Landbohlen) zum Dorfe gerechnet (zusammen 9¾ Pfl.). Ein Wirthshaus südlich vom Dorfe heißt Grönkroe (Grönkrug). Eine Hufe gehört zur St. Marienkirche in Hadersleben. — Districtsschule. — Wirthshaus, Armenhaus, Schmiede und mehrere Handwerker. — Die hochliegende Kirche, ein Filial der Kirche in Tyrstrup, ist alt und nur klein, nicht gewölbt, hat aber einen ziemlich hohen Thurm. An einem Grundstein der Kirche ist ein gesatteltes Pferd ausgehauen. — **Eingepfarrt:** Egebjerg, Grönkroe, Oster- und Wester-Hjerndrup, Hjerndrupgaard, Holmshuse (z. Thl.), Skodborglykke. — Der Bischof hatte im 15. Jahrhundert ein Gut zu Hjerndrup von 2½ Otting. — Der Boden ist lehmigt und ziemlich ergiebig. — Vz. des Ksp.: 441.

Hjerting (Oster-Hjerting zum Unterschiede vom Flecken Hjerting in Jütland), Kirchdorf 2½ M. nordöstlich von Ripen, Pr. Törninglehn. Zum A. Hadersleben, Westerth., Kalslundh., gehören 1 Vollh., 8 Halbh., 1 Dreiachtelh., 2 Viertelh., 1 Fünftelh., 3 Achtelh., 9 Kathen und 11 Instenst.; zur Grafschaft Schackenborg 2 Hufen und 4 Instenst. Vormals gehörten zum Gute Lindewith 2 Hufen, 1 Kathe und 1 Instenst. (1⅕ Pfl.). Südwestlich vom Dorfe an der Farrisbäk liegt Gastrupgaard, vormals ein Freihof, der aber alle Gerechtsame verloren hat und in 3 Drittelh. (von denen eine zur Grafschaft Schackenborg gehört) getheilt ist (198 Steuert.). — Einige Häuser östlich vom Dorfe werden Mögelmose genannt. — Districtsschule. Armenhaus, 2 Wirthshäuser, 2 Schmiede, 1 Färberei. Einige Frauen beschäftigen sich mit Spitzenklöppeln. — Die nur kleine aber hochliegende Kirche, welche ein Filial der Kirche in Lintrup ist, hat keinen Thurm und enthält keine Merkwürdigkeiten. — **Eingepfarrt:** Gastrupgaard, Hjerting, Mögelmose. — Areal mit Gastrupgaard: 742 Steuert. Der Boden ist theils lehmigt, theils sandig und moorigt. — Südlich von Hjerting liegt ein Hügel auf welchem der Sage nach der Hertha Opfer gebracht sein sollen, und angeblich hat dieses Dorf den Namen davon erhalten. — Es sind mehrere Grabhügel in der Nähe und auf einem derselben hat eine Windmühle gestanden. Vz. des Ksp. zum A. Hadersleben: 311.

Hillerup, Dorf ¾ M. nordwestlich von Ripen, Ksple. Fardrup und Vilslev (A. Ripen). Zum A. Hadersleben, Westerth., Kalslundh., gehören 2 Vollh., 2 Halbh., 1 Sechstelh., und 2 Kathen; das Uebrige zum A. Ripen. — Areal zum A. Hadersleben: 151 Steuert. — Der Boden ist größtentheils sandigt und nur in der Nähe des Dorfes etwas besser. — Das Dorf hat Antheil an den aufgetheilten westlich belegenen Wiesen. — Die Niederungen enthalten Moorerz.

Hilligbek (Helligbek, Helbek), 1 Viertelh. (¼ Pfl.) und Wirthshaus an einer Aue Hilligbek, vormals Jütebek genannt, 1½ M. nördlich von Schleswig an der Chaussee nach Flensburg; A. Gottorf, Strurdorfh., Ksp. Fahrenstedt. — Die Sage erzählt, daß bei diesem Hause, welches zum Dorfe Stolk gerechnet wird, an der in der Nähe befindlichen Aue der Bischof Poppo in der zweiten Hälfte des 10. Jahrhunderts viele Heiden getauft haben soll. Unweit des Baches liegt eine Hölzung, welche den Namen Poppholz führt; s. das. Ein großer Stein, nördlich vom Bache wird noch als der ehemalige Taufstein angegeben. — Areal: 30 Steuert.

Himmark, Dorf auf der Insel Alsen, 1 M. südöstlich von Norburg an der Landstraße nach Sonderburg, A. Norburg, Norderh., Ksp. und Schuldistr. Svendstrup; 7 Vollbohlen, 1 Zweidrittelb., 1 Halbb., 5 Kathen und 5 Instenst. ($8\frac{1}{6}$ Pfl.). — Areal: 500 Steuert. — Der Boden ist von ziemlicher Güte. — Auf der Feldmark ist ein Grabhügel.

Hindballe, 2 an der Gramerhölzung belegene Parcelenstellen im Gute Gram, A. Hadersleben, Frösh., Ksp. Gram, Schuldistr. Brendstrup.

Hinderup, 2 Dreiviertelb. und 2 Halbb. ($2\frac{1}{8}$ Pfl.) $2\frac{1}{2}$ M. nordwestlich von Apenrade an der Riisbek, A. Apenrade, Süderrangstruph., Ksp. Heldevad. — Nebenschule. — Areal: 201 Steuert. — Das Ackerland ist nur von mittelmäßiger Art.

Hingstenes, eine ehemalige Kirche in der Beltringh. auf der alten Insel Nordstrand, östlich von der Hallig Oland. Sie soll im Jahre 1362 in einer Wasserfluth untergegangen sein.

Hinrichsdorf (Waldem. Erdb.: Hänric-Scärpingesthorp), Dorf auf der Insel Fehmern, Mittelkirchspiel, Kirche Landkirchen. Dieses Dorf, welches Hinrich Scärping als Lehn von dem Könige erhielt, ist in einer Reihe erbaut und hat 2 Thore. Es enthält 6 größere, 5 kleinere Landstellen und 4 Instenst. — Districtsschule. — Areal: 233 Dr. 6 S. (461 Steuert.). — Der Boden ist gut. — Eine ausgebaute Landstelle, welche Hohenstein hieß, brannte vor mehreren Jahren ab und ist nicht wieder aufgebaut.

Hjortholm (Hirschholm), ein im Jahre 1765 niedergelegtes Königl. Kammergut auf der Halbinsel Kekenis, A. Sonderburg, Süderh., Ksp. Kekenis. Dieses Gut enthielt anfänglich 1087 Ton. Landes, welche in 21 Parcelen getheilt wurden, von denen die größte 86 Ton. und die kleinste 15 Ton. Landes enthielten. Jetzt sind 49 größere und kleinere Parcelen (mit Neuhof $12\frac{3}{4}$ Pfl.). Die Stammparcele enthält 86 Steuert., worunter etwa 50 Ton. Niederungen, welche von der See gewonnen sind und durch einen Wall gegen Ueberschwemmungen geschützt werden; diese Niederungen werden zum Theil als Ackerland benutzt. — Schuldistrict Oesterbye. — Wirthshaus. — Areal: 632 Steuert. — Der Boden ist fruchtbar. — In der Nähe von Hjortholm ist eine Fähre für Fußgänger nach Höruphav.

Hjortlund, Kirchdorf $1\frac{1}{4}$ M. nordöstlich von Ripen, an der Königsaue, Pr. Törninglehn. Dieses Dorf wird in Oster- und Wester-Hjortlund eingetheilt und zum A. Hadersleben, Westerh., Kalslundh., gehören 6 Halbh., 4 Viertelh. und 6 Kathen, zum A. Ripen 2 Halbh., 2 Viertelh. und 3 Kathen. Districtsschule. — Armenhaus, Wirthshaus, Ziegelei, Schmiede und einige Handwerker. — Die Kirche liegt auf einer Anhöhe, die vormals mit Holz bewachsen war und auf welcher in der heidnischen Zeit der Götzendienst gehalten sein soll; sie ist mit einer Spitze versehen, gut eingerichtet und hat eine Orgel. An der westlichen Seite steht ein Glockenhaus. — Eingepfarrt: Bäk, Broekjär, Hedegaard (A. Ripen), Oster- und Wester-Hjortlund, Steens. — Areal zum A. Hadersleben: 330 Steuert. — Der Boden ist sandigt und nur von mittelmäßiger Art. — Die Fischerei in der Königsaue ist nicht bedeutend. — Bz. des Ksp. zum A. Hadersleben: 181.

Hjortvad, Dorf an der Farrisbäk $1\frac{1}{2}$ M. nordöstlich von Ripen, Ksp. Kalslund. Dieses Dorf, worin vormals das Dinggericht der Harde gehalten ward, enthält 6 Halbh. und 1 Instenst., von welchen 2 Halbh.

zum A. Hadersleben, Westerh., Kalslundh. und die übrigen Stellen zum A. Ripen gehören. — Schuldistr. Kalslund. — Areal zum A. Hadersleben: 208 Steuert..— Der Boden ist zum Theil sandigt.

Hirschsprung (vorm. Melwithgaard, Melletgaard, Hartsprung), ein niedergelegtes Königl. Kammergut auf der Insel Alsen. Der Stammhof liegt $1\frac{1}{4}$ M. südöstlich von Norburg, A. Norburg, Norderh., Ksp. Svendstrup. — Melwith war ehemals eine ziemlich stark befestigte, mit einem breiten Graben umgebene Burg, welche um die Mitte des 16. Jahrhunderts im Besitze der Familie v. Sehestedt war; 1576 besaß es Paul Magnussen, dessen Söhne das Gut an den Herzog Johann verkauften. Im Jahre 1622 kam dasselbe an das Norburgische Haus und es ward 1722 von dem Herzoge Friedrich Carl dem Könige Friedrich IV. überlassen und dem Amte incorporirt. Die Burg war früher schon abgebrochen. — Hirschsprung hatte im Jahre 1722 ein Areal von 582 Ton. 5 Sch. à 320 □. R., welche im Jahre 1771 in Parcelen getheilt wurden; 151 Ton. wurden zu geschlossenen Hölzungen ausgelegt und 41 Ton. an Käthner und Insten überlassen. Aus den übrigen 390 Ton. 5 Sch. entstanden 21 Parcelen. Jetzt sind hier 19 Parcelenst.: 2 von 88 Ton. und $97\frac{1}{4}$ Ton., 10 von $11\frac{1}{4}$ bis $33\frac{1}{2}$ Ton., 5 von $3\frac{1}{2}$ bis $8\frac{1}{2}$ und 2 von 1 bis $1\frac{1}{4}$ Ton., zusammen 401 Ton. à 320 □. R. (483 Steuert.). Die Hauptparcelenstelle liegt am Burgplatze. Drei Parcelenstellen heißen Soelbjerggaard, Enegaard und Smaaborg; erstere hat eine überaus schöne Lage und der Besitzer hat eine vortreffliche Baumschule angelegt. — Bei dem Hofe ist ein mit Buchen bewachsener Hügel, der den Schiffern zum Merkzeichen dient. — Schuldistr. Svendstrup und Stevning.

Hisselgaard, ein nördlich vom Dorfe Beken, 2 M. nordöstlich von Flensburg liegende Dreiviertelbohle im A. Apenrade, Lundtofth., Ksp. Rinkenis, Schuldistr. Beken. — Areal: 24 Steuert.

Hochbaum, 1 Hof im Ostertheile der Landschaft Eiderstedt, Ksp. und Schuldistr. Kating.

Hochbrücksiel, 2 Höfe und 8 Häuser im Osterth. der Landschaft Eiderstedt, Ksp. Oldensworth. — Districtsschule auf dem Offenbüllerdeich (Wester-Offenbüll).

Hochhörn, 1 Hof im Osterth. der Landschaft Eiderstedt, Ksp. Witzworth. Die Bewohner halten sich zur Ulvesbüller Kirche.

Hochviöl, Dorf an der Arlaue, $1\frac{1}{2}$ M. nordöstlich von Husum, A. Husum, Süderh., Ksp. Schwesing. Dieses an der Viöler Gränze belegene Dorf enthält 3 Vollh. und 2 Halbh. (4 Pfl.), welche ehemals zum Schleswiger Domcapitel gehörten. — Nebenschule. — Areal: 277 Steuert., worunter 123 Ton. Gras- und Weideländereien.

Hockerup, Dorf an der Geilaue, $2\frac{1}{4}$ M. südöstlich von Apenrade und an der Landstraße von Flensburg nach Sonderburg, A. Apenrade, Lundtofth., Ksp. Holeböll; enthält 1 Fünfviertelh., 2 Fünfachtelh. 5 Halbh., 8 Kathen und 13 Instenst., welche zum A. Apenrade, und 1 Halbh. und 3 Instenst., welche zum Gute Kjelstrup gehören. Eine Hufe Koldmoos und 2 Kathen Keelbjerg sind ausgebaut (mit Beken $5\frac{23}{32}$ Pfl.). — Districtsschule. — Wirthshaus, Schmiede. — Areal zum A. Tondern: 540 Steuert. Der Boden ist von ziemlicher Güte.

Hockensbüll, Dorf in der Nähe der Westsee, $\frac{1}{2}$ M. nördlich von Husum, A. Husum, Norderh., Ksp. Schobüll; enthält mit L und 12 Vollstaben, 1 Dreiviertelst., 12 Halbst. und 2 Viertelst. (zuf. $19\frac{1}{4}$ Vollst., $3\frac{1}{2}$ Pfl.); 2 südlich belegene Häuser heißen Oldgras (Altgras auch Maas), da sie nahe an den zum Ksp. Mildstedt gehörigen Häusern liegen, die diesen Namen führen. — Schule. — Areal mit Lund: 233 Steuert., worunter $117\frac{1}{2}$ Ton. Gras- und Weideländereien. — Die Geestländereien haben die Besitzer von Oldgras von der Regierung in Erbpacht.

Hoddebülldeich, Dorf $2\frac{1}{4}$ M. südwestlich von Tondern, A. Tondern, Wiedingh., Ksp. Emmelsbüll; enthält 15 größere und kleinere Landstellen und 2 Häuser ohne Land. — Nebenschule. — Wirthshaus. — Der Boden ist von ziemlicher Güte.

Hodderup, 2 Halbh. und 2 Drittelh., $1\frac{1}{4}$ M. östlich von Flensburg, A. Flensburg, Husbyeh., Ksp. und Schuldistr. Husbye. — Areal: 202 Steuert. — Der Boden ist sehr gut.

Högel, Dorf 1 M. nordöstlich von Bredstedt, an der Landstraße nach Flensburg, in der Landschaft Bredstedt, Ksp. Breklum; enthält 3 größere und 14 kleinere Landstellen und 5 Instenstellen. Eine Bohlstelle gehört zum Hospitale in Flensburg; 1 Hufe (1 Pfl.) gehörte zum vormaligen Schlesw. Domcapitel. — Districtssch. — Wirthsh., Schmiede. — Areal: 384 Ton. (355 Steuert.) — Die Eingesessenen besitzen mehrere Marschländereien in den Reussischen Koogen.

Högelund (vorm. Hockelnuth), Dorf an einer kleinen Aue $1\frac{1}{4}$ M. südwestlich von Hadersleben, A. Hadersleben, Osterth., Gramh., Ksp. Vitsted; 2 Vollh., 2 Dreivierteh., 3 Halbh., 4 Landbohlen und 2 Kathen, welche letzte Rygbjerghuse genannt werden. — Schuldistr. Vitsted. — Der Boden ist größtentheils sehr gut.

Höirup (vorm. Hoefhrop), Kirchdorf $2\frac{1}{4}$ M. südöstlich von Ripen, Pr. Törninglehn. Zum A. Hadersleben, Westerth., Hviddingh., gehören außer dem Pastorate 4 Halbh. 2 Vierteh., 3 Kathen und 4 Instenstellen ($1\frac{1}{4}$ Pfl.).; zum A. Ripen 2 Höfe; zur Grafschaft Schackenborg einige Stellen. — Schule. — Wirthshaus, Schmiede, Windmühle. — Die Kirche ist alt, liegt hoch und hat einen spitzen 70 Fuß hohen Thurm. Das Altarblatt stellt die Jungfrau Maria mit dem Kinde dar. — Der König ernennt den Prediger. — Eingepfarrt: Oster- und Wester-Arnum, Enemark, Höirup, Lindetskov, Steensbäk. — Areal zum A. Hadersleben 190 Steuert. — Der Boden ist leicht aber eignet sich besonders zum Rockenbau; die Moore sind ansehnlich und ein großer Theil des Torfes wird zu Schmiedekohlen verbrannt. Auf der Feldmark befinden sich mehrere Grabhügel. — Bz. des Ksp. zum A. Hadersleben: 499.

Hökebjerg, ein ehemaliger Fürstl. Meierhof (1 Pfl.), darauf ein Kanzleigut, welches im Jahre 1773 parcelirt ward. Der Stammhof liegt $\frac{3}{4}$ M. nordöstlich von Apenrade, Ksp. Loit. — Areal: 315 Steuert. — Diese Ländereien sind in 16 kleine Parcelen getheilt, deren Besitzer ehemals unter dem Obergerichte sortirten. — Der Stammhof enthält 32 Tonnen. Einzelne Parcelen und Instenstellen heißen: Düburg, Dyrhave am Apenrader Meerbusen, Revskroe und Holvei (Hollewei). — Schuldistr. Skovbye. — Schmiede. — Südlich vom Stammhofe ist auf einer Anhöhe, von der man eine sehr weite Aussicht hat, ein Observationsthurm erbaut. —

Hökelbjerg.

Ein kleiner See heißt Auer=See. — Recognition 49 Rbthlr. 70 b/ß; Land=steuer 91 Rbthlr. 86 b/ß.

Hökelbjerg (Höckelbjerg), Dorf 2 M. nördlich von Hadersleben, an der Landstraße nach Kolding, A. Hadersleben, Osterth., Tyrstruph., Ksple. Tyrstrup und Taps; 14 Landbohlen und 14 Instenstellen, von denen 2 Landbohlen und ein an der Landstraße belegenes Wirthshaus zum Ksp. Taps gehören. — Schuldistr. Tyrstrup. — Der Boden ist fruchtbar.

Hökemoos, 1 Kathe und 1 Parcelenstelle im A. Gottorf, Schlieswh., Ksp. Ulsnis, Schuldistr. Steinfeld. Beide Stellen sind von Steinfeld ausgebaut. — Areal: s. Steinfeld.

Hökholz, Meierhof im Gute Ludwigsburg, $1\frac{3}{4}$ M. nordöstlich von Eckernförde, Eckernförderh., Ksp. Waabs. Im Jahre 1823 kaufte diesen Hof ($2\frac{1}{2}$ Pfl.) H. C. Jürgens für 81,000 ℳ und nach dessen Tode kam seine Tochter Margaretha, verehelichte Jensen, in den Besitz desselben. — Areal: 356 Ton. $\frac{1}{4}$ Sch. à 300 □. R., darunter Acker 294 Ton. $\frac{3}{8}$ Sch., Wiesen 48 Ton. $1\frac{5}{16}$ Sch., Hölzung 8 Ton. $7\frac{13}{16}$ Sch., Moor 5 Ton. (410 Steuert., 63,200 Rbthlr. Steuerw.).

Hömlund (Hömlundkroe), 1 Halbh. und Wirthshaus ($\frac{3}{16}$ Pfl.) an der Landstraße von Ripen nach Lygumkloster, A. Hadersleben, Westertheil, Hviddingh., Ksp. Seem. — Areal: 21 Steuert.

Hönkys (vorm. Heinküß), Dorf an der Rödaue, $1\frac{1}{2}$ M. westlich von Apenrade, A. Apenrade, Süderrangstruph., Ksp. Ekvad. Dieses ansehnliche Dorf lag vormals bei der Ekvader Kirche und ward zur Zeit des Königs Erich von Pommern (vermuthlich 1411) zerstört. Es enthält 9 Halbh., 5 Drittelh., 1 Viertelh., 4 Kathen, 5 Parcelenstellen und 1 Instenstelle (8 Pfl.), von denen einige Stellen ausgebaut sind; 1 Parcelenstelle liegt nahe an der Ekvader Kirche; 2 Parcelenstellen und 1 Kathe östlich von der Kirche; letztere ist ein Wirthshaus und heißt Nyekroe (Neukrug). — Districtssch. — 2 Schmiede. — Areal: 798 Steuert. — Der Boden ist sandigt liefert aber vorzüglichen Rocken. Auf der Feldmark befinden sich mehrere Grabhügel; die ansehnlichsten sind: Brunshöi, Bedhöi, Sortehöi und die Hügel auf Skovager.

Hönning, Dorf $1\frac{1}{2}$ M. nördlich von Lygumkloster an der Landstraße nach Ripen, Ksp. Arrild. Zum A. Hadersleben, Westerth., Hviddingh., gehören: 3 Halbh., 9 Viertelh., 2 Achtelh., 3 Verbittelsstellen, 8 Kathen und 4 Instenstellen ($2\frac{23}{30}$ Pfl.); 5 Kathen sind ausgebaut und heißen Fistholm, 1 Hufe gehört zum A. Ripen. — Schule. — Schmiede. — Areal zum Amte: 254 Steuert. — Der Boden ist sandigt; die Moore sind ansehnlich und es wird ein starker Handel mit Torfkohlen getrieben.

Höns, ein vormaliger Edelhof westlich vom Dorfe Havervad im A. Hadersleben, Ksp. Bröns. Ohne Zweifel ist dieser Hof von Wasserfluthen zerstört; einige Feldmarken von Havervad heißen noch „ude paa Höns" (draußen auf Höns).

Hönsager, ein ehemaliger Hof im A. Hadersleben, Westerth., Ksp. Skrave. Dieser Hof gehörte in frühern Zeiten zur Messe des Probsten Christian im Dom zu Ripen.

Hönschnap (Hönsnap), Dorf $1\frac{1}{4}$ M. nordöstlich von Flensburg, A. Flensburg, Wiesh., Ksp. und Schuldistr. Holeböl. Dieses alte Dorf besteht aus 10 Halbh., 1 Parcelenstelle und 3 Instenstellen (5 Pfl.). — Schmiede. — Der Sage nach gehörte dieses Dorf vormals zum Kirchspiele Handewith, wo wahrscheinlich auch die alte Hauptkirche für die ganze Wiesharde war. Bei Waldemarstoft sind Hügel (die Hönschnaper Mellemmads-Höie), wo die Hönschnaper, angeblich wenn sie von der Kirche kamen, rasteten und ihre Zwischenmahlzeit zu sich nahmen. — Die Besitzer der Hufen haben einige Freiheiten, wofür ihnen die Verpflichtung oblag, den König, wenn selbiger nach dem Amte Flensburg kam, nordwärts nach Hadersleben und südwärts nach Rendsburg zu fahren. — Areal: 480 Steuert. — Der Boden ist von verschiedener Art aber durch Bemergelung im Ganzen ziemlich fruchtbar. — Westlich vom Dorfe liegt ein kleiner See der Ell=See genannt. Eine Anhöhe südwestlich 242' hoch heißt Stagehöi.

Hörlyk, 2 in der Nähe einer Hölzung belegene Halbhufen, Amt Hadersleben, Osterth., Gramh., Ksp. u. Schuldistr. Skrydstrup. — Der Boden ist gut.

Hörn (bei der Hörn, Hornburg), 8 Hufen im A. Tondern, Wiedingh., Ksp. Neukirchen. — Nebenschule.

Hörreberg, eine zu Ellgaard gehörige Parcelenstelle im Ksp. Grundtoft, welche im Jahre 1758 von dem Gute Uenewatt abgelegt ward, A. Flensburg, Munkbraruph. — Areal: 20 Steuert.

Hörst, ein ehemals zum Gute Sarhdorf gehörender Meierhof, 1 M. nördlich von Eckernförde, Eckernförderh., Ksp. Riesebye, welcher mit dem Hofe Holzkoppel (zus. 4 Pfl.), im Jahre 1798 von J. R. v. Ahlefeld an Wegener für 57,000 ℳ und einen jährlichen Canon von 4476 ℳ verkauft ward. — Areal: 254 Ton. à 260 ☐. R., außer 6 Ton. Moor auf dem Kollholmer Moor. (254 Steuert., 40,640 Rbthlr. Steuerw.). — Zum Hofe gehören 5 Instenstellen und die Hölzung Buchholz (20 Ton.).

Hörup, Kirchdorf auf der Insel Alsen, 1 M. östlich von Sonderburg an der Landstraße nach Mummark, im Gute Langenvorwerk, A. Sonderburg, Augustenburgerh., Bisthum Alsen und Aeroe; enthält außer der Prediger= und Küsterwohnung 10 Vollh., 9 Kathen und 13 Instenstellen. — Districtsschule. — Wirthshaus, Windmühle, Schmiede und mehrere Handwerker. — Die sehr alte Kirche liegt ziemlich weit vom Dorfe entfernt auf einer Anhöhe und hat einen ziemlich hohen Thurm. Auswendig neben einem Portal von gothischer Bauart ist ein Stein eingemauert, worauf 2 Löwen eingehauen sind und zwischen denselben ein Menschenkopf. — Der König ernennt den Prediger. — Eingepfarrt: Aghöi, Björnmose (z. Thl.), Broemölle, Hjornwehr, Hörup, Höruphav, Lambjerg, Lambjergskov, Lyke, Maiböl, Maibölgaard, Mailed, Miang, Mintebjerg, Noi, Skaartoft. — Der Boden ist gut; die Separation der Ländereien erfolgte im Jahre 1794. — Die s. g. Höruper=Bucht zwischen der Insel Alsen und Kekenis bildet einen Hafen welcher Linienschiffe aufnehmen kann, die selbst im Winter vollkommen gesichert sind. — Vz. des Ksp.: 1372.

Hörup, Dorf an der Schafflunderaue, 3 M. südwestlich von Flensburg, A. Flensburg, Wiesh., Ksp. Nord=Hackstedt. Dieses Dorf hat eine niedrige Lage und das Wasser dringt, wenn die Aue übertritt, oft bis an die Häuser. Es enthält 4 Halbh., worunter 1 Hardesvogtslanste, 1 Dreiachtelh., 3 Dritttelh., 10 Viertelh., 1 Achtelh., 3 Kathen (11¾ Pfl.) und 3 Colonistenstellen, welche Björnshövd (Björnshöihuse) genannt werden. — Districtsschule. — Vormals haben in der Nähe des Dorfes eine Wasser= und eine Windmühle gestanden und von der letzten führt ein Berg den Namen Mühlenberg; östlich vom Dorfe liegt eine bedeutende Anhöhe Mannehöi genannt, von welcher man eine weite Aussicht hat. — Areal: 763 Steuert. — Der Boden ist gut. — Südlich vom Dorfe soll der Sage nach ein Dorf Lillelüt gelegen haben, wovon aber keine Spuren mehr vorhanden sind.

Höruphav, Kathendorf auf Alsen, an einem Meerbusen der Ostsee, welcher Alsen von Kekenis trennt, 1 M. östlich von Sonderburg, im Gute Langenvorwerk, A. Sonderburg, Augustenburgerh., Ksp. und Schuldistrict Hörup; enthält 2 Kathen und 34 Instenstellen. — Hier ist eine Ueberfahrt nach der Halbinsel Kekenis. — Wirthshaus. — Die meisten Einwohner ernähren sich von der Seefahrt von der Fischerei und von Tagelöhnerarbeit.

Höverholz, 1 Viertelhufe und 2 Kathen bei Köhnholz im Amte Gottorf, Sturxdorfh., Ksp. und Schuldistr. Thumbye.

Hörbroe, Dorf unweit der Westsee, $1\frac{1}{4}$ M. südwestlich von Ripen, A. Hadersleben, Westerth., Hviddingh., Ksp. und Schuldistr. Hvidding; 6 Vollh., 3 Dreiachtelh., 6 Verbittelsst., 4 Kathen und 6 Instenst. ($2\frac{11}{24}$ Pfl.). Eine Instenst. heißt Randershuus. Zum Dorfe gehört der Hof Hör=broegaard (69 Steuert.), welcher eine der ältesten Edelhöfe sein soll. Im 15. und 16. Jahrhundert gehörte der Hof den Rosenkranzen, 1613 Geert Rantzau zu Lindewith, womit der Hof vereinigt blieb bis er in der zweiten Hälfte des 18. Jahrhunderts niedergelegt ward und die Ländereien verkauft wurden. Der Stammhof ($5\frac{1}{4}$ Otting) hat noch einige adeliche Gerech=tigkeiten. — In Hörbroe sind 2 Wirthshäuser, Schmiede und einige Hand=werker. — Der Boden ist theils sandigt, aber sehr verbessert und fruchtbar.

Hörholt (Högsholt), 2 Bohlstellen ($1\frac{1}{2}$ Pfl.) an der Lundbäk, $2\frac{1}{2}$ M. nordöstlich von Tondern, A. Tondern, Slurh., Ksp. und Schuldistr. Rapsted. Im Jahre 1584 verkaufte Hans Blome zu Seedorf 2 Güter nebst einer Windmühle in Högsholt an den Herzog Adolph. — Der Boden ist gut. — Der Sage nach soll hier in einer ehemaligen Hölzung ein Schloß gelegen haben, von dem aber keine Spuren zu finden sind. Im Jahre 1375 wird in Urkunden ein Edelmann Peter Högholt genannt.

Hörlund, 5 kleine Bohlstellen (1 Pfl.), 1 M. nordöstlich von Tondern, A. Lygumkloster, Vogtei Abild, Ksp. Abild, Schuldistr. Wennemoos. Im Jahre 1365 verschötete Dannekinus Jonßen seine Güter in Hörlund dem Lygumer Kloster. — Areal: 77 Steuert. — Der Boden ist theils lehmigt, theils sandigt.

Hörmark, Dorf im Gute Schönhagen, $\frac{3}{4}$ M. südöstlich von Cappeln, Eckernförderh., Ksp. Schwansen; enthält 5 kleine Hufen, 2 Kathen und 3 In=stenstellen ($1\frac{1}{2}$ Pfl.). — Schuldistr. Brodersbye. — Areal: 282 Ton. 3 Sch.

Hoffnungsthal, adel. Gut in der Eckernförderharde. Der Haupthof liegt $\frac{3}{4}$ M. südlich von Eckernförde, Ksp. Borbye. Im Jahre 1802 ward Hoffnungsthal von dem Gute Marienthal als Meierhof abgelegt und mit einer Ziegelei von J. Lübbes an F. Beuk für 96,000 ℳ verkauft; 1804 besaß es Willink (156,000 ℳ), 1811 v. d. Golz (150,000 ℳ), in demselben Jahre der Landgraf Carl zu Hessen (138,000 ℳ), 1839 v. Reventlow zu Altenhof. Im Jahre 1814 ward dieser Hof zum adel. Gute erhoben, contribuirt für 3 Pfl. und hat ein Areal von 437 Ton. à 240 □. R., darunter Acker 346 Ton., Wiesen 67 Ton., Hölzung 7 Ton., Moor 17 Ton. (386 Steuert.,

77,440 Rbthlr. Steuerw.). — Zum Gute gehört eine Kathe an der Altenhofer Gränze, welche Hütte genannt wird. — Zahl der Einw. des Guts: 46. Das Wohnhaus, welches mit der Meierei verbunden ist, hat eine Etage mit einem Frontispice. — Der Boden zunächst dem Hofe ist guter Lehm, aber nach dem Dorfe Gosefeld zu wird er sandigt und leicht. — Einzelne Schläge heißen: Wildflüchten, Hoffwurth, Manhagen und Fladewick. — Contrib. 133 Rbthlr. 25 bß, Landst. 120 Rbthlr.

Hogelund, adel. Gut im A. Tondern, Karrharde. Der Haupthof liegt 2¾ M. südöstlich von Tondern, Ksp. Leck. Dieses Gut, welches ehemals zum Gute Fresenhagen gehörte, keine Untergehörige hat und für ½ Pfl. contribuirt, hat ein Areal von 263 Ton. à 260 □. R., worunter an Acker, mit Gärten und Bauplatz 185 Ton., Wiesen 16 Ton., Hölzung 17 Ton. (182 Steuert., 21,840 Rbthlr. Steuerw.). — Der Boden ist von verschiedener Art, im Ganzen leicht aber feucht und fruchtbar. — Das Gut hat die Fischereigerechtigkeit in der Leckaue. — Das Wohnhaus ist einstöckig. — Besitzer: 1678 v. Buchwald, darauf v. Pogwisch, 1716 Gosche Wohnssleth, 1720 Blendermann (15,000 ℳ), 1746 Nissen (18,000 ℳ), 1791 Henningsen (36,000 ℳ), 1795 Andresen (33,600 ℳ), 1797 Prehn (37,800 ℳ), 1806 Petersen (54,000 ℳ), 1828 Fürsen (36,000 ℳ), 1852 Jürgensen (72,000 ℳ). — Zahl der Bewohner: 20. — Contrib. 22 Rbthlr. 38 bß, Landst. 45 Rbthlr. 48 bß.

Hohenfelde, Meierhof im Gute Sehestedt, 1¾ M. südlich von Eckernförde, Eckernförderh., Ksp. Sehestedt; gegen einen Canon von 800 Rbthlr jährlich vom Gute verkauft. — Areal: 267 Ton. 6 Sch. 3 R. à 260 □. R. (260 Steuert.), darunter an Acker 226 Ton. 2 Sch. 15 R., Moor 5 Ton., Wegen 2 Ton. — Zum Hofe gehören 6 Kathen. Das Wohnhaus ist 1806 erbaut, von Brandmauern und mit Ziegeln gedeckt. — Eine Koppel heißt Altdorf.

Hohenhain, adel. Gut unweit der Ostsee, in der Eckernförderharde. Der Haupthof liegt 2¼ M. östlich von Eckernförde, Ksp. Krusendorf. Als das Gut Dänisch-Nienhof am Ende des vorigen Jahrhunderts von Wibel und Hasche gekauft ward, wurden von demselben die Grundstücke woraus Hohenhain besteht getrennt und Hasche ward der Besitzer desselben und nannte es anfänglich Merkauf. Im Jahre 1801 erbaute er den Hof, welcher aber bald darauf abbrannte und dann mit wenigem äußern Aufwande wieder aufgeführt ward. Nach ihm kam Hohenhain, welches 1806 in die Zahl der adelichen Güter aufgenommen ward, für 4 Pfl. contribuirt und seitdem wieder mit Nienhof dieselben Besitzer gehabt hat, in den Besitz des Grafen Christian v. Rantzau, darauf an dessen Nachkommen. Der jetzige Besitzer ist der Senator Adami in Bremen. — Areal: 679 Ton. 160 R. à 240 □. R., worunter 44 Ton. Hölzung und 9 Ton. Moor (525 Steuert., 80,860 Rbthlr. Steuerw.). — Zum Gute gehören das Dorf Haschendorf und einzelne zerstreut liegende Kathen. Einzelne Koppeln heißen Lippenkoppel, Stobersbusch und Tobersberg. — Zahl der Einw.: 47. — Schuldistrict der Untergehörigen Dänisch-Nienhof. — Contrib. 179 Rbthlr. 19 bß, Landst. 168 Rbthlr. 46 bß.

Hohenholm, ein 1821 vom Gute verkaufter Meierhof im Gute Hohenlieth, Eckernförderh., Ksp. Sehestedt. — Areal: 558 Ton. 22½ R. à 240 □. R. (4¾ Pfl.), worunter eine sehr gute Hölzung (16½ Ton.) ist. — Besitzer 1821 M. Dreyer; 1845 Tiedemann. — 4 zum Hofe gehörige Kathen heißen Hegenholz.

Hohenkamp.

Hohenkamp, 2 vom Dorfe Lindhöft ausgebaute Bauerstellen im Gute Nöer, Eckernförderh., Ksp. Krusendorf, an der Aschauer Scheide belegen. — Areal: ca. 200 Ton. à 240 Q. R.

Hohenlieth, adel. Gut in der Eckernförderharde. Der Haupthof liegt 1 M. südöstlich von Eckernförde, Ksp. Sehestedt. Dieses Gut stand in der Landesmatrikel zu 26 Pfl., ward aber 1768, als Harzhof davon getrennt wurde, zu 20 Pfl. angesetzt. — Besitzer: 1543 bis 1648 v. Damm, darauf v. Rumohr, 1681 v. Buchwald, 1695 v. Brockdorf, 1751 v. Brömbsen, der 1765 auf dem Hofe eine Capelle errichtete und das Wohnhaus sehr verschönerte, 1769 Piper, 1791 Dreier und Plön, 1801 Boock, 1834 Schleth (438,000 ₰), jetzt Majorin M. v. Gyldenfeldt. — Das ganze Gut enthält ein Areal von 2332 Ton. 2 Sch. à 260 Q. R., (1992 Steuert., 269,140 Rbthlr. Steuerw.). Der Haupthof enthält 907 Ton. $2\frac{7}{16}$ Sch., worunter an Moor 107 Ton., Hölzung 61 Ton., Wasser 8 Ton. (836 Steuert.); Niekoppel 4 Viertelh., enthält 50 Ton. $1\frac{8}{16}$ Sch.; Grävensberg (Harfe) 50 Ton. $1\frac{3}{16}$ Sch. und ein Landsee und Weideländereien 56 Ton. 4 Sch. Der zum Gute gehörige Theil des Dorfes Holtsee mit (Neu-Holtsee) enthält 682 Ton., die Erbpachtstellen Stratenbrook, Violenburg und Schrödersbek 41 Ton. — Der Boden ist gut und fruchtbar. — Einzelne Ortschaften und Stellen heißen: Carstenberg, Eiderhof, Fromrade, Harfe, Hegeholz, Lehmkuhl, Mierensick (s. d. Artikel); und einzelne Kathen Hofholz, Kronsmaas, Fahrredder, Rögen und Trammbek. — Die Hölzungen heißen Hegeholz, Hegenholzstrang, Bemersmoor, Auerrögen, und Stratenbrook. Bei dem Hofe liegt eine Kalkbrennerei und eine Ziegelei. Wirthshaus — Schuldistr. Holtsee. — Das Wohnhaus ist einstöckig, in den letzten Jahren sehr verschönert und mit einem Burggraben umgeben. — Zahl der Einw.: 547. — Contrib. 893 Rbthlr., Landst. 560 Rbthlr. 67 b/ß, Haussl. 9 Rbthlr. 70 b/ß.

Hohenstein, adel. Gut in der Eckernförderharde; der Haupthof liegt $\frac{3}{4}$ M. nordöstlich von Eckernförde, Ksp. Borbye. Dieses Gut war ehemals ein Meierhof des Guts Hemmelmark und wurde 1754 von dem Landrath v. Hedemann an den **Dr. Bösch** verkauft; Besitzer: 1764 v. Ahlefeld zu Saxdorf, 1798 Ditmer, 1802 Cordes. — Hohenstein steht zu keiner Pflugzahl und die Contribution ist für immer auf Hemmelmark gelegt; die sonst nach Pflügen repartirten Anlagen werden nach dem Verhältnisse von 6 Pfl. entrichtet. — Areal: 542 Ton. à 260 Q. R. (489 Steuert., 78,240 Rbthlr. Steuerw.) — Der Boden ist sehr fruchtbar. — Zum Gute gehören 7 Kathen, von denen 3 Hohenhüg genannt werden, und 1 Schmiede. Schuldistr. Barkelsbye. Zahl der Einw. des Guts: 101. — Landst. 163 Rbth.

Hohlweg, Norder- (Wasser-Hohlweg), eine im Osten von Flensburg gelegene mit der Stadt zusammenhängende Häuserreihe. Von diesen Häusern gehören 11 zum A. Flensburg, Husbyeharde, Ksp. Adelbye und 6 zum Flensburger Hospitale, Ksp. St. Johannis in Flensburg. Auch liegen dicht oberhalb des Berges 9 dem Hospitale in Flensburg gehörige Häuser Bredeberg genannt, unter denen ein Wirthshaus Püllskrug; Ksp. und Schuldistr. Adelbye. — Die Einwohner ernähren sich im Allgemeinen von Tagelöhnerarbeit und von der Fischerei.

Hohlweg, Süder-, eine sich an Flensburg im Südosten der Stadt anschließende Reihe Häuser, A. Flensburg, Husbych., Ksp. und Schuldistr. Adelbye; enthält 42 Häuser und eine Königl. Korn-Windmühle, die St.

Johannismühle genannt, nebst einem Wirthshause. — Areal: 2 Steuert. Die Einwohner ernähren sich größtentheils von Tagelöhnerarbeit.

Hohn, Kirchdorf 3 M. südlich von Schleswig, A. Hütten, Hohnerh., Pr. Hütten. Dieses schön gebaute Dorf enthält 10 Halbh., 6 Viertelh., 16 Achtelh., 23 Kathen und 9 Anbauerstellen (7 Pfl.) Die Bewohner von 5 Viertelh. und 2 Achtelh. heißen Hardesvogteikäthner und gehören zum Dienste des Hardesvogts. Eine Anderthalbhufe hat noch aus der Zeit der Herzöge, da hier große Jagden gehalten wurden, besondere Vorrechte. Außer diesen Stellen befinden sich hier die Wohnungen des Predigers, des Küsters und des Hardesvogts. — Districtsschule. — Wirthshaus, 3 Schmiede, 1 Uhrmacher, 4 Tischler und mehrere Handwerker. — Gefangenhaus. — Als die Kampener Kirche unter dem Könige Christian V. wegen der Erweiterung der Rendsburger Festungswerke abgebrochen ward, wurde sie in den Jahren 1692 und 1693 in Hohn wieder erbaut; sie ist gut eingerichtet, gewölbt, und hat einen im Jahre 1843 neu erbauten Thurm. Bemerkenswerth in ihr sind 2 alte im Jahre 1406 von Hinrik Leve geschenkte Leuchter und ein von P. Thörning im Jahre 1690 geschenkte Taufe. — Der Prediger wird von dem Amtmanne und von dem Probsten präsentirt und von der Gemeinde gewählt. — **Eingepfarrt:** Ahlsbek, Ahrenstedt (z. Thl.), Ahrenshorst, Broholm, Burgstall, Christiansholm, Depenrehm, Dammkathe (Moorkathe), Alt=Duvenstedt (z. Thl.), Dudden, Elsdorf, Föhrden, Fingsthoop, Frederiksfeld, Friedrichsberg, Friedrichsgraben, Friedrichsholm, Garlbek, Grävesfuhl, Hegekoppel, Heuberg, Hohn, Hohnerheide, Hamdorf, Hamdorferheide, Huy, Hohnerfähre, Julianenebene, Königsbach, Königsberg, Königshügel (Haberland), Lohe, Langenberg, Groß= und Klein=Moorhuus, Oha, Prinzenmoor, Rickert, Sieversberg, Sophienhamm, Sorgbrück, Süderholm, Westermühlen, Wittenbergen. — Hohn hat mit mehreren andern Dorfschaften eine Brandgilde. — Areal: 1837 Steuert. — Der Boden ist größtentheils gut und so verbessert daß auf vormaligem Haidelande jetzt Klee gebauet wird. — ⅛ M. westlich an der Eider liegt der 429 Demat große Hohnerkoog. Westlich nahe am Dorfe liegt der fischreiche ¼ M. lange und ⅛ M. breite Hohner=See (214 Ton. 4 Sch.) der seinen Abfluß durch die s. g. Rinne und durch eine Schleuse in die Neue=Sorge hat. Nördlich vom Dorfe liegen 2 dazu gehörige Hölzungen, deren eine Limhorn und die kleinere Eichberg heißen. Südwestlich im Dorfe sind noch Spuren eines hohen Walles in der Form einer Bastion; außer daß der Platz den Namen Groß=Hofstedt führt und ohne Zweifel bebaut gewesen ist, sind keine weitere Nachrichten von diesem Walle vorhanden. — Vz. des Ksp.: 4531.

Hohnerfähre, eine an der Eider belegene privilegirte Fährstelle (Freistelle) auf dem Wege von Rendsburg nach Heide, 2¼ M. westlich von Rendsburg, A. Hütten, Hohnerh., Ksp. Hohn, Schuldistr. Friedrichsholm. — In dem Jahre 1634 kaufte der Rendsburger Bürger Johann Speck einige der Sorgwiesen, baute ein Haus darauf und erhielt die Erlaubniß daselbst eine Fähre anzulegen, die nach ihm Specksfähre genannt ward. Der Besitzer mußte seines „ungebührlichen Verhaltens halber" 1639 auf Befehl des Herzogs diese Fährstelle wieder abtreten und dieselbe ward darauf mit mehreren Privilegien dem Landkanzler v. Hatten geschenkt. Sie contribuirt für ½ Pfl., sortirte früher unter dem Obergerichte und in gewissen Beziehungen zur Landschaft Stapelholm. Hier ist eine bedeutende Kalkbrennerei. — Areal: 24 Steuert., welche in Wiesenländereien bestehen. — In der Fluth 1825 erreichte hier der Wasserstand eine Höhe von 4 Fuß und die Bewohner mußten mit Böten aus ihren Wohnungen geholt werden.

Hoirup. **231**

Hoirup, Dorf an der Fobisaue, 2¼ M. nordwestlich von Habersleben, A. Habersleben, Osterth., Gramh., Ksp. und Schuldistr. Stepping. Dieses hochliegende Dorf enthält 11 Hufen, 5 Landbohlen und 12 Insenstellen. Außerhalb dieses Dorfes liegen 5 kleine Landstellen Hoirup-Oberskov, 1 Landbohle Klaaborg, 1 Parcelenst. Klaaborghauge und nördlich eine Landbohle Karmeshuus, wobei eine Ziegelei. — Schmiede. — Der Boden ist lehmigt und größtentheils fruchtbar. Die Hoiruper-Hölzung ist ein Theil der vormals bedeutenden Jarreshölzung (Jarreskov). — Vor der Reformation hatte Hoirup und Oeddis-Bramdrup eine eigene Capelle, welche im Holze lag; die Grundsteine sind vor mehreren Jahren ausgegraben.

Hoist, Oster- (vorm. Höret, Höchstäthe), Kirchdorf 1¾ M. nordöstlich von Tondern, an der Landstraße nach Habersleben, Pr. Tondern. Zum Amte Tondern, Slurh., gehören außer der Wohnung des Predigers und des Küsters 7 Bohlstellen und 10 kleine Landstellen (1⅜ Pfl.), 3 kleine Landstellen gehören der Kirche; zum Amte Lygumkloster, Vogtei Alslev, gehören 1 Vollh., 5 Halbh. und 2 Kathen (3¼ Pfl.) und zur Commüne Sollwig, A. Tondern, 4 Bohlst. und 8 Kathen. — Districtsschule. — Wirthshaus, Schmiede und einige Handwerker. — Die Kirche, mit welcher 1835 eine Hauptreparatur vorgenommen ward, ist alt, gewölbt, mit einem kleinen Thurme versehen und war bis 1506 ein Annex von Hostrup. — Der Prediger wird von dem Amtmanne und von dem Probsten präsentirt und von der Gemeinde gewählt. Es verdient bemerkt zu werden, daß in Hoist der jedesmalige Prediger das Recht hat mit Zustimmung der Gemeinde den Küster zu vociren. — **Eingepfarrt:** Adelvad, Alslev, Beierholm, Bögvad, Budsholm, Ellehuus, Oster- und Wester-Hoist, Holm, Kjärborg, Kreuzkrug, Lundsgaard, Maasböl, Mittenborg, Seewang, Groß- und Klein-Svinborg, Trädholm, Wittbek, Wittegaard. — Der Boden ist größtentheils sandigt aber ziemlich fruchtbar. — Vz. des Ksp.: 723.

Hoist, Wester-, Dorf an der Arnaue, 1½ M. nordöstlich von Tondern, A. Lygumkloster, Vogtei Alslev, Ksp. Hoist; 2 Vollh., 2 Dreiviertelh., 1 Halbh. und 3 Instenst. (4 Pfl.). Eine Hufe heißt Wittegaard. — Im Jahre 1353 verkaufte Hermann Nielsen genannt Wred sein Eigenthum hieselbst an Tord Jensen, welcher dasselbe 1361 dem Lygumer Kloster überließ. Claus Görts, Knappe v. Sollwig überließ 1460 seine Ländereien in diesem Dorfe ebenfalls dem Kloster. — Areal: 299 Steuert. — Der Boden ist sandigt, aber ziemlich fruchtbar.

Holand (Hochland), Hof im Gute Warleberg 1¾ M. südöstlich von Eckernförde, Eckernförderh., Ksp. Gettorf. — Areal: 88 T. 1¹³⁄₁₆ Sch. à 240 □. R. Dieser Hof ward 1833 mit einem Theile der Ländereien bei Ravensmoor (15 Ton. 2⁵⁄₁₆ Sch.), den s. g. Sprießen (20 Ton. 2⁹⁄₁₆ Sch.), der Hufe Rokkenrade und 1 Kathe verkauft.

Holbek, ein kleiner Hof im Gute Gravenstein am Nübeler Noor, A. Apenrade, Lundtofth., Ksp. Atzbüll. Dieser Hof ward 1653 mit Auenbölgaard an Wulf Hoek verkauft; beide Höfe kamen 1694 von Hans Hoek an den Grafen Friedrich v. Ahlefeld auf Gravenstein.

Holbie, Alt- und Neu- (Bondesbrücke), 2 Kathen und Wirthshäuser, an der Geilaue, 1½ M. nördlich von Flensburg an der Chaussee, im Gute Kjelstrup, A. Apenrade, Lundtofth., Ksp. und Schuldistr. Holeböl.

Holeböl (Hyolböl), Kirchdorf 1¾ M. nordwestlich von Flensburg, unweit der Chaussee nach Apenrade, A. Apenrade, Lundtofth., Pr. Apenrade.

Dieses Dorf gehört mit Ausnahme der Kirche, der Prediger- und der Küsterwohnung, die zum Amte Apenrade gehören, zum Gute Kjelstrup, und enthält 7 Bohlstellen, 4 Kathen und 9 Instenstellen. Eine Kathe (5 Steuert.) gehörte ehemals zum Amte Hadersleben, Vogtei Vollerslev. — Districtsschule. — Wirthshaus, Schmiede. — Die Kirche ist zum Theil mit Blei gedeckt, hat keinen Thurm und keine Orgel. — Der Prediger wird von dem Amtmanne und von dem Probsten präsentirt; die Gemeinde wählt. — Eingepfarrt: Aussenkjär, Frauenholz, Oster-Geil, Wester-Geil, Hockerup, Hönschnap, Alt- und Neu-Holbie, Holeböl, Keelbjerg, Kjelstrup, Kjelstrupfeld, Kjelstrupskov, Koldmoos, Groß- und Klein-Orenöe, Randeshövd, Sönderhav, Undelev, Bilsbäk. — Der Boden ist hügeligt und von leichter Art. — Nordwestlich vom Dorfe lag ein großer, jetzt größtentheils abgetragener Grabhügel, der Königshügel (Kongenshöi) genannt, der eine von Feldsteinen gewölbte Grabkammer enthielt. — Vz. des Ksp.: 1195.

Holländerdeich, 17 Häuser an einem Deiche im Amte Tondern, Bökingh., Ksp. und Schuldistr. Fahretoft. Ueber die hier erbaute vormalige Katholische Kirche s. Bottschlotherkoog.

Holländerei, eine Parcelenstelle im Amte Gottorf, Schliesh., Ksp. und Schuldistr. Boren, gehörte ehemals zum Gute Lindau.

Hollbüllhusen (Hollbüllhuus, vorm. Holbelinghusen), Dorf 1¼ M. nordöstlich von Friedrichstadt, A. Husum, Vogtei und Ksp. Schwabstedt. Dieses Dorf, welches 1435 dem Altar U. L. Frauen in der Kirche zu Schwabstedt gehörte, enthält 4 Dreiviertelstaven, 7 Halbst., 2 Fünftelst., 5 Kathen mit und 3 Kathen ohne Land (3$\frac{127}{144}$ Pfl.). — Schuldistr. Fresendelf. Areal: 305 Steuert., worunter 161 Ton. Gras- und Weideländereien. — Der Boden ist größtentheils fruchtbar.

Hollien, 2 kleine Pachtstellen im Gute Rathmannsdorf, am Holliner Holz an der Kaltenhofer Scheide, Eckernfördeh., Ksp. Dänischenhagen.

Hollingstedt (vorm. Hylingstaba), Kirchdorf an der Treene, 2 M. südwestlich von Schleswig, A. Gottorf, Arensh., Pr. Gottorf. Vor diesem sehr alten Dorfe theilt sich der westliche Theil des Danewerks, der s. g. Krummwall in 2 Arme und bildete vormals einen Halbbogen, dessen Ende sich an die Treene lehnte; von diesen Befestigungen des Dorfes sind jetzt nur wenige Spuren vorhanden, aber die Namen Schlott, Lütjenburg und Treeneburg haben sich noch erhalten. Auch lag hier am rechten Ufer der Treene, worüber eine 60 Ellen lange Brücke führt, die **Drellburg**. Hollingstedt war schon zur Zeit des Königs Gottfried im 9. Jahrhundert, aber besonders zur Zeit Knuds des Großen als berühmter Handelsort bekannt, von welchem der Transport der Waaren nach Schleswig geschah. Hier war ein geräumiges Stapelhaus von aus England gebrachten Tuftsteinen erbaut, welches späterhin, wie man meint, zu einer Kirche eingerichtet ward. Dieses Dorf enthält außer dem Pastorate und der Organisten- und Küsterwohnung 5 Vollh., 17 Halbh., 13 Viertelh., 19 Kathen und 7 Instenstellen (10¾ Pfl.). Zwei Häuser sind Wirthshäuser, deren eines sonst als eine privilegirte Freihufe unter dem Obergerichte stand und von 1655 bis 1800 der Familie v. d. Lieth zuständig gewesen ist. — Districtsschule. — 2 Schmiede, 2 Zimmerleute, 1 Schlachter und mehrere Handwerker. Eine Capelle nebst anliegendem Kirchhofe befand sich in früherer Zeit an der Ostseite des Dorfes, in welcher ein Vicarius aus Schleswig sonn- und festtäglich Messen gelesen haben soll. Die jetzige Kirche (muthmaßlich das vorm. Stapelhaus) ward später erweitert.

Holm.

Sie hat keinen Thurm, ist aber mit einer Orgel versehen, hell und geräumig. Bemerkenswerth darin ist der künstliche Taufstein. Ein neuer Begräbnißplatz ward 1837 angelegt. Der König ernennt den Prediger. — **Eingepfarrt**: Börm, Börmerkoog, Neubörm, Bookhövd, Oster=Bünge, Büngerdamm, Büngerschlagbaum, Clove, Dörpstedt, Dwasdamm, Ellingstedt, Friedrichs=feld (z. Thl.), Friedrichsgabe, Heidekrug, Hollingstedt, Meierhof, Morgenstern, Rühmland. Ein Theil des Dorfs heißt Hogestrat. Einzelne Koppeln heißen: Altgrawehr, Abel, Högen, Grotherrnholt, Overnwall, Rinnburg, Jagelhörn, Bogstedt, Schmalenburg, Plönkamp, Hogestohr, Vollbrügg, Edelsholt, Herrenskamp, Oldersbrok, Höfte und Jettefenn. — Areal: 1402 Steuert. — Der Boden ist gut; die Einwohner besitzen viele und ergiebige Wiesen und graben ihren Torf auf dem Dörpstedter Moore neben Bünge, wofür sie nach altem Herkommen für jedes Fuder 4 ß bezahlen müssen. Die Fischerei in der Treene wird von dem Königl. Amte verpachtet. — Als der König Svend im Jahre 1151 beabsichtigte die Friesen zu bekriegen, ließ er seine Schiffe aus der Schlei nach der Treene bei Hollingstedt ziehen. — Gefecht der Alliirten gegen die Schweden am 24. Januar 1713. Nach der Schlacht bei Idstedt 1850 wurden hier Verschanzungen aufgeworfen. — Bei dem Kirchhofe lag ehemals ein Hof Holmholt, welcher von dem Prediger Holm in Wißworth 1466 an das Schleswigsche Domcapitel für 40 ₰ verkauft ward. — Vz. des Ksp.: 1976.

Holm, Dorf auf der Insel Alsen, ½ M. westlich von Norburg, A. Norburg, Norderh., Ksp. Norburg enthält 36 Vollbohlen, 6 Halbbohlen, 21 Kathen und 31 Instenstellen. Von diesen sind folgende ausgebaut: 4 Stellen südöstlich Dybig mit einem Ladeplatze für Norburg, 1 Vollbohle und 2 Halbbohlen Brunnen, 1 Kathe Hellesöegaard, von wo eine Ueberfahrt nach Apenrade und der östlichen Küste Schleswigs ist, 1 Bohlstelle Greisberg, 1 Bohlstelle Lönsommai, 1 Bohlstelle Stahlbygge, 1 Bohlstelle Hellesöehave, 1 Bohlstelle Steenbäk. Nördlich liegen 1 Vollbohle und 4 Halbbohlen Nörrelykke, 2 Kathen nordöstlich heißen Hopsöehöi. Auch gehört zum Dorfe eine Königl. Wind= und Wassermühle mit einer Stampfmühle Vestermölle, (Westermühle) genannt (letzte zum Norburger Schuldistrict).—Districtsschule.—Wirthshaus, Schmiede und mehrere Handwerker. — Nach einer Urkunde aus dem Jahre 1196 gehörte dem Guldholmer Kloster bei Schleswig 4 Ottinge in diesem Dorfe. — Areal: 2671 Steuert. — Der Boden östlich vom Dorfe ist sehr fruchtbar, der übrige Theil sandig, aber in der letzten Zeit sehr verbessert. Zwei kleine Seen heißen Oldenoor=See und Helle=See. Der Hafen Dybig soll vormals ein See gewesen sein und ein Durchbruch ihn mit dem Meere verbunden haben. Auf der Feldmark liegen 2 Hügel Tinghöi genannt die ohne Zweifel vormals Ding= oder Gerichtsstätten gewesen sind. In der Nähe dieser Hügel entspringt in einer Tiefe von etwa 2 Fuß eine stark hervorsprudelnde Quelle, deren Wasser im stärksten Winter dampft, nicht friert und hinein geworfene Eisstücke schnell auflößt. Ein Grabhügel heißt Vaarhöi. — Vz. des Dorfes: 724.

Holm, Dorf 1½ M. südlich von Tondern, A. Tondern, Karrh., Ksp. Braderup. Zum A. Tondern gehören 7 Bohlstellen, 3 kleine Landstellen und 3 Häuser ohne Land (4⅝ Pfl.); 2 kleine Landstellen gehören zum Gute Karrharde und 1 kleine Landstelle zum Gute Klirbüll, Schuldistr. Uphusum. — Wirthshaus, Schmiede. — Der Boden ist nur von mittelmäßiger Art.

Holm, 5 Bohlstellen in der Nähe der Wirlaue, 1¾ M. nordöstlich von Tondern, A. Tondern, Slurh., Ksp. und Schuldistrict Hoist. Im Jahre 1613 war Holm ein volles Bondengut, unter 3 Besitzer vertheilt, und 1 Kirchenfestegut. Im Jahre 1198 erwarb die Kirche in Hoist hier Einkünfte. Im Jahre 1369 vertauschte das Kloster Lygum seine Besitzungen in Holm an den Herzog Heinrich.

Holm, Dorf an der Osterbek, 1 M. westlich von Eckernförde, an der Chaussee nach Schleswig, A. Hütten, Hüttenh., Ksp. Kosel. Nach diesem Orte ward der Fleckebyer District vormals Holmslehn genannt und das Dorf hat besonders im 14. Jahrhundert mit Fleckebye verschiedene Besitzer gehabt (s. Fleckebye). Es besteht aus 3 Vollh. und 9 Kathen. Eine Hufe und 1 Kathe liegen bei Dürwade. Hier liegt eine Königl. Erbpachts=Wassermühle und in der Nähe des Dorfes eine Windmühle. — Areal s. Göthebye. — Der Boden ist theils ziemlich gut aber auch theils sandigt und leicht. Der kleine Holmer=See liegt nördlich vom Dorfe. — Im Jahre 1628 litt das Dorf durch die Kaiserlichen sehr bedeutend, welche die Wassermühle und 3 Hufen daselbst abbrannten.

Holm, Dorf an der Treene, 1¼ M. westlich von Schleswig, A. Gottorf, Arensh., Ksp. und Schuldistr. Treya. Dieses Dorf welches am Ende des 14. Jahrhunderts v. d. Herberge an den Herzog Gerhard verkaufte, enthält 1 Vollh., 4 Halbh. und 1 Kathe (3 Pfl.). — Areal: 233 Steuert. — Der Boden ist von sehr guter Beschaffenheit. In zwei Grabhügeln waren Grabkammern, worin alterthümliche steinerne Waffen gefunden wurden.

Holm (Brarupholm), 7 Kathen und 1 Parcelenstelle an einer Hölzung, ausgebaut von Süder=Brarup, von denen 1 Kathe und die Parcelenstelle vormals zum Schleswigschen Domcapitel und 2 Kathen zum Gute Töstorf gehörten. — Areal s. Süder=Brarup.

Holm, 1 Vollh. (Freihufe, 1 Pfl.) am Hostruper=See, 1¼ M. südlich von Apenrade, im Gute Seegaard, A. Apenrade, Lundtofth., Ksp. und Schuldistr. Kliplev. Zwei von dieser Hufe abgelegte Kathen heißen Stevning und Wähl. — Areal: 71 Steuert. — Das Ackerland liegt zwischen Mooren und Teichen. Der Besitzer hat die Freiheit in dem Hostruper=See zu fischen.

Holm (Holmsgaarde), 2 Halbh. 1¼ M. östlich von Ripen, A. Hadersleben, Westerth., Frösh., Ksp. und Schuldistr. Hygum. Der Hof soll vormals von Edelleuten bewohnt gewesen sein und es sind hier Spuren von Wällen und Gräben die den Hof umgaben. Im Jahre 1518 verpfändete der Canonicus Niels Fries, J. Fries zu Lyngholm und M. Thomsen zu Damsgaard dem Könige Christian II. diesen Hof. — Areal: 103 Steuert. — Der Boden ist gut.

Holmerkoog (Süderkoog), ein Koog an der Westsee, im Westerth. der Landsch. Eiderstedt. Dieser Koog ward im Jahre 1456 eingedeicht. Zum Ksp. Tating gehört der südliche Theil 1 Hof und 2 Landstellen Büttlingsiel, Schuldistrict Tating (s. Tating). Zum Ksp. Poppenbüll 3 kleine Landstellen (Schuldistr. Neukrug).

Holmershof, ein privilegirter Hof in der Landschaft Stapelholm, bei Friedrichstadt, Ksp. Süderstapel. Pflugz. s. Königsteinshof. — Areal: 72½ Dem.

Holmgaard, 1 Landstelle im A. Tondern, Slurh., Ksp. Burkarl.

Holmgaard, eine Parcelenstelle westlich von Nyegaard, A. Sonderburg, Süderh., Ksp. Kekenis, Schuldistr. Bredsteen.

Holming, 2 Vollh. und 1 Instenst., 2 M. nördlich von Schleswig, an der Stenderupaue, A. Flensburg, Uggelh., Ksp. und Schuldistr. Havetoft. — Areal: 220 Steuert. — Das Ackerland ist sandigt aber durch Verbesserung ergiebig. In der Nähe sind mehrere Grabhügel.

Holmühl, Dorf 1¼ M. nordöstlich von Schleswig, A. Gottorf, Strurdorfh., Ksp. Strurdorf (1 Wirthshaus gehört zum Ksp. Ulsbye). Zum A. Gottorf gehören 2 Viertelh., 6 Kathen (⅜ Pfl.), von welchen 3 Kathen ehemals dem Domcapitel zuständig waren; 6 Kathen gehören dem St. Johanniskloster und 1 Kathe zum Graukloster in Schleswig. — Schuldistr. Strurdorf. — 2 Wirthshäuser. — Areal zum Amte Gottorf: 40 Steuert.; zum Graukloster: 4 Steuert. — Der Boden ist ziemlich gut. — Vormals lag in der Nähe des Dorfes an einer jetzt nur unbedeutenden Aue eine Wassermühle, wodurch der Name des Dorfes entstanden ist.

Holnis (Holdenes), 3 Großkathen und 1 aus 2½ Großkathen gebildete Parcelenstelle am Flensburger Meerbusen, 2 M. nordöstlich von Flensburg, A. Flensburg, Muntbraruph., Ksp. Munk=Brarup. Die nach Flensburg einlaufenden Schiffe müssen hier anlegen um visitirt zu werden. Hier sind 2 Controlleurstellen, 3 Ziegeleien und das Fährhaus wo die Ueberfahrt nach Brunsnäs im Ksp. Broacker ist. — Schuldistrict Bokholm. — Areal: 235 Steuert. — Im letzten Kriege wurde hier 1848 eine Batterie aufgeworfen. Gefecht am 17ten August 1848 gegen 1 Corvette, 2 Kanonenböte und 2 Kanonenschaluppen. — Holnis ist die nördlichste Spitze des Kirchspiels Munk=Brarup, daher dieses sonst Holdenes=Brarup hieß; die ganze Halbinsel, welche durch das große Holnisser Noor vom Lande geschieden, aber durch die schmale Landenge Drey mit demselben verbunden gehalten wird, war ehemals holzreich, wurde aber größtentheils im Jahre 1730 entwaldet. Bei der Fähre an der Norderbrücke ist eine Anhöhe, die ehemals mit Wald bewachsen und in Kriegszeiten als Schlupfwinkel gedient haben soll. Die Ziegelei westlich am kleinen Holnisser=Noor ist 1710 erbaut.

Holstorf (Holzdorf, vorm. Holstoft), Dorf im Gute Maasleben 1¼ M. nordöstlich von Eckernförde an der Landstraße nach Cappeln, Eckernförderh., Ksp. Siesebye; 8 Halbh., und 5 Kathen. — Schuldistr. Seeholz. — Wirthshaus, Schmiede. — Der Boden ist von lehmigter Art und sehr fruchtbar. — Der König Christian I. verpfändete 1470 ein Gut in diesem Dorfe an Claus v. Ahlefeld zu Maasleben und Dörpt.

Holt, Dorf 3 M. südöstlich von Tondern, Ksp. Medelbye. Von diesem Dorfe gehören 6 Bohlstellen und 4 kleine Landstellen mit einem Armenhause zum A. Tondern, Karrh., 4 Bohlstellen zum Hospitale in Flensburg (1451 dem Heil. Geisthause). — Schuldistrict Medelbye. — Areal: 579 Steuert. — Der Boden ist von mittelmäßiger Art.

Holtenau (Holstenau), Dorf im Gute Seekamp in malerischer Lage an einer Anhöhe an der östlichen Mündung des Eider=Kanals, ¾ M. nördlich von Kiel, Eckernförderharde, Kirchspiel Dänischenhagen. Holtenau war in früherer Zeit ein adeliches der Familie v. Buchwald gehöriger Hof an der Levensaue, wo sich noch am östlichen Ende des Dorfes Spuren von Gebäuden finden; besonders enthält ein mit Buschwerk bewachsener Hügel Blocksberg bedeutende Ueberreste. Dieser Hof ist späterhin eingegangen und die Ländereien sind mit Seekamp vereinigt.

Holtenau besteht jetzt aus 4 Vollh., 2 Halbh., 4 Viertelh., 5 Kathen und 20 Instenstellen. — Ebenfalls führt den Namen Holtenau die östlich vom Dorfe belegene Königl. Zollstätte mit Beamtenwohnungen und einem Packhause, und die westlich vom Dorfe belegene Kanalschleuse mit 2 Wirthshäusern, welche beide zum A. Hütten, Hüttenh. gehören. — Districtssch. — 5 Wirthshäuser. — Unter den Einwohnern sind: 1 Zollverwalter, 1 Packhausverwalter, 1 Controlleur, 1 Pferdeentrepreneur, 1 Lootse, 1 Schleusenwärter, 4 Spediteure, 1 Schmied und 1 Tischler. — Die Schleuse bei Holtenau ward im Jahre 1824 neu erbaut; sie erhielt den Namen Friedrichschleuse und wird für ein höchst vollendetes Werk gehalten. — Areal zum Gute Seekamp 451 Steuert.; zum A. Hütten 38 Steuert. — Der Boden ist eben, mehr lehmigt als sandigt und sehr fruchtbar.

Holtsee, Dorf 1 M. südlich von Eckernförde, Eckernförderh., Ksp. Sehestedt. Von diesem Dorfe, welches eine ziemlich hohe Lage hat, gehören zum Gute Hohenlieth 5 Vollh. und 5 Kathen, und außerdem die ausgebauten 2 Vollh. Fromrade und 1 Halbh. und 3 Kathen Lehmkuhl; eine Stelle heißt Carstenberg, 2 andere östlich Trammbeck, eine Reihe Kathenstellen sind südwestlich ausgebaut und heißen Neu-Holtsee. Zum Gute Harzhof gehören 4 Kathen. — Districtssch. — Wirthshaus. — Südwestlich vom Dorfe liegt eine Windmühle, die dadurch bemerkenswerth ist, daß das am 10ten December 1813 zwischen den Dänen und den Verbündeten bei Sehestedt gehaltene Gefecht hier seinen Anfang nahm. — Westlich vom Dorfe liegt ein kleiner See, Holt-See, 7 Ton. 120 □. R. groß. — Areal: 682 Steuert. — Der Boden ist sehr gut.

Holzacker (Holtsagger), Dorf 3¼ M. südöstlich von Tondern, A. Tondern, Karrh., Ksp. Enge. Zum A. Tondern gehören 2 Bohlstellen und 3 kleine Landstellen; zum Gute Fresenhagen 9 Bohlstellen und 2 Instenstellen (4 Pfl.), und zum Gute Lütgenhorn gehören 4 südlich belegene Knorburg genannte Bohlstellen. — Nebenschule. — Wirthshaus, Schmiede. — Im 15ten Jahrhundert hatte die Familie auf d. Heide hier Besitzungen. — Areal zum Gute Fresenhagen 239 Steuert.; zum Gute Lütgenhorn 214 Steuert. — Der Boden ist ziemlich fruchtbar.

Holzkoppel, ein ehemals zum Gute Sardorf gehörender Meierhof, 1¼ M. nördlich von Eckernförde, Eckernförderh., Ks. Riesebye. — Dieser Hof ward 1798 mit dem Meierhofe Hörst (zus. 4 Pfl.) für 57,000 ℳ und einen jährlichen Canon von 4476 ℳ an Wegener verkauft. — Areal: 144 Ton. à 260 □. R. (23,040 Rbthlr. Steuerw.), außer 6 Ton. Moor à 300 □. R. — Zum Hofe gehört eine Kathe in Norbye. Das Haus brannte im Jahre 1838 ab, ward aber bald darauf neu erbaut.

Holzkoppel, 2 kleine vom Hoffelde des Gutes Rundhof abgelegte Parcelenstellen, Cappelerh., Ksp. Esgrus, Schuldistr. Bojum. — Areal: 12 Hdtsch.

Holzkrug (Telt), Wirthshaus 1 M. südlich von Lygumkloster., A. Birk und Ksp. Lygumkloster. Diese bei Dravit belegene Stelle ist von Friedrichsgaard 1784 abgelegt und der Name Telt ist daher entstanden, daß hier ehemals für Moorarbeiter ein Zelt aufgeschlagen war. — Schuldistrict Ellum.

Holzschicht, 1 Hufe im Gute Damp, nahe bei einer kleinen Hölzung Söhe genannt belegen, Eckernförderh., Ksp. Siesebye.

Hommelgaardsbek.

Hommelgaardsbek, eine vor mehreren Jahren abgebrochene kleine Landstelle an der Landstraße von Haderslebeu nach Aaroesund, im A. Hadersleben, Ksp. Starup.

Hommelhof, Groß- u. **Klein-** (vorm. Humblehaue), 1 Bohlstelle und 1 kleine Landstelle nebst 2 Instenstellen (1½ Pfl.) nordöstlich vom Kirchdorfe Abild, im A. Tondern, Ksp. und Schuldistr. Abild. Beide Stellen gehören zur Commüne Sollwig.

Hooge, Hallig in der Westsee, ½ M. nordwestlich von Pelworm, A. Husum, Landschaft Pelworm. Diese Hallig welche etwas höher als die andern Halligen ist und daher so benannt wird, hat eine Länge von ½ M. und ist an einigen Stellen 4000 Ellen breit. Vormals war Hooge ein mit dem alten Nordstrand zusammenhängendes Kirchspiel, einen großen Theil desselben zerstörte aber die Fluth im Jahre 1362 und es entstand diese Insel; das Wasser zwischen Hooge und Pelworm ist aber noch so flach, daß man während der Ebbe von einer Insel zur andern gehen kann. — Die Häuser liegen auf hohen Werften; gegenwärtig sind außer der Kirchhofswerfte hier noch 9 bewohnte: Westerwerft, Iplenswerft, Volkertswerf, Lorenzwerf, Mitteltritt, Okkelützwerf, Backenswerf, Okkenswerf und Hauswerf. Eine Mühle liegt nördlich von der Kirche. — Die Insel hat im Laufe der Zeit sowohl an Größe als an Einwohnern sehr abgenommen. Noch im Jahre 1794 waren hier 14 Werften, von denen einige mit 20 Häusern bebaut waren und 480 Einwohner. Vor der Fluth 1825 zählte man 100 Häuser und 393 Einw. Jetzt sind hier 70 Häuser und 250 Einw. — Hooge war bis zum Jahre 1581 zur alten Kirche auf Pelworm eingepfarrt, darauf erhielt im Jahre 1618 die Gemeinde einen Prediger und der Gottesdienst ward in einem Hause auf Hanswerf (jetzt für Arme eingerichtet) gehalten; erst im Jahre 1637 wurde die jetzige Kirche erbaut, 1690 vergrößert und 1826 nach der Fluth hergestellt; sie ist von Mauersteinen mit Pfannen gedeckt und ziemlich groß; die Kanzel und der Taufstein sind aus der im Jahre 1634 zerstörten Kirche zu Osterwoldt. — Der König ernennt den Prediger. — Ein eigenes Schulhaus ist hier nicht; der Schullehrer muß für ein passendes Lokal sorgen. Vormals waren die Einwohner wohlhabend, welches sie allein der Schifffahrt verdankten; in der letzten Hälfte des vorigen Jahrhunderts zählte die Insel noch über 100 Seefahrende und darunter 40 Schiffer; jetzt ist die Zahl der Seefahrenden sehr geringe. — Die Viehzucht welche jetzt der Haupterwerbzweig der Einwohner ist, liefert nur einen spärlichen Ertrag. Zur Versorgung von Waisenkindern auf den Halligen stiftete der Justizrath Gardthausen in Cappeln 1829 das Eidora-Legat (die Zinsen von 1500 ₰). — Areal: 1713: noch 647 Dem. 4 Sch.; 1732: 592 Dem.; 1771: 457 Dem.; jetzt 1111 Steuert. — Zwischen Hooge und Pelworm geht eine Königl. Fähre. — Es sind auf der Insel noch Spuren ehemaliger Werften, welche Norderwerf, Boyenswerf, Ponenswerf, Altvolkertswerf, Sievertswerf, Gross- und Klein-Süderwerf, Fedderbandixwerf und Schlutswerf heißen. — Eine viertel Meile östlich von Hooge liegt eine kleine unbewohnte Hallig, Hainshallig genannt (10 Steuert.).

Hoptrup (vorm. Hoptorp), Dorf an einer kleinen Aue, 1¼ M. südlich von Hadersleben an der Landstraße nach Apenrade, A. Hadersleben, Osterth., Gramh., Ksp. Hoptrup. — Dieses niedrig belegene Dorf enthält

1 Anderthalbh., 3 Vollh. deren eine Haugaard (s. Haugaard) heißt, 1 Dreiviertelh., 8 Halbh., 1 Viertelh., 19 Kathen und 4 Instenst. Zwei ausgebaute Halbh. heißen Ottesgaard und Jürgensgaard, 1 Viertelh. und Wirthshaus zwischen Kirkebye und Hoptrup heißt Hoptrupkroe (Hoptrupkrug), einzelne Höfe Fuglsang (s. Fuglsang), Steensbjerg, (s. Steensbjerg), Frydendal. Eine Königl. Wassermühle liegt westlich vom Dorfe und heißt Oestergaard=Mölle (Oestergaard=Mühle). — Schuldistr. Hoptrup=Kirkebye. — 2 Schmiede und mehrere Handwerker. — Areal mit Haugaard: 1284 Ton. $2\frac{3}{16}$ R. à 320 □. R. — Der Boden ist sehr gut und fruchtbar; die Hufener haben einen Theil des Alkjärer Moores im Ksp. Vitsted angekauft. — Gefecht bei Hoptrup am 7. Juni 1848. — Nach einem Register aus dem 15. Jahrhundert hatte der Bischof zu Schleswig zu Hoptorp 4 Lansten und ein Gut bei der Kirche, außerdem eine Hölzung Biscoplund und einen Platz für eine Mühle.

Hoptrup=Kirkebye, Kirchdorf des Ksp. Hoptrup, 1 M. südlich von Hadersleben an einer kleinen Aue, die in den Sliip=See fällt, A. Hadersleben, Osterth., Haderslebenerh., Pr. Hadersleben; enthält außer der Prediger= und Küsterwohnung 1 Halbh., 5 Viertelh., 1 Achtelh., 10 Kathen und 1 Instenst. — Einzelne Stellen heißen Høgholm, Steinbjerg und Rummelborg. — Districtsschule. — Wirthshaus. — Zu der Hoptruper Schule und den Schulen in Mastrup, Djernäs und Sönderballig gehört ein Legat des Küsters Johnsen von 4836 ℳ, dessen Zinsen an fleißige arme Kinder verwandt werden. — Die Kirche ist ein altes Gebäude mit Gewölben in Kreuzform erbaut und mit einem kleinen Thurme versehen. Die Einkünfte der Kirche wurden 1350 von dem Bischofe Berthold dem Dompropsten in Hadersleben geschenkt. — Der König ernennt den Prediger. — Das zu Kirkebye gehörige Kirchspiel wird in 2 Kirchspielsdistricte Norder=Hoptrup (Haderslebenerh.) u. Süder=Hoptrup (Gramh.) getheilt. — Eingepfarrt: Braraa, Broskovvei, Christianshavn, Djernäs, Djernäs=Sluse, Dundelund, Frydendal, Fuglsang, Havhuse, Høgholm, Høgholt, Hoptrup, Hoptrupkrug, Hovgaard, Jürgensgaard, Oberbye=Kjestrup (z. Thl.), Nederbye=Kjestrup, Kirkedal, Langhorn, Langkjärskov, Nörbye=Mastrup, Sönderbye=Mastrup, Mikkelsborg, Munkhöi, Nörbyegaard, Nörskovgaard, Nyedam, Oestergaard=Mölle, Ottesgaard, Overgaard, Pamhoel, Pamhoellund, Piilbjerg, Rummelborg, Rundbjerg, Sarildborg, Skiönholt, Skjärbäk, Skovlund, Sliipsgaard, Sönderballig, Steinbjerg, Steensbjerg, Steinholt. — Der Boden ist fruchtbar. Auf der Feldmark befinden sich 2 Grabhügel worin der Sage nach 2 Kriegshelden, Grim und Vogn, begraben sein sollen. — Vz. des Ksp.: 1578.

Hornsee, 3 Bohlstellen ($2\frac{1}{4}$ Pfl.) $2\frac{1}{2}$ M. nordöstlich von Tondern, A. Tondern, Slurh., Ksp. und Schuldistr. Rapsted; 2 auf der Feldmark erbaute Colonistenstellen gehören zur Colonie Julianenburg. — Der Boden ist sandigt. — Nach einem Domcapitelsregister aus dem Jahre 1352 gehörte Hornsee zur St. Catharinen Vicarie im Dom zu Schleswig. — Im Jahre 1584 verkaufte Hans Blome zu Seedorf 4 Güter in Hornsee an den Herzog Adolph.

Horrstedt, Dorf ¾ M. nördlich von Husum an der Landstraße nach Bredstedt, A. Husum, Norderh., Ksp. Hattstedt. Dieses an einer kleinen Aue und ziemlich niedrig belegene Dorf enthält 33 Vollstaven, 3 Halbst., 2 Drittelst., 2 Sechstelst, und 3 Kathen ($6\frac{1}{2}$ Pfl.). — Ein ausgebautes Wirthshaus heißt Kronenburg. — Schule, Schmiede. — Der Boden ist theils von ziemlich guter, theils aber nur von mittelmäßiger Art.

Horsbek, 2 Drittelbohlen an einem kleinen Bache der Leckaue, A. Tondern, Karrh., Ksp. und Schuldistr. Medelbye. — Areal: 95 Steuert.

Horsbüll, (vorm. Horsäby), Kirchdorf 2½ M. südwestlich von Tondern, an der Westsee, A. Tondern, Wiedingh., Pr. Tondern. — Dieses Dorf, welches in Alt= und Neu=Horsbüll eingetheilt wird, liegt unmittelbar am Seedeiche und enthält außer der Prediger= und Küsterwohnung 25 Häuser; Districtsschule, Wirthshaus, 2 Schmiede und einige Handwerker. — Die Kirche liegt in Alt=Horsbüll; sie ist ein altes Gebäude mit einem kleinen im vorigen Jahrhundert erbauten Thurm. Bemerkenswerth ist das Altarblatt. In der Kirche befindet sich eine Lade, worin mehrere alte Urkunden und Documente der Horsbüllharde (Wiedingh.) aufbewahrt werden. — Der Prediger wird von dem Amtmanne und dem Probsten präsentirt und von der Gemeinde gewählt. — **Eingepfarrt:** Bennighusum, Diedersbüll, Süder=Feddersbüll, Gaarde, Alt= und Neu=Horsbüll, Hunwerthhusum, Norder=Hunwerthhusum, Kleidende, Mark, Osterfeld, Toftende, Ulfhusum, Wange. — Der Boden ist von verschiedener Art; das Land am Seedeiche ist das beste, das ostwärts belegene aber bedeutend schlechter. — Vz. des Ksp.: 436.

Horsbyk (Horsbygge), Dorf 1¼ M. nordwestlich von Apenrade, A. Apenrade, Süderrangstruph., Ksp. Ekvad. Dieses hochliegende, auf der Haide erbaute Dorf enthält 3 Drittelh., 2 Viertelh., 6 Achtelh., 1 Kathe und 1 Instenst. (3¾ Pfl.). Nördlich ausgebaut sind 2 Stellen Fredenslund und Fjerholm. — Schuldistr. Hastrup. — Ziegelei. — Areal: 328 Steuert. — Der Boden ist größtentheils sandigt und steinigt und nur an wenigen Stellen von ziemlicher Güte.

Hoskoppel, eine nach Niederlegung von Morkirchen gebildete Parcelenstelle im A. Gottorf, nordwestlich von Morkirchen bei Baustrup, Morkirchh., Ksp. und Schuldistr. Böel.

Hostrup (vorm. Horstorp), Kirchdorf an der Virlaue, ¾ M. nordöstlich von Tondern, A. Tondern, Slurh., Pr. Tondern; enthält außer der Prediger= und Küsterwohnung 6 Bohlst. und 16 Instenst. Zur Commüne Sollwig gehören 2 Bohlst. und 5 Kathen (2¼ Pfl.). — Districtsschule. — Armen= und Arbeitshaus auf Hostrupfeld, Wirthshaus, Schmiede und mehrere Handwerker. — Die Kirche war schon gegen das Ende des 12. Jahrhunderts (1198) vorhanden und ist ein recht gutes Gebäude von Ziegelsteinen und mit einem Bleidache versehen. Sie hatte ehemals einen hohen Thurm, welcher aber durch einen Blitzstrahl vernichtet ward; seitdem ist der Thurm abgestumpft. Eine Orgel erhielt die Kirche im Jahre 1830; das silberne Altargeräth ward 1592 von Dorothea Rantzau auf Sollwig geschenkt. — Der Amtmann und der Probst präsentiren den Prediger, die Gemeinde wählt. — **Eingepfarrt:** Bimbüll, Hostrup, Zeising, Julianenburg (z. Thl.), Kjärburg, Mittenburg, Nörkjär, Strup, Sollerup, Sollwig, Tidsholm, Tönde. — Der Boden ist gut und fruchtbar. — Im Jahre 1319 verkaufte Henneke Moltefe seine Güter im Ksp. Horstorp an Abel Waldemarsön. — Vz. des Ksp.: 1164.

Hostrup (vorm. Horstorp; Wald. Erdb. Horstorphovaeth), Dorf ¾ M. südöstlich von Apenrade an der Landstraße nach Sonderburg, A. Apenrade, Lundtofth., Ksp Ensted. Von diesem Dorfe gehören 5 Hufen, 2 Kathen und 8 Instenst., darunter der Besoldungspflug des Kirchspielvogts zum A. Apenrade; zum Gute Aarup 8 Hufen. — Districtsschule. — Wirthshaus, Schmiede. — Areal zum Amte: 373 Steuert. —

Der Boden ist an der Südseite sandigt und im Ganzen hügeligt. — Südlich vom Dorfe gränzt an die Feldmark derselben der fischreiche Hostruper=See, welcher 4000 Ellen lang und an einigen Stellen 3000 Ellen breit ist und mit der Berndrupaue in Verbindung steht. — Südlich vom Dorfe waren vormals mehrere Grabhügel, auch stehen dort noch 3 alte Linden unter denen vormals das Dinggericht gehalten ward; ein schmaler Weg dahin heißt noch Tingfoort (Dingredder) und unter dem bei diesen Linden stehenden Hause fand man vor mehreren Jahren 2 alte, von großen Feldsteinen um= gebene, Keller, zu denen eine breite Treppe führte.

Hostrup (vorm. Hostorp), Dorf 2¼ M. nördlich von Schleswig, an der Landstraße von Eckernförde nach Flensburg, Ksp. und Schuldistr. Havetoft. Zum A. Gottorf, Struxdorfh., gehören 2 Halbh., 2 Viertelh., 1 Achtelh., 2 Sechszehntelh. und 1 Kathe (1⅞ Pfl.). Zum A. Flensburg, Uggelh., 1 Vollh., 1 Dreiviertelh. und 10 Kathen; von diesen sind 2 aus= gebaut und heißen Hostrupholz. — 2 Wirthshäuser, Schmiede und einige Handwerker. — Im Jahre 1460 verkaufte Heinrich Dosenrade seine Güter in Hostorp an das Domcapitel und späterhin Johann Alberts ein Gut an den König Friedrich II. Im Jahre 1527 vertauschte Otto Ratlov zu Lindau 2 Güter in **Wysbüll** und 2 Güter in Hostorp gegen 3 Domcapitelsgüter in Gundebye (Ksp. Ulsnis). — Areal zum A. Gottorf 221 Steuert.; zum A. Flensburg 150 Steuert. — Das Ackerland ist sandigt aber durch Bemer= geln sehr ergiebig. — Auf der Feldmark befinden sich mehrere Grabhügel.

Hostrup (Norder=Hostrup), Dorf an der Sauerbek, 1½ M. nordwestlich von Apenrade, Süderrangstruph., Ksp. Ekvad; 3 Fünfzwölftelh., 3 Dritteln., 4 Viertelh., 1 Achtelh., 2 Kathen und 17 Instenst. (5 1/12 Pfl.). 9 östlich ausgebaute Kathen heißen Hostruper=Kathen. — Zum Pastorate gehört ½ Otting zu Hostrup. — Districtsschule. — Schmiede und einige Handwerker. — Areal: 492 Steuert. — Das Ackerland ist größtentheils steinigt und nicht sehr ergiebig. — Auf der Feldmark sind einige Grabhügel.

Hostrupskov (Hostrupholz), 13 zerstreut liegende Instenstellen und 2 Parcelenstellen in und an der südöstlich von Apenrade liegenden Hölzung in der Nähe des Strandes, A. Apenrade, Lundtofth., Ksp. Ensted. Von diesen Stellen gehören 8 Instenstellen zum A. Apenrade und 5 Instenstellen nebst 2 Parcelenstellen zum Gute Aarup. Eine Parcelenstelle heißt **Wingelhöi**. — Schuldistr. Hostrup. — Mehrere Einwohner ernähren sich von der Fischerei im Apenrader Meerbusen. — Der Boden ist lehmigt und sehr gut.

Hou, einige Häuser südlich vom Kirchdorfe Emmerley, im A. Tondern, Hoyerh., Ksp. und Schuldistr. Emmerley.

Houdst (Haust), Dorf 1 M. südöstlich von Hadersleben, A. Haders= leben, Osterth., Hadersleberh., Ksp. Vilstrup; 8 Halbh. und 3 Kathen. Eine Hufe gehört zum Hospitale in Hadersleben. — Schuldistr. Sönder= bye=Vilstrup.

Hovgaard (Haugaard), Hof 1¼ M. südlich von Hadersleben, A. Hadersleben, Osterth., Gramh., Ksp. und Schuldistr. Hoptrup. Dieser Hof (1 Pfl.), welcher von dem Könige Christian IV. einige Freiheiten erhielt, hat einen Flächeninhalt von 213 Ton. à 320 □. R. — Der Boden ist sehr gut und trägt alle Kornarten. — Das Wohnhaus ist alt, von Brandmauern und bequem eingerichtet. Südlich vom Hofe lagen 3 Grabhügel, die aber vor einigen Jahren abgetragen sind.

Hoxtrup (Hockstrup), Dorf an der Arlaue, 1¾ M. südwestlich von Bredstedt, Landschaft Bredstedt, Ksp. Biöl; enthält 7 größere und 3 kleinere Landstellen. — Nebenschule. — Areal: 219 Steuert. — Der Boden ist von ziemlicher Güte.

Hoyer (Waldem. Erdb.: Höthär), eine mit der Birk=Gerechtigkeit und mit der Freiheit des Handels und der Handwerke (ohne Zunftzwang) versehene Ortschaft an der Westsee, 1½ M. nordwestlich von Tondern, Pr. Tondern. Hoyer wird in Süd=Hoyer und Nord=Hoyer eingetheilt und zum A. Tondern, Südhoyerharde gehören in Süd=Hoyer 51 kleine Landstellen und in Nord=Hoyer 18 Bohlstellen und 44 kleine Landstellen; zur Grafschaft Schackenborg gehören 3 Bohlstellen und 17 kleine Landstellen und zum A. Lygumkloster, Vogtei Abel, 1 Bohlstelle (½ Pfl.). — Zahl der Einwohner: 1043. — Es befinden sich hier 1 Apotheke, 1 Zuckerraffinerie, 1 Tabacksfabrike, 1 Dampfbrennerei, 1 Färberei, mehrere Schmiede und Handwerker und 4 Wirthshäuser. Das im Jahre 1829 erbaute Armen= und Arbeitshaus ist für 60 Personen eingerichtet. Hier ist eine Erbpachts=Windmühle. Der in der Nähe fließende Bach Seiersbek genannt, südlich von Hoyer, ergießt sich in einem im Jahre 1799 gegrabenen Kanal. Am Ausflusse befindet sich ein Ankerplatz für die aus der Westsee kommenden Schiffe. Hoyer hat jetzt 4 Schiffe und im Durchschnitt laden jährlich im hiesigen Kanale 80 bis 90 Schiffe. Die Ausfuhr von Producten aller Art ist nicht ganz unbedeutend und die Ladungen werden nach Hamburg, Altona, Bremen, Holland und England gesandt. Seit 1852 ist eine regelmäßige Dampfschifffahrt zwischen hier und Lowestoft in England eingerichtet, und zwischen Hoyer und Silt ist eine Fähre mit einem sehr bequemen Fährschiffe, welches wöchentlich 2 mal hin und zurück geht. Im Orte sind ein Controlleur und ein Zollassistent; übrigens gehört Hoyer nach der Zollstätte in Tondern. — Die dem St. Petrus geweihete Kirche war schon 1385 eine Parochialkirche; sie liegt in der Mitte des Dorfes, ist von starker Bauart und hat eine schöne und einfache innere Einrichtung; sie ist gewölbt und hat einen abgestumpften Thurm. Eine reiche Jungfrau Namens Cäcilie Ehms ließ sie schon vor der Reformation vergrößern. Eine Orgel ward 1753 errichtet. — Der Prediger wird von dem Amtmanne und dem Probsten präsentirt und von der Gemeinde gewählt. — **Eingepfarrt**: Gathe, Hoyer, Nordwarf, Poppenbüll, Rutebüll. Aus dem Rutebüllerkooge und dem Friedrichskooge halten sich einige Familien zur Kirche in Hoyer. — Die Schule hat 2 Klassen und 2 Lehrer; außerdem ist hier seit 1824 eine Privatschule. — Die Einwohner ernähren sich von dem Ackerbau und der Viehzucht, einige Familien von der Schifffahrt und der Fischerei, einige durch Fuhren und Tagelöhnerarbeit. Mehrere Frauen beschäftigen sich mit Verfertigung der Spitzen. — Das Birkgericht besteht aus dem Hardesvogt als Birkrichter und 8 Rathleuten. In Hoyer werden 2 Vieh=, Pferde= und Holzmärkte am Donnerstage vor Simon Judas und am Montage nach Georgius gehalten. — Hoyer liegt auf der hohen Geest, jedoch nahe an der Marsch, daher hier die Deiche ihren Anfang nehmen, welche sich bis zur Eider erstrecken. Südlich von Hoyer liegt eine ganz vorzügliche und für den Ort sehr wichtige Außendeichswiese. Bemerkenswerth ist das dem Andenken des Königs Friedrich VI. nach der Fluth im Jahre 1825 errichtete Sandstein=Monument — Vz. des Ksp.: 1377.

Hoyersworth, adel. Gut ½ M. nördlich von Tönning, in der Landschaft Eiderstedt, Ksp. Oldenswortz. Dieses Gut wurde 1564 von dem Herzoge dem verdienstvollen Staller und Fürstlichem Rathe Casper Hoyer geschenkt und wurden demselben die Privilegien adelicher Güter verliehen. Der damalige Besitzer erbaute kurz vor seinem Tode 1594 einen von hohen und dicken Mauern aufgeführten Hof, welcher nach damaliger Art zugleich stark befestigt und mit Mauern, doppelten Gräben, über deren innern eine Zugbrücke führte, und mit hohen Wällen umgeben ward. Von den ältesten Besitzern verdient bemerkt zu werden: der Sohn des vorigen Hermann Hoyer, welcher im Jahre 1599 mit der bekannten Anna Ovens verheirathet ward, die auch nach seinem Tode (1622) im Besitz des Gutes blieb und es 1632 an die Herzogin Auguste verkaufte. Der Herzog Friedrich II. überließ es 1647 an den Rentmeister Joachim Danckwerth (Vater des berühmten Geschichtschreibers Casper Danckwerth). Nach ihm kam es an dessen Schwiegersohn den Regierungsrath Andreas Cramer und dessen Erben bis 1732, darauf wechselten die Besitzer häufig und seit 1771 gehört es der Familie Hamkens. — Hoyersworth steht in der Landesmatrikel zu 3 Pfl. — Areal: 188 Dem. freies Marschland und 49 Dem. 3 Sch. 32 R., welche keine adeliche Gerechtsame haben (169 Steuert., 40,560 Rbthlr. Steuerw.). Zum Hofe gehört eine Mühle nebst Müllerhaus in der Nähe der in Angriff genommenen Husum=Tönninger Eisenbahn. Untergehörige hat das Gut nicht. — Zahl der Einwohner: 10. — Der Boden liegt nicht so niedrig als Marschland gewöhnlich, ist aber sehr fruchtbar. Südlich vom Hofe liegt ein kleines Gehölz von Silberpappeln und Eschen, und auf dem Walle zwischen den Gräben sind mehrere Tausend Eichen und Buchen angepflanzt. Auf Hoyersworth wurde 1713 die Capitulation zwischen den Dänen und dem Grafen Steenbock geschlossen. Unweit des Hofes liegt eine Fenne, welche noch Königskamp genannt wird, weil hier 1252 der König Abel ein blutiges Treffen gegen die Friesen verlor. — Landesherrliche Steuern: Contrib. 134 Rbthlr. 38 b/ß, Landst. 84 Rbthlr. 48 b/ß, Hausst. 10 Rbthlr. 51 b/ß.

Höyumgaard, 1 Landstelle an der Geilaue, östlich von Eggebek, A. Tondern, Slurh., Ksp. Tingleb.

Hude, Dorf an der Treene, 1 M. östlich von Friedrichstadt, Amt Husum, Vogtei und Ksp. Schwabstedt; 10 Vollh., 9 Halbh., 7 Achtelh. und 4 Kathen ($4\tfrac{54}{576}$ Pfl.). Hier geht eine Fähre (Huderfähre) über die Treene nach Norderstapel. Nahe beim Fährhause ist eine Halbhufeausgebaut. — Districtssch. — Schmiede. — Areal: 370 Steuert., worunter 60 Ton. Gras= und Weideländereien. — Der Boden ist von mittelmäßiger Art. — Oestlich vom Dorfe hebt sich das Land zu einer bedeutenden Höhe; der höchste Punkt heißt der Glockenberg.

Hüholz, 4 Parcelenstellen im Gute Oehe, nördlich vom Dorfe Gundelsbye, Cappelerh., Ksp. Gelting, Schuldistrict Gundelsbye. Diese Stellen wurden vom Gute Oehe im Jahre 1786 verkauft. — Areal: 41 Steuert.

Hühnerhäuser, einige zur Stadt Schleswig gehörige Häuser, nördlich nahe vor Schleswig am Hesterberge belegen, Ksp. St. Michaelis. Sie haben ihren Namen von einer dortigen vormaligen Menagerie für die Gottorfische Hofhaltung erhalten, die nach dem Tode des letzten Herzogs im Jahre 1713 aufgehoben wurde. — Schuldistr. Schleswig. — Wirthsh.

Hülk, einige Häuser an der Eider, 1½ M. südwestlich von Tönning in der Landschaft Eiderstedt, Ksp. und Schuldistr. Vollerwiek. In den ältesten Zeiten war hier eine Kirche, die im 14ten Jahrhundert vergangen sein soll.

Hültoft, 3 Häuser im A. Tondern, Wiedingh., Ksp. Neukirchen.

Hülsenhain, Meierhof im Gute Ludwigsburg, 1¾ M. nordöstlich von Eckernförde, Eckernförderh., Ksp. Waabs. Dieser Hof ist erst vor einigen Jahren angelegt und gehört zum Freiherrlich Dehn'schen Fideicommiß (s. Ahlefeldt=Dehn'sches Fideicommiß). Er hat ein Areal von 285 Ton. $4\frac{10}{16}$ Sch., worunter an Hölzung 24 Tonn. $3\frac{1}{16}$ Sch. Zum Hofe gehören 2 Kathen, eine heißt Hopfenhof. — Das Wohnhaus und das Meiereigebäude sind von Brandmauern.

Hünding (Hünning), Dorf an der Treene, $2\frac{1}{4}$ M. nordwestlich von Schleswig, Ksp. Eggebek. Zum A. Gottorf, Treyah., gehören 2 Halbh. und 3 Kathen (1 Pfl.); zur Morkirchh. 2 Halbh. und 2 Kathen (½ Pfl.), und zum A. Flensburg, Uggelh., 4 Halbh. und 1 Kathe. — Schuldistr. Esperstoft. — Areal zur Treyah. 118 Steuert., zur Morkirchh. 121 Steuert., zur Uggelh. 237 Steuert. — Der Boden ist sandig.

Hünding, Dorf $2\frac{1}{4}$ M. nordöstlich von Tondern, A. Tondern, Slurh., Ksp. und Schuldistr. Rapsted, enthält 7 Bohlstellen, 2 kleinere Landstellen und 7 Instenstellen ($4\frac{1}{6}$ Pfl.); 2 Bohlstellen gehörten zum ehemaligen Schlesw. Domcapitel. Auf der Feldmark sind 2 Colonistenstellen welche zur Colonie Julianenburg gehören. — Der Boden obgleich sandig und moorigt ist doch im Allgemeinen gut.

Hürup (vorm. Hythorp), Kirchdorf 1 M. südöstlich von Flensburg, Pr. Flensburg. Von diesem Dorfe, welches seinen Namen von der Höhe hat auf welcher es liegt, gehören zum A. Flensburg, Husbyeh., außer der Predigerwohnung, 1 Dreiviertelh., 10 Halbh., 7 Viertelh., 16 Kathen und 2 Parcelenstellen, von denen die Dreiviertelh., 6 Halbh., 7 Viertelh., 12 Kathen und die Parcelenstellen zum vormaligen Schlesw. Domcapitel gehörten. Zum A. Gottorf, Sturxdorfh. (vormals wahrscheinlich zu Satrupholm), gehören 4 Drittelh., 1 Achtelh., 1 Kathe und 1 Parcelenstelle ($1\frac{1}{8}$ Pfl.); 1 Halbh. und 1 Kathe (½ Pfl.), welche vor der Reformation dem Heil. Geisthause in Flensburg zuständig waren, gehören jetzt dem Hospitale daselbst. Von den zum A. Flensburg gehörenden Kathen werden 3 Kuhberg, Hürupheide und Brettenburg genannt. Im Dorfe sind 2 Wirthshäuser und eine Holmburg genannte zum A. Gottorf gehörende besonders hochliegende Windmühle. — Districtssch. — Wirthshaus, Schmiede und mehrere Handwerker. — Die, der Jungfrau Maria geweihete, Kirche war vormals nur eine Capelle; sie ist von Ziegelsteinen erbaut, mit Blei gedeckt, nur klein aber mit einem ziemlichen Thurm versehen, der 1803 vom Blitze entzündet abbrannte, im folgenden Jahre aber wieder erbaut ward. In der Kirche befinden sich mehrere alte Heiligenbilder. — Der König ernennt den Prediger. — **Eingepfarrt:** Brettenburg, Grimsteen, Hörgerlei, Holmburg, Hürup, Hürupheide, Kjelsgaard, Kuhberg, Wattschaukrug (z. Thl.), Wesebye, Wesebyegaard. — Areal zum A. Flensburg: 941 Steuert.; zum A. Gottorf: 136 Steuert.; zum Hospitale: 58 Steuert. — Der Boden ist ziemlich gut. — Vz. des Ksp.: 636.

Hürye, 2 kleine Parcelenstellen im A. Gottorf, Schliesh., Ksp. und Schuldistr. Boren, gehörten ehemals zum Gute Lindau.

Hüsfeld, Parcele im Gute Düttebüll, Cappelerh., Ks. Gelting.

Hütten, Kirche 1¼ M. südwestlich von Eckernförde, A. Hütten, Hüttenh., Pr. Hütten. Schon im Jahre 1318 war hier eine Pfarrkirche, da das Capitel die bischöflichen Zehnten erhielt; sie soll vormals weiter nach den Anhöhen hin auf Seherklint bei Ascheffel gelegen haben und ist vermuthlich erst im Jahre 1520 näher nach dem Hofe in eine Niederung verlegt, nachdem der Herzog Friedrich zum Besitze des Hofes gelangte. Die Kirche ist gewölbt, groß, hell und hat eine Orgel. Der mit künstlichem, stark vergoldeten Schnitzwerke versehene Altar ward in Cöln verfertigt und stellt, außer den Bildern mehrerer Heiligen, die Jungfrau Maria dar mit dem Christuskinde auf dem Arme. Ein hölzernes Glockenhaus steht an der Westseite der Kirche. — Im 17ten Jahrhundert wurden viele schätzbare Sachen der Kirche von den Kaiserlichen und Schwedischen Truppen geraubt. — Das Pastoratsgebäude liegt bei dem Dorfe Ascheffel in einem anmuthigen Thale. Der Prediger wird von dem Könige ernannt. — Eingepfarrt: Ahlefeld, Ascheffel, Bökwedel, Groß- und Klein-Brekendorf, Damendorf, Damm, Friedrichshof, Grevensberg, Hütten, Kirchhorst, Kirchredder, Krummland, Langhörn, Langkamp, Lehkrug, Lehmberg, Niekoppel, Nordfeld, Osterbye, Osterbyeholz, Papiermühle, Rethwisch, Saar, Schothorst, Sönnrade, Spann, Strepel, Suhrbrook, Sultenberg, Vogelsang, Weljenstraße, Wilsterradeberg. — Vz. des Ksp.: 1885.

Hütten (Hüttenhof, vorm. Herren-Hütten), ein in überaus reizender Gegend zwischen den Hüttener Bergen im A. Hütten, Hüttenh., gelegenes ehemaliges adel. Gut, darauf ein Fürstl. und späterhin ein Königl. Vorwerk, wozu die Untergehörigen der Dorfschaften Ascheffel, Hummelfeld, Osterbye und Damendorf dienstpflichtig waren. Der an der Noelsbek liegende Stammhof liegt 1¼ M. von Eckernförde, Ksp. Hütten. Im Jahre 1511 besaß Sievert v. d. Wisch dieses Gut, welcher es 1523 an den Herzog Friedrich gegen Grünholz vertauschte. 1581 wird Hans Blome als Besitzer genannt, darauf ward es aber im 18. Jahrhundert als Fürstl. und Königl. Vorwerk verpachtet, im Jahre 1783 niedergelegt und in 33 Parcelen, davon 13 mit der Bebauungsverbindlichkeit getheilt. Jetzt sind hier außer der Stammparcele 22 Parcelenstellen und eine Försterwohnung. 2 Parcelenstellen heißen Suhrbrook und Langkamp (Langenkamp). — Das Areal des ganzen Guts (20 Pfl.) betrug damals 1031 Ton. $1\frac{4}{16}$ Sch. à 320 □.R. Zu geschlossenen Gehegen wurden abgelegt 172 Ton. $5\frac{7}{16}$ Sch., an kleine Landbesitzer vertheilt 142 Ton. $1\frac{4}{16}$ Sch. und die übrigen 716 Ton. $2\frac{9}{16}$ Sch. in Parcelen zerlegt. Die größeren Parcelen enthielten 28—88 Ton., die kleineren 2—19 Ton. — Der Boden ist sehr fruchtbar. — Die Stammparcele enthält ein Areal von 116 Ton. 4 Sch. Diese ward anfänglich von dem Major v. Paulsen gekauft, darauf an 5 Hufenbesitzer in Ascheffel, dann an Morgenstern, Advocat Schultz, 1824 an den Major v. Brockdorff verkauft, dessen Erben sie noch besitzen. — Schule. — Schmiede. Ein Wirthshaus, welches beim Hofe liegt ist schon lange von selbigem getrennt. Die Hüttener Papiermühle, in dem nahen Dorfe Ascheffel neben dem Hüttener Pastorat anmuthig gelegen, ward unter dem Herzoge Friedrich III. im Jahre 1633 erbaut, im Jahre 1801 für 3750 ₰ verkauft und gehört seitdem zum A. Hütten, Hüttenh.; das Wasser, welches diese Mühle treibt, kömmt aus einem quellreichen tiefen Thale, Hellthal genannt, welches überall mit Buchen und Erlen bewachsen ist. — Daß Hütten der Sage nach vormals ein Dominicanerkloster gewesen sein soll, ist nicht erwiesen. Auf dem Platze, der mit den Grundpfählen noch auf einer kleinen Insel gezeigt wird, worauf das Kloster gestanden haben soll, war vormals ohne Zweifel eine alte Burg. Auf der Feldmark waren vor der Parcelirung viele Grabhügel; ein jetzt fast zerstörter Grabhügel heißt Hilligeberg.

Hütten (Borghorster-Hütten), adel. Gut in der Eckernförderh. Der Haupthof liegt 2 M. südöstlich von Eckernförde, Ksp. Gettorf. Dieses Gut, welches größtentheils aus Ländereien des im Jahre 1630 niedergelegten Dorfes Koggendorf (s. Koggendorf) entstanden ist, gehörte darauf als Meierhof zum Gute Borghorst, ward im Jahre 1803 von v. Ahlefeld an Martens von Birkenmoor für 259,500 ℳ verkauft und 1806 unter die Zahl der adel. Güter aufgenommen; Besitzer: 1825 M. Stockfleth (88,200 ℳ), 1829 Gäde (156,000 ℳ), v. Ladiges; jetzt Edwards. — Areal: 664 Ton. 40 R à 260 Q. R., worunter an urbaren Ländereien 508 Ton. 111 R., an Hölzung, Busch und nicht ganz urbaren Ländereien 94 Ton. 62 R., an Teichen und Bächen 5 Ton. 48 R., an Gärten und Hofplatz 1 Ton. 210 R. und an Moor etwa 18 Ton.; zus. 4 Pfl. (546 Steuert., 87,360 Rbthlr. Steuerw.). — Hier sind keine Eigenthums- und Erbpachtstellen, nur einige Kathen Bokholz und 6 in Zeitpacht gegebene Instenstellen in Stubbendorf und Ostorf (zusammen 36 Ton. 129 R.). — Der Boden ist im Allgemeinen gut; die Hölzung heißt Lopenbokholz; einzelne Hofkoppeln heißen Kronskoppel, Krusekoppel, Langenhorst, Behrsöhlen. — Das Wohngebäude ist 1829 massiv erbaut. — Zahl der Einwohner: 81. — Contrib. 179 Rbthlr. 18 b/ß, Landst. 182 Rbthlr.

Hütten (Wulfshagener-Hütten), adel. Gut in der Eckernförderh. Der Hof liegt 1¼ M. südöstlich von Eckernförde, Ksp. Gettorf. Hütten soll vormals Havikhorst geheißen haben und die Einwohner entrichteten nach Registern aus den Jahren 1504 und 1514 Zehnten an die Gettorfer Kirche. Der jetzige Name dieses Gutes ist von einer hiesigen Glashütte entstanden, welche etwa 1571 angelegt ward. Als die Gebrüder v. Ahlefeld ihr väterliches Erbe theilten, erhielt Heinrich v. Ahlefeld Königsförde und Jürgen v. Ahlefeld das ganze Dorf Blickstedt (s. Wulfshagen), 10½ Hufen, 2 Wurthseten und 7 Kathen in Gettorf, nebst 3 Teichen Neuerteich, Sielkenteich und Kieler-Moorteich; er erbaute nun den Hof Hütten, welcher lange in dem Besitze dieser Familie blieb. 1654 besaß es Heinr. v. Thienen (90,000 ℳ), 1670 Magdalene v. Thienen, die den Meierhof in Gettorf nach Wulfshagen verlegte, 1681 Graf v. Königsmark (84,000 ℳ), 1694 v. Liliencron, 1787 B. v. Qualen, 1790 Werdermann (300,000 ℳ), 1796 v. Neergaard (243,000 ℳ), 1802 Dittmer (315,000 ℳ), 1805 v. Neergaard (360,000 ℳ), 1827 Völkers (192,600 ℳ), 1830 Rowohl 228,000 ℳ), 1838 v. Ahlefeld-Dehn (267,000 ℳ), 1846 v. Labes (330,000 ℳ), 1853 D. H. Reimers (348,000 ℳ). Das ganze Areal des Gutes beträgt 1564 Ton. à 240 Q. R., von denen zum Hofe 660 Ton., zu 3 Erbpachtstellen Hüttenwohld genannt 39 Ton. und zum Hüttener Antheile des Dorfes Gettorf 865 Ton. gehören (1306 Steuert., 80,960 Rbthlr. Steuerw.). Das Gut contribuirt seitdem Wulfshagen mit 7 Pfl. davon getrennt ist, für 10 Pfl., wovon die Untergehörigen zu Gettorf für 8 Pfl. contribuiren. Zu Hütten gehören die obengenannten Erbpachtstellen, die größere

Hälfte des Kirchdorfes Gettorf und 5 Kathen und 1 Holzvogtswohnung. — Zahl der Einw.: 580. — Das Areal des Hoffeldes beträgt wie bemerkt 660 Ton., darunter Acker 578 Ton., Wiesen 34 Ton., Hölzung 40 Ton., Moor 8 Ton.; ein Torfmoor, welches an Borghorst verkauft ist, enthält 17 Ton. — Der Boden ist ein durchgehends schwerer Grandboden. — Das Wohnhaus ist massiv von Brandmauern aufgeführt, mit Pfannen gedeckt und so wie die Meierei in sehr gutem Stande. — Zahl der Einw. 566. — Contrib. 448 Rbthlr., Landst. 307 Rbthlr. 76 b/ß, Hausst. 18 Rbthlr. 90 b/ß.

Hütten (Schinkeler-Hütten), 23 zerstreut liegende Erbpachtstellen und 2 Kathen, 2 M. südöstlich von Eckernförde, im Gute Rosenkranz, Eckernförderh., Ksp. Gettorf. — Schuldistr. Schinkel. — Areal mit dem Dorfe Schinkel: 1345 Ton. à 240 Q.R. — Der Boden ist sehr gut und fruchtbar. — Ueber die ausgebauten Stellen s. Schinkel.

Hugemark, ein ehemaliges 1463 aus 6 Hufen bestehendes Dorf im Ksp. Siesebye. Die Ländereien sind zum Gute Maasleben gelegt und eine Parcelenstelle führt noch den Namen Hümarkfeld.

Huglaestath, ein vormaliger Kirchort zwischen Schleswig und Rendsburg, dessen Lage aber nicht mit Bestimmtheit angegeben werden kann. In dieser Ortschaft war eine Zollstätte und nach dem alten Schleswigschen Stadtrechte aus dem Jahre 1200, Cap. 41, wo sie **Hugholfft** genannt wird, hat sie wahrscheinlich an der Sorge vielleicht bei Tetenhusen gelegen. Auch in einer Urkunde aus dem Jahre 1285 wird **Huglaestath** als Königl. Besitzthum erwähnt.

Hummelfeld, Dorf 1 M. westlich von Eckernförde an der Noelsbek, A. Hütten, Hüttenh., Ksp. Kosel; 9 Vollh., 8 Halbh., 3 Viertelh., 1 Achtelh. und 15 Kathen. Von diesen heißen einzelne Hufen und Kathen **Wulfskrug** (s. Wulfskrug), 1 ausgebaute Vollhufe **Elmenhorst** und 7 Kathen **Felhorst**. — Districtsschule. — Armenhaus, Ziegelei, Schmiede. — Areal: 1033 Ton. 6 Sch. à 320 Q.R. (1052 Steuert.). — Eine Hölzung heißt **Kirchenteich**. — In den Kriegsjahren 1658—1660 litt dieses Dorf bedeutend.

Hummum (Humum), eine ehemalige Kirche in der Horsbüllh. (Wiedingh.), zwischen Horsbüll und Aventoft im A. Tondern, welche im Jahre 1240 genannt wird. — Die Zeit ihres Unterganges ist unbekannt.

Humtrup (Humptrup), Kirchdorf 1 M. südlich von Tondern, A. Tondern, Karrh., Pr. Tondern; enthält außer der Prediger- und der Küsterwohnung 15 Bohlst., 6 kleine Landst. und 3 Instenst. (4⅞ Pfl.). Eine Landstelle gehört zum Hospitale in Tondern. Einzelne Stellen heißen **Trotzenburg** und **Humtruphof**. — Districtsschule. — Wirthshaus und einige Handwerker. — Die Kirche soll früher an einer andern Stelle gelegen haben und hieß **Humbkirch**. Die jetzige Kirche ist ebenfalls alt, hat aber keinen Thurm sondern nur ein im Jahre 1818 erbautes Glockenhaus. Der schöne Altar, ferner ein Marienaltar aus katholischer Zeit und St. Jürgen zu Pferde verdienen bemerkt zu werden. — Der Prediger wird von dem Amtmanne und von dem Probsten präsentirt und von der Gemeinde gewählt. Eingepfarrt: Flützholm, Grelsbüll, Haasberg, Humtrup, Humtruphof, Kahlebüll, Krakebüll, Mettenwang, Trotzenburg. — Der Boden besteht theils aus Marsch theils aus Geest und ist von ziemlicher Güte. — Vz. des Ksp.: 540.

Hundeböl.

Hundeböl, ein in 3 Stellen zerlegter Hof (4 Otting) im Gute Gram, A. Hadersleben, Frösh., Ksp. Rödding, Schuldistr. Brendstrup. — Areal: 88 Steuert. — Der Boden ist sandigt und nur von mittelmäßiger Art.

Hundevad, eine Reihe an das Kirchdorf Skjärbäk gränzende Stellen, 2½ M. südlich von Ripen, Ksp. und Schuldistr. Skjärbäk; 1 Hufe, 4 Landb., 4 Kathen und 3 Instenst., von denen die Kathen und 1 Instenst. zum A. Hadersleben, Westerth., Hviddingh., und das Uebrige zur Grafschaft Schackenborg gehören. — Areal: s. Gjesing.

Hungerburg, eine ehemalige Landstelle in der Edomsharde auf der alten Insel Nordstrand. Sie lag am Deiche, ohne Zweifel im Ksp. Horsbüll und ging in der Wasserfluth 1634 unter.

Hunslev, Dorf auf der Insel Alsen, 1¼ M. nordöstlich von Sonderburg, im Gute Rumohrshof, A. Sonderburg, Augustenburgerh., Ksp. und Schuldistr. Notmark; 16 Bohlstellen, 16 Kathen und 21 Instenst. Von den 4 ausgebauten Bohlstellen heißt eine Skjärtoft und hat eine romantische von Höhen und Thälern umgebene Lage. — Wirthshaus mit der Branntweinbrennerei-Gerechtigkeit, Schmiede. — Der Boden ist sehr gut und fruchtbar. — Am 25. Mai 1842 brannten hier das Wirthshaus, 3 Bohlst. und 4 Kathen ab.

Hunwerthhusum, Dorf 2¾ M. südwestlich von Tondern, an der Westsee, A. Tondern, Wiedingh., Ksp. und Schuldistr. Horsbüll. Dieses Dorf enthält mit den südlich belegenen Höfen Süder-Feddersbüll und einem ansehnlichen Hofe, Norder-Humwerthhusum genannt, 23 Häuser. Die Einwohner haben größtentheils nur weniges Land, welches vor einigen Jahren noch verkleinert ward, als durch die neue Einlage des Seedeiches von hier bis nach Südwesthörn (Ksp. Emmelsbüll) ein bedeutender Theil des besten Landes der See überlassen werden mußte.

Husbye (vorm. Husbu), Kirchdorf 1¼ M. östlich von Flensburg an der Landstraße nach Cappeln, A. Flensburg, Husbyeh., Pr. Flensburg. Da „Huus" vormals mit Schloß gleichbedeutend war, so ist Husbye wahrscheinlich eine wichtige Ortschaft gewesen und wäre demnach Schloßdorf. Es enthält außer dem Pastorate und der Küsterwohnung 1 Vollh., 6 Halbb., 1 Drittelh., und 5 Kathen; 2 ausgebaute Kathen heißen Polldamm und Husbyeriis. — Districtsschule. — Königl. Erbpachts-Windmühle, Schmiede und Wirthshaus, wo das Dinggericht der Husbyeharde gehalten wird. — Die Kirche (St. Vincens) liegt südlich vom Dorfe, ist ein solides Gebäude von Quadern mit Bleidach und hat einen wohlgeformten spitzen Thurm, der oft vom Blitze getroffen, seit 1838 aber mit Blitzableiter versehen ist, und eine Orgel. — Hier war ehemals eine Vicaria St. Vincentis; das Bild dieses Heiligen ist auch noch in der Kirche vorhanden mit einem Mühlstein in der Hand. Die Kirche besitzt 5 kleine Kirchenhölzungen. — Der König ernennt den Prediger. — Eingepfarrt: Altona, Ausacker, Ausackerbrücke, Ausackerfeld, Ausackerholz, Ausacker-Westerholz, Dammende, Foldewraae, Gosewatt, Gremmerup, Grimsteen, Harkelei, Hammestoft, Hodderup, Hühholz, Husbye, Husbyeholz, Husbyeholzerfeld, Husbyeriis, Lutzhöft (z. Thl.), Markerup, Markerupheide, Nedderbye, Osterholz, Polldamm, Schausmark, Seegaard, Seegaardfeld, Sorgenfrei, Spang, Staaliöt (Bieliöt), Stendels, Wattschaukrug (z. Thl.), Winderatterheck. — Areal mit Wattschaukrug: 345 Steuert. — Der Boden ist im Ganzen fruchtbar. — Ehemals waren auf der Feldmark sehr viele Grabhügel, deren größter Molhöi hieß; jetzt sind westlich vom Dorfe an der Landstraße nur 5 übrig. — Vz. des Ksp.: 1314.

Husbye (Hüsbye, vorm. Huscobu), Dorf ½ M. westlich von Schleswig, A. Gottorf, Arensh., Ksp. St. Michaelis. Dieses Dorf gehörte nach einer Urkunde des Königs Knud aus dem Jahre 1196 dem Michaeliskloster in Schleswig und enthält 22 Halbh., 8 Viertelh. und 6 Kathen (8 Pfl.). Von den Halbh. gehörten 4 (2 Pfl.) zum vormaligen Schlesw. Domcapitel und 2 (1 Pfl.) sind Vicariengüter, welche 1416 von den Gebrüdern Tramme den Vicarien verschötet wurden. — Auf der Feldmark ist die Hegereuterwohnung Husbyegaard erbaut, und nahe bei dem Königl. Gehege (Thiergarten) liegt die Husbyer-Ziegelei mit einem Wirthshause (s. Ziegelei); westlich, nahe vor Schleswig die s. g. Pulvermühle und Annettenhöhe (s. d. Artikel), welche sämmtlich zwar zum Husbyer Districte, aber nicht zur Dorfschaft gehören. — Districtsschule. — Schmiede und einige Handwerker. — Areal: 956 Steuert. — Das Ackerland ist von ziemlicher Güte; ein vormaliger Fischteich ist ausgetrocknet. — Im Jahre 1629 litt dieses Dorf bedeutend durch die Kaiserlichen Kriegsvölker.

Husbyeholz, Dorf 1½ M. südöstlich von Flensburg, A. Flensburg, Husbyeh., Ksp. und Schuldistr. Husbye. Zum Amte gehören 2 Vollh., 1 Halbh., 1 Sechstelh., 5 Kathen und 1 Parcelenstelle, welche letztere ein Wirthshaus ist und Altona genannt wird; 2 Hufen und 2 Kathen, deren Eine vormals Snorrum, jetzt Husbyeholzerfeld heißt, gehörten zum Gute Töstrup (vormals zu Rundhof); zum Gute Lundsgaard gehört 1 Kathe Gosewatt. — Areal zum Amte Flensburg: 248 Steuert., zum Gute Lundsgaard 9 Steuert. — Der Boden ist sehr gut.

Husum (Husen), Stadt an der südwestlichen Seite des Herzogthums, der Insel Nordstrand gegenüber, an der Husumeraue, welche sich ½ M. westwärts in den Heverstrom ergießt. 54° 28′ 42″ N. B., 3° 31′ 32″ W. L. vom Kopenh. Merid. — Diese Stadt, welche in einer ebenen Gegend zwischen der Geest und Marsch liegt, war in den ältesten Zeiten ein Dorf und der Name findet sich schon bei einer Anführung aus dem Jahre 1252, wo es heißt, der König Abel sei in Jütland bei Hwsenbro getödtet. Schon im Jahre 1372 hatte der Ort sehr zugenommen und bis 1398 war er so vergrößert, daß 2 Dörfer daraus entstanden, die bis 1431 die Namen Oster- und Wester-Husum führten. Bis zu dieser Zeit waren auch beide Dörfer zur Mildstedter Kirche eingepfarrt, aber in dem genannten Jahre ward eine eigene Capelle erbaut, und 1448 trennten sie sich ganz von Mildstedt und bildeten ein eigenes Kirchspiel. Bald nachher erhielten die Dörfer Fleckensgerechtigkeit und zur Zeit des Königs Christian I., etwa im Jahre 1465, das Privilegium einen Stadtvogt (Buvogt) nebst 12 Richtern anzustellen und aus ihrer Mitte zu erwählen, auch die Erlaubniß sich mit einem hölzernen Pfahlwerk zu befestigen. In dem Kriege zwischen dem Könige Christian I. und seinem Bruder, dem Grafen Gerhard huldigten die Husumer dem letzten, worauf der König diesen Ort 1472 einnehmen ließ, der zwar durch die Fürbitte des Amtmanns v. Ahlefeld und des Stallers Tete Feddersen von der Niederbrennung gerettet ward, aber eine Brandschatzung von 90,000 ℳ erlegen mußte; auch wurden Einige hingerichtet, ihre Häuser eingezogen und mit einer ewigen Erbhäuer belegt. — Im Jahre 1582 ward in Husum ein Stadtpräsident angestellt, eine Polizei- und Gerichtsordnung eingeführt und im Jahre 1603 ward

Husum.

die Ortschaft mit der Stadtgerechtigkeit und am 22. März 1608 von dem Herzoge Johann Adolph mit dem Stadtrechte begabt. Bis gegen die erste Hälfte des 17. Jahrhunderts erhob sich diese Stadt nach und nach, ungeachtet der beiden sehr verderblichen Feuersbrünste von 1540 und 1547, zu einer ansehnlichen Größe; ihre Handelsverbindungen mit Dänemark, Holland und England waren ausgebreitet, sie besaß viele eigene Schiffe, und an Malz allein wurden besonders am Ende des 16. Jahrhunderts jährlich gegen 1000 Tonnen ausgeführt; der Vieh- und Pferdehandel der Marsch ward fast ausschließlich hier betrieben und eine große Quantität Austern größtentheils von hier ausgeführt. Aber der Wohlstand dieser Stadt sank mehr und mehr, als im Jahre 1621 Friedrichstadt erbaut ward und als 1625 und besonders 1634 Ueberschwemmungen fast ganz Nordstrand verwüsteten, auf welcher Insel der Wohlstand der Stadt eigentlich begründet war, da mit derselben der meiste Handel getrieben ward und bei ihren Bewohnern die meisten Capitalien belegt waren, und endlich als die Kriegsunfälle der Jahre 1627 bis 1629 und 1644 eintraten und andere nachfolgten. Auch hat die Stadt sehr gelitten, als im Januar 1713 der General Steenbock mit 5 Regimentern und der Artillerie in ihr sein Hauptquartier nahm und seit dieser Zeit hat sie nicht wieder zum Wohlstande zurückkommen können. Am 11. Juli 1852 brannten in Husum die Hohlegasse und 6 Häuser an der Schiffbrücke, ein Theil der Langenharmstraße und der großen Straße, im Ganzen 32 Häuser ab. — Die Aue und der Hafen sind nur für 5 Fuß tief gehende Schiffe fahrbar; größere müssen fast ½ Meile westwärts von der Stadt auf einer übrigens sehr sichern und bequemen Rhede die Anker werfen, welches dem Handel nicht wenig hinderlich ist; der Zwischentransport wird durch kleine Fahrzeuge betrieben. Im Jahre 1848 sollte der Hafen verbessert werden und es war dazu eine nicht unbedeutende Summe angewiesen, aber der letzte Krieg hat die Arbeiten unterbrochen. Am Schlusse des 16. Jahrhunderts besaß die Stadt noch 40 größere und kleinere Schiffe, deren Zahl zu Anfang des 18. Jahrhunderts auf die Hälfte herabgesunken war; während der Elbsperre kam die Schifffahrt wieder auf kurze Zeit in Flor, aber die Stadt verlor in den Jahren 1807 bis 1835 durch den Krieg und andere Unglücksfälle 31 Schiffe von verschiedener Größe und besitzt jetzt nur 8 Schiffe von etwa 200 C.=L. — Die Stadt war verpflichtet Seetonnen und Baaken zur Bezeichnung des Fahrwassers zu unterhalten, wofür Tonnen und Baakengeld erhoben wird. Diese Verpflichtung ist beim Anfang des neuen Hafenbaues 1847 vom Staate übernommen. — Husum, in der Landesmatrikel zu 75 Pfl. angesetzt, ist in 6 Quartiere eingetheilt; die Anzahl der Häuser beträgt 811. In dem Hause № 94 des 5ten Quartiers ist noch der Saal, in welchem die Dänischen Reichsräthe dem Herzoge Friedrich im Jahre 1523 die Dänische Krone antrugen. Außer dem Schloßplatze mit den darauf befindlichen Häusern giebt es im Bezirke der Stadt nur ein Haus, welches vormals unter dem Obergerichte sortirte, nemlich № 1 im 2. Quart., früher im Besitze des Fürstl. Hardesvogts; 2 in der Stadt belegene Gärten sortiren unter Amtsgerichtsbarkeit. — In der Stadt sind 53 öffentliche Pumpen und Brunnen. Straßen und öffentliche Plätze der Stadt heißen: Großestraße, Norderstraße, Süderstraße, Neustadt, Wasserreihe, Krämerstraße, Hohlegasse, Zingel, Langenharmstraße. — Das Wappen der Stadt ist ein offenes Thor mit den beiden Schleswigschen blauen Löwen im goldenen Felde. — Zahl der

Einwohner mit Einschluß der Bewohner des Schloßgrundes: 3982. — Die hauptsächlichsten Nahrungszweige der Einwohner sind Handel und Gewerbe und unter diesen namentlich die zahlreichen und bedeutenden Brau- und Brennereien. Auch bringen die sehr besuchten Viehmärkte großen Gewinn. Von großem Vortheile für die Stadt wird die in Angriff genommene Flensburg=Husum=Tönninger Eisenbahn werden; der Bahnhof wird bei dem Zingel, zwischen der Stadt und Rödemis erbaut. Es befinden sich hier 2 Apotheken, 1 Buchdruckerei, 2 Oelfarbehandmühlen, 5 Färbereien, 2 Kalkbrennereien, 5 Gärbereien, 1 Salzraffinerie, 4 Tabacks= fabriken, 3 Cigarrenfabriken, 3 Cichorienfabriken, 1 Wollenwaarenfabrike, 1 Eisengießerei, 1 Essigbrauerei, 5 Branntweinbrennereien und 7 Bier= brauereien. — Auch ist hier eine Schiffsbauerei. — Zu der bei Oster= Husum belegenen Wassermühle gehören ebenfalls 3 Windmühlen. Eine eigene Loh= und Windmühle gehört dem Schusteramte und einem Loh= gerber. — Im Jahre 1522 legte der Herzog Friedrich hier eine Münze an, welche aber bald nach Schleswig verlegt ward; eine Glockengießerei war hier bis zum Jahre 1750. — Der Magistrat bestand zur Zeit seiner ersten Einführung und bis zum Jahre 1722 aus 2 Bürgermeistern und 8 Rathsverwandten, dann bis zum Jahre 1813 aus 2 Bürgermeistern und 6 Rathsverwandten, seitdem aus 2 Bürgermeistern und 4 Raths= verwandten. Der erste Bürgermeister ist zugleich Stadtsecretair und Polizeimeister. Das Collegium der Stadtdeputirten enthält 4 beständige und 4 in jedem vierten Jahre wechselnde Mitglieder. Seit dem Jahre 1812 führt ein Stadtcassirer das Rechnungswesen. In Civilsachen sind das Stadtrecht, die ergangenen Fürstl. und Königl. Verordnungen und subsidiarisch die gemeinen Kaiserrechte die geltenden Gesetze; in Schiffs= und Seesachen das der Stadt im Jahre 1582 bestätigte Wisbyesche See= recht, und in Criminalsachen das Stadtrecht, die Carolina und die ergan= genen Königl. Verordnungen. — Die hier wohnenden Königl. Beamten sind folgende: der Amtmann der Aemter Husum und Bredstedt, der Land= vogt des Amts Husum, der Amtsverwalter, der Hausvogt, der Deich= inspector des nördlichen Marschdistricts, der Zollverwalter, 2 Controlleure, der Physicus und der Postmeister; außerdem wohnen hier 3 Advocaten und 4 Doctoren der Medicin. — Die beiden Dörfer Oster= und Wester= Husum (ersteres nicht das jetzige Dorf dieses Namens, sondern der östliche Theil der Stadt) erhielten 1431 die Freiheit eine Capelle zu bauen, welche 1436 zu Stande kam. Die Pfarrkirche ward 1448 erbaut, 1470 erweitert und erhielt 1500 einen hohen Thurm. Diese Kirche zeichnete sich durch Größe und Schönheit des Baues und durch Verzierungen im Inneren aus. Besonders bemerkenswerth war der schöne Altar von dem berühmten Brüggemann 1521—1528 verfertigt; ferner ein Monstranz=Gehäuse und ein Marienbild von demselben Meister. Diese Kirche ward 1807 abgebrochen; zu der jetzigen Kirche ward erst am 1. August 1829 der Grundstein gelegt und im Jahre 1833 ward sie eingeweiht. Sie ist in neuerem Geschmacke erbaut, erhielt 1838 ein Christusbild von Silber und 1839 eine schöne Altardecke mit Goldstickereien. — Schon 1573 ward ein Kirchhof bei der Neustadt angelegt, ein anderer Kirchhof liegt neben dem Gasthause. — Der Prediger, welcher zugleich Probst in den Aemtern Husum und Bredstedt ist, wird von dem Könige ernannt; zum Compastorate präsentirt der Magistrat und die Gemeinde wählt. — Im Jahre 1531 ward eine lateinische Schule gegründet, welche durch milde Stiftungen in den Besitz

Husum. **251**

eines nicht unbedeutenden Capitals gekommen ist. Sie hatte einen Rector, einen Conrector, einen Subrector, der zugleich Prädicant an der Klosterkirche ist, und einen Collaborator. Die Schule ist jetzt eingegangen und jetzt statt der Gelehrten= eine höhere Bürgerschule eingerichtet worden. Die Schulbibliothek ist 1763 gegründet und enthält 6000 Bände. Ursprünglich war die Bürgerschule mit der Gelehrtenschule unter dem Namen der großen Stadtschule verbunden. Im Jahre 1824 erfolgte eine gänzliche Umgestaltung des Bürgerschulwesens; die Bürgerschule ward von der Gelehrtenschule getrennt, sämmtliche Nebenschulen gingen ein und statt deren eine höhere Knabenschule, eine höhere Mädchenschule und 4 Districtsschulen eingerichtet. Späterhin ist auch die 1761 gestiftete Armenfreischule erweitert. Im Jahre 1764 ward eine Spinnschule für Waisen- und arme Kinder errichtet; im Jahre 1773 eine Waisenanstalt und in neuerer Zeit eine Kleine=Kinderschule (Warteschule). — An Stiftungen für Studirende sind vorhanden: das von M. Peträus im Jahre 1640 zum Besten seiner Verwandten gestiftete Stipendium von 10,000 ℳ, das von M. Lüders zunächst für Studirende aus seiner Familie, 1646 gestiftet, von 3300 ℳ und mehrere kleinere, welche resp. jährlich 39 ℳ 2 ß, 19 ℳ, 7 ℳ 9 ß und 7 ℳ 7 ß eintragen. — Seit dem Jahre 1809 besteht eine Bürger=Wittwencasse, seit 1830 eine Spar= und Leihcasse. — Unter den öffentlichen Stiftungen zeichnet sich das Gasthaus zum St. Jürgen aus, das mit reichlich 160,000 ℳ dotirt ist und eine eigene Capelle hat. Gewöhnlich werden darin 16 bis 20 bejahrte und verarmte Bürger und Bürgerinnen unterhalten, welche freie Wohnung, Bespeisung, Feurung und wöchentlich Geldunterstützung erhalten; die 4 Vorsteher dieser Stiftung werden aus der Bürgerschaft gewählt. — Husum hält jährlich 3 Pferde= und mehrere, besonders bedeutende Schweine= und Viehmärkte, unter welchen letzten sich die Frühlingsmärkte für mageres Vieh durch Frequenz auszeichnen; ferner 2 Krammärkte, welche am ersten Sonntage nach Pfingsten und am 21. Septbr. anfangen und eine Woche dauern. Der Pfingstmarkt, mit dem zugleich ein Wollmarkt verbunden ist, wird stark besucht und ist wegen der zahlreichen Besucher von den benachbarten Inseln, die in ihren eigenthümlichen Trachten erscheinen, merkwürdig. — Die Feldmark der Stadt befaßt 335 Ton. 18½ R. Geestland und etwa 27 Demat Marschland (268 Steuert.); privative besitzt die Commüne auf der Stadtfeldmark 7 Ton. 79 R., von welchen 3 Ton. 13 R., und auf der Nord=Husumer Feldmark 104 Ton. 7 R., von welchen 86 Ton. 15 R. vererbpachtet sind. Die Gränzrecesse zwischen der Stadt und dem Amte sind vom 20. Octbr. 1609 und vom 14. Septbr. 1619. — Vormals lag ein Franziskanerkloster mit einer Kirche nördlich von der Stadt, das im Jahre 1494 gestiftet war; die Besitzungen desselben waren unbedeutend, und es ward bald nach der Vertreibung der Mönche im Jahre 1528 aufgehoben. Im Jahre 1537 schenkte der Herzog Christian dem Armenhause zu St. Georg einen Theil des Klostergebäudes, welcher abgebrochen und von dessen Materialien das jetzige Armenhaus, nebst der Capelle auf dem Platze erbaut ward, wo damals ein, dem St. Georg geweihtes, verfallenes Armenhaus stand. — Auf dem Platze des Klosters ließ der Herzog Adolph, 1577 den Bau eines Schlosses anfangen, welcher 1582 vollendet ward; es ist ein ziemlich ansehnliches Gebäude, war mit mehreren Thürmen verziert, hatte eine schöne Capelle und die Façade desselben hat eine Länge von 200 Ellen. Es ward zum Aufenthalte der Wittwen der regierenden Herzöge von Schleswig bestimmt, und mehrere derselben haben auch darin residirt. Im Jahre 1752 ward eine Hauptreparatur damit vorgenommen; bis auf den Hauptthurm, von dem nur die Spitze herabgenommen ist, wurden sämmtliche übrige Thürme mit mehreren Nebengebäuden abgebrochen und die innere Einrichtung gänzlich verändert. Seitdem wird es zum Theil von dem Amtmanne bewohnt. In einem Nebengebäude befinden sich die Amtsgefängnisse und die Wohnung des Amtspförtners. — Im Jahre 1658 ließ der Churfürst von Brandenburg auf dem nach Eiderstedt führenden Damme eine starke Schanze anlegen, wovon jetzt keine Spuren mehr vorhanden sind. — Es verdient noch bemerkt zu werden, daß der erste Reformator in Husum und der Umgegend, Herrmann Tast hier im Jahre 1490 geboren ward; er starb im Jahre 1551 und wurde in der vormaligen Kirche vor dem Altare begraben. Auch ist Husum der Geburtsort des berühmten Bildhauers Brüggemann, welcher im St. Jürgens Hospitale begraben ward. Der bekannte Geschichtschreiber Casper Danckwerth war hier Bürgermeister. — Städtische Einnahmen 1834: 22,117 Rbthlr. 19 b/ß; Ausgaben 20,140 Rbthlr. 6 b/ß. Stadtschuld 259,621 Rbthlr. 16 b/ß; Activa 42,115 Rbthlr. 6 b/ß.

Husum, Norder-, Dorf nördlich von der Stadt Husum, A. Husum, Norderh., Ksp. Mildstedt; enthält 9 Viertelstaven, 5 Kathen mit und 19 Kathen ohne Land ($2\frac{4}{4}$ Pfl.). Der nördliche Theil dieses Dorfs heißt die Maas; 2 Häuser in der Nähe der Maas werden ebenfalls Maas (Oldgras) genannt, gehören aber zu Hockensbüll (s. Hockensbüll.) — Das Schulhaus liegt in der Stadt Husum. — Die Nord-Husumer begraben ihre Leichen in Husum. — Areal: 427 Steuert., worunter 133 Ton. Gras- und Weideländereien.

Husum, Oster-, Dorf östlich mit der Stadt Husum zusammenhängend, A. Husum, Norderh., Ksp. Mildstedt; enthält 2 Fünftelstaven, 3 Sechstelst., 1 Zwölftelst. und 20 Kathen mit Land ($1\frac{1}{2}$ Pfl.); 3 Kathen ($\frac{1}{4}$ Pfl.) gehörten zum Gute Arlewatt. — Hier ist eine Königliche Wassermühle wozu 3 Windmühlen gehören; 2 Häuser nordöstlich heißen Schauenthal. — Das Schulhaus liegt in der Stadt Husum. — Areal: 198 Steuert. worunter 123 Ton. Gras- und Weideländereien. — Der Boden ist sandigt aber nicht unfruchtbar.

Husumerau. Diese Aue wird durch 2 Bäche gebildet, welche bei Ostenfeld und Wester-Ohrstedt entspringen; sie fließt nach der Vereinigung dieser Bäche bei Jperstedt südlich von Rosenthal und Husum vorbei und ergießt sich in den Heverstrom.

Hvidding (Waldem. Erdb. Hwityng), Kirchdorf unweit der Westsee, $1\frac{1}{4}$ M. südwestlich von Ripen, Pr. Törninglehn. In diesem Dorfe ward schon im 12 Jahrhundert zur Zeit des Königs Erich Emund unter freiem Himmel Ding und Gericht gehalten, wodurch der Name dieses Dorfes entstanden sein soll. Nach Einigen soll dieser König auch hier von dem Edelmanne Sorte-Plog erschlagen sein. — Hvidding enthält außer dem Pastorate 14 größere und kleinere Hufen, 5 Verbittelsstellen, 8 Kathen und 1 Instenstelle, von denen 5 Vollh., 3 Dreivierteh., 5 Verbittelsstellen, 2 Kathen und 1 Instenstelle ($3\frac{1}{4}$ Pfl.) zum A. Hadersleben, Westerth., Hviddingh., und das Uebrige zur Grafschaft Schackenborg gehören. Einige Stellen (mit Hörbroe $3\frac{111}{144}$ Pfl.), gehörten ehemals zum Gute Lindewith. Im Dorfe sind 2 Kirchenlansten. — Districtsch. —

Wirthshaus, Schmiede und einige Handwerker. — Die Kirche ist der Bauart nach sehr alt; sie hat keinen Thurm, aber eine Orgel. Die Altartafel enthält in Bildhauerarbeit die Kreuzigung Christi. Der König ernennt den Prediger. — Eingepfarrt: Endrup, Hörbroe, Hörbroegaard, Hvidding, Lundsmark, Raaheede, Randershuus. — Areal zum Amte: 388 Steuert. — Der Boden ist sandigt aber im Laufe der Zeit durch Cultivirung sehr gut geworden. Einige Fuß unter dem Sande findet man Spuren von Waldungen. Bei starkem Westwinde wird oft ein Theil des Ackerlandes überschwemmt. — Vz. des Ksp. zum A. Hadersleben: 470.

Hvilhöi (Wielhöi, Ruheberg), ein Wirthshaus auf der Düppeler Feldmark im Westen von Düppel, in der Grafschaft Reventlov-Sandberg, A. Sonderburg, Nübelh., Ksp. Düppel.

Hvindrup, Dorf 1½ M. nördlich von Hadersleben an der Landstraße nach Kolding, A. Hadersleben, Ostertheil, Tyrstruph., Ksp. und Schuldistr. Tyrstrup; 8 Hufenstellen und 21 Landbohlst.; 1 Hufe gehört zum Hospitale in Eckernförde und ein Hufenbesitzer ist ein Kirchenlanste. — Windmühle. — Wirthshaus. — Der Boden ist fruchtbar.

Hydevad (Hudevad), Dorf an der Rödaue, 1¾ M. westlich von Apenrade, A. Apenrade, Süderrangstruph., Ksp. Heldevad; 2 Dreivierteln., 2 Zweidritteln., 3 Halbh. und 2 Kathen ($4\frac{5}{12}$ Pfl.). Eine Hufe ist ausgebaut. — Schuldistr. Hönkys. — Ziegelei. — Areal: 482 Steuert. — Der Boden dieses niedrig belegenen Dorfes ist lehmigt und gut.

Hygum (vorm. Hyghum, Hyging), Kirchdorf zwischen 2 kleinen Auen, 4½ M. nordwestlich von Hadersleben, Pr. Törninglehn. Von diesem ansehnlichen Dorfe gehören zum A. Hadersleben, Westerth., Fröschlund., 4 Dreivierteln., 1 Fünfachteln., 4 Halbh., 2 Dreiachteln., 4 Vierteln., 2 Achteln., 9 Kathen und 6 Instenstellen. Eine Kathe heißt Benborg (Beenburg). Zum Gute Gram, Frösch., gehört 1 Hufe. Ein nördlich belegener Hof heißt Olling (Sönder-Olling), gehört aber zum A. Ripen. — Districtsschule. — 3 Wirthshäuser, Schmiede und mehrere Handwerker. — Die Kirche besitzt bedeutende Capitalien; sie ist alt, von behauenen Feldsteinen erbaut, hat einen 90 Fuß hohen spitzen Thurm mit einer Uhr und ist geräumig hell und mit einer Orgel versehen. Das Altargemälde ist bemerkenswerth. Zur Zeit der Reformation war hier der gelehrte M. Thomas Knudsen Prediger. Der König ernennt den Prediger. — Eingepfarrt: Abitzkjär, Barslund, Benborg, Bröstrup, Bröstrupgaard, Fedsted, Fedstedhuse, Fedstedtoft (A. Ripen), Frösig, Fuglkjärgaard, Harrebye, Harrebyegaard, Holm, Hygum, Kamp, Kamptrup, Kjemsgaard, Kronborg, Olling (A. Ripen), Sönderholm, Vestergaard. — Areal: 858 Steuert. — Das Ackerland ist feucht und kalt. — Vz. des Ksp.: 1049.

Hyllerup (vorm. Hüldorp), Dorf 1 M. südwestlich von Flensburg, an der Landstraße nach Bredstedt, Ksp. Handewith. Dieses Dorf, welches im Bezirke der Wiesharde des A. Flensburg liegt, gehört ganz unter die Jurisdiction der Treyaharde des A. Gottorf, da hier nur vormalige bischöfliche Lansten waren. Es enthält 7 Halbh., 2 Vierteln. und 2 Kathen (4½ Pfl.). Eine vormalige Vollhufe Römwiek genannt, nordwestlich vom Dorfe, ist niedergelegt und unter die Hufenbesitzer vertheilt.

254 **Hyrup.**

Auf dem Westerfelde liegen 3 Colonistenstellen (⅔ Pfl.) welche zur Colonie Christiansheide gehören. — Schuldistr. Haurup. — Schmiede. — Im Jahre 1650 war zu Hyllerup eine besondere Vogtei, die eingezogen ward; 1652 gehörte dieses Dorf aber mit 4 Pflügen zur Vogtei Treya. — Areal: 395 Steuert. — Der Boden ist sandigt und mager.

Hyrup, Dorf 3 M. südwestlich von Hadersleben, A. Hadersleben, Westerth., Norderrangstruph., Ksp. Bestoft; 5 Vollh., 4 Halbh., 2 Verbittelsstellen, 2 Instenstellen ($1\frac{67}{144}$ Pfl.). Zwei Stellen, Kirkelund und Oestergaard sind nordöstlich ausgebaut. — Nebenschule. — Schmiede. — Areal: 262 Steuert. — Der Boden ist ziemlich gut; die Hölzung war vormals bedeutend, ist jetzt aber sehr unerheblich; ein Theil davon ward von dem Herzoge Hans einem Beamten geschenkt. Hier werden viele Torfkohlen gebrannt. Mehrere auf der Feldmark vorhandene Grabhügel sind zerstört. Südlich in der Haide die Anhöhen Tingleshöi und Sparelundhöi.

Hyrup (vorm. Hydhorp, Hugerup), Dorf 1¼ M. südöstlich von Hadersleben, A. Hadersleben, Osterth., Haderslebenh., Ksp. und Schuldistr. Oesbye; 3 Vollh., 9 Halbh., 2 Viertelh., 9 Landbohlen und 10 Instenstellen. — Schmiede. — Der Boden ist fruchtbar. — Claus Lembek auf Törning verkaufte 1417 einen Hof in Hyrup an das Capitel zu Hadersleben.

J.

Jabbenkoog (Jabkenkoog, vorm. Jakobenkoog), ein kleiner unbewohnter Koog im Ksp. Tating, Westerth. der Landschaft Eiderstedt. Dieser Koog soll schon im Jahre 1203 eingedeicht sein. — Areal: 20 Dem.

Jägerup (vorm. Jeydorp, Eydorp, Egtorp), Kirchdorf 1¾ M. nordwestlich von Hadersleben, A. Hadersleben, Osterth., Gramh., Pr. Hadersleben; enthält 4 Vollh., 3 Dreiviertelh., 4 Halbh., 5 Viertelh. und 17 Landbohlen, von welchen letzteren 7 auf den zur Pfarre gehörigen Ländereien erbaut wurden, und 13 Instenstellen. 6 Landbohlen sind ausgebaut und werden Fyrskov genannt, da in dieser Gegend eine große Tannenhölzung war. — Districtsschule. — Prediger-Wittwenhaus, Armenhaus, Wirthshaus, Schmiede und einige Handwerker. — Mehrere Frauen beschäftigen sich mit Spitzenklöppeln. — Die Kirche, wahrscheinlich vormals nur eine Capelle, ist ein Filial der Kirche in Maugstrup und von behauenen Feldsteinen. Sie hat einen hohen breiten Thurm, und ist im Jahre 1834 im Innern sehr verschönert. — Eingepfarrt: Billund, Fyrskov, Jägerup, Kjestrup, Lundbroe, Paulsbjerg, Selskjär, Bennemoos, Voyens, Klein-Voyens, Voyensgaard, Voyenslund. — Der Boden ist sandigt und sehr mager; eine Strecke Landes auf der vormals eine Hölzung stand ist eine Haide geworden. — In der Nähe von Fyrskov soll ehemals ein Edelhof Ballegaard und an der Nordseite des s. g. Ostermooses ein anderer Edelhof, Troilborg genannt, gestanden haben. Auf der Feldmark befinden sich 12 Grabhügel. — Vz. des Ksp.: 538.

Jagel (vorm. Dyavele), Dorf an der Chaussee ¾ M. südlich von Schleswig, A. Gottorf, Kropph., Ksp. Haddebye. Dieses Dorf gehört schon seit 1323 dem St. Johannis Kloster in Schleswig, da Heinrich

Alverstorf es nebst einer Mühle und allem Zubehör zufolge einer Schenkungsacte an das Kloster abtrat. Es enthält 1 Vollh., 3 Dreiviertelh., 3 Halbh., 2 Drittelh., 1 Viertelh., 4 Achtelh. und 6 Kathen. — Districtsschule. — Wirthshaus, Schmiede. — Jagel liegt ziemlich hoch und der Boden ist nur von geringer Güte. Die Einwohner ernähren sich größtentheils aus dem Ertrage der großen Moore, die das Dorf umgeben. Vormals war hier eine sehr bedeutende Schäferei die aber einging als 1713 alle Gebäude derselben abgebrannt waren. — Der Kograben (s. d.) macht die Scheide des Dorfsfeldes gegen Groß-Danewerk. — Vermuthlich hat hier die Hölzung Tievele gestanden, von der erwähnt wird, daß ein Theil des Heeres, womit der Graf Adolph 1132 dem Könige Erik Emund in Schleswig zu Hülfe kam, dieselbe erreicht hatte, als der andere Theil kaum über die Eider gekommen war. — Im Jahre 1645 ward das ganze Dorf von schwedischen Truppen bis auf 3 Häuser gänzlich zerstört; die Einwohner entflohen und der Acker blieb während zweier Jahre unbebaut; auch im letzten Kriege 1848—1850 hat dieses Dorf sehr gelitten.

Jalm (vorm. Hellym), Dorf $2\frac{1}{4}$ M. südlich von Flensburg, A. Flensburg, Uggelh., Ksp. und Schuldistr. Sieversted; 5 Halbh. und 1 Kathe ($2\frac{1}{4}$ Bohlen) welche früher zum A. Morkirchen gehörten. Im Jahre 1519 war hier die Geltinger Lanste. — Die Einwohner besitzen noch einige Privilegien; sie leisten keine Königl. Fuhren, bessern keine Landstraßen aus und liefern kein Magazin-Korn und Fourage. — Areal: 249 Steuert. — Der Boden ist nur mittelmäßig. — Südlich von Jalm liegt das bedeutende Jalmer-Moor.

Jannebye, Dorf $2\frac{3}{4}$ M. südwestlich von Flensburg, Ksp. Jörl. Zum A. Flensburg, Uggelh. gehören 2 Vollh., 6 Halbh. und 3 Kathen; zum A. Gottorf, Treyah., 2 Halbh. (1 Pfl.) als ehemalige bischöfliche Lansten. Eine Halbhufe heißt Gravelund. Auf der Feldmark sind 3 Colonistenstellen erbaut. — Areal zum A. Flensburg: 382 Steuert.; zum A. Gottorf: 74 Steuert. — Der Boden ist nur von mittelmäßiger Art; eine Hölzung heißt Jörlerhölzung und die größten Moore Zollhäusermoor und Flömoor.

Jardelund (vorm. Gherdelund, Jortelund, Hjardelund), Dorf 3 M. südöstlich von Tondern, A. Tondern, Karrh., Ksp. Medelbye. Von diesem hoch liegenden Dorfe gehören zum A. Tondern 1 Fünfviertelbohl., 1 Vollb., 4 Zweidrittelb., 3 Halbb., 5 kleine Landstellen und 2 Häuser ohne Land; zum Hospitale in Flensburg 4 Zweidrittelh., 2 Halbh. und 2 Kathen; zum vormaligen Schlesw. Domcapitel gehörten 6 Bohlstellen (3 Pfl., 1477 erworben); 5 Colonistenstellen gehören zur Colonie Friedrichshof. — Districtsschule. — Wirthshaus, Schmiede und einige Handwerker. — Areal: 408 Steuert. — Der Boden ist nur von mittelmäßiger Art und größtentheils sehr mager; das Moor ist ansehnlich, von ungemeiner Tiefe und das beste im Amte. — Der Bürgermeister Th. Finck in Flensburg verkaufte 1575 seine Güter in Jardelund an den Herzog Johann.

Jarplund, Dorf $\frac{3}{4}$ M. südlich von Flensburg, A. Flensburg, Uggelh., Ksp. Oeversee; enthält 1 Vollh., 2 Halbh., 2 Viertelh. und 3 Kathen ($2\frac{1}{2}$ Pfl.). Eine an das Flensburger Stadtfeld gränzende mit neuen Gebäuden versehene Hufe heißt Jarplundgaard (250 Ton.). Von den Kathen sind 2 an der Landstraße ausgebaut und heißen Bilschau (s. Bilschau); 3 auf der Feldmark liegende Colonistenstellen heißen

Niendamm (Neudamm) an einem kleinen herrschaftlichen See (Preß=
See) belegen, und Hornholz. Eine Colonistenstelle ist zu Handewith
eingepfarrt. — Nebenschule. — Schmiede.

Jarup (Ries=Jarup, Jarderup), Dorf ¾ M. nordwestlich
von Apenrade, A. Apenrade, Riesh., Ksp. Ries; 4 Dreiviertelh., 5 Halbh.,
1 Achtelh., 2 Kathen und 1 Instenstelle (5$\frac{11}{12}$ Pfl.). — Nebenschule. —
Schmiede. — Areal: 496 Steuert. — Der Boden ist an der nördlichen
und westlichen Seite eben und sandigt, an der südöstlichen Seite bergigt
und lehmigt. Die Hölzung ist ziemlich ansehnlich. Ein kleiner See nord=
westlich von Jarup heißt Aarup=See.

Jarup (Norder=Jarup), Dorf 2 M. nordwestlich von Apenrade,
A. Apenrade, Süderrangstruph., Ksp. Oster=Lygum. Es besteht aus 2 Fünf=
achtelh., 6 Halbh., 2 Viertelh., 2 Kathen und 1 Instenstelle (3¾ Pfl.); 1
Halbh., 2 Viertelh. und 2 Kathen ($\frac{5}{8}$ Pfl.) gehörten sonst zum A. Haders=
leben, Vogtei Bollerslev; 3 Hufen sind ausgebaut, von denen Eine Dahms=
gaard (Dammgaard) heißt; kleinere Stellen heißen: Bruhnsbjerg,
Frydendal und Sandkrug (Sandfroe). — Schuldistr. Raubjerg. —
Wirthshaus, 2 Schmiede. — Areal zum A. Hadersleben: 106 Steuert.; zum
A. Apenrade 384 Steuert. — Der Boden ist nur von mittelmäßiger Art und
sehr steinigt; das Moor ist sehr ergiebig und eine Menge Torf wird zu
Kohlen verbrannt. Vormals war die ganze Gegend mit Waldung bewachsen.
Ein Hügel heißt Munkeskovhöi und die darauf gewesene Hölzung hat viel=
leicht dem Lygumer=Kloster gehört. Einzelne Grabhügel heißen Tohöi, Jahöi,
Ulhöi, Storhöi, Kokhöi, Metteshöi, Björnhöi und Lasseshöi.

Jdstedt, Dorf 1 M. nördlich von Schleswig am Jdstedter=See,
A. Gottorf, Struxdorfh., Ksp. St. Michaelis in Schleswig. — Dieses
Dorf, wovon der alte Jstathe=Syssel seinen Namen erhielt hat vormals
eine Kirche gehabt, von der aber keine Spuren aufzufinden sind. Zum
A. Gottorf gehören 7 Halbh., 3 Viertelh., 1 Sechstelh., 3 Sechszehn=
telh. und 5 Kathen (4$\frac{4}{15}$ Pfl.), von welchen 2 Hufen (1 Pfl.), vormals
Predigerlansten zur Capelle St. Laurentius im Schlesw. Dom, zum Dom=
capitel gehörten. 1 Halbhufe (Wirthshaus) an der Chaussee heißt Holz=
krug (Jdstedter=Holzkrug). Zum Graukloster in Schleswig gehören
1 Viertelh. und 2 Kathen. — Districtsschule. — 2 Schmiede und einige
Handwerker. — Areal zum A. Gottorf: 502 Steuert.; zum Graukloster:
50 Steuert. — Der hochliegende Boden ist sandigt; das Moor, welches
vormals sehr bedeutend war, vermindert sich von Jahren zu Jahren. Süd=
lich vom Dorfe liegen 2 Königl. Gehege, Karenberg (Katharinenberg) und
Wester=Gehege. Der Jdstedter=See, 1400 Ellen lang und 800 Ellen breit,
welcher mit dem Lang=See durch einen Bach in Verbindung steht, ist ziemlich
fischreich und wird von dem Königl. Amte verpachtet. Einige westlich belegene
Grabhügel heißen Sortehöi und Wielhöi. Eine Quelle westlich vom Dorfe
wird die Königsquelle genannt. — Jdstedt ist bekannt durch die Schlacht
am 24sten und 25sten Juli 1850. Bei dem hartnäckigen Gefechte um
den Besitz des Dorfes geriethen viele Häuser in Brand. Ebenfalls waren
lebhafte Engagements in dem nahe belegenen Grüderholz, Jdstedterholz
und Katharinenbergerholz. Bei Sortehöi sind im letzten Kriege starke
Verschanzungen aufgeworfen worden.

Jedstedt, Dorf an der Königsaue, 1 M. nördlich von Ripen,
A. Hadersleben, Westerh., Kalslundh., Ksp. Vilslev (Amt Ripen);

Jeising.

1 Siebenachtelh., 9 Halbh., 1 Zwölftelh., 14 Landbohlen, von denen eine ausgebaute Petersholm, und eine andere Spanghuus heißen; letzte ist ein Wirthshaus. Die an der Aue belegene Wassermühle gehörte ehemals zum Gute Lindewith. — Districtsschule. — Wirthshaus, Schmiede. — Areal: 340 Steuert. — Der Boden ist sandigt; die in späterer Zeit aufgetheilten Wiesen sind ansehnlich. — Zahl der Einw.: 159.

Jeising (vorm. Geising, Gesingh), Dorf ¾ M. östlich von Tondern, Ksp. Hostrup. Zum A. Tondern, Slurh., gehören 7 Bohlstellen, 12 kleine Landstellen und 17 Instenstellen (außer dem Besoldungspflug des Kirchspielvogts, 5½ Pfl.); zur Commüne Sollwig 9 Bohlen und 22 Kathen (7½ Pfl.); und zur Commüne Kurbüll und Südergaard 1 Vollb., 1 Halbb. und 2 Kathen (1½ Pfl.). 3 zu Jeising gehörende kleine Landstellen heißen Tidsholm. — Districtsschule. — Wirthshaus, Schmiede und mehrere Handwerker. — Der Boden ist in den letzten Jahren sehr verbessert und ziemlich fruchtbar. Ein Schloß soll in den Wiesen gelegen haben, worüber aber weitere Nachrichten fehlen. — Aus diesem Dorfe stammte die adel. Familie Essen (Eisen), welche hier im 14ten und 15ten Jahrh. 2 Höfe besaß.

Jellingsdorf, Alt-, (Waldem. Erdb.: Jaldänsthorp), Dorf auf der Insel Fehmern, Mittelkirchsp., Kirche Landkirchen; 5 große, 2 kleine Landstellen und 2 Instenstellen. — Schuldistr. Lemkenhafen. — Areal: 347 Steuert., worunter 176 Drömt 8 Sch. Ackerland und 27 Dr. 1 Sch. Weideländereien. — Der Boden ist sehr ergiebig.

Jellingsdorf, Neu-, Dorf auf der Insel Fehmern, Mittelkirchsp., Kirche Landkirchen. Dieses Dorf, welches schon in einer Urkunde aus dem Jahre 1329 vorkömmt, enthält 5 große und 2 kleine Landstellen. — Schuldistrict Lemkenhafen. — Areal: 362 Steuert., worunter 124 Drömt 11 Sch. Ackerland und 13 Dr. 10 Sch. größtentheils aufgetheiltes Weideland. — Der Boden ist fruchtbar. Ein mit Wasser umflossenes Stück Landes wird der Werder genannt und zur Viehweide benutzt. Auf dem Dorfgebiete liegen 198 Dr. 8 Sch. Wiesen und 37 Dr. Weideland, wovon die Eingesessenen nach und nach einen großen Theil an sich gekauft haben.

Jels (Waldem. Erdb.: Jarlsä), Kirchdorf 3 M. nordwestlich von Hadersleben, A. Hadersleben, Osterth., Gramh., Pr. Hadersleben. Dieses ansehnliche schön am Jelser-See belegene und von Hölzungen umgebene Dorf enthält 28 größere und kleinere Hufen, welche zusammen 12 Vollh. ausmachen, 12 Landbohlen, 1 Instenstelle und mehrere kleine Wohnungen. 2 große Hufen heißen Jelsgaard und Marienhof (Mariengaard), letztere im Dorfe selbst; 2 einzelne Hufen Barsböl und Klovtoft (Clautoft); 2 Stellen Klein-Barsböl und Farresgaard. — Districtsschule. — Wirthshaus, Schmiede und einige Handwerker. — Mehrere Frauen ernähren sich mit Spitzenklöppeln. — Die Kirche, vormals wahrscheinlich nur eine Capelle, ist ein Filial der Kirche zu Orenvad. Sie ist nur klein, aber ein schönes Gebäude von behauenen Feldsteinen und mit einem kleinen Thurme. Ueber der Kirchenthüre ist ein in Stein ausgehauener Löwe, an der Südseite der Kirche eine ausgestreckte Hand, an der Westseite ein weiblicher Fuß und an den vier Ecken sind auf den Grundsteinen vier männliche Gesichter ausgehauen, deren Deutung nicht bekannt ist. — Eingepfarrt: Barsböl, Klein-Barsböl, Damgaarde, Farresgaard, Grönnebäk, Jels, Jelsgaard, Klovtoft,

Marienhof. — Der Boden ist theils ziemlich gut, theils aber auch sandigt und mager; das Hjortholtmoor ist ansehnlich. — Nördlich von Jels liegen 3 Seen, welche durch eine Aue vereinigt sind; der südlichste Jelser-See, dessen Name man durch Hellig=See erklären will, soll so genannt sein, weil hier im 10ten Jahrhundert die ersten Christen getauft wurden. Am Jelser=See soll vormals ein Edelhof gestanden haben, von dem noch Spuren vorhanden sind; der Platz heißt Voldsted. Auf der Feldmark sind viele Grabhügel; in einem Hügel fand man einen Halsring und 5 s. g. Paalstäbe von Bronce. Ein Hügel heißt Brynshöi, worin der Sage nach ein König Bryn begraben sein soll. Bei Barsböl sind an einem See Spuren eines Edelhofes. — Vz. des Ksp.: 1087.

Jernhytte, Dorf an einer Aue 1¼ M. westlich von Hadersleben, A. Hadersleben, Osterth., Gramh., Ksp. Hammelev. Dieses Dorf, 1475 „thor Hütten", vielleicht von einer ehemaligen Eisenschmelze benannt, enthält 9 Hufen von verschiedener Größe (zus. 4 Vollh.), 7 Landb. und 1 Instenst. — Schuldistr. Ladegaard. — Der Boden ist größtentheils sandigt, aber im Ganzen fruchtbar. — Im Anfange des 18. Jahrhunderts ward hier eine Papiermühle angelegt, welche aber nach 10 Jahren wieder einging.

Jerpsted (Hjerpstedt), Kirchdorf an der Westsee, 2¼ M. nordwestlich von Tondern, Pr. Tondern. Dieses ziemlich hoch belegene Dorf bestand vormals nur aus einzelnen Fischerhäusern. Zum A. Tondern, Nordhoyerh., gehören außer dem Pastorate und der Küsterwohnung 9 Bohlst. von verschiedener Größe, 25 kleine Landstellen und 13 Instenst.; zur Commüne Kurbüll und Südergaard 1 Bohlst. und 2 kleine Landst., und zur Grafschaft Schackenborg 1 Bohlst. und 1 kleine Landst. Von den Bohlstellen führt eine den Namen Nörregaard. Eine Landstelle, südlich vom Dorfe an einer kleinen Aue, heißt Aalbek (Ahlbek), und war vormals eine Korn=Wassermühle, darauf eine Walkmühle, letztere ist aber später eingegangen. — Districtsschule. — Wirthshaus, Schmiede, Tischler und einige Handwerker. Mehrere Einwohner ernähren sich von der Schifffahrt und von Verfertigung der Spitzen. — Die dem St. Johannis geweihte Kirche ist alt und soll der Sage nach von Friesen erbaut sein. Sie hat einen breiten Thurm ohne Spitze mit einer Glocke aus dem Jahre 1472, ist geräumig und hell, hat aber keine Orgel. Bemerkenswerth ist ein Crucifix, auf welchem das Fußwaschen unsers Heilandes dargestellt ist. — Der Prediger wird von dem Amtmanne und dem Probsten präsentirt und von der Gemeinde gewählt. — Eingepfarrt: Aalbek, Jerpsted, Jordsand, Koldbye, Nörregaard. — Der Boden ist leicht aber ziemlich fruchtbar. — Oestlich vom Dorfe liegen 3 kleine Seen, welche den Namen Rutt=Seen führen. Von mehreren auf der Feldmark befindlichen Grabhügeln heißt der größte Hammeragerhöi und ein anderer südlich von der Kirche Sönderbangshöi. — Ein ehemaliges im Kriege zerstörtes Dorf im Ksp. Jerpsted soll Almosebye geheißen haben. — Vz. des Ksp. zum Herzogthum Schleswig: 313.

Jerrishoe (Jerrishye), Dorf 2 M. südwestlich von Flensburg, Uggelh., Ksp. Eggebek; enthält 10 Halbh., 6 Drittelh., 4 Viertelh. und 7 Kathen. Eine Halbh. gehörte ehemals zum A. Morkirchen. Auf der Feldmark sind 3 Colonistenstellen erbaut, zur Colonie Friedrichsheide gehörig, welche sich aber nach Wanderup zur Kirche halten. — Districtsschule. Wirthshaus, Schmiede. — Im Jahre 1460 verkaufte Heinrich Dosenrade seine Güter in Jerrishoe an den Archidiaconus C. Cordes in Schleswig — Areal:

Jersbek.

1042 Steuert. — Der Boden ist sandigt und mehrere Haidestrecken liegen noch uncultivirt. — Das Moor ist bedeutend und es werden viele Kohlen zum Schmieden gebrannt. — Westlich vom Dorfe liegt das Jerrishoer Gehölz.

Jersbek (Jesbek), Dorf an der Jersbek, 3 M. südwestlich von Flensburg, Ksp. Jörl. Zum A. Flensburg, Uggelh., gehören 2 Halbh. und 2 Kathen; zum A. Gottorf, Treyah. (vorm. zum A. Schwabstedt gehörig), 2 Halbh. und 2 Kathen (1 Pfl.). — Schuldistr. Klein=Jörl. — Areal zum A. Flensburg: 60 Steuert., zum A. Gottorf: 64 Steuert. — Der Boden ist zum Theil mager. — Westlich von Jersbek wird die in Angriff genommene Flensburg=Husum=Tönninger Eisenbahn angelegt.

Jersbek (Jerrisbek), eine Aue welche bei dem Dorfe Wanderup entspringt, südlich bei der Jörler Kirche vorbeifließt und sich bei Sollerup in die Treene ergießt.

Jersdal, Nieder=, Dorf an der Süderaue, $2\frac{1}{4}$ M. südwestlich von Hadersleben, Ksp. und Schuldistr. Bestoft. Zum A. Hadersleben, Osterth., Gramh., gehören 3 Vollh., 2 Halbh., 3 Kathen und 8 Instenst.; zum A. Hadersleben, Westerth., Norderrangstruph., westlich von der Aue, 1 Halbh. und 2 Viertelh. ($\frac{7}{2}$ Pfl., 45 Steuert.). — Im Dorfe ist ein Wirthshaus. — Der Boden ist nur von mittelmäßiger Art. — Im Südwest des Dorfes hat ein Hof Jegelund (Jägerlund) gestanden, denn nach einem Register aus dem Jahre 1580 entrichteten die Bewohner von Nieder=Jersdal jährlich 4 ℔ von der Jegelunder Feldmark, s. Jägerlundhuus und Galsted.

Jersdal, Ober=, Dorf $1\frac{3}{4}$ M. südwestlich von Hadersleben, an der Landstraße nach Tondern, A. Hadersleben, Osterth., Gramh., Ksp. Vitsted; 1 Dreiviertelh., 10 Halbh., 1 Viertelh. und 7 Kathen, welche letztere alle ausgebaut sind und Erikslyst, Fredhede, Hjulersbjerg, Iversminde, Keesmaihuse, Torsbjerg und Wester=Immervad heißen. Eine Landstelle heißt Heisselbjerg. — Schuldistr. Arnitlund. — Schmiede. Der Boden ist sandigt und ein Theil der Haidestrecke ist noch uncultivirt. — Auf der Feldmark befinden sich mehrere Grabhügel.

Jestrup, Dorf auf der Insel Alsen $1\frac{3}{4}$ M. nordöstlich von Sonderburg, im Gute Gammelgaard, A. Sonderburg, Augustenburgerh., Ksp. Tandslet; 6 Bohlstellen, 6 Kathen und 1 Instenst.; 3 Kathen heißen Pahlwerk. — Schuldistr. Tandselle. — Der Boden ist sehr gut.

Ihlers (Iller), Dorf auf Sundewith in schöner Lage zwischen Hölzungen, am nördlichen Ufer des Flensburger Meerbusens, $1\frac{1}{2}$ M. westlich von Sonderburg, A. Sonderburg, Nübelh., Ksp. Broacker. Dieses von Broacker entstandene Dorf enthält 5 Vollh., 2 Halbh., 3 Kathen und 21 Instenst. Südlich ausgebaute Stellen heißen Buusholm, Midskov und Roy. Zu diesem Dorfe gehören 6 Ziegeleien, die jährlich über 2 Millionen Ziegelsteine und 400,000 Dachpfannen verfertigen und über 100 Arbeiter beschäftigen; über 6 Millionen Torf wird jährlich vom gegenüber liegenden Ufer bezogen. Auch gehört zu Ihlers die Fährstelle Brunsnäs, wo die Ueberfahrt über den hier $\frac{1}{4}$ M. breiten Flensburger Meerbusen nach Holnis ist. Das Fährhaus ist zugleich ein Wirthshaus. — Districtsschule. — Schmiede. — 2 Bäckereien; zu Brunsnäs eine bedeutende Brauerei. — Einige Einwohner ernähren sich von der Fischerei. — Der Boden ist durchgehends fruchtbar.

Ilewitt, ein ehemals zum Gute Sardorf gehörender Meierhof, 1 M. nordöstlich von Eckernförde, Eckernförderh., Ksp. Riesebye. — Dieser Hof ward 1795 von Joh. Rudolph v. Ahlefeld an Claus Detleffen verkauft und enthält ein Areal von 165 Steuert. (1½ Pfl.) und 5 Ton. Moor à 300 □. R. — Zu demselben gehören 3 Instenstellen.

Ilgruf, eine ehemalige Kirchspielskirche auf der alten Insel Nord=strand, 1 M. nordwestlich von Odenbüll. Die älteste Kirche ging in einer Wasserfluth 1362 unter und eine neue Kirche ward 1544 erbaut, die 1634 fast ganz zernichtet und 1638 abgebrochen ward. Der Altar und die Kanzel kamen nach Pelworm und eine Glocke nach der Hallig Hooge. — Das Kirchspiel war 1634 vor der Wasserfluth 1292 Dem. 84 R. groß. Es ertranken 288 Personen; 75 Häuser, 2 Mühlen und der Glockenthurm trieben weg. Nur 9 Hauswirthe und 1 Käthner blieben am Leben.

Imminghusen (Imhusen), eine ehemal. Kirche ½ M. südlich von Gröde in der Beltringh. auf der alten Insel Nordstrand. Sie soll in einer Wasserfluth untergegangen sein, wird 1465 und 1523 noch erwähnt, muß aber schon damals verfallen gewesen sein, da 1479 den Eingepfarrten sich nach Buptee zu halten gestattet wird; doch wurde Imhusen noch immer als eine besondere Commüne betrachtet.

Immingstedt (Immenstedt), Dorf an einem Arme der Arlaue, 1¼ M. nordöstlich von Husum, A. Husum, Süderh., Ksp. Schwesing; 3 Vollbohlen, 1 Zweidrittelb., 11 Halbb., 1 Drittelb., 6 Viertelb., 1 Sechstelb., 4 Kathen mit, 1 Kathe ohne Land (9 Pfl.). Ein ausgebautes Wirthshaus an der Flensburger Chaussée heißt Feddersberg. — Schule. — Wirths=haus, Schmiede. — Areal: 865 Steuert., worunter 425 Ton. Gras= und Weideländereien.

Ingebüll, 2 Bohlstellen südwestlich von der Kirche Bjolderup, A. Apenrade, Riesh.; die eine, eine Fünfzwölftelbohlst., gehörte sonst zum A. Hadersleben, Vogtei Bollersleb; die andere, eine Festebohlst. (⅓ Pfl., 66 Steuert.), gehört zum Gute Seegaard. — Ksp. und Schuldistr. Bjolderup. Der Boden ist nur mager, aber die Wiesen sind sehr ergiebig.

Ingersbye, ein ehemaliges Dorf, welches im Jahre 1267 in Ver=bindung mit Siesebye in Schwansen genannt wird und ohne Zweifel in der Nähe des gedachten Kirchdorfes gelegen hat. — Tithusus Warnsfeld verschötete in dem genannten Jahre seine Besitzungen daselbst dem Schles=wigschen Bisthume. — In spätern Registern, wenigstens aus dem 14. Jahr=hundert, kommt dieser Ort nicht vor.

Intecht, 2 Parcelenstellen im A. Gottorf, Satruph., Ksp. Satrup.

Jörl (Klein=Jörl), Kirche, Prediger= und Küsterwohnung nebst 1 Kathe und Wirthshaus genannt Schmiedekrug, 3 M. südwestlich von Flensburg, A. Flensburg, Uggelh., Pr. Flensburg. — Districtsschule. — Die theils von Feldsteinen, theils von Ziegelsteinen erbaute Kirche liegt vom Dorfe Jörl entfernt am Zusammenfluß zweier Bäche. Sie ist nur klein und hat keinen Thurm. Von der Kirche abgesondert steht ein hölzerner Glockenthurm. Vor der Reformation war hier eine Vicarie St. Catharina. — Der König ernennt den Prediger. — Eingepfarrt: Gravelund, Süder=Hackstedt, Jannebye, Jersbek, Groß= und Klein=Jörl, Groß= und Klein=Korbüll, Kummerthal, Mühlenberg, Osterberg, Paulsgab, Rupel, Schmiede=krug, Sollbroe, Sollerup, Solleruper Mühle, Stiegelund, Wiesbolig. — Areal: 70 Steuert. — Der Boden ist von ziemlicher Güte. — Zwischen Jörl und Sollerup auf der Jersbeker Haide verloren im Jahre 1410 die Dänen eine Schlacht gegen Graf Adolph v. Schauenburg — Vz. des Ksp.: 923.

Jörl, Groß-, Dorf 3 M. südwestlich von Flensburg, A. Flensburg, Uggelh., Ksp. Jörl; 1 Vollh., 7 Halbh., 4 Viertelh. und 6 Kathen. Ein an der Chaussee von Husum nach Flensburg liegendes Wirthshaus heißt Paulsgab (Pobüllsgab). Außerdem liegen an der Chaussee 3 Colonistenstellen. — Im Dorfe waren die Besitzer von 2 Halbh. Hardes=vogtslansten. — Districtsschule. — Schmiede. — Areal: 435 Steuert. — Der Boden ist ziemlich bergigt und nur mittelmäßig; eine Hölzung heißt Rupelerholz, und das beste Moor Selander=Moor. Nordwestlich vom Dorfe liegt eine ziemlich bedeutende Anhöhe, der Rimmelsberg genannt und 168' hoch, von welcher man 18 Kirchen zählen kann, und östlich von dieser Anhöhe liegt zwischem kleinen Bergen ein nicht großer aber tiefer See, der Klein=Birger=See benannt.

Jörtle, 1 Dreiachtelh. ($\frac{3}{8}$ Pfl., 16 Steuert.) südlich nahe bei Wester=Treya, A. Gottorf, Treyah., Ksp. und Schuldistr. Treya. — Der Boden ist gut.

Johann=Adolphskoog, ein kleiner Koog an der Eider, $\frac{1}{2}$ M. westlich von Friedrichstadt, im Osterth. der Landschaft Eiderstedt, Ksp. Witzworth. Derselbe enthält nach einem alten Dematregister 202 Dem. 1 Saat.

Johannis, St.-, Kirche an der Nordseite des Dorfes Nieblum auf der Insel Föhr, A. und Pr. Tondern, Landsch. Osterlandföhr. Diese Kirche ist eine der größten und merkwürdigsten Landkirchen im Herzogthum; sie soll schon am Ende des 10. Jahrhunderts zur Zeit des Papstes Sylvester II., welcher 1003 starb, erbaut sein, ist eine Kreuzkirche, gewölbt, hat einen 108 Fuß hohen Thurm, dessen Mauer nach unten 10 Fuß stark ist und ist größtentheils mit Blei gedeckt; der Altar mit 2 Flügeln ist von Bild=hauerarbeit; an der Südseite der Kirche steht eine von Holz verfertigte Statue Johannes des Täufers in colossaler Größe. Merkwürdig ist der Taufstein von Granit, mit Figuren von Menschen und Thieren, und die friesische, an einer eisernen Kette hängenden Normal=Elle, welche 4 Linien länger als die Hamburger Elle ist. Auf dem Kirchhofe, wo vormals das Dinggericht gehalten ward, sind viele Denkmäler und Inschriften. An der Kirche stehen 2 Prediger, welche vom Amtmanne und von dem Probsten präsentirt und von der Gemeinde gewählt werden; der Hauptprediger wohnt bei Alkersum; der Diakonus in Nieblum. — **Eingepfarrt:** Alkersum, Klein=Alkersum, Midlum, Nieblum, Oevenum und vom Stifte Ripen Borgsum, Goting, Vitsum. — Vz. des Ksp. in Osterlandföhr: 1190, in Westerlandföhr: 848.

Johannis, St.- (Redeke), ein ehemaliges Kirchspiel in der Landsch. Stapelholm, welches sich durch die Marsch südlich von der Treene, ungefähr von Hude an bis nach der Eider erstreckte. Die Kirchspiels=Eingesessenen zogen, als eine Ueberschwemmung angeblich im Anfange des 14. Jahrhunderts das Kirchspiel zerstört hatte, nach Drage hin und erbauten auf der Haide das Dorf Seeth (s. Seeth).

Johannis, St.-, eine vergangene Capelle in der Lundenberger=harde auf der alten Insel Nordstrand, zwischen dem festen Lande und der Pohnshallig belegen. Sie soll im Jahre 1273 oder 1362 untergegangen sein.

Johannishof (vorm. Warnstedtshof), ein Hof an der Schlei, nahe östlich vor Schleswig, dem St. Johanniskloster in Schleswig gehörig; A. Gottorf, Struxdorfh., Ksp. Klosterkirche St. Johannis. Zu diesem

Höfe gehören folgende, von den Hoffeldern des St. Johannisklosters abgelegte Parcelen: Grevensberg, Ilenseekoppel mit dem Ilen=See, Wittkamp, Stubbeholm, ein Theil der Verwalterwiese und Breitewiese, zusammen 158 Hdtsch. 2$\frac{2}{16}$ Sch. (78 Steuert.). — Der Boden ist an einigen Stellen ziemlich gut. — Die Schlei hat nach und nach schon etwa 6 bis 7 Hdtsch. Land weggespült.

Johanniskoog (Kirchkoog), ein Koog $\frac{1}{2}$ M. nördlich von Garding, im Westerth. der Landsch. Eiderstedt, Ksp. und Schuldistr. Poppenbüll. In diesem Kooge, welcher schon im Jahre 987 eingedeicht sein soll, liegt die Kirche Poppenbüll, das Pastorat und mehrere Höfe und Häuser. Ein Hof heißt Helmfleth, und eine Landstelle Bollingwarf. — Districtsschule. — Wirthshaus, Armenhaus, Windmühle. — Areal: 1164 Dem. 1 S. 20 R.

Joldelund (vorm. Hyoldelunt), Kirchdorf 1$\frac{1}{2}$ M. nordöstlich von Bredstedt in der Landsch. Bredstedt, Pr. Husum. Das vormalige Dorf dieses Namens, welches südwestlicher lag und sehr ansehnlich gewesen sein soll, ward schon in früher Zeit zerstört und man findet bei der Anhöhe Kamberg (109') noch Ueberbleibsel von Mauern, Steinpflaster und Brunnen. Das jetzige Dorf enthält außer der Prediger= und Küsterwohnung 19 größere und 10 kleinere Landstellen (Kathen), welche zusammen 4 Bohlen ausmachen. — Districtsschule. — Graupenmühle, Armenhaus, Wirthshaus, Schmiede und einige Handwerker. — Die Kirche, Anfangs nur eine Capelle, ist sehr alt, von großen Feldsteinen erbaut aber nur klein. Sie ist nicht gewölbt und der Thurm ward 1041 abgebrochen. An der Westseite steht ein Glockenhaus. — Eingepfarrt: Goldbek, Goldelund, Heinsbek, Hogelund, Joldelund, Kolkerheide, Süderhaus, Süderland. — Areal: 459 Steuert. — Der Boden ist im Allgemeinen sandigt. — Der Sage nach soll der König Magnus der Gute, welcher 1047 starb, in Hyoldelunt einige Zeit seinen Aufenthalt genommen haben, und man zeigt noch die Stelle, wo das Gebäude stand, welches er bewohnt haben soll. — Vz. des Ksp.: 635.

Jolderup (vorm. Hyoldorp, Juldorp, Hjollerup), Dorf am Söderupbek, 1$\frac{1}{2}$ M. südwestlich von Apenrade, A. Apenrade, Riesh., Ksp. Bjolderup. Es besteht aus 1 Vollh., 5 Dreiviertelh., 1 Halbh. (5$\frac{3}{8}$ Pfl.) und 2 Drittelh., welche letztere sonst zum A. Hadersleben, Vogtei Bollersleb die (vormals Törninger Untergehörige) gehörten. — Nebenschule. — Thiello v. d. Wisch zu Lütgenholm verkaufte 1496 dem Abt zu Lygumkloster 1 Hof zu Hyoldorp. — Areal zum A. Apenrade: 385 Steuert. — Der Boden ist nur von mittelmäßiger Art. — Jolderup litt besonders in den Jahren 1658 bis 1659 von den Brandenburgischen Kriegsvölkern.

Jordkjär (Jordkirch, vorm. Hjortteker), Kirchdorf 1 M. westlich von Apenrade, A. Apenrade, Riesh., Pr. Apenrade. Dieses Dorf, welches größtentheils geistliches Besitzthum gewesen ist, besteht aus 1 Drittelh., 1 Viertelh., 1 Sechstelh., 14 Kathen mit und 1 Kathe ohne Land (1$\frac{37}{120}$ Pfl.). Eine südlich belegene Kathe heißt Frydendal. Eine Stelle ($\frac{1}{10}$ Pfl.) als ehemals bischöflich gehörte zum A. Schwabstedt, Vogtei Kolstrup; auch hatte der Prediger in Apenrade hier einen Lansten und ein Eingesessener mußte an den St. Jürgenshof vor Apenrade jährlich 16$\frac{1}{2}$ ß entrichten. — Districtsschule. — Wirthshaus, Schmiede und einige Handwerker. — Die nicht ansehnliche Kirche ward im Jahre 1520, statt einer vormals zu Enley gewesenen 1411 im Kriege zerstörten Kirche, von Feldsteinen nahe belegener Grabhügel erbaut, und zu derselben wurden 1522 von dem Könige Christian II. einige der zunächst anliegenden Dörfer gelegt. Sie hatte vormals einen Thurm, der am Ende des vorigen Jahrhunderts abgebrochen ward, und hat keine Orgel. Ein niedriges Glockenhaus befindet sich auf einem Hügel. Der Prediger wird von dem Amtmanne und dem Probsten präsentirt und von der Gemeinde gewählt. — **Eingepfarrt:** Aarsleb, Alsleb (z. Thl.), Botteling, Cassöe, Christiansminde, Norder- und Süder-Enleb, Frydendal, Gallehuus, Jordkjär, Keelbäk, Klintholm, Mölkjär, Nübel, Söderup, Tagholm, Toldsted. — Areal: 149 Steuert. — Der Boden ist von ziemlicher Güte. — Auf der Feldmark befinden sich einige Grabhügel. — Nach einer Urkunde des Königs Knud aus dem Jahre 1196 hatte das Michaeliskloster bei Schleswig Ländereien in Hjortteker. — Vz. des Ksp.: 626.

Jordsand (Hjortsand), eine kleine unbewohnte Hallig in der Westsee, zwischen Jerpsted und List, 1 M. von Beiden entfernt; A. Tondern, Nordhoyerh., Ksp. Jerpsted. — Im Jahre 1696 waren daselbst noch 2 kleine Bohlstellen. — Unter der Regierung Christians IV. wurden hier, nach einer von den Dänen gegen die Schweden gewonnenen Seeschlacht, mehrere Hundert Gebliebener der letzteren begraben.

Iperstedt, Dorf 1 M. östlich von Husum an der Mühlenaue, A. Husum, Süderh., Ksp. Mildstedt. Dieses kleine Dorf enthält 4 Drittelstaven und 1 Kathe ohne Land (1 Pfl.), ist zum Hofe Süderholz hofdienstpflichtig und hat mit Rantrum einen gemeinschaftlichen Rechensmann. 2 Stellen gehörten ehemals zum Gute Arlewatt. — Nebenschule. — Areal: 194 Steuert., worunter 63 Ton. Gras- und Weideländereien — Zwei südlich von Iperstedt belegene Königl. Fischteiche haben fast alle Einwohner gemeinschaftlich in Pacht.

Ipland, 2 Vollh. und 1 Kathe (2 Pfl.) nördlich von Oster-Treya an der Treene, A. Gottorf, Treyah., Ksp. und Schuldistr. Treya. — Ziegelei. — Areal: 124 Steuert.

Iskjärsand (Eskjärsand), 3 Kathen und 1 Parcelenst., 1½ M. nordöstlich von Flensburg, A. Flensburg, Munkbraruph., Ksp. und Schuldistrict Munk-Brarup.

Jübek (vorm. Jübhbue), Dorf an der Jübek, 1½ M. nordwestlich von Schleswig. Zum A. Gottorf, Arensh., Ksp. Michaelis, gehören 3 Vollh., 8 Halbh., 3 Viertelh. und 3 Instenst. (7¼ Pfl.); zur Vogtei Bollingstedt, Ksp. Eggebek, 1 Vollh. Noe (1 Pfl.) etwa 300 Schritte nördlich vom Dorfe entfernt. Eine der Arensharder Halbhufen ist bei der Vertheilung der Ländereien im Jahre 1800 an 8 Colonisten zu Friedrichsau verkauft. Zwei s. g. Nöepstorfer Hufen wurden 1663 von der Landesherrschaft angekauft und 1696 gegen die Schleswigsche Domcapitelshufe im Gute Wesebye ausgetauscht. — Districtsschule. — Schmiede. — Areal zur Arensh.: 882 Steuert.; zur Vogtei Bollingstedt: 60 Steuert. — Der Boden ist von ziemlicher Güte.

Juel-See, ein kleiner See mit einer Insel westlich vom Hostruper-See, im Gute Ahretoft.

Jürgen, St.-, Dorf nahe nördlich vor Schleswig, A. Gottorf, Struxdorfh. Zum Graukloster in Schleswig, Ksp. St. Michaelis, gehören 4 Drittelh. und 6 Kathen (1¼ Pfl.); 3 Landstellen die am Wege liegen, worunter die eine ein Wirthshaus ist, sortiren unter der Jurisdiction der Stadt Schleswig, Ksp. Dom in Schleswig. — Westlich vom Dorfe liegt die dem Graukloster zuständige Wassermühle, welche die Stadt auf 100 Jahre, bis 1889, in Pacht hat. — Schule. — Schmiede. — Das Dorf hat seinen Namen von einer dem Heil. Georg geweiheten Capelle, welche bei dem Dorfe lag; den Platz derselben nennen die Einwohner den Kirchhof, woselbst Ziegelsteine und Ueberreste von Grundmauern gefunden werden und 1837 eine Menge Todtengerippe aufgegraben wurden. Diese Capelle wurde späterhin als Hospital für Arme benutzt und war 1543 noch in ziemlich gutem Stande, da eine Urkunde des Königs Christian III. den Vorstehern zu St. Jürgen die Erlaubniß ertheilte, zur Unterhaltung der Armen Almosen einzusammeln. Dieses Armenhaus hatte die besondere Einnahme, deren in den Amtsartikeln der Schleswiger Bäckerzunft aus dem Jahre 1418 gedacht wird: daß der Werkmeister alles Brod, welches er nicht ordnungsmäßig fände, zerschneiden und nach St. Jürgen senden solle. — Areal: 174 Steuert. — Der Boden ist im Allgemeinen gut. — Im Dorfe ist ein kleiner fischreicher Teich. — Südlich vom Dorfe liegen 2 ansehnliche Grabhügel.

Jürgen, St.-, Norder- (Jürgensbye), 114 an der Ostseite des Flensburger Hafens der Stadt gegenüber und sich derselben anschließenden Häuser, welche dem Hospitale in Flensburg gehören, Ksp. Adelbye. — Schule. — Die Einwohner sind meistens Schiffer, Seefahrende und Fischer. — Ländereien besitzt diese Ortschaft nicht.

Jürgen, St.-, Süder-, 53 Häuser, welche sich unmittelbar an die Stadt Flensburg anschließen und zum Hospital daselbst gehören, Ksp. St. Johannis in Flensburg, Schuldistr. Flensburg.

Jürgensfeld, einige Parcelenstellen zwischen Frauenhof und Brunsholm, im Gute Brunsholm, Cappelerh., Ksp. Esgrus. — Areal: $\frac{1}{12}$ Pfl.

Jürgensgaard, ein nordöstlich bei Apenrade belegener, ehemals unter dem Obergericht stehender und von dem Herzoge Christian Albrecht 1672 mit Privilegien versehener Erbpachts-Ziegelhof ($\frac{3}{16}$ Pfl.), A. Apenrade, Nieh., Ksp. Apenrade. — Areal: 12 Steuert. — In der Nähe ist jetzt noch eine zweite Ziegelei. — Hier war ehemals ein Siechenhaus mit einer Capelle (s. Apenrade), welche einige Lansten zu Kolstrup, Jarderup, Kirkebye und Jordkjär hatte. Nach der Reformation wurde der St. Jürgenshof an Fürstliche Bediente verlehnt, im Jahre 1596 zum Schlosse gelegt und die Capelle ward 1600 abgebrochen. Im Jahre 1619 war Jürgensgaard ein Meierhof und 1631 wurden die Ländereien des Hofes von der Fürstl. Rentekammer für 540 ℳ verhäuert. — Vormals lag hier auch eine Mühle welche aber abgebrochen und westlich von Apenrade neu erbaut ward (s. Neuemühle). — In dem bei Jürgensgaard belegenen Jürgensgaarder Gehege (268 Ton. 3 □. R.) liegt die Wohnung eines Holzvogts, Haferlück genannt, mit 10 Ton. 180 □. R. Land.

Jürgensgaard, 4 Halbh., 1 Kathe und 14 Insten st. oberhalb Jürgensbye bei Flensburg, welche dem Hospitale in Flensburg gehören, Ksp. und Schuldistr. Adelbye. — Wirthshaus. — Areal: 194 Steuert. — Dicht unterhalb dieser Stellen, wo noch ein Paar Häuser Kirchhof heißen, lag vormals die St. Jürgens-Capelle mit einem Siechenhause, wozu mehrere Landgüter und die Häuser in Jürgensbye gehörten. Die Capelle ward 1582 abgebrochen und die Materialien wurden zum Bau des Thurmes der Nicolaikirche in Flensburg verwandt.

Juhlschau, Dorf 1¼ M. südlich von Flensburg, A. Flensburg, Uggelh., Ksp. und Schuldistr. Oeversee; 3 Halbh., 2 Viertelh. (2 Pfl.). — Vor einigen Jahren war hier die Hardesvogtei der Uggelharde. — Ar.: 223 Steuert.

Juhlsminde, eine Landstelle nordöstlich von Vitsted an der Hadersslebener Landstraße, A. Hadersleben, Gramh., Ksp. Vitsted.

Julianenburg, 6 zerstreut liegende, im Jahre 1764 angelegte Colonistenstellen, welche auf den Feldmarken der Dörfer Hynding, Hornsee und Frestrup erbaut sind; A. Tondern, Slurh., Ksple. Rapsted und Bylderup.

Julianenebene (Glinmoor), 9 Colonistenstellen und 1 Kathe im A. Hütten, Hohnerh., Ksp. und Schuldistr. Hohn. Diese Stellen wurden im Jahre 1762 auf der Hohner Feldmark bei dem Klintmoore (Glinmoore) angelegt. Sie bilden jetzt mit Königsbach eine Ladevogtei. — Areal: 49 Steuert.

Julianen-Marienkoog, ein im Jahre 1735 octroyirter Koog an der Westsee, 2½ M. nordwestlich von Bredstedt im A. Tondern, Bökingh., Ksp. Dagebüll. — Hier sind 4 Höfe und 4 Hauptparticipanten. — Die Kinder halten sich zur Dagebüller Schule.

Julsdamm, 3 vor mehreren Jahren niedergelegte Kathen im Gute Grüngrift (Ksp. Feldsted), deren Ländereien zum Gute gezogen sind.

Ivenbüll, eine vergangene Kirche in der Widrichsh. auf der alten Insel Nordstrand, zwischen den jetzigen Halligen Langenäs und Oland. Sie soll im Jahre 1362 in einer Wasserfluth untergegangen sein.

Ivenfleth (Sieversfleth), ein vergangenes Kirchspiel in Eberschop (in der alten Gardingharde) nordwestlich von Osterhever, Landschaft Eiderstedt; es ist wahrscheinlich auf dem Grunde des Außenlandes belegen gewesen, welcher jetzt Sieverts Anwachs genannt wird. Es soll im Jahre 1362 untergegangen sein. Das Domcapitel in Schleswig besaß in diesem Kirchspiele 3 Ottinge.

Iversbüll, einige Landstellen und Häuser im Westerth. der Landschaft Eiderstedt, Ksp. Tetenbüll, Schuldistr. Tetenbüller Straße.

Iverslund, 1 Viertelh. und 6 Kathen, 2¼ M. südöstlich von Flensburg, A. Flensburg, Nieh., Ksp. und Schuldistr. Sörup. — Die Viertelh. (50 Steuert.), welche zugleich ein Wirthshaus ist, gehört zum Gute Schwensbye; 1 Kathe zum Gute Südensee und 5 Kathen (37 Steuert.) zum A. Flensburg. — Der Boden ist ziemlich gut und fruchtbar.

Jyndevad (vorm. Jöthnewadth), Dorf an der Geilaue, 2½ M. südöstlich von Tondern, A. Tondern, Slurh., Ksp. Burkarl; 11 Bohlst., 14 kleine Landst. und 40 Häuser (8 Pfl.). — Hier ist eine Königl. Erbpachts-Wassermühle und Stampfmühle. — 5 auf der Feldmark erbaute Colonistenstellen, Jyndefeld, gehören zur Colonie Christianshoffnung; außerdem sind südlich eine Reihe von Stellen ausgebaut, welche Klein-Jyndevad genannt werden. Eine südöstlich vom Dorfe ausgebaute Bohlstelle heißt Oestergaard. — Districtsschule. — Wirthshaus, Schmiede, eine bedeutende Färberei und mehrere Handwerker. — Der Boden ist sandigt aber in den letzten Jahren sehr verbessert. — Schon im Jahre 1245 hatte das Lygumer Kloster hier Besitzungen und 1405 hatte Erich Krummendiek Jyndevad vom Abt und Convente zu Lygumkloster zu Lehn.

K.

Kabdrup, Dorf 1 M. nordöstlich von Hadersleben, A. Hadersleben, Osterth., Tyrstruph., Ksp. Bjerning; 1 Anderthalbh., 3 Vollh., 1 Halbh., 5 Landbohlstellen und 8 Kathen. — Schuldistr. Skovbölling. — Schmiede. — Der Boden ist nur von mittelmäßiger Art.

Kälberhagen, 2 aus dem im Jahre 1778 niedergelegten Hofe Morkirchen entstandene Parcelenstellen bei Morkirch-Westerholz, A. Gottorf, Morkirchh., Ksp. Böel.

Kahlebüll, Dorf 1¼ M. südlich von Tondern, Karrh., Ksp. und Schuldistr. Humtrup; 1 Fünfachtelbohle, 1 Drittelb., 3 Viertelb., 1 Achtelb., 1 Kathe und 3 Instenstellen (1⅔ Pfl.). Eine Bohlstelle gehörte zum A. Morkirchen. — Der Boden ist von ziemlicher Güte und besteht theils aus Marsch, theils aus Geest. Dieses Dorf hatte vormals eine Kirche, welche früh erwähnt wird; sie muß aber schon vor dem Jahre 1523 eingegangen sein, da sie im Cathedraticum aus diesem Jahre fehlt. — Vor dem Jahre 1578 überließen Kay v. Ahlefeld und Detlev v. d. Wisch Lansten in Kahlebüll an die Landesherrschaft.

Kahlebye, Kirche, Prediger- und Küsterwohnung, 1 M. nordöstlich von Schleswig, an der Füsingeraue, zum St. Johanniskloster in Schleswig gehörig, A. Gottorf, Strurdorfh., Pr. Gottorf. Die der Jungfrau Maria geweihte Kirche ist der Bauart nach sehr alt und war schon im Jahre 1192 vorhanden, indem der Bischof Waldemar die hiesigen Zehnten dem Michaeliskloster schenkte, welches diese wieder im Jahre 1210 vertauschte. Der Bischof Johann Scondelef vertauschte 1385 das Patronat dieser Kirche an den Grafen Nicolaus gegen das Patronat der Kirche Broacker, und der Graf verlieh sie bald darauf an das St. Johanniskloster, welches 1388 diese Kirche in Besitz nahm. Sie ist im Laufe der Zeit mehrere Male verändert und vergrößert, hat keinen Thurm aber eine Orgel. Bemerkenswerth ist ein unter einem Fenster eingemauerter Leichenstein mit Mönchsschrift, welcher aber fast unleserlich geworden ist. Der Stein soll auf dem Grabe einer Jungfrau aus der Familie v. Holck gelegen haben, welche einen nordöstlich von hier belegenen Edelhof **Kahlebyegaard** (Kaalbyegaard) besessen haben soll (s. Schalbye). — Die Kirche hat mit Moldenit einen gemeinschaftlichen Prediger, den der Probst und die Priörin des Klosters präsentiren, und die Gemeinde wählt. — **Eingepfarrt:** Füsing, Kahlebye, Schalbye, Tolkwade. — Wahrscheinlich ist bei der Kirche ehemals ein Dorf gewesen, aus welchem vermuthlich der oben erwähnte Hof Kahlebyegaard errichtet ward. — Vz. des Ksp.: 449.

Kaiborg, eine vormalige Burg auf der östlichen Seite der Halbinsel Kekenis, wo diese durch einen schmalen Damm (Kekenisdrey) mit der Insel Alsen verbunden ist. Die Halbinsel Kekenis war vormals mit einem fast undurchdringlichen Walde bewachsen, und der Sage nach soll diese Burg von einem Seeräuber Namens Andreas Kai erbaut sein, von dem die Einwohner noch vieles erzählen, unter Anderm auch, daß er den Junker, welcher ebenfalls auf Alsen in dem jetzigen Gammelgaarder District Munkgaardsmark sein Wesen trieb, in einem Zweikampfe bei Lysabbel getödtet und sich darauf nach Rom begeben habe, um von dem Pabste Ablaß für dieses Vergehen zu erhalten; der Ablaß ward ihm bewilligt mit der Bedingung auf dem Platze des Zweikampfs eine Capelle zu erbauen; er erfüllte dieses und die Capelle ward die Heil. Bluts=capelle genannt (s. Lysabbel). — Auf dem Platze der Burg sind noch Spuren der vormals mit Wasser gefüllten, doppelten kreisförmigen Grä=ben zu sehen; die Erhöhungen zwischen denselben, die vormals bedeutend waren, so wie das Mauerwerk sind nicht mehr vorhanden, aber die braun=rothe Farbe der Erde zeigt, daß hier Mauersteine aufgelöst sind. In der Nähe der Burg ist ein Brunnen. — Südlich von dem Burgplatze und nahe an der Ostsee liegt eine beträchtliche Anhöhe Kekenishöi, wo=durch die Kaiborg von der Seeseite versteckt wird.

Kalendorp, ein ehemaliges aber längst niedergelegtes Dorf im dänischen Wohlde, Eckernförderh., Ksp. Slabbenhagen (Dänischenhagen). Vielleicht ist aus diesem Dorf der Hof Kalenhof (Kaltenhof) errichtet. Im Jahr 1497 ward zwischen Otto Rantzau und dem Cantor des Domcapi=tels Dietrich Tetens ein Tausch über das Dorf Sandbek gegen dieses Dorf geschlossen. Der Name ist noch in dem der zum Gute Knoop gehörigen an der Kaltenhofer Scheide belegenen s. g. Kahlendorfer=Hölzung erhalten.

Kalkjärgaard, ein in dem Jahre 1779 und 1780 niedergelegtes ehemaliges Allodialgut, 2 M. nordöstlich von Schleswig, A. Gottorf, Schliesh., Ksp. Ulsnis. Der Stammhof ist jetzt eine Hufe in Steinfeld. — Dieses Gut hat vormals dem Domcapitel in Schleswig gehört, ward spä=terhin Königlich und 1635 an C. Thomsen für 1000 ℔ jährlich verfestet. Im Jahre 1664 lag es fast wüste und der König Friedrich III. überließ es dem Capitain D. v. Ahlefeld mit der Eigenschaft eines Allodium. Es hatte nach dieser Zeit viele Besitzer, bis es 1788 von P. Nissen zu Stein=feld an H. Pape zu Böel für 18,300 ℔ verkauft ward, der es in 17 kleine Parcelen theilte. — Das ganze Areal des Gutes betrug 334 Hbtsch. und beim Stammhofe, welcher noch einige Freiheiten besitzt, blieben 110 Hbtsch. 3 Sch. 6 R. (⅔ Pfl.) nach. Zu Kalkjärgaard gehören 2 Kathen in Schmedeland, und 1 Kathe zu Affegünt (s. Brebelholz). — Ein Mühlenteich Kalkjär genannt, zwischen Steinfeld und Kius, ward 1539 dem Schlesw. Domcapitel zuerkannt.

Kallebye, Dorf 2½ M. östlich von Flensburg, im Gute Nübel, A. Flensburg, Munkbraruph., Ksp. Quern; 4 Vollh., 5 Halbh., 7 Kathen, 1 Instenstelle. Eine ausgebaute Kathe heißt Tiefengruft. — Districts=schule. — Wirthshaus, Schmiede. — Im Jahre 1450 ward Kallebye mit mehreren andern Gütern an den Bischof Nicolaus von Schleswig ver=schötet. — Areal mit Noikjär: 628 Steuert. — Der Boden ist zum Theil lehmigt aber niedrig, und bei nasser Witterung mehr zum Graswuchse als zum Kornbau geeignet.

Kallebyehuus, 2 Häuser östlich von Helligbek, A. Gottorf, Strux=dorfh., Ksp. Fahrenstedt. — Gefecht am 24. Juli 1850, wobei das eine Haus abbrannte.

Kaltoft, zerstreut liegendes Dorf 1 M. südwestlich von Cappeln, A. Gottorf, Ksp. Boren; 2 Halbh. gehören zur Füsingh., 1 Fünfsieben=telh. und 1 Zweisiebentelh. zur Schliesh., und 1 Viertelh. und 6 Kathen, welche ebenfalls dem Amte Gottorf, Schliesh., incorporirt sind, gehörten zum vormaligen Schlesw. Domkirchendistricte (zus. 2¼ Pfl.). — Schuldistr. Ekenis. — Schmiede. — Areal: 128 Steuert. — Das Dorf hat größ=tentheils gutes Ackerland.

Kalskamp, 2 kleine Pachtstellen im Gute Rathmannsdorf, an einer Hölzung, Eckernförderh., Ksp. Dänischenhagen.

Kalslund, Kirchdorf an der Hjortvadaue (Farrisbäk), 1½ M. nordöstlich von Ripen, Pr. Törninglehn. Von diesem in einer vormals sehr holzreichen Gegend erbauten Dorfe gehören zum A. Hadersleben, Westertheil, Kalsundh., 2 Dreiviertelh., 7 Halbh., 8 Kathen mit und 6 Kathen ohne Land; zum A. Ripen 2 Halbh., 5 Viertelh. und 2 Kathen. Ein nördlich an der Landstraße belegenes Wirthshaus heißt Kalslundkroe (Kalslundkrug). — Schule. — Schmiede und einige Handwerker. — Die Kirche ist ein Filial der Kirche zu Hjortlund, sie liegt nördlich vom Dorfe, ist nur klein, hat keinen Thurm, sondern nur einen neu erbauten Glockenstuhl. — Die ehemals hier befindliche Predigerwohnung ward in den Kriegsjahren 1658 oder 1659 zerstört. — Eingepfarrt: Baungaard, Fredensborg, Hjortvad, Kalslund, Kalslundkroe, Rauning, Billeböl. — Areal zum A. Hadersleben: 399 Steuert. — Der Boden ist sandigt. — Oestlich von der Kirche liegen 3 Grabhügel, Lövshöie genannt; viele Grabhügel hier sind zerstört. — Bz. des Ksp. zum Herzogth. Schleswig: 219.

Kaltenhof, adel. Gut in der Eckernförderh.; der Haupthof liegt 1 M. nordwestlich von Friedrichsort, Ksp. Dänischenhagen. Kaltenhof ist vielleicht aus dem niedergelegten Dorfe Kalendorp errichtet, aber die Zeit der Entstehung des Gutes ist unbekannt. Besitzer: 1630 Detl. Sehestedt, darauf Otto Blome; 1683 Benedict Blome und bis um die Mitte des vorigen Jahrhunderts dieselben Besitzer mit Nienhof; 1750 ward es an v. Oertz verkauft, seit 1780 v. Reventlow, jetzt die Erben des Grafen Christian v. Reventlow. — Das ganze Gut, welches in der Landesmatrikel zu 21½ Pfl. steht, hat ein Areal von 3399 Ton. 54 R. à 240 Q. R., worunter 369 Ton. Hölzung, 290 Ton. Moor und 107 Ton. Teiche (2374 Steuert., 322,600 Rbthlr. Steuerw.), und zum Gute gehören die Dörfer Felm mit Felmerholz, Sturenhagen, Fresenhagen, Voßberg und die einzelnen Stellen Sören, Breitenstein, Tonnenberg, Hunnenberg und Todtenhaus. — Der Haupthof mit 8 Instenstellen hat ein Areal von 1069 Steuert. — Zahl der Einwohner: 649. Contribution: 962 Rbth. 12 bß, Landst.: 672 Rbth. 10 bß, Hausst.: 1 Rbth. 84 bß.

Kaltenkirchen, 1 Kathe bei Birzhaff im Gute Rundhof, Cappelerh., Ksp. Esgrus, Schuldistr. Boyum. — Areal: 10 Steuert.

Kamp, 3 Parcelenstellen (⅘ Pfl.), welche ehemals zum Gute Lindau gehörten, A. Gottorf, Schliesh., Ksp. und Schuldistr. Boren.

Kampen, Dorf nördlich auf der Insel Silt, A. Tondern, Ksp. Keitum; enthält 25 Häuser (Pflz. 298 nach $\frac{1}{16½}$ Pflugth.). — Districtsschule. — Unter den Einwohnern sind mehrere Seeleute. — Areal: 191½ Steuert. — Dieses Dorf liegt auf der Haide und hat nur steinigtes und mageres Ackerland, welches 80 bis 100 Fuß über der Meeresfläche liegt. Das westliche Ufer dieser Gegend der Insel ist das 110 Fuß hohe steile Rothe Kliff, welches den Seefahrern sehr kenntlich ist, da es an der Westküste des Herzogthums keine solche Höhe mehr giebt; es wird jetzt durch den Bau eines 210 Fuß hohen Leuchtthurms noch bedeutungsvoller für die Schiffer, welche die Lister Tiefe suchen. Der Leuchtthurm wird am Fuße des größten Grabhügels auf Silt, angeblich dem des altfriesischen Seekönigs Bröns, errichtet und im Jahre 1854 vollendet werden. Außerdem sind auf der

Feldmark noch viele Grabhügel. — Auf der nördlichen Gränze der Kampener Feldmark liegt eine 1767 angelegte Vogelkoje zum Fange wilder Enten. — Die ausgedehnten noch immer gemeinschaftlich benutzten Dünen, Haiden und Weiden dieser Gegend machen die Dorfschaft Kampen zu einem besonders nahrhaften Orte, der viele Hülfsquellen hat. — An der nordwestlichen Seite des Dorfes findet man einen Erdwall Föhringwall genannt, bei welchem der Sage nach der Weg von Föhr nach Ripen gegangen sein soll, und eine Strecke dieses ehemaligen Weges heißt noch der Riperstieg.

Kamptrup, Dorf 1¼ M. östlich von Ripen, Ksp. Hygum. Zum A. Hadersleben, Westerth., Frösh., gehören 2 Vollh., 2 Halbh., 2 Kathen und 4 Instenstellen. Die ausgebauten Kathen und Instenstellen heißen Kamp und 2 Hufen Vestergaard (Westergaard); 2 Halbh. (1 Pfl.) gehören zum A. Lygumkloster, Vogtei Frösh. — Districtsschule. — Areal zum A. Hadersleben: 230 Steuert.; zum A. Lygumkloster: 99 Steuert. — Der Boden ist theils von guter Art, theils aber auch sandigt und mager. Das große Moor (Kamptruper-Moor) enthält 638 Ton. — Bei Kamp befindet sich ein Grabhügel.

Kanal, Eider-, verbindet mittelst der Eider die Ostsee mit der Westsee und bildet mit jener größtentheils die Gränze zwischen den Herzogthümern Schleswig und Holstein. — Der Bau dieses Kanals ward im Jahre 1777 angefangen und in 7 Jahren mit einem Kostenaufwande von 7,537,296 ℳ vollendet. Von seiner östlichen Mündung am Kieler Meerbusen an dem Ausflusse der vormaligen Levensaue folgt der Kanal dem Thale dieser kleinen Aue bis zu den Höhen bei Landwehr, durchschneidet diese Höhen, berührt den Flemhuder-See und folgt dann größtentheils dem Eiderthale bis zu der Ausmündung in den Schirnauer-See. Bei einer Breite von 100 Fuß in der Wasseroberfläche, 54 Fuß Bodenbreite und einer Tiefe von 11 Fuß hat derselbe eine Länge von 4½ M. und steigt von der östlichen Mündung bis zu seinem Theilungspunkte, dem Flemhuder-See, um 27 Fuß durch die 3 Kastenschleusen zu Holtenau, Knoop und Rathmannsdorf, deren beide äußersten nur ⅓ M. von einander entfernt liegen. Die Schleusen zu Holtenau und Knoop sind mit Zugbrücken versehen und besondere Zugbrücken zu Levensaue und Landwehr erbaut. Die oberste Kanalhaltung, die Höhe des Theilungspunktes von der Rathmannsdorfer-Schleuse anfangend, ward ½ M. westlich vom Flemhuder-See bis Königsförde fortgeführt, und an dieser Stelle die vierte gleichfalls mit einer Brücke versehene Kastenschleuse errichtet. Die mittlere Haltung erstreckt sich in einer Länge von ¾ M. bis zur fünften Schleuse bei Klüvensiek. Hier senkt sich der Kanal wiederum um 9 Fuß und geht in dieser Höhe bis zur westlichen Mündung am Schirnauer-See bis Fohrde (Herzogth. Holstein). Der Schirnauer-See war für Seeschiffe schiffbar wie auch der weiter westlich belegene Audorfer-See, die Nobiskruger Enge und die Obereider bei Rendsburg, so daß es nur geringerer Vertiefungen der kurzen Eiderstrecken zwischen diesen Seen bedurfte um die Fahrt mit Seeschiffen zwischen Fohrde und Rendsburg in einer Länge von 1¼ M. möglich zu machen. Bei Rendsburg ward die sechste Kastenschleuse zur Verbindung der Ober-Eider mit der Unter-Eider errichtet und gleich der Schleuse bei Klüvensiek mit einer Brücke für die Landverbindung versehen. Der Durchgang der Schiffe durch eine jede derselben wird in 6 bis 8 Minuten bewerkstelligt. An beiden Seiten des

Kanals vom Kieler Hafen bis Fohrde, so wie an der Nordseite der Seen und der Eider zwischen Fohrde und Rendsburg ist ein Ziehweg zum Fortschaffen der Schiffe durch Pferde eingerichtet, das selbst bei widrigem Winde von der Ostsee bis Rendsburg in 10—12 Stunden geschehen kann. Mit der Ausführung dieses Unternehmens, durch welche Seeschiffen von 100 Fuß Länge, 26 Fuß Breite und 9½ Fuß tief gehend die Fahrt zwischen der Ostsee und Rendsburg eröffnet ward, stand aber die Schiffbarmachung der Eider von Rendsburg bis zur Westsee in nothwendiger Verbindung. Dieser Fluß war den Schiffen von der bemerkten Größe in den obersten 3 Meilen, von der Halerschleuse bis Rendsburg, vor der Kanalanlage durchaus nicht zugänglich. Gleichzeitig mit dem Kanalbau wurden daher in dieser Eiderstrecke die vier erheblichsten Serpentinen durchschnitten und viele Muddermaschinen mußten bei der Vertiefung des Flußbettes und Herstellung einer Bodenbreite von 80 Fuß bei einer Tiefe von 12 Fuß in Gang erhalten werden. Auf diese Veranstaltungen beschränkte man sich nun an der Eider zwischen Rendsburg und der Westsee. Die Untereider hat übrigens von Rendsburg bis zum Ausflusse in die Westsee nördlich und südlich Wasserzufluß. Nördlich fällt der Jockbeker-See, der Hohner-See, die Sorge, die Treene und der Kanal Süderbootfahrt, südlich die Wehraue, Jevenaue, Luhnaue, Halenaue, Gieselaue, Schelraderaue, Tieleraue und Westermooraue in die Eider. — Die Häfen zu Rendsburg, Friedrichstadt und Tönning sind dem Kanalinstitute überwiesen, um selbige zur Benutzung der Kanalfahrer, hauptsächlich zur Winterlage bei eintretendem Eisgange, einzurichten und zu erhalten. Die Bezeichnung der Außeneider zwischen Tönning und der Mündung, mittelst Tonnen und Baaken ward verbessert, ein geregeltes Lootsenwesen und der Bau großer Packhäuser zu Holtenau, Rendsburg und Tönning, zur Auflage der Waaren veranstaltet. Da die Fahrt von der Ostsee nach der Westsee durch den Kanal 180 M. kürzer ist als durch den Sund und das Kattegatt, so passiren jährlich gegen 2600 Schiffe den Kanal. Die hiedurch in die Königl. Casse fließende reine Einnahme beträgt 2 pCt. des Auslagecapitals. Bei weitem größer sind aber die indirecten Vortheile anzuschlagen, welche dieses Unternehmen durch die Vermehrung des Wohlstandes vieler Unterthanen und durch die Eröffnung neuer Erwerbsquellen für die Anwohnenden dem Lande verschafft hat. — Im Jahre 1814 ward ein Signal- und Lootsenschiff in der Eidermündung ausgelegt, welches im Jahre 1835 ein neues Lampenfeuer in einer Höhe von 36 Fuß erhielt, das den ankommenden Schiffen auf 1½ M. sichtbar ist und es ihnen möglich macht selbst bei dunkler Nacht in die Eider einzusegeln. Lootsen gehen von dieser Lootsen-Galliote mit nach Tönning und werden nach dem Tiefgehen der Schiffe bezahlt. Um die Eider von Tönning bis zur Drögde bei Nachtzeiten befahren zu können, sind s. g. Feuerschiffe und Laternenfeuer am Hafenteich, bei Schülperfiel, bei Katingsfiel, beim Wilhelminenkoog und bei der Drögde angebracht, welche ½ Stunde nach Sonnen-Untergang mit vollem Lichte leuchten. In den letzteren Jahren sind Dampfbugsirfahrzeuge bei Rendsburg und Tönning stationirt, um die Fahrt, welche bisweilen mehrere Wochen Zeit erfordert zu verkürzen. Dampfschifffahrten für Reisende finden ebenfalls regelmäßig im Sommer zwischen Rendsburg, Friedrichstadt und Tönning Statt.

Kanekjär, 2 Landstellen an einem kleinen Bache südöstlich von Kjelstrup, A. Hadersleben, Osterth., Haderslebenerh., Ksp. Wilstrup.

Kapell, eine bedeutende Landstelle im Amte Tondern, Wiedinghh., Ksp. Neukirchen. Diese Stelle ist im Jahre 1852 mit vorzüglich guten neuen Gebäuden versehen. — Schuldistr. Neukirchen. — Hier lag allem Anschein nach die frühere Neukirchener Kirche.

Karbye (d. i. Kirkebye, vorm. Karkbu), Kirchdorf im Gute Carlsburg, Eckernförderh., ¾ M. südöstlich von Cappeln. Die Kirche und deren Gemeinde führen den Namen Schwansen (s. Schwansen). Dieses Dorf, jünger als die Kirche, war ehemals bischöfliches Besitzthum und enthält außer der Prediger- und Küsterwohnung 3 Halbh., 4 Viertelh., 1 Kathe, 4 Instenst. und 2 Parcelenst. (2¼ Pfl.). Eine ausgebaute Stelle heißt Krähenberg. — Districtsschule. — Armenhaus, Ziegelei, 2 Wirthshäuser, Essigfabrik, Bäckerei, Schmiede. — Der Boden des Dorfes ist sehr gut. — Im Jahre 1589 verkaufte der Bischof G. v. Ahlefeld Karkbye mit Gerebye (Carlshof) an C. Rantzau.

Karholm, eine Holzvogtswohnung mit 3 Ton. 136 R. Land im Amte Norburg, Ekenh., Ksp. Eken. Bei derselben liegen die landesherrlichen Gehege Karholm von 18 Ton. 150 R. und Osterlund von 8 Ton. 54 R.

Karlsmark (Körlsmark, Korwelsmark), ein Freihof, östlich von Leck, A. Tondern, Karrh., Ksp. und Schuldistr. Leck. Dieser Hof war ehemals bischöflich. Eine auf der Karlsmarker Feldmark erbaute Colonistenstelle heißt Kronenburg und gehört zur Colonie Wilhelminenfeld.

Karlswraae, Hof an der Grönaue, 2¼ M. östlich von Tondern, Slurh., Ksp. und Schuldistr. Bylderup. Karlswraae war ehemals ein Edelhof und schon 1245 kömmt ein Ritter Lago de Karlswraah vor; 1496 besaß Otto Rantzau den Hof und verkaufte mit seinen Brüdern denselben (vor 1523) nebst Duborg und Westergaard an den Herzog Friedrich. Die vormaligen Untergehörigen dieses Hofes, zerstreut in den Aemtern Tondern, Hadersleben, Apenrade und Flensburg, bildeten die Vogtei Karlswraae, welche später zum A. Morkirchen gelegt wurde und bei Aufhebung dieses Amtes 1777 kam der Hof zur Slurharde. — Das Ackerland ist niedrig und in nassen Jahren nicht sehr ergiebig.

Karlum, Kirchdorf an einer kleinen Aue, 2 M. südöstlich von Tondern, A. Tondern, Karrh., Pr. Tondern. Zum Amte Tondern gehören außer der Prediger- und Küsterwohnung 16 Bohlst., 44 kleine Landstellen und 1 Instenst. (5⅙ Pfl.), von welchen 2 Bohlst. und 1 kleine Landst. (1 Pfl.) zum ehemaligen Schleswigschen Domcapitel gehörten; 3 Bohlst. und 3 kleine Landst. (1½ Pfl.) gehören zum Gute Lütgenhorn und 1 Bohlst. und 3 kleine Landstellen zum Gute Klirbüll. Ein an der Landstraße von Tondern nach Bredstedt ausgebautes Wirthshaus heißt Mittelhof (Gläserkrug). — Districtsschule. — 2 Wirthshäuser, Schmiede und mehrere Handwerker. — Die Kirche liegt 600 Schritte vom Dorfe entfernt und soll der Sage nach einst die äußerste auf dem festen Lande gewesen sein; sie ist nicht groß und hat keinen Thurm, aber eine Orgel. An der Südseite steht ein Glockenhaus. An der Landstraße finden sich Ueberreste einer vormaligen Capelle „Jesu Blüthlein" genannt. — Zur Wahl des Predigers präsentiren der Amtmann und der Probst, und die Gemeinde wählt. Vor der Reformation waren Braderup und Ladelund Annexkirchen von Karlum. — Eingepfarrt: Klein-Flühe, Karlum, Lexgaard, Louisensebene (z. Thl.), Mittelhof, Nyeland, Petershof, Remp, Stockholmager, Tinningstedt. — Der Boden ist nur von mittelmäßiger Art, das Moor ansehnlich. Vormals war hier eine Wassermühle; auch soll hier eine bedeutende Hölzung gewesen sein, welche aber von feindlichen Kriegsvölkern verbrannt ist; man findet auf mehreren Stellen unter der Erde angebrannte Baumstämme. — Im Jahre 1575 verkaufte der Bürgermeister Thomas Finck sein Gut in Karlum an den Herzog. — Südöstlich vom Dorfe liegt ein Hügel „Storhöi", auf dem man 40 Kirchen zählen kann; auch sind hier Spuren von Befestigungswerken. — Bz. des Kirchspiels: 487.

Karrharde, adel. Gut im A. Tondern, Karrharde; der Stammhof liegt 2 M. südlich von Tondern im Dorfe Klixbüll, Ksp. Klixbüll. Die Besitzer des Gutes Klixbüll sind anfänglich auch im Besitze dieses Gutes gewesen; 1738 Sibbers, darauf dessen Familie. Der Stammhof ward 1828 an Lorenzen, 1829 an J. Sibbers zu Wraaegaard für 12,186 ₰ und 1833 an H. thor Straten verkauft, welcher ein neues Wohnhaus aufführen ließ. Karrharde, welches für 8 Pfl. contribuirt und parcelirt ist, hat kein zusammenhängendes Areal, indem die dazu gehörigen Bohlstellen und kleineren Stellen an verschiedenen Orten, theils im A. Tondern, namentlich zu Klixbüll, Boesbüll, Flühe, Holm, Kockedal, Enge, Schardebüll, Klockriis und im Gotteskooge, theils im A. Bredstedt, zu Sterdebüll und Ebüll belegen sind. Diese Stellen tragen alle Pfluglasten verhältnißmäßig. Das Areal des ganzen Guts beträgt 817 Steuert. (74,570 Rbthlr. Steuerw.) und davon das der Untergehörigen 693 Steuert. (52,450 Rbthlr. Steuerw.). Die Ländereien, welche zur Stammparcele gehören, betrugen 1828: 141 Dem. $177\frac{1}{2}$ R. und bestehen theils aus Marsch, theils aus Geest (124 Steuert., 12,120 Rbthlr. Steuerw.). Jetzt enthält der Stammhof, nachdem davon 78 Dem. $86\frac{1}{2}$ R. an das Gut Wraaegaard veräußert sind, nur 63 Dem. 91 R. (56 Steuert., 4840 Rbthlr. Steuerw.). — Zahl der Einwohner: 230. — Contrib. 358 Rbthlr. 38 b/ß, Landst. 148 Rbthlr. 29 b/ß, Hausst. 8 Rbthlr. 16 b/ß.

Karstensrott, eine Freiparcele im Gute Oehe, Cappelerh., Ksp. Gelting, Schuldistr. Gundelsbye.

Kasmark (vorm. Katesmarch, Karßmark), adel. Gut an der Koseleraue, in der Eckernförderh. Der Haupthof liegt $\frac{3}{4}$ M. nördlich von Eckernförde, Ksp. Riesebye. Dieses Gut ist aus dem Dorfe Katesmarch entstanden. Die Vicarie St. Pauli vom Dom in Schleswig hatte hier im Jahre 1352 Lansten, ursprünglich 2, die nachher in 3 Stellen vertheilt waren und späterhin für 600 ₰ an H. Rantzau zu Eschelsmark veräußert wurden. Eine Stelle wurde 1470 von dem Könige Christian I. an C. v. Ahlefeld verpfändet. Im Jahre 1635 bestand Kasmark aus 7 Hufen und 3 Wurthsitzerstellen; 1665 wurden 2 Hufen verlegt; noch 1704 bestand es aus 5 Hufen, aber 1711 waren nur 3 besetzte und 4 verlegte. Kasmark ward späterhin ein Meierhof des Gutes Sardorf, 1792 an Martens verkauft, darauf an Schalburg, 1803 Lorenzen, 1818 Jessen, 1829 Berendsen; der jetzige Besitzer heißt F. Buchholz. Nach dem Erdbuche aus dem Jahre 1800 gehörte zu Kasmark ein Areal von 551 Ton. $3\frac{9}{16}$ Sch. à 240 ☐ R., darunter an Acker 362 Ton. $5\frac{12}{16}$ Sch., Wiesen 141 Ton. $1\frac{11}{16}$ Sch., Hölzung 24 Ton. $6\frac{10}{16}$ Sch., Bruch 3 Ton., Wasser $7\frac{15}{16}$ Sch., Moor 12 Ton. 4 Sch., Wege 4 Ton. $5\frac{3}{16}$ Sch. (450 Steuert., 72,000 Rbthlr. Steuerw.). Von dem Sardorf-Jlewitt Moor (12 Ton. 4 Sch.) sind 8 Ton $1\frac{15}{16}$ Sch. dem Gute Hemmelmark verblieben, auch ist ein Stück

Landes „Weide" genannt (9 Ton. 1 Sch. 23 R.) erbpachtlich gegen einen jährlichen Canon von 131 ℳ 7 ß und gleichfalls noch 1 Ton. Landes davon verkauft. Die zum Gute gehörigen beiden Instenstellen, von denen eine Kasmarkerholz heißt, enthalten 1 Ton. $4\frac{3}{16}$ Sch. Landes. — Schmiede. Zahl der Einwohner: 47. — Schuldistr. Lohse. — Das Wohnhaus ist von Brandmauern, einstöckig und mit Ziegeln gedeckt. Das Gut steht nicht zur Pflugzahl, hat aber von den Hemmelmarker Pflügen contractlich 6 übernommen. — Contrib. 268 Rbthlr. 76 b/ß, Landst. 128 Rbthlr.

Kasmoosmühle (vorm. nach einer Aue Nordaumühle), eine in Zeitpacht gegebene Windmühle, nördlich vom Stammhofe Lundsgaard im Lande Sundewith, A. Sonderburg, Nübel., Ksp. Ulderup. Ehemals war hier eine Wassermühle; der Mühlenteich Kasmoosdamm wird jetzt als Lundsgaarder Wiese benutzt.

Kastbjerg, 1 Vollh. $2\frac{1}{4}$ M. nordöstlich von Ripen, an der Jarrisbäk, A. Hadersleben, Westerth., Kalslund., Ksp. Lintrup, Schuldistr. Thornum. In der Nähe liegt die Hufe Kastbjergled. — Areal: 86 Steuert. — Der Boden ist sandigt, aber nicht unfruchtbar.

Kastrup, Dorf $3\frac{1}{4}$ M. westlich von Hadersleben, an der Landstraße nach Ripen, im Gute Gram, A. Hadersleben, Frösh., Ksp. Gram; enthält 25 Hufen, 15 Hufenparcelenstellen, 15 Kathen und 3 Instenstellen. Ausgebaute Hufen heißen Felden, Loientat und Marbäk, 2 Stellen Frischmark und Schmidfeld und 1 Parcelenstelle Gröndallund. — Districtsschule. — Wirthshaus, Schmiede und mehrere Handwerker. — Areal: 1132 Steuert. — Der Boden ist nur von mittelmäßiger Beschaffenheit; das Moor ist bedeutend.

Kastvraa, Dorf $1\frac{1}{2}$ M. nordwestlich von Hadersleben, A. Hadersleben, Osterth., Gramh., Ksp. und Schuldistr. Sommersted; enthält 14 größere und kleinere Hufen, 7 Landbohlen und 11 Instenstellen. — Schmiede. — Der Boden ist gut.

Kathal, Dorf $1\frac{3}{4}$ M. südlich von Tondern, zum Gute Klirbüll gehörig, A. Tondern, Karrh.; enthält 5 Bohlstellen und 1 kleine Landstelle. — Schuldistrict Rückenstadt. — Areal: 111 Ton. à 260 □. R. — Der Boden ist gut.

Katholm, eine kleine unbewohnte Insel in einem fast in die Mitte der Insel Alsen eingehenden Meerbusen der Ostsee, $\frac{1}{4}$ M. südwestlich von dem Kirchdorfe Eken.

Kating (vorm. Katen), Kirchort im Osterth. der Landsch. Eiderstedt, $\frac{1}{2}$ M. westlich von Tönning, Pr. Eiderstedt. Das Kirchspiel Kating, welches aus dem Kirchorte, dem dazu gehörigen Nickelsbüll und mehreren einzelnen Stellen besteht, enthält außer dem Prediger- und dem vormaligen Diaconathause 18 Höfe, 23 kleine Landstellen und 36 Stellen zum Theil ohne Land. Die Namen einzelner Höfe und Häuser sind: Fleutenberg, Goliathshof, Hochbaum, Kleeblatt, Krähennest, Nording, Panöer, Pulverthurm, Rothlau, Schimmelhörn, Speckstäte und Wischen (s. d. Artikel); mehrere andere Namen sind theils veraltet theils zu unbestimmt. — Districtsschule. — Graupenmühle, 5 Armenhäuser, 2 Wirthshäuser, 2 Schmiede, 3 Zimmerleute, 3 Maurer und mehrere Handwerker. Einige Einwohner finden einen Erwerb durch den Fang von Butten und Purren. — Die dem St. Laurentius geweihte Kirche ist ein altes Gebäude von großen Feldsteinen erbaut und ward 1489 sehr verbessert. Sie hat einen hohen von Ziegelsteinen erbauten Thurm mit 2 Spitzen, wahrscheinlich in der zweiten Hälfte des 15. Jahrhunderts errichtet. Zur Wahl des Predigers präsentirt das Kirchencollegium und die Gemeinde wählt. Das Kirchspiel hat einen Flächeninhalt von 2109 Dem. 4 S. (1897 Steuert.), worunter 783 Dem. Gras- und Weideländereien. Das Ufer der Eider ist ziemlich breit und auf demselben wohnten vor der Sturmfluth 1825 mehrere Familien; jetzt steht hier aber nur ein kleines Haus Pulverthurm genannt. — Der Boden ist Marsch, von verschiedener Art, zum Theil milde und mit Sand vermischt, zum Theil schwerer Klei. — Im Jahre 1415 ward Kating von den Dithmarschern fast gänzlich verwüstet; 1533 ward zwischen Kating und Ulversum ein neuer Deich aufgeführt, 1634 verloren in der großen Wasserfluth 83 Personen das Leben und 33 Häuser wurden niedergerissen und fortgeschwemmt; 1714 war hier eine ansteckende Krankheit und es starben damals in einem Jahre 140 Einwohner. — Vz. des Ksp.: 537.

Katkjär, eine Kathe im A. Hadersleben, Westerth., Kalslundh., Ksp. Lintrup.

Kattbek, Dorf an einer Aue, die in die Medelbek fällt, $1\frac{1}{4}$ M. nördlich von Schleswig, A. Gottorf, Strurdorfh., Ksp. Fahrenstedt. Zum A. Gottorf gehören 6 Kathen (26 Steuert.) und zum Gute Fahrenstedt 10 Parcelenstellen. — Schuldistr. Norder-Fahrenstedt. — Schmiede. — Das Ackerland ist sehr gut und die Wiesen sind vorzüglich. — Ein Theil der ehemals nicht unbedeutenden Kattbeker Hölzung gehörte 1632 4 Hufenbesitzern in Süder-Fahrenstedt.

Kattenhund (Katt und Hund), 2 aus dem Dorfe Berend ausgebauete Instenstellen, $\frac{1}{2}$ M. nördlich von Schleswig, A. Gottorf, Strurdorfh., welche ehemals zum Schleswigschen Domcapitel gehörten, Ksp. Nübel, Schuldistr. Neu-Berend.

Kattlund, 1 Kathe im A. Gottorf, Satruph., Ksp. Satrup.

Kattrott (Kattroy), 5 Landstellen auf 2 Parcelen im Gute Gelting, Cappelerh., Ksp. und Schuldistr. Gelting; 2 dieser Stellen liegen nahe an der Pommerbyer Gränze und werden gemeiniglich bei Pommerbye (Pommerbyeheck) genannt.

Kattry, Dorf auf der Insel Alsen, 2 M. nordöstlich von Sonderburg, A. Norburg, Norderh., Ksp. Nottmark; 3 Vollbohlen, 6 Kathen und 10 Instenstellen. Von den Vollbohlen, die nicht weit von der Fährstelle Fühnshav liegen, heißt eine Padholm und eine andere Arnholt. — Schuldistr. Hellwith. — Der Boden ist nur von mittelmäßiger Güte. — Nahe beim Dorfe liegt eine mit Gebüsch bewachsene Anhöhe Trandsteen genannt, worauf 4 Grabhügel lagen, von denen 3 zerstört sind.

Katzberg, 1 Parcelenstelle (1 Pfl.) im A. Gottorf, Satruph., Ksp. Satrup.

Katzenteich (Kathendiek), einige Landstellen im Gute Warleberg, Eckernförderh., Ksp. Gettorf, Schuldistr. Tüttendorf und Neu-Wittenbek. — Areal: 31 Ton. à 260 □.R.

Katzhörn, 14 Häuser $2\frac{1}{2}$ M. südwestlich von Tondern, $\frac{1}{2}$ M. von der Westsee, A. Tondern, Wiedingh., Ksp. Emmelsbüll. — Districtsschule. —

Kauslund.

Kauslund, 13 Kathen ¾ M. nordöstlich von Flensburg, von denen 12 Kathen zum A. Flensburg, Husbyh., und 1 Kathe Blocksberg zum Hospitale in Flensburg gehören, Ksp. und Schuldistr. Adelby. — Wirthshaus.

Keelbek, Dorf an einer kleinen Aue, welche in die Treene fällt, 2 M. südlich von Flensburg, A. Flensburg, Uggelh., Ksp. Eggebek; 4 Halbh. und 6 Kathen. Eine Vollh. und 1 Kathe heißen Süder=Keelbek. Alle Stellen gehörten bis auf 1 Hufe (Archidiaconatlanfte) vormals zum A. Morkirchen. — Nebenschule. — Areal: 429 Steuert.

Kehlet (Kjeldet), 1 Vollh. und 1 Landbohle 1¼ M. nordöstlich von Hadersleben, A. Hadersleben, Osterth., Haderslebenerh., Ksp. Fjelstrup, Schuldistr. Sillerup. Kehlet war ehemals ein Edelhof und ward im Jahre 1533 von Gunde Lange und Catharina Breide bewohnt, deren Name und Wappen in der Fjelstruper Kirche zu sehen sind. — Der Boden ist gut.

Keitum, Kirchdorf auf der Insel Silt an dem östlichen Ufer der Insel, 3 M. von Hoyer, A. und Pr. Tondern. Dieser Hauptort der Insel in dem sich der Rath und die Landesgevollmächtigten versammeln, liegt hoch, hat 160 größtentheils wohlgebaute Häuser und ein höchst freundliches Ansehen. — Pflugzahl: 1909 nach $\frac{1}{192}$ Theilen. — Zu den bemerkens= werthen Gebäuden des Dorfes gehören außer den Wohnhäusern der wohl= habenden Schiffscapitaine, das Schulhaus, das Armenhaus, die Prediger= wohnung, die Apotheke, das Zollhaus, ein Packhaus der ehemaligen Silter Heringsfischerei, ein Versammlungshaus der Silter Landescollegien und des gesellschaftlichen Vereines mit einer ansehnlichen Bibliothek, 2 Mühlen, worunter eine Oelmühle, und 4 Wirthshäuser. Nördlich vom Dorfe am Ufer liegen einige Häuser: Munkmarsch mit einer Graupenmühle an einer guten Rhede, Klenter, und Pander in einem Thale. — Districtsschule, an der 2 Lehrer stehen. — 3 Schmiede, 2 Bäckereien, 8 Handelsleute, 1 Schlachterei und Handwerker fast aller Art. Von den Einwohnern waren überdies 1850: 102 Seeleute, unter welchen sich 40 Schiffscapitaine und Steuermänner und mehrere Austernfischer befanden. Der Hauptnahrungszweig der Einwohner ist die Schifffahrt. Die Anzahl der eigenen Schiffe und Austernfahrzeuge beträgt 16. In den Wattströmen östlich von der Insel Silt liegen 20 Austernbänke, auf welcher die Silter Austernfischer jährlich 1100 Tonnen oder ca. 1 Mill. Stück Austern zu fangen pflegen. Auch die Amrumer Austernfischerei, die auf den südlicher gelegenen Bänken statt findet, aber nur ca. halb so viel einträgt, wird von dem in Keitum wohnenden Director dieser Anstalt geleitet. Den Hafen beim Dorfe, wo eine Ueberfahrt nach Hoyer ist, haben im Jahre 1822 zwei Schiffscapitaine angelegt. — Areal: 1195$\frac{3}{10}$ Steuert. — Ein Theil der Ländereien ist wie auf der Insel überhaupt nicht unfruchtbares Acker= land, nördlich aber hoher Haideboden und südlich uneingedeichte Wiesen. Auf der Haide sind Anpflanzungen von Birken, Eichen und Nadelholz gemacht. Ackerbau und Viehzucht werden fast ganz von Knechten aus Jütland, Tagelöhnern und den Frauen betrieben, welche letztere außerdem mit Nähen, Spinnen, Stricken u. s. w. ansehnlich verdienen; man rechnet, daß von der Insel jährlich an gestrickten Jacken, Strümpfen und Halbstrümpfen für 10—15,000 ℳ ausgeführt werden. — Von der im nördlichen Theile der Insel belegenen Vogelkoje, in welcher jährlich 6—10,000 wilde Enten (1841, 25,224 Stück) gefangen werden, gehören ¾ den hiesigen Einwohnern. — Die schöne mit Blei gedeckte Kirche, hoch auf dem Ufer am nördlichen Ende des Dorfes belegen, ist dem St. Severinus geweiht und sehr alt. Das Chor der Kirche ist von Tuffsteinen erbaut, doch hat die ganze Kirche einen soliden Unterbau von behauenen Granitblöcken bis auf 10 Fuß Höhe der Mauer. Oben an der Mauer sind gothische Verzierungen. Sie hat einen 100 Fuß hohen Thurm, der als Merkzeichen für Schiffe dient, und eine gute Orgel. Nahe bei der Kirche soll ein Minoritenkloster gestanden haben; die Existenz dieses Klosters ist aber zweifelhaft; 3 noch vorhandene s. g. Mönkebohlen sollen zum Klosterlande gehört haben. An der Kirche steht ein Prediger, den der Probst und der Amtmann präsentiren und den die Gemeinde wählt. — **Eingepfarrt**: Archsum, Braderup, Kampen, Keitum, Klenter, List (A. Ripen), Munkmarsch, Pander, Tinnum, Wenningstedt. — Vor einigen Jahren waren hier, am östlichen Ende des Dorfes, noch Spuren einer Burg oder eines Wachtthurmes sichtbar. Unter den vielen zum Theil noch unzerstörten Grabhügeln sind bemerkenswerth: der Tipchenhoog, Windshoog, Klövenhoog und Brammerhügel. — Vz. des Dorfes: 726, des Ksp.: 1380.

Kekenis (Kaynäs, vorm. Keghenäs), Kirche, Pastorat und Küsterhaus auf der Halbinsel gleiches Namens an der Südseite von Alsen bei Sönderbye, A. Sonderburg, Süderh., Pr. Sonderburg. Diese Kirche ließ, als die Stärke der Bevölkerung eine eigene Kirche erforderte, der Herzog Hans d. J. im Jahre 1615 erbauen. Sie ist dem St. Johannis geweiht, hat einen stumpfen Thurm und ist nicht gewölbt. — Der König ernennt den Prediger. — **Eingepfarrt**: Björnodde, Bredsteen, Fingaard, Grönmark, Gröntoft, Havigsgaard, Hjortholm, Holmgaard, Mitkobbel, Mosegaard, Nyegaard, Oesterbye, Rödgaard, Savlaygaard, Segebjerg, Skovholm, Sönderbye, Sönderkobbel, Söndertränge, Torbek, Vesterbye, Vesterkobbel, Vestertoftgaard. — Das Ksp. Kekenis bestand ehemals aus einer großen Waldung, bis der Herzog Johann d. J. im Jahre 1615 die beiden Dörfer Oesterbye und Sönderbye, jedes von 20 Häusern, erbauen ließ, und Käthner aus Alsen und Sundewith dahin versetzte. — Vz. des Ksp.: 953.

Kekenisgaard (Kaynäsgaard), Königl. Gut auf der Insel Alsen, 2 M. südöstlich von Sonderburg, A. Sonderburg, Augustenburgerh., Ksp. Lysabbel. — Der älteste bekannte Besitzer dieses Hofes war Jens Thormundson, welcher zum Beweise seines Besitzrechtes 1373 dem König Waldemar IV. 2 Urkunden einreichte, nach welchen der Graf Heinrich von Holstein im Jahre 1360 dem Besitzer sowohl diesen Hof, als ein Gut in Skovbye für 200 ℳ verpfändet hatte. Der Hof ward späterhin Königlich und der König Christian IV. schenkte denselben seinem Kammerdiener Thomas Kylling. Nach ihm kam der Herzog Johann d. Jüngere durch Kauf in dessen Besitz, vergrößerte und verbesserte das Gut sehr, und erbaute ein aus 2 Stockwerken bestehendes Schloß, das mit einem tiefen Graben umgeben ward, wovon noch Spuren vorhanden sind. Mehrere Jahre blieb es bei der Fürstlichen Familie bis der Herzog Christian Adolph es mit seinen übrigen Sonderburgischen Besitzungen 1667 dem Könige Christian V. überließ. Der König Friedrich V. ließ 1758 das verfallene Gebäude abbrechen, die jetzige Wohnung erbauen und einen Theil der Gräben ausfüllen. Im Jahre 1764 ward das Gut dem Herzoge Friedrich Christian v. Augustenburg als Fideicommiß übertragen ist, bis zum Jahre 1852 bei der Familie geblieben und jetzt Königlich. — Der Flächeninhalt des Guts beträgt 296 Ton. à 320 □. R., darunter Ackerland 210 Ton. 4 Sch. 19 R., Wiesen 79 Ton.

Kellerbude.

7 Sch. 24 R., Moor 1 Ton. 5 Sch. 11 R., Wohnplatz und Garten 3 Ton. 6 Sch. 26 R., außerdem der Lysabbeler=See. Zum Gute gehören ein Theil des Dorfes Lysabbel, Sarup, Sarupgaard, Nyepöel, Gammel= pöel, Humbek und Lysabbelskov. — Zahl der Einw.: 600. — In der Landesmatrikel ist es mit den andern Augustenburgischen Gütern zu 273 Pfl. angesetzt und contribuirt mit allen Gütern zu außerordentlichen Steuern für $129\frac{5}{6}$ Pfl. — Kekenisgaard liegt sehr niedrig und ist oft Ueberschwemmungen ausgesetzt gewesen, namentlich in den Jahre 1594, 1694, 1793 und 1835. Als der berühmte Admiral Tordenskjold 1718 den Herzog Ernst v. Augusten= burg besuchte und einer Jagd in dieser Gegend beiwohnte, ritt er über die verfallene Zugbrücke, welche unter ihm brach. Tordenskjold blieb an den Riemen seiner Büchse hängen, das Pferd aber ertrank in dem Burggraben.

Kellerbude, 2 Kathen ($\frac{1}{4}$ Pfl.) an der Hilligbek, A. Gottorf, Strux= dorfh., Ksp. Fahrenstedt, Schuldistr. Norder=Fahrenstedt. — Ar.: 22 Steuert.

Kettelsbye, Dorf $2\frac{3}{4}$ M. nordöstlich von Schleswig, A. Gottorf, Schliesh., Ksp. und Schuldistr. Boren; enthält 4 Vollh., 1 Viertelh. und 7 Kathen. 4 Kathen ($\frac{4}{7}$ Pfl.) gehörten ehemals zum Gute Lindau. — Schmiede. — Areal: 284 Steuert.

Ketting (Waldem. Erdb.: Ketyngy), Kirchdorf auf der Insel Alsen, $\frac{1}{2}$ M. nordöstlich von Augustenburg, an der Straße von Sonderburg nach Norburg im Gute Rumohrshof, A. Sonderburg, Augustenburgerh., Bis= thum Alsen und Aeroe. Der Name dieses Dorfes soll von Kjär (Morast) und Ting (Dinggericht) entstanden sein; ein Haus, nördlich nahe am Kirch= hofe, wird noch „paa Ting" genannt und südlich von demselben ist ein Damm, welcher über einen vormaligen Morast zum Dingplatze führte. — Dieses Dorf enthält den Hof des Bischofs v. Alsen und Aeroe, des Predigers, die Küsterwohnung, 4 Bohlst., 7 Kathen und 42 Instenst. Eine ausge= baute Bohlstelle heißt Trolleburg, eine Bohlparcelenstelle Kallehauge. Districtsschule. — Wirthshaus, Schmiede, Schlachter, Rademacher, 3 Maurer und mehrere Handwerker. — Im Jahre 1250 wurden hier dem Bischofe zu Schleswig Güter geschenkt, nachmals (1532) hatte die Präbende des Marien=Altars im Schleswiger Dom hier einen Lansten. — Die älteste Kirche ward im vorigen Jahrhundert abgebrochen und in den Jahren 1772 und 1773 die jetzige erbaut. Sie ist ein ansehnliches geräumiges Gebäude, doch ohne besondere Merkwürdigkeiten; die darin befindlichen Ornamente sind aus der alten Kirche. Der Thurm, welcher keine Spitze hat, ist mit einer Uhr versehen. — Der Prediger wird von dem Besitzer der Augusten= burgischen Güter ernannt. — Eingepfarrt: Bläsborg, Blegebäk, Bom= moos, Broe, Frisenlund, Frydenholm, Gammelgaard (z. Thl.), Grönhuus, Gundstrup, Kallehauge, Ketting, Kettingskov, Nyedamm, Osbek, Posens= huus, Schackenborg, Sebbelau, Trolleborg, Werthemine. — Der Flecken Augustenburg gehört eigentlich zu dieser Gemeinde und die Todten von da werden hier auf dem Kirchhofe begraben. — Der Boden ist sehr gut und fruchtbar; die zum Dorfe gehörige Hölzung heißt Brydlund. — Auf der Feldmark waren vormals viele Grabhügel, von denen aber ein Theil abgetragen ist, einige heißen Klokhöi, Egehöi, Stakshöi und Uglehöi. — Bz. des Ksp.: 1436.

Kettingskov (Kettingholz), Dorf auf der Insel Alsen in der Nähe der Ostsee, 2 M. nordöstlich von Sonderburg im Gute Gammelgaard, A. Sonderburg, Augustenburgerh., Ksp. Ketting. Dieses sehr zerstreut liegende

Dorf hieß vormals Svelstrupskov (Schwelstrupholz; im 17. Jahr=
hundert wird Svelstrup noch als Dorf angeführt) und enthält 5 Bohlst.,
28 Kathen und 13 Instenst. — Schuldistr. Christianswerk (Ksp. Adzerballig).
Wirthshaus. Einige Einwohner ernähren sich von der Seefahrt. — Der
Boden ist von ziemlicher Güte; auf der Feldmark sind einige Grabhügel.

Kjär, Dorf auf der Insel Alsen, ½ M. nördlich von Sonderburg,
im Gute Rönhof, A. Sonderburg, Augustenburgerh., Ksp. Ulkeböl. Dieses
in einer niedrigen Gegend belegene Dorf enthält 17 Bohlst. von verschiedener
Größe, 17 Kathen und 7 Instenst. Eine Stelle gehört zum Hospitale in
Sonderburg, eine ausgebaute schön belegene Bohlstelle heißt Engelshöi,
eine andere Hesselhog. — Districtsschule. — Schmiede und einige Hand=
werker. — Der Boden ist im Allgemeinen von ziemlicher Güte.

Kjäracker (Kehracker), 2 Halbh., ($\frac{7}{12}$ Pfl.). 1½ M. südwestlich
von Flensburg, unweit der Chaussee, A. Flensburg, Wiesh., Ksp. und
Schuldistr. Wanderup. — Die eine Hufe gehörte zum niedergelegten Gut
Lindewitt und ward von der Besitzerin dieses Gutes, der Gräfin v. Castell=
Remlingen, angekauft. — Ar.: 360 Ton. 7½ Sch. à 320 Q. R. (110 Steuert.).

Kjärböl, Dorf ½ M. nördlich von Ripen, Ksp. Farbrup. Zum A.
Hadersleben, Westerth., Kalslundh., gehören von diesem Dorfe 2 Vollh.,
1 Zweidrittelh., 2 Halbh., 2 Drittelh., 2 Viertelh., 2 Fünftelh., 1 Sechstelh.,
6 Kathen und einige Instenst.; zum A. Ripen 4 Vollh., 6 Halbh., 5 Viertelh.
16 Kathen und Instenst. — Im Dorfe liegt die Prediger= und die Küster=
wohnung. — Ausgebaute Stellen heißen: Groß= und Klein= Nye=
gaard, erstere ein Wirthshaus, Oster=Nyegaard, Nyegaardstoft,
Hedegaardslei, Skadebjerg, Oernslei, Hillerupholm, Lunde=
gaard, Fuglfang. — Districtsschule. — Wirthshaus, Branntewein=
brennerei, Schmiede und einige Handwerker. — Areal zum A. Haders=
leben: 319 Steuert. — Der Boden ist größtentheils sandigt und an einigen
Stellen findet man nahe unter der obern Erdschichte Eisenerz.

Kjärbölling, Dorf 1¾ M. südlich von Ripen, Ksp. und Schuldistr.
Reisbye. Zum A. Hadersleben, Westerth., Hviddingh., gehören 1 Dreivirtelh.,
1 Viertelh., 3 Verbittelst. und 2 Instenst. ($\frac{7}{12}$ Pfl.); zum A. Ripen 4 Hufen
und 1 Hufe zur Grafschaft Schackenborg. — Areal zum A. Hadersleben:
427 Steuert. — Der Boden ist sandigt, wird aber mit Hülfe der Marsch
fruchtbar erhalten. Die Ländereien sind bei höheren Fluthen den Ueber=
schwemmungen ausgesetzt.

Kjärborg, 1 Landstelle im A. Tondern, Tonderh., Ksp. Höist, Schul=
distr. Hostrup, gehört zur Commüne Sollwig.

Kjärgaard, Dorf 1½ M. nordwestlich von Tondern, zur Commüne
Kurbüll und Südergaard gehörig, Ksp. Emmerlev; enthält 5 Bohlst., 10 kleine
Landst. und 5 Instenst. — Dieses Dorf hieß ehemals Oster=Emmerlev
und erhielt seinen jetzigen Namen von einem Gute Kjärgaard, dessen
noch 1540 Erwähnung geschieht und das dem Ripener Domcapitel zuständig
war. Die Ländereien des Hofes sind theilweise zu den Tondernschen Stadt=
ländereien gezogen.

Kjeding, adel. Gut im A. Apenrade, Lundtofth., Ksp. Feldsted.
Der Hof liegt 1¾ M. südlich von Apenrade. — Kjeding ist aus einem
aus 17 halben Bohlen bestehenden Dorfe entstanden, welches im Jahre
1716 niedergelegt ward, und gehörte vormals zum Gute Seegaard. Es

ward 1725 im Concurse des Grafen v. Ahlefeld von dem Herzoge Christian August angekauft und ist seit 1852 Königlich. — Areal des Hoflandes außer einem großen Fischteiche: 881 Ton. 6 Sch. 26 R. à 240 O. R., darunter an Acker= und Wiesenland 833 Ton. 7 Sch. und 10 R., Hölzung und Moor 41 Ton. 5 Sch. 10 R., Wohnplätze und Gärten 6 Ton. 2 Sch. 6 R. — Auf dem Hoffelde sind 5 Instenst. erbaut. — Areal des Kjedinger und Fischbeker Bauernlandes: 1797 Ton. — Zum Gute gehören Theile der Dörfer Baurup, Trasbüll und Feldsted. — Der Boden ist nicht schwer aber doch kräftig und fruchtbar.

Kieholm, 1 ansehnliche Parcelenstelle und einige kleinere Stellen, ¾ M. nördlich von Cappeln, im Gute Oehe, Cappelerh., Ksp. Gelting. Diese Parcelenstelle (1⅔ Pfl.), wozu die Parcele Gaarwang (126 Hptsch.) und ein großer Theil der Hasselberger Stammparcele gehört, ward bereits vor der Separirung des Gutes Gelting verkauft. Sie hat im Ganzen ein Areal von 335 Hptsch. (261 Steuert.). — Bei dem Hofe liegen 2 Kathen, worunter Klein=Kieholm. Eine kleinere Parcelenstelle und Wirthshaus heißt Kieholmkrug, eine Parcele bei Kieholm. — Schuldistr. Gundelsbye.

Kiekut, eine kleine Landstelle und ehemal. Ziegelei an der Ostsee im Gute Seekamp, Eckernförderh., Ksp. Dänischenhagen.

Kiel, ein vormaliges Dorf im Ksp. Kosel. Der Ort wo es gelegen wird auf der Meierschen Karte im Danckwerth mit Kielfoeth bezeichnet. Dieses Dorf mit Wesebye ward 1465 von Otto Walstorp zu Sönderbye an das Schleswigsche Domcapitel verkauft und es wird in der Nähe von Wesebye gelegen haben, da in alten Urkunden angeführt wird: Vergleich zwischen dem Schleswigschen Domcapitel und einigen vom Adel wegen der Gränzscheide zwischen den Dörfern Kiel, Kosel und Wesebye 1470; und ebendaselbst: Vergleich wegen des Grabens und der Scheide zwischen den Dörfern Kosel und Kiel 1476.

Kielseng, ein Freihof nahe nördlich von Flensburg, welcher nach dem Besitzer, dem Flensburger Rathsherrn Harder Vake, der 1590 starb, Harder Vakens Lusthaus genannt ward, und 4 Kathen am Flensburger Meerbusen, A. Flensburg, Husbyeh., Ksp. und Schuldistr. Adelbye. — Dieser sehr anmuthig belegene Hof, welcher unter Jurisdiction der Nicolai= kirche in Flensburg stand, kam 1738, als v. Lutten Besitzer desselben war, unter die Husbyeharde, und nur über eine Ziegelei, die abgebrochen ward, behielt die Kirche die Jurisdiction. — Bei Kielseng ist eine Oelmühle und eine Wachsbleiche. — Areal: 67 Steuert.

Kielsgaard, Dorf 1 M. südöstlich von Flensburg, unweit der Kielstaue, A. Flensburg, Husbyeh., Ksp. und Schuldistr. Hürup. Dieses Dorf ist aus einem ansehnlichen Freihofe entstanden, welcher um die Mitte des 17. Jahrhunderts wüste lag. Man zeigt noch den Platz wo das Haupt= gebäude gestanden hat und Spuren seiner Keller. Der Hof gehörte schon im 15. Jahrhundert dem Schleswigschen Domcapitel, ward in 3 Hufen zerlegt, und die auf der Feldmark dieses Hofes errichteten Stellen bestehen jetzt aus 5 Halbh. und 2 Viertelh. (3 Pfl.). — Areal mit Kreuz: 273 Steuert. Der niedrig liegende Boden ist von ziemlicher Güte.

Kielstaue, eine Aue welche aus dem Winderatter=See im A. Flensburg, Husbyeh., kommt, darauf bei Ausacker und Klein=Solt vorbei fließt und endlich in den Trä=See fällt.

Kjelstrup, Königl. Gut im A. Apenrade, Lundtofth. Der Haupthof liegt 1½ M. nördlich von Flensburg an der Geilaue, Ksp. Holeböl. Dieses Gut, welches aus 4 niedergelegten Hufen entstanden ist, war ehemals ein Meierhof des Gutes Seegaard, und ward 1725 im Concurse des Grafen v. Ahlefeld an den Oberinspector Paulsen verkauft. Es kam späterhin in den Besitz der Herzöge von Augustenburg, ist seit 1852 Königlich und steht in der Landesmatrikel zu 6⅙ Pfl. Zum Gute gehören ein Theil des Dorfes **Holeböl**, Oster-Geil, Kjelstrupskov und das Wirthshaus Holbie. Eine Parcelenstelle an der Gränze der Hofländereien heißt Kjelstrupfeld. — Areal: 598 Ton. 5 Sch. 39 R. à 320 □. R., darunter an Acker und Wiesen 407 Ton. 6 Sch. 8 R., an Hölzung und Moor 186 Ton. 1 Sch. 37 R., an Wohnplätzen und Gärten 4 Ton. 5 Sch. 34 R. — Der Boden ist von mittlerer Art; westlich vom Hofe liegt eine bedeutende Strecke Haideland, welche vor mehreren Jahren mit Tannen besäet ist. Auf Kjelstrup war ehemals eine bedeutende Schäferei.

Kjelstrup (Waldem. Erdb.: Kyrstrup), Dorf 1 M. südöstlich von Hadersleben, A. Hadersleben, Osterth., Hadersleebenerh., Ksp. und Schuldistrict Vilstrup; 6 Vollh., 1 Dreiviertelh., 6 Halbh., 2 Drittelh., 19 Landbohlen und 4 Instenstellen. Ausgebaute Stellen heißen: Bortskov (ein kleiner Badeort), Steenbjerg (Wirthshaus an der Landstraße), Bramsensgaard, Kanekjär (Kaakjär) und Lund. Eine der Hufen gehört zur Marienkirche in Hadersleben, und ehemals war hier ein Lanfte der Domkirche in Schleswig. — Schmiede und einige Handwerker. — Im Jahre 1580 gehörte Kjelstrup unter Törning. — Der Boden ist gut und fruchtbar und die Hölzung ansehnlich. Bei Bortskov sind Ueberbleibsel von Gebäuden wahrscheinlich eines dort gewesenen Edelhofes gefunden worden; der mit einem Graben umgebene Platz ist noch deutlich zu sehen.

Kjelstrupskov (Kjelstrupholz), 6 Kathen und 8 Instenstellen an der Kjelstruper-Hölzung, 2½ M. südöstlich von Apenrade, im Gute Kjelstrup, A. Apenrade, Lundtofth., Ksp. Holeböl, Schuldistr. Hockerup.

Kiesbye, Dorf 2¾ M. nordöstlich von Schleswig, A. Gottorf, Schliesh., Ksp. und Schuldistr. Boren; enthält 6 Vollh., 3 Viertelh. und 4 Kathen. Armen- und Arbeitshaus der Borener Gemeinde. — 5 Hufen und die Kathen gehörten ehemals zum Gute Lindau, und 1 Vollh. nebst 3 Viertelh. zum Schlesw. Domcapitel. — Areal: 412 Steuert. — Ehemals lag hier ein Lindauer Meierhof.

Kjestrup (vorm. Kerstorp), Dorf an einer kleinen Aue 1¾ M. nordwestlich von Hadersleben, A. Hadersleben, Osterth., Gramh., Ksp. und Schuldistr. Jägerup; enthält 2 Vollh., 5 Halbh., 2 Viertelh., 2 Landbohlen und 1 Instenstelle. — Einige Frauen beschäftigen sich mit Spitzenklöppeln. — Der Boden ist größtentheils gut.

Kjestrup, Nederbye-, 1 Drittelh., 8 Kathen und 1 Instenstelle an einer kleinen Aue 1 M. südlich von Hadersleben, A. Hadersleben, Osterth., Hadersleebenerh., Ksp. und Schuldistr. Hoptrup. — Der Boden ist sehr guter Art.

Kjestrup, Overbye-, Dorf ¾ M. südlich von Hadersleben, A. Hadersleben, Osterth., Hadersleebenerh., Ksple. Hoptrup und Vilstrup; enthält 2 Vollh., 7 Halbh., 5 Viertelh., 1 Sechstelh., 1 Achtelh., 6 Landbohlstellen und 1 Kathe, welche letztere Steensbjerg heißt. Drei Höfe im

Dorfe werden „paa Herregaarden" genannt; hier soll vormals ein Schloß gestanden haben und die Wälle mit den Gräben sind noch deutlich zu sehen. Eine ausgebaute Landbohlstelle heißt Ravnskjär. 1 Vollh. (1 Pfl.) gehörte zum Schlesw. Domcapitel. In Kjestrup sind 3 Haderslebener Hospitallansten, welche von dem Verkaufe stammen, den Claus Limbek zu Törning mit dem Domcapitel abschloß. — Schuldistr. Hoptrup und Vilstrup. — Schmiede. — Der Boden ist sehr gut und fruchtbar.

Kjöbenhoved (vorm. Copinghoved), Dorf 4 M. nordwestlich von Hadersleben, A. Hadersleben, Westerth., Frösh., Ksp. Skrave. In diesem Dorfe, welches unweit der Skodborgeraue liegt, soll wie der Name desselben andeutet, in der ältesten Zeit Schifffahrt und Handel getrieben sein; welches aber zu bezweifeln ist, da das Dorf auf einer Anhöhe liegt und keine Wasserverbindung mit der Skodborgeraue hier gewesen sein kann. Kjöbenhoved enthält 1 Zweidrittelh., 4 Halbh., 8 Drittelh., 2 Viertelh., 3 Sechstelh., 2 Kathen und 6 Instenstellen. Eine der Hufen (Besoldungspflug des Hardesvogts) heißt Lundsgaard und von mehreren ausgebauten Hufen heißen einige Grönagergaard, Steltkrog, Westerlundegaard, Bekmaygaard. — Districtssch. — Armenhaus, Wirthsh., Schmiede und einige Handwerker. — Südlich vom Dorfe liegt eine Korn-Windmühle. — Areal: 1084 Steuert. — Der Boden ist ziemlich gut. Ein Theil der Feldmark des ehemaligen Dorfes Brestrup (s. Brestrup), ist zu Kjöbenhoved gelegt. — Der Sage nach soll auf der Wiese in der Nähe der Skodborgeraue ein ansehnlicher Edelhof gestanden haben; es sind hier Spuren eines Steindammes vorhanden und auch wird der zum Hofe gehörig gewesene Brunnen noch gezeigt. — Auf der Feldmark sind Ueberreste abgetragener Grabhügel.

Kjöbingshof, ein ehemaliger Edelhof auf der Insel Aerö, in der Nähe der Stadt Aeroeskjöbing. Die älteste Geschichte dieses Hofes ist nicht bekannt; 1629 ward derselbe von dem Herzoge Philipp seiner Gemahlin Sophie Hedewig geschenkt und von dieser 1647 an den Herzog Rudolph Maximilian auf 3 Jahre für 3000 ℳ jährlich in Pacht überlassen. 1662 verpachtete der Herzog Philipp denselben an einige Bürger in Aeroeskjöbing und 1682 der Herzog Christian an die Bürger der Stadt für 1000 ℳ auf ewige Zeit, was aber nur bis 1721 dauerte, da der Herzog Philipp Ernst den Hof niederlegte und an die Bürgerschaft der Stadt verkaufte. Das Land ward in 58 Parcelen getheilt und jede Parcele für 500 ℳ Kaufgeld und eine jährliche Recognition von 1 ℳ überlassen. — Areal: 211 Ton. $7\frac{11}{16}$ Sch. à 320 □. R.

Kirchenholz, 7 von Ulsnis und 1 von Kius abgelegte Kathen, 2 M. nordöstlich von Schleswig, A. Gottorf, Schliesh. Ksp. und Schuldistrict Ulsnis. Diese Stellen gehörten früher zum vormaligen Schlesw. Domcapitel. — Wirthshaus, Schmiede. — Areal: 25 Steuert.

Kirchenholz (Satrup-Kirchenholz), 8 Kathen mit Land und 5 Kathen ohne Land ($\frac{3}{96}$ Pfl.), südwestlich von Satrup, A. Gottorf, Satruph., Ksp. Satrup. — Ziegelei. — Areal: 60 Steuert. — Die Hölzung, welche den Käthnern hier angewiesen ward, gehörte vormals der Satruper Kirche, ist aber 1770 von der Landesherrschaft veräußert worden.

Kirchenkoog, ein angeblich schon im Jahre 987 eingedeichter Koog 1 M. nordwestlich von Tönning, im Westertheil der Landschaft Eiderstedt, Ksp. und Schuldistr. Tetenbüll. In diesem Kooge liegen 1 Hof, einige kleine

Landstellen und 32 Häuser ohne Land. Einzelne Stellen heißen: Lämmerhörn und Straße (Tetenbüller=Straße). — Areal: 406 Dem. 7 R. 10 F. — Der Marschboden ist gut und eignet sich nicht allein zum Getraidebau sondern auch zur Weide.

Kistelhoe, 2 Parcelenstellen nördlich von Satrup im A. Gottorf, Satruph., Ksp. und Schuldistr. Satrup.

Kitschelund, Dorf 1¼ M. nördlich von Flensburg, an der Chaussee nach Apenrade, A. Flensburg, Wiesh., Ksp. Bau; 1 Halbh., 4 Dreiachtelh., 3 Kathen und 4 Instenstellen. Die Halbhufe, 1 Drittelhufe und 2 Kathen gehören seit einigen Jahren zur Krusauer Kupfermühle. Eine ausgebaute Drittelhufe heißt **Mulsmark.** — Nebenschule. — Der Boden ist nördlich und westlich hügelig und größtentheils mit Haide bewachsen. Moore umgeben beinahe das ganze Dorf, aber sie sind fast gänzlich vergraben. Nahe am Dorfe ist ein kleiner See. Zwei ehemalige Seen heißen noch Els=See und Straß=See.

Kius, Dorf an einer kleinen Aue, 2 M. nordöstlich von Schleswig, A. Gottorf, Schliesh., Ksp. Ulsnis. Dieses etwas zerstreut liegende Dorf, welches zum Theil seinen Ursprung von den Ländereien des ehemaligen Hofes Heselgaard hat, wovon noch die Wasser= und Windmühle Heselmühle (s. Heselmühle) übrig ist, gehörte vormals zum Schleswigschen Domcapitel und enthält 6 Vollh., 5 Kathen mit und 1 Kathe ohne Land. Eine Kathe und Wirthshaus heißt Kiusbek, eine östlich vom Dorfe liegende Kathe Kiusweg (Schuldistr. Gundebye). Außerdem gehören zur Dorfschaft 2 Kathen zu Wackerade und 1 Kathe zu Kirchenholz. — Districtsschule. — Armenhaus. — Areal: 461 Steuert. — Der Boden ist von ziemlicher Güte. Die Hölzungen heißen Kius=Gehege, Naschau und Stavertwedt.

Kiusballig, 4 von Taarstedt herstammende Kathen am Kius=Gehege, 1¾ M. nordöstlich von Schleswig, A. Gottorf, Füsingh., Ksp. und Schuldistrict Taarstedt. Eine Kathe gehörte zum vormaligen Schleswigschen Domcapitel. — Areal: 19 Steuert.

Kixbüll, 6 kleine Landstellen und 2 Stellen ohne Land, im A. Tondern, Wiedingh., Ksp. und Schuldistr. Rodenäs.

Klanxbüll, Nordwester=, 2 Höfe und 1 Haus bei Wester=Klanxbüll, A. Tondern, Wiedingh. Die auf Werften erbauten Häuser liegen nahe am Deiche, Ksp. und Schuldistr. Klanxbüll. Hier ist die Ueberfahrt nach Morsum auf Silt, welche 2 M. beträgt.

Klanxbüll, Oster=, Dorf 2 M. südwestlich von Tondern, A. Tondern, Wiedingh., Ksp. und Schuldistr. Klanxbüll; enthält 9 größere und kleinere Höfe, 4 kleine Landstellen und 2 Häuser. — Armenhaus, Wirthshaus. — Der Boden ist niedriger als bei Wester=Klanxbüll und das Land, welches bei dem Dorfe und von demselben ostwärts liegt, ist nicht von besonderer Güte. Nördlich vom Dorfe befindet sich ein Wasserzug, der mit Böten befahren werden kann und sich ostwärts nach dem Ksp. Neukirchen hinzieht, von wo man zu Wasser bis nach Tondern gelangen kann.

Klanxbüll, Wester= (vorm. Clengesbol), Kirchdorf 2 M. südwestlich von Tondern, unweit der Westsee, A. Tondern, Wiedingh., Pr. Tondern. Dieses Dorf besteht außer der östlich von der Kirche belegenen Predigerwohnung und dem Küsterhause aus 3 Höfen, 3 kleinen Landstellen und 2 Häusern. Die Wohnungen liegen, um gegen Ueberschwemmungen

Klappholz.

geschützt zu sein, auf Werften. — Districtsschule. — Die auch auf einer Werfte liegende nur kleine Kirche ist alt; sie ist mit einem s. g. Eisdache (Rohr) gedeckt, hat keinen Thurm, ist aber gewölbt. Die Kanzel ist der Sage nach in einer Wasserfluth von der Volligsbüller Kirche hier angetrieben. An der Seite der Kirche steht ein Glockenhaus. Der Prediger wird von dem Amtmanne und dem Probsten präsentirt und von der Gemeinde gewählt. — Eingepfarrt: Bombüll, Burg, Oster= und Wester=Klanrbüll, Nordwester=Klanrbüll, Nordhörn, Südhörn, Wisch. — Eine Windmühle ward 1615 durch die Wasserfluth zerstört, 1626 wieder aufgebaut, aber späterhin wieder abgebrochen und nach Wisch verlegt. — Der Boden ist Marschland aber nur von mittelmäßiger Art. Hier ist ein ansehnliches Vorland. Im Jahre 1608 wird Vicarienland „zu Unserer lieben Frauen" erwähnt. — Vz. des Ksp.: 277.

Klappholz, Dorf $1\frac{1}{2}$ M. nördlich von Schleswig, A. Gottorf, Strurdorfh., Ksp. Havetoft; 1 Vollh., 4 Halbh., 1 Sechszehntelh. und 3 Kathen ($3\frac{1}{16}$ Pfl.). Einige westlich belegene Häuser werden Klapp=holzheide genannt. — Districtsschule. — Wirthshaus, Schmiede. — Areal: 328 Steuert. — Noch in der Mitte des 18. Jahrhunderts war diese ganze Gegend mit Hölzungen bedeckt, woher auch der Name des Dorfes entstanden ist; der Boden ist von ziemlicher Güte. — Im Jahre 1455 vertauschte das Schleswigsche Domcapitel an den Herzog Adolph 10 ℔ Goldes in diesem Dorfe gegen den Hof zu Egeberg und 1 ℔ Goldes in der Feldmark daselbst. — Als im Jahre 1794 die Einkoppelung der Feldmark Statt fand, wurde nördlich vom Dorfe eine ziemlich schwere goldene Kette in der Erde gefunden.

Klappschau, ein der Stadt Schleswig gehöriger Meierhof, $\frac{1}{4}$ M. nördlich von Schleswig, Ksp. Domkirche in Schleswig. Der Platz, worauf dieser Hof liegt, war noch im 17. Jahrhundert mit vielem Unterholze besetzt und ist erst 1751 gänzlich davon gereinigt. Das Wohnhaus ward im Anfange des 18. Jahrhunderts erbaut. Hier ist auch eine Anstalt für verwahrlosete Kinder errichtet, welche 1851 18 Zöglinge zählte. Bei der=selben ist ein Lehrer angestellt. — Areal: 175 Ton. 132 R. à 260 ☐. R. — Der Boden ist gut und in der letzten Zeit sehr verbessert. Südlich nahe an Klappschau liegt ein großer Grabhügel der Rugberg genannt.

Kleeblatt, 3 Häuser im Ostherth. der Landsch. Eiderstedt, Ksp. und Schuldistr. Kating. Die Häuser liegen in Form eines Kleeblattes und daher der Name.

Kleeblatt, 1 Haus im Ostherth. der Landsch. Eiderstedt, Ksp. und Schuldistr. Kotzenbüll.

Kleidende, 9 Häuser $2\frac{1}{4}$ M. südwestlich von Tondern, A. Tondern, Wiedingh., Ksp. Horsbüll, Schuldistr. Diedersbüll. — Der Boden ist von verschiedener Art, im Ganzen aber nur mittelmäßig.

Kleihörn, 9 auf einem Mitteldeiche erbaute Häuser im Ostherth. der Landsch. Eiderstedt, Ksp. und Schuldistr. Kotzenbüll. — Windmühle, Wirthshaus.

Kleinenseerkoog (Lütgenkoog), ein ausgetrockneter See (Bergen=husener=Lütgensee) nahe an Bergenhusen, 2 M. östlich von Friedrichstadt, welcher unterm 12. März 1702 eine Octroy erhalten hat, im Bezirk der Landsch. Stapelholm, Ksp. und Schuldistr. Bergenhusen. Der Kleinenseer=

koog (Kleinsee) enthält 28 Häuser und 1 Graupenmühle, welche in einer fortlaufenden Reihe unmittelbar südlich an Bergenhusen erbaut sind. — Areal: 58 Dem. — Besitzer: Ferdinand und Wilhelm Staake. — An die Gottorfer Amtscasse wird eine jährliche Pacht von 400 ℳ in Kronen entrichtet. — Vz.: 154.

Kleinerkoog, ein ehemaliger, zum Ksp. Osterhever in der Landschaft Eiderstedt gehöriger Koog, welcher 1620 eingedeicht ward, etwa 90 Demat groß war und in der Wasserfluth 1625 gänzlich zerstört wurde. Das Uferland kaufte späterhin das Kirchspiel.

Kleinkoogsdeich, 8 auf einem Deiche erbaute Häuser im Amte Tondern, Wiedingh., Ksp. Emmelsbüll, Schuldistr. Emmelsbüll und Katzhörn. — Der Boden ist nur sehr mittelmäßig.

Kleiseerkoog, ein octroyirter Koog im Amte Tondern, Bökingharde, 2¾ M. südwestlich von Tondern, Ksple. Deetzbüll, Dagebüll, Risum und Fahretoft; enthält mehrere Höfe und Häuser (36 Feuerstellen). — Mühle, Schmiede. — Die Octroy dieses Kooges ist von dem Könige Friedrich IV. 1725 ertheilt; die Eindeichung ward in demselben Jahre angefangen und 1727 vollendet. — Areal: 2365 Dem.

Klensbye, Dorf an der Schlei, ½ M. nordöstlich von Schleswig, Ksp. Moldenit. Dieses Dorf gehörte vormals (1196) dem Michaeliskloster vor Schleswig, und ist jetzt dem Graukloster daselbst zuständig; es enthält 2 Siebenzwöftelh., 2 Drittelh. und 1 Parcelenst. (1¾ Pfl.) — Schuldistr. Moldenit. — 2 Wirthshäuser, Schmiede. — Areal: 264 Ton. à 260 □. R. (249 Steuert.). — Der Boden ist sehr gut. — Wegen der schönen Lage wird Klensbye von den Schleswiger Einwohnern oft besucht, welches den Ort besonders in den Sommermonaten sehr belebt.

Klerenbüll, 2 Höfe und 2 Häuser im Westerth. der Landschaft Eiderstedt, Ksp. und Schuldistr. Poppenbüll. Ein Haus heißt Schlüssel.

Klingenbjerg, 13 Kathen auf der Insel Alsen, 1½ M. südöstlich von Norburg, A. Norburg, Norderh., Ksp. und Schuldistr. Svendstrup. — Areal: s. Tarup.

Klingenbjerg, 1 Bohlstelle auf der Insel Alsen im Gute Rumohrshof, A. Sonderburg, Augustenburgerh., Ksp. Nottmark.

Klingerhuus, 1 Kathe an der Landstraße nahe bei der Fährstelle Aarøesund, A. Hadersleben, Osterth., Hadersleberh., Ksp. Oesbye, Schuldistrict Raad.

Klinting (Waldem. Erdb.: Clintyngy), Dorf auf der Insel Alsen, ½ M. östlich von Sonderburg im Gute Langenvorwerk, A. Sonderburg, Augustenburgerh., Ksp. und Schuldistr. Ulkeböl, gehörte 1231 zu den Königl. Tafelgütern und enthält 8 Halbh., 1 Kathe und 2 Instenst. — Der Boden ist von ziemlicher Güte.

Klintum, Dorf 3 M. südlich von Tondern, A. Tondern, Karrh., Ksp. Leck. Zum Amte Tondern gehören 9 Bohlstellen, 24 kleine Landstellen und 5 Instenst. (3¼ Pfl.); zum Gute Fresenhagen 1 Bohlst. (½ Pfl., 21 Steuert.). Im Dorfe ist eine Wassermühle, die von einer in dem Langenberge entspringenden etwa 200 Ellen langen Aue getrieben wird; südlich vom Dorfe liegen 2 Windmühlen. — Districtsschule. — 2 Wirthshäuser, Schmiede

und einige Handwerker. — Der Boden ist hohes Geestland und für alle Korn=
arten außer Waizen geeignet. — Zwischen Klintum und Stadum liegt
eine sich über ½ M. von Osten nach Westen erstreckende Anhöhe, der
Langenberg genannt; man findet hier in geringer Tiefe oft verschie=
dene Mineralien und versteinerte Seeproducte. Eine runde Erhöhung auf
diesem Berge heißt Warkshöhe. Auf einem Grabhügel ward vor mehreren
Jahren ein Runenstein gefunden.

Kliplev (Waldem. Erdb.: Clyppälöf), Kirchdorf 1½ M. südlich
von Apenrade, an der Bjendrupaue und der alten Landstraße nach Flens=
burg, im Gute Seegaard, A. Apenrade, Lundtoftharde, Pr. Apenrade.
Dieses alte Dorf welches 1231 zu den Königl. Tafelgütern gehörte, enthält
außer den Wohnungen des Inspectors, des Predigers und des Küsters
1 Dreiviertelh., 13 Halbh., 6 Viertelh., 3 s. g. Dreiparte, 5 Kathen und
12 Instenst. (7$\frac{11}{48}$ Pfl.). Eine ausgebaute Viertelh. heißt Steenkiste
(Steinkiste), eine Kathe Grotte. — Districtsschule. — Wirthshaus,
Arresthaus, 2 Schmiede, Bäckerei, Färberei und Handwerker fast aller Art.
Hier werden 2 Vieh= und Pferdemärkte gehalten, am 4. April und am
14. Septbr. — Die reiche Kirche, welche ein Vermögen von 55,700 ℳ besitzt,
ist mit einem spitzen Thurme versehen, größtentheils gewölbt, hat eine Orgel
und enthält Begräbnisse der v. Ahlefeldschen Familie; das Glockenhaus steht
neben der Kirche. — Vormals hatte Kliplev 2 Prediger, von denen Einer
bis 1704 den Gottesdienst zugleich in Quars halten mußte. Zur Wahl
des Predigers präsentirt das Gut Seegaard, welchem das Patronat
zusteht; die Gemeinde wählt. — Eingepfarrt: Ahretoft (z. Thl.),
Klein=Ahretoft, Bergholz, Bjendrup, Bjerge, Bremsmai, Dreiberg, Grotte,
Hohenhain, Holm, Jarnishöi, Juelsee, Kau, Kliplev, Kratt, Lundtoft,
Lundtofthye, Paulskroe, Perböl, Pötterhuus, Pugholm, Quarsballig,
Quarslyk, Seegaard, Seegaardfeld, Spang, Steenkiste, Sönderkobbel,
Stevning, Tvingholm, Uhr, Vestergaard, Vraae, Wähl. — Vormals
geschahen nach Kliplev Wallfahrten zu dem aus Holz geschnitzten Bilde
des St. Salvator, dem man besondere Heilkräfte zuschrieb und auch
noch nach der Reformation Geschenke darbrachte; daher sind die Märkte
ursprünglich auf Kreuz=Erfindung und Kreuz=Erhöhung entstanden. Eben=
falls war hier früher eine geistliche Brüderschaft, die Elenden=Gilde
genannt, wahrscheinlich zur Unterstützung hülfsbedürftiger Pilger. — Areal:
759 Steuert. — Der Boden des Dorfes ist grandigt, aber ziemlich ergiebig;
das größte Moor heißt Holmmoor; 2 ansehnliche Grabhügel heißen
Jarnishöi (Hjarneshöi), worunter der Sage nach ein Fürst mit seiner
Gemahlin begraben sein sollen; bei der Viertelhufe Steenkiste sind mehrere
von Steinen aufgeführte Grabkammern, die aber zum Theil zerstört sind. —
Vz. des Ksp.: 1264.

Klixbüll, Kirchdorf 2 M. südlich von Tondern, A. Tondern, Karrh.,
Pr. Tondern. Von diesem sehr ansehnlichen, in Nord= und Süd=
Klixbüll eingetheilten, über ¼ M. langen Dorf gehören zum Amte
Tondern 32 Bohlstellen, 31 kleine Landstellen und 12 Wohnstellen (16⅓ Pfl.).
Einige Stellen gehören zu den Gütern Klirbüll (78 Steuert.) und
Karrharde. Eine Bohlstelle war ehemals ein Vicariengut; eine andere
ward vormals (1696) Westergaard genannt. — Schuldistr. Rückenstadt.
Eine Privatschule ist in Süd=Klirbüll. — 4 Wirthshäuser, 1 Königl. Wind=
mühle, 1 Graupenmühle, 3 Schmiede, 1 Uhrmacher, 1 Schlachter und

mehrere Handwerker. — Die erste Kirche kömmt in einem Kirchenverzeichnisse (1240) vor; als diese vergangen war, hatte Klirbüll nur eine Capelle, welche ein Filial der Lecker Kirche war; wahrscheinlich ist aus dieser Capelle erst kurz vor der Reformation eine Kirchspielskirche geworden. Sie ist von Ziegelsteinen erbaut, mit Blei gedeckt und hat einen im Jahre 1619 aufgeführten abgestumpften Thurm. Ein vormals vor der Kirche gewesener Anbau ward 1832 abgebrochen und statt dessen eine Emporkirche aufgeführt, wodurch das Innere der Kirche sehr gewonnen hat. In den Jahren 1532 und 1634 litt die Kirche durch Wasserfluthen, und die damalige Höhe des Wassers ist an der Kirche bezeichnet. — Der Prediger wird von dem Amtmanne und von dem Probsten präsentirt und von der Gemeinde gewählt. — Eingepfarrt: Boesbüll, Buttersbüll, Flühe, Karrharde, Kathal, Klirbüll, Klirbüllhof, Rückenstadt, Wraaegaard. — Klirbüll wird auf der einen Seite von der Marsch, und auf der andern von der Geest begränzt, und hat für den Landbetrieb eine sehr bequeme Lage, da die Wohnungen in einer Reihe neben einander und die Ländereien größtentheils auf beiden Seiten derselben in einem Schlage liegen. — Der Boden ist ziemlich gut. — Im Jahre 1634 ertranken in der Wasserfluth von diesem Kirchspiele 60 Menschen. — Vz. des Ksp.: 840.

Klirbüllhof (Klirbüllgaard), adel. Gut im A. Tondern, Karrharde. Der Haupthof liegt $1\frac{3}{4}$ M. südlich von Tondern, Ksp. Klirbüll. Es sind keine Nachrichten über die Entstehung dieses schon alten Guts vorhanden, wahrscheinlich aber ist es errichtet von dem Hardesvogt in der Karrharde Anders Sönnichsen, der 1452 geadelt ward und der Stammvater der Familie v. Andersen wurde, die dieses Gut besessen haben; darauf war der Statthalter Geert Rantzau zu Breitenburg, welcher 1627 starb, Besitzer desselben und es blieb in dieser Familie bis 1681, dann v. Jessen zu Nienhof, 1739 Bentzen, 1767 Petersen zu Laygaard, 1779 Rheder, 1784 Petersen, 1797 Sibbers, der den Stammhof für 17,100 ℳ kaufte; 1829 Müller. Jetziger Besitzer L. Brodersen. Im vorigen Jahrhundert ward dieses Gut parcelirt; der Stammhof liegt im Dorfe Buttersbüll. Es war nicht zusammenhängend, sondern bestand aus getrennt liegenden Bohlstellen und kleinen Landstellen (10 Pfl.), von welchen die Bohlstellen und Landstellen für $9\frac{1}{28}$ Pfl., und für die übrigen $2\frac{7}{28}$ Pfl. das adel. Gut Mirebüll contribuirt. — Zahl der Einw.: 338. — Das Areal des ganzen Guts beträgt 689 Steuert.; nämlich der Stammhof Klirbüllhof 48 Ton. (Steuerw. 4720 Rbth.), vom Dorfe Klirbüll 78 Ton., Kathal 111 Ton., Bösbüll 5 Ton., Uphusum 19 Ton., Holm 8 Ton., Braderup 4 Ton., Karlum 23 Ton., Tinningstedt 31 Ton., Lergaarde 5 Ton., Bramstedt 5 Ton., Leck 7 Ton., Kockedahl 48 Ton., Enge 47 Ton., Schardebüll 22 Ton., Heide (Engerheide) 4 Ton., Sande 10 Ton., Stedesand 30 Ton., Lindholm 2 Ton., Klockries 79 Ton., Greisberg 3 Ton., Kleiseerkoog 4 Ton., Uhlebüll 6 Ton., Humtrup 13 Ton., Grelsbüll 2 Ton., Hattersbüllhallig 14 Ton., Hungerburg 3 Ton., Nord-Schmedebye 58 Ton. (zus. 56,820 Rbth. Steuerw.). — Das zum Stammhofe gehörige Land enthält 57 Dem. 153 R. 1 F. — Das Wohnhaus ist von Mauerwerk mit Stroh gedeckt und hat 2 Flügel. — Contrib.: 448 Rbth., Landst.: 118 Rbth. 38 bβ, Hausst.: 12 Rbth. 57 bβ.

Klirbüllerkoog, Koog südwestlich an Klirbüll gränzend, A. Tondern, Karrh., Ksp. Klirbüll. Dieser Koog wird in Alt- und Neu-Klirbüllerkoog eingetheilt, und gehört größtentheils zum A. Tondern. Von dem Neuen Klirbüllerkoog ist ein Theil dem Gute Klirbüll zuständig.

Klockhuus, 1 kleine Landstelle, 2 M. südwestlich von Apenrade im Gute Stoltelund, A. Tondern, Slurh., Ksp. Tingleb, Schuldistrict Beibek. — Areal: 23 Steuert.

Klockries, Dorf 2½ M. südlich von Tondern, A. Tondern, Ksp. Lindholm. Dieses auf einem alten Deiche erbaute und an das Kirchdorf Lindholm gränzende Dorf wird in Groß- und Klein-Klockries eingetheilt, welches durch einen Fahrweg geschieden ist. Zum A. Tondern, Bökingh., gehören 26 Vollh., 20 Halbh., 10 Viertelh. und 10 Kathen (Pflz. mit Kremperhuus $10\frac{29}{48}$); zum Gute Klirbüll, Karrh., 6 Vollh., 17 Halbh., eine Windmühle und ein Wirthshaus; 2 Vollh., wovon eine bei der Mühle liegt und Freiberg heißt, so wie 5 Halbh. gehören zum Gute Karrharde. Auch werden noch die nördlich belegenen 1 Vollh., 4 Halbh. und 3 Viertelh., welche Kremperhuus genannt werden, zum Dorfe gerechnet (A. Tondern). Ein Wirthshaus auf dem Klirbüller Deiche heißt Gasthafen, eine Kathe Klirbülldeich. — Districtsschule. — Schmiede und einige Handwerker; Ziegeleien bei Kremperhuus. — Der Boden ist ziemlich gut, aber der Größe der Volksmenge nicht angemessen; das im Kohlendammerkooge belegene Land enthält nur wenig Ackerland, ein größerer Theil davon ist magere Marsch, und der größte Theil durch Torfgraben unbrauchbar geworden. Nördlich von Klein-Klockries, in der s. g. Wasserfenne ist ein ehemaliger Richtplatz mit einem Galgen.

Klosterholz, eine Landstelle mit einer Ziegelei und 4 Kathen ¼ M. nordöstlich von Flensburg, unweit des Flensburger Meerbusens, Ksp. und Schuldistrict Adelbye, und dem Hospitale in Flensburg gehörig; hier stand ehemals eine Hölzung.

Klosterkrug, ein vor einigen Jahren neu erbautes zum Dorfe Jagel gehöriges Wirthshaus (Dreiviertelh.) an der Chaussee südlich von Schleswig, zum St. Johanniskloster in Schleswig gehörig, A. Gottorf, Kropph., Ksp. Haddebye, Schuldistrict Jagel. — Areal: 154 Ton. à 240 □. R. — Der Boden ist sandigt.

Klovtoft (Klautoft), Dorf an der Rödaue, 2 M. westlich von Apenrade, A. Apenrade, Süderrangstruph., Ksp. Heldevad; enthält 3 Hufen, 2 Dreiviertelh., 3 Zweidrittelh., 3 Halbh., 2 Drittelh., 3 Sechstelh., 1 Kathe und 12 Instenstellen ($8\frac{3}{4}$ Pfl.). Eine ausgebaute Hufe heißt Greengaard, 2 Sechstelh. Stockholm. Zum A. Hadersleben, Vogtei Bollerslev, gehörten sonst 3 Hufen, 1 Kathe und 1 Instenstelle, welche wahrscheinlich von dem Ritter Jacob Rostedt 1334 dem Lygumer Kloster geschenkt, aber später vom Kloster abgekommen sind. — Districtsschule. — Wirthshaus, Färberei, Schmiede. — Areal ohne den sonst zum A. Hadersleben gehörigen Theil: 801 Steuert. — Der Boden ist nur von mittelmäßiger Art. Das Moor Niverskov ist ansehnlich. — Zwei Grabhügel heißen Brohöi und Favshöi.

Kloving (vorm. Cloing), Dorf ¾ M. nordwestlich von Lygumkloster, A. und Birk Lygumkloster, Ksp. und Schuldistr. Norder-Lygum; 5 Viertelh., 6 Achtelh., 5 Kathen und 3 Instenstellen (2 Pfl.) — Areal: 100 Steuert. — Der Boden ist sandigt und mager. — Der Knappe Andreas Trugelsen, welcher 1400 lebte, schenkte dem Kloster seine Güter in der Feldmark Cloing. Nach einer Dingswinde aus dem Jahre 1531 war die Gränze dieses Dorfs und Lygum gegen Oebjerg der Oebjergbäk (Oebjerger-Bach). Im Jahre 1645 ward dieses Dorf von den schwedischen Kriegsvölkern fast gänzlich verwüstet.

Klues (Clus), ein Hof, Wirthshaus und 4 Instenstellen an der alten Landstraße zwischen Flensburg und Apenrade, ½ M. nördlich von Flensburg, A. Flensburg, Wiesh., Ksp. Bau. Dieser Hof hat seinen Namen von einer Clause (Claustrum) erhalten, die zum ehemaligen Ruhkloster gehörte, im 16. Jahrhundert abgebrochen ward, und mit deren Steinen die Handewither Kirche ausgebessert sein soll. Es ist dies höchst wahrscheinlich die Capelle oder das Oratorium Unserer lieben Frauen auf Krockriis (Kluesriis) vor Flensburg im Kirchspiele Handewith, welche der Herzog Adolph 1453 dem Ruhkloster bestätigte. Es geschahen häufige Wallfahrten dahin, weil man den Andachtsübungen in dieser Capelle besondere Heilkräfte zuschrieb, und man hat noch mehrere von den Genesenden zurückgelassene Krücken gefunden. Noch jetzt sind Spuren dieses Gebäudes vorhanden; auf dem Hofplatze der Landstelle findet man in der Erde Bauschutt und in der Tiefe Gebeine, und noch im Jahre 1833 ward ein unversehrtes Menschengerippe aufgegraben. Nach dem Abbruche der Capelle wurden auf dem zu ihr gehörigen Lande nach und nach 4 Kathen erbaut denen verschiedene Befreiungen, zufolge eines aus dem Jahre 1612 herstammenden Documents, ertheilt wurden. Diese wurden nebst dem Grund und Boden in den Jahren 1805 und 1814 vereinigt angekauft und auf diesem Platze ein bequemes und ansehnliches Wohnhaus erbaut. Eine Kathe ist ein Wirthshaus. — Areal: 200 Ton. à 240 □. R. (111 Steuert.). — Das Ackerland ist theils lehmigt, theils sumpfigt. Hölzung 16 Ton. Zum Hofe gehören die vormals Königl. Fischteiche Moor und Maasbek.

Kluesriis, einzelne Häuser an der Chaussee nach Apenrade und am Flensburger Meerbusen, ½ M. nördlich von Flensburg, A. Flensburg, Wiesh., Ksp. und Schuldistr. Bau; sie bestehen aus 1 Holzvogtswohnung mit 17 Ton. 182 □. R. Land und 1 Parcelenkathe, 1 Packhaus mit einer Wohnung und einer, in einer anmuthigen Gegend belegenen Landstelle mit einer Ziegelei (Kluesriiser=Ziegelei), welche nach ihrem ersten Besitzer, dem Conferenzrath Wasserschleben den Namen Wassersleben erhalten hat. — Den Ort umgeben die landesherrlichen Hölzungen Fredeholz (98 Ton. 112 □. R.), Riesholz (292 Ton. 57 □. R.), und Arnholz (33 Ton. 168 □. R.). Im Riesholz südlich von Kluesriis, am Flensburger Meerbusen, ward im letzten Kriege eine Schanze angelegt.

Knappersfeld, 2 Kathen (¼ Pfl.) und 2 Parcelenstellen im A. Gottorf, Schliesh., Ksp. Ulsnis, Schuldistr. Gunnebye. Die Kathen gehörten ehemals zum Gute Lindau.

Knidum, eine ehemalige Kirche in der Wiedrichsh. auf der alten Insel Nordstrand. Sie ist wahrscheinlich im Jahre 1362 vergangen.

Knifzig, 1 Vollh., 1 Siebenachtelh. und 2 Kathen (2$\frac{1}{4}\frac{1}{4}$ Pfl.), an der Birlaue, 1¾ M. südöstlich von Lygumkloster, A. Lygumkloster, Ksp. Rapsted. Die beiden Kathen heißen Klein=Knifzig. — Schuldistr. Quorup und Rapsted. — Tiello v. d. Wisch verschötete 1496 dem Abte Jens zu Lygumkloster seine Güter in dieser Ortschaft. — Auf der Feldmark liegt ein großer Grabhügel.

Knobberdamm.

Knobberdamm, 1 Kathe nahe an der Hölzung gleiches Namens; A. Gottorf, Schliesh., Ksp. und Schuldistr. Boren. Sie gehörte ehemals zum Gute Lindau. — Areal: 19 Steuert. — Die Königl. Hölzung hat ein Areal von 21 Ton. 15 Q. R.

Knoop, adel. Gut am Eider-Kanal, in der Eckernfördh. Der Haupthof liegt ½ M. westlich vom Kieler Meerbusen und ¾ M. südwestlich von Friedrichsort, Ksp. Dänischenhagen. — In ältester Zeit besaß dieses Gut vermuthlich die Familie von Knoop, ein Zweig der Pogwisch; 1330 werden Marquard v. Knoop und 1340 Otto v. Knoop genannt. Von dem Jahre 1356 an kommen folgende Besitzer vor: v. d. Wisch, darauf die Familie Rantzau. Nach Paul Rantzau, der es 1590 besaß, kaufte es der König Christian V. bei der Anlegung der Festung Christianspries (Friedrichsort); als aber 1648 die Festung geschleift ward, verkaufte der König es an v. Buchwald; 1690 besaß es v. Rantzau und es blieb in dieser Familie bis es 1750 die Familie v. Baudissin erhielt. — Knoop liegt in einer sehr reizenden fruchtbaren Gegend in der Nähe Kiels und wird oft von dessen Einwohnern besucht; nahe am Haupthofe ist eine der Kanalschleusen. Das Wohnhaus, welches im vorigen Jahrhundert von dem Grafen v. Baudissin erbaut ist, zeichnet sich nicht allein durch die schöne Lage, sondern auch durch die Bauart aus. Der vorige Hof lag an einer Niederung. — Zahl der Einwohner: 511. — Das ganze Gut enthält ein Areal von 2738 Ton. 12 R. 4 F. à 240 Q. R., nämlich bei dem **Haupthofe** 800 Ton. 146 R. 2 F., bei dem Meierhofe **Friedrichshof** 894 Ton. 150 R., bei dem Gehöfte **Flur** südlich von Altenholz belegen 52 Ton. 178 R. 5 F. und bei den Dörfern **Clausdorf** und **Altenholz** 990 Ton. 17 R. 7 F.; und zwar an Ackerland 1694 Ton. 206 R., Wiesen 267 Ton. 24 R. 6 F., Hölzung 524 Ton. 214 R. 4 F., Bruch 120 Ton. 72 R. 9 F., Moor 81 Ton. 131 R. 9 F., Wasser 10 T. 133 R. 5 F. und Wegen 38 Ton. 189 R. 1 F. — An Steuert. enthält der Haupthof 530 Ton., der Meierhof 446 Ton., Flur 41 Ton., die Pachtstelle Ziegelhof bei der Ziegelei 20 Ton., die Dörfer Clausdorf, Altenholz und die Dienstländereien 779 Ton. (zus. Steuerw. 270,740 Rbthlr.). Zwei Kathenstellen beim Hofe heißen Contrescarpe und Schönwinkel; 3 Stellen bei Clausdorf heißen Langenfelde, Kubitzberg und Postkamp. — Knoop contribuirt, nachdem 3¼ Pfl. an Warleberg und 3 Pfl. an Uhlenhorst davon getrennt sind, für 13½ Pfl. — Der Boden ist sehr gut; die Hölzungen heißen Kahlendorfer Holz und Dänenhöft, welche in einer Verbindung liegen, das s. g. verhauene Holz und das Knooper Holz oder der Thiergarten. — Die Knooper Kanalschleuse mit dem Schleusenwärterhaus und 2 Wirthshäusern gehört zum A. Hütten, Hüttenh. — Contrib.: 604 Rbthlr. 12 b/3, Landst.: 564 Rbthlr. 3 b/3.

Knorborg, Dorf 1½ M. nordöstlich von Ripen, A. Hadersleben, Westerth., Frösh., Ksp. Hygum. — Dieses auf einer großen Haide erbaute Dorf enthält 3 Halbb. und 3 Instenst. Eine auf derselben Haide erbaute und zum Gute Gram gehörige Hufe heißt Kjemsgaard (Kjempisgaard). Der weiten Entfernung wegen ist dieses Dorf zu keinem Schuldistricte gelegt. — Areal: 136 Steuert. — Der Boden ist von sehr mittelmäßiger Beschaffenheit.

Knud, Dorf an einer kleinen Aue 1½ M. nordöstlich von Hadersleben, A. Hadersleben, Osterth., Tyrstruph., Ksp. Fjelstrup; 4 Vollh., 7 Halbb., 5 Viertelh., 10 Kathen und 7 Instenst. — 2 Vollh. am südlichen Ende

v. Schröder's Schlesw. Topogr.

des Dorfes heißen Hauge, eine ausgebaute Viertelh, Gjäsholm und 1 Hufe Vorhauge. — Districtsschule. — Der Boden ist ziemlich gut. — Hier wird die Fruchtbaumzucht ziemlich stark betrieben. — Auf der Feldmark sind einige Grabhügel. — Am Meeresstrand liegt der Vorsprung Knudshoved in höchst anmuthiger Gegend.

Knutjenswarf (Knütten), 1 Hof im Westerth. der Landschaft Eiderstedt, Ksp. und Schuldistr. Westerhever. — Areal: 98 Dem. 5 Sch.

Kobberstedt (Waldem. Erdb.: Kopärstath); 2 Hufen 1¾ M. nordöstlich von Hadersleben, A. Hadersleben, Osterth., Tyrstruph., Ksp. und Schuldistr. Aller. — Das Ackerland, welches an Heilsminde gränzt, ist lehmigt und gut.

Kobbertoft, 3 Kathen auf der Insel Alsen, am Höruper=See, im Gute Maibölgaard, A. Sonderburg, Augustenburgerh., Ksp. Lysabbel.

Kochendorf, Dorf im Gute Windebye, ¾ M. westlich von Eckernförde, Eckernförderh., Ksp. Borbye; 7 Vollh., 3 Halbh., und 24 Kathen. — Areal mit Heidhof: 834 Ton. 93 R. — Schule. — Wirthshaus. — Vormals gehörte die Hälfte dieses Dorfes (5 Hufen) der Vicarie des Heil. Kreuzes in Schleswig. — Der Boden ist größtentheils sandigt. — Gefecht am 12. Sept. 1850, wobei das hier erbaute Strohhüttenlager abgebrannt ward. Auf der Feldmark sind manche Grabhügel.

Kockedal, 2 Hufen an der Leckerane, A. Tondern, Karrh., Ksp. und Schuldistr. Leck. Diese Stellen, von denen die eine zu dem Gute Klixbüll und die andere zum Gute Karrharde gehört, enthalten 1 Pfl. Landes.

Köhnholz (Klaholz), Dorf 2¼ M. nördlich von Schleswig, Ksp. und Schuldistr. Thumbye. Zum A. Gottorf, Strurdorfh., gehören 2 Dreiviertelh., 2 Halbh., 1 Viertelh., 12 Kathen, 2 Instenst. und 1 Parcelenst.; zur Morkirchh. 4 Kathen (½ Pfl.). — Schmiede. — Areal zur Strurdorfh.: s. Thumbye; Areal zur Morkirchh. mit Eslingholz: 104 Steuert.

Königsbach, 10 Colonistenstellen und 1 Kathe im A. Hütten, Hohnerh., Ksp. Hohn. Diese Colonistenstellen, welche 1760 auf der Feldmark des Dorfes Fockbek angelegt wurden, werden theils auch Garlbek, theils Loherheide genannt. Vorzugsweise heißt ein Wirthshaus an dem Bache Garlbek und an der Landstraße zwischen Rendsburg und Hohn Garlbek. Königsbach bildet mit Julianenebene eine Ladevogtei.

Königsberg (vorm. Cungenßbarge), 4 kleine Bohlstellen (1 Pfl.) 1 M. nordöstlich von Tondern, A. Lygumkloster, Vogtei und Ksp. Abild, Schuldistr. Wennemoos. — Das Lygumer Kloster erwarb Königsberg 1503 durch Tausch von dem Herzoge Friedrich. — Areal: 80 Steuert. — Der Boden ist theils lehmigt theils sandigt und von ziemlicher Güte. — In der Nähe dieser Ortschaft liegt eine Anhöhe Rockenberg, worin viele Quellen vorhanden sind, und auf deren Spitze man 18 Kirchen zählen kann.

Königsberg, 4 Colonistenst. an der Sorge, 2 M. nordwestlich von Rendsburg, A. Hütten, Hohnerh., Ksp. Hohn, Schuldistr. Königshügel. Diese in den Jahren 1760 und 1762 auf dem Hohenholmer Moore angelegte Colonie bestand damals aus 15 Stellen, 9 davon wurden aber bald verlassen, die Häuser abgebrochen und die Königshügeler Colonisten eigneten sich das Land zu, bis in dem Jahre 1800 der König die Ländereien zurücknahm. Der Grund, worauf die Häuser erbaut sind, ist sehr moorigt,

Königsbüll.

weshalb 3 davon auf Pfählen stehen und den Namen leichte Häuser führen. Eine östlich belegene Stelle hat den Namen Heuberg. — Der Ertrag der Torfmoore ist ziemlich bedeutend.

Königsbüll, eine vormalige, dem St. Laurentius geweihte Kirchspielskirche in der Beltringh. auf der alten Insel Nordstrand, nördlich nahe an der Hallig Nordstrandischmoor. Sie ward in den Jahren 1380 oder 1381 auf einem andern Platze erbaut, weil sie dem Deiche zu nahe stand; 1634 litt sie zwar von der Wasserfluth unter den übrigen Kirchen am wenigsten, ward aber von einem Sturme im Jahre 1639 sehr beschädigt und deshalb abgebrochen. Nach einer Verordnung des Herzogs Hans gehörte zur Unterhaltung der Hauptschule daselbst die Kalandslage in Stintebüll. Das Wirthshaus gehörte der Kirche und zum Dienst des Küsters gehörten einige Demat Ländereien, des Heil. Kreuzes Lehn genannt. — Das Kirchspiel war 1634, 2265 Dem. 38 R. groß. In der damaligen Fluth trieben 62 Häuser und 1 Mühle weg; es ertranken 212 Menschen und nur 18 Hauswirthe blieben am Leben.

Königs-Capelle, ein vergangenes Kirchspiel mit einer Capelle auf der ehemal. Insel Everschop in der Landschaft Eiderstedt. Die Capelle lag an der Hever, etwa 1 M. östlich von der jetzigen Kirche Ulvesbüll. Wann dieses Kirchspiel vergangen ist läßt sich mit Gewißheit nicht angeben.

Königsföhrde, Groß-, adel. Gut in der Eckernförderh. Der Haupthof liegt 2 M. südöstlich von Eckernförde, Ksp. Gettorf. — Dieses Gut hat ursprünglich einen Theil von Lindau ausgemacht und ist wie dieses in der v. Ahlefeldschen Familie geblieben. Nach dem Tode Heinrichs v. Ahlefeld, im Anfange des 16. Jahrhunderts, erbte 1515 dessen Sohn Peter das Gut Lindau und Gosche das Gut Königsföhrde, welches damals erst von Lindau abgelegt ward. Der jetzige Besitzer der Güter Lindau und Königsföhrde ist der Hofjägermeister H. v. Ahlefeld. — Zahl der Einwohner: 689. — Königsföhrde contribuirt für 17 Pfl. und enthält im Ganzen 2057 Steuert. (276,580 Rbthlr. Steuerw.). — Zum Gute gehören das Dorf Königsföhrde, der Gettorfer-Meierhof und ein Theil des Kirchdorfes Gettorf. — Der Haupthof enthält ein Areal von 1067 Ton. à 240 ☐ R., darunter an Acker und Wiesen 805 Ton., Hölzung 250 Ton., Moor 12 Ton. Einige kleine Fischteiche liegen zerstreut im Gute. — Der Boden ist durchgängig von vorzüglich guter Art. — Ein eigentliches Herrnhaus ist hier nicht, sondern nur eine Pächter- oder Verwalterwohnung. Der frühere Besitzer bewohnte ein am Eider-Kanal befindliches Gartenhaus. — Nördlich vom Hofe liegt ein Granitblock von wunderbarer Größe. — Contrib. 761 Rbthlr. 58 b/ß, Landst. 576 Rbthlr., Hausst. 7 Rbthlr. 54 b/ß.

Königsföhrde, Dorf am Eider-Kanal im Gute gleiches Namens, Eckernförderh., Ksp. Gettorf; enthält 9 Hufen, 15 Instenst. mit, und 7 Wohnungen ohne Land. Einzelne Stellen heißen Clement. Eine Ziegelei liegt an einer kleinen Aue. — Schule. — Schmiede. — Areal: 479 Steuert. — Der Boden ist sehr gut und fruchtbar.

Königsföhrder Schleuse, eine Schleusenwärterwohnung am Kanal, A. Hütten, Hüttenh., Ksp. Gettorf, Schuldistr. Königsföhrde.

Königshügel, 15 Colonistenst. 1¼ M. nordwestlich von Rendsburg an der Sorge, A. Hütten, Hohnerh. Ksp. Hohn. Diese Colonie ward

1760 bis 1762 auf den Hügeln von Haberland und Föhrden angelegt, und enthielt ursprünglich 25 Wohnstellen. — Unter den Einwohnern sind einige Schiffer, welche mit eignen Böten die Sorge befahren. — Districtsschule. — Areal: 71 Steuert. — Der Boden ist größtentheils moorigt; die Moore sind ansehnlich; die Wiesen werden bei starkem westlichen Winde, wenn die Sandschleuse sich nicht öffnet, oft unter Wasser gesetzt. — Die Fischerei in der Sorge wird von dem Königl. Amte verpachtet.

Königsteinshof, ein privilegirter Hof nahe und nordöstlich von Friedrichstadt, auf dem Spätgen, in der Landschaft Stapelholm, Ksp. Süderstapel. — Areal: 68 Dcm. (mit Holmershof 2½ Pfl.).

Königswege, am, (vorm. Taterkrug), eine Colonistenst. und Wirthshaus (¼ Pfl.) nahe nördlich vor Schleswig, an der Chaussee nach Flensburg, Ksp. St. Michaelis. Diese Stelle, 1761 erbaut, stand vormals unter Amtsjurisdiction (Arensharde), wurde aber aus polizeilichen Gründen 1798 der Jurisdiction der Stadt Schleswig untergelegt. Die Abgaben werden aber an das A. Gottorf entrichtet. — Schuldistr. Schleswig.

Königswille, eine in der Nähe der Stadt Schleswig belegene, vom Dorfe Schubye ausgebaute Halbh. (¼ Pfl.), im A. Gottorf, Arensh., Ksp. St. Michaelis, Schuldistr. Schubye. Diese Hufe hat ansehnliche Gebäude. Vor mehreren Jahren ward hier eine Ziegelei angelegt. — Ar.: 114 Steuert.

Koggendorpp (Kakendorp), ein vormals zum Gute Borghorster-Hütten (Koggendorfer-Hütten) gehöriges Dorf, welches 4 Hufen, 2 Wurthsitzerstellen und 2 Kathen enthielt und im Jahre 1630 niedergelegt ward. — Ksp. Gettorf.

Kohlendammerkoog (vorm. Coldamskoog), ein, im Jahre 1554 eingedeichter Koog, 2½ M. südlich von Tondern. — Nach einem alten Dematregister enthält dieser Koog 2155 Dem. 79 R., von denen zum Ksp. Lindholm 1302 Dem. 128 R., zu Risum 739 Dem. 59 R., zu Niebüll 103 Dem. 110 R. und zu Deetzbüll 9 Dem. 142 R. gehören. — Dieser Koog wird zum Theil zur Gräsung, zum Theil zur Heugewinnung und an einigen Stellen auch zum Kornbau benutzt. Wegen seiner niedrigen Lage ist derselbe besonders im Winter häufigen Ueberschwemmungen ausgesetzt. Der Boden besteht aus Thon, an einigen Stellen mit Sand vermischt und unter dieser Thonlage befindet sich fast allenthalben eine Art Moorerde, die als Feuerung benutzt wird.

Kohlfeld, 2 Parcelenstellen ($\frac{1}{12}$ Pfl.) im A. Gottorf, Satruph., Ksp. Satrup. — Areal: 10 Steuert.

Kokjär, Dorf an einer kleinen Aue, 1 M. nördlich von Hadersleben, A. Hadersleben, Osterth., Tyrstruph., Ksp. Tyrstrup; enthält 4 Hufen, 2 Landbohl. und 2 Instenst. Der größte Hof heißt Kokjärgaard. — Schuldistr. Vögeskov. — Der Boden ist ziemlich gut. — Vormals gehörte 1 Hufe zum ehemaligen Edelhofe Egelsbüll.

Koldbye (Kohlbye), Dorf an der Westsee, 2½ M. nordwestlich von Tondern, A. Tondern, Nordhoyerh., Ksp. und Schuldistr. Jerpsted; enthält 2 Halbbohl., 1 Dreiachtelb., 4 Viertelb., 1 Achtelb., 7 Kathen und 1 Instenst. — Einige Frauen verfertigen Spitzen. — Der Sage nach hat dieses Dorf anfangs nur aus Fischerhütten bestanden, die Feldmark aber zu einem Edelhofe Tirkelsmark gehört, welcher in der Nähe der Soller-Seen gestanden hat; es sind noch Spuren von Gräben und Wällen sichtbar

Koldenbüttel, Kirchort ¼ M. nordwestlich von Friedrichstadt, im Osterth. der Landsch. Eiderstedt, Pr. Eiderstedt. Dieser Ort bildet theils eine Straße, theils liegen die zum Kirchdorf gehörigen Häuser an und auf einem alten Deiche zerstreut; das Kirchspiel enthält mit der Wohnung des Predigers und des Küsters 25 Heuberge von 40 Demat Land und darüber, 46 Besitzstellen von 1 bis 40 Dem. Land, 66 Stellen zum Theil nur mit Gartenland und 8 Erbpachtstellen (85 Pfl.). Hier sind 3 Windmühlen; eine liegt am Halligdeich und heißt Halligmühle, eine auf Norddeich und eine bei der s. g. Straße. Ein Wirthshaus heißt Schmerkrug. 3 Armenhäuser, 2 Wirthshäuser, mehrere Schmiede und Handwerker fast aller Art. Mehrere Einwohner ernähren sich durch die Fabrikation von wollenen Zeugen und durch den Gartenbau, der sehr einträglich ist. — Die Districtsschule liegt bei der Straße in der Nähe der Kirche; außerdem sind im Ksp. noch 2 Schulen (s. Herrenhallig, Norderdeich). — Die Kirche ward im 13. Jahrhundert erbaut, 1400 erweitert und 1826 bedeutend reparirt. Sie ist mit einer Thurmspitze und einem Glockenhause versehen. Vormals waren hier 2 Altäre und eine Vicarie St. Anna, welche letztere von Joen Hansen gestiftet ist. — Zur Wahl des Predigers präsentiren die Kirchenvorsteher und die Gemeinde wählt. — Eingepfarrt: Ahlefeldshof, Badenkoog, Büttel, Dammkoog (z. Thl.), Dingsbüllerkoog (z. Thl.), Drandersum, Feldlust, Fresenkoog, Hakenhof, Halligmühle, Herrenhallig (z. Thl.), Meierhof, Norderdeich, Peterskoog, Rantrumdeich, Reisbüllerkoog (z. Thl.), Sarfähre, Schmerkrug, Schwenkenkoog, Staatshof, Westerbüll, Wallsbüll (z. Thl.). — Areal: 4384 Steuert., worunter 3614 Ton. Gras- und Weideländereien. — Der Boden ist sehr fruchtbar und die Gräsungen sind vorzüglich gut. — Koldenbüttel hat seiner Lage nach, da hier der Eingang in das Eiderstedtische ist, in ehemaligen Kriegen besonders 1267, 1628 und 1713 sehr gelitten. Hier ward im Jahre 1584 die Schwärmerin Anna Ovens, verehelichte Hoyer, geboren und der bekannte Geschichtschreiber Peter Sax war hier fast ein halbes Jahrhundert erster Rathmann. — Vz. des Ksp.: 990.

Koldkaad, 2 Dreiviertelh., 1 Halbh. und 1 Instenstelle (2 Pfl.) an einer kleinen Aue, nördlich von Lygumkloster, A. und Birk Lygumkloster, Ksp. Norder-Lygum, Schuldistr. Lygumgaard. — Areal: 93 Steuert. — Der Boden ist sehr gut.

Kolkerheide, 6 Colonistenstellen 2⅓ M. östlich von Bredstedt, Landsch. Bredstedt, Ksp. Joldelund. Diese Stellen sind in den Jahren 1759 bis 1760 angelegt. — Nebenschule. — Wirthshaus. — Areal: 97 Steuert. — Der Boden ist ziemlich gut.

Kollerup, Dorf an der Bondenaue, 1½ M. südöstlich von Flensburg, A. Flensburg, Uggelh., Ksp. Groß-Solt; enthält 2 Dreiviertelh., 6 Halbh., 1 Drittelh., 3 Kathen, 7 Instenstellen und 1 Hufenparcelenstelle, welche Kollerupfeld genannt wird. Eine Vollh. (82 Steuert.) ist parcelirt und gehört nebst 1 Kathe zum Gute Schwensbye. — Schuldistr. Estrup. — Wirthshaus, Schmiede. — Areal zum A. Flensburg: 419 Steuert. — Der Boden ist sehr gut und besonders fruchtbar.

Kollund, Dorf 2 M. östlich von Bredstedt, Landsch. Bredstedt, Ksp. Biöl.; 1 Halbh., 1 Drittelh., 4 Viertelh., 2 Zwölftelh., 4 Kathen und 3 Instenstellen. Eine Zwölftelh. an der Chauffee ist ein Wirthshaus und heißt Neukrug. — Districtsschule. — Schmiede. — Areal: 168 Steuert. Der Boden ist von mittlerer Güte; das Moor ist bedeutend. Südlich vom Dorfe liegt ein kleiner etwa 17 Ton. enthaltender See. — Der Hufner Lorenz Jensen, welcher hier 1807 starb, vermachte den größten Theil seines nicht unbedeutenden Vermögens an milde Stiftungen.

Kollund, zerstreut liegendes Dorf am Flensburger Meerbusen, ¾ M. nordöstlich von Flensburg, A. Flensburg, Wiesh., Ksp. Bau; 2 Anderthalbh., 2 Vollh., 2 Halbh., 1 Parcelenstelle, 3 Kathen und 8 Instenstellen (4 $\frac{7}{12}$ Pfl.). Ausgebaut sind: 1 Anderthalbh. Duberg und 1 bei Krusau gelegene Vollh. Harkjär (Harrekjär). 5 Stellen sind mit gewissen Privilegien begabt. Im Jahre 1488 ward der Besitzer einer dieser Stellen Namens Jeß Thomsen von dem Könige Johann geadelt; nach dessen Tode theilten seine Söhne Boy und Hans Jessen diese Besitzung und auf einer der Stellen lebt noch einer aus der Familie des Jeß Thomsen Namens Peter Boisen. Die Besitzer der 3 andern Hufen in Kollund haben die Verpflichtung, den König, wenn selbiger nach dem Amte Flensburg kömmt, entweder nach Hadersleben oder nach Rendsburg zu fahren. — Districtsschule. — Schmiede, 2 Ziegeleien am Flensburger Meerbusen. Eine Stelle an der kleinen Aue Elbek genannt, wo ehemals eine Schleifmühle war, heißt noch Schleifmühle. — Areal: 777 Steuert. — Der Boden ist südlich von ziemlicher Güte, nördlich aber sehr leicht, hügelig und zum Theil mit Haide bewachsen; eine Hölzung heißt die Kollunderhölzung und eine kleine Hölzung wird Elbek genannt; ein kleiner See im Norden heißt Barn=See, in dessen Nähe sich einige Grabhügel befinden.

Kollund=Osterholz, 5 Kathen mit und 4 Kathen ohne Land, 1¼ M. nordöstlich von Flensburg, am Flensburger Meerbusen, A. Flensburg, Wiesh., Ksp. Bau, Schuldistr. Kollund. Eine Kathe bei einer ehemaligen Ziegelei heißt Tegelhof, eine Kathe Pramhuus. Diese Stellen sind ohne Zweifel von einem vormals hier belegenen, niedergelegten Hofe Oster-Kollund entstanden, der nebst einer bedeutenden Salzhütte und einer bedeu= tenden Hölzung im J. 1571 von dem Amtmanne v. Ahlefeld für 300 ℳ gekauft ward. — Areal: 36 Steuert. — Der Boden ist leichter Art. Einige Einwohner ernähren sich von der Seefahrt und der Fischerei.

Kolsnap, Dorf 1¾ M. nordwestlich von Hadersleben, Osterth., Gramh., Ksp. Nustrup; 2 Vollh., 8 Halbh., 8 Landbohlen und 8 Insten= stellen. 2 Halbbohlen heißen Kolsnaplund. — Schuldistrict Groß= Nustrup. — Schmiede. — Einige Frauen beschäftigen sich mit Spitzenklöppeln. Der Boden ist hügligt und steinigt, aber durch Bemergelung verbessert.

Kolstrup, Dorf 1¼ M. nordwestlich von Hadersleben, Osterth., Tyrstruph., Ksp. Stepping; 1 Dreiviertelh., 6 Halbh., 3 Viertelh. und 7 Landbohlen, von welchen letzten eine zum Pastorate gehört. Von 2 ausgebauten Landbohlen heißt eine westlich belegene Hommelgaard (Hummelgaard). — Schuldistrict Bjerndrup. — Der Boden ist im Allgemeinen nur von mittelmäßiger Art. — Vormals war hier eine bedeutend große Waldung.

Kolstrup, Dorf westlich an Apenrade gränzend, A. Apenrade, Riesh., Ksp. Apenrade; 3 Vollh., 1 Siebenachtelh., 1 Dreiviertelh. und 13 Kathen (4 $\frac{17}{24}$ Pfl.). Eine Hufe heißt Carlsminde und eine Stelle,

Koltoft.

welche 1830 abgebrochen ward, führte den Namen Rönswall. — Schuldistrict Apenrade. — Nördlich vom Dorfe liegt die sogenannte Norder-Ziegelei oder der Ziegelhof. Ziegelei. — Von diesem Dorfe war eine bischöfliche Vogtei benannt, die späterhin zum A. Schwabstedt gehörte und 1701 dem Amte Apenrade einverleibt ward. Im Jahre 1203 ward den Apenradern die Weidegerechtigkeit in diesem Dorfe zugestanden. — Areal: 318 Steuert. — In der Kolstruper Hölzung ließ der Herzog Adolph 1565 nach edlen Metallen graben und die Stelle wird noch die Goldgrubhöhle genannt.

Koltoft, 1 Vollh., 1 Halbh. und 2 Kathen an einer kleinen Aue, 1½ M. nordöstlich von Schleswig, Ksp. und Schuldistr. Struxdorf. Die Vollh. (1 Pfl., 55 Steuert.) und 1 Kathe gehören zum Graukloster in Schleswig, die andere Halbh. ($\frac{7}{6\frac{1}{2}}$ Pfl., 77 Steuert.) und 1 Kathe zum A. Gottorf, Struxdorfh. — Der Boden ist vorzüglich gut.

Kopendorf (Waldem. Erdb.: Kubbänthorp), Dorf auf der Insel Fehmern, Westerkirchsp., K. Petersdorf; enthält 7 größere, 10 kleinere Landstellen und einige Instenstellen. — Schuldistr. Petersdorf. — Areal des contribuablen Ackerlandes: 290 Dr. 11 Sch. (585 Steuert.). — Der Boden ist sehr gut; der Kopendorfer-See ist fischreich und steht durch eine Schleuse mit der Ostsee in Verbindung. — Vz.: 412.

Koppelheck (Koffelei), eine Reihe Häuser längs des Flensburger Weges zwischen Ohrfeld und Niesgrau, im Gute Ohrfeld, Cappelerh., Ksp. Esgrus. Diese Ortschaft besteht aus 4 größeren und 2 kleineren Parcelenstellen und 6 Kathen. — Einige Stellen heißen Strandkoppel, eine im Sick. — Districtsschule. — Wirthshaus, Schmiede. — Areal: 122 Steuert.

Kopperbye, Dorf an der Schlei ½ M. südlich von Cappeln, Eckernfördeh., Ksp. Schwansen. Zum Gute Carlsburg gehören 6 Halbh., 6 Viertelh., 3 Erbpachtstellen und einige Instenstellen; zum Gute Loitmark 5 Vollh. Einige ausgebaute Stellen heißen Ellerrühe (Ellerbe). — Schuldistrict Karbye. — Wirthshaus. — Von dem eingegangenen nachherigen niedergelegten Meierhofe Rinkenis sind Ländereien wahrscheinlich zu diesem Dorfe gelegt, da einige diesen Namen führen. — Der Boden ist gut.

Kopperfeld, eine Parcelenstelle des niedergelegten Glücksburger Meierhofs Neufeld, im A. Flensburg, Munkbraruph., Ksp. Munk-Brarup, Schuldistrict Orbüll. — Areal: 27 Steuert.

Kopsholt, 1 Dreiviertelh. (¾ Pfl.) westlich vom Dorfe Raubjerg, A. Apenrade, Süderrangstruph., Ksp. Oster-Lygum, Schuldistr. Raubjerg. Bei dieser Hufe, welche eine schöne Lage hat und vormals ein Freihof genannt ward, befindet sich eine Ziegelei. — Areal: 154 Ton. 4 Sch. à 320 □. R. (74 Steuert.). — Das Ackerland ist durch Bemergelung sehr verbessert.

Kornkoog (Risummooringer Kornkoog), Koog im Risummoor, 2 M. südlich von Tondern, A. Tondern, Bökingh. Dieser Koog, welcher von den 4 Kirchspielen Lindholm, Risum, Deetzbüll und Niebüll eingeschlossen wird, war früher ausschließlich zum Kornbau bestimmt, woher auch der Name entstanden ist. Er enthält, nach einem alten Dematregister: zum Lindholmer Ksp. 620 Dem. 125 R., zum Risumer 450 Dem. 67 R., zum Deetzbüller 274 Dem. 96 R. und zum Niebüller 761 Dem. 145 R.

Der Koog ist sehr zerstückelt und unter 660 Landbesitzer vertheilt, von denen 325 1 Dem. und weniger und 335 1 bis 5 Dem. besitzen. — Der Boden besteht größtentheils aus schwarzer Moorerde, wird meistentheils zum Kornbau benutzt und mit Rocken, Gerste, Hafer, Kartoffeln, Flachs, Hanf und Senf bestellt. — Zwischen dem Oster= und Westermooringer Antheile liegt das s. g. Legerade, eine große Strecke ganz niedriges, im Sommer zum Theil und im Winter fast ganz überschwemmtes unangebautes Land, welches mit Haidekraut bewachsen ist und an einigen Stellen zum Torfgraben benutzt wird.

Kornkoog, Koog ¼ M. südwestlich von Garding, im Osterth. der Landsch. Eiderstedt, Ksp. Welt. — Dieser Koog, welcher im Jahre 1612 eingedeicht ist, hat eine Länge von ½ M., ist aber sehr schmal. — Areal: etwa 700 Dem., von denen 339 zum Ksp. Garding, 15 zur Stadt Garding, 150 zum Ksp. Welt und 196 zum Ksp. Vollerwiek gehören. In diesem Kooge sind 4 Höfe, 1 Mühle und mehrere kleine Stellen. — Der Boden ist Marsch, kann aber seiner ziemlich hohen Lage wegen nicht zu den schwersten und ergiebigsten gerechnet werden.

Korntved, Dorf ¼ M. nordöstlich von Tondern, an der Dybbaderaue, A. Tondern, Nordtonderh., Ksp. Tondern; enthält 4 Bohlstellen und 1 kleine Landstelle; 1 Bohlstelle gehört zur Commüne Kurbüll, Schuldistrict Emmerschede. — Das Ackerland östlich vom Dorfe ist sandig; das nördlich und südlich belegene ist wiesenartig und von ziemlicher Güte.

Kosel (vorm. Cosleue), Kirchdorf an der Koselaue, ¾ M. nordwestlich von Eckernförde, an der Landstraße nach Flensburg, A. Hütten., Hüttenh., Pr. Hütten. Dieses Dorf enthält außer der Prediger= und Küsterwohnung 10 Vollh., 1 Dreiviertelh., 2 Halbh., 1 Viertelh. und 20 Kathen. — Districtsschule. — Wirthshaus, Schmiede, 1 Bäcker, 2 Rademacher und mehrere Handwerker. — Kosel war in den ältesten Zeiten ein bischöfliches Lehn, welches das adeliche Geschlecht der von Rorland (v. d. Wisch) hatte; es ward nebst der Kirche und den Dörfern Wesebye und Kiel (s. Kiel) dem Schleswigschen Domcapitel, Vogtei Kosel, incorporirt, welches diese Besitzungen 1465 mit allen Gerechtsamen von O. v. Walsdorf zu Sönderbye für 1900 ℳ gekauft hatte. Im 15. Jahrhundert (1463) bestand Kosel aus 15 Hufen, 1708 11 Vollh., worunter ein freier Vogts= pflug und eine zum Pastorate gehörige Halbh. — Die alte Kirche hat einen fast 80 Fuß hohen Thurm; das Chor ist gewölbt; 1832 erhielt sie eine neue Orgel. Das Patronatrecht der Kirche war von 1465 an dem Schleswigschen Domcapitel zuständig und noch nach der Aufhebung desselben gehörte sie bis 1777 zum Domcapitelsamte. — Der Prediger wird von dem Könige ernannt. — Eingepfarrt: Ahrensberg, Bohnert, Büstorf (z. Thl.), Buburg, Carlshof, Diekamp, Dürwade, Elmenhorst, Eschelsmark, Felhorst, Fleckebye, Göthebye, Hakenhöft, Heerweg, Holm, Hummelfeld, Kosel, Kronsrott, Lehmsiekhof, Louisenlund, Lundshof, Missunde, Möblhorst, Ornum, Schoolbek, Wesebye, Wolfskrug (z. Thl.). — Kosel hat eine ziemlich niedrige Lage an der erwähnten Aue, die unweit ihrer Mündung auf dem Ornumer Felde eine Mühle treibt; in früherer Zeit hatte Kosel selbst eine Wassermühle, welche im Jahre 1628 abgebrannt ward und nach welcher eine an dieser Stelle befindliche Wiese noch die Mühlenwiese heißt. — Areal: 949 Ton. 4 Sch. à 320 □. R. (945 Steuert.). — Der Acker ist an der Nordseite von schwerer Art, aber an der Südseite nur leicht. Südlich und westlich vom Dorfe liegen 3 Seen, der Büllt=See, etwa

Koselaue.

45 Ton à 240 □. R. groß, der sehr gute Krebse liefert, der Koll=See, 7 Ton. 20 R. groß und der Lang=See, die beide nicht sehr fischreich sind. Auf der Feldmark befinden sich einige Grabhügel. — Gefecht am 12. Septbr. 1850. — Vz. des Ksp.: 2254.

Koselaue. Diese Aue entspringt im Gute Saxdorf, fließt Basdorf, Sönderbye und Kosel vorbei, treibt darauf die Ornumer Wassermühle und ergießt sich östlich von Missunde in die Schlei.

Kost, einige Instenstellen und Fischerhäuser nördlich an der Sandberger Hölzung am Strande, welche theils zum A. Sonderburg, Nübelh., theils zum Gute Ballegaarde gehören. — Ksp. Satrup.

Kotzenbüll, Kirchort ¼ M. nordwestlich von Tönning, im Ostherth. der Landsch. Eiderstedt, Pr. Eiderstedt; enthält außer der Pastorat=, Diaconat= und Organistenwohnung 4 kleine Landstellen. — Districtsschule. — Wirthshaus, Schmiede. — Die erste Kirche soll im Jahre 1365 erbaut sein; eine neue ward 1488 erbaut und 1493 von dem Bischofe Eggerd Dürkop eingeweiht; sie hat die Form eines Kreuzes und ist mit einem Thurme und mit einer Orgel versehen. Bemerkenswerth ist der alte Taufstein. Der Prediger wird von dem Kirchencollegium präsentirt und von der Gemeinde gewählt. — Das Kirchspiel ward vormals in 6 s. g. Elterschaften eingetheilt, nämlich: Süder=Kotzenbüll, Norder=Kotzenbüll, Rücksbüll, Vörsbüll, Stecksbüll und Volquard Bakens Elterschaft (letzte theils auch zu den Kirchspielen Oldensworth und Tönning gehörig). Jetzt wird es nur in Süder= und Norder=Kotzenbüll eingetheilt. Zu ersterem gehören Kotzenbüll (Kirchort z. Thl.), Arendorf, Schlapphörn (z. Thl.), ferner 5 Höfe, 1 Milcherei, 2 Häuser und eine Windmühle; zu letzterem Kotzenbüll (Kirchort z. Thl.), Kleihörn, ferner 5 Höfe, 4 kleine Landstellen und eine Windmühle. Einzelne Stellen heißen Altona, Blocksberg, Kakahuberg, Kleeblatt, Siedwendung, Stecksbüll. — Areal: 1432 Dem. (1377 Steuert.), worunter 614 Ton. Gras= und Weideländereien. — Der Boden ist fette Marsch. — Kotzenbüll hat nicht allein in den Streitigkeiten mit den Dithmarschern 1415, sondern auch 1713 zur Zeit der Belagerung Tönnings sehr gelitten. Viele Häuser wurden eingeäschert. Der schwedische General Steenbock hatte eine Zeitlang in der Wohnung des Predigers sein Hauptquartier. In dem Kirchspiele lag vormals ein adel. Gut Gaarde genannt, dessen Hof 1468 von dem Staller Tete Fedders erbaut ward; ein späterer Besitzer hieß J. Gregorius, welcher 1615 starb. Spuren dieses Hofes findet man nicht mehr. — Vz. des Ksp.: 313.

Krähennest, 1 Hof im Ostertheile der Landschaft Eiderstedt, Ksp. und Schuldistr. Kating.

Krämerstein, 4 Parcelenstellen des niedergelegten Guts Morkirchen, südwestlich vom Hofe Morkirchen, A. Gottorf, Morkirchharde, Ksp. Böel.

Kragelund, 7 Kathen 1 M. nordwestlich von Cappeln, Ksp. Töstrup. Zum A. Gottorf, Sturzdorfh., gehören 6 Kathen ($2\frac{1}{24}$ Pfl.); zum Gute Töstorf, Cappelerh., 1 Kathe. Hier ist auch eine von Arrild herstammende Hufenparcele. — Areal zum A. Gottorf 16 Steuert.

Kragelund, Dorf an einer kleinen Aue 1¾ M. südöstlich von Bredstedt, in der Landschaft Bredstedt, Ksp. Böl; 1 Halbh. und 3 Drittelh.

Die Halbhufe gehörte ehemals der Domkirche in Schleswig. — Schuldistr. Hoxtrup. — Areal: 78 Steuert. — Der Boden ist gut.

Kragholm, 2 Vollh. und 3 Kathen unweit Munk=Brarup, 1¼ M. nordöstlich von Flensburg, A. Flensburg, Munkbraruph., Ksp. und Schuldistr. Munk=Brarup. — Areal: 112 Steuert. — Nordöstlich auf der Koppel Svansteenfeld sind einige Grabhügel.

Kragnäs, Dorf auf der Insel Aeroe, nordwestlich von Marstall, Ksp. Marstall. Dieses niedrig belegene Dorf enthält 1 Vollh., 16 Halbh., 4 Viertelh., 6 Hufenparcelen, 3 Kathen, 15 Instenstellen und 19 Häuser ohne Land (n0 Pfl.). Ausgebaut sind Borgemark, Kattestov, Rolboested (Rulpested) und Gräsvänge. — Schuldistrict Ommel. — Wirthshaus, Schmiede. — Einige Einwohner ernähren sich von der Seefahrt. — Areal: 350 Steuert. — Der Boden ist lehmigt aber nicht sehr ergiebig und ein Theil desselben wird oft überschwemmt. Südöstlich vom Dorfe liegt ein 200 Ton. großer Landstrich Rohnäs genannt, der zur Gräsung dient. Westlich von Kragnäs im Graasteensnoore liegen einige kleine Inseln, welche Kragnäsholme und Benholm genannt werden und ein Areal von 28 Ton. 3$\frac{11}{16}$ Sch. haben; diese Inseln gehören zu den Hufenstellen des Dorfes und werden zur Gräsung benutzt; nach einer Resolution aus dem Jahre 1820 sind diese Inseln von allen Abgaben für immer befreit. — In der Nähe des Dorfes sind 8 Grabhügel, Mastehöi, Söndermosehöi, Söehöi, Langeagerhöi, Gammeljordhöi, Steensrevlshöi und 2 welche Langejordshöi genannt werden. — Vz.: 322.

Kragstedt, 2 Halbh. (1 Pfl.) 2¼ M. südwestlich von Flensburg an der Chaussee, A. Flensburg, Wiesh., Ksp. und Schuldistr. Wanderup. — Areal: 250 Steuert.

Krakebüll, Dorf 1¼ M. südlich von Tondern, A. Tondern, Karrh., Ksp. und Schuldistr. Humtrup; 2 Vollbohlen, 1 Halbb., 2 Drittelb., 2 kleine Landstellen und 2 Instenstellen. — Der Boden ist ziemlich gut. — Im Jahre 1463 verpfändete Anna Gördzen ein Gut in Krakebüll, und vor dem Jahre 1578 überließen Kay v. Ahlefeld und Detlev v. d. Wisch Lansten in Krakebüll an die Landesherrschaft.

Krakelund (Krakelundgaard, Kragelund), ein im Jahr 1767 niedergelegter Königl. Meierhof nebst Schäferei, 1¾ M. nordwestlich von Flensburg, A. Flensburg, Wiesh., Ksp. Bau. Krakelund enthielt vor der Parcelirung ein Areal von 1695 Ton. 5 Sch. 3 R. à 320 □. R., darunter Ackerland 271 Ton. 6 Sch. 11 R., Wiesen 121 Ton. 16 R. Moor 141 Ton. 2 Sch. 32 R. und Haide 1161 Ton. 3 Sch. 24 R, (751 Steuert.). Dieser Hof ward anfänglich in 10 Parcelen getheilt, jetzt sind mit dem Stammhofe 17 Parcelenstellen, 1 Kathe und 1 Instenstelle (4$\frac{2}{7}\frac{5}{2}$ Pfl.). Von den Parcelenstellen, welche außer dem Stammhofe im Allgemeinen Krakelundfeld (Wester= und Oster=Krakelundfeld) heißen, führen folgende besondere Namen: Krakelundgaard, die Stammparcele, (78 Steuert.), Plantgaard (8 St.), Westerholm (48 St.), Hjortholm (48 St.), Sönderhuus (57 St.), 2 Stellen Frydenborg (26 St.), 3 Stellen Beilhuus (167 St.), 3 Stellen Schafhuus (211 St.), 2 Stellen Hindholm (26 St.), von denen die eine Schmiede, und 2 Stellen Kratthuus (40 St.). Die Kathe heißt Schütterhuus und die Instenstelle, welche an der Landstraße liegt und zugleich ein Wirthshaus ist, Neulegan. — Districtsschule zu Wester=

Krakelundfeld; zum Weibeker Schuldiſtr. gehört Oſter-Krakelundfeld. — Eine adeliche Familie v. Kragelund lebte im 14ten Jahrhundert; Abſalon, Erland und Brenne Kragelund im Jahre 1394.

Krammark, ein im Jahre 1785 niedergelegtes Königl. Vorwerk in Sundewith, an der Krumbek, 1 M. ſüdweſtlich von Sonderburg, A. Sonderburg, Nübelh., Kſp. und Schuldiſtr. Broacker; enthält außer dem Stammhofe und einigen Stammparcelenſtellen noch 4 Parcelenſtellen bei Dynth. Urſprünglich war Krammark der Predigerhof von Broacker, auf dem Oſterfelde belegen, den der Herzog Philipp 1631 einzog, aber dem Prediger die volle Wiederlage im Dorfe gab, und ein Vorwerk hier anlegte. Der Oſter-Ziegelhof bei Bokholm, ſüdlich von Holdenäs, ward 1654 abgebrochen und auch hierher verlegt. Die Stammparcele liegt beim Dorfe Dynth. Die vor mehreren Jahren noch ſtehenden, nicht unanſehnlichen Gebäude waren 1769 von dem Herzoge Friedrich Heinrich Wilhelm aufgeführt. — Areal: 192 Steuert. — Der Boden iſt hügelig und größtentheils gut und fruchtbar.

Kratzenberg, 1 Hof im Weſtertheil der Landſchaft Eiderſtedt, Kſp. und Schuldiſtr. Weſterhever, unweit der öſtlichen Gränze des Kirchſpiels belegen. — Areal: 23 Dem. 4 Sch.

Krau, 1 Viertelh., 1 Achtelh. und 1 Kathe ($\frac{7}{8}$ Pfl.) an der Jübek, A. Gottorf, Treyah., Kſp. und Schuldiſtr. Treya. — Ziegelei. — Areal: 18 Steuert.

Kraulund (vorm. Kragelund), Dorf 2¾ M. öſtlich von Tondern, A. Tondern, Slurh., Kſp. Tingley. Dieſes Dorf, welches in früheren Zeiten eine Schäferei geweſen iſt, enthält 13 Bohlſtellen, 28 kleinere Landſtellen und einige Stellen ohne Land, wovon ein Theil vormals zum Gute Lindewith gehörte; 2 ausgebaute Bohlſtellen heißen nach den dabei belegenen Grabhügeln Knobhöi. — Schuldiſtr. Eggebek. — Schmiede und einige Handwerker. — Auch gehört zum Dorfe ein ſonſt zum Gute Aarup gehöriges Wirthshaus Gerrebek (32 Ton.) — Schuldiſtr. Tingley. — Der Boden iſt ſehr ſandigt und mager.

Kreuz (beim Kreuz), 19 Kathen ¼ M. öſtlich von Flensburg an der Landſtraße nach Cappeln, A. Flensburg, Husbyh., Kſp. und Schuldiſtr. Adelbye. Der Name rührt von einem Kreuze her, welches an der Landſtraße errichtet war, vermuthlich an dem Orte wo die Capelle St. Juſt ſtand, deren Einkünfte 1464 der Adelbyer Kirche beigelegt wurden. Auf den Meier'ſchen Karten im Danckwerth findet ſich der Name St. Juſt; Spuren dieſer Capelle ſind aber nicht vorhanden. — Wirthſh., Schmiede. — Außer kleinen Gärten beſitzen die Einwohner kein Land.

Kreuzkrug, ein Wirthshaus (2 Häuſer) nahe öſtlich von Tönning an der Chauſſee, im Oſtertheil der Landſchaft Eiderſtedt, Kſp. und Schuldiſtr. Tönning.

Kriedsled, 1 Achtelh. im A. Haderſleben, Oſterth., Haderslebenerh., Kſp. Alt-Haderſleben.

Kringelkrug, ein Wirthshaus am Eiderdeiche unweit der Chauſſee von Huſum nach Tönning, Kſp. und Schuldiſtr. Witzworth. — Areal: 19 Dem.

Kriſebye, adel. Gut in der Eckernförderharde. Der Haupthof liegt 1½ M. nördlich von Eckernförde, Kſp. Sieſebye. Ein Theil der Grundstücke gehörte vormals zum Bisthum Schleswig, und die Bischöfe besaßen in diesem Orte, welcher wahrscheinlich ein Dorf war, 2 Lansten. 1448 war Bartholomäus Breydeke Besitzer; darauf kam das Gut an einen v. Sehestedt, und Otto v. Sehestedt verkaufte es 1495 an den Bischof Helrik v. d. Wisch; 1543 besaß es v. Sehestedt, 1564 v. Wohnsfleth, 1722 Twestreng, 1734 Krüger, 1758 Otte, 1771 v. Ahlefeld, 1773 v. Rumohr, 1805 Harward, 1807 v. Eggers, 1815 Kruse, seit 1848 Kühl (282,000 ℳ). — Krisebye stand vormals in der Landesmatrikel zu 10 Pfl.; nachdem aber der Meierhof Büchenau davon getrennt ist, steht es zu 8 Pfl. Zum Gute gehören das Dorf Zimmert mit Boholm, einige Pachtstellen in Siesebye und 5 Instenwohnungen. — Unweit des Hofes befindet sich eine Korn= und Graupenmühle. — Zahl der Einw.: 197. — Der Flächeninhalt des ganzen Guts beträgt 673 Ton. $6\frac{3}{4}$ R. à 240 □. R. (600 Steuert., 87,480 Rbth. Steuerw.), darunter das Hoffeld 431 Ton. 6 Sch. 26 R. und davon enthalten das Ackerland 312 Ton. 20 R., die Wiesen 54 Ton. 6 R. und die Hölzung und das Moor 65 Ton. 6 Sch. (387 Steuert., 61,920 Rbth. Steuerw.). Der Boden ist sehr gut und trägt alle Kornarten; die Hölzung heißt Holm. — Das Wohnhaus ist von Brandmauern erbaut und besteht aus einer Etage mit einem Flügel. In dem vor demselben befindlichen Pförtnerhause befinden sich die Einrichtungen zur Meierei; beim Hofe ist ein Eiskeller. Contrib. 358 Rbth., Landst. 182 Rbth. 45 β, Hausst. 10 Rbth. 19 β.

Krogstrup (Kraugstrup), 3 M. nordöstlich von Ripen unweit der Königsaue, A. Hadersleben, Westerth., Frösh., Ksp. Skrave. Diese Ortschaft (1 Pfl.) gehört zum Besoldungspflug des Hardesvogts und ist in 4 Stellen (1 Dreiachtelh., 2 Viertelh. und 1 Achtelh.) getheilt; außerdem 5 Kathen. — Nebenschule. — Areal: 199 Steuert. — Der Boden ist größtentheils sandigt.

Kronsbek, eine Aue in der Eckernförderharde, entspringt nördlich von Birkenmoor bei Hochholz, nimmt westlich von Hütten eine kleine Aue auf, fließt darauf Gettorf, Borghorst, Behrensbrook vorbei und ergießt sich beim Haupthofe Aschau in den Eckernförder Meerbusen.

Kronsgaard, ein ehemaliger zum Gute Düttebüll gehöriger, 1785 parcelirter Meierhof, 1 M. nördlich von Cappeln, Cappelrh., Ksp. Gelting. Es scheint daß hier vormals ein der Krone zuständiger Hof gewesen ist, von dem noch bei Soberg (s. Düttebüll) Spuren alter Gräben und eines Burgplatzes vorhanden sind. 1535 gehörte Kronsgaard zu Buckhagen, und der Ritter Wulf Pogwisch auf Buckhagen wird hier einen Meierhof errichtet haben, der nach seinem Tode (1555) seine Wittwe bewohnte; nachher besaß der Sohn Wulf Pogwisch Kronsgaard mit dem Dorfe Börsbye; 1614 besaßen es die Gebrüder v. Rumohr auf Düttebüll, und Kronsgaard war seitdem ein Meierhof von Düttebüll. Bei der zweiten Parcelirung des Guts 1785 ward eine große Kronsgaarder Stammparcele von $279\frac{1}{4}$ Hdtsch. ausgelegt, zu $6\frac{6}{14}$ Pfl. angesetzt, späterhin aber wieder getheilt und der Stammhof ($55\frac{5}{8}$ Hdtsch.) wird jetzt auf dem Klorr genannt. Außer dieser sind aus der gedachten großen Parcele und einigen nahe gelegenen kleineren 24 größtentheils kleine Landstellen entstanden, welche zusammen Kronsgaard (eigentlich bei Kronsgaard) genannt werden. Eine derselben heißt Langfeld, einige am Strande belegene Häuser werden auf dem Drecht genannt und eine Reihe Häuser (kleine Parcelenstellen) nach dem

Strande hin Dänischestraße, weil hier bei der Parcelirung mehrere Alsener sich anbauten. — Districtsschule. — Die Gebäude von Kronsgaard sind abgebrochen und nur der Burggraben ist noch vorhanden. — Areal: 414 Steuert.

Kronshörn, Hof im Gute Warleberg 2 M. südöstlich von Eckernförde, Eckernförderh., Ksp. Gettorf. — Areal: 90 Ton. $4\frac{6}{16}$ Sch. à 240 □.R.

Kropholm, ein ehemaliger Edelhof auf der Insel Alsen, in der Nähe des Kirchdorfs Nottmark. Dieser Hof, den ein Ritter Namens Krop erbaut hat und der mit Gräben umgeben war, soll auf dem Theil der dortigen Feldmark gestanden haben, welche jetzt dem Küster gehört. Man findet hier in der Erde noch große Mauersteine.

Kropp (vorm. Croop), Kirchdorf 1½ M. südlich von Schleswig, A. Gottorf, Kropph., Pr. Gottorf. Dieses schon 1286 erwähnte Dorf enthält außer den Hufen des Hardesvogts und der Prediger- und Küsterwohnung, 13 Halbh., 8 Viertelh., 2 Achtelh., 17 Kathen und 3 Instenst. ($8\frac{3}{4}$ Pfl.). Von diesen sind 2 Halbh. und 4 Kathen ausgebaut, welche Kropphufen-Ausbau und Kroppkathen-Ausbau genannt werden; auf der Feldmark sind 4 Colonistenstellen erbaut (s. Friedrichswiese); zwei der letzteren heißen Griesenbötel. Zu den Rendsburger Armenlasten gehört 1 Viertelh. — Districtsschule. — Armenhaus. — Wirthshaus, Schmiede und mehrere Handwerker. — Die Kirche, vormals eine Capelle, ist ein sehr altes von Feldsteinen aufgeführtes Gebäude, ziemlich geräumig, 1831 verschönert und vor einigen Jahren mit einem Thurme versehen. Bemerkenswerth sind 2 an der Wand hängende Oelgemälde. Vor der Reformation war hier eine Vicarie. — Der Prediger wird von dem Amtmanne und dem Probsten präsentirt, und die Gemeinde wählt. — Eingepfarrt: Barkhorn, Alt- und Klein-Bennebek, Boklund, Feldscheide, Friedrichsanbau, Friedrichsheide, Friedrichsneuland, Friedrichswiese, Griesenbötel, Haberland, Heidbünge, Kropp, Kropperbusch, Kropperstruck, Kuhkoppel, Langberg, Mielberg, Moorland, Mooshörn, Mühlenbrook, Mühlenhaus, Norbye, Ochsenkrug, Owschlag, Quekebrück, Ramsdorf, Groß- und Klein-Reide, Reppel, Sierkskamp, Sorgwohld, Steensiek, Tetenhusen, Umleitungsdeich, Wielsiek. — Areal: 1760 Steuert. — Der Boden ist sandigt und lose und giebt nur eine mäßige Ausbeute an Korn; eine kleine Hölzung ist größtentheils verhauen. — Im Jahre 1713 litt das Dorf von den hier einquartierten Russen und 100 Jahre später wiederum besonders durch Kosaken, während einer Zeit von 6 Wochen; 1813 wurde das Dorf beschossen; auch im letzten Kriege 1848—1850 fanden hier viele Scharmützel Statt. — Bz. des Dorfs: 414; des Ksp.: 2831.

Kropperbusch, ein Wirthshaus und 2 Kathen an der Chaussee von Schleswig nach Rendsburg, A. Gottorf, Kropph., Ksp. Kropp.

Kropperstruck, ein ehemaliges Wirthshaus an der alten Landstraße von Schleswig nach Rendsburg, A. Gottorf, Kropph., Ksp. Kropp.

Kroy, 3 Achtelh. und 1 Instenst. ($\frac{3}{8}$ Pfl.) ½ M. westlich von Schleswig, A. Gottorf, Arensh., Ksp. St. Michaelis. Diese Stellen sind schon sehr frühe aus dem Dorfe Schubye ausgebaut und liegen an der Landstraße von Flensburg nach Rendsburg. — Schuldistr. Husbye. — Areal: 46 Steuert. — Der Boden ist von ziemlicher Güte.

Krüselhye, 2 Parcelenstellen ($\frac{74}{128}$ Pfl.) im Amte Gottorf, Satruph., Ksp. und Schuldistr. Satrup. — Areal: 62 Steuert.

Krumhusum, 1 Landstelle im Amte Tondern, Wiedingh., Ksp. Rodenäs, Schuldistr. Norddeich.

Krummenort, Dorf an der Sorge, 2¼ M. südöstlich von Schleswig, A. Hütten, Hohnerh., Ksp. Rendsburger Christkirche. Dieses Dorf gehörte ehemals zum Domcapitel und enthält 3 Halbh., 2 Viertelh. und 1 Kathe (2 Pfl.). Die westlich belegenen Viertelhufen werden gewöhnlich Hasenknöll genannt. Die Einwohner halten sich zu den nächstliegenden Schulen. — Areal: 318 Steuert.

Krummesgaard, ein vormaliges adel. Gut im Ksp. Steinberg (A. Flensburg). Dieses Gut ist längst eingegangen und ohne Zweifel das alte Steinberggaard gewesen, welches der König Christian I., im J. 1470 an Hartwig Schinkel verkaufte. Vor einigen Jahren waren noch die Wälle und Gräben des Hofes bei einer Oestergaarder Hufe in Steinberg sichtbar. Von diesem Platze ist der Hof weiter östlich hinunter an die Aue verlegt worden und hat den Namen Oestergaard erhalten. Der alte Hof stand wahrscheinlich noch 1543, da in diesem Jahre Otto Sehestedt thom Steinberge erwähnt wird, dessen Sohn Jacob Sehestedt 1564 Oestergaard bewohnte. 1584 wird Krummesgaard als eine der Oestergaarder Hufen in Steinberg genannt.

Krummland, 2 Wohnungen im Gehölze gleiches Namens, unweit Lindhöft im Gute Nöer, Eckernförderh., Ksp. Krusendorf.

Krummland, eine Hegereuterwohnung bei dem Königl. Gehege gleiches Namens, A. Hütten, Hüttenh., Ksp. Hütten.

Krusau (vorm. Crurowe), eine Königl. Erbpachts=Wassermühle an der Krusaue, 1 Vollh. mit einer Ziegelei und ein Wirthshaus, 1 M. nördlich von Flensburg, an der Apenrader Chaussee, A. Flensburg, Wiesh., Ksp. und Schuldistr. Bau. Areal der Vollhufe 288 Ton. 5 Sch. à 240 □. R. (174 Steuert.). — Der Boden ist im Ganzen von ziemlicher Güte; die Fischerei in dem Mühlenteiche gehört zum Einkommen des jedesmaligen Amtmannes und wird verpachtet. Die Vollhufe, die zur Kupfermühle (s. das.) gehört, besitzt die Hölzung Matthiesschau (20 Tonnen). — Im Jahre 1808 stand auf der Krusauer Feldmark ein französisches Lager.

Krusendorf (vorm. Jelmbek, Jellenbek), Kirchdorf 2 M. östlich von Eckernförde im Gute Grünewald, Eckernförderh., Pr. Hütten. Dieses Dorf enthält außer der Wohnung des Predigers und des Küsters 4 Vollh., 1 Halbh., 1 Großkathe, 16 Kleinkathen und 20 Insten stellen. 4 von Krusendorf ausgebaute Halbhufen, welche in 2 Vollhufen zusammengezogen sind, nebst 3 Kathen heißen Elisendorf. — Schule. — Wirthshaus, Schmiede und mehrere Handwerker. — Areal: 677 Ton. 37 □. R. à 240 □. R. — Die älteste Kirche lag auf freiem Felde auf einer Höhe am Strande bei der vormaligen Ortschaft Jellenbek und an einem Bache gleiches Namens; sie wird 1318 schon erwähnt als der Bischof seine Zehnten aus dieser Gemeinde dem Schlesw. Domcapitel verlieh. Die jetzige Kirche ward 1735 von dem Geheimenrath v. Brockdorff erbaut. Das Gebäude ist gewölbt, hell und freundlich, hat einen mit Kupfer gedeckten Thurm, eine gute Orgel und ein Altarblatt von schöner Bildhauerarbeit. In einer angebauten Capelle stehen die Marmorsärge des Erbauers und seiner Gemahlin, die beide 1763 gestorben sind. — Zur Wahl des Predigers präsentirt der Besitzer des Guts, und die Gemeinde wählt. — **Eingepfarrt:** Elisendorf, Goldkuhle, Grünewald, Haschendorf, Hohenkamp, Hohenhain, Borghorster-Hütten (z. Thl.), Krummland, Krusendorf, Kuhkoppel, Laschteich, Lehmrott, Dänisch-Nienhof, Nöer, Strandberg, Stubbendorf (z. Thl.), Surendorf, Wasserbek, Ziegelhof. — Zwei Dorfskoppeln heißen alter Kirchhof und Kirchenwiese. — Vz. des Ksp.: 1301.

Kubitzberg (Kiebitzberg, Rauhenstiefel), eine große Pachtstelle im Gute Knoop, Eckernfördeh., Ksp. Dänischenhagen, Schuldistrict Clausdorf. — Areal: 156 Steuert. — Eine Koppel heißt Dänenhöft.

Küholz, 4 Kathen mit Land (¼ Pfl.) im A. Gottorf, Schliesh., Ksp. und Schuldistr. Süder-Brarup (s. Nottfeld).

Kummerlev (Waldem. Erdb.: Cumled), Dorf ½ M. westlich von Lygumkloster, A. Lygumkloster, Vogtei Svanstrup, Ksp. Brede; 4 Halbh. (2 Pfl.). Diese Ortschaft war 1277 adel. Besitzthum; damals wurde die Hälfte derselben von Gyehe Kaat dem Lygumer Kloster vermacht und die Jurisdiction erhielt das Kloster 1379 von dem Besitzer auf Troyborg Johann Limbeck. — Schuldistr. Bredebroc. — Areal: 140 Steuert. — Der Boden ist sandigt jedoch zum Rockenbau sehr geeignet.

Kummerthal, 6 zerstreut liegende Kathen im A. Flensburg, Uggelh., Ksp. und Schuldistr. Jörl.

Kupfermühle (Krusauer-Kupfermühle), eine Kupfermühle und Messingfabrik an der Krusaue ¾ M. nördlich von Flensburg, unweit der Chaussee, A. Flensburg, Wiesh., Ksp. Bau. Dieses Gewese, zu welchem ca. 58 Ton. Land, worunter 34 Ton. Holz, außerdem aber die Hufe zu Krusau von 288 Ton., eine aus einer Dreiachtelh. und 1 Halbhufe zu Kitschelund combinirte Landstelle von 360 Ton. nebst 2 Kathen in Kitschelund, außerdem noch 20 Ton. Land zum Theil in Hölzungen, zus. 752 Ton. gehören, ist die einzige im Herzogthume und liegt in einer überaus schönen Gegend, rings von Gehölz umgeben. Es war hier vormals ein Hammerwerk, welches Christian IV. hatte anlegen lassen, das aber 1628 im Kriege zerstört ward. Der Bürgermeister Carsten Beyer legte hier ein Kupferwerk an, welches 1639 bestand, aber in den Kriegsjahren 1644 und 1657 abbrannte. Die Octroy zu der jetzigen Mühle ward von dem Könige Christian V. an Einen Namens Danker 1682 verliehen; 1687 besaß dieselbe Hilmar v. Lutten; durch seine Tochter kam sie 1716 an die Familie thor Straten und ist lange das Eigenthum dieser Familie geblieben. Die jetzigen Besitzer sind seit 1842 die Kaufleute Gorrissen und Danielsen in Flensburg. Es sind hier 3 Kupferhammer, ein doppeltes Kupfer- und Walzwerk, eine Messinggießerei, 2 Schlagwerke, eine Latun-Schlägerei, ein Stampfwerk und eine Eisenschmiede. Es finden hier gegen 200 Menschen als Arbeiter ihren Unterhalt. Für die Fabrikarbeiter sind 39 Wohnungen da und jede derselben hat ein Stück Gartenland; eine Fabrikantenwohnung heißt **Hoheluft**. — Schule. — Wirthshaus. — Bemerkenswerth ist das schön erbaute Wohnhaus und der Garten, welcher sehr geschmackvoll eingerichtet ist und eine große Anzahl Fruchtbäume enthält. Die zur Fabrik gehörende Hölzung ist stark verhauen und es muß Holz angekauft werden; der Torf zur Fabrike wird größtentheils von dem Kitschelunder Moore geholt.

Kurburg, vormals (1639) eine Fürstl. Schäferei, jetzt 14 bebaute Parcelenstellen (2 Pfl.) ¾ M. südwestlich von Schleswig, A. Gottorf, Arensh., Ksp. Haddebye, Schuldistr. Danewerk. — Im Jahre 1554 ward Kurburg zu Groß-Danewerk gerechnet. Hier ist eine Hirtenwohnung, welche zu Klein-Reide gehört. — Die Stammhufenparcele hat ein Areal von 43 Steuert. — Der Boden ist sandigt, und ein Hauptnahrungszweig der Einwohner ist die Unterhaltung und Pflegung fremder Bienenstöcke.

Kurup, ein ehemaliges Dorf im Ksp. Veistrup (A. Hadersleben), denn nach einem Amtsregister aus dem Jahre 1580 zahlten die Einwohner von Grundinghahövede (Grönninghoved) von der Kuruper-Feldmark eine Abgabe.

Kurbüll und **Südergaard,** 2 im Kirchspiele Emmerlev, A. Tondern, belegene ehemalige adeliche, späterhin Königl. Güter, welche jetzt eine eigene Commüne bilden. Die Untergehörigen, welche in der Slux-, Tonder- und Hoyerharde des Amtes Tondern, ferner in der Löeharde, im Birke Mögeltondern und in der Graffschaft Schackenborg zerstreut wohnen, wurden 1722 gegen eine jährliche Recognition von 300 Rthlr. von Hofdiensten befreit, und sie besitzen jetzt die Grundstücke in Erbpacht. Die Commüne steht zu 40 Pfl., nämlich Kurbüll zu 34 Pfl. und Südergaard zu 6 Pfl. — Im Jahre 1769 hatte die ganze Kurbüll- und Südergaardsche Commüne 236 Häuser (35 Bohlstellen, 116 Kathen und 59 Instenstellen); jetzt sind hier nur 195 Häuser, welche in folgenden Kirchspielen zerstreut liegen: 1) im Kirchspiele Emmerlev: 8 Häuser (2 Bohlstellen., 5 Kathen, 1 Instenstell.), Gammelbye 6 H. (3 Viertelb., 1 K., 2 Inst.), Kjärgaard (vormals Oster-Emmerlev) 13 H. (3 Halbb., 4 K., 6 Inst.), Nyeland mit Ausnahme der Windmühle, welche zur Graffschaft Schackenborg gehört, 3 H. (3 K.), Norder-Seiersleb 60 H. (12 Bohlst., 40 K., 8 J.), Süder-Seiersleb 31 H. (2 Vollb., 1 Halbb., 25 K., 3 J.) — 2) Im Kirchspiel Döstrup in der Löeharde: Drengsted 2 H. (2 K.), dingpflichtig zu Löeharde des A. Ripen. — 3) Im Ksp. Meolden: Meolden 2 H. (2 Halbb.), Ottesböl 1 H. (1 Dreiviertelb.), dingpfl. zur Löeharde des A. Ripen. — 4) Im Ksp. Dahler: Gjerup 6 H. (1 Halbb., 5 K.), dingpfl. zur Hoyerh. — 5) Im Ksp. Jerpsted: Jerpsted 5 H. (1 Halbb., 2 K., 3 J.) — 6) Im Ksp. Bedsted: Terp 3 H. (1 Halbb. 2 J.) — 7) Im Ksp. Mögeltondern: Trägaard und Bönderbye 10 H. (2 B., 3 K., 5 J.), Nortoft 3 H. (1 K., 2 J.), Stokkebroe 1 H. (1 J.), Toghael 7 H. (1 B. 6 J.). Alle dingpflichtig zur Hoyerh. — 8) Im Ksp. Hostrup: Jeising 5 H. (1 Vollb., 1 Halbb., 2 K., 1 J.), Rohrkarr 21 H. (4 B., 10 K., 7 J.), Titzholm 2 H. (2 K.) — 9) Im Ksp. Tondern: Korntved 1 H. (1 B.) — 10) Im Ksp. Keitum auf Silt: die Mönkebohlländereien (Munkgaarde 3 Bohlen). — Das ehemalige Gut Kurbüll war in der frühesten Zeit im Besitze der Familie Erichsen, welche sich späterhin Iversen, Petersen und Vendixen nannte. Von ihnen sind bekannt: Peter Erichsen 1400, Erich Iversen 1543, Claus Erichsen 1547, Iver Erichsen, darauf Erich Petersen und Carsten Vendixen. — Im Jahr 1603 war Carsten Rosenkranz Besitzer, 1608 Carsten und Christopher Iversen. Bald nachher kamen die Güter an den Statthalter Geert Rantzau, dessen Sohn der Graf Christian Rantzau sie gegen das A. Barmstedt 1649 tauschte. Die Güter wurden dann mit Sollwig für geleistete ansehnliche Geldvorschüsse den Erben des Fürstlichen

Statthalters Fr. v. Ahlefeld eingeräumt, die sich 1681 darin theilten; Christian Albrecht v. Ahlefeld erhielt Kurbüll und Südergaard, und dessen Bruder Friedrich Sollwig. Die Güter wurden darauf von der Regierung eingelöst; die Untergehörigen wurden gegen eine jährliche Abgabe 1712 von Hofdiensten befreit und die Güter bilden seitdem eine besondere Commüne.

L.

Laaslet, 6 Parcelenstellen im Gute Gram, Frösh., Ksp. Rödding, Schuldistr. Brendstrup. — Der Besitzer des Guts Gram verkaufte im Jahre 1804 6 Haideparcelen, von denen zuerst 2 vereinigt waren, die aber späterhin wieder in 3 Theile getheilt wurden. Eine Parcele ist unbebaut geblieben.

Lachsmölle (Lachsmühle), eine in der Nähe von Störtum, am Apenrader Meerbusen belegene, zum Gute Aarup, A. Apenrade, Lundtofth., gehörige Wassermühle, $\frac{1}{4}$ M. südlich von Apenrade, Ksp. Ensted, Schuldistr. Stubbek. — Diese Mühle liegt in einer höchst anmuthigen Gegend und wird von den Apenradern oft besucht; sie ward 1780 in einem bodenlosen Sumpf von dem jetzigen Besitzer Lautrup angelegt, und wird von nahen stark eisenhaltigen Quellen getrieben, welche eine solche Menge Wasser liefern, daß ohne Zweifel 4 Mühlengänge zugleich in Bewegung erhalten werden könnten. — Vormals stand hier nur 1 Kathe; die jetzigen Gebäude sind massiv erbaut und das geräumige Wohnhaus liegt am Strande der Ostsee.

Ladegaard, ein vormals Königl. Vorwerk im A. Hadersleben, Osterth., Haderslebenerh.; der Stammhof liegt $\frac{1}{2}$ M. nordöstlich von Hadersleben; Ksple. Aastrup und Alt-Hadersleben, Schuldistr. Aastrup. — Dieses Vorwerk, welches aus den Ländereien des ehemaligen Dorfes Stendet (s. Stendet) bestand, ist ehemals zur Unterhaltung von Cavalleriepferden benutzt worden; späterhin ward es verpachtet, bis es 1781 in 44 Parcelen zertheilt ward. Das Areal betrug 1300 Ton. à 320 Q. R., von denen zu geschlossenen Gehegen 404 Ton. und zu Landabfindungen 96 Ton. abgenommen wurden. Die kleinste Parcele enthielt 3 Ton. und die größte 109 Ton. 4 Sch. Die Hauptparcelenstellen heißen Ladegaard und Stendetgaard. — Zum Ksp. Alt-Hadersleben gehören jetzt 13 Parcelenst., von denen einige Aastrupbroe, Agerled, Havremark, Frydendal, Sorteled, Ulvshuus und Trodsborg genannt werden; außerdem 10 Instenstellen. Zum Ksp. Aastrup gehören 4 größere Parcelenst. Gröftholt, Kridslund, Ladegaard, Stendetgaard, 11 kleinere Parcelenst. und 1 Instenst. — Der Boden ist im Ganzen sehr gut und fruchtbar.

Ladegaard (Gammel-Ladegaard, Laygaard), Dorf zwischen 2 Auen, $1\frac{1}{4}$ M. westlich von Hadersleben, A. Hadersleben, Osterth., Gramh. Ksp. Hammeleb. Dieses Dorf, schon im Jahre 1580 als solches benannt, war dem Namen nach wahrscheinlich ein Vorwerk oder Meierhof des Schlosses Törning. Es enthält 9 Hufen und 10 Landbohlst. von welchen die letzten 8 ausgebaut sind, darunter Ladegaardlund, Törninglund und Vismerlund. — Districtsschule. — Der Boden ist größtentheils sandigt.

Ladelund (Laylund), Kirchdorf 2 M. südöstlich von Tondern, A. Tondern, Karrh., Pr. Tondern. Es enthält außer der Predigerwohnung 17 Bohlst., 29 kleine Landst., 4 Instenst. und 4 Colonistenst.; 2 ausgebaute

Bohlst. heißen Kongager. — Districtsschule. — Westlich vom Dorfe liegen 2 Mühlen, wovon die eine, eine Erbpachtsmühle, vormals unter dem Obergerichte stand. — Wirthshaus, 2 Schmiede, 1 Rademacher, 2 Tischler und mehrere Handwerker. — Früher war hier eine Capelle. Die jetzige Kirche ist im Jahre 1404 erbaut und war ein Filial von Karlum. Sie hat keinen Thurm und keine Orgel, ist aber ziemlich geräumig und hell. Bei der Kirche befindet sich ein Glockenhaus. — Zur Predigerwahl präsentiren der Amtmann und der Probst und die Gemeinde wählt. — Eingepfarrt: Bekhaus, Berbekshof, Boverstedt, Bramstedt, Bramstedtlund, Kongager, Ladelund, Neuhaus, Oldemoos, Westre, Wilhelminenfeld (z. Thl.). — Die Gegend ist in alten Zeiten sehr holzreich gewesen. Das östlich und nördlich vom Dorfe belegene Ackerland eignet sich besonders zum Anbau des Winterkorns und das südlich belegene, welches niedrig liegt, zu dem des Sommerkorns; Moor ist reichlich. — Einzelne Grabhügel auf der Feldmark sind größtentheils zerstört. — Vz. des Ksp.: 865.

Lambjerg, mit **Lambjergskov** (Lambergholz), zerstreut liegendes Dorf auf der Insel Alsen, 1 M. nordöstlich von Sonderburg, im Gute Langenvorwerk, A. Sonderburg, Augustenburgerh., Ksp. und Schuldistr. Hörup; enthält 12 Vollh. 1 Halbh., 4 Kathen und 17 Instenst. — Schmiede. Die Separation der Ländereien erfolgte hier im Jahre 1794. — Der Boden ist gut. — Zwischen Lambjergskov und Höruphav liegt das Lambjerger Gehege (Lambjerg Indtägt).

Landebye, Dorf an einer Aue ¼ M. nordöstlich von Lygumkloster, A. und Birk Lygumkloster, Ksp. Norder-Lygum; 6 Dreiviertelh., 3 Halbh., 2 Viertelh., 4 Kathen und 1 Instenst. — Schuldistr. Lygumgaard. — Areal: 375 Steuert. — Der Boden ist größtentheils sehr gut.

Landkirchen, Kirchdorf auf der Insel Fehmarn, Mittelkirchspiel, Pr. Fehmern. Dieses große Dorf, dessen nördlicher Theil auf Bisdorfer Grunde erbaut ist, hat 2 Hauptstraßen, welche die Große und Kleine-Straße und eine dritte, welche die Schmiedestraße genannt werden. Der östliche Theil von Landkirchen heißt Hinzenhof. Es enthält 50 größere und kleinere Landstellen und Häuser. Zu 2 Landstellen gehören 50 bis 70 Dr. Ackerland, mehrere haben 4 bis 12 Dr., viele aber kein Land. Eine ausgebaute kleine Stelle an der Landstraße nach Burg heißt Letzter Heller. — Kirchspielsschule mit 2 Classen. — Prediger-Wittwenhaus, Armenhaus die Gottesbuden genannt, Gefängnißhaus, 3 Wirthshäuser, 2 Schmiede, 3 Krämer und viele Handwerker. — Von 2 hiesigen Gilden, welche in den Jahren 1665 und 1699 landesherrlich confirmirt wurden, besteht noch nach dem Ablaufe von mehr als 400 Jahren ein Ueberrest der Liebfrauengilde, die aber im Jahre 1832 nur 10 Mitglieder hatte. — Die Kirche ist wahrscheinlich die alte Hauptkirche auf Fehmarn gewesen und hat daher den Namen erhalten. Sie ist ein ziemlich großes Gebäude, gewölbt und ruht auf 6 Pfeilern. Der Altar ist dem Altare der Marienkirche in Lübeck nachgebildet, aber von Holz verfertigt. Die Kirche hat eine Thurmspitze und eine Orgel, und in derselben werden die wichtigsten Urkunden der Landschaft Fehmern in dem s. g. Landesblock aufbewahrt. — An der Kirche stehen 2 Prediger; zur Wahl derselben präsentirt das Kirchencollegium und die Gemeinde wählt. — Eingepfarrt: Albertsdorf, Avendorf, Bergmühle, Bisdorf, Blieschendorf, Freiinsfeld, Gammendorf, Glumshof, Gold,

Landwehr.

Lemkenhafen, Letzter Heller, Hinrichsdorf, Alt- und Neu-Jellingsdorf, Mummendorf, Landkirchen, Sartjendorf, Strukkamp, Teschendorf, Vadersdorf, Westerbergen, Wulfen. — Außer den Pfarrländereien hatte dieses Dorf früher kein Land, jetzt aber hat es nach und nach 233 Drömt contribuables Land (131 Steuert.). Ferner sind hier 16½ Drömt aufgetheiltes Weideland. — Vz. des Dorfes: 381; des Ksp.: 2255.

Landwehr, eine Brückenwärterwohnung bei einer Brücke über den Eider=Kanal, 2¼ M. südöstlich von Eckernförde, A. Hütten, Hüttenh., Ksp. Gettorf. 5 in der Nähe belegene Kathen, welche denselben Namen führen, gehören zum Gute Warleberg, Eckernförderh. — Areal: 35 Ton. à 260 □. R.

Landwehr, ein vormaliges aus einem Walle und Graben bestehendes Befestigungswerk, welches sich von dem Flemhuder=See bis an die Levensaue bei Warleberg, etwa ½ M. in der Länge, erstreckte und bei der Kriegführung damaliger Zeit in militairischer Rücksicht kein unwichtiger Paß aus dem Herzogthum Holstein nach dem Dänischenwohlde war. — Die Ueberreste des Walles sind bei der Grabung des Kanals gänzlich zerstört worden.

Langballig, Dorf an einer kleinen Aue, 1¾ M. östlich von Flensburg, Ksp. Grundtoft. — Dieses ansehnliche, etwas zerstreut liegende Dorf wird in Norder= und Süderende eingetheilt und zum A. Flensburg, Husbyh., gehören 6 Vollh., 1 Vierfünftelh., 1 Dreiviertelh., 5 Halbh., 2 Drittelh., 1 Fünftelh., 1 Sechstelh. und 5 Kathen; zum Hospitale in Flensburg, 1 Halbh. und 1 Kathe zum Gute Uenewatt, Munkbraruph., 2 Kathen. Die Dreiviertelh. heißt Ostenberg und liegt entfernt vom Dorfe, da einer der Käufer des Stammhofes Lundsgaard 1801 seine in Langballig belegene Hufe vertauschte und dagegen vom Lundsgaarder Hoffelde eben so viel Land zu einer Königl. Hufe auslegte. Die Flensburger Hospitalshufe gehörte 1451 dem St. Jürgenshofe vor Flensburg und wurde 1551 dem Hospitale beigelegt. — Districtsschule. — Wirthshaus. — Die Bienenzucht wird hier ziemlich stark betrieben. — Areal zum Amte: 661 Steuert.; zum Hospital: 28 Steuert.; zum Gute Uenewatt: 4 Steuert. — Vor dem Jahre 1772 lag die Feldmark in Gemeinschaft und hieß Oster- und Westerfeld; sie hat einen guten Mittelboden.

Langballigholz, zerstreut liegende Stellen am Flensburger Meerbusen, 2 M. nordöstlich von Flensburg, Ksp. Grundtoft. Diese Stellen liegen in einer sehr anmuthigen Gegend, und zum A. Flensburg, Husbyh., gehören mit Langballigau (3 Kathen) 1 Viertelh., 1 Sechstelh. und 21 Kathen; zum Gute Freienwillen, Husbyh., 2 Kathen; zum Gute Uenewatt, Munkbraruph., 2 Kathen; und zum Hospital in Flensburg 2 Kathen. — Zu Langballigau ist ein Wirthshaus, welches seiner reizenden Lage wegen oft besucht wird. — Ueber die Langballigaue führt eine Brücke wo Brückengeld entrichtet wird. — Hier waren vormals 5 Ziegeleien, welche aber alle im Laufe der Zeit aus Mangel an Material eingegangen sind. — Schuldistr. Langballig. — Mehrere Einwohner ernähren sich von der Fischerei. — Areal zum A. Flensburg 94 Steuert. — Der Boden ist nur von mittelmäßiger Art; die vormals bedeutende Hölzung ist nach und nach verhauen.

Langdeel, 2 aus den Morkirchenern Hoffeldern 1778 gebildete Parcelenstellen, nordöstlich von Morkirchen belegen, im A. Gottorf, Morkirchh., Ksp. Böel.

Langelund, 1 Halbh., 2 Viertelh. und 1 Kathe ($\frac{50}{144}$ Pfl.), A. Hadersleben, Westerh., Norderrangstruph., Ksp. und Schuldistr. Agerskov. — Areal: 94 Steuert. — Der Boden ist nur von mittelmäßiger Art.

Langenäs, eine Hallig, welche mit Nordmarsch durch eine Fußbrücke verbunden ist und zwischen den Inseln Föhr und Pelworm liegt, zur Landvogtei Pelworm gehörig. — Diese Hallig war ehemals viel größer und vor der Ueberschwemmung im Jahre 1634 mit Oland verbunden; jetzt wird sie aber wie sämmtliche Halligen durch Fluthen immer kleiner und ein großer Theil der Insel ward 1717 und 1825 weggespült. Der südliche Theil der Insel heißt Butwehl und ist vielleicht die eine der in Waldemars Erdb. erwähnten beiden Inseln Hwälä. Vor der Fluth 1825 waren auf Langenäs und Butwehl noch 76 Häuser und 187 Einwohner; jetzt sind noch 14 Werften mit etwa 50 Häusern, nämlich auf dem eigentlichen Langenäs 11, Ketelswerf (12 H.), Hunnenswerf (9 H.), Melfswerf (2 H.), Neuwerf (3 H.), Honkenswerf (5 H.), Hattjenswerf (2 H.), Bandikswerf (3 H.), Peterswerf (3 H.), Peter Haiz, Kirchwerf und Norderhörn; auf Butwehl (3 H.), Thadenswerf (4 H.), Christianswerf (3 H.) und Tammenswerf (1 H.). Bz.: 268. — Auf Ketelswerf sind einige Seegaarder Untergehörige. — Butwehl gehört zum Gröder Rathmannsdistrict und Norderhörn zum Nordmarscher. — Die älteste nördlich auf der Insel belegene Kirche ward von der Fluth im Jahre 1362 zerstört und die Einwohner hielten sich darauf nach Oland. Erst 1663 erbaute man hier wieder eine Kirche; diese ward im Anfange des 18. Jahrhunderts abgebrochen, worauf die jetzige 1725 vollendet wurde. Sie ist inwendig recht freundlich und reich an Malereien. — Seit 1839 ist Nordmarsch zu Langenäs eingepfarrt. — Der Prediger, welcher zugleich Küster und Schullehrer ist, wird von dem Könige ernannt. — Areal: 1005 Steuert. — Der Boden ist Marsch, aber wegen der häufigen Ueberschwemmungen wird kein Korn gebaut, und viele größere (Schloten) und kleinere Canäle durchschneiden das Land, welches aber reichhaltige Weide für Kühe und Schafe giebt. — Der Erwerbzweig der Einwohner ist die Schifffahrt; einzelne besitzen selbst Schiffe, andere führen als Capitaine fremde Schiffe oder dienen darauf als Steuermänner und Matrosen; die Mehrzahl ernährt sich aber von der Viehzucht und nur wenige Einwohner treiben die Fischerei. — Ueber das Eidoralegat s. Hooge.

Langenfelde, eine Landstelle im Gute Knoop, nordöstlich von Clausdorf, Eckernförderh., Ksp. Dänischenhagen.

Langenhemme, 2 Höfe im Osterth. der Landsch. Eiderstedt, ¾ M. nördlich von Tönning, Ksp. Oldensworth, Schuldist. Hemme.

Langenhorn (vorm. de langhe Horne, Horne), Kirchdorf 1 M. nördlich von Bredstedt in der Landsch. Bredstedt, Pr. Husum. Nachdem in der ältesten Zeit von den Friesen der alte Langenhorner Deich (in Form eines Hornes) gezogen war, wurden die ersten Häuser sowohl auf dem Deiche, als in dem Kooge und auf der Geest erbaut. Durch eine große Wasserfluth im 13. Jahrhundert soll dieser alte Langenhorner Koog überschwemmt sein und viele Bewohner ihr Leben und ihre Wohnungen verloren haben. Nach der Zeit bauten Viele sich südlich auf der Geest an, wodurch die schon früher hier belegenen Stellen in Verbindung kamen und ein Dorf ausmachten, welches nun zwar de lange Horne genannt ward, aber auch noch die Namen der vorigen Stellen beibehielt, und so besteht Langenhorn jetzt aus Westerende, der Nachbarschaft, dem Heiligen=Bauerlag, Oster= und Wester=Langenhorn, Lagewarf, Oster= und Wester=Loheide, Unter= und Ober=Mönkebüll und bei der Kirche. Bei Langenhorn liegt auch noch die s. g. Finkenbohle (2 Stellen), deren Ländereien ohne Zweifel zu einem Edelhofe gehört haben und noch bedeutende Vorrechte zugesichert sind. — Die Länge des Dorfes beträgt ¾ M.; es enthält 25 größere und 115 kleinere Landstellen (400 Feuerstellen); 8 dieser Stellen gehören zum Gute Mirebüll (vormals zu Ruhkloster), 5 zum ehemaligen Gute Arlewatt; zum Domcapitel gehörten 2 Pfl. in Oster=Langenhorn, 2 Pfl. (Domkirchenlausten) in dem Heil. Bauerlage und ½ Pfl. in Wester=Langenhorn. In den Jahren 1734 und 1744 suchte Langenhorn um die Fleckensgerechtigkeit, welche aber nicht bewilligt ward. — Districtsschulen sind hier 3, eine für Wester=Langenhorn (Ober= und Elementarclasse), eine für Oster=Langenhorn und Wester=Loheide, und eine für Oster=Loheide und Mönkebüll. — 7 Armenhäuser, 4 Windmühlen, 10 Wirthshäuser, 4 Schmiede und viele Handwerker. Einen Webestuhl findet man fast in jedem Hause. — Nach der Sage sollen die Langenhorner vormals nach Efkebüll zur Kirche gegangen sein; vielleicht hat auch eine Verbindung mit Bordelum Statt gefunden. Die jetzige Kirche liegt in Wester=Langenhorn und hat die Gestalt eines Kreuzes; sie hat keinen Thurm, ist aber im Innern schön eingerichtet und hat einen hübschen Altar. Eine Orgel ward von dem hier gebürtigen Seneca Inggersen (nachherigen Baron v. Geltingen) geschenkt. Das Glockenhaus mit einer Spitze steht an der Nordseite der Kirche. Vor der Reformation waren hier Vicarien divae Virginis und Laurentii. Eine Capelle soll ehemals beim Heil. Bauerlag gestanden haben. — Vormals hatte der Thesaurarius des Schleswigschen Domcapitels das Patronatrecht; im Jahre 1711 tauschte der König dieses Recht gegen das der Kirche zu Nübel ein; jetzt werden die beiden Prediger von dem Amtmanne und dem Probsten präsentirt und von der Gemeinde gewählt. — Eingepfarrt: Oster= und Wester=Altendeich, Vollhuus, Burg, Danklefswarf, Oster= und Wester=Efkebüll, Finkenbohle, Heidehäuser, Honnenswarf, Langenhorn, Langenhorner Alter= und Neuerkoog, Martinswarf, Nannenswarf, Seienswarf. — Areal: 1019 Steuert. — Der größte Theil der Geestländereien ist mager und sandigt und da in dem Langenhorner=Altenkoog und dem Langenhorner=Neuenkoog viele sehr niedrige der Ueberschwemmung unterworfene Ländereien liegen, so ist der Kornbau hier sehr unsicher. Nur wenige Marschländereien sind zu Fettweiden tauglich. In Langenhorn werden jährlich 3 Pferde=, Vieh=, Holz= und Krammärkte gehalten, der erste auf Fab. Sebast., der zweite 8 Tage vor St. Johannis und der ansehnlichste 2 Tage nach Bartholomäus. Dorfbeliebungen sind in Wester=Langenhorn 1699, in Mönkebüll 1717, in Oster=Langenhorn 1727 und in Loheide 1750 errichtet. — Bz. des Dorfes: 971; des Ksp.: 1752.

Langenvorwerk (Ladegaard), Königl. Gut auf der Insel Alsen. Der Hof liegt ¼ M. südöstlich von Sonderburg, im A. Sonderburg, Augustenburgerh., Ksp. Ulkeböl. Dieses Gut war ursprünglich nur klein, aber nach und nach sind verschiedene Grundstücke von den Dörfern Ulkeböl, Vollerup und Sundsmark dazu gelegt. Der Herzog Christian Adolph überließ es 1667 mit seinem Sonderburgischen Antheil dem Könige Christian V., es ward verpachtet und bestand damals aus 89 Bohlstellen. Im Jahre 1746 ward es dem Herzoge Christian August zum freien Genieß=

brauch auf Lebenszeit verliehen und nach seinem Tode fiel es wieder an die Landesherrschaft zurück, bis es 1764 dem damaligen Herzoge von Augustenburg als Mannlehn verliehen ward. Im Jahre 1852 kam es mit den andern Herzogl. Augustenburgischen Gütern an die Landesherrschaft. Zum Gute gehören die Dörfer Klinting (8 Halbh.), Hörup (10 Vollh.), Maiböl (11 Vollh., 1 Halbh.), Ulkeböl (z. Thl., 8 Vollh.), Sundsmark (7 Vollh., 3 Zweidrittelh.), Vollerup (14 Vollh., 1 Zweidrittelh.), Lambjerg mit Lambjergskov (12 Vollh., 1 Halbh.), Miang (13 Vollh.), zusammen 82⅔ Hufen, außerdem die Landstellen und Kathen in Steenholt, Mölbye, Höruphav, Nojum, Bagemose, Sönderskov, Wormstoft. — Das ganze Areal des Guts beträgt 2061 Ton. 118 □. R. à 240 □. R., darunter enthält das Hoffeld 693 Ton. 3 Sch. 1 R. à 320 □. R., nämlich an Acker 478 Ton. 1 Sch. 13 R., Wiesen 120 Ton. 4 Sch. 5 R., Holz und Busch 84 Ton. 1 Sch. 3 R. und an Sand und Wasser 6 Ton. 4 Sch. Die eingefriedigten Hölzungen, welche Sönderskov, (Süderholz), Sönderskov=Frede, Fries=Mai, Heelshöi, Mellemskov, Mellemskov=Frede, Ellhav, Endlös, Endlös=Frede und Lambjerg=Indtägt heißen, enthalten 647 Ton. 7 Sch. 4 R. Die sonstigen Pertinenzstücke mit Inbegriff des Sonderburger Schloßplatzes und der Gärten enthalten 120 Ton. 2 Sch. 6 R. und die in Erbpacht gegebenen Landstücke 85 Ton. 3 Sch. 3 R. — Der Boden ist sehr gut und fruchtbar und die östliche Seite besser als die westliche. — Ueber die Hölzungen führt ein Oberförster, welcher im Sönderskov wohnt, und ein Holzvogt die Aufsicht. — Das Wohnhaus auf Langenvorwerk ist einstöckig und von Brandmauern.

Langetved, Dorf an einer kleinen Aue, 4 M. nordwestlich von Hadersleben, Westerth., Frösh., Ksp. Skrave. Dieses niedrig liegende Dorf enthält 1 Dreiviertelh., 6 Halbh., 5 Viertelh., 1 Achtelh., 10 Kathen und 7 Instenstellen. Von den ausgebauten Hufen heißen 2 Toftlundgaard und Brösig (Brudsigaard), 1 Kathe Mikkelborg, 1 Catharinenlund, beide mit schönen Gebäuden, 1 Krybelie, 1 Bommelund und 2 Backstoel. Eine noch zu Langetved gehörige Hufe heißt Brunsgaard (s. Brunsgaard). 1 Hufe gehörte ehemals zum Pastorat in Skrave und der Prediger hat von demselben eine Kornlieferung, 1 Hufe gehörte zum Gute Lindewith. — Schule. — Armenhaus, Wirthshaus, Schmiede und einige Handwerker. — Areal: 683 Steuert. — Der Boden ist ziemlich gut; die Hölzung, ein Theil des vormaligen großen Farreswaldes, ist nicht unbedeutend.

Langetvedskov (Langetvedholz), 12 Kathen und einige Instenstellen bei Langetved, A. Hadersleben, Westerth., Frösh., Ksp. Skrave. — Schuldistrict Langetved.

Langfeld, 2 Parcelenstellen (1¼ Pfl.) mit resp. 57 und 25½ Steuert. im Gute Düttebüll, Cappelerh., Ksp. Gelting, Schuldistr. Pommerbye. — Auf einem Theile der zu diesen Parcelenstellen gehörigen Ländereien, Soltoft genannt, hat das ehemalige Dorf Solbye (s. Solbye) gelegen. Vor mehreren Jahren wurden hier eine Menge Thierknochen aufgegraben.

Langholz, Dorf am Eckernförder Meerbusen, 1½ M. nordöstlich von Eckernförde, im Gute Ludwigsburg, Eckernförderh., Ksp. Waabs; enthält 1 Vollh., 3 Halbh., 4 Viertelh., 3 Kathen und 1 Instenstelle. Eine Stelle heißt Seeberg, einige Häuser nordwestlich bei Sophienhof heißen Kummerteich. Dieses Dorf gehört zum Freiherrlich Dehnschen Fideicommiß

(s. Ahlefeld=Dehnsches Fideicommiß). — Districtsschule zu Kummerteich. — Areal: 221 Ton. 5 Sch. à 300 □.R. — Eine in der Nähe liegende Landspitze heißt Langhoved.

Langhorn, 9 Landbohlstellen 1 M. südlich von Hadersleben, A. Hadersleben, Osterth., Hadersleberh., Ksp. und Schuldistr. Hoptrup. — Der Boden ist gut.

Langkjärgaarde, 2 Hufen ½ M. südlich von Hadersleben, an der Landstraße nach Apenrade, A. Hadersleben, Osterth., Hadersleberh., Ksp. Hadersleben (Marienkirche), Schuldistr. Hadersleben.

Langkjärled, 1 Kathe ½ M. südlich von Hadersleben, an der Landstraße nach Apenrade, A. Hadersleben, Osterth., Hadersleberh., Ksp. Hadersleben (Marienkirche), Schuldistr. Hadersleben.

Langmoos, 1 Freihof (Vollh.) und 7 Kathen im A. Hadersleben, Osterth., Hadersleberh., Ksp. und Schuldistr. Halk (s. Halk). Dieser Hof, welcher für 1¼ Pfl. contribuirt ward 1400 von dem Könige Erich von Pommern mit Privilegien begabt, welche späterhin und unter dem Könige Friedrich III. zuletzt 1663 confirmirt wurden. Im Jahre 1660 besaß Severin v. Ytzen diesen Hof.

Lang=See, ein sehr fischreicher See im A. Gottorf, 1 M. nördlich von Schleswig, welcher die Welspanger=Mühle treibt. Die Länge des Sees beträgt ¾ M. aber seine Breite ist sehr unbeträchtlich. Beide Ufer sind an einigen Stellen steil und besonders hat der nördliche Theil des Sees eine romantische Lage und wird mit der schönen Gegend bei Eutin in Holstein verglichen. Der See wird von dem Königl. Amte verpachtet und ist dadurch merkwürdig daß hier ehemals das Kloster Guldholm gestanden hat (s. Guldholm). — Vor der Schlacht bei Idstedt ward hier im Jahre 1850 eine Brücke geschlagen.

Lang=See, ein, theils zum Gute Ornum, theils zum A. Hütten gehöriger See, welcher ein Areal von 39 Ton. 1 Sch. à 320 □.R. hat. Zum Gute Ornum gehören 21 Ton., zum A. Hütten 28 Ton. 1 Sch.

Langstedt, Dorf an der Treene, über welche hier eine Brücke führt, 2 M. nordwestlich von Schleswig, Ksp. Eggebek, wird in Oster= und Wester=Langstedt eingetheilt. Zum A. Gottorf, Morkirchh., gehören 1 Anderthalbh., 2 Dreivierteh., 8 Halbh., 4 Vierteh., 1 Parcelenstelle und 11 Kathen (4 Pfl.). Die Anderthalbh. heißt Buschau; zum A. Gottorf, Vogtei Bollingstedt, 1 Dreivierteh., 2 Halbh., 5 Vierteh. und 3 Kathen (3 Pfl.). Eine Hufe und 1 Kathe (1 Pfl.) gehörte 1459 zum vormaligen Schleswigschen Domcapitel, ward aber 1693 an den Herzog durch Tausch gegen seinen Antheil an Bindeszier vor Rendsburg überlassen. — Districtsschule. — Wirthshaus, 2 Schmiede. — Areal: 1175 Steuert. — Der Boden ist größtentheils von ziemlicher Güte. — Die Fischerei in der Treene wird von dem Königl. Amte verpachtet. Auf der Langstedter Feldmark sind Spuren von 2 Edelhöfen Osterhof und Westerhof. Aus den Grundstücken derselben ist wahrscheinlich die Vogtei Langstedt entstanden, die später mit dem Amte Morkirchen vereinigt ward.

Langstoft (vorm. Langsundtoft), Dorf 2 M. südwestlich von Tondern, A. Tondern, Bökingh., Ksp. Niebüll. Dieses Dorf enthält 15 Landstellen von verschiedener Größe (4 Pfl.). — Nebenschule. — Eine hier vormals belegene Kirche ward durch eine Ueberschwemmung zerstört;

der Kirchhof wird noch gezeigt und vor mehreren Jahren sind hier steinerne Särge aufgegraben. Bei diesem Dorfe gewannen der König Waldemar IV. und sein Verbündeter der Herzog Waldemar einen Sieg über die Nordfriesen und nahmen die Böfingharde ein. Die Unterwerfungsacte welche die Harde ausstellen mußte ist datirt „Langsundtoft 1344". — Areal: 243 Steuert. — Der Boden ist nicht von besonderer Art und das Marschland nur mittelmäßig.

Laschteich (Laaschteich), 2 Kathen im Gute Nöer, Eckernfördeh., Ksp. Krusendorf.

Lauensbye (Lauens, ehem. wahrscheinlich Langesio), Dorf auf der Insel Alsen an einem langen schmalen See, ½ M. südöstlich von Norburg, A. Norburg, Norderh., Ksp. und Schuldistr. Hagenberg; 13 Vollbohlen, 3 Halbb., 3 Kathen und 15 Instenst. (14½ Pfl.). — Schmiede, Wirthshaus. — Areal: 889 Steuert. — Der Boden ist im Allgemeinen sehr gut. Der See wird von dem Königl. Amte verpachtet. — Bz.: 327.

Laurup (Laydrup), Dorf im Stiftsamte Ripen, 1 M. nordwestlich von Lygumkloster, Ksp. Döstrup. In diesem Dorfe sind 3 Halbb. und 2 Viertelb. (1½ Pfl.), welche zum Amte Lygumkloster, Vogtei Skjärebäk gehören, und ½ ehemals Schwabstedtischer Pflug.

Lautrup (vorm. Locthorp, Lauchterup), Dorf 2 M. südwestlich von Apenrade, an der Ukebek, Ksp. und Schuldistr. Uk. Dieses Dorf, welches vormals zum Amte Tondern, Slurharde, dingpflichtig war, gehört seit 1850 ganz zum Amte Apenrade, Lundtofth., und enthält 11 Bohlstellen, 7 Stellen mit Land und 8 Häuser ohne Land (7 Pfl.); 1 Bohlst. (¼ Pfl.) gehört zum Gute Ahretoft. — Schmiede, und einige Handwerker. — Der Boden ist ziemlich gut. Ein Hügel westlich vom Dorfe heißt Tingböi. — Lautrup war vormals zu Tinglev eingepfarrt und die jetzige Slurharde führte nach diesem Dorfe den Namen Locthorphäreth.

Laygaard (Ladegaard), adel. Gut im Amte Apenrade, Lundtoftharde, Ksp. Quars. Der Stammhof liegt 1¼ M. südöstlich von Apenrade. Dieses Gut welches ehemals zum Gute Seegaard gehörte und 1726 davon getrennt ward, steht in der Landesmatrikel zu $17\frac{1}{10}$ Pfl. — Besitzer: 1726 Rittmeister Böhme, (51,000 ℳ) 1758 Petersen, seit 1811 Ohlsen. — Zum Gute gehören Quars, Feldsted (z. Thl.) und mehrere Parcelen. Eine Landstelle heißt Vaarbjerg (Waarberg). — Das ganze Gut hat ein Areal von 2838 Steuert., von welchen der Stammhof 307 Ton., das Kirchdorf Quars 1201 Ton., Feldsted 891 Ton., Tomböl 20 Ton. und die Parcelenstellen 419 Ton. enthalten (325,686 Rbth. Steuerw.). — Zahl der Einw.: 1010. — Contrib. 762 Rbth. 80 b/ß, Landst. 678 Rbth. 15 b/ß, Hausst. 6 Rbth. 51 b/ß.

Laygaardskov (Laygaardholz), eine Anzahl kleiner Landstellen und Kathen ½ M. nordwestlich von Gravenstein, im Gute Gravenstein, A. Apenrade, Lundtofth., Ksp. Quars. Einige Stellen heißen Engskov, Noßtorn und Katthav. — Districtsschule.

Lebek, Dorf an einer kleinen Aue, 1¼ M. nordwestlich von Cappeln, im Gute Gelting, Cappelerh., Ksp. und Schuldistr. Gelting. Von 1339 bis 1519 gehörte dieses Dorf zum Gute Buchagen und ward gegen Schwackendorf vertauscht; 1588 und noch 1683 bestand es aus 10 Hufen und 3 s. g. Gaastenstellen, späterhin wurde eine Hufe niedergelegt und

Lebekwisch.

1789 waren nur 8 Hufen und die Gaastenstellen zu Pattburg vorhanden. Eine Hufe südöstlich heißt Kemphye, eine andere südlich Damhael. Zu den 8 Vollhufen wurden bei der Separirung des Guts Gelting noch 4 Viertelhufen ausgelegt, von denen 2, noch Pattburg genannte und westlich gelegene, aus den ehemaligen Pattburger Gaastenstellen gebildet wurden, und eine aus einer Düstholz genannten Kathe; diese Viertelhufe und eine Kathe heißen noch Düstholz und liegen weit entfernt gegen Südost an der Rabenholzer Scheide; ferner 2 Dreisechszehntelh. und 6 Achtelh. ($11\frac{1}{2}$ Pfl.). Von den Achtelhufen heißen 3 Bosiek, 1 Hellertfeld und 1 mit einer Holzwärterwohnung am gleichnamigen zum Hofe Gelting gehörigen Gehege ($164\frac{2}{3}$ Hdtsch. groß) Holmkjär. Eine Hufe ist ausgebaut auf Süderfeld. Durch die Zertheilung einiger Hufen sind einige kleine Stellen theils im Dorfe theils auf der Feldmark entstanden, welche Hellert, Hellertbusch und Brennstuf heißen. — Areal: 884 Hdtsch. 1 Sch. (454 Steuert.) — Bei Kemphye waren vormals viele mit Steinen umsetzte Grabhügel, die aber nach und nach geebnet sind.

Lebekwisch (Lebekwiese), 1 Parcelenstelle ($\frac{7}{32}$ Pfl.) an der Ohrfelder Scheide, im Gute Gelting, Cappelerh., Ksp. Gelting. — Areal: 55 Hdtsch. $1\frac{1}{2}$ Sch.; außerdem hat der Besitzer eine Parcele (Jacobstoft) angekauft, welche $31\frac{1}{2}$ Hdtsch. ($\frac{1}{8}$ Pfl.) enthält.

Lebye, Dorf auf der Insel Aeröe, Ksp. Bregninge, 1 Vollh., 9 Halbh., 12 Kathen, 13 Instenst. und 1 Hufenparcele ($5\frac{1}{2}$ Pfl.). — Schuldistr. Stovbye. — Schmiede. — Einige Einwohner ernähren sich von der Fischerei. — Areal: 319 Steuert. — Der Boden ist gut. — Im Jahre 1442 gehörte ein Gut in Lebye der Familie Schack, und ward für 100 ℳ an den Herzog Adolph verkauft.

Leck (Waldem. Erdb.: Lecky), ein mit Marktgerechtigkeit versehenes Kirchdorf an der Leckerau, worüber eine Brücke führt, $2\frac{1}{2}$ M. südöstlich von Tondern, an der Landstraße nach Bredstedt, A. Tondern, Karrh., Pr. Tondern. Dieses bedeutende Dorf soll vormals, als die Aue schiffbar war, ansehnlicher und ein Handelsort gewesen sein. An der südlichen der Leckerau gegenüber liegenden Seite lag ehemals ein Schloß Leckhuus genannt, und die Anhöhe worauf dieses Schloß stand führt noch den Namen Leckhuus. Im Jahre 1613 hatte Leck 1 volles Bondengut, 10 kleine Bondengüter, 7 kleine Freibonden, 1 Festegut, 16 Festekäthner und 19 Birkkäthner (ein Theil des Kirchdorfes heißt noch die Birk); außerdem die ehemaligen Bischofslansten ($1\frac{7}{8}$ Pfl.), welche zur Vogtei Bordelum gehörten. Jetzt enthält Leck 19 Bohlstellen, 51 kleine Landstellen, 70 Instenstellen 3 auf der Feldmark erbaute Colonistenstellen zur Colonie Wilhelminenfeld gehörig (140 Häuser) und 3 Mühlen, von denen eine Graupenmühle und eine Oelmühle zum Gute Boverstedt gehören. In Leck ist der Sitz des Gerichts für die Karrharde und es wohnen hier der Hardesvogt und der Gerichtschreiber dieser Harde. — Hauptschule in 2 Classen mit 2 Lehrern. — 2 Wirthshäuser, 9 Krügereien, 2 Bierbrauereien, 1 Branntweinbrennerei, 1 bedeutende Färberei, 4 Schmiede, 2 Bäcker, 2 Schlachter und Handwerker fast aller Art. — Die Haupterwerbzweige der größtentheils wohlhabenden Einwohner sind außer dem Ackerbau vorzüglich der Viehhandel. Viehmärkte sind hier an jedem Dienstage von Fastnacht bis Weihnachten, und es ist oft der Fall daß im Frühjahre und Herbste 2—3000 Ochsen und im Sommer 3—4000 Schweine an demselben Tage auf dem Markte sind. Kram= und Holzmärkte am Montage vor Christi Himmelfahrt und am 4. October. — Die erste Kirche, welche am östlichen Ende des Dorfes gestanden haben soll, ist wahrscheinlich die alte Hauptkirche der Harde gewesen. Die jetzige Kirche ist ein massives Gebäude mit Bleidach und einem ziemlich hohen Thurm, jedoch ohne Gewölbe und Orgel. An der Kirche stehen 2 Prediger, welche von dem Amtmanne und dem Probsten präsentirt und von der Gemeinde gewählt werden. Im Jahre 1498 über=ließ das Schleswigsche Capitel das Patronatrecht dem Herzoge Adolph. — **Eingepfarrt**: Achterup, Berg, Brunbjerg, Brüll, Büllsbüll (Gut und Dorf), Freienwillen, Fresenhagen, Gaarde, Gaardefeld, Hogelund, Holbekvad, Iversacker, Kalleshave, Kalslund, Karlsmark, Klintum, Kockedal, Leck, Lütgenhorn, Lütgenhornerfeld, Möllvad, Neuholm, Nordhof, Sandacker, Smörholm, Oster= und Wester=Schnatebüll, Schnatebüllhof, Schönhof, Schottenburg, Seewang, Sprakebüll, Stadum, Stadumvad, Nord-Stadum, Südhof, Tettwang, Wanghof, Wilhelminenfeld (z. Thl.), Ziegelhof. — Das Ackerland des Dorfes, welches im Verhältnisse der Einwohnerzahl keinen großen Umfang hat, ist von ziemlicher Güte. In den westlich vom Dorfe belegenen Mooren findet man sehr häufig Stämme von Buchen und Erlen, welche in der Richtung von Nordwest nach Südost liegen und zum Beweise dienen, daß hier vormals große Waldungen waren, die ein nordwestlicher Sturm und eine Ueberschwemmung der Westsee umstürzten. — Vormals waren in Leck 2 Wassermühlen, deren eine auf Befehl des Herzogs Johann Adolph 1612 erbaut ward. Im Jahre 1666 gab ein Graf Rantzau für die Wasser= und Windmühle eine jährliche Recognition von nur 9 ₰. — Vz. des Dorfs: 937; des Ksp.: 2472.

Leckeraue, eine Aue im Amte Tondern, welche südlich vom Dorfe Medelbye entspringt, mehrere kleine Auen aufnimmt, südlich vom Kirchdorfe Leck sich längs den Kohlendammer= und Störtewerkerkoog hinzieht und sich mit der Soholmeraue vereinigt. Diese Aue war in alten Zeiten schiffbar und Fahrzeuge sollen bis an das jetzige Gut Fresenhagen gegangen sein.

Leeböl, Dorf auf der Insel Alsen, 1¼ M. östlich von Sonderburg, im Gute Maibölgaard, A. Sonderburg, Augustenburgerh., Ksp. Tandslet; enthält 9 Bohlst., 6 Kathen und 3 Instenstellen. Ein Theil des Dorfes mit dem Wirthshause heißt Leebölgaard, eine ausgebaute Bohlstelle Meklenborg, und 4 Kathen Leebölly k. — Districtssch. — Windmühle. — Dieses Dorf, welches eine hohe Lage hat, besitzt gutes Ackerland.

Leerdt (Lärd, Lert), Dorf 2¼ M. nordwestlich von Hadersleben, A. Hadersleben, Ostereth., Gramh., Ksp. Sommersted (vormals waren einige Stellen nach Orenvad eingepfarrt); 5 Vollh., 12 Halbh., 6 Landbohlst., 5 Kathen und 9 Instenst., von denen 3 Halbh. ausgebaut sind, welche zusammen Over=Leerdt, einzeln aber Kjärgaard, Skovgaard und Blaagaard heißen. — Districtssch. — Schmiede und mehrere Handwerker. — Der Boden ist ziemlich gut. — In der Nähe dieses Dorfes hat ein Edelhof gestanden, dessen Name jetzt unbekannt ist.

Leerskov (Leyrskov, Legerskov), ein ansehnlicher Hof (1⅓ Pfl.) südöstlich von Oster=Lygum, A. Apenrade, Süderrangstrupph., Ksp. und Schuldistr. Oster=Lygum. Hier waren vormals 5 Hufen (6 Otting), deren Ländereien 1660, weil die Besitzer sie in der Kriegszeit verlassen hatten, zusammen gezogen wurden. — Areal: 1003 Ton. 5 Sch. à 260 □. R., worunter Acker 143 Ton. 4$\frac{4}{16}$ Sch., Wiesen 52 Ton. 5$\frac{9}{16}$ Sch., Moor 223 Ton. $\frac{1}{16}$ Sch., Haide 570 Ton. 4$\frac{3}{16}$ Sch., Wasser 5 Ton. 4$\frac{2}{16}$ Sch., Wege 8 Ton. 2$\frac{13}{16}$ Sch. Ein Areal von 400 Ton. ist zu einer Königl. Nadelhölzung abgegeben, die aber nur geringe Fortschritte macht. — Der Boden ist sehr mittelmäßig und nur nahe beim Hofe ziemlich gut; das Moor ist meistentheils vergraben. — In der Nähe liegt der Rolandsbjerg und der Rolandsbrunnen, und nördlich von diesem Brunnen zwischen einigen Hügeln ein tiefes Moor, „Fruens Pytte" genannt, worin der Sage nach die Wittwe eines Anführers Namens Roland begraben sein soll.

Legelichheit, ein Koog 1 M. nordöstlich von Friedrichstadt, im Osterth. der Landschaft Eiderstedt, Ksple. Witzworth und Mildstedt. Dieser Koog wird nördlich von der Rothenburger-Tiefe begränzt und enthält 3 Häuser. Nordöstlich der Tiefe liegt das Wirthshaus Platenhörn, und auf dem diesen Koog vom Riesbüllerkoog trennenden Riesbüller= deich stehen ein Hof, 4 Häuser, das Wirthshaus Ingwershörn und das vormalige Wirthshaus Hagedornzaun. Auf dem Deiche zwischen Lege= lichheit und Dingsbüllerkoog liegen 2 Häuser und das Wirthshaus auf der Treppe. — Districtsschule zu Ingwershörn. — Areal: 658 Demat. Dieser Koog wird durch die in der Nähe von Husum bei dem s. g. Halbmond belegene Schleuse entwässert.

Lehmbek, Dorf 1 M. nordöstlich von Rendsburg, früher zum Amte Rendsburg, jetzt aber seit dem 16. März 1853 zum Amte Hütten, Hüttenharde, gehörig, Ksp. Bünstorf. Es enthält 6 Vollh. und 2 Kathen. Der Besitzer einer Hufe ist ein Kirchenlanste. — Schuldistr. Borgstedt. — Schmiede. — Areal: 345 Steuert. — Der Boden ist lehmigt und sehr gut; das Moor ist meistentheils vergraben. — Nach einer Nachricht aus dem Jahre 1707 hat die Dorfschaft das Recht in der Ober-Eider zu fischen, sie bedient sich desselben aber nicht. — Der durch das Dorf fließende sogenannte Müh= lenbach entspringt im Lehmbeker Moore und fällt in die Eider.

Lehmberg, ein im Jahre 1823 von dem Gute Ludwigsburg ver= kaufter Meierhof (2½ Pfl.) in der Eckernförderharde. Der Hof liegt 1¼ M. nordöstlich von Eckernförde, Ksp. Waabs. — Besitzer: 1823 Boisselier. — Areal: 415 Ton. 7$\frac{4}{16}$ Sch. à 300 □. R., worunter Acker 300 Ton. $\frac{3}{16}$ Sch., Wiesen 75 Ton. 3$\frac{5}{16}$ Sch., Hölzung 7 Ton. 3$\frac{1}{2}$ Sch., Moor und Sandweide 32 Ton. 7$\frac{13}{16}$ Sch. Von diesen Ländereien sind aber 1824 an Ludwigsburg 14 Ton. 1$\frac{9}{16}$ Sch. und von Ludwigsburg an Lehmberg wiederum 31 Ton. 6$\frac{4}{16}$ Sch. vertauscht (433 Steuert., 69,280 Rbthlr. Steuerw.).

Lehmkathen (auch Uhlenhorst genannt), Dorf im Gute Uhlen= horst, Eckernförderh., Ksp. Dänischenhagen. — Areal: s. Uhlenhorst. — Die Einwohner sind Zeitpächter und Tagelöhner.

Lehmrick, 1 Landstelle und Wirthshaus an der Gränze zwischen Poppenbüll, Oster= und Westerhever, im Westerth. der Landschaft Eider= stedt, Ksp. Poppenbüll, Schuldistr. Neukrug.

Lehmrott, 2 in einem Gehölze belegene Kathen im Gute Nöer, Eckernförderh., Ksp. Krusendorf.

Lehmsick, einige Häuser im Amte Husum, Vogtei und Ksp. Schwab= stedt. — Ziegelei und Holzvogtswohnung am Königl. Gehege Lehmsiek. —

Im Jahre 1648 war die Koppel Lehmsick noch unbebaut und es wurde dafür eine Kornabgabe an das Stift Schwabstedt entrichtet.

Lehnshallig, 3 Häuser südlich am Gotteskoog=See, zum Interessenten=Gotteskoog gehörig, Ksp. und Schuldistr. Emmelsbüll.

Leikenhusen, 3 Landstellen im Westerth. der Landschaft Eiderstedt, Ksp. und Schuldistr. Westerhever. Ein Theil einer Landstelle in Leikenhusen gehört der Armencasse des Kirchspiels.

Lemkendorf (Wald. Erdb.: Lymäkenthorp), Dorf auf der Insel Fehmern, Westerkirchsp., Kirche Petersdorf; enthält 7 größere, 16 kleinere Landstellen und 19 Instenstellen. Eine ausgebaute Landstelle heißt Neuhof. — Schule. — Schmiede. — Areal: 424 Dr. 8 Sch. (841 Steuert.). — Der Boden ist sehr gut. — In der Mitte des Dorfes liegt der s. g. Dingstein, ein alter Versammlungsort der Einwohner. — Bz.: 423.

Lemkenhafen, Dorf auf der südwestlichen Seite der Insel Fehmern an der Ostsee, Mittelkirchsp., Kirche Landkirchen. Dieses Dorf bei dem eine Schiffsrhede ist, enthält 11 kleine Landstellen und 15 Instenstellen. — Districtsschule. — Graupenmühle. — Einige Einwohner ernähren sich von der Schifffahrt, dem Handel und der Fischerei. — Die Lage des Dorfes ist niedrig und bei hohem Wasserstande bringt oft das Wasser hoch in einige Häuser ein. — Areal: 7 Dr. 11 Sch. Ackerland und 10 Dr. 4 Sch. Weideland (13 Steuert.). — Der Boden ist ergiebig. — Lemkenhafen war im 15. Jahrhundert eine Stadt und hatte Lübsches Recht.

Lendemark, Dorf an der Sluraue 2 M. östlich von Tondern, Ksp. und Schuldistr. Bylderup; zum A. Tondern, Slurh., gehören außer dem hier befindlichen Bylderuper Pastorat, 5 Bohlstellen und 8 kleine Landstellen, und zum A. Lygumkloster, Vogtei Rapsted, 5 Achtelb. ($\frac{5}{8}$ Pfl.). Eine der Tonderschen Bohlstellen gehörte sonst zum A. Hadersleben, Vogtei Bollerslev. — Schmiede. — Der Boden ist sandigt. — Auf der Feldmark sind einige Grabhügel.

Lensnack, 2 Ziegeleien östlich von Apenrade, am Apenrader Meerbusen, in schöner Gegend am Rande des Jürgensgaarder Geheges (s. Apenrade), A. Apenrade, Riesh., Ksp. Apenrade. — Areal: 18 Steuert.

Levensau, Brückenwärter=Wohnung und Wirthshaus an der Kanalbrücke gleiches Namens, zwischen dem Kieler Meerbusen und dem Flemhuder=See; A. Hütten, Hüttenh., Ksp. Gettorf. Einige Kathen gleiches Namens gehören zum Gute Rathmannsdorf, Eckernförderh.

Levensaue (vorm. Leuoldesouwe), eine vormalige kleine Gränzaue zwischen den Herzogthümern Schleswig und Holstein, welche dadurch merkwürdig war, daß sich hier ehemals, und besonders im 15ten Jahrh., die Holsteinischen und die Schleswigschen Landstände versammelten und Landtage gehalten wurden. Die Aue entsprang beim Gute Warleberg und ergoß sich nach einem Laufe von $1\frac{1}{4}$ M. in den Kieler Meerbusen. Die Landstraße von Kiel nach dem Dänischenwohlde führte über diese Aue, welche seit 1777 zum Bett des Kanals dient. Schon im Jahre 1225 ward die Levensaue zur Gränze bestimmt.

Levshöi, eine vom Hoffelde des Meierhofes Drültt, im Gute Rundhof abgelegte Parcelenstelle, Cappelerh., Ksp. Töstrup. — Areal: 79 Hdtsch.

Lexgaard, Dorf an einer kleinen Aue 1¾ M. südöstlich von Tondern, A. Tondern, Karrh, Ksp. und Schuldistr. Karlum; enthält 4 Bohlstellen, 1 kleine Landstelle und 1 Colonistenstelle zur Colonie Louisenebene gehörig. — Vormals soll hier eine Wassermühle gelegen haben. — Der Boden ist sehr gut.

Liebleben, eine kleine Landstelle im A. Tondern, Wiedingh., Ksp. und Schuldistr. Rodenäs.

Lilholt, 2 Vollh. 1¼ M. westlich von Hadersleben, Ostertheil, Gramh., Ksp. und Schuldistr. Skrydstrup. Vormals ward Lilholt Alte Schäferei genannt. An der Ostseite dieser Hufen hat ehemals eine Capelle gestanden, welche den Namen Lindeholdt-Capelle (Pabst-Capelle) führte. Nach einigen Nachrichten soll sie auch Porskedkirche genannt worden sein. Die Stelle ist noch kenntlich und beim Graben hat man hier Fundamentsteine und Mauerkalk gefunden.

Lilholt, 1 Vollhufe und 1 Kathe im A. Hadersleben, Ostertheil, Haderslebenerh., Ksp. und Schuldistrict Halk (s. Halk). Lilholt gehörte 1580 noch zu Törning.

Lindau (Dänisch-Lindau), ein ehemals adeliches, im Jahre 1783 niedergelegtes Gut an der Schlei. Der Stammhof (Ksp. Boren) liegt 2½ M. nordöstlich von Schleswig und ward 1784 dem A. Gottorf, Schliesh., einverleibt. Einige Grundstücke, die bisher noch unter dem Landgerichte geblieben waren, wurden gleichfalls 1825 der Schliesharde incorporirt. Lindau, an dem eine kleine Aue gleiches Namens hinfließt, war ein alter, in einer überaus schönen Gegend belegener Hof, und gehörte mit Nottfeld in der ältesten Zeit der Familie Ratlov. Im Anfange des 15. Jahrh. Otto Ratlov, 1650 v. Reventlow, 1657 v. Rumohr, 1678 v. Brockdorf, 1719 kaufte es der Herzog Philipp Ernst v. Glücksburg, in dessen Familie es bis 1779 blieb, da es für 360,000 ℳ an den König kam. Lindau hatte vor der Parcelirung ein Areal von 2880 Ton. 5$\frac{1}{16}$ Sch. à 320 □. R. (34 Pfl.). Von diesen Ländereien wurden 1783 für die Eingesessenen der Dörfer Gunnebye, Ketelsbye, Akebye, Kiesbye, Boren und eine Hufe in Fahretoft 1351 Ton. 7$\frac{2}{16}$ Sch., zu geschlossenen Gehegen 106 Ton. 3$\frac{8}{16}$ Sch., zur Vertheilung an Käthner 156 Ton. 3$\frac{4}{16}$ Sch. und zu Wegen 18 Ton. 4$\frac{8}{16}$ Sch. abgelegt und die übrigbleibenden 1247 Ton. 2$\frac{11}{16}$ Sch. in 44 Parcelen getheilt. Diese Parcelen hatten damals folgendes Areal, welches sich aber im Laufe der Zeit durch Kauf und Verkauf etwas verändert hat, so wie auch die jetzigen Steuergrößen abweichend von den ursprünglichen sind. 1) Hürye 58 Ton. ($\frac{9}{10}$ Pfl.), 2 und 3) Papenfeld 37 Ton. 7$\frac{5}{8}$ Sch. ($\frac{3}{5}$ Pfl.) und 46 Ton. 1½ Sch. (¾ Pfl.), 4) Hegeholz 35 Ton. 6$\frac{7}{8}$ Sch. (½ Pfl.), 5) Alterwall 31 Ton. 6¾ Sch. ($\frac{2}{5}$ Pfl.), 6) Der Stammhof Lindau 123 Ton. ½ Sch. (2$\frac{1}{10}$ Pfl.), 7) Kamp 56 Ton. 7$\frac{3}{8}$ Sch. ($\frac{4}{5}$ Pfl.), 8) Dallacker 41 Ton. 6½ Sch. (½ Pfl.), 9) Klein-Niß 59 Ton. 7 Sch., 10 und 11) Lütjenfolk zus. 15 Ton. 6$\frac{5}{8}$ Sch., 12) Groß-Niß 24 Ton. 1½ Sch. ($\frac{9}{10}$ Pfl.), 13 und 14) Gaardwang und Bornerfeld 55 Ton. 4½ Sch. ($\frac{9}{10}$ Pfl.) und 57 Ton. 1½ Sch. (1$\frac{1}{20}$ Pfl.), 15) Holländerei 48 Ton. 4½ Sch. (1$\frac{1}{20}$ Pfl.), 16) Düttnis 34 Ton. 5$\frac{5}{8}$ Sch. (½ Pfl.), 17 und 18) Knappersfeld 20 Ton. 4$\frac{2}{3}$ Sch. ($\frac{3}{10}$ Pfl.) und 23 Ton. 4$\frac{5}{8}$ Sch. ($\frac{3}{10}$ Pfl.), 19, 20 und 21) Affegünt 34 Ton. 6$\frac{1}{8}$ Sch. (½ Pfl.),

29 Ton. 2⅞ Sch. (⅓ Pfl.) und 26 Ton. 1⅜ Sch. (⅓ Pfl.), 22 und 23) Brensdiek 34 Ton. 3 Sch. (⅖ Pfl.) und 38 Ton. 1¼ Sch. (½ Pfl.), 24—31) ohne Namen jede 3 Ton. 1 Sch. bis 3 Ton. 4½ Sch. 32) Petersfeld 28 Ton. 7⅝ Sch. (⅖ Pfl.), 33) Deckedämmung 21 Ton. ⅜ Sch. (1/10 Pfl.), 34) Deckedamm 16 Ton. 5⅛ Sch. (⅕ Pfl.), 35) Alt-Nottfeld 26 Ton. (⅖ Pfl.), 36) Nottfeld 59 Ton. 1 Sch. (1 1/10 Pfl.), 37 und 38) Bredau 37 Ton. 1 Sch. (½ Pfl.) und 31 Ton. 1½ Sch. (⅓ Pfl.), 39) Bohmhof 29 Ton. 4⅝ Sch. (1/10 Pfl.), 40) Abenkoppel 13 Ton. 6 Sch. 3/10 Pfl.), 41) Holzkoppel 23 Ton. 5⅝ Sch. (3/10 Pfl.), 42) Niefeld 29 Ton. 4⅜ Sch. (3/10 Pfl.), 43 und 44) Botzholm 4 Ton. 3⅞ Sch. und 4 Ton. (s. die einzelnen Artikel). Alle Parcelenstellen wurden für 109,324 ℛ 3 ß verkauft und die Hölzung zu 36,441 ℛ 8 ß taxirt. Der Lindauer Parcelendistrict ist zu 17 Pfl., und der Alt-Lindauer District ebenfalls zu 17 Pfl. angesetzt. Von den Parcelenpflügen gehören 9 zu Boren, 5 zu Ulsnis und 3 zu Süder-Brarup. Die 43ste und 44ste Parcele sind unbebaut. Der ganze Parcelendistrict mit Einschluß von Nottfeld enthält 1522 Steuert. — Zum Gute Lindau gehörten die Ortschaften Affegünt, Akebye, Boren, Christiansluſt, Gunnebye, Kühholz, Kiesbye und einzelnen Stellen in Ekenis, Fahretoft und Gude-rott. — Bei Lindau liegt das Lindauer-Noor welches mit der Schlei in Verbindung steht, sich in 2 Arme theilt, eine Länge von 3200 Ellen hat und durch die Halbinseln Groß- und Klein-Niß von der Schlei getrennt ist. — Vz.: 429.

Lindau (Deutsch-Lindau), adel. Gut in der Eckernförderharde. Der Haupthof liegt an einer Aue 1½ M. südöstlich von Eckernförde, Ksp. Gettorf. Lindau ist eines der ältesten Güter im Dänischen Wohlde; auch war hier vormals ein Dorf, denn im Jahre 1632 wurden an das Pastorat Zehnten gegeben für 7 wüste Hufen wegen der Dörfer Lindau und Revensstorp, und für 1 Hufe von dem Meierhofe Revenstorp. Dieses Gut ist schon im 15ten Jahrhundert im Besitze der Familie v. Ahlefeld gewesen und bei derselben geblieben. Gosche v. Ahlefeld besaß dasselbe um die Mitte des 15. Jahrh. Der jetzige Besitzer ist der Hofjägermeister H. v. Ahlefeld zu Königsförde. Das ganze Gut, welches, nachdem Behrensbrook mit 11 Pfl. davon getrennt ist, für 15 Pfl. contribuirt, hat einen Flächeninhalt von 3072 Ton. à 240 □ R. (2351 Steuert.), nämlich der Haupthof: Acker und Wiesen 1051 Ton., Hölzung 500 Ton.; der Meierhof Hennerode: Acker und Wiesen 300 Ton., Moor 12 Ton. (284 Steuert.); der Meierhof Rückföhr: Acker und Wiesen 200 Ton. (158 Steuert.); die den Untergehörigen in Zeitpacht gegebenen Ländereien betragen an Acker und Wiesen 1009 Ton. — Der Boden von Lindau ist gut und sehr ergiebig. Lindau hat 3 große Fischteiche, wovon der eine ein Mühlenteich und die beiden andern Karpfenteiche sind; außerdem sind 7 kleine Teiche da. — Das Wohnhaus hat außer den gewölbten Kellern 2 Etagen. — Zum Gute gehören das Dorf Revensdorf, mehrere Kathen und Instenstellen, eine Wasser- und eine Windmühle; vor dem Hofe ist eine für 4 Familien eingerichtete Wohnung, ferner 1 Wohnung für einen Hofbedienten und in der Hölzung Scharfenholz eine Holzvogtswohnung; 2 Kathen bei der Hölzung Towersee heißen Holzkathen. — Zahl der Einw.: 600. Contrib. 671 Rbth., Landst. 602 Rbth., Hausst. 6 Rbth.

Lindau. 319

Lindau, Norder-, Dorf an der Lindaue 2½ M. südwestlich von Flensburg, A. Flensburg, Wiesh., Ksp. Nord-Hackstedt; 3 Halbh., 1 Drittelh., 1 Sechstelh. (2¼ Pfl.). Auf der Feldmark ist eine Colonistenstelle erbaut. — Schuldistr. Oster-Lindau. — Areal: 253 Steuert. — Der Boden ist nur von mittelmäßiger Art.

Lindau, Oster-, Dorf an der Lindaue 2½ M. südwestlich von Flensburg, A. Flensburg, Wiesh., Ksp. Nord-Hackstedt; 3 Halbh., 3 Viertelh., 4 Parcelenstellen und 3 Kathen (1½ Pfl.), welche alle vormals zum Gute Lindewith gehörten. — Ein Kirchspiels-Armenhaus heißt bei Wanrad. — Schule. — Armenhaus für Oster- und Norder-Lindau. — Areal: 244 Steuert. — Der Boden ist nur von mittelmäßiger Art.

Lindeberg, 9 Parcelenstellen im Gute Fahrenstedt, 1½ M. nördlich von Schleswig, A. Gottorf, Struxdorfh., Ksp. Fahrenstedt, Schuldistr. Norder-Fahrenstedt; 2 ausgebaute Stellen heißen Neesbrücke und Dänholm. Die Ortschaft hat eine hohe Lage und nahe bei derselben ist eine Anhöhe, auf welcher nächst dem Scheersberge bei Quern der höchste Punkt in Angeln ist; man kann hier 29 Kirchen und sogar den gegen 5 M. entfernten Hattstedter Thurm sehen. — Areal: 83 Steuert. — Der Boden ist ziemlich gut.

Lindebergholz, einzelne zum Gute Fahrenstedt gehörige Parcelenstellen bei Lindeberg, A. Gottorf, Struxdorfh., Ksp. Fahrenstedt, Schuldistr. Norder-Fahrenstedt.

Lindetgaarde (Linnetgaarde) 2 Halbh. und 1 Kathe ($\frac{177}{288}$ Pfl.), 2 M. nördlich von Lygumkloster, A. Hadersleben, Westerh., Hviddingh. Ksp. und Schuldistr. Arrild. Eine der Halbhufen ist ein Wirthshaus, liegt an der Landstraße und heißt Lindetkroe. — Areal: 75 Steuert. — Der Boden ist von mittelmäßiger Art. Nördlich liegt eine Königliche Hölzung, Lindetskov (Linnetskov) genannt, s. das.

Lindetskov (Linnetskov), 1 Sechstelh. und Wohnung eines Hegereuters in der Königl. Hölzung gleiches Namens, nördlich von Lindetgaarde, A. Hadersleben, Hviddingh, Ksp. Höirup. — Areal: 33 Steuert. Die Lindetgaarder Hölzung, etwa 800 Ton. groß, gehörte vormals zu Lindetgaarde.

Lindewith (Linnetgaard), ein ehemaliges adel. Gut im Bezirke des Amtes Flensburg. Der Stammhof liegt 2½ M. südwestlich von Flensburg an der Landstraße nach Bredstedt, A. Flensburg, Wiesh., Ksp. und Schuldistr. Groß-Wiehe. Dieses niedergelegte Gut war ehemals sehr groß, stand anfänglich in der Landesmatrikel zu 36 Pfl., späterhin mit Hörbroe, Westerbek, Spandet, Ellund und Kjeracker zu 59½ Pfl. und ist in der ältesten Zeit in dem Besitze der Familie Rode gewesen; 1519 Joachim Rode, 1538 Otto Rode, darauf die Familie Rantzau; um die Mitte des 16. Jahrhunderts der berühmte Johann Rantzau; 1594 ward das Gut an den Statthalter Heinrich Rantzau für 54,480 ℳ verkauft, bei dessen Nachkommen der Breitenburgischen Linie es lange blieb. Wilhelm Adolph v. Rantzau ward 1725 zu lebenslänglicher Gefangenschaft verurtheilt und seine Güter wurden eingezogen; doch erhielt seine Schwester die Gräfin von Castell-Rüdenhausen Lindewith; 1778 v. Blücher, der es 1794 dem Könige für 183,000 ℳ verkaufte; 2 Jahre später ward es parcelirt und den verschiedenen Aemtern worin es lag, einverleibt. Zum Gute gehörten ehemals Goldelund,

Oster-Lindau, Söllingwraae, Spandet, Spölbek, Westerbek und Theile von Wester-Bau, Bredevad, Dollerup, Ellgaard, Ellund, Fauderup, Goldelund, Haistrup, Hattstedt und Hattstedtermarsch, Hörbroe, Hvidding, Kjäracker, Kraulund, Maasbüll, Mellerup, Norstedt, Osterau, Osterbye, Sprakebüll, Steerup und Steerupgaard, Terkelsbüll, Timmersiek, Tingleb, Wolderup nebst mehreren Stellen im Ksp. Großen-Wiehe. Die Untergehörigen (vorm. auch Rantzau-Diener genannt) waren unter verschiedene Vogteien vertheilt, nämlich: Lindewith, Bredevad, Spandet, Hörbroe und Meilbye. Die 3 letztgenannten Vogteien wurden dem A. Hadersleben zugelegt, einige Stellen dem A. Lygumkloster; zum A. Tondern kam die Vogtei Bredevad; zum A. Husum Hattstedt; zum A. Bredstedt Goldelund; Osterau und Norstedt und die übrigen Stellen zu A. Flensburg. — Zu Lindewith gehören noch außer dem Hofe und der Wassermühle, die an der Lindaue, liegt, und einem Wirthshause Zollhaus genannt, Lüngerau, Wiehekrug, Klein-Wiehe (z. Thl.), Orlund (z. Thl.) und Sillerup (z. Thl.) — Der Stammhof, welcher nur für $2\frac{1}{3}$ Pfl. contribuirt, hat ein Areal von 398 Ton. $6\frac{11}{16}$ Sch. à 320 □. R., worunter an Acker 123 Ton. $1\frac{6}{16}$ Sch., an Wiesen 76 Ton. $4\frac{11}{16}$ Sch., Hölzung 16 Ton. $3\frac{9}{16}$ Sch., Moor 9 Ton. $6\frac{7}{16}$ Sch. und Weide u. s. w. 123 Ton. $1\frac{10}{16}$ Sch. (zus. 224 Steuert., 21,960 Rbthlr. Steuerw.). — Im Laufe der Zeit ist aber vieles Land urbar gemacht. — Der Boden ist zwar sandigt, aber ein sicherer Rockenboden. — Das von Brandmauern 1599 erbaute Wohngebäude ward vor mehreren Jahren abgebrochen; das jetzige Wohnhaus war ehemals für einen Holzaufseher bestimmt.

Lindhövd, Dorf $\frac{1}{4}$ M. südöstlich von Eckernförde an der Ostsee, im Gute Nöer, Ksp. Gettorf, 8 Hufen, 2 Kathen, 4 Instenst. und 6 Wohnungen für Handwerker. Nordöstlich vom Dorfe liegt die Lindhövder Mühle, bisher die Mühle des Gutes Nöer. — Schule. — Areal: 669 Ton. 53 R. à 240 □. R. — Der Boden ist sehr gut.

Lindhof, ein im Jahre 1851 neu angelegter Meierhof im Gute Nöer, Ksp. Krusendorf. Das Wohngebäude war eine ehemal. Schullehrerwohnung und die übrigen Wirthschaftsgebäude sind neu aufgeführt. Zum Hofe gehören 272 Ton. Land à 240 □. R., nämlich 164 Ton., welche vormals zu der Lindhövder Mühle als Pachtstück gehörten, und von einer Dorfskamp genannten Hofkoppel 108 Ton. Der Mühle sind wiederum 57 Ton. Land von den Hofländereien zugelegt. — Der Boden ist sehr gut.

Lindholm, Kirchdorf $2\frac{1}{2}$ M. südlich von Tondern, A. Tondern, Bökingh., Pr. Tondern. — Dieses ansehnliche Dorf, welches in Nord- und Süd-Lindholm eingetheilt wird, hat vielleicht vor der Eindeichung der ganzen Gegend auf einer mit Lindenholz bewachsenen Insel gelegen, wodurch der Name entstanden sein mag. Ein Theil des Dorfes, der nördlichste von Süd-Lindholm, heißt noch der Holm und die hohe sandigte Gegend zwischen dem Dorfe und der Kirche, auf der die Windmühle steht, wird Holmer-Sand genannt. Das Meer hat hier nach und nach vieles verändert und sowohl die ersten Anbauer als auch die älteste Kirche sind ein Raub der Wellen geworden, denn noch oft findet man auf den höhern Stellen Grundlagen von Häusern und besonders am westlich belegenen Kornkooge Spuren von Wäldern, die bei einem Sturme aus Nordwesten umgestürzt sind. — Die Häuser, deren Anzahl 190 beträgt ($21\frac{44}{44}$ Pfl.), sind größtentheils

Lindkjärhuus.

an und auf einem alten Deiche gebaut. Ausgebaut sind 5 Häuser an der Ostseite des Dorfes an einem nach der Geest führenden Wege, nämlich: Broweg 3 Häuser, worunter 1 Wirthshaus, Nonsenburg 1 Haus, und Brückenhaus dicht am Dorfe, ein Wirthshaus wo Brückengeld bezahlt wird; 2 Häuser, die an einem durch den Kornkoog von Lindholm nach Niebüll führenden Wege liegen, heißen Legerade. Zum Dorfe gehören 1 Königl. Korn-Windmühle, 6 Ziegeleien, 4 Wirthshäuser, 1 Armenhaus, 2 Schmiede. 2 Districtsschulen, eine in Nord- und die andere in Süd-Lindholm. — Vz. des Ksp.: 1220. — Die Kirche liegt westlich vom Dorfe und ist ziemlich groß und geräumig; sie hat keinen Thurm, ist nicht gewölbt und hat auch keine Orgel. Die alte Glocke, die vormals der Kirche zu Stintebüll gehörig gewesen und 1475 gegossen ward, ist 1835 umgegossen. Lindholm soll der Sage nach die älteste Kirche in dieser Gegend sein und nach der Weissagung der bekannten Friesischen Sibylle Hertje wird diese Kirche noch bestehen, wenn Deetzbüll und Risum durch eine Fluth vergangen sind. — Der Prediger wird von dem Amtmanne und dem Probsten präsentirt und von der Gemeinde erwählt. — Eingepfarrt: Broweg, Brückenhaus, Freiberg, Gasthafen, Klixbülldeich, Groß- und Klein-Klockries, Kremperhuus, Legerade, Nord- und Süd-Lindholm, Nonsenburg, Wegacker. — Das Kirchspiel wird in Verbindung mit dem Kirchspiele Risum Oster-Moor und in Verbindung mit diesem und dem Ksple. Deetzbüll und Niebüll im Allgemeinen Moor oder Risummoor genannt. — Areal des Ksp. Lindholm: 2258 Steuert. — Oestlich vom Dorfe an der Leckau sind ehemals Befestigungen gewesen und einzelne Fennen heißen noch die Schanze; sie sollen 1627 und 1628 aufgeworfen sein und die Kaiserlichen Truppen von dieser Gegend abgehalten haben.

Lindkjärhuus (Lindkjär), eine Landstelle bei Stemmilt im A. Tondern, Slurh., Ksp. Burkarl.

Linnet, Oester-, Kirchdorf, 3 M. nordwestlich von Hadersleben, A. Hadersleben, Westerth., Fräsh., Pr. Törninglehn. Zum A. Hadersleben gehören 2 Vollh., 3 Fünfachtelh., 2 Halbh., 2 Dreiachtelh., 2 Viertelh., 3 Achtelh., 16 Kathen und Instenst.; eine Vollh. (ehemal. Edelhof) im Dorfe heißt Linnet-Hovgaard (Oester-Linnetgaard) und hatte schon zur Zeit der Königin Margaretha bedeutende Privilegien, ein Hof Linnet-Nyegaard und ein anderer Fuglsiggaard nach einem Bache der Fuglsig heißt. Zum Gute Gram gehören 4 Hufen und 3 Hufenparcelenstellen, worunter Norgaard. — Districtsschule. — 2 Wirthshäuser, von denen das eine zum Gute Gram gehört, Schmiede und einige Handwerker. — Die Kirche, von behauenen Feldsteinen ist mit Blei gedeckt und mit einer kleinen Spitze versehen; sie wird gut unterhalten. Vormals soll Linnet ein Annex von Nustrup gewesen sein. Der König ernennt den Prediger. — Eingepfarrt: Alsborg, Fuglsiggaard, Helled, Linnet-Hovgaard, Lauenborg, Norgaard, Linnet-Nyegaard, Moyböl, Oester-Linnet, Petersborg, Royböl, Stenderup, Susviert, Terp, Tved. — Areal zum A. Hadersleben: 843 Steuert., zum Gute Gram: 106 Steuert. — Der Boden ist ziemlich gut; die Wiesen liegen an der Gramaue. — In der Nähe des Dorfes sind mehrere Grabhügel; einer derselben heißt Holundskirche. — Im Jahre 1695 brannte ein bedeutender Theil des Dorfes durch feindliche Kriegsvölker ab. — Vz. des Ksp.: 819.

Linnet, Vester- (Wester-Linnet), Dorf 3½ M. nordwestlich von Hadersleben im Gute Gram, A. Hadersleben, Fräsh., Ksp. Gram;

enthält 14 Hufen, 10 Hufenparcelenst., 19 Kathen und 6 Instenst. Von diesen sind 9 Stellen ausgebaut, welche Vester-Linnetbirk genannt werden. — Districtsschule. — Wirthshaus, Schmiede und mehrere Handwerker. — Areal: 455 Steuert. — Der Boden ist nur von mittelmäßiger Art. — Nordwestlich vom Dorfe liegt ein Stück Land, welches Holt genannt wird, wo der Sage nach eine Kirche gestanden haben soll. Der Platz des Kirchhofes wird noch von den Einwohnern gezeigt.

Lintrup, Kirchdorf an einem Bache, der sich in die Königsaue ergießt, 2¼ M. nordöstlich von Ripen, Pr. Törninglehn. Zum A. Hadersleben, Westerh., Kalslundh., gehören außer der Predigerwohnung 6 Vollh., 1 Dreivierteth., 6 Halbh., 1 Vierteth., 20 Kathen und 2 Instenst; zum A. Ripen 1 Halbh. — Districtsschule. — Wirthshaus, Schmiede und einige Handwerker. — Die Kirche brannte 1690 ab; sie hat einen 100 Fuß hohen Thurm und ist sehr geräumig und hell. Auf dem Altarblatte ist eine Abbildung des Abendmahls Christi. — Unter den ältesten Predigern wird Johannes von Lintrup aus dem Jahre 1375 genannt. — Der König ernennt den Prediger, der zugleich für die Filialkirche in Hjerting angesetzt ist. — Eingefarrt: Aarlund, Dover, Foldingbroe, Juglebäk, Kastbjerg, Kastbjergled, Katkjär, Lintrup, Meilbye, Nissumgaard, Norder-Olling, Skjärbäk, Skidenkroe, Skovgaard, Skovlund, Thornum, Thornumgaard, Villemad, Vimtrup. — Der Boden ist grandigt und ziemlich gut; die Wiesen liegen an der Königsaue. — Bz. des Ksp. zum A. Hadersleben: 969.

Lipping, eine Parcelenstelle im Gute Ohrfeld unweit Riesgrau, Cappelerh., Ksp. Esgrus, Schuldistr. Koppelheck. — Etwas Land gehört dem Pastorate in Sterup und der Besitzer entrichtet dafür eine Abgabe. — Areal: 36 Steuert.

Lippingaue (Oestergaarderaue), eine Aue die ihren Anfang aus dem Söruper-See bei Sörup in Angeln nimmt; sie fließt nordöstlich hin und den Dörfern Skovbye, Sterup, Riesgrau vorbei und ergießt sich östlich von Oestergaard in die Geltinger-Bucht.

Lith, ein vergangenes Kirchdorf in der Lundenbergharde (1593 Edomsh.) ½ M. nordwestlich von Simonsberg. — Die Kirche ward nach der Wasserfluth 1634 im Jahre 1638 abgebrochen, die Glocke kam nach Ulderup auf Sundewith, die Kanzel nach Friedrichstadt. — Das ganze Kirchspiel war kurz vor der Fluth 1287 Dem. 85 R. groß. — In der Fluth ertranken 171 Personen und 41 Häuser wurden zerstört; nur 9 Hauswirthe und 7 Käthner blieben übrig. — Bei dem Dorfe Lith war ein sicherer Hafen. — Im Jahre 1628 ward bei der südlich vom Dorfe belegenen Fähre eine starke Schanze, die Lither-Schanze, angelegt, welche in dem folgenden Jahre von den Dänen eingenommen ward.

Litlenes, ein im Jahre 1245 erwähntes Dorf auf der Insel Alsen.

Loeckbüll, eine vergangene Capelle in der Osterharde im alten Nordfriesland, nördlich nahe an der jetzigen Insel Föhr. Die Zeit des Unterganges ist ungewiß. Im Jahre 1760 sah man bei einer großen Ebbe noch die Grundsteine dieser Capelle.

Lögum (Lägum), eine vergangene Capelle in der ehemaligen Nordwesterharde auf der Insel Sylt, etwa 1 M. südlich von der Insel Jordsand. Die Zeit des Unterganges ist unbekannt.

Lönholm, 1 Drittelh. und 1 Viertelh. (⅔ Pfl.) an der Landstraße von Apenrade nach Lygumkloster, östlich von Heldevad, A. Apenrade, Süderrangstruph., Ksp. und Schuldistr. Heldevad. — Areal: 55 Steuert. — Der Boden ist sandigt.

Löstrup, Dorf an einer kleinen Aue, 2¼ M. südöstlich von Flensburg, A. Flensburg, Nieh., Ksp. Sörup. Zum A. Flensburg gehören 3 Vollh., 1 Dreiachtelh. und 2 Halbh. (4¼ Pfl.); zum Gute Schwensbye eine Norgaard genannte Halbh.; zum Gute Freienwillen (Husbyeh.) gehören 10 Steuert. Landes worauf keine Wohnstelle steht. — Schuldistr. Sörup. — Areal zum Amte: 521 Steuert.; zum Gute Schwensbye 35 Steuert. Zum Dorfe gehört eine gut erhaltene Hölzung.

Löwenstedt (vorm. Lyungsted), Dorf an der Ostenaue, 1¾ M. östlich von Bredstedt im A. Bredstedt, Ksp. Viöl; 5 Vollh., 2 Dreiviertelh., 3 Halbh., 3 Drittelh., 3 Viertelh., 2 Achtelh. und 15 Instensf.; 2 Vollh. gehörten zum vormaligen Gute Uphusum und 1 Vollh. (1 Pfl.) zum Domcapitel. — Auf der Löwenstedter Feldmark sind einige Colonistenstellen, von denen 2 Süderland heißen; sie gehören sämmtlich zur Colonie Christianshöi (Ksp. Joldelund). — Districtsschule. — Wirthshaus, Schmiede und einige Handwerker. — Eine Dorfbeliebung ward 1675 errichtet und noch 1757 erneuert. — Nach einer Urkunde des Grafen Heinrich (1354) gehörten einige Lansten dieses Dorfes zur Heil. Dreifaltigkeitskirche in Schleswig. — Areal: 582 Ton. (353 Steuert.). — Der Boden ist nur von mittelmäßiger Art, wird aber gut cultivirt. Auf der Feldmark liegt ein Grabhügel, Braarhöi genannt, worin mehrere bronzene Waffen gefunden sind.

Loftelund (Luftlund), 1 privilegirte Vollh., (1 Pfl.) und 1 Colonistenst. nördlich von Großen-Wiehe, A. Flensburg, Wiesh., Ksp. und Schuldistr. Großen-Wiehe. — Areal der Vollh.: 358 Ton. à 320 □.R., darunter an Acker 48 Ton., Wiesen 50 Ton., Haide 260 Ton., von welcher aber schon bedeutend urbar gemacht ist (91 Steuert.). Die Colonistenst. hat 14½ Ton. Acker- und Haideland.

Lohe (vorm. vp der Loe), Dorf 1 M. nordwestlich von Rendsburg, A. Hütten, Hohnerh., Ksp. Hohn; 5 Halbh., 1 Viertelh., 4 Achtelh. und 4 Kathen (3¾ Pfl.). 2 Achtelh. heißen Ahrenhorst und 1 Halbh. an der Sorge Sorgbrück, welche zugleich ein Wirthshaus ist. — Areal: 486 Steuert. — Die Ländereien des Dorfes liegen hoch und bestehen aus schlechtem Sandboden; nördlich vom Dorfe und bis an die Sorge hin liegen eine große Anzahl Sandhügel, welche etwa 160 Ton. à 320 □.R. einnehmen; an diesen Sandbergen liegen Ueberbleibsel einiger Schanzen, wahrscheinlich aus dem Kriege von 1712. — Hier ist vielleicht, wie Heinrich Rantzau 1595 erwähnt, die Lohaide zu suchen, wo in der ältesten Zeit so viele Schlachten vorgefallen sind; bei einer damals abgebrochenen Capelle unweit Rendsburg wurden eine große Menge Schädel und Knochen der Gefallenen gefunden, die nach Rendsburg gebracht und dort wieder beerdigt wurden. Bei Sorgbrück ist ein wichtiger Brückenpaß an der Chaussee, welcher im letzten Kriege verschanzt ward.

Loit (Loyt, Stefferloit, vorm. Lauthe), Kirchdorf an der Loiteraue, 2 M. nordöstlich von Schleswig, an der Landstraße nach Cappeln, Pr. Gottorf. Zum A. Gottorf, Schliesh., gehören 2 Vollh. und 2 Kathen; zum A. Gottorf, Füsingh., 3 Zweidrittelh., 1 Halbh., 2 Viertelh., 1 Vierneuntelh., 1 Zweineuntelh. und 3 Kathen. Von diesen gehörten 3 Zweidrittelh., die beiden Neuntelh. und die Kathen zum ehemal. Schleswigschen Domcapitel. — Districtsschule. — Armenhaus, Wirthshaus, Schmiede. — Die Kirche, ein Filial von Süder=Brarup, liegt auf einer Anhöhe und ist wahrscheinlich nur eine Capelle gewesen. Sie ist ein altes Gebäude, von Feldsteinen, nur klein und ohne Thurm. An der Seite derselben befindet sich ein Glockenhaus mit einer Thurmspitze. Das Chor der Kirche ward vor einigen Jahren neu erbaut. — Bevor Loit 1670 mit Süder=Brarup verbunden ward, findet es sich bald mit Taarstedt, bald mit Ulsnis in Verbindung. — Im Jahre 1578 wohnte der Prediger in Loit. — Eingepfarrt: Helenenruhe, Loit, Loithof, Magdalenenruhe. — Das Dorf liegt in der besten Gegend von Angeln in einer anmuthigen Lage. — Der Boden ist größtentheils von vorzüglicher Güte; die Fischerei in der Aue wird von dem Königl. Amte verpachtet. Der Bischof Nicolaus kaufte 1451 ein Gut von Geert Walstorp und Bunde Bolzendahl, und anderes Domcapitelsgut mit einer Mühlenstelle ward späterhin von Henneke Karsten angekauft. — Südlich vom Dorfe beim Trenterholz findet man noch Ueberreste von Gebäuden, welche zu einem Hofe gehört haben sollen. — Bz. des Ksp.: 243.

Loiteraue (Füsingeraue, Orbek). Diese Aue entspringt in der Nähe des Gutes Röest, fließt südwestlich nach Rabenkirchen, nimmt bei Winkelholm den Abfluß des Lang=Sees auf, läuft südlich nahe dem Dorfe Loit, dem Dorfe Scholderup und der Kirche Kahlebye vorbei und ergießt sich bei Winningen nach einem Laufe von $3\frac{1}{4}$ M. in die Schlei. Am Ausflusse dieser Aue ist eine Fähre, welche die Dreilingsfähre genannt wird. — Die Loiteraue bildet die Gränze zwischen der Struxdorf= und Schlies= und Füsingharde und treibt die Mühlen in Nurup, Wedelspang und Scholderup.

Loithof, ein ehemal. Kanzleigut im A. Gottorf, Schlies= und Füsingh., südlich vom Kirchdorf Loit, 2 M. nordöstlich von Schleswig, Ksp. und Schuldistr. Loit. Zum Hofe gehören 5 Kathen und 2 Parcelenst. ($2\frac{1}{3}$ Pfl.), welche letzte Helenenruhe und Magdalenenruhe heißen. In früherer Zeit soll dieser Hof (ein freies Festegut) von den Stiftsvögten bewohnt worden sein. — Frühere Besitzer: 1543 v. Ratlov, 1674 Wardenberg, 1692 v. Wohnsfleth, 1698 v. d. Wisch. — Areal: 179 Steuert. — Der Boden ist vorzüglich gut. — Einige auf der Feldmark vormals belegene Kathen hießen Badekathen.

Loit=Kirkebye, Kirchdorf des Kirchspiels Loit (Lichtnesse, Lucht), $\frac{3}{4}$ M. nordöstlich von Apenrade, A. Apenrade, Niesh., Pr. Apenrade. Dieses bedeutende Dorf, welches über $\frac{1}{4}$ M. lang ist, besteht außer 2 Predigerwohnungen und dem Küsterhause aus 2 Vollh., 10 Dreiviertelh., 10 Halbh., 13 Drittelh., 1 Viertelh., 2 Sechstelh., 26 Kathen und 116 Instenstellen ($20\frac{22}{248}$ Pfl.). Einzelne zum Dorfe gehörende Hufen und Stellen führen folgende Namen: Bjerg, Branderuphuus, Broesgaard, Dyrkjär, Dyvigshöi (Dybviighoved), Elbjerg, Fasbroe, Frydendal, Hellodt, Höigade, Hönborg, Höiroygaard, Hundhöi, Kallehave (Groß= und Klein=), Lammetsbjerg, Nortoft, Rundemölle, Sillehol, Skadesbjerg, Smedebjerg, Sönderskov, Toft, Trindaffel, Vesterballig, Busttoft. Das Pastoratgebäude, 6 Hufen und einige Instenstellen werden Kloster genannt und der

Loitmark.

Stammhof einer ausgebauten Hufe (Armenhaus) heißt Herregaarden. — Districtsschule. — Wirthshaus, Schmiede, Bäckerei und mehrere Handwerker. — Die Haupterwerbzweige der Einwohner sind Seefahrt, mit der sich Viele beschäftigen; auch werden hier sehr gutes Leinewand und wollene Zeuge verfertigt. — Spar= und Leihcasse seit 1822. — Die in Form eines Kreuzes erbaute Kirche ist von ansehnlicher Größe, hat einen 128 Fuß hohen Thurm, welcher den Schiffern in der See zum Merkzeichen dient und eine Orgel. Sie ist gewölbt und im vorigen Jahrhundert oft vergrößert und verbessert worden. Bemerkenswerth ist der Altar von Bildhauerarbeit aus dem Jahre 1520. An der Kirche steht ein Hauptprediger und ein Diaconus, welche von dem Amtmanne und dem Probsten präsentirt und von der Gemeinde gewählt werden. — Eingepfarrt: Aabek (z. Thl.), Barsmark, Barsöe, Bjerg, Blasholm, Blorsholm, Bodum, Bodumkroe, Bossensgaard, Branderuphuus, Braunsgaard, Bröde, Broesgaard, Dalholt, Dalholt=Mölle, Drengesgaard, Düborg, Dyrhave, Dyrkjär, Dyvigshöi, Elbjerg, Elsesträer, Elsholm, Enemark, Fasbroe, Fladsteen, Fogedgaard, Frydendal, Fuglsang, Hahöi, Hellodt, Herregaarden, Höi, Höigade, Höiroygaard, Hökebjerg, Hönborg, Holm, Holvei, Hundhöi, Jacobsgaard, Jürgensgaard, Kallehave, Kallöe, Kjersgaard, Kirkebye, Kloster, Knudsgaard, Kopperholt, Kragesgaard, Lammetsbjerg, Loddenbusch, Möllegaard, Moosgaard, Norbye, Norbyekroe, Nortoft, Nyegaard, Oestergaard, Ottesgaard, Overgaard, Paulsgaard, Pevskroe, Rönskroe, Rundemölle, Sillehol, Skadesgaard, Skovbye, Smedebjerg, Loit=Sönderskov, Skovbye=Sönderskov, Spramshuse, Steentoft (z. Thl.), Störtum, Stollig, Stolliggaard, Straagaard, Suurshave, Tarsthöi, Thielsgaard, Toft, Trindaffel, Versgaard, Vesterballig, Vusttoft. — Südlich von Kirkebye am Apenrader Wege hat vormals ein Dorf Sönderbye (Loit-Sönderbye) gelegen. — Areal: 1794 Steuert. — Das Dorf liegt zum Theil in einer magern sandigten Gegend; östlich sind Berge und Thäler, die an einigen Stellen eine ziemliche Höhe und Tiefe haben und mit kleinen Hölzungen untermischt sind; 2 Hölzungen heißen Nörre= und Sönderskov; westlich von Loit liegt ein kleiner See Hvid=See. — Als im Jahre 1712 die Schweden im Dorfe Loit einquartirt waren, wurde der Sage nach das Kirchenarchiv beraubt, welches nach Hamburg gekommen sein soll. — Vz. des Dorfs: 1462; des Ksp.: 2674.

Loitmark und **Espenis**, 2 adel. Güter in der Eckernförderh. Sie liegen in einer ziemlich langen Ausdehnung unmittelbar an der Schlei, dem Flecken Cappeln gegenüber, Ksp. Schwansen. Das letztgenannte Gut wird zum Theil hier mit beschrieben, weil dasselbe 1720 dergestalt mit Loitmark vereinigt ist, daß sich jetzt nicht nachweisen läßt, wie viel von demselben zu dem einen oder dem andern Gute gehört hat. Espenis wird aber dieser Confundirung ungeachtet immer noch als ein für sich bestehendes adeliches Gut in jeder Beziehung angesehen (s. Espenis). — Loitmark, welches 1463 ein Dorf gleiches Namens war, worin nur 3 Leute wohnten, und durch die Niederlegung des aus 12 Hufen bestehenden Dorfes Ellenberg späterhin vergrößert ward, hat eine anmuthige Lage. Es ist in der Landesmatrikel mit 5 Pfl. aufgeführt, muß aber zu allen extraordinairen Abgaben seit 1810 für $10\frac{1}{2}$ Pfl. contribuiren. Espenis contribuirt für 1 Pfl. — Besitzer: Moritz v. Ahlefeld, der Loitmark an den Herzog Friedrich verkaufte, 1655 v. Roepstorf, 1691 v. Ahlefeld (21,900 ℳ), 1719 v. Dewitz (126,000 ℳ), späterhin v. Warnstedt, 1840 der Herzog Carl v. Glücksburg. — Der Flächen=

Inhalt der beiden Güter beträgt 1254 Ton. 185 □. R. à 240 □. R., davon enthalten die Höfe 786 Ton. 123 □. R. die Hufen, Kathen und sonstigen Stellen 439 Ton. 80 □. R. und die vererbpachteten Stellen 28 Ton. 222 □. R. — Das Ackerland beträgt 950 Ton. 68 R., Wiesen 156 Ton. 171 R., Hölzung 130 Ton. 74 R. und die Befriedigungen 17 Ton. 112 R. (zusammen 991 Steuert.). — Der Boden gehört im Ganzen zu der schweren Art. — Das Wohnhaus ist vor einigen Jahren abgebrochen und es wird ein anderes im großartigen Style an der Schlei erbaut. — Zu dem Gute gehört ein Theil des Dorfes Kopperbye und des Dorfes Ellenberg. Eine Windmühle liegt in der Nähe des Hofes Loitmark. — Schule für die beiden Güter ebenfalls in der Nähe des Hofes. — Eine Fährstelle an der Schlei gehört dem Besitzer des Guts und ist für 750 ℳ jährlich verpachtet. Das Gut hat die Fischerei in der Schlei und mehrere Heeringszäune, wofür seit lange eine jährliche Pacht von 600 ℳ eingegangen ist. — Zahl der Einwohner: 308. — Contribution mit Espenis: 268 Rbthlr. 48 b/ß, Landst. 326 Rbthlr. 32 b/ß, Hausst. 19 Rbthlr. 60 b/ß.

Loitstraße, 6 Kathen, von denen vormals 5 zum Gute Töstorf gehörten, A. Gottorf, Schliesh., Ksp. Süder-Brarup, Schuldistrict Groß-Brebel. — Wirthshaus. — Areal: 54 Steuert. — Der Boden ist größtentheils sehr gut.

Loithwith (vorm. Loyttved), Dorf an der Smedebek, ¾ M. nordöstlich von Lygumkloster, A. und Birk Lygumkloster, Ksp. Norder-Lygum; 1 Vollh., 9 Halbh., 2 Kathen und 1 Instenstelle (5½ Pfl.). — Districtsschule. — Areal: 478 Steuert. — Das Ackerland ist vorzüglich gut. — Ein Theil dieses Dorfes gehörte schon 1283 dem Lygumer-Kloster, die übrigen Stellen kamen 1303, 1320, 1344, 1348 zum Theil von Adligen und 1512 vom Könige Hans hinzu.

Londt (Löndt), Dorf ¾ M. südöstlich von Hadersleben, A. Haderseleben, Osterth., Hadersleberh., Ksp. und Schuldistr. Starup; 4 Halbh., 2 Achtelh., 2 Landbohlen und 3 Instenst. — Der Boden ist fruchtbar.

Loopstedt, Dorf ¼ M. südlich von Schleswig, am Haddebyer-Noor, A. Gottorf, Kropph., Ksp. Haddebye, dem St. Johanniskloster in Schleswig zuständig; 3 Zweidrittelh., 2 Halbh., 3 Kathen und 1 Instenstelle. Eine Halbh. südlich vom Dorfe heißt Lund, die Schmiede nördlich am Kirchberge belegen wird Kirchberg genannt. — Schuldistr. Fahrdorf. — Der Sage nach soll auf dem Kirchberge östlich vom Damm, der über das Selker Noor' führt, bei Loopstedt die erste Haddebyer Kirche gelegen haben; im Jahre 1710 wurde in einem Moore ein Stück einer zerbrochenen Glocke 30 ℔ schwer gefunden, vielleicht die erste Glocke der Haddebyer Kirche, welche von den Heiden zerschlagen und versenkt ward. Die Feldmark des Dorfes liegt hoch, ist aber von ziemlicher Güte. Südöstlich vom Dorfe auf einigen Koppeln fast in einem Kreise liegen 7 Grabhügel, von denen einige mit Steinen umgeben waren; 3 dieser Hügel heißen Trehöi und einer wird Steenknopp genannt. In dem einen Hügel sind ganz unten steinerne und oben bronzene Waffen gefunden worden.

Loose (Lohse), Dorf im Gute Sardorf, ¾ M. nordöstlich von Eckernförde, Eckernförderh., Ksp. Riesebye; 6 Hufen, 5 Erbpachtstellen, 7 Kathen und Instenstellen. — Schule. — Im vorigen Jahrhundert wurden hier 3 Hufen niedergelegt. — Areal: 531 Steuert. — Der Boden ist im Allgemeinen sehr gut.

Lottorf, Dorf ¾ M. südlich von Schleswig, A. Gottorf, Kropph., dem St. Johanniskloster in Schleswig gehörig, Ksp. Haddebye; 6 Halbh., 2 Kathen und 2 Instenstellen. Eine der letzten ist ein Wirthshaus und heißt Hahnenkrug. — Nebenschule. — Der Boden ist von ziemlicher Güte; die Torfmoore sind sehr ergiebig. Einige auf der Feldmark vormals gewesene Grabhügel sind größtentheils abgetragen.

Louisenberg, ein vom Gute Hemmelmark verkaufter Meierhof, am Eckernförder Meerbusen; der Hof liegt ¼ M. nordöstlich von Eckernförde, Eckernförderh., Ksp. Borbye. Dieser Hof contribuirt zufolge einer Privatvereinbarung an Hemmelmark für 2 Pfl. — Areal: 306 Ton. à 240 □. R., worunter an Acker 270 Ton., Wiesen 30 Ton., Hölzung 3 Ton. und Moor 3 Ton. (228 Steuert., 36,480 Rbthlr. Steuerw.). Eine zum Hofe gehörige Kathe heißt Schloßkathe und enthält 4 Wohnungen. — Schuldistr. Barkelsbye. — Das Wohnhaus ist einstöckigt, von Bindwerk erbaut, und mit Ziegeln gedeckt. — Der Boden ist von sehr guter Beschaffenheit und für alle Kornarten geeignet; der Hof hat die freie Fischerei im Eckernförder Meerbusen. — Besitzer: 1817 v. d. Wettering (39,000 ℳ); darauf dessen Erben.

Louisenlund (vorm. Tegelhave, Ziegelhof), adel. Gut an der s. g. Großen-Breite der Schlei, 1¼ M. östlich von Schleswig, in der Eckernförderh., Ksp. Kosel. Die Ländereien dieses Gutes gehörten vormals zum Holmslehn im Fleckebyer District und zu den Königl. Domainen. Auf dem Platze, wo der Hof erbaut ward, lag vor Alters eine zum Ksp. Haddebye gehörige Ziegelei, welche 1647 von dem Herzoge Christian Albrecht dem Marschall v. Güntheroth auf Lebenszeit geschenkt ward. Im Jahre 1770 wurde dieser Hof von dem Könige Christian VII. an dessen Schwester, die Landgräfin Louise von Hessen-Cassel, geschenkt, darauf unter die Zahl der adel. Güter aufgenommen und er erhielt nach der Besitzerin den Namen. Aeltere Besitzer waren: Bertram Seestede 1543; Carl Guttheter 1630; die jetzige Besitzerin ist die Herzogin Louise von Glücksburg. — Das Gut liegt in einer sehr anmuthigen Gegend und das Wohnhaus ist im Laufe der Zeit mit großem Aufwande verschönert worden, besonders zeichnen sich der Garten mit dem Orangeriegebäude und die schönen Anlagen im Holze aus, welche oft von Fremden und den Einwohnern der naheliegenden Städte besucht werden. Zum Gute gehören der Meierhof Carlshof, das Kathendorf Ahrensberg, 1 Viertelb. Wolfskrug, welches zugleich ein Wirthshaus ist und 1 Achtelb. Kronsrott. — Es contribuirt für 4 Pfl. und der Flächeninhalt beträgt 712 Ton. à 240 □. R. (512 Steuert.). Zum Haupthofe gehören 560 Ton., worunter an Acker 400 Ton., an Wiesen 44 Ton. und an Hölzung 116 Ton. — Der Boden ist im Ganzen ziemlich gut und nur die Anhöhen sind von leichter sandigter Beschaffenheit. Ein kleiner See und die s. g. Hüttener Teichswiese liegen in der Nähe von Fleckebye. Das Gut hat die Fischerei in einer Bucht der Schlei (Wiek), welche verpachtet ist. — Zahl der Einwohner: 193. — In der Nähe des Hofes sind 2 bei Welspang gefundene Runensteine aufgerichtet, von denen der eine nach der Erklärung des Antiquaren Arndt folgende Inschrift hat: „Thorolf, Hausgenosse des Svend, errichtete diesen Stein zum Andenken seines Mitstreiters Erich, welcher blieb, als die Tapfern Heidebu (Haddebye) belagerten; denn er war treuer als Sygurd;" und der zweite folgende: „Asfride bereitete ihrem Sohne Sigtrygg diesen Grabhügel und diesen Stein." —

Der erste Stein soll aus dem 9. oder 10. Jahrhundert, der andere aber aus späterer Zeit sein. — Contrib. 134 Rbt. 38 b/ß, Landst. 150 Rbt. 90 b/ß.

Louisen-Neussenkoog, ein octroyirter Koog im A. Bredstedt, ¾ M. nordwestlich von Bredstedt, Ksp. Ockholm. Dieser Koog ward 1788 durch den Fürsten Heinrich XLIII. eingedeicht, gehört zu dem Desmercieres'schen Fideicommisse und enthält ein Areal von 748 Dem. In diesem Kooge sind 3 Höfe und 3 Hauptparticipanten, welche einen Inspector haben. Einige Ländereien, die übrigens nicht von der besten Art sind, da das Land zu früh eingedeicht ward, sind in Parcelen getheilt.

Ludwigsburg (vorm. Kohöpede), adel. Gut an der Ostsee, in der Eckernfördert. Der Haupthof liegt 1 M. nordöstlich von Eckernförde, Ksp. Waabs. — Ludwigsburg war vor Zeiten ein bischöfliches Lehn, ist späterhin eines der größten Güter im Herzogthum gewesen und erst in den letzten Jahren sind fast alle Meierhöfe davon getrennt, die Gränzen derselben arrondirt und an verschiedene Besitzer verkauft worden. Es ist eines der ältesten Güter und hat, so weit ihre Namen bekannt geblieben, folgende Besitzer gehabt: 1467 v. Sehestedt, 1488 v. Ahlefeld, 1500 v. Sehestedt, darauf v. Rantzau, 1664 v. Ahlefeld, 1670 v. Kielmannsegge, 1690 v. Temming (75,000 Rthlr. Species), 1723 Baron v. Dehn, darauf v. Ahlefeld, welcher 1783 die Erlaubniß erhielt, den Namen Ahlefeld-Dehn zu führen, 1805 Graf v. Ahlefeld-Laurwig, 1814 der Geh. Conferenzrath v. Ahlefeld-Dehn. Nach ihm ward das Gut getheilt und der Haupthof nebst dem Meierhofe Rothensande 1823 für 246,000 ℳ an v. Ahlefeld zu Sardorf verkauft. Der jetzige Besitzer ist der Kammerherr H. C. L. v. Ahlefeld. — Im Jahre 1768 ward diesem bis dahin Kohöved genannten Gute der Name Ludwigsburg beigelegt. Als dieses Gut noch ungetrennt war hatte es einen Flächeninhalt von 5162 Ton. $3\frac{1}{16}$ Sch. à 300 O. R. (5185 Steuert., 822,240 Rbthlr. Steuerw.). Es contribuirte für 30 Pfl., nämlich: der Haupthof Ludwigsburg 4 Pfl., der Meierhof Rothensande 2 Pfl., der Meierhof Carlsminde 3 Pfl., der Meierhof Lehmberg 2½ Pfl., der Meierhof Sophienhof 2½ Pfl., der Meierhof Hökholz 2½ Pfl., der Meierhof Groß-Waabs 2½ Pfl. und das Freiherrlich Ahlefeld-Dehnsche Fideicommiß (s. das.) mit seinen Meierhöfen und Dörfern 11 Pfl. — Der Haupthof Ludwigsburg hat einen Flächeninhalt von 649 Ton. $6\frac{2}{16}$ Sch. à 300 O. R. außer den von Carlsminde hinzugekauften 3 Ton. $1\frac{9}{16}$ Sch. und von Lehmberg 14 Ton. $1\frac{2}{16}$ Sch. An Lehmberg sind aber wiederum 31 Ton. $6\frac{4}{16}$ Sch. gekommen. Unter der erstgenannten Tonnenzahl sind an Acker 365 Ton. $\frac{1}{16}$ Sch. Wiesen 163 Ton. $1\frac{2}{16}$ Sch., Holz 34 Ton. $4\frac{3}{16}$ Sch., Moor 9 Ton. $6\frac{13}{16}$ Sch., Wasser, der Aas-See genannt, 40 Ton. $2\frac{3}{16}$ Sch. und Sandweide 6 Ton. 4 Sch. (645 Steuert., 100,320 Rbthlr. Steuerw.). Zum Gute gehören der Meierhof Rothensande mit Buschenrade, Glasholz und Röhrtang, ferner ein Wirthshaus und 2 Kathen, von denen eine Gaastholz heißt. Ein Haus am Aas-See heißt Sophienfreude. — Der Boden ist fast durchgängig von vorzüglicher Güte. — Das in der ersten Hälfte des 18. Jahrhunderts von dem Baron v. Dehn erbaute Wohnhaus ist ringsum mit Wasser umgeben und enthält außer dem Souterain 3 Stockwerke. — Zahl der Einwohner im ganzen Gute: 1142. — Contrib. 1344 Rbthlr., Landst. 1708 Rbthlr. 28 b/ß, Hausst. 16 Rbthlr. 22 b/ß.

Lüchtoft, eine im Gute Rundhof, Cappelerh., belegene Erbpachts-Wasser- und Windmühle mit einem Areale von 75 Hötsch $1\frac{6}{16}$ Sch.

Lück.

(24 Steuert.), Ksp. Esgrus. — Der jedesmalige neue Erbpächter zahlt ein Lehngeld von 30 ℳ. — Ueber das niedergelegte Dorf Lüchtoft f. Esgrus.

Lück, eine vom Gute Grumbye abgelegte Hufenstelle, nordwestlich von Loit, A. Gottorf, Strurdorfh., Ksp. Tolk. — Die Ländereien einer ehemaligen Domcapitelshufe der Vogtei Berend, welche zum Gute Grumbye gekommen und mit den übrigen Gutsländereien vermischt waren, wurden 1782 zusammen gelegt und von der Baronesse v. Ehrencron an Asmus Mathiesen für 2400 ℳ verkauft und demselben zugleich ein in Buschau befindliches Wohnhaus zum Abbrechen überlassen, welches hierher versetzt ward. — Areal: 116 Hdtsch. 4 Sch. 3 R.

Lüdersholm (Lörsholm), Dorf an der Altenaue, 1¼ M. südöstlich von Tondern, A. Tondern, Slurh., Ksp. Burkarl; 5 Bohlstellen und 4 kleine Landstellen, von denen 1 Bohlstelle (268 Steuert.) vormals der Kirche in Burkarl gehörte. — Schule. — Lüdersholm ist aus der Zertheilung eines Hofes entstanden und schon vor dem Jahre 1237 hatte das Lygumer Kloster hier eine Wassermühle, sowie Ländereien und Fischteiche; der Herzog Friedrich tauschte diese 1503 vom Kloster ein. Auf dem Wege nach Vestre an der Süderaue liegt eine Krugstelle, Baierskro e. — Südlich vom Dorfe war ehemals eine bedeutende Hölzung. Das herrschaftliche Baiersmoor (40 Ton. groß), woraus früher die Beamten ihr Feuerungsdeputat bekamen, ist jetzt vergraben.

Lührschau, Dorf an einem See gleiches Namens (auch Arenholter See), ¾ M. nordwestlich von Schleswig, A. Gottorf, Arensh., Ksp. St. Michaelis. Dieses zerstreut liegende Dorf enthält 1 Dreiviertelh., 3 Halbh., 5 Viertelh., und 2 Kathen (2⅔ Pfl.), 1 Halbh. heißt Herrmannsort, eine andere kleine Landstelle südlich Holpust. 1 Halbh. und 1 Kathe (½ Pfl.) gehörte ehemals zum Schlesw. Domcapitel. — Nebenschule. — Areal: 438 Steuert. Der Boden ist nur von mittelmäßiger Art; 3 kleine Hölzungen und das Moor sind ergiebig. Die Dorfschaft hat mit den Arenholzer Eingesessenen den See in Erbpacht, wofür 64 Rbthlr. entrichtet wird.

Lüngerau, 16 Kathen und 1 Instenstelle an der Wiehebek, 2¼ M. südwestlich von Flensburg, an der Landstraße nach Bredstedt, A. Flensburg, Wiesh., Ksp. und Schuldistr. Großen-Wiehe. Diese Stellen gehörten ehemals zum niedergelegten Gute Lindewith. — Areal: 222 Steuert. — Der Boden ist sandigt und leicht.

Lütgenholm, Dorf 1¼ M. nordöstlich von Bredstedt, A. Bredstedt, Ksp. Breklum. Dieses auf einer Haide erbaute Dorf enthält zum A. Bredstedt gehörige 7 größere und 5 kleinere Hufen, 12 Kathen und 1 Instenstelle (41 1/16 Pfl.), 7 Hufen von verschiedener Größe und 2 Kathen (2 Pfl.) gehören zum Gute Mirebüll. Eine ausgebaute Käthe heißt Neuenholm. — Nebenschule. — Wirthshaus, Schmiede. — Nahe südlich von Lütgenholm auf einem „Käsberg" genannten Berge sind die Ueberreste des ehemaligen Edelhofs, und in der Nähe die einer Wassermühle an einer „Möhlendamm" genannten Wiese. Im Jahre 1463 verkaufte der Knappe Wente Frese dem Bischofe Nicolaus von Schleswig den Mühlenbach für 100 ℳ. Späterhin war Tiellof v. d. Wisch Besitzer des Guts; im Jahre 1517 und 1546 wurde durch Nordergoosharder Dingswinde Lütgenholm mit Zubehör dem Bisthume zuerkannt, und es gehörten 1517 dazu 3 volle Güter, 1 Halbgut und 3 Tofte; ferner 2 Güter bei Soholmbrück, 1 Gut zu Rollekenbek (f. Rollekenbek) und 1 Gut nebst 2 Tofte zu Bargum. —

Areal zum A. Bredstedt: 235 Ton. (200 Steuert.); zum Gute Mirebüll: 164 Steuert. — Der Boden ist ziemlich gut und viel Haideland ist urbar gemacht. Nordöstlich vom Dorfe ergießen sich 5 kleine Bäche in die Soholmeraue, welche oft über die Wiesen fließen. Auf der östlich vom Dorfe belegenen Haidestrecke sind 2, neben einander fast parallel laufende hohe Wälle, welche den Namen Danewerk führen.

Lütgenhorn, adel. Gut im A. Tondern, Karrharde. Der Stammhof liegt 2¾ M. südöstlich von Tondern, Ksp. Leck. — Dieses Gut war ein zu Fresenhagen gehöriges Dorf, welches Jürgen v. d. Wisch 1551 seiner Gemahlin zum Leibgedinge gab. Vermuthlich ist bald nachher das Gut errichtet, welches mit Fresenhagen Wulf v. d. Wisch besaß. In der Theilung unter dessen Söhne fiel Lütgenhorn 1604 Johann v. d. Wisch zu; es gehörten aber noch 1613 ein halbes Festegut und ein halbes Freigut von Lütgenhorn zum A. Tondern. Bis 1691 blieb das Gut bei der Familie v. d. Wisch, und ward damals für 14,150 Rthlr. an den Generallieutenant v. Ellbrecht verkauft; 1717 v. Rantzau (102,600 ℳ), 1727 v. Fersen (90,000 ℳ), 1747 de Cheusses (77,400 ℳ), 1773 Schleiden (108,000 ℳ), welcher 1781 und 1789 10 Parcelen von dem Gute ablegte; 1795 Petersen (111,000 ℳ), der wiederum 4 Parcelen von dem Gute trennte, 1803 Holst (120,000 ℳ); der jetzige Besitzer ist H. thor Straten. — Es steht in der Landesmatrikel zu 15 Pfl., aber hierzu kommen noch 1$\frac{22}{24}$ Pfl., welche 1739 von dem Gute Boverstedt zugekauft aber noch nicht zugeschrieben sind. Zum Gute gehören Knorborg (214 T.), Uphusum (22 T.), Achterup (04 T.), Karlum (75 T.), Vestre (110 T.), Kalleshave (26 T.), Mölvad (Mühlenwatt) (21 T.), Tettwang (39 T.), eine einzelne Stelle (82 T.); im Ganzen 86 Staven welche zusammen 1763 Demat Acker, 1087 Dem. Wiesen und 1693 Dem. Moor, Haide und Weide enthalten (1921 Steuert., 191,415 Rbthr. 19⅕ b/ß Steuerw.). Der Stammhof, wozu die in Achterup belegene Windmühle und 3 in Kalleshave belegene Kathen gehören, hat einen Flächeninhalt von 550 Dem. worunter an Acker 252 Dem., Wiesen 133 Dem., Hölzung 4 Dem. und Moor 161 Dem. (235 Steuert.). — In der nächsten Umgebung des Hofes liegen die 14 abgelegten Parcelenstellen (693 Steuert.), von 11 bis 289 Dem. Größe, welche im Allgemeinen den Namen Lütgenhornerfeld führen. Einzelne Stellen heißen Iversacker, Kalslund, Neuholm, Nordhof, Schönhof, Südhof, Wanghof, Ziegelhof. Eine Parcelenstelle ist ein Wirthshaus, und in Lütgenhornerfeld ist eine Nebenschule. — Zahl der Einw.: 464. — Das Wohnhaus ist einstöckig, von Brandmauern, und mit einem vortrefflichen Kellergewölbe versehen. — Der Boden ist ein guter Mittelboden, worauf alle Kornarten mit gutem Erfolge gedeihen. Die Fischerei in der Leckeraue ist unbedeutend. In der Nähe des Hofes ist ein Hügel, der vormals zum Richtplatz diente und Marenspol genannt wird. — Im Jahre 1436 vermachte Frauke Paysen dem St. Ewaldi Altar in der Marienkirche in Flensburg den dritten Theil des Gutes in Lütgenhorn, worauf später 2 Lansten wohnten. — Contrib. 672 Rbth., Landst. 398 Rbth. 80 b/ß, Hausst. 2 Rbth. 86 b/ß.

Lund, Dorf 1½ M. nordöstlich von Tondern, A. Tondern, Slurb., Ksp. Burkarl; enthält 15 Bohlstellen, 7 kleine Landstellen und 3 Häuser ohne Land (1$\frac{175}{442}$ Pfl.). 5 Bohlstellen und einige kleine Landstellen gehören zur Commüne Sollwig. Eine Colonistenstelle gehört zur Colonie Christianshoffnung. — Districtsch. — Schmiede. — Hier werden viele Ziegelsteine gebrannt; einige Frauen beschäftigen sich mit Spitzenklöppeln. — Der Boden ist ziemlich gut; in dem östlich vom Dorfe belegenen Moore findet man Spuren von Hölzungen und viele Wurzeln, besonders von Fichten. Beim Lehmgraben werden hier oft schwarze und rothe Töpfe mit Asche und menschlichen Gebeinen gefunden; eigentliche Grabhügel giebt es hier nicht.

Lunden, Dorf auf der Insel Alsen, ¾ M. südöstlich von Norburg, A. Norburg, Norderh., Ksp. und Schuldistr. Hagenberg; 5 Vollb., 1 Kathe und 6 Instenstellen (5 Pfl.). — Wirthshaus. — Areal: 302 Steuert. — Das Ackerland und die Wiesen sind sehr gut.

Lundenberg, eine vormalige Haupt- und Hardeskirche in der Lundenbergerh. auf der alten Insel Nordstrand, nachher davon abgerissen und mit Padeleck und Simonsberg landfest geworden. Sie lag am südlichen Deiche der benannten Harde, ward durch die Sturmfluth 1634 fast zerstört und ihre Ueberbleibsel lagen zu Danckwerths Zeit außerhalb des Deiches.

Lunderup, Dorf 1 M. nordwestlich von Apenrade, A. Apenrade, Süderrangstruph., Ksp. Ries; 1 Drittelh., 4 Viertelh., 2 Sechstelh., 1 Kathe und 5 Instenstellen (2$\frac{2}{4}$ Pfl.). Eine ausgebaute Kathe (Wirthshaus) heißt Rothenkrug (s. Rothenkrug). In Lunderup war vormals eine s. g. Winterfeldsche freie Hufe, deren Privilegien 1696 aufgehoben wurden. — Nebenschule. — Der Boden ist sandigt und mager.

Lunding, Dorf an einer kleinen Aue ¾ M. südöstlich von Hadersleben, A. Hadersleben, Ostertrh., Haderslebenerh., Ksp. und Schuldistrict Starup; 3 Vollb., 9 Halbb., 2 Viertelh., 1 Sechstelh., 1 Achtelh., 14 Landbohlstellen und 3 Instenstellen. Zu diesem Dorfe wird der privilegirte Freihof Olufskjär gerechnet (s. Olufskjär). Ein anderer Freihof, welcher Frilund heißt, ward 1511 von dem Könige Friedrich I. mit Privilegien begabt; zu demselben gehörte ½ Otting in Vandling. Eine Landbohle heißt Skjönbjerg. — Wirthshaus, Schmiede. — Im Jahr 1431 erwarb das Haderslebener Capitel ein Gut in Lunding. — Der Boden ist im Allgemeinen fruchtbar.

Lundsgaard (vorm. Gruntoft, Grünhof), adel. Gut im A. Flensburg, Husbyeharde. Der Stammhof liegt 2 M. östlich von Flensburg, Ksp. Gruntoft. Etwa um die Mitte des 15. Jahrh. besaß dieses Gut Erik Nigelsen und es verfiel dem Herzog Adolph, der es dem Knappen J. Lund schenkte; darauf kam es an die Familie v. d. Wisch, 1564 besaß es v. Rantzau, darauf wiederum v. d. Wisch, 1600 v. Mahrenholtz, 1619 v. Wolframsdorf, 1665 v. Bützau, 1672 v. Horn, 1722 v. Bachhof, 1775 v. d. Wisch. Im Jahre 1787 ward dieses Gut mit den Meierhöfen Grüneberg und Foldewraae parcelirt und es entstanden 80 größere und kleinere Parcelen; darauf ward v. Wasmer Besitzer, welcher 1801 den Stammhof an 6 Interessenten verkaufte, worauf große Veränderungen mit dem Hoffelde vorgenommen wurden. Zwei Hufner in Dollerup und Langballig machten durch Austauschungen ihre Königl. Hufenländereien zu Lundsgaarder Hoffeld, woraus wieder viele Austauschungen in den Dörfern erfolgten; dagegen wurden nun vom bisherigen Hoffelde zwei Königliche Hufenstellen ausgelegt, nämlich eine Dolleruper Viertelhufe auf Hökeberg und eine Langballiger Dreiviertelhufe auf

Ostenberg. Auch wurde das Lundsgaarder Osterholz am Strande abgehauen und diese Holzgründe mit mehreren andern Parcelen verkauft. Die nun noch übrigen Stammhofsländereien kaufte 1802 der Lieutenant P. v. Lund für 60,000 ℳ, 1821 Major v. Herdahl für 26,250 ℳ. Der jetzige Besitzer ist J. Diedrichsen. — Lundsgaarde steht in der Landesmatrikel zu 13 Pfl. Die Lasten der Pflüge werden von den Gutsangehörigen getragen und der jetzige Stammhof ist davon befreit. Diese Untergehörigen wohnen zerstreut in Bönstrup, Dollerup, Dollerupholz, Gremmerup, Grüneberg, Grundtoft, Lutzhöved, Nordballig, Osterholz, Streichmühle, Terkelstoft, Uenewattholz, Boldevraae, Westerholz. — Das ganze Gut mit Einschluß der Parcelenbesitzungen (763 Ton. 30 R.) hat ein steuerbares Areal von 1414 Ton. (195,160 Rbth. Steuerw.). Der Stammhof enthält nun 94 Ton. 83 R. à 240 □. R., darunter an Acker 75 Ton. 118 R., Wiesen 11 Ton. 19 R., Hölzung 7 Ton. 186 R. (79 Steuert., 12,590 Rbthlr. Steuerw.). — Der Boden ist schwerer Art. — Das Wohnhaus hat 2 Etagen, ist von Brandmauern und mit Ziegeln gedeckt. — Zahl der Einw. 430. — Contrib. 582 Rbth. 38 β, Landst. 406 Rbth. 54 β, Hausst. 6 Rbth. 70 β.

Lundsgaard, ein parcelirtes, ehemaliges Herzogl. Glücksburgisches Lehngut im Lande Sundewith, 1 M. nordwestlich von Sonderburg, A. Sonderburg, Nübelharde, Ksp. und Schuldistrict Ulderup. Der Herzog Hans zog im Jahre 1592 den kleinen Hof Auenbülllund ein, ließ denselben abbrechen und dafür ein Jahr später Lundsgaard erbauen. Den Haupthof ließ 1633 wiederum der Herzog Philipp abbrechen und von den Materialien ward der Hof Philippsburg erbaut; die Vorwerksgebäude blieben stehen und wurden 1764 verbessert. Das f. g. Schloß war mit einem Graben umgeben und vor mehreren Jahren fand man noch Spuren dieses Gebäudes. Lundsgaard ward 1791 in mehrere Parcelen getheilt, welche Lundsgaardfeld genannt werden; eine Parcelenstelle heißt Sandgraben. Der Stammhof hat ein Areal von 96 Ton. 40 R. à 240 □. R. Der in der Nähe belegene See, der Lund=See genannt, ist sehr fischreich und gegen 200 Ton. groß. — Der Boden ist gut und fruchtbar.

Lundsgaard, 2 Bohlstellen (2 Pfl.) $1\frac{1}{4}$ M. nordöstlich von Tondern an der Bidaue, Ksp. und Schuldistr. Höist. Diese Stellen gehören zur Commüne Sollwig und sind dingpflichtig unter der Löeharde.

Lundsgaard, 1 Hufe südöstlich von Beftoft, A. Hadersleben, Westerth., Norderrangstrupp., Ksp. und Schuldistr. Beftoft.

Lundsgaarder=Osterholz, zerstreut liegende Stellen am Flensburger Meerbusen, $2\frac{1}{2}$ M. östlich von Flensburg, im parcelirten Gute Lundsgaard, A. Flensburg, Husbyeh., Ksp. Grundtoft. Als mehrere Interessenten im Jahre 1801 den Stammhof Lundsgaard gekauft hatten, ließen sie eine dazu gehörige, zwischen dem früher schon parcelirten Lundsgaarder=Westerholze und Dollerupholze belegene große Hölzung weghauen; das Land ward stückweise verkauft und es entstanden 12 kleine Parcelenstellen. — Districtsschule. — Auf einer der Parcelenstellen wohnt ein Schiffszimmermann. — Mehrere Einwohner ernähren sich von der Fischerei. — Der Boden ist nur von mittelmäßiger Art.

Lundsgaarder=Westerholz, zerstreut liegende Stellen, $2\frac{1}{2}$ M. östlich von Flensburg, im parcelirten Gute Lundsgaard, A. Flensburg, Husbyeh., Ksp. Grundtoft. Diese Stellen, 1 Halbh., 10 Kathen und

Lundshof.

3 Parcelen, entstanden bei der Parcelirung des Guts Lundsgaard 1787, da die zum Gute gehörige Hölzung Westerholz von etwa 191 Hvtsch. verkauft, meistens weggehauen und das Land urbar gemacht ward. Eine Parcelenstelle heißt bei Grünberg und ist von dem vormaligen Meierhofe gleiches Namens abgelegt. — Schuldistr. Lundsgaarder-Osterholz. — Hier ist eine Roßoelmühle. — Areal: 130 Steuert. — Der Boden ist nur von mittelmäßiger Beschaffenheit.

Lundshof, Meierhof des Guts Eschelsmark, ¾ M. nordwestlich von Eckernförde, Eckernförderh., Ksp. Kosel. Dieser Hof (4 Pfl.) enthält ein Areal von 264 Ton. 80 R. à 240 Q. R., darunter an Ackerland 231 Ton. 200 R. und an Wiesen 32 Ton. 120 R.; Hölzung und Moore fehlen. Zu Lundshof gehört eine, nahe beim Hofe belegene, Kathe. — Der Boden ist ein recht guter Mittelboden. — Auf der Feldmark sind mehrere Grabhügel.

Lundsmark, 3 Vollh. (2$\frac{2}{72}$ Pfl.) 1 M. südlich von Ripen, A. Hadersleben, Westerth., Hviddingh., Ksp. und Schuldistr. Hvidding. — Nebenschule. — Areal: 240 Ton. — Das Ackerland liegt hoch und ist sandigt und eine Haidestrecke ist noch uncultivirt.

Lundtoft (vorm. Lyngtoft), Dorf 1¾ M. südlich von Apenrade, im Gute Seegaard, A. Apenrade, Lundtofth., Ksp. Klipplev; enthält mit den südlich belegenen Klein-Lundtoft genannten Stellen 2 Vollh., 4 Halbh., 2 Viertelh., 5 Kathen und 4 Instenst. (4$\frac{53}{96}$ Pfl.). Eine Vollhufe, welche Bjerge heißt, 2 Kathen, wovon ein Wirthshaus Lundtofthye genannt wird, und 3 Instenstellen sind ausgebaut. — Nebenschule. — Schmiede. — Areal: 327 Steuert. — Der Boden ist ziemlich schwer; eine kleine Hölzung liegt neben der Klippleer Hölzung.

Lützhövd, Dorf 1¾ M. östlich von Flensburg, A. Flensburg, Husbyeh., Ksple. Husbye und Grundtoft. Dieses Dorf besteht eigentlich aus zwei zusammen gebauten Dörfern, daher es auch zu zweien Kirchspielen gehört. Der zu Husbye eingepfarrte Theil soll vormals an einem andern Orte Wormkjär (Hvornkjär) gelegen haben, im Kriege abgebrannt und neben dem Grundtofter Lützhövd wieder aufgebaut sein. Das in diesem Theile ehemals belegene Gut Bögerlund (Beierlund) ward im 15. Jahrhunderte von der letzten Besitzerin Marine theils dem St. Johanniskloster in Schleswig (2 Vollh. und 1 Kathe), theils (1 Dreiviertelh.) dem Marien-Magdalenen Altare in der St. Nicolaikirche in Flensburg vermacht. 1 Vollh. gehört zum Gute Lundsgaard. Die St. Johannisklösterliche Kathe an der Cappeler Landstraße ist ein Wirthshaus und heißt Staalidt (Bielidt); eine Parcelenstelle bei Staalidt heißt Schausmark. — Schuldistr. Husbye. — Von dem Grundtofter Antheile gehören 1 Vollh., 2 Halbh., 2 Kathen und ein Wirthshaus Kollenburg zum A. Flensburg; 1 Halbh. und 1 Kathe zum Hospitale in Flensburg und 1 Kathe (Wirthsh.) zum Gute Lundsgaard. — Schuldistr. Grundtoft. — Areal im Ganzen außer Kollenburg: 426 Steuert. — Der Boden ist sehr gut.

Lusthof, eine Kathe im Gute Röest, Cappelerh., Ksp. Cappeln.

Luxburg (Luxenberg), eine kleine Landstelle, zugleich Wirthshaus, östlich von Breklum, im Amte Bredstedt, Ksp. Breklum.

Lygum, Dorf an der Fischbek, ¾ M. nördlich von Lygumkloster, Amt und Birk Lygumkloster, Pr. Tondern. Dieses zerstreut liegende Dorf enthält 1 Vollh., 3 Dreivertelh., 8 Fünfachtelh., 5 Halbh., 3 Dreiachtelh., 2 Viertelh., 6 Achtelh., 8 Kathen und 8 Instenst. (12 Pfl.), von denen nach der Feldvertheilung 1801 und 1802 mehrere Stellen ausgebaut sind. Eine an der Landstraße belegene Halbhufe ist ein Wirthshaus und heißt Frydendal, 6 Achtelhufen gemeinschaftlich Lygumbjerg, 4 Kathen und 7 Instenst. Tudehede, 2 Stellen Fuglsang und einige Kathen Lohende. — Districtsschule. — 2 Tischler, 1 Rademacher und mehrere Handwerker. Viele Frauenzimmer beschäftigen sich mit Spitzenklöppeln. — Vormals soll Lygum bedeutenden Ackerbau und Viehzucht getrieben haben, bis es einen großen Antheil seiner Wiesenländereien in einer Gränz=streitigkeit mit dem Dorfe Roost verlor. Man findet noch in der Nähe einzelne Haidestrecken, die vormals Ackerland waren. — Areal: 945 Steuert. — Der Boden ist nur sandigt und mager. — Zwischen Lygum und Vester=Terp liegt eine Anhöhe Bongshöi, 199 Fuß hoch.

Lygum, Norder=, Kirche bei Lygumgaard im Amt und Birk Lygum=kloster, Pr. Tondern. Die Kirche liegt $\frac{1}{4}$ M. nördlich von Lygumkloster, $\frac{1}{2}$ M. südlich von Lygum; sie ist alt, wahrscheinlich die Hauptkirche der Löeharde gewesen und gehörte dem Kloster seit der ersten Gründung; sie hat einen hohen Thurm, ist mit Blei gedeckt und sehr geräumig und hell. Das Gewölbe soll der Sage nach von der Königin Margaretha erbaut sein. — Der Prediger, welcher in Lygumgaard wohnt, wird von dem Könige ernannt. Ueber die bei der Kirche fließende Aue, welche das Kirchspiel in das östliche und westliche theilt, führt eine Brücke. — Eingepfarrt sind zum westlichen Kirchspiel: Faargaard, Frydendal, Fuglsang, Kloying, Lohende, Lygum, Lygumbjerge, Lygumgaard, Teglgaard, Tornskov, Tudehede, Vester=Terp; zum östlichen Kirchspiel: Bjendrup, Koldkaad, Landebye, Loitwith, Ulstrup, Viesbjerg. — Vz. des Ksp.: 989.

Lygum, Oester=, Kirchdorf $1\frac{1}{2}$ M. nordwestlich von Apenrade, A. Apenrade, Süderrangstruph., Pr. Apenrade; 7 Vollh., 3 Halbh., 2 Drittelh., 2 Viertelh., 9 Kathen, 1 Instenst.; zum Amte Hadersleben, Vogtei Bollerslev, District Gjenner, gehörten sonst 6 Hufen, 4 Kathen und die Instenstelle. Eine am Wege nach Hauerslund ausgebaute Stelle heißt Kukkehuus. — Districtssch.. — Wirthshaus. — Armenhaus. — 2 Schmiede und mehrere Handwerker. — Die dem St. Nicolaus geweihete Kirche scheint nach einer Urkunde aus dem Jahre 1474 schon im 12. oder 13. Jahrhunderte erbaut zu sein; sie ist theils von Quadern, theils von Ziegelsteinen aufgeführt, hat einen Thurm und ist gewölbt. Bemerkens=werth ist der alte Altar, welcher die Leidensgeschichte Jesu darstellt. — Zur Wahl des Predigers präsentiren der Amtmann und der Probst, und die Gemeinde wählt. — Die ausgedehnte Gemeinde zerfällt in zwei Kirch=spiele, das Oster= und Wester=Kirchspiel, deren jedes seinen eigenen Juraten hat; ersteres wird die ehemalige St. Jacobi Gemeinde sein, deren Kirche in Gjenner lag. — Eingepfarrt: Aandholm, Barlund, Brunsbjerg, Dahmsgaard, Eskjär, Groß= und Klein=Faarhuus, Fjer=holm, Fredenslund, Frydendal, Fuglsang, Gjenner, Grönnebekgaard, Gundersgaard, Hauerslund, Haugaard, Heisselbjerg, Norder=Jarup, Jaruplund, Kaavager, Kopsholt, Korsbjerggaarde, Kukkehuus, Leerskov, Lundsgaard, Oester=Lygum, Lyngtoft, Möllegaard, Nyedamm, Nyegaard, Oestergaard, Raubjerg, Revkjär, Rörkjär, Sandkrug, Schellkjär (Kjärs=gaard), Schleifmühle, Skovdal, Skyttergaard, Smedegaard, Sorgen=

Lygum.

frei, Spaderes, Steenbjerg, Steenhöi, Störtum, Tavlsbjerg, Tyrholm, Brambäk. — Im Jahre 1669 wurde in Oester-Lygum eine Dorfsbeliebung errichtet, worauf viele Jahre strenge gehalten ward. — Areal: 1310 Ton., von denen 686 aufgetheilt sind. — Der Boden ist nur von mittelmäßiger Art; die Moore sind ansehnlich und es wird viel Torf von Gjenner aus versandt. Auf der Haide sind 2 fischreiche Seen und die ganze Gegend war in früherer Zeit sehr holzreich. Westlich vom Dorfe liegen viele große Grabhügel; einige darunter heißen: Olufshöi, Volleshöi, Tinghöi, Overghöi, Hoolhöi, Pishöi, Bremerholm und Bayhöi. Ein kleiner Wall mit einem tiefen Graben liegt südwestlich von Lygum, vermuthlich ein Vertheidigungs-werk aus der frühesten Zeit. — Bz. des Dorfs: 470; des Ksp.: 1315.

Lygum, Süder-, Kirchdorf 1 M. südlich von Tondern, an der Landstraße nach Bredstedt, A. Tondern, Karrh., Pr. Tondern. Dieses bedeutende Dorf hat eine ziemlich hohe Lage und ist fast auf dreien Seiten von mehreren Sandhügeln umgeben. Es besteht außer der Prediger- und Küster-wohnung aus 32 Bohlst. von verschiedener Größe, 75 kleinen Landst., 5 Instenst. (20¼ Pfl.) und 4 Colonistenst., welche letztere zur Colonie Louisen-ebene gehören. Eine ausgebaute Osterhof genannte Stelle ist zu einem Armenhause eingerichtet, worin sich 40 Personen befinden. Eine Bohlst. heißt Westerhof, 4 kleine Landst. und 1 Instenst. Horsberg, 3 kleine Landst. Porsberg, 2 kleine Landst. Wohlgesehn und Neuland und 1 Landst. Haferland. — Zu Süder-Lygum gehört eine Königl. Korn-Windmühle. — Hauptschule. — 4 Wirthshäuser, 2 Schmiede und viele Handwerker. — Die der Jungfrau Maria geweihte Kirche, welche ursprünglich nur eine Capelle und klein gewesen ist, kömmt schon früh in Verzeichnissen vor. Sie ist jetzt geräumig, gewölbt und hell, hat aber keinen Thurm. Die Altartafel enthält ein schönes Schnitzwerk. Im Glockenhause befinden sich 2 Glocken. Vor der Reformation scheint Süder-Lygum mit Humptrup einen gemeinschaftlichen Prediger gehabt zu haben. — Der jetzige Prediger wird von dem Amtmanne und dem Probsten präsentirt und von der Gemeinde gewählt. — Eingepfarrt: Vöglum, Ellhövd, Gulum, Haferland, Hors-berg, Louisenebene (z. Thl.), Süder-Lygum, Neuland, Osterhof, Porsberg, Oster- und Wester-Strurbüll, Uhlenberg, Westerhof, Wimmersbüll, Wintwedt, Wohlgesehn. — Lygum hat oft durch Feuersbrünste gelitten, besonders 1795, da am Michaelistage 45 Feuerstellen gänzlich zerstört wurden. Der frühere Wohl-stand der Einwohner ist in den letzten Jahren sehr gesunken und es giebt hier eine nicht kleine Anzahl armer Familien. — Im Frühjahr und im Herbst ist hier ein bedeutender Verkehr, da alsdann eine große Anzahl jütländischer Ochsen, Pferde und Schweine hier durch nach Leck und Husum gebracht werden. — Der Boden ist theils lehmigt, theils sandigt; der Flächeninhalt der Moore ist ansehnlich. — Bz. des Ksp.: 920.

Lygumgaard, Dorf ¼ M. nordwestlich von Lygumkloster, an der Landstraße nach Ripen, A. und Birk Lygumkloster, Ksp. Norder-Lygum. Es enthält außer einer Prediger- und Küsterwohnung 6 Drittelh. und 4 Instenst. (2 Pfl.). Ein Wirthshaus liegt bei der Kirche (s. Norder-Lygum). — Districtsschule. — Areal: 266 Steuert. — Der Boden ist theils eben, theils hügelig und im Allgemeinen ziemlich fruchtbar.

Lygumkloster, Flecken 4 M. westlich von Apenrade, 2 M. nördlich von Tondern, an der Lohbek, A. und Birk Lygumkloster, Pr. Tondern. Dieser Flecken hat seinen Ursprung von einem Kloster Cistercienser Ordens, welches wahrscheinlich aus einem alten Benedictiner-Kloster in Ripen, das durch Cistercienser des Herivads-Kloster in Schonen im Jahre 1144 reformirt und von Seem bei Ripen wahrscheinlich 1173 hierher verlegt ward. Die Gegend war damals sehr anmuthig und voll Waldung, von welcher die Dravither Hölzung noch ein Ueberbleibsel ist. — Dieses Kloster, welches schon im 12. und auch im 13. Jahrhundert mehrere Feuersbrünste erlitt, erhielt nach und nach ansehnliche Vermächtnisse, Geschenke und Privilegien. Zu seinen bedeutenden Besitzungen gehörten das Lygumer-Birk, mehrere Dörfer und einzelne Stellen, die in verschiedenen Kirchspielen zerstreut lagen und die 6 Vogteien Abel, Alslev, Svanstrup, Rapsted, Skjärbäk und Frösharde bildeten. Außerdem besaß das Kloster mehrere Grundstücke und Häuser in der Stadt Ripen, auch die Kirchen zu Norder-Lygum, Bredevad, Spandet und wahrscheinlich auch zu Daler und Hostrup. Unter denen, welche dem Kloster Vermächtnisse hinterließen, um dafür Seelmessen und Fürbitten halten zu lassen, waren mehrere Fürstl. Personen des Auslandes, wie Philipp August von Frankreich † 1223, Ludwig VIII. † 1226, Richard v. England † 1271, Philipp der Schöne † 1506. In dem Laufe der Zeit hat dieses Kloster 24 Aebte gehabt, von denen der erste Bernhard (resignirte 1173) und der letzte Martin hieß, der im Jahre 1548 starb. Bei der Theilung der Herzogthümer 1490 fiel das Kloster dem Herzoge Friedrich, und 1544 dem Herzoge Johann d. A. zu, der es nach dem Tode des letzten Abts secularisirte und in ein Amt verwandelte; das Klostergebäude wurde zum Amthause eingerichtet und heißt noch das Schloß. Nach Johann d. A. Tode, im Jahre 1580 kam Lygumkloster an das Gottorfische Haus und wurde erst mit dem A. Tondern und dann mit dem A. Apenrade verbunden. — Der jetzige Flecken Lygumkloster ist in einer Rundung von Osten nach Norden gebaut und der östlich liegende, einem Dorfe ähnliche Theil führt den Namen Starup und war noch 1492 ein Dorf. Der Flecken steht in der Landesmatrikel für 11 Pfl. und enthält 162 Häuser, von denen ein großer Theil ein gefälligeres Ansehn erhalten hat, nachdem 1809 durch eine Feuersbrunst 57 Häuser in Flammen aufgingen. — Die Stellen derer, welche sich mit dem Landbau beschäftigen, sind 4 Vollh., 1 Fünfsechstelh., 1 Zweidrittelh., 3 Halbh., 6 Drittelh., 8 Viertelh. und 91 Kathen, welche letzte in ganze, halbe und viertel getheilt sind, und zu denen einiges Land von dem ehemaligen Vorwerke gehört. — Zahl der Einwohner: 1209, worunter der Amtsverwalter, der Districtschirurg, der Postofficiant, 1 Apotheker, 12 Gewürz-, Eisen- und Spitzenhändler und Handwerker aller Art; hier befinden sich auch 2 Tabacksfabriken, 2 Hutfabriken, 2 Branntweinbrennereien, 1 Bierbrauerei, 1 Lichtgießerei, 1 Färberei; Wirthshäuser giebt es hier 10, von denen einige besonders gut sind. Die Haupterwerbzweige der im Allgemeinen nicht wohlhabenden Einwohner sind außer dem Ackerbaue die bürgerlichen Gewerbe. Eine der vormaligen Haupterwerbzweige, das Spitzenklöppeln, hat sehr abgenommen und es beschäftigen sich nur noch einige Frauen damit. — Im Flecken ist eine Spar- und Leihkasse mit etwa 1400 Rthlr. Vermögen. — Die Kirche ist noch die alte Klosterkirche und wahrscheinlich nach dem Brande des Klosters 1268 erbaut; sie ist ein ansehnliches, durch altgothische Bauart ausgezeichnetes Gebäude, deren Gewölbe auf schönen Pfeilern ruht; sie ward vor einigen Jahren auf Königl. Kosten sehr verschönert. Die Orgel ist ein Geschenk des Amtmanns v. Güntherroth, vom Jahre 1689. Das Altarblatt enthält ein Gemälde von Jessen in Apenrade aus dem Jahre 1799. —

Lyksgaard.

Hier sind in früherer Zeit folgende Bischöfe von Ripen begraben: Homerus 1204, Olaus 1215, Gunnerus 1249, Esger 1273, Nicolaus 1280. — Der Kirchhof ward 1831 erweitert. — Der Prediger wird von dem Könige ernannt. Eingepfarrt: Assith, Auvit, Damgaard, Dravit, Ellum, Elltoft, Faurbye, Flesborg, Friedrichsgaard, Holzkrug (Telt), Lydichsgaard, Lygumkloster, Nyboe, Söegaard, Tinggaard, Vestermölle. — Vz. des Ksp.: 1630. — Im Flecken sind 2 Schulen, die Küsterschule und eine Elementarschule mit 2 Classen. Das Hospital, welches der Amtmann Günteroth gestiftet hat, ist zu 4 Präbendisten eingerichtet. Das Armen- und Arbeitshaus für das ganze Kirchspiel befindet sich in Starup, worin außer einem Aufseher 64 Personen ihren Aufenthalt haben, die zu nützlichen Thätigkeiten angehalten werden. Ein Gefängnißhaus liegt unweit des Schlosses. — An der Lohbäk ist eine Königl. Wassermühle; zu derselben waren außer Lygumkloster der Flecken Hoyer, 34 Dörfer und 6 Stellen (1041¼ Pfl.) zwangspflichtig. Die Windmühle nördlich vom Flecken gehört zum Amte. — Ueber die Lohbäk führen mehrere Brücken, eine von Steinen erbaute heißt Holmsbrücke. — Es werden mehrere Vieh- und Pferdemärkte, auch am Mittwochen nach Ostern und am Tage vor Bartholomäi Krammärkte gehalten. — Areal: 881 Steuert. — Der Boden ist Geestland, an der Südseite mager, aber an der Nordseite von etwas besserem Gehalte; die Wiesen sind von geringem Werthe, dagegen das an dem Mühlenteiche wachsende Gras so kraftvoll sein soll, daß es zur Fütterung dem Korne gleich geachtet wird.

Lyksgaard, eine Landstelle im Osterth. des A. Hadersleben, Tyrstruph., Ksp. Veistrup.

Lysabbel (vorm. Liusapeld), Kirchdorf auf der Insel Alsen, 1¾ M. östlich von Sonderburg, A. Sonderburg, Bisthum Alsen und Aeröe. Dieses ansehnliche und über ¼ M. lange Dorf enthält, außer der Prediger- und Küsterwohnung, 16 Bohlst. und 31 Kathen und Instenst., von denen 9 Vollb., 2 Kathen und 9 Instenst. (6 Pfl.) zur Süderh. und das Uebrige zum Gute Kekenisgaard, Augustenburgerh., gehören. 4 Bohlst. und 9 Kathen gehörten vormals zum Schlesw. Domcapitel, und 1 Bohlst. war ehemals im Besitze des jedesmaligen Vogtes und hat noch einige Freiheiten. — Districtsschule. — Wirthshaus, Schmiede und mehrere Handwerker. — Auf dem Platze wo die Kirche erbaut ward, soll der Sage nach ein Edelhof gestanden haben, von welchem noch bis 1841 die Spuren der Wälle und Gräben sichtbar waren. Späterhin kam diese Kirche in besonderem Ruf, da hier eine Hellig Blods-Capelle (Heil. Bluts-Capelle) errichtet ward, als ein Denkmal des Dänischen Admirals Iver Bryske, der bei einem Angriffe auf Alsen bei Mummark eine Niederlage erlitt. Die Kirche war früher eine Kreuzkirche und hatte einen schönen 126 Fuß hohen Thurm, der 1763 abgebrochen werden mußte. Die Kirche ward 1780 vergrößert; der jetzige Thurm ist 36 Fuß niedriger als der vorige, aber geschmackvoll erbaut und dient den Seefahrenden zum Zeichen. Der Altar enthält die Copie eines Gemäldes von Rubens, die Abnahme Christi vom Kreuze. Bemerkenswerth ist, daß die Kirchen zu Tandslet, Ketting, Eken und Tundtoft (Norburg) in gerader Linie mit dieser Kirche liegen. — Der Prediger wird von dem Könige ernannt. — Eingepfarrt: Fjelbye, Fjelbyegaard, Gammelpöel, Hedemölle, Humbäk, Kekenisgaard, Kobbertoft, Lysabbel, Lysabbelstov, Mummark, Klein-Mummark, Nyepöel, Pommersgaard, Sarup, Skovbye, Tasklund, Vibäkmölle, Vibye, Vibyetoft. — Der

Herzog Abel verzichtete 1245 auf alle Gerechtsame im Dorfe Liusapeld, die seinem Bruder dem Könige Erich in einer Theilung zugefallen waren. — Areal zum A. Sonderburg: 344 Steuert. — Der Boden ist von vorzüglicher Güte. — Vz. des Ksp.: 1618.

Lysabbelskov, Dorf 2 M. östlich von Sonderburg, im Gute Kekenisgaard, A. Sonderburg, Augustenburgerh., Ksp. Lysabbel. — Nach Aufhebung der Feldgemeinschaft in Lysabbel 1780 bauten die Bewohner dieses sehr zerstreut liegenden und aus 12 Bohlst. und 3 Kathen bestehenden Dorfes sich aus. Von diesen Bohlst. gehörten 5 zum vormaligen Schleswigschen Domcapitel. — Hier ist eine Königl. Graupenmühle. — Schule. — 2 Armenhäuser. — Der Boden ist flach und größtentheils sandigt, aber durch Bemergelung sehr verbessert. An der Südseite liegt ein kleiner zum Gute gehöriger See.

Lystum, eine vergangene Kirchspielskirche in der ehemaligen Nordwesterharde auf der Insel Sylt, nahe der Stelle wo die jetzt auch vergangene Lister Kirche gestanden hat. Sie ist wahrscheinlich im Jahre 1300 untergegangen. Jetzt ist dieser Platz, welcher Kirchstedt heißt und wo noch vor mehreren Jahren die Leichen Schiffbrüchiger begraben wurden, von einer hohen Sanddüne bedeckt.

M.

Maasbüll, Dorf ¾ M. östlich von Flensburg, A. Flensburg, Ksp. und Schuldistr. Rüllschau. Zum Amte Flensburg, Husbyeh., gehören 2 Vollh., 6 Halbh., 4 Viertelh., 3 Kathen und 1 Parcelenstelle. Eine Vollhufe heißt Maasbüllhof und 1 Kathe Maasbüllfeld; 3 Halbh. (1½ Pfl.) gehören der St. Nicolaikirche in Flensburg und 1 Landstelle und Wirthshaus an der Cappeler Landstraße auf adelichem Schwensbyer Grunde heißt Neukrug (bei Hörgerlei), ist aber schon seit 1826 unter das Amt gelegt. Von den zum Amte gehörigen Stellen waren 1 Vollh., 2 Viertelh. und 1 Kathe dem niedergelegten Gute Lindewith zuständig. — Areal: 1128 Hbtsch. 2¼ Sch., zum Amte Flensburg 472 Steuert., zur Nicolaikirche 124 Steuert. Der Boden ist von ziemlich guter Art. — Zu Maasbüllhof gehört eine Hölzung. — Auf der Feldmark befinden sich 10 Grabhügel, von welchen einer Haalhöi genannt wird.

Maasbüll, Dorf am nördlichen Deiche des Herrenkoogs, 2¾ M. südlich von Tondern, A. Tondern, Bökingh., Ksp. Riesum; enthält 55 Häuser. — Districtssch. — Wirthshaus, Schmiede und einige Handwerker.

Maasbüll, 1 Landstelle (⅛ Pfl.) im A. Tondern, zur Commüne Sollwig gehörig, Ksp. und Schuldistr. Höist.

Maasholm, Fischer- und Schifferort an der Schlei, ½ M. nordöstlich von Cappeln im Gute Oehe, Cappelerh., Ksp. Cappeln. An der südöstlichen Spitze der Halbinsel Oehe scheint ein Ort gelegen zu haben, der vielleicht das in Waldem. Erb. (1231) vorkommende Minnäsby ist, später aber (1588) ein Fischerort Norder-Schleimünde genannt wird. Dieser Ort verging aber vermuthlich 1625 durch eine Ueberschwemmung. Im Jahre 1641 wird „die Maas" statt dessen genannt, wo die Einwohner von

Maasleben.

Schleimünde sich ansiedelten. Maas hielt sich noch eine Zeitlang nach Gelting zur Kirche, späterhin aber der weiten Entfernung wegen nach Cappeln. Dieser Ort bestand bis gegen 1700, da eine abermalige Ueberschwemmung ihn zerstörte und die Bewohner nöthigte, sich auf dem höher belegenen jetzigen Maasholm anzusiedeln. Der Platz wo die Maas lag, heißt jetzt noch „alte Maas." Der Ort ist dicht gebaut und vergrößert sich jährlich. — Zahl der Häuser: 70. — Die Einwohner sind größtentheils alle Schiffer und Fischer. Die Anzahl der Schiffe beträgt 30 von etwa 130 Commerzlasten. Im Orte ist ein Königl. Zollcontrolleur angestellt. — Districtsjch. — Wirthshaus, Schmiede und mehrere Handwerker.

Maasleben, adel. Gut in der Eckernförderharde. Der Haupthof liegt 1½ M. nordöstlich von Eckernförde, Ksp. Siesebye. Die ältesten bekannten Besitzer dieses Guts waren aus der Familie v. Pogwisch, 1440 Wulf Pogwisch, 1630 v. Ahlefeld, 1663 v. Meinstorf, darauf v. Thienen, 1787 v. d. Schulenburg, 1792 v. Ahlefeld (200,000 Rthlr.), 1803 v. Rumohr, 1810 v. Buchwald, 1818 Freih. B. v. d. Schulenburg (70,800 Rthlr.), 1852 J. D. Koopmann (140,000 Rthlr.). Dieses Gut, welches in der Landesmatrikel zu 30 Pfl. angesetzt ist, ward 1794 niedergelegt und außer dem Stammhofe in 52 größere und kleinere Parcelen getheilt. — Es hat ein Areal von 3926 Ton. à 260 □. R., (3703 Steuert., 560,840 Rbth. Steuerw.). — Der Stammhof mit 2 dazu gekauften Parcelen enthält ein Areal von 686 Ton. 7 Sch. R., darunter an Ackerland 486 Ton. 3 Sch. 26 R., Wiesen 29 Ton. 21 R., Hölzung 81 Ton. 2 Sch. 21½ R., Moor 49 Ton. 3 Sch. 18¼ R., Busch 7 Sch. 12½ R., Wasser 32 Ton. 6 Sch. 10½ R., Wege 6 Ton. 7 Sch. 1½ R.; im Ganzen 407 Steuert., (65,120 Rbth. Steuerw.). — Die Untergehörigen besitzen 2808 Ton. 3 Sch. 32 R., nämlich die Freiparcelisten 488 Ton. 6 Sch. 11 R. à 300 □. R., die contribuablen Parcelisten 1241 Ton. 1 Sch. 12 R. à 300 □. R., die Hufner 1013 Ton. à 320 □. R. und die Käthner 165 Ton. 4 Sch. à 320 □. R. — Der Boden ist größtentheils ein sehr guter Lehmboden; ein Theil des Landes der Untergehörigen ist aber nur von mittelmäßiger Art. — Zum Gute gehören die Dörfer **Holstorf** und **Söebye**, 45 contribuable und 20 Freiparcelenstellen und Kathen, von denen einige folgende Namen führen: **Bösbyefeld** (s. Bosebu), **Hakelmark, Hymarkfeld, Sönsbyefeld, Thumbye** (Benennungen ehemaliger Dörfer), **Glasholz, Greensteich, Grünlund, Harzmoor, Hoheluft, Kratt, Mönkmoor, Moorbrügge, Neuteich, Pommerbyeholz, Schnorrum, See, Seeholz, Sinkethal, Stromholz, Sumpf, Tilsmaas, Weichholz**. — Eine Windmühle liegt südlich vom Haupthofe. — Das Wohnhaus ist von Brandmauern, mit Ziegeln gedeckt, und hat ein gewölbtes Souterrain. — Die Districtsschule liegt in Seeholz und hat 2 Classen. — Die beiden im Gute befindlichen Wirthshäuser heißen **Blumenthal** und **Moorbrügge**. 2 Armenhäuser. — Zahl der Einw.: 1240. — Contrib. 1354 Rbthlr., Landst. 1168 Rbth. 41 bß, Hausst. 25 Rbth. 60 bß.

Mabberum, eine untergegangene Insel in Nordfriesland, auf der sich eine Kirche gleiches Namens befand. An ihrer Stelle befindet sich jetzt eine große Sandbank nordwestlich außerhalb dem Nordende der Insel Sylt, welche Sandbank jetzt Röst und auch Salzsand genannt wird, und die eigentliche Mündung der Lister Tiefe in zwei Theile theilt. Die Insel ist wahrscheinlich schon im Jahre 1300 untergegangen.

Magdalenenruhe, eine Parcele des Kanzleiguts Loithof in Angeln, östlich ausgebaut, A. Gottorf, Schlies= und Füsingh., Ksp. Loit.

Maiböl, Dorf auf der Insel Alsen, 1¼ M. östlich von Sonder=
burg, an der Landstraße nach Mummark, im Gute Langenvorwerk, A.
Sonderburg, Augustenburgerh., Ksp. und Schuldistr. Hörup; 11 Vollh.,
1 Halbh., 6 Kathen und 3 Instenstellen. Einzelne ausgebaute Stellen
heißen Lyke, Roi, Hjornwehr und Skaartoft. — Schmiede. —
Die Landauftheilung geschah im Jahre 1773. — Der Boden ist lehmigt
und von schwerer Art.

Maibölgaard, Königl. Gut am Höruper=See, im A. Sonderburg,
Augustenburgerharde; der Hof liegt 1 M. östlich von Sonderburg, Ksp.
Hörup. Der Herzog Johann Christian bildete 1640 dieses Gut, indem
er 5 Bauerhöfe in den nächstliegenden Dörfern niederlegen ließ; 1667
überließ der Herzog Christian Adolph dieses Gut an den König Christian V.
und 1764 wurde es von dem Könige Friedrich V. dem Herzoge Friedrich
Christian als Mannlehn übertragen; 1852 fiel es an die Krone. Zum
Gute gehören Leeböl (Ksp. Tandslet), Mintebjerg und Kobbertoft
(Ksp. Lysabbel). — Das Areal der herrsch. Ländereien beträgt 294 Ton.
6 Sch. 6 R. à 320 □. R., worunter Acker 248 Ton. 4 Sch. 8 R., Wiesen
40 Ton. 6 R., Hölzung und Busch 4 Ton. 4 Sch. 6 R. und an Wohn=
plätzen und Gärten 1 Ton. 5 Sch. 26 R. — Zahl der Einw.: 342.

Margarethenkoog, ein unbewohnter Koog ½ M. südlich von
Husum, im Amte Husum, Süderh., Ksp. Mildstedt. Dieser Koog ward
1511 eingedeicht.

Marien-Capelle, eine ehemalige Capelle in der Lundenberg=
harde, auf der alten Insel Nordstrand, nördlich von Pohnshallig. Sie
ist wahrscheinlich in der Sturmfluth 1362 untergegangen.

Mariengaarde (Marregaarde), Ortschaft 1¾ M. östlich von
Flensburg, A. Flensburg, Ksp. und Schuldistr. Grundtoft. Mariengaarde hat
seinen Namen daher, daß es der St. Marienkirche in Grundtoft gehörte und vor
der Reformation die Wohnung des Predigers gewesen sein soll. Zum Amte
Flensburg, Husbyeh., gehören 2 Vollh. und 1 Kathe; zum Gute Schwensbye,
Nieharde, 1 Kathe. — Areal: s. Lutzhövd. — Der Boden ist sehr gut.

Marienhof, adel. Gut in der Eckernförderharde. Der Haupthof
liegt 1½ M. nordöstlich von Eckernförde, Ksp. Siesebye. Dieser vormalige
Meierhof ist im Jahre 1803 aus ehemaligen Dorffeldern des Guts Bienebek
entstanden; contribuirt für 2 Pfl. und enthält ein Areal von 209 Ton.
23 R. à 240 □. R., darunter Acker 172 Ton. 5 Sch. 12 R. und Wiesen
36 Ton. 3 Sch. 11 R.; außerdem gehören dazu 6 Ton. Moor auf dem
Maasleben'er Moor und 21 Ton. 1 Sch. 56 R. Landes, die vom Gute
Staun angekauft sind, (188 Steuert., 33,020 Rbth. Steuerw.). — Der
Boden ist überall von sehr guter Beschaffenheit. — Das Wohnhaus ist
ziemlich ansehnlich, von Brandmauern und mit Ziegeln gedeckt. — Zahl
der Bewohner: 20. — Besitzer: 1803 Tramm (163,000 ℳ), 1830 C. F.
Voigt (55,800 ℳ). — Einzelne Theile der Ländereien dieses Guts haben
wahrscheinlich dem Schleswigschen Domcapitel gehört, oder sind Kirchen=
ländereien gewesen, denn eine Koppel heißt Papenkamp und 2 Wiesen
werden Hilligewiesen und Papenwiese genannt. — Contrib. 89 Rbthlr.
44 b/ß, Landst. 62 Rbthlr. 64 b/ß.

Marienhof, eine Landstelle unweit der Marienhölzung, in der Nähe der Stadt Flensburg und zur Stadt gehörig; Ksp. St. Marien in Flensburg.

Marienholz, eine Holzvogtswohnung und ein Wirthshaus in der Marienhölzung, nördlich von Flensburg, Ksp. St. Marien in Flensburg. Die hübsche 270 Tonnen große Hölzung gehört der St. Marienkirche in der Stadt; das Wirthshaus wird der angenehmen Lage wegen sehr besucht. Ein kleiner See am Holze heißt Lorkenteich; eine mit einem Graben umgebene Stelle wird der Junkernplatz genannt; Theile der Hölzung heißen Wolfsmoor, Gertrudenholz und Widdaudamm.

Marienkoog (Neuer-Galmsbüllerkoog), ein octroyirter Koog an der West-See, im Amte Tondern, Bökingharde, Ksple. Deezbüll und Dagebüll. Dieser Koog ward 1789 von dem Vorlande des Christian-Albrechtskoog eingedeicht und die Octroy ist vom 20. März 1793. Der Koog steht in der Landesmatrikel zu 28 Pfl. und enthält 1149 Steuert. — Zahl der Höfe und Häuser 30, worunter ein Armenhaus. — Es sind 3 Hauptparticipanten, die einen Inspector für den Koog wählen. — Landst. 574 Rbthlr. 48 b/ß. — Vz.: 156.

Marienthal, adel. Gut in der Eckernförderharde. Der Haupthof liegt ½ M. südlich von Eckernförde, Ksp. Borbye. Marienthal, welches ehemals ein Meierhof des Guts Windebye war, ward im Jahre 1793 davon getrennt und 1806 in die Zahl der adelichen Güter aufgenommen. — Besitzer: 1793 J. G. Lübbes, 1836 C. L. T. Lantzius (286,500 ℳ), jetzt Lantzius Erben. — Dieses Gut contribuirt für 10 Pfl., und hat mit dem Meierhofe Wilhelmsthal (s. das.), dem Dorfe Gosefeld, dem Sandkrug und einigen Ländereien (172 Ton. 20 Q. R.) die an Eingesessene des Königl. Amts Hütten verkauft sind, ein Areal von 1238 Ton. 5 Sch. 24½ R. à 300 Q. R. (1388 Steuert., 180,740 Rbth. Steuerw.). — Im Jahre 1835 ward der Meierhof Wilhelmsthal verkauft und vom Gute getrennt. — Der Haupthof hat ein Areal von 536 Ton. 1 Sch. 20 R. à 300 Q. R., darunter an Acker 378 Ton. 1 Sch. 34 R., an Wiesen 90 Ton., an Moor 53 Ton. 7 Sch. 2 R., an Wasser 7 Sch. 29 R., an Wege und Gärten 13 Ton. 30 R. — Zum Hofe gehört ein Theil des Goos-Sees. — Das Land ist größtentheils ein grandiger Boden. — Contrib. 447 Rbth. 48 b/ß, Landst. 376 Rbth. 51 b/ß, Hausst. 5 Rbth. 25 b/ß. — Zahl der Einwohner: 329.

Marinkekoppel, eine Landstelle bei Fischbekholz im Gute Fischbek, A. Apenrade, Lundtofth., Ksp. Atzbüll.

Mark, 2 kleine Landstellen im Amte Tondern, Wiedingh., Ksp. und Schuldistr. Horsbüll.

Markbek, 3 Kathen nördlich von Rinkenis, A. Apenrade, Lundtofth., Ksp. und Schuldistr. Rinkenis.

Markelsdorf, Oster- (Waldem. Erdb.: Markolfsthorp), Dorf auf der Insel Fehmern, Osterkirchsp., Kirche Burg; enthält 8 Landstellen von verschiedener Größe und 4 Instenstellen. — Schuldistr. Hinrichsdorf. — Areal: 285 Dem. 2 Sch. contrib. Ländereien (516 Steuert.). — Der Boden ist gut.

Markelsdorf, Wester-, Dorf auf der Insel Fehmern, Westerkirchsp., Kirche Petersdorf, 7 Landstellen von 30 bis 60 Drömt Landes und einige Instenstellen. — Districtsschule. — Areal: 241 Dr. 2 Sch. (576 Steuert.). — Der Boden ist ziemlich gut. — In dem s. g. Binnenwasser werden Aale und Barsche gefangen. — Am 26. Januar 1850 brannte dieses Dorf fast gänzlich ab.

Markerup (vorm. Marketorp), Dorf 1½ M. südöstlich von Flensburg, Ksp. und Schuldistr. Husbye. Zum Amte Flensburg, Husbyeh. gehören 1 Zweidrittelh., 1 Halbh., 4 Drittelh., 4 Kathen und 1 Instenstelle; zur St. Nicolaikirche in Flensburg 1 Vollh. und 1 Kathe (1¼ Pfl.) und zum Amte Gottorf, Treyah., als alte bischöfliche Lansten 2 Vollh., 2 Halbh. und 3 Kathen (3 Pfl.); 2 auf dem Markeruperfelde belegene zur Treyah. gehörige Kathen heißen Markerupheide; eine Ziegelei und eine Pastoratskathe auf der Markeruper Feldmark heißen Stendels. — Im Dorfe ist eine Roßmühle und 1 Schmiede. — Areal zum Amte Flensburg: 211 Steuert., Amte Gottorf: 193 Steuert., Nicolaikirche: 63 Steuert. — Der Boden ist theils gut, theils sandigt; die Hölzungen sind nicht unbedeutend. — Bei Markerup hatten die Schleswigschen Bischöfe schon im 13. Jahrh. einen Hof.

Markhäuser, 10 Landstellen im Amte Tondern, Wiedingh., Ksp. Rodenäs, Schuldistr. Rodenäs und Norddeich.

Marnerkoog (Marienkoog), ein kleiner Koog, ¼ M. nordwestlich von Garding, im Westerth. der Landschaft Eiderstedt. Der größte Theil dieses Kooges gehört zum Ksp. Garding und ein kleiner Theil zum Ksp. Tating. Dieser Koog soll schon im Jahre 1100 bedeicht gewesen sein, wodurch Utholm an Everschop landfest geworden sein soll; indeß ist dieses zu bezweifeln, da Everschop und Utholm nach Waldem. Erdbuch (1231) noch Inseln waren.

Marschkoog, ein Koog im Westerth. der Landsch. Eiderstedt, Ksp. und Schuldistr. Tetenbüll. Dieser Koog, welcher schon 1275 eingedeicht sein soll, hat ein Areal von 1378 Dem. 1 Sch. 9 R. Er hat eine niedrige Lage und eignet sich vorzüglich zur Weide und zum Haferbau. In demselben und an den Deichen liegen 6 Höfe, mehrere kleine Landstellen und einige Stellen ohne Land. Auch liegt in dem Kooge der ehemalige adeliche Hof Wulfsbüll (Wulfenbüttel), welcher im 16. Jahrhunderte der Familie Hoyer gehörte und späterhin Fürstl. ward. Im Kooge ist eine Windmühle.

Mauenholz, 5 Kathen im Amte Gottorf, Satruph., Ksp. und Schuldistr. Satrup.

Maugstrup (vorm. Marstorp), Kirchdorf 1¼ M. nordwestlich von Hadersleben, A. Hadersleben, Osterth., Gramh., Pr. Hadersleben; enthält außer der Prediger- und Küsterwohnung 3 Dreivirtelh., 17 Halbh., 4 Viertelh., 16 Landbohlen und 12 Instenstellen. Auf dem Pastoratgrunde liegen 4 Landbohlen. Als im Jahre 1811 eine Feuersbrunst 9 Hufen und 5 Landbohlen zerstört hatte; wurden mehrere Stellen ausgebaut. — Districtsschule. — Prediger-Wittwenhaus. — Wirthshaus, Brennerei, 2 Schmiede und mehrere Handwerker. — Die Kirche ist ein starkes Gebäude und hat einen Thurm mit einer Glocke. Sie erhielt von dem gelehrten Prediger Petrus Wandalinus eine nicht unbedeutende Bibliothek, in welcher griechische Handschriften waren, zum Geschenk, die aber späterhin verloren ist. Vor der Reformation hatte der Bischof das Patronatrecht derselben, jetzt ernennt der König den Prediger, der auch Prediger der Filialkirche in

Marstall. 343

Jägerup ist. — **Eingepfarrt**: Faargaard, Holmshuse, Jomfrueled, Kongsted, Maugstrup, Mellemhauge, Myrgaard, Ringtved, Simmersted, Ulriksbjerg. — Der Herzog Hans erbaute in Maugstrup ein Jagdschloß, dessen Grund er, nachdem es verfallen war, dem Prediger schenkte, der hier den Predigerhof erbaute, welcher noch mit Wällen umgeben ist. — Der Boden ist lehmigt, ziemlich gut und fruchtbar. — Westlich vom Dorfe liegt eine Anhöhe Stevnhöi, worauf vor Zeiten das Dinggericht gehalten ist. — Vz. des Ksp.: 779.

Marstall, Flecken auf der östlichen Seite der Insel Aerö, an der Ostsee, Bisthum Alsen und Aerö. Dieser Ort soll seinen Namen von einer Fürstl. Stuterei, welche südlich vom Flecken lag, erhalten haben. Ursprünglich wohnten hier nur einige Fischer, die sich nach und nach größere Fahrzeuge bauten und einen erweiterten Handel trieben. Im Laufe der Zeit vergrößerte der Ort sich besonders seit dem Anfange des 18. Jahrhunderts so ansehnlich, daß 1768 schon 83 Häuser entstanden waren und 900 Einwohner hier lebten, die 50 eigene Schiffe in der See hatten; 1803 waren hier 123 Fahrzeuge von 1300 C.=L. und diese Anzahl stieg einige Jahre darauf zu 150. — Dieser Flecken liegt ziemlich hoch und das höchste Wasser der Ostsee steigt nicht bis an die Häuser. Er ist unregelmäßig gebaut und die 22 Straßen sind uneben und schmal, die Häuser sind niedrig und von Fachwerk. Der südliche Theil des Fleckens, welcher nach einer bedeutenden Feuersbrunst im Jahre 1815 neu erbaut ward, ist der schönste. Von der Seeseite hat Marstall eine schöne, malerische Lage, aber von der Landseite nicht, da es sich an einen, gegen die Ostsee sich senkenden Hügel lehnt, und nur ein kleiner Theil davon gesehen werden kann. — Die Anzahl der Häuser beträgt 370, die der Einwohner 2284, worunter 7 Schiffszimmerleute, 2 Segelmacher, 14 Krämer, 1 Lichtgießer, 3 Brauer, 3 Schmiede, 3 Bäcker und Handwerker fast aller Art. — Im Flecken sind 2 Schulen, 1 Armenhaus, 2 Wirthshäuser und 1 Windmühle. — Marstall hat jetzt 140 Fahrzeuge (größtentheils Jachten), außer einer großen Anzahl Böte. Der Hafen, welcher zum Theil von der Natur gebildet aber sehr verbessert worden, ist geräumig und sicher. Die Frachtfahrt zur See und die Fischerei sind fast die einzigen Nahrungszweige der Einwohner, denn der Handel und die Gewerbe bringen wenig ein, da der Ort keine günstige Lage dafür hat. Bis zum Jahre 1814 stieg der Wohlstand des Orts bedeutend, aber nach dieser Zeit und besonders durch die Veränderung des Geldwesens litt Marstall einen unersetzlichen Verlust und der Ort gerieth etwas in Verfall. — Der Flecken hat keine besondere Civilobrigkeit, sondern fortirt unter der allgemeinen Landes=Jurisdiction in Aeröeskjöbing. — Marstall gehörte vormals zum Riser Kirchspiele, dessen Kirche fast 1 M. davon entfernt liegt. Eine Kirche ward 1738 erbaut, blieb noch ein Filial von Rise, ward aber 1766 davon getrennt und erhielt einen eigenen Prediger. — Die Kirche ist ziemlich groß, hell und mit Schiffsmodellen verziert. Sie hat einen kleinen Thurm und eine Spitze. — Der König ernennt den Prediger. — **Eingepfarrt**: Borgemark, Gudsgave, Gräsvänge, Halmöe, Kattesov, Knasterbjerg, Kragnäs, Marstall (Flecken und Dorf), Ommel, Ommelshoved, Rolboested, Trappendal, Trauslyke, Vesterskov. — Von Marstall geht eine Fähre nach Risting auf Langeland, und ein Königl. Lootse ist verpflichtet nach Rudkjöbing, Nyborg und nach den südlichen Städten auf Fühnen Fahrzeuge zu lootsen. — Die Ländereien, welche zum Flecken gehören, enthalten ein Areal von 124 Steuert., die im Jahre

1831 getheilt sind. Vormals war die ganze Gegend um Marstall mit Hölzung bewachsen, welche von den Lübeckern und späterhin von den Schweden theils verbrannt, theils zerstört sein soll; man findet häufig auf der Feldmark Eichen- und Buchenkohlen. Westlich auf der Insel sagt noch jetzt der Bauer, wenn er nach Marstall will „Jeg vil ud i Skoven" (ich will nach der Hölzung). Auf der Feldmark ward vor mehreren Jahren ein Topf mit silbernen Münzen gefunden, alle aus der Zeit des Königs Christian IV.. — Bei der Marstaller Mühle befindet sich ein Grabhügel. — Vz. der ganzen Gemeinde: 3365.

Marstall, Dorf auf der Insel Aeröe, nahe nördlich an dem Flecken Marstall, Ksp. Marstall; 5 Vollh., 1 Fünfachtelh., 1 Halbh., 1 Dreiachtelh., 2 Viertelh., 5 Bohlparcelenstellen, 2 Instenstellen und 9 Häuser ohne Land. (7 Pfl.). — Schuldist. Marstall. — Schmiede, 1 Schiffszimmermann. Die Einwohner ernähren sich außer der Landwirthschaft von Seefahrt und Tagelöhnerarbeit. — Der Flächeninhalt der Ländereien, welche von dem niedergelegten Gudsgave 1768 angekauft wurden, beträgt 247 Steuert.

Mastrup (vorm. Marstorp), Dorf ¾ M. südwestlich von Hadersleben, A. Hadersleben, Osterth., Haderslebenerh., Ksp. Hoptrup. — Dieses ansehnliche Dorf, welches in Sönderbye- und Nörbye-Mastrup eingetheilt wird, enthält 9 Vollh., 7 Halbh., 5 Viertelh., 24 Landbohlen und 2 Instenstellen. Zu Sönderbye gehören die ausgebauten Landbohlstellen Kirkedal, Mikkelsborg, Rundbjerg, Sarildborg, Skjönholt (Schönholt) und Skovlund; zu Nörbye die ausgebauten Hufen Nörbyegaard und Nörskovgaard und die Landbohlstellen Broeskovvei und Langkjärskov. — Districtsschule. — Prediger-Wittwenhaus. — Wirthshaus, 2 Schmiede und mehrere Handwerker. — Im Dorfe sind 2 Hadersleber Kirchenlansten, denn 1448 schenkte Claus Mathia der Kirche in Hadersleben ein Gut in Mastrup, wofür zur Ehre der Heil. Jungfrau täglich Messe gehalten werden sollte. — Der Boden ist sehr gut und fruchtbar.

Matthiesbjerg, eine Stelle an der Landstraße von Tondern nach Hadersleben, neben einer Anhöhe südlich von Rangstrup im A. Hadersleben, Norderrangstruph., Ksp. Agerskov.

Medehoop, 8 Höfe ¼ M. nordwestlich von Garding im Westerth. der Landsch. Eiderstedt, Ksp. und Schuldistr. Tating. Der Medehooper-Koog ward im Jahre 1412 eingedeicht.

Medelbye (vorm. Mathelbui, Mehlbye), Kirchdorf an der südlichen Landstraße von Flensburg nach Tondern, 2¼ M. westlich von Flensburg, A. Tondern, Karrh., Pr. Tondern; enthält 13 Bohlstellen von verschiedener Größe, 13 kleine Landstellen und 6 Häuser; 3 dieser Bohlstellen (3 volle Güter) gehörten ehemals zum Domcapitel und wurden 1477 erworben; 2 Bohlstellen (jetzt 4 Bohlstellen und 5 Kathen) besaß das Heil. Geisthaus in Flensburg, welche 1551 dem Hospitale daselbst beigelegt wurden. Eine Colonistenstelle gehört zur Colonie Friedrichshof. Districtsschule. — 2 Wirthshäuser, Schmiede und mehrere Handwerker. — Die Kirche liegt sehr hoch und ist in einem weiten Umkreise sichtbar; sie ist von Feldsteinen aufgeführt und mit einem Bleidache versehen. In dieser Kirche ward eine Bahre aufbewahrt, auf welcher man vor der Reformation den Priester in Procession um die Felder trug, damit er das Korn segne. — Der Prediger wird von dem Amtmanne und dem Probsten

Medolden.

präsentirt und von der Gemeinde gewählt. — Eingepfarrt: Abroe, Bögel=
huus, Börlund, Friedrichshof (z. Thl.), Holt, Horsbek, Jardelund, Medelbye,
Osterbye, Strichsand, Weesbye, Weesbyelund. — Areal: 727 Steuert. —
Der Boden ist nur von mittelmäßiger Art und mager. — Vz. des Ksp.: 1523.

Medolden (Meolden), Kirchdorf im Stiftsamte Ripen, Löeharde,
3 M. nordwestlich von Tondern, Löe=Hardesprobstei. In diesem Dorfe
sind 1 Dreiviertelh. und 2 Halbh. (1¾ Pfl.), welche zum A. Lygumkloster,
Vogtei Skjärbäk, und 2 Halbbohlstellen, welche zur Commüne Kurbüll und
Südergaard gehören. — Eingepfarrt vom A. Lügumkloster: Forballum,
Ottersböl und außerdem mehrere Höfe und Häuser, die zum A. Ripen
gehören. — Vz. des Ksp. zum A. Lygumkloster: 91.

Medsted (Mestedegaard), ein Freihof, jetzt 2 Vollh., 5 Kathen
mit und 2 Kathen ohne Land, im A. Hadersleben, Osterth., Ksp. Halk. —
Im Jahre 1660 gehörten zu diesem Hofe (1$\frac{93}{102}$ Pfl.) 6 Landbohlen. Die
Privilegien wurden von dem Könige Erich von Pommern im Jahre 1416
ertheilt und der Hof 1422 von Jeppe Jversen Staversko an das Capitel
zu Hadersleben verkauft.

Meelbye, Dorf 2½ M. südlich von Ripen, an das Dorf Skjärbäk
gränzend, A. Hadersleben, Westerth., Hviddingh., Ksp. und Schuldistrict
Skjärbäk; 1 Viertelh., 4 Verbittelsstellen und 9 Insteustellen ($\frac{59}{288}$ Pfl.). —
Wirthshaus, Schmiede. — Areal s. Skjärbäk. — Der Boden ist von
verschiedener Art, theils Marsch, theils Geest.

Meels (vorm. Mialles), Dorf auf der Insel Alsen, am Meelser=
See, ¾ M. südwestlich von Norburg, A. Norburg, Norderh., Ksp. Orböl.
Dieses niedrig liegende Dorf enthält 4 Vollbohlen, 9 Dreiviertelbohlen,
6 Halbbohlen, 2 Drittelbohlen, 1 Viertelbohle, 13 Kathen und 6 Insteustellen;
außerdem werden noch zum Dorfe 1 Bohlstelle und ein Packhaus gerechnet,
welches Steghuus genannt wird und bei dem schmalen Einlaufe des Wassers
aus dem Stegwiger Meerbusen in den Dybiger Hafen liegt. Eine bei
einer kleinen Königl. Hölzung am Oldenoor=See belegene Landstelle
heißt Kolmusgaard. — Districtsschule. — Schmiede und einige Hand=
werker. — Der Herzog Abel verzichtete 1245 auf alle Gerechtsame dieses
Dorfes nach einer Theilung mit seinem Bruder dem Könige Erich. —
Areal: 974 Steuert. — Der Boden ist theils ziemlich gut, theils aber
auch westlich am Strande sehr mittelmäßig. — Der sehr fischreiche Meelser=
See, welcher durch einen Damm vom Meere getrennt ist, wird von dem
Amte verpachtet.

Meelsgaard, ein vormaliges Königl. Kammergut auf der Insel Alsen,
A. Norburg, Norderh., Ksp. Orböl. Die Stammparcelenstelle liegt
am Meelser=See, ½ M. südwestlich von Norburg. Besitzer dieses Guts
waren 1517 die Familie v. Holck. Am Ende des 16. Jahrhunderts kaufte
der Herzog Johann v. Sonderburg dieses Gut, 1622 kam es an das
Norburgische Haus und 1730 an den König. Es soll anfänglich nur aus
einer Hufe bestanden, aber sich nach und nach vergrößert haben. Es con=
tribuirt für 6 Pfl. und ward im Jahre 1767 niedergelegt und das Land
von 614 Ton. 4 Sch. Areal à 320 □. R. in 16 Parcelen getheilt, von
denen eine Parcele 101 Ton. und die übrigen eine Größe von 11 Ton.
4 Sch. bis 65 Ton. erhielten. Jetzt sind hier 37 Parcelenstellen; eine 62½ Ton.,
4 von 14¾ bis 27½ Ton., 12 von 3 bis 6¾ Ton. und 20 von 1 bis

2¾ Ton. Im Ganzen 389½ Steuert. — Einzelne Parcelenstellen heißen Steensgaard, Engsletgaard, Skovgaard und Damsgaard. — Schuldistrict Meels.

Meeschendorf (Waldem. Erdb.: Mizánthorp), Dorf auf der Insel Fehmern, Osterkirchspiel, Kirche Burg. Dieses Dorf, welches eine hohe Lage hat, enthält 8 größere Landstellen, 11 kleinere Landstellen und 8 Instenstellen. — Districtsschule. — 1 Krämer, 1 Schiffer. — Das contribuable Ackerland enthält 307 Dr. 2 Sch. 1 F. (718 Steuert.) — Der Boden ist von sehr guter Art.

Meggerdorf, Dorf 2¼ M. südwestlich von Schleswig, südlich vom Meggerkoog, A. Gottorf, Meggerdorfh., Ksp. Bergenhusen. Dieses Dorf enthält 15 Vollstaven, von denen 2 der Landesherrschaft gehören, 11 Halbstaven und 11 Kathen (14 Pfl.). Eine südlich ausgebaute Vollstave auf dem Sorgmoor heißt Sorg (auf dem Sorge); eine Kathe nahe dabei mit einer Schleuse an der neuen Sorge heißt Sandschleuse (Wirthshaus); die beiden letztgenannten sind aber zu Erfde eingepfarrt. Eine Reihe Häuser liegen östlich am Umleitungsdeich der Sorge und heißen auf der Umleitung; eins davon am Wege nach Tetenhusen heißt Lohmannsbrücke; eine Kathe heißt Au (auf der Au). — Districtsschule. — Schmiede. — Areal: 895 Steuert. — Das Dorf hat eine öde Lage und das Ackerland ist nur von mittlerer Güte. — Bei der Vollstave Sorg war schon in früheren Zeiten eine von den Stapelholmern zur Vertheidigung ihres Landes erbaute Schanze, die Sorger Schanze; sie ward 1696 von dem Herzoge aufs neue aufgeführt, ein Jahr darauf von den Königl. Kriegsvölkern eingenommen und geschleift, darauf 1699 wiederum von dem Herzoge neu erbaut und 1700 von dem Könige erobert und zerstört. Im Jahre 1850 wurde östlich von Meggerdorf eine neue Schanze angelegt.

Meggerkoog, ein octroyirter Koog im A. Gottorf, Meggerdorfharde, 2¼ M. südwestlich von Schleswig, Ksple. Bergenhusen und Kropp. Dieser Koog ist durch eine um 1650 durch Holländer begonnene Austrocknung des Megger=Sees entstanden und ihm wurden 1701 von dem Herzoge Friedrich IV. dieselben Privilegien beigelegt, welche der Börmerkoog hatte. Eine erneuerte Octroy erhielt der Koog am 23. Juli 1737. Bei der Eindeichung wurden mehrere Schöpfmühlen und eine Schleuse zur Entwässerung gebaut, späterhin ward statt dieser Mühlen eine Dampf=Abwässerungsmühle errichtet, welche jetzt mit einer Kornmühle verbunden ist. Das Land dient fast nur zur Heuwindung. Die Hauptgraben (Schloten) heißen Kummer=, Damm=, Maschedamm=, Schirnis=, Vierzehnfuß= und großer Mühlenschlot. Das Wasser, welches die Mühle nicht ausschöpfen kann, läuft durch die im Jahre 1830 erbaute Schleuse in die Börmeraue, aus dieser in die Sorge und dann durch die Steinschleuse in die Eider. — Die Größe des Kooges und der dazu gehörigen Ländereien beträgt 2110 Dem. (914 Steuert., 17 Pfl., 73,120 Rbthlr. Steuerw.), wofür jährlich 1100 Rthlr. in Kronen Recognitionsgelder entrichtet werden. Die Grundstücke bestehen aus sehr niedrig liegenden Wiesen, die im Winter so sehr mit Wasser bedeckt sind, daß es kaum von den Wohnhäusern abgehalten werden kann. Im Laufe der Zeit sind 57 Häuser in diesem Koge erbaut, die meisten liegen in einer Reihe im Süden an der Meggerdorfer Scheide, 10 Häuser im Nordwest heißen Fünfmühlen, wobei die Dampfmühle, 2 Häuser in Winn, 3 Neppel mit einer Schule (Ksp. Kropp),

Mehlbye.

3 Moorland (Ksp. Kropp), 1 Haus am Umleitungsdeich heißt auf dem Bek (Ksp. Kropp), 2 Häuser südlich von Fünfmühlen Schirnis. Unter den westlich belegenen 8 Häusern ist eine Nebenschule. Das vormalige Inspectoratgebäude, vormals Sophienruhe, jetzt Johannisberg genannt, liegt auf der Meggerdorfer Feldmark, gehört aber zum Kooge und ist bisher Wohnsitz des Besitzers. Der Haupttheil des Koogs wurde 1835 an H. Tiedemann verkauft, welcher auch den Besitz der übrigen Theile an sich brachte. Besitzer sind dessen Erben. Die Häuser sind das Eigenthum der einzelnen Eingesessenen, für die Bauplätze und die zu den Häusern gehörigen Gärten entrichten sie aber jährlich an den Besitzer eine Grundhäuer von 4 β à O. N.. Die Häuerinsten bezahlen 1 Rthlr. Instengeld jährlich. — Wirthshaus, Schmiede, 6 Fischer. — Dem Besitzer des Koogs gehört ein Grundstück außerhalb des Koogs am Deich Spijunken genannt, welches sehr gutes Heu und etwa 50 — 60,000 Schofe Rohr liefert; auch gehört eine bei Meggerdorf belegene Heufenne (die Wichelfenne) zum Kooge. Im Meggerkooge finden sich Ueberreste von Balken, Kalk und Steinen, die der Sage nach von einem großen Gebäude herrühren, welches Holländer, die den See eindeichten, aufgeführt haben sollen. — Ehemals lag auch ein Herrenhaus im Koog selbst, auf dem s. g. alten Hof. — Vz.: 398.

Mehlbye (Meelbye, Medelbye), Dorf im Gute Röest, ¼ M. westlich von Cappeln, an der Landstraße nach Flensburg, Cappelerh., Ksp. Cappeln; 3 Halbh., 1 Viertelh., 2 Achtelh., 2 Zwölftelh., 10 Kathen und 8 Instenstellen. Die Häuser, welche den westlichen Theil des Dorfes ausmachen, werden Trotzmehlbye genannt; 3 zum Dorfe gehörende Kathen heißen Freudenlund (Mehlbyediek) und 1 Kathe Grauhövd (Pflz. im Ganzen 2 $\frac{1}{24}$). Districtsschule. — Schmiede, 3 Grützmüller. — Im Dorfe ist ein landwirthschaftliches Institut mit einer thierärztlichen Vorbereitungsschule. — Bei dem an der Landstraße belegenen Wirthshause ist ein Schlagbaum, wo Wegegeld entrichtet wird. — Areal: 245 Hdtsch. ½ Sch. (160 Steuert.). Der Boden ist von guter Art.

Meierhof, Alter-, eine am Flensburger Meerbusen belegene Parcelenstelle mit 7 Ton. 1 Sch. Landes à 320 O. N., A. Flensburg, Munkbraruph., Ksp. Munk-Brarup. Diese Gegend hieß früher Westernäs und hier war eine Hufe mit einer Ziegelei Wester-Ziegelhof genannt, welche 1692 abgebrochen ward; es ward auf den Ländereien darauf hier der Glücksburger s. g. Alte Meierhof oder Westerwiek errichtet.. Dieser Meierhof wurde darauf 1773 nach Neufeld verlegt (s. Neufeld). Auf den Ländereien des ehemaligen Hofes liegt Meierwiek (s.das.). In dem hier angränzenden Theile des Flensburger Meerbusens wird die Fischerei stark betrieben.

Meierholm, Kanzleigut, ¼ M. östlich von Tondern, A. Tondern, Karrh., Ksp. Tondern. Dieses Gut ward im Jahre 1779 von dem Gute Hestholm abgelegt und hatte ein Areal von 101 Dem. Späterhin wurden 65 Dem. davon verkauft, im Jahre 1824 aber 33 Dem. angekauft, wodurch das Gut jetzt einen Flächeninhalt von 66 Dem. hat. Die Gebäude sind gut unterhalten. — Besitzer: 1779 Thomsen, darauf Junker; im Jahre 1824 ward es für 8100 ℳ an Tobsen verkauft.

Meierwiek, Ortschaft im A. Flensburg, ¼ M. nordöstlich von Flensburg, in der Nähe des Flensburger Meerbusens, von welcher 2 Kathen, von denen eine mit ziemlichen Ländereien, und eine Ziegelei zur Husbyeh. und zum Ksp. Adelbye (s. Twedterholz), 2 Kathen nebst einer Wassermühle in angenehmer holzreicher Gegend zur Munkbraruph., Ksp. Munk=Brarup gehören. Eine der letzteren Kathen liegt am Strande und heißt Solitude. Die Mühle ist eine Graupen= und Stampfmühle mit 16 Ton. 5½ Sch. Landes. — Der Boden ist ziemlich gut.

Meilbye, Dorf 2 M. nordöstlich von Ripen, A. Hadersleben, Kals=lundh., Ksp. Lintrup; 1 Vollh., 1 Dreiviertelh., 9 Halbh., 5 Viertelh. 10 Kathen mit und 9 Kathen ohne Land. Eine nördlich ausgebaute Viertelh. und Wirthshaus heißt Fuglebäk. — Districtsschule. — Armenhaus, Wirthshaus. — Areal: 610 Steuert. — Der Boden ist zum Theil recht gut. — Auf der Feldmark sind einige Grabhügel.

Mellerup, Dorf 3½ M. südwestlich von Hadersleben, A. Hadersleben, Westerh., Norderrangstruph., Ksp. und Schuldistr. Agerskov; 4 Hufenstellen und 2 Kathen (4 Ott.). Eine ausgebaute Hufe heißt Kravlundgaard. — Areal: 365 Ton. à 320 □. R. (118 Steuert.), worunter aber an Haideland etwa 150 Ton. — Der Boden ist höchst mittelmäßig. — Hier sind mehrere kleine Ziegelöfen worin im Sommer gebrannt wird.

Mellerup (Meldcrup), Dorf 1¼ M. südwestlich von Apenrade, A. Apenrade, Riesh., Ksp. Bjolderup; enthält 5 Hufen, 1 Drittelh., 2 Sechstelh., 1 Kathe und 3 Instenst.; 5 Hufen und 2 Instenst. gehörten sonst zum A. Hadersleben, Vogtei Bollerslev; 1 Hufe gehörte zum ehemaligen Gute Linde=with. — Schuldistr. Alslev. — Einige Einwohner beschäftigen sich mit Ziegelsteinbrennen. — Areal zum A. Apenrade: 133 Steuert. — Der Boden nahe am Dorfe ist sandigt, der entfernte lehmigt. — Zwischen dem Dorfe und der Landstraße liegen einige Grabhügel, von denen die beiden ansehnlichsten Tulleshöi und Gravnhöi heißen.

Mellerup, 12 Kathen 1¾ M. östlich von Ripen im Gute Gram, A. Hadersleben, Frös= und Kalslundh., Ksp. und Schuldistr. Fohl.

Melletgaard, eine Königl. Holzvogtswohnung an der Landstraße von Sonderburg nach Norburg, auf der Insel Alsen, A. Norburg, Norderh., Ksp. Svendstrup. — Diese Stelle hat ihren Namen von dem niedergelegten Hofe Melwithgaard (s. Hirschsprung). — Dienstland: 3 Ton.

Meng (Mengbye), Dorf am Heils=See, 1¼ M. nordöstlich von Hadersleben, A. Hadersleben, Osterh., Tyrstruph., Ksp. Aller; enthält 6 Hufen von verschiedener Größe und 6 Landbohlen und Instenst. Eine ausgebaute Hufe heißt Menggaard. Ein Hufenbesitzer ist ein Lanste des Goschenhofes in Eckernförde. — Schuldistr. Anslet. — Unter den Ein=wohnern sind einige Fischer. — Der Boden ist nur von mittelmäßiger Art.

Messmark, ein ehemaliges Dorf von 4 Hufen im Gute Sardorf, Ksp. Riesebye. Es ward am Ende des 16. oder im Anfange des 17. Jahrhunderts niedergelegt und existirte 1635 nicht mehr.

Messunde (Missunde, vorm. Mysund), Dorf an der Schlei, 1¼ M. nordwestlich von Eckernförde an der Landstraße nach Flensburg, im Gute Ornum, Eckernförderh., Ksp. Kosel. — Der Name dieses Dorfes ist vielleicht dadurch entstanden, daß in frühern Zeiten, vor Erbauung der Koseler Kirche, die Bewohner der Südseite der Schlei um nach Brodersbye zur Messe zu kommen, sich hier übersetzen ließen. Es enthält 7 Hufen, 18 Kathen und 8 Instenst., welche bis auf 14 Kathen in Zeitpacht verhäuert sind. — Das Königl. Fährhaus, welches zugleich ein Wirthshaus ist, liegt in Angeln und gehört zum A. Gottorf, Füsingh., (Ksp. und Schuldistr. Brodersbye).

Mettenwarf.

Die Breite der Schlei beträgt hier 320 Ellen. Die Fähre ist zugleich für Wagen eingerichtet und der Pächter bezahlt jährlich eine Pachtsumme von 400 Rthlr. — Eine Hufe in Missunde gehörte bis zur Reformationszeit zur Vicarie der 10,000 Ritter am Schleswigschen Dom. — Schule — Schmiede. Bei Messunde wird viel Korn, Butter und Käse verladen und das Gut Ornum erhält für jeden Wagen, welcher solche Producte dahin bringt, eine geringe Abgabe. — Der Boden ist größtentheils sandigt und leicht. — In dieser Gegend der Schlei beging Lauge Gudmundson in der Mitte des 13. Jahrhunderts den Mord an dem Könige Erich Plogpenning. — Gefecht bei Messunde am 23. April 1848 und am 12. Sept. 1850. Im Jahre 1820 wurde hier eine starke Schanze angelegt und über die Schlei eine Schiffbrücke geschlagen.

Mettenwarf (Rodenäshof), eine Landstelle im A. Tondern, Wiedingh., Ksp. und Schuldistr. Rodenäs.

Mevenberg, eine kleine unbewohnte, zum A. Gottorf, Arensh., gehörige Insel in der Ober=Schlei zwischen Schleswig und Haddebye, welche ehemals durch Brücken mit dem festen Lande verbunden sein soll. Auf dieser Insel stand schon 1105 zur Zeit des Königs Nicolaus ein Schloß, die Jurisburg (Juriansburg, Jürgensburg) genannt und im 17. Jahrh. wurden noch Spuren von starken Grundmauern bei Nachgrabungen aufgefunden. Dieses Schloß war die Residenz der Herzöge, ehe Gottorf dazu eingerichtet ward, und hier residirte Knud Lavard im Anfange des 12. Jahrhunderts. Zu den Zeiten der Könige Erich Emund und Waldemar diente das Schloß zur Aufbewahrung von Staatsgefangenen. Der König Erich der Pommer hatte hier 1406 sein Lager, ward von den Holsteinern überfallen und entkam nur mit großer Mühe. — In den Gottorfer Amtsregistern aus dem Jahre 1600 über die Einkünfte von dem Grase und dem Schilfe der Insel wird noch der Name Jürgensburg angeführt. — Jetzt ist diese Insel im Sommer der Aufenthaltsort unzähliger Meven, deren Tödtung oder Einfangung an einem der letzten Tage des Juli erlaubt wird, woraus ein Volksfest für die Schleswiger geworden ist.

Meyn (vorm. Meden), Dorf an der Meynaue, 2 M. östlich von Flensburg, A. Flensburg, Wiesh., Ksp. Wallsbüll. Zum A. Flensburg gehören 1 Halbh., 1 Dreiachtelh., 7 Viertelh., 2 Dreisechszehntelh., 4 Achtelh. und 10 Kathen ($4\frac{1}{4}$ Pfl.). Eine ausgebaute Stelle heißt Schropf, eine andere Meynfeld; zum A. Husum, Vogtei Schwabstedt gehören 3 Hufen (2 Pfl.). Auf der Feldmark sind 2 Colonistenst. erbaut; 1 Halbh. und 2 Viertelh. (1 Pfl.) gehörten zum ehemaligen Schleswigschen Domcapitel. Hier ist eine Erbpachtswassermühle, Wirthshaus, Schmiede, Färberei. — Schuldistr. Wallsbüll. — Areal zum A. Flensburg: 696 Steuert.; zur Vogtei Schwabstedt mit den zur Vogtei Wallsbüll gehörenden Ländereien: 384 Steuert. — Der Boden ist ziemlich gut.

Miang, Dorf $1\frac{1}{4}$ M. nordöstlich von Sonderburg auf der Insel Alsen im Gute Langenvorwerk, A. Sonderburg, Augustenburgerh., Ksp. und Schuldistr. Hörup; 13 Vollh., 4 Kathen und 13 Instenst., von welchen letzten eine Aghöi und eine Mailed genannt werden. — Schmiede. — Die Landaufteilung fand 1778 statt. — Der Boden ist gut und die Moore sind nicht unbedeutend. — Der nördlich belegene Mianger=See, durch Abdämmung des Augustenburger Hafens entstanden, ist fischreich. — Auf der Mianger Feldmark an der Gränze des Tandsleter Kirchspiels befinden sich mehrere Grabhügel.

Midlum, Dorf auf Osterland=Föhr, A. Tondern, ½ M. nordwestlich vom Flecken Wyk, Ksp. St. Johannis. Dieses Dorf, welches an der Gränze zwischen der Geest und der Marsch liegt, hat 80 Häuser. Unter den Einwohnern sind viele Seefahrer. — Districtsschule. — Areal: 157 Dem. 122 R. Geestland und 737 Dem. 126 R. Marschland. Beides ist von verschiedener, doch das letztere von geringerer Güte. — In der Nähe des Dorfes wird tief unter der Oberfläche weniger und nur mittelmäßiger Torf gegraben.

Mielberg, eine vormals Fürstl., nachmals Königl., Schäferei, 1¼ M. südlich von Schleswig, A. Gottorf, Kropph., Ksp. und Schuldistr. Kropp. Mielberg ward im Jahre 1768 in 6 Parcelen getheilt. Jetzt sind hier 2 Vollh. (2 Pfl.), von denen eine an der Chaussee belegene Mielbergkrug genannt wird und ein Wirthshaus ist. — Areal: 395 Ton. 5 Sch. 3 R. à 260 □. R. — Der Boden ist sandigt; die Wiesen liegen sehr entfernt bei Börm.

Mierensick, 2 Viertelh. und 3 Kathen im Gut Hohenlieth, Eckernförderh., Ksp. Sehestedt, Schuldistr. Holtsee.

Mildaue, ein kleiner Fluß im A. Husum, welcher vormals die östliche Scheide von Eiderstedt ausmachte, zwischen Rantrum und Mildstedt seinen Ursprung nahm und sich südlich in die Nordeider ergoß. Als der Lagedeich im Jahre 1584 angelegt ward erhielt der Fluß eine andere Richtung und ging nun durch den Margarethenkoog nach Legelichheit, wo er sich in die Nordeider ergoß, bis er zuletzt nach der Eindeichung der Südermarsch nach der Husumeraue geleitet ward, welchen Lauf er noch jetzt hat.

Milde, eine vergangene Kirche in der Landschaft Eiderstedt (vorm. Tönningharde), etwa ½ M. südlich von Vollerwick. Die Zeit ihres Unterganges ist unbekannt.

Mildeburg (Mildesburg), eine ehemalige Burg südlich von Mildstedt an der Milderaue. Diese Burg, der Sage nach eine Stadt, ward in der Mitte des 12. Jahrhunderts während der Kriege der Könige Svend und Knud um das dänische Reich, nach dem Begehren des Königs Knud von den Friesen an einem See (der Oster=See) und an einem grundlosen Morast erbaut, und bald darauf 1151 von dem Könige Svend eingenommen. Hundert Jahre darauf versammelte hier der König Abel ein starkes Kriegsheer gegen die Friesen, mit welchem er vorrückte und südlich von Oldensworth ein Lager bezog; er ward in demselben überfallen zog sich mit seinem Heere schnell zurück und ward auf diesem Rückzuge 1252 auf dem Milderdamm in der Nähe dieser Burg an einer Brücke erschlagen. — Vermuthlich ward die Burg bald nachher zerstört. Im 16. Jahrhundert soll man noch Spuren dieser Burg, und sogar in welcher Richtung die Straßen gegangen sind, haben sehen können.

Mildstedt (vorm. Milstede), Kirchdorf ½ M. südöstlich von Husum, an der Landstraße nach Schwabstedt, A. Husum, Süderh., Pr. Husum. — Dieses alte schon in sehr früher Zeit bekannte Dorf hat seinen Namen von der Mildaue und soll durch die Zerstörung der Mildeburg (s. Mildeburg) an Wohlstand gewonnen haben. Es enthält 1 Halbstave, 7 Drittelst., 6 Viertelst., 6 Fünftelst., 5 Sechstelst., 2 Zwölftelst., 16 Kathen mit und 4 Kathen ohne Land (8 Pfl.). — Districtsschule. — Wirthshaus, Schmiede und mehrere Handwerker. — In Mildstedt wird jährlich das Dinggericht der Süderharde gehalten. — Die älteste Kirche, zu der vor-

Mildstedthof.

mals und bis zum Jahre 1448 die Husumer eingepfarrt waren, wurde von den Dithmarschern im Jahre 1413 abgebrannt wie es im Liede heißt: „De Watermöle tho Husum brenneden wi af, dar verworven wi Prys un Ere; de Karke tho Milstede brenneden wi af, dat vergeve uns Gott der Herre". Die jetzige Kirche ward 1431 erbaut, ist groß, hat einen nur kleinen Thurm und ein gewölbtes Chor. Die Bilder der 12 Apostel, welche in der Wasserfluth 1634 angetrieben kamen, wurden in der Kirche aufgestellt. Die Familie Schleiden besitzt hier ein aufgemauertes Begräbniß. — Vormals standen an der Kirche 3 Prediger; eine dieser Stellen ging 1767 ein. Die jetzigen beiden Prediger werden von dem Amtmanne und von dem Probsten präsentirt und von der Gemeinde gewählt. — Eingepfarrt: Darigbüll, Finkenhaus, Hakenhof, Halbmond, Oster- und Norder-Husum, Jperstedt, Kleindorf, Legelichheit (z. Thl.), Margarethenkoog, Meierhof, Mildstedt, Mildstedthof, Nordwisch, Oldersbek, Poggenburg, Platenhörn, Rantrum, Rödemis, Rödemishof, Sarbek, Schauenthal, Südermarsch, Voßberg, Voßkuhle, Weißknie. — Areal: 747 Steuert., worunter 512 Ton. Gras- und Weideländereien. — Der Boden ist ziemlich fruchtbar, aber das Dorffeld von so geringem Umfange, daß fast alles Land zum Kornbau angewandt werden muß; die theils eigenthümlichen, theils gepachteten Viehweiden liegen in der Südermarsch. — Vz. des Ksp. 2468.

Mildstedthof, Kanzleigut nahe beim Kirchdorfe Mildstedt an der Mildaue, A. Husum, Süderh., Ksp. Mildstedt. — Dieser Hof, welcher in der Landesmatrikel zu 1 Pfl. angesetzt ist, hat ein Areal von 47 Dem. 1 Sch. 20½ R. Marschland und mehrere Geestländereien die nicht vermessen sind (40 Steuert.). — Besitzer: Heckstedten. Landsteuer 20 Rbthlr. 51 b/β.

Mintebjerg, Dorf auf der Insel Alsen, 1½ M. östlich von Sonderburg, im Gute Maibölgaard, A. Sonderburg, Augustenburgerh., Ksp. Hörup; 8 Vollh., 2 Halbh., 4 Bondenbohlstellen, 10 Kathen und 4 Instenst. — Schuldistr. Leebölgaard. — Schmiede. — Vormals war hier eine Fähre nach Kekenis, die aber nach Höruphav verlegt ward. — Die Landauftheilung fand 1786 statt. — Der Boden ist gut. — Einige Grabhügel liegen nahe an der Landstraße nach Sonderburg.

Mjöls, Dorf an der Rödaue, 1¼ M. nordwestlich von Apenrade, A. Apenrade, Süderrangstruph., Ksp. Ries; 6 Fünfsechszehntelh., 3 Drittelh., 1 Achtelh., 2 Kathen und 3 Instenst. (4⅞ Pfl.) — Nebenschule zu Lunderup. — Schmiede. — Areal: 599 Steuert. — Das Ackerland ist sandigt und mager.

Mirebüll, adel. Gut im A. Bredstedt, Ksp. Breklum. Die Hofländereien sind unter den Stammhof und die Mirebüller Mühle vertheilt; ersterer liegt in einer öden Gegend ¾ M. nordöstlich von Bredstedt. Besitzer: 1598 v. Ahlefeld, 1618 v. d. Wisch, 1626 v. Rantzau, darauf v. Ahlefeld, 1751 v. Thienen, 1768 Piper, 1783 Jacobäus, 1809 C. Christiansen, dessen Erben das Gut noch besitzen. Dieses Gut steht in der Landesmatrikel mit dem von Boverstedt dazu gekommenen 2¼ Pfl., für 14½ Pfl. Zum Gute gehören ein Theil des Fleckens Bredstedt und Theile verschiedener Dörfer des Amtes Bredstedt, mehrere zerstreut liegende Stellen und die nördlich vom Hofe auf dem Hoffelde erbaute Mühle. Zwei einzelne Stellen nicht weit vom Hofe heißen Meklenberg (Mögelberg) und Windert. — Zahl der Einw.: 299. — Areal: 797 Steuert., nämlich: die beiden Parcelenstellen 66 Ton., Soholmbrück 1 Ton., Lütjenholm

164 Ton., Meklenberg 27 Ton., Dörpum 166 Ton., Drelsdorf 82 Ton., Almdorf 18 Ton., Breklum 22 Ton., Ribdorf 3 Ton., Bredstedt 14 Ton., Langenhorn 119 Ton., Bargum 95 Ton., Winbert 6 Ton., die s. g. Störtenländereien 14 Ton. (47,578 Rbthlr. 60 b/ß Steuerw.). — Der Boden ist mager; in der Nähe der am Hofe vorbeifließenden Aue sind einige gute Wiesen. — Contrib. 649 Rbthlr. 60 b/ß, Landst. 99 Rbthlr. 13 b/ß, Hausst. 26 Rbthlr. 3 b/ß.

Mitteldeich, 7 Häuser, worunter 1 Wirthshaus im Ostertheile der Landschaft Eiderstedt, Ksp. Oldensworth, Schuldistr. Hemme. Ein Haus in der Nähe des Chausseehauses heißt Knollhaus.

Mittel-Kleinkoogsdeich, einige Häuser 2¼ M. südwestlich von Tondern, im A. Tondern, Wiedingh., Ksp. Emmelsbüll, Schuldistr. Katzhörn.

Mittelstekoog, ein kleiner unbewohnter Koog zwischen Garding und Tating, im Westerth. der Landschaft Eiderstedt, Ksp. Tating. — Areal: 90 Dem.

Mittenborg, eine zur Commüne Sollwig gehörige Kathe, A. Tondern, Ksp. und Schuldistr. Hostrup.

Mitum (Mytum), eine vergangene Kirche in der Horsbüllh. (Wiedingh.), zwischen Horsbüll und Klanxbüll, im A. Tondern. Die Zeit des Unterganges ist nicht bekannt.

Mögelballe, 2 Parcelenstellen auf dem Hoffelde des Guts Gram, A. Hadersleben, Frösh., Ksp. und Schuldistr. Gram.

Möhlhorst (Mühlhorst), adeliches Gut an der Osterbek in der Eckernförderharde. Der Hof liegt ¾ M. westlich von Eckernförde, Ksp. Kosel. Dieses Gut, welches seinen Namen von einer dort ehemals befindlichen Wassermühle erhalten hat, war früherhin ein Meierhof des Gutes Hemmelmark, ist aber schon seit der Mitte des vorigen Jahrhunderts davon getrennt und 1806, doch ohne zu Steuerpflügen angesetzt zu sein, in die Zahl der adelichen Güter aufgenommen worden. Besitzer: 1626 v. Brockdorf, 1750 Böhne, 1771 v. Ahlefeld, 1779 v. Motz, 1799 v. Wasmer, 1804 Linde, 1817 Mylord, 1831 die Gebrüder Mylord (44,685 ₰). Der jetzige Besitzer ist J. E. Leisching. Zum Gute gehört eine Erbpachtstelle Dürwade (s. Dürwade), wobei eine Schmiede und ein Wirthshaus. — Das Areal des Gutes kann nur nach der, bei der Regulirung der Landsteuer, ohne Vermessungsregister beschafften Angabe angegeben werden. An urbaren Ländereien 199 Steuert. (19,680 Rbthlr. Steuerw.), an unurbaren Ländereien welche 1799 vermessen wurden, jetzt aber urbar gemacht worden sind 130 Ton. 2 Sch. 47 R. à 300 □. R. Zum Gute gehören noch einige Ländereien der Dorfschaft Holm in der Hüttenerharde, welche 16 Ton. 5¼⁄₁₆ Sch. à 320 □. R. enthalten (22 Steuert.). Das ganze Gut hat jetzt ein Areal von etwa 366 Ton. à 260 □. R. — Der Boden ist ziemlich gut und viel Haideland in den letzten Jahren cultivirt worden. In dem Gute ist ein kleines Weichholz von etwa 7 Ton., die eigentliche Hölzung liegt auf dem Felde des Dorfes Holm; die Moore sind nahe am Hofe und enthalten 7 bis 8 Ton. Zum Gute gehört ein kleiner Fischteich und der Krebsfang in der Aue ist ergiebig. — Das Wohnhaus, welches eine angenehme Lage an der Aue hat, ist von Bindwerk, mit Ziegeln gedeckt, hat 2 Etagen und einen Flügel. — Zahl der Einwohner: 33. — Contrib. — Rbth., Landst. 40 Rbth. 16 b/ß, Hausst. 32 b/ß.

Möhmhusenkoog.

Möhmhusenkoog (Mimhusenkoog), ein Koog 1¾ M. nordwestlich von Tönning, im Westerth. der Landschaft Eiderstedt. Ein Theil dieses Kooges gehört zum Ksp. Poppenbüll und ein Theil zum Ksp. Osterhever.

Mölbye, Kathendorf 1¼ M. südöstlich von Ripen, A. Hadersleben, Westerth., Hviddingh., Ksp. und Schuldistr. Spandet; 14 Kathen und 3 Instenstellen, welche zum vormaligen Gute Lindewith gehörten. Beim Dorfe ist eine Wasser- und eine 1827 erbaute Windmühle. Hier ist eine Färberei. — Das Ackerland ist sandigt und nur von sehr mittelmäßiger Art.

Mölbye, Dorf an der Gramaue, 2¼ M. nordwestlich von Hadersleben, A. Hadersleben, Osterth., Gramh., Ksp. und Schuldistr. Orenvad; 1 Vollh., 3 Zweidrittelh., 3 Halbh., 2 Viertelh., 7 Landbohlstellen und 8 Instenstellen. Hier ist eine Wassermühle Touskovmölle genannt und eine Windmühle; 2 in der Nähe des Dorfs belegene Parcelenstellen heißen Touskovlund (s. Touskov). — Wirthshaus, 2 Schmiede. — Der Boden ist sandigt und mager.

Mölbye, 1 Kathe, 19 Instenstellen und 1 Windmühle auf der Insel Alsen, nahe südöstlich von Sonderburg, im Gute Langenvorwerk, A. Sonderburg, Augustenburgerh., Ksp. und Schuldistr. Ulkeböl. Die Windmühle ward im Jahre 1761 erbaut und die Ortschaft, worin sich einige mit Ziegeln gedeckte Häuser auszeichnen, baute sich nach und nach um die Mühle an.

Mölenbek, ein ehemaliger Ausfluß des ausgetrockneten Börmer-Sees in die Treene, in der Feldmark des Dorfes Wohlde, Landschaft Stapelholm. Hier ward im Anfange des 17. Jahrhunderts eine Wassermühle erbaut, welche aber schon 1648 wieder eingegangen war.

Mölkjär, eine Holzvogtswohnung ½ M. westlich von Apenrade, A. Apenrade, Riesh., Ksp. Jordkjär. — Areal: 17 Ton. 104 R. à 240 □. R.

Möllmark, Dorf im Lande Sundewith 1¼ M. südwestlich von Sonderburg, A. Sonderburg, Nübelh., Ksp. und Schuldistr. Broacker. Von diesem hochliegenden Dorf, welches auch als ein Theil von Broacker angesehen wird, gehören 3 Vollh., 5 Kathen und 3 Instenstellen, von denen eine Hermestwedt heißt, zum A. Sonderburg, 2 Halbh. gehören zum Gute Gravenstein und 1 Vollh. zum Gute Blansgaard. Eine Stelle am Wege nach Gammelgab heißt Smalstreng. Von den Vollhufen gehörten 2 nebst 3 Kathen (1⅓ Pfl.) zum Domcapitel und wurden 1601 gegen 2 andere Hufen in Schelde eingetauscht. — Wirthshaus, Schmiede. — Areal: s. Broacker. — Der Boden ist theils lehmigt, theils sandigt, meistens aber fruchtbar; etwas Hölzung ist im s. g. Roi und bei Jhlers. Auf der Feldmark sind 2 Grabhügel.

Möllmark, Dorf an einer Aue 2½ M. südöstlich von Flensburg, Ksp. und Schuldistr. Sörup. Von diesem Dorfe, welches nach einer hier ehemals belegenen Wassermühle den Namen erhalten hat, gehören 1 Vollh., 4 Halbh. und 3 Kathen (3 Pfl.) zum A. Flensburg, Nieh., (größtentheils ehemals Morkirchener Stellen); 1 Vollh. und 3 Kathen zum Gute Südensee, Nieharde, und 1 Viertelh., welche aber nicht bebaut ist, zum Gute Freienwillen, Husbyeharde. 2 im Dorfe belegene Stellen welche zum Amte gehören, werden Kloster genannt; eine ehemalige Hufe Timmesbohl, weil sie von dem Diaconus Timotheus Schmidt oder Timm, der 1617 starb, bewohnt gewesen sein soll. 2 Südensee Kathen heißen **Streng** und **Silkmoos**. Peter Hansen in Flensburg verkaufte 1499 seine Güter in Möllmark an das Morkirchener Kloster, und Johann Alberts am Ende des 16. Jahrhunderts sein Gut im Dorfe an den König Friedrich II. — Areal zum A. Flensburg: 394 Steuert., zum Gute Freienwillen: 15 Steuert. — Der Boden ist fruchtbar.

Möllmark (Böel=Möllmark), 1 Parcelenstelle vom niedergelegten Gute Morkirchen, nördlich vom Hofe Morkirchen, im A. Gottorf, Morkirchh., Ksp. Böel.

Mörderkoppel, Holzvogtsstelle im Gute Rundhof bei der gleichnamigen Hölzung, Cappelerh., Ksp. Esgrus.

Mörrwiek (Myrwig), eine ¼ M. nordöstlich von Flensburg belegene Freihufe (Viertelhufe) nebst einer Ziegelei, in einer romantischen Gegend am Flensburger Meerbusen, zum Hospital in Flensburg gehörig, Ksp. und Schuldistr. Adelbye. — Areal: 25 Steuert.

Moyböl (Modböl, Waldem. Erdb.: **Mobbäböl**), Dorf an der Jelsaue, 2¾ M. nordwestlich von Hadersleben, A. Hadersleben, Westerth., Frösh., Ksp. und Schuldistr. Oester=Linnet; 1 Vollh., 5 Drittelh. und 2 Kathen. — Areal: 262 Steuert. — Der Boden ist theils lehmig, theils sandig. — Nördlich vom Dorfe findet man Spuren von Wällen und Gräben, die einen Platz einschließen, worauf ohne Zweifel ein Edelhof gestanden hat.

Mohr, Dorf 1 M. nordöstlich von Rendsburg, A. Hütten, Hohnerh., Ksp. und Schuldistr. Bünstorf; enthält 4 Halbh., 2 Viertelh., 2 Achtelh., 1 Kathe und 1 Instenstelle (2¾ Pfl.). 2 südlich ausgebaute Stellen heißen **Schlagbaum**. Außerdem wird noch 1 Viertelhufe, welche zugleich ein Wirthshaus ist, an der Landstraße von Rendsburg nach Eckernförde liegt und **Schulendamm** heißt, zum Dorfe gerechnet. — Areal: 587 Steuert. — Der Boden ist leicht; östlich liegt das große Mohrer=Moor.

Mohrberg, adel. Gut im A. Gottorf, Eckernförderharde. Der Haupthof liegt ½ M. nordöstlich von Eckernförde, Ksp. Borbye. Dieses in einer anmuthigen Gegend belegene Gut, war vormals ein Meierhof des Guts Hemmelmark und ward 1806 unter die Zahl der adelichen Güter aufgenommen und mit dem Meierhofe Sophienruhe, welcher 1837 davon getrennt verkauft ist, zu einer interimistischen Pflugzahl von 10 Pfl. angesetzt, von welchen Mohrberg für 6 Pfl. contribuirt. Besitzer: 1806 Baur, 1817 Kruse (51,000 ₰), 1837 H. Pauly (171,000 ₰), 1853 Major Freiherr E. A. D. v. Lüde (234,000 ₰). Zum Gute gehören jetzt 3 Kathen, **Speckkathe**, **Pinkerühe** und **Niewohn**. — Schuldistr. Barkelsbye. — Areal: 555 Ton. 2⁵⁄₁₆ Sch. à 240 □. R., unter diesen sind etwa 89 Ton. Wiesen und 40 Ton. Hölzungen (455 Steuert. 72800 Rbth. Steuerw. — Der Boden ist im Allgemeinen sehr gut. Das Wohnhaus, 1822 neu erbaut, ist einstöckig, mit einem Souterrain, von Brandmauern und mit Ziegeln gedeckt. — Zahl der Einw. mit Sophienruhe: 105. — Contrib. außer Sophienruhe 268 Rbthlr. 76 b/ß, Landst. 150 Rbthlr. 38 b/ß.

Moldenit, Kirchdorf an einer kleinen Aue, ¾ M. nordöstlich von Schleswig, Pr. Gottorf; zum A. Gottorf, Strurdorfharde, gehören 3 Siebenzwölfth., 1 Halbh., 1 Siebensechszehntelh. und 1 Viertelh. (2¹¹⁄₁₆ Pfl.); zum Graukloster in Schleswig 4 Vollh., 1 Dreiviertelh. und 1 Kathe; zur Jurisdiction der Stadt Schleswig als Rathslanstenstelle 1 Halbh.;

zum Gute Winning 1 Vollh. und 1 Halbh.; zum Pastorate gehören das ehemalige Pastoratbohl (5 Mk. G.) und 1 Pastoratkathe; zum vormaligen Domcapitel gehörte 1 Halbh. (½ Pfl.). — Districtsschule. — Armenhaus, Schmiede, Wirthshaus. — Die Kirche, früher nur eine Capelle, hat ein hohes Alter, ist von Feldsteinen erbaut, ohne Thurm, nicht gewölbt, aber hell und ziemlich groß, und hat eine Orgel. An der Seite der Kirche ist ein mit einer hohen Spitze versehenes Glockenhaus angebaut. Der König ernennt auf jedesmaliges Ansuchen des St. Johannisklosters in Schleswig den Prediger in Kahlebye auch zum hiesigen. — **Eingepfarrt:** Blankenburg, Dreilingsfähre, Klensbye, Moldenit, Winning. — Areal zum A. Gottorf: 114 Steuert.; zum Graukloster: 216 Steuert.; zum Gute Winning: 86 Steuert. — Der Boden ist gut; nordöstlich vom Dorfe liegt eine kleine Hölzung. Die durch das Dorf fließende Aue ist sehr fischreich, besonders an Schnepeln. Zwei in der Nähe des Dorfes liegende Hügel heißen Schleperhöie, von welchen man eine sehr weite Aussicht hat; ein Grabhügel heißt Trollehöi; andere Grabhügel sind im Laufe der Zeit zerstört. — Vz. des Ksp.: 265.

Moltrup, Kirchdorf ¼ M. nordwestlich von Hadersleben, A. Hadersleben, Osterth., Haderslebenerh., Pr. Hadersleben. Dieses Dorf, welches schon 1292 genannt wird, enthält außer der Predigerwohnung, 2 Zweidrittelh., 6 Halbh, 1 Drittelh., 3 Viertelh., 1 Sechstelh., 8 Landbohlstellen und 2 Instenstellen. Eine Hufe heißt Forret und 2 ausgebaute Landbohlstellen Forrethuus und Rudvad; eine Stelle heißt Snurrom. — Dem Hospitale in Hadersleben gehört seit 1569 ein Gut, welches früher dem Capitel daselbst zuständig war. — Districtssch. — Wirthsh., Ziegelei, Schmiede und einige Handwerker. — Die Kirche, vormals eine Capelle, welche der Bischof Johannes 1406 dem Capitel zu Hadersleben schenkte, liegt hoch; sie ist nur klein aber sehr dauerhaft und hat einen Thurm. Moltrup hat mit der Kirche zu Bjerning einen Prediger, den der König ernennt. — **Eingepfarrt:** Bramdrup, Bramhale, Forret, Forrethuus, Greisholthuus, Moltrup, Paulsgaard, Raugstrup, Rudvad, Rybjerg, Skjelhuus, Skovlundgaard, Snurrom, Vestergaard, Vollinggaard. — Im Jahre 1658 wurde Moltrup von den Feinden fast gänzlich zerstört. — Der Boden ist lehmigt und fruchtbar. — In der Hölzung des Predigers, Kreisel genannt, hat vormals ein Edelhof gestanden, und der mit Wällen und Gräben umgebene Platz ist deutlich zu sehen; der Name dieses Hofes ist unbekannt. Südlich von Moltrup liegt eine Anhöhe 220 Fuß hoch. — Vz. des Ksp.: 560.

Moor (Borener-Moor), 3 Kathen im A. Gottorf, Schliesh., Ksp. und Schuldistr. Boren.

Moor (Warleberger-Moor), 8 Kathen im Gute Warleberg, Eckernförderh., Ksp. Gettorf, Schuldistr. Neu-Wittenbek. — Areal: 75 Ton. à 260 Q. R. (64 Steuert.).

Moorbek (Mohrbek), Dorf 1¼ M. östlich von Lygumkloster, an der Landstraße nach Apenrade, Ksp. und Schuldistr. Bedstedt. Zum A. Apenrade, Süderrangstruph., gehören 1 Vollh., 1 Halbh., 1 Sechstelh., 4 Achtelh. und 1 Kathe (2⅓ Pfl.); zum A. Lygumkloster, Vogtei Alslev, 1 Halbh. — Einige Frauen beschäftigen sich mit Spitzenklöppeln. — Areal zum A. Apenrade: 242 Steuert.; zum A. Lygumkloster: 49 Steuert. — Der Boden ist sandigt, und ein Theil der Haide noch nicht urbar gemacht.

Moordeich, 2 Höfe und 4 Häuser, worunter ein Wirthshaus, im Osterth. der Landschaft Eiderstedt, Ksp. Oldensworth, Schuldistr. Osterende. — Das Ende des Moordeiches heißt Moorhörn.

Moorhuus, 2 vormals unter dem Obergerichte sortirende Freihäuser (⅔ Pfl.) im Rendsburger Kooge, nahe bei der Colonie Friedrichsgraben, A. Hütten, Hohnerh., Ksp. Hohn. Diese Grundstücke hießen um die Mitte des 17. Jahrhunderts Sorg, und wurden späterhin in Groß- und Klein-Moorhuus getheilt. Diese Stellen gehören zu keinem Schuldistrict. — Eigentliches Ackerland ist nicht da; das benöthigte Korn wird auf dem Moore gebaut, welches durch Kleierde aus der Eider urbar gemacht ist; die Wiesen sind sehr ergiebig. — Erst im Jahre 1642 ward in dieser Gegend die vollständige Eindeichung der Ländereien an der Eider vorgenommen, wo es früher nur Sommerdeiche gab. Im Jahre 1825, da die Hohner Schleuse durch eine Sturmfluth zerstört ward, stand das Wasser 4 Fuß hoch in den Häusern.

Moorland, 4 Häuser beim Umleitungsteich (Meggerkoog), A. Gottorf, Kropph., Ksp. Kropp.

Moosgaard, 4 Kathen im Gute Brunsholm, Cappelerh., und 1 Kathe im A. Flensburg, Nieharde, Ksp. Esgrus, Schuldistr. Schaubye. — Areal: 20 Steuert.

Mooswatt, 2 Kathen (⅛ Pfl.) im A. Gottorf, Struxdorfh., Ksp. Satrup, Schuldistr. Rüde. — Areal: s. Rüde.

Morgenstern, 2 Halbh., 1 Viertelh. und 1 Kathe (1¼ Pfl.) an der Landstraße von Schleswig nach Hollingstedt, 1½ M. südwestlich von Schleswig, A. Gottorf, Arensh., Ksp. Hollingstedt, Schuldistr. Ellingstedt. — Wirthshaus. — Areal: 153 Steuert. — In der Nähe, südlich von Morgenstern, sind in einer Niederung noch Spuren des Danewerker Krummwalles sichtbar, welche sich aber von hier an westwärts mehr und mehr verlieren.

Morkirchen (Mohrkirchen, vorm. Morker, Mordkjär), ein parcelirtes Domainengut mit einem Meierhofe Schrirdorf, (s. Schrixdorf), im A. Gottorf. Der Stammhof liegt im Ksp. Böel. — Morkirchen war im 14. Jahrh. ein Edelhof, den 1365 Emeke v. Lembek besaß. Im Jahre 1391 wurde dieser Hof mit der Mühle und den Feldmarken Spenting und Bukstorpe (deren Lage durch die jetzigen Parcelen Spenting und Baustrup bezeichnet wird) an den Convent des St. Antonii-Ordens zu Tempsin im Mecklenburgischen verkauft, und bald nachher wird hier das Kloster des Antoniter-Ordens errichtet sein, welches bis zur Reformation bestand und in der Umgegend nicht unbedeutende Besitzthümer erwarb. Das Kloster hatte eine Capelle und die Kirche zu Böel ward demselben incorporirt; auch hatte es das Patronat über die Kirche zu Norder-Brarup und zu Prästöe auf Seeland. Im Jahre 1510 wurde hier eine Gilde oder Brüderschaft (Kaland) bestätigt. Der Vorsteher des Klosters hießen Präceptor, auch Meister, Pater oder Bedigher (Gebieter). Noch im Jahre 1535 findet sich unter den Prälaten des Herzogthums der Pater zu Morkirchen; 1544 aber ward das Kloster zum Gottorfischen Antheil gelegt, darauf säcularisirt und in ein Amt verwandelt, welches oft von den Fürsten verpfändet oder für die Zinsen vorgeschossener Gelder an Adeliche eingetham war. Von 1600 an waren Amtsschreiber angesetzt, die unter dem Amtmanne von Gottorf standen; auch wurden Satrupholm mit Dollrott und die Vogteien Langstedt und Karlswraa mit dem Amte verbunden. Gegen

Morkirch-Osterholz.

das Ende des 17ten und den Anfang des 18ten Jahrhunderts war Morkirchen an den Freiherrn v. Görtz, darauf an Claus v. Ahlefeld zu Gelting verpfändet; nachdem aber der Herzogliche Antheil von Schleswig Königlich geworden war, ward es als Domaine angesehen. Im Jahre 1778 ward der Haupthof Morkirchen nebst dem Meierhofe Schrirdorf parcelirt, die Untergehörigen aber den Aemtern, worin sie gelegen einverleibt. Es kamen zum A. Gottorf (zur Morkirchharde) 41¾, zum A. Flensburg 41, zum A. Tondern 16, zum A. Apenrade 1 und zur Landschaft Bredstedt ⅛ Pfl., zusammen mit den Vogteien Langstedt und Karlswraa 100¼ Pfl. — Die Hoffelder von Morkirchen und Schrirdorf hatten ein Areal von 1139 Ton. à 320 □. R., von denen 974 Ton. (892 Steuert.) in 33 Parcelen getheilt und 23 Parcelen die Bebauungsverbindlichkeit auferlegt wurde, und von denen eine geschlossene Hölzung von 73 Ton abgelegt ward. Die sämmtlichen Ländereien der Untergehörigen betrugen 3715 Ton., nämlich in den Dorfschaften Ahnebye, Böel, Böelschubye, Norder-Brarup, Bünderies, Eslingholz, Fraulund, Köhnholz, Möllmark, Morkirch-Osterholz, Morkirch-Westerholz, Osterholm, Rüde, Rügge, Saustrup, Schnarup, Schrirdorfstraße, Scholderup, Sterup, Sterupbek, Uhlegrav, Wagersrott. — Jetzt sind hier 18 Parcelenstellen mit 746½ Ton. (à 320 □. R. 10$\frac{7}{64}$ Pfl.) von denen mit Ausnahme des Stammhofes die größte 73 Ton. 3 Sch. und die kleinste 11 Ton. 7 Sch. enthält. — Die Stammparcele Morkirchen hat ein Areal von 157 Ton. 6 Sch., und das Wohnhaus ist von den großen Steinen des alten Klosters erbaut; westlich von demselben liegen die Ueberreste des Klostergebäudes, deren Kellergewölbe noch unter dem Schutt vorhanden sein sollen. Beim Stammhofe sind 2 Instenstellen. — Außer an die Ortschaften Morkirch-Osterholz und Morkirch-Westerholz sind die übrigen Ländereien des alten Morkirchen an die Parcelen: Appelberg, Baustrup, Hoskoppel, Kälberhagen, Krämersteen, Langdeel, Möllmark, Niekoppel, Norwegen, Pattburg und Spenting vertheilt.

Morkirch-Osterholz, zerstreut liegendes Kathendorf 1¾ M. westlich von Cappeln, A. Gottorf, Morkirchh., Ksp. Böel; 1 Achtelh., 23 Kathen und 1 Instenstelle (⅛ Pfl.). Die hier belegene Morkirchener-Mühle, eine Königliche Erbpachts-Wassermühle und eine Windmühle, standen sonst unter dem Obergericht. Die Wassermühle liegt südlich vom Orte bei Flarupholz an einem Teich, mit dem ein zweiter Teich, Niedamm genannt, in Verbindung steht. — Schuldistr. Westerholz. — Armenhaus. — Areal: 345 Steuert.

Morkirch-Westerholz, zerstreut liegendes Kathendorf 2 M. westlich von Cappeln, Ksp. Böel; 22 Kathen (2⅔ Pfl.) gehören zum A. Gottorf, Morkirchh. und 1 Kathe zur Struxdorfharde. — Districtsschule, zu welcher im Jahre 1815 der Justizrath Petersen in Rendsburg 2000 Rthlr. schenkte. — Schmiede. — Areal: 345 Steuert.

Morsum, Kirchdorf an der östlichen Landspitze der Insel Sylt, Amt und Pr. Tondern. Diese große Ortschaft ist kreisförmig gebaut und umschließt die Kirche, das Schulhaus und ein ansehnliches beackertes Stück Landes. Es besteht eigentlich aus 6 verschiedenen Dörfern und Districten nämlich: Groß-Morsum (1853): 31 Häuser, Klein-Morsum und Abort 59 H., Osterende 28 H., Wall 26 H., Ober- und Nieder-Schellinghörn 26 H., Klampshörn und Holm zusam. 5 H.; im Ganzen 175 Häuser. (Pflugzahl 3589, nach $\frac{1}{192}$ Pflugth.). — Bz. des Ksp.: 749. —

Die Hauptschule liegt bei der Kirche. — Eine Königl. in Zeitpacht gegebene Korn-Windmühle und eine Graupenmühle. — Armenhaus in Klein-Morsum. Eine Wohlthätigkeitsanstalt ward 1805 gegründet, welche circa 7000 ℳ besitzt, deren Zinsen für Hülfsbedürftige verwandt werden. — Der Haupterwerbszweig der Einwohner ist vorzüglich die Schifffahrt, und sie sind theils selbst Schiffer, theils Schiffsführer, Steuerleute und Matrosen auf fremden Schiffen. Eigene Fahrzeuge giebt es hier indeß nur 4, denn tief segelnde Schiffe können nicht nahe ans Land kommen. In der Ortschaft sind einige Kaufleute und Krämer, 3 Schmiede, 1 Rademacher und mehrere Handwerker. 61 Einwohner fahren zur See. Der Ackerbau wird zum Theil von Frauen betrieben, die darin sehr erfahren und geübt sind. — Die Kirche ist alt; die untere Hälfte der Mauer ist von behauenen Granitblöcken. Sie hat keinen Thurm aber eine Orgel und ist mit Blei gedeckt. Die Kanzel aus dem Jahre 1698 ist bemerkenswerth. Im Jahre 1628 wurde diese Kirche von den Dänen verschanzt und mit Schießlöchern versehen. Die Wohnung des Predigers liegt in Groß-Morsum; es präsentiren der Amtmann und der Probst und die Gemeinde wählt. — Unter mehreren Legaten verdienen die des hiesigen Einwohners Wall bemerkt zu werden, welcher die Zinsen von 2000 Species zur Aussteuerung von Mädchen, von 1000 Species zu Prämien für 6 Schulkinder, und von 1000 Species für arme Schifferwittwen vermacht hat. — Areal: Groß- und Klein-Morsum 605$\frac{7}{10}$ Steuert., Osterende 294$\frac{4}{10}$ Steuert., Wall 411$\frac{8}{10}$ Steuert., Ober-, und Nieder-Schellinghörn 231$\frac{1}{10}$ Steuert., Klempshörn 24 Steuert. Holm 25$\frac{1}{10}$ Steuert. — Der Boden ist in Durchschnitt gut und es wird Rocken, Hafer, weiße und grüne Erbsen und besonders schöne Gerste gewonnen. — Bemerkenswerth ist das nördlich von Morsum liegende Kliff; es finden sich hier Porcelanerde, Alaunerde, Braunkohlen, Eisenoxyd und vielerlei Versteinerungen. Die östliche Spitze der Landzunge heißt Näsodde, und die südliche Morsumodde. — Auf der Haide östlich von Klein-Morsum befinden sich viele Grabhügel.

Morsum, ein vergangenes Kirchspiel in der Lundenbergharde auf der alten Insel-Nordstrand. Die Kirche lag etwa ½ M. nördlich von dem jetzigen Elisabeth-Sophienkooge. Die Kirche wird als eine der Hauptkirchen des alten Nordstrands genannt und sie erhielt oft, namentlich in den Jahren 1448, 1450, 1480 und 1494, Ablaßbriefe. Das alte Gebäude ward 1470 abgebrochen und die Kirche an einem andern Orte erbaut. Sie hatte einen kleinen Thurm und 6 Altäre. Das Kirchspiel hatte vor der Ueberschwemmung 1634 ein Areal von 2767 Dem. 191 R.; damals ertranken 396 Personen, 84 Häuser und 3 Mühlen vergingen und es wurden nur 16 Häuser erhalten. Die Kirche widerstand der Fluth, der Thurm aber stürzte bei einem Sturme 1637 nieder. Die Einwohner wurden nach der Fluth auf dem Moor eingepfarrt. — Bei dem Kirchdorfe Morsum war ein guter Hafen. — Die in Morsum ansäßige Familie Leve erhielten 1436 ihre daselbst belegenen Güter frei und der König Christian I. schenkte ihnen sogar das Recht, Gericht und Brüche über das ganze Kirchspiel; dadurch entstand das adeliche Gut Morsum, welches 1585 an Geert Rantzau verkauft ward und ebenfalls 1634 in der Fluth unterging. Im Jahre 1739 ist ein Theil des alten Morsum wieder eingedeicht.

Moschau, 10 Instenstellen ¼ M. südlich von Eckernförde, im Gute Friedensthal, Eckernförderh., Ksp. Borbye, Schuldistr. Gosefeld. — Areal: 41 Ton. 66 R. à 240 ☐. R. (34 Steuert.). — Der Boden ist ziemlich gut.

Mosegaard.

Mosegaard, eine Parcelenstelle auf der Halbinsel Kekenis, A. Sonderburg, Süderh., Ksp. Kekenis, Schuldistr. Bredsteen.

Mühlenbrücke, 1 Viertelhufe und 5 Kathen an der Bondenaue, 1¼ M. südöstlich von Flensburg, A. Flensburg, Uggelh., Ksp. und Schuldistr. Groß-Solt. — Schmiede. — Areal: 54 Steuert. — Der Boden ist gut.

Mühlenbrücke, eine Parcelenstelle im Gute Düttebüll, Cappelerh., Ksp. Gelting, Schuldistr. Kronsgaard. Hier war vormals eine Wassermühle.

Mühlendamm, eine Parcelenstelle und eine zu Golsmaas gehörige Kathe im Gute Düttebüll, Cappelerh., Ksp. Gelting, Schuldistr. Kronsgaard.

Mühlendeich, 11 auf einem Deiche erbaute Wohnstellen und eine Windmühle, 2½ M. südwestlich von Tondern, A. Tondern, Wiedingh., Ksp. und Schuldistr. Emmelsbüll. — Der Boden, obgleich derselbe aus Marsch besteht, ist nur von mittelmäßiger Art.

Mühlenfeld, eine Parcelenstelle im Gute Oehe, nahe nördlich an Gundelsbye, Cappelerh., Ksp. Gelting, Schuldistr. Gundelsbye. — Areal: 26 Steuert. Hier stand vormals das Hochgericht des Guts Oehe.

Mühlenhaus (Möllehuus), eine Bohlstelle im Amte Tondern, Südtonderh., Ksp. Uberg. Diese Stelle liegt auf dem Deiche des s. g. Dreiharder-Grundes.

Mühlenholz (Sörup-Mühlenholz), zerstreut liegende Kathen 2½ M. südöstlich von Flensburg, A. Flensburg, Nieh., Ksp. und Schuldistr. Sörup. Zum Amte Flensburg gehören 1 Viertelh., 15 Kathen und 1 Instenst.; zum Gute Südensee 8 Kathen und 1 Instenstelle. 2 Südenseer Kathen heißen Entenholm und Lehmkuhl, eine Amtskathe Eslingswatt. — Areal zum Amte Flensburg: 105 Steuert.

Mühlenholz (Lindauer-Mühlenholz), 6 Kathen (⅝ Pfl.) und 1 Parcelenstelle, 2½ M. nordöstlich von Schleswig, A. Gottorf, Schliesh., Ksp. und Schuldistr. Boren. — Hier ist eine Windmühle, Wirthshaus, Schmiede. — Diese Stellen gehörten ehemals zum Gute Lindau. — Areal: 33 Steuert. — In der Nähe liegt das Gehege Knobberdamm (s. das.).

Mühlenholz, 7 Kathen im Amte Gottorf, Satruph., Ksp. und Schuldistr. Satrup.

Mühlenkoppel (Mühlenland), eine Parcelenstelle (⅜ Pfl.) bei Wormshövd im Gute Oehe, Cappelerh., Ksp. Gelting, Schuldistr. Gundelsbye. — Areal: 71 Hdtsch. (22 Steuert.). — Ein Theil dieser Parcele gehört einem Eingesessenen in Wormshövd und ein Theil ist zu dem Gute zurückgekauft. Hier steht eine der beiden Wormshövder Windmühlen.

Mühlenkoppel, eine Freiparcele und einige Kathen im Gute Ohrfeld, westlich vom Hofe, Cappelerh., Ksp. Esgrus. — Areal: 79 Steuert.

Mühlenkoppel, eine Parcelenstelle im Amte Gottorf, Satruph., Ksp. Havetoft.

Mürkmoos, Parcele im Gute Rundhof, Cappelerh., Ksp. Esgrus.

Mummark, Dorf auf der Insel Alsen an der Ostsee, 2 M. östlich von Sonderburg, im Gute Gammelgaard, A. Sonderburg, Augustenburgerh., Ksp. und Schuldistr. Lysabbel. Dieses Dorf liegt niedrig und enthält 14 Bohlstellen und 16 Kathen, hofdienstpflichtig zu Werthemine. 2 entfernt liegende Bohlstellen heißen Klein=Mummark. — Hier sind 2 Windmühlen, von denen die Eine, Hedemölle genannt, Königlich, die andere Privateigenthum ist. — Bei Mummark ist die Ueberfahrt nach Söbye auf Aeröe (2½ M.). Die Fähre ist Königlich und wird vom Amte verpachtet. Mit der Fährstelle ist ein Wirthshaus verbunden. — Schmiede. — Der Boden ist von vorzüglicher Güte. — Hier erlitten die Dänen unter Anführung des Admirals Jver Bryske in einem Gefechte gegen die Alsener 1421 eine Niederlage (f. Lysabbel). — Im Jahre 1807 ward das Dorf von einer englischen Brigg bombardirt.

Mummendorf (Waldem. Erdb.: Mummaenthorp), Dorf auf der Insel Fehmern, Mittelkirchspiel, Kirche und Schuldistr. Landkirchen; enthält 5 größere und 3 kleinere Landstellen und 6 Insteenstellen; 2 Landstellen heißen Freiinsfeld und Glumshof. Das contribuable Land beträgt 231 Dr. 2 Sch. (482 Steuert.), das aufgetheilte Weideland 53 Dr. 3 Sch.

Munkmühle, eine Wassermühle an einer kleinen Aue, welche sich in den Flensburger Meerbusen ergießt, im Gute Gravenstein, 1½ M. nordöstlich von Flensburg, A. Apenrade, Lundtofth., Ksp. Rinkenis, Schuldistr. Beken. — Diese Mühle gehörte vormals den Mönchen zu Ruhkloster; sie ward 1801 neu erbaut, mit der Brau= und Brennereigerechtigkeit versehen und bei derselben des Wassermangels wegen, eine künstliche Wasserleitung angelegt. — Nördlich von dieser Mühle liegt eine Windmühle.

Muschelkathe, eine Kathe an der Ostsee, im Gute Seekamp, Eckernförderh., Ksp. Dänischenhagen.

Muuspött, 1 Viertelh., 2 Achtelh. und 1 Verbittelsst. ($\frac{29}{144}$ Pfl.) nördlich von Heldevad, A. Hadersleben, Norderrangstruph., Ksp. und Schuldistr. Heldevad. — Mehrere Einwohner verfertigen Ziegelsteine. — Areal: 42 Steuert. — Der Boden ist nicht von besonderer Güte.

Muusvang, eine Landbohlstelle an der Fischbäk, südlich vom Dorfe Toftlund, A. Hadersleben, Westerth., Norderrangstruph., Ksp. und Schuldistr. Toftluud. — Areal: 50 Steuert.

Mynnäsby, ein ehemaliges Dorf, welches nach Waldem. Erdb. (1231) zur Nieharde gehörte und wahrscheinlich südlich vom Hofe Oehe oder auf der sog. Minne im Gute Olpenitz an der Mündung der Schlei gelegen hat.

N.

Naalmose, eine Holzwärterwohnung auf der Insel Alsen in der Nähe von Osterholm, A. Norburg, Norderh., Ksp. Eken. — Areal: 3 Ton.

Nachdurst, 2 Häuser 1½ M. nordöstlich von Friedrichstadt, bei dem Dorfe Wisch, A. Husum, Vogtei und Ksp. Schwabstedt.

Nackholz, 2 Windmühlen und 5 Kathen (⅜ Pfl.) 2½ M. nördlich von Schleswig, an einer Aue die in die Bondenaue fließt, A. Gottorf, Satruph., Ksp. und Schuldistr. Satrup. — Hier war ehemals eine Erbpachts=Wassermühle, wozu die ganze Satrupharde zwangspflichtig war. — Areal: 68 Steuert.

Nadelhövd, ein ehemaliger Meierhof, jetzt 3 Parcelen 1½ M. nördlich von Cappeln im Gute Gelting, Cappelerh., Ksp. Gelting. Dieser Hof

Nadelhövd.

ward im Anfange des 18. Jahrhunderts aus Ländereien des niedergelegten Dorfes Nadelhövd (s. Nadelhövd) errichtet und späterhin parcelirt. Die Stammparcele enthielt damals 411⅔ Hotsch. 1¾½ Pfl.), welche aber wieder in 3 Stellen zerlegt ist. Zu dieser Parcele gehört die große entfernt liegende und größtentheils von Düttebüller Ländereien umgebene „Niebyemaas" genannte Wiese, auf der sich ein Haus befindet, welches Niebyemaas (auf dem Holm) genannt wird.

Nadelhövd, Klein=, 2 kleine Stellen im Gute und Ksp. Gelting, zur 22sten Geltinger Parcele gehörig, Cappelerh. Eine der Kathen ist noch ein Ueberrest des hier ehemals belegenen Dorfes Nadelhövd (s. Nadelhövd).

Nadelhövd, ein ehemaliges Dorf im Gute und Ksp. Gelting. Es bestand 1519 aus 10 Hufen und einigen kleinen Stellen, 1683 aus 6 Hufen, 1694 nur 4, diese wurden 1703 auch niedergelegt. Aus den Dorffeldern wurde der Meierhof Nadelhövd gebildet. Eine der Kathen zu Klein=Nadelhövd ist noch von dem alten Dorfe übrig geblieben.

Nalmaybrück, eine Kathenortschaft nahe südlich von Gravenstein, im Gute Gravenstein, auf der Landstraße nach Flensburg an der Gravensteiner Bucht gelegen, A. Apenrade, Lundtofth., Ksple. Atzbüll und Gravenstein, Schuldistr. Gravenstein.

Nedderwatt, 2 Viertelh. und 1 Kathe im A. Gottorf, Ksp. und Schuldistr. Treya. Von diesen Stellen gehören 1 Viertelh. und 1 Kathe (¼ Pfl., 8 Steuert.) zur Treyah. und 1 Viertelh. (¼ Pfl., 17 Steuert.) zur Arensh. — 2 Ziegeleien. — Der Boden ist gut.

Neudamm, 2 Häuser im A. Husum, Wiedingh., Ksp. Neukirchen.

Neudorf (Niendorf), Dorf im Gute Behrensbrook, 1¼ M. südöstlich von Eckernförde, an der Chaussée nach Kiel, Eckernförderh., Ksp. Gettorf; 6 Vollh., 3 Halbh., 29 Landinsten= und 26 Insterstellen (4½ Pfl.), welche alle in Zeitpacht gegeben sind. Nachdem dieses Dorf im Jahre 1806 fast gänzlich abbrannte, sind 4 Vollh. und 1 Halbh. ausgebaut. — Schule. — Wirthshaus, Schmiede und mehrere Handwerker. — Areal: 570 Ton. 75 R. à 260 □. R. (557 Steuert.). — Der Boden ist besonders gut.

Neudorf, 13 Häuser worunter 5 kleine Landstellen im A. Tondern, Wiedingh., Ksp. Rodenäs. Ein Theil dieser Ortschaft heißt Westerende=Neudorf. — Küster= und Schulhaus bei der Kirche. — Hier ist eine Kornwindmühle.

Neuerkoog (Langenhorner=Neuerkoog, Stördewerker=koog), ein Koog in der Landschaft Bredstedt, nördlich vom Dorfe Langenhorn. — Areal: 1618 Dem. (1294 Steuert.). — Die auf dem Mitteldeiche umherwohnenden Efkebüller besitzen den größten Theil dieser Ländereien. — Wenn nasse Witterung eintritt, hört die Benutzung des vierten Theils dieses Kooges auf. Ueberhaupt sind die Ländereien zu früh eingedeicht und selbst der Rohrwuchs, dessen Ertrag sonst eine gute Einnahme für die Besitzer war, ist jetzt an mehreren Stellen nur schlecht.

Neuerkoog (Hattstedter=Neuerkoog), ein im Jahre 1497 eingedeichter Koog an der Westsee, 1½ M. nördlich von Husum, A. Husum, Ksp. Hattstedt. — Areal: 700 Dem.

Neufeld (vorm. Nyegaard), ein ehemaliger Meierhof nahe westlich von Glücksburg, welcher seit dem Jahre 1784 parcelirt ist; A. Flensburg,

Munkbraruph., Ksp. Munk=Brarup, Schuldistr. Oxbüll. — Dieser Hof war ursprünglich bis zum Jahre 1582 die Wohnung und Hufe des Predigers; 1773 ward der Glücksburger Alte=Meierhof oder Westerwiek (s. Alter=Meierhof) aufgehoben und der größte Theil der Ländereien zu dem hier angelegten Hofe gelegt, der nun Neuer=Meierhof oder Neufeld hieß. Schon 1784 wurde dieser Hof wieder niedergelegt und die Ländereien kamen nach Abnahme der Hölzungen zur Hälfte an den Flecken Glücksburg. Der Rest blieb bei der jetzigen Stammparcele, deren Boden sehr gut ist; sie hat ein Areal von 53 Ton. $7\frac{1}{16}$ Sch. (58 Steuert.). Die Gebäude des Hofes sind gut; derselbe liegt in sehr anmuthiger Lage am Wege nach Flensburg nahe vor Glücksburg. Die Stelle der alten Predigerwohnung Nyegaard ist noch erkennbar.

Neuhaus (Nyehuus), 1 kleine Landstelle bei Hörlund im A. Tondern, Nordtonderh., Ksp. Abild.

Neuhaus (Nyehuus), eine kleine Landstelle im A. Tondern, Karrh., Ksp. Ladelund.

Neuhaus (Neufeldsheck), ein zur Stadt Schleswig gehöriges nahe beim Stadtfelde belegenes Wirthshaus, Ksp. St. Michaelis. — Areal: 14 Ton. à 240 □. R.

Neukirchen (vorm. Nykerbye), Kirche, Pastorat und Küsterhaus, welches letztere mit der Districtsschule verbunden ist, $1\frac{1}{2}$ M. südwestlich von Tondern, A. Tondern, Wiedingh., Pr. Tondern. Die erste Kirche wird im Jahre 1314 erwähnt und lag vermuthlich da, wo ein Haus den Namen Kapell (s. Kapell) behielt. Die jetzige, im Gotteskooge, ward 1566 mit einem kleinen Thurme auf einem Platze erbaut, worauf früher ein Gefangenhaus stand. Sie ist ziemlich groß, gewölbt und hat im Innern einen doppelten Gang. Der Altar und die Kanzel zeichnen sich durch ihre Schönheit aus; der Thurm ist späterhin abgenommen. An der Seite der Kirche befindet sich ein Glockenhaus. Die zur alten Kirche gehörigen Vicariengelder des heil. Kreuzes und Unserer lieben Frauen gingen an die neue Kirche über. — Der Prediger wird von dem Amtmanne und von dem Probsten präsentirt und von der Gemeinde gewählt. — Eingepfarrt: Beyer, Bevertoft, Süder=Bevertoft, Bevertoftsiel, Böhnhallig, Brunotterkoog (z. Thl.), Bundesgaard, Dammhusum, Dreisprung, Süder= und Norder=Feddersbüll, Fegetasch, Großhallig, Hattersbüll, Norder= und Süder=Hesbüll, Hörn (Hornburg), Hülltoft, Kapell, Neudamm, Nienhof, Osterdeich, Norder=Osterdeich, Ohhusum, Rinkeshörn, Schreibersort, Segelsbüll, Siel, Süderdeich, Trersbüll. — Im Jahre 1314 ertheilte der König Erich Mendved einen Befehl an die Eingesessenen der Horsbyeharde, daß ein neuer Damm von Segelsbüll nach dem Hofe Sirlessen (dessen Lage unbekannt ist) gezogen und daß inskünftige der Markt bei Nykirke auf diesem Damm gehalten werden sollte. — Vz. des Ksp.: 889.

Neukirchen, Kirche, Pastorat und Küsterwohnung an der Ostsee, am Eingange des Flensburger Meerbusens, $2\frac{1}{2}$ M. östlich von Flensburg, Pr. Flensburg. Den Grund und Boden dieses Kirchspiels, vormals eine Wildniß, hat der Herzog Hans der Jüngere 1618 wahrscheinlich erst durch Ankauf des Gutes Rübel erworben; er ist aber nachher zum Glücksburgischen Lehnsdistrict gerechnet und gehört daher zum A. Flensburg, Munkbraruph. — Die Kirche ward im Jahre 1622 von dem genannten Herzoge erbaut; sie hat einen Thurm und ist nach Verhältniß der Gemeinde sehr geräumig.

Neukrug.

Im Jahre 1765 ward die Kirche renovirt, verfiel aber und wurde nun vor einigen Jahren sehr gut restaurirt. Die Kanzel ist 1717 von Glücksburg hierher versetzt. Der Herzog Philipp legirte der Kirche 2000 Rthlr. Der König ernennt den Prediger. — Eingepfarrt: Niebye, Niebyefeld, Poosbye. — Vz. des Ksp.: 160.

Neukrug (Niehuus), ½ M. westlich von Schleswig an der Landstraße nach Husum, Ksp. St. Michaelis; 1 Viertelh., 1 Kathe und 1 Parcelenst. ($2\frac{7}{7}$ Pfl., 83 Steuert.) welche aus dem Dorfe Schubye ausgebaut sind, gehören zum A. Gottorf, Arensh., 1 Halbh. gehört der Stadt Schleswig. Diese Halbh. war vormals ein Wirthshaus als der Weg nach Flensburg hier vorbei führte; sie war der Kirche zum Heil. Geiste in Schleswig zuständig und als diese einging erhielt der Rath der Stadt gewisse Abgaben von ihr, nämlich jährlich einen Gulden und ein Schwein, welche „Gasteriegeld" genannt wurden. — Schuldistr. Schubye.

Neulandshof (Neuland, Bekenhof), Kanzleigut in der Landschaft Stapelholm an der Treene, ¼ M. nordöstlich von Friedrichstadt, in der Seether Feldmark, Ksp. Süderstapel. Dieser Hof, welcher ehemals der Sitz der Landvögte war, contribuirt für 1¼ Pfl., enthält 87 Dem. Landes und entrichtet jährlich 38 Rthlr. 10½ β Recognition. — Besitzer: H. C. Beeck. — In der Nähe des Hofes liegt eine Fenne, welche den Namen Kirchhof führt, in der man vor mehreren Jahren eiserne Handgriffe fand, die zu Särgen gehört hatten. Hier stand die Kirchspiels=Capelle St. Johannis, deren Kirchspiel zum Hochstift Schleswig gehörte, und noch jetzt müssen einige Einwohner in Seeth eine jährliche Abgabe an die Kirchenofficialen in Schwabstedt entrichten, wo vormals der Sitz der Bischöfe von Schleswig war.

Neumühle (Nyemölle), 1 Bohlstelle an der Sluraue, A. Tondern, Slurh., Ksp. Bylderup, Schuldistr. Bredevad. Sie hat den Namen von einer vormaligen Wassermühle, auch Sluxmölle genannt, welche 1493 und 1613 erwähnt wird und von den Feinden wahrscheinlich 1628 abgebrannt sein soll. — Diese Gegend war vormals sehr holzreich, und man findet in dem dortigen Moore starke Wurzeln von Fichtenbäumen.

Neurodder, eine Kathe mit 2 Wohnungen im Gute Eckhof, Eckernförderh., Ksp. Dänischenhagen.

Neumark, Hof und Ziegelei im Gute Aarup an der Schelbek, ½ M. südwestlich von Apenrade, A. Apenrade, Lundtofth., Ksp. Enstedt.

Nicolai, St.=, Kirche auf der Insel Föhr in der Landschaft Osterlandföhr, A. und Probstei Tondern. — Diese Kirche, welche etwas südwestlich zwischen den Dörfern Wrixum und Boldixum liegt, ist sehr alt, soll schon um die Mitte des 13. Jahrhunderts erbaut gewesen sein und zu den Kosten dieses Baues sollen Bettelmönche in England gesammelt haben. Bei einem Anbau an der Kirche 1707 wurden hier 3 kleine silberne Münzen in einem kleinen Behältnisse gefunden, die auf der einen Seite das Danebrogskreuz und auf der andern die Inschrift **Waldemar Rex Dan. et Norv.** hatten. Die Kirche hat einen stumpfen Thurm und ist theils mit Blei, theils mit Rohr gedeckt, hat eine Orgel und ist gewölbt. Das Altarblatt aus dem Jahre 1643 zeichnet sich durch die schöne Bildhauerarbeit aus. Die vormals in der Kirche befindlichen 5 Meßaltäre sind nach der Reformation verschwunden. — Zur Wahl des Predigers präsentiren der Amtmann und der Probst; die Gemeinde wählt. — Das Pastorat=

haus liegt in Wrixum. — **Eingepfarrt:** Boldixum, Wrixum, Wyk. — Bz. des Ksp.: 1448.

Nieblum (vor. Naiblum), Dorf an der südlichen Seite der Insel Föhr, ½ M. westlich vom Flecken Wyk, Ksp. St. Johannis. Dieses sehr schöne Dorf, dessen Name „Neues Dorf" bedeutet, hat ansehnliche Häuser, zum Theil breite und gepflasterte Straßen und zeichnet sich durch sein einnehmendes Aeußere aus. Der Theil, welcher nördlich an der Landstraße liegt, gehört zur Landvogtei Osterlandföhr im A. Tondern, und der südliche zu Westerlandföhr im Stiftsamte Ripen; jener begreift ⅓, dieser ⅔ des Dorfes in sich. — Nieblum zählt 117 Häuser (42 H. zum A. Tondern) und 520 Einw. — Hier wohnen der Birkvogt von Westerlandföhr und Amrum, der Diaconus der Kirche St. Johannis, 1 Arzt, der Gevollmächtigte des Landvogts und der Landesdiener, letzterer in einem landschaftlichen Gebäude, in dem sich auch ein Gefängniß befindet; ferner sind hier 8 Kaufleute und Krämer, 2 Schmiede, 5 Gastwirthe und Handwerker fast aller Art. Mehrere Einwohner ernähren sich von der Seefahrt; Landwirthschaft von einiger Bedeutung treiben nur etwa 10 Einwohner. — Districtsschule. — Armenhaus mit einer Arbeitsanstalt 1819 erbaut. — Vieh= und Pferdemarkt am 20. und 21. April. — Ein Haus zwischen Nieblum und Wyk heißt Mittelberg. — Areal zum A. Tondern: 95 Dem. 112 R. Geestland, 301 Dem. 153 Ton. Marschland. — Der Geestboden ist durchgängig mager und steinigt; ein Theil dieses Bodens, die Wohld genannt, über dessen Gränzscheidung 1625 ein Proceß mit den Alkersumern entstand, kömmt den Einwohnern sehr zu statten, weil hier durch Düngung selbst Klee so üppig wächst als in der Marsch. — Die auf der Feldmark befindlichen Grabhügel sind im Laufe der Zeit abgetragen. In der Nähe ist die alte Burgstätte der Lembecks.

Niebüll, Kirchdorf im Risummoor 2¼ M. südlich von Tondern, A. Tondern, Bökingh., Pr. Tondern. Dieses bedeutende Dorf, welches in Norder= und Süder=Niebüll eingetheilt wird, ist auf festen Sanddünen erbaut und gränzt südlich an das Kirchdorf Deetzbüll. Es enthält 230 Häuser (20⅙ Pfl.). In Norder=Niebüll ist eine Districtsschule und in Süder=Niebüll eine andere. — Vor einigen Jahren ist hier ein bedeutendes Armen= und Arbeitshaus erbaut. 2 Wirthshäuser, 2 Schmiede, 2 Bäckereien und mehrere Handwerker. — In dem einen Wirthshause wird das Dinggericht für die Bökingharde gehalten. Viele Frauen beschäftigen sich mit Weben. — Hier sind 2 Mühlen, eine Graupen= und eine Rockenmühle. — Niebüll hält jährlich 2 Krammärkte und 1 Pferdemarkt auf Maria Reinigung und auf Johannis. — Die Zeit der Erbauung der ersten Kirche ist nicht mit Gewißheit zu bestimmen; wahrscheinlich geschah sie damals, als die Kirche in Langstoft einging. Die alte Kirche wurde 1729 erbaut und nur ein kleiner Theil der Mauer der alten Kirche ist an der Nordseite stehen geblieben. Sie ist ein geräumiges Gebäude, hat eine Spitze, eine Orgel und ist hell und freundlich. Auf dem Kirchhofe steht ein Glockenhaus. Bei der Kirche war vormals eine Vicarie Unserer lieben Frauen. An der Kirche stehen 2 Prediger, welche von dem Amtmanne und dem Probsten präsentirt und von der Gemeinde gewählt werden. — **Eingepfarrt:** Christian=Albrechtskoog (z. Thl.), Gath, Gotteskoog (z. Thl.), Langstoft, Niebüll, Uhlebüll, Süderende, Teglvang. — An der Westseite liegt das Marsch= und an der Ostseite das Geestland, welches von sehr verschiedener Art ist; nördlich von Niebüll ist sehr gutes Grasland. — Im Jahre 1609 wird der Niebüller=Koog erwähnt, welcher jetzt einen Theil des Interessentenkooges ausmacht. — Vormals muß diese Gegend sehr holzreich gewesen sein, denn bei Verfertigung von Gräben stößt man oft auf 2 bis 3 Fuß dicke Eichenstämme, welche etwa 2 Fuß unter der Erde liegen. — Vz. des Ksp.: 1691.

Niebye (Nybye), Dorf 1½ M. nördlich von Cappeln im Gute Düttebüll, Cappelerh., Ksp. Gelting. — Dieses hoch liegende Dorf ist wahrscheinlich im 15. Jahrhundert statt des etwas südlicher belegenen ehemaligen Dorfes Solbye (s. Solbye) angelegt, woher der Name (das neue Dorf) entstanden ist. Zur nähern Bezeichnung wird es auch Gelting=Niebye genannt. Im Jahre 1460 bestand es aus einer Mühle und 12 Hufen. Im Anfange des 18. Jahrhunderts wurden 2 Hufen niedergelegt. Bei der ersten Parcelirung des Gutes Düttebüll 1783 wurden aus den nachgebliebenen 10 Hufen Parcelen gebildet, deren jede 95 Hbtsch. (¾ Pfl.) enthielten. Seit der Zeit sind aber einzelne Parcelen zerstückelt. Die Stellen westlich heißen Niebye=Westerfeld, 2 Häuser südlich Ellstohl, 5 Häuser östlich Falshöft (s. Falshöft). — Schuldistr. Pommerbye. — Areal: 491 Steuert. — In der Nähe von Niebye sind mehrere Grabhügel gewesen, die jetzt fast gänzlich zerstört sind. In einer Steinkammer fand man ein menschliches Gerippe und unweit dieses Hügels in einer Wiese wurden eine große Menge Thierknochen und ein Stück von einem Wallfisch=kinnbacken gefunden.

Niebye (Nybye), 10 Instenstellen 2¼ M. nordöstlich von Eckernförde im Gute Damp, Eckernförderh., Ksp. Schwansen, Schuldistr. Schwastrum. — Diese Stellen von denen nur zwei etwa 3 Tonnen Land besitzen, sind von der Ostsee nur durch eine Wiese getrennt. Der Sage nach soll Niebye vormals ein ansehnliches und reiches Dorf gewesen sein.

Niebye (Nyebye), Dorf an der Ostsee, am Eingange des Flensburger Meerbusens, 2¾ M. östlich von Flensburg, A. Flensburg, Munkbraruph., Ksp. Neukirchen. In den Jahren 1620 und 1621 wurden von dem Herzoge von Glücksburg Hans dem Jüngern hier Anbauungen angefangen, in der Absicht eine Handelsstadt zu gründen, wozu die Lage freilich sehr günstig gewesen wäre, wenn es nicht an einem paßlichen Platze zur Anlegung eines Hafens gefehlt hätte. Die Häuser wurden in 2 geraden Reihen angelegt und die Arbeiten zu einem Hafen angefangen, aber die Flensburger, welche fürchteten daß diese neue Anlage den Handel ihrer Stadt nachtheilig werden würde, gaben bei dem Könige Gegenvorstellungen ein, und dieser bestimmte den Herzog zur Aufgebung seines Planes, worauf ein Theil der Häuser abgebrochen und nach Glücksburg versetzt ward. Jetzt enthält dieses Dorf, mehrere zerstreut liegende Stellen Niebyefeld genannt mitgerechnet, 21 Kathen mit und 3 Kathen ohne Land. — Districtsschule. — Wirthshaus, Schmiede und einige Handwerker. Im Dorfe wohnt ein Controlleur. — Areal: 262 Steuert. — Der Boden ist lehmig und sehr fruchtbar. — Vormals lag am Strande eine Ziegelei.

Niedamm (bei Düttebüll=Mühle), eine ansehnliche Landstelle im Gute Düttebüll, Cappelerharde, Ksp. Gelting, Schuldistr. Pommerbye. Sie besteht aus Ländereien zweier Parcelen von resp. 129 Hbtsch. 2½ Sch. (1 Pfl.) und 123 Hbtsch. 1 Sch. 9 R. (¾ Pfl.). Bei dieser Parcele liegt die Düttebüller Mühle.

Niehuus, Dorf ¾ M. nordwestlich von Flensburg, A. Flensburg, Wiesh., Ksp. Bau. Dieses in einem Thale und an einem kleinen See hübsch belegene Dorf hat seinen Namen von einem hier um die Mitte des 14. Jahrhunderts von dem Grafen Nicolaus von Holstein angelegten befestigten Schlosse Niehuus, welches zugleich zum Schutze der Stadt Flensburg dienen sollte. Im Jahre 1409 ward dieses Schloß an den König Erich v. Pommern verpfändet und 1431 ward es von den Holsteinern eingenommen und zerstört. Das Schloß lag auf einer rings von Wasser umgebenen Anhöhe, auf der man noch jetzt Theile des Mauerwerks und Ziegelsteine nebst Bauschutt findet. Das Haus, welches hier späterhin erbaut ist, führt noch den Namen „Schloß". — Nach der Zerstörung des Schlosses wurden hier einige Kathen erbaut, woraus aber 6 Bohlen entstanden. Jetzt besteht Niehuus aus 1 Sechsviertelh., 1 Fünfviertelh., 1 Dreiviertelh., 3 Halbh., 7 Kathen und 6 Instenst. (6 Pfl.). Eine ausgebaute Instenst. heißt Aalkiste. — Schuldistr. Bau. — Wirthshaus, Schmiede. — Areal: 315 Steuert. — Das Feld ist hügelicht aber im Ganzen von ziemlicher Güte. — Der Niehuuser-See ist 800 Ellen lang und 600 Ellen breit und durch ihn fließt die Meynaue; die Fischerei daselbst wird von dem Königl. Amte verpachtet. — Auf der Niehuuser Feldmark an der Südseite des Sees entspringt eine Quelle „Hellig-Kilde" genannt, der man vormals Heilkräfte zuschrieb. — Bei Niehuus sind bedeutende Ueberbleibsel einer Schanze worin man vor einigen Jahren ein Stück einer zersprungenen eisernen Kanone fand.

Nickoppel, eine von den Hoffeldern des niedergelegten Gutes Morkirchen gebildete südwestlich vom Hofe Morkirchen belegene Parcelenstelle im A. Gottorf, Morkirchh., Ksp. Böel.

Niendorf (Waldem. Erdb. Nyänthorp), Dorf auf der Insel Fehmern, Osterkirchsp., K. Burg. 11 größere Landstellen, 13 kleinere Landst. und 6 Instenst. — Districtsschule. — Schmiede und einige Handwerker. — Areal: 351 Dr. 7 Sch. (694 Steuert.). — Der Boden ist von ziemlicher Güte und die östlich belegenen Gemeindeweiden sind fast alle urbar gemacht.

Nienhof, Dänisch-, adel. Gut an der Ostsee in der Eckernförderh. Der Haupthof liegt 2½ M. östlich von Eckernförde, Ksp. Krusendorf. Im Jahre 1650 stand es mit dem Gute Kaltenhof in der Landesmatrikel zu 56 Pfl., 1667 zu 51 Pfl., späterhin nach der Trennung von Kaltenhof und nachdem 2½ Pfl. an Bülck überlassen waren, zu 11½ Pfl. und Hohenhain, das davon abgelegt wurde, zu 4 Pfl. — Besitzer: 1486 die Familie v. d. Wisch, im Anfange des 17. Jahrhunderts v. Sehestedt, 1630 v. Blome, 1750 v. Dertz, 1753 v. Revenfeld, darauf v. Wibel und Hasche, und im Anfange des 19. Jahrhunderts Graf v. Rantzau. Der jetzige Besitzer ist Senator Adami in Bremen. — Das Gut hat eine hohe und sehr anmuthige Lage und ist fast ganz von Hölzung umgeben. Zwischen dem Garten und der Ostsee liegt die Ziegelhölzung, welche von einer Allee durchschnitten ist und vormals Pavillons, Grotten und Wasserfälle enthielt. Das vor mehreren Jahren erbaute neue Wohnhaus ist ein massives sehr gut eingerichtetes Gebäude. — Zum Gute gehören die Dörfer Surendorf und Stohl und 2 Erbpachtstellen. Zwei Häuser heißen Wasserbeck und Ziegelhof. Ein Armenhaus und eine Schule wurden von Bendir v. Blome 1658 gestiftet; das mit einer Capelle versehene Stiftungsgebäude ist 1833 abgebrochen

Niesgrau.

und nur ein Schulhaus wieder erbaut. — Der Flächeninhalt des Guts beträgt 1838 Ton. à 240 □. R., worunter etwa 170 Ton. Hölzung und 38 Ton. Moor (1409 Steuert., 211,320 Rbthlr. Steuerw.). — Der Acker ist durchgehends sehr gut, zum Theil fetter Lehmboden; die Wiesen waren vormals größtentheils Fischteiche und der Boden ist überhaupt sehr reich an Quellen. — Einzelne Hofkoppeln heißen: Bushörn, Pellmoor, Schönberg und Stolshorst. — Auf dem Hoffelde befinden sich ein mit großen Steinen eingefaßter Opferhügel und ein Grabhügel mit einer unversehrten Grabkammer. — Zahl der Einwohner: 522. — Contrib. 515 Rbthlr. 19 b/ß, Landst. 440 Rbthlr. 28 b/ß.

Niesgrau (vorm. Nißwraae), schön belegenes Dorf in Angeln, 3¼ M. südöstlich von Flensburg, an einer Aue, welche weiterhin Lippingaue genannt wird, Ksp. Esgrus. Zum Gute Ohrfeld, Cappelerharde, gehören 2 Vollh., 1 Drittelh., 1 Fünfachtelh., und 3 Halbh., (4 Pfl.); eine Halbh. (½ Pfl.), eigentlich eine Esgruser Kirchenlanstenstelle, gehört zum A. Flensburg, Nieh.; 1 Instenstelle zum Gute Niesgraugaard, Cappelerh., Schuldistrict Koppelheck. — Wirthshaus, Schmiede. — Areal zum Gute Ohrfeld: 256½ Steuert. — Im Jahre 1460 gehörten in diesem Dorf zu Rundhof 3 Untergehörige; 1546 und 1565 waren hier auch Lundsgaarder Untergehörige, die aber an Rundhof gekommen sind, da Niesgrau 1593 mit 9 Hufnern und 4 Käthnern zu Ohrfeld gelegt ward.

Niesgraugaard (Nieswraagaard, vorm. Nißwragardten), adel. Gut unweit der Ostsee, in der Cappelerh., in ungemein anmuthiger Gegend. Der Haupthof liegt 1½ M. nordwestlich von Cappeln, Ksp. Esgrus. Dieses Gut, welches in der Landesmatrikel zu 1 Pfl. angesetzt ist, war vormals ein Meierhof des Gutes Ohrfeld, der bereits 1574 existirte, wo Matz Jordt zu Nießwragardten in einer Esgruser Dingswinde genannt wird, 1760 Henning v. Rumohr, 1767 B. Carstens, 1768 H. Pape, 1769 M. Knudsen, 1774 D. Christensen (18,060 ℳ), 1778 W. Strube (27,549 ℳ), seit 1793 Petersen. — Areal: 325 Hdtsch. (131 Steuert., 20,960 Rbthlr. Steuerw.), davon enthalten das Ackerland 209 Hdtsch., Wiesen 93 Hdtsch. und Hölzung 23 Hdtsch. — Der Boden ist von vorzüglicher Güte. — Zum Gute gehört 1 Instenstelle im Dorfe Niesgrau. — Das Wohnhaus ist von Brandmauern. — Zahl der Einwohner: 17. — Contrib. 44 Rbthlr. 76 b/ß, Landst. 43 Rbthlr. 64 b/ß.

Nimmerruh, 1 Hufe im A. Flensburg, Nieh., Ksp. Sterup.

Nipsaue (Ribeaa), Fluß im A. Hadersleben. Dieser ansehnliche Fluß, welcher durch seine starken Krümmungen eine Länge von 8 Meilen enthält, entspringt östlich von dem Kirchdorfe Oeddis auf der Jobissleter Feldmark, wird hier die Jobisbäk genannt und fließt, 2 kleine Bäche aufnehmend, südwestlich den Dörfern Höirup und Orenvad vorbei, wo er sich ½ M. südlich von letzteren westlich wendet, hier mit der kleinen Brambäk die Norderaue genannt wird und zwischen den Kirchspielen Oster-Linnet und Klein-Nustrup die Jelsbäk (Jelsaue) aufnimmt; darauf fließt er den Gütern Gram und Nübel vorbei, wird hier die Gramaue und vor der Vereinigung mit der Gjelsaue, 1 M. östlich von Ripen, die Fladsaue genannt. Bald darauf ergießt er sich in ein, etwa 1000 Ellen breites Bette, dem Kirchdorfe Seem gegenüber, theilt sich bei Ripen in mehrere Arme, welche zum Theil die Stadt umfließen, nimmt nahe westlich von der Stadt die Tvedaue (Hjortvadaue), welche beim Ursprunge die **Farrisbäk** heißt auf, und ergießt sich kurz vor der Mündung, eine starke länglichte Krümmung bildend, in die Westsee.

Niß (Lindauer=Niß, auf dem Niß), 5 Kathen ($\frac{5}{2}$ Pfl.), 1 Parcelenstelle und 1 Fischerkathe 2½ M. nordöstlich von Schleswig, an der Schlei, A. Gottorf, Schliesh., Ksp. und Schuldistrict Boren. Diese Stellen gehörten ehemals zum Gute Lindau. Bei dem s. g. großen Niß ist eine Ueberfahrt nach Stubbe in Schwansen. — Areal: 39 Steuert.

Nistum, eine ehemalige Capelle in der Horsbüllharde im alten Nordfriesland, südlich nahe an dem jetzigen Kirchdorfe Morsum auf Sylt. Wann diese Capelle vergangen, ist nicht bekannt. Zwei Wiesen bei Morsum heißen noch Norder= und Süder=Nössi.

Nitriskjär, 1 Hufe (2 Ott., $\frac{41}{288}$ Pfl.), nördlich von Agerskov, im A. Hadersleben, Westerth., Norderrangstruph., Ksp. und Schuldistrict Agerskov. Nitriskjär gehörte vormals der Kirche zu Agerskov und im Jahre 1699 waren hier 4 kleine Landstellen. — Areal: 54 Steuert.

Nix (Neiß), 1 Vollh. und 1 Halbh. nebst einer Windmühle westlich von Broacker, am Flensburger Meerbusen, A. Sonderburg, Nübelharde, Ksp. Broacker. Der Ort liegt der Fähre Holnis in Angeln gerade gegenüber. Die zum Gute Gravenstein gehörige Windmühle **Nixmühle** (Neißmühle) war ursprünglich eine Wassermühle und erst im Jahre 1816 wurde eine Windmühle erbaut, worauf erstere verfiel. Bei der Mühle ist die Brauerei= und Brennereigerechtigkeit. — Auf der Feldmark sind 2 Grabhügel.

Noelsbek, eine Aue, welche nördlich von Ascheffel entspringt; sie fließt dem Hofe Hütten vorbei, wo sie eine Papiermühle treibt, ferner durch Hummelfeld, Göthebye und Fleckebye und ergießt sich darauf in die Schlei.

Nöer (vorm. Nohr, Nohrd), adel. Gut in der Eckernförderh. Der Haupthof liegt 1½ M. östlich von Eckernförde, Ksp. Krusendorf. Dieses Gut ist aus 10 niedergelegten Hufen entstanden. — Besitzer: 1424 v. Ahlefeld, 1620 v. Rantzau, 1675 v. Rumohr, 1680 v. Brockdorf, 1762 v. Moltke, darauf v. Qualen, 1832 die Herzogin Louise Auguste v. Augustenburg (780,000 ℳ) und nach ihrem Tode erbte es deren Sohn der Prinz Friedrich v. Augustenburg. — Zum Gute, welches für 8 Pfl. contribuirt, gehören Hohenkamp, Lindhof, Lindhövd, Lehmrott, Laschteich, Krummland, Strandberg. Areal: 1837 Steuert. (293,920 Rbthlr. Steuerw.). — Der Haupthof hat ein Areal von 1614 Ton. 1 Sch. 7 R., à 240 □. R., darunter an Acker und Wiesen 1105 Ton., an geschlossenen Hölzungen 408 Ton., an Gärten 32 Ton. 2 Sch. 27 R., an Befriedigungen 28 Ton. 5 Sch. 16 R., Wasser 3 Ton. 8 R., Wege 11 Ton. 1 Sch. 13 R.; eine kleine Landstelle am Strande Strandberg mit einer Schmiede 25 Ton. 7 Sch. 3 R. Beim Hofe sind 12 Kathen, eine Jägerwohnung und eine Holzvogtstelle. Das Wohngebäude auf Nöer zeichnet sich durch seine Größe und Schönheit aus; der Park und die Gärten sind in den letzten Jahren sehr verschönert. — Zahl der Einwohner mit Grünewald: 740. — Contrib. 358 Rbthlr. 38 b/ß, Landst. 422 Rbthlr. 32 b/ß, Hausst. 9 Rbthlr. 12 b/ß.

Nörremölle, eine Parcelenstelle und Wirthshaus in der Grafschaft Reventlow=Sandberg, A. Sonderburg, Nübelh., Ksp. Satrup.

Nolde (vorm. Nylle), Dorf an der Grönaue, 1½ M. östlich von Tondern, A. Tondern, Slurb., Ksp. und Schuldistr. Burkarl. Dieses Dorf ist aus einem ehemaligen Edelhofe entstanden, dessen letzter Besitzer Tyge Nold geheißen haben soll; 5 Bohlstellen, 3 kleine Landstellen und 2 Häuser (4¼ Pfl.). — Der Boden ist sandigt. — Peter Ebbisen besaß das Gut vor 1365.

Nonis (Nonaes), ein ehemaliges Dorf, welches schon 1285 unter den Krongütern erwähnt wird und späterhin an Olpenitz kam; Ksp. Schwansen. Es lag zwischen Olpenitz und Ellenberg, hatte 1463 10 Bewohner und wird noch 1649 als Dorf bezeichnet.

Norburg (Nordborg, vorm. Kjöping, d. i. Kauf= oder Handelsort); Flecken auf der nördlichen Hälfte der Insel Alsen, A. Norburg, Norderh., Bisthum Alsen und Aeröe. Dieser Flecken ist nach und nach unter dem Schutze der alten Burg, welche schon im 12. Jahrhundert vorhanden war, entstanden, hat eine sehr anmuthige Lage und ein gefälliges Ansehen. Der Ort wird in 4 Quartiere eingetheilt und hat 176 Häuser. Die öffentlichen Plätze und Straßen führen folgende Namen: Rideplabsen, Storegade, Lautertoft, Uldbjerggade, Holmgade, Skomagergade, Kirkesträbe, und einige kleinere Straßen. — Zahl der Einwohner: 1219; unter diesen befinden sich ein Amtsverwalter, ein Zollverwalter, ein Zollassistent, ein Hardesvogt, der zugleich das Polizeiamt verwaltet, 3 Aerzte, ein Controlleur und ein Postexpediteur; außerdem sind hier 8 Kaufleute, 7 Höker und 6 Schiffer, welche große Schiffe führen und weite Reisen machen, 4 mit kleineren Fahrzeugen; ferner hat der Flecken 1 Apotheke, 8 Wirthshäuser, 1 Hutmacher, 3 Färbereien, 1 Gärberei, 5 Branntweinbrennereien und Bierbrauereien und Handwerker aller Art. Die Schifffahrt würde bedeutender sein, wenn der Hafen „Dyvig" genannt, nicht zu weit vom Flecken entfernt läge. In den Jahren 1790 bis 1807 waren hier 16 Schiffe, worunter 9 größere jedes zwischen 36 — 75 C.=L., welche sogar nach Westindien und Island befrachtet wurden; jetzt zählt Norburg nur 10 Schiffe, worunter 6 größere jedes zwischen 36 bis 75 C.=L., welche häufig nach Westindien, Ostindien, besonders aber nach Brasilien befrachtet werden. In Norburg ist der Sitz des Norderharder und Ekenharder Dinggerichts. — Die in Form eines Kreuzes erbaute Kirche liegt allein an dem nordwestlichen Ende des Fleckens auf einer Anhöhe, welche ursprünglich Antonytoft hieß, daher die Kirche Tundtoft, in alten Urkunden Tontoft genannt wird. Sie hat ein zierliches Aeußere, einen Thurm und ihr schönes Gewölbe trägt die Spur eines hohen Alters. Der Altar enthält in Bildhauerarbeit die Darstellung des Abendmahles Christi; die Kanzel ist auch durch ihr alterthümliches Schnitzwerk nicht ohne Werth; auch hat sie eine Orgel. An der östlichen Seite ist im Jahre 1700 ein Begräbniß angebaut, worin mehrere Fürstl. Leichen beigesetzt sind. — Der Prediger, welcher zugleich Probst der Norderharde ist, wird von dem Könige ernannt. — **Eingepfarrt:** Augustenhof, Brunnen, Dyvig, Greisbjerg, Hellesöegaard, Hellesöehave, Holm, Hopsöehöi, Kjöpingmark (Parcelenstellen), Legan, Lönsommai, Nörrelyke, Norburg (Flecken und Vorwerk), Osterlund, Pöhl, Staalbygge, Steenbäk, Sövang, Tangsholm, Uldbjerg, Vesterlund, Vestermölle. — An der Schule, die in 3 Hauptclassen getheilt ist, stehen 3 Lehrer, von denen der Elementarlehrer zugleich das Amt des Organisten verwaltet und der Lehrer an der Mädchenschule zugleich Kirchensänger ist. — Westlich vom Flecken liegt die Mühle; später ist noch eine Windmühle nahe bei derselben erbaut. In Norburg werden 2 Krammärkte am Mittwoch vor der stillen Woche und am 21. Septbr., und ein Viehmarkt am 31. Octbr. gehalten. — Der beim Flecken belegene Norburger=See wird von dem Königlichen Amte in Zeitpacht gegeben. — Auf der Kjöpinger (Norburger) Feldmark (358 Steuert.) liegen 18 bewohnte kleine Landstellen (8 Halbbohlen), welche vormals 8 wüste Hufen ausmachten und weil der Boden sehr leicht ist und damals nicht urbar war, so erhielten sie Befreiung von Königl. Abgaben. Eine Kathe heißt Legan. Jetzt ist dieses Land sehr verbessert worden. — Das älteste mit Thürmen und Ringmauern stark befestigte Schloß, welches auf einer Insel des Norburger-Sees liegt, führte vor der Erbauung des Sonderburger den allgemeinen Namen des Schlosses auf Alsen (Als=Slot). Es war eines der ältesten im Lande und soll von dem Könige Svend Grathe, während seines Krieges mit dem Könige Knub erbaut sein. Es wird 1192 erwähnt als der Schleswigsche Bischof Waldemar gefangen hierher gebracht wurde; ebenfalls wurde auf diesem Schlosse der König Erich Glipping, nachdem er 1261 eine Schlacht auf der Lohhaide verloren hatte, einige Monate gefangen gehalten. Im Jahre 1358 wurde das Schloß vom Könige Waldemar und 1409 von Erich von Pommern belagert und eingenommen; späterhin im Jahre 1658 hatte es das Schicksal dreimal eingenommen zu werden: von dem schwedischen Obersten Kaust, von den Alliirten und von dem schwedischen General Wrangel. Sieben Jahre darauf ward es durch eine starke Feuersbrunst fast ganz zerstört und es blieben nur die Mauern des runden Thurmes stehen. Im Jahre 1679 ward ein zweites Schloß von dem Herzoge August aufgebaut; es war etwas kleiner aber ein schönes Gebäude mit einer Capelle und geschmackvoll eingerichteten Zimmern, welche späterhin von dem Amtmann Grafen Dannesskiold=Samsöe noch sehr verbessert wurden. Dieses Schloß erhielt sich aber kaum 100 Jahre und 1766 ward es öffentlich verkauft, mehrere Theile desselben wurden abgebrochen und nur einzelne Gebäude blieben übrig., die jetzt noch bewohnt werden und den Namen „das Schloß" führen. — Zwischen Norburg und dem Hafen Dybig liegt eine ansehnliche Höhe, der Michelsbjerg genannt, von welcher sich eine schöne Aussicht darbietet. — Vz. des Ksp.: 2529.

Norburg (Nordborg), ein im Jahre 1772 niedergelegtes Königl. Vorwerk nahe am Flecken Norburg, A., Ksp. und Schuldistr. Norburg. Die Größe dieses Vorwerks betrug 834 Ton. 2 Sch. à 320 □. R. (771 Steuert.), wovon die beiden Seen 124 Ton. 2 Sch. enthalten und ward in 23 Parcelen von 10 bis 70 Ton. vertheilt und 22 Ton. Holzgrund vorbehalten. Jetzt sind hier 40 bewohnte größere und kleinere Parcelenstellen, von denen einige Osterlund, Vesterlund (Westerlund), Sövang, Uldbjerg und Tangsholm heißen. — Der Boden der Parcelenstellen, besonders bei Oster= und Vesterlund und bei Sövang ist von besonderer Güte.

Norbye, Dorf an der Boklunderaue 1½ M. südlich von Schleswig, A. Hütten, Hüttenh., Ksp. Kropp; 2 Vollh., 10 Halbh. und 2 Drittelh., von denen die westlich liegenden Blöcken, die östlichen Grähsen und die nördlichen Wall genannt werden. Eine Ziegelei heißt Mühlenbrook. — Districtsschule. — Armenhaus. — Areal: 1215 Ton. 3 Sch. à 320 □. R. (650 Steuert.). — Das Ackerland ist nur von mittelmäßiger Art; die Moore sind sehr reichhaltig.

Norbye, Dorf im Gute Sardorf, 1 M. nördlich von Eckernförde, Eckernförderh., Ksp. und Schuldistr. Riesebye. Dieses Dorf, welches

Norbye.

vormals zum Gute Stubbe gehörte, ist späterhin an Sardorf verkauft worden. Es enthält außer dem Pastorate von Riesebye 6 Hufen, 3 Erbpachtstellen und 12 Kathen und Instenstellen. Eine Hufe heißt Bachholz. Eine Kathe gehört zum Meierhofe Holzkoppel. — Areal: 505 Ton. à 260 □. R. — Der Boden ist gut.

Norbye (Loit=Nörbye), Dorf 1 M. nördlich von Apenrade, A. Hadersleben, Österth., Ksp. und Schuldistr. Loit. Dieses Dorf welches aus 4 Hufen von verschiedener Größe und 1 Instenstelle besteht, ist dingpflichtig zum A. Apenrade. — Die Instenstelle ist ein Wirthshaus und heißt Norbyekroe (Norbyekrug). — Der Boden ist sandigt.

Norbye, ein ehemaliges adel. Gut in der Eckernförderharde, Ksp. Riesebye. In dem Dorfe Norbye waren schon im 15. Jahrhundert verschiedene Jurisdictionen, wodurch vielleicht die Bildung zweier Güter Groß- und Klein-Norbye entstanden ist. Das Domcapitel hatte hier einen Lansten, und 2 andere verpfändete der König Christian I. 1470 an Claus v. Ahlefeld. Im Jahre 1517 gehörte ein Theil des Dorfes zum Gute Grünholz und daraus entstand das Gut Groß-Norbye, welches 1599 für 8 Pfl. contribuirte und im 16. Jahrh. der Familie v. d. Wisch zuständig war. Im Anfange des 17. Jahrh. war Norbye im Besitz der Familie Pogwisch; vor dem Jahre 1635 verkaufte Drude Pogwisch Groß-Norbye an v. Schack, der, nachdem er auch zum Besitze von Klein-Norbye gelangt war, beide 1636 an v. Ahlefeld auf Sardorf für 9430 Rthlr. verkaufte; 1637 wurde die Pastorathufe von den Hoffeldern ausgesondert. Als das Dorf Patermiss 1671 niedergelegt ward, wurden 4 der dortigen Hufen nach Norbye verlegt und der Hof ging ein; seitdem war Norbye wieder ein Dorf bestehend aus dem Pastorate und 6 Hufen. Klein-Norbye wird 1599 im Besitze Cay v. Ahlefeld zu Stubbe gewesen sein, später hatte es v. Wohnsfleth, darauf v. Schack, von dem es 1636 wie bemerkt zugleich mit Groß-Norbye an Sardorf kam. Ueber die Pflugzahl des alten Gutes Norbye aber sind viele Streitigkeiten gewesen, die 1783 durch einen Vergleich dahin beendigt wurden, daß das Gut Eschelsmark 8 Pfl. zur ordinairen Contribution übernahm und dadurch von 20 Pfl. auf 28 Pfl. erhöht wurde, dafür aber die Zinsen eines von der v. Brockdorfischen Familie ausgesetzten Capitals von 2500 Rthlr. zu genießen haben sollte.

Nordburg (Norburg), 1 aus einer Parcele erbaute Kathe im Gute Gelting, Cappelerh., Ksp. Gelting. Diese Kathe liegt an der Ohrfelder Gränze am Strande und an einem Damme, wodurch ein kleines Binnennoor von der Ostsee getrennt ist.

Norddeich, 2 Häuser im A. Tondern, Bökingh., Ksp. und Schuldistrict Fahretoft.

Nordenderkoog, ein Koog im Ostertheil der Landschaft Eiderstedt, Ksp. Witzworth; enthält 3 Höfe und 1 Haus Flötenberg genannt.

Norderballig, der nördliche Theil des Dorfes Dollerup, $2\frac{1}{4}$ M. östlich von Flensburg, Ksp. Grundtoft. Zum A. Flensburg, Husbyeh., gehören 1 Halbh., 2 Sechstelh. und 8 Kathen, von denen 2 Hufen zum Gute Lindewith gehörten; 7 Hufen gehören zum Gute Lundsgaarde, Husbyeh., 6 Landstellen zum Gute Rübel, Munkbraruph., 1 Hufe und 1 Kathe zum Gute Schwensbye, Nieh., 2 Kathen zum Gute Uenewatt, Munkbraruph., und 1 Kathe zum Hofe Ellgaard, Munkbraruph. Eine Lunds=

gaarder Hufe heißt beim Bek. — Schuldiſtr. Dollerup. — Schmiede. — Areal zum A. Flensburg: 132 Steuert.; zum Gute Lundsgaarde: 168 Steuert.; zum Gute Nübel: 114 Steuert.; zum Gute Uenewatt: 2 Steuert. — Das Ackerland iſt von mittelmäßiger Beſchaffenheit. — Auf der Feldmark war ein großer Grabhügel, welcher aber faſt abgetragen iſt.

Norderbüll, eine vergangene Kirche in der Pelwormerh., auf der alten Inſel Nordſtrand, etwa ½ M. ſüdöſtlich von Norderoog. Sie ſoll durch eine Waſserfluth im Jahre 1300 zerſtört ſein.

Norderdeich, 25 Häuſer im A. Tondern, Wiedingh., Kſp. Rodenäs. — Schule. — 5 Häuſer gehören zum Rodenäſſer Schuldiſtrict. — Der Boden iſt ziemlich gut.

Norderdeich (Purrendeich), 1 Hof, 3 kleine Landſtellen und 27 Häuſer ohne Land im Weſtertheil der Landſchaft Eiderſtedt, Kſp. und Schuldiſtr. Ulvesbüll. — Armenhaus. — Der Sage nach ſoll in Norderdeich vormals Markt gehalten ſein. — Der Boden iſt leichter Art.

Norderdeich, 1 Hof, 3 Häuſer und das vormalige Wirthshaus Nobiskrug im Oſterth. der Landſchaft Eiderſtedt, Kſp. Witzworth. Dieſe Stellen liegen zwiſchen dem Dammkoog und Dingsbüllerkoog.

Norderdeich, einige Häuſer im Oſtertheile der Landſchaft Eiderſtedt, Kſp. Koldenbüttel. — Schule.

Norderfeld (Böel-Norderfeld), 1 Halbhufe im A. Gottorf, Morkirchh., Kſp. Böel.

Norderfeld, 2 kleine Parcelenſtellen im Gute Oehe, bei Wormshöft, Cappelerh., Kſp. Gelting, Schuldiſtrict Gundelsbye.

Norderholz (Taarsballig-Norderholz), 6 Kathen nördlich von Taarsballig, A. Gottorf, Satruph., Kſp. Havetoft, Schuldiſtr. Taarsballig.

Ordermarſch, ein Marſchdiſtrict im Weſtertheile der Landſchaft Eiderſtedt, nördlich von der hohen ſandigten Geeſtſtrecke zwiſchen Cathrinenheerd und Garding, mit einigen Hufen und Häuſern. — Kſp. und Schuldiſtr. Cathrinenheerd.

Norderoog, eine kleine, zur Landſchaft Pelworm gehörige Hallig in der Weſtſee, ½ M. weſtlich von der Inſel Pelworm, Kſp. Alte-Kirche. Im Jahre 1630 war hier ein Feſtegut, welches der Strandvogt bewohnte, das 1634 durch die Waſſerfluth zerſtört ward; ſpäterhin baute eine Familie ſich hier wieder an, aber auch deren Wohnung wurde von der Fluth 1825 vernichtet. Jetzt ſind hier 2 Häuſer, welche 1830 und 1834 erbaut ſind. — Areal: 13 Steuert.

Norderſtapel, Dorf an der Landſtraße von Schleswig nach Friedrichſtadt, 1¼ M. öſtlich von Friedrichſtadt in der Landſchaft Stapelholm, Kſp. Süderſtapel. Vormals ſoll die Eider dicht an dieſem Dorfe hingefloſſen ſein und hier den Epenhafen gebildet, nachher aber eine andere Richtung erhalten haben und Norderſtapel damals ein Stapelort geweſen ſein, von welchem der Transport der Waaren nach Schleswig geſchah. Das Dorf liegt auf der Geeſt, etwa 1200 Ellen ſüdlich von der Treene, iſt regelmäßig gebaut und die Straßen ſind größtentheils gepflaſtert. Es enthält 91 Vollſtaven, 3 Halbſtaven, 15 Kathen mit Land und 3 Inſten- oder Freiſtellen, zuſammen 112 Häuſer (32 Pfl.). Von den Staven ſind 3 wüſte. — Diſtrictsſch. — 3 Wirthshäuſer, 2 Schmiede, 1 Branntweinsbrennerei und Brauerei,

1 Bäckerei und mehrere Handwerker. Seit dem Jahre 1726 ist hier eine Schützengilde. — Vormals stand eine der heil. Anna geweihte Capelle nahe bei dem Dorfe wo die Wege von Süderstapel und Seth zusammentreffen, von der aber keine Spur mehr vorhanden ist; der Platz hat noch den Namen der St. Annenstätte. — Areal: 1914 Steuert. — Die Grundstücke des Dorfes bestehen aus dem Geestlande, dem Wiesen= und Moorlande der Treenermarsch und aus der Niederung an der Sorge, welche einen Theil des Sorgerkooges ausmacht. Südöstlich vom Dorfe liegt der Norderstapeler=See, 335 Dem. groß, dessen Hauptertrag in Dachrohr besteht, welches etwa jährlich 60,000 Schoofe betragen kann. Die Erbpachtsumme an die Landesherrschaft beträgt jährlich 224 Rbthlr. — Auf der Feldmark südlich und östlich vom Dorfe sind einige Grabhügel, Twieberg, Bökenberg, Dorshanschenberg. — Zwischen Norderstapel und Seeth wurden im Jahr 1850 auf beiden Seiten des Weges von Friedrichstadt und ebenfalls auf dem Twieberge mehrere Schanzen erbaut. — Vz.: 704.

Norderwisch, eine vergangene Kirche in der Pelwormerharde auf der alten Insel Nordstrand, $\frac{1}{4}$ M. südwestlich von der Hallig Hooge. Sie soll in einer Wasserfluth 1300 oder 1362 untergegangen sein.

Nordhefer, eine vergangene Kirche in der Pelwormerharde auf der alten Insel Nordstrand, südlich von Norderoog. Sie soll im Jahre 1300 in einer Wasserfluth untergegangen sein.

Nordhörn, 1 auf einer Werfte erbauter Hof und 1 kleine Landstelle im A. Tondern, Wiedingh., Ksp. und Schuldistr. Klanxbüll.

Nordhöved, eine schon sehr früh vergangene Capelle auf der Insel Utholm, etwa 1 M. westlich von der jetzigen Kirche Westerhever in der Landschaft Eiderstedt.

Nordhuus, 2 Bohlstellen ($\frac{1}{4}$ Pfl.) nördlich vom Dorfe Wennemoos, A. Tondern, Nord=Tonderh., Ksp. Abild.

Nording, heißt der nördliche Theil des Kirchspiels Kating im Ostertheile der Landschaft Eiderstedt, doch ohne bestimmte Begränzung.

Nordmark, eine vormalige kleine unbewohnte Hallig in der Westsee südlich von Galmsbüll.

Nordmarsch, Hallig in der Westsee, zwischen den Inseln Föhr und Pelworm, Landschaft Pelworm. — Diese Hallig, welche mit Langenäs dergestalt vereinigt ist, daß beide eine Insel bilden, war ehemals mit Nordstrand landfest und nur durch einen schmalen Strom von der jetzigen Insel Föhr getrennt. Die großen Fluthen in den Jahren 1300 und 1362 werden die Trennung von Pelworm, welches gleichfalls mit Nordstrand verbunden war, bewirkt haben, obgleich Nordmarsch auch durch die späteren Fluthen, besonders 1717, da 19 Häuser, und 1825, da 29 Häuser weggespült wurden, mehr und mehr verkleinert ist. Diese Hallig hat jetzt eine Länge von 7000 Ellen und eine Breite von 3000 Ellen, und das Areal derselben beträgt 640 Tonnen (756 Steuert.) — Von den vielen Werften, welche Nordmarsch seit der frühesten Zeit gehabt hat sind jetzt nur 7 übrig. Kirchwerf, worauf die Kirche und das Pastorat steht, Peterswerf (6 H.), Hilligeley (12 H.), Mayeswerf (5 H.), Süderhörn (2 H.), Troyburg (Dreiberg 4 H.), Rixwerf (4 H.), zus. 33 Häuser. — Zahl der Einw.: 110. — Die älteste Kirche ging in einer Fluth 1362 unter; darauf hielten die Bewohner der Hallig sich

nach Föhr zur Kirche, bis sie 1599 eine Kirche oder Capelle auf Nom=
menswerf erbauten, die 1684 auf derselben Stelle neu aufgeführt wurde,
aber 1731 abgebrochen werden mußte. Die darauf erbaute Kirche wurde
in der Sturmfluth 1825 so sehr beschädigt, daß sie 1840 ebenfalls abge=
tragen ist. Der Kirchhof ist geblieben und wird zur Beerdigung der Todten
von Nordmarsch benutzt. Nach der Vereinigung von Nordmarsch mit
Langenäs erhält der Prediger von Nordmarsch jährlich 33 Rthlr. 16 β. —
Auf Nordmarsch ist eine Nebenschule. — Der Boden ist Marsch, und wenn
das Meerwasser ihn nicht zu häufig überschwemmte, auch fruchtbar. Die
Einwohner ernähren sich, da die Schifffahrt fast gänzlich aufgehört hat,
von der Vieh= und Schafzucht; die Fischerei wird auch wenig benutzt. —
Einige zerstörte Werften heißen Volquardswerf, Hayenswerf, Halke=
werf und Norderwerf. — Ueber das Eidoralegat, s. Hooge.

Nordschau (Norskov), eine Meierei des Haupthofs Gelting,
1 Holzvogtswohnung und 1 Kathe zwischen der Hof=Hölzung gleiches
Namens und dem Geltinger=Noor, im Gute Gelting, Cappelerh., Ksp.
Gelting. Zur Meierei gehört ein kleines Binnennoor, welches von der
Ostsee durch einen Damm getrennt ist; ferner die Halbinsel Quisnis, auf
der vormals 3, Quisnis genannte, Kathen standen, die 1822 abgebrochen
wurden. — Von Quisnis ging ehemals eine Fähre nach Beveröe, die
aber 1821, als Beveröe mit dem Festlande verbunden wurde, einging.

Nordscheide, Colonistendorf 2½ M. nördlich von Schleswig, Amt
Gottorf, Struxdorfh., Ksple. Havetoft und Groß=Solt; 19 Colonisten=
stellen und 2 Parcelenstellen (2 Pfl.), welche im Jahre 1763 daselbst
erbaut sind. — Schuldistr. Havetoft und Groß=Soltbrück. — Areal:
127 Steuert. — Der Boden ist ziemlich gut; das Moor ist nicht unbedeutend.

Nordstrand, eine Insel in der Westsee, 1 M. westlich vom festen
Lande, welche jetzt eine selbstständige Harde unter dem Namen Nordstran=
derharde bildet. Diese Insel gehörte vormals zum alten Nordfrieslande
und ward durch mehrere starke Wasserfluthen vom festen Lande getrennt.
Kurz vor der großen Fluth 1634 hatte Nordstrand noch ein Areal von
43,134 Dem. 163 R. außer den Mitteldeichen, Seen, Wegen und Kanälen,
die 1203 Dem. 105 R. betrugen. Es enthielt folgende Kirchspiele: Pelworm,
Ballum, Buphever und Ilgruf, in der Pelwormerharde; Westerwoldt,
Osterwoldt, Amhusen, Bupsee, Buptee, Konningsbüll, Bolligsbüll und
Evesbüll, in der Beltringharde; Stintebüll, Gaikenbüll, Odenbüll, Emes=
büll, Trindermarsch, Hersbüll, Morsum, Ham und Lith in der Edoms=
harde. An Wohnstellen waren damals 1779 und an Einwohnern 8610.
Nach der erwähnten Fluth, die durch 44 Deichbrüche ins Land drang
entstanden die jetzigen Inseln Nordstrand, Pelworm, Nordstrandischmoor,
Südfall und einige kleine Halligen; es wurden fast alle Kirchen zerstört,
1332 Häuser und 30 Windmühlen gänzlich zertrümmert und 6408 Menschen,
worunter 9 Prediger waren, verloren das Leben. Nach dieser Zerstörung
war die Insel Nordstrand, welche nur noch aus dem Areale des Kirchspiels
Odenbüll, und einem Theile der Kirchspiele Gaikenbüll, Trindermarsch und
Emesbüll bestand, fast 20 Jahre ohne Bedeichung und wurde dann
einigen Brabantern und Niederländern eingeräumt, die von dem Herzoge
Friedrich 1652 eine sehr vortheilhafte Octroy erhielten. Es entstanden nun
nach und nach 5 Köge, die jetzt zur Nordstranderharde gehören. Im Jahre
1654 entstand der Friedrichskoog (Alterkoog); derselbe litt in dem

Nordstrand.

folgenden Jahre durch eine Sturmfluth, ward aber 1656 mit einem Kostenaufwande von 91,200 Rthlr. wieder hergestellt. Darauf ward der **Marien-Elisabethskoog** (Osterkoog) eingedeicht, welcher 58,560 Rthlr. und 1663 der **Trindermarschkoog**, welcher gegen 60,000 Rthlr. kostete, darauf 1691 der **Neuekoog** und im Jahre 1739 der, damals der Christianskoog genannte Koog, jetzt **Elisabeth-Sophienkoog** (s. Elisabeth-Sophienkoog). — Nordstrand ist 1 M. lang und $\frac{3}{4}$ M. breit und hat mit Ausschluß des Elisabeth-Sophienkoogs (903 Dem. 2 R.) ein Areal von 4695 Dem. $58\frac{1}{2}$ R. à 216 O. R. steuerpflichtigen Landes; davon gehören zu dem Friedrichskooge 1164 Dem. 84 R. 5 F., zu dem Marien-Elisabethskooge 964 Dem. 136 R. $\frac{1}{2}$ F., zu dem Trindermarschkoog 1336 Dem. 5 R. 2 F. und zu dem Neuenkooge 1230 Dem. 49 R., welche zusammen zu $97\frac{2}{3}$ Pfl. (4363 Steuert.) angesetzt sind. Längs der Ostseite der Insel erstreckt sich ein bedeutendes Vorland, welches an den Neuenkoog und Elisabeth-Sophienkoog gränzt. — Wie in allen Marschen liegen auch hier die Bauerhöfe zerstreut auf der ganzen Insel auf eignen dazu aufgeworfenen Werften. Die Wohnungen der Handwerker, der Tagelöhner u. s. w. liegen auf den Mitteldeichen. Die Anzahl der Wohngebäude beträgt im Ganzen 274, von welchen folgende besondere Namen führen: 3 Häuser im Trindermarschkooge heißen **Forsbüll**, eine kleine Reihe Häuser auf dem Mitteldeiche zwischen dem Friedrichskooge und dem Marien-Elisabethskooge **Kiefhuck**, eine andere Reihe auf dem Mitteldeiche zwischen dem Friedrichskooge und dem Trindermarschkooge heißen **der Süden**, einige zusammenliegende Häuser beim s. g. **Englandshafen**, an der Ostseite der Insel England, mehrere Häuser auf dem Außendeiche des Neuenkooges **Moordeich**, 3 kleine Häuser auf dem Mitteldeiche zwischen dem Trindermarschkoog und dem Neuenkoog **Dreisprung** und einige Häuser beim Hafen nördlich auf der Insel **am Norden**. — Auf der Insel sind 2 Eigenthums-Windmühlen, die eine im Friedrichskooge und die andere auf dem Mitteldeiche, zwischen dem Friedrichskooge und dem Trendermarschkooge. — 4 Wirthshäuser, 7 Schmiede, 1 Bäckerei und mehrere Handwerker. — Landbesitzer giebt es im Ganzen 80, darunter haben 2 zwischen 600 und 700 Dem., 1 hat 400 Dem., 8 zwischen 200 und 300 Dem., 10 zwischen 50 und 100 Dem. und die Uebrigen 1 bis 50 Dem. Von der Seefahrt leben etwa 34 Personen; die Anzahl der Schiffe, welche Eigenthum der hiesigen Einwohner sind und zum Transporte der Producte dienen, beträgt 6. Der Fischfang ist unbedeutend und beschränkt sich auf Aale, Schollen und Purren. — Beamte sind: der Hardesvogt, der Staller, welcher Hebungsbeamter ist, 6 Rathmänner, 1 Gerichtsdiener, 1 Deichgraf und 3 Deichaufseher. — Zahl der Einwohner: 2414, worunter 2122 Lutheraner und 292 Katholiken und Jansenisten. — Die Insel bildet, mit Ausnahme der kirchlichen Angelegenheiten nur eine Commüne, und wird von 7 Hauptparticipanten verwaltet, bei deren Versammlungen und Berathungen der Staller als Protocollführer fungirt. In ihnen leitet das Collegium der Participanten allein die oeconomischen Verhältnisse der Landschaft und in Verbindung mit den erwähnten Deichbeamten das Deichwesen und gemeinschaftlich mit 5 Armenpflegern und 1 Armenrechnungsführer das Armenwesen. — Das auf der Insel geltende Recht ist das Nordstrander Landrecht. Die Justiz wird von dem Hardesvogt in Verbindung mit den Rathmännern gehandhabt. Der Hardesvogt und die Rathmänner bilden auch die Dinggerichte, die jährlich im Mai und November gehalten werden. — Auf der Insel ist eine evangelisch-lutherische Kirche, eine Jansenistische und eine römisch-katholische Capelle. Die lutherische Kirche ist die alte Odenbüller Kirche und das einzige Gebäude, welches von der Fluth 1634 nicht zerstört ward. Diese Kirche ist sehr alt, hat keinen Thurm, ist aber geräumig und mit einer Orgel versehen. Der Prediger wird von den Hauptparticipanten gewählt und von dem Könige bestätigt. An dieser Kirche war der bekannte Geschichtsforscher Johannes Petrejus, welcher 1605 starb, Prediger. — Die Jansenistische Capelle (Theresienkirche) liegt auf dem Oster-Mitteldeiche und ist von den ersten Participanten, die sich sämmtlich zur katholischen Religion bekannten, erbaut. Das Pastorathaus ist mit der Kirche verbunden. Die zu dieser Kirche gehörige Gemeinde, die früher von den beiden katholischen die bedeutendste war, ist durch den Uebertritt der Mehrzahl ihrer Mitglieder zur römisch-katholischen Kirche bis auf die gegenwärtig geringe Anzahl zusammengeschmolzen. Früher standen an derselben 2 Prediger, seit 1832 ist die Stelle des einen Predigers unbesetzt geblieben. Der Gottesdienst wird in holländischer Sprache gehalten. — Die römisch-katholische Capelle befindet sich auf dem im Marien-Elisabethskooge belegenen Oratorium oder Herrenhause, ist 1661 erbaut und eine Privatstiftung der Congregation der Oratorien-Brüder, die gegenwärtig ihren Hauptsitz in Brüssel haben und unter dem Erzbischofe zu Cöln stehen. Die Sacra besorgt ein von den Oratorien-Brüdern gesendeter Geistlicher, der von ihnen salarirt wird und die Predigten in deutscher Sprache hält. Auf der Insel sind 3 Districtsschulen, zu Odenbüll, die s. g. Norder-Schule und am Herrendeich. — Der eingedeichte Theil der Insel hat guten Marschboden und eignet sich vorzüglich zum Kornbau. Obgleich die Deiche in den hohen Fluthen im vorigen Jahrhunderte und besonders 1825 ungemein gelitten haben, so ist es dennoch den Einwohnern bis jetzt gelungen, den Seedeich in einem so guten Stande zu erhalten, daß er als eine völlig sichere Schutzwehr angesehen werden darf. — Die Entwässerung der Landschaft wird durch 2 Schleusen, die Norder- und Englandschleuse, bewerkstelligt; erstere im Aussendeiche des Altenkoogs hält diesen und den Trindermarschkoog wasserfrei, letztere im Aussendeiche des Marien-Elisabethskooges führt das Binnenwasser aus dem Neuen- und Marien-Elisabethskooge ab. Die Wasserlösungen beider Schleusen bilden zugleich die beiden Häfen, welche jedoch nur für kleine Schiffe die ausreichende Tiefe haben; für größere Schiffe, welche aber selten von hier aus befrachtet werden, ist vor dem Norderhafen eine gute Rhede vorhanden. — Zur Ebbezeit können Wagen von Nordstrand nach der $\frac{1}{4}$ M. entfernten Hallig Südfall, und mit einigen Beschwerlichkeiten und auf Umwegen auch Fußgänger nach der Schleswigschen Küste und der Insel Nordstrandischmoor kommen. Spuren des vergangenen Theiles der alten Insel Nordstrand sind nicht mehr vorhanden, nur bemerkt man noch die Gräben der vormals beackerten Ländereien. — Herrschaftliche Steuern: Dematgelder 3982 Rbthlr., für die Zollfreiheit 509 Rbthlr. 51 b/ß, Grund- und Benutzungssteuer 1122 Rbthlr. 32 b/ß, Hausst. 26 Rbthlr. 38 b/ß.

Nordstrandisch-Moor (Moor, Brabanter-Moor, Kleinmoor, Strandiger-Moor), eine kleine, fast $\frac{1}{2}$ M. lange und $\frac{1}{4}$ M. breite, zur Nordstranderharde gehörige, Hallig in der Westsee, etwa $\frac{1}{4}$ M. nördlich von Nordstrand, Ksp. Odenbüll (auf Nordstrand). — Vor

Nordtoft.

der großen Wasserfluth 1634 war diese Insel mit Nordstrand verbunden, damals unbewohnt und ward nur zum Torfgraben benutzt. Nach dieser Fluth bauten einige Familien sich hier an, die sich anfänglich von der Fischerei, späterhin von der Schafzucht und dem Ertrage des Moores ernährten und sich nach der Kirche in Odenbüll hielten. Im Jahre 1717 waren hier schon 20 Wohnungen, wovon aber 18 in demselben Jahre durch eine Ueberschwemmung verwüstet wurden; 15 Personen büßten das Leben ein; schon im folgenden Jahre wurden einige Häuser wieder erbaut, allein 1720 wiederum 3 derselben durch eine Fluth zerstört, und da die im Jahre 1656 erbaute Kirche einzustürzen drohte, mußte in dem Pastorathause der Gottesdienst gehalten werden. In der Fluth im Jahre 1825 blieben von 7 Häusern nur 3 übrig und die Kirche, welche in demselben Gebäude mit der Wohnung des Küsters (dem ehemaligen Pastorate) war, mußte abgebrochen werden. — Jetzt sind auf der Hallig 4 Werften, worauf 9 Familien wohnen. — Zahl der Einwohner: s. Nordstrand. — Ein Schulhaus ist jetzt erbaut; der Küster und Schullehrer ist zugleich Vorleser, tauft die schwachen Kinder, wenn der Prediger von Nordstrand verhindert ist herüber zu kommen und begräbt die Todten. — Die Hallig hat mit Nordstrand dieselbe Gerichtsbarkeit, und einer der Nordstrandischen Rathleute muß von dieser Hallig sein. — Areal: 185 Steuert.

Nordtoft, eine vormalige kleine unbewohnte Hallig in der Westsee westlich von Galmsbüll.

Norgaard (vorm. Gintoftgaard), Königl. Gut im A. Flensburg, Munkbraruph.; der Stammhof liegt 3 M. östlich von Flensburg, Ksp. Steinberg. — Von den ältesten Besitzern dieses Gutes sind bekannt: 1486 v. Petersen, in dessen Familie es lange blieb, 1619 der Herzog Hans der Jüngere (18,000 Rthlr.). Das Gut welches für 4 Pfl. contribuirt und jetzt Königlich ist, ward schon früh parcelirt; der Herzog Philipp verkaufte 1633 den Stammhof für 4000 Rthlr. Species an den Prediger Richard Olai; Besitzer nach ihm: Petersen, 1774 Boysen, 1826 M. Magnussen. — Das ganze Gut hat ein Areal von 720 Ton. à 260 Q. R. (643 Steuert., 97,059 Rbthlr. 19 b/ß Steuerw.). — Der Stammhof hat einen Flächeninhalt von 15 Hdtsch. 3 Sch. 9 R. und an zugekauften Parcelenländereien 5 Hdtsch. 3 Sch. 3 R. (10 Steuert.). Das Gut hat Untergehörige in Norgaardholz, Schiöl, Bredegad, Steinbergholz, Gintoft, bei der Aubrücke, Wolsroi, Roikjär, Habernis und Hattlund und hat mit den Gütern Uenewatt und Nübel einen Inspector. — Zahl der Einwohner: 471. — Contrib. 136 Rbthlr. 26 b/ß, Landst. 202 Rbthlr. 19 b/ß.

Normsted, Dorf 2¾ M. nordwestlich von Lygumkloster, A. Hadersleben, Westerth., Hviddingh., Ksp. und Schuldistr. Bröns; 3 Vollh., 2 Halbh. und 3 Instenst. (2⅔ Pfl.). — Areal: 245 Steuert. — Der Boden ist sandigt und von mittelmäßiger Art.

Norstedt, Dorf 1½ M. südöstlich von Bredstedt in der Landschaft Bredstedt, Ksp. Viöl; 1 Zweidrittell., 10 Halbh., 1 Drittelh., 2 Viertelh., 2 Kathen und 10 Instenst. Von diesen gehörten 2 Halbh. (1 Pfl.) zum vormaligen Schleswigschen Domcapitel und 4 Landstellen zum vormaligen Gute Lindewith. — Im Jahre 1479 wurde ein Gut in Norstedt zum Altare St. Johannis in der Nicolai Kirche zu Flensburg gelegt. — Districtsschule. — Schmiede und einige Handwerker. — Areal: 434 Ton. (384 Steuert.). Der Boden ist theils ziemlich gut, theils nur von mittelmäßiger Art. — Diese Gegend ist vormals sehr holzreich gewesen.

Norwegen, 3 aus dem 1778 niedergelegten Hofe Morkirchen entstandene Parcelenstellen bei Klein=Rüde im A. Gottorf, westlich von Morkirchen, Morkirchharde, Ksp. Böel.

Nottfeld (Waldem. Erdb.: Nutäfellä), vormals ein Meierhof des Gutes Dänisch=Lindau, 2¼ M. nordöstlich von Schleswig, welcher 1783 parcelirt ward; A. Gottorf, Schliesh., Ksp. und Schuldistr. Süder=Brarup. Der König hatte hier nach dem Erdbuche 1231, 2½ ℳ Goldes. Im Jahre 1598 ward dieser Meierhof, der aus einem niedergelegten Dorfe von 3 Pfl. errichtet war, das Gut Nottfeld genannt und war im Besitze der Familie Ratlow; es hat darauf dieselben Schicksale mit Lindau gehabt. — Außer dem Stammhofe wurden damals 11 Parcelen gebildet, zusammen 311 Ton. à 320 ☐. R.; außerdem wurden Königl. Hölzungen abgelegt. — Die Stammparcele **Alt=Nottfeld** liegt südlich von Süder=Brarup am Wege nach Missunde und hat 79 Steuert. Westlich davon eine Parcele **Neu=Nottfeld**, und nordwestlich 2, **Brüau** genannt, südlich 3 kleine Parcelen **Niefeld**, südlich davon 2 Kathen **Blasberg** (Areal: 4 Steuert.), östlich 4 Kathen **Kühholz** (Areal: 34 Steuert.) und bei letzteren **Christiansluft,** Hegereuterwohnung in anmuthiger Lage mit 20 Ton. 120 ☐. R. Land. — Areal der Parcelen: 330 Ton. 6¼ Sch. à 360 ☐. R. — Der Boden ist fruchtbar. — Bei Christiansluft liegen die Königl. Gehege Kuhholz von 45 Ton. 148 ☐. R., Petersholz von 44 Ton. 35 ☐. R. und Knopperdamm von 21 Ton. 15 ☐. R. Namen der Ländereien sind: Koholz, Botzholm, Altenkoppel, Bohmhof, Nienfeld, Brüau.

Nottmark, Kirchdorf auf der Insel Alsen, 1¾ M. nordöstlich von Sonderburg, im Gute Rumohrsgaard, A. Sonderburg, Augustenburgerh., Bisthum Alsen und Aeroe. — Dieses schön belegene Dorf enthält außer der Prediger und Küsterwohnung 4 Bohlstellen, 3 Kathen und 8 Instenstellen. — Districtsschule. — Wirthshaus. — Die Kirche ist sehr alt und von Feldsteinen; nach Norden ist ein späterer Anbau. Sie hat einen Thurm, das Chor ist gewölbt und 1564 durch Thomas Sture von Osterholm, welches hier vormals eingepfarrt war, erbaut. Ueber dem Altar befindet sich die Orgel; der Taufstein ist alt und mit Arabesken verziert. — Der König ernennt den Prediger. — Der Sage nach soll das Pastorat ein Junkernsitz gewesen, aber durch Tausch von Osterholm wo damals der Prediger wohnte, hierher gekommen sein. — **Eingepfarrt:** Almsted, Almstedskov, Arnholt, Egebjerg, Fleischholmerteich, Friedrichshof, Frydendal, Fyenshav, Helwith, Helwithgaard, Hunslev, Kattry, Klingenbjerg, Lillemölle, Nassersgaard, Nottmark, Nottmarkskov, Oevelgönne, Osterholm (z. Thl.), Padholm, Rumohrsgaard, Skjärtoft, Smörholl. — Der Boden ist sehr gut; das Moor ist ziemlich bedeutend. — Vz. des Ksp.: 1542.

Nottmarkskov, Kathendorf auf der Insel Alsen, 2 M. nordöstlich von Sonderburg an der Ostsee, im Gute Rumohrsgaard, A. Sonderburg, Augustenburgerh., Ksp. Nottmark. Dieses zerstreut liegende Dorf, welches eine schöne Lage hat und von dreien Seiten mit Hölzungen umgeben ist, enthält 17 Kathen und 25 Instenst. Die am Strande belegenen heißen Fyenshav (Fühnshaff), worunter das Fährhaus sich auszeichnet, von dem die Ueberfahrt nach Boyden auf der Insel Fühnen geschieht. — Nebenschule. — Die Einwohner ernähren sich zum Theil von der Fischerei und von der Seefahrt. — Der Boden ist gut.

Nübbel.

Nübbel, Dorf ¾ M. südwestlich von Rendsburg, früher zum A. Rendsburg, jetzt aber seit dem 16. März 1853 zum A. Hütten, Hohnerh. gehörig, Ksp. Christkirche in Rendsburg. Dieser ansehnliche lebhafte Ort enthält 2 Vollh., 2 Dreiviertelh., 13 Halbh., 3 Dreiachtelh., 8 Viertelh., 3 Achtelh., 30 Kathen mit und 6 Kathen ohne Land. — 2 Halbh. sind unter dem Namen Moholz ausgebaut. — Districtsschule. — Bei dem Wirthshause ist eine Fähre für Fußgänger über die Eider. — Die Haupterwerbzweige der Einwohner sind Ackerbau und Schiffsbauerei; es sind im Dorfe 5 Schiffbauer und gegen 50 Schiffszimmerleute, 2 Schmiede, 8 Tischler und mehrere Handwerker. — Areal: 1903 Ton. 2 Sch. à 320 □.R., worunter 375 Ton. 3 Sch. Wiesen und 160 Ton. 3 Sch. Hölzung (zus. 1294 Steuert.). — Der Boden ist nur von mittelmäßiger Art, er wird aber durch Bemergelung sehr verbessert. — Im Jahre 1421 am 2. Juli stiftete Marquard Breide an der Rendsburger Kirche eine Vicarie und ein Legat, und legte dazu dieses, damals aus 9 Hufen bestehende Dorf, mit Ausnahme des Hopfenhofes und der Hahnenwiese und mit dem Bedinge, daß der älteste aus dem Geschlechte der Breiden solches administriren solle. Bis um die Mitte des 16. Jahrhunderts hatte diese Familie das Lehn im Besitz, nach der Zeit (1584) ward aber dieses Dorf von Heinrich Rantzau zu Bülck und Hieronymus Rantzau zu Seekamp für 60,000 ℳ verkauft, darauf aber zufolge zweier Landgerichtsurtheile 1598 und 1599 Bertram Pogwisch und seinen beiden Schwestern zugesprochen. Im Jahre 1632 erhielt Drude v. Thienen die Anwartschaft auf das Legat; 1661 Abel von Oertzen, 1715 Elisabeth v. Oertzen auf Groß-Givitz, welche es noch im Jahre 1732 besaß. — Was späterhin aus diesen Vicariengeldern und dem Legate geworden ist nicht bekannt. — Bz.: 688.

Nübbel, ein vormaliges Dorf im Ksp. Schwansen. Es hatte 1463 7 Stellen und lag in der Nähe von Brodersbye. Im Jahre 1537 verkaufte der Bischof v. Ahlefeld dieses Dorf, zugleich mit Brodersbye und Hörmark an Georg v. d. Wisch auf Olpenitz und der König Christian III. bestätigte diesen Verkauf. — Eine Parcelenstelle im Gute Olpenitz heißt noch Nübbelhof.

Nübel, Kirchdorf ¾ M. nördlich von Schleswig, A. Gottorf, Strurdorfh., Pr. Gottorf; 1 Vollh., 5 Halbh., 2 Kathen und 5 Instenst. (3⅔ Pfl.). Eine ausgebaute Halbh. und 1 Kathe mit der Schmiede liegen an der Schleswiger Landstraße und heißen Hoheluft, eine andere nördlich belegene Nübellund. — Districtsschule. — Armenhaus, Wirthshaus. — Nach einer Urkunde des Königs Knud 1196, gehörten 10 Ottinge dieses Dorfes und die Zehnten des Kirchspiels dem Michaeliskloster in Schleswig. 1 Vollh., 2 Halbh., 1 Kathe und 2 Instenst. gehörten zum ehemaligen Schleswigschen Domcapitel, dem auch das Patronat zuständig war, bis es 1711 gegen das zu Langenhorn vertauscht ward; in Folge dieses Tausches ward Nübel der Kirche Tolk annectirt. — Die Kirche, deren ältester Theil aus Feldsteinen besteht, soll der Sage nach von einer Jungfrau erbaut sein, welche in der Gegend von Guldholm gewohnt haben soll und deren Leichenstein man noch auf dem Kirchhofe zeigt. Die Kirche ist nur klein, aber mit einem Gewölbe, ohne Thurm und mit Schindeln gedeckt. In derselben sind noch einige alte Heiligenbilder. An der Seite befindet sich ein Glockenhaus. — Der König ernennt den Prediger an beiden Kirchen. — Eingepfarrt: Berend, Berendfeld, Berendholz, Neu-Berend, Brekling, Güldenholm (z. Thl.), Haarholm, Hinkelhövd, Hoheluft, Holzhaus, Kattenhund, bei Kattenhund, Nübel, Nübellund, Osterkrug. Areal: 293 Steuert. — Der Boden ist größtentheils sandigt; das Torfmoor ist gut und sehr einträglich. — Südöstlich nahe an Hoheluft befinden sich auf einer Koppel 10 im Kreise liegende Grabhügel, welche keine besondere Namen haben; zwischen Nübel und Hoheluft sind 4 solcher Hügel; ein Grabhügel liegt westlich von Nübellund. — Vz. des Ksp.: 1002.

Nübel (Nyböl), ein ehemaliges Herzogl. Glücksburgisches Allodialgut, im A. Flensburg, Munkbrarupharde. Der Stammhof liegt 2½ M. östlich von Flensburg, Ksp. Quern. Nübel, welches in der Landesmatrikel für 20 Pfl. steht, und im Ganzen ein Areal von 2287 Ton. 80 R. à 260 ☐. R. (2184 Steuert., 336,080 Rbthlr. Steuerw.) hat, war ein Edelhof, welcher lange Zeit im Besitze der Familie v. Hagen gewesen ist, Joachim v. Hagen 1457. Im Jahre 1618 ward dieses Gut von Nicolaus v. Hagen an den Herzog Hans d. J. verkauft und derselbe ließ hier ein Schloß erbauen. Nachdem die Glücksburgische Linie 1779 ausgestorben war, kam es an die dänische Krone. Die Hofgebäude wurden schon im Jahre 1755 abgebrochen und das Gut 1756 parcelirt. Auf den Hoffeldern, welche Nübelfeld genannt werden, sind 21 Parcelen entstanden von 5 bis 50 Steuert. An der Stelle des Hofes liegen die Stammparcele (Besitzer: Otzen) und 3 Stellen; 3 andere heißen Gräfsholz und eine Hisselhöi. Zum Gute gehören: **Friedrichsthal**, **Philippsthal**, das Dorf **Kallebye** und Untergehörige im **Niebyefeld**, **Groß- und Klein-Quern**, **Nordballig**, **Schiöl**, **Hattlund**, **Hattlundmoor**, **Terkelstoft**, **Dollerup**, **Dollerupholz**, **Oestergaardholz**, **Norderfeld**, **Roitjär**, **Scheersberg**, **Dingholz** und 2 **Kathen Mühlendamm**. Zahl der Einw.: 770. Dieses Gut hat mit den Gütern Uenewatt und Norgaard einen Inspector. Die Vicarien in Schleswig hatten laut eines Pfandbuches aus dem Jahre 1525 eine jährliche Rente aus dem Gute Nübel von 12 ℔. Contrib. 552 Rbthlr. 48 b/ß, Landst. 700 Rbthlr. 16 b/ß, Haussst. 8 Rbthlr. 29 b/ß.

Nübel (Nübbel, Nyeböl), Kirchdorf im Lande Sundewith, 1 M. westlich von Sonderburg an der Landstraße nach Flensburg, A. Sonderburg, Nübelh., Pr. Sonderburg. Dieses Dorf besteht außer der Prediger- und der Küsterwohnung aus 6 Vollh., 2 Halbh., 3 Kathen und 11 Instenstellen (7 Pfl.), welche von jeher zur Nübelh. gehörten; 3 Vollh., 2 Halbh., 4 Kathen und 1 Instenstelle gehören als alte bischöfliche Lansten zur Vogtei Sundewith, 2 Vollh. zu Auenbölgaard, eine Hufe zum Gute Blansgaard und 2 Vollh. und 1 Kathe zum Gute Gravenstein. — Districtssch., Prediger-Wittwenhaus. — 2 Wirthshäuser, Schmiede und einige Handwerker. — Auch gehören zum Dorfe eine Königl. Erbpachts-Wassermühle und eine Windmühle. Neben der Wassermühle liegt eine zu Gravenstein gehörige Ziegelei Nübelfeld (Nübelmark). — Die Kirche ist größtentheils von großen Feldsteinen aufgeführt und in den Jahren 1582, 1652 und 1760 verbessert. Der Thurm ist 1829 abgebrochen. Die Orgel wurde 1720 errichtet; der Taufstein ist von Granit und auf dem Taufbecken steht: Anna v. Alvensleve, 1574. — Der König ernennt den Prediger. — Eingepfarrt: Nübel, Nübelfeld, Stenderup. — Vormals ward nahe an der Kirche das Nübeler Dinggericht unter freiem Himmel gehalten, ist aber späterhin nach Broacker verlegt. — Areal zum A. Sonderburg: 410 Steuert. — Der Boden ist theils lehmigt, theils sandigt, im Allgemeinen aber gut; Hölzungen giebt es 3, die Mühlenschnei, Osterholz und Rundkjär heißen.

Nübel.

Ein Königl. Gehege heißt Büffelskoppel, welches der Herzog Philipp Ernst im Anfange des 18. Jahrhunderts anpflanzen und einhegen ließ. — Das Nübeler-Noor steht mit dem Flensburger Meerbusen in Verbindung und bildet einen Hafen, welcher Linienschiffe aufnehmen kann. — Neben dem Dienstlande des Küsters liegt ein kleines Stück Land Laygaardstoft genannt, wo der Sage nach ein Edelhof gestanden haben soll, und wo man noch Mauersteine und Kalk findet. Auf der Feldmark befanden sich vormals viele Grabhügel. — Gefecht bei Nübel am 28. Mai und am 5. Juni 1848. — Vz. des Dorfs: 318; des Ksp.: 591.

Nübel (Nübbel, vorm. Noböle), Dorf an der Söderupbäk, an der Landstraße von Hadersleben nach Flensburg, 1 M. südwestlich von Apenrade, A. Apenrade, Riesh., Ksp. und Schuldistrict Jordkjär. Dieses Dorf kömmt schon in einer Urkunde aus dem Jahre 1196 vor, worin bemerkt wird, daß das Kloster Guldholm 10 Ottinge in Noböle habe. Es enthält mit der zum Dorfe gehörenden Stelle Toldsted (s. Toldsted) 1 Vollh., 1 Dreiviertelh. und 6 Halbh. — Der Boden ist von ziemlicher Güte; die Hölzungen liefern mehr als zum eigenen Gebrauche. — In diesem Dorfe lag ehemals ein Hügel Timshöi (Tingshöi), welcher aber längst abgetragen ist.

Nübel, Wester-, eine Parcelenstelle und Stampfmühle im Gute Nübel, A. Hadersleben, Frösh., Ksp. Gram. Die Stampfmühle ist nach Fohl eingepfarrt. — Schuldistr. Gram.

Nukerbek, ein kleiner Bach im A. Apenrade, welcher die Feldmark der Stadt Apenrade begränzt, östlich von Brunde entspringt und sich in den Apenrader Meerbusen ergießt.

Nustrup, Groß-, Dorf $2\frac{1}{2}$ M. westlich von Hadersleben, A. Hadersleben, Osterth., Gramh., Ksp. Nustrup; enthält außer dem Predigerhofe 11 Halbh., 2 Viertelh., 13 Landbohlen und 11 Instenstellen. — Districtsschule. — Schmiede und mehrere Handwerker. — Einige Frauen beschäftigen sich mit Spitzenklöppeln. — Der Boden ist hügelig und steinigt aber in den letzten Jahren sehr verbessert. Auf einer südlich belegenen Fjellumhöi genannten Anhöhe, hat man eine sehr schöne Aussicht und kann 20 Kirchen zählen. Südwestlich vom Dorfe hat ein Edelhof Namens Gaaskjær (s. Gaaskjær) gestanden, wovon noch Spuren zu sehen sind und auch Ueberbleibsel des Fundamentes gefunden werden.

Nustrup, Klein-, Kirchdorf $2\frac{3}{4}$ M. nordwestlich von Hadersleben, A. Hadersleben, Osterth., Gramh., Pr. Törninglehn; 1 Vollh., 1 Halbh., 3 Landbohlen und 1 Instenstelle. — Schuldistr. Groß-Nustrup. — Armenhaus, Wirthshaus. — Die, dem heil. Laurentius geweihte Kirche, ist ein starkes, von Feldsteinen erbautes und mit Blei gedecktes Gebäude; sie hat einen ziemlich hohen, spitzen Thurm und ist zum Theil gewölbt. Die mit Bildhauerarbeit und guten Gemälden verzierte Altartafel und der Taufstein sind bemerkenswerth. — Der König ernennt den Prediger. — Eingepfarrt: Aalkjär, Bäk, Brundelund, Damgaard, Gaböl, Haugaard, Jellinghauge, Kjärgaard, Kleinbjergkroe, Kolsnap, Kolsnaplund, Lundsbäk, Moosbäk, Groß- und Klein-Nustrup, Oestergaard, Skibelund, Skibelundgaard, Skodsbjerg, Söndergaard, Norder- und Süder-Tingvad, Braae. — Der Boden ist steinigt, doch ziemlich gut; viel Haideland ist noch uncultivirt. — Vz. des Ksp.: 1332.

Nyeboe, 4 Halbh. (2 Pfl.) ⅛ M. westlich von Lygumkloster, an der Landstraße nach Brede, Amt, Birk und Ksp. Lygumkloster. — Nebenschule. — Areal: 120 Steuert.

Nyedamm (Krummum), eine Landstelle auf der Insel Alsen, A. Sonderburg, Augustenburgerh., Ksp. Ketting.

Nyegaard (Neuhof, Nienhof), ein niedergelegtes Königl. Kammergut auf der Insel Alsen, A. Sonderburg, Süderh., Ksp. Kekenis. Dieses Gut, welches mit Hjortholm für 12½ Pfl. contribuirt, bestand aus 1106½ Ton. Landes und ward 1765 in 23 Parcelen getheilt. Jetzt sind 43 größere und kleinere Parcelen da, von welchen die Stammparcele nur 30 Steuert. enthält. Einige Parcelenstellen heißen Bredsteen, einzelne Björnodde, Grönmark, Mitkobbel, Vesterkobbel. — Districtsschule zu Bredsteen. — Wirthshaus, Schmiede. — Einige Einwohner treiben Fischerei. — Areal: 730 Steuert. — Der Boden ist durch gute Behandlung sehr fruchtbar geworden.

Nyegaard, ein Hof (1 Vollh.) und 4 Kathen an der 23 Ton. 122 □. R. großen Königl. Hölzung Nyegaard-Skov, ¾ M. nordöstlich von Hadersleben, A. Hadersleben, Osterth., Haderslebenerh., Ksp. und Schuldistr. Aastrup. Früher war Nyegaard eine Königl. Oberförsterstelle, jetzt ein Königl. Pachthof. Die Gebäude zeichnen sich durch ihre Schönheit aus. Beim Hofe war vormals eine nicht unbedeutende Baumschule.

Nyegaard, eine Königl. Hegereiterwohnung im A. Norburg, Norderh., Ksp. Svendstrup; die Hölzung gehörte vormals zum Kammergute Hirschsprung.

Nyehuus, 1 Instenstelle im A. Hadersleben, Osterth., Haderslebenerh., Ksp. Aastrup.

O.

Obbenbüll, eine vergangene Kirche in der Edomsharde, etwa ½ M. nordöstlich von der Hallig Südfall. Sie soll mit dem Flecken Rungholt schon im Jahre 1300 untergegangen sein.

Obbenskoog (Ovenskoog), ein Koog 1¼ M. nordöstlich von Friedrichstadt, im Osterth. der Landsch. Eiderstedt, Ksp. Witzworth. Dieser Koog, von dem ein Theil zur Südermarsch im A. Husum gehört, ward 1563 von den Eingesessenen von Koldenbüttel, Witzworth, Südermarsch und Lundenberg eingedeicht und 2 Jahre darauf getheilt. Der Herzog Adolph erhielt 100 Dem. Im Kooge liegt Schleidenshof (152 Dem.), vormals Eigenthum der Familien Wedderkopp und Desmercieres; außerdem liegen im Kooge 2 Häuser.

Oberkoppel, 2 kleine Parcelenstellen im Gute Gelting, Cappelerh., Ksp. und Schuldistrict Gelting. Ursprünglich war das Areal dieser Stellen 178 Hdtsch. 1⅔ Sch. (23⅔ Pfl.), aber die Dorfschaft Stendrup hat die meisten Ländereien an sich gekauft.

Oblinggaard, ein ehemaliger Edelhof im A. Hadersleben, Tyrstruph., Ksp. Bjert. Der Hof lag auf der Feldmark des Dorfes Binderup und soll von dem letzten Besitzer, der in Armuth gerathen war, an Bauern des Kirchspiels verkauft worden sein. Ein Otting erhielt die Kirche zu Bjert.

Ochsenkoppel.

Ochsenkoppel, 2 Parcelenstellen, welche vom Hoffelde des Guts Rundhof abgelegt sind, Cappelerh., Ksp. Esgrus. — Das Areal beträgt resp. 12 und 31 Hdtsch.

Ochsenkoppel, 4 Parcelenstellen im A. Gottorf, Satruph., Ksp. Satrup.

Ockholm (vorm. Occoholm), ein Marschkoog mit einer Kirche, 1 M. nordwestlich von Bredstedt, in der Landsch. Bredstedt, Pr. Husum. Ockholm gehörte vormals zur Beltringharde und war nach der Fluth 1362 nur eine Hallig. Im Jahre 1550 ward diese Hallig der Nordergoesharde angedeicht und bald nach der Eindeichung 1555 ward eine Kirche zum Heil. Kreuz erbaut. Die Wasserfluth 1634 durchbrach die Deiche, der Koog ward überschwemmt, die Kirche gänzlich verwüstet und über 400 Menschen kamen in der Fluth um. Zur Zeit des Königs Christian IV. ward 1639 ein großes Stück des Kooges wieder eingedeicht und 1641 vollendet. Im Jahre 1647 ward die Kirche auf einem andern Platze erbaut, wozu der König die Materialien von Ahlefeldshof (Fraumettenhof) schenkte. Sie ist nur klein, niedrig und mit Rohr gedeckt; die hübsche Kanzel, welche 1634 von Odenbüll auf Nordstrand antrieb, kaufte der Landvogt Wittmaak und schenkte sie der Kirche. — Der Prediger wird von dem Amtmanne und von dem Probsten präsentirt und von der Gemeinde gewählt. Der Ockholmer-Koog hat etwa 100 Häuser, worunter 4 größere und 27 kleinere Landstellen; 2 Landstellen haben 150 bis 200 Dem. Landes und die Uebrigen resp. 20 bis 60 Dem. Ein Theil der Häuser stehen auf Werften, welche folgende Namen haben: Kirchwerf (3 H.), Ladenswerf (4 H.), Peterswerf (1 H.), Süderwerf (7 H.), Sönnenswerf (1 H.), Groß- und Klein-Gardewerf (11 H.), Federswerf (11 H.), Nordwerf (8 H.), Christianswerf (Cresdenswerf 8 H.), Redlefswerf (5 H.), Eggenswerf (1 H.), Grünwerf (1 H.) und Diedrichswerf (6 H.). Auch liegen Häuser am Norderdeich (8 H.), Westerdeich (2 H.) und Süderdeich (3 H.). — Hauptschule bei der Kirche, eine zweite Schule am Norderdeich, Nebenschulen auf Christianswerf und Redlefswerf. — Mit Ockholm hat sich seit dem Jahre 1837 der octroyirte Louisen-Reußenkoog (s. Louisen-Reußenkoog) in Verbindung gesetzt, nimmt aber am Armen- und Schulwesen keinen Theil. — Ockholm liegt sehr niedrig und die Entwässerung der nördlich und östlich daran liegenden Ländereien verursacht öfters eine sehr nachtheilige Ueberschwemmung dieses Kooges. Ein Hauptcanal geht von Osten nach Südwest unweit der Kirche vorbei und 3 Sielzüge münden an verschiedenen Stellen in diesen Hauptcanal. Auf der Südseite des Kooges ist ein kleiner Hafen mit einer Fährstelle; die Fähre ist für Königl. Rechnung verpachtet. Das Wasser der Soholmeraue, der Leckaue und des Bottschlother-Sees fließt bei der s. g. Monksbrücke zusammen und es ergießt sich bei Bungsiel (Ockholmshafen) in die Westsee. Hier ist ein Königl. Controlleur angestellt. Bei der Monksbrücke und bei Bungsiel sind 2 Wirthshäuser; außer diesen Wirthshäusern sind noch 2 im Kooge, eines bei der Kirche und eines an der Schleuse am Süderdeiche. Eine Eigenthums-Windmühle liegt auf der Kirchwerfte. — Die Zahl der Hülfsbedürftigen im Kooge ist groß und es sind hier 10 Armenhäuser. — Areal: 1940 Dem. (1576 Steuert.) — Ein kleiner Theil des Kooges wird zum Kornbau benutzt, der größte zur Fettgrasung. Ueber die Hälfte der Ländereien gehört Auswärtigen. — Die Fischerei wird nicht stark betrieben. — Vz. des Ksp.: 503.

Ockholm, 4 Häuser an der Bedstedaue, 1 M. südwestlich von Ripen, A. Hadersleben, Hvidbingh., Ksp. und Schuldistr. Wester-Bedsted. — Areal s. Wester-Bedsted. — Der Sage nach soll hier früher ein Edelhof gewesen sein.

Oebeling, Oster-, (Aabölling, Aabeling), Dorf 1½ M. südöstlich von Ripen, Ksp. und Schuldistr. Roager. Dieses Dorf besteht außer einigen Stellen zum A. Ripen aus 8 Hufen und 3 Kathen ($3\frac{67}{144}$ Pfl.), die zum A. Hadersleben, Westerth., Hvidbingh., gehören. Eine ausgebaute Kathe heißt Hessellund. 2 Hufen und die Kathen waren vormals dem Gute Lindewith zuständig. — Areal zum A. Hadersleben: 472 Steuert. — Der Boden ist zum Theil gut. — Das Dorf hat eine ziemliche Strecke Haideland.

Oebeling, Wester-, Dorf unweit der Westsee, 2 M. südwestlich von Ripen, Ksp. Bröns. Zum A. Hadersleben, Westerth., Hvidbingh., gehören 7 Hufen und 6 Kathen (2 Pfl.). Einige Stellen gehören zum A. Ripen und zur Grafschaft Schackenborg, Schuldistrict Havervad. — Areal mit Havervad: 622 Steuert. — Der Boden ist im Allgemeinen fruchtbar und die Marschwiesen sind sehr gut.

Oebening (vorm. Obeninge), Dorf 1¾ M. nordwestlich von Apenrade, A. Apenrade, Süderrangstruph., Ksp. Ekvad; 1 Hufe, 2 Dreiviertelh., 2 Drittelh., 2 Kathen und 3 Instenstellen (3 Pfl.). Nördlich an einer Hölzung einige Häuser Skovhuse genannt. Die Hufe gehörte sonst zum A. Hadersleben, Vogtei Bollerslev, District Strandelhjörn, und ist vielleicht das Gut, welches Detlev v. d. Wisch 1496 dem Lygumer Kloster verschötete. Das Kloster vertauschte später 1530 ein Toft in diesem Dorfe an Godske v. Rantzau. — Areal: 214 Steuert. — Der Boden ist von ziemlicher Güte. — Die ehemals größere Hölzung ist fast verhauen.

Oebjerg, 4 Halbh. ($1\frac{13}{36}$ Pfl.), 1¼ M. nördlich von Lygumkloster, A. Hadersleben, Westerth., Hvidbingh., Ksp. und Schuldistr. Arrild. Im Jahre 1580 waren hier nur 2 Höfe. — Areal: 132 Steuert. — Der Boden ist kaltgründig; das Moor ist bedeutend und es werden viele Torfkohlen in der Umgegend verkauft,

Oeddis, Kirchdorf an einer kleinen Aue, 2½ M. nordwestlich von Hadersleben, A. Hadersleben, Osterth., Tyrstruph., Pr. Hadersleben. Die Lage dieses Dorfes ist sehr anmuthig. Es enthält 18 Hufen, 27 Landbohlen, 5 Kathen und 30 Instenstellen. Eine Hufe gehört zum Pastorate. Einige Hufen heißen: Sönderskovgaard, Oestergaard, Sandvadgaard, Rodegaard, Nörskovgaard, Vestergaard, Frössengaard, und Tagkjärlund; Landbohlen: Oeddiskrog, Floibjerg und Tagkjärhuus. — Districtsschule zwischen Oeddis und Brambrup. — 2 Ziegeleien, Wirthshaus, 2 Schmiede und mehrere Handwerker. — Die Kirche liegt nördlich vom Dorfe; sie ist ansehnlich, hat einen kleinen Thurm mit 2 Glocken und ist mit Blei gedeckt. Unter dem Chor ist ein gemauertes Begräbniß, worin 1546 C. Lindenov, so wie einige aus der Familie v. Rosenkranz beigesetzt sind. — Der König ernennt den Prediger. — Eingepfarrt: Oeddis mit den obengenannten Landstellen, Anholt, Borgvad, Brambrup, Christiansholm, Drenderup, Drenderupmölle, Fobislet, Fobisletlund, Godrum, Herregaard, Holkjär, Hoppes, Kransbjerg, Lerkenborg, Langbjerggaard, Oestergaard, Petersborg, Rademacherkathe, Rambovergaard, Riglandsbeeg, Staveled, Svansmarkgaard, Tönderager, Torp, Trodsborg, Trolholm, Vadhuus. — Der Boden ist fruchtbar. — In der südöstlich vom Dorfe liegenden

"Dridekjär" genannten Niederung soll vormals ein Edelhof gestanden haben. — Vz. des Ksp.: 1773.

Oehe (Oe, d. i. Insel; vorm. Gath), adel. Gut an der Ostsee auf einer durch einen Damm mit Angeln verbundenen Insel in der Cappelerh. Der Haupthof liegt 1 M. nordöstlich von Cappeln, Ksp. Gelting. Ohne Zweifel ist diese Halbinsel, worauf der Edelhof erbaut ist, in der ältesten Zeit eine Insel gewesen; späterhin ward sie durch einen schmalen Strich Landes gegen Norden landfest, welcher aber seit 1835 wieder von der See durchbrochen worden ist; im Jahre 1798 ward sie durch einen, nach Wormshöved hin aufgeführten noch vorhandenen Damm mit dem festen Lande in Verbindung gesetzt und dadurch ein großer Theil des Oeher Moores, welches sich von der Schlei bis nach Hasselberg erstreckt, zur Benutzung gewonnen, welcher aber durch den Durchbruch 1835 wieder verloren ging. Die Insel wird in Waldem. Erdb. (1231) Gath genannt; 1339 ward Gath mit Buchhagen an Siegfried Sehestedt pfandweise überlassen und der Theil des festen Landes, der jetzt zu Oehe gehört, wird mit in dem Sechstel des Geltinger Waldes begriffen gewesen sein, den damals gleichfalls Siegfried Sehestedt erhielt. Der Name Gath oder Gode (1463) verlor sich und scheint sich nur in der Benennung der Landspitze Gohöved erhalten zu haben. Nach dem Tode des Ritters Wulf Pogwisch auf Buchhagen (1554), zu welchem Gut später die Oehe gerechnet wurde, theilten dessen Söhne das Erbe, Wulf Pogwisch erhielt die Oe und dieser wird den Hof angelegt haben; Hans erhielt Buchhagen und Bertram Kronsgaard. Nach vielen Streitigkeiten zwischen diesen Brüdern kam es 1583 zu einer neuen Theilung und Verloosung, nach welcher Hans Pogwisch Oehe bekam, der das mit Schulden belastete Gut 1588 mit den 3 Dörfern Wormshöved, Gundelsbye, Hasselberg und dem Fischerorte Norder-Schleimünde an Johann v. d. Wisch abtrat. Die Familie v. d. Wisch besaß nun das Gut bis 1656, da H. v. Ahlefeldt zu Damp es kaufte (39,500 Rthlr. Spec.); 1696 — 1701 war es Herzoglich (53,400 Rthlr. Species); 1701 kaufte es der Graf v. Dernath für 50,000 Rthlr. Kronen und noch in demselben Jahre ward der Baron v. Königstein Besitzer, 1748 v. Rumohr, 1773 H. L. Hensen, 1780 C. Saresen, der das Gut parcelirte und den Hof 1796 für 268,500 ℳ an G. Koopmanns verkaufte; 1807 v. Ahlefeld, 1852 G. C. Böhme (298,500 ℳ). Zum Gute gehörten die 3 Dörfer Wormshöved, Gundelsbye und Hasselberg (20 Pfl.), von resp. 8, 4 und 8 Hufen und der Fischerort Maasholm (Ksp. Cappeln). Da aber schon 1591 eine Hufe zu Gundelsbye niedergelegt ward, so ward das Gut zu 19 Pfl. angesetzt. Im Laufe der Zeit wurden mehrere Hufen niedergelegt, namentlich aus dem Dorfe Hasselberg ein Meierhof gebildet und es blieben zuletzt nur 8 Hufen, nämlich 5 zu Gundelsbye und 3 zu Wormshöved, außer einigen Wurthsitzerstellen und Kathen zu Bobek, Hüholz, in Gundelsbye und Wormshöved nach. Die erste Parcelirung geschah 1786, die vollständige aber 1790. Aus den noch vorhandenen alten Stellen wurden Parcelen gebildet, nämlich aus den Gundelsbyer Dorfsfeldern 12, aus Wormshöved 6 und aus den Hasselberger Hoffeldern 8. Außer diesen Parcelen waren schon 1786 andere veräußert worden, von denen einige nicht in Pflugzahl stehen, 2 Parcelen sind zum Theil wieder zu dem Hofe angekauft. — Das Areal des ganzen Gutes beträgt 3870 Hdtsch. 4 Sch. 21½ R. (1780 Steuert., 284,800 Rbthlr. Steuerw.), worunter an Parcelenländereien 2554 Hdtsch. 4 Sch. 5 R. Außerdem sind noch das

Ostermoor bei Gundelsbye und Theile des Moors hinter dem Hofe (im Ganzen 73 Hvtſch. 4 Sch. 23 R.) veräußert, wovon theils Oeher Untergehörige, theils Eingeſeſſene benachbarter Güter Antheile beſitzen. — Der Haupthof Oehe hat mit Inbegriff des eingedeichten Moores und der angekauften Wormshövder Parcelenländereien ein Areal von 1240 Hvtſch. 1 Sch. 5 R. (440 Steuert.); darunter iſt eine Hölzung (55 Hvtſch.) und ein kleineres Gehege (15 Hvtſch.). Zum Hofe gehören 4 Kathen in Wormshövd und 3 in Seeberg; 1 Kathe in der Nähe von Maasholm, welche aber abgebrochen iſt, hieß Eckshöved. — Der Boden des Gutes iſt meiſtentheils fruchtbar und nur am Strande ſandig und ſteinig; das eingedeichte Moor iſt im Jahre 1837 durch wiederholte Sturmfluthen gänzlich verloren und eine abermalige Eindeichung wird nicht leicht bewerkſtelliget werden können. Die Parcelen liegen theils in den genannten Dörfern, theils für ſich allein auf den Feldmarken und führen nach denſelben ihre Namen. — Einige Parcelenſtellen heißen: Baggelan (1 Parc.), Bobek (10 Parc.), Drecht (2 Parc.), Groß-Ekeberg (2 Parc.), Klein-Ekeberg (2 Parc.), Ewersholz (1 Parc.), Jahresholz (3 Parc.), Geilberg (2 Parc.), Großberg (2 Parc.), Haberholz (3 Parc.), Haſſelberg (2 Parc.), Haſſelbergkrug (1 Parc.), Haſſelbergſtraße (1 Parc.), Hüholz (4 Parc.), Karſtensrott (1 Parc.), Kieholm (1 Parc.), Kisberhye (1 Parc.), Kopperholm (1 Parc.), Marſchall (1 Parc.), Mühlenfeld (1 Par.), Mühlenkoppel (1 Parc.), Norderfeld (2 Parc.), Oſtermoorſtraße (1 Parc.), Pugholz (1 Parc.), Raukrug (1 Parc.), Schellrott (2 Parc.), Schwensholz (5 Parc.) Steenland (2 Parc.), Strengtoft (1 Parc.), Wolfsholz (1 Parc.). — Zahl der Einwohner: 1162. — Das Wohnhaus iſt anſehnlich und mit einem Thurm verſehen. — Das Gut Oehe hatte vormals einen Meierhof Wilhelminenhof (ſ. Wilhelminenhof). — Im Jahre 1629 landete der König Chriſtian IV. bei Oehe mit ſeiner Flotte und bezog hier ein Lager; er ſelbſt befand ſich auf dem Hofe. — Contrib. 851 Rbthlr. 6 b/ß, Landſt. 593 Rbthlr. 32 b/ß, Hausſt. 29 Rbthlr. 10 b/ß. — Von dem Gute wird wegen der Heringszäune in der Schlei eine jährl. Recognition an die Gottorfer Amtsſtube erlegt.

Oerbye (Orbye), Dorf 1½ M. nordöſtlich von Hadersleben, A. Hadersleben, Oſterth., Haderslebenerh., Ksp. Bonsbäk; 5 Vollh., 10 Halbh., 1 Drittelh., 2 Viertelh., 6 Achtelh., 21 Landbohlen und 6 Inſtenſtellen. Von dieſen heißen 11 Landbohlen und 2 Inſtenſtellen auf der äußerſten Landſpitze Oerbyehage. Eine kleine Hufenſtelle auf einem ehemaligen Kirchhofe erbaut, heißt Suurballe, 1 Viertelh. Bonnetgaard, 1 Landbohle Alminde. — Schuldiſtr. Bäk, — Wirthshaus, Schmiede. — Die Bewohner von Oerbyehage ſind größtentheils von Fühnen gekommen und ernähren ſich von der Fiſcherei. — Der Boden iſt theils fruchtbar, theils nur von mittelmäßiger Art.

Oerderup, Dorf 3½ M. weſtlich von Hadersleben, A. Hadersleben, Weſterth., Norderrangſtruph., Ksp. Toftlund; 1 Siebenachtelh., 2 Fünfachtelh., 2 Halbh., 1 Dreiachtelh., 1 Viertelh., 2 Achtelh., 2 Verbittelſtellen, 3 Kathen und 4 Inſtenſtellen (2$\frac{7}{16}$ Pfl.). — Ausgebaute Stellen ſind: 1 Halbh. Lybäkgaard, 1 Viertelh. Skovsbjerg, 1 Achtelh. Holbäkgaard, 2 Kathen Skovlund und 1 Väsbjerg. — Nebenſchule. — Wirthshaus. — Areal: 395 Steuert. — Der Boden iſt gut; die Haideſtrecken ſind zum Theil urbar gemacht; die Wieſen haben einen großen Umfang.

Oersberg.

Oersberg, Dorf ¾ M. nordwestlich von Cappeln, A. Gottorf, Schliesh., Ksp. Töstrup; enthält außer der Küster= und Organistenwohnung 1 Vollh., 1 Halbh., 5 Kathen und 1 Instenstelle (1½ Pfl.). Eine Kathe heißt Gammelrye und eine andere Schlichtberg. Eine Hufe gehörte ehemals zum Gute Töstorf. Bei der Vollhufe ist eine Ziegelei und eine Kalkbrennerei und auf der Feldmark dieser Hufe ward vor einigen Jahren eine landwirthschaftliche Lehranstalt errichtet. — Districtsschule. — Sonntagsschule. — Schmiede. — Areal: 99 Steuert. — Der Boden ist schwer und fruchtbar.

Oerslev, Dorf 2 M. nordwestlich von Apenrade, A. Apenrade, Süderrangstruph., Ksp. und Schuldistr. Heldevad; 2 Halbh., 2 Drittelh., und 6 Instenstellen (21$\frac{11}{16}$ Pfl.). — Schmiede. — Areal: 228 Steuert. — Das Ackerland ist von ziemlicher Güte. — Da beim Dorfe eine Menge Lehm vorhanden ist, so werden hier viele Ziegelsteine verfertigt.

Oersted (Ohrsted), Dorf zwischen 2 kleinen Auen, 2½ M. nordwestlich von Hadersleben, A. Hadersleben, Ostherh., Gramh., Ksp. Orenvad; 2 Vollh., 3 Dreivierteh., 15 Halbh., 3 Vierteh., 14 Landbohlen und 12 Instenstellen. 2 Halbh. nördlich heißen Söegaarde, 1 Hufe nordöstlich Fuglsang und 1 Landbohle Kragelund. — Districtsschule. — Wirthshaus, Schmiede. — Im Dorfe werden einige Mauersteine verfertigt. — Der Boden ist ziemlich gut. — Auf der Feldmark sind einige Grabhügel.

Oesbye (vorm. Asbye, Osebye), Kirchdorf 1½ M. östlich von Hadersleben, an der Landstraße nach Aaröesund, Pr. Hadersleben. Zum A. Hadersleben, Ostherh., Haderslebenerh., gehören außer der Prediger= und Küsterwohnung 3 Halbh., 4 Landbohlen und 3 Instenstellen; zum St. Johannis=Hospitale in Hadersleben 2 Halbh. — 2 Landbohlen heißen Brenbjerg und 2 andere Landbohlen Hellehöi. Außerdem liegen südlich und westlich 2 Freihöfe Sparlund (Sparrelund) und Vestergaard (s. Sparlund und Vestergaard). — Districtsschule. — Armen= und Arbeitshaus. — Wirthshaus, Schmiede. — Die Kirche ist alt, ein großes und ansehnliches Gebäude, theils von Feldsteinen, theils von Mauersteinen erbaut, gewölbt und mit einem Thurm versehen; eine vorzügliche Orgel ward 1828 eingeweiht. Der Kirchhof ist mit Obstbäumen bepflanzt. — Der König ernennt den Prediger. — **Eingepfarrt:** Aaröe, Aaröesund, Borlös, Brenbjerg, Bremsbye, Flauth, Haistrup, Hellehöi, Hyrup, Klingerhuus, paa Oen, Oesbye, Piilgaard, Quistrup, Raad, Ravensbjerg, Snav, Sparlund, Stenderup (z. Thl.), Stevelt, Svertrup, Tamtrup, Vestergaard. — Im Jahre 1462 ward das Kirchspiel in 4 Viertel getheilt: Hasdorp, Hydorp, Fluchte, Norbye. 1370 verpfändete der Herzog Heinrich seiner Gemahlin Kunigunde das Kirchspiel Oesbye. 1404 schenkte der König Erich von Pommern die Kirche zu Oesbye dem Bischof Johannes Scondelef zu Schleswig und dieser wieder 1414 den Domherren zu Hadersleben. 1417 verkaufte Claus Limbek auf Törning an das Capitel zu Hadersleben 2 Hufen in Oesbye. — Der Boden ist größtentheils fruchtbar; auf der Feldmark sind mehrere Grabhügel. — Vz. des Ksp.: 1868.

Oesterbye, Dorf auf der Halbinsel Kekenis (Alsen), A. Sonderburg, Süderh., Ksp. Kekenis; 11 zerstreut liegende Bohlstellen, 2 Kathen und 6 Instenstellen (8$\frac{17}{24}$ Pfl.). — Hier ist eine Windmühle. — Districtsschule. — Wirthshaus, Armenhaus, Schmiede. — Einige Ein=

wohner ernähren sich von der Fischerei — Areal: 327 Steuert. — Der Boden ist im Allgemeinen sehr gut; am Strande ist eine Strecke Sandboden, der sich nicht zum Ackerbau eignet. — In der Nähe des Dorfes liegt der 64 Ton. à 320 Q. R. große Hart=See, welcher der Dorfschaft zur Austrocknung und Urbarmachung gegen einen s. З. zu zahlenden Canon als Eigenthum überlassen ist.

Oestergaard, adel. Gut in der Cappelerh. Der Stammhof liegt 2 M. nordwestlich von Cappeln, Ksp. Steinberg. Der Hof lag ursprünglich im Dorfe Steinberg und hieß Steinberggaard (auch Krummesgaard). Der ehemalige Platz ist noch neben einer der Oestergaarder Hufen im Dorfe zu erkennen. H. v. Hagen hatte dieses Gut an den König Christian I. verkauft, der es 1470 an H. Schinkel überließ, 1500 war Steinberggaard wieder in dem Besitze der Familie v. Hagen, 1530 der v. Sehestedt. Zwischen den Jahren 1549 und 1564 war der Haupthof weiter nach Osten in die Wiesen verlegt und erhielt den Namen Oestergaard; 1577 besaß dieses Gut P. Wittorp, 1584 v. Hagen, 1598 v. Damme, 1607 v. Pogwisch, 1661 v. Wensien, 1662 v. Qualen, darauf v. Rumohr; 1768 ward das Gut parcelirt und 1837 der Stammhof von Cay v. Rumohr an L. Mangelsen für 27,000 ₰ verkauft. — Das Areal des ganzen Gutes, welches für 6 Pfl. contribuirt, beträgt 773 Steuert. (121,120 Rbthlr. Steuerw.), wovon etwa 150 Ton. von unter andern Jurisdictionen wohnenden Eingesessenen in den nächsten Dörfern besessen werden. Es gehören zum Gute in Steinberg 1 Parcelenstelle, 4 Vollh., 1 Zehntelh. und 2 Kathen ($4\frac{1}{10}$ Pfl.), in Bredegatt 1 Viertelh., 1 Kathe und 1 Instenstelle ($\frac{1}{4}$ Pfl.), bei Steinberg=Kirche 1 Zehntelh. und Wirthshaus ($\frac{1}{10}$ Pfl.), in Steinbergholz 1 Parcelenstelle, 2 Fünftelh., 2 Zehntelh., 4 Kathen und 2 Instenstellen ($\frac{6}{10}$ Pfl.); zu Snoogholm südlich von der Aue (Ksp. Esgrus) 2 Landstellen ($\frac{1}{4}$ Pfl.). Das Steinbergholzer Schulhaus liegt auf Oestergaarder Grund. Im Jahre 1768 ward das Gut parcelirt und aus den Koppeln Neufeld, Pferdekoppel und Strußlyck wurden 13 Parcelen (etwa 297 Hotsch., 122 Steuert.) ohne Pflugzahl gebildet, zu gleicher Zeit auch die Hufen und ein Theil der Kathen, welche vorher in Häuer ausgegeben waren, veräußert, und auf diese die Pflugzahl gelegt. Im Jahre 1784 hatten die Hofländereien ein Areal von 467 Hotsch. und es gehörten damals zum Stammhofe 14 Kathen und die Wassermühle. Der Stammhof enthält 237 Steuert. ($\frac{3}{4}$ Pfl.); dazu gehören 8 Kathen, wovon 3 Flintholm heißen. Diese liegen seit mehreren Jahren beim Dorfe Steinberg und heißen Blasberg; die übrigen 5, von denen 2 das Amt genannt werden, liegen im Oestergaarder Holze und am Strande. An das Hoffeld stoßen nördlich 6 Freiparcelenstellen von resp. 56, 22, 22, 8, 6 und 6 Steuert. Die am Strande liegenden Freiparcelenstellen werden Steinberghaff genannt. — Zahl der Einwohner: 272. — Contrib. 268 Rbthlr. 76 b/?, Landst. 257 Rbthlr. 64 b/?, Hausst. 3 Rbthlr. 6 b/?.

Oestergaard=Mühle (Oestergaardmölle), eine Königl. Wassermühle an der Hoptruperaue, A. Hadersleben, Ostertb., Gramh., Ksp. und Schuldistr. Hoptrup. — Areal: 128 Ton. à 320 Q. R.

Develgönne (Evelgunde), Meierhof im Gute Rumohrsgaard auf der Insel Alsen; der Hof liegt $1\frac{1}{4}$ M. nordöstlich von Augustenburg, A. Sonderburg, Augustenburgerh., Ksp. Nottmark. — Areal s. Rumohrsgaard. — In der Nähe liegen die beiden Gehege Develgönne=Frede und Fryndesholm.

Oevenum, Dorf auf der Insel Föhr, in der Landsch. Osterlandföhr, A. Tondern, Ksp. St. Johannis. Dieses Dorf, welches auf der Gränze der Geest und der Marsch liegt, hat 148 Häuser. — Districtschule. — Armenhaus für die St. Johannisgemeinde. — 2 Wirthshäuser, 2 Schmiede und mehrere Handwerker. Hier ist eine Königl. Erbpachts-Windmühle. — Einige Einwohner ernähren sich von der Seefahrt. — Areal: 324 Dem. 21 R. Geest- und 1343 Dem. 127 R. Marschland. — Nördlich vom Dorfe nahe am Seedeiche sind 2 Vogelkojen, worin in ergiebigen Jahren 25 — 30,000 Wasservögel, größtentheils Krickenten, gefangen werden. Bei der Mühle liegt eine Anhöhe Wirksbooch, von der man eine schöne Aussicht über die ganze Insel hat.

Oeversee (Oeversee), Kirchdorf an der Treene, $1\frac{1}{4}$ M. südlich von Flensburg, A. Flensburg, Uggelh., Pr. Flensburg. Dieses Dorf, in welchem das Dinggericht der Uggelharde gehalten wird, enthält außer der Prediger- und Küsterwohnung, 2 Halbh., 7 Viertelh., 9 Kathen und 4 Instenstellen ($2\frac{3}{4}$ Pfl.). Auf der Feldmark sind 2 Colonistenstellen erbaut, welche zur Colonie Friedrichsheide gehören. — Districtschule. — Armenhaus. — Wirthshaus. — Die Kirche ist ein altes massives Gebäude von Feldsteinen. An der Westseite befindet sich ein runder Thurm, dessen Umfang 120 Fuß beträgt und dessen Mauer 7 Fuß stark ist. Vielleicht hat dieser Thurm in älterer Zeit als eine Art Burg gedient. Die Kirche ist gewölbt und im Jahre 1838 bedeutend verschönert. — Der König ernennt den Prediger. — Eingepfarrt: Augaard, Barderup, Bilschau, Friedrichsheide (z. Thl.), Frörup, Hornholz, Jarplund, Jarplundgaard, Juhlschau, Munk-Wolstrup, Niendamm, Oelmark, Sankelmark, Schlammtoft, Tarp, Tarpfeld. — Der Boden ist größtentheils sandigt und an vielen Stellen mit Haide bewachsen. — Die Fischerei in der Treene wird von dem Königl. Amte verpachtet. — Südlich vom Dorfe liegen 2 sehr große Grabhügel. — Gefecht bei Oeversee und Bilschau am 24. April 1848.— Vz. des Ksp.: 1129.

Offenbüll, ein Hof im Westerth. der Landsch. Eiderstedt, Ksp. und Schuldistr. Ulvesbüll. Für die Ländereien des Hofes wird an Oldensworth contribuirt.

Offenbüll, ein vergangenes Kirchspiel in Eiderstedt, welches in der Nähe des jetzigen Offenbüller-Kooges belegen war. Dieses Kirchspiel war noch 1352 da, denn es gehörten damals zur Vicarie des Heil. Nicolaus im Kirchspiel Offenbüll 40 Demat, und das Capitel besaß 40 Demat. Es ist vermuthlich 1436 vergangen.

Offenbüll, Oster- (Offenbüllerdeich), ein Koog 1 M. nordwestlich von Tönning, im Osterth. der Landsch. Eiderstedt, Ksp. Oldensworth. Der Oster-Offenbüllerkoog ward in den Jahren 1467 und 1470 eingedeicht, aber die Fluth 1471 zerstörte ihn gänzlich. Erst im Jahre 1529 ward die Eindeichung von Tetenbüller und Wester-Offenbüller Interessenten vollkommen zu Stande gebracht. Hier sind 8 Häuser; ein Wirthshaus heißt Spreenfang. — Schuldistr. Oldensworth und Hochbrückstiel. — Areal: 367 Dem. 3 Sch. 8 R.

Offenbüll, Wester- (Offenbüllerdeich), ein Koog $\frac{3}{4}$ M. nordwestlich von Tönning, im Osterth. der Landsch. Eiderstedt, Ksple. Oldensworth und Tetenbüll. Dieser Koog ward 1470 von Eingesessenen des Kirchspiels Tetenbüll eingedeicht, aber erst viele Jahre später vollendet, da Wasserfluthen ihn oft zerstörten. Hier sind 6 Häuser, worunter ein Wirthshaus. — Schuldistr. Hochbrückstel. — Areal: 422 Dem. 5. Sch. 13 R.

Ohrfeld (vorm. Urmark), adel. Gut in der Cappelerharde. Der Stammhof liegt in reizender Gegend nahe beim Ohrfelder=Haff, 1½ M. nordwestlich von Cappeln, Ksp. Esgrus. Das Gut Ohrfeld war bis gegen das Ende des 16. Jahrhunderts ein Theil des Gutes Rundhof, und fiel in der Erbtheilung der Gebrüder Rumohr, dem Detlev v. Rumohr zu, der wahrscheinlich den Hof erbaute; es blieb in dieser Familie und ward 1765 u. d. f. J. parcelirt. Spätere Besitzer des Stammhofes waren: 1773 Hansen, 1783 Nissen, 1812 Hansen, seit 1838 Hagemann (72,000 ℳ). Ohrfeld, welches für 13 Pfl. contribuirt, von denen aber 1 Pfl. auf das im Jahre 1767 davon getrennte Gut Niesgraugaard gelegt ist, besteht nach der Parcelirung aus dem Stammhofe, 17 Parcelenstellen mit und 2 Parcelenstellen ohne Land, 6 Vollh., 1 Dreiviertelh., 1 Zweidrittelh., 1 Fünfachtelh., 4 Halbh., 2 Viertelh., 5 Zwölftelh., 19 Kathen worunter 4 Hofkathen, und 11 Instenstellen. Der Stammhof hat 1 Pfl.; im Ksp. Esgrus liegen 7¼ Pfl., im Ksp. Steinberg 2¼ Pfl. und im Ksp. Quern 1 Pfl. (zus. 1218½ Steuert., 184,900 Rbthlr. Steuerw.) — Die Pertinenzien sind: der Stammhof (248 Ton. à 260 □. R., 172 Steuert.), Bonsberg (1 Parc., 31 St.), Hunhöi (2 Parc., von resp. 5 und 6 St.) am Strande belegen, Koppelheck eine Reihe Häuser am Flensburger Wege (122 St.), Mühlenkoppel (1 Freiparc., 79 St.), Winnerye (1 Parc., 37½ St.), Lipping (1 Landst., 36 St.), Tollgaard (1 Zwölftelh., 8 St.), Niesgrau (256½ St.), Rörmoos, (1 Zwölftelh., 7 St.), Stausmark (2 Viertelh. und einige Parcelenstellen, 70¼ St.); von der Dorfschaft Stubdrup (1½ Pfl., 76 St.), Ohrfeldhaff (73 St., ¼ Pfl.), Steinacker (2 Kathen, 11 St.). Ferner im Dorfe Steinberg (144 St.), in Bredegatt (2 Hufen, 1¼ Pfl.), Steinbergholz (4 Kathen), Hattlund (1 Hufe, 60 St., 1 Pfl.), Wolfsbrück (1 Kathe, 9 St.), zu Schiöl (2 Kathen), Habernis (1 Parc., 8 St.), Otzbüll (8 St.). — Zahl der Einw.: 582. — Das Wohnhaus des Stammhofes ist vor einigen Jahren neu eingerichtet und mit einem großen Garten versehen. Beim Hofe sind 6 Kathen, worunter 1 Bäckerhaus genannt wird, 1 ist ein Wirthshaus. — Der Boden dieses Hofes gehört zu den fruchtbarsten in Angeln; die Hölzung ist größtentheils verhauen. Contrib. 487 Rbthlr., 56 b/ß Landst. 385 Rbthlr. 20 b/ß, Hausst. 1 Rbthlr. 3 b/ß.

Ohrfeldhaff, einige zerstreut liegende Häuser an der Ostsee, im Gute Ohrfeld (s. Ohrfeld), Cappelerharde, Ksp. Esgrus; 2 Parcelenstellen werden Hunhöi (5 und 6 Steuert.) genannt. — Hier ist ein ziemlich guter Landungs= und Ladeplatz. — Areal ohne Hunhöi: 73 Steuert.

Ohrstedt, Oster=, Dorf 1½ M. östlich von Husum, an der Landstraße nach Schleswig, A. Husum, Ksp. Schwesing; zur Süderh. gehören 3 Zweidrittelh., 6 Halbh., 3 Drittelh., 2 Sechstelh., 3 Kathen, 8 Instenstellen (4 Pfl.); 3 Landstellen (1½ Pfl.), gehören zur Vogtei Schwabstedt, und 1 Landstelle (⅓ Pfl.) war dem ehemaligen Gut Arlewatt zuständig. Entfernt westlich nach Treya hin wird auch noch eine Königl. Festestelle Backensholz (vorm. Baggestov), zum Dorfe gerechnet. — Schule. — Schmiede und einige Handwerker. — Areal: 471 Steuert., worunter 279 Ton. Gras= und Weideländereien. Eine Hölzung heißt Oster=Ohrstedterholz. — Etwa ¼ M. südöstlich vom Dorfe wird für die Flensburg=

Ohrstedt.

Husum-Tönninger Eisenbahn ein Bahnhof erbaut, und die Rendsburger Zweigbahn hier einmünden. — Im Jahre 1463 verkaufte Wendt Frese seine in Ohrstedt belegenen 2 Höfe an den Bischof Nicolaus von Schleswig, welcher diese an die Armen der Stadt Schleswig schenkte. 1608 verkaufte Hans Tiassen seine beim Dorfe belegene Hölzung an die Herzogin Auguste.

Ohrstedt, Wester-, Dorf $1\frac{1}{4}$ M. nordöstlich von Husum an der Landstraße nach Schleswig, A. Husum, Ksp. Schwesing. Zur Süderh., gehören 3 Vollh., 3 Zweidrittelh., 11 Halbh., 2 Viertelh., 2 Sechstelh., 2 Kathen, 3 Instenstellen ($8\frac{1}{2}$ Pfl.).; 1 Landstelle ($\frac{1}{2}$ Pfl.) gehört zur Vogtei Schwabstedt und 1 Landstelle ($\frac{2}{3}$ Pfl.) war dem ehemaligen Gute Arlewatt zuständig. — Ausgebaute Stellen heißen: Westerholz (Ochsenberg); 2 Häuser Bremsburg. Zum Dorfe werden ebenfalls gerechnet Haneburg 2 Hufen südwestlich, Brandenburg 1 Hufe südlich, Arl 1 Hufe südöstlich, Lütjenburg 1 Kathe. Auf allen Stellen, welche sich mit Burg endigen, sollen vormals befestigte Edelhöfe gestanden haben, wovon aber nur bei Bremsburg noch einige Spuren vorhanden sind. — Hier liegt eine Königl. in Zeitpacht gegebene Windmühle. — Districtsschule. Die entfernt liegenden Stellen Bremsburg, Westerholz und Backensholz (s. Oster-Ohrstedt) haben eine Nebenschule. — Wirthshaus, Schmiede und einige Handwerker. — Die Schwabstedter Stelle (vorm. Bischöflich) hat ihren Ursprung daher, daß im Jahre 1517 J. Plesse dieselbe mit einer andern in Oster-Ohrstedt dem Bischofe verkaufte. — Die Kirche zu Treya hatte hier schon in früherer Zeit einen Lansten. — Areal: 660 Steuert., worunter 463 Ton. Gras- und Weideländereien. — Der Boden ist im Allgemeinen ziemlich gut; die Hölzungen liegen bei Bremsburg, Westerholz und Arl. Vormals waren auf der Feldmark mehrere Grabhügel.

Ohrt, 5 Häuser im A. Tondern, Bökingh., Ksp. und Schuldistrict Fahretoft.

Ohsbek (Osbek), eine bei Twedterholz belegene Ziegelei und 2 Kathen am Flensburger Meerbusen, $\frac{1}{4}$ M. nordöstlich von Flensburg, A. Flensburg, Husbyeh., Ksp. Adelbye. — Areal beider Kathen 94 Steuert. Die eine Kathe hat 160 Hötsch. Ländereien und contribuirt für $\frac{3}{4}$ Pfl.

Oland, eine Hallig 1 M. südöstlich von Föhr, Landschaft Pelworm. Diese Hallig war in der ältesten Zeit landfest, ist durch eine Wasserfluth von dem festen Lande getrennt und in späterer Zeit, besonders an der südwestlichen Seite durch das Anspülen des Meeres kleiner geworden. Am verderblichsten waren die Fluthen in den Jahren 1634, 1717 und 1825. Im Jahre 1717 stand das Wasser 2 Fuß höher als 1634; alle Häuser wurden mehr oder weniger beschädigt und auch die Mühlen niedergeworfen; im Jahre 1825 gingen von 36 Wohnungen 33 unter. Jetzt sind hier nur 2 Werften welche Werft und Piepe heißen. — Zahl der Einw.: 83. — Die älteste Kirche soll 1362 vergangen sei; eine andere ward 1709 niedergebrochen, und eine neue aufgebaut; nachdem diese Kirche 1821 in einer hohen Fluth gelitten, ward sie 1824 abermals neu gebaut und hielt sich in der Ueberschwemmung 1825 ziemlich. — Der König ernennt den Prediger, welcher zugleich Küster und Schullehrer ist. Vormals diente eine beträchtliche Anzahl der Einwohner besonders auf holländischen Schiffen; jetzt aber nur wenige. — Areal: 171 Steuert. — Ueber das Eidoralegat zur Unterstützung dürftiger Waisenkinder, s. Hooge.

Olde (Oldau), Dorf auf der Insel Aerōe, Ksp. und Schuldistr. Rise; 10 Vollh., 1 Dreiviertelh., 5 Halbh., 1 Drittelh., 2 Viertelh., 6 Kathen, 10 Instenstellen, 1 Hufenparcele und 7 Wohnungen ohne Land (14 Pfl.). Hier ist eine Erbpachts-Windmühle. — Areal: 542 Ton.

Oldefeldskoog, Norder-, ein Koog im Ostertheile der Landschaft Eiderstedt, Ksp. Witzworth; enthält 2 Höfe, 4 Häuser, welche Flöhdorf heißen, und 1 Windmühle. Bei Flöhdorf wird die in Angriff genommene Flensburg-Husum-Tönniger Eisenbahn vorbei gehen.

Oldehöft, 1 Landstelle im Osterth. der Landschaft Eiderstedt, Ksp. und Schuldistr. Oldensworth. Der ursprüngliche Hof ist längst abgebrochen und die Benennung Oldehöft kommt selten vor. — Hier ward die erste, jetzt vergangene Capelle von Oldensworth erbaut.

Oldenfelder-Koog (Drager-Oldenfelderkoog), ein Koog westlich von Drage in der Landschaft Stapelholm, Ksp. Süderstapel. In diesem Kooge, welcher ein Areal von 432 Demat hat, liegt ein Hof an der Eider die Goschenfähre (Fedderhof) genannt.

Oldenkoog (Drager-Oldenkoog), ein Koog südöstlich nahe vor Friedrichstadt an der Eider in der Landschaft Stapelholm, Ksp. Süderstapel. Da der Deich dieses schon im 15. Jahrh. eingedeichten Kooges zugleich die hinter ihm liegenden Kooge schützt, und mehrere derselben durch seine Wasserleitungen entwässert werden, so bildet dieser Koog, der Schlickkoog (1540 eingedeicht), der Mildterkoog (1456 eingedeicht), der Norderfelderkoog, der Osterfelderkoog und die Süderstapeler und Norderstapeler Wiesen an der Treene, mit 2107 Demat ein Ganzes, und die Dorfschaften Drage, Seeth, Süderstapel und Norderstapel haben ihre besonderen Antheile an diesen Koogen und Grundstücken. Im Oldenkooge liegt 1 Hof und im Mildterkooge (431 Dem.) sind 2 Höfe, von denen einer Mildthof, der andere Henningshof heißt. Auf dem Platze des Mildterkooges soll in der ältesten Zeit eine Ortschaft Millum gelegen haben.

Oldensworth, Kirchort ¾ M. nördlich von Tönning, im Osterth. der Landschaft Eiderstedt, Pr. Eiderstedt. Dieser Ort, welcher schon in der frühesten Geschichte bekannt war, ward nach und nach ansehnlicher und erhielt die Fleckens-Gerechtigkeit, die er aber seit dem Jahre 1800 verloren hat. Bei einer hier belegenen Capelle in dem Hafen Oddensstild (Ottensiel) landete der König Abel 1251 um die Friesen zu bekriegen, welcher Zug aber unglücklich für ihn endigte. In den Jahren 1415 und 1416, als die Dithmarscher Einfälle in Eiderstedt unternahmen, ward Oldensworth gänzlich verwüstet und ging in Flammen auf; auch 1628, als die Kaiserlichen Schleswig überfallen hatten, und 1713 bei der Belagerung der Festung Tönning, als hier 3000 Russen lagen, mußte dieser Ort einen bedeutenden Verlust erleiden. Im Jahre 1784 brannte ein großer Theil des Fleckens ab, ward aber bald wieder aufgebaut. — Oldensworth war ehemals der Auffenthalt mehrerer Staller. — Das Kirchspiel Oldensworth wird in 4 Districte eingetheilt: Oldensworth-Straße (Kirchort), Westerende, Hemme und Osterende. Die 7 s. g. Bührschaften des Kirchspiels heißen: Bojemanns-Bührlach, Osterende, Harblek, Hemme, Tofting, Westerende und Riep. Der Kirchort besteht außer 2 Predigerwohnungen aus 95 Häusern, welche fast alle mit Ziegeln gedeckt sind. Eine gepflasterte, fast gerade Straße führt der Länge nach hindurch. Hier sind 2 Schulen, eine Hauptschule und eine Elementarschule; die Einrichtung einer dritten Schule steht in Aussicht. — Werk= und Armenhaus 1787 erbaut, 2 Armenhäuser, 5 Wirths= häuser, 1 Bierbrauerei, 2 Bäckereien, 2 Schmiede, 3 Schlachter und Hand= werker fast aller Art. In der Nähe und zum Kirchorte gehörend liegt eine Windmühle. — Eine hölzerne Capelle wurde hier im Jahre 1205 zu Oldehövt (wo jetzt Hoyersworth liegt) erbaut; statt derselben soll 1245 eine steinerne Kirche an einem andern Platze aufgeführt sein, welche 1415 von den Dithmarschern eingeäschert, aber 1416 wieder neu erbaut ward. Eine neue Kirche wurde darauf schon im Jahre 1465 errichtet und 1488 mit einem Thurme versehen. Dieses alte Gebäude wurde 1785 abge= brochen und die jetzige Kirche aufgeführt, welche hell und geräumig, mit einem Gewölbe, einer Orgel, 2 Thürmen und einer Thurmuhr versehen ist. — Die beiden Prediger werden von dem Kirchencollegium präsentirt, und von der Gemeinde gewählt. — Eingepfarrt: Adenbüllerkoog (z. Thl.), Altneukoog (z. Thl.), Süder=Friedrichskoog (z. Thl.), Gonsbüttel, Har= blekerkoog, Hemme, Hochbrückstel, Hochhörn, Hoyersworth, Knollhaus, Langenhemme, Mitteldeich, Moordeich, Oster=Offenbüll, Wester=Offenbüll (z. Thl.), Offenbüllerdeich, Oldehöft, Oldensworth, Osterende, Rethdeich Riep, Rothenspieker, Schildberg, Schweinekrug, Spreenfang, Süderdeich, Tetenskoog, Tofting. — Areal des ganzen Kirchspiels: 7970 Demat (7320 Steuer.) worunter 1521 Ton. Gras= und Weideländereien. — Fast ⅔ des Areals ist im Besitze von Auswärtigen. — Der Boden ist im Ganzen sehr gut; im Hemmer= und Osterender=District lehmigt und daher besonders zum Kornbau, im Westerender=District schwerer Thon= boden und mehr zur Viehzucht geeignet. Die Entwässerung des Kirch= spiels geschieht durch 2 Schleusen die Rothenspieker= und Spintsieler=Schleuse. Eins der Entwässerungssiele führt noch den Namen Norder=Eider. — Vz. des Ksp.: 1464.

Oldersbek, Dorf an einem kleinen Bache, 1 M. südöstlich von Husum, A. Husum, Süderh., Ksp. Mildstedt. Dieses in einem Thale liegende Dorf enthält 7 Halbstaven, 6 Dreiachtelst., 2 Drittelst., 8 Viertelst., 1 Sechstelst., 5 Achtelst., 1 Neuntelst., 8 Kathen mit, und 6 Kathen ohne Land (9⅜ Pfl.), von welchen 4 Staven (1¾ Pfl.) zur Vogtei Rödemis gehören. Diese letzteren sind vormals 3 Lanstenstellen gewesen, die eine kaufte der Bischof Nicolaus 1448 von Went Frese, eine wurde 1517 von Joachim Plesse an das Bisthum verkauft, und die dritte ist noch früher im bischöflichen Besitze gewesen. Eine dieser letztgenannten Güter verkaufte 1578 Casper Hoyer an Hans v. d. Wisch auf Norbye. — Districtsschule. — Armen= haus, Schmiede und einige Handwerker. — Areal: 1149 Steuert., worunter 340 Ton. Gras= und Weideländereien. — Das Ackerland ist nur von mittelmäßiger Art.

Olderup (Oldorp), Kirchdorf 1 M. nordöstlich von Husum, A. Husum, Norderh., Pr. Husum. Dieses Dorf, welches zum ehemaligen Gute Arlewatt gehörte, enthält 11 Vollbohlen, 13 Halbb., 3 Drittelb., 3 Kathen und 6 Instenstellen (14½ Pfl.). — Districtsschule. — Graupen= mühle, Wirthshaus, Schmiede. — Die Kirche ist, nächst der Mildstedter, eine der ältesten in dieser Gegend. Sie hat keinen Thurm. In derselben sind mehrere adeliche Begräbnisse. Vormals hatte das Gut Arlewatt das Patronat an derselben. Jetzt ernennt der König den Prediger. — Einge= pfarrt: Arlewatt, Arlewatterheide, Carlskrug, Olderup. — Areal: 651

Steuert. worunter 224 Ton. Gras- und Weideländereien. — Der Boden ist größtentheils sandigt; die Wiesen an der Arlaue sind sehr gut. Auf der Feldmark sind mehrere Grabhügel. — Vz. des Ksp.: 476.

Oldorf, 5 Landstellen und die Wohnung des Predigers zu Rodenäs, im A. Tondern, Wiedingh., Ksp. und Schuldistr. Rodenäs.

Olling, Norder- (vorm. Aaling), 2 Halbh. und 1 Kathe im A. Hadersleben, Westerth., Kalslundh., Ksp. Lintrup, Schuldistr. Meilbye. — Areal: 86 Steuert. (Süder-Olling, 1 Hof, gehört zum A. Ripen).

Olpenitz (vorm. Ulpenaes), adel. Gut an der Schlei, in der Eckernförderharde. Der Haupthof liegt ½ M. östlich von Cappeln, Ksp. Schwansen. In einer Urkunde des Herzogs Waldemar 1268 wird Olpenitz erwähnt und gehörte damals dem Könige; als Gut kömmt es schon 1436 vor. Es war ehemals bedeutend größer und stand in der Landesmatrikel zu 44 Pfl., bis der Meierhof Schönhagen 1711 mit 14 Pfl. und 5 Pflüge in Kopperbye, jetzt zum Gute Loitmark gehörig, davon getrennt wurden. Die ältesten Besitzer waren, so weit bekannt, im Anfange des 15. Jahrh. Lüder Schinkel und Jürgen Sehestedt, 1496 v. d. Wisch, 1640 v. Rumohr, 1662 v. Buchwald; seit 1689 die Familie v. Ahlefeld. Der jetzige Besitzer ist E. C. v. Ahlefeld. Vom Gute Olpenitz sind vor mehreren Jahren 9 Parcelenstellen, Nübbelfeld, abgelegt; eine Parcelenstelle heißt Nübbelhof und erinnert an das ehemalige Dorf Nübbel (s. **Nübbel**). — Das ganze Gut hat ein Areal von 1822 Ton. 3 Sch. 29 R. à 260 □. R. (1649 Steuert., 243,480 Rbthlr. Steuerw.) - Von diesem Flächeninhalte ward aber veräußert: an die Eingesessenen in Brobersbye 257 Ton. 5 Sch. 30 R., an die Eingesessenen im Dorfe Olpenitz 347 Ton. 7 Sch. 27 R., an die oben erwähnten Parcelisten 559 Ton. 6 Sch. 30 R., im Ganzen 1165 Ton. 4 Sch. 23 R. Es bleiben demnach für den Haupthof noch 656 Ton. 7 Sch. 6 R., aber außer diesen Ländereien noch zum Hofe eine Weide, die Jacken oder das Minne genannt, die nicht vermessen ist, und etwa ein Areal von 100 Ton. hat (518 Steuert.). Landesmatrikel 25 Pfl., wovon auf die Untergehörigen 7⅔ Pfl. 1 Kathe an der Schlei heißt Ronsfeld, 1 andere Olperör. Das ansehnliche Wohnhaus liegt nicht fern vom Wasser. — Zahl der Einwohner: 501. — Vom Gute wird für Heringszäune in der Schlei eine jährliche Recognition von 59 Rbthlr. 20 b/ß an die Gottorfer Amtsstube erlegt. Contrib. 1120 Rbthlr., Landst. 507 Rbthlr. 12 b/ß, Hausst. 2 Rbthlr. 32 b/ß.

Olpenitz, Dorf an der Schlei im Gute Olpenitz, Eckernförderharde, Ksp. Schwansen; 5 Hufen, 8 Wurthsitzerstellen und 10 Kathen. — Schule. — Die Hufen und Wurthsitzerstellen sind in Erbpacht und die Kathen in Zeitpacht gegeben. Auf der Landzunge bei Schleimünde lag die Veste Oldenburg (s. **Oldenburg**). — Die ehemaligen auf der Feldmark befindlichen Grabhügel sind abgetragen.

Olsdorf, Ortschaft bei der Kirche St. Peter, auch die Straße genannt, 1¼ M. westlich von Garding, im Westerth. der Landschaft Eiderstedt, Ksp. St. Peter; enthält außer der Predigerwohnung 3 Höfe, 24 Stellen mit und 15 Stellen ohne Land. — Districtsschule. — Prediger-Wittwenhaus, Windmühle, Wirthshaus, Schmiede. — Ueber die vergangene alte Kirche Ulstrup, welche südlich von St. Peter lag s. **Ulstrup**.

Olufskjär, ein Freihof, jetzt 1 Vollh., 1 Halbh. und 3 Kathen, ¼ M. südöstlich von Hadersleben, A. Hadersleben, Osterth., Hadersleben=

Ommel.

nerh., Ksp. Starup. Diesem Hofe wurden durch eine von dem Herzoge Friedrich an Heinrich Matzen 1507 ertheilte Verleihungsacte adeliche Freiheiten beigelegt, welche noch im Jahre 1671 von dem König Christian V. bestätigt wurden. Die Höfe besitzen einige Freiheiten. — Areal: 212 Ton. à 320 □. R. Zur Hufe gehört eine kleine Hölzung.

Ommel, Dorf auf der Insel Aeröe, $\frac{1}{4}$ M. nordwestlich von Marstall, Ksp. Marstall. Dieses ziemlich hoch belegene Dorf enthält 4 Vollh., 2 Dreiviertelh., 18 Halbh., 2 Viertelh., 7 Kathen, 8 Instenst., 4 Bohlparcelen und 20 Häuser ohne Land; 1 Halbh. und 2 Viertelh. nördlich heißen Ommelshoved und 2 Vollh. Vesterskov. — Districtsschule. — Schmiede und einige Handwerker. — Vz.: 422. — Nördlich von Ommel in der Ostsee liegt eine kleine Halmöe genannte Insel mit dem Hofe Halmöegaard, welcher etwa 100 Tonnen Landes enthält und im Privatbesitz ist.

Ondaften, ein ansehnliches Wirthshaus, eine Mühle und 4 zu Timmersiek gehörige Kathen nebst einer Schmiede, an der Landstraße von Flensburg nach Tondern, $1\frac{1}{4}$ M. westlich von Flensburg, A. Flensburg, Wiesh., Ksp. und Schuldistr. Handewith. Einige Kathen westlich von Ondaften heißen Godmorgen. — Areal: 5 Steuert.

Opdrup (Obdorf), ein ehemaliger Meierhof des Guts Satrupholm, A. Gottorf, Satruph., Ksp. und Schuldistr. Satrup; enthält jetzt, nachdem der Hof 1771 parcelirt ward, mit Opdrupstraße 8 Parcelenstellen ($2\frac{157}{184}$ Pfl.) — Areal: 348 Steuert. — Der Boden ist im Allgemeinen gut. — Die Königl. Opdruper Hölzung hat ein Areal von 138 Ton. Bei Opdrup sind noch Spuren alter Befestigungswerke.

Opdrupholz, 1 Parcelenstelle und 1 Kathe ($\frac{203}{384}$ Pfl.) im Amte Gottorf, Satruph., Ksp. und Schuldistr. Satrup. — Areal: 47 Steuert.

Opdrupredder, 6 Parcelenstellen im A. Gottorf, Satruph., Ksp. und Schuldistr. Satrup.

Ophusum (Uthusum), 16 kleine Landstellen und 2 Häuser ohne Land, 2 M. südwestlich von Tondern, A. Tondern, Wiedingh., Ksp. Rodenäs. Nordöstlich von Ophusum liegt eine Windmühle. Vormals gehörte diese Ortschaft zum vergangenen Kirchspiele Rickelsbüll. — Schule. Wirthshaus. — Der Boden ist im Allgemeinen ziemlich gut.

Ording (vorm. Urden, Orden), Kirchort $1\frac{1}{4}$ M. westlich von Garding, im Westerth. der Landschaft Eiderstedt, Pr. Eiderstedt. Dieser Ort, welcher größtentheils längs dem Deiche erbaut ist, enthält auffer der Predigerwohnung, 4 Höfe, 22 Landstellen und einige Häuser ohne Land ($6\frac{2}{3}$ Pfl.). — Schule. — Armenhaus. — Einige Einwohner ernähren sich von der Fischerei. — Ording hat ehemals mehr westlich gelegen und ist im Laufe der Zeit durch Ueberströmung und Versandung vergangen. Die Stellen desselben wurden sonst in die Dörfer Nordhövd und Frahmsort, jetzt wird Ording in Ording zu Süden und Ording zu Norden eingetheilt. Der Name Nordhövd ist noch übrig geblieben und ihn führt jetzt eine Landstelle, die in den letzten Jahren als Badeort bekannt geworden ist. In der Nähe ist ein Hafen (Adamshafen), in welchem aber selten Schiffe ankern. — Die älteste Kirche ist längst vergangen, eine zweite ward wahrscheinlich am Ende des 15. Jahrhunderts erbaut und erhielt sich bis 1723, da dieselbe von den Dünen nach dem jetzigen Platze versetzt werden mußte. Sie ist nur klein, aber mit einem verhältnißmäßigen Thurme versehen. Im Jahre 1823 wurde zum Bau der Kirche und des Pastorats collectirt. Seit dem Jahre 1820 ist mit dem Pastorate zugleich die Küster- und Schullehrerbedienung verbunden. — Zur Wahl des Predigers präsentiren die Kirchenvorsteher und die Gemeinde wählt. — **Eingepfarrt:** Norderhövd, Ording, Osterstel, Westermarken (z. Thl.). — Der Boden ist theils recht gutes Marschland, theils mit Geestland vermischt und von weniger Güte; am Strande findet man Bernstein, oft von ansehnlicher Größe. — An der östlichen Gränze des Kirchortes ist ein ziemlich ansehnlicher länglichter Berg, welcher vormals ein Viereck bildete; auf diesem soll in ältern Zeiten eine Burg gestanden haben. — Vz. des Ksp.: 190.

Ornum, adel. Gut an der Schlei, in der Eckernfördeharde. Der Haupthof liegt 1 M. nordwestlich von Eckernförde, Ksp. Kosel. Dieses Gut ist aus niedergelegten Hufen eines Dorfes (1463, aus 6 Hufen bestehend) entstanden und war in der frühesten Zeit im Besitze der Familie v. Sehestedt, 1533 Marquard v. Sehestedt, 1552 v. Höken, 1635 v. Ahlefeld, darauf v. Rantzau; es ward damals als ein Meierhof von Eschelsmark angesehen aber 1783 von diesem Gute getrennt; 1790 besaß es v. Liliencron, 1798 v. Thienen, darauf Koch, 1807 Paulsen (273,000 ₰), 1830 Langheim (186,000 ₰), 1835 J. C. Mylord (216,000 ₰), jetzt dessen Erben. — Das ganze Gut, welches für 12 Pfl. contribuirt und wozu die Dörfer **Missunde** und **Bohnert** (z. Thl.) gehören, hat ein Areal von 1602 Ton. à 240 □. R. (1172 Steuert., 135,840 Rbthlr. Steuerw.). Zum Hofe gehören 809 Ton. (515 Steuert.), worunter an Acker 527 Ton., Wiesen 116 Ton., Hölzung (**Ornummerholz** mit 2 Holzvogtswohnungen) 55 Ton., Moore 23 Ton. und Wasser (**Ornummer-Noor** und **Lang-See**) 88 Ton. Außerdem gehört zum Gute eine Erbpachts-Wasser- und eine Windmühle. — Die Fischerei ist theilweise verpachtet, und das Gut hat im Laufe der Zeit die Freiheit erlangt 5 Heringszäune in der Schlei zu halten. — Das Wohnhaus, 1830 erbaut, ist von Brandmauern und besteht aus 2 Etagen mit 2 Frontispicen. — Zahl der Einw.: 246. — Der Boden ist ein guter Mittelboden. — Contrib.: 537 Rbth. 58 b/ß, Landst. 283 Rbth., Hausst. 6 Rbth. 70 b/ß.

Orth, ein Ladeplatz auf dem Sulsdorfer Grunde erbaut, an der südwestlichen Seite der Insel Fehmern, Westerkirchspiel, Kirche Petersdorf. Diese Ortschaft ist von dreien Seiten mit Wasser umgeben und enthält 24 Häuser, nebst einer Graupenmühle. — Schuldistrict Sulsdorf. — Branntweinbrennerei. Der Kornhandel ist nicht unbedeutend. — Bei Orth ist auch die Ueberfahrt nach Heiligenhafen.

Osbäk (Aasbäk), 3 Kathen, 2 Instenst. und 2 einzeln liegende Häuser auf der Insel Alsen, nördlich nahe an Augustenburg, im Gute Augustenburg, A. Sonderburg, Augustenburgerh., Ksp. Ketting, Schuldistr. Sebbelau. In früherer Zeit lag nahe bei Osbäk ein großer Fischteich, welcher jetzt Osbäker-Damm genannt und als Wiese benutzt wird.

Ostenau, Dorf an der Ostenaue, 2 M. östlich von Bredstedt, in der Landschaft Bredstedt; Ksp. Biöl; 1 Vollh., 2 Halbh., 4 Kathen und 4 Instenstellen. Auf dem Dorffelde ist 1 Colonistenstelle zur Colonie Louisendal gehörig. Die beiden Halbhufen gehörten zum vormaligen Gute Lindewith. — Schuldistr. Löwenstedt. — Areal: 194 Ton. (175 Steuert.). — Der Boden ist nur von mittelmäßiger Art. — Nach einer Urkunde des

Ostenfeld.

Grafen Heinrich (1354) gehörte ein Lanste dieses Dorfs zur Heil. Dreifaltigkeitskirche in Schleswig.

Ostenfeld (vorm. Ostenfiold, Ostenfyäl), Kirchdorf 1½ M. östlich von Husum, A. Husum, Süderh., Pr. Husum. Dieses bedeutende Dorf enthält außer der Prediger- und Küsterwohnung, 3 Dreiviertelh., 11 Zweidrittelh., 8 Halbh., 1 Dreiachtelh., 5 Drittelh., 2 Viertelh., 34 Kathen und 2 Instenst. (mit Rott 17 Pfl.). Eine Stelle (¾ Pfl.) gehört zum Gute Arlewatt; zum Schleswigschen Domcapitel gehörten ⅜ Pfl. Landes und ⅞ Pfl. eines Predigerlansten. Das letzte Capitelsgut hatte Otto Wulvesbrook 1381 den Vicarien am Dome zu Schleswig verkauft. — Districtsschule. — Prediger-Wittwenhaus. — 2 Wirthshäuser, 2 Schmiede und mehrere Handwerker. — Die älteste hier belegene Kirche kömmt früh vor; die jetzige soll im Jahre 1407 erbaut und 1480 vergrößert sein. Im Jahre 1772 ward sie fast ganz neu von behauenen Steinen aufgeführt; sie ist eine der schönsten Landkirchen im Herzogthume, hat 1802 einen ansehnlichen schön geformten Thurm erhalten und ist gewölbt. Die Orgel ist aus dem Jahre 1777. Der Kirche gehört eine über 100 Ton. große Hölzung. — Der Prediger wird von dem Amtmanne und von dem Probsten präsentirt, und von der Gemeinde gewählt. — Eingepfarrt: Ostenfeld, Rott, Winnert, Wittbek. — Der Sage nach haben Einwohner des Dorfs Rott (s. Rott), ursprünglich ostfriesischer Abkunft, sich zuerst hier angesiedelt und die Einwohner zeichnen sich auch durch ihre eigenthümliche Tracht aus, welche sich bei den Frauen noch ziemlich erhalten hat. — Areal mit Rott: 2107 Steuert., worunter 789 Ton. Gras- und Weideländereien. — Der Boden ist von verschiedener Art, trägt aber durch die vorzügliche Bearbeitung reichhaltige Früchte. Ein kleines Königl. Gehege heißt Langenhöft. — Bei der Grabung eines Brunnens in Ostenfeld stieß man tief unter der Erde auf eine Lage von Nußbäumen. Westlich vom Dorfe liegen 2 große Grabhügel, die Kreuzberge genannt; 5 andere Grabhügel heißen Femhöi. Eine östlich belegene 181 Fuß hohe Anhöhe, von der eine überaus schöne Aussicht ist, heißt Sundsberg. — Vz. des Ksp.: 1324.

Osterbek, eine Aue, welche bei Osterbyeholz entspringt, sich darauf nördlich wendet, Osterbye und Möhlhorst vorbei fließt und sich bei Holm, wo sie eine Mühle treibt, in die Schlei ergießt.

Osterbye (Oesterbye), Dorf 2 M. westlich von Flensburg, an der Landstraße nach Tondern, A. Tondern, Karrh., Ksp. Medelbye; 18 Bohlstellen, 12 kleine Landstellen und 11 Häuser; 1 Bohlstelle gehörte zum Gute Lindewith und 3 Bohlst. und 1 kleine Landstelle vormals zum Schleswigschen Domcapitel (1477 erworben). — Districtsschule. — 2 Wirthshäuser, Schmiede, Ziegelei. — Areal: 918 Steuert. — Der Boden ist größtentheils sandigt. — Nördlich vom Dorfe liegt eine 174 Fuß hohe Lundtop genannte Anhöhe.

Osterbye, Dorf an der Osterbek, 1 M. südwestlich von Eckernförde, A. Hütten, Hüttenh., Ksp. Hütten; 9 Vollh., 9 Halbh., 3 Sechstelh., 3 Kathen und 11 Instenstellen. Von diesen sind ausgebaut 1 Sechstelh. und 5 Instenstellen Osterbyeholz, 1 Kathe Langhörn, 2 Instenst. Strepel und Nordfeld. Im Dorfe selbst führen 2 Halbhufen den Namen Insel. — Districtsschule. — Wirthshaus, Schmiede. — Areal: 1297 Ton. $7\frac{1}{16}$ Sch. à 320 □. R. (1444 Steuert.) — Der Boden ist sehr gut; die Torfmoore liefern einen bedeutenden Ertrag. — Südlich vom Dorfe liegt eine kleine Erhöhung der Kronsberg genannt. — Vz.: 362.

Oster-Capelle, eine vergangene Capelle in der ehemaligen Osterharde, auf der Insel Sylt, in der Nähe von Hörnumodde. Die Zeit ihres Unterganges ist unbekannt.

Osterdeich, 13 Häuser die auf einem Deiche erbaut sind, 2¾ M. südwestlich von Tondern, A. Tondern, Wiedingh., Ksp. und Schuldistr. Emmelsbüll. Die Einwohner ernähren sich größtentheils von der Schafzucht und von Tagelöhnerarbeit.

Osterdeich, 10 Häuser im Amte Tondern, Wiedingh., Ksp. und Schuldistr. Neukirchen.

Osterdeich, 4 Stellen mit Land an einem Mitteldeiche, zwischen dem Johannis= und Iversbüllerkooge, im Westerth. der Landsch. Eiderstedt, Ksp. und Schuldistr. Poppenbüll.

Osterende, 9 Höfe ½ M. westlich von Garding, im Westertheile der Landsch. Eiderstedt, Ksp. Tating, Schuldistr. Süderdeich (s. Ehst). — Windmühle, Ziegelei.

Osterende, 15 Höfe und 16 Häuser im Ostertheile der Landschaft Eiderstedt, Ksple. Oldensworth und Witzworth. Ein Haus heißt S c h i l d = b e r g. — Districtsschule. — Oelmühle, 2 Schmiede und einige Handwerker. — 5 Höfe gehören zum Witzworther Schuldistricte.

Osterfeld, 1 Haus im Amte Tondern, Wiedingh., Ksp. und Schuldistrict Horsbüll.

Osterhever, Kirchort 1¾ M. nordwestlich von Tönning, im Westerth. der Landsch. Eiderstedt, Pr. Eiderstedt. Er hat seinen Namen von dem jetzt breiten Strome, Hever genannt, welcher Nordstrand von Eiderstedt trennt, und besteht aus 11 Höfen, 16 kleineren Stellen, 43 Kathen mit und 13 Kathen ohne Land (18 Pfl.), welche theils auf Werften, theils an den Deichen zerstreut liegen. 3 auf einer Werfte stehende Häuser werden noch jetzt das Dorf genannt; wahrscheinlich war die Zahl der dort liegenden Häuser vormals größer. Einzelne Höfe und Häuser heißen Hülf, S e e g a a r d und Böhlinghörn. Zwei Winkel, welche der Außendeich bildet, heißen Schallerak und Pielkenkreuz. — Districtsch., 2 Wirthshäuser, 2 Armenhäuser, 2 Schmiede und mehrere Handwerker. — Ferner sind hier 2 Korn=Windmühlen. — Schon im Jahre 1113 soll hier eine Capelle erbaut sein. Die jetzige Kirche ward 1565 von dem Lehnsmann Ove Schweins errichtet; sie hat keinen Thurm, aber ein Glockenhaus mit 2 Glocken. — Der Prediger wird von den Kirchenvorstehern präsentirt, und von der Gemeinde gewählt. — Eingepfarrt: Alter= und Neuer= Augustenkoog, Koogshörn, Möhmbusenkoog (z. Thl.). — Areal: 1122 Dem. (1117 Steuert.), worunter 546 Ton. Gras= und Weideländereien. — Der Boden ist gut; auf dem bedeutenden Vorlande werden viele Schafe geweidet. — Im Anfange des Jahres 1628 litt Osterhever durch die Kaiserlichen Kriegsvölker bedeutend. — In der Nähe des Kirchortes lag eine Burg des Stallers Ebbe Wunneken, die Ebbensburg (Evensburg) genannt; sie ward aber 1439 von den Eiderstedtern und Utholmern zerstört, und der Staller vertrieben. — Vz. des Kirchorts: 507; des Ksp.: 648.

Osterhof, ein ehemals zum Gute Saxdorf gehörender Meierhof, 1 M. nordöstlich von Eckernförde, Eckernförderh., Ksp. Riesebye. Dieser Hof (2 Pfl.)

ward 1798 von dem Besitzer von Sardorf v. Ahlefeld für 72,000 ℳ verkauft. — Areal: 250 Ton. à 260 Q. R. und außerdem 6 Ton. Moor à 300 Q. R. — Schuldistr. Lohse.

Osterholm (vorm. Helwithgaard), ein ehemaliges Königliches Kammergut auf der Insel Alsen, A. Norburg, Norderharde. Der Stammhof liegt 2 M. südöstlich von Norburg, Ksp. Eken. Helwithgaard, beim Dorfe Helwith, gehörte 1341 Laurentius Sture, und es blieb lange in dieser Familie; Thomas Sture, welcher 1563 starb, ließ hier ein mit Wällen und Gräben umgebenes Schloß erbauen und von seinem Schwiegersohne Hans Blome ward es 1583 für 51,000 ℳ an den Herzog Hans d. J. verkauft, welcher es Osterholm nannte, sehr verschönerte und eine Capelle einrichten ließ. Es ward zum Wohnsitze Fürstl. Wittwen bestimmt, die hier auch in der Folge residirten. Der Herzog Carl überließ es 1723 dem Könige Friedrich IV., der es zum Amte Sonderburg legte. Im Jahre 1735 wurde das Schloß abgebrochen und auf der Stelle desselben steht jetzt das Wohnhaus des Pächters. Im Jahre 1768 ward dieses Gut parcelirt und in 28 Parcelen vertheilt, welche damals von $7\frac{1}{2}$ bis 28 Ton. jede betrugen; die zu geschlossenen Hölzungen vorbehaltenen Grundstücke enthielten 447 Tonnen. Das Areal von Osterholm enthält 365 Ton. $4\frac{1}{2}$ Sch. à 320 Q. R., worauf 33 Landstellen sind. — Die Hauptparcelenstelle, welche in einer reizenden holzreichen Gegend liegt, heißt Lysholm und ward 1796 von der Stammparcele aus in die Mitte ihrer Ländereien ausgebaut. — Besitzer: K. Knudsen. — Areal circa 94 Ton. à 320 Q. R. (115 Steuert., 18,319 Rbth. 22 b/ß Steuerw.). Eine Parcelenstelle heißt **Bommelund** (50 Ton.); einige Stellen werden **Nyeled**, andere **Lambjerg** genannt; einzelne gehören zum Kirchsp. Nottmark. 2 Parcelenstellen, jede von 28 Ton., 1 von 13 Ton., 1 von 12 Ton., die übrigen von 2 bis 9 Ton.; außerdem 7 Häuser ohne Land. — Hier ist eine Königl. Windmühle Igebjergmölle und ein Wirthshaus. — Schuldistr. Elstrup. — Der Boden ist von besonderer Güte; die Wiesen sind nur von geringem Umfange, liefern aber für den Bedarf ausreichendes Heu. Die Parcelenstellen haben keine Hölzung und eine Fruchtbaumschule in Bommelund ist seit 1837 eingegangen. — In der nahe an Osterholm angränzenden, etwa 1000 Ton. großen Königl. Hölzung, Osterholm genannt, sind die Ueberbleibsel einer stark befestigt gewesenen jetzt niedergebrochenen Burg nahe an dem durch das Holz führenden Wege sichtbar. — Bei der **Rönbäk**, einer Aue die durch die Feldmark von Osterholm fließt, hat in früherer Zeit eine Wassermühle Rönnebäkmölle gelegen, von der noch Spuren vorhanden sind.

Osterholm, Dorf 3 M. südöstlich von Flensburg, A. Flensburg, Nieh., Ksp. und Schuldistr. Sterup; 5 Halbh. und 2 Kathen ($2\frac{1}{2}$ Pfl.). — Im Jahre 1787 verkaufte Claus Eclefs seine Güter und Lansten in Osterholm und 1488 Heinrich v. Krog ebenfalls ein Gut daselbst (s. Schadelund) an das Morkirchener Kloster.

Osterholz, 2 Parcelenstellen und 6 Kathen im Amte Gottorf, Ksp. Satrup; zur Satruph. gehören die beiden Parcelenstellen und zur Morkirchh. die 6 Kathen.

Osterholz (Taarsballig-Osterholz), 6 Kathen und 1 Instenst., östlich von Taarsballig, A. Gottorf, Satruph., Ksp. Havetoft, Schuldistr. Taarsballig. — Ziegelei. — Einige südlich belegene Grabhügel heißen Hermannshöie.

Osterkoog, ein schon im Jahre 1262 eingedeichter Koog, ¾ M. nordwestlich von Tönning, im Westerth. der Landsch. Eiderstedt. Einige Höfe, Landstellen und Kathen gehören zum Ksp. und Schuldistr. Tetenbüll, 1 Landstelle zum Ksp. und Schuldistr. Poppenbüll. — Zu Kocksmühlen im Kooge war ehemals eine Nebenschule. — Areal: 347 Dem. 5 Sch. 26 R.

Osterkoog, (Süderstapeler-Osterkoog), ein Koog an der Eider in der Landschaft Stapelholm, Ksp. Süderstapel. — Areal: 325 Dem., wovon etwa 63 Dem. aufgegrabenes Land welches verhäuert wird. — Dieser unbewohnte Koog hat 2 Schleusen.

Osterkoog (Schwabstedter-Osterkoog), ein Koog an der Treene ⅜ M. östlich von Schwabstedt, Ksp. Schwabstedt. — Areal: 688 Dem. — Der Koog ist unbewohnt.

Osterskov (Rödding-Osterskov, Ostermark), 5 Hufenstellen von verschiedener Größe, 8 Kathen und 2 Instenst., 3 M. nordöstlich von Ripen, A. Hadersleben, Westerth., Frösh., Ksp. und Schuldistr. Rödding. — Diese Stellen werden eigentlich zu dem Dorfe Rödding gerechnet, da sie von demselben ausgelegt sind, und der Name Osterskov wird deshalb auch selten gebraucht. — Der Boden ist gut.

Ostersiel, einige Häuser im Westerth. der Landschaft Eiderstedt, Ksp. und Schuldistr. Ording.

Osterwold, ein ehemaliges Kirchspiel in der Beltringh. auf der alten Insel Nordstrand, etwa ½ M. südlich von der Insel Gröde. Die erste Kirche, welche von Holz aus der Umgegend erbaut war, soll 1362 zerstört sein. Im Jahre 1625 ward eine neue Kirche errichtet welche bald nach der großen Fluth (1634) abgebrochen ward. An der Stelle wo diese vergangene Kirche stand, befinden sich jetzt Austernbänke. — Areal des Kirchspiels: 1538 Dem. 5 R. — In der erwähnten Fluth ertranken in diesem Kirchspiele 394 Menschen; 43 Häuser trieben weg und nur 6 Hauswirthe blieben am Leben.

Ostorf, Dorf an einer kleinen Aue 1¾ M. südöstlich von Eckernförde, Eckernförderh., Ksp. Gettorf. Von diesem Dorfe gehören 6 Vollh., 8 Viertelh. und 20 Kathen und Instenst. zum Gute Borghorst, 3 Instenst. zum Gute Augustenhof und 3 Instenst. zum Gute Borghorster-Hütten. — Die Schule liegt zwischen diesem Dorfe und Stubbendorf. — Wirthshaus, Schmiede und einige Handwerker. — Areal zum Gute Borghorst: 486 Steuert. — Der Boden ist zum Theil nur leicht und sandigt.

Ostorp, Dorf 2¼ M. nördlich von Hadersleben, Ksp. und Schuldistr. Taps. Es enthält 7 Vollh., 3 Dreiviertelh., 3 Halbh., 2 Viertelh., 10 Landbohlen und 8 Instenstellen, welche bis auf 2 Halbh. der Marienkirche in Hadersleben zuständig alle zum A. Hadersleben, Osterth., Tyrstruph. gehören. Eine ausgebaute Vollh. heißt Neffgaard. — Schmiede und einige Handwerker. — Der Boden ist lehmigt und im Allgemeinen gut.

Ostum, eine ehemalige, aber schon längst untergegangene Insel, westlich von Sylt. Auf dieser Insel standen die beiden Capellen Berlum und Rodelum (Rothum).

Oswold, eine ehemalige Kirche auf einer Insel in der Bökingh., ⅜ M. südlich von Dagebüll. Sie ist wahrscheinlich in einer Wasserfluth 1362 untergegangen.

Otterehsing (Achterehsing), 1 Hof ½ M. nordwestlich von Tating, im Westerth. der Landschaft Eiderstedt, Ksp. und Schuldistr. Tating. Ein kleiner Koog, von welchem die Hälfte zum Ksp. Tating und die andere zum Ksp. St. Peter gehört, heißt Otterehsinger=Koog und hat ein Areal von 20 Dem. — Eine ehemalige Capelle Otterehsing genannt, ist längst vergangen.

Ottersböl, Dorf 2 M. nordwestlich von Lygumkloster, Ksp. Medolden. Von diesem im Siftsamte Ripen belegenen Dorfe gehören 1 Dreivierteh. und 1 Halbh. (1¼ Pfl.) zum A. Lygumkloster, Vogtei Skjärbäk; und 1 Landstelle nebst der Ottersböler=Mühle (¾ Bohl.) gehören zur Commüne Kurbüll. — Die beiden obengenannten Höfe vertauschte 1501 der Bischof Iver Munk an das Lygumer Kloster gegen andere Güter im Ksp. Seem.

Ottislev, eine ehemalige Kirche in der alten Nordergoesharde zwischen Högel und Joldelund und der Landschaft Bredstedt. Diese Kirche ist längst eingegangen.

Ottesgrof (Occogrof), eine vergangene Kirche in der Beltringh. auf der alten Insel Nordstrand, östlich von der Hamburger Hallig. Sie ist wahrscheinlich durch die Wasserfluth im Jahre 1362 zerstört.

Othusum, 7 Häuser im A. Tondern, Wiedingh., Ksp. und Schul= district Neukirchen.

Oved, Dorf 2¼ M. nordwestlich von Lygumkloster, A. Hadersleben, Westerth., Hviddingh., Ksp. Vodder; 1 Dreivierteh., 1 Halbh., 3 Vierteh. und 1 Instenst. (1 Pfl.). Eine ausgebaute Vierteh. heißt Geilbjerg. — Nebenschule. — Areal: 117 Steuert. — Das Ackerland ist sandigt.

Overbye, Dorf 1 M. nordwestlich von Lygumkloster, Ksp. Döstrup. Dieses Dorf gehört größtentheils zum Stiftsamte Ripen; 2 Halbh. (1 Pfl.) gehören zum A. Lygumkloster, Vogtei Skjärbäk. Auch ist hier ein zum vormaligen Amte Schwabstedt gehöriger Pflug.

Overhusen, eine ehemalige Kirche in der Böfingh., etwa ½ M. südlich von Galmsbüll. Sie soll im Jahre 1362 untergegangen sein.

Overmartfleth, eine ehemalige Kirche in der Edomsh. auf der alten Insel Nordstrand, südlich von der Hallig Südfall. Sie soll im Jahre 1300 mit Rungholt untergegangen sein.

Owschlag, Dorf an einer kleinen Aue, 1¾ M. südöstlich von Schleswig, A. Hütten, Hüttenh., Ksp. Kropp; 7 Vollh., 1 Siebenachtelh., 11 Halbh., 1 Achtelh. und 6 Kathen. Die hier belegene Erbpachts=Wassermühle stand vormals unter dem Obergerichte; auch gehört zum Dorfe eine Wind= mühle. — Districtsschule. — Armenhaus, Wirthshaus, Schmiede und einige Handwerker. — Areal: 2064 Ton. 6 Sch. à 320 ☐. R. (1514 Steuert.). Ein kleiner zum Amte gehöriger See, der Owschlager=See liegt südlich vom Dorfe und hat ein Areal von 35 Ton. 7 Sch.; der s. g. Heidteich, 26 Ton. 5 Sch. groß, ist fischreich und in Erbpacht ausgethan. — Der Boden ist an der einen Seite des Dorfes sehr gut, an der andern aber weniger gut. Das Moor, Segenmoor genannt, ist ziemlich einträglich.

Oxböl, Kirchdorf auf der Insel Alsen ½ M. südlich von Norburg, A. Norburg, Norderh., Bisthum Alsen und Aeröe; es enthält außer der Prediger= und Küsterwohnung 8 Vollbohlen, 4 Dreivierteh., 2 Drittelh., 2 Sechstelh., 8 Kathen und 21 Instenst. (12 Pfl.). Von den ursprünglichen

12 Vollb. sind im Laufe der Zeit mehrere kleinere Stellen mit 1 bis 5 Ton. Landes abgelegt, von welchen eine Tornbjerg und eine andere Bögebjerg genannt wird. — Districtsschule. — Wirthshaus, Schmiede und mehrere Handwerker. — Die Kirche ist ansehnlich; der Thurm ward 1734 abgebrochen und der jetzige schöne und mit einem Uhrwerk versehene bald darauf wieder aufgeführt. An der Seite der Kirche ist eine Grabcapelle angebaut, worin ein Verwalter auf Meelsgaard Peter Enewald und seine Frau beigesetzt sind. — Der Prediger wird von dem Könige ernannt. — Eingepfarrt: Bögebjerg, Braballig, Damsgaard, Engsletgaard, Espehöi, Hardeshöi, Kolmusgaard, Lyshöigaard, Meels, Meelsgaard, Orböl, Sarsgaard, Skovsgaard, Steensgaard, Steghuus, Tornbjerg. — Areal: 667 Steuert. — Der Boden ist sehr gut. — Zwischen diesem Dorfe und Braballig liegen 2 ansehnliche, sehr fischreiche Seen, welche von dem Königl. Amte verpachtet werden. — Vz. des Ksp. 1134.

Orböl (Ausbüll), Dorf $\frac{1}{2}$ M. nordwestlich von Hadersleben, A. Hadersleben, Osterth., Gramh., Ksp. und Schuldistr. Alt=Hadersleben; 1 Vollb., 2 Halbb. und 4 ausgebaute Stellen, von denen 2 Stichelsbjerghauge und Knorborg heißen. — Der Boden ist im Allgemeinen gut.

Orböl (Ausbüll), Dorf 1 M. nordöstlich von Flensburg, A. Flensburg, Munkbraruph., Ksp. Munk=Brarup; 3 Vollb., 1 Halbb., 2 Viertelb. und 8 Kathen. Eine der letzteren ist ein Wirthshaus und heißt Rubelei (Rubölled d. h. Rubölleŕ=Heck). — Districtsschule. — Areal: 374 Ton. à 320 □. R. (239 Steuert.). — Der Boden ist theils ziemlich gut, theils sandigt; eine Hölzung heißt Nordskov. — Ueber ein in dieser Gegend belegenes Dorf, s. Rubüll. — Bei Orböl liegen mehrere Grabhügel von denen der größte Byglandshöi heißt. — Von den Koppeln heißen einige Silleholmslyk, Kulck, Gallemoos und Wannroylyk. Neben letzteren liegt ein Landstück Nörremölle in der Nähe des Ruhnbeks, woselbst ehemals eine Wassermühle gelegen haben wird.

Orenöe (Waldem. Erdb.: Oksnöe), Groß= und Klein=Orenöe sind 2 kleine Inseln im Flensburger Meerbusen, A. Flensburg, Wiesh., Ksp. Holeböl. Auf diesen Inseln sind 2 Kathen (15 Steuert.) und bei Klein=Orenöe eine gut unterhaltene, zur Ueberwinterung der Schiffe dienende Schiffbrücke. — Schuldistr. Hockerup.

Orenvad, Kirchdorf an der Gramaue, $2\frac{1}{4}$ M. nordwestlich von Hadersleben, A. Hadersleben, Osterth., Gramh., Pr. Hadersleben. Dieses Dorf enthält außer der Wohnung des Predigers und des Küsters 1 Anderthalbb., 2 Vollb., 3 Halbb., 18 Landb. und 7 Instenst.; 2 ausgebaute Landbohlen heißen Kalhauge und Prästelund. — Districtsschule. — Armenhaus, Wirthshaus und mehrere Handwerker. Einige Frauen beschäftigen sich mit Spitzenklöppeln. — Die Kirche ist ein ansehnliches starkes Gebäude und hat, nachdem der Thurm abgebrannt ist, eine recht hübsche Kuppel erhalten. Sie ist zum Theil gewölbt. — Der König ernennt den Prediger, der zugleich Prediger in Jels ist. — Eingepfarrt: Fuglsang, Haugaard, Kalhauge, Kragelund, Möllbye, Oersted, Orenvad, Prästelund, Söegaarde, Stursböl, Stursböllund, Toustovlund, Toustovmölle. — Der Boden ist sandigt und mager; die südlich belegene Orenvad=Haide ist noch uncultivirt und wird nur zum Theil als Schafweide benutzt. — Auf der Feldmark sind einige Grabhügel. — Südwestlich von Orenvad lag ehemals ein Dorf Slevad, welches der Sage nach durch eine Pest von Einwohnern entblößt und darauf niedergebrochen ward. — Bz. des Ksp.: 680.

Oxlund, Dorf an einer kleinen Aue, 2¼ M. südwestlich von Flensburg, A. Flensburg, Wiesh., Ksp. Groß=Wiehe; 2 Halbh., 1 Dreiachtelh., 2 Viertelh., 1 Achtelh. und 1 Kathe welche ausgebaut ist und Kjärhuus genannt wird. Die beiden Halbh. (1 Pfl.) gehörten zum Schleswigschen Domcapitel und die übrigen Stellen zum vormaligen Gute Lindewith. — Schuldistr. Schobüll. — Areal: 452 Ton. 2⅔ Sch. à 320 □.R. (81 Steuert.) — Das Ackerland ist, wie die Wiesen, nur sehr mittelmäßiger Art. — Die Moore sind groß und es werden hier viele Schmiedekohlen gebrannt.

P.

Padeleck, eine vergangene Kirchspielskirche ½ M. südwestlich von Husum in der Lundenbergh., auf der alten Insel Nordstrand. Die letzterbaute Kirche ward 1666 abgebrochen und das Kirchspiel 1717 durch eine Wasserfluth zerstört. Zum Kirchspiel gehörte der Padeleckerkoog und ein Hof daselbst hieß Hohemede, welcher ein Areal von 153 Dem. 2 R. hatte und von der Fürstlichen Rentekammer verpachtet ward.

Padelecksgaard (Padeleckberg), ein vormaliger Fürstlicher Meierhof ½ M. südlich von der ersterbauten, im Jahre 1828 abgebrochenen Kirche Simonsberg in der Landschaft Eiderstedt. Dieser Hof enthielt 1675, 447 Dem. 7 S. und die Fürstl. Rentekammer hatte von diesem Hofe eine jährliche Einnahme von 756 Rbthlr. 7 β.

Pageröe (Pagerye, vorm. Paverude), 2 Vollb. (2 Pfl.) und 1 Freikathe in schöner Lage an der Schlei, ¾ M. südwestlich von Cappeln, A. Gottorf, Schliesh., Ksp. Boren, Schuldistr. Ekenis. — Vormals war Pageröe ein Hof und gehörte den Pogwischen, von denen die Königin Margarethe denselben kaufte und ihn 1406 dem Domcapitel in Schleswig zum Bau der Domkirche schenkte. Der Hof ward getheilt und als Erbfestegut der Familie Schmidt verliehen, welche diese Stelle 200 Jahre besaß. Die eine Hufe war früher der Vogtspflug. — Areal: 207 Steuert. — Der Boden ist sehr gut und jede Hufe hat eine bedeutende Hölzung. Der Platz und die Gräben des alten Hofes sind noch sichtbar.

Pageröefeld, 1 Kathe bei Pageröe im A. Gottorf, Ksp. Boren, Schuldistr. Ekenis.

Pahlhorn, ein in Parcelen gelegter Hof an der Eider in der Landschaft Stapelholm, 2½ M. südöstlich von Friedrichstadt, Ksp. Erfde, Schuldistrict Tielen. In alter Zeit gehörten zum Hofe Pahlhorn die Dörfer Bargen und Scheppern und der letzte Besitzer soll ein v. Ahlefeld gewesen sein. Im Jahre 1550 ward der Hof Königlich, 1773 niedergelegt und in 6 Parcelen getheilt, welche jetzt zur Dorfschaft Tielen gerechnet werden. Das Areal betrug damals 504 Ton.; davon wurden zu einer geschlossenen Hölzung 44 Ton. 6 Sch. und zur Vertheilung an arme Eingesessene 102 Ton. 4 Sch. vorbehalten. Der Stammhof bildete die 3te Parcele, zu welcher auch der Burgplatz des alten Hofes gehört; die 6te unbebaute Parcele liegt bei der Steinschleuse im Ksp. Süderstapel und heißt Haberkamp, gehörte in ältern Zeiten nicht zu Pahlhorn sondern war ein Gut, welches späterhin zum Hofe gelegt ward. — Der Boden ist theils Marsch, theils Geest und sowohl zur Weide als zum Kornbau brauchbar. Eine ehemalige Hölzung hieß Ramholm.

Pamhoel, 2 Vollhufen am Pamhoeler=See, ¾ M. südwestlich von Hadersleben, A. Hadersleben, Osterth., Haderslebenerh., Ksp. Hoptrup, Schuldistr. Mastrup. — Diese beiden Hufen bildeten vormals einen Meierhof und die Absonderung ward 1650 vorgenommen. In der Nähe ist eine Königl. auch Pamhoel genannte Hölzung, in der eine Holzvogtswohnung Pamhoellund genannt liegt. — Der Boden ist fruchtbar. — Der Pamhoeler=See, welcher sehr tief ist, wird von dem Königl. Amte verpachtet.

Panöer, 1 Hof im Osterth. der Landschaft Eiderstedt, Ksp. und Schuldistr. Kating. — Schmiede.

Papenfeld, 2 größere und 1 kleinere Parcelenstelle im A. Gottorf, Schliesh., Ksp. und Schuldistr. Boren. Ein hier belegenes Wirthshaus heißt Twiestraße. — Die Parcelenstellen gehörten ehemals zum Gute Lindau.

Papenhörn, Oster= und **Wester=,** 4 Erbpachtshöfe an der Treene, 1 M. östlich von Friedrichstadt, Ksp. und Schuldistr. Schwabstedt. — Diese mit Privilegien versehene Höfe gehörten ehemals den Herzögen von Schleswig und wurden verpachtet.

Papenholz, eine kleine Erbpachtstelle und 1 Instenst. im Gute Birkenmoor, Eckernförderh., Ksp. Dänischenhagen. — Das Erbpachtsland dieser Stelle ward 1809 für eine jährliche an das Gut zu entrichtende Grundheuer von 20 Rthlr. verkauft. — Areal: 2 Ton. 40 R. (2 Steuert.).

Patermiß, ein vormals zum Gute Sarxdorf gehöriger Meierhof, Eckernförderh., Ksp. und Schuldistr. Riesebye, 1¼ M. nördlich von Eckernförde. Dieser Hof (s. Patermiss) war ehemals ein Dorf mit einer Capelle, wodurch der Name entstanden ist. Man findet von dieser Capelle noch die Grundmauern. Erst im 17. Jahrhundert ward das Dorf niedergelegt und ein Meierhof erbaut, der 1798 von dem Gute Sarxdorf getrennt und für 25,000 ℳ und einen jährlichen Canon von 1982 ℳ verkauft ward. Dieser Hof steuert für 2 Pfl. und hat ein Areal von 216 Ton. à 260 ☐.R. (34,560 Rbthlr. Steuerw.), darunter an Ackerland 201 Ton., Wiesen 6 Ton., Hölzung 3 Ton. und Moor 6 Ton. — Der Boden ist ziemlich gut aber etwas steinigt.

Patermiss, ein ehemaliges Dorf im Ksp. Riesebye. Im Jahre 1470 verpfändete der König Christian I. 4 Bauergüter in diesem Dorfe an Claus v. Ahlefeldt. Auch das Schleswigsche Domcapitel hatte hier Besitzungen und namentlich 1 Hufe, welche 1407 wüste lag. Später besaß dieses Dorf v. Wohnsfleth zu Riesebye, der es 1632 an den Besitzer des Gutes Sarxdorf verkaufte; 1635 bestand es aus 7 Hufen und 2 Wurthsitzerstellen, eine Hufe ward gleich darauf niedergelegt, 1671 noch 2 Hufen und die übrigen 4 kamen nach Norbye. Aus den ehemaligen Hofländereien ward ein Meierhof gebildet (s. Patermiß).

Pattburg (Pottenburg), 1 Kathe zugleich Wirthshaus, 2 M. südöstlich von Flensburg an der Landstraße nach Sörup, A. Flensburg, Nieh., Ksp. Sörup, Schuldistr. Flatzbye.

Pattburg, eine Kathe im Gute Rundhof in der Nähe von Ohrfeld, Cappelerh., Ksp. Esgrus.

Pattburg.

Pattburg (Morkirch-Pattburg), 3 nach der Niederlegung von Morkirchen 1778 entstandene Parcelenstellen nördlich von Morkirchen an der Bondenaue, im A. Gottorf, Morkirchh., Ksp. Böel.

Paulskrug (Paulskroe), ein Wirthshaus ($\frac{3}{4}$ Pfl., 10 Steuert.) an der Berndrupaue, $1\frac{1}{2}$ M. südwestlich von Apenrade, an der Landstraße von Flensburg nach Hadersleben, im Gute Ahretoft, A. Apenrade, Lundtofth., Ksp. Klipleu.

Petsrühe, 1 Doppelhufe (106 Ton. Landes) im Gute Damp, Eckernfördh., Ksp. Siesebye.

Pelworm, Insel in der Westsee, 2 M. westlich vom festen Lande, A. Husum, Landschaft Pelworm, Pr. Husum. Diese Insel, welche ein Theil des alten Nordstrandes ist, von dem sie durch die große Wasserfluth 1634 getrennt ward, hat nachher noch oft und zuletzt im Jahre 1825 durch gleiche Unglücksfälle sehr gelitten, welches wegen der daraus entstandenen Deichlasten dem Wohlstande der Einwohner sehr schädlich geworden ist. Die Insel, deren Gestalt eiförmig ist, hat eine Länge von $1\frac{1}{4}$ M., und ihre größte Breite beträgt fast 1 M.; das Areal hat im Ganzen mit dem Vorlande etwa 5500 Demat à 216 □. R., worunter etwa 130 Demat von Abgaben freie Kirchenländereien begriffen sind. Sie wird in 2 Kirchspiele, in das Alte- und das Neue-Kirchspiel eingetheilt. Zum ersteren gehören folgende Kooge: Westerkoog (300 Dem.), Johann Heinrichskoog (Altneukoog 280 Dem.), Alterkoog (240 Dem.), Mittelsterkoog (250 Dem.), Kleinerkoog (100 Dem.), Großerkoog (z. Thl.; im Ganzen 2270 Dem.); ferner die Halligen Süderoog und Norderoog. Zum letzteren Kirchspiel gehören: Großerkoog (z. Thl.), Kleiner-Norderkoog (144 Dem.), Großer-Norderkoog (500 Demat.), Uttermarkerkoog (320 Dem.), Ostersielkoog (3 Dem.), Süderkoog (650 Dem.), Hunnenkoog (200 Dem.), und die Hallig Südfall. Einige dieser Kooge wurden in dem Jahre 1637, andere in den Jahren 1657, 1663, 1672 und 1687 eingedeicht. — An den Norderkoogen liegt ein bedeutendes Vorland Norderhallig, Langelandshallig und Buphever (zuf. 678 Steuert.) genannt, welches den Tagelöhnern zur Gräsung ihrer Schafe und zur Heuwindung dient. — Wie in allen Marschländern liegen auch hier die Höfe (Hofstellen) zerstreut auf der ganzen Insel. Mit der Abnahme des Wohlstandes verringert sich auch der Umfang der Ländereien dieser Höfe durch Zerstückelung, und durch frühere Concurse ist fast der dritte Theil des ganzen Areals zu herrschaftlichen Ländereien geworden. Man hat sich aber bemüht im Laufe der Zeit die Höfe in ihrer ehemaligen Größe wieder herzustellen und sie zu arrondiren; jetzt sind hier auf der Insel reichlich 1200 Dem. herrschaftliche Ländereien, und mit Einschluß des Gutsbesitzers von Seegaard (s. Seegaard) giebt es hier 12 Besitzer, welche zwischen 100 bis 200 Dem., 2 welche zwischen 80 bis 100 Dem., 8 zwischen 60 bis 80 Dem., 10 zwischen 40 bis 60 Dem., 18 unter 30 Dem., 18 unter 20 Dem. und 99 welche unter 1 bis gegen 10 Dem. Landes besitzen. Die Höfe sind fast alle auf Hügeln (Werften) erbaut, welche durchgehends die Höhe des Seedeiches haben; die übrigen Wohnungen sind auf den Mitteldeichen gebaut. Im Ganzen beträgt die Anzahl der Häuser auf dieser Insel 300 und die der Einwohner mit den 3 Halligen 2040. — Königliche Beamte sind hier: der Landvogt, der Landschreiber, der zugleich Hebungsbeamter ist, 1 Deichcommissair, 1 Controlleur und 2 Gerichtsdiener. Auf der Insel befinden sich 14 Schiffer, die sich mit den Transporten der Producte beschäftigen, 7 Schmiede und Handwerker fast aller Art. Ferner sind daselbst 3 Windmühlen, 6 Wirthshäuser in dem neuen und 3 in dem alten Kirchspiel; in einem der letzteren werden die Gerichtssitzungen gehalten. — Seit 1850 hat die bisherige Armenversorgung aufgehört, und es ist ein Arbeitshaus für die arbeitsfähigen Armen, Erwachsene und Kinder, errichtet. Die Insel bildet mit Ausnahme der kirchlichen Angelegenheiten nur eine Commüne, und wird von 4 Rathmännern und 4 Landesgevollmächtigten verwaltet. Das hier geltende Recht ist das Nordstrander Landrecht; die Dinggerichte bestehen aus dem Landvogte, den 4 Rathmännern der beiden Kirchspiele und den 4 Rathleuten der Inseln Hooge, Nordmarsch, Gröde und Langenäs mit Oland. — Die Alte=Kirche, vormals die Große Kirche genannt, liegt am westlichen Ende der Insel, im Altenkooge. Sie ist sehr alt; das Chor ist von Tuffsteinen; der Thurm, 100 Ellen hoch, stürzte im Jahre 1611 ein und zerschmetterte einen großen Theil der Kirche; noch steht die Ruine desselben 87 Fuß hoch westlich von der Kirche und dient den Schiffern als Merkzeichen. Die Kirche hat eine Orgel; 1839 wurde sie inwendig verschönert. — Die Predigerstelle wird durch Wahl besetzt; das Präsentationsrecht haben die Vorsteher. — Die Neue=Kirche war Anfangs eine, auf Kosten einiger Interessenten erbaute Privatcapelle zum heil. Kreuze genannt, die 1517 von Seegaard nach einem andern Platze, die Wisch genannt, versetzt wurde; sie ist 1622 erbaut, und für die Gemeinde hinreichend groß. Zur Besetzung der Predigerstelle präsentirt das Kirchencollegium, die Gemeinde wählt. — Im alten Kirchspiele sind außer der Küsterschule 2 Districtsschulen zu Schütting und Waldhusum. Im neuen Kirchspiele sind die Küsterschule und die 3 Districtsschulen zu Tillig, Tammensiel und Norder=Mitteldeich. — Zum alten Kirchspiele gehören 123 Häuser mit 763 Einwohner; diese liegen zerstreut: Großerkoog (15 H.), Schmerhörn (1 H.), Ontjehörns=Mitteldeich (1 H.), Westerkoog (3 H.), Süder=Mitteldeich (1 H.), Schütting (13 H.), Tammwerf (10 H.), Alterkoog (11 H.), Bei der Kirche (9 H.), Alterkoogs=Mitteldeich und Mittelsterkoogs=Mitteldeich (5 H.), Osten der Gurde (1 H.), Großerkoogs=Mitteldeich und Mittelsterkoogs=Mitteldeich (3 H.), Mittelsterkoog (1 H.), Parlament (12 H.), Kleinerkoog (1 H.), Nordwester=Mitteldeich (6 H.), Bei der Westermühle (3 H.), Nordoster=Mitteldeich (7 H.), Waldhusum (6 H.), Johann Heinrichskoog (Alt=Neukoog 1 H.), Norder=Haffdeich (6 H.), und die Hallig Süderoog (1 H.). Zum Neuen Kirchspiele 177 Häuser mit 1257 Einwohner: Waldhusum (2 H.), Norder=Mitteldeich (29 H.), Norderkoog (1 H.), Moordamm (5 H.), Siels=Mitteldeich (10 H.), Tammensiel (3 H.), Großer=Norderkoog (10 H.), Langeland (2 H.), Utermarkerkoog (4 H.), Siel (7 H.), Osterfiel (7 H.), Seegaard, Seegaarder=Mitteldeich (13 H.), Großerkoog (32 H.), Schmerhörn (2 H.), Südwester=Mitteldeich (8 H.), Oster=Tillig (9 H.), Wester=Tillig (25 H.) und Süderkoog (8 H.). — Der Boden gehört zu dem besten Marschboden. In der Mitte der Insel ist ein fließendes Wasser, welches das Tief genannt wird und am Ausflusse des Tiefes beim Hafen werden Aale, und in der Westsee besonders Porren, Butten und Schollen gefangen, welche letztere gedörrt und geräuchert ausgeführt werden. — Die Wasserlösungen von allen Koogen werden nach dem fast die ganze Insel durchschneidenden Tief und von da nach dem Hafen am Tammenfiel östlich von der Insel geleitet, woselbst die einzige Schleuse durch den Seedeich sich befindet; kleinere Schleusen, welche durch die Mitteldeiche führen, hat jeder Koog wenigstens eine. — Im Hafen können gegenwärtig nur Schiffe von 6 bis 700 Ton. beladen werden; es giebt aber noch eine sehr gute Rhede für Schiffe von stärkerem Gehalte, die auch von auswärtigen Schiffen besucht wird, welche nach England, Holland oder Hamburg bestimmt sind.

Pepersmark, 2 Bohlstellen (1$\frac{3}{8}$ Pfl.) an der Scheidebek, 2$\frac{1}{4}$ M. südöstlich von Tondern, A. Tondern, Slurb., Ksp. Burkarl. Ursprünglich stand Pepersmark südlich von der Aue und war 1613 ein volles Festegut und es entstanden nach und nach 6 Häuser; späterhin wurden diese abgebrochen und die jetzt befindlichen nördlich von der Aue erbaut. — Schuldistrict Renz. — Im Jahre 1541 haben nach einer Urkunde des Königs Christian III. Pepersmark, Teptoft und Renz in Feldgemeinschaft gestanden. Der Boden ist ziemlich gut.

Perböl, Dorf 1$\frac{1}{2}$ M. südwestlich von Apenrade, A. Apenrade, Riesh., Ksp. und Schuldistrict Bjolderup. Zum A. Tondern, Slurb., gehörten sonst 4 Bohlstellen und 1 kleine Landstelle (2$\frac{5}{12}$ Pfl.) und zum A. Apenrade nur 1 Dreiviertelh. ($\frac{3}{4}$ Pfl., 65 Steuert.), jetzt aber das ganze Dorf. — Der Boden ist von ziemlicher Güte.

Perböl, Dorf 2 M. süwestlich von Apenrade im Gute Seegaard, A. Apenrade, Lundtofth., Ksp. Kliplev; 4 Vollh., 2 Halbb., 1 Kathe und 1 Instenstelle (3$\frac{19}{24}$ Pfl.). — Schuldistr. Bjendrup. — Schmiede. — Areal: 441 Steuert. — Der Boden ist leicht und sandig.

Pereböl, Dorf 3 M. südlich von Tondern, A. Tondern, Karrh., Ksp. Enge; 8 Bohlstellen und 1 kleinere Landstelle. Eine Bohlstelle heißt Langberg und die kleine Landstelle Schapenborg. Von den Bohlstellen gehörten ehemals 6 ($\frac{3}{4}$ Pfl.) zum Schlesw. Domcapitel. — Nebenschule in Sande. — Heinrich v. Ahlefeldt zu Satrupholm hatte 1613 2 Lansten in Enge, diese kamen darauf an das A. Morkirchen und wurden 1777 mit den Domcapitelstellen dem A. Tondern einverleibt. — Der Boden ist nur von mittelmäßiger Art.

Peter, St.-, Kirchspiels-Kirche 1$\frac{1}{4}$ M. westlich von Garding, im Westerth. der Landschaft und Pr. Eiderstedt. — Das Kirchspiel wird in 4 Bührschaften eingetheilt: Olsdorf (das Kirchdorf oder die Straße), wozu auch Westermark gehört, Böel, Brösum und Wittendün (s. d. Art.). — Die erste südwestlich belegene Kirche (s. Ulstrup) ist längst vergangen; die jetzige Kirche liegt am Haffdeiche, und soll im Jahre 1563 erbaut sein. Ein neuer Thurm ward im Jahre 1732 errichtet und ein heftiger Sturm warf 1801 die Spitze herunter. — Vor der Reformation waren hier 3 Altäre. — Zur Wahl des Predigers präsentiren die Kirchenvorsteher, und die Gemeinde wählt. — Eingepfarrt: Auf der Birth, Böel, Brösum, Ehsterkoog (z. Thl.), Heide, Klei, Nordeck, Olsdorf, Ostereck, Otterehsingkoog (z. Thl.), Süderhöbd (Im Kranze), Westereck, Westermark (z. Thl.), Wittendün. — An der westlichen Seite des Kirchspiels erstreckt sich eine lange Sanddüne, welche Hitzbank genannt wird. — Im Jahre 1634 ertranken im Kirchspiel 56 Menschen und in der Wasserfluth 1717 erhielt der Deich 18 Einbrüche. — Vz. des Ksp.: 999.

Petersburg, 1 Hufe südöstlich von Bestoft, A. Hadersleben, Westertheil, Norderrangstruph., Ksp. und Schuldistr. Bestoft.

Petersburg, 1 Kathe in der Nähe von Wester-Wedsted, A. Hadersleben, Westerth., Hviddingh., Ksp. und Schuldistr. Wester-Wedsted.

Petersdorf (Waldem. Erdb.: Pethärsthorp), Kirchdorf auf der Insel Fehmern, 1 M. nordwestlich von Burg, Pr. Fehmern. Dieses bedeutende Dorf, welches auch ein Flecken genannt worden ist, enthält außer den beiden Predigerwohnungen 12 größere, 37 kleinere Landstellen und 65 Instenstellen; einzelne Häuser im Dorfe heißen Convent; ein ausgebauter Hof Petershof. — Districtsschule in 2 Classen. — Armenhaus. — 4 Wirthshäuser, 2 Brauereien, 5 Schmiede, 2 Bäckereien und mehrere Gewerbetreibende und Handwerker. Hier ist eine Königl. und eine Eigenthums-Windmühle. Die dem St. Johannis geweihte Kirche ist ansehnlich und mit einem 200 Fuß hohen Thurm versehen; sie hat eine Orgel und viele Epitaphien und Gemälde, worunter einige nicht ohne Werth. Zur Errichtung der Kanzel schenkten die Gilden Geldbeiträge, und deren waren hier: St. Oswalds-Gilde, heil. Leichnams-Gilde, St. Nicolai-Gilde, gestiftet 1399 und Elenden-Gilde gestiftet 1443; zwei dieser Gilden sind noch Todtengilden. — Zur Wahl der beiden Prediger präsentirt das Kirchencollegium und die Gemeinde wählt. Die Gemeinde bildet das Wester-Kirchspiel. — Eingepfarrt: Altentheilshof, Bellevue, Bojendorf, Dänschendorf, Depenhusen, Flügge, Gollendorf, Kopendorf, Lemkendorf, Wester-Markelsdorf, Neuhof, Orth, Petersdorf, Petershof, Püttsee, Schlagsdorf, Sulsdorf, Wasserburg, Wenkendorf. — In Petersdorf soll vormals ein Kloster gewesen sein, worüber sich aber keine gewisse Nachricht findet. — Areal der contribuablen Ländereien: 263 Dr. 10 Sch. (623 Steuert.); außerdem sind hier einige Wiesen- und etwa 50 Dr. Weideländereien. — Der Boden ist sehr gut. — In der Nähe des Dorfes liegt der s. g. Jungfrauenberg, wo der Sage nach die hier versammelten Jungfrauen auf Befehl des Königs ermordet wurden, während die Dänen unter Erichs von Pommerns Anführung das Land inne hatten. — Vz. des Ksp.: 2479.

Petersfeld, 1 große und 1 kleine Parcelenstelle im A. Gottorf, Schliesh., Ksp. und Schuldistr. Boren, gehörte ehemals zum Gute Lindau.

Petershof, ein Wirthshaus an der Landstraße von Tondern nach Husum, A. Tondern, Karrh., Ksp. und Schuldistr. Karlum.

Petersholm, 1 Landstelle bei Lüdersholm im A. Tondern, Sluxh., Ksp. Burkarl.

Peterskoog (vorm. Leonhardskoog), Koog $\frac{1}{4}$ M. nördlich von Friedrichstadt, im Osterth. der Landschaft Eiderstedt, Ksp. Koldenbüttel. In diesem 1515 eingedeichten Kooge liegen mehrere Höfe und Häuser, eine Hofstelle heißt Ahlefeldshof. Zwei Häuser heißen Rantrumdeich, gehören aber zum A. Husum, Süderh., Ksp. Mildstedt. — Areal: 1188 Dem. 3 Sch. 3 R. — Vor der Eindeichung ist dieser Koog von der Eider umflossen gewesen.

Peterslund, eine kleine Stelle bei Westerlund, $\frac{1}{4}$ M. westlich von Apenrade im A. Apenrade, Riesh., Ksp. Apenrade.

Philippsburg, ein niedergelegtes Gut im Lande Sundewith, A. Sonderburg, Nübelh., Ksp. und Schuldistr. Ulderup. Der Stammhof liegt $1\frac{1}{4}$ M. nordwestlich von Sonderburg. Dieses Gut ist von dem Herzoge

Philippsthal.

Philipp zu Glücksburg aus 3 Vollh. und 1 Halbh. errichtet; 2 dieser Hufen, Kalund genannt, lagen da wo jetzt die Hauptparcele ist; 1 Hufe lag östlich von hier und hieß Kasmoos und die Halbhufe war in Auenbüll. Im Jahre 1633 ließ dieser Herzog den Hof Lundsgaard abbrechen und von den Materialien hier ein Schloß erbauen, welches nach ihm den Namen erhielt. Dieses Schloß mit einer Capelle blieb aber immer unbewohnt, verfiel nach und nach und ward späterhin abgebrochen. Ein Theil des Grabens ist jetzt ausgefüllt, aber man findet noch einige Grundsteine auf dem Schloßbügel. Im Jahre 1779 ward Philippsburg Königlich und 1785 parcelirt. Es hatte ein Areal von 225 Ton. 6 Sch., davon wurden 50 Ton. 4 Sch. an mehrere auf dem Gute wohnende Käthner und Insten überlassen, das übrige Land in 8 Parcelen getheilt, und einer jeden der größten Parcelen 62 Ton., jeder der übrigen 10 bis 21 Ton. beigelegt. — Die Stammparcele enthält jetzt 75 Ton. 171 □. R. (Steuerw. 14,182 Rbthlr.). — Eine Landstelle in der Nähe der Stammparcele heißt Junkerhof (Junkerkoppel). — Areal 214 Steuert. — Der Boden ist gut; eine kleine Hölzung heißt Westermark.

Philippsthal, eine Erbpachtstelle im Gute Nübel, 2¾ M. östlich von Flensburg, A. Flensburg, Munkbraruph., Ksp. Quern, Schuldistr. Kallebye. Diese Stelle ward 1712 von dem Herzoge Ernst Philipp aus 2 niedergelegten Bohlstellen zu Pinniksand errichtet. Die Erbpacht beträgt 298 Rbthlr. 2 β. Areal: 111 Steuert. — Der Boden ist gut. — Auf der Feldmark ist ein Grabhügel Klingenhöi genannt. — In der Nähe des Hofes sprudelt aus niedrigem Wassergrunde eine so starke Quelle hervor, daß sie eine Wassermühle treiben könnte.

Pickebüll, eine ehemalige Landstelle im Gute Nübel, von dem der dritte Theil der Kirche zu Grundtoft gehörte, welchen Henneke v. Hagen zu Nübel am Ende des 16. Jahrhunderts der Kirche entzog, und deshalb 1582 beim Landgerichte angeklagt ward.

Pieselholz, Kathe im Gute Brunsholm, Cappelerh., Ksp. Esgrus (1½ Pfl.).

Piilgaard, 1 Hof südlich von Flauth, im A. Hadersleben, Ostertheil, Haderslebenerh., Ksp. und Schuldistr. Oesbye.

Plüssenbrook, 2 Landstellen im Gute Warleberg, Eckernförderh., Ksp. Gettorf, Schuldistr. Neu-Wittenbek. — Areal: 96 Ton. 7 Sch. à 240 □. R.

Pobüll, Dorf unweit der Chaussee von Husum nach Flensburg, 2½ M. östlich von Bredstedt in der Landschaft Bredstedt, Ksp. Bröl; 2 Vollh., 2 Halbh. und 1 Instenstelle, von denen vormals 1 Vollh. und 1 Instenst. (1 Pfl.) zum Schlesw. Domcapitel gehörte. — Areal: 135 Steuert. — Der Boden ist ziemlich gut; eine Hölzung ward 1530 von dem Könige Friedrich I. dem Capitel in Schleswig geschenkt. Die jetzige Hölzung enthält 94 Ton. — Für Pobüll findet ein gemeinschaftliches Grasungsrecht und Benutzung der allgemeinen Weide mit Rupel (A. Flensburg) statt.

Pöel, Kathendorf auf der Insel Alsen, von denen 8 Kathen Nyepöel und 3 südlich belegene Gammelpöel genannt werden, im Gute Kekenisgaard, A. Sonderburg, Augustenburgerh., Ksp. Lysabbel. Diese Kathen, welche auf dem Grunde einer niedergelegten Bohlstelle stehen, wurden auf Befehl des Herzogs Johann d. J. aufgebaut. — Schuldistr. Lysabbelstov. — Der Boden ist sehr gut.

Pöhl (Pöel), Dorf auf der Insel Alsen, nahe nördlich an Norburg, Norderh., Ksp. und Schuldistr. Norburg; enthält 11 Vollbohlen, 9 Kathen mit, 2 Kathen ohne Land und 3 kleine auf Bohlenländereien erbaute Landstellen. — Schmiede. — Die Häuser des Dorfes sind größtentheils von Bäumen eingeschlossen, worunter viele gute Fruchtbäume. — Areal: 912 Steuert. — Der Boden ist in der Nähe des Dorfes sehr gut, derjenige Theil, welcher am Strande liegt, hingegen ist nur sehr mittelmäßig. — Eine Anhöhe bei dem Dorfe, genannt Pöhlhöi, gewährt eine sehr schöne Aussicht.

Pohnshallig, eine kleine zur Landschaft Nordstrand gehörige Hallig ¼ M. östlich von Nordstrand. — Areal: 83 Steuert. — Hier ist nur eine Hirtenwohnung.

Pommerbye, ein parcelirter Meierhof im Gute Düttebüll, Cappelerh., Ksp. Gelting; der Stammhof liegt 1¼ M. nördlich von Cappeln. Schon im Jahre 1409 wird Pommerbye erwähnt (1460, 9 Hufen und 1 Mühle) und es gehörte damals und noch lange nachher zum Gute Rundhof. Als hier ein Meierhof errichtet ward, wurden nach und nach die Hufen niedergelegt und 1783 wohnten hier nur s. g. Gaasten und Käthner. Aus den Stellen des Dorfes Pommerbye wurden damals 11 Parcelen (2 Pfl.) errichtet; aus dem Meierhofe Pommerbye und einigen Düttebüller und Kronsgaarder Hoffeldern 8 große Parcelen mit 10¼ Pfl., darunter ist der Pommerbyer Meierhof (der alte Stammhof) nebst den Kathen Holmslade und Rittenburg die größte und enthält 384 Hdfch. 4 Sch. 4 R. (3 Pfl.); 7 kleine Parcelenstellen heißen Wattsfelderstraße. — Districtsschule. — Wirthshaus nahe an der Geltinger Scheide. Areal: 851 Steuert.

Pommerbye, Dorf im Gute Damp, Eckernförderh., Ksp. Siesebye; enthält 1 Vollb., 1 Halbh., 2 Eigenthumsstellen, 1 Kathe und 2 Instenst. — Schuldistr. Schwastrum. — Auf der Feldmark sind 2 Grabhügel.

Poosbye (Posebye, vorm. Zwölfmarkgoldes genannt), 2 Kathen an der Ostsee, 2¼ M. östlich von Flensburg, A. Flensburg, Munkbraruph, Ksp. Neukirchen, Schuldist. Niebye. — Areal: 23 Ton. 2½ Sch. (15 Steuert.).

Poppenbüll, Kirchspielskirche im Johanniskooge (Kirchkoog), ½ M. nördlich von Garding, im Westerth. der Landschaft und Probstei Eiderstedt. Das ganze Kirchspiel besteht aus zerstreut liegenden Höfen und Häusern und enthält 33 Höfe von 20 bis 200 Dem., 59 kleinere Landstellen und 19 Häuser ohne Land (56⅔ Pfl.). — 2 Districtsschulen bei der Kirche und zu Neukrug, 2 Windmühlen, 3 Wirthshäuser, 1 Ziegelei, 1 Kalkbrennerei, 4 Armenhäuser und Handwerker fast aller Art. — Schon im Jahre 1113 soll hier eine Capelle erbaut sein. Die jetzige Kirche ist ein altes Gebäude, ohne Thurm, nur mit einem Glockenhause. Die Taufe ist aus dem Jahre 1590. — Der Prediger wird von den Kirchenvorstehern präsentirt und von der Gemeinde gewählt. — Eingepfarrt: Blaureihe, Bollingwerf, Buchshörn, Grönhörn, Grudenkoog, Helmsleth, Heverkoog (z. Thl.), Holmerkoog (z. Thl.), Johanniskoog (Kirchkoog), Iversbüll, Iversbüllerkoog (z. Thl.), Klerenbüll, Lehmrik, Möhmbusenkoog (z. Thl.), Neukrug, Nickelswerf, Osterdeich, Osterkoog, Poppenbüll, Diek-Poppenbüll, Schlüssel, Schockenbüllerkoog (z. Thl.), Schweinschaart, Tömlauskoog, Westerdeich. — Areal: 2201 Steuert., worunter 1250 Ton. Gras- und Weideländereien. — Der Boden des Kirchspiels ist größtentheils ziemlich schwerer Marschboden. — Im Jahre 1634 ertranken in der großen Sturmfluth 180 Menschen. — Vz. des Ksp.: 561.

Poppenbüll, 2 Bohlstellen und 3 kleine Landstellen (2⅕ Pfl.), 1¼ M. südwestlich von Tondern, A. Tondern, Südhöyerh., Ksp. Höyer, Schuldistr.. Rutebüll. — Poppenbüll hat vor Alters zur Kirche Anflod (Andäflyth) gehört.

Poppholz, 1 Vollh., 2 Halbh. und 1 Kathe (Wirthshaus) an der Hilligbek und an der Chaussee von Flensburg nach Schleswig, 2½ M. südlich von Flensburg, A. Flensburg, Uggelh., Ksp. und Schuldistr. Sieversted. Diese Stellen sollen ihren Namen von dem Bischofe Poppo haben, welcher hier in der zweiten Hälfte des 10. Jahrhunderts an der Hilligbek angeblich eine große Anzahl Heiden taufte. Man zeigt noch 2 Steine, wovon der eine der Tempel, der andere der Poppostein genannt wird; auf dem ersteren stehend soll er Predigten gehalten und den andern als Taufstein gebraucht haben. — Areal: 227 Steuert. — Der Boden ist im Allgemeinen sehr gut. — Gefecht bei Poppholz und in den dabei belegenen Hölzungen Westerholz und Stenderupholz am 24. Juli 1850.

Porrenkoog, ein unbewohnter Koog an der Westsee, nahe nordwestlich von Husum. Dieser Koog enthält ein Areal von 502 Dem. (390 Steuert., 8⅓ Pfl.), welche Ländereien theils der Stadt Husum, theils den Eingesessenen des Kirchspiels Schobüll und theils der Landesherrschaft gehören. Das Land wird ausschließlich zur Viehweide benutzt. Die Erb- und Zeitpachtländereien contribuiren für $1\frac{57}{96}$ Pfl. — Bei starken Fluthen leidet dieser Koog bedeutend durch Ueberschwemmungen. — Im Jahre 1529 ward eine Koogsbeliebung errichtet, welche 1589 von dem Herzoge Philipp confirmirt ward.

Posenshuus, ein unweit Gammelgaard auf der Insel Alsen belegenes Haus, im Amte Sonderburg, Süderh., Ksp. Ketting (s. Gammelgaard).

Possekjär, eine Ziegelei am Apenrader Meerbusen, ¼ M. südlich von Apenrade, A. Apenrade, Riesh., Ksp. Apenrade.

Potthatt, eine kleine Landstelle ($\frac{1}{15}$ Pfl.) nordwestlich von Abild, Ksp. Abild, zur Commüne Sollwig gehörig; dingpflichtig zur Tonderh., im Amte Tondern.

Pransdamm, ein See im Amte Flensburg, welcher ein Areal von 18 Ton. $7\frac{3}{16}$ Sch. hat.

Pravesgaard, ein ehemaliger, dem Schleswigschen Domcapitel gehöriger Hof in Sundewith, in der Nähe des Dorfes Blans, Ksp. Ulderup. Im Jahre 1439 ward dieser Hof, der vor Alters der Kirche zu Schleswig gehört haben soll, von dem Domherrn Palmo Daa und dessen Bruder dem Bischofe zu Schleswig übergeben. Wann der Hof vergangen ist nicht bekannt.

Presen (Waldem. Erdb.: Präzniz), Dorf auf der Insel Fehmern, Norderkirchspiel, Kirche Bannesdorf; 11 größere, 3 kleine Landstellen und 5 Instenst. — Schuldistr. Clausdorf. — Areal des contrib. Ackerlandes: 239 Dr. 11 Sch. (592 Steuert.). — Der Boden ist schwer und lehmigt, aber nicht von besonders guter Art. — Oestlich und nördlich vom Dorfe sind 2 Schleusen, durch welche das Wasser aus den Wiesen in die Ostsee fließt. Bei einem starken Zulaufe des Wassers in den s. g. Landgraben ist das Dorf größtentheils mit demselben umgeben.

Pries, Dorf ¼ M. nordwestlich von Friedrichsort, im Gute Seekamp, Eckernförderh., Ksp. Dänischenhagen; 5 Vollh., 4 Halbh. und 25 Kathen und

Instenstellen; 2 Kathen zwischen Holtenau und Pries heißen **Schusterkrug** und **Dikmissen**. — Schule. — Wirthshaus, Schmiede. — Areal: 539 Steuert. — Der Boden ist sandigt und leichter Art.

Priesholz, adel. Gut in der Cappelerharde; der Stammhof liegt ½ M. nordwestlich von Cappeln, Ksp. Gelting. Die beiden Dörfer Priesholz (s. Priesholz) und Rabenholz gehörten vormals zum Gute Gelting; in Priesholz wurden 1596 4 Hufen niedergelegt und daraus ein Meierhof gleiches Namens errichtet, welcher 1710 mit 6 Hufen in Rabenholz an G. v. Ahlefeldt auf Buchhagen verkauft wurde; 1724 kamen noch der Rest von Rabenholz hinzu. Priesholz, welches nunmehr ein eignes adeliches Gut wurde, kaufte 1736 Hans Rumohr auf Röest. Spätere Besitzer sind: 1794 Laage und Butenschön, darauf v. Hirschfeld, Richter, Brandes, dann wieder 1811 Laage, 1813 v. Bülow, 1838 Dreier (195,000 ₰); der jetzige Besitzer ist N. Bodeken. Im Jahre 1796 ward dieses Gut, welches für 10 Pfl. contribuirt, parcelirt. Das Areal betrug 1834 Hvtsch. 1 Sch. 39 R. 47 F., worunter an Bauerländereien zu Rabenholz 636 Hvtsch. 2 Sch. 5 R. 22 F. waren; das Holzland betrug 200 Hvtsch. Für die Untergehörigen wurden 5 Hufen 13 Kathen und 4 Instenst. (450 Hvtsch., $3\frac{6}{13}$ Pfl.) ausgelegt. Von diesen Stellen liegt 1 Kathe ($\frac{1}{13}$ Pfl.) südlich an der Sandbeker Gränze und heißt **Buhskathe**; die übrigen machen das Dorf Rabenholz aus. Demnächst wurden 858 Hvtsch. 1 Sch. 33 R. 10 F. Parcelenland ($6\frac{1}{13}$ Pfl.) ausgelegt, und die Zahl der ursprünglich abgelegten Parcelen betrug 13; 2 derselben blieben mit dem Hofe vereinigt, andere sind von den Rabenholzer Einwohnern angekauft, und die übrigen bebaut, welche **Lück** (151 Hvtsch.), **Osterfeld** (74 Hvtsch.), **Sillekjär** (50 Hvtsch.), **Felleſtov** (17 Hvtsch.), **Knefferbek** ein Wirthshaus (13 Hvtsch.), bei **Priesholz=Mühle**, **Westerfeld** und **Bekhuus** genannt werden; 5 Landstellen von 5 bis 46 Hvtsch. heißen **Buhskoppel**, eine Freistelle (22 Hvtsch.) **Hermannshöhe** (**Buttermaas**). — Der Hof Priesholz hat ein gut arrondirtes Hoffeld, und ein Areal von 500 Hvtsch. (261 Steuert.), worunter eine Hölzung; die beiden Parcelen sind zu 67 Steuert. angesetzt.— Zahl der Einwohner: 324. — Das Wohnhaus ist einstöckigt und nicht groß. Zum Hofe gehören eine Windmühle (**Priesholzermühle**), einige Kathen und eine Schmiede. — Contrib. 448 Rbth., Landst. 305 Rbth. 64 bß, Hausst. 32 bß.

Priesholz, ein ehemaliges Dorf südwestlich vom Hofe Priesholz, am Wege nach Cappeln, Ksp. Gelting. Dieses Dorf bestand 1519 aus 8 Stellen, 1588, 6 Hufen und 4 Gaastenstellen, 1592, 4 Hufen und 4 Gaastenstellen. Im Jahre 1596 wurden auch diese niedergelegt und zum Meierhof Priesholz geschlagen.

Prinzenhof, eine Ziegelei und Kalkbrennerei beim Ekensund, am Flensburger Meerbusen, A. Apenrade, Lundtofth., Ksp. Rinkenis.

Prinzenmoor (**Hamdorfer=Moor**), Colonistendorf unweit der Eider, 2½ M. südwestlich von Rendsburg, A. Hütten, Hohnerh., Ksp. Hohn. Diese Colonie ward 1762 auf dem großen Hamdorf=Eshooper=Moore angelegt und enthielt damals 16 Stellen; jetzt enthält es 16 Colonisten=, 10 Ausbauer= und 30 Instenstellen; 4 südlich belegene Colonistenstellen heißen **Langenberg**. Ferner sind hier nach und nach 3 Glasfabriken angelegt: Fredriksfeld 1810 und 1811, Prinzenmoor 1822, und

Friedrichsberg 1824 (s. Fredriksfeld und Friedrichsberg). — Die Fabrik Prinzenmoor erhielt mehrere Privilegien und es werden hier 10 bis 12 Arbeiter beschäftigt. — Districtsschule. — Wirthshaus, Schmiede. — Areal: 132 Steuert. — Der Acker und die Wiesen liefern bei weitem nicht hinlänglichen Ertrag für die Bedürfnisse der Einwohner, sondern sie müssen bedeutende Summen zum Ankauf des Korns und für Wiesenhäuer verwenden. Zum Bedarf aller Fabriken werden auf dem sehr ansehnlichen Moore gegen 20 Millionen Soden Torf gestochen.

Püttsee (Waldem. Erdb.: Pudzae), Dorf an einem Binnenhafen auf der Insel Fehmern, Westerkirchspiel, Kirche Petersdorf; 5 größere, 2 kleinere Landstellen und 4 Instenstellen. Ein südlich an der Ostsee liegendes Haus heißt Depenhusen (Tiefenhausen). — Schuldistr. Sulsdorf. — Areal des contrib. Ackerlandes: 86 Dr. 6 Sch. (mit Flügge 56 Steuert.). — Der Boden ist von ziemlicher Güte.

Pugen (Pugum), 3 Kathen bei Holnis, im Amte Flensburg, Munkbraruph., Ksp. Munk-Brarup. Westlich davon liegen 2 Seen Alt- und Neu-Pugum, am Königl. Gehege Fredeholz; der nördlichste, Neu-Pugum, ist durch einen Damm vom großen Holnisser Noor abgetrennt.

Pulvermühle, 1 Achtelh. und Wirthshaus ($\frac{1}{4}$ Pfl.) westlich nahe vor Schleswig; A. Gottorf, Arensh., Ksp. St. Michaelis, Schuldistr. Husbye. — Areal: 8 Ton. (4 Steuert.), von denen 3 Ton. zu Garten- und Pflugland benutzt werden, das Uebrige ist Holzgrund. Hier lag vormals eine von den Herzögen von Gottorf angelegte Pulvermühle, welche zweimal in die Luft geflogen ist. Als dieses im Jahre 1763 geschah, ward sie nicht wieder hergestellt. — Gefecht am 23. April 1848.

Pulverthurm, 1 Haus im Osterth. der Landsch. Eiderstedt, Ksp. und Schuldistr. Kating.

Puttgarden (Waldem. Erdb.: Putgardae), Dorf auf der Insel Fehmern, Norderkirchsp., Kirche Bannesdorf. Dieses große Dorf enthält 14 größere, 17 kleinere Landstellen und 27 Instenstellen; 4 kleine Landst. und 14 Instenst., welche ausgebaut sind, heißen auf der Weide, 1 ausgebauter ansehnlicher Hof heißt Krummensiek, 1 kleine Landstelle (8 Drömt Aussaat) im Westen führt den Namen Voßberg, und eine größere (35 Dr.) heißt Sorgenfrei. — Districtsschule. — Wirthshaus, Schmiede und mehrere Handwerker. — Im Dorfe wohnt ein Zollaufsichtsbedienter. — Im Jahre 1832 ward östlich vom Dorfe auf einer Stelle, die Ohlenburg genannt, ein Leuchtthurm aufgeführt, welcher Marienleuchte heißt. Auf dem Platze, wo dieser Thurm erbaut ist, wurde Mauerwerk gefunden und es ist zu vermuthen, daß hier eine alte Burg gestanden hat. — Areal des contrib. Ackerlandes: 455 Dr. 9 Sch. (1136 Steuert.); außerdem sind hier etwa 100 Ton. Wiesen- und 200 Ton. Weideländereien. — Auf der Wiese nahe beim Strande hat in früherer Zeit eine Capelle gestanden und der Platz wird noch die Capellengrube genannt. Ein kleiner Binnen-See heißt Blankenwiese. — Im Jahre 1644 landeten in der Nähe des Dorfes die Schweden; die Einwohner vertheidigten sich tapfer und es fielen hier 75 Fehmeraner. — Bz. 311.

Puttloch, 2 Landst. und 1 Kathe ($\frac{2}{14}$ Pfl.) an der Ostsee, im Gute Düttebüll, Cappelerh., Ksp. Gelting, Schuldistr. Kronsgaard. — Areal: 53$\frac{2}{3}$ Hdtsch. — Zu der einen Landstelle gehören auch Ländereien der Parcele Groß-Regenholz, welche nicht bebaut ist.

Q.

Quars (vorm. Quertze), Kirchdorf 1¾ M. südöstlich von Apenrade, im Gute Laygaard, A. Apenrade, Lundtofth., Pr. Apenrade. Dieses Dorf enthält außer der Prediger= und Küsterwohnung 11 Bohlstellen von verschiedener Größe und mehrere Kathen und Instenstellen. Einzelne Stellen heißen Quarsheide und 1 östlich belegene Landstelle Quarsholz. — Districtsschule. — Wirthshaus, Schmiede. — Die Kirche ist vormals eine Capelle gewesen und liegt in der Mitte des Dorfes; sie ist ohne Thurm und ohne besondere Merkwürdigkeiten. — Zur Wahl des Predigers präsentirt der Gutsbesitzer von Laygaard und die Gemeinde wählt. — **Eingepfarrt:** Aventoft, Engstov, Kattgav, Laygaard, Laygaardholz, Quars, Quarsheide, Quarsholz, Roßtorn, Seegaardheide, Törsböl, Waarberg, Wulfsböl. — Vz. des Ksp.: 800.

Quastrup, eine Doppelhufe (2 Pfl.) 1¼ M. nördlich von Schleswig, A. Gottorf, Struxdorfh., Ksp. und Schuldistr. Ulsbye. Diese sehr schön belegene von Hölzung umgebene Hufe gehörte vormals zum Schleswigschen Domcapitel. — Areal: 143 Steuert.

Quellenthal, ein unweit des Flensburger Meerbusens in der Königl. Hölzung Wille (125 Ton. 62□. R. groß) und in der Nähe des Fleckens Glücksburg belegenes Wirthshaus, A. Flensburg, Munkbraruph., Ksp. Munk-Brarup. Dieser Ort wird wegen seiner überaus anmuthigen holz=und wasserreichen Umgebung besonders von den Flensburgern im Sommer häufig besucht.

Quern, Groß= (vorm. Querum), Kirchdorf 2½ M. östlich von Flensburg, A. und Pr. Flensburg. Von diesem Dorfe gehören außer der Prediger= und Küsterwohnung zur Nieh. 6 Vollh., 1 Dreiviertelh., 2 Halbh., 2 Viertelh., 2 Kathen und 1 Instenstelle (8¼ Pfl.); zum Gute Nübel, Munkbraruph., 1 Vollh., 1 Halbh., 1 Kathe, 1 Instenstelle und 1 Parcelenstelle, und der Kirche gehört 1 Halbh. — Districtsschule. — Wirthshaus, welches zugleich Dinghaus ist, Schmiede und mehrere Handwerker. — Seit 1840 eine Apotheke. — Die Kirche liegt am nördlichen Ende des Dorfes sehr hoch, und ist mit ihrem Thurme weit sichtbar. Sie ist nach alter Bauart massiv theils von Quader= theils von unbehauenen Steinen aufgeführt und 1521 mit einem Gewölbe versehen. Bemerkenswerth ist ein kupfernes Altarblatt mit dem Brustbilde Christi, umgeben von den Zeichen der 4 Evangelisten. Die Orgel ist 1748 errichtet. Hier war vormals eine Vicarie St. Anna. — Der König ernennt den Prediger. — **Eingepfarrt:** Dingholz (z. Thl.), Friedrichsthal, Gräfsholz, Habernis, Hattlund, Hattlundmoor, Hisselhöi, Kallebye, Meierlük, Mühlendamm, Munkeskors, Nübelfeld, Philippsthal, Groß= und Klein=Quern, Quernholz, Noikjär (z. Thl.), Scheersberg, Schiöl, Tiefengruft, Weigab, Westerholm, Westerholz, Wolfsbrücke. — Eine Dorfbeliebung ward 1733 errichtet. — Areal zur Nieh.: 602 Steuert., zum Gute Nübel: 79 Steuert. — Im Jahre 1411 verpfändete die Herzogin Elisabeth dieses Dorf mit mehreren Ortschaften an die Königin Margaretha. — Vz. des Ksp.: 1170.

Quern=, Klein=, Dorf 2½ M. östlich von Flensburg, Ksp. und Schuldistr. Quern. Zum A. Flensburg, Nieh., gehören 2 Halbh., 2 Kathen und 1 Instenstelle (1 Pfl., 84 Steuert.); zum Gute Nübel, Munkbraruph., 2 Vollh., 1 Kathe und 1 Parcelenst. (99 Steuert.); zum Gute Ohrfeld, Cappelerh., 1 Kathe

(15 Steuert.), welche Wolfsbrücke heißt und zum A. Gottorf, Satruph., 1 Halbh. (½ Pfl., 64 Steuert.), welche vormals zum Gute Satrupholm und früher (1519) zum Gute Gelting gehörte. — 2 Kathen (worunter ein Wirthshaus) und 1 Parcelenstelle, theils zum A. Flensburg theils zum Gute Nübel gehörig, führen den Namen Scheersberg (Schiersberg) und liegen auf einer 233 Fuß hohen Anhöhe gleiches Namens. Von dieser Anhöhe, worauf auch mehrere Grabhügel, sieht man einen beträchtlichen Theil von Angeln, Alsen und Sundewith bis nach Aeröe hin.

Quernholt-, Oster-, 1 Bohlstelle und 1 kleine Landstelle (¾ Pfl.) nebst einer kleinen Landstelle, welche Wester-Quernholt genannt wird, 1½ M. östlich von Tondern, A. Tondern, Slurh., Ksp. Burkarl, Schuldistr. Lund.

Quidstrup, Dorf 1¼ M. östlich von Hadersleben, Ostherh., Haderslebenerh., Ksp. Desbye; 3 Vollh., 2 Dreiviertelh., 2 Halbh., 6 Landbohlen und 7 Instenstellen. Eine ausgebaute Landbohle heißt Bremsbye. — Districtsschule. — Schmiede. — Der Boden in der Nähe des Dorfes ist gut und fruchtbar, der entferntere aber sandigt; die Hölzung ist bedeutend. — Auf der Feldmark sind mehrere Grabhügel; ein Hügel heißt Tamdruphöi, von dem man 26 Kirchen zählen kann. Es verdient bemerkt zu werden, daß sich hier am Abende vor dem St. Johannistage (Midsommers-Aften) die Jugend des ganzen Kirchspiels versammelt, um auf diesem Hügel Freudenfeuer anzuzünden und einen Theil der Nacht mit Festlichkeiten zuzubringen.

Quickoppel, 3 Hofkathen und Parcelen bei Stangbeck im Gute Rundhof, Cappelerh., Ksp. Esgrus.

Quisnis, eine nördlich vom Hofe Gelting sich in die Ostsee hinein erstreckende Landspitze im Gute Gelting (s. Geltinger-Noor).

Quorp (Quorup, vorm. Korup), Dorf an einer kleinen Aue, 2¾ M. nordöstlich von Tondern, Ksp. Rapsted. Zum A. Lygumkloster gehören 1 Vollh., 3 Siebenachtelh., 4 Dreiviertelh., 6 Achtelh., 1 Kathe und 3 Instenstellen (6⅔ Pfl.); zum A. Tondern, Slurh., 2 Bohlstellen und 1 kleine Landstelle (⅞ Pfl.). — Districtsschule. — Der Boden ist gut. — Im Jahre 1369 verpfändete Johannes Erichsen (Blaa) seinem Bruder Hartwig 2 Güter, welche nachmals an das Kloster Lygum gekommen sein werden; 1494 verschötete Tiello v. d. Wisch 4 Güter und ebenfalls 1517 der **König Friedrich I.** 2 Güter an dasselbe Kloster.

R.

Raad, Dorf 1¼ M. östlich von Hadersleben, Ostherh., Haderslebenerh., Ksp. Desbye, 5 Vollh., 1 Halbh., 3 Drittelh., 4 Viertelh., 3 Achtelh., 19 Landbohlen und 9 Instenst. — Schuldistr. Haistrup. — Schmiede und einige Handwerker. — Der Boden ist sandigt. — Im Jahre 1417 verkaufte Claus Limbek zu Törning hier 1 Hof an das Capitel zu Hadersleben. Auch hatte ehemals der Hof Beierholm hier Besitzungen.

Raaheede (vorm. Rodhethe), Dorf 1 M. südwestlich von Ripen, Ksp. und Schuldistr. Hvidding. Zum A. Hadersleben, Westerh., Hviddingh., gehören 7 Vollh., 1 Siebenachtelh., 3 Landbohlen, 6 Verbittelsst. und 4 Instenst. (4 ²⁄₃₅ Pfl.); zur Grafschaft Schackenborg gehört 1 Hufe. —

Windmühle, Armenhaus, Wirthshaus, 2 Schmiede und einige Handwerker. — Areal: 379 Steuert. — Der Boden östlich ist sandigt, das westlich liegende Land ist besser, wird aber oft überschwemmt.

Rabel, Dorf ½ M. nördlich von Cappeln, im Gute Buckhagen, Cappelerh., Ksp. Cappeln. — In ältern Zeiten kommen zwei Dörfer dieses Namens vor, nämlich Olden-Rabel mit 3 und Nien-Rabel mit 12 Bauergütern; noch 1583 kommen beide Dörfer vor, 1624 aber nur Ein Rabel. Olden-Rabel hat wahrscheinlich an der Schlei, auf der jetzigen Hofkoppel Rabelfeld gelegen. Ueberhaupt sind von Nien-Rabel nach und nach viele Stellen niedergelegt und die Ländereien zum Hoffelde gezogen. — Das jetzige Dorf enthält 1 Halbh., 7 Kathen und 18 Instenst. ($3\frac{2}{5}$ Pfl.). — Districtssch. — Wirthshaus, Schmiede. — Areal: 419 Hbtsch. 4 Sch. 4 R. — Der Boden ist größtentheils schwerer Lehm.

Rabelsund, 5 Kathen und 1 Fischerwohnung in herrlicher Gegend an der Schlei, im Gute Buckhagen, Cappelerh., Ksp. Cappeln, Schuldistr. Rabel. — Hier ist eine Korn- und Graupenmühle Carlsmühle genannt, welche sich wegen der vorzüglichen Lage an der Schlei zum Handel mit Mehl besonders eignet.

Rabendorf, 3 Hofkathen und 6 andere Kathen im Gute Neu-Bülck, Eckernförderh., Ksp. Dänischenhagen, Schuldistr. Freidorf. — Areal: 61 Ton. $4\frac{7}{16}$ Sch.

Rabenholz, Dorf 1½ M. nordöstlich von Schleswig, dem Graukloster in Schleswig zuständig, aber unter Jurisdiction der Strurdorfh. des A. Gottorf, Ksp. und Schuldistr. Strurdorf. — Dieses schön belegene, vormals fast ganz von Hölzung umgebene Dorf, enthält 4 Siebenzwölfteh. ($2\frac{1}{3}$ Pfl.), welche der Herzog Adolph von Joachim v. Hagen kaufte und im Jahre 1448 dem Hospitale in Schleswig schenkte. Bald nach der Reformation verfiel das Hospital und das Dorf kam an das Graukloster. — Areal: 188 Steuert. — Der Boden ist von vorzüglicher Güte. — Der am Dorfe belegene Rabenholzer-See ist von ziemlichem Umfange und wird von dem Königl. Amte verpachtet.

Rabenholz, Dorf ¾ M. nördlich von Cappeln im Gute Priesholz, Cappelerh., Ksp. Gelting. Dieses Dorf gehörte ehemals zum Gute Gelting und kam 1724 an Priesholz. Es enthält 5 Hufen, 12 Kathen und 4 Instenst. ($3\frac{6}{13}$ Pfl.) — Districtsschule. — Areal: 245 Steuert. — Mehrere Einwohner haben aber ihren Besitz durch angekaufte Parcelenländereien vergrößert.

Rabenkirchen (Ravnkjär, Waldem. Erdb.: Rafnäkyär), Kirchdorf ¾ M. südwestlich von Cappeln, an der Landstraße nach Schleswig, Pr. Gottorf. Zum A. Gottorf, Schliesh., gehören außer der Prediger- und den Kirchendiener-Wohnungen 1 Vollh., 1 Dreivierteh. 1 Vierteh., 1 Halbh., 2 Achteh., 5 Kathen, 3 Instenst. und 4 Parcelenst. 1 Achteh. heißt Blockensdiek, 1 Vierteh. Morgenstern nebst 1 Kathe, 1 Instenst. und 1 Parcelenst. liegen zu Rabenkirchenholz; 1 Parcelenst. heißt Auenlück; 1 Instenst. Stenryeteich; ein zum Pastorate gehöriges Haus wird Kloster genannt. Zum Gute Dollrott, Cappelerh., gehören 5 Vollh., 1 Halbh., 8 Kathen, 11 Parcelenst. und die Erbpachts-Wassermühle nebst Windmühle. Eine Vollh. Böhmen und 1 Kathe liegen zu Rabenkirchenholz; 1 Kathe heißt Gaarwang, das Wirthshaus Buttelhoch. — Districtsschule. — Armenhaus zu Stenrye. — Schmiede und mehrere Handwerker. — Die Kirche auf einer kleinen Anhöhe belegen, ist theils von Feldsteinen erbaut und hat einen Thurm und eine Orgel. — Der Prediger wird von dem Amtmanne und von dem Probsten

Rabenkirchen.

präsentirt, die Gemeinde wählt. — **Eingepfarrt:** Ahlburg, Auenlück, Beetstedt, Bicken, Blackesdamm, Birrisfeld, Blockensdiek, Böhmen, Brodlos, Buttelhoch, Dollrott, Dollrottwatt, Faulük, Faulükfeld, Faulükholz, Faulüklund, Fegetasch, Gaarwang, Gammelbyefeld, Gammelgaard, Großfeld, Großholz, Groß- und Klein-Grödersbye, Havetwedt, Holländerkoppel, Hügum, Karschau, Kiekinsdorf, Kloster, Königstein, Krögum, Lachebye, Morgenstern, Niefeld, Niekoppel, Prahlhoch, Rabenkirchen, Rabenkirchenholz, Schweinskoppel, Süderfeld, Spinkerye, Stenrye, Stenryeteich, Töften. — Areal zum A. Gottorf: 276 Steuert.; zum Gute Dollrott: 294 Steuert. — Der Boden ist ziemlich gut. — Vz. des Ksp.: 1201.

Rabenkirchen, bei, eine zum Gute Töstorf gehörige Kathe in der Cappelerh.; Ksp. und Schuldistr. Norder-Brarup.

Rakaethorp, ein ehemaliges Dorf im A. Flensburg, Nieh., welches im Erdb. des Königs Waldemar 1231 genannt wird, aber dessen nähere Lage unbekannt ist.

Rakebüll, Dorf ½ M. nordwestlich von Sonderburg, A. Sonderburg, Nübelh., Ksp. und Schuldistr. Düppel; enthält 7 Vollh., 3 Kathen und 3 Instenst. (7 Pfl.) Ein s. g. Freihaus heißt Lye. — Areal: 360 Steuert. — Der Boden ist ziemlich gut und ein kleines Moor ist einträglich.

Ramsdorf, Dorf 2 M. südlich von Schleswig an einer kleinen Aue, A. Hütten, Hüttenh., Ksp. Kropp; 4 Vollh., 7 Halbh. und 5 Kathen; 2 ausgebaute Kathen heißen Langberg und 1 Mooshörn. — Districtsschule. — Schmiede. — Areal: 782 Ton. 6 Sch. à 320 □. R. (700 Steuert.) Der Boden ist von ziemlicher Güte und die Moore bei Bocklund und Langberg sind ergiebig. — Auf der Feldmark befinden sich mehrere Grabhügel und zwischen dem Dorfe und dem Owschlager Mühlenteiche an einer Stelle, Kloster genannt, findet man bedeutende Ueberbleibsel von Ziegelsteinen, Dachpfannen und Bauschutt.

Randersgaard, eine Parcelenstelle in der Nähe von Sandberg, in der Grafschaft Reventlov-Sandberg, A. Sonderburg, Nübelh., Ksp. Düppel.

Ramstedt, Dorf ¾ M. nordöstlich von Friedrichstadt, A. Husum, Vogtei und Ksp. Schwabstedt; 15 Vollh., 9 Halbh., 4 Achtelh., 14 Kathen und 6 Instenst. ($7\frac{37}{192}$ Pfl.). 2 Stellen westlich vom Dorfe heißen Schlagbaum. In der Nähe des Dorfes liegt eine Königl. in Zeitpacht gegebene Graupenmühle. — Districtsschule. — Schmiede und mehrere Handwerker. — Areal: 552 Steuert., worunter 206 Ton. Gras- und Weideländereien. — Der Boden besteht theils aus Marsch, theils aus Geest. — Nach einer Urkunde des Bischofs Scondelef von Schleswig aus dem Jahre 1378 hatte der Graf Heinrich von Holstein die Hälfte dieses Dorfes dem Schleswigschen Stifte für 200 ℳ verpfändet und auch der Herzog Adolph hatte dem Bischofe Nicolaus nach einem Zeugnisse des Drosten Nixdorf aus dem Jahre 1434 einige Besitzthümer in Ramstedt verkauft.

Randeshövd, 7 Kathen und 3 Instenst. am Flensburger Meerbusen, A. Apenrade, Lundtofth., Ksp. Holeböl, Schuldistr. Hockerup. — Areal: 40 Steuert. — Außer dem Ackerbau ernähren sich einige Einwohner von der Schifffahrt und der Fischerei.

Randrup, Kirchdorf im Stiftsamte Ripen, 2¼ M. nordwestlich von Tondern, Löe-Hardesprobstei. Von diesem Dorfe gehören 2 Hufen (1 Pfl.) zum A. Lygumkloster. — Areal: 74 Steuert. — Im Jahre 1414 ver-

tauschte der Bischof Iver Munk einen Hof in Randrup an das Lygumer=
Kloster gegen einen Hof in Höm, im Ksp. Seem. Der Knappe Christen
Gröne verschötete 1494 dem Lygumer Kloster 1 Hof, den vormals Niels
Schramm in Besitz gehabt hatte, für 122 Rhein. Gulden; auch überließ 1506
der Knappe Iven Ivensen dem Kloster eine Bohlstelle in Randrup für
200 ℳ. — Bz. des Ksp. zum A. Lygumkloster: 13.

Rangstrup, Dorf 3 M. südwestlich von Hadersleben, an der Land=
straße nach Lygumkloster, A. Hadersleben, Westerth., Norderrangstruph.,
Ksp. Agerskov; 1 Vollh., 1 Dreiviertelh., 3 Halbh., 5 Viertelh., 2 Land=
bohlen, 4 Kathen und 10 Instenstellen ($2\frac{43}{288}$ Pfl.). 2 ausgebaute Hufen
heißen Björnholm und Klein=Björnskov. Außerdem werden zum
Dorfe noch die 3 südöstlich liegenden Hufen Rangstrupgaarde ($\frac{73}{144}$ Pfl.)
und Björnskov (Wirthshaus) gerechnet. — Schuldistrict Gallsted. —
Areal mit dem bedeutenden Haideland und Moor 2116 Ton. à 320 □. R.
(566 Steuert.). — Der Boden ist sandigt und mager; es werden hier
viele Kohlen gebrannt. In der bergigten Haidegegend bei Rangstrup=
gaard sind die Anhöhen Honbjerg, Rovbjerg und Trolbjerg.

Ranmark, Dorf 1½ M. östlich von Flensburg, A. Flensburg, Munk=
braruph., Ksp. und Schuldistr. Munk=Brarup; 6 Vollh., und 1 Kathe
(6 Pfl.), — Areal: 303 Steuert. — Der Boden ist sehr gut. — Die
im Osten liegenden Felder Holt und Skovmark waren ehemals bewaldet.

Rantrum, Dorf an der Mildaue, ¾ M. südöstlich von Husum, A.
Husum, Süderh., Ksp. Mildstedt. Dieses ansehnliche Dorf, welches in
Form eines Dreiecks am Abhange der Geest hart an der Südermarsch
liegt, enthält 4 Halbstaven, 11 Drittelst., 14 Viertelst., 6 Fünftelst., 33
kleinere Staven, 13 Kathen mit und 12 Kathen ohne Land (14 Pfl.).
Von diesen gehören 5 Staven (1⅔ Pfl.) und 1 Kathe zur Vogtei Rödemis. —
Ausgebaut sind 3 Häuser, 1 auf dem Rantrumer Deich Kleindorf
genannt (vorm. 4 Häuser), dessen Einwohner sich aber zur Schwabstedter
Kirche halten, 1 auf Nordwisch in der Südermarsch und 1 Wirthshaus
an der Landstraße, welches Voßberg heißt. — Districtsschule. — Armen=
haus. — Schmiede und mehrere Handwerker. — Von den Staven gehörten
4 schon in älteren Zeiten zu den bischöflichen Gütern, die fünfte kaufte
der Bischof Nicolaus IV. 1448 von Went Frese. Eine Bohlstelle kaufte
die Vicarie am Dom in Schleswig im Jahre 1381 von Johannes
Wulvesbrook. In der Mitte dieses Dorfes ist eine bedeutende Niederung,
durch welche ein Damm mit einer steinernen Brücke aufgeworfen ist. —
Areal: 1117 Steuert., worunter 91 Ton. Gras= und Weideländereien. —
Das Ackerland ist nur von mittelmäßiger Art. — Die Einwohner dürfen
in den moorigten Fennen der Südermarsch Torf graben, sind aber verpflich=
tet, für jedes Demat, das sie abstechen wollen, 100 Rthlr. bei der Commüne
zu deponiren, bis sie das abgestochene Terrain wieder geebnet haben.

Rantum, das südlichste Dorf auf einer fast ganz mit wilden Dünen,
romantischen Dünenthälern und kleinen Seen angefüllten schmalen Land=
zunge der Insel Sylt (Hörnum genannt), A. Tondern, Ksp. Westerland.
Dieses Dorf, welches vormals sehr ansehnlich und noch um die Mitte des
vorigen Jahrhunderts wohlhabend war, ist nach und nach durch Ueber=
schwemmungen und durch fortgesetzte Wanderung der Sanddünen ostwärts
zu einem der ärmsten Dörfer herabgesunken. Es besteht jetzt nur aus 6
mehrentheils kleinen Wohngebäuden nebst einem aus Mangel an Schülern

seit 1852 leerstehenden Schulhause. — Areal: 17 Steuert. — Die Einwohner, 36 an der Zahl, worunter 14 Seefahrer und Fischer, ernähren sich mehrentheils von Seefahrt, Fischerei, Strandgut, von der Schafzucht und Verfertigung von Dachrepen aus Dünenhalm. — Die Dünen liefern überdieß Hasen und Möveneier in Menge. — In den ältesten Zeiten war hier eine Kirche, auch die Rathesburger Kirche genannt, welche 1757 abgebrochen ward; eine kleine Kirche ward an einem andern Platze auferbaut, bis auch diese 1801 zur Hälfte mit Sand bedeckt war und abgebrochen werden mußte. Südlich vom Dorfe lag die Rantumburg (Ratzburg, Roetzburg) auf der in den ältesten Zeiten die Sylter ihre Versammlungen gehalten haben sollen. Auch diese Burg ist jetzt in den Dünen begraben.

Rapsted (Raapstedt), Kirchdorf an der Virlaue, $2\frac{1}{2}$ M. nordöstlich von Tondern an der Landstraße von Flensburg nach Lygumkloster, Pr. Tondern. Von diesem Dorfe gehören zum A. Tondern, Slurh., außer dem Pfarrhofe und der Wohnung des Küsters, 10 Bohlstellen, 9 kleine Landstellen, 17 Instenstellen und 1 Hufe ($1\frac{1}{4}$ Besoldungspfl.) des Kirchspielvogts; zum A. Lygumkloster, Vogtei Rapsted, 1 Vollh. und 1 Kathe (1 Pfl.), welche Tiello v. d. Wisch 1494 dem Lygumer Kloster verschötete; zum Gute Seegaard, A. Tondern, Lundtofth., gehören 3 Bohlstellen, 1 Kathe und 2 Instenstellen ($2\frac{1}{8}$ Pfl.). — Districtsschule. — Wirthshaus, Schmiede und mehrere Handwerker. — Schon im Jahre 1198 ist hier eine Kirche gewesen; das jetzige Gebäude ist lang und schmal, von Quader-, Feld- und Ziegelsteinen erbaut, mit einem Bleidache und einem stumpfen Thurm versehen; auch hat sie eine Orgel. Zur Wahl des Predigers präsentiren der Amtmann und der Probst, und die Gemeinde wählt. — Eingepfarrt: Antrup, Faudeup, Hausted, Heissel, Hörholt, Hornsee, Hynding, Julianenborg (z. Thl.), Knitzig, Quorp, Stormsgaarde, Tagholm. — Der Boden ist gut und fruchtbar; auf der Feldmark befinden sich 2 Grabhügel. — Vz. des Ksp.: 914.

Rathmannsdorf (vorm. Ratmersdorp), adel. Gut am Kanale, in der Eckernförderh. Der Haupthof liegt 1 M. westlich von Friedrichsort, Ksp. Dänischenhagen. Dieses ehemalige Dorf, nach welchem sich ein Zweig der Familie v. d. Wisch v. Ratmerstorp nannte, war vor dem Jahre 1632 eine Pertinenz des Gutes Knoop und ward von dem Könige Christian IV. angekauft, als die Festung Friedrichsort erbaut werden sollte. Im Jahre 1648 ward Rathmannsdorf an Otto Rantzov verliehen, von dem wahrscheinlich das Dorf niedergelegt und das Gut gebildet ward; darauf kam es an die Besitzer von Warleberg, und ward 1807 an Martens für 261,000 ℳ verkauft; Besitzer seit 1845 Dr. R. Weber auf Rosenkranz. — Zum Gute gehören: Alt-Wittenbek, Neu-Wittenbek (z. Thl.), Felmerholz (z. Thl.), Klein-Felmerholz, Langenkamp, Kalskamp, Achtkoppel, Levensau (z.Thl.), Rathmannsdorferschleuse (z.Thl.), Langenhorst, Achterkamp, Hollin. — Zahl der Einwohner: 396. — Das Gut contribuirt für $8\frac{1}{4}$ Pfl. und hat ein Areal von 1772 Ton. $\frac{10}{16}$ Sch. à 240 Q. R. (1423 Steuert., 169,200 Rbthlr. Steuerw.) Zum Haupthofe gehören 863 Ton. 4 Sch., darunter Acker und Wiesen 659 Ton. $8\frac{11}{16}$ Sch., Hölzung 97 Ton. $4\frac{4}{16}$ Sch., Moor 68 Ton. $2\frac{3}{16}$ Sch. und Wasser und Wege 38 Ton. $1\frac{14}{16}$ Sch. — Den Untergehörigen in Alt-Wittenbek sind in Zeitpacht gegeben 617 Ton. $3\frac{10}{16}$ Sch. und zu Langenhorst, Fahrenhorst, Achterkamp, Hollin, und Felmerholz u. f. w. 291 Ton. 1 Sch. — Der Boden ist durchgängig ziemlich gut, die Wiesen sind zwar nicht bedeutend, aber für den Bedarf ausreichend; die Hölzung, Hollin genannt, liegt nördlich vom Hofe; unter den Mooren zeichnen sich das Grootmoor und Kalsmoor aus. Zum Gute gehören 2 kleine Teiche. — Das im Jahre 1718 erbaute Wohnhaus ist einstöckig, aber gut unterhalten. — Contrib. 380 Rbthlr., Landst. 353 Rbthlr.

Rathmannsdorferschleuse, eine Schleusenwärterwohnung an der Kanalschleuse bei Rathmannsdorf im A. Hütten, Hüttenh., und eine kleine Erbpachtstelle im Gute Rathmannsdorf, Eckernförderh., Ksp. Dänischenhagen.

Raubjerg, Dorf 1½ M. nordwestlich von Apenrade, Ksp. Oester-Lygum. Zum A. Apenrade, Süderrangstruph., gehören 4 Halbh., 1 Dreiachtelh. und 5 Kathen (5¼ Pfl.); zum A. Hadersleben, Norderrangstruph., 1 Halbh., 1 Viertelh. und 2 Kathen (⅜ Pfl.). — Districtsschule. — Schmiede. — Hier werden jährlich von den Hufenbesitzern eine Quantität Ziegelsteine gebrannt. — Areal zum A. Apenrade: 446 Steuert.; zum A. Hadersleben: 51 Steuert. — Der Boden ist zum Theil mager und steinigt. — Hier sind eine Menge Grabhügel, welche folgende Namen führen: Ravnhöi, Pängshöi, Stänhöi, Pilgrimshöi, Avenraahöi, Byghöi, Tykenshöi, Sverthöi, Saihöi, Vaadbjerghöi, Avenbjerg u. s. w. — Südöstlich vom Dorfe liegt ein mit Steinen umsetzter Platz „Kongens Hestestald" genannt, wo der Sage nach eine sehr blutige Schlacht geliefert ist. — Südlich von Raubjerg sind Spuren eines ehemaligen Dorfes. — Ueber die Anhöhe nördlich von Raubjerg s. Steenbjerg.

Raugstrup (Rougstrup, vorm. Rowstorp), Dorf ¾ M. nördlich von Hadersleben, A. Hadersleben, Osterth., Haderslebenerh., Ksp. und Schuldistr. Moltrup; 5 Vollh., 2 Halbh., 4 Landbohlen und 2 Instenstellen. Eine ausgebaute Hufe heißt Vollinggaard, eine Instenstelle Rybjerg. — Der Boden ist niedrig, lehmigt und fruchtbar. — Die Hölzung ist nicht unbedeutend. — In diesem Dorfe waren im Jahre 1580 5 Untergehörige des vormaligen Gutes Egelsböl.

Raukrug, eine ansehnliche Parcele im Gute Oehe, Cappelerh., Ksp. Gelting.

Rauning (Ravning, vorm. Raffning), 2 Halbh. und 2 Kathen an der Königsaue, 1¼ M. nordöstlich von Ripen, A. Haderleben, Westerth., Kalslundh., Ksp. Kalslund, Schuldistrict: Nebenschule zu Billeböl. — Areal: 72 Steuert. — Der Boden ist sandigt.

Ravenshorst, ein niedergelegtes Königl. Kammergut, 1 M. südwestlich von Eckernförde, Ksp. Eckernförde. Ravenshorst war vor Alters eine der Eckernförder Kirche gehörige Hölzung, ward darauf eine Domaine und bei der Niederlegung 1774 in 2 Parcelen Ravenshorst und Friedenshorst (vorm. Rothenhahn), getheilt, welche jetzt zum A. Hütten, Hüttenh., gehören. — Areal zu Friedenshorst: 83 Ton. 4⅛ Sch. à 320 Q.R. (93 Steuert.); zu Ravenshorst 60 Ton. à 320 Q.R. — Westlich von Ravenshorst selbst liegt noch eine kleinere Landstelle Pletterberg. — Schuldistr. Gosefeld.

Ravenskoppel, 1 Parcelenstelle in der Grafschaft ReventlovSandberg, A. Sonderburg, Nübelh., Ksp. Düppel.

Ravit (Rawith, vorm. Raffvit, Raulidt), Dorf 1½ M. südwestlich von Apenrade an der Landstraße nach Tondern, A. Apenrade, Riesh., Ksp. und Schuldistr. Bjolderup; enthält 1 Vollh., 6 Dreivierteln.,

Nebel. **421**

1 Siebentelh., 2 Kathen und 1 Instenstelle (6 Pfl.); die Siebentelhufe gehörte sonst zum A. Hadersleben, Vogtei und District Bollerslev. Eine Stelle ist ausgebaut, heißt Mittelberg und bei derselben befindet sich eine Schmiede. — Areal: 493 Steuert. — Der Boden ist guter Art.

Nebek, Dorf am Koldinger Meerbusen, 3½ M. nördlich von Haders=leben, A. Hadersleben, Osterth., Tyrstruph., Ksp. und Schuldistr Dalbye; 2 Hufen, 2 Landbohlen, 2 Kathen und 1 Instenstelle. Eine südlich aus=gebaute Hufe heißt Bjerregaard. — Einige Einwohner ernähren sich von der Fischerei. — Der Boden ist sandigt.

Nebäk, ein kleiner Bach im A. Hadersleben, welcher bei Aitrup entspringt und in den Koldinger Meerbusen fließt.

Redtwer-Capelle, eine, wahrscheinlich in der Fluth im Jahre 1362 untergegangene Capelle in der Lundenbergharde auf der alten Insel Nordstrand.

Redwerdmanns-Capelle (Redimetmanns-Capelle), eine auf der alten Insel Nordstrand in der Beltringh. gewesene Capelle, 1 M. südwestlich von Bredstedt, welche im Jahre 1362 vergangen sein soll.

Refhöi, 1 Parcelenstelle in der Nähe von Sandberg, in der Graf=schaft Reventlov=Sandberg, A. Sonderburg, Nübelh., Ksp. Düppel.

Refslund, 2 Vollh. (4 Ott.) 1¼ M. nordöstlich von Lygumkloster, A. Hadersleben, Westerth., Ksp. und Schuldistrict Branderup. — Der Boden ist gut.

Refsöe (vorm. Refshöi), ein im Jahre 1777 niedergelegtes Königl. Domanialgut an der Gramaue. Der Stammhof liegt 2 M. nordwestlich von Hadersleben, A. Hadersleben, Osterth., Gramh., Ksp. und Schuldistr. Som=mersted. Refsöe war ehemals ein Edelhof und ist lange Zeit der Familie Emik=sen zuständig gewesen, deren Mannsstamm 1607 ausstarb. Bald nach dem Jahre 1658 kam das Gut an den König. Nach der Parcelirung wurden die Stammparcelen an P. Holm zu Törning für eine geringe Summe ver=kauft, 1795 Rock (12,500 Rthlr.). — Areal vor der Parcelirung: 1529 Ton. à 260 □. R., von welchen zu einer Hölzung 167 Ton. und zu 2 Land=bohlen, 1 Holzvogtswohnung und zu Wegen 43 Ton. abgenommen und 1319 Ton. in 23 Parcelen ($6\frac{118}{200}$ Pfl.) getheilt wurden; 4 Parcelen mit 542 Ton. $5\frac{1}{16}$ Sch. gehören zum Stammhofe Refssöe, 3 Parcelen mit 101 Ton. $2\frac{4}{16}$ Sch. mehreren Hufenbesitzern in Sommersted, 4 Parcelen mit 99 Ton. $17\frac{6}{16}$ Sch. zu Slaugaard, 3 Parcelen mit 217 Ton. $4\frac{4}{16}$ Sch. zu den Dorfschaften Skrydstrup, Orenvad, Jels und Leerdt, 4 Parcelen mit 245 Ton. $1\frac{6}{16}$ Sch. zu dem niedergelegten Vorwerke Taab=drup, 1 Parcele mit 40 Ton. $\frac{8}{16}$ Sch. zu einer Stelle Lundsgaard, 1 Parcele mit 19 Ton. $3\frac{11}{16}$ Sch. zu Braatterup, 1 Parcele mit 20 Ton. $1\frac{4}{16}$ Sch. einigen Eingesessenen des Ksp. Jägerup, 2 Parcelen mit 33 Ton. $5\frac{4}{16}$ Sch. einer Stelle Skovlund. — Einige auf diesen Parcelen erbaute Stellen heißen: Badskovhuus, Thukobbel, Badskerled, Refsöe=Skovhuus und eine Hegereiterwohnung Holbäk. Bei einer Parcelenstelle ist eine Schmiede. — Der Stammhof ist von Brandmauern, mit Ziegeln gedeckt und hat 2 Flügel. — Der Boden ist im Allgemeinen ziemlich gut und besteht theils aus Lehm, theils aus Mullerde. — Südlich von Refsöe liegt ein Hügel Slotshöi (Schloßberg), auf dem das alte mit Befestigungs=werken umgebene Schloß gestanden hat. — Auf den Parcelengründen sind einige zerstreut liegende Grabhügel.

Regelsrott.

Regelsrott, eine vom Hoffelde des Gutes Rundhof abgelegte Parcele, gegenwärtig 3 kleine Parcelenstellen, Cappelerh., Ksp. Esgrus. — Areal: 113 Hvtsch.

Regenholz=, Klein=, eine Parcelenstelle ($\tfrac{3}{14}$ Pfl.) im Gute Düttebüll, Cappelerh., Ksp. Gelting. — Areal: $85\tfrac{2}{5}$ Hvtsch. — Groß=Regenholz ist eine unbebaute und unter verschiedenen Besitzern vertheilte Parcele. — Areal: $60\tfrac{2}{5}$ Hvtsch.

Rehberg, 2 ehemals zum Gute Lindau gehörige Kathen ($\tfrac{2}{3}$ Pfl.) im A. Gottorf, Schliesh., Ksp. und Schuldistr. Boren. — Areal: 8 Steuert.

Rehberg, Alt=, ein ehemaliger Meierhof im Gute Satrupholm, welcher im Jahre 1771 parcelirt ward, A. Gottorf, Satruph., Ksp. und Schuldistr. Satrup. Eine Parcelenstelle (mit Neu=Rehberg $3\tfrac{183}{384}$ Pfl.) führt noch diesen Namen. — Rehberg ist durch Niederlegung von 6 Hufen entstanden. — Areal mit Neu=Rehberg: 410 Steuert. — Die Königl. Rehberger Hölzung hat ein Areal von 225 Ton. In derselben ist ein Grabhügel, welcher Pinnisgrab heißt.

Rehberg, Neu=, eine Parcelenstelle im A. Gottorf, Satruph., Ksp. und Schuldistr. Satrup, gehörte vormals zum Meierhofe Rehberg. — Areal und Pflgz.: s. Alt=Rehberg.

Rehberg, bei, 3 Parcelenstellen im A. Gottorf, Satruph., Ksp. und Schuldistr. Satrup.

Rehbergholz, 2 Kathen ($\tfrac{57}{128}$ Pfl.) im A. Gottorf, Satruph., Ksp. und Schuldistr. Satrup. — Areal: 53 Steuert.

Rehbergstraße, 9 zerstreut liegende Kathen ($\tfrac{2}{3}$ Pfl.) im A. Gottorf, Satruph., Ksp. und Schuldistr. Satrup. — Areal: 77 Steuert.

Reide, Groß=, Dorf $1\tfrac{1}{4}$ M. südwestlich von Schleswig an der Landstraße nach Friedrichstadt, Ksp. Kropp. Zum A. Gottorf, Kropph. gehören 1 Fünfachtelh., 3 Halbh., 1 Dreiachtelh., 13 Viertelh., 3 Achtelh., 4 Kathen und 6 Instenst. ($9\tfrac{3}{4}$ Pfl.); zum St. Johanniskloster in Schleswig 2 Dreiviertelh., 1 Halbh., 1 Viertelh., 1 Achtelh. und 1 Instenst. Eine Viertelh. nordöstlich vom Dorfe heißt Mühlenhaus, weil hier früher eine Wassermühle gewesen ist. — Districtsschule. — Wirthshaus, Schmiede. Daß der Name der Dörfer Groß= und Klein=Reide von einer Rhede abzuleiten sei ist sehr zweifelhaft, ebenso wie daß zur Zeit des Königs Knud des Großen Schiffe aus der Treene bis hierher hinaufgekommen und die Waaren zu Lande nach Schleswig gebracht sein sollen; jetzt ist wenigstens die Aue hier sehr schmal und unbedeutend. — Areal: 1024 Steuert. — Der Boden ist von mittlerer Güte; die Moore geben ausreichenden Ertrag; 2 Grabhügel heißen Wromberg und Wormberg.

Reide, Klein=, Dorf an der Reideraue, 1 M. südwestlich von Schleswig an der Landstraße nach Friedrichstadt, A. Gottorf, Kropph., Ksp. Kropp; 5 Halbh., worunter 1 Freistelle, 15 Viertelh., 8 Kathen und 8 Instenst. ($5\tfrac{3}{4}$ Pfl.), von welchen 2 ausgebaute Sierkskamp (Sivertskamp) heißen. — Schule. — Wirthshaus, Schmiede und einige Handwerker. — Areal: 1155 Steuert. — Der Boden ist sandigt. — Oestlich vom Dorfe ist der Name einer Feldmark der Römerkamp zu bemerken. Einige Grabhügel heißen Schwarzenberg, Mittenberg und Haarberg. Im

Reideraue.

Jahre 1337 hatte Siegfried Sehestedt Besitzungen in Klein-Reide. 1451 vertauschte Otto Splyt einige Theile dieses Dorfes an den Bischof Nicolaus von Schleswig gegen 2 Heringszäune in der Schlei bei Cappeln.

Reideraue, eine Aue die östlich von Friedrichsheide entspringt, westlich bei Klein-Reide vorbeifließt und sich unterhalb Hollingstedt in die Treene ergießt.

Reimersbude, ein Wirthshaus und Ladeplatz an der Eider, im Ostenth. der Landschaft Eiderstedt, Ksp. und Schuldistr. Witzworth. — Areal: 70 Dem. — Von hier führt eine Chaussee nach dem Kirchorte Witzworth.

Reinsbüllerkoog, ein im Jahre 1325 eingedeichter Koog im Westerth. der Landschaft Eiderstedt, 1½ M. nordwestlich von Tönning, Ksp. Tetenbüll, Schuldistr. Sieversfleth. In demselben liegen 3 Höfe und einige kleine Stellen. Ein Hof heißt Reinsbüllhof. — Areal: 436 Dem. 4 Sch. 21 R.

Reisbye, Kirchdorf an der Reisbyeaue, 1½ M. südlich von Ripen, Pr. Törninglehn. Von diesem bedeutenden Dorfe, welches vormals westlicher lag, aber nach häufig erlittenen Ueberschwemmungen verlegt ward, gehören zum A. Hadersleben, Westerth., Hvidbingh., außer der Prediger- und Küsterwohnung 3 Vollh., 5 Dreiviertelh., 2 Fünfachtelh., 9 Halbh., 2 Dreiachtelh., 5 Viertelh., 2 Landbohlen, 7 Verbittelsst., 2 Kathen und 9 Instenst. ($8\frac{173}{288}$ Pfl.); 2 Hufen gehören zum Stiftsamte Ripen und 1 Hufe zur Grafschaft Schackenborg. — Districtsschule. — Armenhaus, Wirthshaus, 2 Schmiede und mehrere Handwerker. — Die Kirche hat einen Thurm und ist mit Blei gedeckt; die Altartafel ist bemerkenswerth. — Der König ernennt den Prediger. — Eingepfarrt: Haved (Hauved), Kjärbölling, Reisbye. — Areal zum A. Hadersleben: 556 Steuert. — Der Boden ist sandigt und strenge; das Dorf hat aber großen Reichthum an Marsch- und Geestwiesen. — Die Reisbyeaue setzt bei westlichen Stürmen nicht allein die Ländereien unter Wasser, sondern verursacht zuweilen im Dorfe selbst großen Schaden. — Vz. des Ksp. zum-A. Hadersleben: 339.

Remp, 1 Bohlstelle im A. Tondern, Karrh., Ksp. und Schuldistrict Karlum.

Rendsburgerkoog, ein kleiner südlich von der Hohner Fähre belegener Koog, im A. Hütten, Hohnerharde.

Rentoft, eine schon früh vergangene Kirche in der Horsbüllharde (Wiedingh.), etwa ¼ M. westlich von Klanxbüll, im A. Toodern.

Renz, Dorf an der Süderaue, 2 M. südöstlich von Tondern, A. Tondern, Slurh., Ksp. Burkarl. — Dieses sehr ansehnliche Dorf enthält 24 Bohlstellen, 65 kleinere Landstellen und einige Häuser ohne Land; südlich ausgebaut sind 1 Bohlst. und 1 Instenst. Friesmark, westlich 1 Achtelb. Lönholm und südlich 1 Sechstelb. Flützholm ($18\frac{127}{192}$ Pfl.). 2 Colonisteninst. auf der Feldmark gehören zur Colonie Christianshoffnung. — Districtsschule. — 3 Wirthshäuser, von denen 2 die Brennerei- und Brauerei-Gerechtigkeit besitzen, 3 Schmiede und Handwerker fast aller Art. — Der Boden ist östlich und südlich sandigt, westlich und nördlich aber sehr gut; die Wiesen sind ansehnlich. — Einzelne Grabhügel heißen: Bölhöi, wo ein großer goldener Griff eines Schwertes gefunden ward, ferner Gryderhöi und Staverhöi.

Reppel (Reppelgaarde, vorm. Röffböl), 2 Bohlstellen (2 Pfl.), südwestlich von der im A. Apenrade belegenen Kirche Bjolderup, A. Apenrade, Niesh., Ksp. und Schuldistr. Bjolderup. — Der Boden ist nur mager und nicht sehr ergiebig.

Rethdeich, 5 Häuser im Osterth. der Landschaft Eiderstedt, Ksp. Oldensworth. Die Bewohner halten sich aber zur Tetenbüller Kirche und Schule.

Reussenkoog, ein octroyirter Koog an der Westsee, ½ M. westlich von Bredstedt, im A. Bredstedt, Ksp. Bredstedt. Derselbe ward im Jahre 1788 von dem Fürsten Heinrich XLIII. v. Reuß eingedeicht, hatte aber schon am 29. October 1708 eine Octroy erhalten, und gehört zum Desmercieresschen Fideicommiß, dessen Inhaber jetzt der Fürst Heinrich LXIV. von Reuß-Schleiz-Köstritz ist. — Areal: 929 Dem. (766 Steuert., 183,840 Rbthlr. Steuerw.). — Die Einwohner halten sich seit 1784 zur Kirche nach Bredstedt. — In demselben sind nur 2 Hofstellen und einige Häuser. Der Koog hat 2 Hauptparticipanten und einen Koogsinspector. Die Ländereien werden fast alle gepflügt und zum Kornbau benutzt; der Boden ist mittlerer Marschboden. Vz.: s. Sophien Magdalenenkoog.

Revensdorf, Dorf im Gute Lindau, 1¼ M. südöstlich von Eckernförde, Eckernförderh., Ksp. Gettorf; 16 Halbh., 25 Kathen und 10 Instenst. Mehrere Hufen sind ausgebaut. — Districtsschule. — Schmiede. — Hier ist eine Windmühle. — Areal: 1009 Ton. à 240 Q. R. — Der Boden ist größtentheils leichter Art.

Reventlov-Sandberg, eine Lehnsgrafschaft im Lande Sundewith, am Alsener-Sund, im A. Sonderburg, Nübelh. Der Haupthof Sandberg liegt ¾ M. nordwestlich von Sonderburg, Ksp. Satrup. — Das von dem Herzoge Hans errichtete Gut Sandberg bestand aus 4 niedergelegten Hufen, von denen 2 Sandberg und 2 Langmai hießen; den letzteren Namen führt noch eine kleine Landstelle beim Mühlenteiche. Das Wohnhaus, die Mühle und das Vorwerk wurden im Jahre 1576 vollendet. Der Herzog Alexander zu Sonderburg erhielt dieses Lehngut im Jahre 1621 und es blieb bei dem Amte Sonderburg bis 1667, da die Gläubiger des Herzogs Christian Adolph in dieses Gut gerichtlich eingewiesen wurden. Der König Friedrich III. übernahm es und es blieb Königlich, bis im Jahre 1673 der König Christian V. dieses Gut an den Landrath und Amtmann Conrad v. Reventlov verkaufte und als dieser in den Grafenstand erhoben ward, wurde Sandberg unter dem jetzigen Namen im Jahre 1681 eine dänische Lehnsgrafschaft. In der Landesmatrikel steht diese Grafschaft für 51½ Pfl., aber 21⅔ Pfl. sind von der Contribution befreit statt der 300 Ton. Hartkorn, welche die dänischen Grafschaften frei haben. — Nach dem Kaufbriefe gehört diese Grafschaft der männlichen Linie des Grafen Reventlov, und wenn diese ausgestorben ist der weiblichen, sind aber keine Descendenten mehr, so fällt sie wieder an den König, aber die Wittwe des letzten Besitzers behält alle Einkünfte lebenslänglich. — Die Besitzer waren: im Anfange des 18. Jahrhunderts Conrad Graf v. Reventlov, 1708 Christian Detlev Gr. v. Reventlov, 1738 Conrad Detlev Gr. v. Reventlov, 1750 Christian Detlev Gr. v. Reventlov, 1759 Conrad Georg Gr. v. Reventlov, 1816 Christian Gr. v. Reventlov, 1827 Christian Detlev Gr. v. Reventlov, der jetzige Besitzer ist Friedrich Gr. v. Reventlov. — Der

Revlingbjerg.

Hof Sandberg ward im Jahre 1787 parcelirt. — Zur Grafschaft gehören Theile der Ortschaften Düppel, Satrup, Schnabek, Stabegaarde nebst mehreren einzelenen Stellen und die Sandbeker-Wassermühle am Hofe. — Zahl der Einwohner: 1215. — Das Areal des ganzen Gutes beträgt 3660½ Ton. à 260 Q. R. (3505 Steuert.). Der Stammhof enthält 85 Steuert., eine große Parcelenstelle 104 Ton., 22 kleine Parcelenstellen 469 Ton., Düppel 1421 Ton., Stabegaarde 16 Ton., Schnabek 863 Ton., Satrup 553 Ton. — Das Land der Untergehörigen ist Eigenthum und es wird ein jährlicher Canon an die Gutsherrschaft erlegt. — Der Besitzer der Grafschaft übte vormals die eigne Gerichtsbarkeit durch einen Inspector aus und bestellte in vorkommenden Fällen in bürgerlichen und peinlichen Sachen ein mit 6 Sandleuten besetztes Gericht. Jetzt hat ein Inspector nur die Hebung der Gefälle. — Landesherrliche Steuern der Gräflich Reventlovschen Güter Sandberg, Ballegaarde und Beuschau (zus. 68 Pfl.): Contrib. 3707 Rbthlr. 40 β, Landst. 2003 Rbthlr. 67 β, Hausst. 47 Rbthlr. 22 β.

Revlingbjerg, ein Wirthshaus östlich von Sonderburg, im Gute Rönhof, A. Sonderburg, Augustenburgerh., Ksp. Ulkeböl.

Revshöi, eine kleine Landstelle südlich von Tinglev, A. Tondern, Slurh., Ksp. und Schuldistr. Tinglev.

Richelsbye, ein ehemaliges Dorf auf den Hoffeldern des Guts Schwensbye (Ksp. Sörup); es enthält 4 Hufen welche 1499 noch vorhanden waren. Aus einem Theile dieser niedergelegten Hufen ist das Gut Schwensbye entstanden.

Rickelsbüll, 5 Landstellen und 4 Häuser im A. Tondern, Wiedingh., Ksp. Rodenäs, Schuldistr. Norddeich. Das ehemalige Rickelsbüll mit einer Kirche lag außerhalb des jetzigen Seedeiches und war 1608 noch in ziemlichem Stande, da im Kirchspiele 48 Familien waren. Die Kirche, mehrere Häuser und 5 Mühlen wurden im Jahre 1615 durch die Wassersluth zerstört, worauf Uphusum und Krumhusum, welche hier eingepfarrt waren, mit dem Kirchspiele Rodenäs vereinigt wurden.

Rickert, Dorf ½ M. nördlich von Rendsburg, A. Hütten, Hohnerh., Ksp. Hohn; 7 Halbh. und 2 Viertelh. Eine westlich vom Dorfe ausgebaute Halbhufe heißt Dudden (Dutten), und eine auch westlich an der Chaussee belegene Viertelhufe Ahrenstedt (s. Ahrenstedt). — Schule. — Armenhaus. — Areal: 557 Steuert. — Der Boden ist von ziemlicher Güte, und die Moore sind einträglich. Nördlich vom Dorfe heißt ein kleiner Platz „Kirchhof", wo zur Zeit der Pest die daran Verstorbenen begraben sein sollen.

Riddorf (vorm. Ridderup), Dorf in der Landschaft Bredstedt, südöstlich von Bredstedt, Ksp. Breklum; 2 größere und 6 kleinere Landstellen. Ein volles Gut (1 Pfl.) gehörte zum ehemaligen Schlesw. Domcapitel. — Areal: 77 Ton. (55 Steuert.).

Rieglandseeg, ein Hof 1 M. nordwestlich von Christiansfeld, A. Hadersleben, Osterth., Gramh., Ksp. Oeddis. — Areal: 90 Ton.

Riep, 2 Höfe und 1 Haus im Osterth. der Landschaft Eiderstedt, Ksp. Oldensworth. — Schuldistr. Hochbrückfel.

Ries (Waldem. Erbb.: Risä), Kirchdorf an einer kleinen Aue ⅜ M. westlich von Apenrade, A. Apenrade, Riesh., Pr. Apenrade. Dieses Dorf enthält außer dem Predigerhofe nur 1 Dreiviertelh., 14 Kathen und 11 Instenstellen. Außer diesen heißt ein Stammhof Riesgaard (Rieshof) und ist ein Theil eines im Jahre 1774 parcelirten Königlichen Kammergutes, woraus 7 Parcelen gebildet sind. Zur Stammhufe gehören 2 Parcelenstellen (2 Pfl.), von den übrigen Parcelen 2 zu Ries, 2 zu Söes und 1 zu Brunde. Eine andere Hufe wird Skrivergaard (Schreiberhof) genannt, ist ¾ Pfl. groß und auch parcelirt. — Districts-schule. — Wirthshaus, Schmiede und einige Handwerker. — Die Kirche ist sehr alt und vermuthlich die Hauptkirche der Harde gewesen. Sie ist gewölbt und mit einem achteckigten Thurme versehen. In den Jahren 1721 und 1788 ward sie bedeutend verbessert. — Der Prediger wird von dem Amtmanne und dem Probsten präsentirt und von der Gemeinde gewählt. — Eingepfarrt: Brunde, Dybvad, Egelund, Norder-Enlev (z. Thl.), Jarup, Lunderup, Mjöls, Petersborg, Ries, Riesgaard, Röde-kroe, Schedebjerg, Skovgaard, Skrivergaard, Söes, Norder-Ziegelei. — Areal im Ganzen: 703 Steuert. Das Areal des vormaligen Kammergutes Riesgaard betrug 812 Ton. à 320 □. R., davon wurden zu geschlossenen Hölzungen 255 Ton. ausgelegt. Das Uebrige wurde theils an Hofdiener vertheilt, theils in Parcelen zerlegt. — Der Boden ist theils sandigt, theils lehmig. Nahe beim Dorfe hat vormals eine Burg gelegen und man sieht noch Ueberbleibsel von Wällen und Gräben; sie soll der Sage nach im 30jährigen Kriege zerstört sein. Das Grundstück führt den Namen Burgdiek. — Vz. des Ksp.: 916.

Riesbüllerkoog, ein schon im Jahre 1371 eingedeichter Koog, ½ M. nordwestlich von Friedrichstadt, im Ostertheile der Landschaft Eider-stedt, Ksple. Koldenbüttel und Witzworth. Im Kooge selbst sind keine Gebäude, aber auf dem zwischen ihm und Norder-Oldefeld belegenen Wall-deich sind 2 Häuser und am westlichen Ende desselben das vormalige Wirthshaus Kükerhüberg. Auf dem Deiche zwischen Riesbüll und Büttel liegen 6 Häuser, wovon 1 Haus Blockhausschmiede heißt. — Schuldistricte Koldenbüttel und Ingwershörn.

Riesebye, Kirche 1 M. nördlich von Eckernförde, im Gute Sar-dorf, in der Eckernförderharde, Pr. Hütten. Bei dieser Kirche, welche nachdem das Dorf Riesebye (s. Riesebye) abgebrochen worden, allein im Felde liegt, ist später angebaut die Küsterwohnung mit der Districts-schule, ein Armenhaus (von v. Ahlefeld 1669 gestiftet), ein Wirthshaus und eine Erbpachtstelle welche zum Gute Sardorf gehört. — Die Kirche ist von Ziegelsteinen aufgeführt und zum Theil gewölbt. Bemerkenswerth sind die am Altartische angebrachten Schnitzwerke und Malereien. An der Seite der Kirche ist ein hölzerner Glockenthurm. — Zur Wahl des Predigers präsentiren die Besitzer der Güter Sardorf, Büstorf und Stubbe und die Gemeinde wählt. — Eingepfarrt: Alandshof, Bach-holz, Bastorf, Büstorf, Charlottenhof, Dingstock, Erichshof, Grobenthor, Großholz, Grünthal, Hakenhöft, Hörst, Hohnbye, Holzkoppel, Hopfen-holz, Hummelweth, Jahnsholz, Jlewith, Kasmark, Kasmarkerholz, Katt-redder, Kollholz, Kommherut, Lagerholz, Loosau, Loose, Moorbrügge, Moorholz, Mührholm, Norbye, Osterhof, Patermiß, Riesebye, bei Rie-sebye, Sardorf, Scherrholz, Sönderbye, Sönderbyehof, Steckwiese, Stubbe

Riesebye, 427

(z. Th.), Stubberholz (z. Thl.), Tolsch, Tolsode, Torsrühe, Boßkuhl. — Vz. des Ksp.: 1673.

Riesebye, ein ehemaliges Dorf bei der Kirche gleiches Namens in Schwansen. Es ward von Cay v. Ahlefeld zu Stubbe, welcher 1599 starb, niedergelegt, und aus den Stellen ein Meierhof errichtet. Das daraus entstandene Gut Riesebye nebst Hörst kaufte 1632 Henneke Wohnsfleth und verkaufte es in demselben Jahre wieder an Saxdorf nebst dem Dorfe Patermiß für 17,600 Rthlr. Saxdorf contribuirte dafür in der Folge für 6½ Hufen an die Kirche.

Riesbrick, Dorf an der Lindaue, 3 M. südwestlich von Flensburg, A. Flensburg, Wiesh., Ksp. Nord-Hackstedt; 6 Halbh., 2 Viertelh., 4 Achtelh. und 1 Kathe (5½ Pfl.), welche letztere Riesbriekfeld heißt. Die Halbhufen gehörten zum vormaligen Schlesw. Domcapitel. — Auf der Feldmark ist eine Colonistenstelle erbaut. — Schule. — Areal: 723 Steuert. — Der Boden ist nur von mittelmäßiger Art.

Riesum (Risum), Kirchdorf im Riesummoor 2¾ M. südlich von Tondern, A. Tondern, Bökingh., Pr. Tondern. Dieses Dorf wird in Süder- und Norder-Riesum eingetheilt. Süder-Riesum hat mit der Prediger- und Küsterwohnung 50 Häuser und Norder-Riesum 92 Häuser. Bei letzteren liegt eine Königl. Korn- und Graupenmühle. — Districtsschule. — Wirthshaus, Schmiede und einige Handwerker. — Die Kirche liegt in Süder-Riesum und ist eine der ältesten im Amte. Der Sage nach hat sie vormals südlicher gestanden, ist aber wegen Ueberschwemmungen hierher versetzt worden. Sie hat keinen Thurm und keine besondere Merkwürdigkeiten. Zur Wahl des Predigers präsentiren der Amtmann und der Probst, die Gemeinde wählt. — Eingepfarrt: Blomenkoog (z Thl.), Bottschlotterdeich (z. Thl.), Friedrichshof, Herrenkoog (z. Thl.), Kleiseerkoog (z. Thl.), Maasbüll, Osterdeich, Störtewerferkoog (z. Thl.), Norder- und Süder-Waygaard, Waygaarderdeich. — Zwischen Riesum und Waygaard lag ehemals ein bischöflicher Hof, welcher 1450 von dem Bischofe Nicolaus für ½ Tonne Butter jährlich verheuert ward. — Vz. des Ksp.: 1096.

Ringsbjerg, Dorf 1½ M. nordöstlich von Flensburg, A. Flensburg, Munkbraruph., Ksp. und Schuldistr. Munk-Brarup; 8 Vollh., 3 Halbh., 3 Kathen und 4 Instenstellen (10 Pfl.). Eine ausgebaute Hufe heißt in der Kuhle. — Areal: 772 Steuert. — Von den Feldern heißen einige Lojenhöimark, Elbjerremark, Elishöimark, Boykoemark.

Ringtved, Dorf 1¼ M. nordwestlich von Hadersleben, A. Hadersleben, Ostertheil, Gramh., Ksp. und Schuldistr. Maugstrup; 2 Vollh., 2 Dreivertelh., 4 Halbh., 1 Viertelh., 3 Landbohlen und 7 Instenst. — Der Boden ist ziemlich gut. — Der König Christian IV. wohnte hier einige Zeit auf einem der Höfe und schenkte dem Besitzer ein Stück Landes, das vor dessen Hofe lag.

Rinkenis (vorm. Ringenäs), Kirchdorf am Flensburger Meerbusen, 3 M. nordöstlich von Flensburg, an der Landstraße nach Sonderburg, Pr. Apenrade. Dieses ansehnliche, in einer anmuthigen Gegend zerstreut liegende Dorf, welches von einem Seeräuber, Ring genannt, seinen Namen erhalten haben soll, lag der Sage nach vormals ½ M. nördlicher auf dem Platze, wo jetzt eine nicht unbedeutende Hölzung steht, und soll damals Bakenbye geheißen haben. Man findet hier noch einige Ueberbleibsel von Gebäuden, so wie den Platz wo die Kirche gestanden hat. Rinkenis wird jetzt in das Ober- und das Unterdorf eingetheilt, liegt ziemlich zerstreut, gehört zum A. Apenrade, Lundtofth., und enthält 2 Doppelth., 6 Vollh., 18 Halbh., 7 Kathen und 14 Instenstellen (56 Gebäude); 15 Hufen und einige Kathen und Instenstellen (7⅞ Pfl.) gehören zum Amte und die übrigen Stellen zum Gute Gravenstein. Eine ausgebaute zum Amte gehörige Doppelthufe heißt Buschmoos, 1 Halbh. Ofen, 1 Vollh. Tummelberg, 1 Kathe Kirchdörn (Kirkdorn). — Districtsschule. — 2 Schmiede, 1 Bäcker und mehrere Handwerker. — Wirthshaus. — Bemerkenswerth ist der von Lorenz Jessen hier 1784 angelegte Garten, der einen Flächeninhalt von 10 Tonnen Landes hat und eine ansehnliche Baumschule, besonders von Fruchtbäumen, nebst vielen ausländischen Gewächsen enthält, und diesem Orte sehr zur Verschönerung gereicht. — Die Kirche liegt nördlich nahe an der Hölzung; sie ist einfach, hat keinen Thurm sondern nur ein Glockenhaus. — Der Prediger wird von dem Amtmanne und dem Probsten präsentirt; die Gemeinde wählt. Das Haus des Predigers liegt bei Haugaard. — Eingepfarrt: Alnoer, Ballig, Beken, Brennstoft, Buschmoos, Dalsgaard, Ekensund (z. Thl.), Haugaard, Hesselgaard, Hundsberg, Kirchdörn, Knudsmay, Markbek, Meelskov, Munkmühle, Ofen, Prinzenhof, Rinkenis, Ryburg, Sandacker, Spanbek, Stranderott, Steenshye, Treppe, Tummelberg, Wolfsballig. — Areal: 984 Steuert. — Der Acker ist von vorzüglicher Güte. — In Rinkenis war vormals eine Quelle, St. Kirstenskilde (Kirstensoot) genannt, deren Wasser man Heilkräfte zuschrieb. — Einer Namens Peter Bennich, welcher 1488 von dem König Hans geadelt ward, wohnte mit seinen Nachkommen lange in Rinkenis auf einem Freigute. — Vz. des Ksp.: 1290.

Rinkenis, ein vormaliges Dorf an der Schlei, Arnis gerade gegenüber, unweit Sundsacker (Ksp. Schwansen); enthielt 6 Landstellen von verschiedener Größe, welche theils dem Schlesw. Domcapitel, theils der Vicarie St. Andreä in der Domkirche in Schleswig gehörten, und nach der Reformation von dem Könige Friedrich I. dem Dienste des Dompredigers beigelegt wurden. Im Jahre 1604 ward Rinkenis mit Bewilligung des Capitels und des Rathes der Stadt Schleswig, an Göttsche Ratlov, den Besitzer von Gerebye (Carlsburg) für 4500 Rthlr. verkauft, welcher das Dorf wahrscheinlich bald nachher eingehen ließ. Im Jahre 1671 wird Rinkenis in einem Gerebyer Kaufbriefe ein Meierhof genannt (s. Kopperbye).

Rinkeshörn, 2 Häuser im A. Tondern, Wiedingh., Ksp. und Schuldistr. Neukirchen.

Rise, Groß-, (Riise, Riese), Kirchdorf auf der Insel Aeröe, Bisthum Alsen und Aeröe. Dieses alte Dorf wird in Kirkeballe, Kongeballe und Lilleballe eingetheilt, wovon die so benannten Straßen ihren Namen haben. Der Platz, wo diese 3 Straßen zusammenstoßen, wird Torvet (der Markt) genannt. Es enthält 12 Vollh., 1 Zweidrittelh., 12 Halbh., 1 Drittelh., 6 Viertelh., 8 Kathen, 18 Instenstellen, 5 Hufenparcelen und 11 Häuser ohne Land. — Districtsschule. — Wirthshaus, Schmiede und mehrere Handwerker. — Die Kirche liegt hoch und ist ein ansehnliches Gebäude mit einem Thurm und einer Spitze; sie hat seit 1690 eine Orgel. Der Altar ist von Bildhauerarbeit und ein messingenes altes Taufbecken hat die Inschrift: „Eh. bart. al. zeit. gelueck." (Die Ehe gebieret allzeit Glück). Die Kirche ist reich und hat ein Vermögen

Rise.

von 22,200 Rthlr. — Der König ernennt den Prediger. — **Eingepfarrt**: Dunkjär, Eske, Gravendal, Gravensteen, Helle, Kallehauge, Lingsbjerg, Möllesöe, Olde, Groß- und Klein-Rise, Skovbrynke, Groß- und Klein-Stokkebye, Groß- und Klein-Torup, Veisnis. — Der Boden ist lehmigt und größtentheils sehr gut. — Eine 177 Fuß hohe Anhöhe bei Rise heißt Galgebakken (Galgehöi). Bei der Predigerwohnung liegt ein Grabhügel, und südwestlich vom Dorfe am Strande ein mit Steinen umgebener Kongehöi genannter Hügel. — Bz. des Ksp.: 2091.

Rise, Klein-, Dorf auf der Insel Aeröe, Ksp. Rise. Dieses Dorf liegt am Abhange eines ziemlich großen Hügels und ist mit Bäumen dicht umpflanzt, so daß das ganze Dorf sich als eine kleine Hölzung zeigt. Es enthält mit den westlich belegenen Stellen in Groß- und Klein-Torup 8 Vollh., 3 Dreiviertelh., 2 Halbh., 11 Viertelh., 4 Kathen, 20 Instenstellen, 2 Hufenparcelenstellen und 3 Häuser ohne Land (14 Pfl.). — Schuldistrict Dunkjär. — Schmiede und einige Handwerker. — Areal: 603 Ton. — Der Boden ist lehmigt und sehr fruchtbar. Zwischen Rise und Dunkjär liegen mehrere Grabhügel, namentlich Grydehöi und Tvihöi.

Ritenrade, 5 Kathen an der Ostsee, zum Meierhof Höckholz im Gute Ludwigsburg gehörig, nordöstlich vom Kirchdorfe Waabs, Eckernförderh., Kirchsp. Waabs, Schuldistr. Klein-Waabs.

Roager-Kirkebye, Kirchdorf des Kirchspiels Roager an der Reisbyebäk, 1½ M. südöstlich von Ripen, Pr. Törninglehn. Von diesem Dorfe gehören zum A. Hadersleben, Westerth., Hviddingh., außer der Prediger- und Küsterwohnung, 1 Vollh., 7 Halbh., 6 Kathen und 1 Instenstelle; zum vormaligen Gute Lindewith 3 Halbh., 4 Kathen und 1 Instenstelle 1 Halbh. gehört zum A. Lygumkloster, Vogtei Skjärbek; 1 Vollh. und 1 Kathe gehören zum A. Ripen, und 1 Kathe zur Grafschaft Schackenborg. — Schule. — Wirthshaus, in welchem das Dinggericht der Harde gehalten wird, Schmiede und einige Handwerker. — Die Kirche ist eine der schönsten im Amte und die Altartafel zeichnet sich aus. Bemerkenswerth ist ein Fenster, an welchem die verschieden geformten und gemalten Scheiben den Bischof Willehardus vorstellen sollen. — Der König ernennt den Prediger. — **Eingepfarrt**: Grönlund, Hessellund, Oester-Debeling, Roager, Roager-Kirkebye, Smidtfeld, Stavitskov, Vesterbäk. — Der Boden ist im Allgemeinen gut und längs der Aue liegen ansehnliche Wiesen. — Bz. des Ksp. zum Herzogthum: 447.

Roager, Dorf 1 M. südöstlich von Ripen, Ksp. Roager. Zum A. Hadersleben, Westerth., Wiedingh., gehören 1 Vollh., 1 Dreiviertelh., 2 Fünfachtelh., 4 Halbh., 3 Viertelh., 3 Achtelh., 1 Kathe, 3 Verbittelsstellen und 6 Instenstellen ($3\frac{3}{16}$ Pfl.), 2 kleine Landstellen sind ausgebaut und heißen Smidtfeld und Grönlund. Zum A. Ripen gehören 4 Halbh. und 3 Instenstellen und zur Grafschaft Schackenborg 1 Landstelle. — Schule. — Armenhaus, Wirthshaus, Schmiede und einige Handwerker. — Areal: 290 Steuert. — Das Ackerland ist von mittelmäßiger Art. Südlich vom Dorfe auf einer Feldmark, welche Sönderhoved genannt wird, findet man Spuren von Wällen und Gräben, wo der Sage nach eine Burg gestanden haben soll.

Rockenkoppel, 2 Parcelenstellen ($1\frac{23}{192}$ Pfl.) nördlich von Satrup, im A. Gottorf, Satruph., Ksp. und Schuldistrict Satrup. — Areal: 92 Steuert.

Rodekerken, eine vergangene Kirchspielskirche in der ehemaligen Lundenbergharde, auf der Insel Nordstrand, etwa ¼ M. nordwestlich von der jetzigen Simonsberger Kirche. Sie war schon in dem Jahre 1362 vergangen.

Rodelum (Rothum), eine vergangene Capelle nordöstlich von Sylt. Die Zeit des Unterganges ist nicht bekannt (s. Ostum).

Rodenäs, Kirchspielskirche 1¾ M. südwestlich von Tondern, A. Tondern, Wiedingh., Pr. Tondern. Rodenäs ist keine Ortschaft, sondern nur die Kirche führt diesen Namen; sie ist ein alterthümliches Gebäude, ohne Thurm aber zum Theil gewölbt. Der Taufstein hat ehemals in der, 1634 vergangenen, Kirche in Rickelsbüll gestanden. Hier war vormals ein Altar des heil. Dionysius. — Der Prediger, dessen Wohnung in Oldorf liegt, wird von dem Amtmanne und von dem Probsten präsentirt; die Gemeinde wählt. — Schule bei der Kirche s. Neudorf. — **Eingepfarrt:** Brunsodderkoog (z. Thl.), Damm, Dreisprung, Friedrichskoog (z. Thl.), Kirbüll, Krummhusum, Liebleben, Markhäuser, Mettenwerf (Rodenäshof), Neudorf, Norderdeich, Oldorf, Ophusum, Rickelsbüll, Ruttebüllerkoog (z. Thl.), Schneebeich, Sibbershusen, Sieltoft, Tevelum. — Vz. des Ksp.: 597.

Rödding, Kirchdorf 4 M. nordwestlich von Hadersleben, Pr. Törninglehn. Von diesem großen Dorfe, welches an den beiden Seiten einer kleinen Aue und auf Wiesengrunde erbaut ist, gehören zum A. Hadersleben, Westerth., Frösharde, außer der Predigerwohnung 1 Vollh., 4 Halbh., 3 Viertelh., 10 Achtelh., 37 Zwölftelh., 13 Kathen und 6 Instenstellen; einige Hufen und Kathen heißen Oesterskov (s. Oesterskov). Zum A. Ripen, Riberhuusbirk, gehören 2 Hufen und zur Grafschaft Schackenborg 1 Kathe und 2 Instenstellen. — Districtsschule. — 2 Wirthshäuser, 2 Schmiede, 1 Bäckerei und Handwerker fast aller Art. — Im Jahre 1844 ward hier eine Volkshochschule errichtet, wobei mehrere Lehrer angestellt sind. — Die südlich von der Aue liegende Kirche ist nur klein, hat keinen Thurm und enthält keine Merkwürdigkeiten. Sie hat mit Skrave den nämlichen Prediger, den der König ernennt. — **Eingepfarrt:** Brem, Bremhuus, Brendstrup, Hundeböl, Laaslet, Oesterskov, Rödding, Röddinggaard. — Zur Zeit des feindlichen Ueberzuges 1658 ging ein Theil des Dorfes und die Predigerwohnung in Flammen auf; der damalige Prediger Andreas Petersen ward getödtet, da er mit dem Prediger von Skodborg und einer Anzahl von Bauern sich in eine Hölzung geflüchtet hatte und auf die vorbeiziehenden Kriegsvölker schießen ließ. — Areal: 672 Steuert. — Der Boden ist von mittelmäßiger Art. Zum Dorfe gehören außer der Predigerhölzung noch anderweitige nicht unbedeutende Hölzungen. Auf der Feldmark sind Spuren abgetragener Grabhügel. — Vz. des Ksp. zum Herzogthum: 879.

Röddinggaard, Freihof an einem Bache südwestlich von Rödding, A. Hadersleben, Westerth., Frösh., Ksp. Rödding. Bei dem Hofe ist eine Wassermühle. Dieser Hof war vormals ein alter adelicher Sitz; -1543 wird Heinrich Knutzen zu Röddingen genannt, 1581 Ewald Woye, 1608 gehörte der Hof dem Könige; 1716 hatte der Baron v. Schack denselben in Erbpacht, späterhin ist er parcelirt und der Stammhof besteht aus den 5 ersten Parcelen (228 Ton. 6$\frac{3}{16}$ Sch.), 2 Parcelen der Hufen Brem (29 Ton.), aus einigen Parcelen welche zum A. Ripen, Riberhuusbirk, gehören und etwas Mühlenland, zus. 265 Ton. à 320 □. R. (129 Steuert.) Der Boden ist gut und eignet sich für alle Kornarten. Vormals gehörten zu Röddinggaard bedeutende Hölzungen. — Röddinggaard ist befreit von

Rödebek.

extraordinairer Contribution, hat die freie Jagd auf der eigenen Feldmark und die Brau= und Brennereigerechtigkeit.

Rödebek (Rothenbek), ein Wirthshaus $2\frac{1}{4}$ M. nordwestlich von Flensburg an der Landstraße von Flensburg nach Tondern, A. Tondern, Slurh., Ksp. Tinglev, Schuldistrict Brauderup. — Areal: 150 Demat Ackerland und 10 Ton. Moor.

Rödegaard (Rothenhof), eine Landstelle auf der Alsener Halbinsel Kekenis, A. Sonderburg, Süderh., Ksp. Kekenis, Schuldistrict Oesterbye.

Rödemis, Dorf südlich nahe vor Husum, A. Husum, Vogtei Rödemis, Ksp. Mildstedt; enthält 3 Dreivierteltaven, 3 Zweidritteltst., 2 Halbst., 10 Viertelst., 8 Achtelst., 3 Zwölftelst. und 73 Kathen ohne Land ($9\frac{21}{24}$ Pfl.). Zum Dorfe gehört der Hof Poggenburg ($1\frac{1}{4}$ Pfl.), welcher etwa 50 Dem. Marschland und 10 Ton. Geestland enthält und im Jahre 1604 von dem Herzoge Ulrich an den Amtschreiber Niemann verfestet ward. Eine Kathenstelle hieß ehemals Schulterblatt. — Districtsschule. — 2 Armenhäuser, Schmiede, Bäckerei und Handwerker fast aller Art. — Auf der Feldmark ist eine Graupenmühle erbaut. — Rödemis gehörte ehemals dem Schlesw. Domcapitel und während der Zeit des Herzogs Adolph ward diesem Dorfe gleich der Stadt Husum die Marktgerechtigkeit verliehen. — Im Jahre 1404 zogen die Dithmarscher gegen dieses Dorf und brannten 40 Häuser ab. — Areal: 437 Steuert., darunter 125 Ton. Gras= und Weideländereien. — Der Boden ist größtentheils sandigt, doch ist der nahe an die Marsch gränzende Theil lehmigt. Die Scheidung zwischen der Marsch und der Geest heißt der Lagedeich, welcher das Wasser von der Geest abhält. — Bei Rödemis wird ein Bahnhof der in Angriff genommenen Flensburg=Husum=Tönninger Eisenbahn angelegt werden.

Rödemishof, Kanzleigut im Dorfe Rödemis nahe vor Husum, A. Husum, Ksp. Mildstedt. Es contribuirt für $3\frac{27}{176}$ Pfl. und hat ein Areal von 128 Steuert. Besitzer: Hamkens. — Das alterthümlich gebaute Wohnhaus ist einstöckig und von Brandmauern. — Der Boden ist theils sandigt, theils lehmigt. — Grundsteuer 43 Rbthlr. 45 bβ.

Röest (vorm. Royste, Roestede), adel. Gut in der Cappelerh. Der Haupthof liegt $\frac{1}{4}$ M. westlich von Cappeln, Ksp. Cappeln. — Dieses alte ansehnliche Gut gehörte 1231 zum Krongute Gelting und kam darauf wahrscheinlich in Besitz der Familien Limbek und Splyt; 1498 Schack v. Rumohr, worauf dessen Nachkommen 299 Jahre im Besitz dieses Gutes blieben. Im Jahre 1797 ward es an den Landgrafen Carl zu Hessen für 840,000 ℳ verkauft. Nach dessen Tode 1836 erbte es der Enkel desselben, der Herzog Carl zu Glücksburg. — Röest contribuirte vormals für 45 Pfl., nachdem aber späterhin 12 Pfl. für Töstrup, 5 Pfl. für Flarup und 1 Pfl. für Böelschubye davon getrennt wurden, für 27 Pfl. — Während des Besitzes des Landgrafen ward ein Theil des Gutes in Parcelen (ursprünglich 34) zerlegt, die theils noch im Besitze von Erbpächtern, theils aber wieder mit dem Haupthofe vereinigt sind. — Zu Röest gehören die Röester Mühle am Wassermühlenholz bei Grimsnis, der Meierhof Dothmark, die Dörfer Mehlbye, Stutebüll, Grummark, Grimsnis und die Kathen und Instenstellen in Klein=Sandbek und Cappelholz; ferner die zum Haupthofe gehörenden Kathen, die mehrentheils dicht vor dem Hofe liegen, 1 liegt bei Cappelholz, 1 Grauhöyd an der Schlei, 4 zu Lückloos bei Cappeln und 1 Kathe wird Lufthof genannt; außerdem die abgelegten Parcelenstellen, wie Töstrupholz (3 Parc.), Kleefeld, Amalienfeld, Röesterfeld, Lachebye, Prahlhoch, Wittkielberg und Fegetasch. Das Areal des Guts beträgt 2532 Ton. 2 Sch. 24 R. à 240 □. R. (1869 Steuert., 79,360 Rbthlr. Steuerw.), davon sind theils abgelegt, theils veräußert 1690 Ton. 4 Sch. 5 R., die übrigen 841 Ton. 6 Sch. 19 R. machen das Areal des Haupthofes und Meierhofes aus. Der Haupthof enthält 562 Ton. 6 Sch. 20 R. (469 Steuert.), darunter an Acker 252 Ton., an Wiesen 90 Ton., an Hölzung 204 Ton. 5 Sch. 2 R. und an Moor 16 Ton. 1 Sch. 18 R. — Der Boden ist fast durchgängig sehr schwerer Lehm und eignet sich besonders zur Viehweide; die Hölzungen heißen Gaarwang, Fienholz, Hüholz, wobei eine Holzvogtswohnung, und Wassermühlenholz. Eine Försterwohnung liegt nordwestlich vom Hofe. Bei der ehemaligen Hölzung Casselbyeholz lag ein ehemaliges Dorf Castelbuy. — Außerdem gehören zum Gute einige Fischteiche und eine Lachswehre in der Grimnisseraue. Die in der Schlei befindlichen zum Gute gehörenden Heringszäune sind verpachtet. — Das mit einem Burggraben umgebene zweistöckigte Wohngebäude ist 1590 erbaut; es hatte vormals an den Ecken Thürme welche aber abgebrochen sind; zwei Flügel sind später angebaut. — Zahl der Einwohner: 915. — Contrib. 1209 Rbthlr. 57 b/β, Landst. 623 Rbthlr., Hausst. 56 b/β.

Rögen, adel. Gut an der Losebek in der Eckernfördeh. Der Haupthof liegt ½ M. nördlich von Eckernförde, Ksp. Borbye. — Dieses Gut, welches in der Landesmatrikel zu 10 Pfl. steht, war vormals ein Meierhof des Gutes Sarxdorf und ward 1805 an Reiche verkauft, 1812 v. Ahlefeld. Zum Gute gehören außer dem Haupthofe die Meierhöfe Eichthal und Birkensee, das Dorf Gammelbye, Rossee (z. Thl.) und ein von Sönderbye gekauftes Landstück (1 Ton. 214 □. R.); ferner das Wirthshaus Grasholz an der Schleswig-Eckernförder Chaussee und eine Ziegelei. Areal des ganzen Guts: 1760 Ton. 235 R. à 240 □. R. (1450 Steuert., 151,540 Rbthlr. Steuerw.). Der Haupthof hat ein Areal von 526 Ton. 155 R. — Ehemals waren vom Gute Rögen zu einem dritten Meierhof Lerchenrode, in der Gegend des Rosseer Moors, Ländereien ausgelegt und der Hof wurde als solcher bereits in das Patent vom 19. Decbr. 1806 aufgenommen, allein der Bau desselben blieb blos projectirt und es sind späterhin die Ländereien wieder unter den Haupthof Rögen und die Untergehörigen vertheilt worden. — Zahl der Einwohner: 295. — Contrib. 438 Rbthlr., Landst. 324 Rbthlr., Hausst. 6 Rbthlr. 76 b/β.

Röhmke, 1 Viertelh. (¼ Pfl.) bei Idstedt, südwestlich von Stolk, im A. Gottorf, Struxdorfh., Ksp. Fahrenstedt, Schuldistr. Stolk. — Areal: 30 Steuert.

Röhmke (Römmik), 2 Kathen im A. Gottorf, Satruph., Ksp. Satrup.

Röllum, Dorf ¾ M. südlich von Apenrade, A. Apenrade, Lundtofth. Ksple. Ensted und Uk. Zum Amte gehören 5 Bohlst., 3 Kathen und 11 Instenst., und zum Gute Aarup 5 Bohlst. und 1 Kathe. Von den Lundtoftrharde Stellen gehören 3 Bohlbesitzer nebst 2 Kathen und 2 Instenstellen zur Kirchspielsvogtei Uk. — Die Districtsschule liegt zwischen Röllum und Tarup. — Wirthshaus, Schmiede und einige Handwerker. — Areal zum Amte: 222 Steuert. — Der Boden ist ziemlich gut und die Moore liefern einen reichlichen Ertrag.

Römet. 433

Römet, Dorf 4 M. südwestlich von Hadersleben, A. Lygumkloster, Vogtei Skjärbäk, Ksp. und Schuldistr. Toftlund; 1 Vollh., 2 Halbh. und 3 Kathen nebst einer Ziegelei (2 Pfl.). — Der Boden ist sehr gut.

Rönhof (Rönhave), Königl. Gut auf einer Halbinsel, im A. Sonderburg, Augustenburgerh. Der Haupthof liegt ¾ M. nördlich von Sonderburg, Ksp. Ulkeböl. Rönhof war ehemals eine feste Burg, von welcher noch Spuren des Burggrabens sichtbar sind. In der frühesten Zeit ist dieses Gut im Besitze der Familie v. Holk gewesen, 1315 Johann v. Holk, 1556 Heinrich v. Holk, dessen Vaterbruder Christian v. Holk verkaufte Rönhof an den Herzog von Sonderburg. Im Jahre 1667 überließ der Herzog Christian Adolph dieses Gut an den König Christian V., bis es 1764 als erbliches Mannlehn an den Herzog Friedrich Christian von Augustenburg kam und 1852 Königlich ward. — Zum Gute gehören die Dörfer Kjär und Ulkeböl (z. Thl.). — Eine Hegereuterwohnung heißt Arnkiel (Ahrenkiel). — Areal des Haupthofes: 554 Ton. 1 Sch. 2 R. à 320 □.R., worunter an Ackerland 363 Ton. 1 Sch. 12 R., an Wiesen 33 Ton. 6 Sch. 34 R., an Hölzung 151 Ton. 6 Sch. 10 R. und an Wohnplätzen und Gärten 5 Ton. 2 Sch. 26 R. — Der Boden ist zum Theil gut, ein Theil aber ist leicht, sandigt und von geringerer Güte.

Nörkjär (Rohrkarr), Dorf ½ M. östlich von Tondern, an der Landstraße nach Apenrade, Ksp. Hostrup. Zum A. Tondern, Slurh., gehören 6 Bohlstellen, 2 kleine Landst. und 12 Instenst. (4¾ Pfl.); zur Commüne Sollwig 12 Bohlst. und 14 kleine Landst. (9½ Pfl.) und zur Commüne Kurbüll und Südergaard 4 Bohlst., 10 kleine Landst. und 3 Instenst. — Districtsschule. — Wirthshaus, Schmiede und mehrere Handwerker. — Der Boden ist etwas lehmigt und ziemlich ergiebig. — Vormals war bei Nörkjär eine berühmte Heilquelle, deren Platz noch ein Pfahl bezeichnet.

Nörkjär, Dorf nahe bei der Bjerning Kirche 1 M. nördlich von Hadersleben, A. Hadersleben, Osterth., Tyrstruph., Ksp. Bjerning; 2 Vollh., 1 Halbh., 1 Kathe und 1 Instenst. — Schuldistr. Skovbölling. — Der Boden ist nur von mittelmäßiger Art.

Nörkjär, 1 Landstelle nordöstlich von Oster-Lygum, A. Hadersleben, Vogtei Bollerslev, Ksp. Oster-Lygum.

Nörmoos, 1 Zwölftelhufe im Gute Rundhof, Cappelerh., Ksp. Esgrus, Schuldistrict Bojum. — Areal: 7 Steuert.

Roi (Frörup-Roi, vorm. Frodorp-Rott), Dorf 1¾ M. nordwestlich von Hadersleben, A. Hadersleben, Osterth., Tyrstruph., Ksp. und Schuldistr. Frörup; enthält 5 Hufen von verschiedener Größe, 1 Kathe und 2 Instenst. Eine ausgebaute Stelle heißt Mörkholt, eine andere Jörgensholt. Im Jahre 1580 gehörte eine Stelle zum A. Törning. — Der hochliegende Boden ist ziemlich fruchtbar.

Roi (Beistrup-Roi), Dorf 2¼ M. nordöstlich von Hadersleben an der Landstraße nach Kolding, A. Hadersleben, Osterth., Tyrstruph., Ksp. und Schuldistr. Beistrup; 3 Vollh., 1 Zweidrittelh., 4 Halbh., 4 Drittelh., 11 Kathen und 13 Instenstellen. — Schmiede und mehrere Handwerker. — Der Boden ist im Allgemeinen gut und fruchtbar.

Rokkenrade, 1 Hufe und 3 Instenstellen im Gute Warleberg, Eckernförderh., Ksp. Gettorf, Schuldistr. Neu-Wittenbek. Diese Hufe ward im Jahre 1833 verkauft und ist vom Haupthofe getrennt. — Areal: 109 Steuert. à 260 □. R.

Rollekenbek (Rülkenbek), ein ehemaliger Hof in der Gegend von Mirebüll, welches zum bischöflichen Gute Lütgenholm im A. Bredstedt, Ksp. Breklum, gehörte.

Romöe (Röm.), die nördlichste zum Herzogthume gehörige Insel in der Westsee, ¾ bis 1¼ M. vom festen Lande. Nur der nördliche Theil (Norderland) gehört zum A. Hadersleben, Hviddingh., der südliche (Süderland) zum A. Ripen. Diese Insel, welche 1¾ M. lang und ½ M. breit ist, soll vormals mit der Insel Manöe landfest gewesen sein und im angelsächsischen Gedichte Beowulf unter dem Namen Rämis vorkommen. Die Insel wird übrigens schon in einer Urkunde aus dem Jahre 1226 erwähnt, da eine päpstliche Bulle dem Kloster des Heil. Knuds in Odense alle Besitzungen auf Romöe, Aeroe, Alsen und Sylt bestätigte. — Zum Norderlande, welches unter einem Landvogte steht, den der Amtmann von Hadersleben erwählt, gehören die Dörfer Kongsmark, bestehend aus 2 Viertelhufen, 4 Achtelh., 9 Instenstellen, 23 Voll=Besitzstellen, 8 Halb=Besitzstellen und 6 Viertel=Besitzstellen, Norder= und Süder=Tvismark 5 Viertelhufen, 11 Voll=Besitzstellen, 7 Halb=Besitzstellen, Bolildmark (Bodildmark), 6 Sechstelh., 1 Voll=Besitzstelle, 2 Viertel=Besitzstellen, Toftum 7 Viertelh., 2 Viertel=Besitzstellen, Juvre 6 Sechzehntelh., 12 Zweiunddreißigstelh., 4 Voll=Besitzstellen und 1 Viertel=Besitzstelle (zusammen $4\frac{13}{100}$ Pfl.). Einige Hufen und Stellen außer den angeführten gehören zum Ripener Capitel und die Einwohner stehen mit dem A. Hadersleben in keiner Verbindung. — Die Einwohner sind zu der auf der Insel liegenden St. Clemenskirche eingepfarrt. Diese ist nach und nach erweitert und hat einen Thurm mit 2 Glocken. — Districtsschule. — 1 Controlleur, 1 Arzt, 2 Schmiede und mehrere Handwerker, besonders Tischler, Maurer und Zimmerleute. — In Tvismark ist eine Windmühle, in Kongsmark ein Wirthshaus. — Die Schifffahrt war vormals fast die einzige Nahrungsquelle der Einwohner, aber sie beschränkt sich jetzt nur darauf, von Hoyer aus Victualien nach Hamburg, Altona und Norwegen zu bringen. — Romöe hat nur 2 Jachten. — Die Frauen betreiben den Ackerbau und verfertigen zum Verkauf viele Strümpfe und andere gestrickte Waaren. — Vormals wurde die Austernfischerei von dieser Insel aus betrieben, dieses hat aber schon lange aufgehört und findet jetzt von den Inseln Sylt und Amrum aus statt. — An der Westküste wird Bernstein gefunden. — Von der Insel geht eine Fähre nach Ballum. — Der Boden besteht größtentheils aus Flugsand und Haide, worunter sich etwas mageres Ackerland befindet. An der östlichen und besonders an der nordöstlichen Seite der Insel wird etwas marschähnliches Schlickland gefunden; Wiesen sind nicht vorhanden. Der Flugsand richtet auf der Insel oft Verheerungen an und vormals war das Dorf Juvre in Gefahr gänzlich von diesem Sande zerstört zu werden; erst im Jahre 1740 gelang es, denselben zu dämpfen. An der Westseite wird die Insel durch Dünensand nach und nach vergrößert. — An der Ostseite der Insel auf einem Berge, der Burgberg genannt, sind Spuren eines befestigten Schlosses. Es ist nicht unwahrscheinlich, daß diese Burg der Limbekschen Familie ihrer Enehung verdankt. — Bz. des Ksp.: 511.

Roost, Dorf an einer kleinen Aue, 1¼ M. nordöstlich von Lygumkloster, A. Hadersleben, Westerth., Norderrangstruph., Ksp. Arild. Dieses

Rorbeke.

Dorf enthält 1 Doppelh., 3 Vollh., 1 Dreiviertelh., 8 Halbh., 1 Viertelh., 1 Verbittelsstelle und 12 Instenstellen ($4\frac{13}{24}$ Pfl.). 2 Halbh. nördlich heißen Roostgaarde, welche vormals einen Edelhof ausmachten. — Ausgebaut sind 1 Vollh. Graasteen, 1 Halbh. im Osten an der Scheide Skovland, 1 Kathe östlich Roostlund, 3 Instenstellen nördlich Sandet und 1 Instenstelle Rosendal. — Schule. — Wirthshaus, Schmiede und einige Handwerker. — Areal: 730 Steuert. — Der Boden ist gut und die Wiesen sind sehr einträglich; südwestlich vom Dorfe werden Ueberbleibsel eines ehemaligen Edelhofes gefunden, dessen Name aber nicht mehr bekannt ist. — Der Herzog Hans erhielt von H. Holck 4 Höfe in Roost, nebst einem Hofe zu Borlund und einem zu Rurup.

Rorbeke, eine ehemalige Kirchspielskirche in der Beltringharde auf der alten Insel Nordstrand, etwa $1\frac{1}{4}$ M. südwestlich von Bredstedt. Sie ward in der Sturmfluth 1634 fast verwüstet und im Jahre 1638 wurden die Ueberbleibsel verkauft. Das Kirchspiel enthielt kurz vor der Fluth 1634, 2322 Dem. 200 R. Es ertranken damals 340 Personen; 94 Häuser und 2 Mühlen trieben weg und nur 6 Häuser wurden erhalten.

Rosenhof, 1 Hof nahe beim Süderdeiche im Westerth. der Landsch. Eiderstedt, Ksp. und Schuldistr. Westerhever. — Areal: 92 Dem. 4 S.

Rosenkranz (vorm. Schinkel), adel. Gut in der Eckernförderh., am Eider=Kanal. Der Haupthof liegt 2 M. südöstlich von Eckernförde, Ksp. Gettorf. Aus dem 13. und 14. Jahrhundert werden Nicolaus v. Schinkel (1284), Luderus und Otto v. Schinkel (1357) genannt, welche ohne Zweifel Besitzer dieses Gutes gewesen sind; 1512 v. Breide, 1564 v. Rantzau, 1626 v. Ahlefeld, 1684 v. Thienen, darauf v. Brockdorf, 1783 v. Rantzau, 1786 Jensen, 1787 Bruyn, 1811 v. Klöcker, 1828 Hofjägermeister Dr. Weber. — Dieses Gut, welches mit dem Gute Rathmannsdorf zum Rosenkranzischen Fideicommisse gehört, ward 1786 parcelirt und in Erbpachtstellen getheilt; es steht in der Landesmatrikel für 4 Pfl. und hat im Ganzen ein Areal von 1753 Ton. à 240 Q. R. (1684 Steuert., 204,340 Rbthlr. Steuerw.). Zum Gute gehören die Dörfer Schinkel und Schinkeler=Hütten und die hier befindlichen 54 Erbpachtstellen entrichten an den Haupthof einen jährlichen Canon von 2000 Rthlr. — Der Haupthof hat ein Areal von 408 Ton. à 240 Q. R., darunter an Acker 300 Ton., Wiesen 13 Ton., Hölzung 55 Ton., Moor 20 Ton., Park und Wege 10 Ton., herrschaftlichen Mühlenländereien 8 Ton. — Der Boden ist schwerer Art und sehr gut. — Das Wohnhaus ist groß und geräumig, von Brandmauern und mit Ziegeln gedeckt. — Zahl der Einwohner: 620. — Contrib. 179 Rbthlr. 10 b/ß., Landst. 425 Rbthlr. 67 b/ß., Hausst. 3 Rbthlr. 3 b/ß.

Rosenkranz, Dorf $1\frac{1}{4}$ M. südwestlich von Tondern, A. Tondern, Wiedingh., Ksp. Aventoft; enthält 7 Bohlstellen, 9 kleine Landstellen und 21 Instenstellen, von denen 1 Vollbohle Ringswerf, 1 Achtelb. (Wirthshaus) Neumark, 1 Fünftelb. und 1 Zweisiebentelb. Merlingmark, 1 Zweineuntelb. Broderskoog, 1 Anderthalbb. (5 Häuser) Dötgebüll und 1 Achtelb. Orholm genannt werden. — Im Dorfe ist ein Wirthshaus. — Districtsschule zwischen diesem Dorfe und den Fischerhäusern. — Schmiede. — Einige Einwohner ernähren sich von der Fischerei. — Der Boden besteht aus Marschland und ist sehr ergiebig. — In der Nähe von Ringswarf liegt ein Hügel, auf welchem die Burg Fockebüll (Fuggebüll, s. Fockebüll), der Sitz des Landvogts, gelegen hat; auch soll in der Nähe auf dem s. g. Klint der Sage nach eine Kirche gelegen haben, die Rautost hieß.

Rosenthal, Dorf an dem Husumer-Mühlenteiche, ¼ M. östlich von Husum, A. Husum, Süderh., Ksp. Mildstedt; enthält 1 Halbstave, 4 Drittelstaven, 4 Viertelst., 1 Fünftelst. und 1 Kathe ohne Land (2¾ Pfl.). Eine Viertelstave gehört zur Vogtei Schwabstedt. — Schule. — Areal: 277 Steuert., worunter 63 Ton. Gras- und Weideländereien. — Das Ackerland ist von ziemlicher Güte. — Rosenthal soll vormals ein bischöfliches Gut gewesen sein. — Die in Angriff genommene Eisenbahn von Tönning nach Flensburg wird dieses Dorf berühren.

Rosgaard (Rusgaard), Parcelenstelle ¾ M. östlich von Flensburg, A. Flensburg, Munkbraruph., Ksp. Munk-Brarup. Die Ländereien sind größtentheils von dem niedergelegten Dorfe Ruböl (Rubye, s. Ruböl) genommen. Der Hof ward von dem Könige Friedrich I. an v. Breda auf Lebenszeit verlehnt, worauf er nach dessen Tode an den Herzog Johann fallen sollte, aber der Herzog vermochte ihn den Hof schon im Jahre 1609 abzutreten. Späterhin erhielt Rosgaard den Namen Philippshof und ward im Jahre 1755 in 6 Parcelen niedergelegt. Jetzt sind hier 16 kleine Parcelenstellen, die zusammen 150 Ton. 4½ Sch. à 320 □. R. (178 Steuert.) haben. — Schuldistr. Oxbüll. — Der Boden ist ziemlich gut und enthält viel Wiesenland, aber kein Holz; Namen der Ländereien sind: Stubelejskoppel, Timmertwig, Lierland, Stegmark, Byschopbjerg, Laubjerg.

Rossee, einige Stellen im Rosseer Moor, theils zum Gute Hemmelmark theils zum Gute Rögen gehörig, Eckernförderh. Ksp. Borbye, Schuldistrict Barkelsbye. Hier sollte ehemals der Meierhof Lerchenrode angelegt werden (s. Rögen).

Roßacker (vorm. Rostekar), 1 Halbh. und 2 Viertelh. an einer kleinen Aue, 1¼ M. westlich von Schleswig, Ksp. St. Michaelis. Diese Stellen gehörten vor Alters dem Michaeliskloster in Schleswig, sind aber jetzt dem Graukloster daselbst zuständig und stehen unter Jurisdiction des A. Gottorf, Arensh., Schuldistr. Silberstedt. — Areal: 134 Steuert. — Der Boden ist von ziemlicher Güte und die Wiesen sind einträglich.

Rothekrug, eine Landstelle und Wirthshaus bei Danewerk, an der Landstraße zwischen Rendsburg und Flensburg, Ksp. Haddebye, Schuldistr. Danewerk. Diese Stelle, welche mit einigen Privilegien versehen ist, sortirte früher unter dem Obergerichte.

Rothekrug (Rödekroe), eine vom Dorfe Lunderup ausgebaute Halbhufe und ansehnliches Wirthshaus an der Rödaue, ¾ M. nordwestlich von Apenrade, an der Landstraße von Flensburg nach Hadersleben und von Apenrade nach Lygumkloster; A. Apenrade, Süderrangstruph., Ksp. Ries, Schuldistr. Brunde. — Branteweinbrennerei. — Hier wird das Dinggericht der Harde gehalten. — Areal: 164 Ton. Acker- und Wiesenländereien und 36 Ton. Haideland.

Rothensande, Meierhof im Gute Ludwigsburg, 1¼ M. nordöstlich von Eckernförde, Eckernförderharde, Ksp. Waabs. Dieser Hof ward von dem Besitzer von Ludwigsburg im Jahre 1823 für 69,000 ℳ von v. Ahlefeld angekauft, contribuirt für 2 Pfl. und hat ein Areal von 311 Ton. 2¼ Sch. à 300 □. R., darunter Ackerland 230 Ton. 2 Sch., Wiesen 65 Ton. 4 4/16 Sch., Hölzung 4 Ton. 3 Sch., Moor 11 Ton. 1 10/16 Sch. Zu Rothensande gehören 5 Kathen, Buschenrade, Glasholz und Röhrtang,

Rothenspieker.

welche letztere zugleich ein Wirthshaus ist (zuf. 10 Ton. 4¾ Sch.). — Der Boden ist größtentheils von vorzüglicher Güte. — Das Wohnhaus ist von Mauerwerk, einstöckigt und mit Pfannen gedeckt.

Rothenspieker (Rodenspieker), ein Hof (Wirthshaus) und Ladeplatz an der Eider, ½ M. nordöstlich von Tönning, im Ostertheile der Landschaft Eiderstedt, Ksp. Oldensworth, Schuldistr. Hemme. — Bei Rothenspieker liegen eine Windmühle und eine neu angelegte Kalkbrennerei. — Areal: 21½ Dem. — Ein von Hoyersworth kommender Canal fließt hier durch die Harbleker-Schleuse in die Eider. Dieser Ladeplatz ist durch eine, im Jahre 1846 von der Commüne erbaute, Chaussee mit dem Kirchorte Oldensworth in Verbindung gesetzt.

Rothenstein, Meierhof im Gute Behrensbrook. Der Hof liegt 1 M. südöstlich von Eckernförde, Eckernförderh., Ksp. Gettorf. Rothenstein, welches aus mehreren niedergelegten Hufen entstanden ist, hatte im Jahre 1802 ein Areal von 529 Ton. 4 Sch. 17 R. à 240 □. R., worunter an Acker 434 Ton. 1 Sch. 27 R., an Wiesen 75 Ton. 2 Sch. 6 R., an Hölzung 14 Ton. 2 R. und an Wege 6 Ton. 12 R., davon sind dem Hofe Behrensbrook beigelegt 62 Ton. 4 Sch. 6 R., und bei der Vertheilung der Hufenländereien sind dagegen von Neudorf zugekommen 30 Ton. 3 Sch. 2 R. und an Neudorf zurückgegeben 12 Ton. 1 Sch. 18 R., mithin beträgt das Areal jetzt 485 Ton. 1 Sch. 25 R. (469 Steuert., 75,040 Rbth. Steuerw.). — Der Boden ist besonders fruchtbar. — Der Hof ward 1717 erbaut und die Gebäude sind ansehnlich.

Rothlau, 1 Hof im Ostertheile der Landschaft Eiderstedt, Ksp. und Schuldistr. Kating.

Rott, Dorf 2 M. südöstlich von Husum, A. Husum, Süderh., Ksp. und Schuldistr. Ostenfeld; 4 Halbh. und 1 Kathe. — Areal: s. Ostenfeld. — Der Boden ist gut und die Wiesen an der Treene sind von bedeutendem Umfange. — Der Sage nach soll Ostenfeld von Bewohnern dieses Dorfes zuerst erbaut sein.

Rottberg, 3 Parcelenstellen, welche von dem Hoffelde des Guts Rundhof abgelegt sind; Cappelerh. Ksp. Esgrus, Schuldistr. Bojum. — Areal: 212 Hdtsch.

Rotzbüll, 5 Landstellen, im Amte Tondern, Wiedingh., Ksp. Emmelsbüll, Schuldistr. Hoddebülldeich. — Der Boden, welcher aus Marschland besteht, ist ziemlich gut.

Roy, 2 Kathen bei Dollrottfeld, im Gute Dollrott, Cappelerh., Ksp. und Schuldistr. Süder-Brarup.

Royböl (Robbüll), Dorf an einer kleinen Aue, 2¾ M. nordwestlich von Hadersleben, A. Hadersleben, Westerh., Frösh., Ksp. und Schuldistr. Oester-Linnet; 2 Vollh., 1 Zweidrittelh., 2 Halbh., 1 Landbohlstelle. Eine südlich an der Gramaue belegene Vollhufe heißt Tved und eine Hufe (Wirthshaus) wird Lauenborg genannt. — Areal: 340 Steuert. — Der Boden ist kaltgründigt, aber nach und nach sehr verbessert; eine kleine Hölzung heißt Tyndstov.

Roykjär, zerstreut liegende Kathen 2¾ M. östlich von Flensburg, A. Flensburg, Ksp. Quern. Zur Nieharde gehören 6 Kathen; zum Gute Norgaard, Munkbraruph., 2 Stellen (s. Roikjär); zum Gute Nübel Munkbraruph., 15 Kathen. — Schuldistr. Kallebye. — Areal zum Amte Flensburg: 23

Steuert.; zum Gute Nübel s. Kallebye. Die Ländereien sind theils vom Gute Nübel theils von Hattlund abgelegt.

Roykjär, 1 Parcelenstelle im Gute Norgaard, und 1 aus Gintoft ausgebaute Norgaarder Hufe, unweit des Querner=Roikjär belegen. A. Flensburg, Munkbraruph. Ksp. Steinberg.

Royum (Royen, vorm. Raden), 2 Halbh. im Amte Gottorf, Schliesh., Ksp. und Schuldistr. Brodersbye. Oestlich von Royum liegt eine Ziegelei. — Areal: 160 Steuert.

Ruböl (Rubye), ein ehemaliges Dorf im Amte Flensburg, Ksp. Munk=Brarup. Es lag südlich von Orbüll, wo noch eine Kathe Rubelei heißt, auf dem Rosgaarder Felde Rubelejskoppel. Dieses Dorf bestand aus 8 Hufen, deren Ländereien theils zu Wees und Orbüll, theils zum Meierhofe Rosgaard gelegt sind. Ein davon abgelegtes Holzdorf wird wahrscheinlich Rüllschau, d. h. Rubölstov sein.

Rückenstadt, 6 kleine Landstellen und 2 Häuser nebst eine östlich belegene kleine Landstelle, welche Flühe (Flüde) heißt, 2 M. südlich von Tondern, A. Tondern, Karrh., Ksp. Klirbüll. Hier ist die Wohnung des Küsters. — Districtsschule.

Rüde (Groß=Rüde, vorm. Ruby), Dorf 2½ M. nördlich von Schleswig, Ksp. Satrup. Zum Amte Gottorf, Struxdorfh., gehören 7 Halbh. und 3 Kathen (mit Klein=Rüde 3⅞ Pfl.), und zur Morkirchh. 1 Großkathe (48 Steuert.), welche 1493 von Junghe Ketel in Flensburg an das Morkirchener Kloster verkauft ward. — Districtsch. — Schmiede. — Areal mit Klein=Rüde zur Struxdorfh.: 624 Steuert. — Der Boden ist ein guter Mittelboden.

Rüde (Klein=Rüde), 1 Drittelh., 4 Kathen und 3 Parcelenstellen, Ksp. Satrup, Schuldistr. Rüde, von denen 2 Kathen zum Amte Gottorf, Satruph., die übrigen Stellen zur Struxdorfh. gehören. — Areal und Pflz. s. Groß=Rüde.

Rüde, Dorf 1½ M. nordöstlich von Flensburg, A. Flensburg, Munk=braruph., Ksp. und Schuldistr. Munk=Brarup, 6 Halbh. und 5 Kathen (3 Pfl.), von welchen letzteren eine am Rüder=See gelegene Rüder=heck oder auch wohl Krittenborg genannt wird. — Wirthshaus, Schmiede. — Areal: 149 Steuert. — Von den Feldern heißen einige Albyekjär, Bülleholm, Rauland, Kattsieg und Hauge.

Rüderheck, 4 Kathen im Amte Gottorf, Satrupharde, Ksp. und Schuldistr. Satrup.

Rüderstraße, 2 Kathen und 2 Parcelenstellen ($\frac{123}{384}$ Pfl.), im Amte Gottorf, Satruph., Ksp. und Schuldistr. Satrup. — Areal: 35 Steuert.

Rügge, Dorf 1½ M. nordwestlich von Cappeln, Ksp. Norder=Brarup. Zum Amte Gottorf, Struxdorfh., gehören 3 Vollh., 1 Dreiviertelh., 1 Halbh., 4 Viertelh. und 4 Kathen (5⅝ Pfl.); eine Vollh. östlich heißt Rüggesnorgaard und 1 Kathe Rüggesmoor. Zur Morkirchh. gehören 2 Halbh. südöstlich Rüggesgaarde (½ Pfl., ehemals ein Edelhof) benannt und 1 Kathe (Wirthshaus); zum Gute Töstorf, Cappelerh., 1 Vollh., und zum Gute Brunsholm, Cappelerh., 1 Halbh. mit einer Braruperholzer Parcele zusammen Stennebek genannt und 1 Parcelenstelle Huusberg; zum Schleswigschen Domcapitel gehörte ehemals 1 Kathe. Districtsch. — Schmiede. — Areal zur Struxdorfh.: 494 Steuert., zur

Nüllschau.

Morkirch.: 134 Steuert., zu Töftorf: 42 Steuert. — Der Boden ist sehr hügeligt und größtentheils nur Mittelboden; die Hölzungen und Moore liefern einen bedeutenden Ertrag. — Im Jahre 1487 verkaufte Eggert v. d. Herberge den Hof Rüggesgaard an das Morkirchener Kloster.

Nüllschau (Nüllstov), Kirchdorf ¾ M. östlich von Flensburg, Pr. Flensburg. Zum Amte Flensburg, Husbyh., gehören 6 Viertelh. und 10 Kathen, zum Hospitale in Flensburg 1 Halbh. und 1 Kathe ($\frac{1}{2}$ Pfl.), welche vor der Reformation und bereits 1451 dem St. Jürgenshofe zuständig waren; auch war hier ehemals ein Kirchenlanste ohne Pflugzahl. Districtsschule. — Wirthshaus, Schmiede und einige Handwerker. — Die Kirche, wahrscheinlich anfänglich nur eine Capelle, ist nur klein und liegt in einiger Entfernung vom Dorfe auf einer Anhöhe; das Gebäude ist theils von Feld= theils von Mauersteinen aufgeführt und erhielt 1779 einen Thurm. — Der König ernennt den Prediger. — **Eingepfarrt:** Maasbüll, Maasbüllfeld, Maasbüllhof, Neukrug, Nüllschau, Ruhnmark. Areal zum Amte Flensburg: 270 Steuert., zum Hospitale: 56 Steuert. — Der Boden ist ziemlich gut. — Vz. des Ksp.: 342.

Nuenbek, eine Aue, welche bei Ruhnmark (Ksp. Nüllschau) entspringt, durch eine Schlucht bei Munk=Brarup in den Rüder=See fließt und sich bei Schwenau in den Flensburger Meerbusen ergießt.

Ruhekloster (Rüdekloster, Rus regis), ein vormaliges Cistercienserkloster, wohin das aufgelös'te Guldholmer=Kloster im Jahre 1210 vom Lang=See, wo es vormals stand, verlegt ward. Es befand sich in der Nähe des jetzigen Schlosses Glücksburg, in einer sehr anmuthigen Gegend an der Nuenbek. — Die Mönche dieses Klosters fingen schon bald nach ihrer Versetzung dahin ein so unordentliches Leben an, daß der Schleswigsche Bischof Jacobus (1283) genöthigt war, sie gänzlich aus dem Kloster zu vertreiben. Im Jahre 1289 war das Kloster aber wieder von Mönchen bewohnt und der König Erich Menved ertheilte diesen 1299 einen Schutzbrief. In den Kriegen zwischen den Dänen und Holsteinern von 1409 bis 1433 litt das Kloster bedeutend. In der Theilung des Landes 1490 fiel es dem Könige Johann und in der von 1544 dem Könige Christian III. zu, welcher es secularisirte; doch war das Kloster noch im Jahre 1548 gut unterhalten und von Mönchen bewohnt. Im Jahre 1582 wurden die Klostergebäude abgebrochen und man fand in den Gewölben und unter der Erde viele Hirnschädel und Gebeine kleiner Kinder. Die Materialien des Klosters wurden zum Bau des Schlosses Glücksburg verwandt; der Kirchhof des Klosters ward zum Schloßgraben gezogen. Die bedeutenden Besitzungen des Klosters, welche unter Guldholm angeführt sind, gingen zum Theil an dieses Ruhekloster über, welches außer der Munkbrauparde noch Munkebüll, Munk=Wolstrup, Klues, die Munkmühle und mehrere andere Güter, von denen man aber kein vollständiges Verzeichniß hat, besaß.

Ruhethal, eine Erbpachtsstelle am Rüder=See oder Glücksburger Mühlenteiche, in anmuthiger Lage dicht vor Glücksburg am Wege nach Flensburg, A. Flensburg, Munkbraruph., Ksp. Glücksburg. Bei dieser Stelle ist eine bedeutende Brenn= und Brauerei, und alle Krüger der genannten Harde und des Guts Nübel sind verpflichtet hier das benöthigte Bier und den Branntewein zu kaufen. — Areal: 14 Ton. $1\frac{5}{16}$ Sch. à 320 □. R.

Ruhkroog, Meierhof im Gute Buckhagen, ⅓ M. nördlich von Cappeln, Cappelerh., Ksp. Cappeln. Dieser Hof, welcher aus niedergelegten Hufen des Dorfes Rabel entstanden ist, enthält ein Areal von 307 Ton. 6 Sch. 12 R. à 240 □. R., darunter an Acker 208 Ton. 1 Sch. 18 R., an Wiesen 30 Ton., und an Moor 69 Ton. 4 Sch. 24 R., welches aber größtentheils als Ackerland benutzt wird (165 Steuert., 26,400 Rbthlr. Steuerw.). — Der größte Theil des Bodens ist fetter schwerer Lehm. — Das Wohnhaus mit dem die Meierei verbunden ist hat nur ein Stockwerk, und ist theils von Brandmauern, theils von Bindwerk aufgeführt.

Ruhkrug, ein ehemaliges Herzogliches Domanialgut, jetzt ein Wirthshaus, ½ M. nördlich von Schleswig, an der Chaussee nach Flensburg, welches früher unter dem Obergerichte sortirte, und zu Falkenberg (Ksp. St. Michaelis) gehört. Vormals ward Ruhkrug gewöhnlich an Fürstl. Beamte verlehnt, aber im Jahre 1663, nebst 2 Halbhufen in Jübek an C. Friese für 1000 Rthlr. verkauft und mit Privilegien versehen. Auf der Feldmark dieser Stelle ist der Hof Falkenberg erbaut (s. Falkenberg).

Ruhnmark (Ruenmark), Dorf an der Ruenbek, ¾ M. östlich von Flensburg, A. Flensburg, Munkbraruph., Ksp. und Schuldist. Rüllschau; 3 Vollh. und 1 Kathe. — Ruhnmark ist zum Glücksburgischen Districte (Munkbrarupharde) durch einen Tausch gegen einige Hufen in Grundtoft gekommen. — Areal: 205 Ton. 1½ Sch. à 320 □. R. (238 Steuert.).

Rumohrsgaard (vormals Söebyegaard), adel. Gut im südlichen Theile der Insel Alsen, A. Sonderburg, Augustenburgerharde. Der Hof liegt ½ M. nordöstlich von Augustenburg, Ksp. Nottmark. Vermuthlich ist dieses Gut aus dem niedergelegten Dorfe Söebo (Söebye) entstanden; Otto Breide besaß es 1533; das Gut kam darauf an die v. Rumohrsche Familie, und diese verkauften Rumohrsgaard (1599) an den Herzog Johann d. J. für 23,000 Rthlr. — Pertinenzien des Guts sind: Almsted, Almstedskov, Nottmark und Nottmarkskov. Eine Wassermühle heißt Lillemölle (Kleinmühle), eine Erbpachts-Windmühle Egebjerg. Das Gehege heißt: Dyrehaugen (Thiergarten). — Der Flächeninhalt der herrschaftlichen Ländereien beträgt mit dem davon abgelegten Meierhofe Oevelgönne 608 Ton. 6 Sch. 30 R. à 320 □. R., darunter an Ackerland 339 Ton. 6 R., an Wiesen 137 Ton. 2 Sch. 6 R., an Hölzung 127 Ton. 1 Sch. 24 R. und an Wohnplätzen und Gärten 5 Ton. 2 Sch. 34 R. — Der Boden ist sehr gut. — Zahl der Einw. mit Oevelgönne: 1084.

Rundemölle, Groß- (Rundemühle), eine in der Nähe von Gjenner am Gjennerfjord belegene Erbpachts-Wassermühle; A. Apenrade, Riesh., Ksp. Loit. Diese Mühle, welche von der Elstedbäk getrieben wird, liegt in einer reizenden Gegend und soll der Sage nach vormals im Kallesthale zwischen der Gjenner- und Leerskover Feldmark gelegen und das Wasser von der Strygsbäk erhalten haben.

Rundemölle, Klein- (Rundemühle), eine Korn-Wassermühle nebst Stampfmühle im A. Apenrade, Süderrangstruph. und in der Nähe der Großen Rundemölle belegen; Ksp. Loit. Sie gehörte sonst zum A. Habersleben, Vogtei Vollerslev.

Rundhof (Runtoft, Waldem. Erdb.: Runātoft), adel. Gut in der Cappelerharde. Der Haupthof liegt 1¼ M. nordwestlich von Cappeln, Ksp. Esgrus. Rundhof gehörte nach dem Erdbuche des Königs Walde-

Rundhof.

war zu den Königl. Domainen und hatte, im Jahre 1231 und um die Mitte des 14. Jahrhunderts nur einen geringen Umfang; es ist nach und nach vergrößert, aber auch späterhin mehrere Male verkleinert worden. Im Jahre 1285 gehörte Rundhof nicht mehr zu den Königl. Besitzungen und war damals wahrscheinlich schon in den Besitz eines Adelichen gekommen. Der erste bekannte Besitzer war der Ritter Peter Schramm und mit dessen Tochter kam es an Segebode von Krummendiek, welcher 1377 dem Domcapitel die Güter in Tranbüll abhäuerte; darauf 1391 kam Rundhof an dessen Sohn Erich Krummendiek, welcher das Gut durch bedeutende Erwerbungen sehr erweiterte. Es kamen dazu 1397 Wippendorf, Griesgaard, Tollschlev, Tollgaard, eine Oere Land in Schaubye, ferner Schörderup mit der Mühle, Stoltebüll, Vogelsang und alles was zur Schörderuper Lehn gehörte; später hin noch 4 Hufen zu Tranbüll und 18 ℳ Goldes auf der Wippendorfer Feldmark, welche zum Schlesw. Domcapitel gehörten. Rundhof ward wahrscheinlich durch diesen Besitzer befestigt und nachdem Erich Krummendiek in dem Kriege der Dänen gegen die Holsteiner sich zur Königl. Partei hielt, ward Rundhof 1431 von den Herzoglichen belagert, eingenommen und geschleift, blieb bis 1460 eine landesherrliche Domaine und ward dann nach dem Tode des Herzogs Adolph, als der König Christian I. in den Besitz der Herzogthümer gelangte, an Wulf v. d. Wisch für 10,000 ℳ Lüb. verkauft. Das Gut hatte damals folgenden Umfang: Rundtoft (das Schloß) und 9 Hufen, Wippendorf 8 H., Tollschlag 1 H., Birzhaff 3 H., Griesgaard 2 H., Niesgrau 3 H., Lüchtoft 6 H., Stubdrup 3 H., Steinberg 2 H., Hattlund 1 H., Schaubye 1 H., Sterup 1 H., Aketoft (niedergelegt) 1 H., Niebye mit der Mühle 12 H., Düttebüll mit der Mühle 8 H., Pommerbye mit der Mühle 9 H., Schörderup 8 H., Stoltebüll 4 H., Vogelsang 4 H., Drüllt und Wiedebye (niedergelegt) 10 Lansten, Gulde 5 Lansten, Oersberg 1 Lanste, Flarupgaard 1 Lanste, Rügge 1 Lanste, Scheggerott 1 Lanste, Arrild 1 Lanste, die Mühle zu Rurupgaard, Robeschow und Budeholde (niedergelegt) 7 Lansten. Im Ganzen also damals etwa 112 Hufen und Lansten. — Das Gut blieb lange im Besitz der Familie v. d. Wisch, 1506 v. Sehestedt, darauf v. Ahlefeld, 1582 Henecke v. Rumohr in dessen Familie es bis jetzt geblieben ist. — Die alten Untergehörigen des Gutes machen 8 Dorfschaften aus, nämlich: Birzhaff, Gulde, Schörderup, Stangheck, Stoltebüll, Vogelsang, Wittkiel und Wippendorf, wozu der Meierhof Drüllt kam; ferner gehören folgende Pertinenzien zum Gute Rundhof: 1 Hufe zu Groß-Solt, 1 Kathe zu Soltbrück, 1 Kathe zu Groß-Soltholz, 1 Hufe und 3 Kathen zu Klein-Solt, 1 Viertelh. im Dorfe Grünholz, 1 Viertelh. in Brunsbüll, 1 Kathe im Dorfe Esgrus-Schaubye, 1 Kathe im Dorfe Scheggerott. Im Jahre 1800 ward Rundhof parcelirt und 57 Parcelen wurden davon verkauft, welche mit einem jährlichen Canon von 1 Spec. Rthlr. für den Heidtscheffel belegt wurden. Einzelne Parcelenstellen und Ortschaften heißen: Altona, Birzhaff, Bönbergaard, Bremgaard, Bojum, Christianslücke, Dammstelle, Gardwang, Griesgaard, Großkoppel, Holzkoppel, Kaltenkirchen, Levshöi, Lüchtoft, Mörderkoppel, Mürkmoos, Ochsenkoppel, Pattburg, Pattburgredder, Quiekoppel, Regelsrott, Rörmoos, Rottberg, Scherehye, Schörderuper-Mühle, Schweltholm, Sieverland, Stangheck, Stenneshöi, Tranbüll, Baßkos, Wippendorf. Der Canon von den Bauern- und Parcelen-

442 Rundwerf.

Ländereien beträgt jährlich 8676 Rthlr. — Vormals war dieses Gut zu 39 Pfl. angesetzt; nachdem aber im 17. Jahrhundert ein Theil von Wittkiel angekauft ward, wurde die Pflugzahl auf 41 erhöht. Diese Pflüge sind aber über die alten Dorfschaften des Gutes vertheilt, so daß dieselben weder auf dem Haupthofe, dem Meierhofe, noch auf den von diesen abgelegten Parcelenstellen ruhen. — Das Areal des Gutes mit Inbegriff des Meierhofes Drüllt (f. Drüllt) beträgt 10,551 Hbtsch. 1 Sch. 9 R. à 144 □. R. (4671 Steuert., 747,360 Rbthlr. Steuerw.). Hiervon kommen gegenwärtig auf den Haupthof 2500 Hbtsch., auf den Meierhof 1136 Hbtsch., auf die alten Dorfschaften 5226 Hbtsch., auf die Parcelen 1456 Hbtsch. und auf Wasserläufe, Wege und Fußsteige 233 Hbtsch. — Der Haupthof hat an Ackerland, 1620 Hbtsch., an Wiesen 250 Hbtsch., an Hölzungen mit dem Thiergarten 522 Hbtsch., an Moor, welches sehr ergiebig ist, 19 Hbtsch. und an Wege und Wasser 89 Hbtsch. (540 Steuert.) — Bei dem Hofe ist eine Ziegelei und Kalkbrennerei; eine Kathe heißt Christianslücke. — Der Haupthof, in einer schönen holzreichen Gegend gelegen, ist mit einem Graben umgeben über welchen 3 Zugbrücken führen. Das Wohnhaus, 1756 erbaut, hat 2 Stockwerke und ein Souterrain. — Zahl der Einwohner: 1740. — Der Boden des Guts ist durchgängig schwerer Lehm; die Lage ist größtentheils niedrig und große Nässe daher nachtheilig. Seen und Fischereien sind nicht vorhanden; mehrere Fischteiche sind im Laufe der Zeit Acker und Wiesen geworden. — Contrib. 1836 Rbthlr. 76 b/β, Landst. 1548 Rbthlr., Hausst. 22 Rbthlr. 12 b/β.

Rundwerf, 1 Haus im A. Tondern, Wiedingh., Ksp. und Schuldistr. Emmelsbüll.

Rungholt, 2 Häuser 1 M. westlich von Tönning, im Westerth. der Landschaft Eiderstedt, Ksp. Garding.

Rungholt, ein vergangener Flecken in der Edomsharde, auf der alten Insel Nordstrand, etwa ¼ M. nördlich von der Hallig Südfall. — Diese Ortschaft ging im Jahre 1300 mit 7 Kirchspielskirchen durch eine Wasserfluth unter. Rungholt war ein sehr ansehnlicher fast ganz mit Hölzung umgebener Ort, der an einem kleinen Hafen des Heverstromes lag, welcher Rungholtsiel hieß.

Rupel (ehemals Rückebüll), 1 Vollh., westlich von Groß=Jörl unweit der Chaussee von Flensburg nach Husum, A. Flensburg, Uggelh., Ksp. Jörl, Schuldistr. Groß=Jörl. Dieser Hof, welcher in einer holzreichen Gegend liegt, war vormals als Freigut ansehnlicher, gehörte im 15. Jahrhundert der Familie v. d. Heide, im 16. Jahrhundert v. d. Wisch und späterhin, etwa 1585, v. Paysen. — Areal: 79 Steuert.

Rurup (vorm. Ruuthorp), Dorf 1¾ M. nordöstlich von Lygumkloster, Ksp. Branderup. Zum A. Hadersleben, Westerth., Norderrangstrupk., gehören im Jahre 1719, 1 ausgebaute Doppelh. (7 Ott.) Mandbjerg, 1 Vollh. Kjärgaard, 5 Dreiviertelh., 6 Halbh., 2 Viertelh., 2 Achtelh. und 3 Kathen ($5\frac{100}{288}$ Pfl.); zum A. Lygumkloster, Vogtei Stjärbäk, gehört 1 Kathe mit Land. Bei Mandbjerg ist eine nicht ganz unbedeutende Hölzung und ein ansehnlicher Obstgarten. — Schule. — Schmiede. — Als Nebenerwerbzweig wird die Spitzenfabrikation betrieben. — Der Boden ist von mittlerer Güte; die Wiesen sind gut. Südlich von Mandbjerg liegt ein großer Grabhügel.

Rurup.

Rurup, eine Königl. Erbpachts=Wasser= und eine Windmühle (¼ Pfl.) 1½ M. westlich von Cappeln im A. Gottorf, Ksp. Norder=Brarup. Die Mühle hat eine anmuthige Lage und stand vormals unter dem Obergerichte. — Areal: 13 Steuert. — Zur Mühle gehören 2 kleine Hölzungen an den Seiten des Mühlenteiches.

Rurupfeld, 2 Kathen im A. Gottorf, Struxdorfh., an der Stelle des ehemaligen Dorfes Rurup oder Raarup, Ksp. und Schuldistr. Norder=Brarup; sie gehörten ehemals zum Gute Flarup. — Areal: 25 Steuert.

Ruruplund, eine Reihe Kathen im A. Gottorf, Struxdorfh., Ksp. und Schuldistrict Norder=Brarup. Diese Kathen gehörten ehemals zum Gute Flarup und 1 Kathe ist beim Stammhofe geblieben. — Areal: 20 Steuert.

Rutebüll, Dorf 1 M. südwestlich von Tondern, A. Tondern, Südhoyerh., Ksp. Hoyer; enthält 5 größere und kleinere Bohlstellen, 27 kleinere Landstellen und 10 Insteustellen. Von diesen heißen 5 Häuser nordwärts vom Dorfe Nord warf. — Districtsschule. — Wirthshaus. — Viele Einwohner beschäftigen sich mit der Bootfahrt und mit der Fischerei. — Dieses Dorf war vormals der Ladeplatz für die Stadt Tondern, welches jetzt das Kirchdorf Hoyer ist. — Der Boden ist Marsch und von besonderer Güte. — Rutebüll ist vormals zur Kirche in Anflod (Andäflyth) eingepfarrt gewesen.

Rutebüllerkoog, ein octroyirter Koog 1¼ M. südwestlich von Tondern, in der Hoyerharde, Ksple. Hoyer, Abentoft und Rodenäs. Dieser Koog erhielt im Jahre 1712 eine Octroy und ward 1715 eingedeicht. — Der Flächeninhalt beträgt 1100 Demat. (910 Steuert., 21⅔ Pfl.). In demselben liegen 2 Höfe und außerdem gehören 10 Häuser am Rutebüllerdeich zum Kooge. An Deichkosten hat dieser Koog nicht viel beizutragen, ist aber öfters Ueberschwemmungen ausgesetzt, da die Ländereien sehr niedrig liegen und das Wasser hier aus den benachbarten Koogen stark zuströmt und beim anhaltenden Zufluß und westlichen Winden die Schleusen nicht geöffnet werden können. Die hiesige Wasserleitung ist die größte im Herzogthume und es liegen 5 Schleusen nahe bei einander; die größte kostete 12,000 Rthlr. Der Koog hat 2 Hauptparticipanten.

Ryburg, 1 Kathe südlich von Alnoer beim Ekensunde, A. Apenrade, Lundtofth., Ksp. Rinkenis.

Rystum, eine ehemalige Kirche in Nordfriesland, nordwestlich von dem Dorfe Wenningstedt auf der Insel Sylt, wo jetzt sich eine Sandbank, die Röst genannt, befindet. Sie soll im Jahre 1300 vergangen sein.

Sagerfeld, 3 Parcelenstellen im Gute Brunsholm, Cappelerh., Ksp. Esgrus. — Areal: 11 Steuert.

Sahrensdorf (Waldem. Erdb.: Zärnästhorp), Dorf auf der Insel Fehmern, Osterkirchspiel, Kirche Burg; enthält 8 größere und 9 kleinere Landstellen und 12 Instenstellen. Zum Dorfe gehört eine Windmühle. — Auf dem Sahrensdorfer Grundgebiete liegt die Tiefe (Burger=Tiefe) genannt, ein Ladeplatz mit einer offenen Rhede beim Eingange des Fehmerschen Sundes. Hier sind 6 Wohnungen und die Glambekermühle

(f. daf.). — Schuldistrict Meeschendorf. — Unter den Einwohnern sind 1 Kaufmann, 4 Schiffer, 1 Holzhändler und 1 Lootse. — Areal: 352 Dr. 5 Sch. contribuables Ackerland (594 Steuert.). — Der Boden ist sehr gut. — Zwischen Sahrensdorf und der Tiefe ist ein kleines Binnenwasser, Ostersee genannt, worüber eine Brücke führt. — Vz.: 321.

Saidt, 5 kleine Landstellen im A. Tondern, Wiedingh., Ksp. und Schuldistr. Emmelsbüll. — Der Boden ist zwar Marsch, aber nicht von besonderer Güte.

Sand (auf'm Sand), 1 Landstelle im Westerh. der Landschaft Eiderstedt, Ksp. und Schuldistr. Ulvesbüll.

Sandacker, Dorf 3 M. südöstlich von Tondern, im Gute Gaarde, A. Tondern, Karrh., Ksp. Leck; 4 Halbh., 2 Viertelh. und 4 Kathen, von denen 2 südlich belegene Halbhufen Freienwillen und Schotten= burg und 1 Viertelhufe Brüll genannt werden. — Nebenschule. — Areal: 241 Steuert. — Der Boden ist nur von mittelmäßiger Art.

Sandacker, 11 Kathen am Flensburger Meerbusen, 2 M. nord= östlich von Flensburg, A. Apenrade, Lundtofth., Ksp. und Schuldistr. Rinkenis; 6 dieser Kathen gehören zum Amte und 5 zum Gute Graven= stein. — Die Einwohner ernähren sich fast einzig von der Schifffahrt und Fischerei, letztere ist nicht unbedeutend. — Bei Sandacker ward im letzten Kriege eine geschlossene Strand=Batterie angelegt.

Sandbek, ein mit adelichen Gerechtigkeiten versehenes Dorf, in der Cappelerh., ¼ M. nordwestlich von Cappeln an der Mühlenbek, Ksp. Cap= peln; enthält 6 Vollh. und 5 Kathen (6 Pfl.), von denen eine Hufe vor mehreren Jahren nach der Priesholzer Scheide hin ausgebaut ist. Gegen Ende des 15. Jahrhunderts besaß dieses Dorf der Ritter Otto Rantzau. Dieser tauschte es 1497 von 2 Vicarien des Schlesw. Domcapitels, das Dorf und Gut Kalendorp im Ksp. Slabbenhagen an sich gegen Sandbek und andere Güter in Angeln. Die Sandbeker Feldmark enthielt damals 10 Bohlen Landes und 2 Wurthen, welche unter 7 Festebauern vertheilt waren. Die Sandbeker waren also Vicarienlansten und als bei der Refor= mation die Vicarien den Dompredigern beigelegt wurden, Pastorenlansten; da nun der Magistrat der Stadt Schleswig Mitpatron der Domkirche war, so wurde Sandbek von der Gerichtsbarkeit des Domcapitels getrennt und dem Magistrate übertragen. In der Folge ist Sandbek den adelichen Gütern zugezählt worden und hat mit denselben gleiche Gerechtsame, hatte auch einen Gerichtshalter, wiewohl hier nie ein adelicher Hof gewesen ist. Die Eingesessenen sind Festebauern oder Lansten, und entrichten eine bestimmte Contribution an den Domprediger der Stadt Schleswig. — Zahl der Einwohner: 62. — Schuldistr. Mehlbye und Stutebüll. — Areal: 292 Ton. à 260 □. R., worunter 20 Ton. Hölzung und 8 Ton. Moor (264 Steuert., 42,240 Rbthl. Steuerw.). — Der Boden ist sehr gut. — Contrib. 268 Rbthlr. 76 b/ß, Landst. 88 Rbthlr.

Sandbek (Klein=Sandbek), 9 Kathen (½ Pfl.) im Gute Röest, unmittelbar an dem Dorfe Sandbek, Cappelerh., Ksp. Cappeln, Schuldistr. Mehlbye. — Areal: 60 Hdtsch. ½ Sch. (42 Steuert.).

Sandberglyk, eine Parcelenstelle und Wirthshaus in der Graffschaft Reventlov=Sandberg, A. Sonderburg, Nübelh., Ksp. Satrup.

Sande (auf dem Sande), Dorf 3 M. südlich von Tondern, Ksp. Enge. Zum A. Tondern, Karrh., (vorm. zum Schlesw. Domcapitel)

Sande.

gehören 14 Bohlstellen und 4 kleine Landstellen, von denen eine **Hörn** heißt (3 Pfl.); zum A. Bredstedt: 1 Bohlstelle; zum Gute Klirbüll, Karrh.: 1 Bohlst. — Nebenschule. — Wirthshaus. — Der Boden, besonders der nördliche Theil desselben, ist sehr mittelmäßig, der südliche Theil etwas fruchtbarer.

Sande (zum Sande), 5 Häuser an dem vom Kirchorte Witzworth nach dem Sandkruge führenden Wege, im Ostertheil der Landschaft Eiderstedt, Ksp. und Schuldistr. Witzworth. — In der Nähe dieses Weges liegen 2 Häuser, welche Sandhaak genannt werden.

Sandhof, ein Hof südwestlich von Tönning, im Osterth. der Landschaft Eiderstedt, Ksp. und Schuldistr. Tönning.

Sandkrug, ein Wirthshaus am Eckernförder Meerbusen, im Gute Marienthal, Eckernförderh., Ksp. Borbye. Diese Stelle ward vor mehreren Jahren als Eigenthumsstelle von dem Gute Marienthal verkauft. — Areal: 62 Ton. 1 Sch. 1 R. à 260 Q. R. (61 Steuert.).

Sandvig, 2 Kathen und 1 Freistelle in ausgezeichnet schöner Lage am Flensburger Meerbusen, 1¼ M. nordöstlich von Flensburg, A. Flensburg, Munkbraruph., Ksp. Munk-Brarup, Schuldistr. Bokholm. Die Freistelle war früher die Wohnung eines Oberförsters. — Areal: 50 Steuert. — Eine 1753 hier erbaute Graupenmühle ward 1822 abgebrochen. Hier liegt das Königl. Gehege Jungfernberg 37 Ton. 143 Q. R. groß. — Ein kleiner Landungsplatz am Flensburger Hafen heißt Torfbrücke (vormals Weinbrücke). Südlich in der Nähe des Binnensees Westerwark stand auf einer Erhöhung ehemals die Hufenstelle Sandrum, deren Spuren noch kenntlich sind.

Sankelmark, 1 Halbh. und 2 Achtelh. (¾ Pfl.) 1 M. südlich von Flensburg, A. Flensburg, Uggelh., Ksp. und Schuldistr. Oeversee. — Auf der Feldmark sind 2 Colonistenstellen erbaut. — Areal: 137 Steuert. — In der Nähe liegt der fischreiche Sankelmarker-See, etwa ¼ M. lang und 700 Ellen breit, welcher mit der Treene in Verbindung steht und von dem Königl. Amte verpachtet wird.

Sarbek, 1 Landstelle im A. Husum, Süderh., Ksp. Mildstedt.

Sartjendorf (vielleicht das im Waldem. Erdb. benannte Härthingsthorp), Dorf auf der Insel Fehmern, Mittelkirchspiel, Kirche Landkirchen; enthält 4 größere Landstellen und 5 Instenstellen. — Schuldistr. Teschendorf. — Areal: 130 Dr. 4 Sch. contribuables Ackerland und 23 Dr. Weideland (235 Steuert.).

Sarup, Dorf auf der Insel Alsen, 2 M. östlich von Sonderburg, im Gute Kekenisgaard, A. Sonderburg, Augustenburgerh., Ksp. und Schuldistr. Lysabbel; enthält 13 Bohlstellen und 13 Kathen. Eine ausgebaute Bohlstelle heißt Sarupgaard (vorm. Soburg), 1 Kathe Humbäk, wo zugleich eine Wassermühle und eine Windmühle sich befinden. — Das Ackerland ist sehr fruchtbar. — Nahe nördlich vom Dorfe auf einem Hügel Mölleböi genannt, ist eine sehr schöne Aussicht nach den Inseln Führen und Aeröe.

Satrup, Kirchdorf 2¾ M. nördlich von Schleswig, A. Gottorf, Satruph., Pr. Gottorf. Dieses Dorf, welches ehemals zu dem Gute Satrupholm gehörte, hat sich in den letzten Jahren sehr gehoben und enthält außer der Prediger- und Organistenwohnung, 2 Vollh., 3 Halbh., 1 Viertelh., 5 Kathen und 5 Hufen-Parcelenstellen. Vor einigen Jahren ward hier eine Apotheke angelegt. — Districtsschule. — Armen- und Arbeitshaus. — Ein sehr gut eingerichtetes Wirthshaus, Schmiede und mehrere Handwerker. — Im Dorfe wohnen ein Königl. Hegereuter, ein Districtsarzt und 2 Aerzte. — Die Kirche, anfänglich eine Capelle, soll von zwei reichen Jungfrauen erbaut sein; sie ist von Feldsteinen aufgeführt, mit blauen Ziegeln gedeckt, hat einen kleinen Thurm und eine Orgel. — Das Patronat der Kirche hatte ehemals der Besitzer von Satrupholm; jetzt ernennt der König den Prediger. — Eingepfarrt: Armenhauskoppel, Ausackerbrücke, Bregentwedt, Bondebrücke (z. Thl.), Esmark, Esmarkholm, Esmark-Süderfeld, Freikoppel, Fuchskuhle, Harm, Hattesbuus, Heineberg, Intecht, Kattlund, Katzberg, Kirchenholz, Kistelhoe, Kohlfeld, Krysethye, Mauenholz, Minnegab, Mooswatt, Mühlenholz, Nackholz, bei Nackholz, Ochsenkoppel, Opdrup, Opdrupholz, Opdruprebber, Opdrupstraße, Oster- holz, Alt- und Neu-Rehberg, bei Rehberg, Rehbergholz, Rehbergstraße, Rockenkoppel, Röhmke, Groß- und Klein-Rüde, Rüderheck, Rüderstraße, Satrup, bei Satrup, Satrupholm, Stiesholz, Rüder-Süderholz, Tranholm, Waterpött. — Areal: 344 Steuert. — Der Boden ist ziemlich gut. — Der Satruper-See ist 36 Ton. à 260 □. R. groß und ward vor mehreren Jahren gegen einen jährlichen Canon von 10 Rthlr. zum Eigen- thum überlassen. — Vz. des Ksp.: 1487.

Satrup (Saatrup, vorm. Sottorp), Kirchdorf im Lande Sun- dewith, 1 M. nordwestlich von Sonderburg, A. Sonderburg, Nübelh., Pr. Sonderburg. Satrup wird in Oster- und Wester-Satrup eingetheilt. Zum Amte gehören 13 Vollh. und 17 Instenstellen (13 Pfl.); zur Vogtei Sundewith 2 Hufen und 5 Kathen; zur Grafschaft Reventlov-Sandberg 15 Hufen und 7 Instenstellen; zum Gute Ballegaard 1 Halbh. Einige östlich von Satrup belegene Stellen werden Satrupholz genannt. — Hier sind 2 Schulen, die Küsterschule und eine Schule im Ostertheile des Dorfes. — Wirthshaus, Armenhaus, Schmiede und mehrere Hand- werker. — Die sehr gut erhaltene Kirche ist mit Blei gedeckt, gewölbt, und hat einen hohen und spitzen Thurm. — Auf dem Kirchhofe ist ein Glockenhaus erbaut. — Der Hauptprediger wohnt in Schnabek, der Diaconus und der Küster wohnen in Satrup. — Die beiden Prediger werden von dem Könige ernannt. — Eingepfarrt: Baasaa, Baaslund, Fuglsang, Kost, Lagmai, Nörremölle, Sandberg (Hof), Sandberglyk, Satrup, Satrupholz, Schnabek. — Areal zum A. Sonderburg: 723 Steuert. Der Boden ist sehr fruchtbar. — Vz. des Ksp.: 1125.

Satrup (Saatrup, Sattrup), 1 Hof, welcher auf dem Grunde der vormaligen großen Hölzung Farresskov erbaut ist, 2¼ M. nordwestlich von Hadersleben, A. Hadersleben, Osterth., Gramh., Ksp. und Schuldistrict Stepping. — Areal: 100 Ton. à 260 □. R. Der Boden ist ziemlich fruchbar.

Satrup, bei, 1 Parcelenstelle im A. Gottorf, Satruph., Ksp. und Schuldistr. Satrup.

Satrupholm, ein parcelirtes adeliches Gut, wozu 3 Meierhöfe Rehberg, Opdrup und Bunsbüll gehörten. Die Stammparcelenstellen liegen 2¾ M. nördlich von Schleswig, Ksp. Satrup. Satrupholm war in den ältesten Zeiten im Besitze der Bischöfe von Schleswig und im Jahre 1423 verkaufte der Bischof Heinrich vom See dasselbe an Heinrich v. Ahlefeld für 1500 ₰, Hartwig Krummendiek verschötete 1435 Satrup und Satrupholm an A. Jversen (Rosenkranz), der sie wiederum 1438 dem

Sauerbäk.

Bischof Nicolaus verpfändete. Satrupholm kam darauf an die Ahlefeld's; Claus v. Ahlefeld besaß es 1530. Etwa 1577 hatte Heinrich v. Ahlefeld, welcher 1618 starb das Gut und Heilwig v. Ahlefeld verkaufte 1629 Satrupholm an den Herzog Friedrich, der es 1652 dem Präsidenten v. Kielmannseck überließ; dessen Sohn verkaufte es 1685 für 74,000 Rthlr. Spec. an den Herzog Christian Albrecht; darauf kam es im Anfange des 18. Jahrhunderts pfandweise an den Generallieutenant v. d. Rath und der Gottorffischen Kammer ward das Einlösungsrecht vorbehalten. Nachdem es wieder eingelöst worden, blieb es Domaine, ward 1771 parcelirt und nur 2 große Parcelen führen den Namen Satrupholm. — Schuldistrict Satrup. — Die Pertinenzien bilden die Satrupharde des A. Gottorf. — Das Areal des ganzen Gutes betrug mit den dazu gehörigen Dorffeldern 5811 Ton. 6 Sch. 27 R., wovon der Haupthof und der Meierhof Rehberg 2699 Ton. 4 Sch. 21 R. enthielten. Von den sämmtlichen Ländereien wurden vor der Parcelirung ausgenommen: für Käthner 211 Ton. 16 R., zu geschlossenen Königl. Gehegen 770 Ton. 6 Sch. 22 R., zur Vertheilung unter die Untergehörigen in den benachbarten Dörfern 2694 Ton. 4 Sch. 32 R., zu Bondenhölzungen 128 Ton. 2 Sch. 11 R., so daß nach Abzug eines Sees und der Wege bei den Parcelen und Dörfern zur Parcelirung 1665 Ton. 4 Sch. 23 R. übrig blieben, wovon 48 Parcelen von 13 bis 68 Ton. Größe außer einem Antheile des Moores eingerichtet wurden. Die vormaligen Festebesitzer, welche noch bedeutende Hofdienste leisten mußten, wurden völlige Eigenthümer ihrer Häuser und Ländereien. — Die Parcelenstellen führen folgende Namen: Armenhauskoppel, Bregentwedt, Bondebrücke, Hatteshuus, Heineberg, Intecht, Kistelhoe, Kohlfeld, Kryselhye, Mühlenkoppel, Ochsenkoppel, Opdrup, Opdrupholz, Opdrupstraße, Osterholz, Alt- und Neu-Rehberg, bei Rehberg, Rockenkoppel, Klein-Rüde, Rüderstraße, Satrupholm, bei Satrup, Stiesholz, Waterpött (s. d. Art.). Bei der einen Parcelenstelle sind noch der bedeutende Schloßgraben und Ueberreste der vormaligen starken Befestigung dieses Hofes sichtbar.

Sauerbäk, eine Aue, welche nördlich von Hostrup entspringt, darauf Heldevad und Alslev vorbeifließt und dann die Arnaue (s. Vidaue) heißt.

Sausborg (Sarburg), ein Wirthshaus bei der Burkarler Kirche im A. Tondern, Slurh., Ksp. Burkarl. Zu dieser Kathenstelle gehören Ländereien ($\frac{1}{4}$ Pfl.) des Dorfes Bau (Wester-Bau) und eine Parcele von Gröngaard.

Saustrup (vorm. Sardorp), Dorf $1\frac{1}{2}$ M. westlich von Cappeln, Ksp. und Schuldistr. Norder-Brarup. Zum A. Gottorf, Strurdorfh., gehören 6 Halbh., 1 Sechszehntel. und 3 Kathen ($3\frac{1}{4}$ Pfl.). Eine Kathe heißt Lücke und gehörte ehemals zum Gute Flarup; zur Morkirchh. gehört 1 Halbh. ($\frac{1}{4}$ Pfl.). — Schmiede. — Areal: 330 Steuert. — Der Boden ist im Allgemeinen von sehr guter Beschaffenheit, besonders sind viele Wiesen vorhanden.

Savlaygaard, 1 Parcelenstelle auf der Alsener Halbinsel Kekenis, A. Sonderburg, Süderh., Ksp. und Schuldistr. Kekenis.

Sarvdorf, adel. Gut in der Eckernförderh. Der Haupthof liegt 1 M. nördlich von Eckernförde, Ksp. Riesebye. Sarvdorf war ehemals ein sehr ansehnliches Gut und ist in den ältesten Zeiten im Besitze der Familie v. Ahlefeld gewesen; 1494 Gotsche v. Ahlefeld, 1560 v. Rantzau, 1642 wiederum v. Ahlefeld, 1691 v. Brockdorf, 1758 v. Ahlefeld. Der

448 **Schadelund.**

jetzige Besitzer ist C. F. v. Ahlefeld. — Da das Erbbuch dieses Gutes nicht vollständig ist, so kann das Areal desselben nur approximativ zu 4097 Ton. à 260 □. R. (3960 Steuert.) angegeben werden; davon sind eigenthümlich oder erbpachtlich veräußert: die Meierhöfe Hörst, Holzkoppel, Patermiß, Osterhof, Jlewith und ein Theil der Dörfer Loose, Bastorf und Norbye, im Ganzen 2568 Steuert., mithin sind jetzt Eigenthum des Gutes 1392 Steuert. Von diesen enthält der Haupthof 642 Steuert., der Meierhof Erichshof: 283 Steuert., der Meierhof Charlottenhof 329 Steuert. und die Ländereien der Dörfer, welche von dem Prediger, dem Küster und den Häuerlingen benutzt werden, 138 Steuert. — Der Boden ist theils lehmigt, theils grandigt, und im Ganzen sehr fruchtbar. — Sardorf contribuirte ehemals für 50 Pfl., nachdem aber das Gut Rögen davon getrennt ward, für 40 Pfl. Der Stammhof 25 Pfl., die verkauften Meierhöfe 9½ Pfl., die Hufen zu Bastorf und Loose 5½ Pfl. — Zum Gute gehören jetzt die obengenannten Dörfer Loose, Norbye und Bastorf und die Erbpachtstellen Mührholm (5 Stellen), Steckwiese (2), bei Riesebye (1), Dingstock (1 Erbpachtstelle und 1 Jnstenstelle), Krattredder (Wirthshaus, 1 Stelle), Torsrühe (6 Stellen), Hohnbye (2 Stellen), Loosau (Lohseau), 3 Erbpachtstellen und 1 Jnstenstelle und die einzelnen Stellen Grobenthor, Kollholz, Hopfenholz, Lagerholz, Hummelweth, Moorbrügge, Kommherut, Grünthal und Tolsode. — Das Wohnhaus brannte im Jahre 1847 ab und ward im folgenden Jahre neu erbaut und sehr zweckmäßig eingerichtet. — Zahl der Einwohner: 1290. — Contrib. 1792 Rbthlr., Landst. 1165 Rbthlr. 67 b/β, Hausst. 6 Rbthlr.

Schadelund, 1 Vollh. (1 Pfl.) beim Dorfe Osterholm im A. Flensburg, Rieh., Ksp. und Schuldistr. Sterup. Schadelund war ehemals ein adelicher Hof und ward 1488 von Heinrich v. Krogh an das Kloster Morkirchen verkauft. — Areal: 64 Steuert.

Schäferhaus, eine Erbpachtstelle nahe westlich von Flensburg, der St. Marienkirche daselbst gehörig, Ksp. St. Marien in Flensburg. — Wirthshaus. — Eine Anhöhe in der Nähe heißt Fredeberg.

Schäferhaus, ein ehemaliges Haus, bei dem ein Schlagbaum errichtet war, südlich von Apenrade, am Strande und an der Landstraße von Apenrade nach Flensburg, Ksp. Apenrade.

Schafflund, (Skovlund, Schaffling), Dorf an der Schafflunderaue, 2¼ M. westlich von Flensburg, an der Landstraße nach Leck, A. Tondern, Karrh., Ksp. Nord=Hackstedt. Dieses Dorf, dessen Häuser in 2 Reihen gebaut sind, enthält 18 Bohlstellen, 16 kleine Landstellen, 2 Bohlparcelenstellen und 8 Jnstenstellen. Auf der Feldmark sind 4 zur Colonie Friedrichshof gehörige Colonistenstellen erbaut. Von diesen Stellen gehörten 6 Bohlstellen nebst einer Korn= und Stampf=Wassermühle, die sich durch schöne Gebäude auszeichnet, mit 1 Kathe (4 Pfl.) zum ehemaligen Schlesw. Domcapitel. — Districtsschule. — 2 Wirthshäuser, Schmiede und mehrere Handwerker. — Areal: 1150 Steuert. — Der Boden ist sandigt und moorigt, aber doch ziemlich gut.

Schafhaus, Groß= (Faarehuus) 1 Hufe ($1\frac{13}{16}$ Pfl.) und Wirthshaus an der Flensburger Landstraße, A. Apenrade, Riesh., Ksp Oster=Lygum. — Dieser Hof war ursprünglich eine Parcelenstelle des Königl. Vorwerks Riesgaard, welches 1774 niedergelegt ward. — Areal mit Klein=Schafhaus: 138 Steuert.

Schafhaus.

Schafhaus, Klein= (Faarehuus), eine westlich von Groß=Schafhaus belegene Instenstelle, A. Apenrade, Riesh., Ksp. Oester=Lygum. — Areal: s. Groß=Schafhaus.

Schalbye, Dorf an einer kleinen Aue, welche in die Füsingeraue fällt, ¾ M. nordöstlich von Schleswig, A. Gottorf, Strurdorfh., Ksp. Kahlebye. — Dieses Dorf gehört dem St. Johanniskloster in Schleswig und enthält außer einer Wassermühle 11 Vollh. und 13 Kathen. Eine dieser Kathen ist ein Wirthshaus, heißt Tolkwade und liegt an der Landstraße von Schleswig nach Cappeln. — Districtsschule. — Schmiede. — Schalbye kam im Jahre 1464 an das Johanniskloster, da Lüder Storm das ganze Dorf mit der Mühle an die Priörin Syle Esbern für 1600 ℳ verkaufte. — Der Boden ist sehr gut. — Nahe beim Dorfe heißt eine Koppel Kahlebyegaard (s. Kahlebye). — Der Schalbyer=See (Tolkwader=See) ist 1000 Ellen lang und 900 Ellen breit und steht mit einer Aue in Verbindung.

Schall-Capelle, (Schallum), eine vergangene Capelle in der Osterharde auf der Insel Föhr, welche durch eine Wassersluth zerstört ist. Die Zeit ihres Unterganges ist nicht bekannt.

Schanze, 5 Landstellen und 2 Häuser ohne Land, im Westerth. der Landschaft Eiderstedt, Ksp. Westerhever. — Districtsschule. — Im Jahre 1628 ward hier von den Kaiserlichen eine Schanze aufgeworfen. — Areal: 33 Dem.

Schardebüll, Dorf an der Landstraße von Tondern nach Bredstedt, 3½ M. südöstlich von Tondern, A. Tondern, Karrh., Ksp. Enge. Zum Amte gehören 14 Bohlstellen von verschiedener Größe und 6 Instenst.; zum Gute Fresenhagen 3 Bohlst.; zum Gute Klirbüll 1 Bohlst. und zum Gute Karr=harde 1 Kathe. Zum Domcapitel, Vogtei Stedesand, gehörten ehemals 11 Bohlst. und 4 Instenst.; 2 ausgebaute Instenst. heißen Stegelberg, 1 Stelle Mommenberg. — Nebenschule. — Wirthshaus, Schmiede und einige Handwerker. — Im 15. Jahrhundert hatte die Familie v. d. Heide hier Besitzungen. — Der Boden ist nur von mittelmäßiger Art.

Scharnhagen, Dorf an einer kleinen Aue im Gute Eckhof, ¾ M. nordwestlich von Friedrichsort, Eckernförderh., Ksp. Dänischenhagen; enthält 9 Hufen und 8 Kathen und Instenst., deren Besitzer alle Eigenthümer sind. Einige Stellen gehören zum Gute Bülck. — Schuldistr. Freidorf. — Schmiede. — Areal: 604 Steuert.

Schauhaus, 1 kleine Landstelle im Kanzleigut Haistruphof, A. Tondern, Slurh., Ksp. Burkarl, östlich von Gröngaard, auf dem Erbpachtsstücke Tang=broe (36 Dem.), welches ehemals der Landesherrschaft gehörte, gelegen. Der Besitzer von Haistruphof entrichtet dafür einen Canon von 10 Rthlr. Species.

Schausende, 10 Kathen und 1 Parcelenstelle mit einer Ziegelei im A. Flensburg, Munkbraruph., Ksp. Munk=Brarup, Schuldistr. Bokholm. — Areal: 99 Steuert. — Hier wurden 1668 in der damals Schauberg genannten Gegend 2 Großkathen angelegt, woraus der Ort entstanden ist. Die Ziegelei ist 1722 angelegt.

Schedebjerg, eine Holzvogtswohnung in der Rieser Hölzung, westlich von Apenrade, A. Apenrade, Riesh., Ksp. Ries. — Areal: 9 Ton. 226 R. à 240 ☐. R.

Scheggerott (Waldem. Erdb.: Skiäggeruth), ein ansehnliches Dorf, 1 M. westlich von Cappeln, Ksp. Norder=Brarup. Zum A. Gottorf,

Strurdorfh., gehören 3 Vollh., 1 Fünfachtelh., 2 Viertelh. und 2 Kathen (5⅛ Pfl.); die Fünfachtelh. ist ein Vicariengut und gehörte vor Alters der Trinitatisgilde in Schleswig, so wie 1 Hufe zum ehemaligen Schlesw. Domcapitel; zum Gute Töstorf, Cappelerh., gehören 2 Vollh., 2 Halbh. und 2 Kathen, eine der letzten nebst der Schule (Strurdorfh.) heißen Wüsten; zum Gute Dollrott, Cappelerh., 1 Vollh., 1 südlich ausgebaute Instenst. (Scheggerottfeld) und 1 Parcelenstelle; zum Gute Rundhof, Cappelerh., 1 Kathe. 1 südlich ausgebaute Kathe heißt wie die dabei gelegenen aber zu Dollrottholz im Ksp. Süder-Brarup gehörende Kathen Justrup. — Districtsschule. — Wirthshaus, 2 Schmiede und mehrere Handwerker. — Areal zum Amte mit Justrup: 443 Steuert.; zum Gute Töstorf: 163 Steuert.; zum Gute Dollrott: 42 Steuert. — Der Boden ist von vorzüglicher Güte.

Schelbek (Skjelbäk), eine südlich von Apenrade, am Ausflusse des kleinen Flusses Schelbek oder Schedebek belegene, im Jahre 1800 erbaute Ziegelei, womit eine Kalkbrennerei verbunden ist, A. Apenrade, Riesh., Ksp. Apenrade. Nördlich davon eine kleine Stelle Schelbekhuus.

Schelde (Schielde, Skjeld, vorm. Skelle), Dorf auf der südöstlichen Landzunge des Landes Sundewith, 1 M. südwestlich von Sonderburg, A. Sonderburg, Nübelh., Ksp. Broacker. Dieses große Dorf enthält 20 Vollh., 5 Halbh., 2 Viertelh., 10 Kathen, 10 Bohlparcelenst. und 21 Instenst. (23 Pfl.) 2 Vollh. unmittelbar am Dorfe heißen Ellkjär und Brederfsfud; ausgebaut sind 11 Vollh., von denen 9 auf der Schelder Feldmark liegen und Borre (südlich an der äußersten Südspitze von Sundewith), Frydendal (im Südost), Frydenlund (östlich), Kattroy, Langkjär, Maaling (beide südlich), Royhuus, Sträggehöi und Sönderskov (im Osten) genannt werden; die beiden andern Vollh. liegen auf der Dynther Feldmark. 3 Stellen am Flensburger Meerbusen heißen Scheldewiek; eine Stelle nahe an der Mündung des Krumbek in die Ostsee heißt Altmühle (Oldmölle) und war ehemals eine Wassermühle, an deren Stelle die Mühle zu Dynth erbaut ist; eine andere ebendaselbst heißt Mölschau. — Vormals waren in Schelde 2 Domcapitelslansten, welche der Herzog Hans 1601 gegen 2 Lansten in Möllmark eintauschte. — Districtsschule. — Wirthshaus, Schmiede und mehrere Handwerker; einige Einwohner ernähren sich von der Fischerei. — Seit dem Jahre 1619 ging vom Strande eine Fähre nach Neukirchen in Angeln, welche aber späterhin einging. — Areal: 1309 Steuert. Der Boden ist von vorzüglicher Güte; östlich vom Dorfe liegen 2 kleine Hölzungen. Die in der Nähe belegene Königl. Hölzung Fohlenkoppel ist 53 Ton. 158 □. R. groß. — Südlich vom Dorfe waren vormals und sind noch Spuren von Stein- und Erdwällen, welche der Sage nach von Seeräubern aufgeworfen sein sollen, namentlich östlich von Borre Reste einer Burg; von einem der Seeräuber Namens Ons giebt es hier noch manche Traditionen. — Die vielen Grabhügel in dieser Gegend sind meist abgetragen; bei Altmühle liegt der Wattstein, ein Felsblock von merkwürdiger Größe. — Die Südspitze des Feldes östlich von Borre an der offnen See heißt Groß-Borreshoved und der Vorsprung nördlich davon Klein-Borreshoved; zwischen beiden ist bei Frydenlund ein kleiner Landungsplatz Frydenhavn. — Bz. des Dorfes: 505.

Schellrott, 2 Parcelenstellen (66 Steuert.) an der Ostsee im Gute Oehe, Cappelerh., Ksp. Gelting. Bei diesen Stellen liegt die Parcelenstelle und das Wirthshaus auf dem Drecht (30 Steuert.). — Schuldistr. Kronsgaard.

Scheppern, Dorf an der Eider, 2¼ M. südöstlich von Friedrichstadt in der Landschaft Stapelholm, Ksp. Erfde; enthält 8 Vollstaven, 2 Voll=kathen, 2 Halbkathen, und 4 Freistellen (3 Pfl.). — Schuldistr. Bargen. — Areal: 251 Steuert. — Der Boden ist theils moorigt, theils lehmigt, aber auch etwas sandigt.

Schiedenhohlweg, 6 Kathen am Flensburger Meerbusen, A. Flens=burg, Munkbraruph., Ksp. Munk=Brarup. Eine Kathe mit einer Ziegelei heißt auf dem Moos. — Schuldistr. Bokholm. — Es wurden hier in einer, Ullniß genannten, Gegend 1668 von dem Herzog Christian 4 Großkathen angelegt, woraus der Ort entstanden ist.

Schilksee (vorm. Skildekesse), Dorf im Gute Seekamp unweit der Ostsee, Eckernförderh., Ksp. Dänischenhagen; enthält 6 Halbh., 2 Kathen, 4 Instenst. und 1 Parcelenst. — Schuldistr. Pries. — Areal: 256 Steuert.

Schimmelhörn, 3 Häuser im Osterth. der Landschaft Eiderstedt, Ksp. und Schuldistr. Kating.

Schinkel, Dorf im Gute Rosenkranz, Eckernförderh., Ksp. Gettorf; enthält 31 meist zerstreute Parcelenstellen von verschiedener Größe und einige Kathen und Instenstellen. Die größte Parcelenstelle hat ein Areal von 100 Ton. à 240 □. R. — Zum Dorfe rechnet man Schinkeler=Hütten (s. Hütten). Einzelne zerstreute Stellen heißen Wieksrade, Rabewiese, Sandberg, Manhagen, Krummstöcken, Lehmrade, Langenbrok, Kulrade, Rabenhorst, Königsförderrade, Fuhlen=rühe und Ekbargshörn. — Districtsschule. — Schmiede und mehrere Handwerker. — Areal mit Schinkeler=Hütten: 1345 Ton. à 240 □. R.

Schinkeldeich, 21 Häuser an einem Deiche im A. Tondern, Bökingh., Ksp. und Schuldistr. Fahretoft.

Schiöl, Kathendorf 2 M. nordwestlich von Cappeln, Ksp. und Schul=district Quern. Zum A. Flensburg, Nieh., gehören 7 Kathen; zum Gute Nübel, Munkbraruph., 3 Kathen; zum Gute Norgaard, Munkbraruph., 2 Kathen und zum Gute Ohrfeld, Cappelerh., 2 Kathen (zus. 27 Steuert.).

Schippschau, 1 Viertelh. (¼ Pfl.) im A. Gottorf, Treyah., Ksp. und Schuldistr. Treya. Diese Stelle soll der Sage nach in den ältesten Zeiten ein Schif=ferhaus und die Treene bis hierher schiffbar gewesen sein. — Areal: 5 Steuert.

Schirnau, adel. Gut an der Schirnaue und dem Schirnauer=See, in der Eckernförderharde. Der Haupthof liegt 1¼ M. südwestlich von Eckernförde, Ksp. Bünstorf. Dieses Gut hat vormals als Meierhof zum Gute Sehestedt gehört, ist aber bereits in früheren Zeiten ein für sich bestehendes Gut geworden. Im Jahre 1598 war Wulf v. Damm Besitzer; um die Mitte des 18. Jahrhunderts die Gräfin zu Isenburg=Büdingen, 1765 v. Brömbsen, bald darauf v. Derzen (150,000 ℳ), 1776 v. Liliencron (75,000 ℳ), 1795 Steen (150,000 ℳ), 1810 Sillem (195,000 ℳ), 1819 Mylord (144,000 ℳ). — Im Jahre 1806 ward der Hof in die Zahl der adelichen Güter aufgenommen. Nachdem Steinrade mit 3½ Pfl. vom Gute getrennt ist, contribuirt Schirnau für 6 Pfl. — Zum Gute gehören Bauernfeld, Steinwarf (z. Thl.), Großkoppel (z. Thl.), und Scheidekathe, letztere liegt an der Steinrader Scheide. — Eine Wasser=mühle, Schirnauer=Mühle, welche der Rittmeister v. Liliencron ankaufte, ist vor mehreren Jahren wieder verkauft. — Das Areal des ganzen Guts beträgt 613 Ton. 26 R., darunter an Hofländereien 540 Ton. 5 Sch.

452 **Schlagsdorf.**

18 R., à 240 □. R., nämlich an Acker 481 Ton. 16 R., an Wiesen 53 Ton. 5 Sch. 7 R., an Hölzung und Garten 2 Ton. 7 Sch. 20 R., an Moor 3 Ton. 5 R. — Der Mühlenteich enthält außerdem einen Flächeninhalt von 12 Ton. 5 Sch. 15 R. (zuj. 590 Steuert., 81,621 Rbthlr. 84 b/ß Steuerw.). — Der Boden ist im Allgemeinen gut. — Das Gut hat die Gerechtigkeit jährlich in einem gewissen Umfange einen Zug mit einer f. g. Eiswade in der breiten Eider oder dem Schirnauer-See zu machen. — Das geräumige Wohnhaus ist einstöckig und theils von Brandmauern, theils von Bindwerk. — Namen der Ländereien sind: Hochböck, Krögen, Ahrensberg, Großhorst, Waasbrook, Hammerkrog. — Zahl der Einwohner: 131. — Contrib. 268 Rbthlr. 48 b/ß, Landst. 174 Rbthlr. 86 b/ß, Hausst. 35 Rbthlr. 12 b/ß.

Schlagsdorf (Waldem. Erd.: Slawästhorp), Dorf auf der Insel Fehmern, Westerkirchsp., Kirche Petersdorf; enthält 13 größere, 7 kleinere Landstellen und 2 Instenstellen. — Districtsschule. — 2 Schmiede. — Areal des contrib. Ackerlandes 434 Drm. 3 Sch. (974 Steuert.). — Die allgemeine Weide ist größtentheils aufgetheilt.

Schlapphörn, 1 Hof und 4 Kathen im Ostertheil der Landschaft Eiderstedt, von denen der Hof zum Ksp. Tönning und die Kathen zum Ksp. Kotzenbüll gehören. — Schuldistr. Hemme. — Schmiede.

Schlei, ein etwa 5 M. langer Meerbusen der Ostsee, an dessem westlichen Ende die Stadt Schleswig liegt. Er begränzt nördlich das Land Angeln und südlich Schwansen und ist durch die ergiebige Fischerei ausgezeichnet. Man theilt die Schlei ein in: 1) die Ober-Schlei, den westlichen Theil bis Fahrdorf; 2) die Kleine-Breite mit dem Winninger Noor bis Sterwig; 3) die Große-Breite bis an die Enge von Missunde; 4) Missunder Enge, auch Maglands-Kanal genannt, mit dem Brodersbyer-, Weesener- und Ornummer-Noor; von hier bis nach Stubbereck (einer Landspitze) führt die Schlei keinen besondern Namen, enthält aber das Gundebyer- und das Lindauer-Noor an der Nordseite; 5) den Theil von Stubbereck bis Arnis oder die Lange-Breite vor Arnis; 6) den Arnisser-Kanal mit dem Grödersbyer-Noor; 7) den Cappeler-Sund bis an die Sandbekeraue; 8) den Binnenhafen mit dem Oeher-Noor bis an die enge Durchfahrt, welche Schleimünde heißt. — Die Schlei hat im Durchschnitt 9 Fuß Tiefe; bis nach Schleswig hinauf kann man nur mit 7 Fuß tief stechenden Schiffen kommen. Winterlager sind bei Arnis und Cappeln (7—8 Fuß) und bei Maasholm (4—5 Fuß). Bei der Mündung der Schlei ist ein Hafen. — Von Arnis bis an den Binnenhafen sind die für die Fischerei so wichtigen Heringszäune (Hamenzäune) angelegt, welche nach und nach fast alle zu den an der Schlei gränzenden Gütern gekommen sind. Schon vor 650 Jahren haben nach dem Schleswigschen Stadtrechte und dem späterhin ertheilten Schleibriefe die Schleswiger Fischer das Privilegium der freien Fischerei auf der ganzen Schlei, welches Privilegium aber zum großen Nachtheile der Fischer im Laufe der Zeit sehr geschmälert ist. — Bemerkenswerth sind in der Schlei die Namen zweier ehemaligen Fürstl. Wadenzüge, nämlich der Wadenzug „zum finstern Stern," in dessen Nähe eine Capelle gleiches Namens gestanden haben soll, und der Wadenzug „zum Hilligen Oehr". Beide werden noch 1644 in einem Amtsregister genannt. — In der Nähe von Schleimünde lag die Veste **Oldenburg (Gammelborg)**; man findet noch

Schleimünde.

die Ueberbleibsel einer rundgestalteten Mauer, welche vor einigen Jahren 5 Fuß Höhe und 240 Fuß im Umkreise hatte. — Bei Oldenburg sollen Ueberbleibsel einer vergangenen Kirche gefunden sein; ehemalige namhafte Stellen daselbst waren: Fischerhaus, Pilotenhaus, Krussort, Langenort, Norderläger und Süderläger.

Schleimünde (vorm. Slaesmynnae, Mynnaesby), Lootsenwohnung auf einer an der Mündung der Schlei gelegenen, der Stadt Schleswig gehörigen Insel. Die Schleimünder Werke werden jährlich von einigen Mitgliedern aus dem Magistrat und Deputirtencollegium der Stadt besichtigt und von der Stadt unterhalten. Bei starkem Ostwind wird die Insel mitunter ganz unter Wasser gesetzt. In dem letzten Decennium vor dem Kriege sind bedeutende Reparaturen an den Werken der Mündung vorgenommen. Vgl. Schlei.

Schleswig (Slesvig), die vormalige Hauptstadt des Herzogthums, welches von ihr den Namen erhalten hat, 54° 31′ 10″ N. B., 3° 0′ 43″ W. L. vom Kopenh. Merid. Sie liegt in einem Halbkreise am westlichen Ende der Schlei, zwischen den Städten Rendsburg und Flensburg. Diese Stadt übertrifft an Alter selbst Hamburg, und war bis zum Jahre 1713 die Residenzstadt der Gottorfischen Herzöge. Auf den ehemaligen Landtagen, hatte sie den ersten Rang unter den Städten, und ihr Name ward zuerst aufgerufen. Schleswig hat den Vorzug einer sehr schönen Lage und anmuthigen Gegend, dehnt sich in einer Niederung, mehrentheils von Gärten umgeben, aus und ist nördlich von allmählig aufsteigenden, und westlich von etwas steileren Anhöhen umgeben. Ihre Länge beträgt von dem Bustorfer Damme bis zur s. g. Freiheit auf dem Holm 8300 Ellen, also fast ¾ Meile. — Der älteste Theil der Stadt, die Altstadt, ward in den frühesten Zeiten Häthum, Sle, Sles, Sliesdorf, auch Sliaswic genannt, und lag höchst wahrscheinlich auf dem „der Holm" genannten Eilande, da dessen Lage an einer Bucht der Schlei, damals der Nordrhafen genannt, die Schifffahrt und die Fischerei begünstigte. In der Knytlinga-Saga und bei isländischen Schriftstellern wird dieser Ort bald Slesvikr bald Heidebu genannt, welche Namen damals gleichbedeutend und vielleicht dadurch entstanden waren, weil die wenigen Anbauungen auf dem jenseitigen Ufer, welche Heidebu (jetzt Haddebye) hießen, durch 2 Brücken mit Schleswig verbunden waren, in deren Mitte die Insel Mevenberg lag. — Dieser Ort war schon im 9ten und besonders im 11ten Jahrhundert als ein bedeutender Handelsplatz bekannt, und es finden sich Nachrichten aus einer gleich darauf folgenden Zeit über die jetzt fast spurlos verschwundenen Befestigungswerke der Stadt, welche beinahe die ganze jetzige Altstadt umgaben. Als eine reiche Handelsstadt hat sie nicht lange geblüht, denn schon im 12ten und 13ten Jahrhundert sank der Handel und Wohlstand durch feindliche Ueberfälle der Sachsen, Wenden, Dänen und Holsteiner, welche zu wiederholten Malen die größten Verwüstungen anrichteten, und die Handelsverbindungen sehr erschwerten; auch die Belagerungen unter dem Könige Erich im 15ten Jahrhundert waren sehr verderblich und überhaupt befand sich damals, und noch mehr um 100 Jahre später, die Stadt in einem nahrungslosen und verarmten Zustande, welcher sich jedoch späterhin durch die Hofhaltungen der Fürsten etwas besserte. Am Ende des 18ten und am Anfange des 19ten Jahrhunderts, nachdem seit langen Jahren der Statthalter Landgraf Carl zu Hessen-Cassel hier residirte, stieg der Wohlstand der Einwohner augenscheinlich, und die Stadt verschönerte sich im Laufe der Zeit bedeutend; allein in dem letzten Kriege ward die Stadt durch Einquartierungen, Contributionen und Ausschreibungen hart mitgenommen und der Wohlstand derselben schwindet nach und nach. — In dem ältesten Theile der Stadt und deren nächster Umgegend, welche dem Geschichts- und Alterthumsforscher fast bei jedem Schritte Merkwürdigkeiten darbieten, lagen vormals mehrere Schlösser, Burgen, Klöster, Kirchen, Capellen, Thore, Burgfreden u. s. w. Unter diesen sind folgende bekannt: das **Alte Schloss auf der Freiheit**, welches, da es außerhalb des Stadtwalles lag, seine eigene Befestigung hatte; 1628 legten die Kaiserlichen Hülfstruppen auf dessen Stelle eine mit Pfählen umgebene Sternschanze an, welche 1712 zum Begräbnißplatz der an der Pest Verstorbenen diente. Die **Juriansburg (Jürgensburg)** auf einer kleinen Insel der Schlei, späterhin der Mevenberg (s. Mevenberg) genannt, war die Residenz der Herzöge, ehe Gottorf dazu eingerichtet war, und noch im Jahre 1291 ward sie die alte Burg genannt. Die **Blusenburg (Luseburg)** an der südwestlichen Seite der Königswiesen an der Schlei, der Jürgensburg gerade gegenüber, ward vermuthlich im Anfange des 12ten Jahrhunderts erbaut und ist nicht lange darnach zerstört oder verfallen. Die **Königsburg**, entweder von Knud dem Großen oder von Svend Estrithson erbaut, lag an der östlichen Seite der Torvstraße in der Altstadt, und die Erinnerung an sie knüpft sich fast ausschließlich an einen Mord, den die Brüder der Knudsgilde im Jahre 1134 an dem Könige Nicolaus ausübten. Die **Burg in der jetzigen Kälberstraße**, welche vormals die Burgstraße genannt ward. **Des Königs Abel Schloss** von dem Könige Waldemar und dem Herzoge Abel erbaut, südlich von der Domkirche. Die **Hattersburg** im Jahre 1417 von dem Könige Erich von Pommern, östlich von dem Hesterberge angelegt und bald darauf zerstört; es sind noch Ueberbleibsel der Wälle dieser Burg sichtbar. Die **Erichsburg** nördlich von der Stadt. Die **St. Nikolai Kirche** mit dem Kloster auf dem Platze wo Abels Schloß gestanden hatte und von demselben Könige gestiftet; das Kloster ward den Mönchen des Augustinerordens angewiesen und erhielt sich bis an's Ende des 15ten Jahrhunderts. Die Kirche **Sünte Drochten oder St. Salvator** zwischen dem Markte und der Schiffbrücke, hatte noch 1483 einen Kirchherrn und war im Anfange des 16ten Jahrhunderts noch nicht vergangen. Die **St. Lorenz Kirche** bei dem jetzigen alten Stadtbaumhofe oberhalb des Pferdemarktes. **Unserer lieben Frauen Kirche** auf dem Holm, eine der ältesten, schönsten und am reichsten ausgestatteten Kirchen des Landes; sie ward 1571 abgebrochen. Die Kirche **zum Heiligen Geist (Dreifaltigkeits-Kirche)** am Markte, erhielt sich bis 1599. Die **St. Clemens Kirche** südlich von der alten Stadtmühle. Die **Gertruds-Capelle** nördlich von den Hühnerhäusern. Die Kirchen **St. Olai** und **St. Jacobi** und die Capellen **St. Jürgen** und **St. Job vor Gottorf**, deren Lage aber nicht mit Gewißheit angegeben werden kann. Das **St. Marien-Magdalenen Kloster (Dominikanerkloster)** südlich vom Stadtgraben, außerhalb der Altstadt, ward 1235 erbaut, war 1479 noch bewohnt und ging zur Zeit der Reformation ein. Das **Michaelis-Kloster** lag in der Nähe der Michaelis Kirche und von diesem sind nur einige Nachrichten aus dem Jahre 1190 vorhanden. — Bemerkenswerth ist noch, daß am Eingange der Hundestraße (Hunnenstraße) ein Haus gestanden hat, wo der heil. Ansverus

Schleswig.

geboren ward. — Von den jetzt eingegangenen Stadtthoren sind folgende anzuführen: das Steinthor bei der Holmerbrücke; das Neuthor bei der Minriksbrücke (Mönchenbrücke) und das Burgthor (Kalverporten) bei dem Anfange der Kälberstraße; zur Vertheidigung derselben dienten vormals Schutz- oder Wartthürme (Bergfreden), nämlich die Stadtbergfrede, die Bergfrede vor Gottorf, vor der Königswiese, bei der Mühle und an dem Burgthore. — Ehemalige Straßen hießen: Piperstraße, Frokestraße, Hunestraße, Hudestraße, Bekkestraße, Breitebrückstraße, heil. Geist Wedenstraße, Krämerstraße, Wiesenstraße, Sibertsstraße, Fischerstraße, St. Petersstraße, Papenstraße, Fauletwyte. Die heil. Geist Oster- und die heil. Geist-Süderstraße haben ihre Namen verändert. — Der Pesthof lag beim Vorwerke auf der jetzigen s. g. Krankenkoppel. — Von den vormaligen Gilden und Brüderschaften sind noch bekannt: Zwei St. Knudsgilden, von denen die älteste im Anfange des 12ten Jahrhunderts und die jüngste bald nach 1170 gestiftet ward; das Gildehaus lag am großen Markte wo jetzt die Apotheke steht; die Marianergilde, St. Gertrudsgilde, heil. Leichnamsgilde, Marien-Rosenkranzgilde, die Brüderschaft zum heil. Kreuze, die Vicarienbrüdergilde, St. Jürgensgilde, St. Jobs- und St. Jacobsgilde, St. Johannisgilde und St. Annengilde. — Die Stadt ward Anfangs in der Landesmatrikel zu 120 Pfl., darauf zu 80 und seit 1682 zu 60 Pfl. angesetzt; sie ist in 3 Theile getheilt, die Altstadt, der Lollfuß und der Friedrichsberg (vormals Kratzenberg); die beiden letzten gehörten bis zum Jahre 1695 zum A. Gottorf; nach deren Vereinigung mit der Stadt wurde dieselbe in 8 Quartiere getheilt, von denen die Altstadt 6, der Lollfuß das 7te und der Friedrichsberg das 8te Quartier ausmachen. — Straßen und Plätze der Stadt: der große Markt, Pferdemarkt, Kornmarkt, Stadtfeld, Langestraße, Norderstraße, Kattsund, Gallberg, Mönchenbrückstraße, Groß- und Klein-Michaelisstraße, Faulenstraße, Schubyestraße, Polierdamm, Mühlenstraße, Hundestraße, Torfstraße, Töpferstraße, Schiffbrückstraße, Kälberstraße, Kälberdamm, Holm, Groß- und Klein-Domziegelhof, Hesterberg, Herrenstall, Kleinberg, Rudolphsberg, Capaunenberg. Die Anzahl der Häuser beträgt 1183, worunter ca. 100 Freihäuser. Zahl der Einwohner: 11,551, worunter 8 Reformirte, 31 Katholiken und 106 Juden. Die Einwohner ernähren sich außer dem nicht bedeutenden Handel größtentheils von städtischen Gewerken; auch die Fischerei in der Stadt, welche der Stadt vor mehr als 6 Jahrhunderte durch den 82. Art. ihres Stadtrechtes beigelegt ist, giebt über 100 Familien auf dem Holm ihren Unterhalt. Unter den Einwohnern sind mehrere Künstler und Handwerker aller Art, 2 Apotheken, 2 Buchhandlungen, 2 Buchdruckereien, 1 Zuckersiederei, 3 Instrumentmacher, mehrere Tabacksfabriken, 1 Spiegelfabrik, 2 Essigbrauereien, 1 bedeutende Lederfabrik, 3 Ziegeleien und 3 Kalkbrennereien. — Vormals hatte die Stadt 2 Bürgermeister, und außer den Rathsherren 2 Stadtvögte welche die Verwaltung der Polizei hatten. Im Jahre 1808 erhielt der Magistrat eine Veränderung; seitdem ist hier nur 1 Bürgermeister, dagegen ward der Stadt in der Person des Amtmannes des Amtes Gottorf bis 1824 ein Stadtpräsident vorgesetzt; seit 1850 ist der Amtmann Oberbeamter der Stadt. Schon im Jahre 1810 wurden die Stadtvogtämter aufgehoben und ein eigener Polizeimeister ernannt. Der Magistrat besteht jetzt aus einem Bürgermeister, einem Polizeimeister und Stadtsecretair und 4 Rathsherren, von denen einer zugleich Polizeimeister ist. In Civilsachen sind das der Stadt Schleswig im Jahre

1201 ertheilte Stadtrecht, das Jütsche Lov und die spätern landesherrlichen Verfügungen, in Criminalsachen die peinliche Halsgerichtsordnung Carls V., die landesherrlichen Verordnungen und in seltenen Fällen das Jütsche Lov so wie in subsidium das römische Recht die geltenden Gesetze. Das Deputirten=Collegium hat 12 Mitglieder, 6 aus der Altstadt, 3 aus dem Lollfuß und 3 aus dem Friedrichsberg; die Erhebung der Gefälle und Steuern so wie das ganze städtische Rechnungswesen, besorgt ein Stadtcassirer. Die Polizei wird von einem Polizeimeister verwaltet. Der Lombard wird für Rechnung der Stadt von einem Lombardverwalter administrirt. — Das alte Rathhaus, vormals die zum grauen Kloster gehörige Paulskirche, ward am Ende des 18ten Jahrhunderts abgebrochen, und auf demselben Platze das jetzige Rathhaus erbaut, welches 3 Stockwerke enthält; in dem untern sind der Rathskeller, die Wache, mehrere Gefängnisse und das Spritzenhaus, das zweite enthält den Rathhaussaal, die Gerichtsstube, die Archivzimmer u. s. w. und in dem s. g. Langhause, einem an das graue Kloster angränzenden Gebäude, sind 4 Gefängnisse. — Von allen ehemaligen Kirchen der Altstadt hat sich bloß die St. Peters= oder Domkirche erhalten, die wahrscheinlich in der Mitte des 10ten Jahrhunderts erbaut ist. Anfangs soll diese Kirche 2 Thürme gehabt haben, die 1275 niederstürzten. Im Jahre 1408 ward eine solche Veränderung mit der Kirche vorgenommen, daß sie damals eine der schönsten Kirchen des Landes war. Die jetzige 1448 nach einem Brande erbaute Kirche, hat keinen Thurm, sondern nur eine Kuppelspitze; sie ist in den letzten Jahren sehr verschönert und zu ihren besondern Zierden gehören der berühmte Brüggemann'sche Altar, der kleinere Altar mit einem Gemälde von Jurian Ovens, das Mausoleum des Königs Friedrich I., die Orgel und viele marmorne Epitaphien und Gemälde. An der Nordseite ist ein Kreuzgang, der Schwahl genannt, welcher von Bettelmönchen erbaut sein soll, und worin der Dommarkt gehalten wird. Die Kirche hat 2 Prediger, der Hauptprediger ist zugleich Probst der Probstei Gottorf, wird vom Könige ernannt; den zweiten Prediger wählt die Gemeinde. Eingepfarrt: St. Jürgen (z. Thl.), Klappschau. — Vz. des Ksp.: 6064. — Die zum Lollfuße gehörende St. Michaeliskirche liegt auf einer Anhöhe. Das ursprüngliche Gebäude hat mancherlei Veränderungen erlitten, und wahrscheinlich hat der runde Theil desselben vormals zum Zwinger oder Wartthurm gedient. Im Jahre 1643 ward diese Kirche vergrößert und mit einem Thurme versehen. Der Prediger wird von dem Könige ernannt. Eingepfarrt: Annettenhöhe, Arenholz, Berlin, Christiansgabe, Deckerkrug, Falkenberg, Friedrichsau (z. Thl.), Friedrichsfeld (z. Thl.), Gammellund, Gottorfer=Wassermühle, Hermannsort, Holpust, Holzkrug, Husbye, Husbyegaard, Husbyer=Ziegelei, Jdstedt, Jübek (z. Thl.), St. Jürgen (z. Thl.), am Königswege, Königswille, Kroy, Lührschau. Neuhaus, Neukrug, Pulvermühle, Roe, Roßacker, Ruhkrug, Schubye, Stampfmühle, Thiergarten. Vz. des Ksp. zur Stadt: 2412, zum Amte Gottorf: 2592. — Die Kirche im Friedrichsberg ward 1650 erbaut; bis dahin waren die Einwohner zu Haddebye eingepfarrt. Sie steht auf einer Anhöhe, ward 1835 sehr verschönert und hat einen Thurm. Der Prediger der Kirche, welche zur Probstei Hütten gehört, wird vom Könige ernannt. Vz. des Ksp.: 3075. — Unter den milden Stiftungen ist das Graukloster die ansehnlichste; dieses Gebäude, welches mit der Paulskirche in Verbindung stand, ward im 13ten Jahrhundert von Franziscanermönchen erbaut, welche nach der Reformation vertrieben wurden, und ist der

Stadt von dem Herzoge Friedrich geschenkt, worauf die Hospitaliten des heil. Geisthospitals dahin versetzt wurden. Das Kloster zeichnet sich durch seine Alterthümlichkeit aus, und noch befindet sich am Eingange die Capelle, welche vormals den Mönchen zum Refectorium diente. Es hat ansehnliche Einkünfte aus zerstreut liegenden Dörfern, und besitzt ein Capitalvermögen von 40,000 ℳ, welches größtentheils bei der Stadt Schleswig belegt ist. Das Kloster besitzt in Moldenit 4, Klensbye 4, St. Jürgen 4, Roßacker 3, Schubye 2, Idstedt 2, Rabenholz 4 und Goltoft 1 Hufenstelle, außerdem 1 parcelirte Hufe in Arup. Die Naturaleinnahmen bestehen in 30 Ton. Rocken, 74 Ton. Hafer und 4 Fuder Heu. Außer einem Canon von 240 ℳ jährlich für die Wassermühle in St. Jürgen, welchen die Stadt Schleswig entrichtet, betragen die sonstigen baaren Hebungen jährlich noch ca. 2500 ℳ. Die Anzahl der Präbenden, woran dürftige und in gutem Rufe stehende Bürger Ansprüche haben, ist 22; die Oberaufsicht des Klosters führen der Amtmann von Gottorf und der Magistrat. Das Kielmannsegg'sche oder Präsidentenkloster, gestiftet 1656, liegt im Lollfuße, ist für 10 Hospitaliten eingerichtet und hat ein Vermögen von 9000 Rthl.; in der Capelle desselben wird jeden Sonntag Gottesdienst gehalten. Die Sielentz'sche Stiftung in der Altstadt ward 1822 für 4 hülfsbedürftige Wittwen eingerichtet. Ein Hospital zum heil. Geist war anfänglich mit der Kirche zum heil. Geiste verbunden, es ging aber ein als die Bewohner nach dem Graukloster versetzt wurden; ein anderes Hospital zum heil. Geiste lag vormals bei der Holmer Brücke, verfiel aber 1614, und statt dessen ließ der Herzog Johann Adolph ein Hospital gleiches Namens zwischen der Michaeliskirche und dem Stadtmühlenteiche erbauen, aber auch dieses ward wieder abgebrochen und im Jahre 1802 auf demselben Platze das jetzige Hospital zum heiligen Geiste aufgeführt; es enthält gewöhnlich 20 bis 24 hülfsbedürftige Personen; das obere Stockwerk heißt das Freimaurer-Hospital und ist bestimmt unvermögende Kranke unentgeldlich zu verpflegen. Das Bardenfleth'sche Hospital am Pferdemarkt, gestiftet 1801, ist zur Aufnahme von 6 Armen bestimmt. Das Marien-Hospital unweit des großen Marktes, ist 1790 gestiftet und enthält in 2 Stockwerken 26 Zimmer. Das Münden'sche Armenhaus in der Faulenstraße enthält Wohnungen für 2 Familien. Das Friedrichsberger Armenhaus, gestiftet 1650, ist späterhin so erweitert, daß jetzt 12 verarmte Wittwen darin aufgenommen werden können. — Die Armenanstalten der 3 Stadttheile bilden kein vereinigtes Ganzes und werden abgesondert verwaltet. — Ein Zwangsarbeitshaus ward 1827 auf dem Domziegelhofe eingerichtet. Der Moritz'sche Verein zur Unterstützung und Belohnung vieljähriger treuer Dienstboten ward gestiftet 1816, der Verein zur Beförderung bürgerlicher Gewerbe 1828, die Friedrichsberger Spar- und Leihcasse 1815. — Unter den öffentlichen Instituten zeichnen sich besonders aus: das Irrenhaus, 1820 erbaut und 1830 und 1848 erweitert; es liegt nördlich von der Altstadt nahe an der St. Jürgener Wassermühle, enthält mehrere Gebäude und jetzt können 400 Personen in dieser Anstalt aufgenommen werden. — Das Taubstummen-Institut ward 1809 von Kiel hierher verlegt und liegt in Friedrichsberg; in demselben befinden sich durchschnittlich 80—90 Zöglinge; mit diesem Institut ist eine Druckerei verbunden. — Im Jahre 1566 wurde ein academisches Gymnasium gestiftet, welches aber einige Jahre später wieder aufgehoben ward. — Die hiesige Kathedral- oder Domschule, welche ein Alter von mehreren Jahrhunberten hat, liegt bei der Domkirche; das jetzige Schulgebäude ist 1806 erbaut; diese Schule ist in mehrere Classen getheilt, in denen 8 Lehrer Unterricht ertheilen: ein Rector, ein Conrector, ein Subrector, ein Collaborator und 5 andere Lehrer. Im Jahre 1852 ist bei dieser Schule eine Vorbereitungsclasse eingerichtet und dabei ein Lehrer ernannt. Schulbibliothek seit 1812 (1500 Bände). Im Jahre 1851 erhielt die Schule ein physicalisches Apparat. — Im Friedrichsberg befindet sich eine im Jahre 1853 gegründete Warteschule. In der Altstadt sind 3 Bürgerschulen, worunter die s. g. Waisenhausschule; im Lollfuß sind 2 Schulen, die Wilhelminenschule und die Freischule, im Friedrichsberg eine Schule. — Noch sind außerdem in allen 3 Stadttheilen mehrere Privat-Unterrichtsanstalten. — Sontagsschulen giebt es eine in der Altstadt und eine für den Lollfuß und Friedrichsberg. Es wohnen hier folgende Königl. Beamte: der Amtmann von Gottorf und Hütten, der Amtsverwalter, die Hardesvögte mehrerer Harden, der Actuar und der Hausvogt, der Branddirector der beiden genannten Aemter, der Physicus, der Zollverwalter, 2 Zollcontrolleure, 1 Zollassistent, der Postmeister, der Stempelpapierverwalter. Auch sind hier 6 Doctoren der Medicin und Chirurgie und 2 Untergerichtsadvocaten. Gesellige Vereine giebt es hier 2, das Museum in der Altstadt und einen Klub im Lollfuß. Schützengilden sind 3, welche abwechselnd in der Altstadt, im Lollfuße und auf dem Friedrichsberg bisher ihre Vogelschießen gehalten haben. — Im July jeden Jahres ist hier ein Volksfest; dann ist es während einiger Tage einem Jeden erlaubt die Möwen zu schießen, welche sich im Frühjahre in unzähliger Menge auf der kleinen Insel Mevenberg in der Schlei eingefunden und gebrütet haben. — Das Theater (Stadttheater) liegt im Lollfuß und es werden gewöhnlich in den Wintermonaten von einer Schauspieler-Gesellschaft Vorstellungen gegeben. Zu den vorzüglich besuchten Oertern gehören: das Gut Louisenlund, die Ziegelei beim Thiergarten, die Stampfmühle, und das Dorf Klensbye. — Der Hauptmarkt der Stadt, der Dom genannt, fängt am Tage vor Maria Reinigung an und endigt am Sonnabend nach Fastnacht; derselbe ist jetzt sehr in Abnahme gerathen; der bedeutendste Jahrmarkt ist am 1sten bis 8ten September. Krammärkte am Donnerstage vor Palmarum und am Dienstage vor Pfingsten, 2 Pferdemärkte und 5 Viehmärkte dauern resp. zwei Tage oder einen Tag. — Mühlenpflichtig war die Altstadt zu der alten und neuen Stadtmühle, der Lollfuß und Friedrichsberg zu der vor Gottorf liegenden Herrschaftlichen Wassermühle. Nahe an dieser letztern und auf dem Gallberge (Gallberger Mühle) bei der Altstadt befinden sich Graupenmühlen. Zur Stadt gehören folgende Stellen: am Königswege (s. Königswege), Berlin (s. Berlin), Neuhaus (s. Neuhaus). Nördlich von der Altstadt liegt ein Ziegelei; eine schöne auf dem Friedrichsberg an der Schlei belegene Stelle mit Garten und etwas Land heißt Oehr. Die Stadt besitzt sehr ansehnliche liegende Gründe, welche mit Inbegriff des Meierhofes Klappschau und der Königswiesen ein Areal von 971 Ton. 74 Q. R. à 260 Q. R. enthalten, nämlich: das Vorwerksland 13 Ton. 212 R.; die alte Galgenkoppel 31 Ton. 174 R.; die große Galgenkoppel 79 Ton. 94 R.; Klein-Apenstorf 7 Ton. 162 R.; Klein-Huusstedt 4 Ton. 236 R.; die Schanze auf dem Stadtfelde (parcelirt) mit dem Marktplatze u. s. w. 15 Ton. 74 R.; die Wichelkoppel 5 Ton. 130 R.; die Ochsenzunge 1 Ton. 128 R.; die vorderste Holzkoppel 32 Ton. 174 R.; die hinterste und mittelste Holzkoppel 79 Ton.

Schleswig.

226 R.; der Hof Klappschau (s. Klappschau) 175 Ton. 132 R.; die Herrenkoppel 15 Ton. 4 R.; die vorderste Rathsteichkoppel 20 Ton. 55 R.; die hinterste Rathsteichkoppel 23 Ton. 22 R.; Haidekoppeln an der Berender Scheide 55 Ton. 174 R.; die Stadtholzkoppeln beim Tramteich 44 Ton. 9 R.; das Bullenland 9 Ton. 152 R.; die Wiese bei den Hühnerhäusern 2 Ton. 183 R.; die Haidekoppeln an der Husumer Landstraße 61 Ton. 121 R.; die Ruhkruger Haidekoppeln 80 Ton. 126 R.; Voßkuhl 39 Ton. 202 R.; das Schumannsland 11 Ton. 163 R.; die Friedrichsberger Stadtkoppeln 92 Ton. 28 R.; der kleine Baumhof 6 Ton. 64 R.; die Königswiesen 22 Ton. 246 R.; der Acker auf dem Neufelde 11 Ton. 248 R.; die Armengärten 5 Ton. 180 R.; freie Plätze 4 Ton. 192 R. und Teiche 16 Ton. 63 R. Hölzungen besitzt die Stadt jetzt nicht mehr; unter den ihr gehörenden Seen ist der östlich vom Dorfe St. Jürgen liegende Brut=See (Braut=See) der größte und fischreichste; der Rathsteich liegt westlich von St. Jürgen. — Am östlichen Ende des Holms liegt ein adeliches Kloster, das St. Johanniskloster genannt, eine sehr alte Stiftung, die wahrscheinlich schon im 12ten Jahrhundert errichtet ist; die von Tuffsteinen erbaute Klosterkirche steht an der nördlichen Seite des Klostergebäudes; das Kloster selbst bildet einen Schwahl, an welchem vor der Reformation die Zellen der Klosterjungfrauen waren, die zum Theil andere Wohnungen auf dem Klosterplatze haben. Dieses Kloster, welches im Laufe der Zeit viele Unglücksfälle erlitten hat, besteht jetzt aus einem Probsten, einer Priörin, 9 Conventualinnen und außerdem aus einigen Beamten und Unterbedienten. Dasselbe hat alle Vorrechte der holsteinischen adelichen Klöster, es ist aber nicht erforderlich daß die Conventualinnen zur Ritterschaft der Herzogthümer gehören. Die dem Kloster zugehörigen Grundstücke liegen in folgenden Ortschaften zerstreut: Altmühl, Arup, Klein=Bennebek, Boholz, Borgwedel, Brekling, Brodersbye, Ekenis, Esperehm, Fahrdorf, Geel, Geelbyeholz, Geltorf, Goltoft, Holmühle, Jagel, Kahlebye, Loopstedt, Lottorf, Lutzhövd, Groß=Reide, Schalbye, Selk, Sterwig, Tolkwade, Wedelspang. Die Hoffelder des Klosters wurden im Jahre 1798 in 52 Parcelen getheilt und verkauft. — An der Klosterkirche, die zur Propstei Gottorf gehört, steht 1 Prediger, den das Kloster bestellt. Eingepfarrt: der Klosterhof, Johannishof. — Vz. des Ksp.: 83. — Das Schloß Gottorf, ein sehr ansehnliches und schönes Gebäude, ist auf einer kleinen Insel der Schlei nördlich vom Friedrichsberg erbaut, die jetzt durch 2 Dämme mit dem festen Lande verbunden ist. Es war vormals der Sitz der Schleswigschen Bischöfe und ward, nachdem es 1268 von dem Herzog Erich eingetauscht wurde, die Residenz der Herzöge. Der Herzog Erich verwandte große Summen um dieses Schloß stark zu befestigen; dessen Sohn Waldemar ließ das Schloß abbrechen und etwa 1295 wieder erbauen; sein Nachfolger gleiches Namens, welcher 1326 König von Dänemark ward, verpfändete es an den Grafen Gerhard von Holstein, welcher einige Zeit darin residirte; im Jahre 1374 übertrug der Herzog Heinrich das ihm zustehende Einlösungsrecht dem Könige Waldemar. Das Schloß hatte in der damaligen Zeit einen hohen Thurm und mehrere kleine Thürme und war von gothischer Bauart. Im Jahre 1492 brannte es fast gänzlich ab, ward bald darauf wieder hergestellt und im Anfange des folgenden Jahrhunderts ließen der Herzog Friedrich, und einige Jahre später der König Christian III., bedeutende Verbesserungen sowohl an den Schloßgebäuden als an den Befestigungs=

460 Schmedebye.

werken vornehmen. In der Neujahrsnacht 1565 brannte die nördliche und östliche Seite des Schloſſes bis auf die Capelle ab, welche beide Theile aber durch italieniſche Baumeiſter bald wieder aufgeführt wurden. Im Jahre 1574 ward an der weſtlichen Seite ein Anbau in Form eines runden Thurms aufgeführt. Die Herzöge Johann Adolph und Friedrich III. ließen die Befeſtigungswerke ſehr verſtärken, und der Herzog Friedrich IV. ließ 1698 die ganze ſüdliche Seite des Schloßes bis auf die Grundgewölbe abbrechen und es ſo erbauen wie es ſich gegenwärtig befindet, welcher Bau 1703 vollendet ward. Es besteht aus 4 zuſammenhängenden Gebäuden von ungleicher Größe, welche einen Hof einſchließen. In dem nördlich liegenden Gebäude befindet ſich die Kirche und der Ritterſaal, in dem ſüdlich liegenden Gebäude zeichnete ſich ein Saal durch die von Jurian Ovens verfertigten ſchönen Wandgemälde aus, welche aber nach Kopenhagen gebracht ſind. Vor einigen Jahren wurden die Befeſtigungswerke, welche die Form eines unregelmäßigen Vierecks hatten und aus 4 aber ungleichen Baſtionen beſtanden, gänzlich abgetragen und in Anlagen verwandelt. Während des letzten Krieges 1848—1850, wurden an der Süd- und Nordſeite des Schloßes Verſchanzungen angelegt, und das Schloß ſelbſt diente eine Zeitlang als Militair-Lazareth. Jetzt wird es zur Caserne eingerichtet. — Nördlich vom Schloße, und durch eine Allee mit dieſem verbunden, liegt der Schloßgarten, das Neuewerk genannt, welchen der Herzog Friedrich III. im Jahre 1640 anlegen ließ; die in demſelben befindlich geweſenen Gebäude die Amalienburg mit den Wandgemälden von Jurian Ovens, das Globushaus (Friedrichsburg) das Ringrennenhaus und die Orangeriegebäude ſind nach und nach abgebrochen. Neuwerk wird jetzt Militairlazareth und Depot. — An der weſtlichen Seite dieſes Gartens liegt ein Gehölz, der Thiergarten genannt, deſſen neue Anlagen den Schleswigern zum Vergnügungsorte dienen. — In der Nähe der Stadt, weſtlich vom Friedrichsberg auf dem Erdbeerenberge wurde vor mehreren Jahren von dem jetzt verſtorbenen Etatsrath Jochims eine Baumſchule angelegt, aus welcher viele tauſend Stämme und Stecklinge unentgeltlich in den Herzogthümern vertheilt ſind. — Städtiſche Einnahmen 1845: 54,917 Rbthl. 64 *b*/*β*; Ausgaben: 44,251 Rbthlr. 60 *b*/*β*; Stadtſchuld 258,061 Rbthl. 19 *b*/*β*; Activa: 117,123 Rbthl. 32 *b*/*β*.

Schmedebye-, Norder- (Smedebye), Dorf 1 M. nordweſtlich von Flensburg, Kſp. und Schuldiſtr. Bau. Von dieſem an einer Aue und an dem Kruſauer Mühlenteiche belegenen Dorfe gehören zum A. Flensburg, Wiesh., 3 Zweidrittelh., 5 Kathen und 6 Inſtenſtellen (2 Pfl.); zum Gute Klirbüll, A. Tondern, Karrh. 2 Viertelh. und 2 Kathen; zur Marienkirche in Flensburg 1 Kathe und eine Ziegelei in der Nähe von Kollund. — 2 Wirthshäuſer, Schmiede. — Areal zum A. Flensburg: 152 Steuert. — Der Boden iſt nur leicht und von mittelmäßiger Art; die Königl. Hufner beſitzen 2 kleine Hölzungen bei der Kollunder Hölzung.

Schmedebye-, Süder- (Smedebye), Dorf 1¾ M. ſüdlich von Flensburg an der Chauſſee nach Schleswig, Kſp. Sieverſtedt; zum A. Flensburg, Uggelh., gehören 8 Halbh., 8 Viertelh. und 11 Kathen. Ein an der Chauſſee belegenes anſehnliches Wirthshaus mit einer Bäckerei heißt Süder-Holzkrug, 1 Kathe Krittenburg, 1 Kathe Osterſieg und 1 Kathe Hain; zum A. Gottorf, Vogtei Bollingſtedt, gehören 1 Dreivierteh., 1 Halbh. und 1 Viertelh. (1½ Pfl.). Eine Königl. Erbpachtsmühle ſtand

Schmedeland.

früher unter dem ehemal. Obergericht. Eine Hufe (1 Pfl.) gehörte zum ehemal. Schlesw. Domcapitel und ward 1459 von dem Knappen Lütke Schinkel an dasselbe verkauft. — Districtsschule. — Wirthshaus, Schmiede und einige Handwerker. — Areal zum A. Flensburg: 707 Steuert.; zum A. Gottorf: 148 Steuert. — Der Boden ist nur mager, aber in der letzten Zeit sehr gut cultivirt. — Auf der Feldmark sind mehrere Grabhügel. — Westlich vom Dorfe liegt eine Anhöhe Nordhöi genannt, welche 246 Fuß hoch ist.

Schmedeland, 2 Kathen und 1 Parcelenstelle, A. Gottorf, Schliesh., Ksp. Ulsnis. Die beiden Kathen gehörten ehemals zum Schlesw. Domcapitel, die Parcelenstelle zum Gute Kalkjärgaard. — Areal: 8 Steuert.

Schmedelund, 1 Kathe im A. Gottorf, Struxdorfh., Ksp. Böel.

Schmöel (Smaaböl), Dorf im Lande Sundewith, 1 M. westlich von Sonderburg, an der Landstraße nach Flensburg, A. Sonderburg, Nübelh., Ksp. und Schuldistrict Broacker. Zum Amte gehören 2 Vollh., 4 Halbh., 2 Kathen nnd 20 Instenstellen; eine in 3 Parcelen getheilte Vollhufe heißt Schmöellehn, 1 Halbh. und 2 Instenstellen nordöstlich ausgebaut heißen Schmöelfeld, 1 Halbh. nördlich Wenningtwedt (Wenningtved) und 1 Halbh. im Osten Steenbek; zum Gute Gravenstein gehören 1 Vollh., 1 Halbh. und 1 Instenstelle. — 2 Schmiede, 1 Uhrmacher und mehrere Handwerker. — Areal: 352 Steuert. — Der Boden ist theils lehmigt, theils sandigt. — Nördlich vom Dorfe liegt ein runder steiler Berg, dessen Oberfläche etwa 100 Ellen im Durchmesser enthält; auf dieser Anhöhe, Schmöelwall genannt, soll der Sage nach ein Schloß gestanden haben. — Auf der Feldmark befinden sich 4 Grabhügel.

Schmörholm (Smörholm), 1 Bohlstelle ($\frac{1}{2}$ Pfl.) südlich vom Kirchdorfe Leck, im A. Bredstedt, Ksp. und Schuldistrict Leck. Diese Stelle gehörte ehemals zur Stiftsvogtei Bordelum.

Schnaap, eine früher unter dem Obergerichte sortirende Erbpachts-Wassermühle mit einer Hufe Landes und schönen Gebäuden, $\frac{1}{4}$ M. westlich von Eckernförde, Ksp. Borbye. — Im Jahre 1852 ward bei Schnaap eine Heil- und Erziehungsanstalt für schwach- und blödsinnige Kinder errichtet. — Eine ehemals hier belegene Windmühle ist abgebrochen und nach Borbye verlegt. Im Jahre 1339 verpfändete der Herzog Waldemar die Hälfte der Mühle Schnaap an den Ritter Siegfried v. Sehestedt.

Schnabe (Schnaab), Dorf 2 M. nordwestlich von Cappeln, A. Flensburg, Nieh., Ksp. und Schuldistr. Sterup; 2 Dreivierttelh., 2 Halbh., 1 Drittelh. und 4 Kathen. — Areal: 202 Steuert.

Schnabek (Snoogbek), Dorf im Lande Sundewith, $1\frac{1}{4}$ M. nordwestlich von Sonderburg, A. Sonderburg, Nübelh., Ksp. Satrup. In diesem ansehnlichen Dorfe, welches in Oster- und Wester-Schnabek eingetheilt wird, gehören zur Grafschaft Reventlov-Sandberg 16 Vollh., 1 Halbh. und einige Kathen; zum Gute Auenbüllgaard 2 Hufen; zum Gute Ballegaard 2 Hufen; zum Gute Blansgaard 3 Hufen, welche schon 1811 dem A. Sonderburg, Nübelh., einverleibt sind; 2 Hufen gehören der Nicolai-Kirche in Flensburg und 1 Hufe (1 Pfl.) gehörte zum ehemaligen Schlesw. Domcapitelsdistrict. — Hier wohnt der Hauptprediger von Satrup, welcher eine Hufe besitzt. — Districtsschule. — 2 Wirthshäuser, Schmiede und mehrere Handwerker. — Der Boden ist sehr gut und überaus fruchtbar.

Schnabeklund, ein ehemaliger und in der Nähe des Dorfes Schnabek (Ksp. Satrup) belegener Hof, welcher im Besitze der Familie v. Meinstorf gewesen ist. Henning Meinstorf verkaufte diesen Hof 1599 an den Herzog Hans und dieser ließ ihn im folgenden Jahre niederbrechen und die Materialien wurden zum Gute Rumohrsgaard auf Alsen benutzt.

Schnarup (vorm. Schnabdorp), Dorf $2\frac{1}{4}$ M. nördlich von Schleswig, Ksp. und Schuldistrict Thumbye. Zum A. Gottorf, Strurdorfh., gehören 1 Vollh., 2 Halbh. und 3 Kathen ($2\frac{1}{2}$ Pfl.); zur Morkirchh. 4 Halbh., 1 Viertelh. und 10 Kathen ($2\frac{1}{4}$ Pfl.); zum Gute Böelschubye, Strurdorfh., 1 Kathe. Vormals gehörten zum Schleswigschen Domcapitel 1 Vollh. und 1 Instenstelle (1 Pfl.). — Areal zum Amte, Strurdorfh.: 192 Steuert.; zur Morkirchh.: 313 Steuert.; zu Böelschubye: 6 Steuert. — Der Boden ist sehr fruchtbar.

Schnatebüll-, Oster- und **Mittel-,** Dorf $2\frac{3}{4}$ M. südlich von Tondern, A. Tondern, Karrh., Ksp. Leck. Diese beiden Theile des Dorfes Schnatebüll, welche an einander gränzen und dadurch ein Dorf bilden, liegen ziemlich hoch auf der Vorgeest und enthalten 18 Bohlstellen, 25 kleine Landstellen und 3 Instenstellen ($7\frac{1}{2}$ Pfl.). Eine Stelle gehörte zum ehemaligen Schleswigschen Domcapitel. — Eine Stelle heißt S c h n a t e b ü l l h o f. — In Oster-Schnatebüll ist des Hardesvogts $\frac{1}{2}$ Besoldungspflug. — Schuldistr. Klintum. — Wirthshaus, Schmiede und mehrere Handwerker. — Der Boden ist hohes Geestland und ziemlich gut.

Schnatebüll-, Wester-, Dorf $2\frac{1}{4}$ M. südlich von Tondern, A. Tondern, Karrh., Ksp. Stedesand, enthält 10 Bohlstellen, 8 kleine Landstellen und 3 Häuser. — Schule. — Wirthshaus, Schmiede.

Schneedeich, 6 kleine Landstellen im A. Tondern, Wiedingh., Ksp. und Schuldistr. Rodenäs.

Schnoogholm (Snoogholm), 1 Fünftelh. und 4 Kathen an der Lippingaue, $3\frac{1}{4}$ M. südöstlich von Flensburg, Ksp. Esgrus, von denen 3 Kathen (23 Steuert.), worunter 1 Kathe Brening (Brüning) heißt, zum A. Flensburg, Nieh., und die beiden andern Stellen ($\frac{2}{10}$ Pfl.) zum Gute Oestergaard, Cappelerh., gehören. — Schuldistr. Koppelheck. — Bei Brening stand ehemals das Esgruser Kirchenholz.

Schobüll (vorm. Skoubü), Kirchdorf $\frac{3}{4}$ M. nördlich von Husum, an der Westsee, A. Husum, Norderh., Pr. Husum; enthält 29 Halbstaven ($14\frac{1}{2}$ Vollst.) und 2 Kathen nebst 2 Ziegeleien (4 Pfl.). — Hier ist ein Prediger-Wittwenhaus. — Districtsschule, die der Küster, welcher auch die Krügereigerechtigkeit hat, vorsteht. — Wirthshaus, Schmiede. — Ein wichtiger Erwerbzweig vieler Familien ist der Porrenfang. — Die nur kleine Kirche war ehemals eine Capelle; sie hatte einen hohen Thurm, der aber am Ende des vorigen Jahrhunderts einstürzte; 1645 wurde diese Kirche von den schwedischen Kriegsvölkern geplündert. — Der Predigerdienst ging im Jahre 1807 ein, und wird seitdem von den beiden Predigern zu Hattstedt verwaltet. — Eingepfarrt: Halebüll, Hockensbüll, Lund, Oldgras (Maas), Olendorf, Schobüll. — Areal: 250 Steuert., worunter $95\frac{1}{2}$ Ton. Gras- und Weideländereien. — Der Boden ist größtentheils sandig, an einigen Stellen aber auch lehmigt und gut. — Südlich von Schobüll liegen 2 Teiche, s. g. Wehlen, welche durch eine Ueberschwemmung entstanden sein sollen und fischreich sind; auf dem Schobüller Berge befinden sich 2 Teiche (Bornen), von welchen das Wasser der Sage nach durch kupferne Röhren nach dem Schlosse Husum geleitet sein soll. — Auf der

Schobüll.

Schobüller Feldmark ward vormals Salz gegraben, noch jetzt findet man dort Dolomit. — Der König Christian IV. hatte in der Nähe dieses Dorfes ein verschanztes Lager aufgeschlagen, von dem noch Spuren vorhanden sind. — Vz. des Ksp.: 422.

Schobüll, Dorf 1¼ M. südöstlich von Apenrade, A. Apenrade, Lundtofth., Ksp. Feldsted. Dieses Dorf, welches der Sage nach in alten Zeiten Hylund geheißen hat, wird in Alt= und Neu=Schobüll eingetheilt, letzteres liegt nördlich in der Nähe des Apenrader Meerbusens. — Zum Gute Schobüllgaard gehören 8 Bohlstellen, 3 Parcelensten, 6 Kathen, und 6 Instenstellen und zum Amte 2 Bohlstellen und 3 Instenstellen; 2 Parcelenstellen südwestlich heißen Wällkjär und 1 Parcelenstelle nordöstlich Bögholm. — Die beiden Königl. Bohlstellen (1⅖ Pfl.) hatten ehemals bedeutende Freiheiten; die eine derselben liegt nordöstlich vom Dorfe in einer Niederung und heißt Stenneskjär. — Am Strande liegt eine Ziegelei. — Districtsschule. — Wirthshaus, Schmiede. — Einige am Strande wohnende Familien ernähren sich durch Fischerei. — Areal zum Amte: 160 Steuert.; zum Gute Schobüllgaard: 129 Steuert. — Der Boden ist theils lehmigt, theils sandigt; im Ganzen aber ziemlich fruchtbar; eine kleine Hölzung gehört den beiden Königl. Landbesitzern. — Oestlich von Stenneskjär soll vormals ein Schloß gestanden haben, dessen Name aber jetzt unbekannt ist; mehrere Grabhügel auf der Feldmark sind zerstört.

Schobüll (Skovböl), Dorf an einer Aue, 2¼ M. südwestlich von Flensburg, A. Flensburg, Wiesh., Ksp. Groß=Wiehe; 4 Halbh., 3 Drittelh., 4 Viertelh. und 3 Kathen (3⅙ Pfl.). Eine ausgebaute Drittelh. heißt **Schobüllhof** (Skovbölgaard). — Schule. — Areal: 976 Ton. 2 Sch. à 260 □. R. (240 Steuert.). — Der Boden ist nur von mittelmäßiger Art, theils sandigt, theils steinigt.

Schobüllgaard (Skovbölgaard), adel. Gut im A. Apenrade, Lundtofth. Der Haupthof liegt 1½ M. südöstlich von Apenrade, Ksp. Feldsted. Dieses ursprünglich sehr kleine Gut bestand nur aus einer Halbhufe in Tombüll, es ward aber späterhin durch die Niederlegung eines Bohls in Damslei und der s. g. Schütterkathe vergrößert und die Stellen zu Schweirup und Schobüll zum Gute gelegt. — Besitzer: 1543 Paul Uk, darauf die Familie v. Buchwald, 1635 Jasper v. Buchwald, 1700 v. Rumohr, 1712 v. Ahlefeld, 1725 Paulsen, 1730 Behn, 1738 Koch, 1785 Paulsen, 1788 Aegidius, seit 1822 Kittel. Das Gut hatte ein Areal von 1094 Ton. 4 Sch. à 260 □. R., aber im vorigen Jahrhundert wurden 27 Parcelen (jetzt an 36 Besitzer vertheilt) mit einem Flächeninhalte von 251 Ton. davon abgelegt. Zum Gute, welches für 5 Pfl. contribuirt, gehören außer dem Haupthofe Theile der Dörfer Tombüll, Schweirup und Alt= und Neu=Schobüll (162,840 Rbthlr. Steuerw.). — Der Haupthof, zu dem 3 Kathen gehören, hat ein Areal von 155 Ton. 241 □. R. (144 Steuert.), worunter etwa 6 Ton. Hölzung (22,820 Rbthlr. Steuerw.). — Das Wohnhaus ist einstöckig mit einem Frontispice und sehr bequem eingerichtet. Westlich von Schobüllgaard liegt der Tasteberg 256' hoch. — Zahl der Einwohner: 341. — Contrib. 224 Rbthlr., Landst. 339 Rbthlr. 26 b/ß., Hausst. 67 b/ß.

Schobüllhuus (Skovbölhuus), 2 Halbh. (1 Pfl.) an einer kleinen Aue, 2¼ M. südwestlich von Flensburg, A. Flensburg, Wiesh., Ksp. Groß=Wiehe, Schuldistrict Schobüll. Diese Hufen hatten vormals bedeutende Freiheiten, da sie wahrscheinlich auf dem Grunde eines ehemals diesen Namen führenden Edelhofes erbaut sind. — Areal: 378 Ton. 7 Sch. à 260 □. R. (236 Steuert.). — Der Boden ist im Allgemeinen nur sandigt.

Schockenbüllerkoog, ein Koog im Westerth. der Landsch. Eiderstedt, welcher schon im Jahre 1008 eingedeicht gewesen sein soll, Ksple. Poppenbüll und Tetenbüll.

Schönhagen, adel. Gut an der Ostsee, in der Eckernfördesh. Der Haupthof liegt 1 M. südöstlich von Cappeln, Ksp. Schwansen. Dieses Gut war vormals ein Meierhof von Olpenitz und ward 1711 davon getrennt und zu 14 Pfl. angeschlagen, es wurde damals an v. Schack für 111,000 ℳ verkauft, 1712 an v. Dewitz (120,000 ℳ), 1756 v. Rantzau (120,000 ℳ), 1766 v. Levetzow (150,000 ℳ), 1793 Lorenzen (315,000 ℳ), darauf an v. Hammerstein, 1804 v. Rumohr (540,000 ℳ), 1810 Müller (489,000 ℳ), 1817 P. P. Henningsen (der Haupthof nebst einigen Kathen 130,200 ℳ). Schönhagen besteht aus dem Haupthofe, dem Dorfe Hörmark und dem Dorfe Brodersbye (z. Thl.). — Das ganze Gut hat einen Flächeninhalt von 1489 Ton. 26 R. 59 F. à 240 □. R. (1276 Steuert., 200,800 Rbthlr. Steuerw.). Der Haupthof hat ein Areal von 849 Ton. 2 Sch. 18 R. 92 F., darunter Acker 616 Ton. 20 R. 55 F., Wiesen und Moor 127 Ton. 58 R. 6 F., Hölzung 39 Ton. 1 Sch. 1 R. 17 F., Strandland 15 Ton. 40 R. 91 F., Wege und freie Plätze 6 Ton. 1 Sch. 27 R. 90 F. und der Antheil am Binnen=See 45 Ton. 1 Sch. 50 R. 33 F. Außerdem gehören dazu einige Stellen Nordhagen (3 Kathen und 1 Instenstelle), einige andre im Dorfe Hörmark, 1 Stelle Lükeberg, Kiekut (1 Kathe) und 3 Kathen beim Haupthofe, welche zusammen ein Areal von 48 Ton. 3 Sch. 59 R. 89 F. ausmachen. Die übrigen Hufen und Stellen in Brodersbye und Hörmark (zusammen 590 Ton. 2 Sch. 48 R. 43 F.) sind Eigenthum der Untergehörigen. — Der Boden ist größtentheils von vorzüglicher Güte und die Wiesen sind mit Ausnahme von etwa 15 Ton. alle Salzwiesen. — Von den zum Gute beigelegten 14 Pfl. contribuirt der Haupthof für 9½ Pfl., die Eigenthümer der Hufen von Hörmark für 1½ Pfl. und die des Dorfes Brodersbye für 3 Pfl. — Das im Jahre 1788 erbaute Wohnhaus ist einstöckig; die Hofgebäude sind mit einem Graben umgeben. — Zahl der Einwohner: 338. — Contrib. 627 Rbthlr. 19 b/ß, Landst. 418 Rbthlr. 42 b/ß.

Schörderup (Waldem. Erdb.: Skyräthorp), Dorf 1 M. nordwestlich von Cappeln, im Gute Rundhof, Cappelerh., Ksp. Töstrup; enthält 3 Dreiviertelh., 5 Halbh. und 4 Kathen, von denen eine Halbhufe Blasberg und 1 Kathe Schörderupfeld genannt werden. Südöstlich liegt eine Windmühle Schörderupmühle (s. Schörderupmühle). — Schuldistr. Gulde. — Schmiede. — Im Jahre 1397 verkaufte J. v. Thienen an Erich Krummendiek auf Rundhof, Schördorp, Schördorpmühle, Stoltebüll, Vogelsang und alles was zu Schördorp=Lehn lag, und 1409 wurde Schördorp, Stoltebüll, Vogelsang und einige Dörfer im Ksp. Gelting an das Domcapitel zu Schleswig verpfändet, von welchem der Herzog Adolph sie 1438 wieder einlösete. — Areal mit 3 Kathen bei Stangheck: 696 Hdtsch. (375 Steuert.). — Der Boden ist lehmigt und fruchtbar.

Schörderupmühle, eine Erbpachts=Windmühle, wozu 2 Parcelen vom Hoffelde des Meierhofes Drüllt im Gute Rundhof abgelegt sind, im Gute Rundhof, Cappelerh., Ksp. Töstrup. — Areal: 36 Hdtsch. (19 Steuert.).

Schogbüll, ein ehemaliges Dorf im Ksp. Branderup, aus welchem der Ritter Jacob Roostath dem Lygumer Kloster 1334 Einkünfte schenkte.

Scholderup.

Scholderup, Dorf 1¼ M. nordöstlich von Schleswig, an der Füsingeraue, Ksp. Tolk. Zum Amte Gottorf, Struxdorfh., gehören 4 Hufen, 1 Dreiviertelh., 1 Drittelh., 1 Parcelenst. und 10 Kathen, von denen 4 Hufen und 6 Kathen nebst einer Wassermühle zum St. Johanniskloster in Schleswig und die übrigen Stellen (1 1⁄1½ Pfl.) zum Amte gehören; außerdem zur Mohrkirchh. 3 Halbh. und 2 Kathen (1½ Pfl.) Eine ausgebaute Struxdorfharder Hufe heißt Schübye. — Schule. — Areal zum Amte: 214 Steuert. — Der Boden ist gut. — Im Jahre 1459 verkaufte Lütke Schinkel 1 Hufe und 1472 Catharine Schinkel ihr Gut in diesem Dorfe an den Archidiaconus Cord Cordes in Schleswig. In der letzten Hälfte des 16. Jahrhunderts verkaufte J. Alberts dem Könige Friedrich II. eine Hufe in diesem Dorfe.

Schottsbüll (vorm. Scalebüll), Dorf im Lande Sundewith, 1 M. westlich von Sonderburg, an der Landstraße nach Flensburg, A. Sonderburg, Nübelh., Ksp. und Schuldistr. Broacker. Von diesem Dorfe, welches größtentheils in einem Thale liegt, gehören 7 Vollh., 10 Kathen und 26 Inststen. (7 Pfl.) zum Amte; 2 Vollh., 3 Halbh., 1 Kathe und 2 Inststen. zum Gute Gravenstein und 1 Vollh. und 3 Kathen (1 Pfl.) zur Marienkirche in Flensburg (vormals zur St. Gertrudscapelle). Ausgebaut sind 4 Hufen, welche Skovbjerg, Aerm, Igestov (Egestov) und Blaasand genannt werden. Bei dem Nübeler-Noore liegen mehrere Ziegeleien. — 4 Wirthshäuser, Schmiede, Maurer und mehrere Handwerker. — Areal zum Amte Sonderburg mit Ekensund: 570 Steuert., zur Marienkirche: 44 Steuert. — Der Boden ist zum Theil lehmigt, zum Theil sandigt, aber größtentheils fruchtbar. — Im 16. Jahrhundert besaß B. v. Sehested 2 Lansten in Schottsbüll und dessen Wittwe überließ diese im Jahre 1600 an den Herzog Hans. Hier war eine Domcapitelsbohle, welche Hans Blome 1575 eintauschte und wiederum 1590 an den Herzog Hans vertauschte. Diedr. Hoek verkaufte 1649 eine Bohle an Hans v. Ahlefeld auf Seegaard und dieser veräußerte sie wieder 1661 an Wulf Hoek auf Auenbüllgaard, der sie 1662 dem Herzoge Philipp überließ. — Vz. s. Ekensund.

Schottsbüllgaard (Neuhof, Nienhof), ein anmuthig gelegenes niedergelegtes Königl. Kammergut, 1¼ M. westlich von Sonderburg, A. Sonderburg, Nübelh., Ksp. und Schuldistr. Broacker. Dieses von dem Herzoge Philipp von Glücksburg aus 6 in Schottsbüll in den Kriegsjahren 1658 bis 1659 verwüsteten Bohlstellen angelegte Gut enthielt ein Areal von 312 Ton. 1 Sch. und ward, nachdem es dem Könige zugefallen war 1785 in 9 Parcelen getheilt, von denen eine 54 Ton., die übrigen 6 bis 27 Ton. Landes erhielten. Zu einem geschlossenen Gehege wurden 71 Ton. 4 Sch. abgelegt; jetzt ist daraus die Königl. Schotzbüllgaarder Koppelhölzung 92 Ton. 210 □.R. groß, gebildet; der Haupttheil heißt Kaffelstov. Der Stammhof liegt am Südrande der Hölzung, ist unbedeutend und wird meist von Häuerlingen bewohnt; westlich und südlich davon liegen die Parcelen; bei einzelnen derselben am Nübelnoor sind Ziegeleien. Eine Stelle am Wege nach Schottsbüll heißt Kraghul; 2 derselben mit 2 Ziegeleien auf der Landspitze Bösbekhage am Nübelnoor heißen Bösbek; weiter östlich liegen am Nübelnoor noch 5 Ziegeleien. Bei der Hölzung liegt ein Holzwärterhaus.

Schrapenbüll, 2 Höfe nördlich von Tönning, im Ostertheile der Landschaft Eiderstedt, Ksp. und Schuldistr. Tönning.

Schreibersort, 1 Haus im Amte Tondern, Wiedingharde, Ksp. Neukirchen.

Schrepperie, 1 Kathe und 1 Wirthshaus im Gute Brunsholm, an der Landstraße von Cappeln nach Flensburg, Cappelerh., Ksp. Töstrup. — Areal: 11 Ton. à 260 □. R.

Schrixdorf (Schreistrup), ein niedergelegter Meierhof, jetzt 5 Parcelenstellen, 2 M. westlich von Cappeln, A. Gottorf, Morkirchh., Ksp. Böel. Schrixdorf war vormals ein Dorf und ward kurz vor dem Jahre 1609 niedergelegt, darauf ward es ein Meierhof von Morkirchen und 1778 in 11 Parcelen getheilt. — Areal: 227 Ton. (312 Steuert., vergl. Morkirchen). Die Stammparcele Schrixdorf ($1\frac{1}{2}$ Pfl.) hat ein Areal von 265 Hdtsch. und besitzt noch einige Freiheiten.

Schrixdorfstraße, 1 Holzvogtswohnung mit 13 Ton. 76 □. R. Land, 1 Freikathe und 4 Kathen ($1\frac{72}{384}$ Pfl.), 2 M. westlich von Cappeln, A. Gottorf, Morkirchh., Ksp. Böel. — Areal: 54 Steuert. — Westlich vom Orte liegen die Königl. Gehege Eslingholz von 33 Ton. 157 □. R. und Köhnholzkjär 18 Ton. 20 □. R.

Schubye (vorm. Scobye), Dorf $\frac{1}{2}$ M. westlich von Schleswig, A. Gottorf, Arensh., Ksp. St. Michaelis. Von diesem großen hochliegenden Dorfe gehören zum Amte mit Königswille, einer privilegirten Vollhufe, 1 Vollh., 1 Dreiviertelh., 23 Halbh., 1 Dreiachtelh., 4 Viertelh., 1 Achtelh., 10 Kathen und 5 Instenst. ($10\frac{1}{4}$ Pfl.). Nördlich vom Dorfe liegt 1 Viertelh. (Wirthshaus), der Deckerkrug (Dronninghöi) genannt, welchen letzteren Namen es von einem in der Nähe liegenden Begräbnißhügel erhalten hat. Zum Graukloster in Schleswig gehören 2 Halbhufen. Von den Halbhufen gehörten 5 zum ehemaligen Schleswigschen Domcapitel und 1 Vicariengut vor Alters zum Altare St. Crucis, späterhin zur Schleswigschen Domschule. — Districtsschule. — Wirthshaus, 2 Schmiede, mehrere Zimmerleute und Handwerker. — Ein Theil des Dorfes gehörte 1196 zu den Besitzungen des Michaelisklosters und begriff wahrscheinlich die beiden späterhin zum Graukloster gelegten Halbhufen in sich. Die Vollhufe besitzt noch einige Privilegien, weil sie in Fürstl. Zeit die Wohnung eines Hegereuters war. — Areal zum Amte Gottorf: 1677 Steuert. Das Ackerland ist von ziemlicher Güte; eine kleine Hölzung liegt östlich vom Dorfe; das Königl. Gehege Pöhl (Pöel) mit der Wohnung des Hegereuters gränzt an diese Hölzung. — Vormals wurde in Schubye das Arensharder Ding gehalten.

Schubye, Dorf $2\frac{1}{4}$ M. nordöstlich von Eckernförde an der Schwonsbek, im Gute Grünholz, Eckernförderh., Ksp. Schwansen; enthält 6 Vollh., 12 Halbh., 1 Viertelh., 1 Achtelh., 30 Kathen und 24 Instenst. und eine südlich vom Dorfe belegene Windmühle. Mehrere ausgebaute Hufen, Kathen und Instenstellen heißen Schubyefeld, eine Stelle heißt Marsch. — Districtsschule. — Wirthshaus, Schmiede, Maler, Rademacher und mehrere Handwerker. — Areal: 924 Ton. 7 Sch. 4 R. à 240 □. R. — Der Boden ist von vorzüglicher Güte. — Oestlich vom Dorfe nahe an der Ostsee liegt der Schwansener-See, etwa 250 Ton. groß, welcher an die 3 Gutsdistricte Grünholz, Dörphof und Schönhagen gränzt. Ein Fischerhaus (Osterschau) liegt an der Südseite des Sees.

Schwabstedt (vorm. Svavestede), Flecken an der Treene, 1 M. nordöstlich von Friedrichstadt, Pr. Husum, in einer schönen durch Hügel

Schwackendorf.

und Thäler abwechselnden Gegend. In der zweiten Hälfte des 13. Jahrh. kam dieser Ort an das Bisthum Schleswig, und ward der Sitz der Schleswigschen Bischöfe, welche hier ein Schloß erbauten; auch sehr früh ist dieses Schloß befestigt gewesen; 1395 ward es von den Grafen von Holstein belagert und auch erobert, wonach der Bischof Johann es für 2000 Goldgülden einlösen mußte. 1406 ward es an die Königin Margaretha verpfändet, welche den Ritter Nicolaus Iversen zum Commandanten ernannte, der die Friesen gegen sich zur Empörung reizte, die es 1409 angriffen aber zurückgeschlagen wurden. Darauf ward Schwabstedt 1410 durch die Herzogin Elisabeth erobert und die Wälle geschleift; nachdem die Befestigungswerke wieder in Stand gesetzt waren, mußte ein Jahr später die Herzogin es dem Bischofe wieder einräumen. Nach dieser Zeit ist Schwabstedt, mehrere Male verpfändet und eingelöset worden. Nach dem letzten hier wohnenden Bischofe Gottschalk v. Ahlefeld, welcher 1541 starb, stand das Schloß leer, aber nach dem Jahre 1586 bewohnten die Amtmänner von Schwabstedt dasselbe bis 1602. Bald nach dem Jahre 1730 ward das Schloß abgebrochen und es sind nun nur noch alte Gräben und einige große Grundsteine als Ueberreste dieses Gebäudes vorhanden; die Koppel, worauf es lag, wird der Schloßwall genannt. — Der Flecken Schwabstedt war schon in den ältesten Zeiten und bis die Herren=Hallig 1570 eingedeicht ward durch Schifffahrt und Handel bekannt. Der Flecken enthält jetzt 54 f. g. Volle=Altbaustellen, 10 Halbe=Altbaustellen, 36 Volle=Neubaustellen, 4 Halbe=Neubaustellen, 33 Kathen mit und 4 Kathen ohne Land, zusammen 144 Feuerstellen ($9\frac{1}{16}$ Pfl.). Ferner gehören zu Schwabstedt 4 Erbpachtshöfe, als Oster= und Wester=Papenhörn ($1\frac{13}{48}$ und $1\frac{1}{2}$ Pfl.), die Hemme ($\frac{21}{48}$ Pfl.) und der Hof am Schloßplatze. — Schule, mit 2 Classen, die des Cantors und eine Elementarclasse, Prediger=Wittwenhaus, 2 Armenhäuser, 10 Wirthshäuser und Krügereien, 8 Hökereien, 1 Branntweinbrennerei, 4 Bäckereien und Handwerker fast aller Art. — Hier ist eine Königl. Korn=Windmühle, welche in Zeitpacht gegeben ist. — Die Kirche gehörte vormals dem Schleswigschen Domcapitel; sie ist ansehnlich, von großen behauenen Feldsteinen erbaut und ward besonders 1651 sehr erweitert. In derselben befindet sich eine Orgel. An der nördlichen Seite der Kirche ist auf einem Berge das Glockenhaus erbaut. Die an der Kirche stehenden beiden Prediger werden vom Kirchencollegium präsentirt und von der Gemeinde gewählt. — Eingepfarrt: Fresendelf, Fresendelf=Fähre, Hemme, Hollbüllhusen, Hude, Huder=Fähre, Lehmsiek, Groß= und Klein=Mittelburg, Nachdurst, Osterkoog, Oster= und Wester=Papenhörn, Ramstedt, Schlagbaum, Schwabstedt, Süderhövd, Wisch, Wischhof. — Areal außer den Erbpachtshöfen: 554 Steuert., worunter 274 Ton. Gras= und Weideländereien. — Der Boden ist gut und eignet sich besonders zum Anbau der Kartoffeln und des Kohles, welche in bedeutender Menge nach allen nahe gelegenen Städten ausgeführt werden. Nordöstlich vom Flecken liegt ein Königl. Gehege, welches etwa 500 Demat an Flächeninhalt beträgt. Eine ziemlich bedeutende Anhöhe nördlich vom Flecken heißt Lilleberg. Im Jahre 1613 glaubte man bei Schwabstedt eine Heilquelle gefunden zu haben, zu der anfänglich viele Wallfahrer kamen, aber bald ihren Ruf verlor. Ein Grabhügel auf der Feldmark wird Türkeberg genannt. — Vz. des Ksp.: 2024.

Schwackendorf, Dorf $\frac{3}{4}$ M. nördlich von Cappeln, im Gute Buckhagen, Cappelerh., Ksp. Gelting. Dieses Dorf gehörte vormals zum Gute

468 Schwansen.

Gelting bis es im Jahre 1519 an Buckhagen kam, wogegen das zu dem letzteren gehörige Dorf Lebek dem ersteren Gute einverleibt ward. Bei der Separirung von diesem Gute 1799 wurden 9 Hufen, 1 Wurthsitzerstelle und 9 Kathen ausgelegt; durch zugekaufte Ländereien wurden diese Stellen vergrößert und es entstanden noch mehrere neue. Sämmtliche Dorf- und Parcelengründe sind unter 27 Besitzer vertheilt ($6\frac{1}{10}$ Pfl.). Ausgebaute Stellen heißen: Klein-Schwackendorf (Süderfeld), Schedeheck (Scheenheck), Holm und Norderfeld; Parcelenstellen heißen: Nabeland und Knorrlück. — Districtsschule. — Schmiede. — Areal: 756 Hdtsch. 8 R. — Der Boden besteht größtentheils aus schwerem Lehm, ist aber nicht besonders ergiebig. — Oestlich vom Dorfe lag ein mit einem großen Steine versehener Grabhügel; auf einem südlich vom Dorfe liegenden Berge, der Windmühlenberg genannt, sollen vormals Zauberinnen verbrannt sein.

Schwansen, Kirche ¾ M. südöstlich von Cappeln in der Eckernförderharde, Pr. Hütten. Nur diese Kirche und die Gemeinde führen den Namen Schwansen; das Kirchdorf heißt Karbye (s. Karbye), weshalb sie auch die Karbyer-Kirche genannt wird. Das Gebäude ist ansehnlich, von Ziegelsteinen aufgeführt, hat einen stumpfen Thurm, ist gewölbt, hell und mit einer Orgel versehen. Den Altar ziert ein schöner Christuskopf, ein Geschenk des Landgrafen Carl zu Hessen. — Bei der Predigerwahl präsentiren die Besitzer der Güter: Carlsburg, Damp, Dörpt, Grünholz, Loitmark, Olpenitz und Schönhagen, und die Gemeinde wählt. — Eingepfarrt: Amalienburg, Amalienfeld, Behrensburg, Bockholz, Brodersbye, Carlberg, Carlsburg, Charlottenhof, Damp (z. Thl.), Dörpt, Dörpthof, Dörptholz, Dorotheenthal, Drasberg, Duckenteich, Ellenberg, Ellenbergholz, Ellerrühe, Emers, Espenis, Fischläger, Grünholz (z. Thl.), Grünthal, Haberkoppel, Hegenholz, Heide, Hestemaas, Hörmark, Karbye, Kiekut, Knipenberg, Köllnerfeld, Kopperbye, Krähenberg, Langacker, Loitmark, Lükeberg, Marienthal, Marsch, Mittelfeld, Mühlenteich, Niebye, Nobus, Nordhagen, Nübbelhof, Nübbelfeld, Olpenitz, Osterschau, Rehmskoppel, Reykuhl, bei der Schau, Schleimünde, Schönhagen, Schubye, Schubyefeld, Schweinsweide, Schwonenthal, Schwonsburg, Staffelshoe, Sundsacker, Westerfeld, Windemark. — Bz. des Ksp.: 3198.

Schwastrum (vorm. Swartstrom), Dorf an der Bockenaue, 2 M. nordöstlich von Eckernförde, im Gute Damp, Eckernförderh., Ksp. Siesebye; enthält 1 Hufe, 2 Kathen und 14 Instenst. — Schule. — Schwastrum ward im 15. Jahrhundert als Hof angesehen und gab daher keine Bischofszehnten; 1470 war Benedict Pogwisch Besitzer dieses Dorfes, wozu damals eine Wassermühle gehörte.

Schweinschaart, 1 Hof und 1 Landstelle im Westerth. der Landschaft Eiderstedt, Ksp. und Schuldistr. Poppenbüll.

Schweirup (Sveirup), Dorf $1\frac{1}{4}$ M. südöstlich von Apenrade, an der Landstraße nach Sonderburg, A. Apenrade, Lundtorfh., Ksp. Feldsted. Zum Gute Schobüllgaard gehören 6 Bohlstellen, 2 Kathen, 3 Instenst. und 4 Parcelenst.; zum Amte 1 Instenst.; 2 Bohlstellen südöstlich vom Dorfe heißen Kallkjär. — Schuldistr. Schobüll. — Wirthshaus. — Areal zum Gute: 255 Steuert. — Der Boden ist lehmigt und sehr fruchtbar.

Schweldtholm, 2 Parcelenstellen und 3 Landstellen bei Wittkiel belegen, Cappelerh., Ksp. Töstrup. Die beiden Parcelenstellen (16 Hdtsch.)

Schwenau. 469

gehören zum Gute Rundhof und sind von dem Hoffelde des Hofes Drüllt abgelegt. Die 3 Landstellen (27 Steuert.) gehören zum Gute Töstorf. — Schuldistrict Oersberg.

Schwenau, eine Parcelenstelle und eine 1763 angelegte Ziegelei am Einflusse der Schwenaue in den Flensburger Meerbusen, A. Flensburg, Munkbraruph., Ksp. Munk-Brarup, Schuldistr. Bokholm. — Ar.: 28 Steuert. Die Parcele stand sonst weiter südlich auf einem Berge an der Aue, wurde aber 1774 nach dem Strande verlegt.

Schwenkenkoog, ein Koog an der Eider, im Osterth. der Landschaft Eiderstedt, Ksp. Koldenbüttel. Dieser Koog, worin ein Hof liegt, ward in den Jahren 1624 bis 1631 eingedeicht und hat ein Areal von 79 Dem. 2 Sch. 18 R.

Schwensbye (Svensbye), adel. Gut in der Cappelerharde. Die Stammhöfe liegen 2 M. südöstlich von Flensburg, Ksp. Sörup. — Vormals gehörte ein Theil von Schwensbye zum Schlesw. Domcapitel und im Jahre 1482 wird Schwensbyegaard ein Stiftsgut der Schleswigschen Domkirche genannt, späterhin ist es durch das aus 4 Hufen bestehende und niedergelegte Dorf Richelsbye (f. Richelsbye) vergrößert worden. — Besitzer: 1586 v. Ahlefeld, 1649 v. Rumohr, 1691 v. Thienen, dann v. Temming, nach ihm Wittmaak, 1708 v. Ahlefeld, darauf v. Qualen, 1715 v. Schack, 1716 der Herzog Philipp Ernst von Glücksburg, und 1749 ward es von dem Herzoge Friedrich von Glücksburg parcelirt und ist jetzt theils durch Verkauf, theils durch Vermagschiftung sehr zerstückelt. Es steht in der Landesmatrikel zu 9 Pfl. und enthielt 1749 außer dem Haupthofe (4 Pfl.): 1 Bohlstelle Norgaard ($\frac{1}{4}$ Pfl.) in Löstrup, 1 Bohlst. in Iverslund ($\frac{1}{4}$ Pfl.), 1 Bohlst. in Schwensbye ($\frac{1}{4}$ Pfl.), 2 Bohlst. und einige Kathen in Dollerup ($\frac{3}{4}$ Pfl.), 1 Bohlst. in Bönstrup ($\frac{1}{4}$ Pfl.), 2 Bohlst. welche damals in 6 Theile getheilt wurden und einige Kathen in Ausacker (2 Pfl.) und 1 Bohlst. in Kollerup (1 Pfl.). — Das ganze Gut Schwensbye mit den in den Kirchspielen Sörup, Gruntoft, Husbye, Groß-Solt und Sterup zerstreut liegenden Stellen ist zu 1153 Steuert. (152,060 Rbthlr. Steuerw.) angesetzt. Die Pertinentien sind: Ausacker (z. Thl.), Ausackerholz (z. Thl.), Bönstrup (z. Thl.), Buschkoppel, Dingholz, Dollerup (z. Thl.), Dollerupholz (z. Thl.), Grafkathe, Hardesbyefeld (z. Thl.), Hollehit, Hüholz, Hungerburg, Iverslund (z. Thl.), Kollerup (z. Thl.), Mariengaard (z. Thl.), Neukrug, Nordballig (z. Thl.), Norderfeld (z. Thl.), Norgaard, Schwensbye (z. Thl.), Schwensbyefeld, Schwensbyelund, Seekluft, Sörupmühle (z. Thl.), Spang, Sterupgaard (z. Thl.), Süderkathe, Wulfsbrück. — Zahl der Einwohner: 490. — Der Haupthof mit einem Areale von 994$\frac{1}{4}$ Hdtsch. ward bei der Parcelirung in 3 Theile getheilt. Der Stammhof (jetzt 2 Höfe) enthielt 552 Hdtsch. 24 R. (2 Pfl.); der erste Nebenhof 308 Hdtsch. (1$\frac{1}{4}$ Pfl.) und der zweite Nebenhof 134$\frac{2}{3}$ Hdtsch. — Der Stammhof ward von J. Hansen für 28,740 ℳ gekauft; er theilte denselben mit seinem Bruder in 2 gleiche Theile und jeder Theil enthielt damals 276 Hdtsch. 12 R. — Der erste halbe Stammhof Schwensbye hat jetzt nur ein Areal von 256 Hdtsch. 5 Sch. 4 R. (69 Steuert., 11,540 Rbthlr. Steuerw.). Besitzer: 1749 J. Hansen, 1764 C. Valentiner, 1776 N. Cooper, E. Cooper, Petersen, v. Brömbsen, Cordsen, Andersen, 1833 Dreyer, 1836 A. Kruse (30,000 ℳ). — Der zweite halbe Stammhof enthält 133 Hdtsch.

3 Sch. 13 R. (144 Steuert., 23,040 Rbthlr. Steuerw.). Besitzer: 1749 C. Hansen, P. Iversen, 1795 J. Iversen, 1829 Th. Thomsen, 1844 J. A. Thomsen, 1848 J. F. Ehlers, 1853 dessen Erben. — Der erste Nebenhof enthält 305 Hbtsch. 1 R. (156 Steuert., 24,960 Rbthlr. Steuerw.). Besitzer: 1749 Reimer, N. Nissen, P. Otzen, seit 1834 dessen Erben. — Der zweite Nebenhof ist nicht bebaut, sondern in viele kleine Parcelen zerlegt worden (73 Steuert., 10,220 Rbthlr. Steuerw.). — Der Boden ist von guter Art; die südliche Hälfte der Hoffelder liegt hoch, ist etwas abhängig und fruchtbar, der nördliche Theil mehr flach und mit lehmiger Unterlage; nordöstlich und südwestlich sind einige sandigte Strecken. — Contrib. 403 Rbth. 19 b/ß, Landst. 308 Rbth. 19 b/ß, Hausst. 23 Rbth. 35 b/ß.

Schwensbye, Dorf 2 M. südöstlich von Flensburg, an der Landstraße nach Cappeln, A. Flensburg, Nieh., Ksp. Sörup. Zum Amte gehören 1 Vollh., 3 Halbh. und 2 Kathen (2½ Pfl.), von denen 2 Halbh. Kirchenlansten sind; zum Gute Schwensbye 1 Vollh., 1 Parcelenstelle und 5 Kathen. Districtsschule. — Areal zum Amte: 264 Steuert.; zum Gute Schwensbye: 69 Steuert. — Der Boden ist recht gut. — Zu Schwensbye war ehemals eine Lanste zur Laurentius Capelle am Dom in Schleswig, welche bei der Reformation zur Besoldung des Dompredigers gelegt wurde.

Schwensbyefeld, 1 Kathe und 2 Parcelenstellen von denen eine Lykhave genannt wird, im Gute Schwensbye, A. Flensburg, Nieh., Ksp. Sörup, Schuldistr. Schwensbye.

Schwensbyelund, eine Parcelenstelle im Gute Schwensbye, A. Flensburg, Nieh., Ksp. Sörup, Schuldistr. Schwensbye.

Schwensholz, 5 Parcelenstellen im Gute Oehe, Cappelerh., Ksp. Gelting, welche im Jahre 1790 aus Dorffeldern von Gundelsbye gebildet wurden. — Schuldistr. Gundelsbye.

Schwesing (vorm. Swesum, Swezen), Kirchdorf ½ M. nordöstlich von Husum, an der Landstraße nach Schleswig, A. Husum, Süderh., Pr. Husum; enthält, außer der Wohnung des Predigers und des Küsters, 4 Siebenachtel., 13 Halbh., 1 Drittelh. und 8 Kathen; von diesen gehören 2 Halbh. zur Vogtei Schwabstedt; 2 Halbh. sind ausgebaut und heißen Hollacker und 2 Kathen an der Flensburger Landstraße Augsburg; 1 Siebenachtelh. (1 Pfl.) gehörte zum vormaligen Schleswigschen Domcapitel und ward 1381 angekauft. — Districtsschule. — Schmiede und einige Handwerker. — Die Kirche ist anfänglich nur eine Capelle wahrscheinlich von Mildstedt gewesen und der Sage nach sollen Steine vom alten Walle Danewerk späterhin zum Kirchenbau benutzt sein. Die Kirche hat einen achteckigten Thurm. Vormals sind hier mehrere, namentlich ein Marien- und ein St. Jürgens-Altar gewesen. — Eingepfarrt: Ahrenviöl, Arl, Augsburg, Backensholz, Brandenburg, Bremsburg, Feddersberg, Haneburg, Hochviöl, Hollacker, Immingstedt, Lützenburg, Oster- und Wester-Ohrstedt, Schwesing, Süderholz, Westerholz. — Der Prediger wird von dem Amtmanne und von dem Probsten präsentirt, die Gemeinde wählt. — Das Diaconat ward 1801 eingezogen. — Areal: 781 Steuert., worunter 252 Ton. Gras- und Weideländereien. — Der Boden ist von ziemlicher Güte. — Vz. des Ksp.: 1519.

Schwiddeldei, 1 Haus nördlich von Hülsenhain an der Pommerbyer Brücke, im Gute Ludwigsburg, Eckernförderh., Ksp. Waabs.

Schwienewatt.

Schwienewatt, eine einzelne Stelle und eine kleine Kathe an der Landstraße von Bredstedt nach Leck, im A. Bredstedt, Ksp. Bargum, Schuldistrict Soholmbrück.

Schwonholm (Schwanholm), 1 Vollh. im A. Gottorf, Struxdorfh., Ksp. Norder-Brarup, Schuldistr. Rügge. — Areal: 105 Steuert. — Der Boden ist sehr gut und zu dieser Hufe gehört eine ziemlich große Hölzung.

Sebbelau (vorm. Siblaw), Dorf auf der Insel Alsen, $\frac{1}{4}$ M. nördlich von Augustenburg, im G. Augustenburg, A. Sonderburg, Augustenburgerh., Ksp. Ketting. — Zu diesem Dorfe, welches im 13. Jahrh. zum Schlesw. Bisthume gehörte, und 1651 von dem Könige Friedrich III. an den Herzog Ernst Günther verkauft ward, gehören 11 Vollbohlst., 4 Dreiviertelbohlst., 13 Kathen und 6 Instenst. Eine ausgebaute Bohlst. heißt Bommoos. — Districtsschule. — Schmiede und einige Handwerker. — Der Boden ist an vielen Stellen hügeligt und nur von mittelmäßiger Art. — Hier wird die Fruchtbaumzucht ziemlich stark betrieben. — Der Sage nach sollen hier in der Nähe 4 s. g. Junkerstellen gewesen sein, wovon die Spuren aber vergangen sind.

Seeende, 4 zerstreut liegende Kathen, westlich von Südensee, A. Flensburg, Nieh., Ksp. Sörup, von denen 2 zum Gute Südensee und 2 zu Gammelbyegaard gehören. — Schuldistr. Flatzbye.

Seegaard (Sögaard), adel. Gut im A. Apenrade, Lundtofth. Der Stammhof liegt $2\frac{1}{2}$ M. nördlich von Flensburg, an der Chaussee, Ksp. Kliples. — Seegaard ist ein sehr altes Gut, welches zuerst im Besitze der Familie Limbek war; Lüder Limbek 1375, darauf v. Pogwisch und 1398 v. Ahlefeld, dessen Nachkommen es bis 1722 besaßen. Gregor und Hans v. Ahlefeld theilten im Anfange des 16. Jahrhunderts das Gut, daher nun zwei Seegaarde entstanden und jeder von ihnen schrieb sich zu Halb-Seegarden; diese Güter wurden aber wieder 1663 vereint. Nach dem Jahre 1722 brach über Seegaard ein Concurs aus und 1725 wurden mehrere Meierhöfe von Seegaard getrennt; Seegaard selber aber erstand G. v. Thienen für 90,000 ₳, 1785 kam es an W. v. d. Schulenburg, ward 1791 parcelirt und 1834 mit dem Gute Ahretoft an G. F. Günzel für 189,000 ₳ verkauft. — Das ganze Gut steht in der Landesmatrikel zu $50\frac{11}{100}$ Pfl. (5892 Steuert.). Zu dieser Pflugzahl concurrirt die Gutsherrschaft für die Inspectoratländereien nur für $\frac{15}{64}$ Pfl.; die Abgaben für die übrige Pflugzahl werden von den Feste-Untergehörigen und der Holmer Freihufe abgehalten. — Zum Haupthofe gehört ein Areal von 848 Ton. 213 R. à 260 □. R., darunter an Acker 298 Ton. $92\frac{1}{2}$ R., an Wiesen 41 Ton. $221\frac{1}{2}$ R., an Hölzung 347 Ton. 228 R. und an Moor 160 Ton. 191 R. Ferner gehören zum Haupthofe der Seegaarder-See ($\frac{1}{4}$ M. lang und 900 Ellen breit) und zum Theil der Hostruper-See und die beiden Tinglever-Seen. — Der zum Haupthofe gehörende Boden ist verschieden, zum Theil schwerer Lehm und zum Theil hoher Grand. — Das ganze Gut hat außer dem Stammhofe 95 Hufenstellen oder Bohlen, 19 Parcelenstellen, 36 Kathen, 51 Instenst. und 26 Häuser ohne Land, und es gehören dazu folgende Dörfer, Parcelenstellen und andere Stellen: Assenholm (1 Kathe bei Feldstedt), Aventoft (1 Landstelle, Ksp. Quars), Bjendrup (Dorf), Bergholz (Kathendorf), Bremsmai (Parcelenst.), Dreiberg (Parcelenst.), Fauderup (z. Thl.), Gaastjär (1 Hufe), Geilau (Dorf), Hohenhain (Wirthshaus an der Chaussee), Holm (Freihufe und 2 Kathen), Ingeböl (1 Hufe), Kau (Parcelenst.), Klipleb, Kratt (Parcelenst.), Lundtoft (Dorf), Perbüll (Dorf), Pugholm (Parcelenst.), Quarsballig (Parcelenst.), Quarslyk (Parcelenst.), Rapsted (z. Thl.), Seegaardfeld (19 Parcelen= und 15 Instenst.), Seegardheide (2 Kathen und 1 Instenst., Ksp. Quars), Solterup (z. Thl.), Sönderkobbel (Süderkoppel) (Parcelenst.), Spang (Parcelenst.), Törsböl (z. Thl.), Tyingholm (Parcelenst.), Uhr (Parcelenst.), Undeley (2 Vollh., 2 Instenst.), Vilsbek (Dorf), Volderup (z. Thl.), Ziegelei. — Die Hölzungen heißen Törsbölskov (nicht vermessen) und Dyrkobbelskov (Thierkoppelhölzung) (103 Ton. 141 R.). — Das alte Schloß Seegaard war auf einer Insel in dem Seegaarder=See erbaut und der Platz, worüber die Chaussee führt, heißt der Schloßberg; es sind noch bedeutende Spuren von Grundmauern der Keller vorhanden. Dieses Schloß soll in der Mitte des 17. Jahrh. von den Schweden zerstört und ein Theil der Ruinen nach Gravenstein gekommen sein. — Zahl der Einwohner: 1730. — Contrib. mit dem G. Ahretoft: 2827 Rbthlr. 60 b/ß, Landst. 640 Rbthlr. 80 b/ß, Hausst. 45 Rbthlr. 35 b/ß.

Seegaard, adel. Gut auf der Insel Pelworm, im Großenkoog und in der Nähe des Hafens, Ksp. Neue=Kirche. Dieses Gut, welches jetzt zur Landschaft Pelworm gehört, ist sehr alt. — Frühere Besitzer: 1470 Edlef Knudsen, 1473 dessen Sohn Knud Edlefsen welcher geadelt ward; es blieb bei der Familie bis Seegaard durch weibliche Erbfolge an die Familie Meinstorfen kam, 1589 bis 1664, darauf v. Thienen bis 1679, dann v. Wedderkoop, 1768 Bahnsen, 1807 Tedsen, 1828 ward das Gut von der Landschaft Pelworm angekauft und darauf deren Jurisdiction unterlegt. — Es hat oft durch Ueberschwemmungen gelitten, besonders am Ende des 18. Jahrhunderts, wodurch es auch nach und nach verkleinert ist. Jetzt bestehen die Gutsländereien aus mehreren einzelnen Landstrecken, welche an einander stoßen und um den Gutshof liegen. — Das ganze Gut enthält 127 Dem. 5 Sch. 6 R. Hochland, 1 Dem. 5 Sch. 9 R. Leegland, worunter 74 Dem. 5 Sch. 20 R. Geest= und Weideland, und 52 Dem. 5 Sch. 21 R. Kornland sich befinden (269 Steuert., 24,560 Rbthlr. Steuerw.). — Auf Ketelswarf, auf der Hallig Langenäs, so wie auf den zerstreut liegenden Mitteldeichsstrecken auf Pelworm stehen mehrere dem Gute gehörige Häuser, welche Grundzins an das Gut entrichten. Die Ländereien auf Langenäs enthalten 172 Steuert. — Der Stammhof ist jetzt wieder im Privatbesitze. Die Werfstelle worauf die Gutsgebäude erbaut sind, ist hoch und mit einem Graben umgeben. Das Wohnhaus hat starke Brandmauern. — Eine in diesem Gutsdistricte errichtete Capelle, zum Heiligen-Kreuze, ward im Jahre 1517 anderswo hingelegt.

Seegaard, 1 Vollh. und 2 Kathen (1 Pfl.) am Winderather=See, 1½ M. südöstlich von Flensburg, A. Gottorf, Treyah., Ksp. und Schuldistr. Husbye. Eine ausgebaute Kathe heißt Seegaardfeld. Vormals war dieser Hof eine bischöfliche Besitzung; 1616 ward er von dem Herzoge Ulrich dem Hauptmann N. Lohden mit allen Freiheiten geschenkt; späterhin wurden diese noch von dem Könige Friedrich III. vermehrt zur Belohnung des damaligen Besitzers L. Tychsen, der einen Anschlag der Schweden auf Kopenhagen entdeckt und angezeigt hatte. — Areal: 103 Steuert.

Seeholz, 1 Parcelenstelle und einige Kathen im Gute Maasleben, Eckernförderh., Ksp. Siesebye. — Districtsschule mit 2 getrennten Classen.

Seekamp.

Seekamp, adel. Gut in der Eckernförderh. Der jetzige, Seekamp genannte, Hof liegt ½ M. nordwestlich von Friedrichsort, Ksp. Dänischen=hagen. Seekamp hat wahrscheinlich schon im 14. Jahrhundert zu Knoop gehört und ist damals im Besitze der Familie v. d. Wisch gewesen, darauf der Familie v. Rantzau, 1450 Otto Rantzau, 1632 v. Ahlefeld. Im Jahre 1632 ward Seekamp von dem Könige Christian IV. gekauft um Friedrichsort anzulegen; nachdem dieses aber 1648 demolirt ward, wurde das Gut an v. Buchwald für 105,000 ℳ überlassen; darauf muß es wieder in den Besitz des Königs gekommen sein, denn 1679 ward es von Christian V. an v. Hahn geschenkt, darauf kam es durch Heirath an v. Reventlow, 1758 an v. Schack zu Schackenborg und ist im Besitze dieser gräflichen Familie geblieben. — Das jetzt vergangene vormals stark befestigte Schloß, von welchem vor einigen Jahren noch eine 9 Fuß dicke Grundmauer abgetragen ward, lag in einer Niederung und war mit einem tiefen Graben umgeben, über die eine Zugbrücke führte. — Das Gut contribuirt für 16 Pfl. und hat ein Areal von 2829 Ton. 260 O. R. (2473 Steuert., 208,280 Rbthlr. Steuerw.). — Im Jahre 1791 wurden die sämmtlichen Hoffelder parcelirt und die erste Auftheilung geschah in 14 Parcelen, welche späterhin zu 10 Parcelen umgeändert ward. Von dem ganzen Areale gehören jetzt 1241 Ton. zu den Dörfern Holtenau, Pries und Schilksee, die Parcelisten erhielten 890 Ton. Der übrige Theil des Areals gehörte von der Zeit an zum Meierhofe Stift, der nun zum Stammhofe bestimmt ward, wogegen der ehemalige Haupthof Seekamp ein bloßer Parcelenhof ward. Die jetzige Parcele Seekamp enthält 360 Ton. Ackerland, 30 Ton. Wiesen, 6 Ton. Holz, 4 Ton. Moor, zusammen etwa 400 Ton. (359 Steuert.); unter den Wiesen ist die Seewiese (30 Ton.) die bedeutendste; die Hölzungen heißen Bransbrook und Miethschau. Zu der Parcelenstelle Seekamp gehören 6 Instenstellen, von denen eine Kuhlenthor und eine andere Fuchskuhle genannt wird. Die zum Gute gehörende Seekamper=Wassermühle liegt bei Dänischenhagen. — Einzelne kleine Parcelenstellen heißen: Heisch, Scheidekoppel, Kahlenberg, Muschelkathe, Schusterkrug, Drei=kronen, Voßbrook, Diekmissen, Kiekut und Fischerkathe, letztere am Strande der Ostsee belegen. — Die hohe Strandgegend nördlich von Friedrichsort heißt Brauneberg. — Der Boden ist sehr gut und vor=züglich cultivirt; zwei Landseen heißen Groß= und Klein=Fuhlen=See (40 Ton.). — Früher waren bei Seekamp mehrere Grabhügel, die jetzt abge=graben sind; im Jahre 1820 ward in einem Moore ein großes Trinkgefäß von Horn mit ausgeschnitzten Zierrathen gefunden. — Zahl der Einwohner: 916. — Contrib. 716 Rbthlr., Landst. 767 Rbthlr. 26 b/ß, Hausst. 90 b/ß.

Seem (Sehm), Kirchdorf am Varminger=See, ¾ M. östlich von Ripen, Pr. Törninglehn. Zum A. Hadersleben, Westerth., Hvidingh., gehören nur die Kirche, das Pastorat und 1 Dreiviertelh., die übrigen Hufen und Kathen gehören zum A. Ripen und der Grafschaft Schackenborg. — Die Kirche ist ein altes und hübsches Gebäude mit einem Thurm. In der Kirche befindet sich noch in einer Nische ein altes Marmorbild und auch ist hier eine Altartafel aus sehr früher Zeit. — Nur ein geringer Theil der Gemeinde gehört unter Jurisdiction des A. Hadersleben, nämlich: Höm=lundkroe, Seem (z Thl.), Staunager und Varming (z. Thl.). — Vom A. Ripen sind eingepfarrt: Faurholt, Faurlund, Höm, Hömbeile, Klein=Karkov, Karkovgaard, Munkgaard, Seem (z. Thl.), Seemgaard, Skallebäk, Skalle=bäk=Mölle, Sönder= und Norderlyke, Snepsgaard, Varming (z. Thl.). —

Der Capellan oder Diaconus an der Domkirche zu Ripen ist zugleich Prediger in Seem. — Bei Seem war vormals ein Kloster der Benedictiner, welches ohne Zweifel zur Zeit des Königs Knud des Großen gestiftet und von Mönchen und Nonnen bewohnt ward. In der Mitte des 12. Jahrhunderts ist es in ein Cistercienserkloster verwandelt und wurde einige Jahre darauf nach Lygum versetzt. — Vz. des Ksp. zum A. Hadersleben: 46.

Seest, Kirchdorf ¼ M. westlich von Kolding, im A. Ripen (Andsth.). In diesem Dorfe gehören 2 Hufen zum A. Hadersleben, Osterth., Tyrstruph. Das Kirchspiel Seest gehörte bis 1566, da es an Jütland abgetreten ward, zum A. Hadersleben und Seest war damals eine Annexkirche von Vonsyld.

Seeth (vorm. Zethe), Dorf ½ M. östlich von Friedrichstadt in der Landsch. Stapelholm, Ksp. Süderstapel. Dieses Dorf soll seinem Alter nach das jüngste in der Landschaft und angelegt sein, als eine Ueberschwemmung das Kirchspiel St. Johannis zerstört hatte und dessen am Leben gebliebenen Einwohner sich hier niederließen. Das Dorf liegt auf der Geest und enthält 68 Vollstaven, 3 Dreivierstelst., 13 Halbst., 5 Viertelst., 11 Kathen und 8 Freistellen (52 Pfl.). — Districtsschule. — 2 Armenhäuser, 3 Wirthshäuser, 2 Schmiede und mehrere Handwerker. — Es sind hier 2 Schützengilden, die schon 1682 und 1792 gestiftet sind. — Areal: 2100 Dem., von denen 329 Dem. Geestland, die übrigen Marschland sind (1890 Steuert.). — Vieles und größtentheils das beste Marschland gehört Auswärtigen, welche zu den Personal- und Communallasten nichts beitragen, weshalb der Wohlstand der Einwohner sehr gesunken ist. — Von Seeth führt eine Chaussee nach Friedrichstadt.

Seeth (vorm. Säthe), Dorf ½ M. südöstlich von Tondern, A. Tondern, Südtonderh., Ksp. Uberg; 13 Bohlstellen, 37 kleine Landstellen und 32 Häuser; zur Commüne Sollwig gehört 1 kleine Landstelle. — Der Uberger Kirche gehört eine Festebohlstelle — Districtsschule. — Wirthshaus, Schmiede und mehrere Handwerker. — Der Boden ist durch vorzügliche Cultur sehr verbessert und besonders wird der Gemüsebau hier stark betrieben, welcher vormals über 3000 Rthlr. jährlich einbrachte.

Seewang (Sövang, vorm. Zewanghe), Dorf 1½ M. nordöstlich von Tondern, A. Tondern, Sluxh., Ksp. und Schuldistr. Höist. Zum Amte gehören 2 Bohlstellen und 4 kleine Landstellen und zur Commüne Sollwig, 10 Bohlstellen und 1 kleine Landstelle (6 Pfl.). — Der Boden ist ziemlich gut. — Im Jahre 1395 verkaufte Boe Top seinen Hof in Zewanghe genannt Puchholm an Peter Eskesen in Sollwig.

Seewang, 2 Bohlstellen (1 Pfl.) nördlich vom Kirchdorfe Leck, A. Tondern, Karh., Ksp. und Schuldistr. Leck. Diese beiden Stellen gehörten ehemals zum Gute Klirbüll und wurden 1717 von dem Grafen v. Ahlefeld zu Boverstedt an Chr. v. Rantzau zu Rastorf verkauft. Dieser überließ die beiden Bohlstellen 1718 für 1296 ℳ an die Gebrüder Ebsen. — Areal: 103 Steuert.

Segebjerg, eine Landstelle auf Alsen, A. Sonderburg, Süderh., Ksp. Kekenis, Schuldistr. Oesterbye.

Segelsbüll, ein Hof im A. Tondern, Wiedingh., Ksp. Neukirchen. Schon im Jahre 1314 wird dieser Hof erwähnt, s. Neukirchen.

Seggelund (Seggeling, vorm. Syggeling), Dorf 1 M. nördlich von Hadersleben, an der Landstraße nach Kolding, A. Hadersleben, Osterth.,

Tyrstruph., Ksp. Tyrstrup; 9 Hufen, 5 Landbohlen und 5 Instenstellen. Zwei Hufen heißen Oestergaard und Klaaborg. — Schuldistrict Bögeskov. — Wirthshaus. — Der Boden ist im Allgemeinen gut.

Sehestedt, adel. Gut in der Eckernförderh. Der Haupthof liegt 1¼ M. südlich von Eckernförde, Ksp. Sehestedt. Dieses Gut, welches vormals bedeutend größer war und mit dem dazu gehörigen Gute Hohenlieth für 55 Pfl. contribuirte, wurde späterhin auf 29 Pfl. reducirt und nachdem die jetzigen Güter Schirnau, Steinrade und Grünhorst davon getrennt sind, steht es für 19½ Pfl. — Besitzer: 1460 v. Sehestedt, nach 1500 v. Damm, 1671 v. Ahlefeld, darauf v. Rantzau, 1734 v. Reventlow, 1754 Graf v. Isenburg, 1766 v. Liliencron (201,000 ℳ), 1788 v. Levetzau (207,000 ℳ), 1793 v. Rumohr, 1813 E. v. Ahlefeld, 1853 dessen Erben. — Das Gut besteht aus dem Haupthofe, den Meierhöfen Hohenfelde und Freienberg und den Dörfern Sehestedt und Wentorf und hat einen Flächeninhalt von 2007 Ton. 2 Sch. à 260 □.R. (1941 Steuert., 270,100 Rbthlr. Steuerw.). Der Haupthof enthält 961 Ton. 1 Sch. 30 R. (738 Steuert.), darunter Acker- und Gartenland 574 Ton. 2 Sch. 14 R., Wiesen 164 Ton. 2 Sch. 13½ R., Hölzung 107 Ton. 3 Sch. 2¼ R., Moor 84 Ton., 5 Sch. 30 R., Wasser 17 Ton. 1 Sch. 24 R. und an Wegen 13 Ton. 2 Sch. 11 R. — Der Boden besteht aus einem zum Theil mit Sand und Moor vermischten Lehmboden, der sehr ergiebig ist. — Auf dem Hoffelde und in der Nähe desselben befinden sich mehrere Häuser, welche größtentheils von Handwerkern und Tagelöhnern bewohnt werden, die eine jährliche Recognition an das Gut entrichten. — Sehestedt ist bis jetzt zur Schirnauer Mühle zwangspflichtig gewesen. — Das Wohnhaus besteht aus 2 Etagen mit einem Souterain und ist mit Ziegeln gedeckt; das Thorhaus hat einen Thurm und eine Uhr. — Zahl der Einwohner: 526. — Contrib. 870 Rbthlr. 10 b/β, Landst. 560 Rbthlr.

Sehestedt, Kirchdorf im Gute Sehestedt, 1¾ M. südlich von Eckernförde; enthält außer der Prediger- und Organistenwohnung 3 Halbh., 6 Kathen, 17 Instenstellen und 14 andere Feuerstellen. — Ausgebaut: 1 Halbh. und 2 Kathen Hammer, 2 Kathen und 1 Instenstelle Gruel, 5 Instenstellen Feldscheide, einige Stellen westlich heißen Brüggsthor. — Districtsschule. — Wirthshaus, welches die Brennerei- und Brauerei-Gerechtigkeit hat, Schmiede und mehrere Handwerker. — Die Kirche ist vormals nur eine Capelle gewesen, vermuthlich von Bünstorf; sie ist ein altes Gebäude von Feldsteinen, ohne Thurm, aber im Jahre 1829 ansehnlich vergrößert und verschönert. Das Altarblatt ist ein hübsches Gemälde, welches den Erlöser auf einem Regenbogen darstellt. Die Orgel ward 1762 geschenkt; an der Seite steht ein hölzernes Glockenhaus. — Der Prediger wird von dem Besitzer des Gutes präsentirt und von der Gemeinde gewählt. — Eingepfarrt: Brüggsthor, Ekberg, Eiderhof, Feldscheide, Freienberg, Fromrade, Gravensberg, Grünhorst, Gruel, Habye, Hammer, Harfe, Harzhof, Hegeholz, Höllengruft, Hohenfelde, Hohenholm, Hohenlieth, Holtsee, Holzkathe, Krummlinde, Lagenburg, Lehmfuhl, Lehmsiek, Mierensiek, Moorsiek, Niekoppel, Profit, Sandkathe, Schrödersbek, Sehestedt, Stillenbek, Stratenbrook, Triangel, Violenburg, Wentorf, Ziegelei. — Areal: 302 Ton. à 260 □.R. — Der Boden ist durchgehends gut und die Torfmoore sind bedeutend. — Mehrere Grabhügel sind bei der Grabung des Kanals

476 Seierslev.

zerstört. — Der Name des Dorfes ist sehr bekannt geworden durch das ruhmvolle Gefecht, welches am 10. Decbr. 1813 zwischen den Dänen und den verbündeten feindlichen Truppen hier geliefert ward. Im Jahre 1822 wurde zur Erinnerung dieses Tages ein Denkmal hier errichtet und am 28. Juni am Waldemarstage feierlich eingeweiht. — Vz. des Ksp.: 1594.

Seierslev, Norder-, Dorf 1¾ M. nordwestlich von Tondern, A. Tondern, Ksp. Emmerlev; enthält 12 Bohlstellen und 48 kleine Landstellen, welche zur Commüne Kurbüll und Südergaard gehören. — Schuldistr. Süder-Seierslev. — Wirthshaus, Schmiede. — Der Boden ist steinigt und zum Theil sandigt.

Seierslev, Süder-, Dorf 1¾ M. nordwestlich von Tondern, an der Landstraße von Hoyer nach Ripen, Ksp. Emmerlev; zum A. Tondern, Hoyerh., gehören 8 Bohlstellen und 13 kleine Landstellen (5¼ Pfl.); zur Commüne Kurbüll und Südergaard 3 Bohlstellen und 27 kleine Landstellen; ein Theil des Dorfes gehört zur Grafschaft Schackenborg und zum Gute Troyborg. — Districtsschule. — Wirthshaus, Schmiede und einige Handwerker. — Der Boden ist wie bei Norder-Seierslev von nicht besonderer Güte.

Selk, Nieder-, Dorf ½ M. südöstlich von Schleswig, zum St. Johanniskloster in Schleswig gehörig, A. Gottorf, Kropph., Ksp. Haddebye; 1 Halbh., 2 Dreiachtelh., 3 Viertelh., 5 Kathen und 1 Instenstelle. — Schuldistr. Geltorf. — Schmiede. — Der Acker des Dorfes ist sandigt, aber doch nicht unfruchtbar. — Vormals war hier ein bedeutender Lachsfang. Nördlich von Selk liegt das **Selker-Noor**, welches mit dem Haddebyer-Noor (s. Haddebyer-Noor) in Verbindung steht. Das Noor ist 1700 Ellen lang und etwa halb so breit, aber im Laufe der Zeit sehr versandet.

Selk, Ober-, Dorf ½ M. südöstlich von Schleswig, unweit des Selker-Noores, A. Gottorf, Arensh., Ksp. Haddebye; 1 Halbh., 3 Dreiachtelh., 1 Viertelh., 1 Dreisechszehntelh., 1 Achtelh., 1 Sechszehntelh. und 1 Kathe (1⅝ Pfl.). Außerdem liegt hier eine Königl. Erbpachts-Wassermühle (34 Steuert.). — Schuldistr. Bustorf. — Wirthshaus. Areal: 122 Steuert. — Der Boden ist theils sandigt und an vielen Stellen quelligt; es finden sich hier 6 kleine Fischteiche. — In dem Jahre 872 ward der Sage nach bei diesem Dorfe eine blutige Schlacht zwischen Regner Lodbrogs Söhnen und den Königen Erich und Sivard geliefert. Der König Sivard verlor das Leben und soll unter dem Hügel begraben sein, welcher noch **Könnsiehöe** (König Sigurds Hügel) genannt wird. Die auf diesem Schlachtfelde noch vorhandenen Grabhügel und der hier in der Gegend gefundene jetzt in Louisenlund aufbewahrte Runenstein sind angeblich Denkmale dieser Schlacht.

Selmersdorf (Celmerstorp, Seltendorf), ein ehemaliges Dorf im Ksp. Eckernförde, welches 1295 erwähnt wird und auf der Feldmark des Gutes Altenhof, nordöstlich vom Hofe auf den Schlägen Selmstorferhöfe, Vorderstehöfe und Hinterstehöfe belegen gewesen ist. Dieses Dorf wird noch 1609 genannt und einige Hufen contribuirten damals an die Eckernförder Kirche 6 ℳ 12 β.

Selskjär, 2 Halbhufen an einer kleinen Aue, 2 M. nordwestlich von Hadersleben, A. Hadersleben, Osterth., Gramh., Ksp. und Schuldistr. Jägerup. — Der Boden ist größtentheils gut. Auf der Feldmark liegen 2 Grabhügel.

Sibbenspöhl.

Sibbenspöhl, eine vormalige Landstelle auf der alten Insel Nordstrand, welche der Kirche Buphever gehörte, und deren Besitzer im 16ten Jahrhundert jährlich an dieselbe eine Abgabe entrichten mußte. Sie ward in der Wasserfluth 1634 zerstört.

Sibbershusen, ein ansehnlicher Hof im A. Tondern, Ksp. Rodenäs, Schuldistr. Ophusum.

Sibberskjär, 2 kleine Stellen und 1 Lootsenwohnung am Ostseestrande im Gute Düttebüll, Cappelerh., Ksp. Gelting, Schuldistr. Pommerbye.

Siedwendung, ein auf einem alten Mitteldeiche belegenes Haus im Ostertheil der Landschaft Eiderstedt, Ksp. und Schuldistrict Kotzenbüll.

Siekhof, 1 Hof im Westerth. der Landschaft Eiderstedt, Ksp. und Schuldistr. Westerhever. Der Hof liegt nördlich vom Pastorate und hat ein Areal von 148 Dem.

Siel, beim, 18 Häuser im A. Tondern, Wiedingh., Ksp. und Schuldistr. Neukirchen.

Sieltoft, 1 Landstelle im A. Tondern, Wiedingh., Ksp. Rodenäs, Schuldistr. Norddeich.

Siesebye (vorm. Tzitzebu), Kirchdorf an der Schlei, 1¾ M. nordöstlich von Eckernförde, in der Eckernförderh., Pr. Hütten. Der Name dieses Dorfes kömmt schon früh vor, und 1267 verschötete Tithufus Warnsild seine Güter in Siesebye dem Probsten in Schleswig. Im 14ten Jahrhundert ward es mit dem vormaligen Dorfe Ingersbye von dem Bischofe Helimbert an Siegfried Sehestedt für 250 ♯ verpfändet, und von der Familie Sehestedt 1351 dem St. Johanniskloster in Schleswig geschenkt, von dem es aber späterhin wieder getrennt ist. Jetzt gehört dieses Dorf zu den Gütern Bienebek, Staun, Krisebye und Maasleben. Zu Bienebek: 4 Halbh., 6 Kathen und 12 Instenstellen nebst einer Graupenmühle und einem Wirthshause; zu Staun: 2 Vollh., 5 Kathen, 6 Instenstellen und ein Wirthshaus; zu Krisebye und Maasleben: einige Instenstellen und 2 Wirthshäuser. — Districtsschule. — Schmiede, Bäckerei und mehrere Handwerker. — Die Kirche ist ein altes und ziemlich großes Gebäude, mit einem abgestumpften Thurm; sie ist zum Theil gewölbt und ward 1586 fast ganz neu erbaut und 1819 verschönert. — Zur Wahl des Predigers präsentiren die Besitzer von Bienebek und Staun, und die Gemeinde wählt. Eingepfarrt: die Güter Bienebek, Büchenau, Damp (z. Thl.), Grünholz (z. Thl.), Krisebye, Maasleben, Marienhof, Staun, Stubbe (z. Thl.) — Der Boden des Dorfes Siesebye ist gut und fruchtbar. — Vz. des Ksp.: 2381.

Sieverkroe (Sieverkrug), 1 Halbhufe, welche zugleich ein ansehnliches Wirthshaus ist, östlich vom Kirchdorf Bedsted, an der Landstraße von Apenrade nach Lygumkloster, A. Apenrade, Süderrangstruph., Ksp. und Schuldistr. Bedsted. — Areal: 260 Ton. à 260 □. R. Acker- und Wiesenland.

Sieverland, 4 vom Hoffelde des Gutes Rundhof abgelegte Parcelenstellen, Cappelerh., Ksp. Esgrus. Auf der einen, dicht vor dem Hofe liegenden Parcele ist ein Wirthshaus. — Areal: 150 Hvtsch.

Sieversbüll, 2 Höfe und 4 kleine Landstellen im Westertheil der Landschaft Eiderstedt, Ksp. und Schuldistr. Westerhever. — Areal: 172 Dem.

478 Sieversfleth.

Auf Sieversbüll und Stufhusen finden sich noch die auf den Halligen vorkommenden großen Wasserbehälter „Fätinge" genannt, die ein hohes Alter haben.

Sieversfleth, ein im Westerth. der Landschaft Eiderstedt belegener District, 1½ M. nordwestlich von Tönning, Ksp. Tetenbüll. Dieser District mit zerstreut liegenden Gebäuden, enthält 11 Höfe und 61 Stellen, theils mit, theils ohne Land; die nördlich belegenen Stellen heißen Reinsbüll. In Sieversfleth ist eine Windmühle. — Districtsschule. — 2 Wirthshäuser, Schmiede und mehrere Handwerker. — Der Boden ist schwere Marsch, und theils zum Kornbau, theils zur Fettweide geeignet. Im Jahr 1610 gehörte ein Hof in Sieversfleth (60 Dem.) dem bekannten Johann v. Wowern, von welchem Hofe 200 ℳ jährlich nach seinem Tode (1612) dem Waisenhause in Hamburg vermacht wurden. — Ueber das vergangene Kirchspiel Sieversfleth s. Ivenfleth.

Sieversfletherkoog, ein Koog im Westerth. der Landschaft Eiderstedt, 1¼ M. nordwestlich von Tönning, Ksp. Tetenbüll. Dieser Koog ward 1599 eingedeicht, aber 1602 das ganze Werk, welches 100,000 Rthlr. gekostet haben soll, durch eine Fluth gänzlich zerstört. Erst 1610 wurde der ganze Koog wieder bedeicht und hatte 1647 ein Areal von 1198 Dem. 2 Sch. Jetzt beträgt die Größe 1129 Dem. 3 Sch., und enthält 6 Höfe und 4 Stellen mit und ohne Land. Hier ist eine Windmühle. Ein Freihof (83 Dem. 9 R.), welcher ehemals der Familie Ovens gehörte, stand unter dem vormaligen Obergerichte. — Schuldistr. Warmhörn. — Der Boden ist fette Marsch.

Sieverstedt, Kirchdorf 2¼ M. südlich von Flensburg, an der Stenderupaue, A. Flensburg, Uggelh., Pr. Flensburg. Es enthält außer der Prediger- und Küsterwohnung, 2 Vollh., 7 Halbh., 2 Viertelh. und 5 Kathen. Die eine Viertelhufe liegt westlich vom Dorfe im s. g. Kirchenholze und heißt Kirchenholz, eine Stelle heißt Hedehuus. — Districtsschule. — Armen- und Arbeitshaus, Schmiede, Wirthshaus und einige Handwerker. — Die Kirche, ursprünglich wahrscheinlich eine Capelle, ist alt, von Feldsteinen aufgeführt, gewölbt, aber nur klein und hat keine Orgel. An der Seite steht ein Glockenhaus. — Der Prediger wird von dem Könige ernannt. — Bei dem Pastorate steht ein runder Stein in Form eines kleinen Tisches, welchen man früher einen heidnischen Altar hält. — Das Kirchspiel wurde in alten Kirchenregistern vormals nicht Sieverstedt, sondern Stenderup genannt. — Eingepfarrt: Hain, Hedehuus, Süder-Holzkrug, Jälm, Kirchenholz, Krittenburg, Ostersieg, Süder-Schmedebye, Sieverstedt, Stenderup, Stenderupau, Stenderupbusch, Stenderupfeld, Thorwald. — Areal: 388 Steuert. — Der Boden ist nur von mittelmäßiger Art. — Beim Dorfe liegt ein Grabhügel. — Vz. des Ksp: 769.

Sieverts-Capelle, eine ehemalige Capelle in der Edomsharde, zwischen den Halligen Südfall und Nordstrandischmoor. Sie wird durch eine Wasserfluth im Jahr 1300 zerstört sein.

Silberstedt, Dorf an der Arensbek, 1½ M. westlich von Schleswig an der Landstraße nach Husum, A. Gottorf, Arensh., Ksp. Treya (vormals St. Michaelis in Schleswig). Dieses Dorf, welches an beiden Seiten der Aue liegt, über welche eine 40 Fuß lange, steinerne Brücke führt, enthält 13 Halbh., 2 Dreiachtelh., 2 Viertelh., 4 Achtelh., 10 Kathen und 6 Instenstellen (8¼ Pfl.). Vormals gehörten einige Stellen zum Gute Arlewatt. — Districtsschule. — Wirthshaus, Schmiede und mehrere Handwerker. —

Areal: 1249 Steuert. — Der Boden ist von ziemlicher Güte, die Wiesen sind sehr gut und mehrere kleine Bäche welche ziemlich fischreich sind, durchschlängeln die Wiesen und Moore. 2 Königl. Fischteiche Maaskjär und Pepersdiek sind ausgetrocknet. Bei der Einkoppelung des Landes Stendietzel genannt, fand man auf einer Fläche viele Todtenurnen.

Sillerup, Dorf 2½ M. südwestlich von Flensburg, A. Flensburg, Wiesh., Ksp. Groß=Wiehe. Zum Amte gehören 2 Dreiviertelh., 9 Halbh., 2 Viertelh., 7 Kathen, 11 Instenstellen und 4 Parcelenstellen (4$\frac{1}{28}$ Pfl.); zum Hospitale in Flensburg 6 Drittelh. und 5 Kathen (2 Pfl.). Diese Hufen gehörten bis 1551 dem heil. Geisthause in Flensburg, dem sie 1395 von Siegfried Krog geschenkt waren. 2 Halbhufen gehörten zum vor= maligen Schlesw. Domcapitel und die übrigen Stellen zum niedergelegten Gute Lindewith. Ausgebaut sind: Barslund 1 Halbh., Seeland 1 Viertelh., Lyk 1 Kathe, Sillerupfeld und Süderland 2 Instenstellen, 1 Großkathe nördlich vom Dorfe heißt Watt, 1 Parcelenstelle Stein= berg. Zum Dorfe gehört eine Ziegelei. — Districtsschule. — Wirths= haus, Schmiede und einige Handwerker. — Areal zum Amte: 387 Steuert.; zum Hospitale: 236 Steuert. — Der Boden ist von ziemlicher Güte; das Moor ist groß und ergiebig und es werden hier viele Kohlen gebrannt. Auf der Feldmark befinden sich viele Grabhügel.

Sillerup (Sylderup, vorm. Syldorp), Dorf 1 M. nordöstlich von Hadersleben, A. Hadersleben, Ksp. Fjelstrup; enthält 6 Vollh., 9 Halbh., 4 Viertelh., 12 Landbohlen und 10 Instenstellen. Eine nord= östlich ausgebaute Halbhufe heißt Groß=Fuglsang, 2 Kathen Klein= Fuglsang und Kobbelhuus, 1 Kathe Kiil, 1 Instenstelle Badhuus, 1 Hufe nördlich Norgaard. — Districtsschule. — Schmiede. — Der Boden ist fruchtbar; die auf der Feldmark vormals belegenen Grabhügel sind alle abgetragen. — Sillerup war vormals im Besitz von Edelleuten und gehörte früher zu Egelsböl bei Hadersleben.

Sillerupgaard (auch Björnshauge), ein privilegirter Hof (¼ Pfl.) 1½ M. nordöstlich von Hadersleben, Osterth., Tyrstruph., Ksp. Fjelstrup. Die Privilegien dieses südlich vom Dorfe Sillerup gelegenen Hofes sind aus dem Jahre 1532; zu demselben gehört 1 Landbohle.

Sillerup (Sjellerup), Dorf auf der Insel Alsen, 1½ M. südlich von Norburg, A. Norburg, Norderh., Ksp. Eken; 9 Vollbohl., 10 Kathen und 7 Instenstellen (9 Pfl.). Am kleinen Belt liegt die Wohnung eines Försters, Neuenhof oder Nyegaard genannt, mit 19 Ton. 56 R. Land. Eine Holzwärterwohnung mit 3 Ton. 140 R. Land heißt Sillerup= skov; eine Stelle am Holz Ausager.

Simmersted (vorm. Symerstath), Dorf 1¼ M. nordwestlich von Hadersleben, Ksp. Maugstrup. Zum Amte Hadersleben, Osterth., Tyrstruph., gehören 15 Hufen, 8 Landbohlst. und 2 Instenst.; zum Amte Hadersleben, Gramh., 9 Hufen, 4 Landbohlen und 2 Instenstellen. Die Marienkirche und das Hospital in Hadersleben haben hier einige Lansten. Ausgebaute Hufen und Landbohlen sind: Faargaard, Holmshuse, Jomfrueled (Wirthsh.), Kongsted, Mellemhauge, Myrgaard und Ulriksbjerg. — Districtsschule. — 2 Schmiede und mehrere Hand= werker. — Der Boden ist lehmigt und strenge; die Wiesen haben einen großen Umfang. — Vormals soll bei Simmersted ein ansehnlicher Edelhof gelegen haben Namens Thyresholm; etwas Näheres über diesen Hof ist aber nicht bekannt.

Simonsberg (Häkelkoog), ein Marschdistrict mit einer Kirche, 1 M. südwestlich von Husum, District Simonsberg, A. Husum, Pr. Husum. Die hier auf diesem Ueberreste der alten Lundenbergharde vorhandenen 56 Wohnstellen mit und 11 Wohnstellen ohne Land ($7\frac{2}{3}$ Pfl.) liegen in einer Länge von $\frac{1}{2}$ M. am Deiche zerstreut; ein östlich belegenes Haus wird Dreisprung genannt. Simonsberg bildet einen eigenen District und hatte ein eigenes Gericht. — Districtsschule. — 4 Wirthshäuser, Schmiede und mehrere Handwerker. Einige Einwohner ernähren sich von der Fischerei. — Die älteste Kirche ging in der Fluth 1532 unter, neue Kirchen wurden 1545 und nachdem diese vergangen 1654 erbaut, zu welcher das im Jahre 1717 gänzlich untergegangene Kirchspiel Padeleck eingepfarrt ward, weshalb die Kirche auch oft die Padelecker genannt ward. Erst nach dem Jahre 1717 führte sie stets den Namen „Simonsberg". Die jetzige Kirche wurde nachdem die alte 1828 abgebrochen werden mußte, in den beiden darauf folgenden Jahren südlicher erbaut; sie liegt auf dem Aussendeiche, ist einfach und recht hübsch und hat einen niedrigen Thurm. — Der Prediger wird von der Gemeinde, unter Königl. Genehmigung erwählt. — **Eingepfarrt:** Dreisprung, Simonsberg. — Der Boden ist leichte Marsch und an der Westseite sandigt; das bedeutende Vorufer wird zur Weide benutzt. — Vz. des Ksp.: 366.

Sindet (ehem. Sindewith), 1 Halbh. und 1 Kathe ($\frac{53}{288}$ Pfl.), im Amte Hadersleben, Westerth., Norderrangstruph., Ksp. und Schuldistr. Agerstov.

Sjölund, Dorf $2\frac{1}{4}$ M. nördlich von Hadersleben, an der Landstraße nach Kolding, A. Hadersleben, Osterth., Tyrstruph., Ksp. und Schuldistr. Beistrup; 1 Anderthalbh., 2 Vollh., 3 Zweidrittelh., 1 Viertelh., 8 Kathen und 10 Instenst. — Schmiede und einige Handwerker. — Der Boden ist gut und fruchtbar; das Moor ist ansehnlich.

Skads (Schads, vorm. Skastath), Kirchdorf $2\frac{1}{2}$ M. nordwestlich von Tondern, Pr. Tondern. Zum Amte Tondern, Nordhoyerh., gehören 5 Bohlst., 9 kleine Landstellen und 15 Häuser ohne Land ($1\frac{2}{3}$ Pfl.); zum Amte Lygumkloster, Vogtei Schwanstrup, 1 Vollh., 1 Halbh. und 4 Kathen ($1\frac{1}{2}$ Pfl.); zur Grafschaft Schackenborg 3 Hufen, 14 Kathen und 4 Instenst. und zum Gute Troyborg 2 Hufen und 1 Kathe. Einige südlich belegenen Stellen heißen Aas (Aasgaarde). Die Hufe Skadsgaard gehört zur Grafschaft Schackenborg. — Districtsschule. — Wirthshaus, Schmiede und einige Handwerker. — Die Kirche soll der Sage nach, von einer Frau Maria, welche auf dem vormaligen Gute Bobensmark wohnte, erbaut sein, so wie der Thurm von einem Besitzer in Aas. Schon im Jahre 1383 kömmt das Kirchspiel Skads vor. — Der Prediger wird von dem Amtmann und dem Probsten präsentirt und von der Gemeinde gewählt. — **Eingepfarrt:** Aas, Skads, Skadsgaard (A. Ripen). — Vormals hieß dieses Dorf Süder-Skads, bis das wahrscheinlich nur kleine Dorf Norder-Skads verging, von dem man im vorigen Jahrhunderte noch Spuren auf der Haide bemerkt haben soll. — Der Boden ist zum Theil ergiebig und die Wiesen sind sehr gut; das Moor ist bedeutend. — Von einem hier vormals belegenen Edelhofe sind Spuren in einer Niederung auf einem Hügel, der Borrebolshöi genannt wird (s. Bobensmark). — Vz. des Ksp. zu den Aemtern Tondern und Lygumkloster: 181.

Skads (Norder-Skads), ein ehemaliges Dorf im Amte Tondern, Hoyerh., nördlich von dem Kirchdorfe Skads. Dieses Dorf soll der Sage nach von Feinden zerstört und Spuren desselben sollen noch auf der Haide zu finden sein.

Skallebäk, eine ehemalige Holzvogtswohnung, jetzt mit Hermannskobbel 2 Stellen, westlich von Hadersleben, an der Landstraße nach Ripen, A. Hadersleben, Osterth., Haderslebenerh., Ksp. und Schuldistr. Alt=Hadersleben. Hier ist eine Bork=Wassermühle und Wirthshaus.

Skarbäk, ein Bach der bei Skamlingsbanke im Amte Hadersleben entspringt, in einem Halbkreise Bjert und Stenderup vorbei fließt und bei dem Hofe Skiltinggaard in den kleinen Belt fließt.

Skartved (Schartved), Dorf 3¼ M. nördlich von Hadersleben, Ksp. Bjert. Von diesem Dorfe gehören zum Amte Hadersleben, Osterth., Tyrstruph., 8 Hufen, 3 Landbohlen und 9 Instenstellen; zum Amte Ripen 1 Hufe und 3 Instenstellen. Eine ausgebaute Hufe heißt Lönnegaard, 1 Kathe Hestkobbel. — Schuldistr. Aitrup. — Der Boden ist hügeligt aber gut; 2 Hufen haben ziemliche Hölzungen. — In einer südlich belegenen Koppel, Troisel genannt, soll vormals ein Edelhof mit einer Mühle gelegen haben.

Skjärbäk (Scherrebek), Kirchdorf 2¼ M. südlich von Ripen, Pr. Törninglehn. Dieses Dorf liegt den Dörfern Meelbye, Hundegad, Oster= und Wester=Gjesing und Hjemsted so nahe, daß man das Ganze ein Dorf nennen kann, welches auch gemeiniglich unter dem Namen Skjärbäk geschieht. Zum Amte Hadersleben, Westerth., Hviddingh., gehören 1 Vollh., 4 Halbh., 3 Viertelh., 1 Toftgut, 3 Verbittelsst. und 25 Instenstellen; zum Amte Lygumkloster, Vogtei Skjärbäk, 2 Halbh., 1 Viertelh. und 10 Kathen; zur Grafschaft Schackenborg 1 Hufe und 1 Kathe. — Districtsschule mit 2 Lehrern, Armen= und Arbeitshaus, 3 Wirthshäuser, Schmiede, Bäckerei, 2 Schlachtereien, Färberei und mehrere Handwerker. — Skjärbäk soll ehemals starke Seefahrt getrieben haben, und mehrere Einwohner besaßen theils Schiffe, theils dienten sie als Schiffer und Matrosen auf fremden Fahrzeugen; späterhin war hier die Spitzenfabrikation ansehnlich, welches aber alles aufgehört hat. — Die Kirche ist alt, von behauenen Steinen aufgeführt, mit Blei gedeckt, und hat einen, 1509 erbauten, hohen Thurm. — Der König ernennt den Prediger. — Eingepfarrt: Barsböl, Blanker, Gaardkrog, Oster=' und Wester=Gasse, Oster= und Wester=Gjesing, Hjemsted, Hundegad, Kagböl, Kjepslund, Meelbye, Morsböl, Skjärbäk, Ullerup, Ulleruplund, Ulmölle (Ulmühle). — Areal zum Amte Hadersleben: 359 Steuert. — Der Boden ist von verschiedener Art; der westliche Theil Marsch und ein großer Theil in der Nähe des Dorfes ist sandigt. — Auf der Feldmark sind viele Grabhügel. — Vz. des Ksp.: 1331; wovon zum Herzogthum Schleswig: 1192.

Skjärbäk (Skerrebäk), 1 Dreiviertelh., 1 Halbh. und 1 Viertelh. (⅝ Pfl.) am Slüp=See, 1¼ M. südlich von Hadersleben, A. Hadersleben, Osterth., Gramh., Ksp. Hoptrup, Schuldistr. Djärnäs. Diese Stellen gehörten früher zum Salarienpfluge der Gramharder Reitvogtei. — Der

Boden ist gut; die Einwohner besitzen im Sliip=See einen Holm, Lind=
holm genannt, welcher jährlich einige Fuder Heu liefert.

Skjärebäk (Scherrebek), 1 Achtelhufe mit einer Königl. Erb=
pachts=Wassermühle an der Farrisbäk, im Amte Hadersleben, Westerth.,
Kalslundh., Ksp. Lintrup, Schuldistr. Thornum. Schon im Jahre 1838
wurden die zwang= und dienstpflichtigen Kirchspiele von dem Mühlenzwange
und Mühlendiensten hier befreit. Eine Windmühle ward vor einigen
Jahren abgebrochen. — Areal: 62 Steuert.

Skibelund, Dorf 3 M. westlich von Hadersleben, A. Hadersleben,
Osterth., Gramh., Ksp. Nustrup; 4 Hufen, 6 Landbohlen und 1 Parcelenst.
Eine Stelle heißt Skibelundgaard. — Schuldistr. Gaböl. — Der
Boden ist nur von mittelmäßiger Art. — Ein großer Grabhügel in der
Nähe des Dorfes heißt Fladehöi.

Skidenkroe, ein Wirthshaus an der Landstraße von Ripen nach
Foldingbroe, nördlich von Meilbye, A. Hadersleben, Westerth., Kalslundh.,
Ksp. Lintrup.

Skiltinggaard, eine Landstelle an der Ostsee, südlich von der
Stenderuper=Hölzung, A. Hadersleben, Osterth., Tyrstruph., Ksp. und
Schuldistr. Stenderup.

Skjoldager, Dorf 3¼ M. nordwestlich von Hadersleben, im Gute
Gram, A. Hadersleben, Fröbh., Ksp. Gram; enthält 5 Hufen und 1 Kathe. —
Districtsschule. — Areal: 194 Steuert. — Der Boden ist sandigt und
leicht, aber ziemlich fruchtbar.

Skodborg (Schottburg), Kirchdorf 3¾ M. nordwestlich von
Hadersleben, Pr. Hadersleben. Von diesem großen Dorfe, in dessen Nähe
wahrscheinlich eine Burg gestanden hat, gehören zum Amte Hadersleben,
Westerth., Frösh., außer der Wohnung des Predigers 3 Vollh., 10 Halbh.,
1 Dreiachtelh., 6 Viertelh., 2 Achtelh., 1 Sechszehntelh., 1 Kathe und
mehrere Instenstellen. Der dritte Theil des Dorfes mit 32 Ton. Hartkorn
gehört zum Amte Ripen. Ausgebaute Hufen heißen: Aarup (Waldem.
Erdb.: Agthorp), Sundböl, Kraggaard, Geilager, Graasböl,
Gilbjerggaard und einige südlich an der Landstraße nach Hadersleben
belegene Stellen werden Basholthuse genannt. Im Dorfe ist die
Wohnung eines Gränzzollinspectors. — Districtsschule. (Der Bischof
Christian zu Ripen schenkte 1298 der damaligen Schule einen Hof in
diesem Dorfe.) — Eine Korn=Windmühle, 2 Wirthshäuser, 3 Schmiede,
1 Bäckerei und einige Handwerker. — Die mit einer kleinen Spitze
versehene Kirche ist ein großes Gebäude mit einem Bleidache; sie erhielt
1833 eine Orgel. Der schöne Kirchhof ist mit einer Pappelallee umgeben. —
Der König ernennt den Prediger. — Eingepfarrt: Aarup, Basholt=
huse, Faartrog, Geilager, Gilbjerggaard, Graasböl, Kjärgaarde, Krag=
gaard, Lundsgaard, Skodborg, Skudstrup, Sundböl. — Areal zum Amte
Hadersleben: 929 Steuert. — Der Boden ist von mittlerer Güte. —
Auf der Feldmark der Halbhufe Aarup sind mehrere Grabhügel. — Vz.
des Ksp.: 1269, wovon zum Herzogthum: 940.

Skodborgaue (Königsaue, Schottburgeraue), eine bedeu=
tende Aue, welche größtentheils die Gränze zwischen Jütland und dem
Herzogthume Schleswig macht und aus 3 kleinen Bächen entsteht, die im
Kirchspiele Oeddis (A. Hadersleben) und in den Kirchspielen Skanderup

und Hiarup (A. Ripen) entspringen und sich in der Nähe des Kirchdorfs Vanderup (A. Ripen) vereinigen, wo sie diese Aue bilden. Sie fließt, nachdem sie mehrere kleine Bäche aufgenommen hat, bei Skodborghuus, Foldingbroe, dem Kirchdorfe Hjortlund und dem Dorfe Jedsted vorbei und ergießt sich darauf nach mehreren Krümmungen in die Westsee. Zwei Hauptbrücken östlich von Jedsted, Gredstedbroe (Gredstedtbrücke) und Foldingbroe (Foldingbrücke) führen über diese Aue. Die Mündung derselben ist sehr versandet.

Skovbölling, Dorf 1 M. nördlich von Hadersleben, an der Landstraße nach Kolding, A. Hadersleben, Osterth., Tyrstruph., Ksp. Bjerning; enthält außer der Küsterwohnung 3 Vollh., 1 Halbh. und 1 Landbohle. — Districtsschule. — Schmiede. — Der Boden ist nur von mittelmäßiger Art; eine ziemlich einträgliche Hölzung heißt Holm.

Skovbye, Dorf ¾ M. nordöstlich von Apenrade, A. Apenrade, Riesh., Ksp. Loit. Dieses, zwischen Hügeln und Thälern sehr anmuthig belegene Dorf, enthält 3 Vollh., 6 Dreiviertelh., 5 Halbh., 1 Viertelh., 2 Kathen und 5 Instenst. ($9\frac{7}{16}$ Pfl.), von denen 3 Hufen zur vormaligen bischöflichen Vogtei Kolstrup gehörten. Einzelne Hufen heißen Braunsgaard, Kjersgaard, Kragesgaard, Loddenbusch, Thielsgaard, Wersgaard (Versgaard); ein Wirthshaus Rönskroe. Eine viertel Meile östlich vom Dorfe, unweit des Apenrader Meerbusens, liegen 1 Halbh. und 3 Instenst., welche Sönderskov heißen. — Districtsschule. — Areal: 741 Steuert. — Der Boden ist fruchtbar. — In der Nähe des Dorfes sind einige Grabhügel.

Skovbye (Schaubye), Dorf auf der Insel Alsen, 2 M. südöstlich von Sonderburg, A. Sonderburg, Süderh., Ksp. Lysabbel. Dieses Dorf, welches vormals zum Gute Nygaard gehörte, wird in Balle, Skovbye-Oesterballe und Skovbye-Vesterballe eingetheilt und enthält 10 Vollb., 11 Halbh., 13 Kathen und 11 Instenst. ($14\frac{2}{3}$ Pfl.). — Schule. — Wirthshaus, Schmiede. — Einige Einwohner ernähren sich mit der Fischerei in dem nahe liegenden Höruper-Hafen, wo auch ein Ladeplatz für kleine Fahrzeuge ist. — Areal: 952 Steuert. — Der Boden ist sehr gut; eine bedeutende Wiese hat diese Dorfschaft mit Fjelbye gemeinschaftlich. — Auf der Feldmark waren ehemals viele Grabhügel; eine derselben hieß Möllhöi. Im Jahre 1373 überließ Joh. Tormundson seine Pfandgerechtigkeit über dieses Dorf an den König Waldemar.

Skovbye, Dorf auf der Insel Aeröe, Ksp. Bregninge. Dieses Dorf wird eingetheilt: Oven i Byen, Neden i Byen, Sönderherred und Nörreherred oder Ramsherred und enthält 14 Vollb., 7 Halbh., 13 Kathen, 32 Instenst. und 11 Häuser ohne Land ($17\frac{1}{4}$ Pfl.), 2 Hufen sind ausgebaut und heißen Rönnemose und Askemose. — Districtsschule. — Schmiede und einige Handwerker. — Areal: 959 Steuert. — Der Boden ist gut und fruchtbar. — In einem Moore, „Damm" genannt, werden eine große Anzahl Baumstämme gefunden, welche alle nach einer Richtung liegen. Vor einigen Jahren fand man hier auch das Gerippe eines zu Pferde sitzenden Menschen mit einer steinernen Waffe in der Hand aus der ältesten Zeit, so wie auch nach und nach hier etwa 20 bis 30 Menschenschädel gefunden sind. — Eine Landspitze östlich an der See heißt Blaksteensodde. — Vz.: 463.

Skovbye, (Schaubye, Esgrus=Schaubye), zerstreut liegendes Dorf, 3¼ M. südöstlich von Flensburg, Ksp. Esgrus; zum A. Flensburg, Nieh., gehören 3 Vollh., 5 Halbh., 3 Zwölftelh., 2 Sechszehntelh. und 7 Kathen; eine ausgebaute Kathe heißt Kirchspielsheck und 1 Hufe gehörte zum ehemaligen Schleswigschen Domcapitel, welches diese 1478 von Waldemar v. d. Herberge auf Brunsholm erwarb. 1 Kathe mit der Schmiede gehört seit 1397 zum Gute Rundhof, Cappelerh., und 1 Kathe zum Gute Brunsholm, Cappelerh. — Districtsschule. — Schmiede. — Areal: 399 Steuert. — Der Boden ist sehr gut. — Im Anfange des 18. Jahrhunderts errichtete diese Dorfschaft mit den Atzbüller Einwohnern eine Dorfbeliebung.

Skovbye (Schaubye, Sörup=Schaubye), Dorf an einer kleinen Aue, 2¼ M. südöstlich von Flensburg, Ksp. und Schuldistr. Sörup. Zum A. Flensburg, Nieh., gehören 2 Vollh., 1 Fünfachtelh. und 4 Kathen; die Fünfachtelh. (⅝ Pfl.) heißt Wippholm und gehörte zum vormaligen Domcapitel; 1 Viertelh. und 1 Achtelh. gehören zum Gute Freienwillen, A. Flensburg, Husbyeh. — Areal zum Amt: s. Sörup; zum Gute Freienwillen: 43 Steuert. — Der Boden ist fruchtbar.

Skovbye, Dorf 1½ M. südwestlich von Hadersleben, A. Hadersleben, Osterth., Gramh., Ksp. Vitsted; 2 Dreiviertelh., 10 Halbh., 2 Viertelh., 9 Landbohlen, 3 Kathen und 7 Instenst. Ein ehemaliger Freihof heißt Rudbäk, 5 Landbohlen heißen Borre, einige Kathen und Instenstellen Langbjerg, Stengermosehuus, Lillelund und Skovbyelund. Auch gehört zu diesem Dorfe das südwestlich belegene Wirthshaus Immervad. Eine Holzvogtswohnung, Hüttenkobbel, liegt bei der Königl. Hölzung. — Schule. — 2 Schmiede und einige Handwerker. — Der Boden ist theils lehmigt, theils sandigt; die Hölzungen und Moore sind einträglich. — Gefecht der Dänen und Holsteiner bei Immervad im Jahre 1420. — Ueber einen Runenstein daselbst s. Haderslund. — Nordwestlich von Skovbye liegt eine 270 Fuß hohe Anhöhe, welche Potthöi heißt.

Skovbye, eine kleine Ortschaft 1¼ M. östlich von Hadersleben, welche nur 1 Hufe Skovbyegaard und 1 Landbohle Veikjärhuus befaßt; A. Hadersleben, Ostertheil, Haderslebenerh., Ksp. und Schuldistr. Grarup. Areal: 108 Ton. à 320 □. R.

Skovdal, eine Landstelle südlich von Strandelhjörn, A. Apenrade, Süderrangstruph., Ksp. Oster=Lygum.

Skovdrupgaard, eine Landstelle an der Koldingeraue, westlich von Kolding, Ksp. Seest (A. Ripen). Diese Stelle liegt im Bezirke des A. Ripen, gehört aber zum A. Hadersleben, Osterth., Tyrstruph.

Skovholm, eine Landstelle nördlich von Osterbye, auf der Halbinsel Kekenis (Insel Alsen), A. Sonderburg, Süderh., Ksp. Kekenis, Schuldistr. Oesterbye.

Skovhuus, Dorf 2 M. nördlich von Hadersleben, A. Hadersleben, Osterth., Tyrstruph., Ksp. und Schuldistr. Aller; 4 Hufen, 3 Landbohlen und 2 Instenst. — Der Boden ist etwas lehmigt und im Allgemeinen sehr gut; die Wiesen, welche oft von dem Heilsminder=See überschwemmt werden, sind besonders ergiebig.

Skovhuus, eine Landstelle (ehemalige Holzvogtswohnung) im A. Apenrade, Riesh., östlich von Mellerup, Ksp. Bjolderup.

Skovhuse.

Skovhuse, ein vormaliges Dorf auf der Insel Alsen, nördlich von Rönhof (Ksp. Ulkeböl). — Die Einwohner dieses vormals in einer Hölzung belegen gewesenen Dorfes sollen in den Jahren 1348 und 1350, als die Pest in den Herzogthümern viele Menschen hinwegraffte, gänzlich ausgestorben sein.

Skovrup, Dorf an der Tapsaue, 2 M. nördlich von Hadersleben, A. Hadersleben, Osterth., Tyrstruph., Ksp. und Schuldistr. Taps; 2 Vollh., 4 Halbh., 2 Landbohlen und 2 Instenst. Eine Vollh. heißt Hörgaard; 1 Halbh. gehört zum Pastorate. — Der Boden ist im Allgemeinen gut.

Skräderklint (Skräderholm), eine ehemalige kleine Insel in der Westsee, Ksp. Skjärbäk, jetzt ein herrschaftliches Pachtstück und mit dem festen Lande verbunden.

Skrave, (Skrau, vorm. Scraghä), Kirche 4¼ M. nordwestlich von Hadersleben, A. Hadersleben, Westerth., Frösh., Pr. Törninglehn. — Ein Dorf Skrave war im 14ten Jahrhundert noch vorhanden, als der Priester Magnus seine Güter in Skraghä zu seinem Anniversarium im Ripener Dom vermachte; die Feldmark ward vertheilt, denn im Amtsregister von 1580 heißt es: „die Bewohner von Langetved und Kjöbenhoved entrichten von Schrawevelde 5 ₰ jährlich". Jetzt führt nur die zwischen diesen beiden Dörfern liegende Kirche noch den Namen. Diese Kirche, welche ein Filial von Rödding ist, soll von der Königin Dagmar, Waldemars II. Gemahlin, die 1213 in Ripen starb, erbaut sein. An der Ostseite der Kirche sind in einen Stein 2 weibliche Figuren eingehauen, die auf die Erbauung derselben Bezug haben sollen. Die Kirche ist groß, hat einen Thurm und ist mit Blei gedeckt. — Eingepfarrt: Backstoel, Bekmaygaard, Bommelund, Brösig, Brunsgaard, Catharinenlund, Grönagergaard, Kjöbenhoved, Krogstrup, Krybelie, Langetved, Langetvedskov, Lundsgaard, Wester-Lundsgaard, Mikkelborg, Steltkrog, Toftlundgaard. — Unweit der Kirche soll ein Edelhof, Skravegaard genannt, gestanden haben, von dem aber alle Spuren verschwunden sind. — Bz. des Ksp.: 617.

Skrup, eine Landstelle im A. Tondern, Ksp. und Schuldistr. Hostrup, gehört zur Commüne Sollwig.

Skrydstrup, Kirchdorf 2 M. westlich von Hadersleben, an der Landstraße nach Ripen, A. Hadersleben, Ostertheil, Gramh., Pr. Törninglehn; enthält außer der Prediger- und Küsterwohnung 3 Vollh., 2 Dreivierte lh., 16 Halbh., 2 Viertelh., 13 Kathen und 7 Instenst. — Districtsschule. — Armenhaus, Wirthshaus, Schmiede, mehrere Ziegelbrennereien und verschiedene Handwerker. Einige Einwohner ernähren sich von Spitzenklöppeln. — Die Kirche, welche vormals ein Filial der Kirche in Bestoft war, soll zur Zeit des Bischofs Magnus von Ripen, welcher 1369 starb, erbaut sein. Sie ist nur klein und hat einen niedrigen Thurm. — Der König ernennt den Prediger. — Eingepfarrt: Hörlyk, Lilholt, Oestergaard, Skrydstrup, Uldal, Uldallund. — Der Boden ist größtentheils von mittelmäßiger Art und eine Haidestrecke liegt noch uncultivirt. Die Moore sind ansehnlich. — Südlich vom Dorfe sind einige Grabhügel. — Auf der Feldmark des Predigers findet man noch Spuren von Wällen und Gräben eines Schlosses; der Platz wird Borgvold genannt. — Bz. des Ksp.: 567.

Skudstrup, Dorf 3¾ M. nordwestlich von Hadersleben, A. Hadersleben, Westerth., Frösh., Ksp. Skodborg; 2 Vollh., 4 Dreiviertelh., 6 Halbh.,

4 Viertelh., 8 Kathen und 5 Instenst.; 4 Hufen sind ausgebaut von denen 2 Kjärgaard und Lundsgaard heißen. — Districtsschule. — Schmiede. Areal: 757 Steuert. — Der Boden ist theilweise sandigt und mager.

Slävadgaard, eine Hufe südöstlich von Bestoft unweit der Süderaue, A. Hadersleben, Westerth., Norderrangstruph., Ksp. und Schuldistr. Bestoft.

Sliipsgaard (Sliefsgaard), 2 Viertelh. am Sliip-See, 1¼ M. südlich von Hadersleben, A. Hadersleben, Osterth., Haderslebenerh. und zum Hospital in Hadersleben gehörig, Ksp. und Schuldistr. Hoptrup. Der in der Nähe belegene fischreiche Sliip-See ist ein flacher Landsee, welcher durch eine Enge, Sliipsminde genannt, mit der Ostsee in Verbindung steht. Der See ist ⅔ M. lang und an einigen Stellen 1000 Ellen breit; derselbe ist von dem Königl. Amte an mehrere Interessenten der Umgegend verpachtet. — Bei Sliipsminde ist ein Damm mit einer Schleuse und eine kleine Wohnung für den Schleusenwärter. — Eine kleine unbewohnte Insel im See heißt Lindholm (s. Skjärbäk). — Es ist oft beabsichtigt diesen See abzulassen um Wiesenland zu gewinnen, man hat aber bis jetzt die großen Kosten gescheut.

Slukefter, 2 Landbohlstellen, 1 M. östlich von Hadersleben, A. Hadersleben, Osterth., Haderslebenerh., Ksp. und Schuldistr. Grarup. Die eine Landbohlstelle ist zugleich ein Wirthshaus.

Smaholm, eine Bohlstelle im A. Tondern, Südtonderh., Ksp. Uberg.

Smedager (Schmedager), Dorf 2¼ M. südwestlich von Apenrade, Ksp. Bjolderup. Zum A. Apenrade, Riesh., gehören 7 Bohlstellen, 3 kleine Landstellen und 2 Instenstellen; zum A. Apenrade, Süderrangstruph., 1 Dreiviertelbohlstelle. Die 3 kleinen Landstellen liegen westlich vom Dorfe und heißen Bremerhuus. — Nebensch. — Schmiede. — Der Boden ist gut.

Smedebäk, eine Aue, welche bei Agerskov und Brambrup entspringt, unweit Loitwith die Fischbäk aufnimmt und bei Lygumkloster in die Lohbäk fällt.

Söebye, Kirchdorf auf der Insel Aeröe, Bisthum Alsen und Aeröe; enthält 7 Vollh., 22 Halbh., 4 Viertelh., 14 Kathen, 4 Bohlparcelen und 12 Häuser ohne Land (mit Haven 25 Pfl.). — Ueber das ausgebaute Dorf Haven (s. Haven). — Districtsschule. — Wirthshaus, Schmiede. — Mehrere Einwohner ernähren sich von Schifffahrt und Fischerei. — Hier ist eine Fähre nach Mummark und Fühnshav auf Alsen. — Die Kirche, ein Filial von Bregninge, ist 1745 im neuern Style erbaut und hat eine kleine Spitze. — Eingepfarrt: Albertslyke, Haven, Lebyekoppel, Snorrelyke, Söebye, Söebyegaard, Sterremose, Bestermölle. — Areal mit Haven: 905 Steuert. — Der Boden ist fruchtbar. — Oestlich von Söebye hat eine Capelle auf einem Hügel gestanden, der noch Capelhöi heißt. — In der Nähe befindet sich ein See Vid-See (Witt-See) genannt, welcher ein Areal von etwa 200 Ton. hat und vormals schiffbar gewesen sein soll. Dieser See ward im Jahre 1789 von der Landesherrschaft einigen Interessenten zur Entwässerung überlassen, indeß sind nur etwa 50 Ton. ausgetrocknet. — Vz. des Ksp.: 977; des Dorfs: 531.

Söebye, Dorf im Gute Maasleben, 1½ M. nordöstlich von Eckernförde, Eckernförderh., Ksp. Siesebye; enthält 2 Halbh., 20 Viertelh. und 6 Kathen. — Schuldistrict Seeholz. — Der Boden ist sehr gut und fruchtbar.

Söebyegaard, ein im Jahre 1771 niedergelegtes Königl. Kammergut auf der Insel Aeröe, Ksp. Söebye. Dieses Gut gehörte im Jahre

Soed.

1540 Jens Gregersen, 1590 dem Herzoge Hans, welcher den Hof neu erbaute und stark befestigte. Nach dem Tode des Herzogs Christian (1633) kam das Gut an den Herzog Joachim Ernst zu Plön und ward darauf Königlich. — Söbyegaard hatte bei der Niederlegung ein Areal von 534 Ton. 1 Sch. à 320 □. R., davon wurden 10 Ton. an Käthner überlassen und das Uebrige in 18 Parcelen getheilt. Jetzt enthält es außer dem Stammhofe und der Vestermölle (Westermühle) 6 größere und 46 kleinere Parcelen (3¼ Pfl.). — Einige Parcelenstellen heißen Albertslyke (3 Parc.), Lebyekobbel (7 Parc.), Snorrelyke (7 Parc.), Sterremose (8 Parc.). — Schuldistr. Söebye und Skovbye. — Areal: 663 Steuert. — Der Boden ist fruchtbar. — Ein Grabhügel bei Vestermölle heißt Galgehöi (Laanehöi). — Vz.: 337.

Soed, Dorf 1¼ M. südöstlich von Hadersleben, A. Hadersleben, Ostherth., Haderslebenerh., Ksp. Halk; 3 Halbh., 6 Landbohlen und 6 Instenstellen. Eine Landbohle heißt Soedhede. — Schuldistr. Heissager. — Dieses sehr schön belegene Dorf ist an der Südseite von Hölzung umgeben und hat einen fruchtbaren Boden.

Söderup (Waldem. Erdb.: Sudthorp), Dorf an der Söderupbäk, 1¼ M. südwestlich von Apenrade, A. Apenrade, Riesh., Ksp. Jordkjär. Dieses Dorf gehörte 1231 zu den Königl. Tafelgütern und wahrscheinlich war hier ein Königshof. — Der König Magnus der Gute starb in Söderup und dessen Nachfolger Svend Estrithson begab sich von Urnehöved hierher und starb hier ebenfalls den 29. April 1076. Es enthält 1 Vollh. 2 Dreivierteelh., 1 Drittelh. und 2 Kathen (3¼ Pfl.), welche letztere Klintholm und Botteling heißen. — Schuldistrict Alslev. — Areal: 244 Steuert. — Der Boden ist eben und zu allen Kornarten geeignet; die Wiesen sind ansehnlich und in einer derselben ward ein goldener Ring gefunden. — Noch im Jahre 1411 war Söderup (Seedorp) ein besonderes Birk.

Söegaard (Seegaard), 2 Höfe (1 Pfl.) im A. Lygumkloster, ½ M. westlich von Lygumkloster, Ksp. Lygumkloster, Schuldistrict Nyeboe. — Areal: 64 Steuert.

Söes (vorm. Zoste), Dorf ¼ M. westlich von Apenrade, A. Apenrade, Riesh., Ksp. und Schuldistr. Ries; 4 Vollh., 1 Dreivierteelh., 2 Halbh., 1 Viertelh., 3 Achtelh., 10 Kathen und 6 Instenstellen (6¼ Pfl.). 1 Vollh. und 1 Halbh. gehörten als alte Bischofslansten zur Vogtei Kolstrup. — Schmiede und einige Handwerker. — Areal: 517 Steuert. — Der Boden ist theils lehmigt, theils sandigt und ziemlich gut; die Wiesen sind ansehnlich. — Auf der Feldmark sind einige Grabhügel.

Söllingvraae, 2 Bohlstellen, 4 kleine Landstellen und eine Erbpachts-Wassermühle im A. Tondern, Slurh., Ksp. und Schuldistrict Bylderup. Diese Stellen gehörten ehemals zum Gute Lindewith. — Der Boden ist nur von mittelmäßiger Art.

Söllsted (vorm. Sylsted, Silvested), Dorf 1¼ M. nördlich von Tondern, Ksp. Abild. Zum A. Tondern, Nordtonderh., gehören 10 Bohlstellen, 9 kleine Landstellen und 4 Instenstellen (3$\frac{1}{32}$ Pfl.). 4 auf der Feldmark erbaute Colonistenstellen heißen Wester-Söllstedt und gehören zur Colonie Friedrichsgabe. Zum A. Lygumkloster gehören 1 Bohlstelle und 1 Kathe (½ Pfl., 44 Steuert.). — Districtsschule. — Wirthshaus, Schmiede. — Ein Erwerbzweig mehrerer Frauenzimmer ist das Spitzenklöppeln. — Söllsted war vormals zu Brede eingepfarrt, weshalb der Prediger daselbst noch gewisse Einkünfte aus dem Dorfe genießt; auch werden die Leichen der Söllsteder auf dem Breder Kirchhofe begraben. — Der Boden besteht aus sandigter Haide und gutem Moorland.

Sönderballig (Süderballig), Dorf 1¼ M. südlich von Hadersleben, in der Nähe der Gjenner-Bucht, A. Hadersleben, Ostferth., Gramh., Ksp. Hoptrup. Eigentlich ist dieses Dorf der südliche Theil des Dorfes Djernäs, welches in Norder- und Süderballig eingetheilt wurde. Es enthält 1 Fünfviertelh., 2 Vollh., 1 Dreiviertelh., 3 Halbh., 2 Dreiachtelh., 1 Viertelh., 11 Landbohlen und 8 Instenstellen. 2 Landbohlen heißen Piilbjerg, 1 Landbohle nach einem Grabhügel Munkhöi (Munkdal), 1 Instenstelle Christianshavn, einige Häuser an der Gjenner-Bucht werden Högholt genannt. — Districtsschule. — Schmiede und mehrere Handwerker; einige Einwohner ernähren sich von der Fischerei. — Areal: 609 Ton. 1 Sch. und an Recognitionsland 154 Ton. 2 Sch. à 320 O. R. — Der Boden ist lehmigt, hat viele Quellen und eignet sich besser zur Weide als zum Ackerbau; die Hölzungen sind einträglich. — Zwischen diesem Dorfe und der Gjenner-Bucht liegt der Hop-See (14 Ton.), welcher von dem Königl. Amte verpachtet wird. — In der Sönderballiger Hölzung sind einige Grabhügel.

Sönderbye, Dorf auf der Halbinsel Kekenis (Alsen), A. Sonderburg, Süderh., Ksp. Kekenis; 4 Vollbohlen, 6 Halbbohlen, 3 Drittelbohlen, 4 Kathen und 10 Instenstellen (10 7/24 Pfl.). 2 Instenstellen heißen Besterbye. — In der Nähe des Dorfes liegt eine Königl. Erbpachts-Windmühle. — Schuldistr. Oesterbye. — Einige Einwohner ernähren sich von der Fischerei. — Areal: 449 Steuert. — Der Boden ist im Allgemeinen gut, längs dem Strande aber sandigt; das Moor liefert vielen und guten Torf.

Sönderbye, Dorf an der Koseleraue, 1 M. nordwestlich von Eckernförde, im Gute Büstorf, Eckernförderh., Ksp. und Schuldistr. Riesebye; enthält 6 Vollh., 2 Halbh., 1 Instenstelle und 28 Wohnungen ohne Land. Eine ausgebaute Vollh. heißt Scherrholz (Schöholt), 2 Halbh. Voßkuhl. — Schmiede. — Areal: 352 Ton. 5 Sch. à 240 O. R. (281 Steuert.). — Der Boden ist theils gut, theils etwas sandigt.

Sönderbyehof, Meierhof im Gute Büstorf, 1 M. nordwestlich von Eckernförde, Eckernförderh., Ksp. Riesebye. Dieser Hof, welcher den Namen von dem dabei liegenden und zum Gute gehörigen Dorfe Sönderbye erhalten hat, liegt an der Koselaue. — Areal: 406 Ton. 3 Sch. 11 R. à 240 O. R., worunter an Acker 346 Ton. 3 Sch. 16 R., an Wiesen 17 Ton. 3 Sch. 17 R., an Moor 4 Ton. 5 Sch. 23 R., an Teichen 34 Ton. 4 Sch. 15 R., an Wegen 3 Ton. 3 Sch. — Etwa die Hälfte der Feldmark besteht aus einem sehr guten Mittelboden, die andere Hälfte ist sandigt.

Sönderkobbel, 1 Parcelenstelle südlich von Nyegaard auf der Halbinsel Kekenis (Alsen), A. Sonderburg, Süderh., Ksp. Kekenis, Schuldistrict Bredsteen.

Sondernäs (vorm. Syndernesmark), Dorf an der Brönsaue und in der Nähe der Westsee, 2¾ M. nordwestlich von Lygumkloster, Ksp. und Schuldistr. Bröns. Zum A. Hadersleben, Westerth., Hviddingh., gehören 6 Vollh., 1 Siebenachtelh., 1 Dreiviertelh., 1 Halbh., 2 Vier-

Söndertränge.

telh., 2 Verbittelsstelle, 4 Kathen und 1 Instenstelle (4$\frac{203}{288}$ Pfl.). Einige Stellen gehören zum A. Ripen und einige gehörten zum vormaligen Gute Lindewith. — Areal zum A. Hadersleben: 383 Steuert. — Der Boden ist im Ganzen fruchtbar.

Söndertränge, eine Parcelenstelle auf der Halbinsel Kekenis, A. Sonderburg, Süderh., Ksp. Kekenis, Schuldistr. Bredsteen.

Sönnebüll (Sünnebüll), Dorf $\frac{1}{2}$ M. nordöstlich von Bredstedt im A. Bredstedt, Ksp. Breklum. Dieses Dorf liegt in einem engen Thal von Haidestrecken umgeben und enthält 5 größere und 18 kleinere Landstellen (2$\frac{1}{4}$ Pfl.). Eine ausgebaute Stelle zugleich ein Wirthshaus heißt Friedensburg. — Nebenschule. — Ziegelei. — Areal: 184 Steuert. — Der Boden ist zum Theil mager, theilweise gut; die Haide hat einen bedeutenden Umfang.

Sönsbüll, ein ehemaliges Dorf im Ksp. Siesebye, welches 1463 aus 5 Hufen bestand. Die Feldmark dieses niedergelegten Dorfes ist zu den Gütern Maasleben und Staun gelegt. Eine Parcelenstelle im Gute Maasleben heißt noch Sönsbyefeld und 1 Kathe und Schmiede im Gute Staun Sensbye.

Sörup (vorm. Södtthorp), Kirchdorf 2$\frac{1}{4}$ M. südöstlich von Flensburg, A. Flensburg, Pr. Flensburg. Zur Nieh. gehören die beiden Pastorate, 2 Halbh., 1 Viertelh., 1 Sechstelh. und 3 Kathen (mit Sörup-Schaubye 3$\frac{7}{8}$ Pfl.); eine Parcelenstelle (Wirthshaus, 4 Steuert.) gehört zum Gute Freienwillen, Husbyeh. Eine Hufe gehörte ehemals zum A. Morkirchen und 2 Hufen zum Schlesw. Domcapitel. — Districtsschule. — Die Ortschaften Sörup, Sörup-Schaubye und Möllmark bildeten eine Feldgemeinschaft oder s. g. Egerschop, daher auch verschiedene Hufen aus diesen 3 Dörfern umgelegt sind. Die ganze Egerschop mit Wippholm, Gammelbyemoor und Sörupholz bestand aus 121 ₰ Goldes, der Jurisdiction nach zur Nieh., zum A. Morkirchen, zum Schlesw. Domcapitel und zu den Gütern Südensee und Freienwillen gehörig. Die Auftheilung geschah im Jahre 1754. — Die, der Jungfrau Maria geweihte Kirche ward im Jahre 1338 zur Präbende der Schlesw. Domkirche gelegt; sie ist ein altes ansehnliches meistentheils von Quadersteinen aufgeführtes zum Theil mit Blei gedecktes Gebäude. Sie hat einen hohen und spitzen Thurm und eine Orgel. Ueber dem Portal der Norderthüre sind 3 Figuren in Stein gehauen, Christus, Petrus und Paulus. Merkwürdig ist der alte Taufstein mit ausgehauenen Figuren. — Beide Prediger werden von dem Könige ernannt. — **Eingepfarrt**: Aawatt, Allmannskathe, Barg, Bargfeld, Boelbrücke, Bondebrücke (z. Thl.), Buschkoppel, Dammwatt, Dingholz (z. Thl.), Entenholm, Eslingswatt, Flatzbye, Flatzbyeholz, Gammelbye, Gammelbyegaard, Gammelbyeholz, Gammelbyemoor, Grünholz, Hardesbye, Hardesbyefeld, Hardesbyehof, Hollehit, Iverslund, Kloster, Lehmkuhl, Lepsdamm, Löstrup, Lykhave, Meierhof, Möllmark, Mooswatt, Moorkirchteich, Mühlenholz, Norgaard, Pattburg, Petersburg, Auf den Scheunen, Schwensbye (Gut z. Thl.), Schwensbye (Dorf), Schwensbyefeld, Schwensbyelund, Seeende, Silkmoos, Skovbye, Sörup, Sörupfeld, Sörupholz, Sörupmühle, Sörup-Schaubye, Staffel, Südensee, Südenseerholz, Streng, Timmesbohl, Ulegraf, Vogelsang, Winderatt, Wippholm. — Areal zum A. Flensburg mit Sörup-Schaubye und Sörupfeld: 508 Steuert. Der Boden ist ziemlich gut. — Vz. des Ksp.: 2109.

Sörupfeld, 2 Kathen, 2 Instenst. und 1 Parcelenstelle in der Nähe des Kirchdorfes Sörup, A. Flensburg, Ksp. und Schuldistr. Sörup. Von diesen Stellen gehören 1 Kathe, 2 Instenstellen und die Parcelenstelle zur Nieh., und 1 Kathe (5 Steuert.) zum Gute Freienwillen, Husbyeh. Eine Kathe heißt Allmannskathe. — Areal zum A. Flensburg: s. Sörup.

Sörupholz, zerstreut liegende Stellen, die ihren Ursprung von Sörup, Möllmark und Schaubye haben, 2¾ M. südöstlich von Flensburg, A. Flensburg, Ksp. und Schuldist. Sörup. Zum Amte, Nieh., gehören 1 Viertelh., 7 Kathen und 4 Instenstellen; zum Gute Südensee, Nieh., 5 Kathen und 1 Instenstelle; zum Gute Freienwillen, Husbyeh., 5 Kathen und 2 Instenstellen. Eine Amtskathe wird Lepsdamm und eine andere Morkirchteich genannt. Die Viertelh. gehörte ehemals zum A. Morkirchen. — Areal zum A. Flensburg: 125 Steuert.

Sörupmühle, 2 Viertelh., 10 Kathen, 3 Instenstellen und 1 Parcelenstelle, 2 M. südöstlich von Flensburg, A. Flensburg, Nieh., Ksp. Sörup. Von diesen Stellen gehören 2 Viertelh., 9 Kathen und 1 Instenstelle (¼ Pfl.) zum Amte und 1 Kathe, 2 Instenstellen und 1 Parcelenstelle zum Gute Schwensbye. Hier ist eine zum A. gehörige Erbpachtsmühle und eine Eigenthums=Graupenmühle. Ein Wirthshaus heißt Pattburg (s. Pattburg); letzteres gehörte nebst 2 Kathen zum vormaligen Schlesw. Domcapitel. — Schuldistricte Sörup und Flatzbye. — Armenhaus. — Areal zum A. Flensburg: s. Winderatt.

Soholm, Dorf an der Soholmaue, 1½ M. nordöstlich von Bredstedt, A. Tondern, Karrh., Ksp. Enge; enthält 20 Bohlstellen, 3 kleine Landstellen und 1 Haus ohne Land. Ausgebaut sind 3 Bohlstellen und 2 kleine Landstellen Norder=Soholm, 1 Bohlstelle und 1 kleine Landstelle westlich Klingenberg und 1 kleine Landstelle Linnerthof. — Nebenschule. — 2 Wirthshäuser, Schmiede. — Das Ackerland des Dorfes hat eine niedrige Lage und ist von ziemlicher Güte.

Soholmaue, eine Aue, die in der Wiesh. des A. Flensburg entspringt. Ein Arm derselben, die Welsbek genannt, hat seinen Ursprung bei Frösley, ein anderer, die Meinaue, südlich von dem Dorfe Frösley, fällt westlich von dem Dorfe Wallsbüll in die Walsbek und bildet die Schafflunderaue; ein dritter, die Hackstedteraue, entspringt bei der Colonie Christianshöide und mehrere kleine Auen, von denen die größte Viehebek heißt, entspringen in der Nähe von Großen=Wiehe und Wanderup, vereinigen sich südöstlich von dem Hofe Lindewith und werden dann die Lindaue genannt. Alle diese Auen vereinigen sich östlich von Soholm und führen dann den Namen Soholmaue; diese läuft westlich dem Dorfe Stedesand vorbei, nimmt beim Störtewerkerkoog die Leckaue auf, wird zwischen dem Waygaardkooge, dem Blomenkooge und dem Ksp. Ockholm die Königsaue genannt und ist hier mit Schilf bewachsen, fließt hierauf durch den nördlich von Ockholm im Jahre 1735 neu angelegten Kanal und fällt mittelst zweier Schleusen in die Westsee, s. Alterdeich.

Soholmbrück, 7 Häuser an der Soholmaue, worüber hier eine Brücke führt, 1¼ M. nordöstlich von Bredstedt an der Landstraße nach Tondern, A. Bredstedt, Ksp. Bargum; 6 Häuser (24 Steuert.) gehören zum Amte und 1 Haus (1 Steuert.) zum Gute Mirebüll. — Nebenschule. — Hier sind 2 ansehnliche Wirthshäuser. — Areal: 50 Ton. — Der Boden

Solabona.

ist nur von mittelmäßiger Art und wird durch mehrere Sand- und Haide-strecken unterbrochen.

Solabona, 1 Haus im Osterh. der Landsch. Eiderstedt, Ksp. und Schuldistr. Tönning.

Solbye, ein ehemaliges Dorf im Ksp. Gelting, welches mit Pommerbye und Düttebüll zu Rundhof gehörte und schon im Jahre 1409 ein wüstes Dorf genannt wird. Dasselbe lag auf den Ländereien der Düttebüller Parcele Langfeld südöstlich von dem Dorfe Niebye, welches später an die Stelle dieses alten Dorfes kam. Ein Landstück östlich am Wege von Pommerbye nach Niebye heißt noch Soltoft.

Solkjär, Dorf an einer kleinen Aue ⅜ M. östlich von Hadersleben, an der Landstraße nach Aaröesund, A. Hadersleben, Osterh., Haderslebenerh., Ksp. und Schuldistr. Grarup; 2 Vollh., 1 Landbohle und 3 Insten-stellen. — Der Boden ist gut.

Sollerup (Soldrup), Dorf an der Birlaue, 1¼ M. nordöstlich von Tondern, A. Tondern, Slurh., Ksp. Hostrup. Zur Slurh. gehören 6 Bohl-stellen, 1 kleine Landstelle und 1 Instenstelle (2¼ Pfl.); zur Commüne Sollwig 10 Bohlstellen und 17 kleine Landstellen; zur Colonie Julianen-burg 1 Colonistenstelle. — Districtsschule. — Wirthshaus, Schmiede. — Das Ackerland ist ein guter Mittelboden. — Der Herzog Friedrich ver-kaufte im Jahr 1517 zwei Güter in Soldorp an das Lygumer Kloster die aber wahrscheinlich später vertauscht sind.

Sollerup, Dorf an der Treene, 2¼ M. nordwestlich von Schles-wig, Ksp. Jörl. Zum A. Flensburg, Uggelh., gehören 3 Halbh., 1 Drei-achtelh., 2 Viertelh. und 6 Kathen; zum A. Gottorf, Treyah., als ehemals bischöfliche Untergehörige, 2 Halbh. und 2 Kathen (1 Pfl.) und zur Mor-kirchh. 1 Halbh. und 2 Viertelh. (¼ Pfl.). Eine südöstlich vom Dorfe liegende Vollhufe (Wirthshaus) heißt **Sollbroe** und gehört zur Uggel-harde. Hier befindet sich eine Brücke, wo Brückenzoll entrichtet wird. — Ein Viertelhufe war ehemals ein Freigut und 1 Viertelh. gehörte als Lanstenstelle der Hardesvogtei. — Districtssch. — Wirthshaus, Schmiede. — Im Jahre 1457 verkaufte der Knappe Claus Porsveld sein Gut in Sol-lerup für 30 ℳ Pf. an den Bischof Nicolaus von Schleswig. — Areal zum A. Flensburg: 151 Steuert.; A. Gottorf: 129 Steuert. — Der Boden ist nur von mittelmäßiger Art. An der Westseite dieses Dorfes wird die in Angriff genommene Eisenbahn von Flensburg nach Tönning vorbei führen. — Gefecht bei Sollbroe am 24. und 25. Juli 1850.

Solleruper-Mühle, eine Königl. Erbpachts-Wassermühle an der Treene, nordwestlich von Sollerup, Ksp. Jörl. Diese Mühle mit der Kruggerechtigkeit stand unter dem ehemal. Obergerichte. — Areal: 170 Hötsch. (52 Steuert.). — Der Boden ist gut. Hier sind 2 Fischteiche und 2 Aalwehren.

Sollwig (Solvig), ein ehemaliges Gut, jetzt eine Commüne im Amte Tondern. Sollwighof liegt 1 M. nordöstlich von Tondern, an der Landstraße nach Hadersleben, Ksp. Hostrup. Als Besitzer dieses vor-maligen Gutes werden genannt: 1362 Hartwig und Wulf v. Solwic, 1390 Peter Eriksen, alle 3 aus der Familie Blaa; seit 1421 die Familie Gjördsen (Görtzen), 1543 Moritz Görtzen, 1578 v. Rantzau; 1583 kaufte der König Friedrich II. dieses Gut, 1787 v. Rantzau, darauf der

Herzog Johann Adolp, welcher es 1604 an den Amtmann D. v. Rantzau für 40,000 Rthlr. verpfändete. Als die Herzöge wieder in Besitz gelangten, ward es 1652 den Fürstl. Amtspflügen zugelegt, aber späterhin an die Ahlefeld's verkauft, deren letzter es im Jahre 1693 seinen Untergehörigen für 40,000 Rthlr. verkaufte. Auf ihr eigenes Verlangen wurden sie von der Fürstl. Regierung wieder eingelös't und die in 9 Kirchspielen zerstreut wohnenden Unterthanen sind seit 1724 zu den Harden, worin sie wohnen, dingpflichtig. — Es gehören zu Sollwig folgende Dörfer und Stellen: im Kirchspiel Uberg: Seeth (1 Haus); im Ksp. Abel: Hommelhof (2 H.), Brodersgaard (2 H.), Klienborg (1 H.), Kjärborg (1 H.), Potthatt (1 H.); im Ksp. Tondern: Groß-Emmerschede (12 H.), Toft (Böseabend 5 H.); im Ksp. Brede: Brede (3 H.); im Ksp. Hostrup: Hostrup (7 H.), Jeising (31 H.), Rohrkarr (31 H.), Titzholm (1 H.), Sollerup (32 H.), Mittenburg (1 H.), Sollwiger-Mühle (1 H.), Skrup (1 H.), Bimbüll (1 H.); im Ksp. Bülderup: Bülderup (4 H.), Heetz (1 H.); im Ksp. Burkarl: Lund (15 H.), Grünhof (1 H.), Bau (2 H.); im Ksp. Rapsted: Heisel und Arendorf (4 H.); im Ksp. Hoist: Hoist (15 H.), Seewang (11 H.), Bögewatt (5 H.), Adelwatt (1 H.), Ellehuus (1 H.), Groß- und Klein-Schwienburg (4 H.), Wittbek (1 H.), Maesbüll (1 H.), Lundsgaarde (2 H.), zusammen 76 Bohlstellen und 114 kleine Landstellen und Kathen. — Die Commüne contribuirt für 57½ Pfl. und hat einen Kirchspielvogt, der in Jeising wohnt, und 3 Gevollmächtigte. Der Hof Sollwighof (5 Pfl.), an der Arnaue belegen, worüber eine Brücke führt, ist für 500 Rthlr. jährlich in Erbpacht gegeben.

Sollwith, Dorf 2¼ M. südöstlich von Bredstedt in der Landschaft Bredstedt, Ksp. Viöl. Dieses Dorf, welches zwischen 2 Anhöhen liegt, enthält 3 Halbh., 6 Viertelh., 1 Kathe und 11 Instenstellen, von denen 4 Viertelh., 1 Kathe und 2 Instenstellen (1 Pfl.) zum vormaligen Schlesw. Domcapitel gehörten. — Districtssch. — Wirthsh. — Areal: 150 Steuert. — Der Boden ist ziemlich gut.

Solt, Groß-, Kirchdorf an der Bondenaue, 1½ M. südöstlich von Flensburg an der Landstraße nach Eckernförde, A. Flensburg, Uggelh., Pr. Flensburg. Mit Inbegriff einiger südlich und östlich belegenen Stellen, die Groß-Soltholz und Groß-Soltbrücke genannt werden, enthält dieses Dorf außer der Prediger- und Küsterwohnung 2 Vollh., 3 Dreiviertelh., 3 Halbh., 3 Viertelh. und 24 Kathen. Auf der Feldmark sind 3 Colonistenstellen erbaut. Ein bei der Kirche liegendes Wirthshaus heißt Friedrichswille und 1 Hufe wird Bregengaard genannt. Eine Vollhufe gehörte vormals zum heil. Kreuzaltare in der Domkirche zu Schleswig, späterhin dem Domcapitel. Eine Halbhufe ist ein Vicariengut des Dompredigers und gehörte Wulf v. Ahlefeld auf Schwensbye, der es 1586 an D. v. Rumohr gegen einen Lansten und 1 Kathe zu Ausacker und einen Lansten und 1 Kathe zu Löstrup vertauschte; 1603 kam dieses Gut an v. Rumohr auf Rundhof, der es 1633 an das Schlesw. Domcapitel vertauschte, aber die Kathen, worunter ein Wirthshaus, behielt, die auch noch zum Gute Rundhof gehören. — Districtsschule zu Groß-Soltbrück. — Wirthshaus, Schmiede und einige Handwerker. — Die Kirche liegt östlich vom Dorfe bei Groß-Soltbrück auf einer bedeutenden Anhöhe; sie ist alt, von Feldsteinen massiv aufgeführt, hat aber keinen Thurm. An

Solt.

der Seite steht ein thurmartiges Glockenhaus 60 Fuß hoch. Im Jahre 1810 erhielt die Kirche von einem Hufner in Kollerup Namens Jacob Henningsen eine Orgel. — Die Kirche hat mit Klein=Solt einen gemeinschaftlichen Prediger, den der König ernennt. — **Eingepfarrt:** Bistoft, Bistoftholz, Bregengaard, Estrup, Friedrichswille, Kollerup, Kloster, Kollerupfeld, Mühlenbrück, Nordscheide (z. Thl.), Groß=Solt, Groß=Soltbrück, Groß=Soltholz. — Areal zum A. Flensburg: 1032 Steuert.; zum Gute Rundhof 14 Steuert. — Der Boden ist gut. — Westlich von diesem Dorfe liegt der Trä=See (s. Trä=See). Auf der Feldmark befinden sich einige Grabhügel, die aber größtentheils abgetragen sind; in einem derselben fand man 8 Grabkammern. — Vz. des Ksp. mit Klein=Solt: 1508.

Solt, Klein=, Kirche an der Eckernförder Landstraße, 1 M. südöstlich von Flensburg, A. Flensburg, Uggelh., Pr. Flensburg. Diese Kirche, welche eine Filialkirche von Groß=Solt ist und mit derselben den nämlichen Prediger hat, liegt ½ M. vom Pastorate entfernt, ist auf dem Wolstruper=Felde erbaut und von Feldsteinen aufgeführt. Am Westerende steht ein Glockenhaus. — **Eingepfarrt:** Freienwillen, Schmiedekrug, Klein=Solt, Klein=Soltfeld, Klein=Soltholz, Wielenberg, Klein=Wolstrup, Klein=Wolstrupfeld, Wormshöi. — Vz. des Ksp. s. Groß=Solt.

Solt, Klein=, Dorf an der Kjelstaue, 1 M. südöstlich von Flensburg, Ksp. Klein=Solt. Zum A. Flensburg, Uggelh., gehören 1 Vollh., Halbh., 3 Viertelh. und 9 Kathen; zum A. Gottorf, Struxdorfh., 1 Halbh. und 1 Drittelh. (¼ Pfl.); zum Hospitale in Flensburg, Uggelh., 2 Viertelh. (¼ Pfl.) und zum Gute Rundhof, Cappelerh., 1 Hufe und 1 Kathe. Eine Halbhufe und 1 Kathe gehörte ehemals zum Schlesw. Domcapitel. — Districtsschule. — Wirthshaus, Schmiede und einige Handwerker. — Areal zum A. Flensburg: 484 Steuert.; zum A. Gottorf: 72 Steuert.; zum Hospitale: 42 Steuert.; zum Gute Rundhof: 57 Steuert.

Soltfeld, Klein=, 4 Kathen und 2 Colonistenstellen im Ksp. und Schuldistr. Klein=Solt, von denen 2 Kathen und die Colonistenstelle zum A. Flensburg, Uggelh., und die 2 Kathen zum Gute Rundhof, Cappelerh., gehören. Eine Amtskathe an der Landstraße heißt Schmiedekrug. — Areal s. Klein=Solt.

Soltholz, Klein=, 7 Kathen im Ksp. und Schuldistr. Klein=Solt, von denen 6 Kathen zum A. Flensburg, Uggelh., und 1 Kathe zum Gute Rundhof, Cappelerh., gehören. — Areal s. Klein=Solt.

Sommersted, Kirchdorf 1¾ M. nordwestlich von Hadersleben, A. Hadersleben, Osterth., Gramh., Pr. Hadersleben; enthält außer der Prediger= und Küsterwohnung 14 Hufen von verschiedener Größe, 17 Landbohlen und 14 Instenstellen. 6 Landbohlen, von denen 4 in der Sommersted=Hölzung liegen, sind Predigerlansten. — Districtsschule. — Wirthshaus, Armenhaus. — Schmiede und einige Handwerker; die Spitzenfabrikation wird hier betrieben. — Die alte, dem St. Andreas geweihte Kirche, soll nach Einigen von drei reichen Jungfrauen, nach Andern von einer Besitzerin des vergangenen Edelhofes Torsholt erbaut sein; sie ist von behauenen Feldsteinen, zum Theil gewölbt und hat einen kleinen Thurm. Bemerkenswerth ist der Taufstein. Nördlich von der Kirche ist ein eingefriedigter Brunnen, dessen Wasser vor Alters in den Ruf großer Heilkräfte stand und wohin gewallfahrtet ward. — Der König ernennt den Prediger. — **Eingepfarrt:** Blaagaard, Braatterup, Holbäk, Kastvraa,

494 Sonderburg.

Kjärgaard, Leerbt, Ober-Leerbt, Lundsgaard, Nefsöe, Skovgaard, Skovhuus, Skovlund, Slaugaard, Thukobbel, Sommersted, Badskjärled, Badskovhuus. — Der Boden ist zum Theil ziemlich gut, aber südlich und westlich etwas sandigt. — Südlich von Sommersted auf einer Anhöhe, die ehemals Logom genannt ward, hat ein Schloß gestanden, in welchem der Sage nach eine Zusammenkunft zwischen dänischen, jütschen und schwedischen Königen gehalten sein soll; ein kleiner hier belegener Hügel heißt noch Loienhöi (Logomhöi). Oestlich vom Dorfe liegt ein Hügel Tinghöi. Der Edelhof Torsholt lag östlich vom Dorfe in einer Hölzung. — Vz. des Ksp.: 827.

Sonderburg (Sönderborg), Stadt auf der Insel Alsen am Alsener Sunde, welcher die Insel vom Lande Sundewith trennt, Pr. Sonderburg; 54° 54′ 44″ N. Br., 2° 47′ 24″ W. L. vom Kopenh. M. Die Stadt liegt an einer Anhöhe so daß die dem Wasser zunächst belegenen Straßen, deren Häuser die ältesten der Stadt zu sein scheinen, bergan gehen. Die Zeit, in welcher die Stadt und das dabei liegende ältere Schloß (die Burg) erbaut worden, läßt sich nicht mit Gewißheit bestimmen. Es findet sich die Angabe, daß die Anlage der Burg zum Schutze gegen die Wendischen Seeräuber bald nach 1169 Statt gefunden hat, und daß sie zuerst bei Stavensbüll Föhrde (wo jetzt Augustenburg liegt) gestanden hat. Im Jahre 1253 kommt das Schloß und der dabei befindliche Ort in der Geschichte zuerst vor; es ward damals von dem Könige Christoph I. erobert, welcher die Befestigungswerke abbrechen ließ; 1276 traf der schwedische Fürst Magnus hier ein und schloß einen Vergleich mit dem Könige Erich Glipping. In den Kriegen zwischen dem Könige Waldemar III. und dem Grafen von Holstein ward in dem Jahre 1358 Sonderburg eingenommen, aber auf Fürbitte der Herzogin Richitza von den Kriegsvölkern wieder verlassen gegen Ausstellung eines Reverses, daß der Herzog während der Dauer des Krieges keine Hülfe von diesem Schloße erhalten solle. Im Jahre 1410 belagerte der König Erich von Pommern die Stadt und das Schloß, aber die Einnahme gelang ihm nicht, obgleich er Schanzen hatte aufwerfen, Maschinen erbauen und Vorkehrungen zur Aushungerung treffen lassen. Im Jahre 1470 verpfändete der König Christian I. Sonderburg mit Zubehör an seine Gemahlin, Königin Dorothea für 14,000 Rhein. Gulden. In der Theilung 1564 kam Sonderburg an den Herzog Johann d. J., verblieb auch in der Herzogl. Familie bis der König Friedrich III. die verpfändete Stadt einlös'te. Im Jahre 1657 wurden Stadt und Schloß von Schweden besetzt, und auch im folgenden Jahre lag hier der schwedische Oberst Aschberg mit seinem Corps, so lange bis er von den Allirten vertrieben ward, welche die Stadt plünderten. Im Jahre 1659 ward das Schloß nochmals von den Schweden gestürmt, die aber mit einem Verluste von 150 Mann zurückgeschlagen wurden. Im Jahre 1666 am 27sten November, ward durch eine Feuersbrunst eine ganze Straße eingeäschert, wodurch viele Einwohner verarmten. — Die Stadt hat seit dem Jahre 1730 ein besseres Ansehen erhalten und zeichnet sich besonders durch ihre schöne Lage am Alsener-Sunde und in einer sehr fruchtbaren Gegend der Insel Alsen vor vielen andern Städten des Herzogthums aus. Nahe an der östlichen Seite der Stadt, wo sich eine Anhöhe erhebt, auf der mehrere zum Kirchspiele Ulkebüll gehörende Mühlen liegen, findet man eine der reichsten und anmuthigsten Aussichten über einen großen Theil der Insel. Die Stadt, welche in der Landesmatrikel zu

Sonderburg.

30 Pfl. angesetzt ist, wird in 3 Quartiere und St. Jürgensbye eingetheilt und hat 540 Häuser, darunter in St. Jürgensbye 148. Oeffentliche Plätze und Straßen heißen: der Marktplatz vor dem Rathhause und der s. g. Platz (Hopfenmarkt), die Perlenstraße vom Baum bis zur Fähre, die Süderstraße und die Norderstraße (Havboegade); Nebenstraßen oder s. g. Gyden, sind: Schloßstraße, Kirchenstraße, Zollstraße, Apfelstraße (Aeblegyde), Kesselschmiedstraße, St. Jürgenstraße und Lilienstraße. Seit 1851 sind die Straßen durch Laternen erleuchtet. Das mitten in der Stadt am Markt belegene Rathhaus ist neu erbaut. Ein Gebäude in der Stadt, welches in der Perlenstraße am Markte liegt und 2 Stockwerk enthält, ließ der Herzog Ernst Günther zum Residenzschloß erbauen; nachdem aber das Augustenburger Schloß vollendet war, ward es zum Wittwensitze der Herzogl. Familie bestimmt. Dieses Haus ward 1751 mit einigen Privilegien verkauft und stand vormals unter dem Obergerichte. — In der Stadt zeichnet sich der bekannte vormalige Vothmann'sche, jetzt Thomsen'sche Kunst- und Handelsgarten aus. — Zahl der Einw.: 3327. Unter diesen giebt es Handwerker aller Art, von denen sich besonders die Schiffbaumeister auszeichnen. Die Kaufleute bilden eine Compagnie, und schon seit 1681 machen die Schiffer eine eigene Gesellschaft aus, deren Statuten am 12ten März 1783 die Königl. Bestätigung erhielten. — Die Haupterwerbzweige der Einwohner sind außer den städtischen Gewerben der Handel und die Schifffahrt, welche jetzt letztere wieder im Aufblühen ist. Im Jahr 1795 besaß die Stadt 67 Fahrzeuge von 1346 C.-L., und also damals, nächst Flensburg und Apenrade, die meisten im Herzogthume. Jetzt hat die Stadt 49 Schiffe von 1337½ C.-L. Einige neue Schiffe stehen noch auf dem Stapel. Die Sonderburger Föhrde kann Linienschiffe aufnehmen und bei den beiden Schiffbrücken können 18 Fuß tief stechende Fahrzeuge anlegen. Sonderburg hat 3 Schiffswerften, wo das ganze Jahr hindurch theils neue Schiffe erbaut, theils alte verbessert werden. Hier sind 2 sehr gut eingerichtete Königl. Fähren für Wagen über den Sund nach Dyppel auf Sundewith, und die Stadt hat die halbe Fährgerechtigkeit für 505 Rthlr. jährlich gepachtet. Man beabsichtigt jetzt aber eine Brücke über den Sund nach Sundewith anzulegen, wodurch die Communication sehr erleichtert würde. Eine Brücken- und Hafenordnung erhielt 1778 die Königl. Bestätigung. Die Stadt besitzt 1 Apotheke, 1 Buchdruckerei, 1 Zuckersiederei, 2 Kalkbrennereien, 1 Eisengießerei, 9 Branntweinbrennereien, 2 Bairische- und mehrere andere Bierbrauereien, 6 Gärbereien. Die beiden Sonderburger Erbpachtsmühlen gehören zum A. Sonderburg, Süderharde; außerdem sind hier 4 Windmühlen, 2 Dampf-Oelmühlen und 1 Oel-Windmühle. — Der Magistrat besteht aus einem Bürgermeister, welcher zugleich Stadtsecretair und Stadtvogt ist und 3 Rathsverwandten. Der Amtmann der combinirten Aemter Apenrade und Sonderburg ist Oberbeamter der Stadt; das Collegium der Deputirten besteht aus 12 Mitgliedern. Außerdem hat die Stadt einen Cassirer und einen Wägemeister. Ein besonderes Stadtrecht hat Sonderburg nicht, sondern hier gilt das Jütsche Lov, die allgemeinen Landesgesetze und Verfügungen und der vom Könige Christian V. am 24sten Mai 1698 bestätigte Commissionalbeschluß nebst einer Polizeiordnung vom 15ten November desselben Jahres. — Das Wappen der Stadt ist eine mit einem kleinen Thurme versehene und von Wasser umgebene Burg mit 3 Thoren. — Die erste Kirche (vielleicht eine Capelle) soll im Süden der Stadt, zwischen des Probsten Hause und der Mühle gelegen

496 Sonderburg.

haben. Die jetzige Kirche (St. Marien) liegt am nördlichen Ende der Stadt, und der Herzog Johann hat sie 1594 neu erbauen lassen; sie hat einen Thurm, ist gewölbt, hat eine sehr gute Orgel und ward in den letzten Jahren sehr verschönert. Bemerkenswerth ist in derselben ein die Austheilung des Abendmahles darstellendes Altargemälde. In dem Jahre 1817 ist ein neuer Kirchhof angelegt. — Die Kirche hatte vormals 3 Prediger, hat aber jetzt nur 2. Der Hauptprediger wird von dem Könige ernannt; der andere Prediger, welcher in dänischer Sprache predigt, wird von der Gemeinde gewählt. — Eingepfarrt: Mölbye. — Neben der Kirche liegt das St. Jürgens Hospital, welches ein ziemlich hohes Alter hat, 1307 genannt wird, und dem der Knappe Peter Stoed Güter und Ländereien in Ulfeböl, Nottmarkffov, Sonderburg, Rakeböl und Dütteböl schenkte. Im Jahre 1437 bestätigte der Herzog Adolph die Privilegien des Hospitals, und im Jahre 1465 wurden von der verwittweten Königin Dorothea, zum Zwecke der bessern Versorgung der Armen, über die Einkünfte derselben Verfügungen erlassen. Es besitzt Lansten auf Alsen und in Sundewith, nämlich: 1 Halbhufe in Dynth, 1 Vollh. und 1 Kathe in Stenderup, 3 Hufen und 3 Instenstellen in Dyppel, 1 Kathe in Wollerup, 1 Stelle in Kjär, 2 Stellen in Ulfeböl, 1 Stelle in Stolbroe; ferner besitzt das Hospital 62 Ton. 6 Sch. 23 R. Land in der Nähe der Stadt. Es werden hier 12 Hospitaliten unterhalten, denen außer freier Wohnung, Feurung und Gartenland wöchentlich 16 β gegeben werden. Das Capital beträgt 9022 Rthlr. 37 β. Die Verwaltung des Hospitals haben der Amtmann, der Probst und der Magistrat. — Seit einigen Jahren ist eine Zwangsarbeitsanstalt errichtet; 1837 ein Verein zum Besten verwahrloster Kinder. Spar= und Leihcasse seit 1820. — Es sind 3 Stadtschulen, von denen die beiden größeren Caroline=Amalie= und Wilhelminen=Schule heißen. — Königl. Beamte sind hier jetzt: ein Hausvogt und Branddirector, ein Amtsverwalter, ein Zollverwalter, ein Hardesvogt, 3 Controlleure und ein Postmeister. Auch wohnen hier, außer dem Physikus noch 3 Aerzte. — In Sonderburg werden 3 Krammärkte gehalten: am Donnerstag nach Pfingsten, am Laurentiustage und am Tage nach Michaelis, am 30sten September; ferner 3 Viehmärkte; Pferdemärkte jeden Dienstag in der Fastenzeit, so wie am 12ten September. — Das Areal der Stadtländereien beträgt 65 Ton. à 260 □. R., worunter 7 Ton. auf Sundewith; eine Hospitalskoppel, welche eine Gesellschaft hiesiger Kaufleute und Einwohner in Pacht genommen hat, ist in Parcelen getheilt und an Arme gegen eine kleine Recognition überlassen. Einige Häuser und 2 Windmühlen oberhalb der Stadt heißen Mölbye. — In Sonderburg ist der bekannte Geschichtschreiber J. F. Hansen, nachdem er hier 3 Jahre Bürgermeister gewesen, gestorben. — Städtische Einnahmen 1834: 10,608 Rbthl., Ausgaben 10,238 Rbthl. 66 b/β, Stadtschuld 41,989 Rbthl., Activa 22,080 Rbthlr. — Das Sonderburger Schloß nahe am Hafen, an der südwestlichen Seite der Stadt, ist auf einem durch Kunst geschaffenen Platz erbaut und soll auf Pfählen stehen, deren Zwischenraum mit Erde ausgefüllt ist. Es ist vormals weit ansehnlicher und sehr stark durch Mauerwerk, Rondele, Gräben und Wälle befestigt gewesen; die Gestalt desselben ist ein Viereck; an allen 4 Ecken hatte es mit Schießlöchern versehene Thürme. Unter dem Könige Friedrich IV. wurden von dreien Thürmen die Spitzen abgenommen und einer gänzlich abgebrochen; späterhin wurden auch diese, bis auf ein Ueberbleibsel des Einen an der nordwestlichen Seite weggenommen.

Sophienhamm.

Jetzt wird dieses Schloß, welches zur Disposition des Militairetats gestellt ist, nur von einem Schloßverwalter bewohnt. Seit Ausbruch des Krieges 1848 wurde das Schloß zum Lazareth, Waffendepot und auch als Hauptwache benutzt. — In einem Flügel des Schlosses befindet sich die schöne und sehenswerthe Schloßcapelle, in welcher der Herzog Johann d. J. und seine Nachkommen beigesetzt sind; auch sind hier ein ausgezeichneter Altar und eine Stammtafel des Königs Christian III. von vorzüglicher Arbeit. Hinter dem Altar ist das Fürstliche Begräbniß in 2 Abtheilungen befindlich. In der einen Abtheilung stehen die Särge der katholischen Fürsten; in der andern die der lutherischen, worunter die Gemahlin des letztverstorbenen Herzogs, Louise Auguste, Schwester des Königs Friedrich VI. — Dieses Schloß ist außer den angeführten Belagerungen noch durch andere Umstände in der Geschichte merkwürdig: im Jahre 1353 war es die Residenz des Herzogs Waldemar V. und seit dem Jahre 1564 des Herzogs Johann d. J. und seiner Nachkommen, der Herzöge Alexander, Johann Christian und Christian Adolph, welcher letztere es seiner großen Verschuldung wegen im Jahre 1667 verlassen mußte, worauf es an den König Friedrich III. kam. Im Jahre 1755 ward der südöstlich belegene Thurm, in welchem der König Christian II. von 1532 bis 1549 gefangen gehalten ward, abgebrochen. — Am Fuße des Schloßes wurden 1848 Schanzen aufgeworfen, die noch vorhanden sind, so wie zum Theil die, welche zur selben Zeit am Alsenersund zur Seite der Kirche bis an das Kirchspiel Ulkeböl angelegt wurden.

Sophienhamm (Westerhamm), Colonistendorf $1\frac{1}{2}$ M. südwestlich von Rendsburg, A. Hütten, Hohnerh., Ksp. Hohn. Diese Ortschaft bildet mit Friedrichsgraben eine Ladevogtei und liegt sehr ausgedehnt. Sophienhamm ward 1762 angelegt und enthält 23 Colonistenstellen und 4 Anbauerstellen; 6 der ersteren am nördlichen Ende der Colonie heißen Oha, worunter ein Wirthshaus an der Landstraße von Rendsburg nach Heide (Herzogth. Holstein); 3 Stellen heißen Hegekoppel und 1 Gräveskuhl. — Districtsschule. — Areal: 91 Steuert. — Der Acker liegt niedrig, ist aber von ziemlicher Güte und der Kartoffelbau ist sehr bedeutend. Das Moor ist einträglich. — Südlich vom Dorfe liegt ein Königl. Gehege, Mittelhamm genannt, etwa 230 Ton. groß.

Sophienhof, Hof $1\frac{1}{4}$ M. nordöstlich von Eckernförde, Eckernförderh., Ksp. Waabs. Dieser Hof war vormals ein Meierhof des Guts Ludwigsburg und ward im Jahre 1823 davon getrennt. — Claus Wieben kaufte ihn für 81,900 $ und nach seinem Tode 1832 erhielt ihn dessen Schwiegersohn Brammer; Besitzer jetzt J. D. Koopmann. — Der Hof contribuirt für $2\frac{1}{4}$ Pfl. und hat ein Areal von 382 Ton. $1\frac{5}{16}$ Sch. à 300 ☐. R., worunter Acker 267 Ton. $1\frac{12}{16}$ Sch., Wiesen 87 Ton. $6\frac{10}{16}$ Sch., Hölzung 3 Ton. $7\frac{14}{16}$ Sch., Moor 7 Ton. und das Land der östlich vom Hofe belegenen 3 Kathen 16 Ton. $1\frac{1}{16}$ Sch.; zwei dieser Kathen heißen Kummerdiek (440 Steuert., 68,480 Rbthlr. Steuerw.). — Das Wohnhaus ist einstöckig, von Bindwerk und mit Stroh gedeckt.

Sophien-Magdalenenkoog, ein octroyirter Koog, $\frac{1}{4}$ M. südwestlich von Bredstedt, im A. Bredstedt, Ksp. Bredstedt. Dieser Koog ward 1641 und 1642 eingedeicht, erhielt seinen Namen nach der Königin Sophie Magdalene, hat eine Octroy vom 29. October 1708 und gehört jetzt zum Desmercieresschen Fideicommisse, dessen gegenwärtiger Inhaber der

Fürst Heinrich LXIV. zu Reuß-Schleiz-Köstritz ist. — In demselben liegen 8 größere und einige kleinere Landstellen. Der Koog, welcher 7 Hauptparticipanten hat, bedient sich seit 1767 des Eiderstedtischen Landrechts. — Areal: 1175½ Dem. (976 Steuert., 234,240 Rbthlr. Steuerw.). — Die Bewohner halten sich seit 1784 zur Kirche nach Bredstedt. — Der Boden ist sehr gute und fruchtbare Marsch, obgleich dieselbe mit etwas Sand vermischt ist. — Kleine Schiffe können bis an den Deich kommen; dieser Landungsplatz wird Harens-Hafen genannt. — Vz. mit dem Desmercieres- und Reussen-Koog: 166.

Sophienruhe, Hof ¾ M. nordöstlich von Eckernförde, am Eckernförder Meerbusen in der Eckernförderh., Ksp. Borbye. Dieser Hof, welcher für 4 Pfl. contribuirt, war ursprünglich ein Theil des Guts Hemmelmark und darauf ein Meierhof des Guts Mohrberg. Im Jahre 1837 wurde er von letzterem getrennt und verkauft. — Besitzer: Koch. — Zum Hofe gehören 3 Kathen, welche Weldorf, Fischerkathe und Rohmühlen heißen. — Schuldistr. Barkelsbye. — Areal: 265 Ton. à 240 □. R. worunter an Acker 198 Ton. 4 Sch., Wiesen 38 Ton., Hölzung 22 Ton. 4 Sch., Strandland 7 Ton. (172 Steuert., 27,520 Rbthlr. Steuerw.). — Der Boden ist sehr gut. — Das Wohnhaus und die Holländerei sind von Bindwerk, ersteres mit Stroh, letzteres mit Ziegeln gedeckt. — Contrib. 179 Rbthlr. 19 b/ß, Landst. 57 Rbthlr. 32 b/ß.

Sophienthal, 20 zerstreut liegende Colonistenstellen, 2 M. nordwestlich von Flensburg, A. Tondern, Slurp., Ksp. Tingley. — Diese Colonie ward auf der Eggebeker- und Brauderuper Haide im Jahre 1764 angelegt. — Districtsschule. — Wirthshaus, Roßmühle. — Der Boden ist nur von mittelmäßiger Art. — In dieser Gegend wird viel Moorerz gefunden.

Sorge, eine Aue im A. Hütten, die aus dem Abflusse des Bistensees in der Hüttenerharde gebildet wird und ⅓ M. westlich eine ziemlich bedeutende Aue aufnimmt, welche im Boklunder Moor entspringt und dem Dorfe Owschlag vorbeifließt; sie läuft dann in westlicher Richtung Tetenhusen vorbei und heißt hier die Tetenhuseneraue bis nahe vor dem Meggerkooge, wo sie im Jahre 1631 durch den s. g. Umleitungsdeich eine andere Richtung und den Namen Neue-Sorge erhielt und südlich durch die Sandschleuse geleitet ward, worauf sie sich unter dem Namen Unter-Sorge unweit der Hohner-Fähre in die Eider ergießt. Der übrige getrennte Theil der Sorge, welcher von der Sandschleuse in nordwestlicher Richtung in die Eider fließt und durch die Rehnschlote, welche aus dem Börmerkooge kömmt, verstärkt wird, heißt die Alte-Sorge. — Diese Aue kann von Tetenhusen an und längs der Neuen-Sorge mit Böten befahren werden.

Sorgkoog, eine entwässerte Niederung südlich und östlich von Bergenhusen in der Landschaft Stapelholm, Ksp. Bergenhusen. Dieser am Ufer der alten Sorge gelegene sogenannte Koog ward schon um das Jahr 1500 benutzt; 1631 wurden einige Schleusen angelegt und die Abwässerung zu Stande gebracht, die jetzt durch die Steinschleuse, Balkenschleuse und Sandschleuse geschieht. — Areal: 923 Dem. 2 Sch. 10 R., welche größtentheils Privatleuten gehören. Wohnungen sind im Kooge nicht. — Die Dorfschaften Norderstapel und Erfde haben jede einen und Bergenhusen und Wohlde zusammen einen Sorgkoogs-Gevollmächtigten. — Dieser Koog hat übrigens ein eigenes Inspectorat unter der Oberaufsicht des Gottorfer Amthauses.

Sorgwohld. 499

Sorgwohld (Sakuhl), Dorf an der Sorge, 2¼ M. südlich von Schleswig, A. Hütten, Hüttenh., Ksp. Kropp; zum Amte gehören 4 Vollh. und 1 Halbh. und zur Marienkirche in Rendsburg 1 Vollh. — Nebenschule. Armenhaus. — Areal zum A. Hütten: 628 Ton. 6 Sch. (299 Steuert.). — Der Boden ist nur von geringer Güte; das Moor ist sehr ergiebig.

Sotterup, Dorf 1¾ M. nordöstlich von Tondern, Ksp. und Schuldistr. Bylderup. Zum A. Tondern, Slurh., gehören 2 Bohlstellen und 1 kleine Landstelle; zum A. Lygumkloster, Vogtei Rapsted, 1 Halbb. und 6 Achtelb. (3 Pfl.) und zum Gut Seegaard, A. Apenrade, Lundtofth., 1 Bohlst. (138 Ton. 5 Sch., 51 Steuert.); zum ehemaligen Gut Lindewith gehörte 1 Bohlstelle. — Schmiede. — Der Boden ist sandigt und mager. Das Lygumer Kloster erwarb obigen Besitz größtentheils im Jahre 1517.

Späthkoog, ein unbewohnter Koog im Ostertheile der Landschaft Eiderstedt, Ksp. Witzworth.

Spallenbüll, eine vergangene Kirche in der Landschaft Eiderstedt, welche zwischen Vollerwiek und Kating gestanden haben soll. Das Jahr ihres Unterganges ist nicht bekannt.

Spanbek, eine in einem Thale liegende Instenstelle an einem kleinen Gehölze, nordöstlich vom Dorfe Beken, A. Apenrade, Lundtofth., Ksp. Rinkenis, Schuldistr. Beken.

Spandet, Kirche 1½ M. südöstlich von Ripen, A. Haderschleben, Westerth., Hviddingh., Pr. Törninglehn. Diese Kirche liegt nördlich vom Dorfe Spandet bei Spandetgaard; sie ist nur klein, aber sehr hübsch, zum Theil gewölbt und mit einem hohen spitzen Thurm versehen. — Der König ernennt den Prediger, welcher in Spandet wohnt. — Eingepfarrt: Fjersted, Möllbye, Spandet, Spandetgaard, Spandetkroe. — Vz. des Ksp. zum A. Haderschleben: 353.

Spandet, (vorm. Spandwith), Dorf 1¾ M. südöstlich von Ripen. Zum A. Haderschleben, Westerth., Hviddingh., gehören außer der Prediger- und Küsterwohnung, 5 Halbh., 5 Viertelh., 1 Verbittelst., 2 Kathen und 1 Instenst. (1 37⁄288 Pfl.). Eine Viertelh. gehört zur Grafschaft Schackenborg, 7 Hufen gehörten ehemals zum Gut Lindewith. — Districtsschule. — Mehrere Frauen beschäftigen sich mit Spitzenklöppeln. — Areal: 421 Steuert. Der Boden ist ziemlich gut; 2 kleine Hölzungen, welche aber größtentheils aus Busch bestehen, heißen Hölleskov und Hovegaard.

Spandetgaard, Dorf 1¾ M. südöstlich von Ripen, A. Haderschleben, Westerth., Hviddingh., Ksp. und Schuldistr. Spandet; enthält 1 Vollh., 1 Halbh., 2 Viertelh., 1 Toftgut, 5 Kathen und 1 Instenst., welche alle vormals zum Gute Lindewith gehörten. — Das an der Landstraße belegene bedeutende Wirthshaus heißt Spandetkroe. — Schmiede. — Spandetgaard war schon in sehr früher Zeit ein Edelhof und zur Zeit des Königs Erich Emund soll der bekannte Edelmann Sorte Plog, der diesen König ermordete, der Besitzer gewesen sein; 1548 v. Sehestedt. Im 17. Jahrhundert kam der Hof an Eigenthümer von Hörbroe und Lindewith und ward im vorigen Jahrhundert parcelirt. — Der Boden ist größtentheils sandigt; es werden hier viele Mauersteine gebrannt.

Spang, 2 Parcelenstellen des niedergelegten Meierhofes Foldewraae, im Gute Lundsgaard, östlich von Husbye, A. Flensburg, Husbyeh., Ksp.

und Schuldiſtr. Husbye. Neben Spang liegt das für 4 Familien einge=
richtete, zum Amte gehörige, Husbyer=Armenhaus Sorgenfrei.
Sparhörn, ein Hof im Weſterh. der Landſchaft Eiderſtedt, Kſp.
Weſterhever, Schuldiſtr. Schanze.
Sparlund, eine Freihufe und eine Kathe im A. Haderslebeu, Oſterth.,
Haderslebenerh., Kſp. und Schuldiſtr. Desbye. Dieſe Hufe war ehemals
mit Grarup und Weſtergaard combinirt und ward 1493 von dem Könige
Friedrich I. und der Königin Dorothea mit Privilegien verſehen.
Speckenkathe, eine Kathe im Gute Warleberg, Eckernförderh., Kſp.
Gettorf, Schuldiſtr. Neu=Wittenbek. — Areal: 33 Ton. à 260 □. R.
Speckſtäte, ein Haus im Oſterth. der Landſchaft Eiderſtedt, Kſp.
und Schuldiſtr. Kating.
Spenting, einige Parcelenſtellen im A. Gottorf, öſtlich von Mor=
kirchen und nach deſſen Niederlegung entſtanden, Morkirchh., Kſp. Böel.
Vormals war Spenting ein zum Kloſter Morkirchen gehöriges Dorf, deſſen
Feldmark 1335 der Familie Limbek gehörte.
Spickebüll, eine ehemalige Kirche in der Bökingh., etwa ¼ M.
ſüdweſtlich von Dagebüll im A. Tondern, welche im Jahre 1362 durch
eine Waſſerfluth zerſtört ſein ſoll.
Spinkebüll, 7 Achtelh., 3 Kathen und 2 Inſtenſt. (vorm. 1 Bohl=
ſtelle, 1 Pfl.), 1½ M. ſüdöſtlich von Bredſtedt, in der Landſchaft Bredſtedt,
Kſp. Biöl. Eine Inſtenſt. heißt Naarb. — Schuldiſtr. Norſtedt. —
Dieſe zerlegte Bohlſtelle (1787 2 Halbh.) gehörte ehemals zum Schlesw.
Domcapitel. — Areal: 72 Ton. (39 Steuert.). — Hier ſoll vor Alters
ein Edelhof geſtanden haben, deſſen Lage aber nicht mit Beſtimmtheit
angegeben werden kann.
Spölbek, 2 Halbh. (⅝ Pfl.) im A. Flensburg, Wiesh., Kſp. Nord=
Hackſtedt, Schuldiſtr. Hörup. Dieſe Hufen gehörten ehemals zum
Gute Lindewith.
Sprakebüll, 4 Bohlſtellen und 1 kleine Landſtelle (2⅖₈ Pfl.), 3 M.
ſüdöſtlich von Tondern, A. Tondern, Karrh., Kſp. Leck, von welchen 2 Bohlſt.
und die kleine Landſtelle vormals zum Gute Lindewith gehörten. — Schuldiſtr.
Sandacker. — Der Boden iſt nur von mittelmäßiger Art.
Sprenge, Dorf im Gute Birkenmoor, 1¼ M. nordweſtlich von
Friedrichsort, Eckernförderh., Kſp. Däniſchenhagen; 6 Hufen 2 Kathen und
16 Inſtenſt. — Schule und Windmühle ſüdweſtlich vom Dorfe. — Areal:
359 Ton. 7 Sch. (291 Steuert.). — Der Boden iſt ſehr gut und fruchtbar.
Sprengerhof, ein großer Pachthof im Gute Birkenmoor, Eckern=
förderh., Kſp. Däniſchenhagen, im Anfange dieſes Jahrhunderts ange=
legt. — Areal: 230 Ton. 3 Sch. (179 Steuert., 25,100 Rbthlr.
Steuerw.). — Der Boden iſt gut.
Spüſtrup, 1 Parcelenſtelle beim Dorfe Gangerſchild im A. Gottorf,
Struxdorfh., Kſp. und Schuldiſtr. Norder=Brarup.— Areal: ſ. Gangerſchild.
Staatshof, ein Hof ½ M. nordweſtlich von Friedrichſtadt, im Oſterth.
der Landſchaft Eiderſtedt, Kſp. Koldenbüttel. — Areal: 320 Dem.; größten=
theils ſchweres altes Grasland. — Der bekannte Geſchichtsſchreiber Peter
Sax, welcher 1662 ſtarb, war im Beſitze dieſes Hofes.

Stabegaard (Staugaard), einige zur Grafschaft Reventlow-Sandberg gehörige kleine Landstellen im A. Sonderburg, Nübelh., Ksp. Düppel. Eine Landstelle heißt Lillemölle (Kleinmühle). — Areal: 16 Steuert. — Ein Haus gehört zum Gute Gravenstein und 3 dem Hospitale in Sonderburg. — Ein Meierhof dieses Namens ist eingegangen. — Vormals ward in Stabegaard, als die Kirchspiele Düppel und Atzbüll ein zu Sonderburg gehöriges Birk bildeten, das Dinggericht gehalten. — Im Jahre 1492 verkaufte das Flensburger Kloster der Königin Dorothea diese Ortschaft.

Staberdorf (Waldem. Erdb.: Stobärthorp), Dorf auf der Insel Fehmern, Osterkirchsp., Kirche Burg; enthält 11 größere Landstellen, 19 kleinere Landstellen und 9 Instenstellen. Etwa ¼ M. vom Dorfe liegt Staberhof, eine im Jahre 1748 errichtete Landstelle, deren Ländereien (90 Dr., worunter 6 Dr. Hölzung) damals vom Könige für 1300 Rthlr. angekauft wurden, jetzt im Privatbesitz. — Districtsschule. — 1 Kaufmann, 4 Schiffer, 1 Fischer und einige Handwerker; auch wohnt im Dorfe der Branddirector der Landschaft. — Areal: 417 Dr. (923 Steuert.). — Der Boden ist von sehr guter Art. — Auf der Feldmark befinden sich mehrere Riesenbetten und Grabhügel und von einem derselben, welcher Hinrichsberg heißt, hat man eine sehr schöne und weite Aussicht. — Bei Staberhof ist die einzige Hölzung der Insel, Staberholz, die im Sommer als Vergnügungsort besucht wird.

Stade, Dorf an der Geilaue, 2¼ M. südöstlich von Tondern, A. Tondern, Slurp., Ksp. Burkarl; 7 Bohlstellen und 5 kleine Landstellen (2½ Pfl.). Auf der Feldmark ist eine Colonistenstelle Staberfeld genannt, erbaut, welche zur Colonie Christianshoffnung gehört. — Schuldistrict Jyndevad. — Der Boden ist sandigt.

Stade (vorm. Stadum), 1 Dreiviertelh. und 1 Viertelh. (1 Pfl.), von welcher die letztere nach Holmühl abgelegt ist, 1½ M. nördlich von Schleswig, A. Gottorf, Strurdorfh., Ksp. und Schuldistr. Ulsbye. Diese ehemalige Vollh. gehörte zum Altare St. Nicolaus am Dome in Schleswig und ward späterhin den Schuldienern der Stadt Schleswig angewiesen. — Areal: 125 Steuert.

Stadum, Dorf 3¼ M. südöstlich von Tondern, Ksp. Leck. Von diesem ansehnlichen Dorfe gehören 8 Bohlstellen, 15 kleine Landstellen und 3 Instenstellen zum A. Tondern, Karrh., von denen 5 Bohlstellen zum ehemaligen Schlesw. Domcapitel gehörten; 2 Halbbohlen und 2 Kathen gehören zum A. Gottorf, Morkirchh., und 15 Halbbohlen, 12 kleine Landstellen, 3 Parcelenstellen und 5 Instenstellen (8 Pfl.) zum Gute Fresenhagen, Amt Tondern, Karrh. Ein zum Amte gehöriges Wirthshaus heißt Stadumbad und liegt an der Landstraße von Flensburg nach Leck; 1 Fresenhagener Stelle heißt Nord-Stadum. — Districtsschule. — Wirthshaus im Dorfe. — 2 Armenhäuser, Schmiede und einige Handwerker. — Das Dorf hat eine hohe Lage und nur mageres Acker- und Weideland. Ein ehemaliger hier belegener Edelhof hieß Stadumgaard, dessen Besitzer im 15. Jahrhundert die Familie auf der Heide war.

Stampfmühle, eine Stampf-, Walk- und Lohmühle und sehr besuchtes Wirthshaus nahe vor Schleswig, an einer Königl. Hölzung (Thiergarten) belegen, A. Gottorf, Arensh., Ksp. St. Michaelis. — Areal: 9 Ton. — Die Gebäude sind im Jahre 1844 neu erbaut.

Stampfmühle, eine in der Süderhölzung südlich von Apenrade belegene Königl. Mühle, A. Apenrade, Riesh., Ksp. und Schuldistr. Apenrade.

Stangheck, 18 Kathen 1 M. nordwestlich von Cappeln, im Gute Rundhof, Cappelerh., Ksple. Esgrus und Töstrup, Schuldistricte Gulde und Bojum. — Wirthshaus, Schmiede. — Die Kathen dieses Dorfes lagen ursprünglich auf der Wippendorfer nnd Schörderuper Feldmark, wodurch Stangheck zu zwei Kirchspielen, nämlich Esgrus (mit 15 Kathen) und Töstrup (mit 3 Kathen) eingepfarrt ist. — Areal: 258 Hdtsch. (136 Steuert.). — Der Boden ist lehmigt und gut. — Ein mit großen Decksteinen und einer Grabkammer versehener Grabhügel ward 1798 abgetragen.

Stapel (Staffel), eine Freistelle im Gute Blansgaard, 2 M. nordwestlich von Sonderburg, A. Sonderburg, Nübelh., Ksp. Ulderup. — Areal: 51 Ton.

Starup (vorm. Stadorp), eine Kirche, eine Predigerwohnung und 3 Landbohlstellen am Haderslebener Meerbusen, ½ M. östlich von Hadersleben, A. Hadersleben, Osterth., Haderslebenerh., Pr. Hadersleben. — Die Kirche ist zum Theil von Tuffsteinen erbaut und eine der ältesten der ganzen Gegend; sie ist mit Blei gedeckt, zum Theil gewölbt, hat einen Thurm und seit 1834 eine Orgel. — Starup hat mit Grarup den nämlichen Prediger, den der König ernennt. — Die Staruper Districtsschule liegt zwischen Lunding, Vandling und Brorsböl. — Eingepfarrt: Brorsböl, Frilund, Knav, Koffeshuus, Londt, Lunding, Olufskjär, Ravnbäk, Roßkämmerergaard, Skjönbjerg, Skytteslund, Starup, Vandling, Vandlinggaard. — Vz. des Ksp.: 755.

Staun, adel. Gut in der Eckernfördeh. Der Haupthof liegt 2 M. nordöstlich von Eckernförde, Ksp. Siesebye. Im Jahre 1774 ward dieses Gut, welches damals ein Meierhof war, von dem Gute Bienebek getrennt und an den Regimentsquartiermeister Uriel für 81,000 ₰ verkauft; Besitzer: 1791 Lammers (114,300 ₰), 1813 Voigt, 1834 Schwerdtfeger (150,000 ₰), 1841 Völkers (174,000 ₰), 1842 Major v. Rohden (264,000 ₰). — Zum Gute gehört Siesebye (z. Thl.), Staunerhütten 1 Hufe, Steinerholz 4 Kathen an der Schlei, Sensbye 1 Kathe und Schmiede (s. Sönsbüll), Bucksrüde 1 Parcelenst. und 1 Kathe, Freienfelde und Hörn 2 Parcelenstellen, zusammen 4 Pfl. (609 Steuert., 85,260 Rbthlr. Steuerw.). — Der Haupthof hat ein Areal von 311 Ton. 125 R. à 260 ☐. R., worunter an Acker 265 Ton. 74 R., Hölzung und Busch 44 Ton. 45 R., Wasser 2 Ton. 6 R. — Das Areal der vom Hoffelde abgelegten Stellen mit dem Siesebyer Dorffelde beträgt 243 Ton. 160½ R. — Der Boden ist größtentheils sehr gut und für alle Kornarten geeignet. — Das Gut behauptet das Recht in der Schlei zu fischen. — Das Wohnhaus und alle Wirthschaftsgebäude brannten im Jahre 1841 ab, dieselben sind neu aufgebaut und zweckmäßig eingerichtet. — Zahl der Einwohner: 207. — Contrib. 179 Rbthlr. 18 b/β, Landst. 177 Rbthlr. 44 b/β.

Stausmark, 2 Viertelh. und einige Kathen und Parcelenstellen im Gute Ohrfeld, Cappelerh., Ksp. Esgrus. Ein bei der Ortschaft belegenes Wirthshaus heißt Holt. Schuldistr. Koppelheck. — Areal: 70½ Steuert.

Stavensböl, ein vormaliges dem Schleswigschen Domcapitel gehöriges Dorf auf der Insel Alsen. Der Bischof Bundo verpfändete dieses Dorf mit Sebbelov im Jahre 1721, und der Bischof Berthold lös'te diese Güter wieder ein. Im Jahre 1651 ward es von dem Könige Friedrich III. an den Herzog Ernst Günther verkauft, der es niederlegte und auf diesem Platze das Schloß Augustenburg erbaute. (s. Augustenburg).

Stavitskov.

Stavitskov (Staveskov), ein Hof an der Reisbyebäk, 1½ M. südlich von Ripen im A. Hadersleben, Westerh., Hviddingh., Ksp. und Schuldistr. Roager. Dieser zum Theil mit Hölzung umgebene Hof ist eigentlich auf der Birkelever Feldmark erbaut, gehörte zum niedergelegten Gute Vesterbäk und hat noch einige Privilegien. — Der Boden ist ziemlich gut.

Stedesand, Kirchdorf an der Soholmaue, 3 M. südlich von Tondern, A. Tondern, Karrh., Pr. Tondern. Zum Amte gehören außer der Prediger- und der Küsterwohnung 10 Bohlstellen, 21 kleine Landstellen und 36 Häuser (7 Pfl.), von denen der größte Theil (6 Pfl.) zum Schleswigschen Dom- capitel gehörte; zum Gute Klirbüll gehören 2 Bohlstellen und 18 kleine Landstellen. — Districtsschule. — 2 Windmühlen, 3 Wirthshäuser, 1 Hökerei, 2 Schmiede und mehrere Handwerker. — Einige Einwohner beschäftigen sich mit der Bootfahrt auf der Aue. — Die älteste Kirche lag westlich vom Dorfe, die jetzige östlich vom Dorfe liegende ward 1742 erbaut; sie ist im Innern schön eingerichtet, hat aber keinen Thurm. Auf dem Kirch- hofe steht ein Glockenhaus mit 2 Glocken. — Der Prediger wird von dem Amtmanne und dem Probsten präsentirt und von der Gemeinde gewählt. — Eingepfarrt: Broweg, Wester-Schnatebüll, Stedesand, Störtewerkerkoog, Süderdeich, Norder- und Süder-Trollebüll. — Der Boden ist gut. — An der Ostseite des Dorfes sind noch geringe Spuren einer Schanze sichtbar, welche von den Schweden aufgeworfen sein soll. — Auf mehreren Stellen der Feldmark sind alte Münzen gefunden. — Vz. des Ksp.: 520.

Stedum, eine ehemalige Kirchspielskirche in der Nordwesterharde im alten Nordfriesland, zwischen Sylt und Föhr, östlich vom Dorfe Rantum. Sie soll im Jahre 1300 vergangen sein. — Die Feldmark dieses Kirchdorfes muß sich ziemlich weit erstreckt haben, da eine südlich von dem Kirchdorfe Westerland belegene Wiese noch jetzt Steidum-Inge (Steidumwiese) genannt wird.

Steenbjerg, 1 Landstelle nordöstlich von Raubjerg, A. Apenrade, Süderrangstruph., Ksp. Oster-Lygum. Eine nordwestlich belegene Kathe heißt Steenhöi und in der Nähe derselben befindet sich eine Anhöhe Steenbjerg genannt, welche 281 Fuß hoch ist.

Steenholt, 6 Kathen und 1 Instenstelle auf der Insel Alsen, ½ M. südlich von Sonderburg, im Gute Langenvorwerk, A. Sonderburg, Augu- stenburgerh., Ksp. und Schuldistrict Ulkeböl.

Steenland, 2 Parcelenstellen und einige kleine Häuser (⅗ Pfl.) im Gute Oehe bei Gundelsbye, Cappelerh., Ksp. Gelting, Schuldistrict Gundelsbye. — Areal: 76 Hdtsch.

Steens, Dorf 1½ M. nördlich von Ripen, Ksp. und Schuldistrict Hjortlund. Zum A. Hadersleben, Westerh., Kalslundh., gehören 2 Halbh. und 1 Kathe. Nördlich vom Dorfe an der Königsaue liegen 2 Halbh., welche Bäk genannt werden. 2 Halbh. gehören zum A. Ripen. — Areal zum A. Hadersleben: 124 Steuert. — Der Boden ist größtentheils sandigt.

Steensbäk, 1 Dreivertelh. und 1 Halbh. ($\frac{9}{16}$ Pfl.) an einem kleinen Bache, A. Hadersleben, Westerh., Hviddingh., Ksp. Höirup, Schuldistr. Arnum. — Wirthshaus.

Steensbjerg, 1 Vollh. und 1 Kathe 1¼ M. südlich von Hadersleben, A. Hadersleben, Osterh., Haderslebenerh., Ksp. und Schuldistr. Hoptrup.

Steensbye, 1 Haus auf einer Landspitze am nördlichen Ende des Dorfes Rinkenis, A. Apenrade, Lundtofth., Ksp. und Schulbistr. Rinkenis.

Steinacker, 2 Kathen und 1 Instenstelle bei Niesgrau, im Gute Ohrfeld, Cappelerh., Ksp. Esgrus. — Areal: 11 Steuert.

Steinberg, Dorf 3 M. östlich von Flensburg, Ksp. Steinberg. Es gehören dazu ursprünglich **Steinbergholz,** die **Häuser bei Steinberg-Kirche** und **Bredegatt.** Im engern Sinne rechnet man zu Steinberg die Hufen und Häuser von dem Oestergaarder Hoffelde an bis zur Königl. Erbpachtsmühle. Mehrere Hufen sind zerstückelt und die Ländereien zum Theil nach Steinbergholz und anderswohin veräußert. Zum Amte Flensburg, Nieh., gehören außer einer Königl. Erbpachtsmühle, 2 Vollh., 2 Dreiviertelh., 1 Zweidrittelh., 7 Halbh., 2 Viertelh., 1 Sechstelh. und 7 Kathen (8$\frac{17}{44}$ Pfl.). Eine Hufe ist eine Steinberger Kirchenlanfte, und 1 Hufe (1 Pfl.) gehörte zum ehemaligen Schleswigschen Domcapitel. Zum Gute Oestergaard, Cappelerh., gehören 4 Hufen, von denen eine unter mehrere Besitzer vertheilt ist, und einige Kathen und Häuser; zum Gute Ohrfeld, Cappelerh., 1 Hufe und Wirthshaus. 4 Oestergaarder Kathen die im Dorfe lagen und Blasberg hießen sind weggebrochen und zum Theil nach Flintholm versetzt. — Schulbistr. Bredegatt. — 2 Schmiede und mehrere Handwerker. — Areal zum Amte Flensburg: 649 Steuert., zum Gute Oestergaard mit Steinbergholz: 376 Steuert. — Der Boden ist sehr gut und gehört zu dem fruchtbarsten in Angeln. — Vormals hat südlich vom Dorfe an der Aue eine Wassermühle gelegen, welche aber 1658 zerstört sein soll. Auf der Feldmark befinden sich mehrere Grabhügel.

Steinberg, Kirche 3 M. östlich von Flensburg, A. Flensburg, Nieharde, Pr. Flensburg. Diese Kirche liegt in dem südwestlichen Winkel des Kirchspiels, an der Querner Gränze auf einer Anhöhe; sie ist alt, größtentheils von Feldsteinen erbaut, zum Theil gewölbt und hat einen Thurm und eine Orgel. Im Jahre 1753 ward die Kirche, welche 2 Lansten hat, vergrößert. — Der König ernennt den Prediger, welcher früher in Gintoft wohnte, seit 1783 aber bei der Kirche (f. bei Steinberg-Kirche). — Eingepfarrt: bei der Aubrücke, Bredegatt, Gintoft, Gintoftgaard, Gintoftholm, Gintoftholz, Norgaard, Norgaardholz, Oestergaard, Oestergaardholz, Noikjär (z. Thl.), Steinberg, bei Steinberg-Kirche, Steinberggaard, Steinberghaff, Steinbergholz, Uggelburg, Ulsdamm, Wolsroi. — Bz. des Ksp.: 1154.

Steinberg-Kirche, bei, eine in der Nähe der Steinberger Kirche belegene Ortschaft, Ksp. Steinberg. Zum Amte Flensburg, Nieh., gehören die Wohnung des Predigers, 8 kleine Parcelenstellen und 1 Kathe; zum Gute Oestergaard, Cappelerh., ein Wirthshaus mit Höferei und Bäckerei; zum Gute Norgaard, A. Flensburg, Munkbraruph., 1 Kathe; eine Stelle ist ein Kanzleigut und stand vormals unter dem Obergerichte. — Schulbistr. Bredegatt. — Armenhaus des Kirchspiels. — Das Kanzleigut bei Steinberg-Kirche mit einem Wirthshause und einer Graupenmühle war vormals eine Morkirchener Hufe; diese Stelle lag am östlichen Ende von Steinberg, fast ganz vom Oestergaarder Hoffelde umgeben, bis 1665 der Besitzer dieselbe an den Rittmeister v. Qualen auf Oestergaard überließ und dagegen eine Oestergaarder Hufe in Bredegatt erhielt, auf welche die Qualität einer Morkirchener Freibondenhufe übertragen wurde und wohin er die Gebäude versetzte. Das Kanzleigut ist noch lange zu Bredegatt gerechnet worden.

Steinbergholz.

Steinbergholz, mehrere zerstreut liegende Landstellen im Ksp. Steinberg. Im weitern Sinne begreift man unter diesem Namen alle Stellen, welche von Habernis an sich längs der Ostsee bis an die Oestergaarder Hoffelder erstrecken. Der ganze District theilt sich in 2 s. g. Nachbarschaften: die Norder= und Süder=Nachbarschaft; jene begreift Norgaardholz und Gintoftholz, diese das im engern Sinne sogenannte Steinbergholz, Oestergaardholz und die Häuser bei Steinberghaff. In der Norder= Nachbarschaft sind 2 zum Amte Flensburg, Nieharde, gehörige Stellen, die Gintoftholz heißen, wovon eine Hufe eine Gintofter Hufe ist; die übrigen Stellen werden gewöhnlich Norgaardholz genannt, nämlich 15 Parcelenstellen zum Gute Norgaard, A. Flensburg, Munkbraruph., gehörig, worunter zwei bei der Aubrücke heißen; 2 Kathen gehören zum Hospitale in Flensburg, 2 Kathen zum Amte Flensburg, Nieh., und eine Landstelle zum Gute Oestergaard, Cappelerh. — Districtsschule, auf dem Oestergaarder Grunde erbaut. — In der Süder=Nachbarschaft sind 13 Kathen, die zum Amte Flensburg, Nieh., gehören, worunter eine auf dem zum Pastorate gehörigen Felde; 2 Parcelenstellen zum Gute Norgaard, A. Flensburg, Munkbraruph., 1 Kathe zum Flensburger Hospitale, 1 Kathe und 1 Bohlenparcelenstelle zum Gute Ohrfeld, Cappelerh., gehörig, letztere von einer Hufe in Bredegatt; 1 Viertelh., 3 Freistellen, 2 Parcelenstellen, 2 Instenst. und 1 Wirthshaus Uggelburg genannt, gehören zum Gute Oestergaard. Diese auf dem Oestergaarder Grunde liegenden Häuser nebst denen welche zunächst am Strande liegen und Steinberghaff heißen, werden Oestergaardholz genannt. Hier wohnen mehrere Schiffer, Seefahrer und Fischer; auch wurde hier früher ziemlicher Schiffbau getrieben. — 2 Schmiede und mehrere Handwerker. — Bei Uggelburg ward vormals ein Jahrmarkt gehalten, welcher aber von der Gutsobrigkeit aufgehoben ist. — Der Boden ist von ziemlicher Güte.

Steinfeld, Dorf 2 M. nordöstlich von Schleswig, Ksp. Ulsnis. Zum Amte Gottorf, Schliesh., gehören 10 Vollh., 4 Halbh., 1 Sechstelh., 12 Kathen und 4 Parcelenstellen, welche letztere zum niedergelegten Gute Kalkjärgaard (s. Kalkjärgaard) gehören (zus. $9\frac{1}{2}$ Pfl.); zum Amte Gottorf, Füsingh., gehört 1 Viertelh. ($\frac{1}{4}$ Pfl.); 1 Kathe heißt Langholz, 1 Kathe und 1 Parcelenst. Hökemoos und 2 Stellen Krock und Tweberg. Die Schliesharder Hufen und Stellen gehörten ehemals zum Schleswigschen Domcapitel. — Districtsschule. — Wirthshaus, Schmiede und einige Handwerker. — Der Boden ist sehr gut; ein ehemaliger Teich hieß Laybollsdamm, wird aber schon seit 1639 als Wiese benutzt. — Vz.: 618.

Steinholm, ein ehemaliger Edelhof am Almdorfer=See, westlich vom Dorfe Bohmstedt, in der Landschaft Bredstedt, Ksp. Breklum. Dieser Hof soll durch eine Wasserfluth zerstört sein (s. Bohmstedt). Die Spuren werden noch auf einer Anhöhe, Sternklippe genannt, südlich von Almdorf gezeigt.

Steinrade (vorm. Friedrichsteen), adel. Gut in der Eckernförderharde. Der Haupthof liegt $1\frac{3}{4}$ M. südwestlich von Eckernförde, Ksp. Bünstorf. In dem Jahre 1798 kaufte der Besitzer von Schirnau, Friedrich Steen von dem Gute Sehestedt 2 Vollhufen für 18,000 ℳ, welche niedergelegt wurden und erbaute hier diesen Hof, damals Friedrichsteen genannt. Nachdem einzelne Stellen dazu gelegt waren, ward derselbe 1804 an Müller für 136,500 ℳ verkauft, der den Namen des Hofes veränderte, 1810 an v. Rumohr, 1813 Bruhn, 1821 Hudemann. Im Jahre 1806 ward

Steinrade in die Zahl der adelichen Güter aufgenommen. Das Gut hat ein Areal von 302 Ton. à 260 □. R. (278 Steuert., 44,480 Rbthlr. Steuerw.) und contribuirt für 3½ Pfl. Es gehören zum Gute 2 Hufen und 4 Kathen in Steinwarf, von denen 1 Hufe Altdorf genannt wird, 2 Kathen in Großkoppel. — Schuldistr. Bünstorf. — Der Boden ist sehr gut und die Wiesen sind besonders einträglich. Jenseits der zum Hofe gehörenden Kathenstellen liegt ein Rohrbruch, welcher unmittelbar an den Kanal gränzt und zur Hälfte an Sehestedt gehört. — Das Wohnhaus ist von Brandmauern und hat eine Etage mit einem Frontispice. — Zahl der Einw.: 70. — Contrib. 156 Rbthlr. 60 b/ß, Landst. 92 Rbthlr. 64 b/ß.

Steinschleuse, eine Schleusenwärterwohnung zwischen Süderstapel und Erfde, an der s. g. großen Schlote südlich vom Norderstapeler=See, Ksp. und Schuldistr. Süderstapel. Bei der Steinschleuse ward vermuthlich im Jahre 1696 eine Schanze angelegt, welche aber schon im Jahre 1700 auf Befehl des Königs Friedrich IV. zerstört ward.

Steinsieken, Dorf 1 M. nördlich von Rendsburg, A. Hütten, Hüttenh., Ksp. Kropp. Die ersten Anbauer dieser zerstreut liegenden Ortschaft waren aus dem Dorfe Owschlag. Es enthält 3 Halbh. und 6 Kathen, von welchen letzteren eine Kuhkoppel heißt. — Nebenschule. — Wirthshaus. — Der Boden ist ziemlich gut und das Moor ergiebig.

Steinum, eine vergangene Kirche in der Nordwesterharde, im alten Nordfriesland, in der Nähe des jetzigen Dorfes Rantum auf der Insel Sylt. Sie soll im Jahre 1300 vergangen sein. Ein Theil eines alten Deiches, südlich von Rantum, wird noch jetzt Steinum genannt.

Steinwarf (Steenwarp), größtentheils niedergelegtes Dorf an der Eider, Eckernförderh., Ksp. und Schuldistr. Bünstorf, von welchem 2 Hufen und 4 Kathen zum Gute Steinrade und 3 Kathen zum Gute Schirnau gehören. Die eine der Steinrader Hufen an der alten Eider wird Alt=dorf genannt. Ein Theil dieses Dorfes ist schon vor Alters niedergelegt; auf einem andern Theil wurde der Hof Steinrade errichtet.

Stemmilt (Stemmelde), Dorf 1½ M. östlich von Tondern, A. Tondern, Slurh., Ksp. und Schuldistr. Burkarl; enthält mit einem westlich an der Landstraße von Flensburg nach Tondern belegenen Wirthshause Tönde (Klein=Tönde) 3 Bohlstellen und 5 kleine Landstellen (1$\frac{146}{192}$ Pfl.). Eine Colonistenstelle gehört zur Colonie Christianshoffnung.

Stemperühe, 2 Instenstellen im Gute Damp westlich vom Dorfe Schwastrum, Eckernförderh., Ksp. Siesebye. — Areal: 14 Ton.

Stenderup, Kirchdorf 3½ M. nordöstlich von Hadersleben, A. Haders=leben, Osterth., Tyrstruph., Pr. Hadersleben. Dieses bedeutende Dorf, von dem einige Theile Ober= und Nieder=Bölling, Frydenborg und Steenholt genannt werden, enthält außer der Prediger= und Küsterwohnung 33 Hufen und 36 Landbohlen, Parcelenstellen und Instenstellen. Ausgebaute Hufen heißen: Brödregaard, Dallsgaard, Fensbjerg=gaard, Heissagergaard (Höisagergaard), Hörgaard, Lyksgaard, Oestergaard, Stibelundgaard, Tögesminde; 2 Parcelenstellen heißen Gammelaboe, 2 andere Huusmark und Heissager (Höisager); von den Landbohlstellen heißen 10 Mörkholt und 6 Frydenborg. Nördlich und östlich von Stenderup am kleinen Belt

Stenderup.

liegen die bedeutenden Königl. Stenderuper Hölzungen, worin eine Holz= vogtwohnung Löverodde (Stenderupstrand) und eine andere Sel= liumhauge genannt wird. — Districtsschule. — Prediger=Wittwenhaus, Wirthshaus, Höckerei, Schmiede, Färberei und mehrere Handwerker. — Die alte, mit Blei gedeckte Kirche, ist theils von Quadersteinen und theils von Mauerwerk aufgeführt, und geräumig und hell. Im Jahre 1386 erhielt sie von den in Nyeburg versammelten Bischöfen das Recht Ablaß zu ertheilen. — Der König ernennt den Prediger. — Einge= pfarrt: Stenderup mit den obengenannten Stellen; ferner Skiltinggaard und Barmark mit Mooshuus. — Vormals hat Stenderup größten= theils zum s. g. Skinkelborg=Lehn gehört, dessen noch 1580 erwähnt wird. — Der Boden ist sehr fruchtbar, und Wiesen, Hölzung und Moore sind ausreichend. — Im Jahre 1807 brannte fast das ganze Dorf ab, und es wurden die Predigerwohnung, 21 Hufen und 36 kleine Land= stellen zerstört; beinahe 400 Menschen verloren ihre ganze Habe. — Ein Hof in Stenderup wurde 1448 von Olaus Mathiä dem Altare der Heil. Jungfrau in der Kirche zu Hadersleben geschenkt und 1523 schenkte der König Friedrich I. einem Hofe einige Privilegien. In der Stenderuper Hölzung sind noch Spuren zweier vormaligen Edelhöfe; der eine hieß Schinkelburg (Skinkelsborg), den die Königin Margaretha 1404 von Claus Limbek kaufte und zum Krongut legte; die Wälle des andern Hofes werden Huusvold genannt. Die Landspitze, östlich von Stenderup heißt Stenderuphage; von hier zog im Jahre 1658 die schwedische Infanterie über das Eis nach Fühnen. — Vz. des Ksp.: 1054.

Stenderup, Dorf $3\frac{1}{2}$ M. nordwestlich von Hadersleben, A. Haders= leben, Westerth., Frösh., Ksp. Oester=Linnet. Dieses Dorf liegt hoch und enthält 2 Halbh., 4 Drittelh., 8 Sechstelh., 2 Kathen, einige Insten= stellen und 4 Parcelenstellen. Eine ausgebaute Stelle heißt Susviert. Ein nördlich vom Dorfe belegenes Wirthshaus heißt Helled (Helved). — Schule. — Areal: 258 Steuert. — Der Boden ist sandigt und von mittelmäßiger Beschaffenheit.

Stenderup (vorm. Stenthorp), Dorf im Lande Sundewith, 1 M. nordwestlich von Sonderburg, A. Sonderburg, Nübelh., Ksp. Nübel. Zum Amte gehören 7 Vollh., 3 Halbh., 3 Kathen und 9 Instenst. (7 Pfl.); zur Vogtei Sundewith 4 Vollh. als alte Bischofslansten; zum Gute Gravenstein gehören 2 Vollh., 1 Kathe und 1 Instenst. und zum Hospitale in Sonderburg 1 Vollh. und 1 Kathe. — Districtsschule. — Schmiede. — Areal zum Amte Sonderburg: 444 Steuert. — Der Boden ist gut; die Hölzung Stenderupholz ist noch ziemlich gut erhalten. — Vz.: 510.

Stenderup, Dorf an der Stenderupaue, $2\frac{1}{4}$ M. südlich von Flens= burg, A. Flensburg, Uggelh., Ksp. und Schuldistr. Sieverstedt; enthält 1 Vollh., 8 Halbh., 4 Viertelh. und 5 Kathen. Eine Vollhufe Thor= wald genannt ist in 10 Parcelen getheilt, worunter eine Königl. Holz= vogtswohnung. Westlich von Stenderup an der Chaussee liegt ein Wirthshaus Stenderupau genannt; 3 südlich belegene Kathen heißen Stenderupbusch. — Schmiede. — Areal: 546 Steuert. — Der Boden ist nur von mittelmäßiger Art; die Moore sind ergiebig. — Die 3 hier belegenen Königl. Gehege heißen Elmholz, Westerholz und Pflanz= koppel. Westlich von Stenderup liegen 2 ansehnliche Grabhügel Grönshöi und Holböi genannt, worin der Sage nach ein Fürst mit seiner Gemahlin begraben fein follen. Bei Stenderupau ward 1522 der Schleswigsche Adel von dem Könige Christian II. zu einer Zusammenkunft berufen und von demselben Beistand gegen die Schweden verlangt. — Gefecht am 24. Juli 1850.

Stenderup, Dorf 1 M. östlich von Hadersleben, A. Hadersleben, Osterth., Hadersleberh., Ksp. Grarup (1 Hufe ist zum Ksp. Oesbye eingepfarrt); 1 Anderthalbh., 2 Vollh., 3 Halbh. und 3 Landbohlen; eine Landbohle heißt Hellehöi. — Schuldistr. Grarup. — Der hoch liegende Boden ist gut.

Stenderup, Dorf 3¼ M. westlich von Hadersleben, Ksp. Toftlund. Zum Amte Hadersleben, Westerth., Norderrangstruph., gehören 2 Dreiviertelh., 2 Fünfachtelh., 4 Halbh., 2 Dreiachtelh., 4 Viertelh., 1 Achtelh., 4 Verbittelsst., 2 Kathen und 7 Instenst. (4 3/32 Pfl.). Ausgebaut sind 4 Hufen Stenderupgaarde genannt, 1 Hufe Korsbjerg, 1 Hufe Graulund, 5 kleine Stellen Lindholm (Posplet), 2 kleine Stellen Popgaard; 1 Halbh. und 1 Kathe (½ Pfl.) gehören zum Amte Lygumkloster, Vogtei Skjärbäk. — Districtsschule. — Schmiede und einige Handwerker. — Areal zum Amte Hadersleben: 609 Steuert. — Der Boden ist nur von mittelmäßiger Art, aber durch Cultur verbessert.

Stenderup, Dorf 1 M. nördlich von Cappeln, im Gute Gelting, Cappelerh., Ksp. und Schuldistr. Gelting; 8 Vollh., 7 Viertelh., 1 Achtelh. und 2 Kathen, welche Christiansfeld und Güholz heißen. Eine Viertelh. wird Gruftbeck genannt. Ein Theil des Dorfes heißt von den vormaligen sog. Gaasten- oder Wurthsitzerstellen Gaast-Ende. — Areal: 917 Htsch. 2 Sch. (457 Steuert.) — Die Einwohner haben durch Ankauf eines Theils der Geltinger Parcele (Oberkoppel) und einiger Suterballiger Ländereien ihre Stellen vergrößert.

Stendet (Stendewith), ein ehemaliges Dorf, welches zum vormaligen Gute Egelsbüll gehörte, Ksp. Aastrup. Im Jahre 1500 ward dieses Dorf von Henneke v. d. Wisch für 500 ℳ an die 4 Prediger der Capelle Unserer lieben Frauen in der Kirche zu Flensburg verkauft. 1580 waren hier 11 Höfe (f. Egelsbüll und Ladegaard).

Steniotten-Capelle, eine ehemalige Capelle in der Ostharde im alten Nordfriesland, südlich von der Insel Föhr. Die Zeit des Unterganges ist unbekannt.

Stenneshöi, eine Parcelenstelle, welche vom Meierhofe Drüllt abgelegt ist, im Gute Rundhof, Cappelerh., Ksp. Töstrup. — Areal: 95 Htsch.

Stenten, eine früher unter dem Obergerichte sortirende, sehr schön belegene Erbpachts-Wassermühle an der Sorge, 2 M. südwestlich von Eckernförde, an der Landstraße von Schleswig nach Rendsburg, Ksp. Bünstorf. — Gefecht am 9ten August 1850.

Stepping, Kirchdorf 2 M. nordwestlich von Hadersleben, A. Hadersleben, Osterth., Tyrstruph., Pr. Hadersleben; enthält außer der Predigerwohnung 16 Hufen, 2 Landbohlen, 11 Instenstellen und 13 Häuser ohne Land. — Districtsschule. — Prediger-Wittwenhaus, Armenhaus. — Wirthshaus, Schmiede und mehrere Handwerker. — Die Kirche, ein altes starkes Gebäude, ist mehrere Male verändert und der westliche Theil später angebaut. Sie ist mit Blei gedeckt und hat einen Thurm mit 2 Glocken, ist gewölbt und im Innern recht freundlich. — Die Kirche hat mit Frörup

Sterdebüll.

den nämlichen Prediger, den der König ernennt. — **Eingepfarrt:** Andrup, Andrupgaard, Bjerndrup, Höirup, Holmshuse (z. Thl.), Hommelgaard, Karmeshuus, Klaaborg, Klaaborghauge, Kolstrup, Höirup=Obersfov, Ravensbjerg, Saatrup (Hof), Skovdallund, Spang, Steenskjär, Stepping, Taabdrup. — Der Boden ist besonders nahe beim Dorfe sandigt und mager, etwas entfernter lehmigter und fruchtbarer. — Gefecht am 8ten August 1848. — Vz. des Ksp.: 1128.

Sterdebüll, Dorf ½ M. nordwestlich von Bredstedt, Ksp. Bordelum; zur Landschaft Bredstedt gehören 3 größere, 13 kleinere Landstellen, 14 Kathen und Instenstellen (6 Pfl.); eine Landstelle und Wirthshaus gehört zum Gute Karrharde, A. Tondern, Karrh. Ein Hof, welcher auf Karrharder Grund erbaut ist, heißt **Sterdebüllhof** (Gottesgabe) und sortirte seit 1773 als Kanzleigut unter dem Obergerichte; dieser Hof ward 1688 von Henning v. Reventlow als ein Verwalterhaus erbaut. — Eigenthumswindmühle. — Nebenschule. — Schmiede, Wirthshaus. — Areal zur Landschaft Bredstedt: 132 Steuert. — Der Boden besteht theils aus Marsch, theils aus Geest und ist ziemlich gut.

Sterdebüller=Alterkoog (vorm. Büttebüller=Koog), ein Koog im Amte Bredstedt, ¾ M. nordwestlich von Bredstedt, Ksp. Bordelum. Dieser Koog, welcher ein Areal von 347 Dem. (283 Steuert.) hat, ist unbewohnt und nur auf dem Deiche liegt eine Stelle, **Nissenshörn** genannt. — Der Boden gehört zu den mittelmäßigen Marschländereien.

Sterdebüller=Neuerkoog, ein octroyirter Koog ½ M. nordwestlich von Bredstedt, im A. Bredstedt. Dieser Koog erhielt 1687 eine Octroy und ward in den folgenden beiden Jahren eingedeicht. — Areal: 480 Dem. (383 Steuert., 75,320 Rbthl. Steuerw.). — Der Koog ist unbewohnt, hat 3 Hauptparticipanten und einen eigenen Inspector. — Der Boden ist vortrefflich für Winterkorn und zum Fettgräsen brauchbar. — Die Abwässerung des Kooges geschieht durch den Ockholmer=Koog, weshalb derselbe mit dem alten Sterdebüller=, dem alten Langenhorner= und dem Ockholmer=Kooge in oekonomischen Angelegenheiten in Verbindung steht.

Sterup, Kirchdorf 2¼ M. südöstlich von Flensburg, A. Flensburg, Nieharde, Pr. Flensburg; enthält außer der Prediger= und Küsterwohnung 5 Vollh., 1 Dreiviertelh., 1 Zweidrittelh., 1 Halbh., 1 Viertelh. und 5 Kathen (mit Schnabe 11⅝ Pfl.). Eine Kathe gehörte zum A. Morkirchen und 1 Hufe zum ehemaligen Gute Lindewitth. Diese Lindewither Hufe hat ehemals zu Freienwillen gehört, und zu ihr gehören 7 Kathen; nämlich: 1 in Sterup, 4 in Sterupgaard, 1 zu Dingholz und eine an der Söruper=Scheide **Möllmarkheck** (s. Bremholm). Das Kirchdorf Sterup ist ein Theil von der alten Steruper Feldgemeinschaft (Egerschop), die aus 20 Vollhufen soll bestanden haben, und wovon auch **Sterupbek, Sterupgaarde, Schnabe, Birristoft, Bremholm** und **Höfeberg** Theile sind. — Districtsschule. — Wirthshaus, Schmiede. — Die Kirche liegt im Dorfe auf einer Anhöhe und ist von Ziegelsteinen erbaut. Sie hat keinen Thurm aber westlich steht ein thurmartiges hölzernes Glockenhaus. Eine Orgel erhielt die Kirche 1743. — Der König ernennt den Prediger. — **Eingepfarrt:** Ahnebye, Ahnebyegaard, Ahnebyeheck, Barredamm, Birristoft, Boltoft, Boltoftheck, Bremholm, Brunsbüll, Brunsbüllund, Vulleheck, Dingholz (z. Thl.), Dysberg, Klein=Grünholz, Grünholz (z. Thl.), Husum, Jordam, Jordamsstraße, Möllmarkheck, Moosgaard,

Nimmerruh, Osterholm, Quegmai, Schabelund, Schnabe, Soelberg, Sterup, Sterupbek, Sterupgaarde. — Vz. des Ksp.: 1030.

Sterupbek, 1 Halbh. und 1 Viertelh. (¾ Pfl.), 2 M. nordwestlich von Cappeln, A. Flensburg, Nieh., Ksp. und Schuldistr. Sterup. Eine Hufe heißt **Soelberg.** — Areal: 80 Steuert.

Sterupgaarde (Gaarde), 4 Hufen und 7 Kathen 2 M. nordwestlich von Cappeln, A. Flensburg, Nieh., Ksp. und Schuldistr. Sterup; 2 Kathen gehörten zum ehemaligen Gute Lindewith. — Areal: 91 Steuert.

Stevelt (vorm. Stegholt), Dorf 1½ M. östlich von Hadersleben, unweit des Haderslebener Meerbusens, A. Hadersleben, Osterth., Haderslebenerh., Ksp. Oesbye; 3 Vollb., 6 Halbh., 2 Viertelh., 13 Landbohlen und 11 Instenstellen. — Vormals hatte der Hof Beierholm hier Besitzungen. — Schuldistr. Quidstrup. — Schmiede und mehrere Handwerker. — Der Stevelter-Hafen ist 11 Fuß tief und eignet sich zu einem Winterhafen; in der Nähe wohnt ein Königl. Strand-Controlleur, da die ankommenden größern Schiffe hier ankern müssen, indem das Fahrwasser nach der Stadt Hadersleben für solche nicht tief genug ist. — Der Boden des Dorfes Stevelt ist größtentheils fruchtbar.

Stevning (Stefningbye), Dorf auf der Insel Alsen unweit des Stevninger-Moors, 1¼ M. südlich von Norburg, A. Norburg, Ksp. Svendstrup. Dieses bedeutende Dorf welches mit Stolbroe (Ksp. Eken) vormals eine gemeinschaftliche Capelle gehabt haben soll, enthält 17 Vollbohlen, 1 Zweidrittelb., 1 Drittelb., 13 Kathen und 19 Instenstellen (18 Pfl.). Eine ausgebaute Vollbohle mit einer Ziegelei heißt **Göllinggaard,** eine Stelle **Ravnsdamm.** Zum Dorfe gehört eine Königl. Windmühle. — Districtsschule. — Wirthshaus, Schmiede, Fischer und mehrere Handwerker. — Areal: 1071 Steuert. — Der Boden ist sehr gut; zum Dorfe gehört eine Hölzung. — Bei einem kleinen Meerbusen zwischen Stevning und Stolbroe, **Stevning-Noor** genannt, hat man eine ganz vorzügliche Aussicht über einen Theil von Alsen und Sundewith. — Vz.: 385.

Sterwig, Dorf an der Schlei, ¾ M. östlich von Schleswig, zum St. Johanniskloster in Schleswig gehörig, A. Gottorf, Kropph., Ksp. Haddebye. Dieses Dorf enthält 3 Vollb., 2 Halbh., 4 Kathen und 2 Instenstellen. Außerdem gehören die Ländereien einer Vollhufe dieses Dorfes zum Hofe Osterlieth (s. Borgwedel). — Schuldistr. Borgwedel. — Schmiede. — Der Boden ist größtentheils von sehr guter Beschaffenheit; das Moor ist von bedeutendem Umfang. Bei diesem Dorfe verengt das vortretende Füsinger Land, dessen Spitze **Palörde** heißt, die Schlei; die Enge selbst heißt die **Sterwiger-Enge.**

Stiegelund, Dorf 2¾ M. südwestlich von Flensburg, A. Flensburg, Uggelh., Ksp. Jörl; 1 Halbh., 2 Viertelh., 1 Kathe und 2 ausgebaute Stellen auf der Jörler Feldmark, welche letztere **Osterberg** genannt werden. Die Halbhufe und 2 Viertelhufen bildeten vormals einen Hof, welcher nach einer gerichtlichen Evictionsacte aus dem Jahre 1482 zum Bau der Domkirche in Schleswig gehörte. — Nebenschule. — Areal: 68 Steuert. — Der Boden ist nur von mittelmäßiger Art; die Moore sind ergiebig.

Stiesholz, 2 Parcelenstellen im A. Gottorf, Satruph., Ksp. Satrup. — Areal: 200 Hotsch.

Stift, ein ehemaliger Meierhof des Gutes Seekamp, Eckernförderh., Ksp. Dänischenhagen, ward aber nach der Parcelirung der Hoffelder des Gutes 1791 der Stammhof worauf der Gutsinspector wohnt. Das Pächterhaus ist alt und unansehnlich. Eine bedeutende Parcelenstelle heißt Friederichshuhe (vormals Casperhof). Unweit des Hofes liegen einige Kathen und eine Holzvogtswohnung. Nahe beim Hofe ist ein Gefangenhaus erbaut. — Areal: 698 Ton. à 260 □. R. — Der Boden gehört zu den besten, und es werden alle Getraidearten gebaut; die Hölzungen sind bedeutend. Eine zu Friedrichshuhe gehörige Koppel heißt Stiftskoppel.

Stintebüll, eine ehemalige Haupt- und Kirchspielskirche in der Edomsharde auf der alten Insel Nordstrand, 1 M. nordwestlich von Odenbüll. Sie ist mehreremale von Wasserfluthen zerstört und wieder aufgebaut. Die große Fluth im Jahre 1634 riß die Kirche zum Theil nieder, worauf sie bald nachher abgebrochen ward. Von dem Kirchspiele blieb noch eine Hallig übrig, welche späterhin aber auch vergangen ist. Als Brunock 1615 seine Kirche verloren hatte, wurde es zu Stintebüll eingepfarrt. Beide zusammen hatten ein Areal von 2254 Dem. Im Jahre 1634 ertranken 366 Personen; 75 Häuser und 2 Mühlen trieben weg, und in beiden Kirchspielen blieben nur 16 Hauswirthe erhalten.

Stockerhoved, 2 Halbh. und 1 Landbohle, ½ M. nordwestlich von Habersleben, A. Habersleben, Osterth., Haberslebenerh., Ksp. Alt-Habersleben. Die Landbohle heißt Slethuus.

Störtewerkerkoog (Trollebüllerkoog), Koog zwischen der Soholmaue und Leckaue, 3 M. südlich von Tondern, A. Tondern, Bökingh., Ksple. Stedesand und Riesum. Dieser Koog, welcher keine Octroy, aber 1618 einige Privilegien erhalten hat, enthielt 1625, 480 Dem. 129 R., jetzt 1433 Steuert. — Im Kooge und nahe bei Stedesand liegt eine Landstelle und entfernter 3 Höfe und 4 kleine Landstellen, welche Norder- und Süder-Trollebüll heißen. Der Koog hat einen von den Hauptparticipanten gewählten Inspector. — Zahl der Einwohner: 30.

Störtum, Kathendorf ¼ M. südlich von Apenrade, am Apenrader Meerbusen, A. Apenrade, Lundtofth., Ksp. Ensted. Dieses Dorf, welches auch Stubbekholz genannt wird, erhielt diesen Namen als im vorigen Jahrhundert die ersten 7 Kathen auf der Feldmark des Dorfes Stubbek im Holze erbaut wurden. Jetzt gehören zum Amte 7 Kathen; 7 Instenstellen und 3 Kathen nebst einer Holzvogtswohnung und einer Ziegelei Höffelberg genannt zum Gute Aarup. — In der Nähe des Dorfes ist außerdem vor einigen Jahren eine Kalkbrennerei und Ziegelei angelegt. — Schuldistrict Stubbek. — Einige Einwohner ernähren sich von der Fischerei.

Stohl, Dorf 2¾ M. östlich von Eckernförde, unweit der Ostsee, im Gute Dänisch-Nienhof, Eckernförderh., Ksp. Dänischenhagen; enthält 7 Vollh. und 18 Kathen. Eine ausgebaute Hufe heißt Thornsbrook. — Schuldistr. Nienhof. — Areal: 356 Steuert. — Das Ackerland ist von besonderer Güte. — Südlich vom Dorfe lag eine jetzt niedergelegte Landstelle **Wasserthor** genannt, deren Ländereien zur Weide benutzt werden.

Stokkebye, Dorf auf der Insel Aeröe, Ksp. und Schuldistrict Rise. Dieses ansehnliche Dorf wird in Groß- und Klein-Stokkebye eingetheilt und enthält 10 Vollh., 5 Halbh., 3 Drittelh., 6 Viertelh., 7 Kathen, 27 Instenstellen, 2 Hufenparcelstellen und 20 Häuser ohne Land

(15 Pfl.). — Wirthshaus, Schmiede und mehrere Handwerker. — Areal: 848 Steuert. — Auf einer Landzunge sind am Strande Spuren einer Schanze Borre (Burg) genannt, welche angelegt sein soll um das Einlaufen der Fahrzeuge in das Snekkemoser-Moor zu beschützen. — 2 Grabhügel heißen Kellerhöi und Brynkehöi und am Fuße eines Hügels Lastenhöi entspringt eine schwefelreiche Quelle, von der das Volk sagt, daß sie einst Aeröe aus der größten Noth retten würde. — Vz.: 461.

Stolberg, (auf dem Stollberg, Stolteberg), eine Eigenthumswindmühle und 4 Häuser, auf der Mitte des Weges zwischen Bredstedt und Langenhorn, auf einer sandigten Anhöhe gelegen, $\frac{1}{2}$ Stunde nördlich vom Dorfe Bordelum entfernt, im A. Bredstedt, Ksp. Bordelum. — Wirthshaus. — Nordöstlich davon breitet sich die s. g. Bordelumer Haide aus.

Stolk (vorm. Stoldike), Dorf an einem Bache, 1$\frac{1}{4}$ M. nördlich von Schleswig, A. Gottorf, Struxdorfh., Ksp. Fahrenstedt. Dieses Dorf wird in Ober- und Unter-Stolk eingetheilt und enthält 6 Halbh., 1 Drittelh., 10 Viertelh., 4 Sechstelh., 9 Sechszehntelh., 4 Kathen und 3 Instenstellen (7$\frac{9}{16}$ Pfl.). Eine Sechstelh. heißt **Magerberg**. — Districtsschule in Unter-Stolk. — Schmiede. — Areal: 875 Steuert. — Der Boden ist theils leicht, theils von ziemlicher Güte; das Moor ist an Flächeninhalt groß, aber von geringem Werthe; ein Stück Haideland etwa 600 Ton. groß wird als Gemeinweide benutzt. — Nahe an der Nordseite von Unter-Stolk hat vormals eine Kirche gestanden; die Koppel heißt noch Kirchtoft und vor mehreren Jahren fand man hier beim Pflügen mehrere menschliche Schädel. — 1523 wird das Ksp. Stoldike noch erwähnt; es fiel darauf an Fahrenstedt. — An der Ostseite von Unter-Stolk in einer Koppel Wolkjär (Voldkjär) genannt, hat vormals ein Edelhof gestanden. — Gefecht am 25. Juli 1850, wobei mehrere Häuser abbrannten.

Stollbroe, Dorf auf der Insel Alsen, 1$\frac{1}{2}$ M. südöstlich von Norburg, Norderh., Ksp. Eken; 13 Vollbohlen, 2 Kathen und 10 Instenstellen (13 Pfl.). — Im Dorfe ist ein Lanste des Sonderburger Hospitals. — Schuldistr. Dynnewith. — Schmiede. — Areal: 696 Steuert. — Der Boden ist im Allgemeinen sehr gut. — Der Sage nach sollen dieses Dorf und Stevning gemeinschaftlich eine kleine Capelle gehabt haben; die Koppel, auf der sie stand, führt noch den Namen Prädikestoel (Predigtstuhl), woher auch vielleicht der Name des Dorfes entstanden ist.

Stollig, Dorf $\frac{1}{2}$ M. nordöstlich von Apenrade, Ksp. Loit. Von diesem zerstreut liegenden Dorfe, welches eine anmuthige Lage hat, gehören zum A. Apenrade, Riesh., 2 Vollh., 2 Dreiviertelh., 4 Halbh., 4 Drittelh., 2 Viertelh., 9 Kathen und 9 Instenstellen (mit Straagaard 9$\frac{123}{240}$ Pfl.); zur Süderrangstruph. gehören 3 Hufen und 2 Instenstellen. Eine Hufe im Dorfe heißt **Moosgaard**, eine andere **Stolliggaard**, letztere zur Süderrangstruph. gehörig; 2 Hufen südöstlich belegen heißen **Blorsholm**, eine westlich zur Süderrangstruph. gehörige Hufe **Flaadsteen**, wobei eine Ziegelei; 1 Instenstelle wird **Suurshave** genannt. Ein aus einer Kathe und einigen Instenstellen bestehender Theil von Stollig heißt **Steentoft**, von denen einige Stellen zum Ksp. Apenrade gehören. — Schuldistr. Skovbye. — Schmiede und einige Handwerker. — Areal zum A. Apenrade: 558 Steuert. — Der Boden ist hügeligt und sehr fruchtbar. — Auf der Feldmark befinden sich einige Grabhügel. — Nahe bei

Stoltebüll. 513

Steentoft liegt ein hoher ziemlich steiler Hügel, an dessen Fuße eine Quelle ununterbrochen und sehr stark hervorsprudelt, welche Knap genannt wird.

Stoltebüll, Dorf an einer Aue, ½ M. nordwestlich von Cappeln, im Gute Rundhof, Cappelerh., Ksp. Töstrup, enthält 6 Halbh., 3 Kathen, welche letztere Kopperholz, Damm und Markskiel heißen, und ein herrschaftliches Armenhaus. Außerdem gehören noch zum Dorfe 5 Kathen Stoltebüllheck (Drüllheck) und 6 kleine Parcelenstellen, welche 1807 erbaut sind, Sönderskov genannt; östlich 2 Kathen Rosenthal und Hestlück, nordwestlich 2 bedeutende Parcelenstellen, wovon die eine Dammstedtfeld heißt, nördlich 3 Kathen Stoltebüllholz, 2 Kathen Schaulück und Vorskov, 1 Freistelle Kappelloch, das Commüne-Armenhaus Sorgenfrei und endlich 5 Hausstellen, die 1810 erbaut sind und Stoltebüller-Lücken genannt werden. — Districtsschule, womit eine Industrieschule für Mädchen verbunden ist. — In diesem District sind mehrere Handwerker. — Areal der ganzen Dorfschaft: 818 Hdtsch. (417 Steuert.). — Der Boden ist durchgängig schwerer Lehm; eine große Wiese heißt Graukjär. Mehrere alte Grabhügel sind im Laufe der Zeit abgetragen. — Im Jahre 1397 ward Stoltebüll an Erich Krummendiek verkauft und späterhin an das Schlesw. Domcapital verpfändet. s. Schörderup.

Stoltelund, adel. Gut an der Geilaue, im A. Tondern, Slurh. Der Stammhof liegt 2 M. nordwestlich von Flensburg, Ksp. Tinglev. Dieses Gut ist im 16. Jahrhundert aus niedergelegten Hufen entstanden, gehörte bis zum Jahre 1725 zum Gute Seegaard und kam damals in den Besitz des Etatsrath Grund. Im Jahre 1741 ward dieses Gut von der Etatsräthin Grund einem von ihr gestifteten Wittwenhause in Bredstedt vermacht. Stoltelund steht in der Landesmatrikel zu $12\frac{37}{100}$ Pfl. und hat ein Areal von 2277 Steuert. (73,470 Rbthlr. 38 b/ß. Steuerw.). — Die Hoffelder sind parcelirt und die Jurisdiction ist 1806 der Lundtoftharde, 1850 der Slurharde übertragen. — Zum Gute gehören außer den 6 Parcelenstellen (450 Steuert.) Veibek (Ksp. Bau; z. Thl.), Bommerlund, Baistrup, Gaardebye, Egvad (Ksp. Bau) und Klockhuus. — In Stoltelund ist eine Nebenschule. — Zahl der Einwohner: 300. — Contrib. 553 Rbt. 48 b/ß., Landst. 157 Rbt. 38 b/ß, Hausst. 23 Rbt. 19 b/ß.

Storde, 2 Halbh. (1 Pfl.) im A. Lygumkloster, Vogtei Svanstrup, aber dingpflichtig zum A. Ripen, Ksp. Brede, Schuldistrict Bredebroe. — Storde war ehemals ein Edelhof mit einer Mühle und einer, Stordelund genannten, Hölzung. — Im Jahre 1327 überließen die 3 Gebrüder Haquin Knudsen, Nykulf Rugghi und Nicolaus Bast die Curie Storthe dem Lygumer Kloster. — Areal: 54 Steuert. — Der Boden ist sandigt.

Stormsgaarde, 2 Bohlstellen ($1\frac{3}{4}$ Pfl.) 3 M. nordöstlich von Tondern, A. Tondern, Slurh., Ksp. Rapsted. Im Jahre 1584 verkaufte H. Blome zu Seedorf diese Stellen an den Herzog Adolph.

Straagaard, 1 Vollh., 1 Halbh., 1 Kathe und 2 Instenstellen in der Nähe des Dorfes Stollig, A. Apenrade, Riesh., Ksp. Apenrade. — Areal und Pflugzahl s. Stollig.

Strandbek, 1 Haus an der Ostsee, im Gute Ludwigsburg, Eckernförderh., Ksp. Waabs.

Strande, 5 Kathen im Gute Eckhof (Areal: 59 Steuert.) und 4 Kathen und 2 Instenstellen im Gute Alt-Bülck (Areal: 73 Ton. $7\frac{4}{16}$ Sch.), Eckernförderh., Ksp. Dänischenhagen, Schuldistrict Freidorf.

v. Schröder's Schlesw. Topogr. 33

Strandelhjörn, Dorf 2¼ M. nordwestlich von Apenrade, Ksp. Bestoft. Zum A. Apenrade, Süderrangstruph., gehören 1 Vollh., 1 Fünf= achtelh., 1 Halbh., 1 Dreiachtelh., 1 Viertelh. und 1 Kathe (2⅞ Pfl.); zum A. Hadersleben, Norderrangstruph. (vormals Vogtei Bollerslev), gehören 1 Siebenachtelh., 3 Halbh., 5 Viertelh., 1 Achtelh., 4 Kathen und 2 Instenst. (2⅔ Pfl.). Eine nördlich ausgebaute Hufe in der Nähe der Süderaue bei der über den Nebenfluß derselben führenden Brücke heißt Blankenbrücke, andere kleine Hufen im Nordosten Fruegaard, Kragaard, Haunbjerg= gaard und Vollenborg (Wollenburg). Eine Hufe gehört zum Bestofter Pastorat. — In und um der südöstlich vom Dorf gelegenen ehemals bedeuten= den aber vor 100 Jahren durch einen Waldbrand zerstörten und sehr ver= hauenen Hölzung Strandelhjörnskov liegen 13 ausgebaute Stellen zerstreut; eine derselben heißt Skovdal, eine andere Damgaard. — Areal zum A. Apenrade: 204 Steuert.; zum A. Hadersleben: 355 Steuert. — Der Boden ist sehr gut und die Wiesen sind ansehnlich. — Eine Anhöhe südlich vom Dorfe heißt Tudehöi. — Ueber die Süderaue führt bei Vollenborg die Brücke Klein=Immervad.

Stranderott, 1 Kathe und 6 Instenstellen an einer kleinen Bucht des Flensburger Meerbusens, A. Apenrade, Lundtofth., Ksp. Rinkenis, Schuldistr. Beken. — Areal: 7 Steuert. — Die Einwohner ernähren sich durch Schifffahrt und Fischerei und hier werden eine große Menge Heringe gefangen, welche theils frisch, theils gesalzen versandt werden.

Straruh, Hof 3¼ M. nördlich von Hadersleben, an einem Bache, A. Hadersleben, Osterth., Tyrstruph., Ksp. und Schuldistr. Dalbye. Dieser in einer schönen Gegend belegene Hof war vormals ein Edelhof und ward 1543 von Niels Glambek bewohnt. Hans Generanus besaß den Hof 1660, darauf ward er Königlich und 1788 in 9 Parcelen getheilt. Ein gewisser Nielsen kaufte alle Parcelen, welche ein Areal von 222 Ton. 7 Sch. à 320 ◻. R. haben und erbaute hier ein schönes Wohnhaus. Beim Hofe befindet sich ein Fruchtgarten mit 1800 Fruchtbäumen. — Der Boden ist sehr fruchtbar. — Ein in der Nähe belegener Hügel heißt Tinghöi.

Stratenbrook, 3 Erbpachtsstellen und 7 Kathen im Gute Hohen= lieth und nahe beim Haupthofe belegen, Eckernsörderh., Ksp. Sehestedt. Eine Erbpachtstelle heißt Violenburg und die beiden andern Schröders= bek. — Schuldistr. Holtsee.

Strichsand, 3 kleine Landstellen westlich vom Kirchdorfe Medelbye, an der Landstraße nach Tondern, A. Tondern, Karrh., Ksp. Medelbye, Schuldistr. Weesbye. — Areal: 14 Steuert. — In der Nähe dieser Stellen findet man noch Spuren einer vormaligen Capelle Stricksand, welche noch in einem Register aus dem Jahre 1463 genannt wird. In den Jahren 1529 und 1531 hatte diese Marien=Capelle Capitalien in Häusern in Flensburg stehen.

Struckum, Dorf ½ M. südöstlich von Bredstedt, in der Landschaft Bredstedt, Ksp. Breklum. Dieses Dorf, welches vormals durch Ueber= schwemmungen sehr gelitten hat, wird in Norder= und Süder=Struckum eingetheilt und enthält 3 größere, 8 kleinere Landstellen und 17 Kathen und Instenstellen. Zum Domcapitel gehörten 2 Pfl. Ein ausgebauter Hof Blumenhof (¾ Pfl.) in der Nähe des Dorfes gehört zur St. Nicolai Kirche in Flensburg. Eine kleine Landstelle heißt Glückshoch. — Districts= schule. — Armenhaus, Wirthshaus, Graupenmühle, 1 Schlachter, 2 Zim=

Struckamp.

merleute und mehrere Handwerker. — Areal der Geestländereien: 146 Steuert. — Der Boden besteht theils aus fruchtbarer Geest (139 Ton.), theils aus Marsch. Eine Dorfbeliebung ward 1738 errichtet. — Westlich von Struckum hat 1352 ein Dorf Kalebüll gelegen; in einem Breklumer Kirchenregister von 1499 wird Kollbülltoft erwähnt.

Struckamp, Dorf auf der Insel Fehmern, Mittelkirchspiel, Kirche Landkirchen; enthält 3 größere, 21 kleinere Landstellen und 10 Instenstellen. — Schuldistr. Albertsdorf. — Wirthshaus. — Mehrere Einwohner ernähren sich von der Fischerei. — Südlich vom Dorfe liegt das Königl. Fährhaus am Fehmer-Sund. Dieses Haus ist mit breiten Gräben umgeben, zwischen denen wahrscheinlich ehemals eine Burg gestanden hat. — Areal: 202 Dr. 8 Sch. contrib. Ackerland und 23 Dr. 6½ Sch. Weideland (358 Steuert.). — Der Boden ist an einigen Stellen sandigt, aber im Ganzen ziemlich gut.

Struxbüll (Strucksbüll); 2 Bohlstellen (1½ Pfl.), an der Süderaue, ½ M. südlich von Tondern, A. Tondern, Karrh., Ksp. Süder-Lygum. Westlich von diesen isolirten Stellen, welche Oster- und Wester-Struxbüll genannt werden, liegt eine Korn-Windmühle. — Schuldistrict Ellhööd. — Der Boden ist ziemlich gut, aber oft der Ueberschwemmung ausgesetzt.

Struxdorf, Kirchdorf 1¾ M. nordöstlich von Schleswig, A. Gottorf, Struxdorfh., Pr. Gotttorf. Zum Amte gehören 1 Vollh., 1 Dreivierteh., 2 Halbh., 2 Viertelh. und 3 Kathen, zum St. Johanniskloster in Schleswig 2 Viertelh. und 2 Kathen, von denen eine ein Wirthshaus ist und Petersburg heißt. — Districtsschule. — Wirthshaus, Schmiede. — Die Kirche, welche ein Filial von Thumbye ist, gehört zu den ältesten im Lande und hatte vormals eine sehr große Gemeinde. Sie ist zum Theil von Feldsteinen erbaut, mit Schindeln gedeckt, ohne Thurm und nicht gewölbt. Im Jahre 1618 ward die Kirche vergrößert und der westliche Theil von Quadersteinen aufgeführt. In dem hölzernen Glockenhause hängt eine Glocke aus dem Jahre 1412. — Vormals hatte die Kirche Besitzungen in Struxdorf, Arup, Bellig und einige Aecker auf Schnabdorp-Feld. — **Eingepfarrt:** Arup, Arupgaard, Bellig, Blasberg, Boholz, Ekeberg, Holmüll (z. Thl.), Koltoft, Petersburg, Rabenholz, Scharrerie, Struxdorf. — Areal: 235 Steuert. — Der Boden ist sehr gut und trägt reichhaltige Früchte. — Auf der Feldmark befinden sich einige Grabhügel. — Bz. des Ksp.: 597.

Stubbe, adel. Gut an der Schlei, in der Eckernförderharde. Der Haupthof liegt 1¼ M. nördlich von Eckernförde und ist zu Riesebye, der Meierhof und die dazu gehörigen Kathen und Instenstellen sind zu Siesebye eingepfarrt. — In der frühesten Zeit war Stubbe eine befestigte Burg, hatte ein Schloß und war der Sitz der Bischöfe in Schleswig, aber die Zeit der Erwerbung ist unbekannt. Im Jahre 1332 ließ der Bischof Helimbertus von S. v. Sehestedt 250 ℳ, wogegen er die Zehnten des Ksp. Siesebye verpfändete und verwandte diese Summe an das Schloß Stubbe. Während der Streitigkeiten der Dänen mit den Holsteinern hat diese befestigte Burg fast immer das traurige Loos mit dem ebenfalls bischöflichen Sitze Schwabstedt getheilt, vielen Zerstörungen ausgesetzt gewesen zu sein. Unter dem Bischofe Joh. Scondelef, der während der Schleswigschen Lehnsstreitigkeiten zur Königlichen Partei hielt und der Königin Margaretha 1406 das Schloß Stubbe einräumte, erlitten die fürstlichen Unterthanen manche Drangsale. 1410 ward Stubbe von den Fürstlichen

Befehlshabern Lorenz Heste, Timmo Rönnov und Wulf Pogwisch über=
fallen, eingenommen, geplündert und gänzlich geschleift; es kam aber ein
Jahr darauf nach dem Koldingischen Vergleiche wieder an den Bischof
Johannes, welcher aus Anhänglichkeit an den König einige Jahre später
die bischöflichen Güter und Schlösser wieder in dessen Gewalt gab, wodurch
Stubbe 1417 abermals von den Holsteinern belagert, erobert und ver=
wüstet ward. Bald darauf wurde der Hof wieder erbaut, die Befestigungs=
werke hergestellt und die darnach folgenden Bischöfe blieben ruhig im Besitze,
bis der Bischof G. v. Ahlefeld, welcher nach und nach wegen der be=
deutenden Stiftsschulden mehrere Güter veräußerte, im Jahre 1539 auch
Stubbe verkaufte. Der Hof kam 1646 an die Familie v. Ahlefeld, darauf
an v. Pogwisch, 1651 v. Schack, 1698 v. Ahlefeld, 1714 Wohnsfleth,
darauf v. Ahlefeld, dann v. Blome und Pauly gemeinschaftlich, 1723 v.
Reventlow, 1735 v. Gössel, 1789 Klüver, jetzt dessen Erben. — Stubbe
besteht jetzt aus dem Haupthofe, dem Meierhofe Gukelsbye mit den zu
beiden Höfen gehörenden 13 Kathen und Instenstellen, worunter Stubber=
holz (1 Schmiedekathe und 2 Instenst.), Jahnsholz (1 K.), Großholz
(1 K.), Voßkuhl (1 K.), Alandsbek nebst einer Wassermühle. Eine
Windmühle brannte ab und ist seitdem nicht wieder aufgebaut; eine nieder=
gelegte Kathe hieß Holländerhaus. — Stubbe contribuirt für 7 Pfl. —
Areal: 900 Ton. à 240 □.R. (734 Steuert., 85,260 Rbthlr. Steuerw.). —
Der Haupthof mit 8 Instenstellen hat ein Areal von 589 Ton. 1 Sch.
à 260 □.R. (449 Steuert.), darunter an Acker 444 Ton. 7 Sch., an Wiesen
64 Ton. 5 Sch., an Holz und Brüchen 60 Ton. 4 Sch., an Moor und Wasser
8 Ton. 5 Sch. und an Wege und Strandland 10 Ton. 4 Sch. — Der
Boden ist durchgängig ein guter Mittelboden. — Zahl der Einwohner:
127. — Schuldistr. Siesebye und Riesebye. — Contrib. 313 Rbthlr.
26 b/β, Landst. 181 Rbthlr. 12 b/β, Hausst. 8 Rbthlr. 82 b/β.

Stubbek (vorm. Stubbebye), Dorf ¾ M. südlich von Apenrade,
A. Apenrade, Lundtofth., Ksp. Ensted. — Zu diesem Dorfe, welches vormals
südlicher lag, gehören zum Amte außer der Prediger= und Küsterwohnung
3 Doppelth., 1 Vollh., 2 Dreivierteh., 1 Fünfachtelh., 2 Halbh., 2 Vierteh.,
13 Kathen und 20 Instenst.; zum Gute Aarup gehören 6 Hufen und
4 Kathen. — Ein Wirthshaus an der Chaussee heißt Stubekkroe, ein
anderes Wirthshaus an der alten Landstraße Dybkjär. — Districtsschule.
Ziegelei, Schmiede, Schlachter und mehrere Handwerker. — Areal zum
Amte: 771 Steuert. — Der Boden ist südlich und westlich sandigt, aber
doch ziemlich gut, nördlich und östlich schwerer Lehm; die Moore sind
ansehnlich. — Mitten im Dorfe liegen 2 Fischteiche. — Im Jahre 1303
erhielten die Einwohner der Stadt Apenrade die Weidegerechtigkeit auf
der Feldmark dieses Dorfes.

Stubbendorf, Dorf 1¾ M. südöstlich von Eckernförde, Eckernförderh.,
Ksple. Gettorf und Krusendorf; zum Gute Borghorst gehören 8 Vollh.,
2 Vierteh. und 10 Kathen und Instenst.; zum Gute Borghorster=Hütten
6 Instenstellen. Von den Hufen sind 6 ausgebaut, welche Friedrichs=
feld heißen. — Schuldistr. Ostorf. — Areal: 507 Steuert. — Der
Boden ist durchgehends gut und fruchtbar.

Stubbum, Dorf 1¼ M. nordöstlich von Hadersleben, A. Hadersleben,
Osterth., Tyrstruph., Ksp. Aller. Zum Amte gehören 2 Freihufen, 8 Hufen
von verschiedener Größe, 5 Landbohlen und 8 Instenst.; zur Marienkirche

Stubdrup.

in Hadersleben 2 Hufen, und 1 Hufe zum Aller Pastorate. Eine ausgebaute Hufe heißt Skovroi. Die eine Freihufe wird Stubbumgaard genannt und ward unter dem Könige Christian I., als der Besitzer Peter Knudsen 1461 geadelt wurde, mit adelichen Privilegien versehen; die Privilegien sind zuletzt 1670 confirmirt und zum Hofe gehörten damals 3 Landbohlen, ferner 1 Halbh. in Hoindrup und 1½ Otting auf der Oeddis-Bramdruper Feldmark. — Im Dorfe ist 1 Schmiede. — Der Boden ist etwas lehmigt und im Allgemeinen gut.

Stubdrup (Stobdrup), Dorf 1½ M. nordwestlich von Cappeln, Ksp. Esgrus. Von diesem zerstreut liegenden Dorfe gehören zum A. Flensburg, Nieh., 1 Vollh., 1 Zweidrittelh., 3 Halbh., 1 Viertelh., 1 Sechszehntelh. und 2 Kathen (3 1/24 Pfl.), worunter eine Esgruser Kirchenlanste; zum Gut Ohrfeld, Cappelerh., (1460 zu Rundhof) 1 Vollh., 1 Halbh. und 1 Kathe (1½ Pfl.). — Schuldistr. Schaubye. — Areal zum Amte: 221 Steuert.; zum Gute Ohrfeld: 76 Steuert. — Der Boden ist gut.

Stufhusen, 2 Höfe, 3 Stellen mit und 4 Häuser ohne Land, hart am Seedeiche im Westerh. der Landschaft Eiderstedt, Ksp. und Schuldistr. Westerhever. — Areal: 37 Dem.

Sturenhagen, Dorf ¾ M. nordwestl. von Friedrichsort, im Gute Kaltenhof, Eckernförderh., Ksp. und Schuldistr. Dänischenhagen; enthält 3 Vollh., 1 Landstelle und 7 Kathen. Zum Dorfe gehört die östlich an der Eckhofer Scheide belegene Kaltenhofer Windmühle Breitenstein. — Areal: 428 Steuert.

Stursböl, Dorf 2¾ M. nordwestlich von Hadersleben, A. Hadersleben, Osterh., Gramh., Ksp. Orenvad; enthält 1 Anderthalbh., 1 Vollh., 2 Halbh. und 2 Instenst. Auf einer der Halbh. Stursböllund wohnt ein Holzvogt. — Nebenschule. — Der Boden ist sandig und mager. — Ein in der Nähe belegener ehemaliger Edelhof hieß Haugaard. — Auf der Feldmark befinden sich 2 Grabhügel; im Jahre 1792 wurden viele derselben abgetragen.

Stutebüll, Dorf ½ M. nördlich von Cappeln, im Gut Röest, Cappelerh., Ksp. Cappeln; enthält 5 Halbh., 3 Viertelh., 10 Zwölftelh. und 11 ausgebaute Kathen und Instenst., welche Gammellück (3 Stellen), Wiemoos (2 St.), Osterfeld (4 St.), bei Buhs (1 St.), und Knüppelberg (1 St.) heißen (zus. 5 1/24 Pfl.). — Die Districtsschule liegt in der Mitte der Dörfer Stutebüll, Grimsnis und Grummark und heißt Schönfeld; das Armenhaus liegt in Osterfeld. — Areal: 605 Hdtsch. (341 Steuert.) — Das Ackerland besteht aus gutem Lehmboden und liefert starken Ertrag.

Styding, Dorf 1 M. westlich von Hadersleben, A. Hadersleben, Osterh., Gramh., Ksp. und Schuldistr. Hammelev; 13 Vollh., 6 Landbohlen, und 2 Instenst. Eine ausgebaute Hufe heißt Skovgaard. Ein Wirthshaus Boyensled (Thyrashal) worauf ehemals der Hardesvogt wohnte. — Schmiede. — Der Boden ist größtentheils sandigt. — Südlich vom Dorfe liegt ein See Stydingdamm genannt, welcher ¾ M. lang aber nur schmal ist. — Auf der Stydinger Feldmark hat vormals ein Edelhof gestanden der den Namen Schobüllinggaard (Skaulinggaard) geführt haben soll.

Südensee, adel. Gut im A. Flensburg, Nieh.; der Stammhof liegt 2¼ M. südöstlich von Flensburg am Söruper-See, Ksp. Sörup. — Südensee welches jetzt in der Landesmatrikel nur zu 6 Pfl. angesetzt ist, war ehemals

Südensee.

größer und nach und nach sind ansehnliche Pertinenzien davon theils abgelegt, theils verkauft. — Besitzer: 1472 v. Pogwisch, 1570 Casper Hoyer, 1578 der Herzog Adolph, 1600 v. Magnussen, 1619 v. Wolframsdorf, 1662 v. Bützow, darauf Mau, 1710 Wenzel, 1743 Brix, an dessen Erben es 1753 kam; der jetzige Besitzer ist M. D. Diedrichsen. Die Erben von Brix theilten den im Laufe der Zeit schon verkleinerten Hof in 3 gleiche Theile, und es entstanden; der Stammhof, der Meierhof und auf den Scheunen. Die Größe des ganzen Guts beträgt außer 39 Hdtsch. Moor 924 Hdtsch. 12 R., von welchen an jeden der 3 Höfe 308 Hdtsch. 4 R. kamen. — Der Stammhof hat mit den Parcelen jetzt ein Areal von 299 Hdtsch. 3 Sch. 13 R. (128 Steuert.), worunter etwa 10 Hdtsch. Hölzung und einträgliche Moore begriffen sind (1¼ Pfl., 20,480 Rbthlr. Steuerw.). Zum Stammhofe gehören 1 Parcelenstelle Bondebrücke, 1 Parcelenst. Mühlenholz, 2 Instenst. Seeende, 1 Kathe Lehmkuhl, 1 Kathe Entenholm, 1 Instenst. Staffel (Stabbel), 1 Instenst. Aawatt, 2 Parcelenst. im Dorfe Südensee; außerdem sind noch auf folgenden Stellen zur Nieharde dingpflichtige Untergehörige in Möllmark (1 Hufe), Silkmoos (1 Instenst.), Sörupholz (2 Kathen), Iverslund (1 K.), Grünholz (1 Hufe), Ulegraf (1 K.), und in Esgrus-Schaubye (1 K.). — Der Nebenhof (auf den Scheunen) hat, nachdem 73 Hdtsch. 2 R. davon veräußert worden, ein Areal von 235 Hdtsch. 2 R. (1⅓ Pfl., 99 Steuert., 15,840 Rbth. Steuerw.). Zum Nebenhofe gehören 4 Kathen im Mühlenholz und 1 Parcelenst. Boelbrücke. — Der Meierhof hat jetzt, nachdem 59 Hdtsch. 2 Sch. 7 R. davon veräußert worden, ein Areal von 248 Hdtsch. 3 Sch. 21 R. (1½ Pfl., 114 Steuert., 18,240 Rbthlr. Steuerw.). Zum Meierhofe gehören 3 Parcelenst., 1 Kathe und 1 Instenst. zu Mühlenholz, 1 Parcelenst. in Flatzbye, 1 Parcelenst. in Sörup, 1 Parcelenst. Gammelbyemoor und 1 Kathe Mooswatt. — Das ganze Gut hat 558 Steuert. (79,340 Rbthlr. Steuerw.). — Der Südenseer-See (Söruper-See) 100 Ton. groß, ist vererbpachtet und gehört den Gütern Südensee und Gammelbyegaard gemeinschaftlich. — Zahl der Einwohner: 261. Contrib. 268 Rbthlr., Landst. 165 Rbthlr. 26 b/ß.

Südensee, zerstreut liegende Dorfschaft 2¼ M. südöstlich von Flensburg, A. Flensburg, Nieh., Ksp. Sörup. Zum Amte gehören 3 Vollh., 1 Dreiviertelh., 1 Halbh., und 1 Viertelh. (4½ Pfl.), und zum Gute Südensee 2 Parcelenstellen, 3 Kathen und 4 Instenst. Die Kathen heißen Boelbrücke, Bondebrücke (nebst 1 Parcelenst.) und Mooswatt; die Instenst. Staffel, Aawatt und Seeende. — Schuldistr. Sörup. — Schmiede. — Areal: 386 Steuert. — Der Boden ist fruchtbar. — Am Ende des 16. Jahrhunderts verkauften Johann Alberts und Consorten 8 Güter im Dorfe Südensee und mehrere andere an den König Friedrich II., woraus das Gut Südensee vermuthlich entstanden ist.

Süderaue (Sönderaue), eine Aue welche bei Laygaard im Ksp. Quars (A. Apenrade) entspringt, darauf nach mehreren Krümmungen in den Seegarder-See fällt, sich ferner mit einer Aue, welche mit dem Hostruper-See in Verbindung steht, östlich von dem Kirchdorfe Kliplev vereinigt, darauf das Dorf Bjendrup vorbeifließt und hier Bjendrupaue (Bernbruperaue) genannt wird, sich bei Gaarde mit der Geilaue vereinigt, welche in dem Gehölze nördlich von Rinkenis entspringt, darauf den Dörfern Eggebek, Jündewath und Stade vorbeiläuft und sich etwas westlich von

Süderbüll.

Stabe in 2 Arme theilt, wovon der nördliche die **Altenaue** genannt wird. Westlich fortlaufend wird diese Aue durch einen Deich abgehalten in den Aventofter=See zu fallen, und ergießt sich nördlich von dem Kirchdorfe Aventoft in die Vidaue.

Süderbüll, eine ehemalige Kirche in der Pelwormerharde, auf der alten Insel Nordstrand, welche wahrscheinlich auf der jetzigen Hallig Süderoog stand. Sie soll im Jahre 1300 in der Wasserfluth vergangen sein.

Süderdeich, 25 Häuser im A. Tondern, Wiedingh., Ksp. und Schuldistr. Neukirchen.

Süderdeich, 2 Höfe und 12 Häuser südlich von Hemme im Osterth. der Landschaft Eiderstedt, Ksp. Oldensworth, Schuldistr. Hemme. — Armenhaus. — Einer von den Höfen führt den Namen Schweinekrug.

Süderdeich, eine Bohlstelle im A. Tondern, Karrh., Ksp. und Schuldistr. Stedesand. Diese Stelle steht aber unter der Gerichtsbarkeit der Landschaft Bredstedt.

Süderende, 6 Häuser (2½ Pfl.) 2¼ M. südlich von Tondern, A. Tondern, Bökingh., Ksp. Niebüll, Schuldistr. Langstoft. — Areal: 129 Steuert.

Süderfeld, 6 Kathen bei Havetoftloit, A. Gottorf, Satruph., Ksp. und Schuldistr. Havetoft.

Süderfeld (Esmark=Süderfeld), 3 Kathen bei Esmark, A. Gottorf, Satruph., Ksp. und Schuldistr. Satrup.

Süderfelderkoog (Drager=Süderfelderkoog, Süder=Redekekoog), ein Koog an der Eider, in der Landschaft Stapelholm, Ksp. Süderstapel, ¾ M. südöstlich von Friedrichstadt. Dieser zu Drage gehörige Koog hat ein Areal von 627 Dem. 3 Sch. 27 R. und ein Theil desselben nach dem Süderstapeler=Felde hin heißt Bohmland (s. Bohmlanderkoog). — Dem Anscheine nach ist dieser Koog, welcher seine eigenen Schleusen, Sielen und Deiche hat, am frühesten in dieser Gegend eingedeicht. Der alte Hafdeich heißt Moordeich. — Ein ehemaliges Haus in diesem Kooge hieß Hakenhaus.

Süderhaff (Sönderhav), zerstreut liegende Stellen am Flensburger Meerbusen, 1¼ M. nordöstlich von Flensburg, A. Flensburg, Wiesh., Ksp. Holeböl. Zum Amte gehören 6 Kathen und 8 Instenst.; zur Marienkirche in Flensburg 1 Kathe, welche Frauenholz (Oefede) genannt wird. — Schuldistr. Hockerup. — Die Einwohner ernähren sich hauptsächlich von der Seefahrt und der Fischerei. — Areal: 54 Steuert.

Süderhaus (Süd=Lindau), 1 Halbh. und 2 Viertelh. an der Lindaue, 2 M. nordöstlich von Bredstedt, in der Landschaft Bredstedt, Ksp. Joldelund, Schuldistr.: Nebenschule zu Oster=Lindau. — Areal: 100 Steuert. — Der Boden ist nur von mittelmäßiger Art.

Süderhever, eine ehemalige Capelle in Eiderstedt, südlich von der jetzigen Kirche Westerhever. Sie soll schon vor dem Jahre 1352 untergegangen sein.

Süderhövd, Dorf an der Treene, 1¼ M. östlich von Friedrichstadt, A. Husum, Vogtei und Ksp. Schwabstedt. Dieses kleine Dorf liegt sehr anmuthig und enthält 5 Vollh. (3$\frac{6}{17}$ Pfl.). — Schuldistr. Hude. — Areal: 230 Steuert. — Das Marschland ist gut; nahe am Dorfe liegen 2 sehr gute Hölzungen Stentsch und Osterbusch genannt, von etwa 40 Dem.

Areal. — Vor dem Jahre 1430 war Süderhöyd verwüstet; der Bischof Nicolaus hat es aber wieder hergestellt.

Süderholz (Rüder-Süderholz), 1 Achtelh. und 4 Kathen, von denen 1 Achtelh. und 3 Kathen zum A. Gottorf, Struxdorfh. und 1 Kathe zur Satruph. gehören, Ksp. Satrup, Schuldistr. Rüde.

Süderholz, 1 Erbpachtsstelle an einer kleinen Aue, ¾ M. östlich von Husum, A. Husum, Süderh., Ksp. und Schuldistr. Schwesing. — Süderholz war ehemals ein Edelhof, von dem noch Ueberbleibsel gefunden werden und der Burggraben noch sichtbar ist. Der Hof gehörte vor Alters der Familie v. Plessen, darauf v. Leven und kam dann in den Besitz des Herzogs von Schleswig; 1652 wohnte daselbst der Amtsinspector Dessin. — Areal: 184 Ton. 1 Sch. 38 R. à 320 □. R. — Hier sind 2 kleine Hölzungen. — Das Dorf Jperstedt ist zu einer jährlichen Abgabe an Geld und Korn, und zur Leistung von Hand- und Spanndiensten verpflichtet. — An der Aue liegt eine Anhöhe, der Parnassusberg genannt.

Sönderskov (Süderholz), eine Oberförsterwohnung, eine Holzvogtswohnung und 4 Instenstellen im Gute Langenvorwerk, A. Sonderburg, Augustenburgerh., Ksp. und Schuldistr. Ulkeböl.

Süderholz, 1 Kathe und 1 Instenstelle südlich von Brarup an der gleichnamigen nach Munk-Brarup gehörigen Hölzung, A. Flensburg, Munkbraruph., Ksp. und Schuldistr. Munk-Brarup. — Areal: 12 Steuert. — In dieser Hölzung liegt ein merkwürdiger alter Burgplatz.

Süderkjär (Sönderkjär), eine kleine Landstelle im A. Tondern, Nordtonderh., Ksp. Abild.

Südermarsch, ein Marschdistrict im Bezirke des A. Husum, nahe südlich von Husum, Ksp. Mildstedt. Der ganze Strich Landes von Husum bis an Schwabstedt wird die Südermarsch genannt und hat ein Areal von 4989 Dem. 3 Sch. (4534 Steuert.). Die Eigenthümer der Ländereien wohnen sehr zerstreut in den Aemtern Husum, Bredstedt, Gottorf, Flensburg und den benachbarten Städten. Ein Wirthshaus südlich heißt Platenhörn, 1 Haus am Deiche Weißeknie; auch ist in der Südermarsch eine Ziegelei angelegt. — Der Südermarschkoog ward 1525 eingedeicht und erhielt mehrere Freiheiten. Dieser Koog (800 Dem.) hat einen Deichgrafen und 8 Gevollmächtigte. — In der Südermarsch eignen sich die Ländereien nur zum Fettgräsen; etwa 200 Dem. werden zum Torfstich benutzt. Die herrschaftlichen Ländereien sind nebst der s. g. Drellburger Wiese gegen einen jährlichen Canon von 1441 Rthlr. 44 β verkauft.

Süderoog, eine kleine, zur Landschaft Pelworm gehörige Hallig in der Westsee, ½ M. südwestlich von Pelworm, Ksp. Alte-Kirche. Vor der Fluth im Jahre 1634 waren auf dieser Hallig 3 Wohnungen, in deren einer der Strandvogt wohnte, der zugleich Aufseher eines Leuchtfeuers war, welches nach der Fluth einging; bei dieser Fluth trieben 2 Wohnungen weg und 10 Personen ertranken. Im Jahre 1825 ward das auf dieser Hallig befindliche Haus durch die Fluth zerstört; es ist aber nachdem wieder aufgebaut und die Wohnung eines Strandvogts geworden. — Areal: 184 Steuert.

Süderstapel, Kirchdorf an der Eider, welche hier eine Fährstelle hat, 1¼ M. südöstlich von Friedrichstadt in der Landschaft Stapelholm, Pr. Hütten. Der Name Stapel soll daher entstanden sein, daß angeblich die Engländer in früherer Zeit hier einen Stapelplatz gehabt haben. Das Dorf besteht außer der Prediger- und der Cantorwohnung aus 82 Vollstaven, 2 Dreiviertelst. und 5 Halbst., d. h. Stellen, deren Grundstücke unveräußerlich sind; ferner aus 8 Kathen, 16 Insthenstellen (26 Pfl.). Unter den Staven sind 2 s. g. wüste. In Süderstapel wohnen: der Landvogt, der Landschreiber, der Physicus, ein Controlleur, 7 Gastwirthe, 2 Höker, 3 Bäcker, 2 Schmiede, 3 Schiffszimmerleute, 2 Schiffer, 4 Fischer und mehrere Handwerker und Gewerbetreibende. Ziegelei. — Alle Wohngebäude liegen ziemlich nahe aneinander, ausgenommen die Wohnungen des Müllers, des Schleusenwärters und das Wirthshaus am s. g. Eryderdamm. Die ansehnlichsten Häuser liegen am Marktplatze, auf welchem vormals Ding und Recht gehalten ward. Im Dorfe ist eine Apotheke. — Hauptschule in 2 Classen. — Armenhaus. — Gefängnißhaus. — Die hiesigen beiden Korn- und Graupenmühlen sortirten ehemals unter dem Obergerichte. — Kram- und Viehmärkte am 22sten April und am 6ten October. Eine Schützengilde wurde 1588, und eine Mobiliengilde 1446 gestiftet. — Die vormalige Kirche ward 1402 von den Dithmarschern abgebrannt; die jetzige, bis auf die Sacristei nicht gewölbte Kirche ist von Feldsteinen erbaut und an der einen Seite mit einem ziemlich hohen Thurme versehen; neben der Kirche steht ein Glockenhaus; der Altar, die Kanzel und der Taufstein tragen Spuren des Alterthums; die Orgel ist aus dem Jahre 1800. Außer dem Hauptaltare befand sich hier ehemals der Altar Unserer lieben Frauen, an welchem ein Vicar angestellt war. — Der König ernennt den Prediger. — Eingepfarrt: Bohmlanderkoog, Deljerkoog, Drage, Frahmshof, Goschenfähre, Gooshof, Henningshof, Holmershof, Königsteinshof, Mildterkoog, Mildthof, Neulandshof, Norderfelderkoog, Norderstapel, Oldenfelderkoog, Oldenfoog (2 H.), Osterfelderkoog, Osterkoog, Schlickfoog, Seeth, Spähtgen, Steinschleuse, Süderfelderkoog, Süderstapel, Westerkoog, Ziegelhof. — Areal: 1634 Steuert. — Die Feldmark der Dorfschaft besteht aus dem Geestlande, aus zweien Koogen dem Oster- und Westerkooge und dem s. g. Nordmoore. Nördlich vom Dorfe sind 4 Grabhügel die Wollenberge genannt. In der Nähe dieser Hügel war vormals eine Schanze, auch sind im letzten Kriege auf dem Wege nach Seeth hin, mehrere Schanzen erbaut. — Gefecht am 8ten September 1850. — Vz. des Ksp.: 2793; des Dorfs: 840.

Süderwisch, eine vergangene Kirche in der Pelwormerh., auf der alten Insel Nordstrand, zwischen den Inseln Pelworm, Hooge und Norderoog. Sie soll im Jahre 1300 in der Wasserfluth untergegangen sein.

Südfall, eine kleine, zur Landschaft Pelworm gehörige Hallig in der Westsee, ½ M. südöstlich von Pelworm, Ksp. Neue-Kirche. Diese Hallig war vor der Fluth 1634, bei der 46 Personen das Leben einbüßten, größer, und hat nachdem noch oft durch Stürme und Fluthen gelitten. Im Jahre 1825 wurden die damals hier befindlichen 3 Wohnungen ein Raub der Wellen. Jetzt ist hier wieder ein Haus erbaut. — Areal: 341 Steuert.

Südhörn, 3 Landstellen und 1 Haus, 2 M. südwestlich von Tondern, A. Tondern, Wiedingh., Ksp. und Schuldistr. Klanrbüll. — Der Boden besteht aus Marschland, ist aber nicht von besonderer Güte.

Südmarsch, eine ehemalige Kirche in der Wiedrichsharde auf der alten Insel Nordstrand, welche in einer Wasserfluth im Jahre 1362 untergegangen sein soll.

Südwesthörn, mehrere längs dem Deiche erbaute Häuser an der Westsee, A. Tondern, Wiedingh., Ksp. Emmelsböl, Schuldistrict Toftum. In der Nähe dieses Ortes bei dem ein Hafen (Ladeplatz) ist, liegt ein Hof Hemmerswerf, wo ein Königl. Hebungs=Controlleur seine Wohnung hat. — Wirthshaus.

Sünderup (Synderup), Kathendorf ¼ M. südöstlich von Flensburg, A. Flensburg, Husbyeh., Ksp. und Schuldistr. Adelbye; enthält 10 Vollkathen und 6 Halbkathen, von denen eine gegen Osten ausgebaute Kattloch heißt. In der Nähe liegt eine Hufenstelle (478 Hbtsch.) Sünderuphof genannt (ehemals 2 Vollbohlen), welche 1653 der Königl. Fischmeister B. Lüders zusammenbrachte. — Am Ende des 16ten und um die Mitte des 17ten Jahrhunderts wohnten zu Sünderup die Prediger von Adelbye. — Areal mit Sünderuphof: 294 Steuert.

Sulsdorf, Dorf auf der Insel Fehmern, Westerkirchspiel, Kirche Petersdorf; enthält 8 größere, 5 kleinere Landstellen und 13 Insteustellen; 3 Stellen sind ausgebaut und heißen Wasserburg, da sie bei hohem Wasser ganz davon umflossen sind. — Districtsschule. — Schmiede. — Areal: 214 Dem. 8 Sch. contrib. Ackerlandes (399 Steuert.). — Das Land ist von ziemlicher Güte, wird aber zum Theil an den niedrigen Stellen oft überschwemmt.

Sundsmark, Dorf auf der Insel Alsen, ¼ M. östlich von Sonderburg, im Gute Langenvorwerk, A. Sonderburg, Augustenburgerh., Ksp. und Schuldistr. Ulkeböl; 7 Vollh., 3 Zweidrittelh., 8 Kathen und 7 Instenstellen. — Das Ackerland ist im Allgemeinen sehr gut und fruchtbar.

Surendorf, Dorf 2 M. östlich von Eckernförde im Gute Dänisch=Nienhof, Eckernförderh., Ksp. Krusendorf, Schuldistr. Nienhof; 7 Vollh. und 27 Kathen. — Areal: 336 Steuert. — Der Boden ist sehr fruchtbar, und die Wiesen sind ergiebig. — Südlich vom Dorfe fließt ein kleiner Bach der Laßbek genannt, an dem vormals eine Wassermühle gelegen hat. — Einzelne Koppeln der Dorfschaft heißen: Güldenbek, Heringsteich, Hochhorst, Kirchgangskoppel, Kirchkamp, Mühlenwiese, Weinberg.

Surlyke, 2 am Alsener Sunde belegene, zur Grafschaft Reventlov=Sandberg gehörige Erbpachtstellen und einige zum Gute Gravenstein gehörige Häuser am Alsensund, Amt Sonderburg, Nübelh., Ksp. Düppel. Dieselben gehörten ehemals zum Sonderburger Schloßvorwerk, auf dessen Ländereien sie erbaut wurden.

Suterballig (Sönderballe), Dorf 1¼ M. nördlich von Cappeln, im Gute Gelting, Cappelerh., Ksp. und Schuldistr. Gelting; 8 Vollh., 3 Vierteln., 2 Achtelh. und einige Kathen und Instenstellen. Eine Viertelhufe mit einem Armenhause an der Flensburger Landstraße heißt Twiestraße, 1 Achtelh. Schmidtsberg, 1 Achtelh. Gaardwang. Einige kleine Stellen heißen Bügerott (2 Häuser), Saland, Freienwillen, Tükjär=damm und bei Gelting Mühle. Südlich vom Dorfe an der Landstraße nach Cappeln liegt die Geltinger Mühle, eine Windmühle. Im Dorfe liegt das Geltinger Hauptpastorat. — Areal: 720 Hbtsch. 5 Sch. (364 Steuert.). — Ein vormaliges Dorf Norderballig soll eingegangen sein, wahrscheinlich ist es das ehemalige Dorf Gelting selbst gewesen.

Svanstrup (Schwanstrup, Waldem. Erdb.: Swansthorp); 2 Vollh. (2 Pfl.) 1 M. westlich von Lygumkloster, A. Lygumkloster, Ksp. Brede, Schuldistr. Bredebroe. — Diese Stellen, von welchen die Lygum=

Sveilund.

klosterſche Vogtei Svanſtrup benannt worden iſt, gehörten 1231 zu den Königl. Domainen, und wurden 1252 von dem Könige Abel, nach begangenem Brudermord, dem Kloſter Lygum geſchenkt. — Areal: 122 Steuert. — Der Boden iſt ſandigt. — Einige hier geweſene Grabhügel ſind abgetragen.

Sveilund, Dorf an der Arlaue, 2½ M. weſtlich von Apenrade, A. Apenrade, Süderrangſtruph., Kſp. Heldevad. Dieſes kleine Dorf enthält 1 Vollh., 1 Dreiviertelh., 1 Halbh. und 1 Sechstelh. (3¼ Pfl.). Eine in der Nähe belegene kleine Landſtelle heißt Fredemark. — Areal: 248 Steuert. — Der Boden iſt von ziemlicher Güte. — Auf der Feldmark liegen 3 Grabhügel, welche Ellhöi, Gadhöi und Myrhöi heißen.

Svendſtrup, Kirchdorf auf der Inſel Alſen, 1 M. ſüdöſtlich von Norburg, Norderh., Bisthum Alſen und Aeröe; enthält außer der Predigerwohnung 4 Vollbohlen, 2 Halbb., 1 Drittelb., 9 Kathen und 15 Inſtenſtellen (5⅓ Pfl.). Hier iſt eine Königl. Windmühle. — Diſtrictsſchule. — Prediger=Wittwenhaus. — Wirthshaus, Schmiede und einige Handwerker. — Die Kirche iſt von Feldſteinen erbaut, ohne Thurm, aber ſehr gut unterhalten. Im Chor iſt ein Kreuzgewölbe; der alte Taufſtein iſt mit Arabesken verziert. — Der König ernennt den Prediger. — Eingepfarrt: Enegaard, Göllinggaard, Himmark, Hirſchſprung, Klingenberg, Melletgaard, Nyegaard, Ravnsdamm, Smaborg, Soelbjerggaard, Stevning, Svendſtrup, Tarup. — Areal: 279 Steuert. — Der Boden iſt von ziemlicher Güte. — Vz. des Kſp.: 1089.

Svennebye, ein ehemaliges Dorf ſüdöſtlich von Almſtrup, im A. Apenrade, Lundtofth., Kſp. Tingley. Die Feldmark dieſes Dorfes iſt theils zu dem Dorfe Berndrup, theils zu Almſtrup gelegt. Eine Strecke Haide hieß Svennebyeheede, und der zum Dorfe führende Weg wird noch Svennebyevei genannt.

Sverdrup, Dorf unweit des Hadersleber Meerbuſens, 1 M. öſtlich von Hadersleben, A. Hadersleben, Oſterth., Hadersleberh., Kſp. Oesbye; 1 Vollh., 5 Halbh., 1 Viertelh., 3 Sechstelh., 6 Landbohlen und 20 Inſtenſt.; 4 Landbohlen ſind ausgebaut und heißen Snav, bei denen eine Fähre über den Meerbuſen geht; eine weſtlich belegene heißt Vorlös und eine kleine Stelle heißt paa Deen. — Schuldiſtr. Quidſtrup. — Schmiede. — Der Boden iſt ſehr fruchtbar und die Hölzung bedeutend. — Im Jahre 1417 verkaufte Claus Limbek den Hof Vorlös an das Hadersleber Capitel.

Svinborg (Schwinburg), 2 Bohlſtellen und 2 Kathen (1⅙ Pfl.) von denen erſtere Groß=Svinborg und letztere Klein=Svinborg heißen, an der Arlaue, 1 M. nordöſtlich von Tondern, A. Tondern, Kſp. und Schuldiſtr. Höiſt. — Dieſe Stellen gehören zur Commüne Sollwig, ſind aber unter der Tonderh. dingpflichtig.

Swens-Capelle, eine vergangene Capelle in der Pelwormerharde, auf der alten Inſel Nordſtrand, öſtlich unweit der Inſel Pelworm. Sie ſoll im Jahre 1300 vergangen ſein.

Sygum, 2 niedergelegte Hufen, jetzt 12 Parcelenſtellen, 1½ M. nordöſtlich von Flensburg, A. Flensburg, Munkbraruph., Kſp. Munk=Brarup; 2 Parcelenſtellen heißen Sygumlund, 1 Parcelenſt. Sygumdamm. — Schuldiſtr. Bokholm. — Ehemals war hier nur 1 Hufe, Nieder-Siechum, aus der ſpäter 2 geworden ſind, deren Land 1692 an das Gut Freienwillen verpachtet ward, bis ſie 1755 parcelirt und bebaut wurden. Am

Strande die Wiese Strandkjär, daneben das Feld Lund, ehemals bewaldet; weiter landeinwärts eine Koppel Lysholz. Die Hölzung Sygumlund gehört zum Gute Freienwillen; sie litt sehr durch einen merkwürdigen Orkan am 17. Juli 1709.

Sylderbäk, eine Aue welche im Bjerninger Gehölze entspringt, darauf Bjerning Kirche, Errigsted, Sylderup und südlich an Fjelstrup vorbei fließt und sich in den kleinen Belt ergießt. Der Ausfluß heißt Aune (Abne). Die Sylderbäk bildet die Gränze zwischen der Haderslebener- und Thyrstrupharde.

T.

Taabdrup (Tabdrup, vorm. Toftrupgaard), eine im Jahre 1777 parcelirte Domaine, jetzt 1 Hof und eine auf der Feldmark des Dorfes Sommersted belegene Landbohle, Bojum genannt, 2½ M. nordwestlich von Hadersleben, A. Hadersleben, Osterth., Gramh., Ksp. und Schuldistr. Stepping. Diese Domaine war ehemals ein Edelhof mit einer sehr bedeutenden Hölzung. — Das Areal des Hofes ist nicht bedeutend, aber der Boden ziemlich gut.

Taarning, 3 Hufen nebst einer Wasser- und einer Windmühle in ungemein anmuthiger Gegend, 1¾ M. nördlich von Hadersleben, A. Hadersleben, Osterth., Tyrstruph., Ksp. und Schuldistr. Tyrstrup. — Der Boden ist fruchtbar.

Taarsballig (Thorsballig), Dorf 2½ M. nördlich von Schleswig, A. Gottorf, Satruph., Ksp. Havetoft. Dieses Dorf soll nach dem heidnischen Gott Thor benannt sein, und enthält 7 Halbh., 2 Viertelh. und 8 Kathen (4 Pfl.). Einige ausgebaute Stellen heißen Kragel, Hellenstern, Hellesfjär, Hassel, Knabberholz und beim Watt. — Districtsschule. — 2 Schmiede und mehrere Handwerker. — Areal: 616 Steuert. — Der Boden ist ziemlich gut. — Auf der Feldmark des Dorfes befinden sich 2 kleine Königl. Gehege, die Bude und Sylhaf genannt werden. Einige Grabhügel auf der Feldmark heißen Asserhöi, Pennishöi, Hermenhöi. Unter dem letzteren soll der König Frode begraben sein, denn es heißt in einem alten Liede: „den første Konge Frode, den katt do hitt i Hermenhuide", d. h. den ersten König Frode kannst du finden im Hermenhügel. — Ein in einer Wiese liegender Hügel, Apfelholm genannt, ist dadurch bekannt, daß am Fuße desselben eine Quelle sprudelt, der man Heilkräfte zutraute.

Taarstedt (Thorstedt), Kirchdorf 1½ M. nordöstlich von Schleswig, an der Füsingeraue, A. Gottorf, Füsingh., Pr. Gottorf. Dieses Dorf, welches in Norder- und Süder-Taarstedt eingetheilt wird, soll wie Taarsballig seinen Namen von dem heidnischen Gott Thor erhalten haben. Es enthält 3 Vollh., 10 Halbh., 17 Kathen und 2 Insthenst.; 2 Vollh. waren ehemals dem St. Jacobi Altare in der Schleswigschen Domkirche zuständig; 1 Vollh. und 7 Kathen gehörten zum ehemaligen Schleswigschen Domcapitel. Eine Kathe heißt Geelbyeholz (s. Kiusballig). — Districtsschule. — 2 Wirthshäuser, Armenhaus, Schmiede und mehrere Handwerker. — Die Kirche anfangs eine Capelle war vormals ein Filial von Loit, seit 1670 aber von Brodersbye. Sie trägt die Spuren eines hohen Alters und hat eine 6—7 Fuß starke Mauer; das daran gebaute Glockenhaus hat einen kleinen Thurm. — **Eingepfarrt:** Akebye, Geelbyeholz (z. Thl.), Kiusballig, Pathland, Taarstedt. — Areal: 839 Steuert. — Der Boden ist von vorzüglicher Güte; 2 kleine Hölzungen gehören zum Dorfe. Die Fischerei in der Aue wird von dem Königl. Amte verpachtet. Auf der Feldmark liegt ein Grabhügel, viele solcher Hügel sind aber abgetragen. — Vz. des Ksp.: 494.

Tagholm, 2 Bohlstellen 1¾ M. westlich von Apenrade, A. Tondern, Slurp., Ksp. Jordkjär, Schuldistr. Caſſöe. Tagholm, vormals der Familie Sture zuständig, ward 1584 von H. v. Blome an den Herzog verkauft. Es gehörte 1519 zum Ksp. Bjolderup.

Tagkjär, Dorf 1¾ M. nördlich von Hadersleben, A. Hadersleben, Ostherh., Tyrstruph., Ksp. und Schuldistr. Tyrstrup; 2 Hufen, 6 Landbohlen und 6 Insteenstellen. — Der Boden ist fruchtbar.

Tamdrup, 2 Vollhufen und 2 Landbohlen 1¾ M. östlich von Hadersleben, in der Nähe des kleinen Belts, A. Hadersleben, Ostherh., Hadersleberh., Ksp. Oesbye, Schuldistr. Haistrup. — Der Boden ist gut. — Ueber die in der Nähe befindlichen Hügel s. Quidstrup.

Tandselle, 13 Kathen und 7 Instenſt. auf der Insel Alsen, 1½ M. östlich von Sonderburg, im Gute Gammelgaard, A. Sonderburg, Augustenburgerh., Ksp. Tandslet. Eine Kathe heißt Elley. — Districtsschule. — Das Ackerland ist von ziemlicher Güte.

Tandslet, Kirchdorf auf der Insel Alsen, 1½ M. östlich von Sonderburg, an der Landstraße nach Mummark, im Gute Gammelgaard, A. Sonderburg, Augustenburgerh.; Bisthum Alsen und Aeröe. Dieses bedeutende, sehr zerstreut liegende Dorf, welches in Ober- und Nieder-Tandslet eingetheilt wird, enthält außer der Wohnung des Predigers und des Küsters 26 Bohlstellen von verschiedener Größe, 34 Kathen und 8 Instenstellen. 3 Bohlstellen heißen Hohlballig (Balle), 4 Tandsheede, 4 Tandsgaard, 3 Piil, 2 Nye, 1 Moos, 1 Ellholm, 1 Wehl, 1 Steensgaard, wobei eine Windmühle, 1 Tandskov, und eine kleine Stelle Busch. Auch wird zum Dorfe die ½ M. östlich belegene Erbpachts-Wassermühle Svensmölle (Schwensmühle) gerechnet. — Schuldistrict Tandselle. — Wirthshaus, Schmiede und mehrere Handwerker. — Die Kirche ist ziemlich ansehnlich, von Feldsteinen aufgeführt, ist im Innern sehr schön eingerichtet, hat aber keinen Thurm und keine Orgel. Ein Glockenhaus steht auf dem Kirchhofe. — Der König ernennt den Prediger. — **Eingepfarrt:** Björnmose (z. Thl.), Busch, Elley, Ellholm, Erdbjerg, Faurholm, Hohlballig, Jestrup, Jestrupgaard, Leeböl, Leebölgaard, Leebölyk, Meklenborg, Moos, Pahlwerk, Piil, Nye, Steensgaard, Svensmölle, Tandselle, Tandsgaard, Tandsheede, Tandskov, Tandslet, Thorhavn, Wehl. — Auf mehreren Stellen des Dorfes Tandslet waren ehemals Edelhöfe, von deren Befestigungen man noch Ueberbleibsel findet, als bei Tandsgaard (Besitzer: 1543 Heinrich Linthe), Ellholm, Steensgaard (Besitzer: Marquard Lund 1494). — Der Herzog Knud schenkte 1183 dem St. Knudskloster in Odense 2 Hufen in Tandslete. — Der Boden ist gut, und die Torfmoore sind ausreichend. — Vz. des Ksp.: 1210.

Tangsholm, 1 Parcelenstelle auf der Insel Alsen, A. Norburg, Efenh., Ksp. Norburg.

Taps (Daabs), Kirche an der Tapsaue, 2¼ M. nördlich von Hadersleben, A. Hadersleben, Ostherh., Tyrstruph., Pr. Hadersleben.

Diese Kirche, welche ein Filial der Kirche in Adler ist, soll eine der ältesten in der Umgegend sein, und hatte vormals einen eigenen Prediger, dessen Stelle aber um die Mitte des 16. Jahrhunderts einging; sie ist ein ansehnliches Gebäude mit einem Bleidach und mit einem Thurm versehen. Der Name soll von Daab (Taufe) entstanden sein, da mit dem Wasser der vorbeifließenden Aue mehrmals Heiden getauft sein sollen. — Eingepfarrt: Hökelbjerg (z. Thl.), Hörgaard, Neffgaard, Nyegaard, Ostorp, Rönhöigaard, Skovrup, Taps, Tapsuhr, Tingskovhede. — Die Districtsschule liegt in der Nähe der Kirche am Ostorper-Kirchwege. — Unter einem nahe bei der Kirche belegenen Grabhügel soll der Sage nach ein Fürst Namens Atislef begraben sein. — Vz. des Ksp.: 618.

Tapsuhr (Uhr), Dorf 2¼ M. nördlich von Hadersleben, A. Hadersleben, Osterth., Tyrstruph., Ksp. und Schuldistr. Taps; 2 Vollh., 5 Halbh., 4 Landbohlen, 11 Instenst. und 8 Häuser ohne Land; 2 Hufen und 2 Landbohlen (s. g. Gjelting-Höfe) gehören zum Hospitale in Eckernförde. Eine Hufe heißt Rönhöigaard, eine andere Nyegaard. — Schmiede. — Der Boden ist im Allgemeinen gut; die Moore sind ansehnlich.

Tarp, Dorf an der Treene, 1¾ M. südlich von Flensburg, A. Flensburg, Uggelh., Ksp. Oeversee; 7 Halbh., 4 Viertelh., 5 Kathen und 3 Instenst. (4½ Pfl.). Eine Hufe heiß Oelmark, 3 auf der Feldmark erbaute Colonistenstellen heißen Tarpfeld (Ksp. Wanderup) und gehören zur Colonie Friedrichsheide; eine Hufe gehörte vormals zum Amte Morkirchen. — Nebenschule. — Schmiede, Armenhaus. — Areal: 622 Steuert. Der Boden ist sandigt, ist aber im Laufe der Zeit verbessert. — Die in Angriff genommene Eisenbahn von Flensburg nach Tönning wird westlich von diesem Dorfe vorbei gehen.

Tarup, Groß-, Dorf ½ M. östlich von Flensburg, an der Landstraße nach Cappeln, A. Flensburg, Husbyh., Ksp. und Schuldistr. Adelbye; 3 Halbh., 6 Viertelh. und 11 Kathen, welche letztere Klein-Tarup genannt werden. — Areal: 361 Steuert. — Eine den Hufnern gehörige Hölzung heißt Taruper Hölzung. — Johann Alberts verkaufte dem Könige Friedrich II. sein Gut in Tarup.

Tarup, Dorf auf der Insel Alsen, 1 M. südöstlich von Norburg, A. Norburg, Norderh., Ksp. und Schuldistr. Svendstrup. Es enthält 4 Vollbohlen, 1 Halbb., 9 Kathen und 8 Instenst. (4½ Pfl.). Hier ist eine Königl. Holzvogtswohnung. — Areal mit Klingenberg: 270 Steuert. Der Boden ist von ziemlicher Güte. — Auf der Feldmark befinden sich einige Grabhügel.

Tarup (Torp, vorm. Urnetorp), Dorf 1 M. südwestlich von Apenrade, A. Apenrade, Lundtofth., Ksp. Ensted. Zum Amte gehören 2 Bohlstellen und 6 Instenst. (1 $\tfrac{3}{16}$ Pfl.); zum Gute Aarup 6 Bohlst. und 4 Instenst. — Schuldistr. Röllum. — Wirthshaus, Schmiede. — Areal zum Amte: 117 Steuert. — Der Boden ist verschiedener Art, theils gut, theils von mittelmäßiger Art.

Tasklund, eine kleine Landstelle auf der Insel Alsen, A. Sonderburg, Süderh., Ksp. Lysabbel.

Tastrup, Dorf ½ M. südöstlich von Flensburg, A. Flensburg, Husbyh., Ksp. Adelbye. Zum Amte gehören 6 Halbh., 2 Viertelh., 5 Kathen und 3 Parcelenstellen; von letzteren wird eine südwestlich vom Dorfe gelegene

Tating. 527

Klein-Tastrup genannt; zur St. Marienkirche in Flensburg gehören 4 Halbh. und 8 Kathen (2 Pfl.); zur St. Nicolaikirche 2 Halbh. und 2 Kathen (1$\frac{2}{16}$ Pfl.) — Districtsschule. — Wirthshaus, Schmiede, mehrere Schiffszimmerleute und Zimmerleute. — Areal zum Amte: 364 Steuert., zur Marienkirche: 189 Steuert., zur Nicolaikirche: 98 Steuert. — Der Boden ist größtentheils gut und nur ein Theil ist sandigt; eine kleine Hölzung heißt Loen.

Tating, Kirchort $\frac{1}{2}$ M. westlich von Garding, im Westerth. der Landsch. Eiderstedt, Pr. Eiderstedt. Diese Ortschaft oder die s. g. Straße besteht außer dem Pastorate aus einem Hofe Hochdorf genannt und 55 Häusern. Außerdem gehört zu Tating (Tating-Bühr) 6 Höfe und einige Häuser nebst einer Windmühle westlich von der Straße. Hier ist die Hauptschule und die Elementarschule und eine Arbeitsschule. Zum Kirchorte gehören 2 Wirthshäuser, 2 Schmiede, 1 Armenhaus und Handwerker fast aller Art. — Die erste Capelle soll im Jahre 1103 von Tade Eschels auf einer sandigten Höhe Wittendüne genannt erbaut sein und der Ort selbst von diesem Tade seinen Namen erhalten haben. Aus dieser Capelle entstand die Kirche, die Hauptkirche für Utholm. Sie hat einen ziemlich hohen hölzernen Thurm und eine Orgel. — Zur Wahl des Predigers präsentiren die Kirchenvorsteher und die Gemeinde wählt. — Das Kirchsp. begreift 8 Bührschaften: Büttel, Ehst, Ehsing, Medehoop, Osterende, Otterehsing, Tating und Tholendorf, außerdem gehören zum Kirchsp. Alterkoog, Buerkoog, Büttingsfiel, Jabbenkoog, Mittelstekoog, Dreilanderkoog (z. Thl.), Ehsterkoog (z. Thl.), Hochdorf, Holmerkoog (z. Thl.), Marnerkoog, Medehoperkoog (z. Thl.), Otterehsingerkoog (z. Thl.), Süderdeich, Wattkoog (z. Thl.) und Wilhelminenkoog. Der letzte Koog gehört nicht zum Kirchsp., ist aber zur hiesigen Parochie gelegt. — Das Areal des ganzen Kirchsp. beträgt 4937 Dem., aber nur die Hälfte ist gutes Marschland, der übrige Theil sehr schlechter Boden; das Areal der Geestländereien etwa 200 Dem. — Fast der vierte Theil der Ländereien ist im Besitz Auswärtiger. — Vormals war Tating ein Hauptort in Utholm und hatte in Büttlingsfiel (s. Holmerkoog) einen besuchten Hafen, der jetzt aber verschlammt ist; der Handel hat sich mehr nach Garding gezogen. In Blüttlingsfiel ist ein Zollassistent angestellt. — Im Jahre 1733 brannten im Kirchorte Tating 55 Wohnhäuser ab. — Vz. des Ksp.: 1499.

Tefkebüll, eine ehemalige kleine unbewohnte Hallig in der Westsee, welche östlich von Galmsbüll belegen gewesen ist.

Teglgaard, 2 Halbh. (1 Pfl.) westlich von Lygumgaard, im A. Lygumkloster, Ksp. Norder-Lygum, Schuldistr. Lygumgaard. Hier war schon im Jahre 1492 eine zum Kloster Lygum gehörige Ziegelei und da viel Ziegelerde gefunden wird, so werden hier noch Mauersteine verfertigt. — Areal: 120 Steuert.

Teglgaard (Ziegelhof), eine Ziegelei an einer kleinen Aue, nordwestlich von Hadersleben, A. Hadersleben, Osterth., Haderslebenerh., Ksp. Alt-Hadersleben.

Teptoft, 2 Bohlstellen und 1 Landstelle an der Süderaue, 2$\frac{1}{4}$ M. südöstlich von Tondern, A. Tondern, Slurh., Ksp. Burkarl, Schuldistrict Renz ($\frac{2}{3}$ Pfl.). Sie sind aus einem zertheilten Hofe entstanden.

Terkelsböl, Dorf an der Landstraße von Flensburg nach Lygumkloster, 2$\frac{1}{4}$ M. östlich von Tondern, Ksp. Tingleu. Zum A. Tondern,

528 Terkelstoft.

Slurp., gehören 11 Bohlstellen und 10 kleine Landstellen; zum A. Apenrade, Riesh., 1 Drittelh. (⅔ Pfl.) und zum Gute Ahretoft, A. Apenrade, Lundtofth., 2 Halbh. und 1 Viertelh. (2 Pfl., 124 Steuert.); zum ehemaligen Gute Lindewith gehörten 8 Hufenstellen. — Nebenschule. — 2 Wirthshäuser, Schmiede und mehrere Handwerker; im Dorfe wohnt ein Thierarzt. — Der Boden ist sandigt, aber zum Rockenbau vorzüglich geeignet.

Terkelstoft, Dorf an einer Aue, 2 M. östlich von Flensburg, A. Flensburg, Ksp. Grundtoft. Zum Gute Lundsgaard, Husbyeh., gehören 1 Hufe und 4 Kathen, von denen 2 bei der Streichmühle heißen und eine Windmühle, die Streichmühle genannt; zum Gute Uenewatt, Munkbrauph., 2 Hufen und 3 Kathen; zum Hospitale in Flensburg, Husbyeh., 1 Vollh. (1 Pfl.), vormals zum Heil. Geisthause gehörig; zum Gute Rübel, Munkbrauph., 1 Wirthshaus. Auch bei der Streichmühle ist ein Wirthshaus. Schuldistricte Grundtoft und Dollerup. — Areal zum Gute Lundsgaard: 100 Steuert.; zum Hospitale: 69 Steuert., zum Gute Uenewatt: 55 Steuert., zum Gute Rübel: 17 Steuert. Vormals lag an der Aue eine Wassermühle.

Terp (vorm. Torpe), Dorf 3¼ M. nordwestlich von Hadersleben, A. Hadersleben, Westerth., Frösh., Ksp. und Schuldistr. Oester-Linnet; 3 Dreiachtelh., 3 Achtelh., 1 Kathe und einige Instenstellen. 2 ausgebaute Stellen heißen Alsborg und Petersborg. — Im Jahre 1499 verkaufte Claus Krummendiek dem Könige Johann einen Hof in diesem Dorfe. — Areal: 139 Steuert. — Der Boden ist sehr fruchtbar.

Terp, Oester- (vorm. Bilsted-Terp), Dorf an der Riisbäk, 1 M. östlich von Lygumkloster, Ksp. Bedsted. Zum A. Apenrade, Süderrangstruph., gehören 3 Vollh., 5 Dreiviertelh., 1 Halbh., 1 Drittelh. und 10 Kathen (7¼¼ Pfl.). 1 Dreiviertelh. ist parcelirt und auf deren Feldmark sind 3 Kathen erbaut. Zum A. Lygumkloster, Vogtei Alslev, gehören 4 Halbh. und 1 Instenstelle; zur Commüne Kurbüll 1 Halbh. und 2 Instenstellen. — Districtsschule. — Schmiede, Hökerei. — Areal zum A. Apenrade: 746 Steuert., zum A. Lygumkloster: 241 Steuert. — Der Boden ist westlich lehmigt und östlich sandigt; eine Haidestrecke liegt noch unbeackert. — Beim Mergelgraben findet man hier oftmals mit Asche angefüllte Töpfe. — Im Jahre 1266 verkaufte Nicol. Ingretsen seinen Hof hieselbst mit der Mühle zu Arndrup an das Lygumer Kloster.

Terp, Wester-, Dorf 1 M. nordwestlich von Lygumkloster, A. Lygumkloster, Ksp. Norder-Lygum; 7 Halbh., 6 Drittelh., 2 Viertelh., 1 Achtelh., 6 Kathen und 5 Instenstellen, Schuldistrict Lygumgaard. — Ein Erwerbzweig ist das Spitzenklöppeln. — Areal: 499 Steuert. — Der Boden ist ziemlich fruchtbar; auf den Haidestrecken finden sich Spuren von Eichenwaldung.

Teschendorf (Waldem. Erdb.: Tessinkänthorp), Dorf auf der Insel Fehmarn, Mittelkirchspiel, Kirche Landkirchen; 5 größere, 7 kleinere Landstellen und 2 Instenstellen. 2 Stellen heißen Westerbergen. — Districtsschule. — Areal des contrib. Ackerlandes: 177 Dr. 2 Sch., Weideland: 31½ Dr.

Tetenbüll, Kirchort ½ M. nordöstlich von Garding, im Westerth. der Landsch. Eiderstedt, Pr. Eiderstedt. Zum eigentlichen Kirchorte Tetenbüll, von dem ein Theil „die Straße" genannt wird, gehören die beiden Pastorate, das Armenhaus und mit der Kirchenbühr (s. Kirchenkoog) 1 Hof und 40 Häuser. — Hauptschule mit einer Elementarschule. — Die

Tetenhusen.

erste Capelle soll im Jahre 1113 erbaut sein, welche darauf die Pfarrkirche wurde. Im Jahre 1491 und 1657 ward sie vergrößert. Der Thurm mit dem Mauerwerk ist 130 Fuß hoch; das Altarblatt ist aus dem Jahre 1522. — An dieser Kirche stehen 2 Prediger; zur Wahl präsentiren die Kirchenvorsteher und die Gemeinde wählt. — Das ganze Kirchspiel wird in 6 s. g. Bührschaften eingetheilt, nämlich Kirchenbühr, Osterkoogsbühr, Marschbühr, Altneukoogsbühr, Sieversfletherbühr und Wasserkoogsbühr, zu denen gehören folgende Kooge und einzelne Stellen: Adenbüllerkoog, Altneukoog (z. Thl.), Blocksberg, Bösesieben, Friedebüll, Gänsehörn, Hörn, Jversbüll, Kaltenhörn, Kirchenkoog, Kocksmühlen, Lämmerhörn, Marschkoog, Osterkoog (z. Thl.), Wester-Offenbüllerkoog (z. Thl.), Reinsbüll, Reinsbüllhof, Reinsbüllerkoog, Rothenhörn, Schockenbüllerkoog, Schramshörn, Sielhaus, Sieversfleth, Sieversfletherkoog, Tetenbüller-Straße, Tetenbüller-Spieker, Trockenkoog, Warmhörn, Wasserkoog, Wolfsbüll und außerdem gehören zum Kirchspiele einige Höfe und Häuser, die in den Kirchspielen Kating und Oldensworth liegen. Tetenbüll zählt im Ganzen 40 größere Höfe, 75 kleinere Höfe und 116 Häuser theils mit, theils ohne Land, ferner 2 Wirthshäuser, 4 Korn- und Graupenmühlen und Handwerker fast aller Art (94⅔ Pfl.). — Areal: 5536 Steuert., worunter 1817 Ton. Gras- und Weideländereien. — An Ueberschwemmungen hat Tetenbüll oft gelitten. Im Jahre 1436 ertranken im Kirchspiele 280 und im Jahre 1634: 505 Einwohner. — Der Herzog Otto von Braunschweig verkaufte 1297 seine im Kirchspiel belegenen Güter an den Grafen Gerhard von Holstein. — Vz. des Ksp.: 1700.

Tetenhusen, Dorf 2¼ M. südlich von Schleswig, an der Sorge, hier Tetenhuseneraue genannt, A. Gottorf, Kropph., Ksp. Kropp; enthält 2 Vollh., 16 Halbh., 3 Viertelh., 1 Achtelh. und 10 Kathen (11¼ Pfl.). 1 Achtelh. und 1 Kathe sind ausgebaut und heißen Feldscheide (s. Feldscheide), 1 Viertelh. heißt Haberland, wo vormals eine Zollstätte und vor der Ausgrabung des Kanals eine nicht unbedeutende Schifffahrt war. Auf der Feldmark sind 1760: 8 Colonistenstellen erbaut, (s. Friedrichswiese). — Districtsschule. — Wirthshaus, Hökerei, Schmiede, Armenhaus und mehrere Handwerker. — Areal mit Feldscheide nnd Moorland: 1359 Steuert. — Das Dorf liegt in einer sandigten Gegend und die Häuser sollen vormals in einer Reihe an der Sorge gelegen haben, bis im 16. Jahrhundert ein starker Orkan die Hofstellen so mit Flugsand bedeckte, daß die Einwohner sich andere Wohnungen wählten. — Der Boden ist nur von mittelmäßiger Art, die Weiden sind gut und die Moore, die vom Königl. Amte verpachtet werden, sind ergiebig. — Vielleicht lag in dieser Gegend die vergangene Ortschaft Huglästath (s. Huglästath). Zwei Koppeln im Osten heißen Ohlland und Ohlenhof. — Vz.: 393.

Tetenskoog, ein unbewohnter Koog im Osterth. der Landschaft Eiderstedt, nördlich vom Harblekerkoog und durch die Chaussee von demselben getrennt, Ksp. Oldensworth. Nördlich vom Tetenskooge liegen noch 2 Höfe und 5 Häuser ohne bestimmten Namen. — Schuldistrict Hemme.

Tevelum, 3 Landstellen im A. Tondern, Wiedingh., Ksp. Rödenäs, Schuldistricte Rödenäs und Uphusum.

Thiergarten, eine unweit Schleswig beim Königl. Gehege Thiergarten belegene Viertelh. mit einem neuerbauten Wohnhause und schönen

Gartenanlagen, A. Gottorf, Arensh., Ksp. St. Michaelis. — Areal: 30 Steuert. — Gefecht am 23. April 1848.

Thiesholz, 1 Halbh. und 1 Viertelh. nordwestlich von Böel, im Ksp. Böel. Die Halbh. gehört zum A. Gottorf, Morkirchh., vormals zum Gute Flarup, und die Viertelh. (28 Steuert.), welche Neu=Thiesholz heißt, zum A. Gottorf, Strurdorfh.

Thiset (vorm. Tiiswith), Dorf $2\frac{1}{4}$ M. südwestlich von Ripen, im Ksp. Gram. Zu den Gütern Gram und Nübel, A. Hadersleben, Frösh., gehören 19 Hufen von verschiedener Größe, 17 Hufenparcelenstellen, 13 Kathen und 3 Instenstellen; eine ausgebaute Hufe heißt Asdal; zur Grafschaft Schackenburg gehören 3 Hufen, 1 Wirthshaus und einige Kathen. — Districtsschule. — Schmiede. — Areal zu den Gütern Gram und Nübel: 847 Steuert. — Der Boden ist nur von mittelmäßiger Art.

Tholendorf, 3 Höfe und mehrere zerstreut liegende Häuser, 1 M. westlich von Garding, im Westerth. der Landschaft Eiderstedt, Ksp. und Schuldistrict Tating.

Thornum (Tornum), Dorf 2 M. nordöstlich von Ripen, A. Hadersleben, Westerth., Kalslundh., Ksp. Lintrup; enthält 1 Fünfviertelh., 1 Vollh., 2 Dreiviertelh., 3 Halbh., 2 Viertelh., 13 Kathen und 3 Instenstellen. — Districtsschule. — Schmiede. — Areal: 438 Steuert. — Der Boden ist sandigt.

Thornumgaard, Hof und 14 Parcelenstellen, 2 M. nordöstlich von Ripen, A. Hadersleben, Westerth., Kalslundh., Ksp. und Schuldistrict Lintrup. Thornumgaard war ehemals ein Edelhof, darauf ein Königl. Domanialgut und ward 1797 parcelirt. Der Stammhof, welcher mehrere Privilegien hat, enthält ein Areal von 300 Ton. à 240 □. R. (181 Steuert.). — Der Boden ist ziemlich gut; die Hölzung ist gänzlich verhauen. — Von einer auf der Feldmark befindlichen Anhöhe hat man eine schöne Aussicht und kann 22 Kirchen zählen.

Thumbye, Kirchdorf 2 M. nördlich von Schleswig, an einer kleinen Aue, A. Gottorf, Strurdorfh., Pr. Gottorf; enthält außer der Predigerwohnung 3 Dreiviertelh., 6 Halbh., 4 Viertelh., 1 Sechstelh., 18 Kathen und 3 Instenstellen ($9\frac{11}{16}$ Pfl.). Eine Hufe war privilegirt und erhielt das Privilegium 1591 von dem Herzoge Johann Adolph; 1 Halbh. und 1 Kathe gehörte ehemals zum Schlesw. Domcapitel. Diese Hufe ward 1462 von Otto Mickelke mit noch 4 anderen Landgütern daselbst an den Archidiaconus Cord Cordes zu Schleswig verkauft. — Districtsschule. — Wirthshaus, Armenhaus, Oelschlägerei, Schmiede und einige Handwerker. — Die Kirche, ehemals eine Capelle, ist ein altes Gebäude, mit Schindeln gedeckt, ohne Thurm und ohne Orgel. Auf dem Kirchhofe steht ein hölzernes Glockenhaus. Sie hat mit Struxdorf denselben Prediger, den der König ernennt. — Eingepfarrt: Dingwatt, Fresenburg, Höverholz, Köhnholz, Schnarup, Thumbye, Thumbyeholm. — Areal mit Köhnholz: 859 Steuert. — Bz. des Ksp.: 718; des Dorfs: 365.

Thumbyeholm, eine bei Thumbye belegene Viertelh. mit einer Ziegelei, A. Gottorf, Strurdorfh., Ksp. und Schuldistr. Thumbye.

Tielen (vorm. thør Tylen), Dorf an der Eider, $2\frac{1}{2}$ M. südöstlich von Friedrichstadt, in der Landsch. Stapelholm, Ksp. Erfde. Dieses Dorf, welches vormals östlicher auf Marschgründen gelegen haben soll, war ein Zubehör der vormaligen Tielenburg, einem festen Schlosse an der andern

Tiislund.

Seite der Eider, dessen Wallreste bei dem jetzigen Hofe Tielenburg noch vorhanden sind; die Eider war hier schmal, da ihr Hauptarm südlich der Tielenburg floß und beide jetzige Ufer waren durch eine Brücke verbunden. — Tielen wird vormals ein Flecken genannt und als ein nicht unbedeutender Ort angesehen, bis derselbe in den Kriegen zwischen dem Könige Christian I. und dem Grafen Gerhard und im Jahre 1500 von den Dithmarschern zerstört ward. Der Ort enthält jetzt 27 Vollstaven, 12 Halbstaven, 15 Kathen und 23 Freistellen (9 Pfl.). — Districtsschule. — Wirthshaus, 2 Schmiede, 1 Uhrmacher, 1 Tischler und mehrere Handwerker. — Das Dorf besitzt 11 eigene Schiffe; in früherer Zeit besaß es 30. — Hier ist eine Fähre über die Eider für Fußgänger. — Areal mit Pahlhorn: 687 Steuert. — Der Boden ist im Ganzen von ziemlich guter Art; die Wiesen sind ausgezeichnet gut. — Vz. des Dorfes: 465.

Tiislund (vorm. Thyrslund), Kirchdorf 3 M. südwestlich von Hadersleben, A. Hadersleben, Westerth., Norderrangstruph., Pr. Törninglehn; enthält außer einer zur Pfarre gehörigen Hufe, mit welcher ein Wirthshaus verbunden ist, 7 Halbh., 1 Drittelh., 4 Viertelh., 3 Sechstelh., 2 Zwölftelh. 1 Verbittelsstelle und 1 Instenstelle (1½ Pfl.). — Districtsschule. — 2 Ziegeleien, Schmiede und einige Handwerker. — Die Kirche, welche wegen eines in derselben begangenen Mordes vor der Reformation 2 Jahre mit dem Banne belegt gewesen, ist nur klein, ohne Thurm und von Feldsteinen aufgeführt. Sie ist ein Filial der Kirche in Bestoft. — Eingepfarrt: Aaböl, Klein-Aaböl, Aabölgaard, Frydendal, Götterup, Höllestov, Höllestovhuus, Kirkeberg, Krösendal, Langstedgaard, Stovhuus, Tiislund, Tinglevhöi, Toldstedgaard. — Areal: 446 Steuert. — Der Boden ist in der Nähe des Dorfes gut, sonst aber sandigt und moorigt; ein Moor heißt Tullesmoor und soll von einem berühmten Kriegsmann Tulle Vognsen, welcher in dieser Gegend wohnte und in der Kirche Thyrslund Svend Graa ermordete, seinen Namen erhalten haben. — Vz. des Ksp.: 569.

Timmerholm, 1 Zweidrittelh. (⅔ Pfl.) bei Saustrup, im A. Gottorf, Struxdorfh., Ksp. Norder-Brarup. Diese Hufe (vorm. 2 Halbh.) war früher die Salarienhufe des Hardesvogts, welcher aber jetzt von dem Besitzer jährlich 50 Rthlr. erhält. — Ein breiter Graben umgiebt das Wohnhaus an dreien Seiten. — Schuldistr. Rügge. — Areal: 77 Steuert.

Timmersiek, Dorf an der Meynaue, 1½ M. westlich von Flensburg, A. Flensburg, Wiesh., Ksp. und Schuldistr. Hantewith; 8 Halbh., 6 Kathen und 1 Instenstelle (2¼ Pfl.). 2 Halbh. heißen Meierhof und gehörten nebst 2 Kathen und 1 Instenstelle zum ehemaligen Gute Lindewith. Nördlich vom Dorfe liegt eine Windmühle; auf der Feldmark ist eine Colonistenstelle erbaut; 4 Kathen sind nördlich ausgebaut (s. Ondaften). — Schmiede. — Areal: 301 Steuert. — Der Boden ist nur von mittelmäßiger Art.

Tinglev, Kirchdorf 3¼ M. östlich von Tondern, an der Landstraße von Tondern nach Apenrade, Pr. Tondern. Von diesem Dorfe gehören zum A. Tondern, Slurh., außer der Prediger- und Küsterwohnung 9 Bohlstellen, 11 kleine Landstellen und 8 Häuser, von denen 2 Bohlstellen und 1 kleine Landstelle zum vormaligen Gute Lindewith gehörten. Eine ausgebaute Stelle heißt Magdeburg. Zum A. Apenrade, Riesh., ehemals zum A. Hadersleben, Vogtei Bollersleb, gehören 2 Kathen. — Districtsschule. — 3 Wirthshäuser, Schmiede, Färberei, Bäckerei, Höckerei und mehrere Handwerker. — Die Kirche ist alt; der vormalige Thurm war ansehnlich und hoch, ward aber 1783 vom Blitze zerstört; der jetzige Thurm ist 1810 erbaut und die Kirche 1826 sehr verschönert. Hier war eine Vicarie St. Leonhard, deren Einkünfte der Kirche beigelegt wurden. — Zur Wahl des Predigers präsentiren der Amtmann und der Probst; die Gemeinde wählt. — Vor der Reformation hatte der Bischof das Patronatrecht zu Tinglev und Uk, die damals mit einander verbunden gewesen zu sein scheinen. — Eingepfarrt: Baistrup, Brauderup, Damhuus, Dyppelgaarde, Eggebek, Gaardebye, Gerrebek, Hedegaarde, Hoyumgaard, Klingberg, Klockhuus, Knobhöi, Kraulund, Lundbek, Magdeburg, Revshöi, Rodebek, Sandbjerg, Skjelbek, Sophiendal, Stoltelund, Terkelsbüll, Tinglev, Viisgaard, Vippel. — Im Dorfe Tinglev ist der bekannte Geschichtsforscher Nicolaus Outzen 1752 geboren. — Der Boden des Dorfes ist sandigt und mager; das Moor ist sehr ansehnlich. — Zwei mit einander verbundene Seen östlich von Tinglev heißen Tinglever-See, derselbe hat ein Areal von 154 Ton. à 260 □. R., von denen 61¾ Ton. zum Gute Ahretoft und 30⅘ Ton. zum Gute Stoltelund gehören. Der See steht mit der Geilaue in Verbindung. — Bz. des Ksp.: 1117.

Tingskovhede, 10 zerstreut liegende Landbohlen und 2 Instenstellen am s. g. Königswege, zwischen Christiansfelde und Kolding, A. Habersleben, Osterth., Tyrstruph., Ksp. und Schuldistrict Taps. Diese Stellen haben ihren Namen von einem Dinggerichtshause erhalten, welches hier auf der ehemals mit Hölzung bewachsenen Haide gestanden hat. — Hier ist eine Schmiede.

Tinnenbüll, eine vormalige Kirche in der Wiedrichsharde auf der alten Insel Nordstrand, an der südwestlichen Seite der Insel Nordmarsch. Sie soll im Jahre 1362 vergangen sein.

Tinningstedt, Dorf 2 M. südöstlich von Tondern, A. Tondern, Karrh., Ksp. Karlum. Zum Amte gehören 13 Bohlstellen, 14 kleine Landstellen und 8 Instenstellen, von denen 2 ausgebaute Stockholmager und 2 Nyelund genannt werden; 1 Bohlstelle und 1 Kathe heißen Klein-Flühe (Klein-Flüde) und gehören dem Hospitale in Flensburg (1451 dem Heil. Geisthause daselbst); die Ländereien einer Kathe gehören zum Gute Klixbül. — Districtsschule. — Schmiede. — Der Boden ist größtentheils sehr gut. — Auf der Feldmark sind 2 Grabhügel.

Tinnum, Dorf auf der Insel Sylt, Ksp. Keitum, enthält mit der Wohnung des Königl. Landvogts 62 zerstreut liegende Häuser. — Districtsschule. — 2 Krämer und einige Handwerker. — In Tinnum ist eine gute stark benutzte Navigationsschule. — Die jetzige Landvogtei liegt etwas östlich von Tinnum und ist 1748 erbaut; eine ältere Landvogtei war 1649 erbaut worden. In dem Dorfe ist seit 1837 das landschaftliche Gefängniß. — Areal: 574 Steuert. — Der Boden ist nur von mittlerer Güte und an der Nordseite Haideland. — An der Südseite des Dorfes befinden sich die Ueberbleibsel der wahrscheinlich von Claus Limbek um das Jahr 1370 erbauten **Tinnumburg** (Tinseburg), jetzt nur ein hoher runder Wall, dessen äußere Seite am Fuße einen Umfang von 1335 Fuß, eine Höhe von etwa 24 Fuß und in der Mitte eine Vertiefung hat. — Nördlich von Tinnum liegen die s. g. Tinghügel, die alte Gerichtsstätte des Landes. — Auf der Feldmark sind mehrere Grabhügel.

Todsböl.

Todsböl, Dorf an der Porsaue, 1¾ M. südwestlich von Apenrade, A. Apenrade, Riesh., Ksp. Bjolderup, enthält 7 Bohlst., 1 Halbbohlst., 6 kleine Landstellen und 5 Instenst., von welchen 2 Bohlst. und 2 kleine Landst., deren eine Maarholm heißt, vormals zum A. Morkirchen gehörte; 1 Halbbohle und 1 Instenstelle (¼ Pfl.) gehörten früher zum A. Habersleben, Vogtei Bollerslev. — Nebenschule. — Schmiede. — Der Boden ist sehr steinigt und größtentheils mit einer rothen magern Erdart vermischt. — Das sehr vergrabene Moor, Rödebäk genannt, hat das Dorf mit Gaaskjär gemeinschaftlich.

Todendorf (Waldm. Erdb.: Todaenthorp), Dorf auf der Insel Fehmern, Norderkirchspiel, Kirche Bannesdorf; enthält 11 größere, 6 kleinere Landstellen, 10 Kathen und 4 Instenst. Eine kleine nördlich ausgebaute Landstelle heißt Poggensiek. — Districtsschule. — Schmiede. — Areal: 328 Dr. 4 Sch. contrib. Ackerland. — Der Boden ist von sehr guter Art, allgemeines Weideland ist hier gar nicht vorhanden. — Vz.: 348.

Tömmeshuus (Thömshuus, Thomashuus), 1 Halbh. und Wirthshaus an der Landstraße von Habersleben nach Kolding, ½ M. nördlich von Habersleben, A. Habersleben, Osterth., Hadersleberh., Ksp. Bjerning, Schuldistr. Stovbölling. — Gefecht am 30. Juni 1850.

Tönde, Groß-, ein privilegirter Hof (2 Pfl.), 1 M. östlich von Tondern, A. Tondern, Slurh., Ksp. Hostrup; zum Hofe gehört die kleine Landstelle Bimbüll (¼ Pfl.). — Schuldistr. Jeising. — Areal: 200 Ton. — Im Jahre 1481 wird Tönde ein ödes Gut genannt und war damals im Besitze des Knappen Eggert Görtzen auf Sollwig.

Tönning (vorm. Tuningen), Stadt am Ufer der Eider und 6 M. von der Mündung derselben, in der Landschaft und Pr. Eiderstedt, 54° 19′ 8″ Nördl. Br., 3° 38′ 15″ Westl. L. vom Kopenh. Mer. — Diese Stadt, welche erst im Jahre 1590 von dem Herzoge Johann Adolph ein Stadtrecht erhielt, war vormals ein Dorf, worin eine der Hauptkirchen von Eiderstedt sich befand, die schon aus dem Jahre 1186 bekannt ist, in welchem Jahre der Bischof Waldemar die an diese Kirche zu leistenden Zehnten forderte. Von der ältesten Geschichte dieses Ortes ist wenig bekannt. In der Fehde zwischen den Dithmarschern und den Eiderstedtern ward Tönning 1414 fast gänzlich abgebrannt. Im Jahre 1627 kamen in Tönning 5 Kaiserliche Regimenter an; die Stadt litt bedeutend und über 128 Häuser wurden theils wüste und theils niedergerissen. Auch wurden im J. 1634 durch die Sturmfluth 15 Gebäude zerstört und es verloren hier 34 Menschen das Leben. Im Jahre 1644 ward Tönning ein wichtiger Platz, als 11 regelmäßige Bastionen und mehrere bombenfeste Gewölbe angelegt wurden; diese Festungswerke, welche mehrere Tonnen Goldes gekostet haben sollen, waren dauerhaft und stark erbaut und mit 3 Thoren, einem Oster-, Norder- und Westerthore, versehen. Im Jahre 1660 ward diese Festung von dem Königl. Feldmarschall v. Eberstein blokirt, 1675 wurde sie dem Könige eingeräumt und im folgenden Jahre geschleift; nach dem Altonaer Frieden aber wieder hergestellt. Im Jahre 1700 ward Tönning von den Dänen belagert, von 5 Batterien beschossen und nach und nach gegen 11,000 Bomben und 20,000 Kugeln in die Festung geworfen; die Festung ward dennoch nicht übergeben und die Belagerung nach 2 Monaten aufgehoben. Im Jahre 1713 litt Tönning sehr, als der schwedische General Steenbock sich mit 11,000 Mann hierher gezogen hatte, bis derselbe sich zu ergeben genöthigt ward.

Nach dem Abzuge der Schweden hielt der König Friedrich IV. die Festung eingeschlossen und sie ward am 7. Febr. eingenommen; die Festungswerke wurden darauf von den Dänen geschleift, sind nicht wieder aufgeführt und nur Spuren der ehemaligen Festungsgräben haben sich erhalten. — Durch die eifrige Beförderung des Stallers Casper Hoyer ward 1580 ein mit Wällen und Gräben umgebenes Schloß erbaut, das an den 4 Ecken mit Thürmen versehen und mit Blei gedeckt war. Auf diesem Schlosse hat der Herzog Friedrich III. eine kurze Zeit residirt und ist auch daselbst 1659 gestorben. Im Anfange des 18. Jahrhunderts verfiel es und ward 1735 abgebrochen. Der Schloßplatz ist mit Linden bepflanzt, ward vormals verpachtet und dient jetzt als Promenade. — Die Stadt, welche in der Landesmatrikel zu 28 Pfl. stand, seit 1772 aber nur für 19 Pfl. contribuirt ist in 8 Quatiere eingetheilt, hat einen viereckigten Marktplatz mit einem Brunnen, welcher an der einen Seite von der mit Linden umgebenen Kirche, auf der andern vom Schloßplatze begränzt ist, 18 Straßen und 423 Häuser. Die Häuser sind größtentheils alt, nur das 1845 neu erbaute Rathhaus, das 1783 erbaute Königl. Packhaus, so wie das der Schiffergilde gehörige, mit einem Thurme versehene, s. g. Schifferhaus zeichnen sich aus. Auf dem Wallgrunde stehen 2 herrschaftliche Mühlen. — Stadt-Eigenthum sind: das Rathhaus, 2 Spritzenhäuser, das Wachthaus, das Hospital, das s. g. Krankenhaus, das Wallhaus, das Nachtmannshaus und das städtische Gefängnißhaus. Zwölf Gebäude sortiren das Forum der Landschaft. — Zahl der Einwohner: 2701. — Das Wappen der Stadt ist eine Tonne mit einem Schwane darauf. — Die Kirche ist dem St. Laurentius geweiht, sie wurde 1700 sehr verbessert und zeichnet sich durch ihren schönen 224 Fuß hohen Thurm aus. Im Innern ist sie gewölbt und mit Plafond-Gemälden des berühmten Jurian Ovens verziert. Das Chor ist 1704 erbaut; die Orgel ward 1847 gänzlich renovirt und gilt für eine der besten im Herzogthum. Ein Taufstein von Marmor, 1641 geschenkt, ist eine Zierde der Kirche. — Ein neuer Begräbnißplatz ward 1828 angelegt. — Das Hauptpastorat ist Königlich; das Diaconat wird von dem Kirchen- und Schulcollegium besetzt, wobei jedoch die Königl. Genehmigung erforderlich ist. — Ueber die eingepfarrten Ortschaften s. Tönning Landkirchspiel. Aus dem Süder-Friedrichskooge halten sich 4 Höfe, worunter Löwenhof und Freudenholm, zur Tönninger Kirche. — Eine Garnisonskirche, welche die Sophienkirche hieß, wurde 1694 erbaut aber 1748 abgebrochen; die Materialien sind zum Waisenhause benutzt, welches aber auch 1753 der vielen angehäuften Schulden wegen einging. — Bis zum Jahre 1806 hatte Tönning eine gelehrte Schule, welche in eine Bürgerschule verwandelt wurde. Knaben und Mädchen sind seit einigen Jahren gänzlich getrennt. Die Knabenschule besteht aus der Rectorklasse, der Rechenmeisterclasse, der Oberelementarclasse und der Unterelementarclasse. Die Mädchenschule ist in 2 Classen getheilt, eine obere und eine untere. Die Schule hat eine Bibliothek, die jährlich vermehrt wird, und ein Legat von 6000 ℳ, wovon die Zinsen zur Unterstützung und Weiterbildung von armen Schülern verwandt werden. — Die Stadt ist hinsichtlich der Verfassung stets mit der Landschaft Eiderstedt verbunden gewesen, und hat demnach dieselben Privilegien; außer diesen hat die Stadt noch besondere erhalten und unter diesen war eines der wichtigsten, daß sie das Recht hatte Tonnen und Baaken auf der Eider zu halten und dafür von den Schiffern eine Abgabe zu fordern. Dieses Recht ward aber nach der Anlegung des Kanals gegen eine Vergütung von

Tönning.

10,000 Rthlr. der Herrschaft überlassen, mit welcher Summe ein Theil der Stadtschuld getilgt worden ist. — Der Magistrat besteht aus einem Bürgermeister, welcher zugleich Polizeimeister und Stadtsecretair ist und 4 Rathsverwandten; das Collegium der Stadtdeputirten enthält 8 Mitglieder. — Das Polizeigericht besteht aus dem Polizeimeister und 2 Rathsverwandten als Beisitzer. Für die 8 Quartiere der Stadt sind 8 Bürger als Quartiermeister angestellt. Der Magistrat hat die Gerichtsbarkeit sowohl in bürgerlichen als peinlichen und Brüch-Sachen, auch über den Hafen und den Hafenstrom. Die Stadt hat, wie erwähnt, ein eigenes Stadtrecht, neben dem das Eiderstedter Landrecht gilt. Weil die Stadt kein eigenes Seerecht hat, so wird nach dem dänischen, hamburger und wisbyer Seerechte gesprochen. — Vom Jahre 1808 bis 1828 hatte Tönning einen Oberdirector in der Person des Oberstallers zu Husum; jetzt ist derselbe als Amtmann Oberbeamter. — Die Stadt bildet für sich einen eigenen Armendistrict, jedoch gehören 12 Häuser, welche im Weichbilde der Stadt liegen, zum Armendistricte des Landkirchspiels Tönning. Es giebt 3 Institute, aus welchen die Mittel des Armenwesens bestritten werden: die Hospitalscasse, die Diaconatcasse und die wöchentliche Armencasse, welche früher getrennt verwaltet wurden, jetzt aber zusammengezogen sind. Das Hospital und das s. g. Krankenhaus werden von Armen bewohnt; in dem s. g. Wallhause ist eine Zwangs-Arbeitsanstalt eingerichtet. — Tönning hat Handwerker aller Art; eigentliche Fabriken fehlen und es sind hier nur 1 Tabacks- und Cigarrenfabrik und 4 Brauereien und Brennereien. — Die Haupterwerbszweige der Einwohner sind, außer dem bürgerlichen Gewerbe, der Handel und die Schifffahrt, welche in einzelnen Zeitpunkten sehr einträglich waren, zu denen besonders theils die Anlegung des neuen Kanals und theils die Jahre 1803 bis 1807, da die Blokade der Elbe und der Weser den Handel von Hamburg und Bremen hierher brachte, und das Jahr 1809, als die amerikanische Flagge von den Engländern für frei erklärt ward, zu rechnen sind. Nach dieser Zeit ist der Handel aber wieder in Abnahme gerathen und erst in neuer Zeit durch die directe Dampfschifffahrtsverbindung mit England im Aufblühen begriffen. — Die Fischerei wird hier fast gar nicht betrieben, aber ein nicht unbedeutender Nahrungszweig ist die Bienenzucht. — Die Anzahl der zu Tönning gehörenden Schiffe beträgt 14, von 211 Commerzlasten. — Die in der Stadt wohnenden Königl. Beamten sind: der Landschreiber, der Physicus, der Zollinspector, der Zollcassirer, 1 Controlleur, 6 Zollassistenten, 1 Districtsvigilanz-Inspector, 1 Lootseninspector und der Postmeister; außerdem wohnen hier 1 Ober- und Landgerichtsadvocat, welcher zugleich Landsecretair ist, 1 Untergerichtsadvocat, 2 Doctoren der Medicin und 1 Apotheker. — Die Navigationsschule wurde im Jahre 1850 nach Flensburg verlegt. — Zu den nützlichen Einrichtungen der Stadt gehören die im Jahre 1819 errichtete Spar- und Leihcasse und die Todtengilden, 2 für Bürger, 1 für Seefahrer, 1 für das Schusteramt, 1 für das Schneideramt. Der Wohlthätigkeitsverein, 1830 gestiftet, ist seit Errichtung der Zwangsarbeits-Anstalt eingegangen. Eine Flußbade-Anstalt wurde 1845 durch Actienzeichnung begründet, nachdem die im Jahre 1818 eingerichtete Badeanstalt eingegangen war. Der Lombard ist im Jahre 1829 gänzlich aufgehoben und das Capital 1900 Rthl., ward zur Erbauung des neuen Rathhauses verwandt. — Der Hafen der Stadt ist im Jahre 1613 von dem Herzoge Johann Adolph mit großen Kosten (30,000 Rthlr.) angelegt. Er zieht sich in die Stadt hinein, ist für 11 bis 12 Fuß gehende Schiffe einer der besten an der westlichen Seite des Herzogthums und kann gegen 100 Schiffe mittlerer Größe fassen; im Jahre 1847 ward der Hafen sehr verbessert und seitdem die directe Dampfschifffahrt mit England ins Leben getreten ist, sind zwei große Landungsbrücken an der Eider von der Königl. Regierung erbaut worden. — Eine Concession zur Erbauung einer Eisenbahn von Tönning nach Husum und Flensburg ist im Jahre 1852 ertheilt und der Bahnhof wird an der südlichen Seite der Stadt, bei der Brücke für Dampfschiffe erbaut werden. — Schon seit 1619 ward in Tönning ein Jahrmarkt gehalten, jetzt sind hier 2 Krammärkte am Sonntage vor Pfingsten und am 15. Septbr., ein Pferdemarkt am 19. August, ein Wollmarkt vom 12. bis 15. Mai und 4 Viehmärkte an den 4 Montagen nach dem 16. October. — Es werden in dieser Stadt die Eiderstedtischen Landesversammlungen gehalten. — Tönning ist der Geburtsort des gelehrten Arztes Cäso Gram, des durch viele Schriften bekannten Marcus Meibom und des berühmten Malers Jurian Ovens. — Die Stadt besitzt an Ländereien seit den Ankauf der frühern herrschaftlichen s. g. Wallländereien 450 Dem. 3 Sch. 8 R. wovon ein Theil den ärmern Bürgern zum Gemüsebau gegen eine geringen Pacht überlassen ist. — Nördlich von Tönning liegen 2 Landstellen die zur Stadt gehören; die eine Landstelle (Milcherei) heißt Lerchenhof (vormals eine Kalkbrennerei), die andere heißt Zauberschloß. — Ksp. und Schuldistr. Tönning. — Städtische Einnahmen 1834: 8730 Rbthlr. 38 b/ß, Ausgaben: 8709 Rbthlr. 57 b/ß, Stadtschuld: 34,103 Rbthlr. 70 b/ß, Activa: 16,135 Rbthlr.

Tönning, das Landkirchspiel oder die Landgemeinde Tönning gränzt an die Stadt Tönning und gehört zum Ostertheile der Landschaft Eiderstedt. Es gehören dazu 12 im Bezirke der Stadt belegene Häuser, worunter Lerchenhof und Zauberschloß, ferner 17 Höfe, 6 kleine Landstellen und 40 Häuser (31 $\frac{7}{10}$ Pfl.), Schuldistr. Alversum. Die einzelnen Stellen heißen: Groß- und Klein-Alversum, Diekhusen, Ellwort, Freudenholm, Grünehaus, Kreuzkrug, Löwenhof, Sandhof, Schlapphörn, Schrapenbüll, Solabona, Ziegelei, (s. d. einzelnen Artikel). — Areal: 1855 Dem. 4 Sch. (1803 Steuert.), worunter 553 Ton. Gras- und Weideländereien. — Die in Angriff genommene Flensburg-Husum-Tönninger Eisenbahn wird nahe bei Ellwort vorbeigehen. — Bz. der Landgemeinde: 423.

Tömlauskoog (Graffenskoog), Koog an der Westsee im Westerth. der Landschaft Eiderstedt, Ksp. Poppenbüll. Dieser Koog ward im Jahre 1699 eingedeicht aber schon im Jahre 1717 durch eine Ueberschwemmung zerstört. Derselbe bildet jetzt ein Vorland, welches von dem Westerheverdeich, dem Poppenbüllerdeich und dem Tatingerdeich begränzt, und zur Schafweide benutzt wird.

Törning. Diesen Namen führen jetzt der Stammhof Törninggaard, einige Parcelenstellen, eine Erbpachts-Wassermühle Törning-Mölle genannt und das Dinghaus der Gramharde so wie eine von Bohens (Ksp. Jägerup) herstammende Parcele Stydingdamm genannt, 1 M. westlich von Hadersleben, im A. Hadersleben, Osterth., Gramh., Ksp. Hammeleb, welche in einer sehr anmuthigen Gegend liegen. Vormals hieß ein in der Nähe von Törninggaard belegenes, stark befestigtes Schloß Törning, welches seiner hohen Lage wegen ein Bergschloß genannt ward. In der ältesten Zeit gehörte es der Krone und ward 1340 von dem Herzoge Waldemar an die Grafen Heinrich und Claus verpfändet und einige Jahre später von dem Könige Waldemar zweimal aber vergebens belagert; 1351 besaß es Claus Limbek. Nachdem das Schloß wieder in den Besitz der Herzöge gekommen war, ward es 1422 von dem Könige Erich von Pommern ebenfalls ohne Erfolg belagert, allein im folgenden Jahre von ihm eingenommen und darauf von den Holsteinern abermals vergeblich belagert. Törning soll darauf wieder an die Familie Limbek gekommen sein, dann an die Familie v. Ahlefeldt, 1496 ward es an den König Johann verkauft und 1509 an den Ritter Heinrich Knutzen und darauf an Otto Rosenkranz verlehnt, welcher 1525 starb. Im Jahre 1580 war Törning ein besonderes Amt. Wann das Schloß, von dem nur wenige Reste mehr übrig sind, abgebrochen ward, ist unbekannt. — Das Königl. Vorwerk Törning ward im Jahre 1776 parcelirt und es sind außer dem Stammhofe Törninggaard jetzt 13 Parcelenstellen. — Schuldistr. Ladegaard. — Das Areal des Vorwerks betrug 981 Ton. 4 Sch. à 320 □. R., davon waren aber vor der Niederlegung schon 202 Ton. 6 Sch. an andere Landbesitzer überlassen; von dem übrigen wurden 295 Ton. 3 Sch. zu einer geschlossenen Hölzung, 3 Ton. 2 Sch. zu Wegen und 480 Ton. 1 Sch. ursprünglich in 8 Parcelen getheilt. — Der Törninger-See ist ein Königl. Pachtstück.

Törsböl, Dorf an der Geilaue, 2 M. südöstlich von Apenrade, A. Apenrade, Lundtofth., Ksp. und Schuldistr. Quars; zum Gute Seegaard gehören 9 Bohlst., 2 Kathen und 4 Instenst. (4 Pfl.); zum Amte 1 Bohlst. und 1 Kathe (¼ Pfl.). — Schmiede. — Areal zum Gute Seegaard: 510 Ton. 158 R. (268 Steuert.); zum Amte: 77 Steuert. — Der Boden ist gut und die Moore sind einträglich.

Töstorf (Töstrup), adel. Gut in der Cappelerharde; der Stammhof liegt ¾ M. westlich von Cappeln, Ksp. Töstrup. — Dieses Gut ist aus dem schon im 15. Jahrhundert zum Theil niedergelegten aus 8 Hufen bestehenden Dorfe Töstrup entstanden, ward darauf ein Meierhof des Guts Röest, dann parcelirt und 1806 unter die Zahl der adelichen Güter aufgenommen. — Besitzer: 1590 v. Rantzau, 1670 v. Rumohr, 1791 Johann Paape (90,000 ℳ), 1795 Fr. Otte (117,000 ℳ), 1804 H. Cordes (178,500 ℳ), 1822 G. Bluhme (84,000 ℳ), 1843 W. A. v. Rumohr, 1853 C. D. Birck (183,000 ℳ). — In dem Jahre 1803 wurden viele zum Gute gehörige, in den Aemtern Gottorf und Flensburg zerstreut liegende Stellen, deren Anzahl 53 betrug, diesen Aemtern einverleibt. Es gehören zum Gute 742 Steuert. (110,200 Rbth. Steuerw.), nämlich der Stammhof 278 Ton., 11 Parcelenstellen 141 Ton., in Scheggerott 163 Ton., Gangerschild 51 Ton., Rügge 42 Ton., Schweldtholm 27 Ton., Brarupholz 17 Ton., Arrild 12 Ton., Wagersrott 4 Ton., Fruerlund 3 Ton., Bünderies 3 Ton., Rabenkirchen 1 Ton. Das Gut contribuirt für 5 Pfl., welche aber alle auf die Untergehörigen gelegt sind. — Der Stammhof enthält ein Areal von 676 Hdtsch. 1 Sch. 18 R., darunter an Acker 371 Hdtsch. 6 R., an Wiesen und Moor 202 Hdtsch. 4 Sch. 20 R. und an Hölzung 102 Hdtsch. 2 Sch. 16 R. Zu diesen Ländereien sind aber 3 Hdtsch. hinzugekommen und 14 Hdtsch. 4 Sch. 16 R. wieder davon verkauft. Zum Stammhofe gehören 5 Kathen, eine Windmühle und 1 Kathe in Oersberg Selsbrück genannt, jetzt im Ganzen, da 2 Steuertonnen veräußert sind, 276 Steuert. (44,160 Rbthlr. Steuerw.). Einzelne Parcelenstellen heißen Snorrum, Reuterberg mit einem Wirthshause, Schrün und Marienfeld (Witt-

Kielfeld). — Schuldistr. Oersberg. — Das Wohnhaus ist ein ansehnliches, dauerhaftes mit einem Burggraben umgebenes Gebäude. — Zahl der Einwohner: 389. — Contrib. 224 Rbthlr., Landst. 229 Rbthlr. 60 b/β, Hausst. 10 Rbthlr.

Töstrup, Kirche, Predigerwohnung und eine Parcelenstelle (Wirthshaus) ¼ M. westlich von Cappeln, A. Gottorf, Schliesh., Pr. Gottorf, Der Sage nach hat diese Kirche, welche ein Lehn der Schleswigschen Domkirche war, mehr nördlich an der Cappeler Landstraße auf einem Hügel, welcher Barnhöi genannt wird, erbaut werden sollen, welches aber nicht ausgeführt ward. Das Gebäude ist von Feldsteinen ohne Thurm und nur mit einer Spitze versehen. Die Kirche ward 1792 vergrößert und verschönert. Auf dem Kirchhofe steht ein hölzernes Glockenhaus. — Der König ernennt den Prediger. — **Eingepfarrt: Arrild** (z. Thl.), Arrildholz, Belgrad, Blasberg, Damm, Dammstedtfeld, Deckerkathe, Drüllt, Klein=Drüllt, Ellermoos, Gaardwang, Gammelrye, Gulde, Guldeholz, Habergaardwang, Hestlück, Kappelloch, Kickut, Kopperholz, Kragelund, bei Kragelund, Krakhöi, Letzhöi, Marienfeld, Markstiel, Oersberg, Reuterberg, Rosenthal, Schaulück, Schlichtberg, Schörderup, bei Schörderup, Schörderupfeld, Schörderupmühle, Schrepperie, Schrun, Schweldtholm, Snorrum, Sönderskov, Sorgenfrei, Spannbrück, Stangheck (z. Thl.), Stenneshöi, Stoltebüll, Stoltebüllheck, Stoltebüllholz, Stoltebüller=Lücken, Töstorf (z. Thl.), Groß= und Klein=Vogelsang, Vogelsangfeld, Vogelsangholz, Vorskov, Wittkiel. — Bz. des Ksp.: 1176.

Tofhof, 1 Hof im Westertheile der Landschaft Eiderstedt, Ksp. und Schuldistr. Westerhever. Dieser Hof, welcher ein Areal von 59 Dem. 1 Sch. hat, liegt südlich von der Kirche.

Toft, eine Ziegelei am Ekensund, ¼ M. südlich von Gravenstein, im Gute Gravenstein, Apenrade, Lundtofth., Ksple. Atzböl und Gravenstein, Schuldistr. Gravenstein. Nahe nördlich davon liegt die herrschaftliche Hölzung Ulsnis. Bei Toft ward im Jahre 1849 eine verschanzte Batterie angelegt.

Toftende, 4 Häuser an der Westsee, 2¼ M. südwestlich von Tondern, A. Tondern, Wiedingh., Ksp. und Schuldistr. Horsbüll.

Tofting, 1 Hof und 2 Häuser im Ostertheil der Landschaft Eiderstedt, Ksp. Oldensworth, Schuldistr. Hochbrücksiel. Die in Angriff genommene Flensburg=Husum=Tönninger Eisenbahn wird nahe bei Tofting vorbei gehen.

Toftlund, Kirchdorf 3¾ M. südwestlich von Hadersleben, Pr. Törninglehn. Von diesem Dorfe, welches im Jahre 1644 von den Schweden abgebrannt, und darauf nördlicher erbaut ward, gehören zum A. Hadersleben, Westerth., Norderrangstruph., außer der Predigerwohnung, 1 Doppelth., 1 Fünfviertelh., 2 Fünfachtelh., 4 Halbh., 4 Viertelh., 4 Landbohlen, 7 Verbittelsstellen, 3 Kathen und 8 Instenstellen. Von diesen sind ausgebaut die Fünfviertelh. Storviig, 1 Halbh. Kjärgaard, welche vormals ein Meierhof genannt ward, 1 Viertelh. Haverbäk, 3 Landbohlen Kirkehöi, wovon eine aus dem Dorfe Allerup ausgebaut ist, 1 Landbohle Lebäk und 8 Instenstellen Pughöi worunter ein Armenhaus. Die Doppelthufe liegt nahe an der Kirche und heißt Herrestedgaard. Zur Grafschaft Schackenborg gehören 2 Hufen (4 Otting). — In Toftlund wohnen der Hardesvogt und der Reitvogt der Norderrangstrupharde und der Hviddingharde. — Die Districtsschule liegt zwischen Toftlund und Allerup. — Wirthshaus, 3 Schmiede, Färberei und mehrere Handwerker;

Toftum.

ein Erwerbzweig ist das Spitzenklöppeln. — Die südlich belegene Kirche führte früher den Namen Herrested. Nahe bei derselben auf dem Kirchhofe sind noch 2 große Hügel, auf denen unsere Vorfahren angeblich die Mysterien der Göttin Hertha gefeiert haben. Die Kirche ist von behauenen Feldsteinen und hat einen breiten Thurm. In demselben ist ein steinernes Epitaphium des Probsten Slange, welcher zugleich Königl. Zollbeamter war, da hier ein Ochsenzoll erlegt ward. — Der König ernennt den Prediger. — Eingepfarrt: Allerup, Graulund, Haverbäk, Herrestedgaard, Holbäkgaard, Humlehauge, Kjärgaard, Kirkehöi, Korsbjerg, Lebäk, Lindholm, Lybäkgaard, Muusvang, Oerderup, Popgaard, Pughöi, Römet, Skovlund, Stovsbjerg, Stenderup, Stenderupgaarde, Storviig, Toftlund, Väsbjerg. — Im Jahre 1510 waren in Toftlund Untergehörige des Priors zu St. Johannis in Ripen. — Areal: 366 Steuert. — Der Boden ist nahe beim Dorfe sehr aber entfernter zum Theil sandigt. — Auf der Feldmark sind viele Grabhügel, von denen vier bei Pughöi belegen die größten sind. — Vz. des Ksp.: 700; zum Herzogthum Schleswig: 680.

Toftum, Dorf 2¾ M. südwestlich von Tondern, A. Tondern, Wiebingh., Ksp. Emmelsbüll; enthält 8 größere und kleinere Landstellen und 12 Häuser. — Nebenschule. — Der Boden ist von ziemlicher Güte.

Toftum, adel. Gut im A. Tondern, Wiedingharde. Der Stammhof liegt 2½ M. südwestlich von Tondern, Ksp. Emmelsbüll. Dieses Gut steht in der Landesmatrikel zu 4⅔ Pfl. und hat mit dem Stammhofe, der Mühle und den Ländereien der Untergehörigen in den Brunottenkooge, Gotteskooge, Klein-Emmelsbüllerkooge und Wiedingharder-Altenkoog ein Areal von 346 Dem. 7¼ R., wovon der Stammhof 143 Dem. 128½ R. enthält; im Ganzen 283 Steuert. (26,700 Rbthlr. Steuerw.). — Besitzer: 1599 Froddesen, 1738 Levsen; jetzt J. Momsen Erben. — Zahl der Einw.: 14. — Contrib. 208 Rbthlr. 90 bß, Landst. 55 Rbthlr. 60 bß.

Toldsted, 1 Vollh. (1 Pfl.) 1 M. südwestlich von Apenrade, A. Apenrade, Riesh., Ksp. und Schuldistr. Jordkjär. Diese Hufe gehört zum Dorfe Nübel, und hat ihren Namen von einer vormals hier gewesenen Zollstätte erhalten. In der Nähe dieser Hufe liegt Urnehövd (s. Urnehövd). — Areal: 128 Ton. à 320 □. R. (92 Steuert.). — Der Boden ist von ziemlicher Güte; auch gehört zu demselben eine kleine Hölzung.

Tollgaard, 1 Landstelle (1/12 Pfl.) an der Lippingaue, im Gute Ohrfeld, Cappelerh., Ksp. Esgrus, Schuldistr. Koppelheck. — Areal: 8 Steuert. — Hier hat in alten Zeiten ein Edelhof gestanden, und die Sage erzählt, daß man in Strurdorf nicht eher den Gottesdienste beginnen dürfen, bis man die Besitzerin von Tollgaard Anna Post hat kommen sehen. Es sind noch deutliche Spuren der Burggräben sichtbar.

Tolk (vorm. Tholik, Tholge), Kirchdorf am Tolker-See, 1¼ M. nordöstlich von Schleswig, A. Gottorf, Strurdorfh., Pr. Gottorf. Zum Amte gehören außer der Prediger- und Küsterwohnung, 2 Fünfneuntelh., 8 Halbh., 1 Vierneuntelh., 10 Kathen und 1 Instenstelle (7⅞ Pfl.); einige östlich belegene Stellen heißen Bökwatt; zum St. Johannisklofter in Schleswig, 2 Dreiviertelh. und 4 Kathen; zum Gute Grumbye: 4 Kathen, worunter ein Wirthshaus; 3 Hufen (3 Pfl.) gehörten ehemals zum Schlesw. Domcapitel. — Districtsschule. — Schmiede und einige Handwerker. —

Die Kirche, ehemals eine Präbende des Schlesw. Domcapitels, war schon 1192 vorhanden, in welchem Jahre die Bischofszehnten dem Kloster Guldholm verliehen wurden. Sie ist von Feldsteinen erbaut, und auf dem Dache ist eine 1646 errichtete Thurmspitze mit einem Uhrwerk. — Tolk hat mit Nübel den nämlichen Prediger, den der König ernennt. — Eingepfarrt: Blasberg, Bökwatt, Boholzau, Buschau, Buschauholz, Cathrinenhof, Ellkjär, Fürberg, Grumbye, Krugkathe, Lammershagen, Lück, Pokjär, Schmiedekathe, Scholderup, Schübye, Tolk, Tolkschubye, Twedt, Twedterfeld, Welspang (z. Thl.). — Nach einer Urkunde des Königs Knud aus dem Jahre 1196 hatte das Michaeliskloster in Schleswig die Zehnten in Tolk. Die Vicare des Schlesw. Domcapitels erwarben 1406 von dem Knappen Karsten Holk ein Gut in Tolk, und am Ende des 16ten Jahrhunderts verkaufte Johann Alberts 5 Güter in Tolk an den König Friedrich II. — Areal zum A. Gottorf: 611 Steuert.; zum Gute Grumbye: 145 Steuert. — Der Boden ist theils ein ziemlich guter Mittelboden, theils sandigt. — Westlich von Tolk liegt der Tolker=See, 1500 Ellen lang und 1000 Ellen breit; derselbe steht mit dem Lang=See durch eine Aue in Verbindung; die Fischerei im See gehört dem St. Johanniskloster. — Vz. des Ksp.: 1352.

Tolkschubye, Kanzleigut im A. Gottorf, Struxdorfh., Ksp. Tolk. Der Stammhof liegt 1½ M. nordöstlich von Schleswig. Im Jahre 1646 ward 1 Pfl. Bondenland des Dorfes Tolkschubye von dem damaligen Herzoge mit Privilegien begabt, wodurch ursprünglich dieses Gut entstand, welches im Besitze des Amtsverwalters Claus Petersen war; darauf kam es an v. Knuth, 1690 Hofrath Petersen, der es durch den Ankauf einer Hufe vergrößerte, 1702 v. Wickede, 1712 Etatsrath Hansen, 1737 Ericius, 1768 Schütt, 1770 v. Ahlefeld, 1777 v. Levetzow, worauf es parcelirt ward. Den Stammhof kaufte 1807 v. Barendorff und 1820 Mylord. Jetzt besteht Tolkschubye aus 3 Hufen, dem Dorfe Tolkschubye (Neudorf) und Pokjär, aus einigen Parcelenstellen und einem Wirthshause, welches Boholzau heißt; eine Kathe heißt Blasberg. Es hat im Ganzen ein Areal von 1340 Hdtsch. (748 Steuert.) und ist zu 2 Pflügen angesetzt. — Der Stammhof Tolkschubye hat ein Areal von 540 Hdtsch. worunter an Hölzung 40 Hdtsch. und an Wiesen 60 Hdtsch. sind. Das Wohnhaus brannte in den Jahren 1690 und 1826 ab, und ist darauf wieder aufgebaut. Besitzer: Jebsen. — Der erste Nebenhof heißt Cathrinenhof, hat ein Areal von 493 Hdtsch., worunter an Hölzung 22 Hdtsch. und an Wiesen 40 Hdtsch., hierzu gehören 4 Kathen im Dorfe Tolkschubye. — Der zweite Nebenhof heißt Neu=Tolkschubye, hat ein Areal von 270 Hdtsch. und zu demselben gehört eine Ziegelei und eine Kathe in Pokjär. — Der Boden auf allen Höfen gehört im Ganzen zu den fruchtbarsten in Angeln. — Zahl der Einw.: 222. — Landst. 222 Rbthl. 93 β, Contrib. 76 Rbthl.

Tolkschubye (Neudorf), Dorf 1½ M. nordöstlich von Schleswig, enthält 1 Halbhufe, deren Gebäude aber abgebrochen sind, und mehrere Kathen, A. Gottorf, Struxdorfh., Ksp. Tolk. Die Halbhufe gehört zum Amte und die Kathen theils zum Gute Tolkschubye, theils zum Nebenhofe Cathrinenhof. — Schuldistr. Tolk. — Schmiede.

Tollschlag (Tollschlev, vorm. Tolveslev), Dorf 1¼ M. nordwestlich von Cappeln, A. Flensburg, Nieh., Ksp. Esgrus; 2 Vollh., 1 Halbh. und 1 Kathe (2½ Pfl.), worunter ein Esgruser Predigerlandst. Eine dritte

Tombüll. 541

Vollhufe (¾ Pfl.) liegt südlich und heißt Schwonburg und gehörte seit 1472 zum ehemaligen Schlesw. Domcapitel. — Schuldistr. Schaubye. — Im Jahre 1397 verschötete J. v. Thienen seine Besitzungen in diesem Dorfe an Erich Krummendiek. — Areal von Tollschlag: 174 Steuert. — Der Boden ist sehr gut.

Tombüll, Dorf 1½ M. südöstlich von Apenrade, A. Apenrade, Lundtofth., Ksp. Feldsted. Zum Amte gehören 5 Hufen, 4 Kathen, 2 Instenst. und 2 Bohlparcelenstellen; zum Gute Grüngrift 16 Hufen, 4 Kathen, 7 Instenst. und 4 Bohlparcelenstellen; zum Gute Schobüllgaard 4 Hufen und 3 Instenstellen. Von den ausgebauten, nördlich vom Dorfe belegenen Hufen, heißen 6 Slyngsteen, 2 Hufen Hochberg, 1 Hufe Tävekhöi, 2 westlich belegene heißen Steensvang, 3 Hufen und 2 Bohlparcelenstellen südlich Kirchberg, wo der Sage nach die Kirche von Feldsted eigentlich erbaut werden sollte; 2 kleine Stellen nördlich heißen Hyesteen und Brunhye. — Districtsschule. — Wirthshaus, Schmiede, Färberei und mehrere Handwerker. — Areal zum Amte: 187 Steuert.; zum Gute Schobüllgaard: 152 Steuert.; zum Gute Grüngrift etwa 400 Steuert. — Der Boden ist von mittlerer Güte. Bei Tävekhöi ist eine mit Feldsteinen ausgesetzte Grabkammer; westlich vom Dorfe heißt ein Grabhügel Hellehöi (der heilige Hügel), worin eine mit Feldsteinen belegte Kammer gefunden ward, und rund um diesen Hügel standen eine Menge schwarzer Töpfe, kaum 1 Fuß unter der Erde, mit Asche und Knochen. — Südlich vom Dorfe befindet sich eine Quelle, welche vormals eingefaßt war, von Kranken stark besucht und die heilige Quelle (Hilligkilde) genannt ward. — Bemerkenswerth ist eine Stelle bei Slyngsteen, der Hohlweg genannt, wo das in der westlichen Wagenspur sich sammelnde Wasser in die Berndruperaue läuft, welche in die Westsee sich unter dem Namen Vidaue ergießt, und das in der östlichen Spur sich sammelnde Wasser in einen Bach fließt, der in die Ostsee fällt.

Tondern (Tönder, Lütken-Tondern im Gegensatze von Mögelb. i. Groß-Tondern, vorm. Thundär), Stadt an der Vidaue, an der Westseite des Herzogthums, 1½ M. von der Westsee, 54° 56′ 16″ N. B.; 3° 42′ 23″ W. L. vom Kopenh. Mer. — Diese Stadt, eine der ältesten Städte im Herzogthume, war im Jahre 1017 bereits als Handelsort bekannt. Im Jahre 1227 kamen schon Dominicaner- und 1238 Franziscanermönche dahin und stifteten Klöster, und 1243 erhielt die Stadt von dem Herzoge Abel das Lübsche Stadtrecht. Das vormalige, westlich auf einer Insel belegene Schloß, wird älter als die Stadt sein. — Tondern hat eine ziemlich niedrige Lage, und die Westsee war ihr vormals nahe; damals hatte sie eine bedeutende Schifffahrt, als aber nach und nach sich Land ansetzte, welches durch Deiche und Schleusen gegen Ueberschwemmungen geschützt ward, konnten keine Schiffe mehr bis an die Stadt segeln, und sie müssen jetzt auf der Rhede bei Hoyer ankern. Oft hat die Stadt, da sie südlich sehr niedrig liegt, durch Sturmfluthen und auch durch Feuersbrünste und Pest gelitten. Im Jahre 1532 ertranken hier viele Menschen; das Wasser stand 3 Ellen hoch an der Mauer der vormaligen Klosterkirche und beschädigte das Schloß und viele Häuser. Im Jahre 1593 drang es in alle Thore, beschädigte viele Häuser und die niedrigsten in der Westerstraße wurden niedergestürzt. Im Jahre 1615 brachte eine solche einbrechende Fluth Tondern der Zerstörung nahe, man konnte mit Kähnen in der Stadt fahren und das Schloß stand bis an die Fenster im Wasser; auch 1634 stand es in der Kirche 3 Fuß hoch und vieles Vieh ertrank auf der Weide. Von den Feuersbrünsten waren die in dem Jahre 1517, da die Osterstraße, 1522 als die Westerstraße und 1581 als die Wester- und die große Straße mit dem Rathhause abbrannten, die verheerendsten; auch in den Jahren 1622, 1642 und 1725 waren starke Feuersbrünste. An der Pest starben 1539, 1549, 1602, 1628 und 1639 viele Einwohner. — Die Stadt ist ziemlich regelmäßig und wohl gebaut, sie ist in 4 Quartiere nämlich Südost-Quartier, Südwest-Quartier, Nordwest-Quartier und Nordost-Quartier getheilt, und die Anzahl der Häuser beträgt 508. Es sind hier 2 Marktplätze und 16 Straßen, von denen die Hauptstraßen: Osterstraße (Oestergade), Westerstraße (Westergade), Süderstraße (Söndergaden), Großestraße (Storegaden), Wulfsstraße (Ulvegaden), Schmiedestraße (Smedegaden) und Spiekerstraße (Spiekergaden) heißen. Die 3 Thore werden Süder-, Oster- und Westerthor genannt. In der Westerstraße ist eine Brücke. Auf dem Schloßgrunde stehen außerdem 20 Häuser mit 120 Einwohnern, die unter Jurisdiction der Tonderharde, aber in Kirchen-, Schul- und Polizeisachen zur Stadt gehören. Ein Haus auf dem Schloßgrunde heißt Nieholm mit 4 Dem. Landes. — In der Landesmatrikel war die Stadt zu 100 Pfl. angesetzt, welche aber auf 73 (worunter 3 Landpfl.) reducirt sind. — Das Wappen der Stadt ist ein Schiff. — In den frühesten Zeiten war Tondern wohlhabend, da nicht allein der Handel und die Schifffahrt ansehnlich, sondern auch großer Fleiß und Industrie in dieser Stadt vorherrschend waren; dieses hat sich aber im Laufe der Zeit geändert; der Handel ist, außer dem Korn-, Butter- und Häutehandel, nicht mehr von Bedeutung; der starke Erwerbzweig des Spitzenklöppelns (es waren im Jahre 1800 noch 13 Spitzenfabriken) hat fast gänzlich aufhören müssen, und alle früher hier gewesenen Seiden-, Plüsch-, Strumpf-, Zwirn- und Leinen-Manufacturen sind eingegangen. — Große Schiffe, die verladen werden, müssen außen vor der Stadt in der Westsee bleiben, dahingegen können kleinere Schiffe bis nach Hoyersiel kommen und an der Norderschleuse laden oder löschen, wo noch 7 Fuß Wasser ist. Die Aue von der Schleuse bis an die Stadt ist aber besonders im Sommer seicht, und der Wasserstand variirt zwischen 1 und 4 Fuß. Die Anzahl der eigenen Schiffe beträgt jetzt nur 2. — In der Stadt sind 2 Apotheken, 1 Buchdruckerei, 4 Tabacksfabriken, 1 Spitzenfabrik, 5 Bierbrauereien, 1 Branntweinbrennerei, 5 Gerbereien, 4 Färbereien und Handwerker aller Art. Die in der Stadt wohnenden Königl. Beamten sind: der Amtmann des A. Tondern, der Amtsverwalter in den Geestharden, der Landschreiber in den Marschharden, der Hausvogt und Branddirector, die Hardesvögte und Gerichtschreiber der Tonder- und Hoyerharde, der Deichgraf, der Zollverwalter, 1 Controlleur, 1 Zollassistent, der Postmeister und der Physicus des Amtes und der Stadt. — Zahl der Einwohner: 2849. — Der Amtmann des Amts Tondern ist Oberbeamter der Stadt. Der Magistrat bestand früher aus 2 Bürgermeistern und 6 Rathsherren; jetzt besteht derselbe wieder aus einem Bürgermeister, welcher zugleich Stadtsecretair und Polizeimeister ist und 4 Rathsverwandten; das Collegium der Stadtdeputirten besteht aus 16 Mitgliedern mit Einschluß des Stadtkämmerers, welcher Wortführer des Collegiums ist, und die oeconomischen Angelegenheiten der Commüne besorgt. Ein Stadtcassirer besorgt das Rechnungswesen. — In Criminalsachen wird die peinliche Gerichtsordnung angewendet. Von den Urtheilen des Magistrats konnte vormals die Appellation an das im Jahr 1498 errichtete Holsteinische Vierstädtegericht gehen, welches aber im Jahre 1684 einging. Die Tondernsche revidirte Bursprake (civiloquium) ist vom Jahre 1691, und noch in dem Jahre 1791 ward der damalige Stadtvogt darauf verwiesen; jetzt ist dieselbe durch veränderte Umstände und durch die neuere Gesetzgebung außer Gebrauch gekommen. — Die älteste, dem St. Nicolaus geweihete Capelle stand an der Stelle der jetzigen Stadtkirche, ihre Erbauungszeit ist aber unbekannt. Sie ward, da sie verfallen war, 1591 abgebrochen, und gleich darauf die jetzige Christkirche von dem Herzoge Johann Adolph erbaut, wozu eine bedeutende Summe collegirt ward. Die Kirche hat einen ansehnlichen 160 Fuß hohen Thurm, ist gewölbt und im Innern sehr schön. Das Altarblatt und die Kanzel sind von künstlichem Schnitzwerk. An der Kirche stehen 3 Prediger; den Hauptprediger, welcher zugleich Probst des Amts Tondern ist, ernennt der König. Zur Wahl des Archidiaconus und des dänischen Predigers präsentirt der Magistrat und die Gemeinde wählt. Der Kirchhof liegt außerhalb der Stadt. — Eingepfarrt: Dyrhuus, Groß- und Klein-Emmerschede, Emmerschedeberg, Görrismark, Hedehuse, Hestholm, Korntved, Meierholm, Nieholm, Nordborg, Nyeborg, Steinbjerg, Toft, Tondern mit dem Schloßgrunde, Tved. — Die lateinische Schule ist im Jahre 1612 gestiftet; sie hat mehrere Veränderungen erhalten und ist jetzt eine Bürgerschule, bei der ein Rector angestellt ist. Eine Knabenschule im Waisenhause an welcher der Lehrer zugleich Oeconom des Waisenhauses ist. Eine Mädchenschule, an welcher der Lehrer zugleich Cantor an der Kirche ist, ferner 2 Elementarschulen, von welchen die eine am Waisenhause, und die andere in der Westerstraße belegen ist. Eine Sonntagsschule besteht hier seit vielen Jahren. Im Jahre 1822 ward eine Stadtbibliothek gegründet. — Das in der Stadt befindliche Seminar verdankt seine Entstehung dem im Jahre 1787 verstorbenen Probst C. Petersen, welcher seinen Hof Görrismark nebst einigen nahe bei der Stadt belegenen Ländereien und außerdem ein Capital von 8000 Rthlr. zu dem Zwecke vermachte, daß 18 junge Leute, zunächst Schullehrersöhne, von den jährlichen Einkünften und Zinsen unterhalten werden, und durch den ihnen ertheilten Unterricht sich zu Schullehrern ausbilden sollten. Seit dem Jahre 1803 wurden die Seminaristen, deren Anzahl sich immer vergrößerte, in den verschiedenen Classen der Rectorschule zugleich mit den andern Schülern unterrichtet, bis im Jahre 1829 durch allerhöchste Verfügung ein, von der Stadtschule getrenntes, für sich bestehendes Seminar, eingerichtet wurde. Das jetzige Seminargebäude, welches die Stadt erbauen ließ und zu unterhalten hat, enthält ein größeres und drei kleinere Zimmer. Den beiden ordentlichen Lehrern der Anstalt, von denen der erste zugleich Vorsteher der Anstalt ist, sind Wohnungen in der Nähe des Seminargebäudes angewiesen, welche gleichfalls von der Stadt unterhalten werden sollen. Ein Gymnastikgebäude liegt am andern Ende der Stadt und daneben ist der Garten zum Obstbaumzucht. Es sind 7 Lehrer bei der Anstalt angestellt, von welchen aber nur der erste und zweite vom Könige unmittelbar ernannt werden. Die Zahl der Seminaristen ist auf 80 bestimmt; diese haben ihre Wohnungen bei den Bürgern, und was die Petersensche Stiftung den 18 Beneficirten gewährt, beläuft sich gegenwärtig für jeden Einzelnen auf 25 Rthlr. jährlich. Nach einer Verfügung soll jetzt das deutsche Seminar eingehen, und an dessen Statt ein dänisches errichtet werden. Eine Lehranstalt für künftige

Prediger ward von demselben Stifter errichtet, ging aber schon 1762 ein. — In dem Jahre 1227 ward ein Dominicanerkloster in der Osterstraße erbaut, aber 1517 eingeäschert und nachdem es wieder aufgebaut worden, 1523 den Mönchen genommen und von dem Könige Friedrich I. der Stadt zu einem Hospitale geschenkt. Dieses Gebäude wurde 1649 abgebrochen; von der Stadt neu erbaut, brannte es 1726 ab und ward 1731 wiederum aufgeführt und zu einem Hospitale eingerichtet. Gegenwärtig werden hier 30 alte Leute beiderlei Geschlechts sehr gut verpflegt. In dem Gebäude ist ein zum Gottesdienste bestimmter Saal 1821 neu eingerichtet und mit einer Orgel versehen. Das Hospital hat Ländereien auf dem Stadtfelde und in Humtrup, auch einige Lansten im letztgenannten Dorfe und in Grelsböl. — Das von dem Physicus Krichauff im Jahre 1776 gestiftete Krankenhaus mit der Verpflegungsanstalt für Arme ging nach Verlauf weniger Jahre wieder ein und ward 1826 zu einem Armen-Arbeitshause eingerichtet; aber nach kurzer Zeit mußte auch diese wieder aufgehoben werden, weil die Fonds unzureichend waren. Dieses Haus ward 1835 für Rechnung der Commüne verkauft. — Die Stadt ist in mehrere Armendistricte eingetheilt, deren jedem ein Armenpfleger vorgesetzt ist. Für Rechnung der Armencasse ist 1826 ein Armenhaus in der Osterstraße erbaut, worin die Hülfsbedürftigen freie Wohnung erhalten. Tondern hat 2 s. g. Todtengilden; Spar- und Leihcasse seit 1820. — Märkte werden hier ein Krammarkt am Michaelistage und am Donnerstage nach Pfingsten, womit zugleich ein Wollmarkt verbunden ist, und mehrere Vieh- und Pferdemärkte gehalten. — Das älteste Statut einer Schützengilde in der Stadt ist aus dem Jahre 1546. — Die Stadt besitzt eine große Menge öffentlicher Brunnen, von denen 33 von Quellen und 3 von Wasserleitungen aus der Vidaue Zufluß bekommen. — Zu der Stadt gehören mehrere um dieselbe belegene Ländereien, welche ein Areal von 1186 Steuert. haben. Die östlich und nördlich liegenden bestehen aus hohem, theils sandigten, theils lehmigten Lande; die westlich und südlich belegenen haben größtentheils eine niedrige Lage, sind aber nicht eigentliches Marschland. Das Marschland hat ein Areal von 660 Dem. und contribuirt zu den Deichslasten. — Im Jahre 1800 ist an der Nordseite der Stadt eine öffentliche Promenade angelegt, welche mit mehreren Tausend Bäumen bepflanzt und mit zwei Pavillons versehen ist. — Das in Tondern dem Heil. Laurentius geweihte Franziscanerkloster wurde 1238 von dem Ritter Johannes Ravnesön und seiner Ehefrau gestiftet und lag in der Westerstraße in der Nähe des Schlosses. Die Kirche, wahrscheinlich zugleich die Pfarrkirche, da die Nicolaikirche nur eine Capelle war, kam erst 1247 zu Stande. Diese Kirche ging in einer Feuersbrunst zu Grunde, ward aber wieder erbaut. Das Kloster ging auch nach der Reformation, etwa 1530 ein, und die Kirche wird bis zum Jahre 1592, da die jetzige Stadtkirche erbaut wurde, zum Gottesdienste benutzt sein. — Das vormalige an der Vidaue belegene Schloß, dessen Erbauung nicht mit Bestimmtheit angegeben werden kann, war nicht sehr groß, aber in früherer Zeit sehr stark befestigt; es hatte Mauern, breite und hohe Wälle und war an allen 4 Seiten mit Rondelen versehen. Von den Schicksalen desselben ist folgendes bekannt. Im Jahre 1271 ward es von dem Könige Erich Glipping eingenommen und fast gänzlich zerstört, darauf wieder hergestellt, aber 10 Jahre nachher unter der Regierung des Herzogs Waldemar eingenommen und wiederum abgebrochen. Nachdem es wieder aufgebaut war und die Werke mehr befestigt waren, wurde es 1304 mit der Stadt an Erich Krummendick verlehnt, und 1357 von den Holsteinern unter dem Grafen Adolph belagert und eingenommen. 1340 verpfändete der Graf Waldemar es an den Grafen Gerhard; 1404 erhielt die Königin Margaretha es als Pfand zugleich mit dem Amte Tondern, 1416 belagerte der Herzog Heinrich es und obgleich Claus v. Thienen es tapfer vertheidigte, mußte es sich dennoch ergeben; 1422 ward es von den Dänen aber vergebens belagert; 1470 verpfändete der König Christian I. dem Amtmann H. Pogwisch das Amt mit dem Schlosse; der Amtmann mußte seines tyrannischen Verfahrens wegen 1479 das Land verlassen und der König zog das Pfand ein. Bei der im Jahre 1490 vorgenommenen Theilung fiel es dem Herzoge Friedrich zu, der es 1519 sehr verbessern ließ; 1778 ward es durch 2 Rondele verstärkt, neue Wälle wurden aufgeworfen und vieles Geschütz dahin geführt; 1585 geschah eine bedeutende Reparatur, wozu die Nordstrander allein 2245 ℳ contribuiren mußten; 1629 wurde das Schloß von den Dänen belagert und der Amtmann W. Blome übergab dasselbe, da die Besatzung nur sehr schwach war. In den Jahren 1676 und 1677 ließ der König Christian V. die Wälle und Befestigungswerke schleifen; 1699 wurde ein Thurm und 1750 und im folgenden Jahre das Schloß gänzlich abgebrochen und nur das Pförtnerhaus blieb übrig, welches als Gefangenhaus benutzt wird. — Städtische Einnahmen 1834: 15,692 Rbthlr. 21 b/ß, Ausgaben: 12,614 Rbthlr. 30 b/ß. — Stadtschuld: 78,336 Rbthlr. 84 b/ß, Activa: 10,299 Rbthlr.

Torbek, eine Landstelle auf der Halbinsel Kekenis, A. Sonderburg, Süderh., Ksp. Kekenis, Schuldistr. Oesterbye.

Tordschell (Thorskiel), eine Großkathe (¼ Pfl.) 2¼ M. nördlich von Schleswig, A. Gottorf, Satruph., Ksp. Havetoft, Schuldistr. Havetoftloit. Eine davon abgelegte Stelle heißt Schwennholz. Tordschell soll den Namen von dem heidnischen Gotte Thor erhalten haben und ward anfänglich Thorskilde (Thorsquelle) benannt; eine Quelle befindet sich noch daselbst im Garten. — Areal: 64 Steuert. — Der Boden ist sehr ergiebig. — Auf der Feldmark waren vormals mehrere Grabhügel, in welcher sich Grabkammern befanden.

Tornburg (Twerenburg), eine kleine Landstelle bei Wennemoes, im Amte Tondern, Nordtonderh., Ksp. Abild.

Tornschau (Tornskov), Dorf an der Treene, 1¾ M. südlich von Flensburg, A. Flensburg, Uggelh., Ksp. Eggebek, Schuldistr. Keelbek; 1 Halbh., 2 Viertelh. und 1 Kathe, welche alle zum vormaligen Schlesw. Domcapitel gehörten. — Areal: 152 Steuert. — Auf der Feldmark sind mehrere Grabhügel.

Tornskov, 2 Vollh. und 2 Instenst. (2 Pfl.) nördlich von Lygumkloster, an der Landstraße nach Ripen, A. Lygumkloster, Ksp. Norderlygum, Schuldistr. Lygumgaard. — Schmiede, Ziegelei. — Im Jahre 1349 verpfändete Erich, Abels Sohn, an Hennekinus Barnefather die Curia Tornskov und 2 Lanstenstellen. 1486 schenkte Niß Nielsen in Lygum dem Kloster alles Land was er auf der Tornskover Feldmark besaß. — Areal: 157 Steuert.

Torntved, ein ehemaliges Dorf im Gute Gram, A. Hadersleben, Frösh., Ksp. Fohl. Nach einem alten Amtsregister aus dem Jahre

1580 ward für Torntvedfeld eine Abgabe von den Einwohnern in Ganderup entrichtet.

Touskov, ein ehemaliger Edelhof im Amte Hadersleben, unweit des Dorfes Mölbye, im Ksp. Orenvad. Der letzte Besitzer, welcher um die Mitte des 16. Jahrhunderts lebte, soll einer aus der Familie v. Rantzau gewesen sein. Der Hof ward von dem Könige Christian III. eingezogen, als der Besitzer die Zollcontravention begangen hatte, mehrere starke Transporte Ochsen, um die Zollstätte zu umgehen, durch die Aue treiben zu lassen. Die Ländereien des Hofes sind in Parcelen getheilt, von denen 2 Parcelen bebaut wurden.

Trädholm, 2 Kathen im Amte Tondern, Slurh., Ksp. Hoist, Schuldistr. Oster=Hoist.

Trä=See, ein See zwischen Groß=Solt und Oeversee, im Amte Flensburg, aus dem die Treene entspringt. Derselbe hat ein Areal von 200 Ton., ist sehr fischreich und wird von dem Königl. Amte verpachtet.

Tranbüll (Unter=Tranbüll), 4 vom Hoffelde des Guts Rundhof abgelegte Parcelenstellen, von denen eine gewöhnlich den Namen Pattburgredder führt; Cappelerh., Ksp. Esgrus. — Areal: 97 Hdtsch. — Ueber das niedergelegte Dorf Tranbüll s. Esgrus.

Tranderup, Kirchdorf auf der Insel Aeröe, Bisthum Alsen und Aeröe. Dieses Dorf enthält 16 Vollh., 1 Fünfachtelh., 6 Halbh., 1 Viertelh., 9 Kathen, 2 Hufenparcelenstellen, 22 Instenst. und 9 Häuser (19¾ Pfl.); der südliche Theil (3 Vollh., 1 Halbh. und 1 Viertelh.) heißt Ornum; einige ausgebaute Hufen Bornäs. — Kirchspielsschule. — Armenhaus, Wirthshaus, Schmiede und mehrere Handwerker. — Die Kirche und der Pfarrhof liegen in Ornum. Die Kirche ist alt und nur klein, hat aber einen 1832 von neuem aufgeführten Thurm. Aus katholischen Zeiten sind hier einige Heiligenbilder und ein Räucherfaß. — Der König ernennt den Prediger. — Eingepfarrt: Bornäs, Ornum, Tranderup, Vindeballe, Budrup. — Bei Bornäs soll der Sage nach eine Räuberburg Stylteborg gestanden haben, und von den Steinen dieser Burg soll die Tranderuper Kirche erbaut sein. Auf der Feldmark, nahe an einem Grabhügel Lykkeshöi ist ein übrig gebliebener Theil einer viereckigten Befestigung, welche Vorrevold (Burgwall) heißt. — Vz. des Ksp.: 873.

Tranholm, eine Parcelenstelle nordwestlich von Satrup, A. Gottorf. Satruph., Ksp. und Schuldistr. Satrup.

Trasbüll (Traasbüll), Dorf 1½ M. südöstlich von Apenrade, A. Apenrade, Lundtofth., Ksp. Feldsted. Zum Amte gehören 2 Dreiviertelh., 1 Halbh. und 16 Instenst.; zum Gute Kjeding 1 Vollh., 12 Halbh. und 3 Kathen; zum Gute Grüngrift 3 Kathen. Eine ausgebaute Kathe heißt Vognskjär (Wunskjär). — Districtsschule. — Wirthshaus, Schmiede. — Der Boden ist von ziemlicher Güte. — Ein Grabhügel heißt Arksteen.

Traustedt (ehem. Trockstede), Dorf 1 M. nordöstlich von Tondern, A. Tondern, Nordtonderh., Ksp. Abild; 3 Bohlstellen und 3 kleine Landstellen (1 Pfl.). Zwischen diesem Dorfe und dem Dorfe Wennemoos liegen 3 Colonistenstellen, zur Colonie Friedrichsgabe gehörig; östlich liegen 2 kleine Landstellen Trilde und nördlich 1 Parcelenstelle Jesperlund. — Schuldistr. Wennemoos. — Der Boden ist zum Theil lehmigt und von ziemlicher Güte, zum Theil Haideland.

Treene. Dieser in der ältesten Zeit schon bekannte Fluß, welcher schon zur Zeit des Königs Knud des Großen dazu benutzt sein soll, daß die Engländer bei ihrem starken Handel nach Schleswig Waaren auf demselben bis nach Hollingstedt führten, hat wegen seiner vielen Krümmungen eine Länge von 10 Meilen und entsteht aus 2 Auen, Kielstaue und Bondenaue, welche in den Kirchspielen Sörup und Husbye (A. Flensburg) anfangen und sich bei Groß-Solt zu einem kleinen See Namens Trä-See (s. Trä-See) vereinigen. Von diesem an heißt der Fluß die Treene, läuft durch Oeverse, nimmt hier einzelne nördlich belegene kleine Bäche auf, und wendet sich darauf Eggebek vorüber nach Süden, worauf er bei Sollerup die Jerrisbek an der rechten, und südlicher bei Sollbroe die Helligbek an der linken Seite aufnimmt. Von da an wird er breiter, läuft durch Treya, nimmt dann die vom Arenholzer-See kommende Arensbek auf, und fließt Hollingstedt vorbei, unterhalb welches Kirchdorfs sich die Reideraue in ihn ergießt, in einer Breite von mehr als 100 Ellen längs dem Büngerkooge, der Treenmarsch und dem Schwabstedterkooge vorüber bis Süderhövd, wo er sich gegen Westen wendet, das Kirchdorf Schwabstedt vorbei nach Friedrichstadt fließt, hier 200 bis 250 Ellen breit wird, die Stadt in 2 Armen umgiebt und durch die im Jahre 1770 angelegten Neuwerks-Schleusen in die Eider fällt. Die Brücken über die Treene sind bei Sollbroe, bei Treya und Hollingstedt; Fähren bei Fresendelf, bei Hude und Schwabstedt. Der Fluß kann mehrere Meilen weit mit kleinen Fahrzeugen beschifft werden. Vor der Anlegung der Schleusen bei Friedrichstadt hatte die Treene auch Ebbe und Fluth, wodurch damals auch bedeutende Ueberschwemmungen entstanden. — Längs der Treene waren vormals mehrere alte Burge oder Blockhäuser angelegt, von denen sich noch Spuren finden, als Harenburg, **Treeneburg, Fresenburg, Bremsburg** und **Drellburg.**

Treenmarsch, eine Marschstrecke in der Landschaft Stapelholm, 1 M. lang und ¼ M. breit, zwischen der Treene und der Schleswiger Landstraße. Antheil an derselben haben die Dörfer Norderstapel, Bergenhusen und Wohlde. Ehemals ging die Landstraße durch diese Marsch, in welcher sich viele alte Werften finden. Der Norderstapeler Antheil heißt Papenbrok, Treenbrok und Tüschendamm; ein ehemaliger unvollendeter Canal um die Marsch in den Norderstapeler See zu entwässern, heißt Dusendmarksglaad. In den zum Bergenhusener Antheil gehörigen Districten Kaselau, Blomendahl, Schierloh u. s. w. finden sich die s. g. Eekbargen, alte Werften, auf denen einst Häuser standen, ungefähr 10 an der Zahl; hier soll die untergegangene Ortschaft **Treenstadt** gelegen haben. In dem nördlichsten Theil, dem Wohlder Antheil, zeigen eine Menge Werften die Stelle des alten Dorfes Wohlde (s. das.); außerdem sind hier in der Nähe der Reste der alten Landstraßen noch manche Baustellen größerer und kleinerer ehemaliger Wohnungen. Nur die Dorfschaft Norderstapel unterhält noch ihren Treendeich an dieser Marsch, wogegen die Dörfer Bergenhusen und Wohlde den ihrigen haben verfallen lassen.

Trelborg (vorm. Diräborch), 4 Halbh. (2 Pfl.) ¾ M. westlich von Lygumkloster, A. Lygumkloster, Ksp. Brede, Schuldistr. Bredebroe. Trelborg war ehemals ein Edelhof und ward von Andreas Trugelßen (1379—1412) für das Heil seiner Seele dem Kloster geschenkt. — Areal: 259 Steuert. — Der Boden ist sandigt.

Tremmelshörn, 1 Vollh. und 1 Halbh. im Gute Warleberg, Eckern=
förderh., Ksp. Gettorf, Schuldistr. Tüttendorf. — Areal: 90 Ton. à 260 □. R.

Treppe, 18 Kathen an der Landstraße zwischen Flensburg und Graven=
stein, ¼ M. südlich von Gravenstein, A. Apenrade, Lundtofth., Ksp. und
Schuldistr. Rinkenis. Von diesen gehören 11 Kathen zum Amte und 7 zum
Gute Gravenstein. — Wirthshaus. — Im letzten Kriege ward hier eine
Schanze angelegt.

Trersbüll, ein Haus im A. Husum, Wiedingh., Ksp. Neukirchen.

Treya, Kirchdorf an der Treene, 2 M. westlich von Schleswig, an
der Landstraße nach Husum, A. Gottorf, Treyah., Pr. Gottorf. — Die
Wohnungen liegen sehr zerstreut; ein Theil derselben nebst der Kirche
westlich und der andere Theil östlich von der Kirche. Dieses Kirchdorf
enthält der Lage nach 3 Theile: 1) die Kirche, die Predigerwohnung,
1 Fünfviertelh. und 2 Vollh., westlich vom Fluße über welchen eine 140 Fuß
lange hölzerne Brücke führt, wo Brückengeld bezahlt wird. — Die Bischöfe
von Schleswig erhoben hier ehemals einen Land= und Wasserzoll für
Waaren und Güter und der Bischof von Ahlefeld verpfändete 1507 diesen
Zoll für 250 ℳ an den Vicarius zum Rosenkranze Johann Rode; späterhin
erhob der Königl. Vogt zu Treya die Zollgebühren. — Die Kirche ist dem
St. Nicolaus geweiht, und soll 1400 erbaut, nach andern Nachrichten nur
vergrößert sein. Sie hatte vormals einen jetzt nicht mehr vorhandenen Thurm,
hat aber eine Orgel. Die Kirche hatte einen Lansten zu Oster=Ohrstedt. —
Der Prediger, dessen Wohnung sich durch ihre schöne Lage auszeichnet,
wird von dem Könige ernannt. — **Eingepfarrt:** Brekenrühe, Friedrichsfeld
(z. Thl.), Geilwang, Goosholz, Grüft, Harenburg, Holm, Jörtle, Jpland,
Krau, Nedderwatt, Osterkrug, Schippschau, Silberstedt, Treya, Westerkrug. —
2) **Oster=Treya,** östlich von der Treene; enthält 3 Viertelh., 3 Achtelh.,
(1 mit dem Brekenrüher Hofe vereinte Viertelh., nebst 1 Achtelh.) und 16
Kathen (1½ Pfl.). Ein in Oster=Treya belegenes, mit Privilegien versehenes
Wirthshaus heißt **Osterkrug** (vormals die Lindemannsche Hufe),gehört
aber zum A. Gottorf, Arensharde. — 3) **Wester=Treya,** westlich von der
Treene; 1 Dreiviertelh., 1 Fünfachtelh., 6 Viertelh. worunter eine Holzvogts=
stelle, 4 Achtelh. und 13 Kathen. (7 Pfl.) — Ein Wirthshaus heißt **Wester=
krug,** vormals ein Salarienkrug der Hardesvogtei. — Kirchspielsschule. —
Schmiede und mehrere Handwerker. — Es wird jährlich am 14. April
hier ein Pferdemarkt gehalten. — Areal: 484 Steuert. — Der Boden ist von
sehr verschiedener, aber allgemein nur mittelmäßiger Art; die Wiesen liegen an
beiden Seiten der Treene und sind vorzüglich gut; auch die Hölzungen und
Moore sind ziemlich bedeutend. Die Fischerei in der Treene wird von
dem Königl. Amte verpachtet. In der Nähe befinden sich 2 Königl. Gehege
Bremsburg (126 Ton.) und Kyerlöh (27 Ton.). — Vormals besaßen in
Treya die Schleswigschen Bischöfe ein durch einen Wall und Burggraben
befestigtes Schloß, welches 200 Ellen nördlich von der Kirche lag, und
von welchem noch Spuren vorhanden sind. Dieses Schloß soll zur Zeit
des Bischofs Nicolaus II. im Jahre 1263 zerstört sein; noch im Jahre
1759 kommt der Ausdruck Wallgebäude, welches zur Hardesvogtei gehörte,
vor. — Vz. des Ksp.: 867.

Trockenkoog (Alterkoog), ein Koog ¾ M. nordöstlich von Gar=
ding im Westerh. der Landschaft Eiderstedt, Ksp. Tetenbüll. Dieser Koog,
1285 eingedeicht, und von dem ein Theil **Rothenhörn** genannt wird,

gehört zur ſ. g. Marſchbühr; in demſelben liegen einige Höfe und Häuſer. — Schuldiſtr. Sieversfleth. — Areal: 786 Dem. 4 Sch. — Der Koog iſt nicht ſo trocken als der Name vermuthen läßt, ſondern hat vielmehr an ſeiner öſtlichen und nordöſtlichen Gränze eine niedrige Lage. Dagegen hat die Weſtſeite deſſelben vorzüglich gutes und hohes Marſchland.

Trögelsbye (vorm. Truwelsbye), 2 Dreiviertelh. und 1 Kathe Klein-Trögelsbye (vorm. Schiedengatt) genannt, im A. Flensburg, Husbyh., Kſp. Adelbye, A. Flensburg, der St. Marienkirche in Flensburg gehörig. Dieſes vormalige Gut (1½ Pfl.) war ehemals das Eigenthum eines Adelichen, Namens Peter Lund, deſſen Tochter Catharina im Jahre 1430 einen Theil dieſes Gutes der obengenannten Kirche ſchenkte. — Schuldiſtr. Adelbye. — Areal: 417 Hbtſch. 1½ Sch. (183 Steuert.).

Tüdal, 3 Halbh. an der Treene, 2 M. ſüdlich von Flensburg, A. Flensburg, Uggelh., Kſp. und Schuldiſtr. Eggebek. — Areal: 222 Steuert. — Der Boden iſt ziemlich gut und die Wieſen an der Treene ſind ausgezeichnet.

Tüttendorf, Dorf im Gute Warleberg, 1¾ M. ſüdöſtlich von Eckernförde, Eckernförderh., Kſp. Gettorf; enthält 5 Hufen und 13 Kathen. — Diſtrictsſchule. — Areal: 524 Ton. à 260 □. R.

Tved (Twedt), Dorf am Koldinger Meerbuſen, 3½ M. nördlich von Hadersleben, A. Hadersleben, Oſterth., Tyrſtruph., Kſp. und Schuldiſtr. Dalbye. Dieſes auf einer Anhöhe und an einer Mühlenaue belegene Dorf enthält 7 Hufen, 9 Landbohlſt. und 8 Inſtenſt. Eine ausgebaute Landbohle heißt Brändegaardshöi. — Armenhaus. — Erwerbzweige der Einwohner ſind außer dem Ackerbau die Schifffahrt und die Fiſcherei. — Der Boden iſt ſandigt und leicht. — In der Nähe dieſes Dorfes ſtand der Edelhof Tved-Hovgaard, im 16. Jahrhundert von der Familie Thedinghuſen bewohnt, welcher im 18. Jahrhundert abgetragen ward und ehemals 18 Pfl. enthielt. Zu demſelben gehörten die umliegenden Dörfer und ein Theil des Landes ſoll an die Stadt Kolding gekommen ſein.

Tved (Twedt), Dorf ¼ M. nordweſtlich von Tondern, A. Tondern, Nordtonderh., Kſp. und Schuldiſtr. Tondern; enthält 4 Bohlſtellen und 1 kleine Landſtelle (3¼ Pfl.). — Der Hardesvogt hat in dieſem Dorfe $\frac{1}{12}$ und der Kirchſpielvogt $\frac{7}{12}$ ſ. g. Beſoldungspflug. — Das Ackerland iſt von lehmigter Art.

Tving, eine Hufe in der Grafſchaft Reventlov-Sandberg, A. Sonderburg, Nübelh., Kſp. Düppel.

Twedt, Dorf 1½ M. nördlich von Schleswig an der Loiteraue, A. Gottorf, Struxdorfh., Kſp. Tolk. Dieſes alte Dorf, welches ſchon in Waldemars Erdb. genannt wird, enthält 1 Dreiviertelh., 1 Zweidrittelh., 1 Fünfneuntelh., 2 Halbh., 2 Vierneuntelh., 2 Dreiachtelh., 1 Drittelh. und 7 Kathen (7½ Pfl.). — Eine Kathe heißt Twedterfeld. — Zum Schleswigſchen Domcapitel gehörten 3 Vollh. (3 Pfl.), und 2 Kathen waren Vicarienlanſtenſtellen (ſ. Buſchau). — Diſtrictsſchule. — Wirthshaus, Schmiede und einige Handwerker. — Areal: 628 Steuert. — Auf der Feldmark liegt ein bedeutender Grabhügel, worin viele Urnen gefunden ſind. — Nach einer Urkunde des Lago Krenkius aus dem Jahre 1383 über die Vicariengüter der Schleswigſchen Kirche in Twedt wurden dieſe Güter zum Beſten der Heil. Dreifaltigkeitsgilde für 18 ℔ verkauft.

Twedt, 4 Halbh. ½ M. nordöstlich von Flensburg, A. Flensburg, Husbyeh., Ksp. und Schuldistr. Adelbye. — Areal: 266 Steuert. — Der Boden ist ziemlich gut.

Twedterholz, zerstreut liegende Kathen unweit des Flensburger Meerbusens ¼ M. nordöstlich von Flensburg, A. Flensburg, Husbyeh., Ksp. Adelbye. Diese Ortschaft welche in Ober= und Unterdorf eingetheilt wird, enthält 32 Kathen, von denen 25 Kathen zum Amte, 5 Kathen (10 Steuert.) Fahrensodde genannt zum Hospitale in Flensburg und 2 Kathen (4 Steuert.) zur Marienkirche gehören. — 3 Ziegeleien. — Zwei der zum Amte gehörigen Kathen mit ziemlichen Ländereien an der Scheide nach Glücksburg nebst einer Ziegelei heißen Meierwiek, welcher Name auch auf den ganzen westlichen Theil von Twedterholz ausgedehnt wird. (s. Meierwiek). — Districtsschule. — Der Boden ist zum Theil sandigt.

Tychskov (Tykskov, Tüchschau), Dorf an der Landstraße von Tondern nach Lygumkloster, 1 M. nördlich von Tondern, A. Lygumkloster, Vogtei Abild, Ksp. Abild; 3 Bohlstellen, 2 kleine Landstellen und 1 Stelle ohne Land (2 Pfl.). — Schuldistr. Söllstedt. — Ein Erwerbzweig ist das Spitzenklöppeln. — Areal: 144 Steuert. — Der Boden ist nur von mittelmäßiger Art.

Tyrholm, 2 Viertelh. (½ Pfl.) an einer kleinen Aue, nordwestlich vom Dorfe Raubjerg, A. Hadersleben, Norderrangstruph., Ksp. Oster= Lygum, Schuldistr. Raubjerg. Diese Stellen gehörten nach einer Dings= winde aus dem Jahre 1480 dem Lygumer=Kloster. — Areal: 106 Ton. 8 Sch. à 320 □.R. — Der Boden ist ziemlich gut.

Tyrstrup (Thyrstrup), Kirchdorf 1¼ M. nördlich von Haders= leben, A. Hadersleben, Osterth., Tyrstruph., Pr. Hadersleben; enthält außer der Prediger= und Küsterwohnung, 6 Hufen, 18 Landbohlen und 13 Instenstellen; 2 ausgebaute Landbohlen heißen Rodsell und Skois= holt, eine südlich belegene Kampesmose. — Hauptschule mit 2 Classen. — Wirthshaus, Schmiede und mehrere Handwerker. — Eine Kirche ist hier schon sehr früh gewesen und sie war vermuthlich die alte Hardeskirche. Sie liegt nordwestlich vom Dorfe an der Tapsaue, ist groß, dauerhaft gebaut, mit Blei gedeckt und hat einen breiten Thurm und eine Orgel. Der Altar und die Kanzel sind von Bildhauerarbeit aus dem Jahre 1558. — Der König ernennt den Prediger der auch bei der Kirche zu Hjerndrup angesetzt ist. — Eingepfarrt: Bögeskov, Faustrup, Favervraae, Favervraaegaard, Hamhuus, Höckelbjerg (z. Thl.), Hvindrup, Hvindruplyk, Kampesmose, Kjeldergaard, Klaaborg, Kokjär, Kokjärgaard, Korsbjerg, Krogager, Oester= gaard, Rodsell, Seggelund, Skoisholt, Söndergaard, Steenskroe, Stene= vadhuus, Tagkjär, Taarning, Tyrstrup, Tyrstrupgaard, Vesterskov. — In der Nähe der Kirche ward vor mehreren Jahren nach der Bestimmung eines Testaments der Kammerherrin Christina von Holstein ein sehr gut eingerichtetes Armenhaus für 12 Arme aus der Tyrstruper Gemeinde auf= geführt. Diese Stiftung heißt **Christine Friederiken Stiftung.** — Der Boden ist eben und fruchtbar. — Bz. des Ksp.: 1653.

Tyrstrupgaard, Hof 1¼ M. nördlich von Hadersleben, A. Haders= leben, Osterth., Tyrstruph., Ksp. Tyrstrup. — Dieser vormalige Edelhof liegt in einer angenehmen Gegend westlich von Christiansfeld. In früherer Zeit besaß ihn die Familie Emichsen, späterhin 1540 der dänische Reichs= rath Peter Ebbesen Galt, darauf v. Ahlefeld, 1599 v. Rantzov; 1617 ward

Uberg.

der Hof an den König Christian IV. verkauft und 1764 in 7 Parcelen getheilt, aber deren Verkauf nicht approbirt, 1771 ward er in 2 Parcelen an die Mährische Brüdergemeinde für 20,000 Rthlr. verkauft, welche auf dem Hoffelde den Gemeindeort Christiansfeld anlegten. — Der Hof hat ein Areal von 174 Ton. à 240 ☐. R. und wird von der Brüdergemeinde zu Christiansfeld verpachtet.

U.

Uberg (Ubjerg), Kirchdorf ½ M. südwestlich von Tondern, A. Tondern, Südtonderh., Pr. Tondern; enthält außer der Wohnung des Predigers und des Küsters 5 Bohlstellen, 7 kleine Landstellen und 6 Häuser (2¾ Pfl.). Eine ausgebaute Bohlstelle heißt Engholm (Berg). — Schule. — Wirthshaus. — Die Kirche gehörte ehemals zur Ripener Diöcese. Sie liegt zwischen 2 kleinen Seen, Süder=See und Norder=See, ist ein ziemlich altes, recht schönes Gebäude von Ziegelsteinen, aber ohne Thurm. Der Kirche gehören 2 Festebohlstellen in Seeth und Bremsbüll. — Zur Wahl des Predigers, präsentiren der Amtmann und der Probst, die Gemeinde wählt. — **Eingepfarrt**: Bjerremark, Bremsbüll, Engholm, Mühlenhaus, Seeth, Smaholm, Uberg. — Der Boden ist theils lehmigt, theils sandigt. — Vz. des Ksp.: 465.

Uenewatt, ein parcelirtes adel. Gut in der Munkbrarupharde. Der Stammhof liegt 2¼ M. östlich von Flensburg, Ksp. Grundtoft. Die Bürger Henning und Claus Koken kauften Undewatthof, welchen Kauf der Herzog Adolph 1446 bestätigte. Später war dieses Gut im Besitze der Familie v. Ahlefeld, 1533 des Schack v. Ahlefeld, nach ihnen der Familie Petersen oder v. Deden, 1543 Peter v. Deden, 1607 v. Schack, 1610 v. Ahlefeld, 1619 kaufte der Herzog Hans von Glücksburg es für 21,000 Rthlr. Species. Der Herzog Philipp veräußerte aber den Stammhof 1641 an Rasch für 18,120 ℳ, 1648 v. d. Wisch, 1672 v. Wohnsfleth (12,600 ℳ); 1679 erhielt dieses Gut der Herzog Christian von Glücksburg, dieser schenkte es seiner Gemahlin Agnes Hedewig und ließ ein neues Wohnhaus aufführen, welches den Namen Hedewigshof erhielt, der aber nicht beibehalten ist, 1701 erwarb den Stammhof A. Clausen; 1721 überließ Herzog Philipp Ernst 3 Pfl. dem Gute Lundsgaarde und 3 den Untergehörigen. Das Gut, dessen Stammhof sehr oft die Besitzer wechselte, kam von dem Glücksburger Hause 1779 an den König, ward 1758 parcelirt und es ist nur eine kleine Stammparcelenstelle übrig geblieben; Besitzer: H. H. Franzen. Das ganze Gut, welches mit Rübel und Norgaard einen Inspector hat und für 3 Pfl. contribuirt, hat ein Areal von 566 Ton. à 260 ☐. R. (544 Steuert.) und zu demselben gehören der Stammhof, der Meierhof Ellgaard, und Theile der Ortschaften Uenewatt und Uenewattholz, Nordballig, Terkelstoft, Dollerupholz, Bönstrup, Langballig und Brodersbye. Von den 25 Parcelen (zus. 313 Hdtsch. 3 Sch. 23 R.), sind 10 bebaut. — Die Stammparcele hatte ursprünglich nur 13 Hdtsch. 1 Sch. 1 R., dazu sind aber 4 Parcelen zugekauft, so daß jetzt diese Stelle ein Areal von 88 Hdtsch. 4 Sch. 2 R. hat. 2 andere Parcelenstellen heißen **Trollkjär** und **Kroyberg**. — Zahl der Einw.: 323. — Contrib. 134 Rbthlr. 38 b/ß, Landst. 163 Rbthlr. 32 b/ß, Haussst. 15 Rbthlr. 16 b/ß.

Uenewatt, Dorf an einer Aue, 2 M. östlich von Flensburg, A. Flensburg, Ksp. Grundtoft. Von diesem seiner anmuthigen Lage wegen oft von Fremden besuchten Dorfe, gehören zum Amte Flensburg, Husbyeh., 2 Vollh., 1 Sechssiebentelh., 1 Dreiviertelh., 1 Viertelh., 1 Siebentelh., 5 Kathen und 2 Instenstellen; 2 ausgebaute Hufen und 1 Kathe heißen Uenewattfeld. Zum Gute Uenewatt, Munkbraruph., gehören 2 Hufen und 3 Kathen. — Schuldistricte: Grundtoft und Langballig. — Hier ist eine Stampfmühle, eine Windmühle und eine bedeutende Färberei. — Areal zum Amte Flensburg: 243 Steuert., zum Gute Uenewatt: 116 Steuert. — Der Boden ist sehr gut.

Ufkebüll, eine vormalige Kirche in der Bökingharde, ½ M. nordöstlich von Ockholm in der Nähe des Dorfes Effkebüll. Das Kirchdorf bestand noch 1407; die Kirche war im Jahre 1436 vergangen und es wird nur noch des Kirchhofes erwähnt. In den ältesten Zeiten soll Langenhorn hier eingepfarrt gewesen sein.

Uhlebüll (vorm. Ulysbüll), Dorf 2¼ M. südlich von Tondern, A. Tondern, Bökingh., Ksp. Niebüll; enthält 29 Landstellen und Häuser (5 Pfl.). Südlich vom Dorfe liegt eine Königl. Korn- und Graupen-Mühle. — Nebenschule. — Areal: 274 Steuert. — Der Boden ist im Ganzen nicht von besonders guter Art. — Im Jahre 1609 wird der Uhleböller-Koog, als ein Theil des Interessentenkoogs erwähnt.

Uhlenberg, einige Häuser nördlich von Gammellund, im Amte Gottorf, Vogtei Bollingstedt, Ksp. Eggebek.

Uhlenhorst, adel. Gut an der Mühlenbek in der Eckernförderharde; der Haupthof liegt ¾ M. nordwestlich von Friedrichsort, Ksp. Dänischenhagen. Dieses Gut steht in der Landesmatrikel zu 3 Pfl. Es war früher ein Meierhof des Guts Knoop, ward aber 1803 davon verkauft und 1806 in die Zahl der adel. Güter aufgenommen. Besitzer: 1803 Dittmer, 1819 Friderici. Zum Gute gehört das Dorf Lehmkathen (Uhlenhorst). — Schuldistr. Altenholz. — Das Areal dieses Guts beträgt: 617 Ton. 97 R. à 240 □. R., darunter sind beim Hofe an Acker und Wiesen 355 Ton. 197 R., an Hölzung und Moor 16 Ton. 123 R.; an die Untergehörigen in Zeitpacht gegeben, an Acker und Wiesen 201 Ton. 95 R., an Hölzung und Moor 43 Ton. 162 R. (521 Steuert., 81,960 Rbthlr. Steuerw.). — Das Land ist von vorzüglicher Güte; die Wiesen am Fuhlen-See und an der Aue sind bedeutend; 10 Ton. Moor sind von Kaltenhof angekauft. — Das Wohnhaus, 1805 erbaut, ist einstöckig und von Brandmauern. — Zahl der Einwohner: 111. — Südlich vom Hofe lagen auf einer Anhöhe 5 sehr große Begräbnißhügel, 2 davon sind abgetragen. — Contrib. 134 Rbthlr. 38 b/ß, Landst. 170 Rbthlr. 70 b/ß.

Uk (Uck, vorm. Ukäe, Uge), Kirchdorf 1¼ M. südwestlich von Apenrade, an der Ukebek, A. Apenrade, Lundtofth., Pr. Tondern. Zum Amte gehören außer der Prediger- und der Küsterwohnung, 1 Dreiviertelh., 11 Halbh., 3 Viertelh., 7 Kathen und 18 Instenst. (7⅔ Pfl., außer des Kirchspielvogts 11/16 Besoldungspflug); zum Gute Ahretoft 7 Halbh. und 4 Kathen; zum Gute Aarup 1 Hufe. Ausgebaute Stellen heißen Porsböl, Ligaard, ein Wirthshaus an der Landstraße Petersborg, Urnehöyd (s. Urnehöyd) und Kasyraa. — Districtsschule. — Ziegelei, Armenhaus, Wirthshaus, Schmiede und mehrere Handwerker. — Die Kirche soll anfangs nur eine Capelle für das Dorf Uk allein gewesen sein. Sie ward mit dem Dorfe 1627 während des Krieges von den Kaiserlichen abgebrannt. Die jetzige 1632 erbaute Kirche, von unbehauenen Feldsteinen, ist nur klein und hat keinen Thurm. Ein alter Taufstein von Granit ist mit Arabesken verziert und mit Runenschrift versehen. Das Glockenhaus steht östlich von der Kirche. — Der Prediger wird von dem Amtmanne und von dem Probsten präsentirt; die Gemeinde wählt. — **Eingepfarrt:** Almstrup, Fausböl, Kasbraa, Lautrup, Ligaard, Petersborg, Porsböl, Uk, Urnehövd. — Areal zum Amte: 904 Steuert.; zum Gute Ahretoft: 815 Ton. 34 R. à 260 □. R. — Der Boden ist von mittlerer Güte, und die Moore sind ziemlich einträglich. — Auf der Feldmark sind einige Grabhügel; in einem derselben ward ein eichener Sarg und ein Stein mit einem Wappen gefunden. Südlich vom Dorfe sind Ueberbleibsel einer Schanze. Von diesem Dorfe stammt vermuthlich die Familie v. Uck oder Uken; 1339 Peter Uck und etwas später Joh. Uck. — Bz. des Ksp.: 418.

Uldal, Dorf 2¼ M. westlich von Hadersleben, A. Hadersleben, Osterth., Gramh., Ksp. und Schuldistr. Skrydstrup; 4 Halbh., 3 Viertelh., 4 Kathen und 8 Instenst.; 2 ausgebaute Hufen heißen Uldallund und Oestergaard. — Der Boden ist ziemlich gut.

Ulderup (vorm. Oldorp, Ugelthorp), Kirchdorf im Lande Sundewith, 1½ M. nordwestlich von Sonderburg, an der Landstraße nach Apenrade, A. Sonderburg, Nübelh., Pr. Sonderburg. Zum Amte gehören 7 Vollh., 4 Halbh., 9 Kathen und 15 Instenstellen; eine der Hufen als ehemalige bischöfliche Lanstenstelle gehörte zur Vogtei Sundewith; zum Gute Auenbölgaard gehören 1 Hufe, 2 Kathen und 1 Instenst.; 3 ausgebaute Hufen heißen Bögebjerg, Rehhof und Grönbäk (Grünbek). — Districtsschule. — Prediger-Wittwenhaus, 2 Wirthshäuser, Schmiede und mehrere Handwerker. — Die Kirche ist von Ziegelsteinen erbaut, geräumig und hell; das Chor und die Süder-Capelle sind gewölbt; die Orgel ist aus dem Jahre 1837. Sie hat seit dem vorigen Jahrhunderte keinen Thurm, sondern ein Glockenhaus auf dem Kirchhofe. Im Jahre 1506 stiftete der Kirchherr Thomas Jacobi hier eine Vicarie und eine Gilde St. Annen. An der Kirche sind 2 Prediger angestellt; beide werden von dem Könige ernannt. — **Eingepfarrt:** Auenböl, Auenbölgaard, Ballegaard, Ballegaardskoppel, Baurup (z. Thl.), Beuschau (z. Thl.), Beuschauholz, Blans, Blansgaard, Bögebjerg, Böyer, Brovel, Grashöi, Grönbäk, Hoyrük, Junkerhof, Kalund, Kasmoosmühle, Kopperholm, Laikjär, Lundsgaard, Lundsgaardsfeld, Moos, Nordskov, Ostermark, Philippsburg, Püllgaard, Rehhof, Ruhfast, Sandgraben, Schaugaard, Schnei, Skift, Stapel, Thumbroe, Ulderup. — Areal zum Amte: 517 Steuert. — Der Boden ist gut; die Hölzung heißt Nörremose. — Ein Berg in der Nähe des Dorfes heißt Bögebjerg, auf welchem man fast die ganze Insel Alsen, und sogar einige hohe Gegenstände auf Fühnen sehen kann; ein anderer ziemlich hoher Berg liegt nördlich vom Dorfe beim Pastorate. — Bz. des Ksp.; 1639.

Ulegraf, 7 Kathen im Ksp. Esgrus, von denen 4 zum Gute Brunsholm, Cappelerh., 1 zum Gute Rundhof, Cappelerh., und 2 zum Amte Flensburg, Nieh., von denen 1 zum Gute Südensee, gehören.

Ulegraf (Böel-Ulegraf), 8 Kathen, 2 M. westlich von Cappeln, Ksp. und Schuldistr. Böel. Zum Amte Gottorf, Strurdorfh., gehören 4 Kathen; zur Morkirchh. 3 Kathen und zum Gute Böelschubye, Strurdorfh., 1 Kathe. Die Morkirchhardener Kathen gehörten ehemals zum Gute Flarup.

Ulekuhl, 3 Kathen südlich von Dollrott, im Ksp. und Schuldistr. Boren, von denen 2 Kathen (10 Steuert.) zum Gute Dollrott, Cappelerh., und 1 Kathe (4 Steuert.) zum Amte Gottorf, Schliesh., gehören. — Wirthshaus.

Ulfhusum, 9 kleine Landstellen, 2¼ M. südwestlich von Tondern, A. Tondern, Wiedingh., Ksp. und Schuldistr. Horsbüll.

Ulkeböl, Kirchdorf auf der Insel Alsen, ½ M. nordöstlich von Sonderburg, an der Straße nach Augustenburg, A. Sonderburg, Augustenburgerh., Bisthum Alsen und Aeröe. Es enthält außer der Prediger- und Küsterwohnung 23 Bohlstellen von verschiedener Größe, 14 Kathen und 32 Instenstellen, von denen 8 Bohlstellen und mehrere Kathen und Instenstellen zum Gute Langenvorwerk und die übrigen Stellen zum Gute Rönhof gehören. Im Dorfe sind 2 Sonderburger Hospitallansten. Das Schleswigsche Domcapitel hatte hier vormals 1 Vollbohle und 1 Halbbohle. 2 Kathen heißen Spangkroe (Wirthshaus). — Districtsschule mit 2 Classen, Prediger-Wittwenhaus, Schmiede und mehrere Handwerker. — Die Kirche ist schön gebaut, hat an der einen Seite einen breiten Thurm mit einer Uhr und an der andern eine hohe Spitze; sie ist im Innern geschmackvoll eingerichtet und hat über dem Altare eine Orgel. Noch aus katholischer Zeit wird hier ein Altar von Bildhauerarbeit aufbewahrt. — Der Prediger wird von dem Könige ernannt. — Eingepfarrt: Arnkiel, Bagmose, Engelshöi, Hesselhog, Kjär, Klinting, Langenvorwerk, Mölbye, Revlingbjerg, Rönhof, bei Sonderburg, Spangkroe, Steenholt, Süderholz, Sundsmark, Ulkeböl, Vollerup, Wormstoft. — Schon in einer Urkunde aus dem Jahre 1245 wird Ulkeböl genannt und 1423 schenkte Peter Stoed einige Güter im Dorfe dem Vicariatdienste zum Altare St. Mariä an der St. Georgscapelle in Sonderburg. — Der Boden des Dorfes ist im Ganzen genommen gut und fruchtbar. — Vz. des Ksp.: 1870.

Ullerup, Dorf 2¼ M. südlich von Ripen, Ksp. und Schuldistr. Skjärbäk. Dieses kleine Dorf enthält nur 3 Hufen und 2 Landbohlen, von denen 2 Hufen und 2 Landbohlen (1 $\frac{42}{57}$ Pfl., 158 Steuert.) zum Amte Hadersleben, Westerth., Hviddingh., und 1 Hufe zur Grafschaft Schackenborg gehören. Ein nordwestlich vom Dorfe belegener, vormaliger Freihof heißt Ulleruplund (Ullerupgaard), contribuirt für 1 Pfl. und gehört zum Amte Hadersleben. Im Jahre 1550 war der Hof im Besitze der Familie v. Sehestedt. Späterhin kam er an die Familie Winther, und dann an die Familie Lund. — Auf der Ulleruper Feldmark befinden sich einige Grabhügel.

Ulmölle (Uhlmühle), eine ehemalige Wassermühle, jetzt ein Wirthshaus (½ Pfl.) an der östlichen Landstraße von Ripen nach Tondern, Ksp. und Schuldistr. Skjärbäk. Es gehört zum Amte Lygumkloster, Vogtei Skjärbäk.

Ulsbye (Uelsbye), Kirchdorf an einer kleinen Aue, 1¾ M. nördlich von Schleswig, A. Gottorf, Struxdorfh., Pr. Gottorf. Dieses in einem Thale und anmuthig belegene Dorf enthält außer der Prediger- und der Küsterwohnung 1 Fünfachtelh., 6 Halbh., 1 Dreiviertelh., 1 Achtelh., 1 Parcelenstelle und 2 Kathen ($5\frac{5}{16}$ Pfl.). — Districtsschule. — Armenhaus. Wirthshaus, Schmiede und einige Handwerker. — Die Kirche, vormals eine Capelle, soll der Sage nach von einer adel. Jungfrau die hier wohnte erbaut sein; sie ist nur klein, von Ziegelsteinen aufgeführt, und

Ulsbyeholz.

mit einer Thurmspitze versehen. Die Kirche hat mit Fahrenstedt einen Prediger gemeinschaftlich, den der König ernennt. — **Eingepfarrt:** Holzmühl (z. Thl.), Quastrup, Stade, Ulsbye, Ulsbyeholz. — Der Boden ist sehr fruchtbar. — Vz. des Ksp.: 342.

Ulsbyeholz, Dorf nördlich vom Kirchdorfe Ulsbye, 1¾ M. nördlich von Schleswig, A. Gottorf, Strurdorfh., Ksp. und Schuldistr. Ulsbye; enthält 1 Halbh., 2 Viertelh., 8 Parcelenstellen und 3 Kathen. Eine Parcelenstelle ist eine Königl. Holzvogtswohnung. — Die Ländereien bestehen aus urbar gemachten Holzgründen welche ehemals zum Kirchdorfe gehörten und gut cultivirt werden.

Ulsnis, Kirchdorf unweit der Schlei, an einem kleinen Bache, 2 M. nordöstlich von Schleswig, A. Gottorf, Schliesh., Pr. Gottorf. Dieses Dorf gehörte vormals zum Schlesw. Domcapitel und enthält außer der Prediger= und Küsterwohnung 3 Zweidrittelh., 8 Fünfneuntelh., 1 Dreiachtelh., 3 Kathen, 1 Parcelenstelle und 1 Instenstelle; 9 Hufen liegen südlich vom Bache und heißen **Neunmänner** und 3 nördlich vom Dorfe werden **Dreimänner** genannt. Die Parcelenstelle heißt Rott, eine Schmiede **Garkels.** — Districtsschule. — Armenhaus, Wirthshaus. — Die Kirche ist 1338 dem heil. Wilhadus zu Ehren geweiht; sie ist von Ziegelsteinen aufgeführt, ohne Thurm und der westliche Theil scheint älter; im Innern ist sie einfach, macht aber durch den schönen Altar und die über demselben befindliche Orgel einen angenehmen Eindruck. Ueber der Thüre ist ein schönes Basrelief von Granit, und am Fundamente der äußern Mauer sind mehrere Figuren ausgehauen. Im Jahre 1506 weihte der Bischof hier 2 Altäre ein. Das Glockenhaus steht wahrscheinlich auf einem alten Grabhügel. — Der Prediger wird von dem Könige ernannt. — **Eingepfarrt:** Assegünt, Brensdiek, Brebelholz (z. Thl.), Büche, Dallacker, Garkels, Gundebye, Heselmühle, Hestoft, Hökemoos, Kalkjärgaard, Kirchenholz, Kius, Kiusbek, Kiusweg, Knappersfeld, Krock, Langholz, Rott, Schmedeland, Steinfeld, Tweberg, Ulsnis, Wackerade. — Areal: 690 Steuert. — Der Boden ist von vorzüglicher Güte; mehrere Hufen besitzen Hölzungen. Die Obstbaum= und Bienenzucht wird hier ziemlich stark betrieben. — Der Prediger und der Küster behaupten das Recht in der Schlei zu fischen. — Vz. des Ksp.: 1152.

Ulstrup, Dorf 1 M. nordöstlich von Flensburg, Munkbraruph., Ksp. Munk=Brarup; 7 Vollh., 1 Halbh. und 6 Kathen (7½ Pfl.) von denen einige nördlich am Wege nach Glücksburg belegene **Ulstrupfeld** genannt werden. — Areal: 440 Ton. 4 Sch. à 320 □. R. (455 Steuert.). — Der Boden ist von ziemlicher Güte; die Wiesen sind einträglich und alle Hufner besitzen Festehölzungen. Von den Feldern heißen einige Greff, Dammsbjerre, Raubjerre, Ofter=Kolk, Hau.

Ulstrup, Dorf ½ M. nördlich von Lygumkloster, A. Lygumkloster, Ksp. Norder=Lygum; 1 Vollh., 1 Halbh., 2 Viertelh. und 1 Kathe (2 Pfl.). — Schuldistr. Lygumgaard. — Areal: 176 Steuert. — Der Boden ist gut und die Wiesen sind grasreich. — Westlich vom Dorfe liegt ein Grabhügel.

Ulstrup (Ulstorp), eine ehemalige Kirchspielkirche in Eiderstedt (Insel Utholm), etwa ½ M. südwestlich von St. Peter. Das Kirchspiel ist vermuthlich zwischen den Jahren 1352 und 1436 vergangen und man bezeichnet noch den Platz in der Westsee wo die Kirche gestanden haben soll. Der Name hat sich in Olsdorf bei St. Peter erhalten.

Ulvesbüll (Uelvesbüll), Kirchort 1¼ M. nordwestlich von Friedrichstadt, im Westerh. der Landschaft Eiderstedt, Pr. Eiderstedt; enthält außer der Predigerwohnung 17 größere und kleinere Höfe, 26 Stellen mit und 39 Stellen ohne Land; ein Hof auf dem Deiche heißt Hohenhörn. — Districtsschule. — Windmühle, 2 Wirthshäuser, 2 Schmiede und mehrere Handwerker. — Die Kirche liegt dicht am Hafdeiche, ist alt und dem St. Nicolaus geweiht; sie hat keinen Thurm, ist im Innern aber mit mehreren Gemälden und einem großen Crucifix geziert. Die Norderthüre in der Kirche soll von Rungholt sein, und die 1587 gegossene Glocke gehörte früher der Kirche zu Westerwohldt. Zur Wahl des Predigers präsentiren die Kirchenvorsteher und die Gemeinde wählt. Das Kirchspiel war ehemals weit größer und ein Theil der Edomsharde auf der Insel Nordstrand, ward aber durch Wasserfluthen von dieser Insel getrennt. — Eingepfarrt: Adolphskoog (z. Thl.), Barnekemoor, Norder=Friedrichskoog, Hohenhörn, Lieutenantshof, Norderdeich (Purrendeich), Offenbüll, Sand, Ulvesbüll, Westerdeich und 3 Höfe zwischen dem Offenbüller= und Altneufooge. — Das Areal des Kirchspiels beträgt 1367 Dem. (1471 Steuert., worunter 538 Ton. Gras= und Weideländereien). — Der Boden ist westlich schwer und sehr fruchtbar, östlich aber leichterer Art. Eine Moorstrecke zwischen Ulvesbüll und Witzworth soll ursprünglich auf Nordstrand belegen haben und hierher getrieben sein. — Im Jahre 1416 ward Ulvesbüll von den Dithmarschern verwüstet. — Vz. des Ksp.: 622.

Ulvshuus, eine Hegereuterwohnung an der Landstraße von Hadersleben nach Kolding, A. Hadersleben, Osterh., Haderslebenerh., Ksp. Bjerning, Schuldistr. Skovbölling. — Areal: 18 Ton. 162 □. R. — In der Nähe liegen die landesherrlichen Hölzungen Ladegaard, Vesterskov (191 Ton. 94 □. R.) und Ramstedbusk (48 Ton. 140 □. R.).

Undelev, 2 Vollbohlen und 2 Instenstellen (2 Pfl.) 1¾ M. nördlich von Flensburg, im Gute Seegaard, A. Apenrade, Lundtofth., Ksp. und Schuldistr. Holebüll. — Areal: 399 Ton. 76 R. à 260 □. R. (190 Steuert.). — In dem Undelever=Moore wurde 1797 ein, in zwei ungegerbte mit Schnürlöchern versehene Thierhäute eingehüllter, Leichnam gefunden.

Unkebüll, ein vergangenes Kirchdorf in der Norgergoesh., südwestlich von Bredstedt, welches in einer Wasserfluth im Jahre 1362 untergegangen sein soll.

Uphusum, Dorf 1½ M. südlich von Tondern, A. Tondern, Karrh., Ksp. Braderup. Zum Amte gehören 14 Bohlstellen, 2 kleine Landstellen und 16 Häuser ohne Land (6 Pfl.); zum Gute Klirbüll 1 Halbh. und 1 kleine Landstelle. Zum Gute Lütgenhorn 1 Halbh. (22 Steuert.). — Districtsschule. — 2 Wirthshäuser, Schmiede und mehrere Handwerker. — Einzelne Höfe und Häuser liegen auf Werften. — Der Boden ist von mittelmäßiger Art. — Ehemals soll hier, nach einer alten Angabe, eine Kirche gewesen sein; sie muß dann aber schon um die Mitte des 15. Jahrhunderts vergangen sein. — Auf der Feldmark des Dorfes wird noch ein Stück Land „Kirchhofstelle" genannt.

Uphusum (Obhusen), Dorf ½ M. nordwestlich von Bredstedt, A. Bredstedt, Ksp. Bordelum; enthält 7 Häuser und eine nördlich gelegene Erbpachts=Windmühle. — Schuldistr. Wester=Bordelum. — Dieses Dorf war ehemals ein adeliches Gut, welches in der ältesten Zeit im Besitze der Familie v. Ahlefeld gewesen ist und besonders vergrößert ward als Mette v. Ahlefeld Besitzerin war; späterhin ward dieses Gut von der Landesherrschaft erworben, darauf parcelirt und behielt einige Vorrechte. Es sind hier noch Spuren des mit Wällen und Gräben umgebenen, im dreißigjährigen Kriege abgebrannten Wohnhauses, aus dessen Steinen die Ockholmer-Kirche erbaut wurde.

Upperker, ein ehemaliges kleines Gut im A. Hadersleben, Ksp. Half. Es ward 1395 von Jacob Iversen für 20 ℳ an Nicolaus Röver verpfändet, dessen Söhne es 1423 dem Domcapitel in Hadersleben überließen.

Urden-Capelle (Uhrden-Capelle), eine vergangene Capelle in der Landschaft Eiderstedt, westlich nahe von Groß-Alversum. Sie soll schon im 14. Jahrh. untergegangen sein.

Urnehövd (Hvornhöi), eine von dem Kirchdorfe Uk ausgebaute kleine Landstelle, 1¼ M. südwestlich von Apenrade, im A. Apenrade, Lundtoftharde, Ksp. Uk. Nördlich von dieser Stelle wird zwischen den Dörfern Bollerslev und Nübel und dem Hofe Tolsted die Gegend bedeutend höher, und dieser Landstrich führte vor Alters den Namen Urnehoved. Hier wurden vormals unter freiem Himmel Fürsten des Landes erwählt und die Süd-Jütländischen Landsthinge öffentlich gehalten. In dem Verlehnungsbriefe des Königs Christoph I. an den Herzog Waldemar 1254, besagt ein Artikel daß von Urnes Landthing und dem Herzoge an das Reich appellirt werden könne, und in einem Vergleiche zwischen dem Könige Erich Mendved und dem Herzoge Waldemar 1306, versichert der Herzog daß den Königl. Bauern im Herzogthume, wenn sie beschwert würden, auf dem Urnething Recht gesprochen werden solle. In den Privilegien welche der König Christian I. 1460 den Ständen der Herzogthümer ertheilte, heißt es: daß der König Einmal jährlich eine Zusammenkunft mit ihnen bei Urnehöved halten wolle. Alte Schriftsteller, die von diesen gerichtlichen Zusammenkünften reden, bedienen sich der Ausdrücke: Urnense placitum, Urnensis oder Urnica concio, und folgende geschichtliche Ereignisse machen diese Gegend merkwürdig. Im Jahre 1076 begab sich der König Svend Estrithsen von Urnehövd nach dem unweit davon belegenen Söederup (Sudathorp) wo er den 29. April starb. 1134 ward der Herzog Harald Kesia nach dem Tode des Königs Niels hier zum Könige ausgerufen. 1139 ward der König Erich Emund bei Haltung eines öffentlichen Dinges auf Urnehövd von einem Edelmanne Namens Svarte Plog erschlagen. Der König Knud VI. empfing hier 1182 die Huldigung und hielt in dem nämlichen Jahre hier ein Dinggericht. Auf einem Landtage des Jahres 1393 überließ der Herzog Erich von Sachsen alle Gerechtigkeiten in den Fürstenthümern an die damaligen Herzöge von Schleswig. — In einer Hölzung östlich von Urnehövd finden sich Ueberreste einer Schanze, die mit andern Schanzen in den Kirchspielen Uk und Tinglev in Verbindung stand.

Ustrup, Dorf 1 M. südwestlich von Hadersleben, A. Hadersleben, Osterth., Gramh., Ksp. und Schuldistr. Vitsted; 2 Vollh., 2 Dreiviertelh., 7 Halbh., 1 Viertelh., 4 Landbohlen, 7 Kathen und 5 Instenstellen. Eine ausgebaute Hufe bei der Törninger Hölzung heißt Knagsled (Kongsled), 1 Hufe an der Landstraße (Wirthshaus) Vartenberg, 3 Landbohlen heißen Wester-Jarum, Skjelsted und Brodskov und 1 Kathe Sandbjerg. — 2 Schmiede und mehrere Handwerker. — Der Boden ist von ziemlicher Güte aber südöstlich sandigt.

Utermartfleth, eine ehemalige Kirche in der Edomsharde auf der alten Insel Nordstrand, zwischen dem jetzigen Nordstrand und der Hallig Südfall. Sie soll im Jahre 1300 in einer Wasserfluth untergegangen sein.

V.

Vadersdorf (Waldem. Erdb.: Fathaersthorp), Dorf auf der Insel Fehmern, Mittelkirchspiel, Kirche Landkirchen; enthält 13 größere, 11 kleinere Landstellen und 9 Instenstellen. Das Dorf ist regelmäßig erbaut und bildet 2 Reihen, wodurch es eine ziemliche Länge erhält. — Districtsschule. — Areal: 450 Dr. 5 S. contrib. Ländereien und 112 Dr. Weideländereien (1106 Steuert.). — Der Boden ist von ziemlicher Güte. — In der Mitte des Dorfes liegt der s. g. Dingstein, ein mit Steinen umgebener Versammlungsplatz der Einwohner.

Vandling, Dorf ½ M. südöstlich von Hadersleben, A. Hadersleben, Osterth., Haderslebenerh., Ksp. und Schuldistr. Starup; enthält 7 Vollh., 5 Halbh., 3 Viertelh., 1 Achtelh., 16 Landbohlstellen und 3 Instenstellen. Zum Hospitale in Hadersleben gehören seit 1569, 4 Hufen, die vormals den dortigen Dom-Präbenden zuständig waren. Ein Freihof heißt Roßkämmercrgaard und ist mit einer anderen Hufe verbunden. Von den Landbohlstellen sind ausgebaut: Knav, Kokkeshuus, Raynbäk und Skytteslund. Der Freihof Vandlingaard (⅞ Pfl.) nahe beim Dorfe hat noch einige Freiheiten. Dieser Hof war vormals im Besitze der Anna Christine, geb. Hagensen, die 1691 starb, späterhin des Großkanzlers Grafen v. Reventlov, der Baronesse v. Kielmannseck und des Lorenz Hoyers. — Vormals gehörte vom Dorfe Vandling ½ Otting zum Freihofe Friland in Lunding. — Im Dorfe ist eine Schmiede. — Der Boden ist fruchtbar.

Vargaard (Wargaard), ein parcelirter Königl. Hof 2¼ M. nordöstlich von Hadersleben, A. Hadersleben, Osterth., Tyrstruph., Ksp. und Schuldistr. Heils. Dieser vormalige Edelhof war früher im Besitze der Familie Stake 1543, darauf der Familie Breide 1574; Matz Erichsen war 1585 Besitzer, 1596 v. Lindenov, 1660 v. Deden, darauf ward Vargaard eine Königl. Pachthof und in Parcelen getheilt, von denen die beiden Hauptparcelenstellen Vargaard, 9 Kathen Trappendal und 2 Kathen Kallehöi genannt werden. In der Nähe der Ostsee sind 2 Ziegeleien angelegt. — Ueber die Kjärmühle f. Vargaardmölle. — Die Hölzungen, welche Kattegal und Kallehöi heißen, sind Königlich; die Holzvogtswohnung heißt Vargaardlund. — Vormals gehörten zum Hofe 6 Landbohlen in Heils und 3 Landbohlen in Anslet.

Vargaardmölle (Kjärmölle), ein zum Gute Vargaard gehörige Wassermühle, A. Hadersleben, Osterth., Tyrstruph., Ksp. Heils.

Varmark (Warmark), Dorf 3¼ M. nordöstlich von Hadersleben, A. Hadersleben, Osterth., Tyrstruph., Ksp. und Schuldistr. Stenderup; 12 Hufen, 2 Landbohlstellen und 3 Instenstellen. 1 Hufe, 1 Landbohlstelle und 1 Instenstelle sind ausgebaut und heißen Mooshuus. — Der

Varming. 559

Boden ist sehr fruchtbar. — Auf der Feldmark werden noch Ueberbleibsel von Mauerwerk eines hier gestandenen Edelhofes ausgegraben.

Varming, Dorf am Varminger=See, ¾ M. östlich von Ripen, Ksp. Seem. Von diesem Dorfe gehören 1 Vollh., 1 Viertelh. Staunager und einige Parcelenstellen ($1\frac{44}{144}$ Pfl.) zum A. Hadersleben, Westerh., Hviddingh.; 6 Hufen, 2 Kathen und 9 Instenstellen gehören zum A. Ripen. — Schule. — Areal zum A. Hadersleben: 77 Steuert. — Der Boden ist sandigt, aber fruchtbar; die Wiesen sind einträglich.

Varming=See, ein ziemlich bedeutender See östlich von Ripen, welcher mit der Ripsaue in Verbindung steht. Südlich von diesem See bei Munkgaard liegt der Munkgaard=See (Skallebäk=See).

Vaßkos (Jaderskos, Varskors), eine vom Hoffelde des Gutes Rundhof abgelegte Parcelenstelle, Cappelerh., Ksp. Esgrus. — Areal: 57 Hdtsch.

Vedsted, Oester=, Dorf ½ M. südwestlich von Ripen, Ksp. Dom in Ripen. Von diesem Dorfe gehören 5 Häuser ($1\frac{4}{48}$ Pfl.) zum A. Haders= leben, Hviddingh., und die übrigen Stellen theils zum A. Ripen, theils zur Grafschaft Schackenborg. — Districtsschule. — Areal zum A. Haders= leben: 148 Steuert. — Vz. zum A. Hadersleben: 30.

Vedsted, Wester= (Wester=Wedsted, vorm. Wetstädh, Withä= stäth), Kirchdorf an einer kleinen Aue, unweit der Westsee, ¾ M. süd= westlich von Ripen, Pr. Törninglehn. Zum A. Hadersleben, Westerh., Hviddingh., gehört von diesem Dorfe 1 Vollh., 1 Dreiviertelh., 5 Halbh., 2 Dreiachtelh., 4 Viertelh., 2 Toftgüter, 6 Verbittelsstellen und 8 Insten= stellen ($2\frac{1}{18}$ Pfl.). Der übrige Theil des Dorfes gehört zum Stiftsamte Ripen und sind geistliche Güter gewesen. — Districtsschule. — Wirthshaus, Schmiede und mehrere Handwerker. — Die Kirche gehörte dem Capitel zu Ripen; sie ist alt, hat einen ziemlich hohen Thurm und seit 1804 eine Orgel. — Der König ernennt den Prediger. — **Eingepfarrt:** Süder= Fahrdrup, Ockholm, Petersborg, Wester=Vedsted und mehrere Stellen, welche zum A. Ripen gehören. — Areal zum A. Hadersleben: 239 Steuert. — Der Boden ist theils Marsch, theils Geest. — Oestlich von diesem Dorfe soll eine Kirche **Dankirche** (Dankirche) gestanden haben; man findet an dieser Stelle noch viele Mauersteine. — Vz. des Ksp. zum A. Haders= leben: 286.

Veiböl, Dorf an einer kleinen Aue, 1¼ M. südwestlich von Haders= leben, A. Hadersleben, Osterh., Gramh., Ksp. und Schuldistr. Vitsted; 1 Vollh., 2 Dreiviertelh., 3 Halbh., 1 Viertelh., 10 Landbohlen und 5 Kathen. Die Vollhufe, wobei eine bedeutende Ziegelei ist, heißt Veiböl= gaard, 6 Landbohlen heißen Klein=Veiböl, 1 Landbohle Holmshuus, 1 Hufe Hergaard und 4 Kathen Korssteen, Mellemskov, Lönnes= hauge und Nyedamm. — Schmiede, 2 Tischler und einige Handwerker. — Auf der Veiböler Feldmark ist die Vitsteder Kirche erbaut (s. Vitsted). — Der Boden ist ziemlich gut. — Der beim Dorfe liegende Veiböler=See ist fischreich. — Südlich von Klein=Veiböl liegt eine Anhöhe Pothöi, 206 Fuß hoch.

Veistrup (Weistrup), Kirche 2¼ M. nordöstlich von Hadersleben, A. Hadersleben, Osterh., Tyrstruph., Pr. Hadersleben. Das Dorf Vei= strup (Waldem. Erdb.: Wisänthorp) ist längst niedergelegt und aus demselben entstand der vormalige Edelhof Veistrup, welcher 1560 im

Besitze von Oluf Gaas und 1618 Niels Gaas war. — Die älteste Kirche, welche in einer dichten Hölzung lag und zur Capellanei in Kolding gehört haben soll, ward wahrscheinlich im 15. Jahrhundert abgebrochen; eine neue Kirche ward 1431 eingeweiht, aber als baufällig 1839 abgebrochen. Die jetzige Kirche ist 1840 erbaut, hat aber keinen Thurm. — Districtsschule. — **Eingepfarrt:** Grönninghoved, Lyksgaard, Sjölund, Beistrup, Beistrup= Roi. — Bz. des Ksp.: 750.

Vesterbäk (Westerbek), Dorf 1 M. südlich von Ripen, A. Habers= leben, Westerth., Hviddingh., Ksp. Roager; 4 Halbh., 1 Viertelh., 1 Achtelh., 3 Verbittelsstellen, 1 Kathe und 4 Instenstellen. — Nebenschule. — Wirths= haus. — Dieses Dorf war vormals ein Edelhof und ward Vesterwyk genannt. Im Jahre 1519 bewohnte diesen Hof Ida Jensdatter, nach ihr die Wittwe des Thomas Galstyt, 1543 Jens Ulf, darauf kam der Hof an die Besitzer des vormaligen Gutes Hörbroe und ward in der zweiten Hälfte des 18. Jahrhunderts niedergelegt. Das Dorf hat noch einige Gerechtigkeiten. — Areal: 125 Steuert. — Der Boden ist gut und fruchtbar.

Vestergaard (Westergaard), ein Freihof, jetzt 1 Vollh., 2 Halbh., 1 Sechstelh. und 3 Kathen (2¼ Pfl.) 1¼ M. östlich von Hadersleben, A. Hadersleben, Osterth., Hadersleberh., Ksp. Oesbye. Dieser Hof, welcher 1493 von der Königin Dorothea und dem Herzoge Friedrich I. Privilegien erhielt, war späterhin mit Grarup und Sparlund combinirt.

Vestermölle, (Westermühle), 1 Hof (1 Pfl.) im A. und Ksp. Lygumkloster, Schuldistr. Nyboer Nebenschule. — Areal: 42 Steuert.

Vesterskov, Dorf an einer kleinen Aue, 1¼ M. nördlich von Haders= leben, A. Hadersleben, Osterth., Tyrstruph., Ksp. Tyrstrup; 1 Hufe, 7 Landbohlen und 4 Instenstellen, Schuldistr. Vögeskov. — Schmiede. — Der Boden ist von recht guter Art.

Vestertoftgaard, eine Hufe auf der Halbinsel Kekenis, A. Sonder= burg, Süderh., Ksp. Kekenis, Schuldistr. Oesterbye.

Vibye (Wiebye, vorm. Wiboki), Dorf auf der Insel Alsen, 1¾ M. östlich von Sonderburg, A. Sonderburg, Süderh., Ksp. und Schuldistr. Lys= abbel. Dieses Dorf, welches vormals zum Gute Nyegaard gehörte, enthält mit der in der Nähe belegenen Wassermühle Vibäkmölle 8 Vollbohlen, 13 Kathen und 5 Instenst. (8 Pfl.), 2 Bohlstellen heißen Pommersgaard und 4 Kathen Biebyetoft. Areal: 445 Steuert. — Der Boden ist sehr gut. — Im Jahre 1245 verzichtete der Herzog Abel auf alle Gerecht= same in Wiboki, die seinem Bruder dem Könige Erich in der Erbtheilung zugefallen waren.

Vidaue (Widaue). Eine Aue im A. Tondern, die aus den 2 Bächen entsteht, welche im A. Apenrade, Ksple. Oster=Lygum und Ries entspringen und die Rödaue und Saurbek genannt werden, welche sich dann südlich von Sievekrug vereinigen und hierauf südwestlich fortlaufend die Arnaue heißen. Etwa ½ M. von Tondern nimmt diese Aue, hier die Bredaue genannt, die bei Norder=Enleb entspringende und durch Räp= sted fließende Virlaue (Wirlaue, s. Virlaue) auf, geht darauf durch Tondern und nimmt südlich von dieser Stadt die Grönaue und Sönderaue (Süderaue) auf, wird von dem Gotteskoog=See durch einen Deich abgesondert und fällt dann, ihren Lauf nördlich wendend, südlich von Hoyer durch Schleusen in die Westsee. Bei Tondern wird die Vidaue

Viesbjerg.

so breit und tief, daß sie mit kleinen Fahrzeugen bis zu ihrem Ausflusse befahren werden könnte, wenn die Deiche dieses nicht verhinderten. Von diesem Strome hat die Wiedingharde den Namen.

Viesbjerg (Wiesbjerg), 4 Halbh. (2 Pfl.) an einer kleinen Aue, ¾ M. nordöstlich von Lygumkloster, A. Lygumkloster, Ksp. Norder-Lygum. — Nebenschule. — Areal: 258 Steuert. — Der Boden ist sehr gut. — Im Jahre 1517 verschötete der König Friedrich I. dem Lygumer Kloster einen Theil der Feldmark m. m. gegen einen Hof in Enlöv.

Viisgaard, 2 Bohlstellen (2 Pfl.) an der Geilaue, im Gute Abretoft A. Apenrade, Lundtofth., Ksp. und Schuldistr. Tingleb. — Areal: 230 Ton. 153 R. à 260 □. R. (168 Steuert.).

Vindeballe, Dorf auf der Insel Aeröe nahe an Ornum und eigentlich ein Theil von Tranderup, hat aber seine eigene Dorfsverfassung, Ksp. und Schuldistr. Tranderup; enthält 11 Vollh., 1 Dreivertelh., 1 Zweidrittelh., 1 Halbh., 1 Drittelh., 4 Viertelh., 6 Kathen, 1 Hufenparcelenstelle und 24 Instenstellen (14¼ Pfl.). — Wirthshaus, Schmiede. — Areal: 665 Steuert.

Vinum, Dorf im Stiftsamte Ripen, 1½ M. nordwestlich von Lygumkloster, Ksp. Döstrup. In diesem Dorfe sind 2 Halbh. (1 Pfl.), welche zum A. Lygumkloster, Vogtei Skjärbäk, gehören.

Villeböl, Dorf an der Königsaue, 1¼ M. nordöstlich von Ripen, Ksp. Kalslund. Zum A. Hadersleben, Westerh., Kalslundh., gehören 4 Halbh., 1 Viertelh., und 1 Instenstelle. Eine ausgebaute Stelle heißt Fredensborg; zum A. Ripen gehört 1 Viertelh. — Nebenschule. — Im Jahre 1852 ward über die Königsaue eine Brücke für Fuhrwerke angelegt und es wird hier Brückengeld entrichtet. In Villeböl besaß zur Zeit des Königs Christian IV. ein gewisser Povl Bartskiär einen Freihof, als Geschenk des Königs, weil er diesen, als er in der bekannten Schlacht ein Auge verloren hatte, verband und heilte. — Areal zum A. Hadersleben: 197 Steuert. — Der Boden ist sandigt.

Villemad (Willemad), eine von Lintrup ausgebaute Halbh., 2¼ M. nordöstlich von Ripen, an der Landstraße nach Kolding, A. Hadersleben, Westerh., Kalslundh., Ksp. und Schuldistr. Lintrup. — Areal: 37 Steuert.

Vilstrup (Wilstrup), Kirche ¾ M. südöstlich von Hadersleben, A. Hadersleben, Osterh., Haderslebenerh., Pr. Hadersleben. — Die Kirche liegt zwischen Norder- und Süder-Wilstrup, ist sehr alt und hat die Form eines Kreuzes, einen ziemlich hohen und spitzen Thurm, ist gewölbt und hat eine Orgel. Im Jahre 1838 ist sie sehr gut in Stand gesetzt. Auf einem Granitsteine am Portal ist ein Boot mit einem Ruder ausgehauen, vielleicht das Wappen der alten Familie Baad (Both). — Der König ernennt den Prediger. — Eingepfarrt: Andersgaard, Bortskov, Bramsensgaard, Byg, Engelsholm, Grödeböl, Houdst, Kanekjär, Kjelstrup, Ober-Kjestrup (z. Thl.), Lauesgaard, Laueskjär, Lund, Nyeborg, Petersborg, Ravnskjär, Steenberg, Susdal, Norder- und Süder-Vilstrup, Vilstrupgaard, Vonsmoos. — Vz. des Ksp.: 1000.

Vilstrup, Norder- (Nörrebye-Vilstrup), Dorf ¾ M. südöstlich von Hadersleben, Ksp. Vilstrup. Von diesem Dorfe, welches schon in Waldemars Erdbuch erwähnt wird, gehören zum A. Hadersleben, Osterh., Haderslebenerh., 12 Hufen, 5 Landbohlen und 4 Instenst. Eine westlich belegene

Hufe heißt Bonsmoes, eine Landbohle Petersborg; 2 Hufen gehören zum Hospitale in Hadersleben und eine Hufe ist ein s. g. Geltingdiener (Lanste des Goschenhofes in Eckernförde). — Districtsschule. — Schmiede. — Der Boden ist sehr gut und fruchtbar. — Bei Bonsmoes hat vormals ein Edelhof gestanden, welches auch eine mit einem tiefen Graben umgebene Anhöhe und alte hier gefundene Bausteine beweisen. — Im Jahre 1389 schenkte Esbern Tagesön dem Hadersleber Capitel ein Gut in diesem Dorfe.

Vilstrup, Süder- (Sönderbye-Vilstrup), Dorf 1 M. süd=öftlich von Hadersleben, A. Hadersleben, Osterth., Hadersleberh., Ksp. Vilstrup; enthält ohne die südlich an das Dorf gränzenden Hufen, welche Houdst (s. Houdst) genannt werden, 10 Vollh., 6 Halbh., 2 Viertelh., 1 Sechstelh., 1 Zwölftelh., 29 Landbohlen und 3 Instenst. Ausgebaute Hufen und Stellen heißen Vilstrupgaard, Andersgaard, Laueskjär, Byg, Susdal, Engelsholm und Nyeborg. 2 Hufen sind s. g. Geltingsdiener, (Lansten des Hospitals in Eckernförde). — Die Prediger=wohnung liegt fast mitten im Dorfe. — Ein Hof im Dorfe wird Herre=gaard genannt, wo vormals ein befestigter Edelhof gestanden hat, der von den Feinden 1659 zerstört sein soll. — Districtsschule. — Schmiede, 1 Mechanicus und mehrere Handwerker. — Der Boden ist von sehr guter Art; die Hölzung ist bedeutend; das Moor heißt Kongensmai. — Auf der Feldmark sind viele Opferstellen und Grabhügel, namentlich Horshöi, Joens=Kirkegaard und Dorredeshöi.

Vimtrup (Wimtrup), Dorf 2½ M. nordöstlich von Ripen, A. Hadersleben, Westerth., Kalslundh., Ksp. Lintrup. 1 Vollh., 1 Dreiviertelh., 4 Viertelh., 9 Kathen. Eine Hufe heißt Skovlund. — Schuldistr. Dover. — Areal: 298 Steuert. — Der Boden ist zum Theil gut.

Biöl (vorm. Fiolde), Kirchdorf 2 M. südöstlich von Bredstedt, in der Landschaft Bredstedt, Pr. Husum. Dieses Dorf hat seinen Namen Fiold (Höhe) von der hohen Lage und besteht außer der Prediger= und Küsterwohnung aus 2 größeren und 15 kleineren Landstellen, 13 Kathen und 6 Instenstellen. Eine Landstelle gehörte ehemals zum A. Mörkirchen. Unweit des Dorfes liegt eine Königl. Erbpachtsmühle und eine Eigenthums=Graupenmühle. — Districtsschule. — Prediger=Wittwenhaus, Wirthshaus, Schmiede und einige Handwerker. — Am 16. April und am 8. September werden hier jährlich Pferde= und Viehmärkte gehalten. — Die Kirche liegt nördlich vom Dorfe und ist mit ihrem stumpfen Thurme weit sichtbar. Sie ist von Feldsteinen erbaut und das Chor gewölbt. — Vormals standen an der Kirche 2 Prediger; der jetzige Prediger wird von dem Amtmanne und von dem Probsten präsentirt und von der Gemeinde gewählt. — Eingepfarrt: Akebroe, Behrendorf, Bondelum, Borlund, Broek, Christianshöi (z. Thl.), Eckstock, Engelsburg, Haselund, Horstrup, Jenschenskathe, auf dem Kiel, Kollund, Kragelund, Louisendal (z. Thl.), Löwenstedt, Naarb, Neuhaus, Neukrug, Norstedt, Ostenau, Pobüll, Schröders=hof, Sollwith, Spinkebüll, Süderland, Biöl. — Areal: 340 Ton. (293 Steuert.). — Der Boden ist sandigt und mager. — Auf der Feldmark befinden sich mehrere Grabhügel und eine merkwürdige Opferstelle auf einem Hügel, auf welchem von Nicolaus Pernow die erste lutherische Predigt gehalten ward; ein ansehnlicher Grabhügel war auf dem Kirchhofe wo auch ein kleiner Hain stand, und in einem andern Hügel fand man einen goldenen Ring und Stücke von bronzenen Waffen. — Bz. des Ksp.: 1634.

Virlaue.

Virlaue (Wirlaue), eine Aue die nordwestlich von Jordkjär im A. Apenrade entspringt; sie läuft südwestlich die Dörfer Quorp, Rapsted, Soldrup und Hostrup vorbei und ergießt sich nordöstlich von Tondern in die Vidaue. Diese Aue ist sehr fischreich und hat bei Rapsted, Knivsig und Hostrup Brücken.

Vits-Capelle, eine ehemalige Capelle in Eiderstedt, westlich von Westerhever. Der Platz wo sie gestanden hat, ist wahrscheinlich eine noch auf Meiers Karte im Danckwerth bezeichnete kleine Hallig Vitho (Vitshöhe).

Vitsted (Wittstedt, vorm. Withsee, Witze), Kirche mit dem Pastorat, Küsterhaus und 2 Landbohlen, welche auf der Feldmark des Dorfes Beiböl erbaut sind, 1½ M. südwestlich von Hadersleben, A. Hadersleben, Osterth., Gramh., Pr. Hadersleben. — Districtsschule. — Wirthshaus, welches Slukefter heißt. — Die Kirche ist alt, hat einen hohen spitzen Thurm, ist zum Theil gewölbt und ward 1832 sehr verschönert. Ein künstlich ausgehauener Taufstein ist bemerkenswerth. — Der König ernennt den Prediger. — **Eingepfarrt**: Abkjär, Arnitlund, Borre, Brodstov, Christiansdal, Erikslyst, Femhöi, Fredhede, Heisselbjerg, Hergaard, Hjulersbjerg, Högelund, Holmshuus, Hütterkobbel, Wester-Jarum, Ober-Jersdal, Immervad, Wester-Immervad, Juhlsminde, Jversminde, Keesmaihuse, Knagsled, Korssteen, Langbjerg, Lillelund, Lönneshauge, Mellemstov, Nyedamm, Petersborg, Rudbäk, Rygbjerghuse, Sandbjerg, Stengermosehuus, Skjelsted, Skovbye, Skovbyelund, Slukefter, Söelykke, Torsbjerg, Ustrup, Vartenbjerg, Veiböl, Veibölgaard, Klein-Veiböl. — Der Boden ist sandigt, hügeligt und steinigt. — Der Pfarrhof liegt an einem fischreichen See Vitsted-See (Prästedamm); 2 andere kleine Seen heißen Rygbjerg-See und Barn-See. — Auf der kleinen Feldmark befinden sich 11 Grabhügel. — Vz. des Ksp.: 1148.

Vitzdorf (Waldem. Erdb.: Davidthorp), Dorf auf der Insel Fehmern, Osterkirchspiel, Kirche Burg; enthält 9 größere, 14 kleinere Landstellen und 14 Instenstellen. — Districtsschule. — Armenhaus. — Areal des contrib. Ackerlandes: 359 Dem. 6 Sch. (890 Steuert.) — Der Boden ist von vorzüglicher Güte. — Auf der Vitzdorfer Feldmark liegt der Hof Catharinenhof (s. Catharinenhof). — In der Mitte des Dorfes ist der s. g. Dingstein, ein alter Versammlungsplatz der Einwohner.

Vodder (Wodder, vorm. Odder, Otär), Kirche 2 M. südöstlich von Ripen und nahe südöstlich vom Dorfe Vodder belegen, A. Hadersleben, Westerth., Hviddingh., Pr. Törninglehn. Diese Kirche, heißt die Laurentius-Kirche und ist ein recht hübsches, von Quadersteinen aufgeführtes Gebäude, mit einem hohen spitzen Thurm. Sie ist mit Blei gedeckt und zum Theil gewölbt. — Der König ernennt den Prediger, welcher im Dorfe Vodder wohnt. — **Eingepfarrt**: Birkelev, Frifeld, Gaansager, Geilbjerg, Holbäk, Kjelstoft, Oved, Rosendal, Smidborghuus, Vodder, Vodderbroe, Braae, Braaeskov. — Vz. des Ksp. zum A. Hadersleben: 384.

Vodder, Dorf 1¾ M. südöstlich von Ripen. Zum A. Hadersleben, Westerth., Hviddingh., gehören außer der Prediger- und Küsterwohnung, 4 Dreivierthl., 1 Landbohle, 1 Verbittelsst., 1 Kathe und 4 Instenst. (1$\frac{137}{288}$ Pfl.). Eine ausgebaute Hufe heißt Smidborghuus, 1 Verbittelsstelle und 1 Kathe Vodderbroe. Eine Hufe gehört zum A. Ripen und eine Hufe zur Grafschaft Schackenborg. — Nebenschule. —

Armenhaus. — Einige Frauen beschäftigen sich mit Spitzenklöppeln. — Areal: 288 Steuert. — Der Boden ist nur von mittelmäßiger Art; die Wiesen sind einträglich.

Volderup (Wollerup, vorm. Waldorp), Dorf an der Söderupaue, 2 M. südwestlich von Apenrade, an der Landstraße nach Tondern, Ksp. Bjolderup. Zum A. Apenrade, Riesh., gehören 12 Bohlst., 8 kleine Land= stellen und 2 Instenst.; 1 Bohlstelle gehörte zum vormaligen Gute Linde= with; 1 kleine Landstelle heißt Klint und 1 Instenst. Aabohuus (Oppe= huus). Zum Gute Seegaard, A. Apenrade, Lundtofth. gehören 5 Bohl= stellen (3½ Pfl., 393 Ton. à 260 □. R.). — Districtsschule. — 2 Wirths= häuser, Schmiede. — Gegen das Jahr 1204 hatte das Lygumer Kloster hier Besitzungen, und Detlev v. d. Wisch verschötete 1494 dem Kloster 3 Güter in diesem Dorfe. — Der Boden ist theils ziemlich gut, theils mittelmäßig. Die Wiesen sind sehr gut.

Vogelsang, Dorf an der Sandbekeraue, im Gute Rundhof, ⅛ M. nord= westlich von Cappeln, Cappelerh., Ksp. Töstrup. Von diesem Dorfe gehören zu Groß=Vogelsang, südlich von der Aue belegen, 1 Fünfviertelh., 1 Drei= viertelh. und 2 Halbh.; zu Klein=Vogelsang 6 Kathen. Außerdem gehören zum Dorfe 4 südlich belegene Kathen Vogelsangfeld, 6 nördlich belegene Vogelsangholz und an der Aue eine Kathe Deckerkathe (Tekerhuus) zus. 6⅔ Pfl. — Schuldistr. Stoltebüll. — Hökerei. — Areal: 816 Hrtsch. 1 Sch. (417 Steuert.) — Der Boden ist schwerer Lehm. — Ueber einen Verkauf von Vogelsang im Jahre 1397 s. Schörderup. — Im Jahre 1523 hatte das Schleswigsche Domcapitel hier Besitzungen.

Vogelsang, einige zur Stadt Eckernförde gehörige Häuser, Ksp. Borbye. — Im Jahre 1708 begaben sich 7 Borbyer Insten unter die Gerichtsbarkeit der Stadt Eckernförde, welches der König Friedrich IV. 1727 bestätigte. Späterhin kamen noch 2 Insten hinzu und ihr Wohn= bezirk ward Vogelsang genannt.

Vogelsang, 1 Halbh. (½ Pfl.), ¼ M. nordöstlich von Adelbye, Ksp. und Schuldistr. Adelbye. Diese Landstelle ward im Anfange des 15. Jahrhunderts von Catharina Lund der St. Jürgens Stiftung in Flensburg geschenkt und gehört noch jetzt dem Hospitale daselbst. — Areal: 40 Steuert.

Vogelsang, 1 Parcelenstelle und einige zerstreut liegende Kathen in der Eckernförderh., Ksp. Siesebye. Zum Gute Grünholz gehören 6 Kathen, jede etwa mit 3 Ton. Landes und zum Gute Damp 1 Parecelen= stelle (9 Ton.) und 1 Kathe. — Schuldistr. Grünholz.

Vollerup (Wollerup), Dorf auf der Insel Alsen, ½ M. nord= östlich von Sonderburg, im Gute Langenvorwerk, A. Sonderburg Augu= stenburgerh., Ksp. und Schuldistr. Ulkeböl. Dieses Dorf enthält 14 Vollh., 1 Zweidrittelh., 9 Kathen und 23 Instenst.; 1 Kathe gehört zum Hospitale in Sonderburg. — Der Boden ist theils lehmigt, theils sandigt, aber im Allgemeinen gut.

Vollerwiek, Kirchort an der Eider, 1¼ M. südwestlich von Tönning im Osterth. der Landschaft Eiderstedt, Pr. Eiderstedt. Diese Ortschaft enthält außer der Prediger= und Küsterwohnung 12 Höfe, 34 kleine Land= stellen und 34 Häuser, von denen 3 Königliche sind; 2 derselben werden von einem Controlleur und von einem Aufseher bewohnt, das 3te wird ver= miethet. Auch gehört zu Vollerwiek die Ortschaft Katingsiel an der Eider

Volligsbüll.

mit einem kleinen Hafen, bei welchem ein Controlleur wohnt. Districtsschule. — Schmiede, Bäckerei und mehrere Handwerker. Einige Einwohner ernähren sich von der Fischerei. — Eine Capelle zu Vollerwiek ward bald nach 1113 erbaut. Die jetzige Kirche ist nur klein, hat keinen Thurm und keine Orgel. Bei der Kirche steht ein Glockenhaus. — Der Prediger wird von den Kirchenvorstehern präsentirt und von der Gemeinde gewählt. — Eingepfarrt: Hülf, Katingsiel, Vollerwiek. — Areal: 788 Steuert., worunter 288 Ton. Gras- und Weideländereien. — Der Boden ist Marschland und wird hauptsächlich als Pflugland benutzt. — Von Katingsiel geht ein Kanal, Süderbootfahrt genannt, nach Garding, der mittelst einer großen Schleuse mit der Eider verbunden ist. Im Jahre 1801 ward bei Vollerwiek eine Schanze erbaut. — Vz. des Ksp: 638.

Volligsbüll, eine vergangene Kirche in der Beltringharde auf der alten Insel Nordstrand, zwischen der jetzigen Hamburger-Hallig und Nordstrandisch-Moor. Die Kirche verfiel in späterer Zeit, ward 1601 neu erbaut, aber 1639 abgebrochen. Das Kirchspiel Volligsbüll war 1634 kurz vor der Fluth 1438 Dem. 89 R. und der Volligsbüllerkoog 352 Dem. 46 R. groß. Dazu kam noch der 1625 und 1626 von den Gebrüdern Amsing in Hamburg eingedeichte Amsingerkoog, 227 Dem. 24 R., von welchem die Hamburger-Hallig ein Ueberrest ist. — In der Wasserfluth 1634 trieben 75 Häuser nebst einer Mühle weg und 340 Menschen kamen um; nur 4 Hauswirthe und 3 Käthner blieben übrig.

Vollstedt, Dorf ½ M. östlich von Bredstedt, in der Landschaft Bredstedt, Ksp. Breklum; enthält 8 größere und 9 kleinere Landstellen. — Nebenschule. — Wirthshaus. — Areal: 257 Steuert.

Vollum, Norder- (Wollum), Dorf 1¼ M. nordwestlich von Lygumkloster. Von diesem Dorfe gehören nur 2 Halbh. (1 Pfl., 78 Steuert.) zum A. Lygumkloster, Vogtei Svanstrup; die übrigen Hufen und Stellen theils zum A. Ripen, theils zur Grafschaft Schackenborg. — 6 Hufen und 2 Kathen sind nach Brede und 5 Hufen nach Döstrup eingepfarrt. — Schuldistr. Süder-Vollum (zum A. Ripen gehörig).

Vonsbäk (Wonsbek, vorm. Odinsbek, Wodensbek), Kirchdorf am Haderslebener Meerbusen, 1 M. nordöstlich von Hadersleben, A. Hadersleben, Haderslebenerh., Pr. Hadersleben. Dieses Dorf, welches vom Odin den Namen führen soll, enthält 4 Vollh., 3 Halbh., 8 Kathen und 4 Instenst. Ein Freihof bestehend aus 1 Vollh. und 4 Kathen (65 Ton. 6 Sch.) heißt Kragelund; ein anderer, 1 Vollh. und 3 Kathen (⅞ Pfl.) Hundevad, 2 ausgebaute kleine Landstellen heißen Luled und Teglgaard. — Schuldistr. Bäk. — Einige Einwohner ernähren sich von der Fischerei im Haderslebener Meerbusen. — Die mit einem breiten Thurme versehene schöne Kirche liegt, von Bäumen umgeben, etwas vom Dorfe entfernt in einer sehr anmuthigen Gegend; sie ist sehr geräumig und unter dem Thurme gewölbt; bemerkenswerth darin sind 2 alte Altäre aus katholischer Zeit, wovon der eine mit vergoldeten Rosen geziert und wahrscheinlich einer Marien-Rosenkranzgilde gehört hat. An dem Taufsteine von Granit zeichnet sich die vorzüglich gute Arbeit aus. — Der König ernennt den Prediger. — Der Pfarrhof heißt Caspergaard (Kasberggaard, vorm. Korsbrödregaard), gehörte ursprünglich den Domherrn in Hadersleben und ward darauf der Sitz der adelichen Familie Casbergaard und späterhin die Wohnung der Prediger. — Eingepfarrt:

Alminde, Bäk, Feldum (z. Thl.), Hundevad, Kragelund, Luleb, Oerbye, Derbyehage, Slottet, Suurballe, Teglgaard, Vesterkjär, Vonnetgaard, Vonsbäk. — Der Freihof Hundevad war ehemals mit Gymoos und Kragelund combinirt; Kragelund hatte vormals Antheil an der Heringsfischerei in der Ostsee. — Der Boden ist fruchtbar und die Obstbaumzucht ist eine Erwerbsquelle; die Hufner besitzen kleine Hölzungen.

Vonsild (Wonsyld, vorm. Odinschylde, Wodenskulde), Kirchdorf 3¼ M. nördlich von Hadersleben, an der Landstraße nach Kolding, A. Hadersleben, Osterth., Tyrstruph., Pr. Hadersleben. — Durch dieses bedeutende, sehr alte und von Odin benannte Dorf schlängelt sich eine kleine Aue, worüber 3 Brücken führen. Es enthält außer der Prediger- und Küsterwohnung, 26 Hufen, 64 Landbohlen und Kathen und 30 Instenstellen. Es sind 34 Stellen ausgebaut, von denen einige Hoppeshuus, Kokholm, Konghuus, Kratthuus, Langkjärgaard, Payholm, Stangemoosled, Svanemooshuus und Vonsildgaard heißen. — Auf der Feldmark des Predigers ist Prövegaard erbaut. — Districtsschule mit 2 Classen. — Armenhaus, Wirthshaus, mehrere Ziegeleien, 1 Uhrmacher, 3 Schmiede, 2 Rademacher, 2 Schlachter und Handwerker fast aller Art. — Die älteste, der St. Anna geweihte Kirche soll schon im 11. Jahrhundert erbaut sein. Im Jahre 1823 ward die Kirche abgebrochen und der König Friedrich VI. legte den 5. Juni 1824 den Grundstein zu der neuen Kirche. Sie hat den Namen Frederikskirche erhalten, ist nach dem Modelle der Frauenkirche in Copenhagen erbaut und kostete 11,250 Rthlr. Der König schenkte derselben eine Orgel. — Der Prediger wird von dem Könige ernannt, der zugleich Prediger der Kirche in Dalbye ist. — Eingepfarrt: Vonsild und die obengenannten Hufen und Stellen, im Ganzen 120 Häuser. — Der Boden ist ziemlich gut; einige Hufenbesitzer haben Hölzung und der Ertrag der Moore ist nicht unbedeutend. — Vz. des Ksp.: 771.

Voßbrook, eine kleine Parcelenstelle an der Ostsee, bei einer Hölzung im Gute Seekamp, Eckernfördeh., Ksp. Dänischenhagen.

Voyens (Woyens, vorm. Wodense, Wons), ein niedergelegtes vormals Königl. Domainalgut an einer kleinen Aue, 1½ M. westlich von Hadersleben, A. Hadersleben, Osterth., Gramh., Ksp. und Schuldistr. Jägerup. — Voyens war ursprünglich ein aus 11 Hufen bestehendes Dorf, das aber 1659 im schwedischen Kriege zerstört ward. Aus den Ländereien entstand der Hof, welcher 1662 v. d. Burg, 1667 v. Brinken, und 1676 Freuchen gehörte; darauf ward der Hof parcelirt und enthält jetzt, außer dem Stammhofe, Voyensgaard genannt, 4 große und 7 kleine Parcelenstellen, von denen einige Klein-Voyens, Voyenslund, Lundbroe, Paulsbjerg und Bennemoos heißen; 2 Parcelenstellen heißen Stybingdamm, gehören aber zum Kirchspiele Hammeleb. — Schmiede. Zu Voyensgaard gehört eine Ziegelei. — Der Boden ist sehr gut und die Moore sind einträglich. Auf der Feldmark ist ein See der aus einem ausgebrannten Torfmoore entstanden sein soll.

Braae (Wraae), 1 Halbh., 2 Viertelh. und 3 Landbohlen (⅔ Pfl.) an der Süderaue, 2¾ M. südwestlich von Hadersleben, A. Hadersleben, Westerth., Norderrangstruph., Ksp. und Schuldistr. Bestoft. — Areal: 76 Steuert. — Der Boden ist sandigt.

Budrup, ein ehemals Fürstl., darauf Königl. und jetzt niedergelegtes Gut auf der Insel Aeröe, Ksp. und Schuldistr. Tranderup. Dieses Gut erhielt nach dem Tode des Herzogs Hans d. J. dessen Sohn Christian, und nach ihm 1633 der Herzog Philipp von Glücksburg. Im Jahre 1749 verkaufte der Herzog Friedrich es an den König Friedrich V. und 1767 ward es in 20 Parcelen von 6 bis 20 Ton. Landes getheilt. Jetzt sind hier 7 größere und 25 kleinere Parcelen, 267 Ton. à 320 □. R. (156 Steuert.). — Der Boden ist ziemlich gut.

W. (s. V.)

Waabs, Groß-, Dorf 1¾ M. nordöstlich von Eckernförde, im Gute Ludwigsburg, Eckernförderharde, Ksp. Waabs. Dieses Dorf gehört zum Freiherrlich Dehnschen Fideicommisse (s. Ahlefeldt-Dehnsches Fideicommiß) und enthält 4 Vollh., 4 Halbh., 24 Kathen und 2 Instenstellen. Eine Landstelle heißt Kamp. — Nebenschule. — Holzvogtswohnung, Schmiede. — Areal: 373 Ton. à 300 □. R.

Waabs, Groß-, ein im Jahre 1823 von dem Gute Ludwigsburg verkaufter Meierhof, 1¼ M. nordöstlich von Eckernförde, Eckernförderharde, Ksp. Waabs. — Areal: 378 Ton. 1 Sch. à 300 □. R., darunter an Acker 295 Ton. 1 Sch., an Wiesen 53 Ton. 7 Sch., an Hölzung 25 Ton. 1 Sch. und an Moor 4 Ton. Der Hof contribuirt für 2½ Pfl., hat 486 Steuert. und 64,480 Rbthl. Steuerw. Besitzer seit 1823: Spethmann.

Waabs, Klein-, Kirchdorf 1½ M. nordöstlich von Eckernförde, im Gute Ludwigsburg, Eckernförderharde, und zum Ahlefeldt-Dehnschen Fideicommisse gehörend (s. Ahlefeldt-Dehnsches Fideicommiß). Es enthält außer der Prediger- und der Küsterwohnung 10 Vollh., 2 Halbh., 2 Viertelh. und 6 Kathen. Hier sind 2 Armenstiftungen: das Sehestedtsche Armenhaus, 1566 erbaut, und das Freiherrlich-Dehnsche Armenhaus, 1730 erbaut. — Schule. — Prediger-Wittwenhaus, Wirthshaus, Schmiede und einige Handwerker. — Die Kirche, vormals eine Capelle, ist zum Theil von unbehauenen Feldsteinen erbaut; sie ist gewölbt, hat eine Orgel und ist mit einem stumpfen Thurme versehen. An der Nordseite der Kirche ist ein v. Ahlefeldtsches Familienbegräbniß. — Zur Wahl des Predigers präsentirt der Besitzer des Guts Ludwigsburg und die Gemeinde wählt. — Eingepfarrt: Ahlefeldt-Dehnsches Fideicommiß, Booknis, Bosoer, Buschenrade, Carlsminde, Dannhörst, Eichholz, Fischläger, Flintholm, Gaastholz, Glasholz, Hökholz, Hohlgrund, Hopfenhof, Hülsenhain, Kamp, Kummerdiek, Langholz, Lehmberg, Ludwigsburg, Ritenrade, Röhrtang, Rothensande, Schwiddeldei, Seeberg, Sophienfreude, Sophienhof, Strandbek, Tannenhorst, Groß- und Klein-Waabs. — Der Boden ist ein sehr guter Mittelboden. — Nordwestlich von Waabs liegt eine 170' hohe, Holzhügel genannte, Anhöhe. — Vz. des Ksp.: 1153.

Wackerade, 7 Kathen, 2 M. nordöstlich von Schleswig, A. Gottorf, Schliesh., Ksp. Ulsnis. Hier ist die Wohnung eines Holzvogts und eine Schmiede, deren Besitzer ganz vortreffliche Arbeiten liefert. — Schuldistrict Steinfeld und Kius. — Diese Stellen, welche ehemals zum Schlesw. Domcapitel gehörten, werden zur Steinfelder Dorfschaft gerechnet (s. Kius). Areal: 34 Steuert.

Wackerballig (Waldem. Erdb.: Wakaerbøl), 4 Landstellen und 4 Häuser im Gute Gelting, Cappelerh., Ksp. und Schuldistr. Gelting.

568 **Wagersrott.**

Wackerballig war ehemals ein Dorf nördlich vom Kirchorte Gelting und bestand 1519 aus 8 Hufen. Die Ländereien, worauf die Häuser und Toften des Dorfs standen sind theils Hoffeld, theils Parcelenländereien.

Wagersrott (vorm. Wogeßrode), Dorf 1¼ M. westlich von Cappeln, Ksp. Norder-Brarup. Zum Amte Gottorf, Struxdorfh., gehören 3 Vollh., 1 Halbh., 1 Kathe und 1 Instenst.; zur Morkirchh. 1 Kathe (3 Steuert.) und zum Gute Töstorf, Cappelerh., 2 Kathen (2 Steuert.). — Schuldistricte Norder-Brarup und Scheggerott. — Areal zum Amte Gottorf: 349 Steuert. — Der Boden ist gut; die Holzantheile im Braruper Gehölze sind nicht unbeträchtlich.

Wagersrottstraße, 1 Kathe und 1 Instenst. (2 Steuert.) im Gute Töstorf, Cappelerh., Ksp. und Schuldistr. Norder-Brarup. Die Kathe (Wirthshaus) ward von einer Hufe des Dorfes Gangerschild ausgebaut.

Waldemarstoft, 2 Freihufen ($\frac{9}{17}$ Pfl.) 1 M. nordwestlich von Flensburg, A. Flensburg, Wiesh., Ksp. Bau. Die Sage bringt den Namen dieses Ortes, dessen ursprüngliche Benennung übrigens Oldemoerstoft ist, mit dem der Waldemare in Verbindung. Der Besitzer eines Hofes an dieser Stelle, Hinrich Lorenzen, erhielt unter dem Könige Hans 1484 verschiedene Privilegien und auch die Kruggerechtigkeit für diesen Besitz; seine Söhne theilten das Gut in 2 Theile. — Eine Kammer in einem der Häuser heißt die Königskammer, ist mit einigen Wandgemälden verziert und soll von dem Könige Christian IV. am 19. Decbr. 1616 bewohnt gewesen sein. Im Süden dieser Hufen liegt ein kleines Wirthshaus zu Waldemarstoft gehörig, Padborg (Paiburg) genannt; es lag ehemals südlicher an der Meynau, wo noch die Rudera desselben vorhanden sind. — Areal: 182 Steuert. — Der Boden ist im Ganzen ziemlich gut. — Auf der Feldmark, besonders bei Padborg, liegen mehrere große Grabhügel, in welchen goldene Spiralringe gefunden sind. In einem Thale südlich, das Haraldsthal genannt, soll der Sage nach von einem Könige Harald eine Schlacht geliefert sein. Eine in einer Wiese gelegene und schwarzen Sand auswerfende Quelle wird die Königsquelle genannt.

Waldemarstoft, ein vormaliger Hof auf der Feldmark des Dorfes Blans im Lande Sundewith, Ksp. Ulderup. Dieser Hof ward 1486 von Waldemar v. d. Herberge bewohnt und im 16. Jahrh. abgebrochen.

Wallsbüll (Norder-Wallsbüll, vorm. Walsbu), Kirchdorf an der Wallsbek worüber hier eine Brücke führt, 1¾ M. westlich von Flensburg, an der Landstraße nach Tondern, Pr. Flensburg. Zum Amte Flensburg, Wiesh., gehören außer der Prediger- und der Küsterwohnung 5 Halbh., 4 Viertelh. und 14 Kathen ($4\frac{9}{48}$ Pfl.); zum Amte Tondern, Karrh., 2 Bohlstellen und 1 kleine Landstelle; zum Amte Husum, Vogtei Schwabstedt, 9 Hufenstellen und 7 Kathen. Eine Hufe ist eine Lanstenstelle der Nicolaikirche in Flensburg. Eine ausgebaute Halbhufe heißt Steinberg, eine Instenstelle Kuckenburg. Auf der Feldmark sind 3 Colonistenstellen erbaut, welche Wallsbüllfeld heißen; 2 Halbh. und 1 Kathe gehörten zum vormaligen Domcapitel. — Districtsschule. — Wirthshaus, Schmiede und einige Handwerker. — Die Kirche, ursprünglich eine Capelle und ein Anner von Medelbye, liegt vor dem Dorfe auf einer kleinen Anhöhe; sie ist ein kleines Gebäude mit Ziegeldach, ohne besondere Merkwürdigkeiten. Am Chor ist ein hölzernes Glockenhaus erbaut. — Der König ernennt den Prediger. — **Eingepfarrt:** Kuckenburg, Meyn,

Wallsbüll.

Meynfeld, Schropf, Steinberg, Wallsbüll, Wallsbüllfeld. — Areal zum Amte Flensburg: 421 Steuert.; zum Amte Tondern: 36 Steuert.; zum Amte Husum, s. Meyn. — Der Boden ist leichter Art, die Wiesen sind sehr ergiebig. — Nördlich vom Dorfe liegt eine Anhöhe, Hohenstein genannt, auf welcher man eine sehr weite Aussicht hat. — Vz. des Ksp.: 371.

Wallsbüll (Süder=Wallsbüll), Dorf $\frac{1}{2}$ M. südöstlich von Bredstedt, in der Landschaft Bredstedt, Ksp. Breklum; enthält 7 größere und 20 kleinere Landstellen und 11 Häuser. — Schuldistr. Struckum. — Wirthshaus, Schmiede und mehrere Handwerker. — Areal der Geest= ländereien: 179 Steuert. — Der Boden besteht theils aus Marsch (s. Walls= büllerkoog) theils aus Geest und ist im Allgemeinen sehr gut und fruchtbar.

Walthusen, eine ehemalige Kirche in der Pelwormerharde auf der alten Insel Nordstrand, etwa $\frac{1}{4}$ M. östlich von der Hallig Hooge. Sie soll im Jahre 1300 in einer Wasserfluth untergegangen sein.

Wanderup, Kirchdorf $1\frac{3}{4}$ M. südwestlich von Flensburg, an der Chaussee nach Husum, A. Flensburg, Wiesh., Pr. Flensburg. Zum Amte gehören außer der Prediger= und der Küsterwohnung, 1 Dreiviertelh., 15 Halbh., 5 Viertelh., 21 Kathen und 3 Colonistenstellen zur Colonie Julianenhöi gehörig. Von diesen Stellen gehörten 10 Halbh., 8 Kathen und 1 Hufe Freesick zum vormal. Schleswigschen Domcapitel; zum Hospitale in Flensburg gehören 3 Bohlstellen und 1 Kathe (1 Pfl.), wovon eine Bohlstelle Birkwang heißt. Eine zum Amte gehörige, südlich belegene Hufe, heißt Grünberg. — Districtsschule. — 2 Wirthshäuser, Schmiede und einige Handwerker. — Die Kirche, vormals mit Gr=Wiehe verbunden, ist ein sehr altes von Feldsteinen aufgeführtes aber nur kleines Gebäude mit einem Ziegeldache; am westlichen Ende der Kirche liegt ein Glockenhaus. — Der König ernennt den Prediger. — Eingepfarrt: Barderupfeld, Birkwang, Freesick, Friedrichsheide (z. Thl.), Frörupfeld, Grünberg, Haurupfeld (z. Thl.), Jerrishöi, Jerrishöifeld, Julianenhöi (z. Thl.), Kjäracker, Kragstedt, Tarpfeld, Wanderup, Wanderupfeld, Wanderup=Zollhaus. — Areal zum Amte: 1336 Steuert.; zum Hospitale: 126 Steuert. — Der Boden ist im Ganzen gut. — Vz. des Ksp.: 610.

Wanderupfeld, eine bei Wanderup belegene Viertelhufe ($\frac{1}{4}$ Pfl.), welche zum Hospitale in Flensburg gehört, A. Flensburg, Wiesh., Ksp. und Schuldistr. Wanderup. — Areal: 55 Steuert.

Wange, 8 Häuser, $2\frac{1}{2}$ M. südwestlich von Tondern, an der Westsee, A. Tondern, Wiedingh., Ksp. und Schuldistr. Horsbüll. Hier ist eine Korn=Windmühle (50 Dem.). — Der Boden ist von sehr verschiedener Art; der Strich Landes, welcher unmittelbar am Seedeiche liegt, ist sehr gut, der übrige Theil aber nur von mittelmäßiger Art.

Wardyn-Capelle, eine ehemalige Capelle in der Osterharde im alten Nordfriesland, in der Nähe der Landzunge der Insel Sylt. Die Zeit ihres Unterganges kann nicht mit Bestimmtheit angegeben werden.

Warleberg, adel. Gut am Kanal, in der Eckernförderharde. Der Haupthof liegt $2\frac{1}{4}$ M. südöstlich von Eckernförde, Ksp. Gettorf. Warleberg war im Anfange des 16. Jahrhunderts ein Dorf und später ein Meierhof des Kieler Schlosses, wozu die 3 Dörfer Tüttendorf und Alt= und Neu= Wittenbek gehörten. Im Jahre 1661 wurde dieser Meierhof an v. Moltke verkauft und zu $18\frac{1}{2}$ Pfl. angesetzt, 1675 an v. Wittorf, und damals steuerte dieses Gut nebst Rathmannsdorf und 3¼ Pfl., welche von Knoop angekauft waren, für 22½ Pfl.; 1684 besaß es v. Thienen, 1713 Desmercieres, 1780 v. Reuß, 1811 v. Neergaard, 1827 der Kanzeleirath Rabbruch (420,300 ₰), jetzt G. C. Rabbruch. Nachdem Rathmannsdorf mit 8½ Pfl. davon getrennt ist, steht das Gut für 14 Pfl. in der Landesmatrikel. — Areal des ganzen Guts: 3092 Ton. 2⁵⁄₁₆ Sch. à 240 □. R. (2457 Steuert., 273,860 Rbth. Steuerw.). Zum Haupthofe gehören 1167 Ton. 3½ Sch. Die in Zeitpacht gegebenen Stellen in den Dörfern Neu=Wittenbek und Tüttendorf nebst 2 Landstellen Hoffeld haben ein Areal von 1866 Ton. 7 1⁄16 Sch. und die in Erbpacht gegebenen Stellen 57 Ton. 7⁵⁄₁₆ Sch. — Der Boden des Guts ist gut, und es ist reichlich mit Hölzungen und Moore versehen. — Der Meierhof Holand wurde 1833 und die Korn=Windmühle Techelsberg (Warlebergermühle, 92 Ton. à 260 □. R.) 1832 vom Gute verkauft. — Zum Gute gehören außer den genannten Dörfern: der Meierhof Neu=Warleberg, der Hof Kronshörn, und die einzelnen Stellen Wehrdamm, Ekholz (4 Kathen), Heidholm (5 Stellen), Katzenteich (Kathendiel, einige Landst.), Landwehr (5 Kathen), Moor (Warleberger=Moor, 8 Kathen), Plossenbrook (2 St.), Rokkenrade (2 St.), Speckenkathe (1 St.), Steenertsmoor (1 St.), Tremmelshörn (2 St.). — Zahl der Einw.: 780. — Contrib. 627 Rbthlr., Landst. 570 Rbthlr.

Warleberg, Neu=, Meierhof im Gute Warleberg, Eckernförderh., Ksp. Gettorf. — Areal: 162 Ton. 1¹²⁄₁₆ Sch.

Warnitz (Varnis, Waldem. Erdb.: Warnäs), Kirchdorf 1¼ M. südöstlich von Apenrade, A. und Pr. Apenrade, Birk Warnitz. Dieses ansehnliche, schön und hoch belegene Dorf enthält außer der Prediger= und Küsterwohnung 7 Vollh., 2 Dreiviertelh., 1 Zweidrittelh., 40 Halbh., 1 Drittelh., 1 Viertelh., 2 Achtelh., 17 Kathen mit und 27 Kathen ohne Land (30 Pfl.). Schon in den Jahren 1710 und 1711 ward hier die Feldgemeinschaft aufgehoben, wonach nur 1 Vollh. und 10 Halbh. als Dorf zurückblieben; die übrigen wurden ausgebaut, liegen ziemlich zerstreut und haben ihren Namen nach den Feldmarken erhalten, weshalb einige Hörretoft, Lillemark, Railtang, Orlacker, Pertrebek, Stanglei und Tyk heißen. — Districtsschule. — 2 Wirthshäuser, von denen das eine Blaakrug genannt wird, 2 Schmiede, 2 Böttcher, 1 Schlachter und mehrere Handwerker. Hier wird sehr gut gearbeitetes Leinen verfertigt. — Die Kirche hat eine hohe Lage, ist sehr alt und ein Theil derselben ist von Feldsteinen erbaut; sie hat keinen Thurm und ist nicht gewölbt, aber schön im Innern und gut unterhalten. An der Seite der Kirche steht ein mit 2 Glocken versehenes Glockenhaus. — Zur Wahl des Predigers präsentiren der Amtmann und der Probst und die Gemeinde wählt. Bis 1681 war hier ein Diaconat. — **Eingepfarrt:** Baurup, Brookberg, Festi, Warnitz und die obenangeführten ausgebauten Stellen. — Vormals lag bei dem Auslaufe eines Baches eine Wassermühle Blaamühle genannt, wo jetzt ein vom Amte verpachteter Lachsfang ist. Diese Mühle soll 1657 von feindlichen Kriegsvölkern abgebrannt sein. — Areal: 2308 Steuert. Der Boden ist größtentheils gut und nur am Ufer der See etwas sandigt. Die in der Nähe liegenden Königl. Hölzungen Vesterskov, Tykskov und Söebjerg sind nur Ueberbleibsel einer vormals zusammenhängenden großen Hölzung. Der tiefe, etwa 108 Ton. große See, Skov=See genannt, war vormals mit der Ostsee zusammenhängend und ist sehr fischreich. Es

Wartinghusen.

befinden sich auf der Feldmark mehrere Opfer- und Grabhügel, ein sehr bedeutender liegt in der Königl. Hölzung Tykstov. — Im Kirchspiele Warnitz waren ehemals mehrere Edelhöfe Brattburg, Ornum, Hipholm, Gammelgaard und noch einer, dessen Platz Volden (der Wall) heißt. — Vz. des Ksp.: 1340.

Wartinghusen, eine ehemalige in der Südergoesharde belegene Kirchspielskirche, nordwestlich von Hattstedt, im Amte Husum. Sie soll im Jahre 1300 untergegangen sein. Die in der Hattstedter Marsch belegenen beiden Dorfschaften Groß- und Klein-Ellerbüll sollen vormals hier eingepfarrt gewesen sein.

Wasserkoog, ein Koog im Westertheile der Landschaft Eiderstedt, 1 M. nordöstlich von Garding, Ksp. Tetenbüll. In diesem Kooge, welcher 1617 eingedeicht ward, liegen einige Höfe und Häuser (s. Tetenbüll). Ein Wirthshaus beim Hafen, wo eine starke Kornausfuhr ist, heißt Tetenbüller-Spieker. — Schuldistr. Sieversfleth.

Wassermühlenholz, eine kleine Landstelle bei Grimsnis, im Gute Röest, Cappelerh., Ksp. Cappeln, an der gleichnamigen Gutshölzung. Hier liegt auch die Röester Wassermühle (s. Röest).

Waterburg. Nach einer Urkunde des Königs Knud aus dem Jahre 1196 gehörte das Land dieser Burg dem St. Michaeliskloster zu Schleswig. Alt-Gottorf bei Falkenberg kann diese Burg demnach nicht gewesen sein. Sie wird ohne Zweifel auf dem Platze, nördlich von Schleswig gelegen haben, welcher jetzt Klein-Huusstedt genannt wird. Man findet hier noch Spuren von Wällen mit tiefen Gräben und eine Menge Fundament- und Mauersteine. Die Feldmark Lang-Huusstedt und Klein-Huusstedt gränzen an die Apenstorfer Koppeln (s. Apenstorf).

Waterloos (Wasserloos), 5 Kathen ¼ M. östlich von Flensburg, A. Flensburg, Husbyeh., Ksp. und Schuldistr. Adelbye.

Waterpött, 4 Parcelenstellen ($\frac{30}{8}$ Pfl.) im Amte Gottorf, Satruph., Ksp. Satrup. — Areal: 42 Steuert.

Wattkoog (vorm. Waardtkoog), ein Koog ¼ M. westlich von Garding, im Westertheile der Landschaft Eiderstedt. Dieser Koog soll im Jahre 1160 oder 1235 eingedeicht sein und enthält 3 kleine Landstellen. Der östliche und südliche Theil des Kooges gehört zum Ksp. Garding, der westliche zu Tating. Der westliche Theil heißt Alter-Wattkoog.

Wattschankrug (Vasbyekroe), 6 Kathen an der Cappeler Landstraße, 1¼ M. östlich von Flensburg, A. Flensburg, Husbyeh., von denen 1 Kathe von Wesebye hierher versetzt, Grimsteen genannt wird; 4 Kathen gehören zum Ksp. Husbye, sind Vicarienlansten der Domprediger in Schleswig und gehörten vormals zur Domvicarie St. Crucis, und 2 Kathen gehören zum Ksp. Hürup. — Areal: s. Husbye. — In der Nähe befindet sich eine Hügelreihe, wo der Sage nach die Angelsachsen Hengist und Horsa begraben sein sollen.

Wattsfeld, eine kleine Parcele im Gute Düttebüll, westlich vom Hofe, Cappelerh., Ksp. Gelting, Schuldistr. Pommerbye.

Waye (Woy), 1 kleine Landstelle im Gute und Ksp. Gelting, Cappelerh., Theil der 22. Geltinger Parcele; s. Grahlenstein.

Waygaard, Dorf im Waygaarderkooge, 1½ M. nordwestlich von Bredstedt, A. Tondern, Bökingh., Ksp. Riesum. Dieses Dorf, welches auf zwei ¼ M. von einander entfernt liegenden Werften erbaut ist, wird in Norder- und Süder-Waygaard eingetheilt und enthält 24 Landstellen und Häuser. Nach einer starken Feuersbrunst 1826 ward die größte der abgebrannten Stellen wieder in dem Blomenkooge erbaut und heißt **Friedrichshof**. — Districtsschule. — Schmiede. — Einige Einwohner ernähren sich von der Fischerei. — Auf dem Waygaarderdeiche liegt außer einigen Häusern eine Erbpachts-Windmühle (18 Dem.). — Areal: 522 Steuert. — Der Boden ist von ziemlicher Güte. — Vor dem Jahre 1634 lief ein 1 M. langer Deich von hier in gerader Richtung nach Riesum und ward als Kirchweg benutzt; durch die Fluth in demselben Jahre ward derselbe gänzlich zerstört und der Kirchweg führt jetzt durch Fahretoft längs dem ¾ M. langen Maasbüllerdeiche. — Die Leichen werden gewöhnlich in Böten nach Riesum gebracht.

Wedelbek, eine Aue, welche mit der Füsingeraue in Verbindung steht. Sie fließt Boholzau und Rabenholz vorüber und ergießt sich bei Welspang in den Lang-See.

Wedelspang, 2 Vollhufen ½ M. südöstlich von Schleswig, unweit des Selker-Moores, dem St. Johanniskloster zuständig, A. Gottorf, Arensh., Ksp. Haddebye, Schuldistr. Bustorf. — Der Boden ist nur von mittelmäßiger Art.

Weding, Dorf ¾ M. südwestlich von Flensburg, A. Flensburg, Wiesh., Ksp. Handewith; 3 Halbh., 3 Viertelh., 2 Kathen, 1 Instenstelle und 8 auf dem Osterfelde erbaute Colonistenstellen, zur Colonie Christiansdal gehörig. Außerdem gehören zum Dorfe Alter-Holzkrug (Handewitherkrug) 1 Viertelh. und 1 Kathe nordöstlich am Königl. Gehege, und Neuer-Holzkrug an der Chaussee, wo ein Bahnhof für die Flensburg-Husum-Tönninger Eisenbahn angelegt werden wird. — Schuldistr. Haurup. — Schmiede. — Areal: 350 Steuert. — Der Boden ist nicht von besonders guter Art; die Moore heißen Westermoor, Boghöe und Kattegat.

Wees, Dorf ¾ M. nordöstlich von Flensburg, A. Flensburg, Munkbraruph., Ksp. Munk-Brarup; 6 Vollh., 2 Halbh. und 21 Kathen (7 Pfl.), 1 südlich an der 95 Ton. 222 □. R. großen Königl. Hölzung Weesriis ausgebaute Kathe heißt Weesriis, wobei eine Königl. Holzvogtswohnung mit 13 Ton. 159 □. R. Land, 4 Kathen an der Landstraße von Glücksburg nach Flensburg Himmershöi, 3 Kathen ebendaselbst Rothenhaus, 1 Kathe Laaslei oder Geschlossenbeck, 1 Kathe Hasenberg und 1 Hufe und 2 Kathen nördlich vom Dorfe Böllemose, 4 Kathen südlich Weesriisfeld. — Schuldistr. Orbüll. — 2 Wirthshäuser, Schmiede. — Areal: 428 Steuert. — Der Boden ist theils ziemlich gut, theils sandigt. An das Gehege Weesriis stößt das 21 Ton. 60 □. R. große Königl. Blixmoor. Das Dorf hat bedeutende Moorstrecken, namentlich Tornbjerremoos und Neddermoor, südlich das große Prästensmoos (Priestermoor). Westlich liegt die Haide Himmershöimoos. Die Schläge Kovel und Nörreskov sind ehemalige Waldungen und zum Theil noch mit Holz bewachsen; neben beiden liegt die kleine Hölzung Fandenseng oder Teufelswiese. Rothenhaus liegt an einem Nebenflusse des Ruhnbeks, Silkesvad genannt, und war ehemals ein Jägerhaus.

Weesbye (vorm. Westerbye), Dorf 2¾ M. südöstlich von Tondern, A. Tondern, Karrh., Ksp. Medelbye. Zum Amte gehören 17 Bohlstellen, 23 kleine Landstellen, 2 Häuser und 4 Colonistenstellen, welche zur Colonie

Wegacker.

Friedrichshof gehören. Eine Halbhufe ist ausgebaut und heißt Wees=
byelund, 8 Halbhufen gehörten zum ehemaligen Schlesw. Domcapitel;
zum Hospitale in Flensburg gehören 3 Hufen und 8 Kathen (vorm. 1451
dem heil. Geisthause daselbst). — Districtsschule. — Wirthshaus, Schmiede
und einige Handwerker. — Areal zum Amte: 668 Steuert. — Der Boden
ist von mittelmäßiger Art, die Wiesen sind gut, da sie durch Stauung
eines Baches bewässert werden können. Nordöstlich vom Dorfe liegt eine
bedeutende Anhöhe, der **Stolzberg** genannt, worauf man bei hellem
Wetter 18 Kirchen zählen kann.

Wegacker, 3 Häuser ($4\frac{1}{4}$ Pfl.) und eine Ziegelei im A. Tondern,
Bökingh., Ksp. Lindholm, Schuldistr. Klockries. Diese Stellen liegen an
einem niedrigen nach Klixbüll führenden Wege, welcher im Winter oft
unter Wasser steht.

Weibek, Dorf $1\frac{1}{4}$ M. nordwestlich von Flensburg, Ksp. Bau. Zum
A. Flensburg, Wiesh., gehören 1 Vollh., 1 Dreiviertelh., 4 Halbh.,
5 Viertelh., 12 Kathen und 3 Instenstellen ($4\frac{7}{8}$ Pfl.). Zum Gute Stolte=
lund, A. Tondern, Slurh., 1 Hufe und 2 Kathen. Von den Kathen
heißen 8 gegen Osten ausgebaute Osterbek, unter denen eine ein Wirths=
haus ist; 1 Viertelh. und Wirthshaus an der Landstraße nach Tondern
heißt Frydendal, und ein anderes an der alten Landstraße nach Apenrade
belegenes Wirthshaus wird Leuchterkrug genannt, weil hier vormals
im Winter für die Post ein Lampenfeuer unterhalten ward. Eine Stelle
westlich an der Landstraße nach Tondern heißt Westerbek, eine andere
ebendaselbst Vogelsang (Fuglsang); 2 Halbh. (1 Pfl.) gehörten ehemals
zum Schlesw. Domcapitel. — Districtsschule. — Areal zum Amte:
755 Steuert.; zum Gute Stoltelund: 157 Steuert. — Der an sich magere
Boden wird sehr gut cultivirt.

Weissenkoog (Wittenhagen, Wittenkoog), eine Niederung
in der Landschaft Stapelholm, Ksp. Bergenhusen, ehemals ein See, östlich
von Bergenhusen gelegen, später ein eingedeichter Koog mit einem Hofe
auf der s. g. hohen Warft. Die Spuren des Hofes und die Reste des
Deiches sind noch vorhanden. Jetzt gehört das Land an verschiedene Besitzer,
namentlich in Bergenhusen.

Welbyegaard (Vilbye), ein ehemaliger aus 4 Bohlstellen
entstandener von Joachim Danckwerth in der ersten Hälfte des 17. Jahrh.
erbauter Hof an der Virlaue im A. Apenrade, Ksp. Jordkjär. Dieser Hof
ward im Anfange des 18. Jahrh. abgebrochen und die Ländereien sind zur
Feldmark des Dorfes Cassöe gelegt.

Wellerup (vorm. Welderup), Dorf $1\frac{1}{2}$ M. nordöstlich von Lygum=
kloster, Ksp. Agerskov. Zum A. Hadersleben, Westerth., Norderrangstruph.,
gehören 1 Dreiviertelh., 5 Halbh., 1 Landbohlst. und 2 Kathen ($2\frac{1}{2}$ Pfl.);
eine Stelle heißt Hoysethuus; zum A. Lygumkloster, Vogtei Alslev:
2 Halbh. und 1 Kathe, letztere Stibelundhuus genannt (1 Pfl.) welche
theils Tufo Esbernsen 1345, und theils der Herzog Waldemar 1360 dem
Kloster schenkten. — Schuldistr. Baulund. — Areal: zum A. Hadersleben:
520 Steuert.; zum A. Lygumkloster: 88 Steuert. — Der Boden ist ziemlich
fruchtbar; die Wiesen sind einträglich. Eine Anhöhe im Moor heißt
Rugbjerg.

Welspang (Wedelspang), eine Königl. Erbpachts=Wassermühle,
1 Windmühle, Wirthshaus und 3 Kathen am Einfluß der Wedelbek in

den Lang=See, 1 M. nördlich von Schleswig, A. Gottorf, Struxdorfh., Ksple. Fahrenstedt und Tolk. Die Mühle liegt in einem reizenden Thale und stand früher unter dem Obergerichte; sie ist eine der bedeutendsten Mühlen in Angeln. — Schuldistricte Tolk und Süder=Fahrenstedt. — Areal: 31 Steuert. — Nördlich von der Mühle ward auf einer Anhöhe westlich von der Landstraße im Jahre 1416 von dem König Erich von Pommern ein Befestigungswerk angelegt, dasselbe ward aber 1426 unter dem Herzoge Heinrich gestürmt, eingenommen und darauf geschleift. Im letzten Kriege 1848 und 1850 wurden hier Schanzen aufgeworfen und die Windmühle abgebrannt.

Welt, Kirchort und zerstreut liegende Höfe und Häuser 1¼ M. westlich von Tönning, im Osterth. der Landschaft Eiderstedt, Pr. Eider= stedt. Die Häuser, welche zu diesem Kirchspiele gehören, sind größtentheils auf Werften gebaut. Es besteht aus dem s. g. Dorf, einzelnen Häusern die bei der Kirche liegen, ferner Ellhorn, Schreiersecke, Marren und Westerdeich, im Ganzen 12 Höfe, 20 Stellen mit, 11 Stellen ohne Land und 2 Windmühlen (26 Pfl.). — Districtsschule. — 2 Wirths= häuser, 2 Schmiede und einige Handwerker. — Schon im Jahre 1113 soll hier eine Capelle erbaut sein; späterhin erbaute Kirche ward 1415 von den Dithmarschern zerstört. Die jetzige Kirche ist nur klein, hat keinen Thurm und keine Orgel. Vormals war hier eine Vicarie. Zur Wahl des Predigers präsentiren die Kirchenvorsteher und die Gemeinde wählt. — Eingepfarrt: Grothusenkoog, Kornkoog, Welt und die obengenannten Stellen nebst Zollhaus. — Areal: 1606 Dem. (1446 Steuert., worunter 415 Ton. Gras= und Weideländereien). — Der Boden ist leichter Marsch= boden und westlich hin mit Sand vermischt; eine Wasserlösung heißt die Fahrt. — Zwei unbebaute Werften heißen Kampenhof und Hochdorf. — Vz. des Ksp.: 358.

Wendingstedt (Wenning), ein vergangener Flecken in der Nordwesterh. westlich von dem jetzigen Dorfe Wenningstedt auf der Insel Sylt. Der Flecken soll im Jahre 1300 in einer Wasserfluth untergegangen sein. Noch im Jahre 1833 fand man hier Ueberbleibsel von Häusern (s. Wenningstedt).

Wenkendorf (Waldem. Erdb.: Wänäkänthorp), Dorf nord= westlich auf der Insel Fehmern, Westerkirchspiel, Kirche Petersdorf; enthält 6 größere, 6 kleinere Landstellen und einige Instenstellen. — Nebenschule. — Areal: 176 Dr. 6 Sch. contrib. Ackerlandes, und 74 Dr. Weide (371 Steuert).

Wennemoes, Dorf ¾ M. nördlich von Tondern, Ksp. Abild; zum A. Tondern, Nordtonderh., gehören 3 Bohlstellen, 7 kleine Landstellen und 6 Instenstellen (3⅔ Pfl.). Eine kleine Landstelle heißt Lüfgaard. Außer diesen gehören zum Dorfe die ausgebauten Stellen Süder=Wenne= moes genannt (13 Häuser). Eine Parcelenstelle heißt Göhl. Zum A. Lygumkloster, Vogtei Abild, gehören 4 Viertelbohlen und 2 Instenstellen (1 Pfl. 89 Steuert.); 1 Colonistenstelle gehört zur Colonie Friedrichs= gabe. — Das Districtsschulhaus östlich vom Dorfe heißt Julstedgaard. — Einige Frauenzimmer beschäftigen sich mit Spitzenklöppeln. — Der Boden ist lehmigt und gut.

Wenning, einige Häuser und 2 zu Broacker gehörige Armenhäuser am Wenningbonder Strand im Lande Sundewith, A. Sonderburg, Nübelh.,

Wenningstedt.

Ksp. und Schuldistr. Broacker. Ehemals soll hier eine Kirche gewesen sein, wahrscheinlich eine Capelle. — Ein ½ M. langer und ¼ M. breiter Meerbusen der Ostsee, welcher sich in das Land Sundewith hinein erstreckt, heißt Wenningbond. An der innersten Spitze desselben am Schmöeler Strande, Schmöelmoes genannt, sind noch die Spuren alter Gebäude.

Wenningstedt, Dorf an der Westseite der Insel Sylt, Ksp. Keitum. Dieses Dorf ist um eine Niederung (den Wenningstedter-Teich) sehr hübsch erbaut, welche im Herbst und Winter mit Wasser angefüllt ist. Es enthält 11 Häuser (265 Pfl. nach $\frac{1}{162}$ Pflugtheilen). — Schuldistr. Kampen. — Areal: 171½ Steuert. — Der Boden ist sandigt und der Haupterwerbszweig der Einwohner ist die Seefahrt. — Auf der Feldmark befinden sich viele Grabhügel. — Das Dorf ist der letzte Rest einer im Jahre 1362 durch das Meer untergegangenen größeren Ortschaft Namens Wendingstedt, welche südwestlicher lag. Die Wenningstedter Dünen auf dem hohen rothen Kliff zeichnen sich durch ihre Höhe, ihre Formen und ihren dichten Pflanzenwuchs aus, und gehören zu den interessantesten Parthien der Insel.

Wentorf (Wendtorf), Dorf am Witten-See, 1½ M. südlich von Eckernförde, im Gute Sehestedt, Eckernförderh., Ksp. und Schuldistrict Sehestedt; 6 Halbh., 6 Drittelh., 3 Kathen und 2 Instenstellen (3⅔ Pfl.). — Areal: 404 Ton. 2 Sch. (377 Steuert.). — Der Boden ist besonders gut.

Werthemine, Meierhof auf der Insel Alsen, im Gute Gammelgaard, A. Sonderburg, Augustenburgerh. Der Hof liegt 1 M. östlich von Augustenburg, Ksp. Ketting. — Areal: s. Gammelgaard.

Wesebye (Wesebyegaard), adel. Gut im A. Flensburg, Husbyeh.; der Haupthof liegt 1 M. südöstlich von Flensburg, Ksp. Hürup. Besitzer: 1626 Otto Persen, 1630 Daldorf, darauf Piper (9750 ℳ), 1649 Heßhusen, 1661 Reinking, 1712 v. Buchwald, 1738 v. Holstein, 1740 Buchholz, 1754 Selker, 1759 Andersen, 1812 Heyssel, 1814 Kallsen (30,000 ℳ), 1819 Staake, 1831 H. H. Fischer. — Das ganze Gut hatte 1771 ein Areal von 473 Hdtsch., worunter eine Domcapitelshufe, die 1696 gegen eine Hufe in Jübek ausgetauscht, 1785 parcelirt und veräußert ward (s. Dorf Wesebye). Späterhin wurden noch mehrere Ländereien verkauft und Wesebye enthält jetzt mit den Parcelenländereien und einer Schmiede 240 Hdtsch. (1 Pfl., 70 Steuert., 11,200 Rbthlr. Steuerw.). — Das Wohnhaus ist mit einem Burggraben umgeben, es hat 2 Stockwerke und ist mit Ziegeln gedeckt. — Zahl der Einw.: 10. — Contrib. 44 Rbthlr. 70 b/ß, Landst. 23 Rbthlr. 32 b/ß.

Wesebye (vorm. Wesbu), Dorf an der Schlei, 1¼ M. nordwestlich von Eckernförde, A. Hütten, Hüttenh., Ksp. und Schuldistr. Kosel. Es gehörte vormals zum Schlesw. Domcapitel und enthält 4 Halbh., 2 Kathen und 4 Instenstellen (2 Pfl.). Eine Halbhufe heißt Schoolbek. — Armenhaus. — Areal: 279 Steuert. — Der Boden ist überall leicht. — Der kleine Wesebyer-See hat ein Areal von 3 Ton. 7 Sch. à 320 □. R. — Vormals soll der Sage nach hier eine stark befestigte Burg gestanden haben.

Wesebye, Dorf 1 M. südöstlich von Flensburg, A. Flensburg, Husbyeh., Ksp. und Schuldistr. Hürup. Zum Amte gehören 1 Vollh., 1 Vierfünftelh., 5 Halbh., 5 Viertelh., 1 Fünfachtelh., 1 Achtelh., 2 Sechszehntelh. und 9 Kathen, von denen 6 Hufen zum vormaligen Schleswigschen Domcapitel gehörten; 2 Kathen heißen Wattschaukrug (Basbyekroe,

f. Wattschaukrug). Eine jetzt ausgebaute parcelirte Domcapitels=Vollhufe ist durch Vermagschiftung 1696 von Jübek hierher gekommen. Eine Kathe an der Cappeler Landstraße heißt Hörgerlei (Herregaardlei). Zur St. Nicolai=Kirche in Flensburg gehören 1 Halbh. und 1 Kathe ($\frac{1}{2}$ Pfl.). — Schmiede. — Areal zum Amte: 656 Steuert.; zur Nicolai=Kirche: 33 Steuert. — Der Boden ist fast überall lehmigt und größtentheils gut; ein kleiner Theil ist sandigt.

Westen (auf dem Westen), einige Häuser auf der Insel Nordstrand, zwischen dem Altenkoog und der Trendermarsch, Ksp. Odenbüll.

Wester-Capelle, eine vergangene Capelle in der Osterharde im alten Nordfriesland, westlich von Föhr. Die Zeit ihres Unterganges ist unbestimmt.

Westerdeich, 4 Landstellen und 7 Häuser im Westertheile der Landschaft Eiderstedt, Ksp. und Schuldistr. Ulvesbüll. Westerdeich war vor der Eindeichung des Norder=Friedrichskoogs ein Hafdeich.

Westerdeich, 6 kleine Landstellen im Westerth. der Landsch. Eiderstedt, Ksp. Poppenbüll, Schuldistr. Neukrug.

Westerdeich, 2 Häuser auf dem Deiche zwischen dem Obbenskoog und Legelichheit, im Osterth. der Landschaft Eiderstedt, Ksp. und Schuldistr. Witzworth.

Westerfeld, (Böel=Westerfeld), 3 Halbh. und 3 Kathen südwestlich von Böel, im A. Gottorf, Morkirchh., Ksp. Böel. Eine Kathe gehörte zum ehemaligen Gute Flarup.

Westerfeld (Gelting=Westerfeld), eine Parcelenstelle ($\frac{7}{16}$ Pfl.), im Gute Gelting, Cappelerh. Ksp. und Schuldistr. Gelting. — Areal: 107½ Hdtsch. (56 Steuert.).

Westerhever, Kirchort an der nordwestlichen Seite des Westertheils der Landsch. Eiderstedt, Pr. Eiderstedt. Zu diesem Kirchorte gehören, außer der Prediger= und Küsterwohnung, 18 Höfe, 36 Landstellen und 25 Stellen ohne Land. — Districtsschule. — Windmühle, 2 Wirthshäuser, Schmiede und mehrere Handwerker. — Die erste Capelle ward wahrscheinlich im Jahre 1362 durch die große Wasserfluth zerstört, eine zweite kam 1370 an ihre Stelle und die jetzige Kirche ward 1804 von der Commüne zum Theil umgebaut, wodurch sie im Chor verkleinert ward. Sie hat eine einfache Einrichtung, einen ansehnlichen hohen Thurm, der den Seefahrern zum Merkzeichen dient, aber keine Orgel. — Der Prediger wird von den Kirchenvorstehern präsentirt und von der Gemeinde gewählt. — Das Kirchspiel bildet eine Halbinsel, vormals eine Insel, welche Hälfe genannt ward. Zum Kirchspiele gehören Häusergruppen und einzelne Häuser, welche folgende Namen haben: Ahndel, Berghuus, Boikenwarf, Edamshar, Hayenbüll, Knutzenswarf, Kratzenberg, Leitenhusen, Rosenhof, Schanze, Siekhof, Sieversbüll, Sparhörn, Stufhusen, Tofhof, Westerwarf. — Areal des ganzen Kirchspiels: 1891 Dem. — Der Boden ist niedrig und sehr gute Marsch. — Die Predigerwohnung liegt auf dem Platze, wo vormals die Wagemannsburg (Vognmandsborg) stand, eine angeblich von Seeräubern hier erbaute Burg; diese Seeräuber sollen der Sage nach 1370 von den Bewohnern des Strandes und der Dreilande besiegt, 60 von ihnen hingerichtet und die Burg zerstört sein. Aus einem Theile der Materialien

Westerholm.

derselben ward das Predigerhaus erbaut. Ueberreste dieser Burg waren noch 1626 sichtbar. — Vz. des Ksp.: 697.

Westerholm, Dorf 2¾ M. östlich von Flensburg, A. Flensburg, Nieh., Ksp. und Schuldistr. Quern; 6 Vollh., 1 Halbh. und 5 Kathen (6½ Pfl.). — Areal: 378 Steuert.

Westerkoog (Süderstapeler-Westerkoog), ein Koog an der Eider, südlich von Süderstapel, in der Landschaft Stapelholm, Ksp. Süderstapel, ward im Jahre 1522 eingedeicht und hat ein Areal von 884 Dem. Dieser Koog hat 3 Schleusen für sich allein und eine mit dem Drager-Norderfelderkooge gemeinschaftlich. Ein Syndicus ist Rechnungsführer und Cassirer.

Westerland, Kirchdorf auf der Insel Sylt, Pr Tondern. — Westerland ist ein Theil des verschwundenen Kirchspiels Eydum. Der südliche Theil dieses sehr ansehnlichen Dorfes wird in Süder-, Wester- und Oster-ende, der übrige Theil aber in Nord-, Süd-, Ost- und West-Hädig (Hedif) eingetheilt. Die Zahl der Häuser betrug (1850): 101 (Pflugz: 1509 nach $\frac{1}{162}$ Theilen). — Zahl der Einwohner mit Rantum: 458. — Hier ist eine Kirchspielsschule. — Armenhaus, 3 Kaufleute und Krämer, 3 Schmiede und mehrere Handwerker. Außerdem wohnen hier 46 Seefahrer, unter denen 23 Schiffer und Steuermänner. Vormals waren in Westerland gegen 40 Schiffer oder Capitaine, deren viele aber jetzt von ihren Zinsen leben und von denen nur 8 mehr auf der Fahrt sind. Ein Hauptproduct des häuslichen Fleißes giebt die Verfertigung wollener Jacken und Strümpfe, die in großer Menge ausgeführt werden. — Die erste Kirche, welche westlicher stand, wurde, nachdem sie von dem Flugsande gefährdet war, um das Jahr 1635 abgebrochen. Die jetzige in Süd-Hädig stehende Kirche ward 1637 von den Materialien der eingegangenen Eydumer Kirche erbaut. Sie ist nur klein und zum Theil mit Ziegeln gedeckt. Das Innere der Kirche ist vor mehreren Jahren verschönert. — Der Prediger wird von dem Amtmanne und von dem Probsten präsentirt, die Gemeinde wählt. — **Eingepfarrt**: Nantum, Westerland. — Areal: 854$\frac{9}{10}$ Steuert. — Der Boden ist nur sandigt und dürftig und der größte Theil der Ländereien besteht aus urbar gemachten Haidestrecken. Die Sanddünen, welche sich hier und längs dem ganzen Ufer der Westseite gebildet haben, beschützen die Ländereien gegen Ueberschwemmungen; dagegen leidet das Land durch den bei heftigen Westwinden von diesen Dünen weggewehten Flugsand sehr; die Dünen haben sich überhaupt in den letzten Jahrhunderten bedeutend verändert. — Im Jahre 1820 erbauten die Westerländer zum Schutze einiger dortigen Dorfstheile und Ländereien einen kleinen Seedeich, welcher aber in der Sturmfluth 1825 wieder vernichtet wurde. Später, besonders in den Jahren 1825 und 1836 haben die Einwohner bedeutende Arbeiten, sowohl Pflanzungen als Deicharbeiten an den dortigen Dünen, die theils stark näher rückten, theils zu schwach und niedrig geworden waren, zum Schutze ihrer Feldmarken vollendet. — In der Nähe von Westerland finden sich einige Grabhügel.

Westerlund, eine Hegereuterwohnung mit 14 Ton. 68 □. R. Land, ¼ M. westlich von Apenrade, A. Apenrade, Niesh., Ksp. Apenrade.

Westermark, mehrere an einem Deiche zerstreut liegende Häuser, in der Nähe der Westsee, im Westerth. der Landsch. Eiderstedt, Ksple. St. Peter und Ording. Zum ersten Kirchspiele gehören 1 Hof, 4 Landstellen

v. Schröder's Schlesw. Topogr.

und 3 Stellen ohne Land, Schuldistr. Olsdorf; zum letzten Kirchspiele 4 Stellen mit Land, Schuldistr. Ording.

Westermühlen, Dorf 1½ M. südwestlich von Rendsburg, an der Mühlenaue, A. Hütten, Hohnerh., Ksp. Hohn; enthält 2 Halbh., 4 Viertelh., 6 Achtelh. und 2 Kathen (2¾ Pfl.). Zum Dorfe gehören 2 Mühlen, eine Erbpachts-Wassermühle, welche ehemals unter dem Obergerichte stand, und eine Windmühle. — Schuldistr. Elsdorf. — Wirthshaus, Schmiede. — Areal: 246 Steuert. — Das Ackerland des Dorfes ist theils moorigt, theils lehmigt. Westlich vom Dorfe liegt das Königl. Gehege Mittelhamm, etwa 130 Ton. groß. Hier ist die Wohnung eines Forstaufsehers.

Westerschau, 3 Halbh. und 4 Viertelh. im Gute Hemmelmark, Eckernförderh., Ksp. Borbye, Schuldistr. Barkelsbye.

Westerthal, Meierhof des Gutes Windebye, ½ M. südwestlich von Eckernförde, Eckernförderh., Ksp. Borbye. Der Flächeninhalt dieses Hofes beträgt mit dem zu demselben gehörigen 1 Halbh. und 1 Kathe, welche beide Frohsein heißen und 41 Ton. 114 R. (32 Steuert.) enthalten, 558 Ton. 216 R. à 240 □. R. (478 Steuert.), worunter an Acker 405 Ton. 89 R., Wiesen 81 Ton. 165 R., Moor 18 Ton. 149 R. und Hölzung 11 Ton. 179 R. — Der Boden ist von mittlerer Güte und einige Stellen sandigt. — Das Wohnhaus besteht aus einem Stockwerke mit einem Frontispice und enthält zugleich die Einrichtung zur Milchwirthschaft. — Einzelne Ländereien heißen Billermoor und Bokholt.

Westerwarf, ein Hof im Westerth. der Landsch. Eiderstedt, Ksp. Westerhever, Schuldistr. Schanze. — Areal: 103 Dem. 5 S.

Westerwiek, eine ehemalige Fährstelle auf der vergangenen Insel Süderstrand. Die Fähre ging nach der Insel Helgoland.

Westerwohld, eine ehemalige Kirche in der Beltringharde auf der alten Insel Nordstrand, etwa ½ M. südlich von der Hallig Langenäs. Durch die Wasserfluth 1362 ging sie zu Grunde, ward späterhin wieder erbaut und nachdem auch diese anfing zu verfallen, 1609 wiederum aufgeführt; diese Kirche wurde mit der zu ihr gehörigen Predigerwohnung 1638 verkauft. Das Kirchspiel war kurz vor der Fluth 1634, 1083 Dem. 133 R. groß. In Westerwohld und Ballum ertranken 1634: 164 Personen; 69 Häuser und 2 Mühlen trieben weg, und 17 Hauswirthe und 2 Käthner blieben übrig.

Westre (Wästre), Dorf 1½ M. südöstlich von Tondern, A. Tondern, Karrh., Ksp. Ladelund. Zum Amte gehören 15 Bohlstellen, 17 kleine Landstellen und 4 Instenstellen (9¼ Pfl.). Eine Bohlstelle heißt Berbekshof; zum Gute Lütgenhorn gehören 2 Bohlstellen, (2 Pfl., 110 Steuert.). — Districtsschule. — Schmiede. — Der Bürgermeister Th. Finck in Flensburg verkaufte im Jahre 1575 seine Güter in Westre an den Herzog Johann. — Der Boden ist größtentheils von ziemlicher Güte. — In einem Moore Südermoor genannt finden sich viele Tannenwurzeln, deren Bäume der Sage nach von den Schweden abgebrannt sein sollen. — Auf der Feldmark sind 3 Grabhügel.

Westscheide, 28 zerstreut liegende im Jahre 1762 angelegte Colonistenst. (1$\frac{11}{16}$ Pfl.), 1¾ M. nördlich von Schleswig, A. Gottorf, Struxdorfh., Ksp. Havetoft, Schuldistricte Havetoft und Klappholz. — Areal: 132 Steuert. — Der Boden dieser Colonie ist nur von mittelmäßiger Art.

Wiehe.

Wiehe-, Großen- (vorm. Wyghe), Kirchdorf an der Wiehebek, 2 M. südwestlich von Flensburg, A. Flensburg, Wiesh., Pr. Flensburg. Von diesem Dorfe hat die Wiesharde ihren Namen. Es ist ursprünglich auf einem Wiesengrunde erbaut und enthält außer der Prediger- und der Küsterwohnung 1 Dreivierteh., 9 Halbh., 5 Viertelh., 2 Kathen und 5 auf der Feldmark belegene Colonistenstellen (6¼ Pfl.); 2 Halbh. heißen Norder-Wiehe. — Districtsschule. — Wirthshaus, 1 Kunstdrechsler, mehrere Handwerker. — Vormals waren bei diesem Dorfe mehrere Ziegeleien und eine Stelle bei einem fischreichen Teiche heißt noch Ziegelhofdamm (Teglgaarddamm). — Der bedeutende Markt, welcher hier in der ältesten Zeit gehalten ward, ist nach Handewith verlegt. — Die Kirche liegt etwas vom Dorfe entfernt; sie ist ein altes starkes Gebäude mit einem nur kleinen Thurm, hat aber keine Orgel. Hier war vormals eine Vicarie St. Mariä. — Der König ernennt den Prediger. — Eingepfarrt: Barslund, Haurup (1 Colonistenstelle), Kjärhuus, Lindewith, Loftelund, Lüngeraue, Lük, Orlund, Nodau, Schobüll, Schobüllhof, Schobüllhuus, Seeland, Sillerup, Sillerupfeld, Steinberg, Süderland, Wannratt, Watt, Großen-Wiehe, Klein-Wiehe, Norder-Wiehe, Wiehekrug, Wiehelund, Ziegelhofdamm, Zollhaus. — Areal: 941 Steuert. — Der Boden ist sandigt und leicht. — Auf der Feldmark befinden sich einige Grabhügel und östlich vom Dorfe sind Spuren eines großen Walles Klint genannt. — Vz. des Ksp.: 956.

Wiehe, Klein-, Dorf 2¼ M. südwestlich von Flensburg, A. Flensburg, Wiesh., Ksp. und Schuldistr. Großen-Wiehe. Zum Amte gehören 1 Dreiviertelh., 6 Halbh., 5 Viertelh., 4 Kathen und 2 Hufenparcelenstellen, welche alle bis auf 2 Hufen zum ehemaligen Gute Lindewith gehörten. Von den ausgebauten Stellen heißt eine Hufe Wiehelund, 1 Viertelh., wo vormals ein Jägerhaus war, Nodau (Nothau), 1 Kathe Wannratt (Grünholz). Zum Hospitale in Flensburg (vorm. zum Heil. Geisthause) gehören 2 Drittelh. — Areal zum Amte: 1218 Ton. 6 Sch. à 320 □. R.; zum Hospitale: 59 Steuert. — Der Boden ist sandigt und leicht.

Wiehekrug, 6 Kathen (1$\frac{7}{10}$ Pfl.) 1½ M. südwestlich von Flensburg, A. Flensburg, Wiesh., Ksp. und Schuldistr. Großen-Wiehe. — Wirthshaus mit der Brau- und Brennerei-Gerechtigkeit, Schmiede. — Diese Kathen gehörten vormals zum Gute Lindewith. — Areal: 88 Steuert. — Der Boden ist sandigt und leicht, die Wiesen sind gut.

Wiesbolig, 1 Viertelh. (¼ Pfl., 12 Steuert.) an einer kleinen Aue, 2¼ M. nordwestlich von Schleswig, A. Gottorf, Treyah., Ksp. Jörl, Schuldistr. Sollerup.

Wildfang (Vildfang), 1 Vollh. und 1 Kathe südlich von Sillerup im A. Hadersleben, Osterth., Haderslebenerh., Ksp. Aastrup.

Wilhelminenfeld, 10 Colonistenstellen im A. Tondern, Karrh., Ksple. Leck und Ladelund, welche auf den Feldmarken der Dörfer Ladelund (4 Stellen), Bramstedt (2 St.), Karlsmark (1 St.) und Leck (3 St.) erbaut sind.

Wilhelminenhof, ein vormaliger Meierhof im Gute Oehe, südlich von dem Haupthofe belegen, Cappelerh., Ksp. Gelting. Dieser Hof ward im 18. Jahrh. errichtet aber 1807 abgebrochen.

Wilhelminenkoog, ein Koog im Westertheile der Landschaft Eiderstedt an der Eider, ¾ M. südwestlich von Garding, Ksp. Tating. Derselbe ward im Jahre 1821 für Rechnung der Rentekammer eingedeicht, und enthält ein Areal von 515 Dem. 5 Sch. Es sind in diesem Kooge 3 Landstellen und 1 Haus, welches von dem Schleusenwärter bewohnt wird. — Schuldistr. Süderdeich. Der Boden ist theils schwer, theils nur von mittelmäßiger Art. Hier ist ein Hafen dessen Verkehr sich in den letzten Jahren sehr gehoben hat. Derselbe wird jetzt durch einen Haffdeich längs dem Siele von 25 Ruthen Länge mehr gesichert. — Bz.: 24.

Wilhelmsthal, Meierhof im Gute Marienthal, ¼ M. südlich von Eckernförde, Eckernförderh., Ksp. Borbye. Dieser Hof, welcher für ¾ Pfl. contribuirt, ward 1835 von dem Besitzer des Gutes Marienthal an I. D. Torkuhl für 35,400 ℳ verkauft. Der Hof hat jetzt ein Areal von 146 Ton. à 240 □. R., da von den Stadtländereien der Stadt Eckernförde etwa 50 Ton. zugekauft sind (89 Steuert., 14,240 Rbthlr. Steuerw.). — Der Boden ist sandigt.

Wilsbek (Vilsbäk, Waldem. Erdb.: Wiwälsbäc), Dorf 1¾ M. nördlich von Flensburg im Gute Seegaard, A. Apenrade, Lundtofth., Ksp. Holeböl; enthielt vormals 10 Bohlstellen, von denen 1665 fünf niedergelegt und zum Hoffelde gezogen wurden. Jetzt enthält es 7 Bohlstellen und 9 Kathen (5 Pfl.). Eine ausgebaute Kathe heißt Außenkjär, ist ein Wirthshaus und liegt an der alten Landstraße. — Nebenschule. — Schmiede. — Areal: 1013 Ton. 127 R. à 260 □. R. (575 Steuert.).

Wimmersbüll (Wiemersbüll), Dorf 1 M. südlich von Tondern, A. Tondern, Karrh., Ksp. Süder-Lygum. Dieses Dorf, welches früher zum Ksp. Humtrup gehört haben soll, enthält 13 Bohlstellen, 13 kleine Landstellen und 2 Instenstellen (9 Pfl.). — Nebenschule. — Wirthshaus. — Im Jahre 1492 hatte Detlev v. d. Wisch hier Lansten, welche an die Landesherrschaft verkauft wurden. — Der Boden ist westlich zum Theil fette Marsch und sehr ergiebig, östlich und südlich aber sandigt und mager.

Windebye, adel. Gut am Windebyer-Noor in der Eckernförderharde. Der Haupthof liegt ½ M. südwestlich von Eckernförde, Ksp. Borbye. So weit bekannt ist die Familie v. Brockdorf vormals im Besitze dieses Guts gewesen, welches ehemals einen sehr bedeutenden Flächeninhalt hatte und für 27 Pfl. contribuirte. Späterhin sind aber die Höfe Marienthal, Hoffnungsthal und Friedensthal davon getrennt. — Besitzer: 1469 Sievert v. Brockdorf, darauf die Familie v. Qualen, 1694 Otto v. Qualen. Von dieser Familie kaufte es 1797 v. Lowtzow (402,000 ℳ), 1800 Graf Christian v. Stolberg (468,000 ℳ), 1823 Schmidt mit Ausschluß der damals davon getrennten Meierhöfe und Dörfer für 168,000 ℳ. Das Gut besteht jetzt aus dem Haupthofe mit Kloster, den Meierhöfen Westerthal und Heidhof, der Erbpachtsstelle Frohsein, dem Dorfe Kochendorf, einer Windmühle und einem Wirthshause nahe beim Hofe. Davon befaßt der Haupthof 932 Ton. 230 R., der Meierhof Westerthal 558 Ton. 216 R., die Erbpachtsstelle 32 Ton., im Ganzen 1523 Ton. 206 R. à 240 □. R.; Kochendorf mit Heidhof 834 Ton. 93 R. Das Gut concurrirt für 10 Pfl. (1775 Steuert., 207,512 Rbthlr. Steuerw.). Die erwähnten zum Haupthofe gehörenden Ländereien betragen an Acker 588 Ton. 223 R., an Wiesen 112 Ton. 86 R., an Moor 83 Ton. 92 R., an Hölzung 114 Ton. 103 R. und die Ländereien, welche zur Mühle und einer kleinen Stelle gehören, 33 Ton.

Windemark.

206 R. — Beim Hofe liegen 5 Kathenstellen, von denen eine Kloster genannt wird. — Der Boden ist gut, fruchtbar, ergiebig und die Wiesen liefern kraftvolles Heu. Das Wohnhaus liegt ziemlich niedrig, ist von alterthümlicher Bauart, hat 2 Flügel, enthält 2 Etagen und hat gewölbte Keller. Die Lage ist sehr angenehm. Einige Ländereien heißen Domland, Schirkamp, Altendiek, Krütz, Wolfstand, Stadtteich. Die Untergehörigen sind größtentheils Zeitpächter. — Zahl der Einwohner des Gutes: 400. — Contrib. 447 Rbth. 48 β, Landst. 435 Rbth. 6 β, Hausst. 9 Rbth. 10 β.

Windemark (Winnemark), Dorf ¾ M. südlich von Cappeln, an der Landstraße nach Eckernförde im Gute Carlsburg, Cappelerh., Ksp. Schwansen. Dieses Dorf gehörte 1463 dem Bischofe von Schleswig, und ward mit dem Dorfe Gerebye im Jahre 1539 von dem Domcapitel verkauft. Es enthält 4 Halbh., 12 Viertelh. und 6 Instenstellen. Einige ausgebaute Stellen heißen Emers. — Districtssch. — Wirthshaus, Schmiede. — Hier ist eine Fähre für Fußgänger über die Schlei. — Der Boden ist sandigt und leicht.

Winderatt, Dorf 2 M. südöstlich von Flensburg, A. Flensburg, Rieh., Ksp. Sörup; 6 Vollh. und 2 Kathen (6 Pfl.), welche vormals zum Schlesw. Domcapitel gehörten. — Schuldistr. Flatbye. — Schmiede. — Areal mit Söruper-Mühle: 502 Steuert. — Der Boden ist von recht guter Art. — Nordöstlich an der Gränze der Feldmark liegt der ziemlich große Winderatter-See, welcher mit der Kjelstaue in Verbindung steht; dieser See wird von dem Königl. Amte verpachtet.

Winderingmoor, ein ehemaliges Dorf im Ksp. Schwabstedt, welches in einem alten Register aus dem Jahre 1462 angeführt wird.

Windloch, 22 Kathen bei Engelsbye, ½ M. östlich von Flensburg, A. Flensburg, Husbyeh., Ksp. und Schuldistr. Adelbye, von denen 16 Kathen zum Amte, 5 dem Hospitale in Flensburg und 1 der St. Marienkirche daselbst gehören. — Wirthshaus, Schmiede.

Winkel, 2 ehemalige Gross- und Klein-Winkel genannte Halligen im Ksp. Ulvesbüll (Landschaft Eiderstedt). Diese sollen schon vor mehr als 300 Jahren in einer Wasserfluth untergegangen sein.

Winnert, Dorf 1¼ M. südöstlich von Husum, A. Husum, Süderh., Ksp. Ostenfeld. Dieses Dorf, dessen Einwohner sich in dem westlich belegenen Dorfe Rott zuerst niederließen, enthält 5 Vollh., 13 Halbh., 4 Drittelh., 16 Viertelh., 1 Sechstelh., 2 Achtelh. und 22 Kathen (17¼ Pfl.). — Districtsschule. — Armenhaus, Wirthshaus, Schmiede und mehrere Handwerker. — Areal: 1373 Steuert., worunter 458 Ton. Gras- und Weideländereien. Der Boden ist von verschiedener Art, und in den letzten Jahren sehr verbessert. Die Wiesen sind moorigt, die Moore ansehnlich. 2 kleine Fischteiche heißen Gräve und Hohl, und werden von dem Königl. Amte verpachtet. Vormals befanden sich auf der Feldmark einige Grabhügel.

Winnerye, 1 in einem Thale belegene Parcelenstelle bei Koppelheck im Gute Ohrfeld, Cappelerh., Ksp. Esgrus. — Areal: 37½ Steuert.

Winning (vorm. Wending), Kanzleigut ½ M. nordöstlich von Schleswig, A. Gottorf, Schliesh., Ksp. Moldenit. Dieses Gut war vormals ein Dorf von 4 Hufen, von denen 2 Bondengüter im Jahre 1461 an das Schlesw. Domcapitel verkauft wurden. Die beiden übrigen Hufen wurden landesherrlich und von dem Herzoge Adolph an Hofbedienten verlehnt.

Im Jahre 1671 verkaufte der Herzog Christian Albrecht 2 Vollᛋ und 2 Halbhufen an seinen Kammerdiener J. Schmidt nachdem dieser kurz vorher 1 Vollh. und 1 Halbh. an sich gebracht hatte. Die Winninger Hufen wurden niedergelegt, das Gut gebildet und ein neues Wohnhaus erbaut. Spätere Besitzer waren: 1692 Blücher, 1697 v. Ahlefeld, 1705 Stricker, 1717 Otto Blom, 1728 Züchert, darauf Piper und v. Wibel, 1831 Achilles (84,000 ℳ), 1842 Adler (135,000 ℳ), 1852 v. Bülow (156,000 ℳ). Zum Gute, welches für 5 Pfl. contribuirt, gehören 1 Vollh. und 1 Halbh. in Moldenit und 2 Kathen in Blankenburg. — Das Areal des Gutes beträgt 373 Ton. à 240 □. R. (265 Steuert.), worunter 60 Ton. Wiesen, 24 Ton. Hölzung und 9 Ton. Moor. — Der Boden ist sehr gut. — Ein Fähre für Fußgänger über die Füsingeraue heißt die Dreilingsfähre. Das Wohnhaus ist von Brandmauern, einstöckig mit Ziegeln gedeckt und im Jahre 1835 sehr verbessert. — Zahl der Einwohner 42. — Contrib. 16 Rbthlr. 76 b/β., Landst. 93 Rbthlr. 38 b/β.

Wippel (Wippelgaarde), 2 Vollh. und 1 Drittelh. (1$\frac{1}{15}$ Pfl.), 3 M. östlich von Tondern, im Bezirke des A. Tondern, gehören aber zum A. Lygumkloster, Vogtei Rapsted, Ksp. und Schuldistr. Tingleb. Im Jahre 1491 verkaufte Barbara v. d. Wisch diesen Hof an Hans v. Ahlefeld und dieser denselben bald darauf an das Lygumer Kloster.

Wippenbüll, eine vergangene Kirche in der Horsbüllh. (Wiebingh.), 1 M. nordwestlich von Horsbüll, im A. Tondern. Sie soll im Jahre 1362 untergegangen sein.

Wippendorf, (Waldem. Erdb.: Wyppäthorp), Dorf im Gute Rundhof, Capplerh., Ksp. Esgrus. Im Jahre 1345 war dieses Dorf im Besitze des Ritters Nicolaus Lorenssen und 1397 ward es zum Theil von Johann v. Thienen an Rundhof übertragen, der andere Theil gehörte damals zum Schlesw. Domcapitel und wird vermuthlich im Anfange des 15. Jahrh. an Rundhof gekommen sein. Es enthält 7 Hufen, 2 Parcelenstellen (8$\frac{2}{3}$ Pfl.) und 9 Kathen. Eine Kathe heißt Altona, eine Parcelenstelle Bojum; bei letzterer liegt die Districtsschule. — Armenhaus. — Areal: 1082 Hdtsch. 1 Sch. (529 Steuert.). — Auf der Feldmark befinden sich Spuren eines alten Edelhofs, bei denen man noch einen doppelten Graben erkennt und innerhalb derselben Mauerwerk findet. Der Ort heißt noch Hoppegaard und war 1345 vielleicht die Burg des Nicolaus Laurenssen zu Wypaethorp.

Wisch (Wischhof), Kanzleigut beim Dorfe Wisch, $\frac{3}{4}$ M. nordöstlich von Friedrichstadt, A. Husum, Ksp. Schwabstedt. Dieses kleine Gut, welches vormals größer war, und dessen beste Ländereien seit langer Zeit davon verkauft sind, steht in der Landesmatrikel zu 1 Pfl. und enthält 116 Steuert. Marsch- und Geestländereien und 60 Ton. Moorland, aus dessen Ertrage auch die Haupteinnahme des Guts besteht. — Vormals gehörte dieses Gut der Familie v. Buchwald, darauf von Ahlefeld und späterhin hatte es viele Besitzer; seit 1832 Heinrich Siek.

Wisch, Dorf $\frac{3}{4}$ M. nordöstlich von Friedrichstadt, A. Husum, Vogtei und Ksp. Schwabstedt, Schuldistr. Ramstedt; enthält 2 Vollh., 2 Halbh., 9 Achtelh., 4 Sechszehntelh. und 8 Kathen (1$\frac{113}{144}$ Pfl.). — Areal: 255 Steuert., worunter 117 Ton. Gras- und Weideländereien. — Westlich von Wisch liegt der unbebaute Schwabstedter-Westerkoog (2 Pfl.) mit einem Areale von 300 Steuert.

Wisch, Dorf 2¼ M. südwestlich von Tondern, A. Tondern, Wiebingh., Ksp. und Schuldistr. Klanxbüll; enthält 4 Landstellen, 1 Haus und eine Windmühle. — Der Boden, welcher aus Marschland besteht, ist nur von mittelmäßiger Art. — Von hier geht ein Wasserzug östlich nach dem Ksp. Neukirchen hin, welcher mit Böten befahren werden kann.

Wischen, ein Haus im Osterth. der Landschaft Eiderstedt, Ksp. und Schuldistr. Kating.

Wittbek, Dorf 1¼ M. östlich von Husum, A. Husum, Süderh., Ksp. Ostenfeld; enthält 1 Dreivierteh., 1 Zweidrittelh., 13 Halbh., 3 Dreiachtelh., 3 Drittelh., 15 Viertelh., 1 Sechstelh., 2 Achtelh. und 14 Kathen (13½ Pfl.). Eine Hufe (1 Pfl.) gehörte zum ehemaligen Gut Arlewatt und 1 Kanste zur ehemaligen Capelle St. Nicolai bei Schwabstedt. — Districtsschule. — Armenhaus, Schmiede und mehrere Handwerker. Areal: 1452 Steuert., worunter 279 Ton. Gras- und Weideländereien. — Der Boden ist von mittlerer Güte. — Auf der Feldmark befinden sich einige Grabhügel; einer derselben heißt Hengstenberg.

Wittbek, eine Landstelle (¼ Pfl.) im A. Tondern, Slurh., Ksp. und Schuldistr. Höist, gehört zur Commüne Sollwig.

Wittenbek, Alt-, Dorf 2½ M. südöstlich von Eckernförde an einer kleinen Aue, im Gute Rathmannsdorf, Eckernförderh., Ksp. Gettorf, Schuldistr. Neu-Wittenbek; enthält 13 Landstellen von verschiedener Größe, von denen Fahrenhorst, Langenhorst und Levensau ausgebaut sind. — Areal: 617 Ton. 3 Sch.

Wittenbek, Neu-, Dorf in der Nähe des Kanals, Eckernförderh., Ksp. Gettorf. Zum Gute Warleberg gehören 7 Hufen und 12 Kathen; zum Gute Rathmannsdorf 3 Kathen. — Districtsschule. — Schmiede. — Areal: 648 Ton. à 260 □.R.

Wittenbüll, eine ehemalige schon früh untergegangene Kirche in der Lundenbergharde auf der alten Insel Nordstrand, nördlich von der jetzigen Kirche Ulvesbüll.

Wittensee, Groß-, Dorf 1¼ M. südlich von Eckernförde am Wittensee und an der Landstraße von Eckernförde nach Rendsburg, A. Hütten, Hüttenh., Ksp. Bünstorf; enthält 5 Vollh., 1 Dreivierteh., 15 Halbh., 3 Viertelh., 3 Kathen und 16 Instenst. Außer diesen sind ausgebaut westlich 1 Dreivierteh., 1 Kathe und 1 Instenst. Kirchhorst genannt; nordöstlich 1 Halbh., Wahrberg und nördlich 1 Viertelh. und 6 Instenst. Groß-Wittenseerholz. Ein ehemaliges Armenhaus heißt Saltkuhl, eine ehemalige Hegereuterwohnung nördlich Brandenhorst, 1 Stelle nördlich Jürgensrade, 2 Langhorst und 1 Felsenrade, 1 Haus östlich Kellerkuhl. — Districtsschule. — Wirthshaus, Schmiede, Lohgärberei, mehrere Handwerker und 4 Fischer. — Vormals war der Holzhandel und ehe der Kanal gegraben war der Transport von Waaren zwischen den beiden nahe liegenden Städten bedeutend. — Dieses Dorf welches von Anhöhen und Niederungen umgeben ist, hat eine schöne Lage; einige Häuser liegen dicht an dem See und andere auf 60 bis 100 Fuß hohen Terrassen. Die Hauptstraße ist gepflastert und die schönen und wohlerhaltenen Gebäude sind mit Obstgärten umgeben. -- Areal: 1731 Ton. 7 Sch. à 320 □.R. (1801 Steuert.). — Das Land ist ein sehr guter Mittelboden; die meisten Hufner besitzen Hölzungen. — In einem Halbkreise nordöstlich um das Dorf liegen folgende Königl. Gehege: Gehagel

(21 Ton. 232 R.), Felsenrade (52 Ton. 80 R.), Ohlbiek (16 Ton. 240 R.), Hasselhorst (34 Ton. 60 R.), Söhr (22 Ton. 5 R.), Großes Gehege (136 Ton. 170 R.), Dornbrook (37 Ton. 213 R.), Altes Gehege (35 Ton. 174 R.) und Viehwisch (54 Ton. 59 R.). In der Umgegend, namentlich auch zwischen Groß- und Klein-Wittensee sind mehrere größtentheils zerstörte Hünengräber; ein bedeutendes Riesenbett war ehemals in der Dorfshölzung Wahrberg. Einzelne Ländereien heißen: Mühlenberg, Mühlenwisch, Dahrenbrook, Wurthstelle, Schmähswohlt, Brannhorst, Lenschenbeck, Schmähsrott, Grimmeradt und Kerkhörst. — Ehemals war Wittensee ein adliches Gut.

Wittensee, Klein-, Dorf am Witten-See, 1½ M. südwestlich von Eckernförde, an der Landstraße nach Rendsburg, A. Hütten, Hüttenh., Ksp. Bünstorf; 5 Vollh. 4 Halbh. und 1 Kathe, außerdem 4 westlich ausgebaute Viertelh., welche Frennrade heißen. — Nebenschule. — Wirthshaus. — Die Lage des Dorfes ist sehr angenehm und die mit Obstgärten versehenen Häuser sind zum Theil schön und besonders dadurch geworden, daß das Dorf im J. 1832 bis auf die Hälfte abbrannte. — Eine Hufe in Wittensee gehörte im 15. Jahrh. der Familie von der Wisch und wurde 1464 an das Heil. Geist-Hospital in Schleswig verpfändet. — Areal: 566 Ton. 6 Sch. à 320 Q.R. (582 Steuert.) — Das Ackerland besteht aus recht gutem Mittelboden; einzelne kleine Hölzungen heißen Wahrberg, Fuchsberg und Köhlen. Früher waren hier mehrere Grabhügel.

Witten-See. Der größte See im Herzogthum, innerhalb der Kspie. Bünstorf und Sehestedt. Derselbe hat eine Länge von ¾ M. und ist etwa halb so breit. — Areal: 1534 Ton. 6 Sch. à 320 Q. R. — Der See, welcher seinen Abfluß durch die Schirnaue in die Eider hat, ist sehr fischreich.

Wittkiel, Dorf ½ M. nordwestlich von Cappeln, Ksp. Töstrup. Zum A. Gottorf, Schliesh., gehören 1 Vollh. und 2 Kathen (1 Pfl., 63 Steuert.); zum G. Röest, Cappelerh., 1 Hufe und 3 Kathen, deren eine Kiekut heißt; zum G. Rundhof, Cappelerh., 2 Hufen, wovon eine Ellermoos genannt wird und 6 Kathen, von denen eine Krakhöi heißt (96 Steuert.); zum G. Töstorf, Cappelerh., 1 Kathe. — Schuldistr. Oersberg. — Schmiede. Der Boden ist sehr fruchtbar.

Witum (Vitum), eine vergangene Kirche auf der Insel Mabberum nordwestlich von der Insel Sylt. Eine Sandbank worauf sie gestanden hat, wird Röst (Salzsand) genannt. Sie soll mit Wendingstedt in der großen Wasserfluth 1300 untergegangen sein.

Witzworth, Kirchsp. im Ostertheil der Landschaft Eiderstedt, 1¼ M. nordöstlich von Tönning, Pr. Eiderstedt. Es wird eingetheilt in Kirchort oder s. g. Straße, Norder-Witzworth und Süder-Witzworth. — Zum Kirchorte gehören außer den beiden Predigerwohnungen, 60 Häuser und 4 nahe daran belegene Höfe. — 2 Schulen, eine Haupt- und Elementarschule mit 3 Lehrern. — 3 Wirthshäuser, 2 Schmiede, 1 Schlachter, 2 Bäcker und mehrere Handwerker. Zu Norder-Witzworth gehören 16 Höfe, 60 einzelne Häuser, 2 Windmühlen, 1 Ziegelei und 4 Wirthshäuser, welche Sandkrug, Ingwershörn, auf der Treppe und Platenhörn heißen, 1 Schmiede und einige Handwerker. — Districtssch. zu Ingwershörn. Zu Süder-Witzwort gehören 7 Höfe, 30 Häuser, 1 Windmühle, 1 Ziegelei, 3 Wirthshäuser, Jordan, Kringelkrug und Reimersbude, (s. Reimersbude) und außerdem auf dem Areale des Kirchspiels Oldensworth

Wobbenbüll.

4 Höfe, 3 Häuser, 1 Mühle, 1 Ziegelei, 1 Schmiede und einige Handwerker. — Die Kirche hat erst an einem andern Orte gestanden und das Hauptgebäude ward 1420 aufgeführt. Sie hat einen kleinen spitzen Thurm. Auf dem Kirchhofe steht ein Glockenhaus. Die Gemeinde hat 2 Prediger, welche von den Kirchenvorstehern präsentirt und von der Gemeinde gewählt werden. — Eingepfarrt: Adolphskoog (z. Thl.), Blockhausschmiede, Büttelkoog (z. Thl.), Dammkoog (z. Thl.), Dingsbüllerkoog (z. Thl.), Flöhdorf, Flötenberg, Hagedornzaun, Haymoordeich, Haymoorkoog (z. Thl.), Ingwershörn, Johann-Adolphskoog, Jordan, Kringelkrug, Kükerhüberg, Legelichheit (z. Thl.), Mühlendeich, Nobiskrug, Nordenderkoog, Norderdeich, Norder-Oldefeldskoog, Obbenskoog (z. Thl.), Osterende (z. Thl.), Platenhörn, Reimersbude, Riesbüllerdeich, Riesbüllerkoog (z. Thl.), Rothe-Heuberg, zum Sande, Sandhaaf, Sandkrug, Schleidenshof, Späthkoog, auf der Treppe, Walldeich, Westerdeich. — Areal des ganzen Kirchspiels: 5123 Dem., darunter beste Achtung: 1664 Dem., mittlere Achtung: 1582 Dem., geringe Achtung: 1645 Dem. und Kirchen-, Prediger- und Schulland: 232 Demat. Bei dem Wirthshause Jordan wird die in Angriff genommene Flensburg-Husum-Tönninger Eisenbahn vorbeigehen. — Am 25. Mai 1853 brach in Witzworth ein Feuer aus, wodurch 33 Häuser in Asche gelegt wurden. — Vz. des Ksp.: 1212.

Wobbenbüll, Dorf 1 M. nordwestlich von Husum an der Westsee, A. Husum, Norderh., Ksp. Hattstedt. Dieses Dorf wird in Groß- und Klein-Wobbenbüll eingetheilt und enthält 19 Vollstaven, 1 Zweidrittelst., 4 Halbst., 1 Drittelst., 4 Viertelst. und 2 Kathen (6 Pfl.). Ein am Deiche belegener Hof heißt Jbenshof. — Schule. — Wirthshaus, Schmiede. — Areal: 192 Steuert., worunter 90 Ton. Gras- und Weideländereien.

Wohlde (die Wohld), großes ansehnliches Dorf 2 M. nordöstlich von Friedrichstadt, in einer langen fortlaufenden Reihe an der Landstraße nach Schleswig erbaut, in der Landschaft Stapelholm, Ksp. Bergenhusen. Es hat seinen Namen von der vormaligen fast undurchdringlichen Hölzung dieser Gegend, und soll in früherer Zeit westlich an der Treene gelegen haben, aber um des zu feuchten Bodens wegen nach seiner jetzigen etwas höheren Stelle verlegt sein. Es enthält 40 Vollst., 4 Halbst., 2 Viertelst., 1 Drittelst., 1 Sechstelst., 12 Kathen und 9 Freistellen (17 Pfl.). Eine östlich belegene Windmühle heißt Wohlder-Mühle, 3 Häuser Moorschlipp, 3 Kathen Tiesburg (Wirthshaus), von welcher 2 Kathen, worunter Schusterkrug, zur Landschaft Stapelholm, die dritte Kathe zum Amte Gottorf, Kropph., gehören. — Districtsschule. — 3 Wirthshäuser, 2 Schmiede, Bäckerei und mehrere Handwerker. — Areal: 1637 Steuert. — Die Feldmark besteht aus dem Gerstlande mit einem bedeutenden Antheil von der Bergenhusener Hölzung, aus der Marschniederung an der Treene und einer gleichen an der Rensschlote. — Zwischen Wohlde und Tiesburg ward im Anfange des 17. Jahrhunderts eine Befestigung an der Gränze der Landschaft Stapelholm, die Holmerschanze (Büngerschanze) angelegt. Ohne Zweifel gehörte diese Schanze zu denjenigen, welche 1629 von den Dänen unter Morgan eingenommen wurden; 1644 ward sie von Torstenson, 1645 von Wrangel angegriffen und eingenommen, 1657 von den Dänen besetzt, gleich darauf von den Schweden genommen und 1658 geschleift. Nach einigen Jahren ward sie wieder aufgeführt und 1674 mit 2 Zugbrücken versehen, 1676 von den Dänen geschleift; 1696 ließ der Herzog sie wieder herstellen und durch 2 kleine Redouten am Börmer=See verstärken, 1697 wurde die Schanze wiederum von den Dänen geschleift; 1699 ließ der Herzog Friedrich IV. den Anfang mit deren Wiedererrichtung machen, aber schon vor ihrer Vollendung wurde sie 1700 von den Dänen zerstört. Die Schanze war besonders wegen ihrer Lage, da hier der Hauptpaß auf dem Wege von Schleswig in die Landschaft führt, eine der stärksten und besten im Herzogthume. — Bz. des Dorfs: 506.

Wolfsballig, 8 Kathen 2¼ M. nordöstlich von Flensburg, A. Apenrade, Lundtofth., von denen 6 Kathen (17 Steuert.) zum Amte und 2 Kathen zum Gute Gravenstein gehören, Ksp. Rinkenis, Schuldistr. Beken. Eine Kathe nördlich heißt Meelskov.

Wolfsholz, Groß=, 1 Parcelenstelle im G. Oehe, Cappelerh., Ksp. Gelting, Schuldistr. Gundelsbye. — Areal: 75 Htsch. (40 Steuert.).

Wolfskrug, einige aus den Dörfern Hummelfeld und Gübye ausgebaute Stellen. Von diesen Stellen gehören zum Dorfe Hummelfeld (Ksp. Kosel) 3 Viertelh., 1 Achtelh., 8 Kathen und 1 Holzvogtswohnung; zum Dorfe Gübye (Ksp. Haddebye) 4 Kathen und zum Gute Louisenlund 1 Viertelh. (Wirthshaus). — Nebenschule. — Westlich von dieser Ortschaft lag ein Grabhügel, der Tütjenberg genannt, worin beim Aufgraben eine ansehnliche steinerne Grabkammer befindlich war.

Wolmer-Capelle, eine ehmalige längst vergangene Capelle auf der Insel Süderstrand zwischen Eiderstedt und Helgoland. Bei dieser Capelle lag eine ansehnliche Hölzung Wolmerholt genannt.

Wolsroi, 2 Halbh. (1 Pfl.) im A. Flensburg, Nieh., Ksp. Steinberg. Eine Kathe und 1 Parcelenstelle ebenfalls Wolsroi genannt, gehören zum G. Norgaard. — Schuldistr. Bredegatt.

Wolstrup, Klein=, Dorf 1 M. südöstlich von Flensburg, Ksp. Klein=Solt. Zum Amts Flensburg, Uggelh., gehören 1 Dreiviertelh., 2 Halbh., 1 Dreiachtelh., 1 Drittelh., 2 Viertelh. und 3 Kathen; zur Nieh. 2 Halbh. und 5 Kathen (1 Pfl.), von denen eine bei der Solter Kirche Freienwillen genannt wird; zum Hospitale in Flensburg, Nieh., gehören 1 Zweidrittelh., 2 Drittelh. und 1 Kathe (1⅓ Pfl.). — 2 Vicarienlansten (1½ Pfl.) gehörten vormals zu der Vicarie des Heil. Kreuzes in der Schlesw. Domkirche. — Districtsschule. — Wirthshaus, Schmiede. — Areal zum Amte: 502 Steuert.; zum Hospitale: 201 Steuert.

Wolstrupfeld, Klein=, 6 Kathen und 1 Colonistenstelle im Ksp. Klein=Solt. Zum A. Flensburg, Uggelh., gehören 4 Kathen (91 Htsch.), von denen eine Kathe Wormsböi heißt; dem Hospitale in Flensburg 2 Kathen und 1 Wirthshaus Wielenberg. — Schuldistr. Klein=Wolstrup.

Wolstrup, Munk=, Dorf 1 M. südlich von Flensburg, A. Flensburg, Uggelh., Ksp. und Schuldistr. Oeversee; 1 Vollh., 8 Halbh., 1 Instenkathe und 1 Colonistenst. Die beiden westlich liegenden Stellen des Dorfes werden Schlamtoft (Slamtoft) genannt. — Areal: 605 Steuert. — Der Boden ist sandigt, aber im Laufe der Zeit sehr verbessert. In der Nähe dieses Dorfes sind einige Erhöhungen, welche dem Anscheine nach von alten Befestigungen herrühren.

Wormshövd, einige Stellen am Oeher=Noor, ⅜ M. nordöstlich von Cappeln, im Gute Oehe, Cappelerh., Ksp. Gelting. Wormshövd war ehemals

Wormstoft.

ein Dorf und enthielt 1535, 9 Hufen, welche aber im Laufe der Zeit bis auf 3 niedergelegt wurden. Aus diesen sind 1790, 3 Parcelen gebildet, und die Ortschaft besteht jetzt aus 2 Parcelenstellen, 2 kleinen Landstellen und 4 Ocher Hofkathen. Ein Mühle liegt nördlich von Wormshövd. — Schuldistrict Gundelsbye. — Wirthshaus, Schmiede, Windmühle. — Areal: 170 Steuert. — Von hier aus führt ein Damm über das Noor, dessen Wasser mittelst einer Schneckmühle, welche zugleich zur Kornmühle eingerichtet ist, ausgeschöpft wird.

Wormstoft, 1 Kathe und 8 Instenstellen auf der Insel Alsen, ¼ M. nördlich von Sonderburg, im Gute Langenvorwerk, A. Sonderburg, Augustenburgerh., Ksp. Ulkeböl, Schuldistr. Kjär.

Wraaegaard, 2 Bohlstellen im A. Tondern, Karrh., Ksp. Klixbüll, Schuldistr. Rückenstadt.

Wraagaard (Braagaard), eine bedeutende Bohlstelle an der Altenaue im A. Tondern, Slurh., Ksp. Burkarl. Diese Stelle ist vormals ein Edelhof gewesen, den Erik Sture 1490 besaß; im Jahre 1496 überließ Detlev v. d. Wisch diesen Hof, der späterhin in Verbindung mit Haystruphof kam, an das Lygumer Kloster.

Wrevelsbüll, eine große Landstelle und 3 Häuser südlich am Gotteskoog-See belegen, A. Tondern, Wiedingh., Ksp. und Schuldistr. Emmelsbüll.

Wrium, 2 Kathen (⅔ Pfl.) im A. Gottorf, Schliesh., Ksp. und Schuldistr. Boren. welche ehemals zum Gute Lindau gehörten. — Areal: 12 Steuert.

Wrixum, Dorf auf der Insel Föhr in der Landschaft Osterlandföhr, Ksp. St. Nicolai, enthält 99 Häuser mit den Wohnungen des Predigers und des Organisten. — Districtsschule. — Armenhaus, Wirthshaus, Schmiede und mehrere Handwerker. Ein Theil der Einwohner ernähren sich von der Seefahrt. Westlich vom Dorfe liegt eine Erbpachts-Kornmühle. — Areal: 463 Dem. 60 R. Geestland und 895 Dem. 108 R. Marschland. — Der Boden ist nur von mittelmäßiger Art.

Wulfen (Waldem. Erdb.: Wollwe), Dorf auf der Insel Fehmern, Mittelkirchspiel, Kirche Landkirchen; enthält 6 größere, 1 kleine Landstelle und 12 Instenstellen. Südlich vom Dorfe liegt eine holländische Graupenmühle, **Bergmühle** genannt, von der man eine sehr schöne Aussicht hat. — Schuldistr. Avendorf. — Unter den Einwohnern beschäftigen sich mehrere mit der Fischerei. — Wulfen hat eine so niedrige Lage an einem kleinen Meerbusen der Ostsee, daß das Wasser oft das Dorf überschwemmt. — Areal: 87 Dr. 3 S. — Der Boden ist grandigt und mehr zum Rockenals Waizenbau geeignet. — Nahe am Meerbusen und bei der Bergmühle liegen einige merkwürdige Opfer- und Grabhügel, welche mit großen Steinen belegt sind.

Wulfshagen, adel. Gut in der Eckernförderh. Der Haupthof liegt 2¼ M. südöstlich von Eckernförde, Ksp. Gettorf. Vormals gehörte dieses Gut als Meierhof zum Gute Hütten und ward im Anfange des 18. Jahrhunderts von P. v. Liliencron erbaut. Die Besitzer von Hütten sind immer im Besitze des Gutes Wulfshagen gewesen, bis B. v. Qualen es 1790 an Werdermann verkaufte. Der jetzige Besitzer ist A. v. Qualen. — Wulfshagen, welches für 7 Pfl. contribuirt, besteht aus dem Haupthofe und dem in Zeitpacht gegebenen Dorfe Blickstedt und enthält im Ganzen ein

Areal von 1078 Ton. 107 R. à 280 Q. R. (894 Steuert., 133,600 Rbthlr. Steuerw.), darunter befinden sich an Acker 761 Ton. 250 R., an Hölzungen 240 Ton. 121 R., an Teiche und Bäche 52 Ton. 197 R., an Moor 5 Ton. 237 R. und an Wege 17 Ton. 142 R. — Der Haupthof hat ein Areal von 633 Ton. à 260 Q. R. — Zahl der Einwohner: 275. — Contrib. 313 Rbthlr. 22 b/ß, Landst. 278 Rbthlr. 32 b/ß.

Wulfshege, ein ehemaliges Haus und eine Schöpfmühle am Norderstapeler=See, unweit des Erfder Dammes in der Landsch. Stapelholm. Dieses Haus mit der Mühle ward im Anfange des 18. Jahrhunderts abgebrochen.

Wyk, Flecken auf der südöstlichen Spitze der Insel Föhr, Ksp. St. Nicolai. Vor dem Jahre 1602 bestand dieser Ort aus einzelnen Fischerhäusern, die Wasserfluth 1634 nöthigte die Bewohner der Halligen, ihre damaligen Wohnorte zu verlassen und viele kamen nach Föhr und bauten sich zu Wyk und zu Nieblum an. Im Jahre 1602 hatte Wyk nur 2 Fischerhäuser, 1646 aber schon 36 Wohnungen. Im Jahre 1706 ward der Ort von dem Herzoge Christian August von der Landschaft getrennt, erhielt seine eigene Gerichtsbarkeit und wurde ein Flecken, welcher im Laufe der Zeit und besonders von 1750 bis 1790 sehr ansehnlich wurde. Die Anzahl der Häuser beträgt 178. Hier wohnen der Land= und Gerichtsvogt, der Zollverwalter, der Postmeister, der Landschaftsarzt und der Apotheker, ferner sind hier 15 Kaufleute und Krämer, 2 Schmiede, 4 Bäckereien, 1 Lohgerberei, 1 Bierbrauerei und Branntweinbrennerei, 1 Tabaksfabrik, 1 Seifensiederei und Handwerker fast aller Art. In Wyk sind 5 Wirthshäuser; auch gehören zum Flecken 2 Windmühlen. — Fleckensschule mit 2 Lehrern. — Spar= und Leihcasse seit 1820. — Im Flecken werden 2 Märkte gehalten, am 2. Mai und am 18. October, welche jede 8 Tage dauern. — Seit Wyk ein Flecken ward, hat derselbe das Vorrecht, einen eigenen Gerichtsvogt zu halten. — Die Repräsentanten des Fleckens sind 2 Gerichtssitzer und 8 Deputirte oder Achtmänner; diese besorgen die öffentlichen Fleckens=Angelegenheiten unter Leitung des Gerichtsvogts. — Der Hafen, an welcher eine Schiffswerfte liegt, ward 1806 neu angelegt und kostete 17,000 Rthlr. Die Breite beträgt 123 Fuß und die Tiefe zwischen 10—11 Fuß. Es können hier 40—50 Schiffe größerer Art liegen. — Von Wyk ist eine Ueberfahrt nach Dagebüll, welche $1\frac{1}{4}$ M. beträgt. — Die Seebadeanstalt wurde im Jahre 1819 angelegt und erhielt nach der Prinzessin Wilhelmine, Tochter des Königs Friedrich VI., den Namen Wilhelminenbad; sie ist früher sehr besucht und der König Christian VIII. ließ sich hier eine Wohnung erbauen. — Areal: 89 Dem. 23 R. Geestland und 133 Dem. 124 R. Marschland. — Bz.: 804.

Wysbüll, ein ehemaliges Dorf im Ksp. Havetoft, welches Otto Ratlov zu Lindau im Jahre 1527 gegen Domcapitelsgüter in Gundebye (Ksp. Ulsnis) vertauschte. Dieses Dorf kam späterhin an Satrupholm.

3.

Ziegelhof, ein privilegirter Hof ($\frac{5}{24}$ Pfl.) nordöstlich von Friedrichstadt am Treener Deich, in der Landschaft Stapelholm, Ksp. Friedrichsstadt.

Ziegelei (Husbyer=Ziegelei), eine bei Schleswig am Thiergarten belegene Ziegelei mit einem Wirthshause, im Amte Gottorf, Arensh.,

Ziegelei.

Ksp. St. Michaelis. Der schönen Gegend wegen wird diese Stelle oft von den Einwohnern der Stadt Schleswig besucht. — Areal: 21 Steuert.

Ziegelei, eine auf dem Wallgrunde westlich von Tönning belegene Ziegelei, im Osterth. der Landschaft Eiderstedt, Ksp. und Schuldistr. Tönning.

Ziegelhütte, eine ehemalige in der Hölzung bei Bergenhusen (Landschaft Stapelholm) belegene Instenstelle, welche im Jahre 1774 von Raubmördern niedergebrannt und deren Bewohner getödtet wurden.

Zimmert (vorm. Symmerde), Dorf im Gute Krisebye, 1¼ M. nördlich von Eckernförde, Eckernförderh., Ksp. Siesebye; enthält mit den ebenfalls zu Krisebye gehörigen Stellen Boholm 3 Vollh., 5 Kathen, 6 Instenstellen und einige Häuser. Einige Instenwohnungen gehören zum Gute Büchenau. Districtsschule. — Wirthshaus. — Der Boden ist sehr gut. — Der König Christian I. verpfändete 1470 seine 3 hier belegenen Laustenstellen an C. v. Ahlefeld mit mehreren andern Gütern für 800 ℳ.

Zollhaus (Wanderup=Zollhaus), 1 Dreivierteth. und Wirthshaus an der Chaussee von Flensburg nach Husum, A. Flensburg, Uggelh., Ksp. Wanderup. — Areal: 74 Steuert.

Register

über diejenigen Ortschaften, denen keine eignen Artikel gewidmet sind.

A.

Aabel, s. Aaböl.
Aabenraa, s. Apenrade.
Aabenraahuus, s. Apenrade.
Aabjerg, s. Geestrup.
Aabölgaarde, s. Aaböl.
Aabölling, s. Oebeling.
Aabohuus, s. Volderup.
Aag-See, s. Felsbekhof.
Aalbek, s. Jerpsted.
Aaling, s. Olling.
Aalkiste, s. Niebuus.
Aarlund, s. Dover.
Aaröekalv, s. Aaröe.
Aaröeviig, s. Aaröe.
Aarup, s. Stobborg.
Aarupgaard, s. Aarup.
Aarup-See, s. Jarup.
Aas, s. Skads.
Aasgaarde, s. Skads.
Aas-See, s. Ludwigsburg.
Aasbäk, s. Osbäk.
Aaskov, s. Gram.
Aastrupbroe, s. Labegaard.
Aastrupgaard, s. Aastrup.
Aawatt, s. Südensee.
Abel, s. Abild.
Abelskjär, s. Harrebye.
Abels-Schloss, s. Schleswig.
Abildgaard, s. Arnum.
Abildkjär, s. Abild.
Abitzkjär, s. Harrebye.
Abort, s. Morsum.
Achterebsing, s. Otterebsing.
Achtkoppel, s. Felmerholz.
Ackebye, s. Akebye.
Adamshafen, s. Edamshar, Ording.
Aderslebener-Koog, s. Bargumer-Koog.
Absböl, s. Atzbüll.
Aenstedd, s. Ensted.
Aerm, s. Schottsbüll.
Affergünt, s. Affergünt.
Agentoft, s. Aventoft.
Agerled, s. Labegaard.
Agerskovhuus, s. Ganderup.
Aggebye, s. Akebye.
Aggerschau, s. Agerskov.
Agböi, s. Miang.
Agthorp, s. Stobborg.
Ahlbek, s. Jerpsted.
Ahlburg, s. Faulück.
Ahlefeldshof, s. Friedrichshof, Peterskoog.
Ahlsbek, s. Elsdorf.
Abnebyebek, s. Abnebye.
Abnholm, s. Aandholm.
Ahrendorf, s. Arndrup.
Ahrenborst, s. Lobe.
Ahrenkiel, s. Rönhof.
Ahrenstedt, s. Fockbek, Rickert.
Abrup, s. Arup.
Aitrupskov, s. Aitrup.
Aitrupstrand, s. Aitrup.
Aketoft, s. Grünholz, Rundhof.
Akthorp, s. Aitrup.
Alandsbek, s. Stubbe.
Albani-Kirchhof, s. Gravensteen.
Albertslyke, s. Söebyegaard.
Alburg, s. Faulück.
Alfsnoor, s. Alnoor, Gravenstein.
Allbye, s. Adelbye.
Allermölle, s. Aller.
Allersdorf, s. Cathrinenbeerd.
Allmannskathe, s. Sörupfeld.
Almdorfer-See, s. Almdorf.
Alminde, s. Oerbye.
Almosebye, s. Jerpsted.
Alsborg, s. Terp.
Als-Slot, s. Norburg.
Altdorf, s. Steinrade, Steinwarf.
Alt-Hadersleben, s. Hadersleben.
Altenaue, s. Süderaue.
Altendeich, s. Alterkoog, Hattstedtermarsch.
Altenbrittentheil, s. Hattstedt.
Altenhirst, s. Gröde.
Altenhof, s. Gotteskoog.
Altentheilshof, s. Dänschenhof.
Alterkoog, s. Norbstrand, Pelworm, Trockenkoog.
Alterkoogs-Mitteldeich, s. Pelworm.
Alte-Sorge, s. Sorge.
Altgras, s. Hockensbüll.
Altmühle, s. Damp, Schelde.
Alt-Neukoog, s. Pelworm.
Alt-Neukoogsbühr, s. Tetenbüll.
Alt-Nottfeld, s. Nottfeld.
Altona, s. Errigstedt, Handewith, Husbyeholz, Kozenbüll, Rundhof, Wippendorf.
Amalienburg, s. Carlsburg.
Amalienfeld, s. Carlsburg, Röest.
Amhusen, s. Buptee.
Amsingerkoog, s. Hamburgerhallig.
Amt, s. Oestergaard.
Amtmannskoog, s. Herrenkoog.
Amusbauge, s. Dalbye.
Andersgaard, s. Bilstrup.
Andrupgaard, s. Andrup.
Anfluy, s. Anflod.
Anglersund, s. Abelbyelund.
Anholt, s. Brambrup.
Antonytoft, s. Norburg.
Apenrade, s. Braberup.
Appeland, s. Gröde.
Archsumburg, s. Archsum.
Arensbek, s. Treene.
Arild, s. Arrild.
Arl, s. Wester-Ohrstedt.
Arlaue, s. Ahrenshövd.
Arlebroe, s. Akebroe.

Register über Ortschaften, denen keine eignen Artikel gewidmet sind. 591

Armen-See, s. Fockbek.
Arnaue, s. Sauerbäk, Bibaue.
Arnholt, s. Kattry.
Arnkiel, s. Rönhof.
Arnytz, s. Arnis.
Arnklau, s. Botholm.
Arnsholm, s. Arrild.
Arrildgaard, s. Arrild.
Arrildgaard, s. Arnum.
Arslef, s. Aarslev.
Arupgaard, s. Arup.
Arvede, s. Erfde.
Arrum, s. Archsum.
Asbye, s. Desbye.
Aschauermoor, s. Aschau.
Aschberg, s. Ascheffel.
Asdal, s. Thiset.
Asdrup, s. Astrup.
Askemose, s. Skovbye.
Askove, s. Aschau.
Asrott, s. Aschau.
Assenholm, s. Feldstedt.
Astorp, s. Aastrup.
Astrupgaard, s. Astrup.
Athorp, s. Aarup.
Attisböl, s. Atzbüll.
Au, s. Meggerdorf.
Aubek, s. Aabek.
Aubrücke, bei der, s. Gintoft, Steinbergholz.
Aue, bei der, s. Hattstedtermarsch.
Auenlück, s. Rabenkirchen.
Auer-See, s. Hökebjerg.
Auerstov, s. Agerstov.
Augsburg, s. Schwesing.
Aune, s. Sylberbäk.
Ausackerbrücke, s. Ausacker.
Ausackerfeld, s. Ausacker.
Ausackerholz, s. Ausacker.
Ausager, s. Sillerup.
Ausbüll, s. Orböl.
Aussenkjär, s. Wilsbek.
Autrup, s. Achterup.
Aventoft, s. Seegaard.
Aventofter-See, s. Gotteskoog-See.
Awith, s. Auwith.

B.

Baalsted, s. Baulund.
Bachholz, s. Norbye.
Backensholz, s. Oster-Ohrstedt.
Backstoel, s. Langeved.
Badckathen, s. Loithof.
Babstube, s. Babstave.
Bäcky, s. Breklumerkoog.
Bäk, s. Steens.
Baggelan, s. Oehe.
Baggeskov, s. Oster-Ohrstedt.
Bagthorp, s. Baurup.
Bahnenswarf, s. Efkebüll.
Bahrenhof, s. Christian-Albrechtskoog.
Baierskroe, s. Lüdersholm.
Bakenbye, s. Rinkenis.
Bakkenswerf, s. Hooge.
Baldeslööf, s. Bollerslev.
Ballastberg, s. Eckernburg.
Balke, s. Skovbye, Landstet.
Ballegaard, s. Ganderup, Jägerup.
Ballegaardskoppel, s. Ballegaard.
Ballig, s. Beken, Bellig.
Balum, s. Ballum.
Bandikswerf, s. Langenäs.
Bankeldamm, s. Flauth, Half.
Bargenerkoog, s. Bargen.
Bargfeld, s. Barg.
Bargstall, s. Burgstall.
Bargumer-Berg, s. Berg.
Barkhorn, s. Bennebek.
Barköe, s. Birk.
Barlund, s. Hauerslund.
Barnekemoorer-Koog, s. Barnemoor.
Barn-See, s. Kollund, Vitsted.
Barredamm, s. Grünholz.
Barsbüll, s. Jels.
Barslund, s. Baslund, Sillerup.
Barthe, s. Bjert.
Basborrehöi, s. Gelting.
Basholthuse, s. Skodborg.
Bauerlage, Heilige, s. Langenhorn.
Baustedt, s. Havetoftloit.
Beckerhaus, s. Ohrfeld.
Beenburg, s. Benburg.
Beetstedt, s. Dollrott.
Behrendorf, s. Bjendrup.
Behrensburg, s. Brodersbye.
Betherhand, s. Brabäk.
Beierlund, s. Lutzbövd.
Beilhuus, s. Krakelund.
Bek, s. Bäk.
Bek, auf dem, s. Meggerkoog.
Bek, beim, s. Norderballig.
Bekenhof, s. Neulandshof.
Bekhuus, s. Priesholz.
Beking, s. Beken.
Bekland, s. Aitrup.
Bekmaygaard, s. Kjöbenboved.
Belge, s. Bellig.
Belgrab, s. Gulde.
Bellevue, s. Gollendorf.
Benborg, s. Hygum.
Bengaard, s. Aitrup.
Benholm, s. Kragnäs.
Benkemoos, s. Felsbekhof.
Beow, s. Bau.
Berbeksbof, s. Westre.
Berenderheide, s. Neu-Berend.
Berg, s. Uberg.
Berge, auf dem, s. Berg, Berghuus.
Bergem, s. Bargum.
Bergen, s. Bargen.
Berghof, s. Harrislev.
Bergmühle, s. Wulfen.
Berg-Ziegelei, s. Ekensund.
Beringh, s. Bjerning.
Berlum, s. Ostum.
Berndorf, s. Bjendrup.
Bernbruperaue, s. Süderaue.
Berninghe, s. Bjerning.
Beuschauholz, s. Beuschau.
Beveringhusen, s. Bergenhusen.
Bevetoft, s. Beftoft.
Bicken, s. Ekenis, Faulück.
Bielidt, s. Fjelstrup, Lutzbövd.
Bielsberg, s. Aarslev.
Bjendrup, s. Bjerndrup.
Bjerregatt, s. Bredegatt.
Biesselbach, s. Feldstedt.
Bild, s. Beltum.
Bilstede, s. Bedstedt.
Bilsted-Terp, s. Terp.
Biltum, s. Beltum.
Bimböll, s. Tönbe.
Binnensee, s. Burg, Hemmelmark.
Boltherup, s. Bjolderup.
Birger-See, s. Jörl.

Birk, s. Beveröe, Leck.
Birknakke, s. Birk.
Birkwang, s. Wanderup.
Birrisfeld, s. Dollrott.
Biskopistorp, s. Bisdorf.
Bispelgaard, s. Agerskov.
Bistoftholz, s. Bistoft.
Bjerg, s. Loit.
Bjerge, s. Lundtoft.
Bjerghuus, s. Eisbüll.
Bjerndrup, s. Bjenbrup.
Bjerndrupgaard, s. Bjerndrup.
Bjerninghuus, s. Bjerning.
Bjerningröi, s. Errigstedt.
Bjerregaard, s. Felsbekhof, Rebek.
Bjerrup, s. Behrendorf.
Björnholm, s. Rangstrup.
Björnobbe, s. Nyegaard.
Björnshauge, s. Sillerupgaard.
Björnsböihuse, s. Hörup.
Björnsbövd, s. Hörup.
Björnskov, s. Rangstrup.
Blaabjerg, s. Barsmark.
Blaagaard, s. Leerdt.
Blaakrug, s. Warnitz.
Blaamühle, s. Warnitz.
Blaanäs, s. Blans.
Blaásand, s. Schottsbüll.
Blackesdamm, s. Dollrott.
Blackmühle, s. Flensburg.
Blaksteensobbe, s. Skovbye.
Blankenbrücke, s. Strandelbjörn.
Blankenwiese, s. Puttgarden.
Blanker, s. Oster-Gasse.
Blasberg, s. Nottfeld, Oestergaard, Schörderup, Steinberg, Tolkschubye.
Bleicherfeld, s. Blekerfeld.
Blinge, s. Enge.
Blisaekaenthorp, s. Blitschendorf.
Blirstede, s. Blickstedt.
Blockensbiek, s. Rabenkirchen.
Blockhausschmiede, s. Riesbüllerkoog.
Blockstorp, s. Errigstedt, Kauslund, Kotzenbüll, Tetenbüll.
Blöcken, s. Norbye.

Blöckenort, s. Burgstall.
Blomenbahl, s. Treenmarsch.
Blomendal, s. Bergenbusen.
Blomenbeich, s. Fahrtoft.
Blomsgaard, s. Blumesgaard.
Blorsholm, s. Stollig.
Blumenhof, s. Struckum.
Blumenkoog, s. Blomenkoog.
Blumenthal, s. Maasleben.
Blumesgaard, s. Blomsgaard.
Blusenburg, s. Schleswig.
Bluts-Capelle, s. Kaiborg, Lysabbel.
Bobek, s. Oehe.
Bockholz, s. Büchenau, Carlsburg.
Bock-See, s. Ahrenholzer-See.
Bocwat, s. Bögvad.
Bobilkmark, s. Romöe.
Bodsholmae, s. Brede.
Bodum, s. Halk.
Bodumkroe, s. Bodum.
Böel, s. St. Peter.
Böel-Möllmark, s. Möllmark.
Böel-Norderfeld, s. Norderfeld.
Böel-Ulegraf, s. Ulegraf.
Böel-Westerfeld, s. Westerfeld.
Bögebjerg, s. Orxböl, Uberup.
Bögehuus, s. Bögelhuus.
Bögeschloss, s. Ausacker.
Bögeskov, s. Beuschau.
Bögholm, s. Schobüll.
Böhlinghörn, s. Osterbever.
Böhmen, s. Rabenkirchen.
Böbnrühe, s. Barkelsbye.
Bökwedel, s. Damendorf.
Bökwatt, s. Tolk.
Boelbrücke, s. Südensee.
Böllemose, s. Wees.
Bölling, s. Stenderup.
Börentwedt, s. Grünholz.
Bösbek, s. Schottsbüllgaard.
Bösbyefeld, s. Bosebu, Maasleben.
Bösesieben, s. Altneukoog.
Bömlanderkoog, s. Süderfelderkoog.
Bohnenwerf, s. Fahretoft.

Bobolm, s. Zimmert.
Bobolzau, s. Tolfschubye.
Bojum, s. Wippendorf.
Bokholz, s. Hütten.
Boklunderau, s. Boklund.
Bolá, s. Böel.
Bolbroe, s. Barsmark.
Bolilbmark, s. Romöe.
Bollingwerf, s. Johanniskoog.
Boltoftbeck, s. Boltoft.
Bommelund, s. Langtwed, Osterholm.
Bommoos, s. Sebbelov.
Bondebrücke, s. Südensee.
Bondenaue, s. Treene.
Bondemaerthorp, s. Bannesdorf.
Bondesbrücke, s. Holbie.
Boner, s. Bobnert.
Bonigstedt, s. Boested.
Boobbövd, s. Ellingstedt.
Bootfahrt, Norder-, s. Cathrinenbeerd.
Borbyegaard, s. Borbye.
Borener-Moor, s. Moor.
Borg, s. Borrig.
Borgemark, s. Kragnäs.
Borgbebye, s. Borbye.
Borgbolt, s. Aschau.
Borgborster-Hütten, s. Hütten.
Borgvad, s. Drenberup.
Borgwebelerkrug, s. Borgwedel.
Borlös, s. Sverdrup.
Bornäs, s. Tranberup.
Borne, s. Boren.
Borneburg, s. Boren.
Borre, s. Schelde, Skovbye, Stokkebye.
Borreshoved, s. Schelde.
Borrevoldshöi, s. Bobensmark.
Borriswohld, s. Buschau.
Borskov, s. Boschau.
Borstbusen, s. Garding.
Borstorp, s. Bustorf.
Bortskov, s. Kjelstrup.
Bosholm, s. Brede.
Bosiek, s. Lebek.
Bosoer, s. Carlsminbe.
Bossengaard, s. Barsmark.
Bothflioth, s. Gröbe.
Boulund, s. Baulund.
Botteling, s. Söberup.
Bowerdorp, s. Brauderup.
Borhauge, s. Knub.

Register über Ortschaften, denen keine eignen Artikel gewidmet sind. 593

Boyaenthorp, s. Bosendorf.
Boybüll, s. Bogebüll.
Boyer, s. Auenbüll.
Boysfov, s. Bögeslov.
Braaraa, s. Bräraa.
Braatterup, s. Ressoe.
Brabanter-Moor, s. Nordstrandisch-Moor.
Braberupfeld, s. Braberup.
Bränbegaardshöi, s. Tved.
Bränbkjär, s. Abild.
Brävath, s. Bredevad.
Brambäk, s. Nipsaue.
Bramhale, s. Bramdrup.
Bramsensgaard, s. Kjelstrup.
Bramstedtlund, s. Bramstedt.
Bramthorp, s. Brambrup, Branderup.
Brandenburg, s. Wester-Ohrstedt.
Brandenhorst, s. Wittensee.
Branderuphuus, s. Loit.
Brarup, s. Braderup.
Brarupholm, s. Holm.
Brarupschow, s. Brarupholz.
Brattburg, s. Warnitz.
Braunberg, s. Achterup.
Brauneberg, s. Seekamp.
Braunsgaard, s. Skovbye.
Braut-See, s. Schleswig.
Brebelhof, s. Brebel.
Brechentorp, s. Brekendorf.
Brebberskub, s. Schelde.
Bredeberg, s. Hohlweg.
Brederöb, s. Bräraa.
Bredevad, s. Brede.
Bredstedterkoog, s. Bredstedt.
Bredsteen, s. Nyegaard.
Bregengaard, s. Solt.
Breninge, s. Bregninge.
Breitenstein, s. Kaltenhof, Sturenhagen.
Brekeling, s. Breklum.
Bremerhuus, s. Smedager.
Bremhuus, s. Brem.
Bremsburg, s. Wester-Ohrstedt.
Bremsburg, s. Treene.
Bremsbye, s. Quidstrup.
Bremsmai, s. Seegaard.
Brenbjerg, s. Desbye.

Brenholm, s. Grüngrift.
Brening, s. Schnoogholm.
Brennstuf, s. Lebek.
Brethäböl, s. Brebel.
Brathästath, s. Bredstedt.
Brettebeke, s. Bruttebeke.
Brettenburg, s. Hürup.
Bretwath, s. Bredevad.
Brille, s. Ekensund.
Britje, s. Friedrichsheide.
Broböl, s. Blans.
Brobersböl, s. Brorsböl.
Brodersbyegaard, s. Brodersbye.
Broderskoog, s. Rosenkranz.
Broderswerf, s. Fahretoft.
Broblos, s. Faulück.
Brodskov, s. Ustrup.
Broe, s. Dunkjär.
Broeballe, s. Braballig.
Bröde, s. Barsmark.
Brödregaard, s. Stenberup.
Broemölle, s. Broe.
Broesgaard, s. Loit.
Brösig, s. Langetved.
Broeskovvei, s. Mastrup.
Brösum, s. St. Peter.
Bröstrupgaard, s. Bröstrup.
Broot, s. Bornstein.
Brookberg, s. Baurup.
Brosem, s. Bröfum.
Broverdorp, s. Brauderup.
Broweg, s. Lindholm.
Brüau, s. Nottfeld.
Brückenhaus, s. Lindholm.
Brüggsthor, s. Sebestedt.
Brüll, s. Sandacker.
Brüning, s. Schnoogholm.
Brubsiggaard, s. Langetved.
Brubnsbjerg, s. Jarup.
Brunbjerg, s. Achterup.
Brundlund, s. Apenrade.
Brunbye, s. Tombüll.
Brunnen, s. Holm.
Brunnenbek, s. Altenhof.
Brunsholm, s. Bergenhusen.
Brunsnäs, s. Ihlers.
Brut-See, s. Schleswig.
Brytinäs, s. Bröns.
Buburg, s. Eschelsmark.
Bucht, s. Erfde.

Bucksrübe, s. Staun.
Budeholde, s. Rundhof.
Budsäholm, s. Alslev.
Büche, s. Hestoft.
Bügerott, s. Suterballig.
Bükberg, s. Bönstrup.
Bülderup, s. Bylderup.
Büllt-See, s. Kosel.
Büngerdamm, s. Clove.
Büngerkoog, s. Bünge.
Büngermühle, s. Bünge.
Büngerschanze, s. Wobtde.
Büngerschlagbaum, s. Clove.
Büttebüllerkoog, s. Sterbebüller-Alterkoog.
Büttlingsiel, s. Holmerkoog, Tating.
Büttel, s. Tating.
Bugbe, s. Bau.
Buhrkall, s. Burkarl.
Buhs, bei, s. Stutebüll.
Buhskathe, s. Priesholz.
Buhskoppel, s. Priesholz.
Builthorp, s. Bülderup.
Bukenhagen, s. Buchhagen.
Bukstorpe, s. Morkirchen.
Bulgeland, s. Bolingland.
Bundesbohl, s. Bollerslev.
Bundesgaarder-See, s. Bundesgaard, Gotteskoog-See.
Bundeslund, s. Grundtoft.
Bungsiel, s. Ockholm.
Bunsbüllstraße, s. Bunsbüll.
Buphever, s. Pelworm.
Bupheveringerkoog, s. Buphever.
Burg, s. Brodersbye, Deetzbüll, Effkebüll.
Burg, s. Schleswig.
Burgberg, s. Romöe.
Burgdiek, s. Ries.
Burger-Tiefe, s. Sahrensdorf.
Burgbäby, s. Burg.
Burgwall, s. Dannewerk, Eckernburg.
Burott, s. Dollerup.
Busch, s. Tandslet.
Buschau, s. Langstedt.
Buschauholz, s. Buschau.
Buschenrade, s. Rothensande.
Buschkoppel, s. Schwensbye.

v. Schröder's Schlesw. Topogr. 38

594 Register über Ortschaften, denen keine eignen Artikel gewidmet sind.

Buschmoos, s. Rinkenis.
Buffenteich, s. Damp.
Buttelboch, s. Rabenkirchen.
Buttermaas, s. Priesholz.
Butwebl, s. Langenäs.
Butzholm, s. Alslev.
Buusholm, s. Jhlers.
Burstorp, s. Baustrup.
Byaeldrop, s. Bjolderup.
Byartbä, s. Bjert.
Byernte, s. Berend.
Byestedt, s. Buckhagen, Habbebye, Gottorfer-Vorwerk.
Byg, s. Vilstrup.
Byggebjerg, s. Heils.
Byggebjerg, s. Aastrup.
Bygvraa, s. Fjelstrup.
Byscoptoft, s. Vistoft.

C.

Capell, s. Kapell.
Capellenberg, s. Goltoft.
Carl-Friedrichskoog, s. Börmerkoog.
Carlsgaard, s. Aitrup.
Carlshof, s. Friedrichshof.
Carlshöi, s. Abzerballigstov.
Carlskrug, s. Arlewatterheide.
Carlsminde, s. Kolstrup.
Carlsmühle, s. Rabelsund.
Carolinenstift, siehe Glücksburg.
Carstenberg, s. Holtsee.
Casperhof, s. Stift.
Caspergaard, s. Vonsbäk.
Casselbye, s. Castelbye.
Catharinenhof, s. Harrislev, Tolkschubye.
Catharinenlund, s. Langetved.
Catharinenlyst, s. Duborg.
Celmerstorp, s. Selmersdorf.
Charlottenhof, s. Carlsburg.
Christiansburg, s. Bredstedt.
Christiansdal, s. Weding.
Christiansfeld, s. Stenberup.

Christianshagen, s. Dänischenhagen.
Christianshavn, s. Sönderballig.
Christiansheide, s. Hüllerup.
Christiansholm, s. Fobislet.
Christianskoog, s. Elisabeth - Sophienkoog, Nordstrand.
Christianslust, s. Nottfeld.
Christiansminde, s. Aarslev.
Christians - Pflegehaus, s. Eckernförde.
Christianspries, s. Friedrichsort.
Christianswerf, s. Langenäs, Ockholm.
Christianswerk, s. Abzerballigstov.
Christine - Friederiken - Stiftung, s. Favervraae Tyrstrup.
Clausdorf, s. Brarupfeld.
Clautoft, s. Jels.
Clement, s. Königsförde.
Clengesbol, s. Klanrbüll.
Clintyngy, s. Klinting.
Cloing, s. Kloying.
Clus, s. Klues.
Clyppälöf, s. Kliplev.
Coldamskoog, s. Kohlendammerkoog.
Colk, s. Havetoft.
Conditorei, s. Altenhof.
Contrescarpe, s. Knoop.
Convent, s. Petersdorf.
Copinghoved, s. Kjöbenhoved.
Cosleue, s. Kosel.
Couwerchi, s. Danewerk.
Cresdenswerf, s. Ockholm.
Croop, s. Kropp.
Crurowe, s. Krusau.
Cumled, s. Kummerlev.
Cungensbarge, s. Königsberg.

D.

Daabs, s. Taps.
Dänenhöft, s. Clausdorf.
Dänholm, s. Lindeberg.
Dänischestraße, s. Kronsgaard.

Daenskaethorp, s. Dänschendorf.
Dabler, s. Daler.
Dabmsgaard, s. Jarup.
Dalholt, s. Barsmark.
Dalholt-Mühle, s. Barsmark.
Dallsgaard, s. Stenderup.
Damgaard, s. Bät, Grönnebäk, Hammelev, Strandelhjörn.
Damhael, s. Lebek.
Damhuus, s. Eggebek.
Damm, s. Damendorf, Stoltebüll.
Dammende, s. Ausacker.
Dammgaard, s. Jarup.
Dammstedtfeld, s. Stoltebüll.
Dammwatt, s. Sörup.
Damsgaard, s. Meelsgaard.
Danabraka, s. Danewerk.
Danewerk, s. Lütgenholm.
Dankirche, s. WesterBedstedt.
Dankleskoog, s. Gotteskoog.
Dankleswarf, s. Efkebüll.
Davidthorp, s. Vitzdorf.
Deckerkathe, s. Vogelsang.
Deckerkrug, s. Schubye.
Debsbüll, s. Deetzbüll.
Deep, s. Altneufoog.
Deetzbüllhörn, s. Deetzbüll.
Deichgrafen-Mühle, s. Feddershafen.
Deichsbörn, s. Breklumerfoog.
Depenhusen, s. Püttsee.
Depen-Rehm, s. Burgstall.
Deyröe, s. Aeröeskjöping.
Diedrichswerf, s. Ockholm.
Diekkamp, s. Göthebye.
Dieksrade, s. Vistensee.
Dienewerch, s. Danewerk.
Dikmissen, s. Pries.
Dingstock, s. Sardorf.
Diraborch, s. Trelborg.
Djernäs - Sluse, s. Djernäs.
Döbevad, s. Dybwatt.
Dörpthof, s. Dörpt.

Register über Ortschaften, denen keine eignen Artikel gewidmet sind. 595

Dörptholz, s. Dörpt.
Dörpum, s. Dorpum.
Dötgebüll, s. Rosenkranz.
Dohmstag, s. Domstag.
Doldorp, s. Dollerup.
Donieshuus, s. Bohmstedt.
Dorbek, s. Fockbek.
Dorf, s. Osterheyer, Welt.
Dortjenthal, s. Damp, Dorotheenthal.
Douer, s. Dover.
Drachheide, s. Bohmstedt.
Drager-Oldenfelderkoog, s. Oldenfelderkoog.
Drager-Oldenkoog, s. Oldenkoog.
Drasberg, s. Brodersbye.
Drecht, s. Oehe.
Drecht, auf dem, s. Kronsgaard, Schellrott.
Dreiangel, s. Bargstall.
Dreiberg, s. Nordmarsch, Seegaard.
Dreiet, s. Gudsgave.
Dreikronen, s. Seekamp.
Dreilingsfähre, s. Loiteraue, Winning.
Dreimänner, s. Ulsnis.
Dreisprung, s. Brunotterkoog, Nordstrand, Simonsberg.
Drellburg, s. Hollingstedt, Treene.
Drenderupmölle, s. Brambrup.
Drengesgaard, s. Barsmark.
Dridevad, s. Brenduhr.
Drift, s. Hattstedt.
Drögenkamp, s. Büdelsdorf.
Dronningböi, s. Schubye.
Drüllthek, s. Stoltebüll.
Duberg, s. Kollund.
Duburg, s. Hökebjerg.
Duckenteich, s. Damp.
Dubben, s. Rickert.
Düppelberg, s. Düppel.
Düppelfeld, s. Düppel.
Düppelschney, s. Düppel.
Dürwade, s. Holm.
Düstholz, s. Lebek.
Düttebüll, s. Düppel.
Düttebüll-Mühle, bei, s. Niendamm.
Dunelund, s. Djernäs.

Dusendmarksglaad, s. Treenmarsch.-
Dwasdamm, s. Börm.
Dyavele, s. Jagel.
Dybkjär, s. Stubbek.
Dyenswerf, s. Dagebüll.
Dyndet, s. Dynnevith.
Dynthmühle, s. Dynth.
Dyppelgaarde, s. Eggebek.
Dyrhaye, s. Hökebjerg.
Dyrkjär, s. Loit.
Dysberg, s. Boltoft.
Dysselgaard, s. Ganderup.
Dyssensbye, s. Dystnishye.
Dyvig, s. Holm.
Dyvigshöi, s. Loit.

E.

Ebbensburg, s. Osterhever.
Ebbesholm, s. Frörup.
Ebüllerkoog, s. Ebüll.
Eckshöved, s. Oehe.
Edelstedt, s. Ellingstedt.
Eesbüll, s. Evesbüll.
Eddeloe, s. Flensburg.
Egebjerg, s. Hjerndrup, Rumohrsgaard.
Egelund, s. Brunde.
Egensund, s. Ekensund.
Egeskov, s. Schottsbüll.
Egeskovgaard, s. Beftoft.
Egbenaes, s. Ekenis.
Eggenswerf, s. Ockholm.
Egtorp, s. Jägerup.
Egvad, s. Ekvad.
Ebsing, s. Tating.
Ebst, s. Tating.
Eichholz, s. Carlsminde.
Eidembeich, s. Eytum.
Eider-Kanal, s. Kanal.
Eider, Norder- s. Oldensworth.
Eigenwille, s. Arenholz.
Eil-See, s. Barsmark.
Eisböller-See, s. Eisböl.
Ekbargshorn, s. Schinkel.
Ekberg, s. Harfe.
Ekeberghof, s. Ekeberg.
Ekeberg, s. Hasselberg, Oehe.
Ekeberger-See, s. Ekeberg.
Ekenislund, s. Ekenis.
Eken-Mölbye, s. Eken.
Ekernsund, s. Ekensund.
Elbaernesthorp, s. Albertsdorf.

Elbek, s. Kollund.
Elbjerg, s. Loit.
Elefsthorp, s. Elstrup.
Elisendorf, s. Grönwohld, Krusendorf.
Ellaem, s. Ellum.
Ellbogen, s. Birk.
Ellerbrookskamp, s. Borghorst.
Ellerbüll, s. Hattstedtermarsch.
Ellermoos, s. Wittkiel.
Elleröe, s. Kopperbye.
Ellerrübe, s. Kopperbye.
Elley, s. Landsdelle.
Ellgaard, s. Atzbüll.
Ellholm, s. Landsflet.
Ellhorn, s. Welt.
Ellkjär, s. Schelde.
Ell-See, s. Hönsnap.
Ellstohl, s. Niebye.
Elltoft, s. Friedrichsgaard.
Ellundhof, s. Ellund.
Elm, s. Arrild.
Elmenhorst, s. Hummelfeld.
Elsesträer, s. Barsmark.
Elsholm, s. Barsmark.
Els-See, s. Kitschelund.
Emensböl, s. Emmelsbüll.
Emers, s. Carlsberg, Windemark.
Emmerley, Oster-, s. Kjärgaard.
Emmerschedebjerg, s. Emmerschede.
Emtsbull, s. Emesbull.
Enegaard, s. Hirschsprung.
Enemark, s. Barsmark.
Engberg, s. Hasselberg.
Engelsbüllerkoog, s. Engerkoog.
Engelshöi, s. Kjär.
Engelsholm, s. Vilstrup.
Engbauge, s. Fjelstrup.
Engholm, s. Uberg.
England, s. Nordstrand.
Englandshafen, s. Nordstrand.
Engskov, s. Laygaardskov.
Engsletgaard, s. Meelsgaard.
Enstedkroe, s. Ensted.
Entenholm, s. Mühlenholz, Südensee.
Erichshof, s. Schleswig.
Erikslyst, s. Jersdal.

38 *

596 Register über Ortschaften, denen keine eignen Artikel gewidmet sind.

Erniffe, s. Arnis.
Ertebjerg, s. Erbbjerg.
Eryderdamm, s. Süderstapel.
Eschrits, s. Esgrus.
Esgruser Kirche, bei der, s. Grünholz.
Esgrus-Schaubye, s. Schaubye.
Eske, s. Gravensteen.
Eskfeld, s. Broacker.
Eskjärsand, s. Iskjärsand.
Eslingholz, s. Bölschubye.
Eslingswatt, s. Mühlenholz.
Espehöi, s. Braballig.
Espenis, s. Loitmark.
Essenis, s. Düppel.
Evelgunde, s. Develgönne.
Evensbüll, s. Emesbüll.
Evensburg, s. Osterhever.
Ewersholz, s. Hasselberg, Oehe.
Eydorp, s. Jägerup.

F.

Faargaard, s. Bestoft, Simmersted.
Faarehuus, s. Frörup, Schafhaus.
Faberskos, s. Baßkos.
Fädsted, s. Febsted.
Fährhaus, s. Düppel, Ekensund, Holnis.
Fästi, s. Febsted.
Fagsbüll, s. Fausbüll.
Fahrdrup, s. Fardrup.
Fahrenhorst, s. Wittenbek.
Fahrt, die, s. Welt.
Fahrensodde, s. Twedterholz.
Fabresholz, s. Oehe.
Fahrredder, s. Hohenlieth.
Farres, s. Brambrup.
Farresgaard, s. Jels.
Farresholz, s. Höirup.
Farrisbek, s. Nipsaue.
Fasbroe, s. Loit.
Fathaersthorp, s. Babersdorf.
Fauerhavehuus, s. Brabäk.
Faulükfeld, s. Faulük.
Faulükholz, s. Faulük.
Faulüklund, s. Faulük.

Faurholm, s. Erbbjerg.
Faurwraa, s. Faverwraae.
Fausböl, s. Ahretoft.
Faverwraaegaard, s. Faverwraae.
Fedder Haysens-Capelle, s. Haysens-Capelle.
Febberhof, s. Oldenfelderfoog.
Febbersberg, s. Immingstedt.
Febbersbüll, s. Hunvertbhusum.
Febbersburg, s. Hattstedtermarsch.
Febberswerf, s. Ockholm.
Febstedhuse, s. Febsted.
Fegatasch, s. Röest.
Fehsholm, s. Fesholm.
Feldscheide, s. Sebestedt.
Feldten, s. Kastrup.
Felhorst, s. Hummelfeld.
Felleskov, s. Priesholz.
Felmerholz, s. Felm.
Felmerfören, s. Felm.
Felsbekmühle, s. Feldstedtholz.
Felsenrade, s. Wittensee.
Fjelstruproi, s. Fjelstrup.
Femböi, s. Abkjär.
Fensbjerggaard, s. Stenderup.
Festi, s. Baurup.
Fialbothe, s. Fielbye.
Fiisböi, s. Gelting.
Finkenbohle, s. Langenhorn.
Fingsthoop, s. Föhrden.
Finstere Stern, s. Schlei.
Fiolde, s. Biöl.
Fisberkjärböi, s. Brabäk.
Fischbäk, s. Bredaue.
Fischbekschau, s. Fischbekholz.
Fischerhaus, s. Grünthal, Schubye.
Fischerhaus, s. Blick, Schlei.
Fischerkathe, s. Seekamp, Sophienruhe.
Fischerott, s. Brarup.
Fischersieg, s. Blick.
Fiskholm, s. Hönning.
Fisnis, s. Gravenstein.
Fjelbyegaard, s. Fjelbye.
Fjellumböi, s. Großnustrup.

Fjerholm, s. Horslyk.
Fjordholm, s. Aastrup.
Flaborpgaard, s. Flarup.
Flabsaue, s. Nipsaue.
Flabsteen, s. Stollig.
Flarupgaard, s. Flarup.
Flenghuus, s. Agerskov.
Flensbeke, s. Flensburg.
Flikkö, s. Flügge.
Flintholm, s. Buckhagen, Oestergaard.
Flocht, s. Flauth.
Flöhborf, s. Oldefelds-foog.
Flötenberg, siehe Nordenderfoog.
Floibjerg, s. Oebbis.
Flordesbull, s. Flerdebüll.
Flübe, s. Rückenstadt, Tinningstedt.
Flützholm, s. Grellsbüll, Renz.
Fluchte, s. Flauth.
Flühe, s. Rückenstadt, Tinningstedt.
Fobeslet, s. Fobislet.
Fobisbäk, s. Nipsaue.
Fobisletgaard, s. Fobislet.
Fobisletlund, s. Fobislet.
Föbringwall, s. Kampen.
Förle, s. Fohl.
Fogedgaard, s. Barsmark.
Folbrabe, s. Foldewraae.
Forret, s. Moltrup.
Forrethuus, s. Moltrup.
Forsbüll, s. Nordstrand.
Fowerdrup, s. Fauderup.
Frahmsort, s. Ording.
Frauenholz, s. Süderhaff.
Frauenmark, s. Ahretoft.
Fraumettenhof, s. Bordelumerfoog.
Fraumettenfoog, s. Ebüll.
Fraumettenland, s. Bordelumerfoog.
Fredemark, s. Sveilund.
Fredensborg, s. Villeböl.
Fredenslund, s. Horslyk.
Fredhede, s. Jersdal.
Fredsgaard, s. Aitrup.

Register über Ortschaften, denen keine eignen Artikel gewidmet sind.

Fredsodde, s. Friesmark.
Fredsted, s. Fridsted.
Freesmark, s. Friesmark.
Freiberg, s. Klocfries.
Freienfelde, s. Staun.
Freienwillen, s. Gaarde, Sandacker Suterballig, Kl.-Wolstrup.
Freiheit, s. Bredstedt, Schleswig.
Freiingsfeld, s. Mummendorf.
Frennrade, s. Wittensee.
Fresdorp, s. Frestrup.
Fresenburg, s. Friesenburg, Treene.
Fresendelf-Fähre, s. Fresendelf.
Fresenhof, s. Bohmstedt.
Freudenholm, s. Friedrichskoog, Gundstrup.
Freudenlund, s. Mehlbye.
Freudenthal, s. Düppel.
Friedeholz, s. Fredeholz.
Friedensburg, s. Sönnebüll.
Friedenshorst, s. Ravenshorst.
Friedrichsburg, s. Schleswig.
Friedrichsfeld, s. Stubbendorf.
Friedrichsgabe, s. Söllstedt, Traustedt, Wennemoos.
Friedrichshof, s. Jarbelund, Waygaard.
Friedrichshube, s. Stift.
Friedrichskoog, s. Nordstrand.
Friedrichsschleuse, s. Holtenau.
Friedrichsteen, s. Steinrade.
Friedrichswille, s. Solt.
Friesenkoog, s. Fresenkoog.
Friesmark, s. Renz.
Frifeld, s. Birkelev.
Frilund, s. Lunding.
Friplov, s. Vollerslev.
Frischmark, s. Kastrup.
Frisenlund, s. Broe.
Fristath, s. Fridsted.
Frodorp, s. Frörup.
Frodorp-Rott, s. Roi.
Fröbbenbüll, s. Friedebüll.

Frörup-Nyegaard, s. Frörup.
Frörup-Roi, s. Roi.
Frösig, s. Fedsted.
Frössengaard, s. Oeddis.
Frobsein, s. Westerthal, Windebye.
Fromhave, s. Aitrup.
Fromrade, s. Holtsee.
Fruegaard, s. Strandelbjörn.
Fruerlundfeld, s. Fruerlund.
Frydenborg, s. Krakelund, Stenderup.
Frydendal, s. Düppel, Fjelstrup, Götterup, Helwith, Hoptrup, Jarup, Jordkjär, Ladegaard, Loit, Lygum, Schelde, Weibek.
Frydenhavn, s. Schelde.
Frydenholm, s. Gundstrup.
Frydenlund, s. Hjartbroe, Schelde.
Fuchskuhl, s. Altenhof, Seekamp.
Fühnshaff, s. Nottmarkstov.
Fünfmühlen, s. Megerkoog.
Füsingeraue, s. Loiteraue.
Fuggebüll, s. Fockebüll.
Fughaelwich, s. Faulük.
Fuglebek, s. Meilbye.
Fuglhallig, s. Friesmark.
Fuglkjärgaard, s. Harrebye.
Fuglsang, s. Grönnebätgaard, Heissager, Kjärböl, Lygum, Oersted, Sillerup, Weibek.
Fuglsiggaard, s. Linnet.
Fuhlenrühe, s. Schinkel.
Fuhlen-See, s. Seekamp, Uhlenhorst.
Fulbro, s. Foldewraae.
Fullum, s. Falum.
Fyenboehuse, s. Frörup.
Fyrskov, s. Jägerup.

G.

Gaarde, s. Sterupgaarde.
Gaarde, s. Kozenbüll.
Gaardefeld, s. Gaarde.
Gaardesand, s. Garding.
Gaardwang, s. Suterballig.

Gaar-See, s. Abrenholzer-See.
Gaarwang, s. Rabenkirchen.
Gaasbjerg, s. Dynth.
Gaaskjär, s. Seegaard.
Gaast, s. Carlsminde.
Gaast-Ende, s. Stenderup.
Gaastholz, s. Ludwigsburg.
Gaath, s. Oehe.
Gabel, s. Gaböl.
Gabrielswerf, s. Fahretoft.
Gade, s. Gathe.
Galaentorp, s. Gahlendorf.
Galgebakken, s. Rise.
Gallehuus, s. Aarslev.
Galmsbüllerkoog, s. Marienkoog.
Gamentorp, s. Gammendorf.
Gammelaboe, s. Stenderup.
Gammelborg, s. Schlet.
Gammelbye, s. Fjelstrup.
Gammelbyefeld, s. Dollrott.
Gammelbyeholz, s. Gammelbye.
Gammeldamm, s. Düttebüll.
Gammel-Dothmark, s. Dothmark.
Gammeldynth, s. Dynth.
Gammelgaard, s. Atrup, Klein-Gröbersbye, Halk.
Gammelgaard, s. Warnitz.
Gammelhougaard, s. Drenderup.
Gammellück, s. Stutebüll.
Gammellunder-See, s. Gammellund.
Gammelmark, s. Dynth.
Gammelpöel, s. Pöel.
Gammelbye, s. Oersberg.
Gammelskovstub, s. Agerskov.
Gardesand, s. Garding.
Gardewerf, s. Ockholm.
Gardinger-Geest, s. Garding.
Garfels, s. Ulsnis.
Garlbek, s. Königsbach.
Garten, s. Gaarde.
Gasthafen, s. Klocfries.

598 Register über Ortschaften, denen keine eignen Artikel gewidmet sind.

Gastrupgaard, s. Hjerting.
Geelbyeholz, s. Taarstedt.
Geestruplund, s. Geestrup.
Geil, s. Brenduhr.
Geilager, s. Skobborg.
Geilau, s. Geil.
Geilaue, s. Süderaue.
Geilberg, s. Oehe.
Geilbjerg, s. Agerskov, Oved.
Geilwang, s. Ahrenvidl.
Geising, s. Jeising.
Geldow, s. Geil.
Gelstrup, s. Geestrup.
Gelting-Westerfeld, s. Westerfeld.
Gerathewohl, s. Puttgarden.
Gerebye, s. Carlsburg.
Gerebye, s. Carlsburg.
Gerrebek, s. Kraulund.
Geschlossenheck, s. Dollerup, Wees.
Gesingh, s. Jeising.
Gettorfer-Meierhof, s. Gettorf, Königsförde.
Gherdelund, s. Jardelund.
Gherebye, s. Geelbyeholz.
Gifthof, s. Bargen.
Gilbjerggaard, s. Skobborg.
Gintoftgaard, s. Norgaard.
Gintoftholm, s. Gintoft.
Gintoftholz, s. Steinbergholz.
Gjäsholm, s. Knud.
Gjelsaue, s. Nipsaue.
Gjelsbroe, s. Gram.
Gjennerhole, s. Gjenner.
Gläserkrug, s. Karlum.
Glambek, s. Glambekermühle.
Glasholz, s. Maasleben, Rothensande.
Glinmoor, s. Julianenebene.
Glockenberg, s. Hude.
Glücksberg, s. Dörpum.
Glückshoch, s. Struckum.
Glumshof, s. Mummendorf.
Godescalsthorp, s. Gollendorf.
Godmorgen, s. Ondaften.
Godrum, s. Fobislet.

Godtbaab, s. Christiansdal.
Göhl, s. Wennemoos.
Göllinggaard, s. Stevning.
Görrisau, s. Esperstoft.
Gold, s. Albertsdorf.
Goldberg, s. Borghorst.
Goldhövd, s. Nordschau.
Goldkuhle, s. Haschendorf.
Gonsacker, s. Gaansager.
Gooskjär, s. Gaaskjär.
Goosschmiede, s. Friedensthal.
Goos-See, s. Altenhof, Marienthal.
Gorgesmarke, s. Görrismark.
Gormesbüll, s. Garmsbüll.
Goschenfähre, s. Oldenfelderkoog.
Gosewatt, s. Husbyeholz.
Gottesgabe, s. Gudsgave, Sterdebüll.
Gottorf, Klein- s. Alt-Gottorf.
Graasböl, s. Skobborg.
Graasteen, s. Gravenstein, Roost.
Grabenstein, s. Eggebek.
Gräfsholz, s. Nübel.
Grässen, s. Norbye.
Gräsvänge, s. Kragnäs.
Gräve, s. Winnert.
Gräveskuhl, s. Sophienhamm.
Graffenskoog, s. Tömlauskoog.
Grafkathe, s. Schwensbye.
Gramaue, s. Nipsaue.
Grambye, s. Gram.
Gramlund, s. Gram.
Grarupgaard, s. Grarup.
Grasbirk, s. Birk.
Grashöi, s. Auenbüll.
Gratorp, s. Grarup.
Graubövd, s. Meblbye.
Graukloster, s. Schleswig.
Graulund, s. Stenderup.
Gravelund, s. Jannebye.
Gravensberg, s. Hohenlieth.
Greengaard, s. Klovtoft.
Greensteich, s. Maasleben.
Gregerstelt, s. Breklumerkoog.
Greisberg, s. Holm.

Greisholthuus, s. Bramberup.
Grevenhorst, s. Erfde.
Grevensberg, s. Brekendorf.
Griesenbötel, s. Kropp.
Grimsnisfeld, siehe Grimsnis.
Grimsnisaue, s. Röest.
Grimsteen, s. Wattschaukrug.
Gringenfeld, s. Dorpum.
Grobenthor, s. Sarhorf.
Grobebu, s. Grödersbye.
Groderkoog, s. Grothusenkoog.
Grobobusch, s. Grödersbye.
Gröbenkoog, s. Grothusenkoog.
Gröftholt, s. Ladegaard.
Grönagergaard, s. Kjöbenhoved.
Grönaue, s. Grünaue, Vidaue.
Grönbäk, s. Ulberup.
Gröndallund, s. Kastrup.
Gröngrift, s. Grüngrift.
Grönholt, s. Grünholz.
Grönbuus, s. Broe.
Grönkroe, s. Hjerndrup.
Grönland, s. Ekensund.
Grönlund, s. Roager.
Grönmark, s. Nyegaard.
Grönnebek, s. Ulberup.
Grönnebekhof, s. Grönnebekgaard.
Grönwohld, s. Grünewald.
Gronenhagen, s. Gröngaard.
Großberg, s. Hasselberg, Oehe.
Großdorf, s. Dänschendorf.
Großenkoog, s. Pelworm.
Großfeld, s. Dollrott.
Großholz, s. Dollrott, Stubbe.
Grotgaast, s. Carlsminde.
Grothaeböl, s. Grödersbye.
Grotte, s. Kliplev.
Gruden, s. Gröde.
Gruel, s. Sehestedt.
Grünbek, s. Grüngrift, Ulberup.
Grünberg, s. Wanderup.
Grünberg, bei, s. Lundsgaarder-Westerholz.

Register über Ortschaften, denen keine eignen Artikel gewidmet sind. 599

Grünejäger, s. Altenhof.
Grünenthal, s. Bergenhusen.
Grüngriftmoor, siehe Grüngrift.
Grünhof, s. Gröngaard, Lundsgaard.
Grünholz, s. Klein-Wiebe.
Grünkoppel, s. Hibbrohye.
Grünlund, s. Maasleben.
Grünthal, s. Sardorf.
Grünwerf, s. Ockholm.
Grufthek, s. Stenderup.
Grummarkfeld, s. Grummark.
Grundhof, s. Grundtoft.
Grundinghäbövede, s. Grönninghoved.
Gruntoft, s. Lundsgaard.
Gryseghard, s. Griesgaard.
Gubye, s. Gübye.
Gudsgave, s. Gottesgabe.
Gudthorp, s. Guderup.
Güholz, s. Stenderup.
Güldenholm, s. Brekling, Fahrenstedt.
Gukelsbyedorf, s. Gukelsbye.
Gulbeholz, s. Gulde.
Guldlef, s. Enlev.
Gule, s. Enlev.
Gulum, s. Ellhövd.
Gundebyer-Noor, s. Gundebye.
Gundersgaard, s. Gjenner.
Gunnebye, s. Gundebye.
Gyälthing, s. Gelting.

H.

Haarholm, s. Berend.
Haarmark, s. Buchhagen.
Haasberg, s. Grelsbüll.
Habel, s. Gröde.
Haberholz, s. Oehe.
Haberkamp, s. Damp, Pahlhorn.
Haberkoppel, s. Carlsburg.
Haberland, s. Tetenhusen.
Haberslund, s. Hauerslund.
Habermesse, s. Habernis.
Habertwedt, s. Havetwedt.
Hackstedteraue, s. Soholmaue.

Hackstedthof, s. Hackstedt.
Habbebyer-Noor, s. Habbebye.
Hädig, s. Westerland.
Häfferwadt, s. Haversad.
Hägbärls, s. Heils.
Häkelkoog, s. Simonsberg.
Hänric-Scärpingesthorp, s. Hinrichsdorf.
Härtingsthorp, s. Sartjendorf.
Häuser, leichte, s. Königsberg.
Häslä, s. Hesel.
Häthum, s. Schleswig.
Haferland, s. Süder-Lygum.
Haferlük, s. Jürgensgaard.
Haferteich, s. Berend.
Haffdeich, Norder-, s. Pelworm.
Hafferholz, s. Haberholz.
Haffet, s. Haved.
Haffstede, s. Haustedt.
Hagedornzaun, s. Legelichheit.
Hahmendorf, s. Hamdorf.
Hahnenkrug, s. Lottorf.
Hahöi, s. Bodum.
Hain, s. Schmedebye.
Hainsballig, s. Hooge.
Haithabu, s. Haddebye.
Hakelmark, s. Maasleben.
Hakenhaus, s. Süderfelderkoog.
Hakenböft, s. Büstorf, Eschelsmark.
Hakenhof, s. Dammkoog.
Halbenott, s. Guderott.
Halbmond, s. Legelichheit.
Hallebäk, s. Gaansager.
Halligmühle, s. Koldenbüttel.
Halmöe, s. Ommel.
Halmstad, s. Almsted.
Hamburgerhaus, s. Hamburgerhallig.
Hamburgerhof, s. Bolingland.
Hamdorferheide, s. Hamdorf.
Hamdorfer-Moor, s. Prinzenmoor.
Hamhuus, s. Bögeskov.
Hammathorp, s. Hamdorf.

Hammelevgaard, s. Hammelev.
Hammer, s. Sebestedt.
Hammestoft, s. Ausacker.
Hamygenbörne, s. Catbrinenbeerb.
Hanäwith, s. Handewith.
Handewitherholz, s. Handewith.
Handewitherkrug, s. Weding.
Hanebjerghuus, s. Hauerslund.
Haneburg, s. Wester-Ohrstedt.
Harblek, s. Oldensworth.
Hardesbyehof, s. Hardesbye.
Harrebui, s. Harrebye.
Harenburg, s. Treene.
Harens-Hafen, s. Sophien-Magdalenenkoog.
Hargesleve, s. Harrislev.
Harir, s. Harris.
Harkenkiel, s. Bünge.
Harkesdeich, s. Bottschlotherkoog.
Harkjär, s. Hammelev, Kollund.
Harksmoor, s. Munkbrarup.
Harrebyegaard, s. Harrebye.
Harrislevfeld, s. Harrislev.
Hart-See, s. Oesterbye.
Hartwigseiche, s. Grödersbye.
Hartwigshuus, s. Hattesbuus.
Harzberg, s. Grelsbüll.
Harzmoor, s. Maasleben.
Hasdorp, s. Haistrup.
Haselkamp, s. Haferkamp.
Hasenberg, s. Wees.
Hasenknöll, s. Krummenort.
Hassel, s. Taarsballig.
Hasselberg, s. Oehe.
Hasselbergkrug, s. Hasselberg, Oehe.
Hasselbergstraße, s. Hasselberg, Oehe.
Hasselrott, s. Gettorf.
Hastede, s. Hattstedt.
Hattastath, s. Hattstedt.
Hattjenswerf, s. Langenäs.

Hattstebter-Neuer-koog, s. Neuerkoog.
Haugaard, s. Gaböl, Gjenner, Hovgaard.
Haugaard, s. Stursböl.
Hauge, s. Fjelstrup, Knud.
Haubeck, s. Buckhagen.
Haunbjerggaard, s. Strandelbjörn.
Haust, s. Houbst.
Hauved, s. Haved.
Haverbäk, s. Toftlund.
Havervadgaard, s. Havervad.
Havestebe, s. Hausteb.
Havetofter-See, s. Havetoft.
Havikhorst, s. Hütten.
Havremark, s. Ladegaard.
Haymoordeich, s. Haymoorkoog.
Hebegaardslei, s. Kjärbüll.
Hebehuus, s. Fröruy, Sieverstedt.
Hedemölle, s. Gammelgaard, Mummark.
Hedewigenhof, s. Dagebüll.
Hedewigshof, s. Uenewatt.
Hedik, s. Westerland.
Hegekoppel, s. Sophienhamm.
Hegeltsee, s. Heils.
Hegenholz, s. Damp, Hohenholm.
Heidbünge, s. Bünge.
Heide, s. Carlsburg, Bargumer-Heide, Engerheide.
Heidebo, s. Habbebye, Schleswig.
Heidehäuser, s. Emmerschede.
Heidenschaft, s. Deetzbüll.
Heidhof, s. Kochendorf.
Heidkrug, s. Clove.
Heibloh, s. Burgstall.
Heidteich, s. Owschlag.
Heilige-Kreuz, s. Seegaard.
Heilsminde, s. Heil-See.
Heinkyß, s. Hönkys.
Heinsbek, s. Goldbek.
Heisch, s. Borghorst, Seekamp.
Heissager, s. Stenderup.
Heissagergaard, s. Stenderup.
Heisselbjerg, s. Jersbal.

Helbek, s. Hilligbek.
Helenenruhe, s. Loithof.
Helgnes, s. Halgenes.
Helle, s. Gravensteen.
Helle-See, s. Holm.
Helleb, s. Stenderup.
Helleböi, s. Desbye, Stenderup.
Hellenstern, s. Taarsballig.
Heller, Letzter-, s. Landkirchen.
Hellert, s. Lebek.
Hellertbusch, s. Lebek.
Hellertfeld, s. Lebek.
Helleskjär, s. Taarsballig.
Hellesöegaard, s. Holm.
Hellesöehave, s. Holm.
Hellevad, s. Helberad.
Helligbek, s. Hilligbek, Treene.
Helligkilde, s. Brambrup, Niehuus.
Hellig-See, s. Jels.
Hellingstede, s. Aarup.
Hellod, s. Helwith.
Hellodt, s. Loit.
Hellym, s. Jalm.
Helmfleth, s. Johanniskoog.
Helved, s. Stenderup.
Helvithgaard, s. Helvith, Osterholm.
Hemme, s. Oldensworth, Schwabstedt.
Hemmelmarker-See, s. Hemmelmark.
Hemmerdeich, s. Hemme.
Hemmerswerf, s. Südwesthörn.
Hemmingbörn, s. Catrineheerd.
Hempenrott, s. Bornstein.
Hempenwisch, s. Bornstein.
Henningshof, s. Oldenkoog.
Hergaard, s. Veiböl.
Hermannshöhe, s. Priesholz.
Hermannskobbel, s. Skallebäk.
Hermannslücke, s. Geelbyeholz.
Hermannsort, s. Lührschau.
Hermestwedt, s. Möllmark.
Herrebet, s. Aitrup.
Herrebsbye, s. Hardesbye.

Herrebsbyegaard, s. Hardesbye.
Herregaard, s. Brambrup, Vilstrup.
Herregaarden, s. Loit.
Herregaarden, paa, s. Kjestrup.
Herregaardlei, s. Wesebye.
Herregaardsvold, s. Frörup.
Herrendorp, s. Hjerndrup.
Herrengabe, s. Borsbüll.
Herrestebgaard, s. Toftlund.
Herstum, s. Hattstebtermarsch.
Herthasted, s. Toftlund.
Hesagger, s. Heissager.
Hesel, s. Heselgaard, Heselmühle.
Hessel, s. Heisel.
Hesselbjerg, s. Heisselbjerg.
Hesselbog, s. Kjär.
Hessellund, s. Debeling.
Hestemaas, s. Carlsburg.
Hestkobbel, s. Skartved.
Hestlück, s. Stolteböll.
Hethäbye, s. Habbebye.
Heuberg, s. Königsberg.
Heuberg, Rother-, s. Adolphskoog.
Heverdamm, s. Heverum.
Hillerupholm, s. Kjärböl.
Hilligbek, s. Popholz.
Hilligeley, s. Nordmarsch.
Hilligenbohl, s. Hattstebt.
Hillige-Oehr, s. Habbebye, Schlei.
Himbeerredder, s. Bornstein.
Himmershöi, s. Wees.
Hindballe, s. Gram.
Hindholm, s. Krakelund.
Hinkelböyd, s. Berend.
Hinrichsberg, s. Stabersdorf.
Hinrichswerf, s. Dagebüll.
Hinzenhof, s. Landkirchen.
Hiphom, s. Warnitz.
Hirschholm, s. Hjortholm.
Hisselböi, s. Nübel.
Hizbank, s. St. Peter.
Hjarbelund, s. Jarbelund.

Register über Ortschaften, denen keine eignen Artikel gewidmet sind. 601

Hjartbroelund, s. Hjartbroe
Hjerndrupgaard, s. Hjerndrup.
Hjerpstedt, s. Jerpstedt.
Hjollerup, s. Jolderup.
Hjornwehr, s. Maiböl.
Hjortbjerg, s. Frörup.
Hjortekjär, s. Jordkjär.
Hjortholm, s. Krakelund.
Hjortlund, s. Geestrup.
Hjortsand, s. Jordsand.
Hjortvad, s. Brenduhr.
Hjortvadaue, s. Nipsaue.
Hjulersbjerg, s. Jersdal.
Hoburg, s. Bustorf.
Hochberg, s. Tombüll.
Hochdorf, s. Tating.
Hochhattstedt, s. Hattstedt.
Hochholz, s. Haveholz.
Hochland, s. Holand.
Hockelnuth, s. Högelund.
Hockstrup, s. Hoxtrup.
Hodsbüllhuus, s. Agerstov.
Höchstäthe, s. Höist.
Höffelberg, s. Störtum.
Hoefbrop, s. Hörup.
Högholm, s. Hoptrup.
Högholt, s. Sönderballig.
Högsholt, s. Hörholt.
Höt, s. Barsmark.
Höibjerg, s. Andrup, Arrild.
Höigaard, s. Dalbye.
Höigade, s. Loit.
Höitoygaard, s. Loit.
Höisagergaard, s. Stenderup.
Höiskamling, s. Grönninghoved.
Höteberg, s. Lundsgaard.
Hötemoos, s. Steinfeld.
Höllen, s. Bornstein.
Hoelklamp, s. Gröngaard.
Höllengruft, s. Habye.
Höllestov, s. Götterup.
Höllestovhuus, s. Götterup.
Hoenberg, s. Flensburg.
Hönburg, s. Loit.
Höneburg, s. Arrild.
Hörgaard, s. Stenderup.
Hörgerlei, s. Wesebye.
Hörgerlei, bei, s. Maasbüll.
Hörn, s. Altneukoog, Sande, Staun.
Hörreberg, s. Dollerupholz.
Hörregaard, s. Erlev.

Hörretoft, s. Warnitz.
Höruperbucht, s. Hörup.
Höst, s. Burgstall.
Hötbär, s. Hoyer.
Hörbroegaard, s. Hörbroe.
Höret, s. Höist.
Hörgaard, s. Skovrup.
Hörmark, s. Schönbagen.
Höyeböl, s. Breklum.
Hoyrück, s. Auenbüll.
Hof, s. Ellund, Schwabstedt.
Hof, auf dem, s. Breklum.
Hofdeich, s. Dagebüll.
Hoffeld, s. Warleberg.
Hoffnung, s. Haurup.
Hofholz, s. Grünholz, Hohenlieth.
Hofholzkathen, s. Altenhof.
Hofstedt, s. Bünstorf.
Hofstedt, Groß-, s. Hohn.
Hogelund, s. Goldelund.
Hoheluft, s. Bornstein, Kupfermühle, Maasleben, Nübel.
Hohemede, s. Padeleck.
Hohenhain, s. Seegaard.
Hohenheide, s. Elsdorf.
Hohenhörn, s. Bohmstedt, Ulvesbüll.
Hohenhüg, s. Hohenstein.
Hohenstein, s. Wallsbüll.
Hohenstein, s. Hinrichsdorf.
Hohl, s. Winnert.
Hohlballig, s. Tandslet.
Hohndorf, s. Garding.
Hohnerholm, s. Friedrichsholm.
Hohnerkoog, s. Hohn.
Hohner-See, s. Hohn.
Hohnbye, s. Sardorf.
Hokenbolt, s. Adzerballigstov.
Holbäk, s. Gaansager, Hagelsbek, Reffsöe.
Holbäkgaard, s. Oerderup.
Holbekvad, s. Achterup.
Holbelinghusen, s. Hollbüllhusen.
Holdenes, s. Holnis.
Holdenis-Bradorp, s. Munk-Brarup.
Holebüll, s. Halebüll.
Holger-Dansfesdieg, s. Gaardebye.
Holfjär, s. Brambrup.
Hollacker, s. Schwesing.

Holländerdeich, s. Fahretoft.
Holländerhaus, s. Stubbe.
Holländerkoppel, s. Dollrott.
Hollin, s. Felmerholz, Kjelstrup.
Holm, s. Barsmark, Brarup, Buckhagen, Dynth, Lindholm, Morsum, Schleswig, Schwackendorf.
Holm, auf dem, s. Nadelhövd.
Holmburg, s. Hürup.
Holmer-Sand, s. Lindholm.
Holmerschanze, s. Wohlde.
Holmer-See, s. Holm.
Holmgaard, s. Bröns.
Holmholt, s. Hollingstedt.
Holmkjär, s. Lebek.
Holmsgaarde, s. Holm.
Holmshuse, s. Hjerndrup, Simmersted.
Holmshuus, s. Bjerndrup, Weibüll.
Holmslade, s. Pommerbye.
Holmsleßn, s. Holm.
Holms-Drey, s. Deey.
Holpust, s. Lührschau.
Holstenau, s. Holtenau.
Holstenkathe, s. Burgstall.
Holt, s. Stausmark.
Holtsagger, s. Holzacker.
Holt-See, s. Holtsee.
Holundskirche, s. Linnet.
Holvei, s. Hökebjerg.
Holzbunge, s. Bunge.
Holzdorf, s. Holstorf.
Holzhaus, s. Güldenholm.
Holzbügel, s. Waabs.
Holzkathen, s. Bergenhusen, Grünhorst, Lindau.
Holzkrug, s. Bergenhusen, Idstedt.
Holzkrug, Alter- und Neuer-, s. Weding.
Holzkrug, Süder-, s. Schmedebye.
Holzschicht, s. Damp.
Holzvogtskathe, s. Düttebüll.
Hommelgaard, s. Kolstrup.
Honkenswerf, s. Langenäs.

Honnenswerf, s. Eftebüll.
Hopfenhof, s. Hülsenhain.
Hopfenholz, s. Sarborf.
Hoppegaard, s. Wippendorf.
Hoppes, s. Fobislet.
Hoppeshuus, s. Vonsild.
Hop-See, s. Augustenhof, Sönderballig.
Hopsöehöi, s. Holm.
Hoptrupkroe, s. Hoptrup.
Horland, s. Aitrup.
Hornburg, s. Hörn.
Horne, s. Langenhorn.
Hornholz, s. Jarplund.
Hornsgaard, s. Ganderup.
Horremark, s. Buckhagen.
Horsäby, s. Horsbüll.
Horsberg, s. Süderlygum.
Horstorp, s. Hostrup.
Horstorphovaeth, s. Hostrup.
Hostrupfeld, s. Hostrup.
Hostrupholz, s. Hostrup.
Hostruper-See, s. Aarup, Hostrup.
Hovgaard, s. Haugaard, Linnet.
Hovgaard, s. Twedt.
Hoyebüll, s. Preklum.
Hoysethuus, s. Wellerup.
Huberfähre, s. Hude.
Hubevad, s. Hydevad.
Hüborp, s. Hürup.
Hüe, s. Brarupholz.
Hügelberg, s. Abzerballig.
Hügum, s. Dollrott.
Hüholz, s. Ausacker, Bunsbüll, Oebe.
Hülk, s. Osterhever.
Hüllenbüll, s. Garding.
Hüllerup, s. Hyllerup.
Hümarkfeld, s. Maasleben, Hugemark.
Hünning, s. Hünding.
Hürup, s. Hyrup.
Hürupheide, s. Hürup.
Hüsbye, s. Husbye.
Hüsfeld, s. Düttebüll.
Hütte, s. Hoffnungsthal.
Hütten, s. Jernhytte.
Hüttenwohld, s. Hütten.
Hütterkobbel, s. Skovbye.
Hugerup, s. Hürup.
Hugholfft, s. Hugelsted.
Huglästath, s. Hugelsted, Tetenhusen.

Hulborp, s. Hyllerup.
Humbäk, s. Sarup.
Humbkirch, s. Humtrup.
Humblebauge, s. Hommelhof.
Hummelgaard, s. Kolstrup.
Hummelhauge, s. Allerup.
Hummelweth, s. Sarborf.
Humtruphof, s. Humtrup.
Humum, s. Hummum.
Hundevad, s. Vonsbäk.
Hundhöi, s. Loit.
Hundsberg, s. Haugaard.
Hungerburg, s. Aventoft, Schwensbye.
Hunhöi, s. Ohrfeldhaff.
Hunnenberg, s. Kaltenhof.
Hunnenkoog, s. Pelworm.
Hunnenswerf, s. Langenäs.
Husbyegaard, s. Husbye.
Husbyeholzerfeld, s. Husbyeholz.
Husbyeriis, s. Husbye.
Husbyer-Ziegelei, s. Ziegelei.
Hustobu, s. Husbye.
Husum, s. Grünholz.
Husumtoftmark, s. Gathe.
Huusbäk, s. Heils.
Huusberg, s. Rügge.
Huusmark, s. Stenderup.
Huusstedt, Klein-, und Lang-, s. Waterbug.
Huy, s. Hamdorf.
Hvib-See, s. Loit.
Hvinderuplyk, s. Faustrup.
Hvolböl, s. Holeböl.
Hvornhöi, s. Urnehövd.
Hvornkjär, s. Lutzhövd.
Hwäla, s. Langenäs.
Hwityng, s. Hvidding.
Hwsenbro, s. Husum.
Hydborp, s. Hürup.
Hyesteen, s. Tombüll.
Hygum, s. Dollrottfeld, Hügum.
Hylingstaba, s. Hollingstedt.
Hylfkov, s. Düppel.
Hylund, s. Schobüll.
Hyoldelunt, s. Joldelunt.
Hyolborp, s. Jolderup.

J.

Jabtenkoog, s. Jabbenkoog.
Jacobenkoog, s. Jabbenkoog.
Jacobsgaard, s. Barsmark, Hammelev.
Jacobstoft, s. Lebelwisch.
Jacobswerf, s. Fabretoft.
Jägerborg, s. Galsted.
Jägerkathe, s. Bergenhusen.
Jägerkrug, s. Ahrenshövd, Friedrichsfeld.
Jägerlund, s. Jersbal.
Jägerlundhuus, s. Galsted.
Jahnsbolz, s. Stubbe.
Jaldänsthorp, s.-Jellingsdorf.
Jansenswerf, s. Fabretoft.
Jarbeaue, s. Gjelsaue.
Jarberup, s. Jarup.
Jarlsä, s. Jels.
Jarnishöi, s. Bjenbrup.
Jarplundgaard, s. Jarplund.
Jarum, Wester-, s. Ustrup.
Jaruplund, s. Hauerslund.
Jbensbof, s. Wobbenbüll.
Jcking, s. Eken.
Jdstebter-See, s. Jdstebt.
Jean-Meyn, s. Ekensund.
Jegelund, s. Jersbal.
Jellenbek, s. Krusendorf.
Jellinghauge, s. Bäk.
Jelsbek, s. Nipsaue.
Jelser-See, s. Jels.
Jelsgaard, s. Jels.
Jenning, s. Gram.
Jenschenskathe, s. Behrendorf.
Jensenswerf, s. Dagebüll.
Jernwith, s. Knoop.
Jerrisbek, s. Jersbek, Treene.
Jesbek, s. Jersbek.
Jesperlund, s. Traustedt.
Jestrupgaard, s. Erdbjerg.
Jesu Blüthlein, s. Karlum.
Jeydorp, s. Jägerup.
Jgebjergmölle, s. Osterholm.
Jgen, s. Eken.

Register über Ortschaften, denen keine eignen Artikel gewidmet sind. 603

Igeskov, s. Schottsbüll.
Jgeskovgaard, s. Auenbüll.
Igwai, s. Ekvad.
Iller, s. Ihlers.
Jmhusen, s. Buptee, Jmminghusen.
Immervad, s. Jersbal, Skovbye.
Ingebüll, s. Seegaard.
Ingwershörn, s. Legelichheit, Witzworth.
Insel, s. Osterbye.
Inselkathe, s. Altenhof.
Interessentenkoog, s. Gotteskoog.
Jörgensholt, s. Roy.
Jöthnewadth, s. Jyndevad.
Johann-Heinrichskoog, s. Pelworm.
Johannis, St., s. Neulandshof.
Johannisberg, s. Meggerkoog.
Johanniskloster, s. Schleswig.
Johannismühle, s. Hohlweg.
Jomfrueleb, s. Simmersted.
Jordam, s. Grünholz.
Jordamsstraße, s. Grünholz.
Jordan, s. Altenhof, Witzworth.
Jortelund, s. Jarbelund.
Jordkirch, s. Jordkjär.
Jpkenswerf, s. Hooge.
Irrenhaus, s. Schleswig.
Iskjär, s. Geil.
Iskjärdamm, s. Geil.
Island, s. Ekensund.
Jübebek, s. Bredstedt.
Jübhbue, s. Jübek.
Juelsee, s. Ahretoft.
Jündevad, s. Jyndevad.
Jürgensburg, s. Mevenberg, Schleswig.
Jürgensbye, s. St. Jürgen.
Jürgensgaard, s. Hoptrup.
Jürgensholt, s. Roi.
Jürgensmühle, St., s. Ballastbrücke.
Jürgensrade, s. Wittensee.
Juldorp, s. Jolderup.
Julianenaue, s. Ellund, Fröslev.

Julianenburg, s. Sollerup.
Julianenhöi, s. Haurup, Wanderup.
Julianenruh, s. Eckhof.
Julstebgaard, s. Wennemoos.
Jungfrauenberg, s. Petersdorf.
Junkerhof, s. Philippsburg.
Junkernkoog, s. Cathrinenheerd.
Junkernplatz, s. Marienholz.
Juriansburg, s. Mevenberg, Schleswig.
Just, St., s. Kreuz.
Justrup, s. Dollrottholz, Scheggerott.
Jutebek, s. Hilligbek.
Juvre, s. Romöe.
Iversacker, s. Lütgenhorn.
Iversminde, s. Jersbal.

K.
Kaalbyegaard, s. Kahlebye.
Kaakjär, s. Kjelstrup.
Kaavager, s. Hauerslund.
Kabbernack, s. Gammellük.
Kagböl, s. Hjemstedt.
Kahlebyegaard, s. Kahlebye.
Kahlegatt, Oster-, s. Danewerk.
Kahlenberg, s. Seekamp.
Kakahüberg, s. Kotzenbüll.
Kakendorp, s. Koggendorf.
Kalebüll, s. Struckum.
Kalendorp, s. Kaltenhof.
Kalenhof, s. Kalendorp.
Kalbauge, s. Orenvad.
Kalbavehuus, s. Half.
Kallebauge, s. Ketting.
Kallehave, s. Gravensteen, Loit.
Kallehöi, s. Vargaard.
Kalleshave, s. Achterup.
Kallkjär, s. Kalkjärgaard, Schweirup.
Kallöe, s. Gjenner.
Kalskamp, s. Felmerholz.
Kalslund, s. Lütgenborn.
Kalslundkroe, s. Kalslund.
Kaltenhörn, s. Altneukoog.
Kalund, s. Philippsburg.
Kamberg, s. Joldelund.
Kamp, s. Kamptrup, Groß-Waabs.

Kampesmose, s. Tyrstrup.
Kanalschleuse, s. Knoop.
Kanekjär, s. Kjelstrup.
Kappelloch, s. Stoltebüll.
Kappeshöi, s. Brarupholz, Frauenhof.
Kark, s. Dörpum.
Karkbu, s. Karbye.
Karlsbjerg, s. Erlev.
Karmeshuus, s. Hoirup.
Karschau, s. Faulük.
Karstensrott, s. Oehe.
Kasberggaard, s. Vonsbäk.
Kasknap, s. Föhrden.
Karsmark, s. Kasmark.
Kaselau, s. Treenmarsch.
Kasmarkerholz, s. Kasmark.
Kasmoos, s. Philippsburg.
Kasmoosdamm, s. Kasmoosmühle.
Kastbjergleb, s. Kastbjerg.
Kastrup, s. Friedrichsthal.
Kasyraae, s. Uk.
Katen, s. Kating.
Katesmarch, s. Kasmark.
Kathenbiek, s. Katzenteich, Warleberg.
Katingsiel, s. Vollerwiek.
Katroy, s. Schelde.
Kattberg, s. Bönstrup.
Kattenhund, bei, s. Berend.
Katteskov, s. Kragnäs.
Kattbav, s. Laygaardskov.
Kattloch, s. Sünderup.
Kattroy, s. Kattrott, Schelde.
Kau, s. Seegaard.
Kaynäs, s. Kekenis.
Kaynäsgaard, s. Kekenisgaard.
Keelbek, s. Enlev.
Keelbjerg, s. Hockerup.
Keesmaihuse, s. Jersbal.
Kegelberg, s. Glücksburg.
Kegbenäs, s. Kekenis.
Kebracker, s. Kjäracker.
Kekenisdrev, s. Kaiborg.
Kekenishöi, s. Kaiborg.
Kellerkuhl, s. Wittensee.
Kemphye, s. Lebek.
Kempisgaard, s. Knorborg.
Kerstorp, s. Kjestrup.
Ketelswerf, s. Langenäs.
Ketyngy, s. Ketting.
Kjär, s. Erlev.
Kjärgaard, s. Agerstov, Bäk, Leerbt, Rurup, Skubstrup, Toftlund.

Kjärhuus, s. Orlund.
Kjärmölle, s. Vargaardmölle.
Kjärsgaard, s. Gjenner, Kjersgaard.
Kiebitzberg, s. Clausdorf.
Kiefbuck, s. Nordstrand.
Kieholm, s. Oehe.
Kieholmkrug, s. Kieholm.
Kiekindesee, s. Christian-Albrechtskoog.
Kiekinsdorf, s. Faulück.
Kiekut, s. Altenhof, Dollerupholz, Schönhagen, Seekamp, Wittkiel.
Kiel, auf dem, s. Behrendorf.
Kjeldergaard, s. Bögeskov.
Kjeldet, s. Keblet.
Kielfoet, s. Kiel.
Kielstaue, s. Treene.
Kjelstoft, s. Gaansager.
Kjelstrupfeld, s. Kjelstrup.
Kjemsgaard, s. Gram, Knorborg.
Kjepslund, s. Oster-Gasse.
Kjersgaard, s. Skovbye.
Kiil, s. Sillerup.
Kjöping, s. Norburg.
Kirchberg, s. Loopstedt, Tombüll.
Kirchbörn, s. Rinkenis.
Kirche, Alte-, s. Pelworm.
Kirche, Neue-, s. Pelworm.
Kirche, bei der, s. Pelworm.
Kirchenbühr, s. Tetenbüll.
Kirchhof, s. Jürgensgaard.
Kirchhofswerf, s. Hooge.
Kirchenholz, s. Kius, Sieverstedt.
Kirchhorst, s. Wittensee.
Kirchkoog, s. Johanniskoog.
Kirchkoppel, s. Gottorfer-Vorwerk.
Kirchredder, s. Ascheffel.
Kirchspielsheck, s. Schaubye.
Kirchwerf, s. Dagebüll, Gröde, Langenäs, Nordmarsch, Ockholm.
Kirkeballe, s. Rise.
Kirkebjerg, s. Götterup.
Kirkedal, s. Mastrup.
Kirkehöi, s. Toftlund.
Kirkelund, s. Hyrup.
Kirsebärhuus, s. Halk.
Kisberhye, s. Hasselberg, Oehe.

Kiusbek, s. Kius.
Kiusweg, s. Kius.
Klaaborg, s. Höirup, Seggelund.
Klaaborghauge, s. Höirup.
Klaholz, s. Köhnholz.
Klampsbörn, s. Morsum.
Klappholzheide, s. Klappholz.
Klautoft, s. Klovtoft.
Kleeblatt, s. Kotzenbüll.
Kleefeld, s. Röest.
Klei, s. Brösum.
Kleinbjergkrug, s. Bäk.
Kleindorf, s. Dänschendorf, Rantrum.
Kleineckel, s. Erfde.
Kleinerkoog, s. Bargen, Pelworm.
Kleiner-Norderkoog, s. Pelworm.
Kleinmoor, s. Nordstrandisch-Moor.
Kleinmühle, s. Rumohrsgaard.
Kleinmühlen, s. Stabegaard.
Klein-Sandbek, s. Sandbek.
Kleve, s. Brarupholz.
Kleveres, s. Heldevad.
Klienburg, s. Brodersgaard.
Kliff, rothe-, s. Kampen.
Klingbjerg, s. Gaardebye.
Klingborg, s. Frörup.
Klingenberg, s. Sobolm.
Klint, s. Fockbek, Bolderup, Wiehe.
Klintholm, s. Söderup.
Klixbülldeich, s. Klockries.
Klorr, auf dem, s. Kronsgaard.
Kloster, s. Estrup, Hadersleben, Loit, Möllmark, Rabenkirchen, Windebye.
Klovtoft, s. Jels.
Klüserheck, s. Fockbek.
Kluft, s. Bokholm.
Knabberholz, s. Taarsballig.
Knagsleb, s. Ustrup.
Knakenburg, s. Büdelsdorf.
Knasterbjerg, s. Gudsgave.
Knasterholm, s. Borsbüll.
Knap, s. Vandling.
Knefferbek, s. Priesholz.

Knipenberg, s. Damp.
Knivsbjerg, s. Gjenner.
Knobböi, s. Kraulund.
Knollhaus, s. Mittelbeich.
Knorborg, s. Lütgenhörn, Orböl.
Knorburg, s. Holzacker.
Knorrlück, s. Buckhagen, Schwackendorf.
Knüppelberg, s. Stutebüll.
Knütten, s. Knutjenswarf.
Knudsgaard, s. Barsmark.
Knudsboved, s. Knub.
Knudsmay, s. Beken.
Knuthswerf, s. Gröde.
Kobbelhuus, s. Sillerup.
Kobbellück, s. Bockholm.
Kobberberg, s. Flensburg.
Kobelhuus, s. Aitrup.
Kobjerg, s. Andrup.
Kocksmühle, s. Osterkoog.
Köhling, s. Grüngrift.
Köhnholz, s. Bornstein.
Köllnerfeld, s. Carlsburg.
Königsaue, s. Skobborgaue, Soholmaue.
Königsburg, s. Eschelsmark.
Königsdamm, s. Berend.
Königsförderrade, s. Schinkel.
Königshagen, s. Dänischenhagen.
Königskamp, s. Hoyersworth.
Königstein, s. Grödersbye.
Königsteinshof, s. Dagebüll.
Könnsiehöe, s. Selk.
Köping, s. Aeroeskjöping.
Körlsmark, s. Karlsmark.
Koffelei, s. Koppelheck.
Kograben, s. Danewerk.
Koblbye, s. Koldbye.
Koblhof, s. Burg.
Kohövede, s. Ludwigsburg.
Kokholm, s. Vonsild.
Kokjärgaard, s. Kokjär.
Kokfenburg, s. Arrild.
Kokkeshuus, s. Vandling.
Koldmoos, s. Hockerup.
Kollenburg, s. Lutzhövd.
Kollerupfeld, s. Kollerup.
Kollholz, s. Sardorf.
Koll-See, s. Kosel.

Register über Ortschaften, denen keine eignen Artikel gewidmet sind. 609

N.

Naarb, s. Spinkebüll.
Nachbarschaft, s. Langenhorn.
Nährbye, s. Gremmerup.
Näsodde, s. Morsum.
Naffet, s. Hadersleben.
Naiblum, s. Nieblum.
Nailtang, s. Warnitz.
Nannenswarf, s. Effkebüll.
Nassersgaard, s. Almsted.
Nedderbye, s. Gremmerup.
Neffgaard, s. Ostorp.
Neiß, s. Nir.
Neißmühle, s. Nir.
Neubrück, s. Bunsbüll, Havetoft.
Neudamm, s. Jarplund.
Neudorf, s. Tolkschubye.
Neuekoog, s. Nordstrand.
Neuemühle, s. Apenrade.
Neuendamm, s. Gettorf.
Neuenhof, s. Sillerup.
Neuenholm, s. Lütgenholm.
Neuerkoog, s. Abenbüllerkoog.
Neue-Sorge, s. Sorge.
Neufeldsbeck, s. Neuhaus.
Neuhaus, s. Brook.
Neuhof, s. Lemkendorf, Nyegaard, Schottsbüllgaard.
Neuholm, s. Lütgenhorn.
Neu-Holtsee, s. Holtsee.
Neukoppel, s. Geltorf.
Neukrug, s. Heverkoog, Hönkys, Kollund, Maasbüll.
Neuland, s. Neulandshof, Süder-Lygum.
Neulegan, s. Krakelund.
Neunmänner, s. Ulsnis.
Neumark, s. Rosenkranz.
Neu-Nottfeld, s. Nottfeld.
Neuschicht, s. Damp.
Neuteich, s. Maasleben.
Neuwerf, s. Dagebüll, Langenäs.
Neuwerk, siehe Christian-Albrechtskoog, Faulück.
Nickelswerf, s. Heverkoog.
Nicolai-Kloster, s. Schleswig.
Nicolauwsthorp, s. Clausdorf.

Niebüllerkoog, s. Niebüll.
Niebye, s. Böel.
Niebyefeld, s. Niebye.
Niebyemaas, s. Nadelhövd.
Niedamm, s. Morkirch-Osterholz.
Niefeld, s. Dollrott, Nottfeld.
Niehof, s. Dollrottfeld.
Nieholm, s. Tondern.
Niehuus, s. Neukrug.
Niehuuser-See, s. Niebuus.
Niekoppel, s. Brekendorf, Dollrott, Hohenlieth.
Niendamm, s. Jarplund.
Niendamm, s. Halgenes.
Niendorf, s. Neudorf.
Nienhof, s. Brunotterkoog, Nyegaard, Schottsbüllgaard.
Nien-Rabel, s. Rabel.
Niesgraugaard, s. Niesgrauhof.
Niewohn, s. Mohrberg.
Nissenshörn, s. Sterdebüller-Alterkoog.
Nissumgaard, s. Dover.
Nitz, s. Lindau.
Nitzwraagardten, s. Niesgrauhof.
Nirmühle, s. Nir.
Nobiskrug, s. Norderdeich.
Nobböle, s. Nübel.
Nobus, s. Damp.
Nörbyegaard, s. Mastrup.
Nörgaard, s. Alt-Hadersleben, Half.
Nörreballe, s. Djärnäs, Half.
Nörregaard, s. Jerpstedt.
Nörreherred, s. Skovbye.
Nörrelyke, s. Holm.
Nörskovgaard, s. Mastrup, Deddis.
Nohr, s. Nöer.
Nommenswerf, s. Dagebüll, Nordmarsch.
Nonsenburg, s. Lindholm.
Noor, s. Habbebye.
Norburger-See, s. Norburg.
Norbyekroe, s. Norbye.
Nordaumühle, s. Kasmoosmühle.
Nordballig, s. Feldstedt.
Nordborg, s. Emmerschede, Norburg.

Norddeich, s. Fahretoft.
Nordeck, s. Böel.
Norden, am, s. Nordstrand.
Norderaue, s. Ripsaue.
Norderhallig, s. Struballig.
Norder-Bootfahrt, s. Cathrinenheerd.
Norderdeich, s. Dagebüll, Ockholm.
Norder-Eider, s. Oldensworth.
Norderende, s. Langballig.
Norderfeld, s. Dollerup, Drelsdorf, Oehe, Schwackendorf.
Norderfelderkoog, s. Oldenkoog.
Norderhafen, s. Schleswig.
Norder-Haffdeich, s. Pelworm.
Norderhallig, s. Pelworm.
Norderhörn, s. Langenäs.
Norderkoog, s. Fahretoft.
Norderkoog, Großer-, s. Pelworm.
Norderkoog, Kleiner-, s. Pelworm.
Norderkoogshaus, s. Breklumerkoog.
Norderläger, s. Schlet.
Norderland, s. Romöe.
Norder-Mitteldeich, s. Pelworm.
Norder-See, s. Uberg.
Norder-Skads, s. Skads.
Norderstapeler-See, s. Norderstapel.
Norder-Soholm, s. Soholm.
Norder-Ziegelei, s. Kolstrup.
Nordfeld, s. Osterbye.
Nordhagen, s. Schönhagen.
Nordhöi, s. Schmedebye.
Nordhövd, s. Orbing.
Nordhövd, Klein-, s. Nordschau.
Nordhof, s. Achterup, Lütgenhorn.
Nordkoog, s. Hattstedtermarsch.
Nordmark, s. Gotteskoog.

v. Schröder's Schlesw. Topogr. 39

610 Register über Ortschaften, denen keine eignen Artikel gewidmet sind.

Nordmoor, s. Süderstapel.
Nordoster-Mitteldeich, s. Pelworm.
Nordskov, s. Blans, Fjelstrup, Grahlenstein.
Nordskov, bei, s. Dystnisbye.
Nord-Stabum, s. Stabum.
Nordwerf, s. Ockholm, Rutebüll.
Nordwester-Mitteldeich, s. Pelworm.
Nordwisch, s. Rantrum.
Norgaard, s. Linnet, Löstrup.
Norgaardholz, s. Steinbergholz.
Norschau, s. Dingholz.
Norskov, s. Nordschau.
Nortoft, s. Loit.
Nübbel, s. Nübel.
Nübbel, s. Olpenitz.
Nübbelfeld, s. Olpenitz.
Nübbelhof, s. Olpenitz.
Nübel, s. Gram.
Nübeler-Noor, s. Nübel.
Nübelfeld, s. Nübel.
Nübellund, s. Nübel.
Nübelmark, s. Nübel.
Nustrup-Bäk, s. Bäk.
Nutafellä, s. Nottfeld.
Nyänthorp, s. Niendorf.
Nycopia, s. Aerroeskjöping.
Nyebjerg, s. Agerskov.
Nyeböl, s. Nübel.
Nyeborg, s. Bilstrup.
Nyeburg, s. Emmerschede.
Nyebye, s. Niebye.
Nyedamm, s. Broe, Djärnäs, Hauerslund, Beiböl.
Nyegaard, s. Barsmark, Frörup, Hauerslund, Kjärböl, Linnet, Sillerup, Tapsuhr.
Nyegaard, s. Neufeld.
Nyegaardsholm, s. Gersdorfsgave.
Nyegaard-Skov, s. Nyegaard.
Nyegaardstoft, s. Kjärböl.
Nyehave, s. Haven.
Nyehuus, s. Neuhaus.
Nyekroe, s. Hönkys.
Nyeland, s. Tinningstedt.
Nyeled, s. Osterholm.
Nyemark, s. Baulund.
Nyemölle, s. Neumühle.

Nyepöel, s. Pöel.
Nykerbye, s. Neukirchen.
Nylle, s. Nolde.

O.

Obdorf, s. Opdrup.
Obek, s. Aabek.
Obhusen, s. Uphusum.
Obninge, s. Debening.
Occogrof, s. Ottesgrof.
Occoholm, s. Ockholm.
Ochsenberg, s. Wester-Ohrstedt.
Ochsenbagen, s. Damp.
Ochsenkoppel, s. Buckbagen.
Ochsenkrug, s. Bünge.
Ockholmshafen, s. Ockholm.
Obbensskild, s. Oldensworth.
Obber, s. Vodder.
Odenbüller-Kirche, s. Nordstrand.
Odensmose, s. Heissager.
Odinschylde, s. Vonsild.
Odinsbek, s. Vonsbäk.
Odinsburg, s. Bredstedt.
Oddiskrog, s. Oeddis.
Oehr, s. Haddebye, Schleswig.
Oelmark, s. Tarp.
Oelmühle, s. Gelting.
Oen, paa, s. Sverdrup.
Oenlöv, s. Enlev.
Oerbyehage, s. Derbye.
Oernsholm, s. Arrild.
Oernslei, s. Kjärböl.
Oesede, s. Süderhaff.
Oesterballe, s. Skovbye.
Oesterbye, s. Osterbye.
Oestergaard, s. Barsmark, Bäk, Brambrup, Frörup, Gjenner, Hyrup, Jyndevad, Krummesgaard, Oeddis, Ulbal, Seggelund, Stenderup.
Oestergaarderaue, s. Lippingaue.
Oestergaardholz, s. Steinbergholz.
Oester-Linnet, s. Linnet.
Ofen, s. Rinkenis.
Offenbüllerdeich, s. Oster- u. Wester-Offenbüll.
Offkebull, s. Effkebüll.
Oggehuus, s. Volderup.
Oha, s. Sophienhamm.
Ohlenburg, s. Puttgarden.

Ohrfelder-Haff, s. Ohrfeld.
Ohrsted, s. Oersted.
Ohrt, s. Fahretoft.
Okkelützwerf, s. Hooge.
Okkenswerf, s. Hooge.
Olbau, s. Olde.
Olbehöyd, s. Oldensworth.
Oldehof, s. Gottesskoog.
Oldemoerstoft, s. Waldemarstoft.
Oldemoos, s. Boverstedt.
Oldenburg, s. Danewerk, Olpenitz, Schlei.
Oldenvoor-See, s. Holm, Meels.
Olden-Rabel, s. Rabel.
Oldgras, s. Norder-Husum, Hockensbüll.
Oldmöhl, s. Altmühle.
Oldmölle, s. Schelde.
Oldorp, s. Olderup, Ulberup.
Olendorf, s. Halebüll.
Oluf, s. Cathrinenheerd.
Olsdorf, s. St. Peter.
Olrye, s. Aitrup.
Olversum, s. Alversum.
Ommelshoved, s. Ommel.
Ontjehörns-Mitteldeich, s. Pelworm.
Opdrupstraße, s. Opdrup.
Openra, s. Apenrade.
Openstorf, s. Apenstorf.
Oppehuus, s. Volderup.
Opsebrunnen, s. Bornstein.
Orbye, s. Oerbye.
Orden, s. Ording.
Orlacker, s. Warnitz.
Ornum, s. Tranderup.
Ornum, s. Warnitz.
Orslevemark, s. Aarslev.
Osbäk, s. Ohsbek.
Osbäker-Damm, s. Osbäk.
Osebye, s. Desbye.
Ospe, s. Aaspe.
Ossenis, s. Düppel.
Ostenberg, s. Langballig, Lundsgaard.
Ostenfiold, s. Ostenfeld.
Osterbek, s. Weibek.
Osterberg, s. Stiegelund.
Osterbyeholz, s. Osterbye.
Osterdeich, s. Brunotterkoog.
Ostereck, s. Brösum.
Osterende, s. Morsum, Oldensworth, Tating, Westerland.

Register über Ortschaften, denen keine eigenen Artikel gewidmet sind. 611

Osterfeld, s. Priesholz, Stutebüll.
Osterfelderkoog, s. Oldenkoog.
Osterhamm, s. Elsdorf.
Osterhof, s. Süder-Lygum.
Osterhof, s. Langstedt.
Osterholz, s. Ausacker.
Osterkoog, s. Bargumer-Koog, Nordstrand.
Osterkoogsbühr, s. Tetenbüll.
Osterkrug, s. Berend,Treya.
Osterlieth, s. Borgwedel.
Osterlund, s. Ahnebyelund, Norburg.
Ostermark, s. Blans, Ostersfov.
Ostermarsch, s. Hattstedtermarsch.
Oster-Moor, s. Lindholm.
Ostermoorstraße, s. Oehe.
Ostermühle, s. Burg.
Osterschau, s. Grünthal, Schubye.
Ostersee, s. Mildeburg, Sahrensdorf.
Ostersieg, s. Schmedebye.
Ostersiel, s. Pelworm.
Ostersielkoog, s. Pelworm.
Ostersfov, s. Ladegaard.
Oster-Tillig, s. Pelworm.
Osterwall, s. Dürwade.
Otär, s. Wodder.
Ottensiel, s. Oldensworth.
Otterehsing, s. Tating.
Otterehsinger-Koog, s. Otterehsing.
Ottesgaard, s. Barsmark, Hoptrup.
Quenthorp, s. Avendorf.
Qurehoved, s. Aeröesfjöping.
Quvith, s. Auwith.
Ovenskoog, s. Obbenskoog.
Overballe, s. Dunkjär.
Overbye, s. Heils.
Overgaard, s. Barsmark, Djernäs.
Overmarktgaard, s. Binderup.
Oversfov, s. Höirup.
Owschlager-See, s. Owschlag.
Oxbek, s. Loiterau.
Oxholm, s. Rosenkranz.

P.

Padeleckerkoog, s. Padeleck.
Pabborg, s. Waldemarstoft.
Padeleck, s. Simonsberg.
Padholm, s. Almsted, Kattro.
Pälwerk, s.Gammelgaard.
Pahlwerk, s. Jestrup.
Paiburg, s. Waldemarstoft.
Palörde, s. Sterwig.
Pamboeler-See, s. Pamboel.
Pamboellund, s. Pamboel.
Pander, s. Keitum.
Papenbrok, s. Treenmarsch.
Papenhörn, s. Schwabstedt.
Papiermölle, s. Fridsted.
Papiermühle, s. Flensburg, Hütten.
Papenholz, s. Birkenmoor.
Papst-Capelle, s. Lilholt.
Parlament, s. Pelworm.
Parnassusberg, s. Süderholz.
Pasop, s. Damp.
Patermiss, s. Norbye.
Pathland, s. Akebye.
Pattburg, s. Lebek, Sörupmühle, Stangbeck.
Pattburgredder, s. Tranbüll.
Paulsbjerg, s. Voyens.
Paulsgaard, s. Barsmark, Brambrup.
Paulsgab, s. Brambrup, Jörl.
Paulskrug, s. Paulskroe.
Paulswerf, s. Gröde.
Paverude, s. Pageröe.
Payholm, s. Bonsild.
Peetsrühe, s. Damp.
Peperborgh, s. Flensburg.
Pepersbiek, s. Silberstedt.
Pertrebek, s. Warnitz.
Petersborg, s. Abkjär.
Petersburg, s. Barg, Brunde, Drelsdorf, Enge, Strurdorf, Terp, Uk, Vilstrup.
Petersburger-Mühle, s. Breklum.
Petershof, s. Petersdorf.
Petersholm, s. Jedstedt.

Peterswerf, s. Dagebüll, Gröde, Hattstedtermarsch, Langenäs, Nordmarsch, Ockholm.
Pethaersthorp, s. Petersdorf.
Philippshof, s. Rosgaard.
Pielgaard, s. Auenbüll.
Piepe, s. Oland.
Pieselholz, s.Brunsholm.
Pitt, s. Tandslet.
Piilbjerg, s. Sönderballig.
Pilkentafel, s. Ballastbrücke.
Pilotenhaus, s. Schletwig.
Pilzkrug, s. Birkenmoor.
Pinkerühe, s. Mohrberg.
Pinniksand, s. Philippsthal.
Plähnort, s. Esperehm.
Plantgaard, s. Krakelund.
Platenhörn, s. Legelheit,Südermarsch,Witzworth.
Pletterberg, s. Ravenshorst.
Pleystrup, s. Dollrottfeld.
Pobüllsgab, s. Jörl.
Pöel, s. Pöhl, Schubye.
Pöblhöi, s. Pöhl.
Pött, s. Düppel.
Pötterhuus, s. Ahretoft.
Poggenburg, s. Rödemis.
Poggensiek, s. Todendorf.
Pogmoos, s. Adzerballigstov.
Pokjär, s. Tolkschubye.
Polldamm, s. Husbye.
Pommerbye, bei, s. Kattrott.
Pommerbyeheck, s. Kattrott.
Pommerbyeholz, s. Maasleben.
Pommerühe, s. Damp.
Pommersgaard, s. Viebye.
Popgaard, s. Stenderup.
Porsborg, s. Süder-Lygum.
Porsböl, s. Uk.
Posebye, s. Poosbye.
Posplet, s. Stenderup.
Post, s. Bornstein.
Posthof, s. Fockbek.
Postkamp, s. Clausdorf, Knoop.
Pothöi, s.Skovbye,Vetböl

39*

612 Register über Ortschaften, denen keine eignen Artikel gewidmet sind.

Pottenburg, s. Pattburg.
Prablboch, s. Faulück, Röest.
Prästedamm, s. Bitsted.
Prästelund, s. Drenvad.
Prästhöigaard, s. Hjartbroe.
Präzniz, s. Presen.
Pramhuus, s. Kollund-Osterholz.
Preß-See, s. Jarplund.
Priesholzmühle, bei, s. Priesholz.
Priesort, s. Friedrichsort.
Prövegaard, s. Vonsild.
Profit, s. Habye.
Pudzae, s. Püttsee.
Püllgaard, s. Auenbüll.
Püllskrug, s. Hohlweg.
Pughöi, s. Toftlund.
Pugholm, s. Seegaard.
Pugum, s. Pugen.
Pugholz, s. Hasselberg, Dehe.
Pukholt, s. Eichthal.
Pulverbek, s. Gammelgaard.
Pulvermühle, s. Glücksburg.
Pulverthurm, s. Kating.
Purrendeich, s. Norderdeich.
Puttloch, s. Düttebüll.
Pyterö, s. Beveröe.

Q.

Quarsballig, s. Seegaard.
Quarsheide, s. Quars.
Quarsholz, s. Quars.
Quarslück, s. Seegaard.
Quegmai, s. Dingholz.
Quekebrücke, s. Bennebek.
Quellenthal, s. Eggebek.
Quernholz, s. Hattlundmoor.
Quertze, s. Quars.
Querum, s. Quern.
Quisnis, s. Gelting, Geltingermoor, Nordschau.
Quisnis, s. Nordschau.
Quorup, s. Quorp.

R.

Raapstedt, s. Rapsted.
Raarup, s. Rurupfeld.
Rabenholz, s. Dollerup.
Rabenholzlück, s. Böelschubye.
Rabenholzer-See, s. Rabenholz.
Rabenhorst, s. Schinkel.
Rabenkirchenholz, s. Rabenkirchen.
Rade, s. Königsförde.
Radeland, s. Schwackendorf.
Rademacherkathe, s. Jobislet.
Raden, s. Royum.
Radewiese, s. Schinkel.
Räuberinsel, s. Bülck.
Raffning, s. Rauning.
Raffvit, s. Ravit.
Rafnäkjär, s. Rabenkirchen.
Rambögergaard, s. Bramdrup.
Ramsharde, s. Apenrade, Flensburg.
Ramsherred, s. Skovbye.
Randershuus, s. Horbroe.
Rangstrupgaarde, s. Rangstrup.
Rantrumdeich, s. Peterskoog.
Rantumburg, s. Rantum.
Rathsteich, s. Schleswig.
Ratmersdorp, s. Rathmannsdorf.
Ratzburg, s. Rantum.
Raubenstiefel, s. Kubitzberg.
Raulidt, s. Ravit.
Rautoft, s. Rosenkranz.
Ravenbjerg, s. Anbrup.
Ravensbek, s. Bülck.
Ravebek, s. Vandling.
Ravnbjerggaard, s. Frörup.
Ravning, s. Rauning.
Ravnkjär, s. Rabenkirchen.
Ravnsbjerg, s. Flauth.
Ravnsdamm, s. Stevning.
Ravnskjär, s. Gröbeböl, Kjestrup.
Redeke, s. St. Johannis.
Redekekoog, s. Süderfelderkoog.
Rebleswerf, s. Ockholm.
Reesbrücke, s. Lindeberg.
Reesholm, s. Gröngaard.
Reffböl, s. Reppel.
Refsbauge, s. Fjelstrup.
Refshöi, s. Reffoe.
Rehhof, s. Ulderup.
Rehmskoppel, s. Damp.
Reiberaue, s. Treene.
Reinsbüll, s. Steversfleth.
Reinsbüllhof, s. Reinsbüllkoog.
Reisbyeaue, s. Reisbye.
Reisholm, s. Gröngaard.
Rennberg, s. Ekensund.
Renschlote, s. Sorge.
Reppelgaarde, s. Reppel.
Reth-See, s. Arenholzer-See.
Rethwisch, s. Brekendorf.
Reumoos, s. Grundtoft.
Reussenhafen, s. Desmerciereskoog.
Reussische Garten, s. Friedrichstadt.
Revbjerghuus, s. Agerstov.
Revkjär, s. Grönnebekgaard.
Revkuhl, s. Damp.
Revskroe, s. Hökebjerg.
Ribeaue, s. Nipsaue.
Richardswerf, s. Fahretoft.
Ridderup, s. Riddorf.
Rickelsbüll, s. Kating.
Riep, s. Oldensworth.
Riesberg, s. Bustorf.
Riesbriekfeld, s. Riesbriek.
Riesbüllerdeich, s. Legelichheit.
Riesebye, bei, s. Sardorf.
Riesendamm, s. Danewerk.
Rieshof, s. Ries.
Ries-Jarup, s. Jarup.
Riglandseeg, s. Bramdrup.
Riisbäk, s. Bredaue.
Rimmelsberg, s. Jörl.
Ringenäs, s. Rinkenis.
Ringswarf, s. Rosenkranz.
Rinkenis, s. Kopperbye.
Risä, s. Ries.
Risummooringer-Kornkoog, s. Kornkoog.
Rittenburg, s. Pommerbye.
Rixwerf, s. Nordmarsch.
Robeschow, s. Rundhof.
Rockenberg, s. Königsberg.
Robau, s. Klein-Wiehe.
Robbüll, s. Royböl.
Robegaard, s. Oebbis.
Rodelum, s. Ostum.

Register über Ortschaften, denen keine eignen Artikel gewidmet sind. 613

Robenäshof, s. Mettenwerf.
Robenspieker, s. Rothenspieker.
Rodbethe, s. Raahede.
Rodsell, s. Tyrstrup.
Roe, s. Jübek.
Rödaue, s. Vidaue.
Rödding-Osterskov, s. Osterskov.
Rödebek, s. Brauderup.
Rödekroe, s. Rothenkrug.
Rögen, s. Hohenlieth.
Röhn, s. Bornstein.
Roestede, s. Röest.
Roesterfeld, s. Röest.
Röhrtang, s. Rothensande.
Röm, s. Romöe.
Römerkamp, s. Reide.
Römmik, s. Röhmke.
Rönbäk, s. Osterholm.
Rönhave, s. Rönhof.
Rönhöigaard, s. Tapsuhr.
Rönnebäkmölle, s. Osterholm.
Rönnemose, s. Skovbye.
Rönsdamm, s. Bau.
Rönskroe, s. Skovbye.
Rönswall, s. Kolstrup.
Röst, s. Mabberum.
Roetzburg, s. Rantum.
Robmühlen, s. Sophienruhe.
Rohnäs, s. Kragnäs.
Rohrkarr, s. Rörjär.
Roi, s. Fjelstrup, Gammelgab, Maibüll, Roy.
Roikjär, s. Gintoft.
Rokkenrade, s. Holand.
Rolboested, s. Kragnäs.
Rolfshörn, s. Aschau.
Roostgaarde, s. Roost.
Roostlund, s. Roost.
Rosendal, s. Birkelev, Roost.
Rosenthal, s. Stoltebüll.
Roßkämmerergaard, s. Vandling.
Rostorn, s. Laygaardskov.
Rostekar, s. Roßacker.
Rothau, s. Klein-Wiehe.
Rothenbek, s. Rödebek.
Rothenburger-Tiefe, s. Legelichheit.
Rothenhahn, s. Ravenshorst.
Rothenhaus, s. Wees.
Rothenhörn, s. Trockenkoog.
Rothenhof, s. Rödegaard.
Rothenmühle, s. Flensburg.

Rothum, s. Ostum, Rodelum.
Rott, s. Ulsnis.
Rougstrup, s. Raugstrup.
Rowstorp, s. Raugstrup.
Roy, s. Jhlers, Justrup, Roi.
Royhuus, s. Schelde.
Royste, s. Röest.
Rubek, s. Gammellund.
Rubelei, s. Orböl, Ruböl.
Rubölled, s. Orböl.
Rubölskov, s. Ruböl.
Rubüll, s. Rosgaard.
Rubye, s. Ruböl.
Rudbek, s. Skovbye.
Rudy, s. Rüde.
Rudvad, s. Alt-Habersleben, Moltrup.
Rückebüll, s. Rupel.
Rüdekloster, s. Ruhekloster.
Rüderheck, s. Rüde.
Rüder-See, s. Glücksburg.
Rügenberg, s. Bisdorf.
Rüggesgaarde, s. Rügge.
Rüggesmoor, s. Rügge.
Rüggesnoorgaard, s. Rügge.
Rühmland, s. Friedrichsfeld.
Rülkenbek, s. Rollekenbek.
Rüllskov, s. Rüllschau.
Rugbjerg, s. Arrild.
Rugenberg, s. Bisdorf.
Ruheberg, s. Hvilhöi.
Ruhethal, s. Füsing.
Ruhfast, s. Auenbüll.
Rulpested, s. Kragnäs.
Rummelborg, s. Hoptrup.
Rundbjerg, s. Mastrup.
Rundemölle, s. Loit.
Rungholt, s. Garding.
Rungholtsiel, s. Rungholt.
Rurup, s. Rurupfeld.
Rusgaard, s. Rosgaard.
Rutebüllerdeich, s. Rutebüll.
Rutt-See, s. Jerpsted.
Ruuthorp, s. Rurup.
Rybjerg, s. Raugstrup.
Rye, s. Tandslet.
Rygbjerghuse, s. Högelund.
Rygbjerg-See, s. Vitsted.

S.

Saar, s. Brekendorf.

Saatrup, s. Satrup.
Säthe, s. Seeth.
Sagblock, s. Burgstall.
Sakuhl, s. Sorgwohld.
Saland, s. Suterballig.
Sallingshoved, s. Dynth.
Saltkuhl, s. Wittensee.
Salzsand, s. **Mabberum**.
Sandagerhuus, s. Altrup.
Sandberg, s. Schinkel.
Sandbjerg, s. Eggebek, Reventlov-Sandberg, Ustrup.
Sande, s. Bunge.
Sande, auf dem, s. Börmerkoog.
Sande, zum, s. Sande.
Sandet, s. Roost.
Sandgraben, s. Lundsgaard.
Sandhaak, s. Sande.
Sandholt, s. Fjelstrup.
Sandkathe, s. Harzhof.
Sandkrug, s. Jarup, Witzworth.
Sandrum, s. Sandtwig.
Sandschleuse, s. Meggerdorf.
Sandvadgaard, s. Oedbis.
Sankelmarker-See, s. Sankelmark.
Sarsgaard, s. Braballig.
Sarupgaard, s. Sarup.
Satruper-See, s. Satrup.
Satrupholz, s. Satrup.
Sattrup, s. Satrup.
Saurbek, s. Vidaue.
Sarburg, s. Sausburg.
Sardorp, s. Saustrup.
Sarfähre, s. Fresenkoog.
Sarildborg, s. Mastrup.
Scalebüll, s. Schottsbüll.
Schackenborg, s. Gundstrup.
Schads, s. Skads.
Schäferei, s. Flensburg.
Schäferei, Alte-, s. Lilholt.
Schaffling, s. Schafflund.
Schafhuus, s. Krakelund.
Schaflunderaue, s. Sobolmaue.
Schalbyer-See, s. Schalbye.
Schallum, s. Schall-Capelle.
Schanze, s. Börmerkoog.

614 Register über Ortschaften, denen keine eignen Artikel gewidmet sind.

Schapenburg, s. Heide, Pereböl.
Scharfenholz, s. Lindau.
Scharrerie, s. Ekeberg.
Schartved, s. Skartved.
Schau, bei der, s. Damp.
Schauberg, s. Schausende.
Schaubye, s. Skovbye.
Schauendal, s. Fredeholz.
Schauenthal, s. Osterhusum.
Schaugaard, s. Beuschau.
Schauhuus, s. Haistrupgaard.
Schaubeck, s. Buckhagen.
Schaulück, s. Stoltebüll.
Schausmark, s. Lutzhövd.
Schaymark, s. Bargumerkoog.
Schebebeck, s. Schwackendorf.
Scheelsberg, s. Brekendorf.
Scheenbeck, s. Schwackendorf.
Scheersberg, s. Klein-Quern.
Scheggerottfeld, s. Scheggerott.
Scheibeberg, s. Bülck.
Scheibekathe, s. Schirnau.
Scheibekoppel, s. Seekamp.
Schelbekhuus, s. Schelbek.
Schelde, s. Schelde.
Schelbewiek, s. Schelde.
Schellgaard, s. Freileben.
Schellinghörn, s. Morsum.
Schellkjär, s. Gjenner.
Schellrott, s. Oehe.
Scherrebek, s. Skjärebäk, Skjärbäk.
Scherrehye, s. Griesgaard.
Scherrholz, s. Sönderbye.
Scheunen, auf den, s. Südensee.
Schiebengatt, s. Trögelsbye.
Schierloh, s. Treenmarsch.
Schiersberg, s. Klein-Quern.
Schilbberg, s. Osterende.
Schilk-See, s. Habye.

Schinkel, s. Rosenkranz.
Schinkelburg, s. Stenderup.
Schinkeldeich, s. Fahretoft.
Schinkeler-Hütten, s. Hütten.
Schirnaue, s. Witten-See.
Schirnis, s. Meggerkoog.
Schlagbaum, s. Altenholz, Mohr, Ramstedt.
Schlammtoft, s. Munk-Wolstrup.
Schleidenshof, s. Obbenskoog.
Schleifmühle, s. Gjenner, Kollund.
Schleimünde, s. Schlei.
Schlichtberg, s. Oersberg.
Schlickkoog, s. Oldenkoog.
Schloß, s. Bäk, Niehuus.
Schloßkathe, s. Louisenberg.
Schlott, s. Fahrdorf.
Schlott, s. Hollingstedt.
Schlüssel, s. Klerenbüll.
Schmedager, s. Smedager.
Schmedebek, s. Bredaue.
Schmedehörn, s. Altenhof.
Schmerhörn, s. Pelworm.
Schmerkrug, s. Koldenbüttel.
Schmibfeld, s. Kastrup.
Schmidtsberg, s. Suterballig.
Schmiedekathe, s. Grumbye.
Schmiedekrug, s. Jörl, Klein-Soltfeld.
Schmöelfeld, s. Schmöel.
Schmöellehn, s. Schmöel.
Schnaab, s. Schnabe.
Schnabdorp, s. Schnarup.
Schnatebüllhof, s. Schnatebüll.
Schneeboe, s. Fröruk.
Schneeboedamm, s. Fröruk.
Schnei, s. Auenbüll.
Schnellmark, s. Aschau.
Schnorrum, s. Maasleben.
Schobüllinggaard, s. Styding.
Schobüllhof, s. Schobüll.
Schöholt, s. Sönderbye.

Schönfeld, s. Stutebüll.
Schönhof, s. Lütgenborn.
Schönholt, s. Mastrup.
Schönleben, s. Blansgaard.
Schönwinkel, s. Knoop.
Schörderup, bei, s. Gulde.
Schörderupfeld, s. Schörderup.
Schnorrum, s. Maasleben.
Schoolbek, s. Wesebye.
Schothorst, s. Ascheffel.
Schottburg, s. Skodborg.
Schottburgeraue, s. Skodborgaue.
Schottenburg, s. Sandacker.
Schramshörn, s. Abenbüllerkoog.
Schreiberhof, s. Ries.
Schreiersecke, s. Welt.
Schreistrup, s. Schrirdorf.
Schrödersbek, s. Bornstein, Stratenbrook.
Schrödershof, s. Behrendorf.
Schropf, s. Meyn.
Schubyefeld, s. Schubye.
Schübye, s. Scholderup.
Schütterhuus, s. Krakelund.
Schütting, s. Pelworm.
Schulendamm, s. Mohr.
Schulterblatt, s. Rödemis.
Schusterkrug, s. Pries, Seekamp, Wohlde.
Schwabstedter-Osterkoog, s. Osterkoog.
Schwabstedter-Westerkoog, s. Wisch.
Schwanholm, s. Schwonholm.
Schwansener-See, s. Grünthal, Schubye.
Schwedtberg, s. Brarup.
Schweinekrug, s. Süderdeich.
Schweinskoppel, s. Dollrott.
Schweinsweide, s. Damp.
Schwelstrupholz, s. Kettingskov.
Schwennholz, s. Tordschell.
Schwensholz, s. Oehe.
Schwensmühle, s. Gammelgaard, Tandslet.

Register über Ortschaften, denen keine eignen Artikel gewidmet sind. 615

Schwienbek, s. Gaarde.
Schwienewatt, s. Heide.
Schwinburg, s. Svinborg.
Schwonburg, s. Burg, Tollschlag.
Schwonenthal, s. Dörpt.
Schwonsburg, s. Carlsburg.
Scobye, s. Schubye.
Scraghä, s. Skrave.
Sebüll, s. Friedrichstadt.
See, s. Maasleben.
Seeberg, s. Langholz.
Seegaard, s. Osterhever, Söegaard.
Seegaarder-Mitteldeich, s. Pelworm.
Seegaardfeld, s. Seegaard.
Seegaardheide, s. Seegaard.
Seehaus, s. Fahrenstedt, Güldenholm.
Seeholz, s. Maasleben.
Seeklüft, s. Dollerupholz, Schwensbye.
Seeland, s. Sillerup.
Seende, s. Südensee.
Sebm, s. Seem.
Seienswarf, s. Effkebüll.
Seiersbek, s. Hoyer.
Selker-Noor, s. Haddebye, Selk.
Selliumhauge, s. Stenberup.
Selsbrück, s. Töstorf.
Seltendorf, s. Selmersdorf.
Sensbye, s. Sönsbüll, Staun.
Sibbeskjär, s. Düttebüll, Falshöft, Langfeld,.
Siblaw, s. Sebbelau.
Sick, im, s. Koppelheck.
Siechum, Nieder-, s. Sygum.
Siebhattstedt, s. Hattstedt.
Siedwendung, s. Kotzenbüll.
Siekbüll, s. Garding.
Siel, s. Pelworm.
Sjellandshuus, s. Galsted.
Sjellerup, s. Sillerup.
Siels-Mitteldeich, s. Pelworm.
Sierkskamp, s. Reide.
Sieversberg, s. Friedrichsholm.
Sieversfleth, s. Jvenfleth.

Sieversfletherbühr, s. Tetenbüll.
Sievershafen, s. Haddebye.
Sieverssund, s. Haddebye.
Sievertsanwachs, s. Augustenkoog.
Silkmoos, s. Möllmark.
Sillebol, s. Loit.
Sillekjär, s. Priesholz.
Sillerupfeld, s. Sillerup.
Sillerupskov, s. Sillerup.
Silvested, s. Söllsted.
Simondys, s. Ellund.
Sindewith, s. Sindet.
Sinkethal, s. Maasleben.
Sirlessen, s. Neukirchen.
Sivertskamp, s. Reide.
Skaartoft, s. Maiböl.
Skadebjerg, s. Kjärböl.
Skadesgaard, s. Loit.
Skadsgaard, s. Skads.
Skallebäk-See, s. Varming-See.
Skamlingsbanke, s. Grönninghoved.
Skastath, s. Skads.
Skaulinggaard, s. Stybing.
Skelle, s. Schelde.
Skerrebäk, s. Skjärbek.
Skjäggeruth, s. Scheggerott.
Skjälbek, s. Hagelsbek.
Skjärtoft, s. Huusley.
Skibelundgaard, s. Agerskov, Skibelund, Stenderup.
Skibelundhuus, s. Wellerup.
Skjelbek, s. Eggebek, Schelbek.
Skjeld, s. Schelde.
Skjelhuus, s. Bramdrup.
Skjelsted, s. Ustrup.
Skjerbek, s. Scherrebek.
Skift, s. Auenbüll.
Skildekesse, s. Schilfsee.
Skjönbjerg, s. Lunding.
Skjönholt, s. Mastrup.
Skjoldnäs, s. Haven.
Skivlund, s. Agerskov.
Skodborglykke, s. Hjerndrup.
Skodsbjerg, s. Bäk.
Skoisholt, s. Tyrstrup.
Skoubye, s. Schobüll.
Skov, s. Gjenner.

Skovbjerg, s. Schottsbüll.
Skovböl, s. Schobüll.
Skovbölgaard, s. Schobüll, Schobüllgaard.
Skovbölhuus, s. Schobüllhuus.
Skovbrynke, s. Gravensteen.
Skovbye, s. Schaubye.
Skovbyegaard, s. Solkjär.
Skovbyelund, s. Skovbye.
Skovbye-Oesterballe, s. Skovbye.
Skovbye-Westerballe, s. Skovbye.
Skovdal, s. Strandelbjörn.
Skovdallund, s. Andrup, Bjerndrup.
Skovgaard, s. Brunde, Dover, Gram, Leerdt, Meelsgaard, Stöding.
Skovhuse, s. Heils, Debening.
Skovhuus, s. Götterup, Nesföe.
Skovland, s. Roost.
Skovlund, s. Mastrup, Oerderup, Nesföe, Schafflund, Vimtrup.
Skovlundgaard, s. Bramdrup.
Skovroi, s. Stubbum.
Skovsbjerg, s. Oerderup.
Skov-See, s. Warnitz.
Skräderholm, s Skräderflint.
Skräggeböi, s. Schelde.
Skrau, s. Skrave.
Skravegaard, s. Skrave.
Skrivergaard, s. Ries.
Skrupborg, s. Baslund.
Skydsbek, s. Bregninge.
Skyräthorp, s. Schörberup.
Skyttergaard, s. Hauerslund.
Skytteshauge, s. Erlev.
Skytteslund, s. Vandling.
Slabbenbagen, s. Dänischenbagen.
Slamtoft, s. Munk-Wolstrup.
Slaugaard, s. Nesföe.
Slavästhorp, s. Schlagsdorf.
Sle, s. Schleswig.
Sles, s. Schleswig.

616 Register über Ortschaften, denen keine eignen Artikel gewidmet sind.

Slesvikr, s. Schleswig.
Slethuus, s. Stockerhoved.
Slevad, s. Orenvad.
Sliaswic, s. Schleswig.
Sliefsgaard, s. Sliipsgaard.
Sliesdorf, s. Schleswig.
Sliip-See, s. Sliipsgaard.
Slottet, s. Bäk.
Slotsböi, s. Ressöe.
Slukefter, s. Vitsted.
Sluxmölle, s. Neumühle.
Slyngsteen, s. Tombüll.
Smaaböl, s. Schmöel.
Smaatmoos, s. Broacker.
Smaborg, s. Hirschsprung.
Smalstreng, s. Möllmark.
Smedebäk, s. Bredaue.
Smedebjerg, s. Loit.
Smedebye, s. Smedebye.
Smedegaard, s. Gjenner.
Smidborghuus, s. Vodder.
Smidtfeld, s. Roager.
Smörholl, s. Almsted.
Smörholm, s. Schmörholm.
Snav, s. Sverdrup.
Snevering, s. Aastrup.
Snoogbek, s. Schnabek.
Snoogholm, s. Oestergaard, Schnoogholm.
Snorrelyke, s. Söebyegaard.
Snorrum, s. Husbyeholz.
Snurrom, s. Adzerballig, Moltrup.
Soberg, s. Düttebüll.
Soburg, s. Sarup.
Soebo, s. Rumohrsgaard.
Söebyegaard, s. Rumohrsgaard.
Söberupbek, s. Grönaue.
Soebhede, s. Soeb.
Söbtthorp, s. Sörup.
Söegaard, s. Grarup, Oersted, Seegaard.
Soelberg, s. Sterupbek.
Soelbjerggaard, s. Hirschsprung.
Söllstedt, Wester-, s. Friedrichsgabe.
Söelyke, s. Arnitlund.
Sönderaue, s. Gjelsaue, Vibaue.
Sönderballe, s. Djernäs, Suterballig.
Sönderbye, s. Loit.

Söndergaard, s. Bäk, Bögestov, Erlev, Hammelev.
Sönderhav, s. Süderhaff.
Sönderherred, s. Skovbye.
Sönderholm, s. Jedstedt.
Sönderhoved, s. Roager.
Sönderhuus, s. Krakelund.
Sönderkjär, s. Süderkjär.
Sönderschau, s. Abild.
Sönderstov, s. Loit, Schelde, Skovbye, Stoltebüll, Süderholz.
Sönderstovgaard, s. Frörup, Oeddis.
Söndeshoi, Bregninge.
Sönnenswerf, s. Ockholm.
Sönnrabe, s. Ascheffel.
Sönsbyefeld, s. Maasleben, Sönsbüll.
Sören, s. Kaltenhof.
Söruper-Mühlenholz, s. Mühlenholz.
Sörup-See, s. Südensee.
Sörup-Schaubye, s. Skovbye.
Söschenswerf, s. Dagebüll.
Sövang, s. Norburg, Seewang.
Solbjergkjär, s. Bunsbüll.
Soldrup, s. Sollerup.
Solitude, s. Meierwiek.
Sollbroe, s. Sollerup.
Soller-See, s. Koldbye.
Sollwighof, s. Sollwig.
Soltbrücke, Groß-, s. Solt.
Soltholz, Groß-, s. Solt.
Sophiendal, s. Bestoft, Galsted, Halk.
Sophienfreude, s. Sophienhof.
Sophienhof, s. Flensburg, Friedrichsthal.
Sophienruhe, s. Christiansfeld, Meggerkoog.
Sophienthal, s. Brauberup.
Sorg, s. Meggerdorf, Moorhuus.
Sorgbrück, s. Lohe.
Sorge, auf dem, s. Meggerdorf.
Sorge, Neue-, s. Hohn.
Sorgenfrei, s. Gjenner, Puttgarden, Spang, Stoltebüll.

SorgerSchanze, s.Erfde.
Sorteleb, s. Labegaard.
Sottorp, s. Satrup.
Spaderes, s. Hauerslund.
Spätgenshof, s. Friedrichstadt.
Spandetkroe, s. Spandetgaard.
Spandwith, s. Spandet.
Spang, s. Bjerndrup, Seegaard.
Spanghuus, s. Jedstedt.
Spangkroe, s. Ulkeböl.
Spann, s. Damendorf.
Spannbrück, s. Gulde.
Sparrelund, s. Oesbye.
Speckenkathe, s. Warleberg.
Speckfathe, s. Mohrberg.
Specksfähre, s. Hohnerfähre.
Spijunken, s. Meggerkoog.
Spinkerye, s. Faulück.
Spramshuse, s. Barsmark.
Spreenfang, s. OsterOffenbüll.
Staalbygge, s. Holm.
Staalidt, s. Lutzböb.
Staberhof, s. Staberdorf.
Staberfeld, s. Stade.
Staborp, s. Starup.
Stabum, s. Stade.
Stadumgaard, s. Stadum.
Stabumvad, s. Stadum.
Staffel, s. Stapel, Südensee.
Stageböi, s. Hönschnap.
Staffelshoe, s. Carlsburg.
Stampfmühle, s. Bredstedt.
Stangemoosled, s. Bonsild.
Stangbeck, bei, s. Schörderup.
Stanglet, s. Warnitz.
Starup, s. Lygumkloster.
Staugaard, s. Stabegaard.
Staunager, s. Varming.
Staunerhütten, s. Staun.
Stoveskov, s. Stavitskov.
Stavnsbjerg, s. Heils.
Steckbüll, s. Kotzenbüll.
Steckwiese, s. Sarbork.
Steenbek, s. Holm, Schmöel.
Steenbjerg, s. Bollerslev, Gröböl, Kjelstrup.

Register über Ortschaften, denen keine eignen Artikel gewidmet sind. 617

Steenburg, s. Friesenburg.
Steenertsmoor, s. Warleberg.
Steenhöi, s. Steenbjerg.
Steenhof, s. Düppel.
Steenholt, s. Altrup, Langenvorwerk, Stenderup.
Steenkiste, s. Kliplev.
Steenland, s. Oehe.
Steensbjerg, s. Kjestrup.
Steensgaard, s. Meelsgaard, Tandslet.
Steensigmoos, s. Dynth.
Steenskroe, s. Bögeskov.
Steenswang, s. Tombüll.
Steentoft, s. Stollig.
Steenwarp, s. Steinwarf.
Stefferloit, s. Loit.
Stegelberg, s. Schardebüll.
Stegholt, s. Stevelt.
Steghuus, s. Meels.
Steidum - Inge, s. Stedum.
Steinberg, s. Bornstein, Enge, Sillerup, Wallsbüll.
Steinberggaard, s. Oestergaard.
Steinberghaff, s. Oestergaard, Steinbergholz.
Steinbergmühle, s. Straagaard.
Steinby, s. Hoptrup.
Steinburg, s. Gukelsbye.
Steinerholz. s. Staun.
Steinholm, s. Bohmstedt.
Steinholt, s. Juglsang.
Steinkiste, s. Kliplev.
Steinschleuse, s. Sorgerkoog.
Steltkrog, s. Kjöbenhoved.
Stemperühe, s. Damp.
Stendels, s. Markerup.
Stenderup, s. Sieverstedt.
Stenderupau, s. Stenderup.
Stenderupbusch, s. Stenderup.
Stenderupgaarde s. Stenderup.
Stenderuphage, s. Stenderup.
Stenderupstrand, s. Stenderup.
Stendetgaard, s. Ladegaard.
Stendewith, s. Stendet.
Stenevadhuus, s. Bögeskov.

Stengermosehuus, s. Skovbye.
Stengerott, s. Gravenstein.
Stennebek, s. Braupholz, Rügge.
Stenneskjär, s. Schobüll.
Stenrye, s. Rabenkirchen.
Stenryeteich, s. Rabenkirchen.
Stenthorp, s. Stenderup.
Sterdebüll, s. Hattstedtermarsch.
Sterdebüllhof, s. Sterdebüll.
Stern, zum finstern, s. Bohnert, Schlei.
Sterremose, s. Söebyegaard.
Stevnhöi, s. Maugstrup.
Stevning, s. Holm.
Stevning-Noor, s. Stevning.
Stichelsbjerghauge, s. Orböl.
Stilleben, s. Friedrichshof.
Stillenbek, s. Habye.
Stobärthorp, s. Staberdorf.
Stobdrup, s. Stubdrup.
Stockholm, s. Klovtoft.
Stockholmager, s. Tinningstedt.
Stockmoor, s. Altenhof, Bornstein.
Störbewerkerkoog, s. Neuerkoog.
Störtebeker-Insel, s. Bülck.
Störtum, s. Barsmark, Grönnebekgaard.
Stoldike, s. Stolk.
Stolliggaard, s. Stollig.
Stoltebüller-Lüken, s. Stoltebüll.
Stoltebüllheck, s. Stoltebüll.
Stoltebüllholz, s. Stoltebüll.
Stolzberg, s. Weesbye.
Storhöt, s. Karlum.
Storviig, s. Toftlund.
Stracklund, s. Krakelundhof.
Strandberg, s. Nöer.
Strande, am, s. Bülck.
Strandhäuser, s. Havbuse.
Strandelhjörnskov, s. Strandelhjörn.
Strandinger-Moor, s. Nordstrandisch-Moor.

Strandkoppel, s. Koppelheck.
Strandskov, s. Grönninghoved.
Straße, s. Kirchenkoog, Koldenbüttel, St. Peter, Tating, Tetenbüll.
Straß-See, s. Kitschelund.
Streichmühle, s. Terkelstoft.
Streng, s. Möllmark.
Strengtoft, s. Hasselberg, Oehe.
Strepel, s. Osterbye.
Stricksand, s. Stricksand.
Strömholt, s. Altrup.
Stromholz, s. Maasleben.
Strucksbüll, s. Struxbüll.
Stubbe, s. Guldholm.
Stubbeholz, s. Störtum.
Stubbekroe, s. Stubbek.
Stubberholz, s. Stubbe.
Stubbumgaard, s. Stubbum.
Stursböllund, s. Stursböl.
Stydingdamm, s. Styding, Törning, Voyens.
Stylteborg, s. Tranderup.
Sudthorp, s. Söberup.
Süden, der, s. Nordstrand.
Süderaue, s. Gjelsaure, Sönderaue, Vidaue.
Süderballig, s. Dollerup, Sönderballig.
Süderbootfahrt, s. Garding, Vollerwiek.
Süderbrarupfeld, s. Brarupfeld.
Süderdeich, s. Ehst, Ockholm.
Süderende, s. Langballig, Westerland.
Süderfeld, s. Buckhagen, Dollrott, Lebek, Schwackendorf.
Süderhafen, s. Haddebye.
Süderhörn, s. Nordmarsch.
Süderhöyd, s. Böel.
Süderholm, s. Christiansholm.
Süderholz, s. Geelbyeholz.
Süder-Holzkrug, s. Schmedebye.
Süderholzmühle, s. Färbermühle.

618 Register über Ortschaften, denen keine eignen Artikel gewidmet sind.

Süderkathe, f. Schwensbye.
Süderkoog, f. Fahretoft, Holmerkoog, Pelworm.
Süderkoogshaus, f. Breklumerkoog.
Süderkoppel, f. Seegaard.
Süderland, f. Romöe.
Süderläger, f. Schlei.
Süderland, f. Löwenstedt, Sillerup.
Südermarschkoog, f. Südermarsch.
Süder-Mitteldeich, f. Pelworm.
Süder-See, f. Uberg.
Süderstapeler-Osterkoog, f. Osterkoog.
Süderstapeler-Westerkoog, f. Westerkoog.
Süderwerf, f. Gröde, Ockholm.
Südfall, f. Pelworm.
Südhof. f. Lütgenhorn.
Südwester-Mitteldeich, f. Pelworm.
Sünderuphof, f. Sünderup.
Sünnebüll, f. Sönnebüll.
Suhrbrook, f. Hütten.
Sultenberg, f. Brekendorf.
Sumpf, f. Maasleben.
Sundböl, f. Skodborg.
Sundsacker, f. Carlsburg.
Sundsberg, f. Ostenfeld.
Susbal, f. Vilstrup.
Susviert, f. Stenderup.
Susvind, f. Geestrup.
Suurballe, f. Oerbye.
Suurshave, f. Stollig.
Svanemooshuus, f. Vonsild.
Svansmarkgaard, f. Fobislet.
Svavestede, f. Schwabstedt.
Sveirup, f. Schweirup.
Svelstrup, f. Kettingskov.
Svelstrupskov, f. Kettingskov.
Svendborg, f. Fröslev.
Svensbye, f. Schwensbye.
Svensmölle, f. Gammelgaard, Tandslet.
Svinebek, f. Gaarde.
Swartstrom, f. Schwastrum.
Swesum, f. Schwesing.
Swezen, f. Schwesing.
Syggeling, f. Seggelund.

Sygumdamm, f. Sygum.
Sygumlund, f. Sygum.
Sylderup, f. Sillerup.
Sylsted, f. Söllsted.
Symerstath, f. Simmersted.
Symmerbe, f. Zimmert.
Syndernesmark, f. Sönbernäs.
Syndräbrathorp, f. Brarup.

T.

Taarsballig-Osterholz, f. Osterholz.
Taarsballig-Norderholz, f. Norderholz.
Tabbrup, f. Taabdrup.
Tadenswarf, f. Ockholm.
Tävekhoi, f. Tombüll.
Tagkjärhuus, f. Oebbis.
Tagkjärlund, f. Oebbis.
Tambruphöi, f. Ouidstrup.
Tammensiel, f. Pelworm.
Tammenswerf, f. Langenäs.
Tammerabeberg, f. Habye.
Tammwerf, f. Pelworm.
Tandsgaard, f. Tandslet.
Tandsheede f. Tandslet.
Tandskov, f. Tandslet.
Tang, f. Halk.
Tangsholm, f. Norburg.
Tannenhorst, f. Booknis.
Tapsaue, f. Heil-See.
Taptrum, f. Grönnebäk.
Tarpfeld, f. Tarp.
Tarsthöi, f. Barsmark.
Tasteberg, f. Schobüllgaard.
Taterkrug, f. Königsweg.
Taubstummen - Institut, f. Schleswig.
Tavlsbjerg, f. Hauerslund.
Tayenswerf, f. Dagebüll.
Techelsberg, f. Warleberg.
Tecksrade, f. Bornstein.
Tegelhave, f. Louisenlund.
Tegelhof, f. Kollund, Osterholz.
Teglgaard, f. Vonsbäk.
Teglgaarddamm, f. Groß-Wiehe.
Tekerhuus, f. Vogelsang.
Telt, f. Dorpum, Holzkrug.

Tessinkänthorp, f. Teschendorf.
Tetebüll, f. Hattstedtermarsch.
Tetenbüller-Spieker, f. Wasserkoog.
Tetenbüller-Straße, f. Kirchenkoog.
Tetenhuseneraue, f. Sorge.
Tetinghusen, f. Lohe.
Tettwang, f. Achterup, Lütgenhorn.
Thadenswerf, f. Langenäs.
Theocarikirche, f. Endrupskov.
Thielsgaard, f. Skovbye.
Thömshuus, f. Tömmeshuus.
Tholendorf, f. Tating.
Tholik, f. Tolk.
Thomashuus, f. Tömmeshuus.
Thorhavn, f. Erdbjerg.
Thornsbroek, f. Stohl.
Thorsballig, f. Taarsballig.
Thorsböi, f. Barsmark.
Thorsfjel, f. Tordschell.
Thorsfilde, f. Tordschell.
Thorstedt, f. Taarstedt.
Thorwald, f. Stenderup.
Thufobbel, f. Reffoe.
Thumbroe, f. Auenbüll.
Thumbye, f. Maasleben.
Thundär, f. Tondern.
Thunmoos, f. Broacker.
Thyarsnaes, f. Düttnis.
Thyraburg, f. Danewerf.
Thyrashal, f. Styding.
Thyresholm, f. Simmersted.
Thyrslund, f. Tiislund.
Tibsholm, f. Jeising.
Tief, f. Pellworm.
Tiefe, f. Sahrensdorf.
Tiefengruft, f. Kallebye.
Tiefenhausen, f. Püttsee.
Tiesburg, f. Wohlde.
Tievela, f. Jagel.
Tiiswith, f. Thiset.
Tillig, Oster-, f. Pelworm.
Tillig, Wester-, f. Pelworm.
Tilsmaas, f. Maasleben.
Timmesbohl, f. Möllmark.
Ting, f. Ketting.
Tinggaard, f. Friedrichsgaard.

Register über Ortschaften, denen keine eignen Artikel gewidmet sind. 649

Tingböi, s. Sommersted, Strarup.
Tinglever-See, s. Tingleu.
Tinglevböi, s. Götterup.
Tingvad, s. Bäk.
Tinnumburg, s. Tinnum.
Tinseburg, s. Tinnum.
Tirkelsmark, s. Kolbye.
Tischlerhaus, s. Altenhof.
Tischlerholz, s. Brunsholm.
Todtenhaus, s. Kaltenhof.
Töften, s. Dollrott.
Tögesminde, s. Stenderup.
Tönde, s. Stemmilt.
Törninger-See, s. Törning.
Törninggaard, s. Törning.
Törninglund, s. Ladegaard.
Töstrup, s. Töstorf.
Töstrupholz, s. Röest.
Toft, s. Loit.
Tofting, s. Oldensworth.
Toftlundgaard, s. Langetved.
Toftrupgaard, s. Taabdrup.
Toftum, s. Romöe.
Togesminde, s. Stenderup.
Tolbstedt, s. Nübel.
Tolbstedgaard, s. Götterup.
Tolker-See, s. Tolk.
Tolfschubye, Neu-, s. Tolkschubye.
Tolfwade, s. Schalbye.
Tolfwader-See, s. Schalbye.
Tolsode, s. Sardorf.
Tolzwerf, s. Fahretoft.
Tolveslev, s. Tollschlag.
Tonnenberg, s. Kaltenhof.
Tontoft, s. Norburg.
Torfbrücke, s. Sandweg.
Tornbjerg, s. Orböl.
Tornskov, s. Tornschau.
Tornum, s. Thornum.
Torp, s. Brambrup, Tarup.
Torpe, s. Terp.
Torsbjerg, s. Jersdal.
Torsholt, s. Sommerstedt.
Torsrübe, s. Sardorf.
Torup, s. Klein-Rise.
Toulisberg, s. Bokholm.

Toulisdamm, s. Bokholm.
Toulisfeld, s. Bokholm.
Toufkovlund, s. Mölbye.
Toufkovmölle, s. Mölbye.
Traasbüll, s. Trasbüll.
Trammbeck, s. Holtsee.
Tranbüll, s. Esgrus, Rundhof.
Trandsteen, s. Kattry.
Trappendal, s. Gudsgave, Vargaard.
Trauslyke, s. Gudsgave.
Treenbrok, s. Treenmarsch.
Treeneburg, s. Hollingstedt.
Treenmarsch, s. Bergenhusen.
Treenstadt, s. Bergenhusen, Treenmarsch.
Trelstorp, s. Drelsdorf.
Treppe, auf der, s. Legelichheit, Witzworth.
Triangel, s. Berend, Grünhorst.
Trienwille, s. Gaarde.
Trilbe, s. Traustedt.
Trindaffel, s. Loit.
Trindermarschfoog, s. Nordstrand.
Trobsborg, s. Fobislet, Ladegaard.
Troeckstede, s. Traustedt.
Troilborg, s. Jägerup.
Trolbolm, s. Fobislet.
Trollberg, s. Düttebüll.
Trollebüll, s. Störtewerkerfoog.
Trollebüllerfoog, s. Störtewerkerfoog.
Trolleborg, s. Ketting.
Trollfjär, s. Uenewatt.
Trotzenburg, s. Humtrup.
Trotzmehlbye, s. Mehlbye.
Troyburg, s. Nordmarsch.
Truvelsbye, s. Trögelsbye.
Tubebee, s. Norder-Lygum.
Tudmoes, s. Gröngaard.
Tüchschau, s. Tychskov.
Tütjärdamm, s. Suterballig.
Tüschendamm, s. Treenmarsch.
Tummelberg, s. Rinkenis.
Tundtoft, s. Norburg.
Tungensberg, s. Bastlund.
Tuningen, s. Tönning.
Tved, s. Royböl.

Tvedaue, s. Nipsaue.
Tverbye, s. Bregninge.
Tverbyegaard, s. Bregninge.
Tvismark, s. Romöe.
Tweberg, s. Steinfeld.
Twedterfeld, s. Twedt.
Twerenburg, s. Tornburg.
Twiestraße, s. Boren, Papenfeld, Suterballig.
Twingbolm, s. Seegaard.
Tyeb, s. Royböl.
Tved-Hovgaard, s. Tveb.
Tydenswerf, s. Fahretoft.
Tyernes, s. Düttnis.
Tyk, s. Warnitz.
Tyfskov, s. Tychskov.
Tylen, s. Tielen.
Tvorp, s. Dörpt.
Tzitzebu, s. Siesebye.

u.

Ubjerg, s. Uberg.
Uelsbye, s. Ulsbye.
Uelvesbüll, s. Ulvesbüll.
Uenewattfeld, s. Uenewatt.
Uenewattholz, s. Dollerupholz.
Uge, s. Uk.
Ugelthorp, s. Ulberup.
Uggelburg, s. Steinbergholz.
Uhlbäk, s. Brönsaue.
Uhlebüllerkoog, s. Uhlebüll.
Uhlenberg, s. Böglum.
Uhlenhorst, s. Lehmkathen.
Uhlenstraße, s. Brunsholm.
Uhlmühle, s. Ulmölle.
Uhr, s. Seegaard, Tapsuhr.
Uhrdin-Capelle, s. Urden-Capelle.
Ukae, s. Uk.
Ukebek, s. Grönaue.
Ulballund, s. Ulbal.
Uldbjerg, s. Norburg.
Ullerupgaard, s. Ullerup.
Ulleruplund, s. Ullerup.
Ullnist, s. Schiedenhohlweg.
Ulpenis, s. Olpenitz.
Ulriksbjerg, s. Simmersted.
Ulsbamm, s. Gintoft.

620 Register über Ortschaften, denen keine eignen Artikel gewidmet sind.

Ulstorp, s. Ulstrup.
Ulstrupfeld, s. Ulstrup.
Ultang, s. Halk.
Ulthorp, s. Esskebüll.
Ulvsbüll, s. Ublebüll.
Ulvshuus, s. Ladegaard.
Umleitung, s. Bennebek.
Umleitung, auf der, s. Meggerdorf.
Umleitungsdeich, bei dem, s. Sorgerkoog.
Urden, s. Ording.
Urmark, s. Ohrfeld.
Urnetorp, s. Tarup.
Utermarkerkoog, s. Pelworm.
Uthusum, s. Ophusum.

V.

Vaarbjerg, s. Laygaard.
Vadhuus, s. Fobislet, Sillerup.
Vadskjärled, s. Ressöe.
Vadskovhuus, s. Ressöe.
Väsbjerg, s. Oerderup.
Vakens-Lusthaus, s. Kielseng.
Vandbjerg, s. Astrup.
Vang, s. Heissager.
Vanghaugehuus, s. Bjert.
Varskors, s. Vaßkos.
Vargaardlund, s. Vargaard.
Vartenbjerg, s. Ustrup.
Vasbyekroe, s. Wattschaukrug, Wesebye.
Vedagerkroe, s. Binderup.
Veelstede, s. Feldstedt.
Veibäk, s. Weibek.
Veibölgaard, s. Veiböl.
Veikjärhuus, s. Skovbye.
Veirmöllehuus, s. Halk.
Veisnis, s. Gravensteen.
Veistrup, s. Veistrup.
Veistrup-Roi, s. Roi.
Velme, s. Felm.
Velstorpe, s. Fjelstrup.
Vennemoos, s. Voyens.
Venningtved, s. Schmöel.
Versgaard, s. Skovbye.
Verwalterswerf, s. Bargum.
Vesterballe, s. Skovbye.
Vesterballig, s. Loit.
Vesterbye, s. Westerbye.
Vestergaard, s. Aastrup Brambrup, Oebbis.
Vestergaard, s. Arndrup.
Vesterkjär, s. Feldum.

Vesterkobbel, s. Nyegaard.
Vesterlund, s. Norburg.
Vester-Linnet, s. Linnet.
Vestermölle, s. Holm, Söebyegaard.
Vesterskov, s. Oebbis, Ommel.
Vesterwyk, s. Vesterbäk.
Vibäkmölle, s. Vibye.
Vibyetoft, s. Vibye.
Vid-See, s. Soebye.
Vilbye, s. Welbyegaard.
Vildfang, s. Wildfang.
Vilsbäk, s. Wilsbek.
Vilstrupgaard, s. Vilstrup.
Vindeballe, s. Windeballe.
Violenburg, s. Stratenbrook.
Virlaue, s. Vidaue.
Vismerlund, s. Ladegaard.
Vitho, s. Vits-Capelle.
Vitshöhe, s. Vits-Capelle.
Vitum, s. Witum.
Vlenzeburg, s. Flensburg.
Vodderbroe, s. Vodder.
Vogelsang, s. Ascheffel, Damp, Flatzbyeholz, Grünholz, Weibek.
Vogelsangfeld, s. Vogelsang.
Vogelsangholz, s. Vogelsang.
Vogel-See, s. Glücksburg.
Vognmandsborg, s. Westerhever.
Vognskjär, s. Trasbüll.
Vojum, s. Taabdrup.
Voldevraae, s. Foldewraae.
Voldsted, s. Jels.
Volkertswerf, s. Hooge.
Vollenborg, s. Strandelhjörn.
Vollingaard, s. Raugstrup.
Vongshöi, s. Norder-Lygum.
Vonnetgaard, s. Oerbye.
Vonsildgaard, s. Vonsild.
Vonsmoes, s. Vilstrup.
Vorskov, s. Stoltebüll.
Voßberg, s. Felm, Friedrichsgraben, Hibberbye, Kaltenhof, Puttgarden, Rantrum.
Voßbrook, s. Seekamp.

Voßkuhl, s. Altenhof, Darigbüll, Sönderbye, Stubbe.
Voyensgaard, s. Voyens.
Voyensled, s. Styding.
Voyenslund, s. Voyens.
Voyumgaard, s. Agerstov.
Vraae, s. Bjendrup, Birkelev, Blegebäk.
Vraaskov, s. Sirkelev.
Vrambäk, s. Gjenner.
Vudrup, s. Wudrup.

W.

Waabferaue, s. Bokenaue.
Waarberg, s. Bokholm, Laygaard.
Waardtkoog, s. Wattkoog.
Wackerade, s. Kius.
Wadhuus, s. Fobislet, Vadhuus.
Wähl, s. Holm.
Wälltjär, s. Schobüll.
Wänäfänthorp, s. Wenkendorf.
Wagemannsburg, s. Westerhever.
Wagerdorf, s. Fahrdorf.
Wahrberg, s. Wittensee.
Wakaerbol, s. Wackerballig.
Waldemarshöi, s. Harrebye.
Waldhusum, s. Pelworm.
Waldorp, s. Volderup.
Wall, s. Morsum.
Wallbeich, s. Riesbüllerkoog.
Wallsbüllfeld, s. Wallsbüll.
Walsbek, s. Soholmaue.
Walsbu, s. Wallsbüll.
Wanderup-Zollhaus, s. Zollhaus.
Wandlinggaard, s. Wandling.
Wanghaugehuus, s. Bjert.
Wanghof, s. Lütgenhorn.
Wannratt, s. Klein-Wiehe.
Wanrad, s. Lindau.
Wargaard, s. Vargaard.
Warlebergermoor, s. Moor.
Warmark, s. Varmark.
Warmhörn, s. Altneukoog.
Warnstedtshof, s. Johannishof.

Register über Ortschaften, denen keine eignen Artikel gewidmet sind. 624

Wasserburg, s. Sulsdorf.
Wasser-Hohlweg, s. Hohlweg.
Wasserkobo, s.Bokholm.
Wasserkoog, s. Bargumer-Koog.
Wasserkoogsbühr, s. Tetenbüll.
Wasserloos, s. Waterloos.
Wassermühle, hinter der, s. Fischerhof.
Wassersleben, s. Kluesriis.
Wasserthor, s. Stohl.
Waterpött, s. Bokholm.
Watt, s. Norbye, Sillerup.
Watt, beim, s. Taarsballig.
Wattfelderstraße, s. Pommerbye.
Wattlück, s. Ekenis.
Waye, s. Nordschau.
Waygaarderdeich, s. Waygaard.
Wedagerkrug, s. Binderup.
Wedelspang, s. Welspang.
Wedstedt, s. Vedsted.
Weesbyelund, s. Weesbye.
Weesriis, s. Wees.
Weesriisfeld, s. Wees.
Wehl, s. Landslet.
Weibüll-See, s. Weibüll.
Weichholz, s. Maasleben.
Weide, auf der, s. Puttgarden.
Weidekathe, s. Damp.
Weigab, s. Friedrichsthal.
Weinbrücke, s. Sandwig.
Weißeknie, s. Südermarsch.
Weisnis, s. Gravensteen.
Welderup, s. Wellerup.
Weldorf, s. Sophienruhe.
Welsenstraße, s. Brekendorf.
Wellborn, s. Bornstein.
Welsbek, s. Soholmaue.
Wending, s. Winning.
Wendingstedt, s. Wenningstedt.
Wendtorf, s. Wentorf.
Wennemoos, s. Boyens.
Wenning, s. Wendingstedt.
Wenningbond, s. Wenning.
Werder, s. Jellingsdorf.
Werft, s. Oland.

Wersgaard, s. Stovbye.
Wesbu, s. Wesebye.
Wesebyer-See, s. Wesebye.
Westerballig, s. Loit.
Westerbek, s. Vesterbäk-Weibek.
Westerbergen, s.Teschendorf.
Westerbye, s. Sönderbye, Weesbye.
Westerdeich, s. Garding, Oldholm, Welt.
Westereck, s. Böel.
Westerende, s. Langenhorn, Oldensworth, Westerland.
Westerfeld, s. Brodersbye, Niebye, Priesholz.
Westergaard, s. Abild, Arrild, Bjendrup, Brambrup, Burkarl, Kamptrup, Klirbüll, Oeddis, Vestergaard.
Westerhamm, s. Sophienhamm.
Westerhof, s. Süder-Lygum.
Westerhof, s. Langstedt.
Westerholm, s. Krakelund.
Westerholz, s. Ausacker, Friedrichsthal, Wester-Ohrstedt.
Westerkjär, s. Vesterkjär.
Westerkoog, s. Pelworm, Schwabstedt, Wisch.
Westerkrug, s. Treya.
Wester-Linnet, s. Linnet.
Westerlund, s. Handewith, Norburg.
Westermark, s. St. Peter.
Westermarsch, s. Hattstedtermarsch.
Westermühle, s. Burg, Holm, Söebyegaard, Vestermölle.
Westermühle, bei der, s. Pelworm.
Westernäs, s. Meierhof.
Wester-Nübel, s. Nübel.
Westerriis, s. Nieder-Aastrup.
Westerschau, s. Bollingstedt.
Westerskov, s. Ommel.
Wester-Tilly, s. Pelworm.
Westerwerf, s. Hooge.
Westerwiek, s. Meierhof.
Wetstädh, s. Vedsted.
Wiboti, s. Vibye.
Wiebye, s. Vibye.

Widaue, s. Vidaue.
Wiede, s. Hattstedt.
Wiedebye, s. Rundhof.
Wiehebek, s. Soholmaue.
Wiehelund, s. Klein-Wiehe.
Wiehe, Norder-, s. Groß-Wiehe.
Wielenberg, s. Wolstrupfeld.
Wielhöi, s. Hvilhöi.
Wielsief, s. Bennebek.
Wiemersbüll, s. Wimmersbüll.
Wiemoos, s. Stutebüll.
Wiesbjerg, s. Viesbjerg.
Wihelminenbad, s. Wyk.
Willemad, s. Villemad.
Willersholt, s. Dynth.
Wilsterradeberg, s. Ascheffel.
Wilstrup, s. Vilstrup.
Wilstrupgaard, s. Vilstrup.
Wimtrup, s. Vimtrup.
Winderatterbek, s. Ausacker.
Winderatter-See, s. Ausacker, Winderatt.
Winbert, s. Mirebüll.
Windewith, s. Böglum.
Windmühlenberg, s. Schwackendorf.
Wingelhöi, s. Hoftrupholz.
Winkelholm, s. Brebel.
Winn, s. Meggerkoog.
Winnemark, s. Windemark.
Winterfeldsche-Hufe, s. Brunde.
Wintwedt, s. Böglum.
Winum, s. Vinum.
Wippholm, s. Schaubye.
Wirkshoch, s. Oevenum.
Wirksrabe, s. Schinkel.
Wirlaue, s. Virlaue.
Wisch, s. Dagebüll.
Wischhof, s. Wisch.
Wisänthorp, s. Veistrup.
Withästäth, s. Vedsted.
Withsee, s. Vitsted.
Wittacker, s. Bredstedt.
Wittegaard, s. Höist.
Wittenbergen, s. Hamdorf.
Wittendüne, s.St.Peter, Tating.
Wittenhagen, s. Weißenkoog.

622 Register über Ortschaften, denen keine eignen Artikel gewidmet sind.

Wittenkoog, s. Weissenkoog.
Wittenseerholz, s. Wittensee.
Wittkielberg, s. Röest.
Witt-See, s. Söebye.
Wittstedt, s. Vitsted.
Witze, s. Vitsted.
Wiwälsbäc, s. Wilsbek.
Wodder, s. Vodder.
Wodensbek, s. Vonsbäk.
Wodense, s. Voyens.
Wodenskulde, s. Vonsild.
Wodbär, s. Vodder.
Wogeßrode, s. Wagersrott.
Wohlde, s. Treenmarsch.
Wohlgesehn, s. Süder-Lygum.
Wolfsholz, s. Oebe.
Wolfskrug, s. Gübye, Louisenlund.
Wollenburg, s. Strandelbjörn.
Wollersdamm, s. Frörup.
Wollerup, s. Volderup, Vollerup.
Wollum, s. Vollum.
Wollwe, s. Wulfen.
Wolmarstoft, s. Ballegaard.
Wolsroi, s. Gintoft.
Wommemberg, s. Engerbeide.
Wonnetgaard, s. Oerbye.
Wons, s. Voyens.
Wonsbek, s. Vonsbäk.
Wonsyld, s. Vonsild.

Wonsyldgaard, s. Vonsild.
Wormkjär, s. Luthövd.
Wormsböi, s. Wolstrupfeld.
Woy, s. Waye.
Woyens, s. Voyens.
Woyensgaard, s. Voyens.
Woyenslund, s. Voyens.
Wraae, s. Birkelev, Blegebäk, Vraae.
Wubrup, s. Budrup.
Wüsten, s. Scheggerott.
Wulfenbüttel, s. Marschkoog.
Wulfsbrücke, s. Klein-Quern.
Wulfsbüll, s. Marschkoog.
Wulfshagener-Hütten, s. Hütten.
Wunskjär, s. Trasbüll.
Wusttoft, s. Loit.
Wygbe, s. Groß-Wiehe.
Wypäthorp, s. Wippendorf.
Wysbüll, s. Hostrup.

Y.

Ykaernburg, s. Eckernburg.

Z.

Zarnästhorp, s. Sahrensdorf.

Zauberschloß, s. Tönning.
Zelthaus, s. Grothusenkoog.
Zethe, s. Seeth.
Zewanghe, s. Seewang.
Ziegelei, s. Altenhof, Altneukoog, Bistoft, Bredstedt, Brunsholm, Bustorf, Christianslüke, Feldstedtholz, Felsbekhof, Grüngrift, Grünhorst, Königsföhrde, Knoop, Königswille, Schleswig, Seegaard.
Ziegelei, Alte-, s. Ekensund.
Ziegelei, Berg-, s. Ekensund.
Ziegelei, Norder-, s. Brunde, Kolstrup.
Ziegelhof, s. Friedrichstadt, Knoop, Kolstrup, Louisenlund, Lütgenhorn, Teglgaard.
Ziegelhof, Oster-, s. Botholm.
Ziegelhof, s. Meierhof.
Ziegelhofdamm, s. Großen-Wiehe.
Ziegelkathe, s. Friedensthal.
Ziegelwiese, auf der, s. Düttebüll.
Zollhaus, s. Lindewitth.
Zoste, s. Söes.
Zwölfmarkgoldes, s. Poosbye.

Zusätze und Berichtigungen.

S. XVI Z. 17 v. o. statt: verberrte l. verheerte.
S. XX Z. 22 v. u.: und Nordmarsch fällt weg.
S. XXXV, XXXVI und XXXVII. Diese Tabellen sind aus den Beiträgen zur Statistik der Herzogthümer von E. v. Reventlow und H. A. v. Warnstedt entnommen; ebenso die Totalsummen das. S. 143. Letztere stimmen aber nicht völlig mit den einzelnen Angaben in der Tabelle; da aber nicht zu ermitteln war, wobei die Ungenauigkeit in den einzelnen Posten oder in der Totalsumme lag, so sind alle Beträge unverändert nach jener Schrift wiedergegeben.
S. 13 Z. 5 v. o. statt: Sonderburgerh. l. Augustenburgerh.
S. 15 Z. 14 v. u. statt: 353 l. 312 und statt 342 l. 306.
S. 25 Z. 4 v. o. hinter Lundtofth. l. Pr. Sonderburg.
S. 30 Z. 21 u. 22 v. o. st. Amt Apenrade, Lundtofth. lies: Amt Tondern, Slurh.
S. 35 Z. 5 v. o. Rönsdamm war ehemals ein Wirthshaus und ist jetzt eine Arbeitsanstalt.
S. 38 Z. 17 v. o. hinter Gravenstein l. Lundtofth.
S. 39 Z. 15 v. u. die Volkszahl: 338 gehört hinter Berend Z. 20 v. o.
S. 53 Z. 7 v. u. hinter Apenrade l. Amt Apenrad,e, Riesh.
    Z. 6 v. u. statt gehören l. gehörten sonst.
S. 55 Z. 5 v. o. hinter Stoltelund l. Amt Tondern, Slurh.
S. 71 Z. 18 v. o. und 15 v. u. statt Smaatmoos l. Schmoelmoos.
    Z. 19 v. o. statt 2 Armenhäuser l. 1 Armen= und Arbeitshaus. Daselbst statt 7 Wirthshäuser l. 11 Wirthshäuser.
S. 94 Z. 5 v. o. statt Sophienruhe l. Christinenruhe.
S. 98 Z. 11 v. u. statt 221 l. 2221.
    Z. 8 v. u. statt 9841 l. 1841.
S. 121 Z. 6 v. u. statt andere l. einige kleine Wohnstellen.
S. 144 Z. 21 v. o. statt 1 Ziegelei l. 3 Ziegeleien und eine Glashütte.
S. 171 Z. 18 v. o. statt Knorr l. Klorr.